Novos Mundos – Neue Welten

Portugal und das Zeitalter der Entdeckungen

Deutsches Historisches Museum

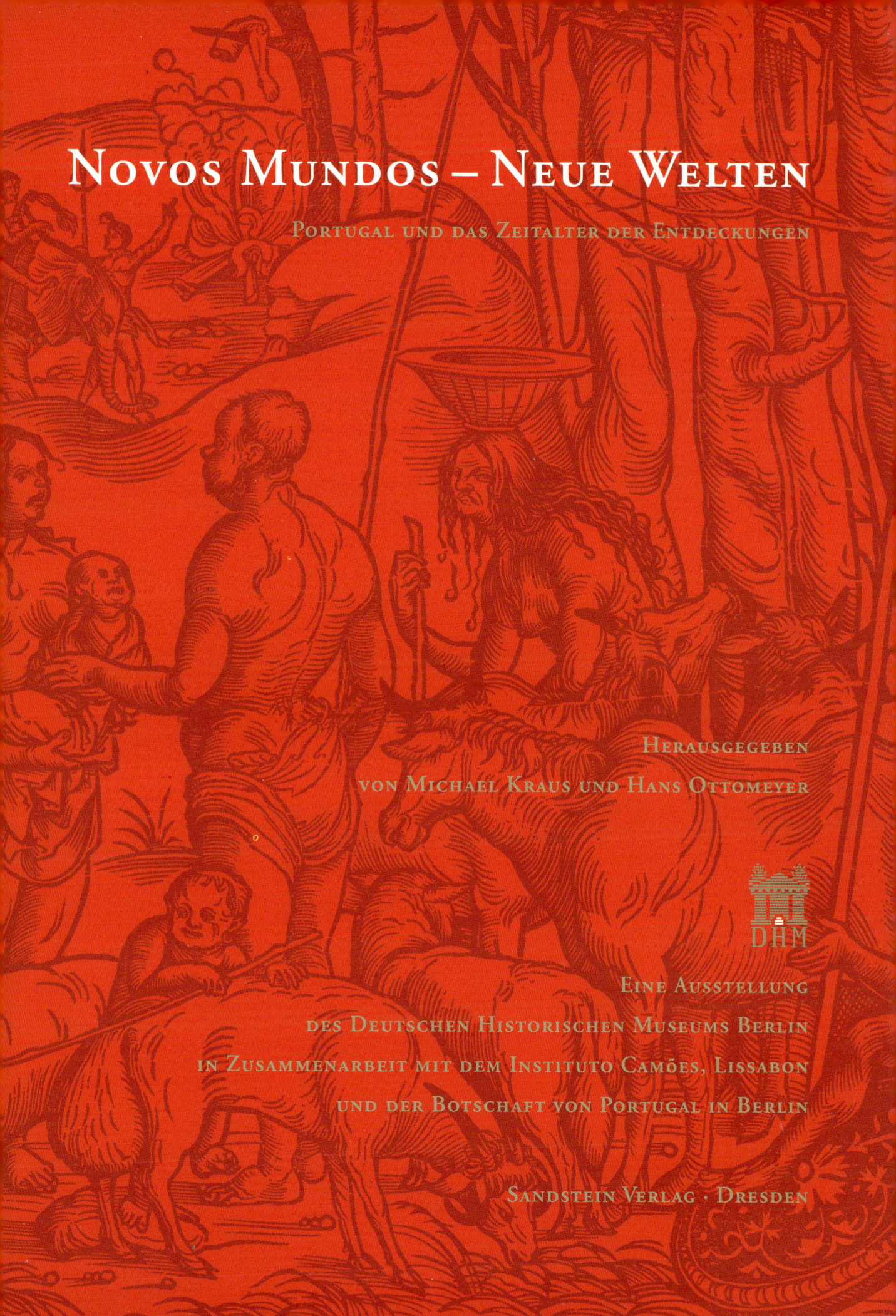

Novos Mundos – Neue Welten

Portugal und das Zeitalter der Entdeckungen

Herausgegeben
von Michael Kraus und Hans Ottomeyer

Eine Ausstellung
des Deutschen Historischen Museums Berlin
in Zusammenarbeit mit dem Instituto Camões, Lissabon
und der Botschaft von Portugal in Berlin

Sandstein Verlag · Dresden

Impressum

Novos Mundos – Neue Welten
Portugal und das Zeitalter
der Entdeckungen

Eine Ausstellung
des Deutschen Historischen Museums
Berlin, in Zusammenarbeit mit dem
Instituto Camões, Lissabon, und
der Botschaft von Portugal in Berlin

24. Oktober 2007 bis 10. Februar 2008

Botschaft von Portugal in Berlin

Ausstellung

Veranstalter
Deutsches Historisches Museum
Unter den Linden 2 · 10117 Berlin

Gesamtleitung
Hans Ottomeyer

Konzept
Michael Kraus

Kurator
Michael Kraus

Co-Kurator Portugal
Paulo Pereira

Wissenschaftliche Mitarbeit
Cornelia Timm, Jan Werquet

Organisation
Michael Kraus, Cornelia Timm

Organisation und Koordination
in Portugal
Instituto Camões
Präsidentin Simonetta Luz Afonso
Direcção de Serviços de Promoção
e Divulgação Cultural Externa
Rita Sá Marques, Cristina Caetano,
Maria João Pinto Correia

Organisation und Koordination
für Portugal in Deutschland
Botschaft von Portugal in Berlin

Studentische Hilfskräfte
Eva Diehl, Anne Seubert

Praktikanten
Eva-Maria Belzer, Hilke Nissen,
Mark Schiefer, Anne Seubert,
Evdokia Valcheva

Ausstellungsarchitektur
Werner Schulte mit Christian Deetz

Ausstellungsgrafik
envision design Chris Dormer

Medienstationen
Magnus Heinz, Stefan Kontra

Ausstellungsaufbau
DHM-Werkstätten

Plakat und Grafik
Dorén und Köster

Konservatorische Betreuung
Restaurierungswerkstätten des
Deutschen Historischen Museums
unter der Leitung von Martina
Homolka und Matthias Lang und
freie Restauratoren

Konservatorische Betreuung in Portugal
Biblioteca Nacional de Portugal, Direcção
Geral de Arquivos, Belmira Maduro

Abteilungsleiterin Ausstellungen
Ulrike Kretzschmar

Leihverkehr
Catherine Amé, Edith Michelsen

Leihverkehr in Portugal
Cristina Caetano, Maria João Pinto
Correia

Controlling
Peter Gabbert, Manuela Itzigehl

Controlling in Portugal
Helena Sequeira

Presse- und Öffentlichkeitsarbeit
Nicola Schnell, Rudolf B. Trabold,
Sonja Trautmann, Carolin Quermann

Museumspädagogik
Leitung: Brigitte Vogel und Stefan Bresky
Begleitmaterial: Jurek Sehrt (Redaktion),
Robert Stock (Recherche)
Hörführung: Tobias Reckling
Tonstudio: K13,
Michael Kaczmarek, Berlin
Besucherservice: Gudrun Knöppel

Katalog

© 2007, Deutsches Historisches
Museum, Berlin und Autoren
Sandstein Verlag, Dresden

Herausgeber
Michael Kraus, Hans Ottomeyer

Konzeption
Michael Kraus

Redaktion
Michael Kraus, Cornelia Timm,
Jan Werquet

Bildredaktion
Christine Hollering

Bildrecherche in Portugal
Instituto Camões
Rita Sá Marques, Cristina Caetano,
Maria João Pinto Correia

Lektorat
Michael Kraus, Anne Seubert,
Cornelia Timm, Jan Werquet

Fachlektorat
Zoltán Biedermann

Übersetzungen

Aus dem Portugiesischen:
algrama – Niki Graça, Christine
Schmelzer, Sabine Eichhorn,
Marianne Gareis; Botschaft von
Portugal in Berlin – Nicola Höschle

Aus dem Deutschen:
algrama – Fernando de Almeida,
Maria João Manso; des Weiteren
Lektoren des Instituto Camões –
Beatriz Silva, Catarina Castro,
Madalena Simões, Maria Teresa
Perdigão, Susana Leite

Aus dem Englischen: Ina Goertz

Koordination Herstellung
Gabriele Kronenberg

Grafik Karte
envision design Chris Dormer

Verlagslektorat
Meike Griese
Michel Sandstein GmbH

Gestaltung
Michaela Klaus
Michel Sandstein GmbH

Satz und Reprografie
Gudrun Diesel, Jana Neumann
Michel Sandstein GmbH

Druck und Verarbeitung
Offizin Andersen Nexö, Leipzig

Die Deutsche Bibliothek verzeichnet
diese Publikation in der Deutschen
Nationalbibliografie; detaillierte
bibliografische Daten sind im Internet
über http://dnb.ddb.de abrufbar.

Dieses Werk einschließlich seiner
Teile ist urheberrechtlich geschützt.
Jede Verwertung außerhalb der engen
Grenzen des Urheberrechtsgesetzes
ist ohne Zustimmung des Verlages
unzulässig und strafbar. Das gilt
insbesondere für die Vervielfältigung,
Übersetzungen, Mikroverfilmungen
und die Einspeicherung und Verarbeitung in elektronischen Systemen.

Museumsausgabe
Deutsches Historisches Museum Berlin
ISBN 978-3-86102-146-9

Buchhandelsausgabe
Sandstein Verlag, Dresden
www.sandstein.de
ISBN 978-3-940319-11-1

Für die finanzielle Unterstützung
bedanken wir uns bei:

Die vorbereitende Tagung
»Novos Mundos – Neue Welten.
Portugal und das Zeitalter
der Entdeckungen«, die vom
23. bis 25. November 2006
im Zeughauskino des Deutschen
Historischen Museums stattfand,
wurde weiterhin unterstützt von:

Inhalt

- 4 Impressum
- 8 Grußwort
- 10 Grußwort
- 12 Grußwort
- 15 Vorwort der Herausgeber
- 18 Leihgeber
- 20 Autoren
- 22 Abkürzungen

Essays

Einführung

- 25 Sanjay Subrahmanyam
  Als die Welt Portugal entdeckte: Zehn Jahre portugiesisch-asiatischer Begegnung 1498–1508

- 47 Eduardo Lourenço
  Der Welt-Blick Portugals

Kosmografien

- 53 Reinhard Krüger
  Portugals transozeanischer Aufbruch:
  Geopolitische und intellektuelle Voraussetzungen

- 63 Francisco Contente Domingues
  Neue Meere befahren und Neue Welten darstellen.
  Nautik und Kartografie in der portugiesischen Seefahrt

- 73 Ulrich Knefelkamp
  Die Neuen Welten bei Martin Behaim
  und Martin Waldseemüller

Konfrontation der Kulturen

- 89 Maria de Lurdes Rosa
  Vom Heiligen Grafen zum Morisken-Märtyrer:
  Funktionen der Sakralität im Kontext
  der nordafrikanischen Kriege (1415–1521)

- 107 Stefan Eisenhofer
  Das westafrikanische Reich Benin und die Portugiesen

- 115 Michael Kraus
  Entdeckung und Kolonialisierung Brasiliens

- 129 Ângela Barreto Xavier
  Katholischer Orientalismus:
  Wege des Wissens im Goa der Frühen Neuzeit

143 Jan Werquet
Zwischen Aufbruch und Erinnerung.
Architektonische Herrschaftsrepräsentation und
politische Ikonografie im Goa des 16. und frühen
17. Jahrhunderts

151 Zoltán Biedermann
Krieg und Frieden im Garten Eden:
Die Portugiesen in Sri Lanka (1506–1658)

163 Roderich Ptak
Anatomie einer Eintracht: Portugal und China
im 16. und 17. Jahrhundert

175 Jürgen G. Nagel
Scheitern und Überleben der portugiesischen
Expansion in Südostasien

Handels- und Wirtschaftsgeschichte

191 Leonor Freire Costa
Portugal und der Atlantik: Die Rolle des Ozeans
für die portugiesische Identität

205 Peter Feldbauer / Jean-Paul Lehners
Portugal und der Indische Ozean
1498–1600

Kunstwerke und Bildsprache

221 Paulo Pereira
Lissabon im 16. und 17. Jahrhundert

241 Elke Bujok
Kunstkammerbestände aus portugiesischen
Seereisen

257 Sigrid Sangl
Begegnung der Kulturen:
Indische Perlmuttobjekte mit deutschen
Montierungen

267 Marília dos Santos Lopes
Verwunderung und Vereinnahmung:
Novos Mundos in der Bildgrafik
der Frühen Neuzeit

275 Alexandra Curvelo
Die Namban-Kunst im Kontext
der iberischen Expansion

Missionsgeschichte

287 Johannes Meier
Die Kirche und das Wirken der Jesuiten
in Brasilien (1549–1759)

299 Pedro Lage Reis Correia
Der Triumph des Experimentalismus
in der japanischen Mission.
Alessandro Valignano (1539–1606) und
die Planung der japanischen Gesandtschaft
von 1582 nach Europa

KATALOG

308 I. Prolog

312 II. Portugal im Mittelalter

324 III. Ausgangsbedingungen

344 IV. Entdeckungsreisen

364 V. Kartografie und Nautik
364 V.I. Seefahrt und portugiesische Kartografie
388 V.II. Rezeption und Weiterentwicklung
in Mitteleuropa

414 VI. Neue Welten – Alte Reiche

432 VII. Portugal in Übersee
432 VII.I. Der Estado da Índia
448 VII.II. Handel
456 VII.III. Missionierung

482 VIII. Kunst- und Wunderkammern

502 IX. Portugal im 16. Jahrhundert

546 X. Internationale Konflikte

560 XI. Fremdbilder

581 XII. Die lusitanische Welt heute

586 Ausstellungsgrundriss
587 Chronologie
592 Personenregister
595 Topografisches Register
598 Literaturverzeichnis
638 Bildnachweis

GRUSSWORT

Portugal präsentiert sich in Berlin, im *Deutschen Historischen Museum*, mit einer Ausstellung über die *Neuen Welten* und die Rolle Portugals im Zeitalter der Entdeckungen und stellt auf diese Weise seinen sicherlich größten Beitrag zur Geschichte der Menschheit vor. Ein Beitrag, den zahlreiche und renommierte Autoren mit einer ersten und primitiven Version des Internets verglichen haben, einer langsamen und technologisch elementaren, jedoch buchstäblich konkreten Version, die in der Lage war, Kontinente, Zivilisationen, Kulturen und Menschen in Verbindung zu bringen. Dieses Netz wurde untermauert von großen Namen unserer Seefahrerkunst, wie Vasco da Gama, der die endgültige Entdeckung des Seewegs nach Indien anführte, oder Pedro Álvares Cabral, der die Entdeckung Brasiliens leitete. Es handelte sich um ein globales Netz, bestehend aus Karavellen, praktischem Wissen und dem Mut derjenigen, die im Willen, »der Welt Neue Welten zu geben«, das damit verbundene Risiko hintanstellten. Wie einmal jemand sagte, waren die Portugiesen die ersten, die die Tragweite des Konzeptes des »globalen Dorfes« verstanden haben. In der Tat: Es handelte sich dabei zwar um ein wenig entwickeltes Netz, das aber bereits reich an Verbindungen war. Ein weites Netz, denn es verband Kontinente und wurde durch den Austausch von Gütern und Produkten aller Art, aber auch von Zivilisationen, Wissen, Kulturen, Glauben und Bräuchen genährt.

Portugal war de facto Pionier und sollte noch für lange Zeit in diesem Netz segeln, gemeinsam mit anderen Mächten wie Spanien, England oder Holland. Auf den Fahrten zur See stellten der amerikanische Doppelkontinent, Afrika, Indien, China oder Japan wichtige Verbindungspunkte jenes globalen Netzes dar, das das moderne Zeitalter einleitete und einen gegenseitigen Austausch in Gang setzte, der jene menschliche, kulturelle und zivilisatorisch bedingte Mischung ergeben sollte, die zu einer reicheren, diversifizierteren, komplexeren und sich ihres universellen menschlichen Geschlechts immer bewusster werdenden Menschheit führen würde. Die Wahrheit jedoch ist, dass, so rudimentär dieses Netz auch war – gewebt aus praktischem Wissen, der Fähigkeit zu organisieren und die wissenschaftlichen und technischen Kenntnisse zu nutzen –, es doch große Investitionen in die Technik der astronomischen Orientierung, in die neuen nautischen Instrumente, die neue Kartografie, den Schiffbau verlangte, kurz – in die wichtigen Pfeiler, die die Navigationswissenschaft begründen sollten. So wie es politische Vision erforderte, Mut, Entschlossenheit und Risikobereitschaft. Portugal konnte diese Investition pionierhaft und konstruktiv in die Praxis umsetzen, animiert und motiviert nicht nur von einer ökonomischen, zivilisatorischen und kulturellen Projektionsstrategie des Landes, sondern ebenso von dem kosmopolitischen Humanismus, der von jeher distinktives Merkmal unseres kollektiven Daseins war.

Dieser Pioniergeist sollte zum Aufbau eines Imperiums führen, das Jahrhunderte existierte und Ursprung wichtiger Nationen werden sollte: im 19. Jahrhundert Brasilien in Südamerika, im 20. Jahrhundert Angola und Mosambik, Guinea, Kap Verde oder São Tomé und Príncipe in Afrika, oder, bereits im 21. Jahrhundert, Osttimor in Asien. Ein Imperium, das in der Sprache, der Kultur, der Religion, den Bräuchen, der Mischung der Bevölkerung, der Wirtschaft und sogar den politischen Systemen all dieser Länder tiefe Spuren hinterlassen sollte. Spuren, die sich mit so vielen Zivilisationen gekreuzt haben.

Vor kurzem erst sind wir zu unserer ursprünglichen Dimension zurückgekehrt. Und wenn es stimmt, dass es teilweise diese Dimension war, die uns veranlasste nach einem Netz zu suchen, das uns mit neuen Welten verbinden möge, so versuchen wir auch jetzt, mit der Rückkehr zu unserer europäischen Skala, auf produktive Weise die Tugenden eines anderen, schnelleren und komplexeren Netzes wieder zu entdecken, indem wir den neuen Herausforderungen der Globalisierung aufs Neue mit Mut und Risikobereitschaft begegnen. Diese neue Reise ist nicht einfacher als die früheren Reisen, aber genau wie damals ist sie für unser ökonomisches Überleben und unsere Wettbewerbsfähigkeit an allen Fronten des Fortschritts notwendig. In einer globalisierten Welt ist dies der natürliche Raum, in dem die modernen Gesellschaften atmen und in welchem sie sich behaupten müssen.

Diese Ausstellung unternimmt eine Reise ins Universum der Jahrhunderte, die zur Entstehung der Moderne beigetragen haben, sowie eine Reise zu der enormen Bewegung, die Portugal mit den Entdeckungen ausgelöst hat. Sie ist auch ein Zeichen dafür, dass wir die Herausforderungen der Geschichte annehmen, und sie erinnert uns selbst und unsere deutschen Freunde an die starke Identität eines unternehmerischen Volkes, das, wann immer dies zur Affirmation als Nation und als Volk notwendig erscheint, sich als Freund des Wissens und mit Mut zum Risiko zeigt.

Wir stellen diese Ausstellung in einem befreundeten Land vor, das ebenso Pionier war auf zahlreichen Gebieten des Fortschritts, des Wissens, der Wissenschaft und der Technik, damit wir, mit einem besseren Wissen umeinander, unsere lange und tiefe Freundschaft weiter intensivieren können.

Für diese herausragende Ausstellung möchte ich dem *Deutschen Historischen Museum* in Berlin, den Kuratoren und allen, die sich für sie engagiert haben, meinen Dank aussprechen.

José Sócrates
Premierminister von Portugal und
Ratspräsident der Europäischen Union

Portugal apresenta-se em Berlim, no *Museu Histórico Alemão*, através desta Exposição sobre os Novos Mundos e o papel de Portugal na época dos Descobrimentos, evidenciando aquele que foi certamente o seu maior contributo para a história da Humanidade. Um contributo que muitos e ilustres autores vêm considerando como a primeira versão da Internet, ainda muito primária, lenta e tecnologicamente elementar, mas concreta e capaz de ligar continentes, civilizações, culturas e pessoas. Esta rede foi consolidada por nomes grandes da nossa arte de marear, como Vasco da Gama, que comandou a descoberta definitiva do caminho marítimo para a Índia, ou Pedro Álvares Cabral, que chefiou a descoberta do Brasil. Uma rede global construída com caravelas, com saber prático e com a coragem de quem punha a vontade de «dar novos mundos ao mundo» à frente do risco. Como alguém dizia, os portugueses foram os primeiros a compreender o alcance do conceito de «aldeia global». É verdade. Tratava-se, é certo, de uma rede ainda pouco sofisticada, mas já rica de conexões. E vasta, pois ligava continentes e era alimentada pelo intercâmbio de bens e produtos de todo o tipo, mas também de civilizações, de saberes, de culturas, de crenças e de costumes. Portugal foi, de facto, pioneiro e haveria de nela navegar por muito tempo, juntamente com outras potências, como a Espanha, a Inglaterra ou a Holanda. Nesta navegação, as Américas, a África, a Índia, a China ou o Japão representaram importantes pontos dessa conexão global que fundou a época moderna e que originou intercâmbios que viriam a produzir aquela miscigenação humana, cultural e civilizacional que daria origem a uma Humanidade mais rica, mais diversificada, mais complexa e mais consciente de si como género humano universal. Mas a verdade é que, por mais rudimentar que fosse esta rede – feita de saber prático, de capacidade de organização e de uso instrumental dos saberes científicos e técnicos disponíveis –, ela exigiu um grande investimento nas técnicas de orientação astronómica, nos novos instrumentos de navegação, na nova cartografia, na construção naval, numa palavra, em pilares importantes do que viria a ser a ciência náutica. Como exigiu visão política, coragem, determinação e sentido de risco. E Portugal, esse investimento, foi capaz de o fazer na prática e de uma forma pioneira e construtiva, animado e movido por uma estratégia de projecção económica, civilizacional e cultural do país, mas também por esse humanismo cosmopolita que sempre constituiu um dos traços distintivos do nosso ser colectivo.

Este pioneirismo de Portugal levá-lo-ia a construir um império que duraria séculos e que haveria de dar origem a importantes nações na América do Sul, como o Brasil, no século XIX, em África, como Angola, Moçambique, Guiné, Cabo Verde ou S. Tomé e Príncipe, no século XX, ou na Ásia, como Timor, já no século XXI. Um império que viria a deixar marcas profundas na língua, na cultura, na religião, nos costumes, na miscigenação racial, na economia e até nos sistemas políticos de todos estes Países. Marcas que se cruzaram com tantas civilizações.

Foi há muito pouco tempo que regressámos à nossa dimensão originária. E se é verdade que foi em parte esta nossa dimensão localizada que nos levou à procura de uma rede que nos conectasse com novos mundos, também agora, com o regresso à nossa escala europeia, estamos a tentar redescobrir produtivamente as virtudes de uma outra rede mais veloz e mais sofisticada, procurando responder aos novos desafios da globalização de novo com coragem e com sentido de risco. Esta nova viagem não é menos difícil do que as antigas viagens, mas, tal como estas, ela é necessária à nossa sobrevivência económica e à nossa capacidade de afirmação em todas as frentes do progresso. Num mundo global, é este o espaço natural em que as sociedades modernas respiram e é nele que têm de se afirmar.

Esta Exposição, sendo uma viagem ao universo dos séculos que lançam a modernidade e ao imenso movimento que Portugal desencadeou com os Descobrimentos, procura também dar um sinal de que estamos a responder aos reptos da História, lembrando, a nós próprios e aos nossos amigos alemães, essa forte identidade originária de povo empreendedor, amigo do conhecimento e capaz de assumir radicalmente o risco, quando ele seja necessário à sua afirmação como Nação e como Povo.

Propomos esta exposição num País amigo e também ele pioneiro em tantas frentes do desenvolvimento, do saber, da ciência e da técnica. Para que, conhecendo-nos melhor, possamos reforçar uma antiga e sólida amizade.

Ao *Museu Histórico Alemão* de Berlim, aos Comissários e a todos os que nela se empenharam o meu obrigado por esta magnífica Exposição.

José Sócrates
Primeiro-Ministro de Portugal
e Presidente do Conselho da União Europeia

GRUSSWORT

Deutschland hat die EU-Ratspräsidentschaft Mitte 2007 an Portugal übergeben. Das *Deutsche Historische Museum* nimmt dies zum Anlass, in enger Zusammenarbeit mit portugiesischen Einrichtungen die Ausstellung »Novos Mundos – Neue Welten« zu präsentieren. Die Ausstellung gewährt reiche Einblicke in das Zeitalter der Entdeckungen vom 15. bis 17. Jahrhundert. Im Mittelpunkt steht die Geschichte Portugals und der Gebiete in Übersee, der »Neuen Welten«.

Die Kunde von der Neuen Welt wurde in ganz Europa rasch verbreitet: Die Schrift *Mundus Novus* von Amerigo Vespucci wurde im 16. Jahrhundert in 37 verschiedenen Sprachen gedruckt. Mit Hilfe eines Stützpunktsystems, das Küstengebiete Afrikas, Asiens und Amerikas umfasste, gelang es dem Königreich Portugal, entscheidende Teile des internationalen Handelsverkehrs zu seinen Gunsten zu beeinflussen. Es blieb jedoch nicht beim Austausch von Waren. Lange bevor der Begriff der Globalisierung existierte, baute Portugal weltumspannende politische und wirtschaftliche, kulturelle und wissenschaftliche Verbindungen auf, die sowohl Europa als auch die »Neuen Welten« anhaltend verändern sollten. Das Zeitalter der Entdeckungen verdeutlicht, dass die Vernetzung zwischen den Weltregionen kein Phänomen nur unserer Zeit ist.

Die Ausstellung illustriert nicht nur die Geschichte Portugals als weltweit agierende Kolonialmacht mit großem und bis heute spürbarem Einfluss auf überseeische Regionen. Dokumentiert wird auch die Mitwirkung zahlreicher Deutscher an diesem frühen Globalisierungsprozess. Vom Nürnberger Martin Behaim stammt der älteste erhaltene Globus der Welt. Martin Waldseemüller schuf 1507 seine berühmte Weltkarte, auf der zum ersten Mal der Name *America* erscheint. Wie aus allen Teilen Europas zog es auch Seefahrer, Kartografen, Kaufleute, Handwerker und Glücksritter aus deutschen Landen nach Portugal, einem Sprungbrett in »Neue Welten«. In Lissabon bildeten sie um die Wende vom 15. zum 16. Jahrhundert eine eigene Kolonie. Zahlreiche Personen, die sie prägen, sind uns heute noch namentlich bekannt.

Die Begegnung mit Fremdem führt immer auch zu einem neuen Blick auf das Eigene. Das Aufeinandertreffen der »Alten Welt« mit »Neuen Welten« im Zuge der portugiesischen Welterkundungen bestimmte somit auch in hohem Maße das Selbstverständnis Europas. Die kulturelle Vielfalt Europas ist unser großes gemeinsames Kapital in einer globalisierten Welt. Aus diesem Grund muss eine Teilhabe der Bürgerinnen und Bürger Europas am kulturellen Schatz Europas sichergestellt werden. Einen großen Anteil hieran haben seit jeher die europäischen Museen, die mit ihren umfangreichen Sammlungen die kulturelle Identität und Vielfalt Europas dokumentieren.

Sich mit Kultur zu befassen, heißt auch, andere Länder und Traditionen zu begreifen, Gemeinsamkeiten zu finden und Unterschiede verstehen zu lernen. Während der Jahrhunderte der Entdeckungen und des Kolonialismus bestimmten in der Regel wirtschaftliche und politische Motive die Kontakte mit anderen Kontinenten und ihren Völkern. Heute sind es zunehmend auch kulturelle Erwägungen, das Interesse an außereuropäischen Ländern zu stärken und damit eine Grundlage für das friedliche Miteinander der Menschen zu legen. Daher ist es nur zu begrüßen, dass die europäische Kulturpolitik in jüngster Zeit wieder an Bedeutung gewonnen hat. Die Europäische Kommission bekräftigte kürzlich den hohen Stellenwert der Kultur durch ihre »Mitteilung über eine europäische Kulturagenda im Zeichen der Globalisierung«. Ziel ist, die kulturelle Dimension zur Querschnittsaufgabe aller Bereiche der Außenbeziehungen der Gemeinschaft und ihrer Mitgliedsstaaten zu machen. Portugal, das die Beziehungen unseres Kontinents zu anderen Regionen der Erde auf besondere Weise geprägt hat, ist für diese Aufgabe seiner EU-Ratspräsidentschaft gut gerüstet. Deutschland wird Portugal hierbei nach Kräften unterstützen.

Die Zusammenarbeit zur Verwirklichung der Ausstellung »Novos Mundos – Neue Welten« ist ein hervorragendes Beispiel für erfolgreiche europäische Kooperation im Kulturbereich. Sie illustriert zudem die große Bedeutung einer grenzüberschreitenden »Mobilität von Museumssammlungen« zur Vergegenwärtigung gemeinsamer kultureller Wurzeln und Stärkung einer gesamteuropäischen Identität. So ist diese Ausstellung, die uns nicht zuletzt Chancen und Verantwortung Europas in unserer immer enger zusammenwachsenden Welt bewusst macht, ein gelungener Beitrag, um europäische Kulturpolitik weiter zu fördern. Allen, die mit ihrer Unterstützung die Ausstellung ermöglicht haben, danke ich sehr herzlich: dem *Deutschen Historischen Museum* und den portugiesischen Partnern, dem *Instituto Camões* und der *portugiesischen Botschaft* sowie den zahlreichen nationalen und internationalen Leihgebern, die sehenswerte Kostbarkeiten für diese Ausstellung zur Verfügung gestellt haben.

Ich wünsche der Ausstellung »Novos Mundos – Neue Welten« viel Erfolg und den hoffentlich zahlreichen Besuchern eine aufschlussreiche und mitreißende Entdeckungsreise durch eine ebenso bewegte wie bewegende Epoche.

Dr. Angela Merkel
Bundeskanzlerin der Bundesrepublik Deutschland

A Alemanha passou a Portugal o testemunho da Presidência da União Europeia, em meados deste ano. O *Deutsches Historisches Museum* aproveita esta oportunidade para, em estreita cooperação com instituições portuguesas, apresentar a exposição »Novos Mundos – Neue Welten«. A exposição proporciona um amplo olhar sobre a época dos Descobrimentos, do século XV ao século XVII, centrada na História de Portugal e dos territórios ultramarinos, os »Novos Mundos«.

As notícias sobre o Novo Mundo espalharam-se rapidamente por toda a Europa: o escrito *Mundus Novus*, de Américo Vespúcio, foi publicado no século XVI em 37 línguas. Com a ajuda de uma rede de bases de apoio, que abrangia as costas da África, Ásia e América, o Reino de Portugal logrou influenciar, a seu favor, sectores decisivos do comércio internacional. Nem tudo foi, porém, troca de bens de consumo. Muito antes de surgir o conceito de globalização, Portugal já tinha desenvolvido, a uma escala mundial, laços políticos, económicos, culturais e científicos, que, a longo prazo, haveriam de transformar tanto a Europa como os »Novos Mundos«. A época dos Descobrimentos demonstra que a interligação entre as várias regiões do mundo é tudo menos um fenómeno apenas contemporâneo.

A exposição não ilustra apenas a História de Portugal enquanto potência colonial com uma grande influência, cujos traços ainda hoje são visíveis, nas regiões ultramarinas. É também documentado o contributo de numerosos alemães para este primeiro processo de globalização. A Martin Behaim, de Nuremberga, remonta o mais antigo globo ainda existente. Martin Waldseemüller criou, em 1507, o seu famoso mapa-mundo, no qual consta, pela primeira vez, o nome *America*. De terras alemãs, tal como de outras partes da Europa, chegavam a Portugal, ponto de partida para os »Novos Mundos«, navegadores, cartógrafos, comerciantes, artífices e aventureiros, que, na viragem do século XV para o século XVI, constituíam já, em Lisboa, uma colónia, cujos nomes mais marcantes ainda hoje são conhecidos.

Do encontro com o outro resulta sempre um novo olhar sobre o próprio. E o confronto do »Velho Mundo« com os »Novos Mundos«, decorrente das descobertas portuguesas, determinou também, em larga medida, a consciência colectiva da Europa. A diversidade cultural da Europa constitui o nosso grande capital comum num mundo globalizado. Por esta razão, tem de ser assegurada a possibilidade de os cidadãos europeus desfrutarem do património cultural. Neste contexto, cabe, desde sempre, um importante papel aos museus, que, com as suas vastas colecções, documentam a identidade e diversidade culturais da Europa.

Pensar-se a cultura significa, também, entender outros países e tradições, descobrir o que nos é comum e apreender as diferenças. Ao longo dos séculos dos Descobrimentos e do colonialismo, eram geralmente de natureza económica e política os motivos que determinavam os contactos com outros continentes e os seus povos. Hoje, acrescem ainda, e cada vez mais, preocupações de ordem cultural, que intensificam o interesse pelos países de fora da Europa, criando as bases de uma coexistência pacífica da humanidade. Neste contexto, é de saudar a crescente importância da política cultural europeia nos últimos anos. A Comissão Europeia reafirmou recentemente, com a Comunicação »Uma agenda europeia para a cultura num mundo globalizado« o destacado papel da cultura, tendo como objectivo tornar a dimensão cultural uma missão transversal a todos os sectores das relações externas da União e dos Estados-membros. Portugal, que, de uma forma muito especial, marcou as relações do nosso continente com outras regiões do mundo, está bem preparado para esta tarefa da Presidência da União Europeia, na qual será plenamente apoiado pela Alemanha.

A cooperação para a realização da exposição »Novos Mundos – Neue Welten« é um excelente exemplo de uma bem sucedida cooperação europeia no sector cultural. Ilustra igualmente a grande importância de uma »mobilidade das colecções museológicas« na tomada de consciência das raízes culturais comuns e no reforço de uma identidade comum europeia. A presente exposição, que nos demonstra as oportunidades e responsabilidades europeias no nosso mundo cada vez mais unido, é, assim, mais um importante contributo para a promoção da política cultural europeia. A todos os que, com o seu apoio, tornaram possível a exposição, os meus vivos agradecimentos – ao *Deutsches Historisches Museum* e aos parceiros portugueses, o *Instituto Camões* e a *Embaixada de Portugal*, bem como aos numerosos emprestadores nacionais e internacionais que disponibilizaram notáveis preciosidades para esta exposição.

À exposição »Novos Mundos – Neue Welten«, desejo o maior êxito. Aos visitantes, que espero muito numerosos, uma cativante e irresistível viagem de Descobrimentos a uma época movimentada e emocionante.

Doutora Angela Merkel
Chanceler da República Federal da Alemanha

GRUSSWORT

Eine der großen Besonderheiten der portugiesischen Geschichte und Kultur beruht darauf, dass jene ab dem 15. und 16. Jahrhundert evident zu einer Intensivierung des Dialogs sowie zu einem Austausch von Kenntnissen und Produkten zwischen interkontinentalen Kulturen und Zivilisationen beigetragen haben. Dieser Austausch manifestiert sich heute als Pioniergeist der zeitgenössischen Tendenzen und globalisierenden Realitäten. Die Präsentation der Ausstellung »Novos Mundos – Neue Welten. Portugal und das Zeitalter der Entdeckungen« im neu gestalteten und mehrfach ausgezeichneten *Deutschen Historischen Museum* offenbart die Wichtigkeit dieser Thematik und ermöglicht dem Berliner und internationalen Publikum einen globalen Blick auf die portugiesischen Entdeckungen.

Die Ausstellung stellt unter dem Aspekt der Forschung und den von ihr entwickelten Thesen einige interessante Eigenheiten und Besonderheiten vor. Sie wurde auf der Basis von zwei zentralen Ansätzen konzipiert. Zum einen stellt sie die Perspektive der Entwicklung dar, ausgehend von den vorangegangenen historischen Ereignissen und dem aus dem 13. bis 15. Jahrhundert erhaltenen Erbe auf lusitanischem Territorium bis zur ersten Phase des Niedergangs des portugiesischen Einflusses bereits im Verlauf des 17. Jahrhunderts, der Epoche großer Veränderungen und Innovationen in einem neuen Europa; zum anderen fokussiert sie mit besonderer Aufmerksamkeit Anthropologie und Tauschhandel im Verlauf der portugiesischen Expansion.

Für die Realisierung der Ausstellung wurden erstaunliche, in weit entfernten Ländern wie Indien, Burma und Japan für Europa hergestellte Objekte ausgewählt, wobei die Auswirkungen des Kulturaustauschs ebenso offenbar werden wie vergleichende Studien bezüglich Inspiration und Entwicklung der großen Auftragswerke.

Abgesehen von der Beharrlichkeit der Monarchen, Seefahrer, Händler, Forscher und Künstler, die der Welt ihre Gestalt gegeben haben, die noch heute Bestand hat und durch die umfangreich ausgestellte Dokumentation belegt wird, würde ich gerne – anlässlich dieses gemeinsamen, während der dritten portugiesischen Ratspräsidentschaft realisierten deutsch-portugiesischen Projektes – auch die Bedeutung der deutschen Seefahrer und Wissenschaftler bei der Verbreitung dieses neuen Weltbildes hervorheben, das in wenig mehr als einem Jahrhundert auf fulminante Weise die Geschichte der Menschheit unwiderruflich geprägt hat.

Ich freue mich über die beispielhafte Partnerschaft, die mit dem *Deutschen Historischen Museum* Berlin und seinem Direktor, Prof. Dr. Hans Ottomeyer, entstanden ist und danke im Namen des *Instituto Camões* den Kuratoren der Ausstellung, Dr. Michael Kraus und Paulo Pereira, und all denjenigen, die – sei es durch Leihgaben, sei es durch sorgfältige Arbeit – zu dieser Ausstellung beigetragen haben.

Simonetta Luz Afonso
Präsidentin des Instituto Camões

Uma das grandes particularidades da história e da cultura portuguesa assenta no facto de, a partir do séc. XV e XVI, ter contribuído de forma inequívoca para um estreitamento do diálogo e comunicação e de troca de conhecimentos e produtos entre culturas e civilizações intercontinentais. Esse intercâmbio, revela-se hoje como um pioneirismo das contemporâneas tendências e realidades globalizantes. A apresentação da Exposição »Novos Mundos. Portugal e a Época dos Descobrimentos« no prestigioso e renovado *Museu Histórico Alemão* de Berlim, é reveladora da importância que a temática reveste, possibilitando-se, assim, a um público assíduo berlinense e internacional, uma visão global dos descobrimentos portugueses.

A exposição apresenta particularidades e originalidades de grande interesse em termos de investigação e tese. Com efeito, foi construída com base em duas coordenadas maiores. Por um lado, perspectiva-se desde os antecedentes históricos, começando o seu percurso nas heranças recebidas no território lusitano durante os séculos XIII a XIV, até à primeira fase de declínio da influência portuguesa, já em pleno século XVII, época de grandes transições e inovações numa nova Europa; por outro lado, enfoca com especial atenção a antropologia e o regime de trocas que decorreram da expansão portuguesa.

Para a sua concretização foram escolhidas peças de arte surpreendentes, muitas delas ultrapassando os padrões estéticos e cânones europeus. Trata-se da grande produção de objectos exóticos, produzidos para a Europa, mas em lugares longínquos como a Índia, Birmânia ou Japão, sendo manifesto o impacte do intercâmbio entre culturas e o estudo comparado a nível de inspiração e desenvolvimento de grandes encomendas.

Para além da persistência de monarcas, de navegantes, de comerciantes, de exploradores e de artistas que deram ao mundo a sua forma, ainda hoje actual, testemunhada pela profusa documentação exposta, gostaria de realçar, por ocasião deste projecto conjunto luso-alemão organizado durante a 3ª Presidência portuguesa da União Europeia, o protagonismo de navegadores e homens de ciência alemães na difusão desta nova visão do mundo que, em pouco mais de um século e de maneira fulminante, marcou indelevelmente a História da Humanidade.

Congratulando-me com a exemplar parceria desenvolvida com o *Museu Histórico Alemão* de Berlim e o seu Director, Professor Doutor Hans Ottomeyer, em nome do *Instituto Camões* agradeço aos Comissários, Doutores Michael Kraus e Paulo Pereira, e a todos os que colaboraram através da cedência do precioso património que tutelam e do trabalho que tão dignamente desenvolveram.

Simonetta Luz Afonso
Presidente do Instituto Camões

Que se o facundo Vlisses escapou,
De ser na Ogigia Ilha, eterno escrauo:
E se Antenor os seios penetrou,
Iliricos, & a fonte de Timauo.
E se o piadoso Eneas nauegou,
De Scila, & de Caribdis o Mar brauo.
Os vossos mores cousas atentando,
Nouos mundos ao mundo yrão mostrando.

Fortalezas, Cidades, & altos muros,
Por elles vereis filha edificados:
Os Turcos belacissimos & duros,
Delles sempre vereis desbaratados.
Os Reis da India liures, & seguros,
Vereis ao Rei potente sojugados.
E por elles de tudo em fim senhores,
Serão dadas na terra leis milhores.

Vereis este, que agora presuroso,
Por tantos medos o Indo vay buscando,
Tremer delle Neptuno de medroso,
Sem vento suas agoas encrespando.
O caso nunca visto, & milagroso
Que trema, & serua o Mar em calma estado?
O gente forte, & de altos pensamentos,
Que tambem della hão medo os Elementos.

Vereis

VORWORT

»Großes Lob und große Ehre sei dem portugiesischen König, denn er hat die Welt vermehrt.« So heißt es auf einer 1530 in Straßburg veröffentlichten Weltkarte, die Lorenz Fries in Anlehnung an eine wenige Jahre zuvor entstandene Darstellung von Martin Waldseemüller geschaffen hatte. Ganz ähnlich sah es 1572 der Portugiese Luís de Camões, der in seinem Epos *Die Lusiaden* die berühmte Zeile dichtete, Portugal werde der Welt ›Neue Welten‹ zeigen. Von einer ›Neuen Welt‹ hatte mit Blick auf Amerika 1502 bereits Amerigo Vespucci gesprochen, was Matthias Ringmann und Martin Waldseemüller wiederum zum Anlass nahmen, ihm zu Ehren den erst vor kurzem in den europäischen Gesichtskreis getretenen Kontinent im Jahr 1507 auf den Namen *America* zu taufen. Die Faszination, die die portugiesischen Seefahrten im 16. Jahrhundert auslösten, das Staunen über die nach Europa übermittelten Neuigkeiten ist in den zeitgenössischen Berichten an vielen Stellen spürbar.

Natürlich handelt es sich bei all diesen ›Entdeckungen‹ um Entdeckungen aus einer explizit europäischen Perspektive. Die autochthone Bevölkerung ›Amerikas‹ hatte diesen Kontinent bereits viele tausend Jahre zuvor entdeckt. Der Entdeckungsbegriff ist daher in der jüngeren Geschichtsschreibung mehr als einmal, und in der Regel zu Recht, kritisiert worden. Und natürlich ist der Globus um 1500 nicht in seinem tatsächlichen Ausmaß größer geworden. Doch wer sich dem Selbstverständnis der damaligen Zeit zu nähern versucht, der kann sich der Einsicht schwer verschließen, dass die Welt im 15. und 16. Jahrhundert in vielerlei Hinsicht ›vermehrt‹ und neu ›entdeckt‹ worden ist.

Die erste Globalisierung um 1500 bedeutet in vielerlei Hinsicht grundsätzlich andere Erfahrungen von der Welt. Bereits in der Antike hatten einzelne Gelehrte den Umfang des Globus weitgehend richtig bestimmt. Hinsichtlich der Einschätzung der Kontinente hatte sich die ›Alte Welt‹ jedoch grundlegend getäuscht. Landmassen schienen kleine Weltmeere weit zu überwiegen. Noch die 1457 bis 1459 in portugiesischem Auftrag entworfene Karte des italienischen Kamaldulensermönchs Fra Mauro führt dies deutlich vor Augen. Durch die Befahrung der Ozeane wuchs die Kenntnis von den ungeheuren Wassermassen, die die Welt bedeckten. Die tatsächlichen Entfernungen stellten sich als wesentlich größer heraus als zu Beginn der Neuzeit berechnet und erhofft.

Im Laufe dieser Expeditionen stießen europäische Seefahrer um die Wende vom 15. zum 16. Jahrhundert innerhalb einer erstaunlich kurzen Zeitspanne auf eine Vielzahl zuvor unbekannter Kulturen und Regionen, mit denen es sich auseinanderzusetzen galt und die das – wohlgemerkt gegenseitige – Bild, das man von ›Anderen‹ bzw. ›der Welt‹ bis dahin hatte, erweiterten, bereicherten und differenzierten. 1488 fuhr Bartolomeu Dias mit seiner Mannschaft weit über die Grenzen des Bekannten hinaus. Ihm gelang die erstmalige Umschiffung der Südspitze Afrikas. Zehn Jahre später segelte Vasco da Gama um dieses nunmehr sogenannte *Kap der Guten Hoffnung* bis nach Indien. Die lange gesuchte Verbindung zwischen dem Atlantik und dem Indischen Ozean, der nach ptolemäischer Vorstellung noch als Binnenmeer galt, war gefunden. Ein regelmäßiger Linienverkehr begann sich zu etablieren. Der mit großer Dynamik wachsende Welthandel verflocht sich in immer kürzeren Zeiträumen um den Globus und schuf neue Fluktuationsräume für Waren und Kenntnisse. Die Erschließung eines direkten Seeweges, der den unmittelbaren Kontakt zwischen den Völkern ermögliche, gehört zu den wesentlichen Ergebnissen der portugiesischen Expeditionen. Der ältere Fernhandel nach Ostasien und Afrika lief mittelbar über den Landweg als Tausch von Waren, über lange Wege und eine Vielzahl von Wegezöllen. Nun wurden diese Landesgrenzen umschifft. Die direkte Konfrontation mit den neuen Regionen und Völkern der Erde führte zu einem in Masse und Geschwindigkeit bis dahin unbekannten Austausch von Menschen, Handelswaren, Rohstoffen und Ideen, wobei die Einfuhr von Tieren, Pflanzen – aber auch Krankheitserregern – gravierende Veränderungen in den Lebensgrundlagen der vier bekannten Kontinente mit sich brachte.

Die neuen Kenntnisse und Produkte fanden in vielen Bereichen rasch ihren Niederschlag. Kartografen bildeten die Welt immer wirklichkeitsgetreuer ab. Gewürze und Medikamente, die ehemals seltene Luxuswaren oder ganz unbekannt waren, bereicherten in immer größeren Mengen das Angebot auf Europas Märkten. Künstler von Portugal bis Japan verarbeiteten die neuen Eindrücke in ihren Werken. Das anhaltende Interesse an fremden Regionen und einer Überschreitung der Grenzen des Wissens waren prägende Elemente der Zeit um 1500. Die eigene Position auf dem Globus musste neu definiert werden. Die entstehenden Kunstkammern waren kosmopolitische Sammlungen, Schatzkammern des Wissens und der – überwiegend exotischen – Materie. Es sind die ältesten europäischen Museen. In diesen Museen der Welt war sowohl das Vergangene als auch das Ferne versammelt und diente der Erörterung.

Dabei ist unbestritten, dass es sich bei diesen ›Kulturbegegnungen‹ oftmals nicht um ein friedliches Kennenlernen handelte. Nur allzu häufig setzte der jeweils Stärkere seine Interessen mit Gewalt durch. So wurden auch die neuen Kenntnisse teils weniger im Rahmen einer allgemeinen Wissensvermehrung, sondern machtpolitisch aus dem Blickwinkel des strategischen

ABBILDUNG 1
AUSZUG AUS DER ERSTAUSGABE DER LUSIADEN VON LUIS DE CAMÕES, 1572. IN DER 45. STROPHE DES ZWEITEN GESANGES FINDET SICH DIE ZEILE, DASS PORTUGAL DER WELT ›NEUE WELTEN‹ ZEIGEN WERDE (NOUOS MUNDOS AO MUNDO YRÃO MOSTRANDO), KAT.-NR. IX.26

Vorteils eingesetzt: Weltkarten, Seekarten und Landkarten waren, solange sie unpubliziert blieben, wohl gehütete Staatsgeheimnisse, veröffentlicht und gedruckt aber konnten sie zu Behauptungen, Forderungen, Unterstellungen und bisweilen zu Kriegserklärungen werden. Karten waren Bilder von Weltvorstellungen, doch konnten sie auch Wunschvorstellungen von der politischen Gestalt der Erde wiedergeben. Sie gehören dann, wie beispielsweise die spanische Weltkarte in der Ausstellung zeigt, in den Bereich der Propaganda und nicht der objektiven Wissensvermittlung. Die alten Karten unter diesem Gesichtspunkt zu überprüfen bleibt ein lohnendes Unterfangen.

Wie sehr all diese Entwicklungen bis heute nachwirken, zeigt sich in aktuellen Debatten, in denen Historiker wie Hermann Hiery im Rückblick auf die ›Zeit der Entdeckungen‹ nach den Beweggründen für eine ›Europäisierung der Welt‹ fragen oder Philosophen wie Peter Sloterdijk die Entstehung eines ›Weltinnenraums des Kapitals‹ auszuloten versuchen. Pointiert charakterisiert Sloterdijk (2006, S. 82) die anhaltenden Folgen der sozialen Dynamik dieser Prozesse: »Es gehört zu den tiefen Gedanken des 16. Jahrhunderts, dass es neben dem Geburtsadel, der seit mythischen Zeiten obenauf ist, und dem Amtsadel, der begonnen hat, sich im Dienst der frühneuzeitlichen Staaten unentbehrlich zu machen, schon den anarchischen Adel der Zukunft promoviert, den Glücksadel, der als das wahre Kind der Neuzeit dem Schoß der Fortuna allein entspringt. Aus diesem Zufallsadel wird sich die Prominenz des Globalisierungszeitalters rekrutieren – eine Gesellschaft aus nachtwandlerisch Reichgewordenen, Berühmten und Begünstigten, die nie recht begreifen, was sie nach oben getragen hat.«

Das *Deutsche Historische Museum* nimmt den Wechsel der EU-Ratspräsidentschaft, die zur Jahresmitte 2007 von Deutschland an Portugal überging, zum Anlass, um mit »Novos Mundos – Neue Welten. Portugal und das Zeitalter der Entdeckungen« die Geschichte des Landes, das an den weltweiten und ›Neue Welten‹ verbindenden Entwicklungen des 15. und 16. Jahrhunderts maßgeblichen Anteil hatte, einem breiten Publikum nahezubringen. Der aktuelle Bezug bietet Gelegenheit, wegweisende, aber im deutschsprachigen Raum trotz ihrer globalen Bedeutung nur selten in Ausstellungsform dargestellte Prozesse zu beleuchten, erfolgte die Auseinandersetzung mit der Entdeckungsgeschichte des 16. Jahrhunderts hierzulande bisher doch meist in Einengung auf die spanischen Eroberungen in Amerika.

In 15 Abschnitten thematisiert die Ausstellung sowohl die mittelalterliche und frühneuzeitliche Geschichte des Königreichs Portugal als auch die Auswirkungen seiner Seeunternehmungen nach Übersee. Politische und weltwirtschaftliche Aspekte kommen dabei ebenso zur Sprache wie religiöse, wissenschaftlich-technische und künstlerische Entwicklungen. Dass mit Portugal ein europäisches Land im Mittelpunkt der Darstellung steht, mit Ferdinand Magellan ein Europäer der erste Weltumsegler war, bedeutet allerdings nicht, dass die Ausstellung Europa als Mittelpunkt der Welt, den europäischen Blick als Maßstab der Weltgeschichte begreift. Ambivalenzen und Wechselseitigkeiten der interkulturellen Begegnungen werden an vielen Stellen aufgegriffen und aus unterschiedlicher Perspektive thematisiert.

Den roten Faden der Ausstellung stellt jedoch klar die weltumspannende Geschichte Portugals dar. Darüber hinaus war es uns ein Anliegen, auch die innereuropäischen Auswirkungen, und hier vor allem die portugiesisch-deutschen Berührungspunkte jener Zeit in Exponaten und Texten deutlich zu machen. Gab es mit den Heiratsbeziehungen des Adels, den Länder übergreifenden Handelsaktivitäten der Kaufmannsgesellschaften, dem Austausch von Handwerkstechniken und wissenschaftlichen Ergebnissen, aber auch der internationalen Besetzung von Missionsorden, Schiffsmannschaften oder Söldnerheeren doch eine Vielzahl von Anknüpfungspunkten, die die genuin portugiesischen Entdeckungsfahrten stets eng mit dem restlichen Europa verbanden.

Zwei Jubiläen legen das Aufgreifen dieser Beziehungen 2007 darüber hinaus besonders nahe. So jährte sich am 29. Juli zum 500. Mal der Todestag des Nürnberger Martin Behaim, der 1485 im portugiesischen Alcáçovas zum Ritter geschlagen wurde, 1492/93 in Nürnberg den ältesten erhaltenen Erdglobus schuf und 1507 schließlich in Lissabon verstarb. Vor genau 500 Jahren erfolgte zudem, wie eingangs erwähnt, durch Matthias Ringmann und Martin Waldseemüller im Vogesenstädtchen Saint Dié die ›Taufe‹ Amerikas. Und auch eine fast zeitgleich in Washington entstandene Ausstellung, »Encompassing the Globe. Portugal and the World in the 16th & 17th Centuries«, verdeutlicht das große Interesse, das die Geschichte der Entdeckungsfahrten im Jahr der portugiesischen EU-Ratspräsidentschaft auf sich zieht.

Wer sich die Aufgabe stellt, eine so umfassende Epoche der Weltgeschichte auf gut 1000 Quadratmetern bzw. 640 Seiten darzustellen, kommt nicht umhin, eine Auswahl zu treffen aus dem, was gezeigt und erzählt werden kann. Um dabei der Vielschichtigkeit der genannten Entwicklungen und der Heterogenität des geschichtlichen Ablaufs Tribut zu zollen, denen man mit einer monolinearen Perspektive oder einer plakativen These eben gerade nicht gerecht zu werden vermag, finden sich dem Katalogteil noch einmal 22 Essays vorangestellt, bei denen es sich um die erweiterten Ergebnisse eines Symposiums handelt,

Abbildung 2
Westafrikanisches Blashorn, vor 1684 (Ausschnitt).
An der Spitze des Horns befindet sich die Darstellung
eines Europäers, Kat.-Nr. XI.9

das das *Deutsche Historische Museum* vom 23. bis 25. November 2006 zur Vorbereitung der Ausstellung organisierte. Namhafte Fachwissenschaftler mit unterschiedlichen regionalen und thematischen Schwerpunkten tragen mit ihren Beiträgen zu einem breit gefächerten und interdisziplinär ausgerichteten Überblick bei, wobei es ein Anliegen unserer Kooperation war, es gerade auch portugiesischen Fachkollegen zu ermöglichen, ihre neuesten Forschungsergebnisse einem deutschsprachigen Publikum vorzustellen.

Ermöglicht wurden Ausstellung und Katalog durch die engagierte Unterstützung einer Vielzahl von Personen und Institutionen, denen für die Zusammenarbeit in den vergangenen zwei Jahren unser aufrichtiger Dank gilt. Zu nennen sind hier an erster Stelle die Mitarbeiterinnen und Mitarbeiter des *Instituto Camões*, allen voran seine Präsidentin, Simonetta Luz Afonso, sowie, stellvertretend für alle portugiesischen Wissenschaftler, die uns während der Vorbereitungszeit mit Rat und Tat zur Seite standen, Herr Paulo Pereira. Gefördert wurde das Projekt weiterhin durch den unermüdlichen Einsatz der Mitarbeiterinnen und Mitarbeiter der *Botschaft von Portugal in Berlin*, wobei wir uns namentlich sowohl bei S.E. Herrn José Caetano da Costa Pereira und Herrn Luís Tibério als auch bei S.E. João de Vallera und Frau Alexandra Pinho für die hervorragende Zusammenarbeit bedanken möchten. Der Kontakt zwischen portugiesischen Institutionen und dem *Deutschen Historischen Museum* wurde bereits vor Jahren von Frau Margarida Gouveia Fernandes hergestellt.

Zu Dank verpflichtet sind wir weiterhin allen nationalen und internationalen Institutionen und Personen, die mit ihren Leihgaben die Ausstellung in der vorliegenden Form ermöglicht haben. Aus der Fülle der Leihgeber wollen wir uns auf portugiesischer Seite noch einmal ausdrücklich bei Herrn Manuel Bairrão Oleiro vom *Instituto dos Museus e da Conservação*, bei Frau Dr. Dalila Rodrigues vom *Museu Nacional de Arte Antiga*, Herrn Pedro Redol vom *Museu Nacional Machado de Castro*, Herrn Silvestre Lacerda vom *Instituto dos Arquivos Nacionais/Torre do Tombo* sowie Herrn Prof. Dr. Jorge Couto von der *Biblioteca Nacional* bedanken. Auf deutscher Seite seien an dieser Stelle noch Herr Prof. Dr. Helwig Schmidt-Glintzer und Herr Dr. Christian Heitzmann von der *Herzog August Bibliothek* in Wolfenbüttel, Frau Dr. Margot Attenkofer und Herr Generaldirektor Dr. Rolf Griebel von der *Bayerischen Staatsbibliothek* in München sowie die Kolleginnen und Kollegen von den *Staatlichen Museen zu Berlin* sowie der *Staatsbibliothek zu Berlin* erwähnt.

Die die Ausstellung vorbereitende Fachtagung im November 2006 wurde finanziell gefördert vom *Instituto Camões*, der *Fundação Calouste Gulbenkian*, der *Thyssen-Stiftung* sowie der *Fundação Oriente*, wobei das *Instituto Camões* und die *Gulbenkian-Stiftung* auch die Produktion des Katalogs noch einmal in großzügiger Weise unterstützten. Die finanzielle Förderung durch *Turismo de Portugal* wird zweifelsohne ebenfalls mit dazu beitragen, dass »Portugal und das Zeitalter der Entdeckungen« die Beachtung finden, die ihnen aus Sicht des *Deutschen Historischen Museums* gebührt.

Hans Ottomeyer · Michael Kraus

LEIHGEBER

Belgien

- Brüssel
  Bibliothèque royale de Belgique

- Tervuren
  Musée royal de l'Afrique centrale

Deutschland

- Augsburg
  Staats- und Stadtbibliothek

- Bamberg
  Staatsbibliothek

- Berlin
  Freie Universität, Botanischer Garten und Botanisches Museum Berlin-Dahlem
  Deutsches Historisches Museum
  Humboldt-Universität zu Berlin, Universitätsbibliothek
  Ibero-Amerikanisches Institut – Preußischer Kulturbesitz
  Privatleihgabe Thomas Leyke
  Staatliche Museen zu Berlin – Ethnologisches Museum
  Staatliche Museen zu Berlin – Kunstgewerbemuseum
  Staatliche Museen zu Berlin – Kupferstichkabinett
  Staatliche Museen zu Berlin – Museum für Asiatische Kunst, Kunstsammlung Süd-, Südost- und Zentralasien
  Staatliche Museen zu Berlin – Museum für Asiatische Kunst, Ostasiatische Kunstsammlung
  Staatliche Museen zu Berlin – Museum für Islamische Kunst
  Staatliche Museen zu Berlin – Skulpturensammlung und Museum für Byzantinische Kunst
  Staatsbibliothek zu Berlin – Preußischer Kulturbesitz, Abteilung Historische Drucke
  Staatsbibliothek zu Berlin – Preußischer Kulturbesitz, Handschriftenabteilung
  Staatsbibliothek zu Berlin – Preußischer Kulturbesitz, Inkunabelsammlung
  Staatsbibliothek zu Berlin – Preußischer Kulturbesitz, Kartenabteilung
  Staatsbibliothek zu Berlin – Preußischer Kulturbesitz, Orientabteilung

- Braunschweig
  Städtisches Museum

- Bremerhaven
  Deutsches Schifffahrtsmuseum

- Dresden
  Grünes Gewölbe, Staatliche Kunstsammlungen Dresden
  Mathematisch-Physikalischer Salon, Staatliche Kunstsammlungen Dresden
  Museum für Völkerkunde Dresden, Staatliche Ethnographische Sammlungen Sachsen
  Rüstkammer, Staatliche Kunstsammlungen Dresden
  Sächsische Landesbibliothek – Staats- und Universitätsbibliothek Dresden

- Erlangen
  Universitätsbibliothek Erlangen-Nürnberg

- Gotha
  Forschungsbibliothek
  Stiftung Schloss Friedenstein, Schlossmuseum

- Göttingen
  Niedersächsische Staats- und Universitätsbibliothek

- Hamburg
  Museum für Kunst und Gewerbe

- Hannover
  Kestner-Museum

- Karlsruhe
  Badische Landesbibliothek

- Kassel
  Museumslandschaft Hessen Kassel, Hessisches Landes-Museum

- Köln
  St. Ursula, Goldene Kammer

- Lauf an der Pegnitz
  Freiherrlich von Welsersche Familienstiftung

- München
  Bayerisches Nationalmuseum
  Bayerische Staatsbibliothek
  Bayerische Verwaltung der staatlichen Schlösser, Gärten und Seen
  Deutsche Provinz der Jesuiten, St. Michael
  Staatliches Museum für Völkerkunde

- Nürnberg
  Germanisches Nationalmuseum
  Museen der Stadt, Gemälde- und Skulpturensammlung
  Stadtarchiv Nürnberg
  Stadtbibliothek

- Pommersfelden
  Kunstsammlungen Graf von Schönborn

- Rostock
  Universitätsbibliothek

- Stuttgart
  Brasilien-Bibliothek der Robert Bosch GmbH
  Landesmuseum Württemberg
  Linden-Museum, Staatliches Museum für Völkerkunde
  Staatsgalerie / Grafische Sammlung
  Württembergische Landesbibliothek

- Ulm
  Ulmer Museum

- Weimar
  Klassik Stiftung Weimar

- Wolfenbüttel
  Herzog August Bibliothek

Frankreich

- Paris
- Bibliothèque nationale de France
- Musée national des arts asiatiques Guimet

- Rouen
- Musée départemental des Antiquités

Grossbritannien

- Cambridge
- The Fitzwilliam Museum

- London
- Victoria and Albert Museum

Italien

- Florenz
- Archivio di Stato
- Galleria degli Uffizi

- Rom
- Biblioteca Casanatense

Niederlande

- Amsterdam
- Rijksmuseum

- Den Haag
- Nationaal Archief

- Leiden
- Rijksmuseum voor Volkenkunde
- Universiteitsbibliotheek

Österreich

- Kremsmünster
- Stiftssammlungen

- Wien
- Albertina
- Kunsthistorisches Museum, Kunstkammer
- MAK – Österreichisches Museum für angewandte Kunst / Gegenwartskunst
- Österreichisches Staatsarchiv, Haus-, Hof- und Staatsarchiv

Portugal

- Beja
- Museu Regional Rainha D. Leonor

- Cascais
- Câmara Municipal – Museu Condes de Castro Guimarães

- Coimbra
- Biblioteca Geral da Universidade de Coimbra
- Câmara Municipal de Coimbra, Museu Municipal – Colecção Telo de Morais
- Museu Nacional de Machado de Castro

- Estoril
- Privatsammlung

- Évora
- Biblioteca Pública
- Museu de Évora (em depósito na Universidade de Évora)

- Guimarães
- Museu Nacional de Alberto Sampaio

- Lissabon
- Arquivo Histórico Ultramarino do Instituto de Investigação Científica Tropical
- Biblioteca da Ajuda
- Biblioteca Nacional
- Centro Nacional de Arqueologia Náutica e Subaquática
- Forte de São Julião da Barra / Ministério da Defesa Nacional
- Instituto dos Arquivos Nacionais / Torre do Tombo
- Museu da Cidade
- Museu Escola de Artes Decorativas Portuguesas / Fundação Ricardo do Espírito Santo Silva
- Museu da Fundação Medeiros e Almeida
- Museu de Marinha
- Museu Militar
- Museu Nacional de Arte Antiga
- Museu Numismático Português (Imprensa Nacional – Casa da Moeda)
- Palácio Nacional da Ajuda
- Santa Casa da Misericórdia de Lisboa / Museu de São Roque
- Sociedade de Geografia

- Porto Salvo
- Colecção Millennium bcp

- Porto
- Biblioteca Pública Municipal do Porto
- Colecção Távora Sequeira Pinto
- Museu Nacional de Soares dos Reis

- Tomar
- Convento de Cristo, Instituto Português do Patrimonio Arquitectónico

- Viseu
- Museu Grão Vasco

Schweiz

- Schaffhausen
- Museum zu Allerheiligen

Spanien

- Madrid
- Museo Nacional de Artes Decorativas
- Patrimonio Nacional, Museo del Escorial, Palacio Real
- Real Academia de la Historia

USA

- New York
- The Pierpont Morgan Library

Vatikanstadt

- Musei Vaticani

AUTOREN · ESSAYS

Zoltán Biedermann
Forschungsassistent am Centro de História de Além-Mar, Universidade Nova de Lisboa; Stipendiat der Fundação para a Ciência e a Tecnologia

Elke Bujok
Leiterin der Abteilung Lateinamerika und Referentin für Außereuropäische Kunst am Staatlichen Museum für Völkerkunde in München

Pedro Lage Reis Correia
Forschungsassistent am Centro de História de Além-Mar, Universidade Nova de Lisboa; Stipendiat des Centro Científico e Cultural de Macau und der Fundação para a Ciência e a Tecnologia

Leonor Freire Costa
Professorin am Instituto Superior de Economia e Gestão (Departamento de Ciências Sociais – História) der Universidade Técnica de Lisboa

Alexandra Curvelo
Kunsthistorikerin am Instituto Português de Conservação e Restauro; Forschungsassistentin am Centro de História de Além-Mar, Universidade Nova de Lisboa; Stipendiatin der Fundação para a Ciência e a Tecnologia

Francisco Contente Domingues
Professor für Geschichte an der Faculdade de Letras der Universidade de Lisboa

Stefan Eisenhofer
Leiter der Abteilung Afrika des Staatlichen Museums für Völkerkunde München und Dozent am Institut für Ethnologie der Ludwig-Maximilians-Universität München

Peter Feldbauer
Professor für Wirtschafts- und Sozialgeschichte an der Universität Wien

Ulrich Knefelkamp
Professor für Mittelalterliche Geschichte Mitteleuropas und regionale Kulturgeschichte an der Fakultät für Kulturwissenschaften der Europa-Universität Viadrina, Frankfurt (Oder)

Michael Kraus
Kurator der Ausstellung »Novos Mundos – Neue Welten«, Deutsches Historisches Museum, Berlin

Reinhard Krüger
Professor für Romanistik am Institut für Literaturwissenschaft der Universität Stuttgart

Jean-Paul Lehners
Professor für Geschichte an der Université du Luxembourg

Marília dos Santos Lopes
Professorin für Neuere Geschichte an der Faculdade de Ciências Humanas der Universidade Católica Portuguesa in Lissabon

Eduardo Lourenço
Literaturwissenschaftler und Professor emeritus für Philosophie, Vence

Johannes Meier
Professor für Mittlere und Neuere Kirchengeschichte und Religiöse Volkskunde an der Universität Mainz

Jürgen G. Nagel
Wissenschaftlicher Mitarbeiter am Historischen Institut der FernUniversität Hagen

Paulo Pereira
Professor für Kunstgeschichte an der Faculdade de Arquitectura der Universidade Técnica de Lisboa, Co-Kurator der Ausstellung »Novos Mundos – Neue Welten«

Roderich Ptak
Professor für Sinologie an der Ludwig-Maximilians-Universität, München

Maria de Lurdes Rosa
Professorin für Geschichte an der Faculdade de Ciências Sociais e Humanas der Universidade Nova de Lisboa

Sigrid Sangl
Leiterin der Abteilung Möbel und Holzobjekte des Bayerischen Nationalmuseums, München

Sanjay Subrahmanyam
Professor für Indische Geschichte am Department of History und Leiter des Center for India and South Asia, University of California, Los Angeles

Jan Werquet
Wissenschaftlicher Volontär am Deutschen Historischen Museum, Berlin

Ângela Barreto Xavier
Forschungsassistentin am Instituto de Ciências Sociais der Universidade de Lisboa und Professorin am Instituto de Ciências do Trabalho e da Empresa, Lissabon

KATALOG

HA	Heidemarie Anderlik		SN	Siegmar Nahser
EMB	Eva-Maria Belzer		HN	Hilke Nissen
PB	Philipp Billion		PP	Paulo Pereira
EB	Elke Bujok		FÇP	Filiz Çakir Phillip
ZB	Zoltán Biedermann		GQ	Gerhard Quaas
AC	Anna Czarnocka		AR	Ansgar Reiss
SD	Silvia Dolz		LS	Lorenz Seelig
WD	Wolfram Dolz		AS	Anne Seubert
SE	Stefan Eisenhofer		CBS	Conceição B. Sousa
RDG	Raffael Dedo Gadebusch		WS	Wolfgang Stein
AvG	Almut von Gladiss		CT	Cornelia Timm
RG	Ralph Gleis		DV	Dieter Vorsteher
CPH	Claus-Peter Haase		JW	Jan Werquet
JH	Jürgen Hamel		CWM	Corinna Wessels-Mevissen
RH	Rita Haub			
DH	Daniel Hohrath			
CH	Christine Hollering			
PJ	Peter Junge			
KK	Katja Kaiser			
SK	Silke Karg			
HUK	Hans-Ulrich Kessler			
MK	Michael Kraus			
HWL	Hans Walter Lack			

ABKÜRZUNGEN

Abb.	Abbildung	Jan.	Januar / January	
Anm.	Anmerkung	Kal.	Kaliber	
ARSI	Archivum Romanum Societatis Iesu	Kap.	Kapitel	
		Kat.-Nr.	Katalognummer	
Aufl.	Auflage	Koord.	Koordination	
Ausg.	Ausgabe	koord.	koordiniert	
Ausst.-Kat.	Ausstellungskatalog	L.	Länge	
Bd.	Band	mç	maço	
Bde.	Bände	MEADP/ FRESS	Museu Escola de Artes Decorativas Portuguesas / Fundação Ricardo do Espírito Santo Silva	
Bearb.	Bearbeitung			
bes.	besonders			
bzw.	beziehungsweise			
bpk	Bildarchiv Preußischer Kulturbesitz	NDB	Neue Deutsche Biographie	
		Nr.	Nummer	
Bl.	Blatt	ÖAW	Österreichische Akademie der Wissenschaften	
i. Br.	im Breisgau			
B.	Breite	o. O.	ohne Ort	
cm	Zentimeter	o. J.	ohne Jahr	
ca.	circa	PK	Preußischer Kulturbesitz	
CNCDP	Comissão Nacional para as Comemorações dos Descobrimentos Portugueses	r	recto	
		Red.	Redaktion	
		reg.	regiert	
		Rmn	Réunion des musées nationaux	
Dec.	December			
ders./dies.	derselbe / dieselbe	SLUB	Sächsische Landes-bibliothek – Staats- und Universitätsbibliothek Dresden	
dt.	deutsche/r			
DHM	Deutsches Historisches Museum			
Dok.	Dokument	Slg.-Kat.	Sammlungskatalog	
Dm.	Durchmesser	S.	Seite	
EIC	East India Company	Sign.	Signatur	
ebd.	ebenda	SJ	Societas Jesu	
Fol.	Folio	Sp.	Spalte	
gav.	gaveta	SES	Staatliche Ethnographische Sammlungen Sachsen	
gest.	gestorben			
Gr.	Gramm	SKD	Staatliche Kunstsamm-lungen Dresden	
H.St.A.	Hauptstaatsarchiv			
Hl.	Heilige/r	SMB	Staatliche Museen zu Berlin	
Hrsg.	Herausgeber	T.	Tiefe	
hrsg.	herausgegeben	u. a.	und andere / unter anderem	
H.	Höhe			
IAN/TT	Instituto dos Arquivos Nacionais / Torre do Tombo	VOC	Verenigde Oostindische Compagnie	
		vgl.	vergleiche	
		v	verso	
IMC	Instituto dos Museus e Conservação	WIC	West-Indische Compagnie	
		v. a.	vor allem	
Inv.-Nr.	Inventarnummer	zit.	zitiert	
Jg.	Jahrgang	z. B.	zum Beispiel	
Jh.	Jahrhundert	z. Z.	zur Zeit	

Maßangaben im Katalog erfolgen, wenn nicht anders angegeben, in der Reihenfolge Höhe × Breite × Tiefe. Alle Angaben sind in Zentimeter.

ESSAYS

›25‹
Einführung

›53‹
Kosmografien

›89‹
Konfrontation der Kulturen

›191‹
Handels- und Wirtschaftsgeschichte

›221‹
Kunstwerke und Bildsprache

›287‹
Missionsgeschichte

Einführung

Sanjay Subrahmanyam

Als die Welt Portugal entdeckte: Zehn Jahre portugiesisch-asiatischer Begegnung 1498–1508

»Wir weisen Euch an, stets bedacht darauf zu sein, einige Männer auf Entdeckungsreisen (*a descobryr*) sowohl nach Malakka als auch in andere noch nicht so bekannte Gegenden zu schicken. Und Ihr solltet sie mit einigen Waren in einheimischen Schiffen losschicken, die dorthin fahren, vorausgesetzt sie können diese sicher mit sich führen. Und die Männer, die Ihr zu diesem Zweck auswählt, sollten wissen, wie sie richtig vorzugehen haben.« Königliche Anweisungen an Dom Francisco de Almeida, 3. März 1505.[1]

Historiker sehen sich bei ihrer Arbeit zu fast jedem Thema *nolens volens* mit dem heiklen Problem eines ›Gleichgewichts des Unwissens‹ (*balance of ignorance*) konfrontiert. Dies ist vor allem bei Themen der Fall, die mehr als 500 Jahre in die Geschichte zurückführen. Einerseits wussten die historischen Akteure, um die es geht, ohne Zweifel viele Dinge, die wir heute nicht wissen und in der Tat nicht wissen können; andererseits profitiert der Historiker von seiner nachträglichen Sicht auf die Geschehnisse und von seiner Forschungstätigkeit. Er kann daher Dinge erfahren, über die der historische Akteur im Dunkeln tappte. Dieses Problem wiegt deshalb besonders schwer, weil es uns häufig darum geht, die Motive für bestimmte Handlungen zu erkennen. Diese aber sind aufgrund der gerade beschriebenen asymmetrischen Situation nur schwer zu rekonstruieren.

Die Probleme, vor die uns die Geschichte der ersten zehn Jahre der portugiesischen Präsenz im Indischen Ozean, von 1498 bis 1508, stellt, können meines Erachtens heute in einem neuen Licht betrachtet werden, wenn man über dieses ›Gleichgewicht des Unwissens‹ zwischen uns, den Historikern im frühen 21. Jahrhundert, und einer Vielzahl von Akteuren, sowohl Portugiesen als auch anderen Protagonisten jener Zeit, nachdenkt. Dieses Gleichgewicht betrifft sowohl die Aspekte, die unter dem Oberbegriff ›Information‹ (bzw. den Objekten des Verbs *conhecer*, kennen, kennenlernen) verstanden werden können, und, vielleicht noch gravierender, diejenigen, die als ›Wissen‹ (*saber*) aufzufassen sind.

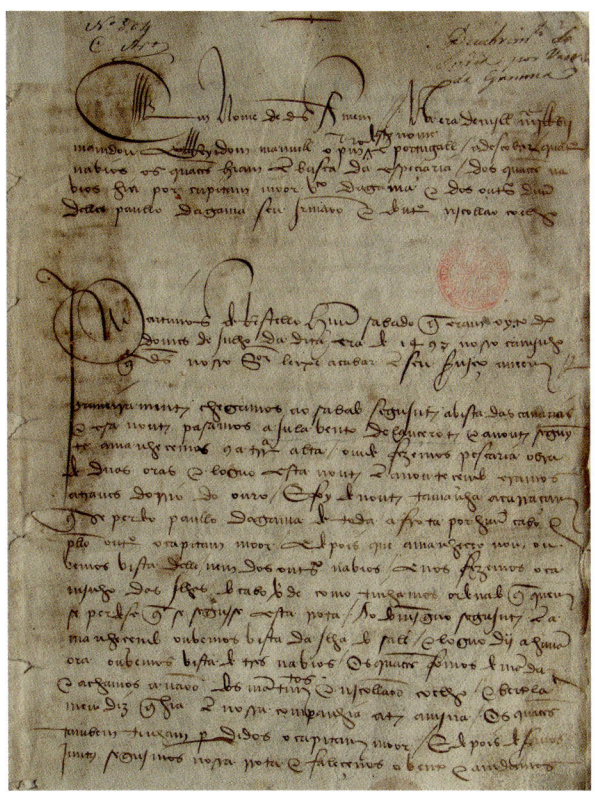

Es ist allgemein bekannt, ja fast ein Klischee, dass die Ankunft der Portugiesen in Westindien im Mai 1498 Anlass für ein beträchtliches Missverständnis war.[2] Wie wir von dem Álvaro Velho zugeschriebenen (und schon im 16. Jahrhundert vom Chronisten Fernão Lopes de Castanheda verwendeten) Text wissen (Abb. 2), glaubten die Portugiesen anfangs, es gäbe im maritimen Asien nur zwei Religionsgemeinschaften, denen sie gegenüberstanden, nämlich Muslime (oder ›Mauren‹) und Christen. Ihrer Ansicht nach beherrschten die Muslime den nordwestlichen Teil Asiens, der sich nach Arabien erstreckte, und die Christen den südöstlichen, mit Kerala als Scheitelpunkt zwischen den beiden. Dies würde erklären, warum die Hafenstadt und das

Abbildung 1 (links)
Die erste Indienflotte des Vasco da Gama, in: Memória das Armadas, nach 1566, Lissabon, Academia das Ciências

Abbildung 2
Tagebuch der ersten Indienfahrt Vasco da Gamas (1497–1499), Álvaro Velho zugeschrieben, Kat.-Nr. IV.9

Wie man sich in Portugal um 1500 Asien vorstellte

Königreiche	Truppenstärke	Kommentare · Segeldistanz in Tagen von Kalikut
Kalikut	100 000	Hauptsächlich Hilfstruppen
Kranganor	40 000	Christlich · 3 Tage
Kollam	10 000	Christlich · 10 Tage
Kayal	4 000	Maurenkönig, christliche Untertanen, 100 Elefanten · 10 Tage
Koromandel	100 000	Christlich
Ceylon	4 000	Christlich, viele Kampfelefanten · 8 Tage
Sumatra	4 000	Christlich, 1000 Kavallerie und 300 Elefanten · 30 Tage
Shahr-i Nav (Siam)	20 000	Christlich, 4000 Pferde und 400 Elefanten · 50 Tage
Tenasserim	10 000	Christlich, 500 Elefanten · 40 Tage
Bengalen	20–25 000	Christlicher König, maurische Untertanen, 10 000 Pferde und 400 Elefanten · 40 Tage
Malakka	10 000	Christlich, 1200 Pferde · 40 Tage
Pegu	20 000	Christlich, 10 000 Pferde und 400 Elefanten · 30 Tage
Kambodscha	5–6 000	Christlich, 1000 Elefanten · 50 Tage
Pidir	4 000	Christlich, 100 Elefanten · 50 Tage

Königreich Kalikut (Kozhikode) in der Vorstellung der Portugiesen einen eigentlich ›christlichen‹ König hatte, jedoch von den Händlern aus ›Mekka‹ beherrscht wurde. Die Portugiesen, die in der Flotte Vasco da Gamas mitreisten, brachten daher 1499 ein weitgehend falsches geopolitisches Bild von Asien nach Portugal. Es bestand aus einer Aufzählung zahlreicher christlicher Königreiche, die in einem binären System zu ihren möglichen Verbündeten gegen die muslimischen Händler in den Häfen von Kerala und an der ostafrikanischen Küste werden könnten.

Dieses Bild, von dem der anonyme Schreiber uns versichert, er habe es von »einem Mann, der unsere Sprache spricht und der vor dreißig Jahren aus Alexandria in diese Region gekommen ist« (also dem berühmten Gaspar da Índia) erhalten, hatte nicht lange Bestand und wandelte sich bereits 1501 beträchtlich, als Pedro Álvares Cabral mit einem neuen dreigeteilten Schema (Tabelle oben) nach Portugal zurückkehrte, das Christen, Mauren und Heiden beinhaltete.³ Oder anders ausgedrückt: Ein falsches Bild wurde durch das Hinzufügen empirischer Informationen korrigiert, welche es erlaubten, die Christen von der Mehrheit der Einwohner Keralas zu unterscheiden.⁴

Im folgenden Jahrzehnt sollten weitere Kategorien hinzukommen. Es wurde klar, dass die Muslime sich ihrerseits in mindestens zwei große Gruppen spalteten (einerseits die des »Xeque Ismael« und seiner *Carapuças roxas* oder *Qizilbāsh*, also die Schia-Anhänger der Safawiden; und andererseits die dominierenden Sunniten) und dass auch die Christen Keralas nicht dieselben Glaubensüberzeugungen hatten wie die Portugiesen. Lässt man nun aber außer Acht, dass die Akteure des frühen 16. Jahrhunderts Dinge, die wir heute wissen, nur teilweise wussten, läuft man Gefahr, vorschnelle Urteile über ihre Handlungen zu fällen. Dadurch kann ein Bild von ihnen gezeichnet werden, in dem sie weitaus naiver erscheinen, als sie wahrscheinlich waren.

Das Problem wird darüber hinaus dadurch erheblich verschärft, dass sich die Gesellschaften zur damaligen Zeit aus Akteuren zusammensetzten, die oftmals Analphabeten waren oder aber, wenn sie des Lesens und Schreibens kundig waren, es nicht für wichtig hielten, ihr Wissen schriftlich festzuhalten. Ein bekanntes Beispiel dafür ist Marco Polo. Es ist reiner Zufall, dass sein Bericht späteren Generationen überliefert wurde, denn er selbst scheint nicht sonderlich motiviert oder gar fähig gewesen zu sein, seine Geschichte zu Papier zu bringen. Der erstaunliche Mangel an Quellen über den Indischen Ozean im 15. Jahrhundert bestätigt dies. Die chinesischen Texte im Zusammenhang mit den Reisen der Ming-Dynastie (so der Bericht des Ma Huan) sind in erster Linie das Ergebnis von obligatorischen amtlichen Aufzeichnungen.⁵ Dass der Text von Niccolò de' Conti in schriftlicher Form vorliegt, ist wiederum auf den Eingriff eines humanistischen ›Co-Autors‹, Poggio Bracciolinis, zurückzuführen; auch der gequälte Bericht des Russen Afanasij Niki-

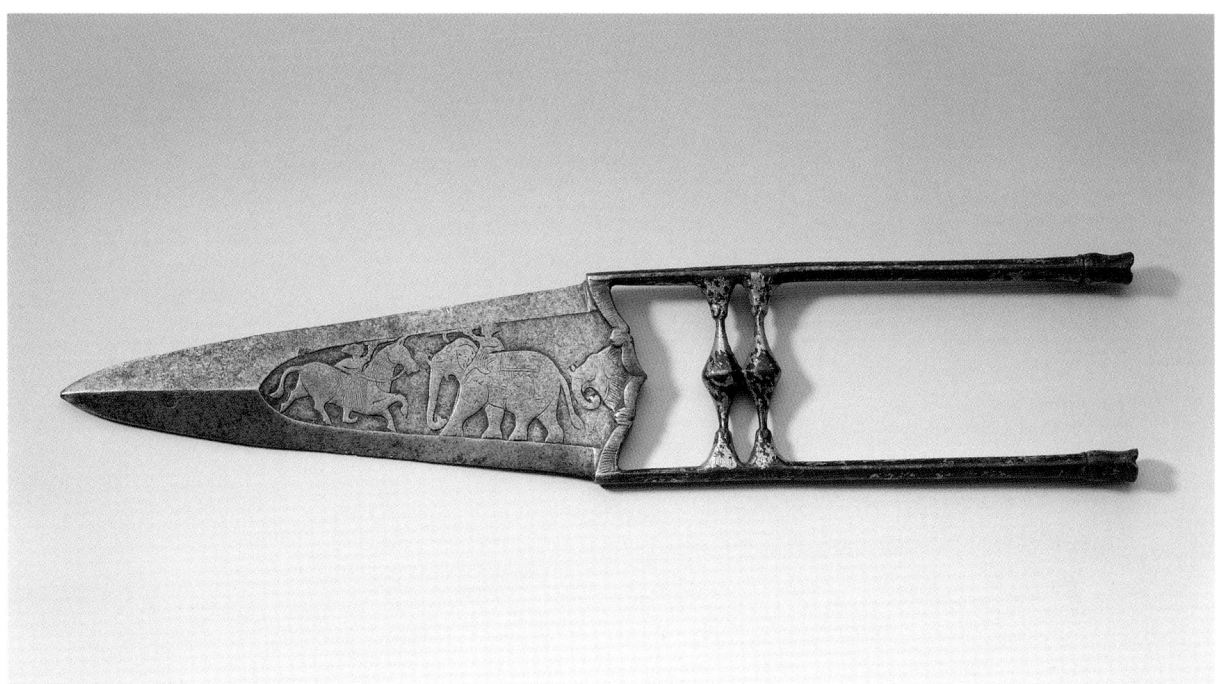

tin scheint eine eher verzweifelte Maßnahme des Autors gewesen zu sein, in einem Land voller Ungläubiger, die er verabscheute, seinen Verstand zu bewahren; und 'Abdur Razzaq Samarqandis Bericht von seinen Reisen nach Kerala und Vijayanagara in den 1440er Jahren ist die in einen hochliterarischen Text eingebundene Ich-Erzählung eines gelehrten Geschichtsschreibers.[6] Anders gesagt, wir finden nirgends in diesen Texten eine einfache, ungeschminkte Schilderung eines Kaufmanns (in der Kairoer Geniza-Tradition) oder einen Reisebericht mit praktischen Informationen über Münzen, Gewichte, auf dem Markt erhältliche Waren oder Ähnliches. Die Gründe hierfür sind offensichtlich. Handelsinformationen waren wertvoll und wurden nicht bereitwillig preisgegeben; in der Tat waren auch die Geniza-Dokumente nicht für eine weite Verbreitung bestimmt.[7]

Das bedeutet freilich nicht, dass Kenntnisse und wertvolle Informationen nicht in Kaufmannskreisen mündlich weitergegeben wurden, ganz im Gegenteil. Als Vasco da Gama 1498 in Indien eintraf, gab es mit Sicherheit einige Dutzend mediterrane Händler in verschiedenen Häfen des Indischen Ozeans, die über Kenntnisse verfügten, die weit über das hinausgingen, was Gama in drei kurzen Monaten in Kerala sammeln konnte. Wir kennen ihren Wissensstand zwar nicht genau, aber hier und da können wir eine Schätzung riskieren, so im Fall von Gaspar da Índia oder Ibn Tajjib (›Bontaibo‹ bzw. ›Monçaide‹), einem tunesischen Muslim, dem die Portugiesen 1498 in Kalikut begegneten. Ein weniger bekanntes Beispiel soll diesen Punkt verdeutlichen. Als João da Novas kleine Flotte 1502 nach Lissabon zurückkehrte, führte sie dem Bericht des berühmten in Lissabon lebenden florentinischen Kaufmanns Bartolemeo Marchionni zufolge »einen Venezianer mit, der 25 Jahre dort [in Asien] verbracht hatte«.[8] Dieser Mann, Bonajuto d'Albano (Benevenuto del Pan), kam ursprünglich vom Campo San Bartolomeo in der Nähe der Rialtobrücke, wo sein Bruder noch immer lebte; er war nun etwa 70 (oder nach anderen Versionen etwa 60) Jahre alt, lahmte (*zoto da una gamba*) und war recht arm, denn er hatte bei einem Schiffbruch im Indischen Ozean angeblich die beachtliche Summe von 20 000 bis 25 000 Dukaten verloren.[9] Albano behauptete, ausgedehnte Reisen durch Persien, Hormuz, Guzerat (Gujarat, ›Combait‹) sowie »Chocolut und all diese Länder« einschließlich Malakka unternommen zu haben. Unglücklicherweise, so Marchionni über Albano, sei es ihm während dieses Wanderlebens unmöglich gewesen, seine Söhne christlich zu erziehen. Daher habe er die Gelegenheit ergriffen, mit den Portugiesen nach Europa zurückzukehren, um »seine beiden Söhne und seine Frau zu Christen zu machen«, auch wenn sie nahezu unbekleidet waren und Beobachtern in Lissabon ziemlich unkultiviert erschienen. Er war auch nicht der einzige Rückkehrer, denn dieselbe Flotte brachte einen gebürtigen Valencianer und einen anderen Mann aus Bergamo mit, die beide einige Jahre in Indien gelebt hatten. Albano wurde sofort nach Sintra

Abbildung 3
Indischer Katar, 17. Jahrhundert, Kat.-Nr. VI.13

gebracht, wo sich König Manuel zu jener Zeit aufhielt, und offensichtlich über den Handel in Asien ausgefragt, über den er sicherlich gut Bescheid wusste. Einige neuzeitliche Autoren vermuten, dass die von ihm überbrachten Kenntnisse Dom Manuel ermutigt haben, den Handel in Südostasien zu erkunden, was 1509 durch Diogo Lopes de Sequeira zu den ersten direkten Kontakten der Portugiesen mit Malakka führte (obwohl Malakka bereits in dem anonymen Text von 1498/99 vorkommt).

Dennoch war es für diejenigen, die sich um schriftliche Aufzeichnungen bemühten, schwer, an Informationen über Asien und Kenntnisse über die wirtschaftliche und politische Geografie heranzukommen. Das äußerst umfangreiche, öffentlich gehaltene Tagebuch von Marino Sanuto in Venedig macht dies deutlich, denn seine zwei wichtigsten Quellen waren Korrespondenten aus Ägypten und Iberien, auch wenn beide nur fragmentarische Informationen lieferten. Das Bild, das sie weitergaben,

war teilweise verwirrend und widersprüchlich. So verkündete 1506, acht Jahre nach der Ankunft von Vasco da Gamas Flotte in Kalikut, der vom Hof Philips I. in Kastilien zurückgekehrte venezianische Gesandte Vicenzo Quirini dem Senat der Serenissima, dass die Lage für die Bewohner der Lagune in Wahrheit gar nicht so düster sei, wie vielleicht angenommen. Denn viele – darunter auch der notorisch streitsüchtige, aber dennoch allgemein bekannte und gefeierte Tagebuchautor Girolamo Priuli – hatten es von den Dächern Venedigs gerufen: Aufgrund der Entdeckung der Kaproute sei das Ende nahe.[10]

Priuli gehörte zu jenen, die glaubten, dass die Portugiesen in der Lage sein könnten, das Rote Meer effektiv zu blockieren. Das könnte zu einem enormen Preisanstieg von Pfeffer und anderen Gewürzen im östlichen Mittelmeerraum führen, während Lissabon zur selben Zeit von billigeren Gewürzen, die auf der übers Kap führenden Route, der *Carreira da Índia*, trans-

Abbildung 4
Portolankarte des östlichen Mittelmeerraumes,
Venedig, 16. Jahrhundert, Kat.-Nr. III.20

portiert wurden, überschwemmt würde. Quirini argumentierte anders, zweifellos unter dem Einfluss seiner kastilischen Informanten, die sich offenbar über die tatsächliche Macht und Fähigkeit ihrer portugiesischen Nachbarn recht abschätzig äußerten. Er unterrichtete seine Auftraggeber darüber, dass die portugiesische Unternehmung in Asien die Regierungszeit des damaligen Monarchen Dom Manuel nicht lange überdauern würde, denn dieser König hätte sie seinen eher widerstrebenden Untertanen schlichtweg aufgenötigt. Quirini schloss mit den Worten: »Deshalb glaubt man, dass der Tod des Königs von Portugal der Anlass für das Scheitern dieser Reise [nach Asien] sein wird, und wenn nicht der Tod dieses Königs, dann der seines Nachfolgers, und deswegen denken viele, dass die besagte Reise zukünftig unsicher sein wird. Und in diesem Denken werden sie durch die vielen Unfälle bestärkt, die den Schiffen und Seeleuten auf dieser so langen von den Portugiesen eingeschlagenen Seeroute zustoßen; Unfälle von einer Art, dass schon jetzt nur wenige sich freiwillig auf diese Reise begeben, sowohl wegen der Krankheiten als auch wegen der hohen Gefahr des Schiffbruchs. Von den 114 Schiffen, die zwischen 1497 und 1506 auf diese Reise gingen, sind nur 55 zurückgekehrt, 19 sind mit Sicherheit verloren, fast alle mit Gewürzen beladen; und von weiteren 40 ist nichts Genaues bekannt.«[11]

Große letzte Worte, könnte man sagen, wäre dieselbe Ansicht nicht mehr als zwei Jahrzehnte später von einem anderen venezianischen Gesandten nach Spanien, Gasparo Contarini, wiederholt worden. Contarinis Begründung unterschied sich allerdings etwas von jener Quirinis, auch wenn bei beiden übereinstimmende Argumente zu finden sind, vor allem in Hinsicht auf die relative Armut Portugals (»quel re abbia assai minor soma di denaro«, schrieb Contarini) und den Hass der Asiaten gegenüber den Portugiesen. Contarini verwies jedoch auch auf andere Aspekte, so auf den unglücklichen Ausgang der ersten portugiesischen Begegnungen mit dem China der Ming, bei denen fünf Schiffe verlorengingen, auf die zunehmende Tendenz bei den Asiaten, »sich zu Experten in der Seefahrt und Kriegsführung zu entwickeln«, auf die Tatsache, dass König Dom João III. aufgrund seiner Jugend weniger fähig als sein Vater sei, und schließlich auf die internen Streitigkeiten unter den portugiesischen Kapitänen in Asien (»già quelli suoi capitani che ha in le Indie cominciavano fra loro a competere«).[12]

Quirini hatte zwei Jahrzehnte zuvor über das hinaus, was er bei Marco Polo gelesen hatte, vermutlich wenig oder gar nichts über China gewusst; und auch das notorische Problem der unterschiedlichen Interessensgruppen (oder *bandos*) unter den Portugiesen in Asien, das schon 1507 bei den Vorkommnissen rund um Albuquerques Expedition nach Hormuz offensichtlich wurde, blieb in seiner Analyse unerwähnt. Genau genommen konzentrierte sich Quirini, wie auch die meisten portugiesischen Schreiber im Jahr 1506, im Wesentlichen noch auf die Geopolitik im westlichen Indischen Ozean, also auf das Dreieck zwischen Ostafrika, den sogenannten *Estreitos* oder Meerengen (gemeint sind das Rote Meer und der Persische Golf) und Westindien. Unter diesen drei Gegenden galt seine größte Aufmerksamkeit natürlich Westindien, dem Gebiet, aus dem der meiste Pfeffer kam (Abb. 5).

Ihm war aber auch bewusst, dass es noch zwei Nebenschauplätze des Interesses gab. Zum einen den Küstenstreifen zwischen Kochi (Cochin), Kalikut (heute Kozhikode) und Kannanor (heute Kannur), mit dem Gama und Cabral auf ihren ersten Reisen umfangreichen Kontakt gehabt hatten. Zum anderen hatte Quirini auch von einem weiteren großen Zentrum erfahren, und zwar »einem Ort namens Batacala [Bhatkal], der der erste heidnische Ort an dieser Küste ist, in dem über 3000 *cantara* Pfeffer produziert werden, wobei die gesamte Produktion in die Hände der Mauren gelangt«. Quirini benutzte hier das Wort ›erste‹ (*il primo*), weil seine geistige Reiseroute ihn von Nord nach Süd entlang der indischen Küste führte und er den Übergang zwischen den muslimischen Dekkan-Sultanaten (die in seiner Vorstellung ein Königreich waren, *il regno di Cane*) und einem heidnischen Vijayanagara, das er mit *il regno di Narsi* (vom Namen des Königs Narasimha aus dem 15. Jahrhundert) bezeichnete, im Sinn hatte.

Für Quirini hing die Zukunft des portugiesischen Handels in Asien entscheidend vom Gleichgewicht zwischen diesen

ABBILDUNG 5
PFEFFERERNTE IN QUILON, SÜDWEST-INDIEN, IN: MARCO POLO, LIVRE DES MERVEILLES, MAÎTRE DE BOUCICAUT, PARIS UM 1411/12, PARIS, BIBLIOTHÈQUE NATIONALE DE FRANCE

beiden Staaten ab, die er sich beide sehr viel größer vorstellte, als sie tatsächlich waren. Denn das Dekkan-Königreich begann seiner Ansicht nach »am *Mar Persico* und erstreckt sich auf dem Land bis zum Königreich Kalikut«, während Vijayanagara seinerseits »am Königreich von Kalikut anfängt und bis zu den Grenzen von Malakka reicht«. Außerdem war Vijayanagara bzw. ›Narsi‹ seiner Meinung nach deshalb am wichtigsten für die Lieferung von Pfeffer, weil es »an drei Seiten ans Gebirge grenzt, wo Pfeffer angebaut wird, und eine gemeinsame Grenze von fast 200 km mit dem Königreich Kalikut hat, mit dem es eine große Freundschaft und Verwandtschaft unterhält, wie die Portugiesen beteuern«. Ein festes Bündnis zwischen Kalikut und Vijayanagara gegen die Portugiesen hätte daher den Pfefferlieferungen ein Ende bereiten können.

Denn, so schreibt Quirini: »Obwohl die Besitzer des Pfeffers diesen sehr bequem auf dem Fluss nach Kannanor und Kochi transportieren können, wäre nichts leichter für den König von Kalikut, sowohl zu seinem eigenen Vorteil als auch zum Schaden der von ihm gehassten Portugiesen, als den König von Narsi, der – wie jedermann bestätigt – ein mächtiger Herrscher, sein Nachbar, Freund und Verwandter ist, dazu zu bringen, den Transport des Pfeffers auf dieser neuen Route zu unterbinden und ihn stattdessen wie früher nach Kalikut transportieren zu lassen. Dies könnte der König von Narsi problemlos tun, da sein Land das Gebirge, auf dem der Pfeffer angebaut wird, auf drei Seiten umrandet und der König dieses Gebirges (*il re di quella montagna*) ihm untertan ist. Und genau das fürchtet der König von Portugal mehr als alles andere und versucht deshalb mit allen Mitteln, dass dieser König ihm wohlgesonnen und als Freund erhalten bleibt, so dass er den Pfeffer nicht nach Kalikut umleitet, von wo er [Dom Manuel] kein einziges Korn zu erwarten hätte. Und aus diesem Grund glaubt man, dass die Reise der Portugiesen (*il viaggio de' Portughesi*) eher unsicher ist, denn sie hängt vollständig von der Entscheidung des Königs von Narsi ab (*per esser solamente fondato in testa del re di Narsi*), der ihnen ohne große Anstrengung den Pfeffer aus den Händen reißen und damit ihre Reise vollkommen ruinieren könnte.«[13]

Auch das ist wieder eine etwas merkwürdige Vorstellung, wobei Quirini den portugiesischen Begriff *Serra* (wörtlich Gebirge; gemeint waren die Westghats) nicht ganz korrekt mit *Montagna* übersetzt und die Pfefferproduktion so zu einer geografisch begrenzteren Aktivität macht, als sie in Wirklichkeit war. In diesem Zusammenhang stellt sich natürlich die Frage, inwieweit obige Beschreibung nicht eher Quirinis eigener Deutung entsprach als der Sichtweise der portugiesischen Krone und ihrer Unterhändler. War es tatsächlich so, dass diese Vijayanagara als den Schlüssel zum Pfefferhandel ansahen und daher natürlich auch als Garanten für den Fortbestand der Kaproute selbst? Glücklicherweise besitzen wir ein bemerkenswertes Dokument, das Licht auf König Manuels Prioritäten zu dieser Zeit wirft: seine Anweisungen (*regimento*) an Dom Francisco de Almeida, der 1505 als Oberbefehlshaber (*capitão-mor*) und schließlich als Vizekönig nach Indien gesandt wurde (Abb. 7).

Das Dokument befasst sich zunächst mit Detailfragen wie Reiseproviant, Feuergefahr an Bord und Ähnlichem. Was dann in Bezug auf den Indischen Ozean folgt, ist jedoch von erheblicher Bedeutung: Der Leser erfährt von dem Plan, eine Festung in Sofala zu errichten, findet ausführliche Anweisungen für den Umgang mit der ebenfalls ostafrikanischen Stadt Kilwa, weitere Befehle hinsichtlich einer Festung auf der indischen Insel Angediva und Fragen im Zusammenhang mit Pfefferlieferungen und -transport in Kochi, zum Roten Meer sowie einer ganzen Reihe anderer Punkte. Doch wo in all dem tritt jene Schlüsselrolle Vijayanagaras hervor, von der Quirini – wenn ihm denn zu trauen ist – spricht? Bei Dom Manuel ist das Thema in einen

Abbildung 6
Der hinduistische Kriegsgott Skanda, Vijayanagara-Stil, Indien, 15./16. Jahrhundert, Kat.-Nr. VI.10

Abbildung 7 (rechts)
Dom Francisco de Almeida, erster Vizekönig des Estado da Índia (reg. 1505–1509), Kat.-Nr. VII.I.1

kurzen und recht lakonischen Absatz verbannt, in dem es heißt: »Ihr nehmt unseren Brief für den König von Narcingua mit, den Ihr zusammen mit anderen Botschaften im Einklang mit dem, was Ihr über ihn und sein Land sowie die Dinge, die es dort gibt, in Erfahrung bringt, von einer für diesen Zweck benannten Person überbringen lasst, wenn es Euch notwendig erscheint. Wenn es Euch für unsere Zwecke nicht so wichtig erscheint, braucht Ihr niemanden zu schicken. Und wenn Ihr diese benannte Person oder eine andere, die Ihr für diesen Zweck bestimmt, sendet, dann kleidet ihn in ein Euch angemessen erscheinendes Gewand aus Seide und Leinen, das auch mit dieser Flotte geschickt wird. Und in Bezug auf die Person, die Ihr schickt, teilt ihr außer dem, was hier geschrieben steht, mit, was Euch am besten und für unsere Zwecke am geeignetsten erscheint, denn wir überlassen es Euch, hier nach eigenem Gutdünken zu handeln.«[14]

Dies klingt kaum nach der obersten Priorität in König Manuels damaliger Politik, obwohl die Angelegenheit eine ziemlich komplizierte Wende nahm, als Dom Francisco de Almeida schließlich in Indien eintraf. Wir wissen, dass der neue Vizekönig gleich nach seiner Ankunft in Kannanor mit dem Bau einer Festung (*uma forte e formosa fortaleza*) begann, für die ein gewisser Lourenço de Brito zum Befehlshaber ernannt wurde. Hier aber empfing er eine unerwartete Gesandtschaft von Vira Narasimha Raya, der gerade den Thron von Vijayanagara bestiegen hatte, nachdem in jenem Königreich aufgrund von Kämpfen zwischen einer Reihe mächtiger Kriegsherren eine Zeit beträchtlicher Verwirrung geherrscht hatte.[15] Der Gesandte kam mit einem Gefolge von hundert oder mehr Reitern und brachte kostbare Geschenke von Stoffen und Edelsteinen. Die vorhergehende halboffizielle Mission des Franziskanerpriesters Frei Luís de Salvador in die Stadt Vijayanagara zeitigte offensichtlich eine positive Wirkung.[16]

Am überraschendsten war dabei, dass der Herrscher von Vijayanagara ein weitreichendes Bündnis zwischen seinem Königreich und Portugal vorschlug, das nicht nur eine beträchtliche portugiesische Präsenz in einem Hafen wie Mangalor beinhaltete, sondern auch eine Heiratsverbindung zwischen seiner Familie und der Avis-Dynastie vorsah.[17] Dies sorgte für reichlich Verblüffung unter den Portugiesen, denn sie konnten sich zwar (nach entsprechenden Konversionsriten) eine Prinzessin aus Vijayanagara in Portugal vorstellen, aber keinesfalls eine portugiesische Prinzessin an einem ›heidnischen‹ Hof wie dem von Vijayanagara. Wie dem auch sei, Almeida zeigte sich an diesem Angebot, wie überhaupt an der Anknüpfung weiterer Beziehungen mit Vijayanagara, nicht sonderlich interessiert. Als er sich 1508 schließlich unter ernsthaftem Druck aus Lissabon genötigt sah, einen gewissen Pero Fernandes Tinoco als Gesandten dorthin zu schicken, nutzte er die Gelegenheit auch dazu, seine absolute Missbilligung dieses Aspekts der königlichen Politik zum Ausdruck zu bringen.

Quirinis Vorstellung, dass der Schlüssel zum Pfefferhandel in einem Bündnis mit Vijayanagara läge, scheint sich also durch die uns vorliegenden Dokumente nicht zu bestätigen. Was waren dann die anderen Optionen, die die portugiesische Krone und ihre Vertreter in Indien tatsächlich in Betracht zogen? Beim Lesen der Anweisungen an Dom Francisco de Almeida wird deutlich, dass der wichtigste Punkt der offiziellen portugiesischen Strategie zu jener Zeit der Bau einer Festung war, die eine Blockade des Roten Meeres ermöglichen sollte. So heißt es im *regimento*: »Und wie es uns erscheint, könnte nichts wichtiger sein für unsere Zwecke (*nenhuma cousa poderya mais importar a nosso serviço*), als eine Festung an der Einfahrt ins Rote Meer oder dort in der Nähe zu haben, entweder innerhalb oder außerhalb, je nachdem, was als Standort am besten erscheint, denn dies würde sicherstellen, dass keine Gewürze mehr in das Land des Sultans [von Ägypten] gelangen, und alle, die in Indien sind, werden die Illusion (*fantesya*) verlieren, mit irgendjemand anderem als uns Handel treiben zu können; und da die Festung sehr nah am Land des Erzpriesters Johannes ist, erscheint es uns, dass dies sehr große Gewinne einbringen könnte, erstens für die dortigen Christen, und dann auch für unseren Staatsschatz.«[18]

Die darauf folgenden Anweisungen lauten, dass Dom Francisco, nachdem er die Angelegenheiten in Kochi und auf Angediva erledigt habe, mit einer Flotte weitersegeln solle, um eine Stelle »dicht an der Meereseinfahrt, sei es innerhalb oder außerhalb, oder einen Ort, der Euch geeignet erscheint, zu suchen, der einen Blick über die Einfahrt der Seewege und den Schiffsverkehr auf ihnen gewährt, einen Standort, der Euch für eine Festung geeignet erscheint, die für diesen Ort stark genug ist [...] und dabei im Sinn zu behalten, dass sie in der Nähe des Sultans liegen wird, von dessen Ländern aus viele Männer sie angreifen könnten; und die Menschen in dieser Gegend setzen ihre Vorhaben konsequenter um, als jene in Indien; und Ihr werdet weit von Eurem Nachschub (*socorro vosso*) entfernt sein.« Die portugiesische Krone war so zuversichtlich, dass dies in kurzer Zeit erledigt werden könnte, dass in den Anweisungen sogar schon der Befehlshaber und andere Beamte für diesen Ort (ein Faktor und zwei Schreiber) namentlich erwähnt werden, wobei als Befehlshaber entweder Manuel Pessanha oder Pedro de Anhaia vorgesehen waren.

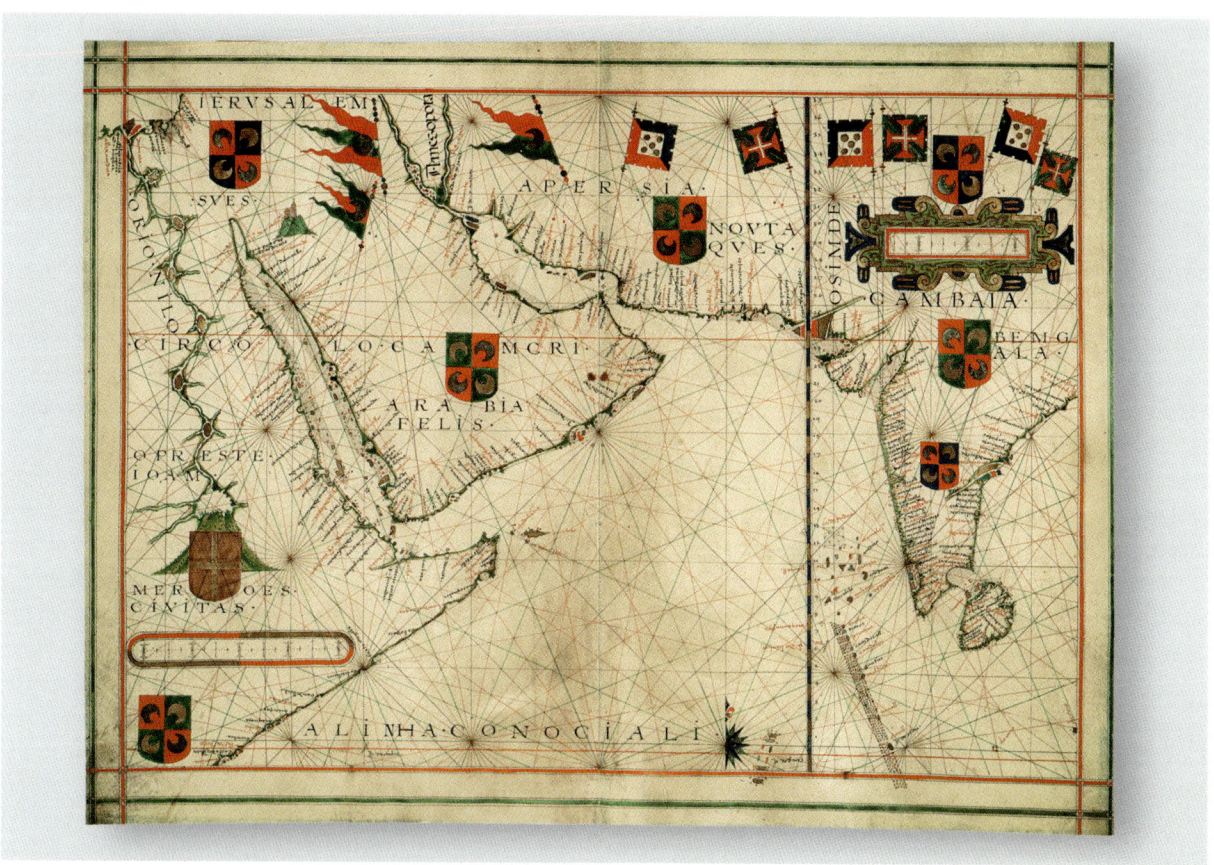

Dies erscheint nun als ein ganz anderes Aktionsfeld, doch dienten die Handlungen dort demselben Zweck wie jene in Indien. Die portugiesische Krone hatte 1505 verschiedene Möglichkeiten in Betracht gezogen, gegen die alte Route, auf der Pfeffer und Gewürze in den östlichen Mittelmeerraum gebracht wurden, vorzugehen. Die drei Hauptstrategien sahen Folgendes vor: erstens das Erzwingen eines starken Rückganges der Zahl jener Schiffe, die von Kanaras und Keralas Küsten ablegten; zweitens das Patrouillieren der Einfahrt des Roten Meeres mit portugiesischen Flotten; und drittens das Errichten einer Festung an der Einfahrt zum Roten Meer. Ein Problem, mit dem Afonso de Albuquerque in diesem Zusammenhang 1507 konfrontiert war, bestand darin, dass, um das Rote Meer effektiv zu überwachen, auch Hormuz kontrolliert werden musste. Wie man sieht, konzentrierten sich die Anweisungen an Dom Francisco de Almeida hauptsächlich auf diese dritte Strategie. Was aber geschah mit den beiden anderen?

Es wird heftig darüber debattiert, welche Auswirkungen die Ankunft der Portugiesen im Indischen Ozean auf die alte, über den Nahen Osten führende ›Landroute‹ hatte. Doch stimmt man seit nunmehr einem halben Jahrhundert darin überein, dass die Portugiesen dem venezianischen Gewürzhandel im 16. Jahrhundert keinen Todesstoß versetzten. Die verschiedentlich von Frederic C. Lane, Vitorino Magalhães Godinho und Fernand Braudel vertretene und später vom dänischen Historiker Niels Steensgaard in komplizierter Weberscher Fachsprache als Theorie ausformulierte Ansicht, gegenüber der uns neuere Erkenntnisse zur Vorsicht warnen, lautete wie folgt:[19] Das erste Vordringen der Portugiesen in den Indischen Ozean habe die Pfeffer- und Gewürzlieferungen in den östlichen Mittelmeerraum völlig durcheinandergebracht, da die Lieferwege zwischen Kerala auf der einen und Alexandria und Beirut auf der anderen Seite drastisch unterbrochen wurden. Jedoch habe in der zweiten Hälfte des 16. Jahrhunderts die normale Versorgung wieder eingesetzt, und sowohl die Transporte durch das Rote Meer als auch jene durch den Persischen Golf hätten wieder jene Dimensionen angenommen, die sie ein Jahrhundert zuvor hatten. Dank der »konstitutionell bedingten Korruption« (wie Steensgard es formulierte) der portugiesischen Beamten, die den Schmuggel von Pfeffer und Gewürzen gerne zuließen, solange sie einen Teil

Abbildung 8
Der nordwestliche Teil des Indischen Ozeans,
aus einem Atlas von Fernão Vaz Dourado, um 1576,
Kat.-Nr. V.I.27

davon abbekamen, habe Venedig wieder Luft schöpfen können. Diese Lieferungen seien offensichtlich teilweise aus Kerala und Kanara und teilweise aus Sumatra gekommen, wo das Sultanat von Aceh und die mit ihm verbündeten Guzerati-Kaufleute auch ein beachtliches Handelsnetzwerk aufgebaut hätten.

Dies ist eine einleuchtende, aber in mehrfacher Hinsicht fehlerhafte Geschichtsauffassung. Es wird seit langem vermutet, dass die hier vorausgesetzte Chronologie und auch die geografische Umorientierung anhand der Dokumente nicht leicht zu belegen ist. F. C. Lane zum Beispiel scheint zu argumentieren, dass die Landroute erst in der zweiten Hälfte des 16. Jahrhunderts wieder auflebte, und behauptet, dass »die Gewürzlieferungen aus der Levante über die traditionellen Routen in den ersten Jahrzehnten des 16. Jahrhunderts massiv behindert wurden, später [aber wieder] ihren Weg über die von den Portugiesen aufgebauten Hindernisse hinweg fanden«.[20]

Nachdem Lane die venezianischen Pfefferexporte aus Alexandria mit einem Wert in der Größenordnung von jährlich 1,3 Millionen (englischen) Pfund beziffert, schließt er aus portugiesischen und venezianischen Quellen, dass jährlich etwa 30 000 bis 40 000 *Quintais* (etwa 1550 bis 2070 Tonnen) Pfeffer und Gewürze über das Rote Meer transportiert wurden. Diese Waren seien über El Tur und Dschidda gekommen, wobei die wichtigsten Abfuhrhäfen der diese Waren transportierenden Schiffe Dabhol, Surat, Bhatkal und Aceh gewesen seien. Dies bringt Lane zu der Schlussfolgerung, dass »der Import von Gewürzen aus Alexandria nach Europa um 1560 genauso groß oder sogar größer war als im späten 15. Jahrhundert«. Und er fährt fort mit der Spekulation, dass selbst wenn »die Portugiesen einige Jahrzehnte nach 1500 den Handel auf dem Roten Meer ernsthaft behinderten, [...] die portugiesischen Beamten in Indien später so ineffektiv wurden oder so leicht zu bestechen waren, dass sie die Handelswege über das Rote Meer oder den Persischen Golf nicht länger mit unüberwindbaren Hindernissen versperrten«.

Dabei ist es freilich ziemlich schwierig festzustellen, wann genau diese Wiederbelebung nach Lanes Meinung begonnen haben soll. An einer Stelle bemerkt der Autor, dass »die Gewürze aus der Levante sich bereits 1540 auf die Preise in Antwerpen auswirkten«, aber in einer anderen Anmerkung stellt er fest, dass »Venedigs Importe aus Alexandria zwischen 1550 und 1554, von einem niedrigen Stand ausgehend, wieder enorm zunahmen«. Darüber hinaus ist die seiner Theorie zugrundeliegende Annahme der Bestechlichkeit der Portugiesen, der Steensgard später einen hohen Stellenwert einräumte, tatsächlich die Umschreibung eines Gemeinplatzes, der bereits von zeitgenössischen Beobachtern wie Lorenzo und Antonio Tiepolo erwähnt wurde. Ersterer hatte schon 1556 festgestellt, dass die Gewürze von den »portugiesischen Soldaten, die im Roten Meer über Indien herrschen, für den eigenen Profit gegen die Befehle ihres Königs« absichtlich durchgelassen werden. In der Tat gingen die Venezianer in den frühen 1560er Jahren sogar so weit, zu behaupten, der Vizekönig des *Estado da Índia*, Dom Constantino de Bragança, hätte sich in offener Revolte befunden und daher als Zeichen seiner Abgeneigtheit gegen den Hof nach dem Tod von Dom João III. entschieden, Gewürze zum Roten Meer zu senden.[21]

Die Venezianer des 16. Jahrhunderts waren sicherlich sehr geschickt darin, Zahlen zu sammeln und Theorien zu entwerfen. Wichtig aber ist, dass neuzeitliche Historiker zwar unter Umständen jene Ziffern verwenden können, den damit verbundenen Thesen aber nicht unbedingt Glauben schenken müssen. Die neue Orthodoxie, die sich nach Lanes wichtigem revisionistischem Werk entwickelte, scheint die venezianischen Beobachtungen allzu wörtlich genommen zu haben. Das ist am deutlichsten in Vitorino Magalhães Godinhos Arbeit zu erkennen. Dieser Autor behauptet, in den 1560er Jahren seien in Kanara neue Quellen der Pfefferproduktion entstanden, mit denen die gesamte Nachfrage der Kaproute und des Landwegs gedeckt werden konnte. Solch eine Ansicht lässt aber jene zahlreichen Belege außer Acht, wonach bereits im Jahr 1500 in Kanara eine beachtliche Pfefferernte produziert wurde. Schon Autoren wie Quirini im Jahr 1506 waren sehr wohl über die Pfefferexporte aus Bhaktal informiert.

Godinho scheint daneben auch den Standpunkt eines zweiphasigen Zyklus zu vertreten: Auf eine anfänglich ziemlich massive portugiesische Auswirkung auf die Pfeffer- und Gewürzlieferungen in die östliche Mittelmeerregion wäre demnach zu einem wieder einmal unbestimmten Moment in der Mitte des Jahrhunderts eine Lockerung gefolgt, die zu einem Neuaufschwung Venedigs gegenüber Lissabon geführt hätte. Godinho, und nach ihm auch Braudel scheinen 1550 als den Zeitpunkt zu favorisieren, an dem die ›traditionelle‹ Route wiederbelebt wurde, womit sie einen der verschiedenen von Lane angenommenen Zeitpunkte unterstützen. Godinho schreibt, dass »die Portugiesen von 1503 bis zur Mitte des Jahrhunderts den Gewürzhandel über das Rote Meer ernsthaft behinderten« und dass »die portugiesische Blockade insbesondere in Bezug auf Pfeffer effektiv war«.[22]

Ein neueres Werk der Wirtschaftshistoriker Kevin O'Rourke und Jeffrey Williamson hat nun einem bedeutenden Teil der Vorstellungen von Lane, Godinho und Steensgard über das Zusammenwirken von Kap- und Landroute im 16. Jahrhundert einen größeren Schlag versetzt.²³ Sie unterstützen eine Sichtweise, die dem von C. H. H. Wake angenommenen Modell sehr viel ähnlicher ist. Während jedoch Wakes Arbeit sich auf die Mengen von Pfeffer und Gewürzen konzentriert, die auf den beiden Routen nach Europa importiert wurden, legen O'Rourke und Williamson ihren Schwerpunkt auf Belege hinsichtlich der Pfeffer- und Gewürzpreise im Verlauf des 16. Jahrhunderts. Dabei kommen sie zu zwei wichtigen Schlussfolgerungen. Zum einen, dass »die Öffnung der Kaproute einen dramatischen Rückgang der Preise asiatischer Gewürze in Europa zur Folge hatte, die [...] über den Rest des Jahrhunderts so niedrig blieben«, wenn man auf der Basis realer (d.h. deflationärer) Preise in diesem Zeitraum rechnet. Zum anderen sei durch das Nebeneinander von zwei Routen, auf denen Pfeffer und Gewürze in Europa eintrafen, das Monopol des östlichen Mittelmeerraums durch ein Duopol ersetzt worden, was sowohl zu einer Erhöhung der europäischen Importe insgesamt als auch zu niedrigeren Preisen geführt habe. In dieser Hinsicht schlussfolgern die Autoren, dass »die Kaproute die Wettbewerbsstruktur des europäischen Importhandels aus Asien veränderte«, und zwar ein für allemal – eine Situation, die im 17. Jahrhundert noch deutlicher zu Tage trat. Daher ergänzt und bestätigt ihre formale Beschäftigung mit den Preisen in vieler Hinsicht die von Wake auf der Grundlage von Mengenangaben aufgestellte Hypothese.

Diese Berechnungen gehen jedoch nicht auf das Problem der kurzfristigen Veränderungen und die Auswirkungen der portugiesischen Ankunft im Indischen Ozean auf den Handel der Landroute vor 1508 ein. In dieser Hinsicht hat eine posthum veröffentlichte Studie des verstorbenen Jean Aubin einen bedeutsamen Fortschritt erzielt. Aubin argumentiert hier, dass frühere Autoren wie Godinho zwei gänzlich unterschiedliche Fragen miteinander vermischten, nämlich das Eintreffen von Pfeffer und Gewürzen in den Häfen des Roten Meeres einerseits und im östlichen Mittelmeerraum andererseits.²⁴ Aubin legt überzeugend dar, dass die Portugiesen in den ersten Jahren des 16. Jahrhunderts die Schifffahrt aus Kerala und Südostasien schlicht und einfach nicht daran hindern konnten, die Häfen des Roten Meeres und des Persischen Golfs anzulaufen; so stellt er fest, dass auch noch 1504 nach der Expedition von António de Saldanha zur Einfahrt des Roten Meeres »der Erfolg gleich Null war und der Umschlag der Gewürze unberührt blieb«. Zwar kam es bekanntlich zu einer Reihe dramatischer Überfälle, doch die Schiffsressourcen der Portugiesen reichten nicht aus, um die Schifffahrtswege völlig zu versperren.

Aubin kommt daher zu der Schlussfolgerung, dass Autoren wie Giolamo Priuli die Folgen der portugiesischen Präsenz im Indischen Ozean für den Handel der Serenissima völlig überschätzten; Priuli, soviel sei hier noch angemerkt, hatte bereits 1502 geschrieben, dass »man nun den großen Schaden sehen und bemerken kann, den die portugiesischen Karavellen angerichtet haben, die Gewürze aus Indien abtransportieren, so dass keine mehr in Syrien ankommen«.²⁵ Natürlich reagierte Priuli auf eine Realität, die er tatsächlich wahrnahm, nämlich den spürbaren Rückgang an Pfeffer- und Gewürzlieferungen im östlichen Mittelmeerraum um 1500. Dies war aber im Wesentlichen auf schwierige Bedingungen im Hijaz und Jemen zurückzuführen, ein Zusammenhang, den er nicht kennen konnte. Keine der ersten portugiesischen Flotten – weder die von Cabral im Jahr 1500, noch die von João da Nova ein Jahr danach oder die der Albuquerques 1503 – war tatsächlich in der Lage, den Handel wesentlich zu beeinträchtigen. Den einzigen ernsthaften Versuch dazu machte Vicente Sodré in einem Alleingang Anfang 1503, der mit verheerenden Folgen für die portugiesische Flotte bei den Kuria-Muria-Inseln vor der Südküste Arabiens endete.

Über die Situation im Jahr 1502 sagt Aubin daher, dass »die Schwierigkeiten des Sultans, eine vollständige Versorgung [mit Gewürzen] zu gewährleisten, sich aus negativen Auswirkungen ergaben, die nicht auf Cabrals Aufenthalt in Malabar zurückzuführen waren, sondern auf Unruhen im Hijaz, das von Brudermordskriegen zwischen den Scherifen von Mekka heimgesucht wurde. Scherif Barakat hatte im Jahr 1501 Dschidda geplündert, kurz nachdem dort Handelsschiffe aus Indien eingetroffen waren, während einer seiner Brüder unter dem Schutz der syrischen Karawane nach Janbu geflohen war.« Daher folgert er überzeugend: »Der von der portugiesischen Konkurrenz besessene Girolamo Priuli irrte sich in Bezug auf die Gründe für den Mangel an Gewürzlieferungen in der Levante zwischen Ende 1501 und Anfang 1502.«²⁶

Aubin zufolge waren auch im Folgejahr genügend Gewürze in Dschidda eingetroffen, doch wieder sorgten Beduinenangriffe auf die Heiligen Städte, erneute Angriffe auf die syrische Karawane und die Plünderung sowohl Mekkas als auch Dschiddas für ein enormes Chaos. Auch in diesem Fall legt er überzeugend dar, dass »nicht im Indischen Ozean, sondern von Dschidda aus alles blockiert war [...]. Die Lahmlegung der islamischen Gewürzroute ist auf die internen Probleme des Mamelucken-Regimes zurückzuführen.« Als sich in der Tat durch die vorübergehende Entschärfung der Probleme im Gebiet des Roten Meeres Ende 1504 und Anfang 1505 die Gelegenheit ergab, konnten die Galeeren aus Beirut und Alexandria wieder laden und eine »ansehnliche Fracht« an Pfeffer und Gewürzen mit zurückbringen.

CIRCOLO·CANCRI

CIRCOLO DE CAN·CRI

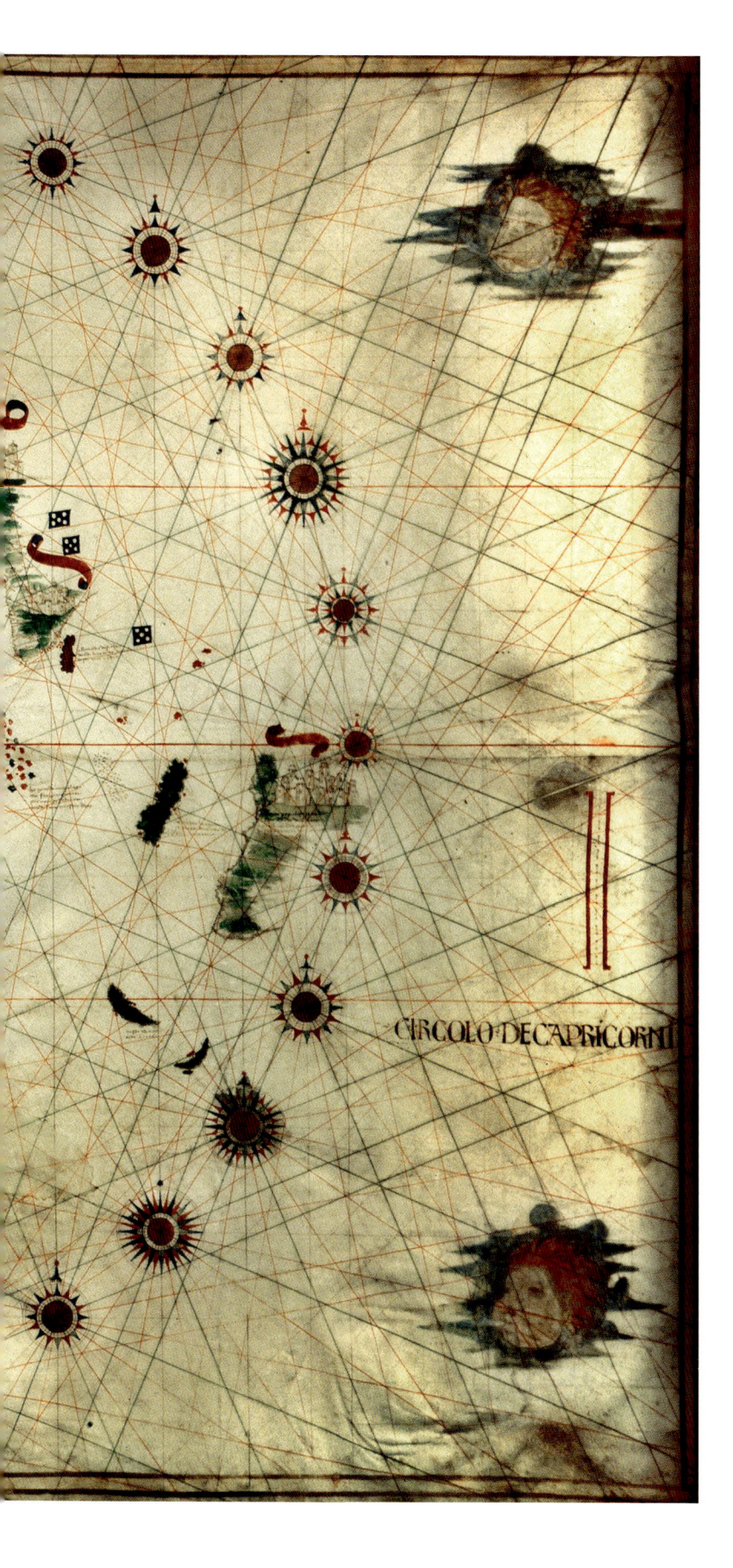

Abbildung 9
Karte Süd- und Ostafrikas sowie des Indischen Ozeans, Jorge oder Pedro Reinel?, um 1509/10, Wolfenbüttel, Herzog August Bibliothek

Daher müssen wir den angeblich direkten Einfluss der Portugiesen auf den Handel im Roten Meer vor 1507 radikal in Frage stellen. Aubins Analyse zwingt uns, solche wiederholt geäußerten, fast schon paranoid klingenden Klagen von Priuli und Sanuto mit äußerster Skepsis zu betrachten: »Die portugiesischen Karavellen haben alles unterbrochen«, »alles ist auf die neue Situation in Kalikut zurückzuführen, die dieses Land hier [d. h. Venedig] ruinieren wird.« Dennoch bleibt eine interessante Frage offen. Trotz der Anweisungen an Dom Francisco de Almeida unternahmen die Portugiesen zu jener Zeit keinen ernsthaften Versuch, entweder in Aden oder bei irgendeinem anderen Hafen am 25 Kilometer breiten Bab el-Mandeb (»Tor der Tränen«) eine Festung zu errichten; die von den Portugiesen von 1507 bis 1511 ohne großen Nutzen gehaltene Insel Soqotra (Suqutra) bildete dabei möglicherweise eine Ausnahme. Andererseits kam es in den Jahren 1507 bis 1509 aber zu einer überraschenden Gegenoffensive durch das Mamelucken-Sultanat von Ägypten, das eine Flotte entsandte, um dem portugiesischen Bemühen, eine maritime Vormachtstellung im Indischen Ozean zu erreichen, entgegenzuwirken.

Wenn die Portugiesen tatsächlich keine unmittelbare Gefahr für die Gewürzlieferungen in den östlichen Mittelmeerraum darstellten, wie es Aubin so überzeugend darlegt, warum hätte dann Qansuh al-Ghauri, der Sultan von Ägypten, in diesen Jahren eine umfangreiche Expedition zum Angriff auf die Portugiesen senden sollen?[27] Zum Teil könnte eine Antwort gerade darin bestehen, dass die Zeitgenossen mit ihren Diagnosen womöglich falsch lagen. Dies ist Aubins Deutung von Priuli, den er von einer paranoiden Vorstellung getrieben sieht, bei der die Bedrohung durch die Portugiesen wesentlich größer erschien, als sie tatsächlich war. Könnten nun die Entscheidungsträger im Sultanat von Ägypten möglicherweise diese Vorstellung geteilt haben? Aus Aubins minutiöser Durchsicht arabischer Dokumente geht hervor, dass die ägyptischen Aktionen im Indischen Ozean nicht einfach als von Venedig vorangetriebene Kampagnen betrachtet werden können. Ganz im Gegenteil, Venedig und Ägypten mögen zwar zu bestimmten Momenten gemeinsame Interessen verfolgt haben, doch zu anderen Momenten wichen ihre Interessen radikal voneinander ab.

Sicherlich dachten die Venezianer schon 1502 über die Notwendigkeit nach, den gerade in die Position des Sultans erhobenen Qansuh al-Ghauri (reg. 1501–1516) dazu zu bewegen, im Indischen Ozean einzugreifen. Nach der ausgedehnten Regierungszeit von Qa'it Bay (reg. 1468–1496) kam es zu einer Reihe von Nachfolgekämpfen, wobei zwischen 1496 und 1501 vier verschiedene Sultane auf dem Thron saßen. Unter diesen Umständen war es schwierig, mit einer offenkundig instabilen Regierung zu verhandeln. Im Jahr nach Qansuhs Amtsantritt sollte Benedetto Sanuto, der Gesandte Venedigs in Kairo, dem Sultan die Botschaft überbringen, »wie wichtig es für seine Geschäfte wäre, dass die Gewürze nicht über die Route nach Portugal gelangten«; und später im selben Jahr gründeten die Machthaber der Serenissima die sogenannte *Zonta di Colocut*, die den ›Rat der Zehn‹ darüber beraten sollte, wie in Zukunft im Indischen Ozean zu verfahren sei. Im Jahr 1504 sollte dieses Organ diskutieren, ob dem Sultan (durch den Gesandten Francesco Teldi) vorzuschlagen sei, einen Kanal zwischen dem Mittelmeer und dem Roten Meer zu bauen, denn »wenn dieser Kanal fertig ist, könnte man so viele Schiffe und Galeeren wie man wollte zur Verfolgung der Portugiesen schicken, die dann auf keinen Fall mehr in diesen Gewässern bleiben könnten«. Das Projekt wurde später von den Osmanen aufgegriffen, fand aber im Jahr 1504 keine Unterstützung.

Eine dritte Gesandtschaft aus Venedig, die von Alvise Sagudino, wurde dann in der zweiten Hälfte des Jahres 1505 mit alarmierenden Nachrichten von weiteren Erfolgen der Portugiesen im Indischen Ozean nach Kairo geschickt. Diese Nachrichten beruhten auf Briefen von venezianischen Spionen in Lissabon. Es gibt also genügend Belege für Versuche Venedigs, den Sultan zum Handeln zu bewegen; der Sultan scheint seinerseits seine eigenen Ratgeber gehabt zu haben, und sein Gesandter nach Venedig in den Jahren 1506 bis 1507, der Dragoman Taghribirdi (selbst spanischen Ursprungs, d. h. aus Valencia), war in erster Linie daran interessiert, mit Venedig über Alexandria zu sprechen.[28] Uns ist nicht bekannt, dass er die Venezianer um irgendeine Hilfe oder Unterstützung technischer Art für die Durchführung einer Expedition im Indischen Ozean bat; Aubin kommentiert das so: »Letzten Endes gab Venedig dem Sultan nicht die Hilfe, die es ihm gegen die Portugiesen gern gegeben hätte, weil der Sultan sie nicht wollte.«[29]

Trotzdem gelang es dem Mamelucken-Sultanat, 1506 eine mächtige Flotte aufzubauen und loszuschicken, wobei man möglicherweise für einen Teil des Baus auf osmanische Hilfe zurückgriff. Die Flotte stand unter dem Kommando vom Emir Husain al-Kurdi Bash al-'Askar, aber es waren keine der angesehenen tscherkessischen Mamelucken an Bord; stattdessen war sie größtenteils mit europäischen Renegaten (vom Christentum abgekommenen Söldnern), Schwarzafrikanern und einer Reihe anderer (sowohl freiwilliger als auch unfreiwilliger) Gruppen bemannt, die in zeitgenössischen Texten allgemein als ›Levantiner‹ bezeichnet wurden. Leider liegen nur sehr wenige zeitgenössische arabische Quellen vor, die detailliert über diese

Expedition berichten, weshalb wir auf portugiesische Unterlagen zurückgreifen müssen, in denen die Rolle Venedigs in dieser ganzen Angelegenheit häufig übertrieben dargestellt ist.³⁰

Die beste dieser Quellen ist die sogenannte *Anonyme Chronik*, die offensichtlich während der Herrschaft von König Dom Manuel geschrieben wurde; es ist in der Tat diese Quelle, die uns den genauesten Blick auf die Aktivitäten von Emir Husain und seine Flotte zwischen 1506 und 1509 ermöglicht.³¹ Emir Husain wird in diesem Text als Elite-Mamelucke beschrieben, dessen Flotte anfangs aus sechs Schiffen und sechs Galeeren bestand, die zum Zeitpunkt des Auslaufens aus dem Hafen von Suez im Februar 1506 mit 900 »Mamelucken und Venezianern sowie bezahlten Türken« bemannt waren. Der anonyme Autor behauptet, die Venezianer hätten bei der Vorbereitung der Flotte eine wichtige Rolle gespielt, indem sie das notwendige Holz nach Alexandria geschickt hätten; aber diese Behauptung kann ebenso widerlegt werden wie der Eindruck, dass viele Venezianer an Bord gewesen seien. Die erste Aufgabe dieser Flotte bestand nun allerdings nicht darin, die Portugiesen im Indischen Ozean zu bekämpfen. Zunächst sollte sie eine gewisse Ordnung in die zunehmend chaotischen Zustände im Roten Meer bringen. In dieser Hinsicht sollte Emir Husain eine Methode vorwegnehmen, die von den Osmanen im Verlauf des 16. Jahrhunderts mehrmals angewendet werden sollte; beispielsweise drang Hadim Süleyman Pasha 1538/39 nicht nur bis Guzerat vor, sondern sorgte auch für eine neue Ordnung im Roten Meer und in Aden.³²

Nach dem Auslaufen aus Suez im Jahr 1506 scheint Emir Husains Flotte einen kurzen Vorratsstopp in El Tur gemacht zu haben, dicht an der Einfahrt zum Golf von Suez, einem wichtigen Verladehafen auf der Gewürzroute nach Ägypten. Die nächste Station war Janbuʿ al-Bahr (›Liambão‹ im Text des

ABBILDUNG 10
MAMELUCKISCHES SCHIFF MIT BOGENSCHÜTZEN,
SCHATTENSPIELFIGUR, ÄGYPTEN, 15. JAHRHUNDERT,
KAT.-NR. III.23

anonymen Autors), das bekanntermaßen eine wichtige Zwischenstation für die ›Mekka-Pilger‹ war. Der dortige Herrscher ließ jedoch die Pilger nicht mehr durch, und Emir Husain überbrachte ihm offensichtlich eine Warnbotschaft vom Sultan. Da diese Warnung keine Wirkung zeitigte, begann die Flotte die Stadt zu bombardieren, und die Soldaten gingen an Land; es folgte ein Gefecht, in dem die Mamelucken-Streitkräfte siegreich waren, wenn auch mit einigen Verlusten. Ein neuer Herrscher wurde eingesetzt, und die Flotte segelte nach Dschidda weiter, dem Haupthafen Mekkas. Hier gab es keine Schwierigkeiten, und die Flotte konnte schnell wieder Richtung Süden nach Jizan (›Sagão‹) aufbrechen, das als »unbefestigte Stadt mit 1000 Haushalten, mit einer großen geschützten Bucht« beschrieben wird.[33]

Hier wurde wiederum dem lokalen Herrscher, einem gewissen Scheich Al-Darawi, eine Lektion erteilt, weil er dem Sultan nicht die fälligen Tribute (*Páreas*) gezahlt hatte; die Stadt wurde geplündert und die Beute nach Kairo gesandt. Emir Husain scheint dann eine lange Zeit, vielleicht sogar ein ganzes Jahr, in Dschidda verbracht zu haben, von wo er erst im August oder September 1507 abreiste. Aus den portugiesischen Chroniken geht nicht deutlich hervor, warum er so lange zögerte, in den Indischen Ozean einzufahren, insbesondere, da der lange Aufenthalt in Dschidda fast zu einer Meuterei unter den Besatzungen der verschiedenen Schiffe führte, von denen mindestens zwei die Flotte verließen und selbständig Richtung Indien segelten. Eine mögliche Annahme ist, dass er auf weitere Finanzmittel aus Kairo wartete, es kann aber auch sein, dass der Emir mit neuen Nachrichten aus Indien rechnete.

Der ägyptische Chronist Ibn Iyas hilft dabei, etwas Licht in diese Angelegenheit zu bringen. Er schreibt, dass Emir Husain »darum gebeten worden war, den Bau der Befestigungsmauern und der Türme von Dschidda zu überwachen; dies waren ausgezeichnete Arbeiten«.[34] Er fügt jedoch hinzu, dass der Emir während dieser Zeit (also 1506/07) das Amt des »Gouverneurs (*niyābat*) von Dschidda bekleidete und sich jetzt voller Eitelkeit und Willkür zeigte. Den Kaufleuten (*tujjār*) wurde eine Steuer (*'ushr*) von zehn Prozent auferlegt, und die Bevölkerung, die unter seiner Ungerechtigkeit (*zulm*) stark gelitten hatte, fand ihn unerträglich.«[35] Der Chronist hatte schon an anderer Stelle die Handlungen von Emir Husain mit klaren Worten verurteilt: »Husain, der Gouverneur von Dschidda, erhob eine Steuer für die Händler aus Indien mit einer Rate von eins zu zehn; und so verließen die Händler den Hafen von Dschidda, dessen Lage immer ruinöser wurde; daher wurden Musselin, Reis und Leder knapp und der Hafen aufgegeben.« Selbst wenn das übertrieben ist, können wir uns vorstellen, dass Emir Husains Ruf, habgierig zu sein, ihm schon vorauseilte, als er in den Indischen Ozean aufbrach.

Emir Husains wichtigste Korrespondenten in Indien waren zu der Zeit vermutlich der Sultan von Guzerat, Mahmud Begarha (reg. 1458–1511), und Malik Ayaz, der fast unabhängige Herrscher der größten Hafenstadt des Landes, Diu. Es ist offenkundig, dass der Sultan und der Malik ihre Interessen nicht immer als völlig übereinstimmend empfanden. Letzterer war ein ehemaliger königlicher Sklave (*ghulām-i khāss*), dessen Herkunft unterschiedlich mit Dalmatien, Russland, Türkei und Persien (Gilan) oder aber – was unwahrscheinlicher ist – mit Malaysia oder Java angegeben wurde. Nach seiner Freilassung hatte er Ländereien und Ressourcen in der Kathiwar-Region angehäuft und benutzte, von einem Zentrum in Junagarh aus operierend, Diu als seinen Meeresstützpunkt. Bis 1507, als die Mamelucken-Flotte in den Indischen Ozean einlief, hatte er dazu beigetragen, Diu von einem Hafen zweiten Ranges zum wichtigsten Verbindungszentrum Westasiens und Südostasiens zu verwandeln. Obwohl er erklärte, nur ein »Finanzbeamter des Königs von Khambat« (*hum almoxarife del-rey de Cambaya*) zu sein, verfügte Malik Ayaz tatsächlich über eine eigene Flotte kleiner Schiffe (*Atalaias*) und eine beträchtliche Leibgarde, darunter viele Söldner.

Von daher war es verständlich, dass die Mamelucken-Flotte und ihr Befehlshaber ein Bündnis mit ihm anstrebten; und in der Tat schien man sich für Diu als Zentrum der Operationen der Mamelucken entschieden zu haben, statt für einen der Häfen an den Küsten von Konkan oder Malabar. Wahrscheinlich wurde Emir Husains Entscheidung in dieser Frage von der offenbar engen Beziehung zwischen dem Sultan von Guzerat und Kairo beeinflusst. Mangels der dafür notwendigen diplomatischen Korrespondenz können wir dies nicht direkt belegen, aber es ist klar, dass der Niedergang des Sultanats von Delhi ab dem späten 14. Jahrhundert ein erhebliches politisches Vakuum in dieser Region hinterlassen hatte. In den 1440er Jahren hatte Abdur Razzaq Samarqandi, Sondergesandter des Timuridenherrschers Shahrukh, versucht, für seinen Gebieter in Herat den Anspruch zu erheben, er habe eine Position der Schutzherrschaft über die früher vom Sultanat von Delhi beherrschten Gebiete. Aber es gibt keinen Hinweis darauf, dass solch ein Argument in Guzerat ernst genommen wurde. Andererseits wissen wir aus dem Bericht von Ibn Iyas, dass nach dem Tod von Mahmud Begarha dessen Sohn, Malik Muzaffar Shah, dem keine größere Würde als die eines *Sāhib Kanbāyat* zuteil wurde, in Kairo und beim symbolischen Kalifen Al-Mutawakkil (*min al-khalīfa taqlīda ba wilāyat 'ala Kanbāyat*) um eine Art Herrschaftsverleihung über Khambat ersuchte.[36]

Wie auch immer es sich in dieser Sache verhalten mag, der Empfang der Flotte aus dem Roten Meer in Diu scheint zunächst durchaus positiv gewesen zu sein. Malik Ayaz stimmte zu, eine Flotte aus seinen eigenen kleinen Schiffen zu ihrer Begleitung zu schicken. Die Flotte segelte die Westküste Indiens hinunter und traf schließlich im März 1508 im Hafen von Chaul, im Sultanat von Ahmadnagar, auf eine Flotte unter dem Kommando von Dom Lourenço de Almeida, Sohn des portugiesischen Vizekönigs. Im darauf folgenden Gefecht wurde der junge Almeida getötet und die portugiesische Flotte vernichtend geschlagen, wobei eine große Anzahl Portugiesen gefangengenommen wurde. Die siegreichen Verbündeten (zu denen auch einige Muslime aus Kalikut gehörten, darunter ein gewisser im Kampf getöteter ›Maimame‹) kehrten nach Diu zurück, aber das Bündnis hatte bereits zu bröckeln begonnen. Malik Ayaz begann Emir Husains allzu drakonische Art zu fürchten, die sich schon in Dschidda bemerkbar gemacht hatte. Aubin vertritt die Ansicht, dass auch die Anwesenheit des Dolmetschers Sidi 'Ali al-Andalusi am Hof von Guzerat eine Rolle gespielt haben könnte, da dieser Muslim aus Granada sehr dazu neigte, die Macht der iberischen Herrscher übertrieben darzustellen. Auf jeden Fall ist es schwierig, sich hier der Schlussfolgerung Aubins zu entziehen: »Ängstlich auf die Bewahrung seiner so geschickt angeeigneten Autorität bedacht, fürchtete Malik Ayaz die militärische Überlegenheit der Ägypter, ihr Prestige und die Tatsache, dass die ihnen zugemessene Bedeutung ihre Herrschaftsgelüste stärken könnte, mehr als den Zorn des Vizekönigs.«[37] Ein ähnliches Szenario sollte sich 1538 mit den Osmanen abspielen.[38]

Die Nachricht vom großen Sieg bei Chaul erreichte den Hof von Kairo Ende 1508. Es hieß, dass sowohl eine beachtliche Beute als auch über hundert portugiesische Gefangene zum Hof unterwegs seien. Auch der venezianische Konsul in Alexandria berichtete dies und erwähnte Gerüchte, denen zufolge der Sultan den Bau weiterer Schiffe in El Tur vorbereite, die ins Rote Meer und von dort als Verstärkung zu Emir Husain geschickt werden sollten. Ibn Iyas hatte schon berichtet, dass der Emir »um Verstärkung gebeten hatte, um dem Rest der fränkischen Streitkräfte ein Ende zu bereiten«.[39]

Letzten Endes passierte nichts dergleichen. Malik Ayaz beschloss, sich mit Dom Francisco de Almeida zusammenzutun, und begann geheime Verhandlungen mit ihm. Der Vizekönig traf mit seiner Flotte Anfang Februar 1509 vor Diu ein, nachdem man den nur schwach befestigten Hafen Dabhol in Konkan geplündert hatte. Er war bereit, Emir Husains Flotte anzugreifen. Malik Ayaz verweigerte den Ägyptern die Unterstützung, und die ägyptische Flotte wurde weitgehend zerstört.[40] Emir Husain selbst wurde verletzt, kam aber mit dem Leben davon und flüchtete in die Hauptstadt Guzerats, weil er den Sultan Mahmud dem gewieften Malik Ayaz vorzog. Im Dezember 1512 sollte er in Begleitung eines Botschafters aus Guzerat seine schmerzvolle Rückkehr nach Kairo antreten; venezianische Berichte lassen anklingen, dass er wegen seines arroganten Verhaltens in Indien den Zorn des Sultans auf sich gezogen hatte (*i sinistri modi usadi con superbia con quelli signori de India*), der verschiedentlich dem Sultan von Guzerat und anderen zur Beschwichtigung Botschaften und Geschenke (*grandi e belli presenti*) geschickt hatte.[41] In den wenigen Jahren, die dem Mamelucken-Sultanat von Ägypten noch blieben, sollten keine weiteren Expeditionen mehr in den Indischen Ozean geschickt werden.

Welche Bilanz kann man nun aus den ersten zehn Jahren der portugiesischen Präsenz im Indischen Ozean ziehen? Zum einen könnte man diese Frage durch die Augen des ersten Vizekönigs, Dom Francisco de Almeida, selbst betrachten, denn er schickte im Dezember 1508, kurz bevor er nach Diu aufbrach, einen langen Brief an König Dom Manuel. In diesem Brief legte Almeida dar, was zu den bekannten Elementen eines bestimmten Konzepts der portugiesischen Aktivität im Indischen Ozean wurde. Almeidas Ansicht nach sollten Kochi und die Malabar-Küste zu den wahren Zentren der Aktivität gemacht und der Pfeffer- und Gewürzhandel von dort betrieben werden. Die Rolle des Vizekönigs bestünde dann in erster Linie darin, für eine effiziente Beschaffung von Pfeffer in Kochi und der näheren Umgebung zu sorgen sowie an der indischen Küste zu patrouillieren, um die rivalisierende einheimische Schifffahrt in Grenzen zu halten. Südostasien war demnach von beschränktem Interesse, und Almeida hielt eine Niederlassung in Malakka für viel zu riskant; auch wenn einiger Pfeffer aus Sumatra zum Roten Meer transportiert würde, maß der Vizekönig dem keine große Bedeutung zu.

Ebenso wenig sollten die Portugiesen sich seiner Meinung nach mit einem Angriff oder einer Blockade des Roten Meeres beschäftigen – er schlug sogar vor, die gerade erst errichtete Festung auf Soqotra wieder abzureißen. »Es würde Euch nichts nützen«, so seine Worte an den König, »wenn [Eure Flotten] El Tur erreichen sollten und gleichzeitig hier [in Indien] Eure

Frachtschiffe überfallen und Eure Festungen zerstört würden. Wenn man Euch sagt, dass eine Flotte [der Mamelucken] auf offener See daran gehindert werden kann, hier anzukommen, so sage ich Euch, dass die Venezianer und die Leute des Sultans in Diu sind, wo sie die Schiffe und Galeeren bauen, gegen die wir kämpfen müssen, und dort gibt es Holz in Hülle und Fülle [...] sowie jede Menge Metall für Artillerie und die hervorragendsten Handwerker.«[42] Dies ist eine ziemlich minimalistische Sichtweise, die viel mit dem Standpunkt gemein hat, den Autoren wie Dom Aires da Gama und Diogo Pereira Jahrzehnte später vertreten sollten.[43] Es ist aber keinesfalls ein Zeichen des Pazifismus, wenn es heißt, dass die Portugiesen ihre Flotten oder ihre wichtigsten Festungen (wie Kochi) aufgeben sollten. Dass die Interessen der Portugiesen denen der meisten muslimischen Kaufleute im Indischen Ozean genauso wie jenen des Mamelucken-Sultanats (und der mit Kairo gemeinsame Sache machenden Venezianer) diametral entgegenstanden, wurde gar nicht erst in Frage gestellt.

Die Meinungsunterschiede bei den Portugiesen – zwischen der von Almeida vertretenen ›minimalistischen‹ Strategie und einer von Lissabon ausgehenden aggressiveren Vorstellung – waren, wie wir gesehen haben, ein wichtiger Grund für den Optimismus der Venezianer bezüglich der schlechten Zukunftsaussichten der Portugiesen in Asien. Auch in dem langen Streit im Jahr 1509 kamen diese unterschiedlichen Ansichten wieder zum Vorschein, als sich Dom Francisco de Almeida trotz gegensätzlicher königlicher Anordnungen monatelang weigerte, das Amt des Gouverneurs an Afonso de Albuquerque abzutreten. Die Differenzen hatten auch Einfluss auf das Bild, das sich einige der asiatischen Gegner von den Portugiesen machten. Im September 1508, als Afonso de Albuquerque zum zweiten Mal vor Hormus auftauchte, versuchte der gewiefte Khwaja Kamaluddin 'Ata Sultani – ein Eunuch bengalischer Herkunft, der als Wazīr in diesem Inselkönigreich zu enormer Macht gelangt war – diese Differenzen unter den Portugiesen auszunutzen. Mit Briefen von Dom Francisco de Almeida bewaffnet, behandelte er Albuquerque nicht als teuflischen Franken, sondern eher als »Untreuen gegenüber dem König von Portugal« (*harām-khwār-i pādshāh-i Burtukāl*) und als unaufrichtigen Mann, der von seinen eigenen Kapitänen und Soldaten, »die alle die Hoffnung auf Euch aufgegeben haben«, gehasst und verachtet wurde.[44]

Eine solche Strategie des »Teilens und Beherrschens« sollte einigen asiatischen Akteuren im ersten Jahrzehnt der portugiesischen Präsenz im Indischen Ozean von großem Nutzen sein. Doch die Machtergreifung Albuquerques Ende 1509 und der Aufbruch Almeidas nach Portugal leiteten eine neue Phase ein. Die portugiesische Macht breitete sich 1510 bis nach Goa aus, 1511 bis nach Malakka, und 1514 sollte Hormus wieder eingenommen werden. Im Jahr 1515 schließlich glaubte abgesehen von einigen extremen Optimisten in Venedig niemand mehr daran, dass die Existenz des portugiesischen *Estado da Índia* einfach wieder rückgängig zu machen sei.

Mit der vorausgegangenen Diskussion sollten bestimmte charakteristische Merkmale des ersten Jahrzehnts der portugiesischen Präsenz im Indischen Ozean hervorgehoben werden, unter denen Gewalt zweifelsohne ein führendes Element war. Von der zweiten, von Cabral geleiteten portugiesischen Reise nach Kerala an machten die Portugiesen klar, dass sie nicht gekommen waren, um friedlich zu handeln, und dass sie ihre bewaffneten Schiffe einsetzen würden, um Gegner anzugreifen, Häfen zu bombardieren und die rivalisierende Schifffahrt zu

Abbildung 11
Ägyptischer Leuchter mit venezianischem Wappen,
14. Jahrhundert, Kat.-Nr. III.21

zerstören. Angesichts dieser Tatsache entsprach die ägyptische Reaktion einer Strategie, die später auch von den Osmanen in Betracht gezogen wurde, ebenso wie von den Niederländern und Engländern. Gewalt konnte mit Gewalt begegnet werden, oder aber – wie es der verstorbene Ashin Das Gupta ausdrückte – mit ›Täuschungsmanövern‹ (*chicanery*). In diesem Zusammenhang ist die Reaktion Venedigs interessant. Das ganze 16. Jahrhundert hindurch versuchte es nie, das portugiesische Monopol über die Kaproute direkt anzugreifen; diese Strategie benutzten hingegen die Franzosen, und zwar sowohl am Anfang jenes Jahrhunderts (so Gonneville) als auch in den 1520er Jahren (mit den Verrazzanos).[45]

Hätten die Portugiesen sich anders verhalten können? Einige Historiker bejahen dies und argumentieren, dass die Option des friedlichen Handels einen Versuch wert gewesen wäre. Dieser Ansicht zufolge hätten die Portugiesen in den Häfen Indiens Faktoreien aufbauen und genau wie alle anderen Kaufleute Handel treiben können.[46] Sie hätten weder Festungen errichten noch asiatische Schiffe angreifen müssen. Lediglich zur Verteidigung ihres Monopols über die Kaproute hätten sie Streitkräfte einsetzen müssen.

In den Dokumenten des 16. Jahrhunderts findet solch eine Sichtweise allerdings wenig Rückhalt. In Portugal votierte niemand von Rang und Namen für diese Option. Die Debatte drehte sich stattdessen um die Anzahl von Festungen und darum, wie viel Gewalt gegen die asiatische Konkurrenz angewandt werden sollte. Selbst Dom Francisco de Almeida, einer der ›Minimalisten‹ unter den Portugiesen, verteidigte seinen Standpunkt nicht mit moralischen Gründen, sondern mit dem Mangel an Ressourcen: »Ohne viele Männer sind keine großen Ergebnisse zu erzielen« (*as grandes cousas nom se fazem sem muita gente*), schrieb er im Dezember 1505 aus Kochi an König Dom Manuel. Die vielleicht einzige Ausnahme ist die Stimme des edelgesinnten Testamentsverwalters (*provedor dos defuntos*) Gonçalo Fernandes, der Ende 1510 in einem Brief an den König seine Meinung kundtat, wonach die portugiesische Neigung zur Gewaltanwendung die Einheimischen Indiens gegen die Portugiesen aufbrächte.[47] Er schlug vor, keine Festungen außerhalb von Kochi zu errichten, selbst wenn dies den Portugiesen von den lokalen Herrschern angeboten würde. Der portugiesische König sollte stattdessen Gesandte in die wichtigsten Küstenzentren schicken (*pera todolos lugares de toda a costa, onde se poder notificar*), um das Verhalten der Portugiesen in der Vergangenheit als Zeichen eines Mangels an Untergebenheit ihm gegenüber zu verurteilen.

Er sprach sich also dafür aus, dass sich die Portugiesen von nun an »wie Menschen« und nicht »wie Schlangen« verhalten sollten, eine Meinung, die er mit zahlreichen Verweisen auf die Heilige Schrift unterlegte. Er fügte hinzu: »Allerdings [solltet Ihr sagen], dass Ihr – auch wenn schon von der einen und der anderen Seite so viel Unheil angerichtet wurde, was nie in Eurer Absicht lag – gerne alles vergessen machen wollt und es Euch erfreuen würde, wenn man [von nun an] auf gutem Fuße miteinander stünde, und dass Ihr ihnen Schutz bieten würdet, damit sie und ihre Schiffe mit Besatzung und Waren, wann und wo auch immer sie möchten, segeln können, außer dort, wo Eure Hoheit dies nicht wünscht – auch wenn ich daran zweifle, dass Letzteres für Eure Zwecke von Nutzen sein wird – und Ihr könntet ihnen versprechen, dass Eure Leute ihnen nie irgendeinen Schaden oder Böses zufügen, sondern vielmehr den bestmöglichen Umgang miteinander [anbieten] werden.«[48]

Fernandes, der behauptete, dass die lokalen Herrscher dem portugiesischen König einen kleinen Tribut zahlen würden, wenn alles wie vorgeschlagen geschähe, war offensichtlich ein einsamer Rufer in der Wüste – und wäre es genauso auch im spanischen Amerika gewesen. Bei den beiden iberischen Expansionsprojekten im 16. Jahrhundert, von denen keines als reine Geschäftsangelegenheit von Kaufleuten entworfen wurde, war die Staatsmacht einfach ein zu zentraler Faktor. Ämter, Belohnungen, Tribute und Abgaben motivierten die wichtigsten Beteiligten (*mas, estonces, nom averia [a]hy presas nem tributos*, wie Fernandes schrieb), und die Krone selbst war alles andere als ein schlicht auf Gewinnmaximierung bedachtes Unternehmen. Alles in allem konnte Portugal im Indischen Ozean nicht so agieren wie Venedig in Beirut und Alexandria, obwohl auch die venezianische Rechtschaffenheit in ihrem adriatischen und ägäischen Hinterhof begrenzter war als dort, wo der Serenissima die Macht der Mamelucken gegenüberstand.[49] Doch schließlich waren die Portugiesen nicht die Einzigen, die solchen Beschränkungen unterlagen. Wie wir im Nachhinein feststellen können, erging es auch anderen europäischen Mächten so, als sie ihnen im späten 16. und frühen 17. Jahrhundert in den Indischen Ozean folgten.

Resumo

O artigo investiga as consequências da Expansão portuguesa na Ásia durante a primeira década a seguir à viagem de Vasco da Gama à Índia. O autor centra a atenção nos diferentes níveis de conhecimento dos historiadores contemporâneos, por um lado e, por outro, no conhecimento dos próprios agentes da época acerca da situação económica e política em inícios do século XVI – aquilo a que chama »o equilíbrio da ignorância« (balance of ignorance). Os portugueses pensavam ter encontrado na Índia inúmeros Estados cristãos e, por conseguinte, potenciais aliados contra os mercadores muçulmanos aí presentes. Rapidamente se chegou à conclusão de que, além dos muçulmanos, eram sobretudo os hindus quem determinava a situação política na Índia e que os cristãos eram apenas uma minoria em acentuado decréscimo. Tais constatações empíricas nem sempre eram documentadas por escrito, sendo muitas vezes apenas transmitidas oralmente. A incerteza das informações sobre as condições económicas e políticas também atingia Veneza, concorrente de Portugal, a qual sobrestimou o significado atribuído por Portugal à política de alianças com Estados indianos para dominar o comércio das especiarias, enquanto, na realidade, Lisboa apostava bem mais nas medidas de bloqueio no Oceano Índico. Aliás, a quebra das importações de pimenta na zona do Mediterrâneo era menos devida à presença portuguesa na Ásia, como acreditavam alguns observadores venezianos, do que às, muito mais significativas, perturbações políticas na Península Arábica. Estes erros de apreciação fizeram com que Veneza levasse o Reino dos Mamelucos a uma contra-ofensiva nos anos 1507–1509, que acabou, no entanto, por fracassar, devido à falta de apoio por parte dos soberanos muçulmanos na costa Noroeste da Índia.

Anmerkungen

1 »Regimento de capitão-mor que Dom Francisco de Almeida levou para a Índia«, 5.3.1505, in Silva 1996, Dok. 6, S. 292: »Vos lembramos que sempre tenhaes grande cuidado de mandar alguns homens a descobryr, asy como a Malaca e a quaesquer outras partes que ainda nam forem tam sabydas, e de os enviardes com allgumas mercadoryas em allguns navyos da terra que pera lla forem, podendo nelles hir com segurança com ellas. E estes que a yso enviardes devem ser homens que ho bem saybam fazer.« Das Dokument wurde schon früher veröffentlicht, insbesondere in Pato/Mendonça (Hrsg.), 7 Bde., Lissabon, 1884–1935, Bd. II, S. 272–334. Man beachte den charakteristischen intransitiven Gebrauch des Verbs ›descobrir‹ ohne Nennung eines Objekts.

2 Daher ist es umso erstaunlicher, in einer neueren Arbeit eines Wirtschaftshistorikers zu lesen, die portugiesischen Autoritäten seien »über die Handelsbedingungen in Indien und Ostafrika und die Navigationsmöglichkeiten im Atlantik gut informiert [gewesen], bevor sie Vasco da Gama in den Jahren 1497–1499 mit einer Reise nach Indien betrauten«, vgl. Maddison 2002, S. 61.

3 S. Lipiner 1987; Subrahmanyam 1997a, S. 146f. Es ist deutlich, dass Gaspar wusste, dass seine Informationen falsch waren, und er hatte in anderen Berichten von 1499 bis 1500 schon begonnen, sie etwas zu verändern; vgl. Aubin 2006a, S. 285–287.

4 Águas 1987, S. 93–98; Ravenstein 1898, S. 96–102. Ich neige heute dazu, angesichts der angegebenen Entfernung (50 Tagesreisen von Kalikut), der beschriebenen Lage und der genannten Merkmale ›Conimata‹ als Kambodscha zu deuten.

5 Ma Huan (1433), übers. u. hrsg. von Mills 1970.

6 Zu Nikitin vgl. Guillou 1978; vgl. auch eine andere Übersetzung von Malamoud 1980, S. 85–134. Zu ʿAbdur Razzaq vgl. Samarqandi 1949, Bd. II, Teile II und III, 2. Ausg. (Hrsg. Muhammad Shafiʿ, 1949), S. 764–771, 775–791, 796–830, 842–851. Die neueste Übersetzung findet sich in Thackston 1989, S. 299–321.

7 Zu den mittelalterlichen Geniza-Dokumenten in Bezug auf Indien vgl. z. B. Goitein 1987, S. 449–464. In der umfangreichen neueren Arbeit von Goitein/Friedman 2006 ist ein Großteil dieses Materials zusammengestellt.

8 Barozzi/Fulin 1879–1903, 58 Bde., Bd. IV, S. 544–547, 664f.

9 Albano wird in der Übersicht von Luca Campigotto (Bd. 22, 1991) allerdings nicht erwähnt.

10 Finlay 1994, S. 45–90.

11 *Relazione delle Indie Orientali di Vicenzo Quirini nel 1506*, in: Albèri, Bd. XV, 1863, S. 3–19.

12 *Relazione di Gasparo Contarini ritornato ambasciatore da Carlo V, letta in Senato a dì 16 novembre 1525*, in: Albèri, Bd. II, 1840, S. 49.

13 *Relazione delle Indie Orientali di Vicenzo Quirini nel 1506*, in: Albèri, Bd. XV, 1863, S. 17.

14 Silva 1996, S. 295.

15 Albuquerque 1986a, im Folgenden zit. als *Crónica Anónima*, S. 261–263.

16 Alves 1993, S. 9–20.

17 Subrahmanyam 2000, S. 677–683.

18 Silva 1996, S. 284f.

19 Steensgaard 1974.

20 Lane 1940, S. 581–590.

21 Lane zitiert in *The Mediterranean Spice Trade*, S. 585, die Briefe von Lourenço Pires de Távora aus Rom. Der hohe Rang des Vizekönigs (aus dem Geschlecht der Bragança) trug vermutlich auch dazu bei, dem Gerücht von einer Art ›Abspaltung‹ Nahrung zu geben. Vgl. in diesem Zusammenhang auch die nützlichen Ausführungen bei Pereira 2003, S. 449–484.

22 Godinho 1983, Bd. III, S. 115, 133. Beim Lesen von Godhino frustriert häufig der umständliche Stil und die Neigung des Autors, sich ständig selbst zu widersprechen. So versichert er in Bd. III, S. 113: »Die doppelte Blockade des Malabar und des Roten Meeres hatte von Jahr zu Jahr unterschiedliche Erfolge«, was jeglichem Konzept einer »effizienten« Blockade widerspricht. In einer anderen Passage (S. 133) stellt er fest: »Wie stark auch immer die zusammengestellten militärischen Mittel und die Flotte waren, und selbst wenn man die völlige Ehrlichkeit aller Beamten voraussetzt, hätte das Rote Meer niemals komplett vom

Indischen Ozean abgeschnitten werden können; und wie hoch auch immer die zusammengebrachten und eingesetzten finanziellen Mittel waren, hätte die Kaproute sie [die Route durchs Rote Meer] niemals ersetzen können.« Schließlich findet man noch folgende zusammenfassende Behauptung (S. 134): »Wenn die Portugiesen sich an der Einfahrt in die Gewässer [Bab-el-Mandeb] festgesetzt hätten, hätten sie es aller Wahrscheinlichkeit nach vorgezogen, die Expansion entlang dieser Route zu ermutigen, so wie sie es auch im Persischen Golf nach der Eroberung von Hormuz taten.«

23 O'Rourke/Williamson 2005.
24 Aubin 2006a (S. 432) kommentiert Godinhos Versuche, die venezianischen Einkäufe in Alexandria und Beirut mit Zahlen zu belegen und stellt fest, dass »diese Statistiken überhaupt keinen Sinn ergeben«.
25 Aubin 2006a, S. 429.
26 Aubin zitiert Girolamo Priuli nach Segre/Cessi 1912–1938; umfangreiche Auszüge zum Thema wurden veröffentlicht von Fulin 1881.
27 Eine Hypothese ist, dass der Sultan dadurch provoziert wurde, dass Vasco da Gama im Oktober 1502 das sich auf seiner Rückfahrt vom Roten Meer nach Kalikut befindliche Schiff *Mīrī* versenkte. An Bord des Schiffes war ein gewisser Jauhar al-Faqih, der als »Vertreter des Sultans von Mekka in der Stadt [Kalikut]« beschrieben wird. Vgl. Subrahmanyam 1997a, S. 204–208. Das Schiff und sein Schicksal werden jedoch in keiner der ägyptischen Chroniken aus jener Zeit erwähnt.
28 Wansbrough 1961.
29 Aubin 2006a, S. 463. Aubin greift hier auf eine Theorie zurück, nach der das Mamelucken-Sultanat in seinen letzten Jahren eher schlecht funktionierte; die klassische Studie dazu ist Ayalon 1956, wobei hierzu auch die neueren Arbeiten von Garcin 1987 und Petry 1994 zu erwähnen sind.
30 Zu den bedeutenden arabischen Quellen in Bezug auf das Rote Meer zu jener Zeit vgl. al-Hawali in al-Dayba 1971–1977; Mustafa 1962–1964; al-Qasim 1968 und Schuman 1960.
31 Aubin 2000, S. 553: »Wir möchten jedoch unterstreichen, dass der anonyme Chronist bemerkenswert gut über die Expedition der Mamelucken ins Rote Meer in den Jahren 1506–1507 informiert ist, und dass er die an sich schon gründlichen Informationen von Castanheda weiter präzisiert, die von den arabischen Chroniken nicht widerlegt werden.« Zu anderen wichtigen portugiesischen Quellen in Bezug auf die Expedition von Emir Husain siehe Barros 1974, S. 173–218, 282–321. Ein aus Indien stammender rückblickender Bericht auf Arabisch bezüglich des Gefechts bei Diu findet sich in Zain al-Din Maʿbari, ins Portugiesische übers. Lopes 1899, Text, S. 41; in der Übersetzung S. 40.
32 Zur osmanischen Politik in diesem Zusammenhang siehe Özbaran 1995, S. 55–70. Zum Übergang zwischen Mamelucken und Osmanen vgl. Bacqué-Grammont/Kroell 1988.
33 *Crónica Anónima*, S. 326 f. Vgl. Anm. 15.
34 Zu den Befestigungen in Dschidda siehe Serjean 1963, S. 160–162.
35 Wiet 1955–1960, Bd. I, S. 268 f.; al-Hanafi, in Kahle/Mustafa 1931, S. 286 f. Zu diesem Autor und seinem Werk s. Wasserstein 1992.
36 Ibn Iyas, *Badāʾiʿ al-zuhūr*, bei al-Hanafi 1931, Bd. IV, S. 287.
37 Aubin 2000, S. 207 f. Ein bei Weitem größeres neo-Webersches Argument, das unglücklicherweise die englischsprachige Historiographie beherrschte, findet sich in Pearson 1976, S. 64–73. Dieses Werk wurde zu Recht kurz nach seiner Veröffentlichung für seine ungleichmäßige Wissenschaftlichkeit und das lückenhafte Verständnis der Quellen von Bouchon (1980b) kritisiert.
38 Es mangelt an einer umfassenden Studie der osmanischen Expedition von 1538. Der bis heute beste Aufsatz stammt von Couto 1998; vgl. auch den allgemeineren Überblick in Couto 1999b.
39 Ibn Iyas, *Badāʾiʿ al-zuhūr*, Bd. IV, S. 142, datiert Shaʿban 914 H. (November–Dezember 1508).
40 Godinho 1983, Bd. III, S. 100 f., übersieht, dass die Hauptursache für die ägyptische Niederlage der Verrat von Malik Ayaz an Emir Husain war. Stattdessen behauptet er, das Problem läge in der Tatsache, dass »die Mamelucken eine Reiterschar waren, die keinerlei Erfahrung mit Kriegsführung zur See hatten; sie verfügten nicht über eine Armee gut ausgebildeter Marinesoldaten«, und zitiert die entschieden überholte Studie von Stripling 1942, S. 30. Wie Aubin bemerkt (2006, S. 460), war die Situation vollkommen anders: »Da die Tscherkessen sich weigerten, außerhalb Ägyptens und Syriens zu kämpfen und irgendetwas anderes als einen Pferderücken zu nutzen, setzte sich die Expeditionsstreitmacht von 1506 nach Indien aus Schwarzen und europäischen Mamelucken zusammen.«
41 Sanuto 1879–1902, Bd. IX, S. 110 f.
42 Silva 1996, S. 387 f.
43 Subrahmanyam 1998; Thomaz 1993, überarbeitete Version hrsg. als Thomaz 2004.
44 IAN/TT, *Cartas Orientais*, Nr. 11 und 13, erneut abgedruckt in Aubin 2000, S. 426 f.
45 Gonneville 1971; Jourdin/Habert 1982.
46 Pearson 1987, S. 72–75, wo die Diskussion mit folgender bizarrer Behauptung abschließt: »Die niederländischen und englischen Ost-Indischen Handelskompanien [*East India Companies*] trieben friedlichen Handel, und die bewaffnete Streitmacht kam nur in seltenen Ausnahmefällen als Unterstützung zum Einsatz. In portugiesischen Berichten aus dem 16. Jahrhundert sind hohe Ausgaben für militärische und religiöse Angelegenheiten verzeichnet. Wären sie dem Beispiel Venedigs oder der Niederlande und Englands gefolgt, hätten fast all diese Kosten vermieden werden können.« Man fragt sich, wo Pearson von diesen friedlichen Methoden der Niederländer und Engländer gehört haben mag!
47 IAN/TT, *Gavetas*, XIV/8-11, in Pato/Mendonça 1884–1935, Bd. IV, S. 45–69; zu einer Diskussion dieses Textes siehe Aubin 2006a, S. 372 f.
48 Pato/Mendonça 1884–1935, Bd. IV, S. 48. Fernandes macht die Angelegenheit dann etwas undurchsichtiger, indem er hinzufügt: »Da Ihr jedoch diese Eroberung (*comquista*) vor den Rumis [also hier die Mamelucken] oder dem Sultan verteidigen wollt, denn sie gehört Euch und Ihr habt dafür eine Menge aufgebracht und tut dies auch weiterhin, so dass sie [die lokalen Herrscher] Euch zur Bestreitung der Kosten an jedem Ort mit einem gewissen Tribut unterstützen sollten.«
49 O'Connell 2004; Martin/Romano 2000. Zum fortgesetzten venezianischen Handel mit den Osmanen unmittelbar nach 1517 als ein Zeichen ihres ›Pragmatismus‹ siehe Theunissen 1998 und Theunissen 1999.

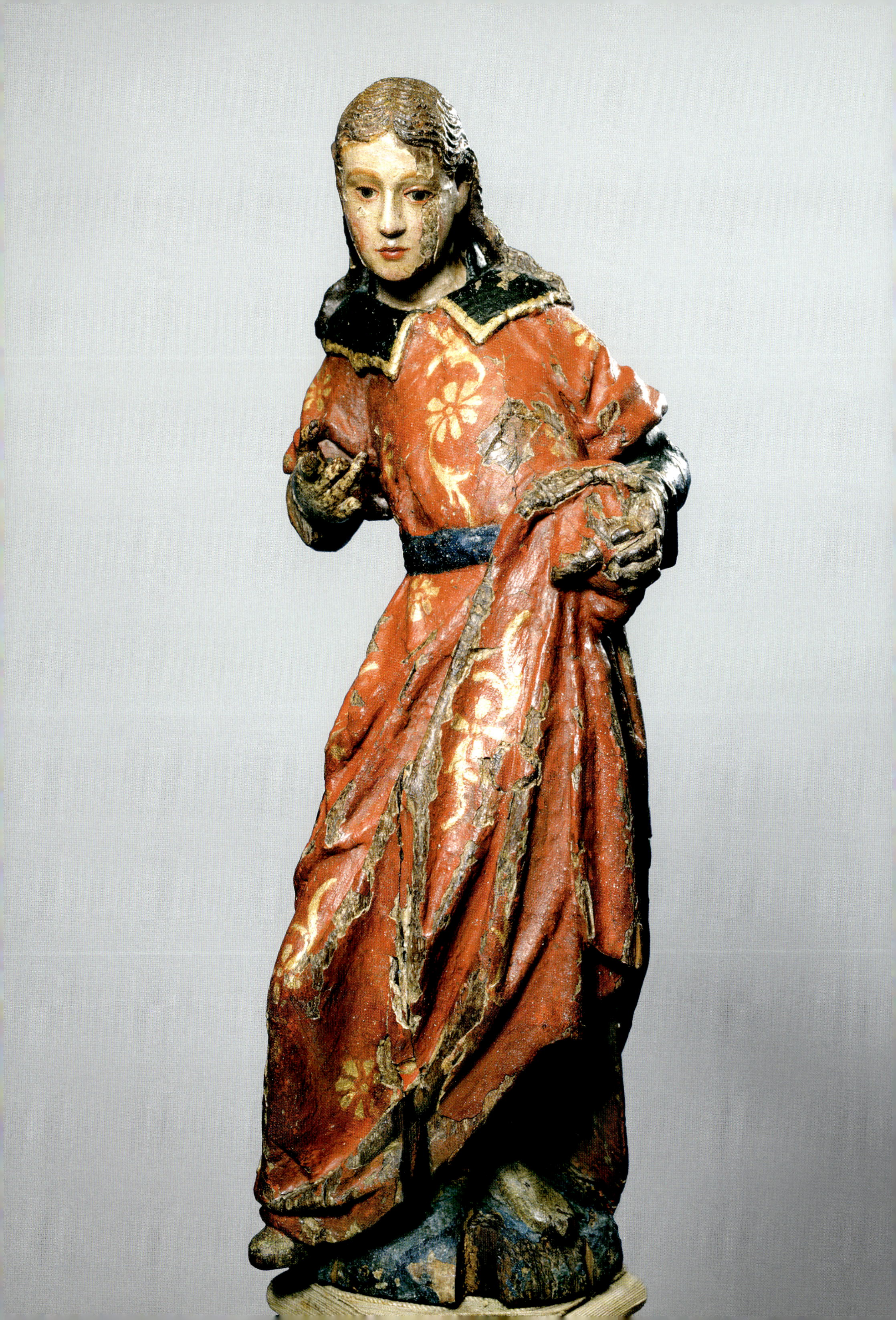

Einführung

Eduardo Lourenço
Der Welt-Blick Portugals

Wie alle anderen alten europäischen Nationen besitzt und pflegt Portugal eine eigene kulturelle Mythologie. Kultur ist für jedes Volk eine Art unüberwindliche chinesische Mauer. Bis auf wenige Ausnahmen besitzen diese kulturellen Mauern, ganz nach Art der Leibniz'schen Monaden, keine Fenster. Das trifft auch auf die portugiesische Kultur zu, obwohl sie zu einem gegebenen Augenblick im 16. Jahrhundert offensichtlich dazu berufen war, sich auf die Suche nach dem anderen zu begeben und damit das erste moderne europäische Beispiel für das Bedürfnis und den Wunsch zu sein scheint, aus sich herauszugehen und sozusagen zur Mittlerin zwischen nicht nur unterschiedlichen, sondern geradezu ›andersartigen‹ Kulturen zu werden.

Mit ihrer Ankunft in Indien, China, Japan oder auf den Molukken verließen die Portugiesen des 16. Jahrhunderts zunächst aus Notwendigkeit, dann aus echter Neugierde, ihren europäischen bzw. iberischen Kokon. Insbesondere erlebten sie – vor allem die Missionare und Diplomaten unter ihnen und weniger die Krieger –, dass sie sich paradoxerweise selbst ein wenig als jene anderen fühlten, die sie zugleich mit bestem Wissen und Gewissen zu ihrem Glauben (mehr denn zu ihrer Kultur) zu bekehren versuchten. Dieser barg für sie – wie jede Religion für jedes Volk – nicht nur die Möglichkeit der Universalität, sondern war für sie der einzig universelle Glaube. Die christliche Kultur der Portugiesen bot sich mehr als zwei Jahrhunderte lang unbeabsichtigt und ohne dabei außerhalb ihrer selbst zu stehen – keine einzige Kultur stand oder steht jemals außerhalb ihrer selbst – im Dialog dem Blick der anderen dar, und zwar nicht als solche (christliche), sondern als exotische Kultur (man möge das Paradox verzeihen). Über Portugal wussten die Inder, Malaien, Chinesen oder Japaner nur das, was die Händler, Soldaten, Abenteurer und vor allem die Missionare von jenem fernen, unbekannten und unerreichbaren Land erahnen ließen. Die Portugiesen ihrerseits hatten damals die niemals wiederkehrende Gelegenheit und das Privileg, die allgemeine und wechselseitige Unkenntnis der Völker auf dem Planeten ein Stück weit aufbrechen zu dürfen. Das veränderte die Portugiesen zwar nicht tiefgreifend, hat aber Portugals Kultur mit der Aura eines mythischen Orientalismus umgeben, von dem Europa bis dahin nur auf literarischer Ebene Kenntnis hatte. Marco Polo war die Ausnahme, nicht die Regel. Mit den Portugiesen wurde der europäische Blick auf die Welt zum ersten Mal sowohl in empirischer als auch in symbolischer Hinsicht zum ›Welt-Blick‹ (*olhar-mundo*). Und heute ist dieser aus der Vergangenheit kommende ›Welt-Blick‹, in dessen Hinsicht wir keine Vorreiterrolle mehr spielen und auch keine Ausnahmeerscheinung mehr sind, nicht nur unser Wappen als Europäer, sondern auch als Portugiesen.

Niemand – auch nicht die Portugiesen – kann jemals die Einzigartigkeit unserer Kultur unter allen anderen Kulturen Europas begreifen, ohne jenes »Abenteuer auf den Meeren Chinas« mit einzubeziehen, das Camões zum Thema seiner Dichtung machte und das das Herzstück unseres Orientalismus nach der berühmten *Peregrinação* des Fernão Mendes Pinto ist. Neben seinen bekannten politischen, kriegerischen, wirtschaftlichen und kulturellen Auswirkungen war dieses Abenteuer in einem neuen, originellen Sinn Ausdruck der europäischen Zivilisation in der Welt. Europa erlangte seinen ›Welt-Blick‹, sei es zufällig oder schicksalhaft, durch die Augen eines kleinen Volkes »vom Weststrand Lusitaniens ausgesandt« (Lusiaden, I,1), der so zum Kai der Geschichte wurde.

Ohne Übertreibung können wir für jene Zeit und noch deutlicher für spätere Zeiten von zwei portugiesischen Kulturen sprechen, die sich zwar offensichtlich berührten, sich jedoch nicht wirklich überlagerten: die Kultur eines Portugals des Orients und im Orient (in geringerem Maße spielen auch Afrika und später Brasilien eine Rolle) und die Kultur eines europäischen Portugals, die aufgrund weithin bekannter Umstände wenig oder gar nichts von einer ›offenen Kultur‹ hatte. Verloren in der Welt der anderen im Orient, als Kosmopoliten *avant la lettre*, als Händler, Seeleute, Apostel, Piraten und Schmuggler oder aber als Missionare ernsthaft andere Kulturen beobachtend, kapselten sich die Portugiesen ab Mitte des 16. Jahrhunderts gegenüber Europa ab. Europa beschritt einen Weg, der diesen Portugiesen versagt war oder den sie sich selbst versagten. Dasselbe trifft, wenn auch in geringerem Maße, auf unsere spanischen Nachbarn zu.

Keine moderne Kultur hat eine solche Kombination von prinzipiell grenzenloser Öffnung gegenüber der Welt und symbolischer Abgrenzung gegenüber Europa erfahren. Die portugiesische Kultur aber lebt bis in die heutige Zeit vom Mythos der Öffnung, der *abertura* (und diese Ausstellung ist ein gutes

Abbildung 1
Holzskulptur des Erzengel Rafael;
mitgeführt auf dem Schiff des Paulo da Gama
während der ersten Indien-Expedition 1497–1499,
Lissabon, Museu de Marinha

Beispiel dafür), ganz im Gegensatz zur Absonderung, die für die Barockjahrhunderte charakteristisch wurde, während derer sich die iberische Kultur insgesamt von der übrigen Welt abzutrennen wünschte. Mit ›Welt‹ ist hier die protestantische Welt gemeint. Kurz, das Portugal dieser Epoche und mit ihm die gesamte Iberische Halbinsel wurde für Europa im Allgemeinen, und ganz besonders für das protestantische Europa, zu jenem Land, das im *Candide* des Voltaire als Symbol der Rückständigkeit und vor allem der Intoleranz Darstellung fand. Als ob es das einstige goldene Zeitalter Portugals, das dank seiner Missionare, Diplomaten und Abenteurer auf bis heute unübertroffene Weise die ›Reiseliteratur‹ des Okzidents im Orient erneuerte, nie gegeben hätte. Wahrscheinlich wäre die gesamte kolossale Menge an Information eines noch unbefangenen Exotismus, verführt durch ›das Andere‹ und frei jeder Romantik, unabhängig von ihrem enormen Wert vollständig in Vergessenheit geraten (und zwar selbst in Portugal), hätte nicht Camões in den *Lusiaden* – und auf andere Weise Fernão Mendes Pinto in der *Peregrinação* – das portugiesische Abenteuer auf sublime Weise mythisiert.

Über eineinhalb Jahrhunderte lang kreiste das Interesse Portugals, das zum ersten europäischen Entdeckervolk geworden war, um nichts anderes als das eigene Abenteuer. Chronisten, Historiker, Reisende und Missionare erfanden, ohne sich dessen bewusst zu sein, eine zweite Identität, ein zweites Leben für das noch dem Mittelalter verhaftete Land des Gil Vicente, unseres großen Dramatikers im frühen 16. Jahrhundert. Der Traum des europäischen Portugals war damals Afrika, ein Traum, der dem Land eines Tages zum Verhängnis werden sollte. Doch die wahre Geschichte dieses Volkes und die einzige, die diesem ein wirklich ›mythisches‹, wenn nicht gar ›mystisches‹ Wesen verleiht, ist diejenige, die sich in einer Art neuen Diaspora Tausende Kilometer von Europa entfernt im Indischen Ozean abspielte. Die *Lusiaden*, die teilweise in jenem fernen Orient geschrieben wurden, geben jenem anderen Portugal, das für immer außerhalb seiner selbst und sich selbst fern verbleibt, einen in der Form humanistischen, inhaltlich neuen und nie dagewesenen Ausdruck. Als der berühmte ›Rauch des Orients‹ – unsere bereits im 16. Jahrhundert als *fumos do Oriente* bezeichneten Eroberungs- und Kolonialillusionen – sich verzog und der Indische Ozean zum Herrschaftsbereich der Holländer und Engländer wurde, kehrte Portugal in das kleine lusitanische Haus zurück, aus dem es aufgebrochen war, ohne sich jedoch von diesem Orient lösen zu können, in dem das Land in Sichtbarkeit und Größe über sich selbst hinausgewachsen war. Und seit dieser nie gänzlich vollzogenen Rückkehr bleibt es bis heute gespalten zwischen Wirklichkeit und Traum.

Als europäische Kultur nahm die portugiesische Kultur in einer Reihe von Mythen Gestalt an, für die sich in anderen Kulturen Analogien finden. Die bekanntesten und langlebigsten haben zwei zeitlose Mythen zur Quelle: die Mythe von der absoluten Leidenschaft, die von Inês de Castro, der im Tod zur Königin gemachten Hofdame, bis zur ›portugiesischen Nonne‹, einer französischen Textkreation mit portugiesisch-leidenschaftlichem Körper und Seele, reicht; und die Mythe von der absoluten Nostalgie, dem durchdringenden Gefühl des Verlusts und der erbitterten Verweigerung dieses Verlusts, der begrabenen Liebe oder des toten Königs in Erwartung der Wiederauferstehung (Dom Sebastião). Der einzig echte, originelle Mythos der portugiesischen Kultur ist der des Imperiums, das heute verloren, jedoch mehr denn je in der portugiesischen Vorstellung gegenwärtig ist. Der Grund ist verständlich: In der Vergangenheit hat Portugal in Europa nie eine Führungsrolle gespielt. Sein ›wahres Leben‹, jenes, das uns träumen ließ und weiterhin unsere Vorstellung fasziniert, war das des unerreichbaren Imperiums, das ständig von unseren größten Kunstschaffenden beschworen wurde – von Camões bis Fernando Pessoa, über António Vieira und Almeida Garrett. Einzig die Portugiesen sind fähig, derart vom Imperium zu träumen. Es sind hier mehr als nur Analogien zum jüdischen Volk zu erkennen. Wie jenes ist das portugiesische Volk durchdrungen vom biblischen Messianismus, jedoch in verklärter Form. Nicht als Volk, das seine Einzigartigkeit als universelles Paradigma verstanden wissen möchte, sondern als eines, das sich am liebsten in der anonymen Universalität des Meeres verlieren würde, das einst sein Schicksal und seine Berufung war.

An der Schwelle zum 21. Jahrhundert fällt es schwer, eine Mythologie ernst zu nehmen, die historisch und symbolisch im 16. Jahrhundert verankert ist – einer Zeit, in der Portugal zwei Gesichter hatte: das eines über die Welt verstreuten Volkes (die berühmte über die Welt verteilte Seele des Camões) und das eines in einem Haus eingeschlossenen Volkes, dessen einziges Fenster das Meer ist. Doch nichts in dieser gleichzeitig so narzisstischen wie universellen Mythologie ist mysteriös. Portugal darf zu Recht nicht vergessen, dass es vor einigen Jahrhunderten ›ein Anderes‹ wurde. Aus einem im europäischen Kontext unbedeutenden Volk wurde ein wichtiger Akteur der Weltgeschichte. Diese Erinnerung drängt sich Portugal stets auf, wenn sich seine Gegenwart vom ›imperialen‹ Augenblick entfernt, der in seinem kulturellen Gedächtnis dank der als Heiliges Buch verehrten

ABBILDUNG 2
DARSTELLUNG EINES PORTUGIESEN, MOGULSCHULE,
NORDINDIEN, 17. JAHRHUNDERT, KAT.-NR. XI.16

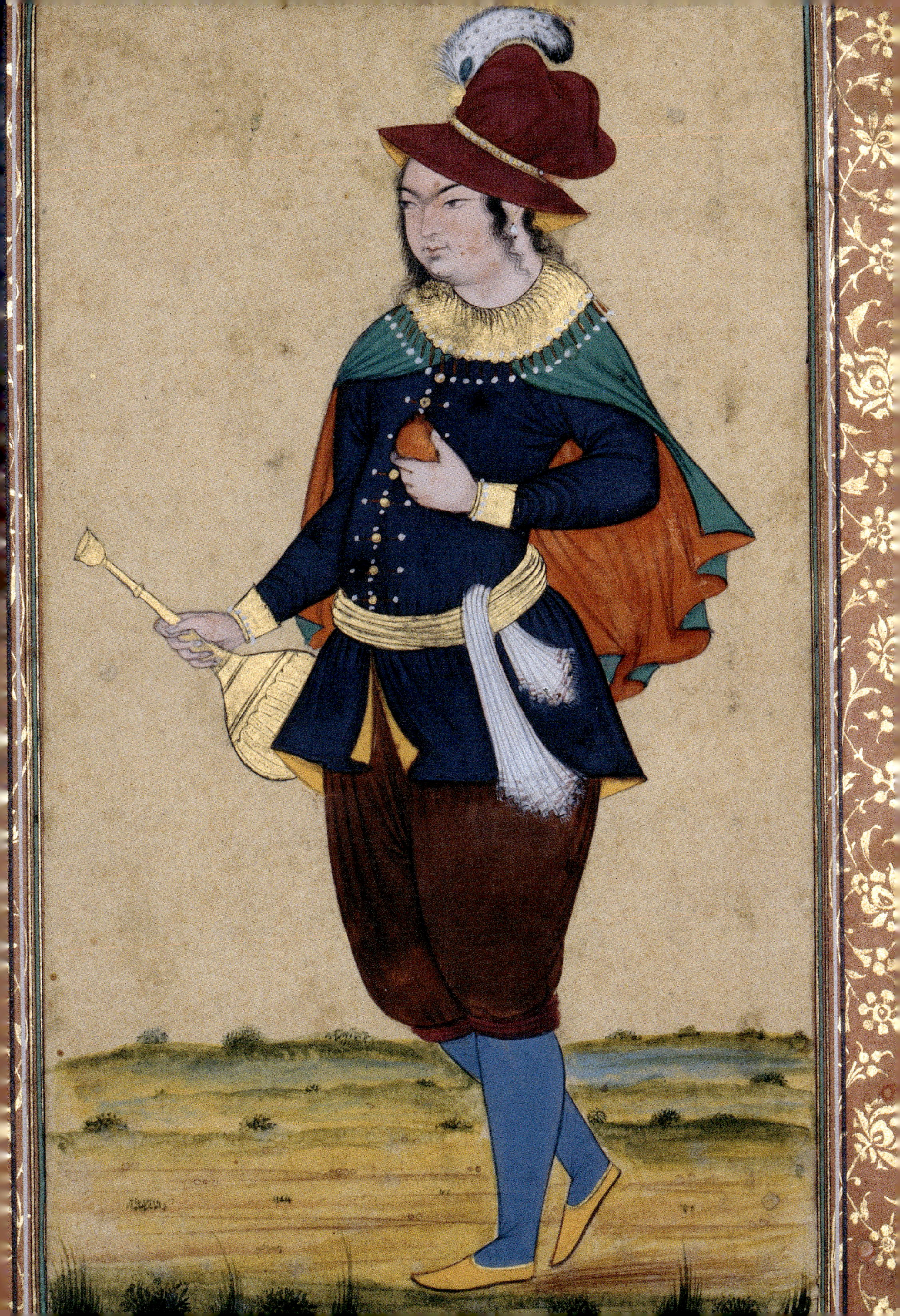

Lusiaden verewigt wurde. Portugal ist in Europa einzigartig als Land, das sich mit unendlichem Wohlwollen in dieser Art epischem Koran oder eher Anti-Koran spiegelt – denn Portugal war zu jener Zeit ein Kreuzfahrerland, ein Feind des Islam *par excellence*. Keine andere Nation identifizierte sich vor der Romantik derart mit einem profanen Text. Gegenstand dieses Epos sind nicht nur die Seeabenteuer der Portugiesen, sondern Portugal selbst. In diesem Sinne hat Portugal noch heute nur scheinbar eine Außenwelt. Camões stellte Portugal ins Zentrum der Weltgeschichte, und er war es, der Portugal als Welt-Blick, als *olhar-mundo* – konzipierte. Camões wies einem kleinen Volk (und gerade aufgrund dieser Eigenschaft) den Status einer universellen Einzigartigkeit zu. Das Äußere ist in seinem Inneren bereits enthalten. Als die Portugiesen, die ersten Europäer in der außereuropäischen Welt, nach Hause zurückkehrten, schlossen sie sich dort wie sublime Piraten mit ihrem imperialen Schatz ein. Und dabei ist es letztlich unwichtig, ob dieser Schatz ein wirklicher Schatz ist oder nur die Erinnerung an einen verlorenen Schatz. Die portugiesische Vorstellungswelt besitzt kein anderes Zentrum und auch keine anderen Grenzen als diejenigen des erträumten Imperiums.

Fernando Pessoa war es, der, besser als jeder andere, dieser unerhörten Mythologie eine kulturelle Gestalt auf der Höhe ihres gloriosen Wahnsinns verlieh. Pessoa verstand, dass der (buchstäbliche) Kult um das camonianische Imperium weder Sinn noch Zukunft hatte. Seine Version des endzeitlichen fünften Imperiums ist metahistorisch. Das portugiesische Imperium ist lange schon tot. Nur die Utopie dieses Imperiums lebt weiter, der Traum einer Universalität, die sich von der Universalität der tatsächlichen Imperien unterscheidet. Nicht ein Traum von Macht und Herrschaft, sondern eine Art Traum des Unvermögens. Des Unvermögens, aus dem alle Träume von einem Gott gewebt sind, der in der Geschichte allgegenwärtig und zugleich *absconditus*, verborgen, unbekannt und unzugänglich ist. Genau

ABBILDUNG 3
KARTE PORTUGALS, FERNANDO ALVARES SECO, 1606,
KAT.-NR. IX.12

so hat Fernando Pessoa in seinem Gedichtband *Mensagem* (Botschaft) die alte portugiesische Mythologie neu formuliert. Er erhielt die Form und änderte den Inhalt. Ohne es zu wollen, tauchte er die portugiesische Kultur und sein Jahrhundert in eine Art epischen Onirismus, dessen größte und fast einzige Obsession das Schicksal Portugals selbst ist. Nicht eines Portugals antiker oder moderner mythischer oder mythisierter Helden, sondern eines Landes, das für seine eigene Fiktion verantwortlich ist und versucht, seine alte Rolle nicht in unmöglichen Eroberungen wiederzufinden, sondern in der Erfindung seiner selbst in jenem universellen Abenteuer, das wir auch heute noch als Kultur bezeichnen. Nicht mehr und nicht weniger als alle anderen Völker.

Fast ein Jahrhundert nach Pessoa nimmt diese neue Berufung Portugals in den Augen der anderen, vor allem aber der Portugiesen selbst, die so lange der Nostalgie und der inneren Enttäuschung verhaftet gewesen sind, eine positivere und ruhigere Gestalt an. Vor allem eine besser sichtbare. Die Portugiesen glauben heute, eine Art goldenes Zeitalter der Kultur zu erleben. Ob wahr oder falsch oder weder das eine noch das andere, der Eindruck an sich ist ein neuer. Es ist heute eine Tatsache, dass sich die portugiesische Kultur – und zwar nicht mehr nur in Ausnahmefällen, wie einst Fernando Pessoa einer war – trotz oder gerade aufgrund ihrer eifersüchtig gehüteten Andersartigkeit einer Sichtbarkeit, einer Ausstrahlung erfreut, die sich vor nur zwanzig Jahren niemand auch nur vorzustellen gewagt hätte. So gesehen erfährt Portugal im Bereich der Kultur eine wahre Wandlung. Die portugiesische Kultur erregt in allen Bereichen, ob in Film oder Tanz, Musik oder Theater, Belletristik oder Poesie (ihrer ureigenen Ausdrucksweise) ein Interesse, das der Eigenliebe einer alten Nation, die über lange Zeit keine Zuschauer hatte, schmeichelt. Ist das Wunder vergänglich oder gar pure Illusion? Nur die Zukunft wird sagen können, ob diese neue Präsenz unter den anderen, vor allem unter den europäischen anderen, ernsthaft die Vorstellungswelt eines Volkes verändert, das seit Jahrhunderten daran gewöhnt ist, sich von anderen begleitet zu wähnen – so wie zu jener Zeit, als es, sich selbst erträumend, die Welt erschuf.

Resumo

Este ensaio reflecte o papel que Portugal desempenhou e a sua presença evidente, na história, quer dentro quer fora da Europa. A abertura ao ultramar foi acompanhada de uma distanciação face ao mundo protestante europeu. Assim, a concepção interna europeia de espírito antiquado defrontou-se, durante longo tempo, com o mito português da abertura: num determinado momento do século XVI Portugal foi o mediador entre culturas, matricialmente ›outras‹. O Olhar europeu sobre o mundo tornou-se, pela primeira vez, devido à aventura portuguesa, num Olhar-Mundo. No outro lado do mar, os portugueses sentiram-se, eles próprios, paradoxalmente, um pouco como aqueles ›outros‹ a quem se tentava converter à própria fé. As obras de Luís de Camões e de Fernão Mendes Pinto assinalaram e mitificaram esta ›Era das Descobertas‹.

Portugal permaneceu, longamente, nostálgico e fixado em si mesmo, preso ao seu sonho de império. Desde há alguns anos, porém, Portugal conhece uma mutação – da sua cultura emerge, em muitas áreas, uma nova irradiação – e uma força expressiva. Só o futuro dirá se esta nova presença entre os ›outros‹, em particular europeus, mudou o imaginário dos portugueses.

Abbildung 4
Luís de Camões, etwa 1524–1580, nach einer Zeichnung von Fernão Gomes, Kat.-Nr. IX.25

CIRCVLVS ARTICVS
TROPICVS CANCRI
ZODIACVS
EQVINOTIALIS
ZODIACVS
EQVINOTIALIS
EQVINOTIALIS
ZODIACVS
TROPICVS
ZODIACVS
CAPRICORNI
CIRCVLVS ANTARTICVS

Reinhard Krüger

Portugals transozeanischer Aufbruch: Geopolitische und intellektuelle Voraussetzungen

Die geopolitische Ausgangslage

Portugal wird am Ausgang des Mittelalters aufgrund einiger besonderer historischer, kultureller und geopolitischer Faktoren der Vorreiter der Europäischen Expansion. Diese Faktoren wirken ineinander und begründen die herausragende Stellung Portugals in der ersten Phase des Europäischen Aufbruchs zur Globalisierung. Die kulturelle Differenz gegenüber umliegenden Völkern bedingt die Möglichkeit der Entwicklung einer politischen Binnenstruktur, die sich dann seit dem 11. Jahrhundert als Eigenstaatlichkeit gegenüber dem Umland verfestigt. Geografische Grenzen im Osten (Berge und Flüsse) und im Westen und Süden (das Meer) umschreiben den Raum, in dem sich dieser Staat weitgehend ungestört entwickeln kann.[1] Die Binnenexpansion vollzieht sich im Rahmen der europaweit üblichen feudalen Scharmützel, die jedoch vielfach von Kreuzrittern vor allem aus Frankreich und England mitgetragen werden, wenn es gegen die maurischen Partikulargewalten im Süden geht.[2]

Mit jedem Schritt wird neuer Raum geschaffen, und dieser ist das wichtigste ›Erzeugnis‹ der mittelalterlichen Heere, denn er dient der agrarischen Bevölkerung als Produktionsmittel. Mit ihm werden die Lebensbedingungen so verbessert, dass sich daraus eine Beschleunigung der demografischen Entwicklung ergibt. Dies wiederum führt schließlich zur Einführung verbesserter Anbaumethoden wie z. B. der Terrassierung des Bodens, bis diese Maßnahmen der inneren Kolonialisierung angesichts des Bevölkerungswachstums nicht mehr ausreichen und neues Land erworben werden muss.

So wird die demografische Entwicklung zum Motor der inneren Expansion des Herzogtums Porto, das seit 1179 von Rom als Königtum anerkannt ist. Die schrittweise Ausdehnung erreicht im Jahre 1249 mit der Eroberung der Algarve insofern einen Endpunkt, als nun das Staatsgebiet konsolidiert ist, das bis zum heutigen Tag die kontinentalen Grenzen Portugals ausmacht.

Der maritime Aufbruch

Der Weg in die Gebiete jenseits der angrenzenden Meere ist damit in dem Maße vorprogrammiert, wie die innere Kolonisierung abgeschlossen wird und die soziale, ökonomische und demografische Dynamik zur Expansion über die erreichten Grenzen hinaus drängt. Es sind keine Kausalitäten zwischen historischen Ereignissen, welche die Geschichte Portugals bis zum transatlantischen Aufbruch bestimmen, sondern es sind die Summe und das Zusammenspiel einer Vielzahl von erfolgreichen Einzelhandlungen, die die Ausgangsbasis für den Aufbruch geschaffen haben. Obschon es Niederlagen gab, konnten sie die Gesamtdynamik der Entwicklung nicht mehr stören. Es ist ein Element, das im Hinblick auf den Raum das staatliche Handeln Portugals im Mittelalter in einen Zusammenhang stellt, nämlich die sich immer wieder aufdrängende Notwendigkeit, der durch die demografische Entwicklung zunehmenden Landknappheit etwas entgegenzusetzen. Dass es der portugiesischen Krone gelungen ist, dies bis zum transatlantischen Aufbruch immer wieder erfolgreich zu tun, ist der Verkettung historischer Zufälle unter begünstigenden Umständen geschuldet. Die portugiesische Geschichte ist schon lange vor dem transatlantischen Aufbruch vor allem von der politischen und militärischen Operation in unbekanntem Raum geprägt.

Die Richtung der weiteren Expansion wird dabei von mentalen Koordinaten vorgegeben, die selbst Kristallisationen von jahrhundertelang gesammelten Erfahrungen im atlantischen und afrikanischen Raum sind. Dabei ist zu beachten, dass wenigstens der Süden der Iberischen Halbinsel, und damit das Alentejo und die Algarve, immer auch als eine geografische Einheit mit dem maghrebinischen Norden Afrikas verstanden worden ist. Al-Andalus, wovon Al-Gharib (Algarve) der westliche Teil ist, und Al-Maghreb erscheinen auf fast allen arabischen Weltkarten ebenso wie in arabischen Weltbeschreibungen als eine Einheit. Das Meer zwischen beiden stellt nämlich keine Grenze dar, sondern verbindet beide, zumal es der sicherste und am leichtesten zu bewältigende Weg zwischen Al-Andalus und Al-Maghreb ist. Und wenn Gelehrte wie Maimonides (Moses Ben Maimon) am Ende des 12. Jahrhunderts zwischen Sevilla und Marrakesch ›pendeln‹, dann zeigt dies genau die Nähe zwischen

Abbildung 1
Die bekannte Welt nach Claudius Ptolemäus in Globusform dargestellt, 1470,
Paris, Bibliothèque nationale de France

beiden Regionen an. Ungeachtet der politischen Entwicklungen bestehen hier dauerhafte Beziehungen, die den Alltag der Menschen prägen. Dafür sprechen so scheinbar entlegene Quellen wie die *mappae mundi*, die uns in zahlreichen Manuskripten des Apokalypse-Kommentars des Beatus a Liebana vorliegen. Die älteste dieser Karten, die sogenannte Ashburnham-Karte aus dem Jahre 926, zeigt uns westlich von Al-Andalus respektive Al-Gharib und Al-Maghreb eine Vielzahl von Ruder- und Segelschiffen, die jenseits der Säulen des Herkules den Atlantischen Ozean durchpflügen. Diese Bilder wären nicht möglich, wenn man die Navigation auf offenem Atlantik für undurchführbar gehalten hätte. Sie sind Illustrationen des Okeanos, aber sie spiegeln auch den historischen Sachverhalt einer von Handel und Wandel zwischen dem südwestlichen Europa und dem nordöstlichen Afrika geprägten Welt. Bestätigt werden diese Bilder durch Legenden wie die von den *Acht Abenteurern von Lissabon*, die der arabische Geograf Al-Idrisi in seiner Weltbeschreibung aus dem Jahre 1154 wiedergibt. Die acht Abenteurer, der historischen Bedeutung von *aventureiro* gemäß als Kaufleute zu verstehen, hatten sich demnach einstmals mit einem Handelsschiff, das mit Tierhäuten (ein wichtiges Handelsgut) beladen war, auf den Weg gemacht, den äußersten Ort von Al-Maghreb entlang der maghrebinischen und westafrikanischen Küste zu suchen. Dort seien sie auf einen Herrscher gestoßen, der ihnen den Namen des am weitesten entfernten Ortes mit Wasafy preisgab. Gleich nun, ob diese Kaufleute so konkret existiert haben mögen oder nicht, die Geschichte verweist wie die Ashburnham-Karte auf ein tatsächliches merkantiles und maritimes Treiben zwischen Al-Andalus, Al-Gharib und Al-Maghreb.

Portugal ist mit dem Maghreb durch lange eingeübte Verkehrsbeziehungen eng verbunden. Hier an der südwestlichen Küste Europas steht die Welt nach Afrika und in den Atlantik offen. Genua und England erkennen diese Möglichkeiten frühzeitig, verbinden sich bereits seit dem 13. Jahrhundert durch Verträge mit Portugal und nutzen die atlantische Randlage ihres Partners, um Auswege aus der immer deutlicher werdenden Abriegelung des Levantehandels durch das venezianisch-arabische Bündnis zu suchen. Dabei haben die Händler aus London sich seit Beginn des 13. Jahrhunderts Stapelrechte in Lissabon gesichert, und Genua schickt jährlich vertraglich garantiert Männer zur Ausbildung als Seeleute nach Portugal. Hier wird fast 200 Jahre vor der Öffnung des Atlantikhandels im Kielwasser des Kolumbus bereits die Grundkonfiguration des zukünftigen Atlantikhandels und einiger ihrer wichtigsten Protagonisten erkennbar. Im Jahre 1291 werden die Genueser Kaufleute und Brüder Ugolino und Vadino Vivaldi mit zwei Galeeren, großzügigem Kredit und 300 Mann über die Säulen des Herkules hinaus den Abenteurern von Lissabon auf ihrem Weg entlang der afrikanischen Westküste folgen, bis sich ihre Spur im Dunkel der Zeiten verliert.[3] Die Völker des westlichen Mittelmeers von Genua über Sevilla bis nach Lissabon denken also 200 Jahre vor Kolumbus bereits ›atlantisch‹.

Vor diesem Hintergrund kommt es im 14. Jahrhundert zu den ersten atlantischen Unternehmungen Portugals, in deren Folge auch die Kanarischen Inseln (1361) angesteuert werden. Giovanni Boccaccio gibt davon in dem Bericht *De Canaria* Kunde, wonach katalanische, spanische sowie Florentiner und Genueser Kaufleute auf zwei Schiffen, die ihnen die portugiesische Krone zur Verfügung gestellt hatte, von Sevilla aus zu den *Insulae Fortunatae* aufgebrochen seien. Es folgen die portugiesische Okkupation von Madeira (seit 1419) und der Azoren (seit 1431), die anders als die Kanarischen Inseln dauernd besiedelt werden. Im Jahre 1415 wird Ceuta im Komplott zwischen der portugiesischen Krone und den Kaufleuten von Ceuta besetzt. Es ist die erste transkontinentale Landnahme. Portugal verfolgt eine Politik der Nadelstiche gegen das islamische Nordafrika, wie sie auch von kastilischer Seite seit dem 14. Jahrhundert betrieben wird. Im Jahre 1445 werden dann die Inseln vor Kap Verde im Zuge der Erkundung des Seeweges um Afrika besetzt.

Jetzt wird die seit der Antike für möglich gehaltene Afrika-Umsegelung (Plinius berichtet z. B. von der Fahrt des Karthagers Hanno) zum Programm portugiesischer Staatspolitik: Dem eigenen Handel sollten die Wege in die Gewürzländer, die Länder der Seide, der Edelsteine und anderer Luxusgüter geöffnet werden. Es wird eine Strategie der punktuellen kolonialen Expansion an Afrikas Küsten exerziert, bis es schließlich 1453/54 gelingt, die wichtigste Hürde zu überwinden, die bis dahin allen Unternehmungen entgegenstand: die Vorstellungen, die sich die Seefahrer von dem unüberwindlichen Cabo de Não machten. Dieses zeichnete sich angeblich durch undurchdringliche Sandbänke zwischen den Kanarischen Inseln und dem afrikanischen Kontinent aus. Als die Legenden in den Köpfen der Seefahrer, welche jede großräumige Aktion bisher behindert hatten, in der Praxis widerlegt waren, stand dem großangelegten transkontinentalen Aufbruch nichts mehr im Wege.

Mit befestigten Stützpunkten wurden jetzt die afrikanische Küste und dann die Küste des Indischen Ozeans von Goa bis Macau, Malakka und den Molukken überzogen, womit das antike Programm der Afrika-Umsegelung eingelöst wird. Neueste Funde venezianischer Dokumente belegen zudem, dass Portugiesen schon zu Beginn des 16. Jahrhunderts Australien erreicht hatten. Auf der anderen Seite war – durch Zufall oder mit berechnender List – noch innerhalb der portugiesischen Einflusssphäre in Amerika das Land des Brasilholzes gefunden worden: Brasilien.[4] Als im Jahre 1519 der Portugiese Ferdinand Magellan (Fernão de Magalhães) die transatlantische und nach der Umsegelung von Feuerland auch die transpazifische Route in Richtung Molukken und Indien einschlägt, belegt er – jetzt im Auftrage der spanischen Krone – durch die Erdumsegelung die seit der griechischen Antike in Europa ungebrochen verbreitete Vorstellung von einer kugelförmigen Erde. Diese war bereits das Aktionsfeld der portugiesischen Krone geworden, die als nautisch-merkantiles Staatsunternehmen der erste wirkliche Global Player war.

Der Mythos von der Erdscheibe

Nach diesem knappen geopolitischen Abriss sollen in den folgenden Abschnitten nun die intellektuellen Voraussetzungen der portugiesischen Expansion genauer betrachtet werden. Es erscheint vielfach so, als hätten die Portugiesen wegen ihres Festhaltens an der Südpassage um Afrika das Projekt des Kolumbus nicht so recht verstanden und daher auch das globale Projekt einer transatlantischen Expansion Richtung Asien abgelehnt. Sie seien dagegen dem antiken Modell der Afrika-Umrundung gefolgt, das eher nicht für ein globales Verständnis des Erdraumes spreche. Diese Deutung ist unzutreffend, denn Portugal hat als Vorreiter in nautischen Dingen natürlich Teil an der intellektuellen Lage Europas, und diese ist gerade in astronomischen, geografischen und kosmologischen Dingen von der Fortdauer der Gültigkeit der griechisch-römischen Wissenschaften geprägt.[5]

In der Expansion Portugals greifen zwei Faktoren ineinander. Auf der einen Seite haben wir es mit der beständigen Erweiterung des verfügbaren Raumes zu tun, Erfahrungen, die in das Herrschaftswissen eingehen, das erforderlich ist, um den eroberten in einen dauerhaft kontrollierten Raum zu verwandeln. Dieses Wissen wird auf der anderen Seite mit Hilfe der Kenntnisse der antiken Kosmologie und Geografie strukturiert, zu deren Kernaussagen die These von der Kugelgestalt der Erde gehört. Die allgemeinen Bedingungen der Fortbewegung auf der Erde waren somit bereits bekannt. Dieses Wissen gestattet es zudem, ein rationales Szenario für die eigene Bewegung auf der Erde zu entwerfen und sich im Erdraum unter Respektierung der jeweils konkret vorgefundenen Bedingungen zu orientieren. Es ist also nicht so, dass man im Mittelalter mehr oder weniger blind ins Unbekannte aufbrach, in der beständigen Angst, von der Erdscheibe hinabzustürzen, sondern man kannte die allgemeinen Bedingungen recht genau, unter denen dieser Aufbruch stattfinden würde. Die Quellen dieses Wissens finden sich in der Astronomie, Geografie und Kosmologie, und zwar so, wie sie von den Griechen und Römern entwickelt und verfeinert worden waren.[6] Vorab müssen einige Irrtümer beseitigt werden, die im Raum stehen, wenn vom Verbleib des antiken Wissens über diese Welt die Rede ist:

Erstens hat es den oft behaupteten Niedergang des kosmologischen, astronomischen und geografischen Wissens im Übergang von der griechischen zur römischen Antike nicht gegeben.[7] Es wird vor allem behauptet, die Römer hätten sich nur noch um die geistige Erfassung des von ihnen politisch beherrschten Imperiums gesorgt, das geografische Wissen sei mithin als Herrschaftswissen sukzessive auf das Reichsgebiet begrenzt worden, und in diesem Kontext sei das Wissen um die Kugelgestalt der Erde abhanden gekommen.[8]

Zweitens sei auf diese Weise zu erklären, weshalb die römische Kultur im Niedergang des Imperiums den nachfolgenden Staaten nur noch die Vorstellung von der Erdscheibe, dem *orbis terrarum* weitergeben konnte.[9] Als Folge davon werden mittelalterliche Kartendarstellungen als Darstellungen der Erdscheibe missverstanden.[10]

Drittens sei erst im Zuge der Entdeckungen des Spätmittelalters und der Frühen Neuzeit, insbesondere aber beschleunigt durch die Wiederentdeckung des griechischen Originals der *Geographia* (etwa 180 n. Chr.) des Ptolemäus um das Jahr 1420, wieder die Höhe der antiken Wissenschaft erreicht worden, und man habe erst auf deren Grundlage die systematische Welterkundung auf rationaler Basis betreiben können.[11]

Abbildung 2
Darstellung der Kugelgestalt der Erde
nach Gossouin von Metz, 13. Jahrhundert,
Kat.-Nr. III.6

Alle drei hier genannten Positionen sind wissenschaftsgeschichtliche Gerüchte, die eine Überprüfung an den Quellen ebenso wenig bestehen wie dann, wenn man die tatsächlichen Rezeptions- und Traditionsprozesse von der Antike bis zur Frühen Neuzeit genau betrachtet.¹²

Die vier Sphären der Elemente mit der Erdkugel im Zentrum

Im Mittelalter existierte die aus der Antike übernommene physikalische Grundannahme, dass alle Körper und ihre Teile, die Atome, ihre eigene Schwere, ihre *gravitas* haben. Im Ergebnis der allseits zwischen den Körpern wirkenden Kraft der *gravitas* finden die Atome des schwersten der Elemente, des Elements *terra* (Erde), im Zentrum des Universums zusammen und bilden dort die *moles globosa*, eine kugelförmige Masse, wie der Kirchenvater Augustinus (354–430) um das Jahr 400 lehrt, oder aber einen *arenosus globus*, also eine sandige Kugel, wie Hildegard von Bingen (1098–1179) über 800 Jahre später in ihrem *Liber de divinorum operum*, ihrem ›Buch von den Werken Gottes‹, schreibt. Um diese sandige Kugel, die sich aus dem Element Erde im Zentrum des Universums bildet, lagert sich eine Schale, die aus dem etwas leichteren Element, nämlich dem Wasser besteht, das sich als Hydrosphäre auf der Erde sammelt. Über der Hydrosphäre bildet sich aus dem noch leichteren Element *aer*, aus der Luft also, noch eine kugelförmige Schale, nämlich die Lufthülle der Erde oder die Atmosphäre. Jenseits der Atmosphäre schließlich entsteht aus dem leichtesten Element, dem *ignis* (Feuer), die Sphäre, in der die leuchtenden Himmelskörper bis hin an den Rand des Universums das Geschehen bestimmen.¹³

Das Hühnerei als merktechnisches Modell des Universums

Das Ganze kann man sich nach den pädagogisch-didaktischen Anweisungen mittelalterlicher Lehrmeister in Klosterschulen, Professoren an den Universitäten und sogar Predigern wie Berthold von Regensburg (1210–1272) im Regensburger Dom etwa so vorstellen, wie ein gekochtes Hühnerei: Inmitten des Eies finden wir analog zu der kugelförmigen Erde im Zentrum des Universums das Dotter. Darum befindet sich die Dotterhaut, die das Dotter umgibt wie die Hydrosphäre die Erdkugel. Es folgt das Eiweiß, das der Atmosphäre entspricht, und schließlich die Schale des Eies, die so fest ist wie das Firmament, an dem sich die leuchtenden Himmelskörper befinden. Das Bild des Hühnereies ist ein merktechnisches Bild, mit dem man sich leicht die Gesamtstruktur des Universums in Erinnerung rufen kann. Weiterhin existieren ähnliche merktechnische Bilder:

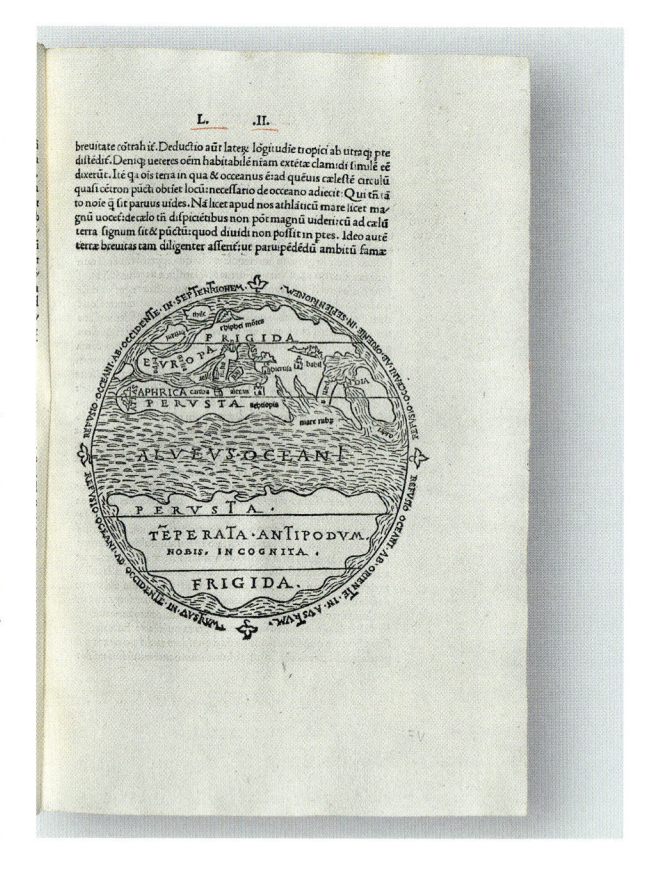

So kann man sich die Klimagürtel der Erde so vorstellen, wie die fünf Finger einer Hand. Der Daumen repräsentiert die wegen der Kälte unbewohnbare arktische Polarzone, der Zeigefinger die von uns Menschen bewohnte *zona temperata*, der Mittelfinger die um den Äquator liegende *zona arida* oder *zona perusta*, die wegen der Hitze ausgetrocknet und verbrannt ist und daher von den Menschen nicht bewohnt werden kann. Dass es dort in Richtung Äquator immer heißer wird, erkenne man daran, dass die am Rande des Äquators lebenden Äthiopier beispielsweise eine ganz verbrannte und folglich schwarze Haut haben.

Jenseits der Äquatorzone finden wir in der Position des Ringfingers eine weitere *zona temperata*, die aufgrund ihrer klimatischen Bedingungen bewohnbar ist. Allerdings, das werden mittelalterliche Naturkundler nicht müde zu behaupten, wissen wir nicht, ob es dort Menschen gibt, denn noch niemals sei jemand dort gewesen. Der kleine Finger schließlich repräsentiert die unbewohnbare antarktische Zone. Auch dieses Modell setzt eine Erde voraus, die sich kugelförmig von Norden nach Süden wölbt und wegen der unterschiedlichen Nähe zur Sonne auch unterschiedliche Klimata aufweist (Abb. 3).

Abbildung 3
Zonenkarte des Macrobius, gedruckt 1485,
Kat.-Nr. III.4

Erdscheibe oder Kontinentalplatte?
Die T-O-Karten

Vor diesem Hintergrund wird ein drittes merktechnisches Bild der mittelalterlichen Geografie und Kosmologie sofort einsichtig: Es geht um die sogenannten T-O-Karten, welche tatsächlich eine Erdscheibe darzustellen scheinen. Allerdings stellen diese Karten keine Erdscheibe, sondern die Kontinentalplatte, bestehend aus Asien, Afrika und Europa dar, die vom Ozean umgeben ist.[14] Nach antiker und mittelalterlicher Auffassung verteilt sich die Landmasse zwischen Asien, Afrika und Europa im Verhältnis von ½ : ¼ : ¼. Dies ist am besten darzustellen mit einem Kreis, der im gleichen Verhältnis aufgeteilt ist. Um einen solchen Kreis zu konstruieren, muss man lediglich den Buchstaben T in das O so einfügen, dass das O einmal in der Mitte vom Querstrich des T geteilt wird und dann eine der Hälften noch einmal vom senkrechten Strich des T in zwei Viertel aufgeteilt wird. Auf diese Weise ist es möglich, aus den Anfangsbuchstaben des Begriffs *orbis terrarum* ein Ideogramm und ein Memogramm der Landmassenverteilung der drei Kontinente zu konstruieren. Dieses Memogramm stellt also keine Erdscheibe, sondern die eurasisch-afrikanische Kontinentalplatte dar. Daher ist es auch nur konsequent, wenn wir in Erddarstellungen des Mittelalters, die auch die Klimazonen beinhalten, ebensolche Darstellungen der eurasisch-afrikanischen Kontinentalplatte erkennen können, die in die verschiedenen Klimagürtel eingepasst werden. Nur aus dem Kontext des von Naturphilosophen niedergeschriebenen Wissens um die Kontinente und die Gestalt der Erde heraus lassen sich solche Darstellungen sachgerecht interpretieren. Aus einer T-O-Karte darauf zu schließen, dass derjenige, der sie entworfen oder genutzt hat, an die Erdscheibe glaubte, ist ebenso vermessen wie die Vermutung, dass unsere heutigen Atlanten immer nur die Erdscheibe darstellten. Im Gegenteil: Beides sind planiglobe oder planisphärische Projektionen, wenn auch mit verschiedenen Verfahren erzeugt und wenn auch verschiedenen Paradigmen an Genauigkeit und Aussagekraft verpflichtet (Abb. 4).

Die Berechnung der Erdkugel

Mittelalterliche Naturkundler wissen schließlich sehr genau, bei wie viel Grad nördlicher oder südlicher Breite sich die Polarkreise und die Wendekreise befinden. Dies bezieht sich natürlich immer darauf, dass am Äquator 0 Grad und an den beiden Polen jeweils 90 Grad Nord oder 90 Grad Süd anzusetzen sind. Aber man schreibt nicht 90 Grad, sondern verwendet eine ältere geometrische Konvention, wonach drei heutige Winkelgrade einem *pars*, also einem ›Teil‹ entsprechen. So hat ein rechter Winkel *triginta partes*, also 30 Teile, der Kreis entsprechend 120 Teile.[15]

Ebenso weiß man, was geschieht, wenn man genau in nördliche Richtung geht und den Polarstern beobachtet: Er wandert nämlich ›nach oben‹, d. h. die Polhöhe vergrößert sich Winkelgrad um Winkelgrad, und zwar genau der Entfernung gemäß, die man auf der gekrümmten Erdoberfläche zurückgelegt hat. Dies hat einen enormen Vorteil: Wenn man mit einem Polmesser, beispielsweise einem Jakobsstab oder auch nur mit der Handspanne, die Veränderung der Polhöhe über dem Horizont misst oder abschätzt, dann kann man recht genau sagen, wie viele Meilen man in Richtung Norden vorangekommen ist. Mit anderen Worten: Die Veränderung der Polhöhe ist ein sicheres Maß für die Entfernungen der Orte voneinander in nördlicher und analog in südlicher Richtung. Hier verwundert es schon nicht mehr, dass man im Mittelalter auch die sehr genauen Berechnungen des Erdumfangs durch Eratosthenes kannte und dessen Versuch der Berechnung des Erdumfangs (225 v. Chr.) mit Hilfe der Winkelverhältnisse des unterschiedlichen Sonneneinfalls in Alexandria und Syene immer wieder in geografischen und astronomischen Lehrbüchern beschrieb.

Abbildung 4
T-O-Karte in einer Schrift von M. Annaeus Lucanus aus der zweiten Hälfte des 11. Jahrhunderts, Kat.-Nr. III.3

Kosmografien

Astronomische Navigation auf offenem Meer

Im Mittelalter navigierte man vorzugsweise nachts, denn der Sternenhimmel, insbesondere der Polarstern, gab sichere Auskunft darüber, wie viele Meilen in nördlicher oder südlicher Richtung man sich bewegt hatte. Für die Wahrung eines genau östlichen oder westlichen Kurses war es lediglich nötig, darauf zu achten, dass der Polarstern nicht sank oder stieg. Das war die Garantie dafür, dass man auf einer Breite blieb. Diese Art der Navigation kannten auch die Wikinger und nannten sie den ›Nachtsprung‹, d.h. die Strecke, die man in einer Nacht bei klarem Sternenhimmel mit sicherer Raumorientierung zurücklegen konnte. Die nächtliche Navigation war so selbstverständlich, dass fast alle mittelalterlichen Darstellungen der Seefahrt die Schiffe nachts bei Sternenhimmel oder mit einem schönen großen Polarstern zeigen. Zudem stellen Kosmologen und Naturkundler von Cassiodor (6. Jh.) über Isidor von Sevilla (7. Jh.) bis zu Philippe de Thaün aus dem 11. und Honorius Augustodunensis aus dem 12. Jahrhundert fest, dass die Sterne vor allem für die Bauern da sind, weil sie ihnen zeigen, wann die Landarbeit getan werden muss, dass sie den Kalendermachern nützen,

Abbildung 5
Portugiesisches See-Astrolabium, 17. Jahrhundert,
Kat.-Nr. V.I.12

um Ostern zu berechnen, und dass sie schließlich denjenigen nützen, die zu Wasser oder aber auch in den Wüsten unterwegs sind, denn diese könnten sich auf ihrer Reise an den Sternen orientieren. So wundert es nicht, wenn auf spätmittelalterlichen Karten wie der *Mappa Mundi* von Fra Mauro aus der Mitte des 15. Jahrhunderts Völker beschrieben werden, die sich bei ihren Fahrten über die Meere nicht am Kompass, sondern an den Sternen orientierten: »nauega sença bossolo, perché i portano uno astrologo el qual sta in alto e separato e con l'astrolabio in man dà ordene al nauegar«, also »man navigiert ohne Kompass, denn sie haben einen Astrologen [eigentlich: Astronomen] an Bord, der auf einer Anhöhe steht und mit dem Astrolabium in der Hand die Navigationsanweisungen gibt« (Abb. 5). Der hier wiedergegebene Text ist eine Nachschrift nach Marco Polos Bericht vom ausgehenden 13. Jahrhundert (Abb. 6). Doch bei Marco Polo ist noch nichts vom Kompass, wohl aber von der nachts vollführten astronomischen Navigation auf der nördlichen wie auf der südlichen Halbkugel zu lesen. Dies erklärt auch, weshalb schon Plinius davon berichtet, dass gelegentlich Schiffe auf offenem Meer des Nachts zusammenstießen. Fazit: Die Sternennavigation auf offener See ist ›allnächtliche‹ Praxis im Mittelalter. Daneben gab es selbstverständlich auch die Küstenschifffahrt, nämlich dann, wenn die Gewässer gut bekannt waren, wenn das Wetter stabil war und nicht zu befürchten stand, dass man gegen das Ufer getrieben wurde, und – wenn, was freilich selten der Fall war, die Küste sicher vor Piraten oder feindlichen Meeresanrainern war.

Die Erdrundung in ost-westlicher Richtung: Die Ungleichzeitigkeit der Mondfinsternisse

Die Erde ist nach mittelalterlicher Auffassung nicht nur in nord-südlicher Richtung gewölbt, sondern auch in ost-westlicher. Das weiß man im Mittelalter aus Berichten von Mondfinsternissen, die in Indien – hier wird immer wieder von den astronomischen Beobachtungen in Taprobane, dem heutigen Sri Lanka, berichtet – vielleicht abends gegen neun Uhr stattfinden, bei uns aber erst gegen drei Uhr morgens zu beobachten sind. Das bedeutet nichts anderes, als dass Indien von uns etwa sechs Stunden des Sonnenumlaufs entfernt ist, was an der kugelförmigen Oberfläche der Erde auch in ost-westlicher Richtung liegt. Nimmt man sogar noch Berichte über China hinzu, die es ja spätestens seit dem 12. Jahrhundert, vor allem seit der *Epistula Presbyteri Johannis* (etwa 1150) in größerem Umfang gibt, dann stellt sich heraus, dass die Chinesen von uns so weit entfernt leben, dass sie im Verhältnis zu uns so etwas wie die Antipoden sind.

Die Antipoden?

Damit rührt die mittelalterliche Naturkunde an eine empfindliche Stelle: Dem Alten Testament zufolge habe Gott die Menschen ja mit der Sintflut bestraft, und es sei nur Noah und seiner Familie – sowie den von ihm in die Arche geladenen Tieren – beschieden gewesen, diese Flut zu überleben. So habe sich die Menschheit nach Noah nur aus dessen Stamme weiterentwickeln können. Angesichts der Größe der Ozeane aber war es den Menschen nicht mehr möglich, die ganze Erde neu zu besiedeln. Wenn es also Inseln oder Kontinente jenseits der Ozeane gibt, dann können diese nur unbesiedelt sein. Somit ist die Vorstellung abzuweisen, dass es beispielsweise Antipoden auf fernen Kontinenten gibt. Diese Auffassung vertritt beispielsweise Augustinus, ohne jedoch die antike Lehre von der Erdkugel zu negieren, die er ja als die kugelförmige Masse *(moles globosa)* im Zentrum des Universums begreift. Die Ablehnung der These von der Existenz der Antipoden ist also kein Beweis dafür, dass die Menschen des Mittelalters etwa an die Erdscheibe geglaubt haben, sondern nur dafür, dass sie nicht glaubten, die Erde hätte nach der Sintflut erneut global besiedelt werden können.

Abbildung 6
Das Buch des edlen Ritters Marco Polo, Druck aus dem Jahr 1477, Kat.-Nr. III.8

Drei Erdscheibentheoretiker

Es gibt nur wenige Intellektuelle des europäischen Mittelalters, die nicht die These von der Erdkugel vertreten haben. Dazu gehört der Kirchenvater Laktanz (250–325), der mit einer Polemik gegen die Vorstellung von den Antipoden auch eine Polemik gegen die Theorie von der Erdkugel und damit gegen das System des antiken Wissens überhaupt verbindet. Ebenfalls kann man Kosmas Indikopleusthes (6. Jh.) nennen, einen christlich missionierten ägyptischen Kaufmann, der versucht hat, in seiner *Topographia christiana* (etwa 550) seine Welterfahrungen als Kaufmann solange zurechtzubiegen, bis sie mit dem von ihm angenommenen Glauben der Christen in Übereinstimmung waren. Er glaubte nämlich, Gott habe den Menschen in Form der Konstruktion der Bundeslade ein Modell der Erde geliefert, die flach wie ein Rechteck auf dem Boden einer Kiste liegt, welche das Universum repräsentiert. Schließlich können wir noch den deutschen Bischof Bonifatius (geb. um 672, gest. um 753) nennen, der im 8. Jahrhundert den irischen Missionar Feirgil von Aghaboe (700–784) bei Papst Zacharias dafür denunziert, dass der Ire die These von der Erdkugel vertreten habe, die auch von Antipoden bewohnt sei. Der Brief des bischöflichen Denunzianten ist nicht erhalten, wohl aber die Antwort des Papstes: Bonifatius solle sich in dieser Angelegenheit darauf verlassen, dass der Papst schon wisse, wie so etwas zu regeln sei. So schickt der Papst Bonifatius auf die Friesenmission, auf der ihn die Friesen wohl im Jahre 753 oder 755 erschlagen. Feirgil von Aghaboe jedoch wird nicht etwa auf den Scheiterhaufen geschickt, er wird nicht zum Märtyrer des Wissens und des Lichts, als den ihn dann Voltaire und Thomas Paine im 18. Jahrhundert feiern. Vielmehr wird er noch zu Lebzeiten des Bonifatius zum Bischof von Salzburg erhoben und lebt dort, fröhlich von seiner Vorliebe für antikes Wissen zehrend, bis ins hohe Alter.

Die römische Kurie hatte kein Interesse daran, jemanden hinzurichten, der sein Leben im Lichte antiken Wissens lebte. Das intellektuelle Bündnis von griechisch-römischer Kultur und christlicher Kirche, und zwar mit allen Konsequenzen für die erforderliche Umdeutung des biblischen Schöpfungsberichts, stammt aus dem 4. und 5. Jahrhundert und wurde seitdem nicht mehr preisgegeben. Wie hätte dies auch anders sein sollen, waren die wichtigsten Kirchenväter nach der Anerkennung des Christentums als Staatsreligion doch selbst Intellektuelle griechisch-römischen Zuschnitts, die anderes zu tun hatten, als die von ihnen verkörperte Kultur zugunsten einer in naturkundlichen Dingen erheblich primitiveren Religion aus dem Nahen Osten abzulegen.

Weder Laktanz noch Kosmas Indikopleustes oder Bonifatius sind charakteristisch für das mittelalterliche kosmologische Denken. Sie sind Außenseiter, deren Texte noch nicht einmal gelesen oder zitiert werden. Die fragliche Passage bei Laktanz wird erstmals wieder von Nikolaus Kopernikus im Vorwort zu seinem Hauptwerk *De revolutionibus orbium coelestium* (1543) zitiert. Die griechisch geschriebene *Topographia christiana* des Kosmas Indikopleustes wird erst im ausgehenden 17. Jahrhundert von einem französischen Benediktiner in Bologna entdeckt, und Bonifatius war erledigt, als Papst Zacharias ihm jede weitere Befassung mit der Angelegenheit der Antipoden untersagte. Diese als Zeugen für die Hauptströmungen des Mittelalters zu zitieren, kommt einer Deformation, wenn nicht einer Verfälschung des Geschichtsbildes gleich.[16]

Die Tradition der Globustheorie und Martin Behaims Erdapfel

So nimmt es denn auch nicht Wunder, dass die Mehrzahl jener, die man zwischen dem 4. und dem 15. Jahrhundert aufgrund ihrer eindeutigen Schriften als Vertreter der Erdkugeltheorie identifizieren kann, Päpste, Kardinäle, Bischöfe, Äbte, Prediger, aber auch Könige, Diplomaten und natürlich auch Professoren, Dichter, Kaufleute und Reisende gewesen sind. Mit anderen Worten: Die Kirche nahm keinerlei Anstoß an der Erdkugeltheorie. Und auch der Konflikt, in den Galileo Galilei seit dem Jahre 1613 hineingezogen wurde, hatte nichts mit der Erdkugel, sondern mit der Zentralstellung der Erde oder der Sonne im Sonnensystem zu tun.

So konnten von der Kirche ganz unbehelligt im 15. Jahrhundert Modelle der Erdkugel gebaut werden. Wir wissen heute, dass der Erdapfel Martin Behaims bei weitem nicht der erste Globus gewesen ist. Ein gutes halbes Jahrhundert zuvor befindet sich im Besitz eines burgundischen Fürsten »eine runde Weltkarte wie ein [Erd-]Apfel«.[17] Es existierte also schon ein Erdapfel, der hier erwähnt wird, und was besonders bemerkenswert ist: Dieser Erdapfel wurde von einem Geografiebuch begleitet. Globus (hier als kugelförmige *mappa mundi* verstanden) und Geografiebuch gehören also zusammen, ein Sachverhalt, der dadurch bestätigt wird, dass wir auch von anderen *mappae mundi* des Mittelalters wissen, dass zu ihnen jeweils eine erklärende geografische Beschreibung der Erde gehörte.

Nur wenige *mappae mundi* des Mittelalters dürften ohne dieses zusätzliche Buch ausgekommen sein, nämlich Karten vom Typus der Ebstorfer Weltkarte aus dem 13. Jahrhundert, in welcher die bemerkenswerten geografischen Sachverhalte wie Völker, Tiere, Pflanzen, Edelsteine sowie die dazugehörige Geschichte direkt als Schrift auf der Karte selbst untergebracht waren. Martin Behaim beschreibt nun im Prinzip den Weg, den die Ebstorfer Weltkarte vorgezeichnet hat, freilich jetzt, indem er die geografischen Texte seinerseits auf der Oberfläche eines Modells der Erdkugel anbringen lässt.

Dabei wird auch aus portugiesischer Sicht in der zweiten Hälfte des 15. Jahrhunderts bestätigt, dass man dabei ist, sich auf einer Erdkugel auszudehnen. König Manuel wählt das geometrische Modell des Universums und des Himmels, die Armillarsphäre mit einer kleinen Erdkugel im Zentrum zum Emblem all seiner Bestrebungen. Wenn Martin Behaim nun als portugiesischer Ritter das geografische Wissen von dieser Welt auf eine Kugel schreibt, deren Oberfläche grafisch durch Darstellungen von Kontinenten und Inseln nach damaligem Kenntnisstand gegliedert ist, dann folgt er nur dem allgemeinen Verständnis von der Erdkugel, wie es seit vielen Jahrhunderten fester Bestandteil der Überzeugungen eines jeden gebildeten

Abbildung 7
Der Globus des Martin Behaim (Faksimile), 1492/1892,
Kat.-Nr. V.II.1

Mannes war. Doch Martin Behaim kann dem allgemein verfügbaren geografischen Wissen, das sich insbesondere aus dem Reisebericht des Marco Polo (etwa 1290) und der erzählten Geografie des Jean de Mandeville (etwa 1340) speist, insbesondere auch die Berichte von den Erkundungen der portugiesischen Krone im Atlantik dort einfügen, wo sie hingehören: westlich der Säulen des Herkules, westlich von Afrika, aber auch östlich von einer Weltgegend, die noch ungenau als die Inseln des Heiligen Brendan, vielleicht auch als Atlantis, als ultima Thule usw. gedeutet wird.[18] Behaim brauchte die Entdeckungen des Kolumbus aus Genua nicht, um die Erde als Kugel zu konzipieren. Ganz traditionsgemäß nutzte er seinen Erdapfel, seinen Globus als die sphärische Projektionsfläche, in welche er auch die neu hinzugekommenen Nachrichten von der portugiesischen Expansion einschreiben ließ (Abb. 7).

Resumo

Depois de um breve síntese geopolítica, o artigo enumera os pressupostos intelectuais da Expansão portuguesa. O desenvolvimento que fez de Portugal pioneiro da Expansão europeia, é marcado por uma série de particulares circunstâncias históricas, culturais e geopolíticas. Com o reconhecimento sistemático das costas africanas, a abertura do caminho marítimo para os países asiáticos das especiarias, e o descobrimento do Brasil, Portugal tornou-se o primeiro global player. Os conhecimentos cosmológicos, astronómicos e geográficos da Antiguidade constituíram o fundamento mental e técnico que possibilitou o arranque de uma aventura marítima nas desconhecidas latitudes meridionais. Contrariamente a uma opinião muito difundida, a concepção esférica da Terra também era parte integral do conhecimento medieval. A verificação das fontes históricas e dos processos tradicionais, demonstra que as representações contemporâneas da Terra, tais como são documentadas, entre outros, nos mapas de zona e nos mapas T-O, não se baseavam, de modo algum, numa «terra plana». Os representantes da Igreja também não punham em dúvida o modelo esférico, salvo raras excepções, de somenos importância para a época. Os antigos globos terrestres, tais como o conhecido ›Erdapfel‹ de Martin Behaim, do século XV, baseiam-se, assim, numa longa tradição de conhecimento da Antiguidade e da Idade Média.

Anmerkungen

1. Vgl. Mattoso/Sousa 1993.
2. Vgl. Bartlett 1993.
3. Pertz 1859.
4. Krüger 2000 a.
5. Krüger 2000 b.
6. Vgl. Olshausen 1991.
7. Krüger 2000 c.
8. Vgl. Wolska-Conus 1978.
9. Vgl. ebd.
10. Vgl. dazu Borst 1973; vgl. dagegen Krüger 2000 d.
11. Vgl. Stückelberger/Graßhoff (Hrsg.) 2006.
12. Russell 1997.
13. Vgl. Dronke 1974.
14. Vgl. Arentzen 1984.
15. Vgl. Stevenson 1921.
16. Die wirksamsten ›Fälscher‹ sind Irving 1828 und Letronne 1834.
17. »ung mappemond rond en guise de pomme«, zit. nach Paviot 1995.
18. Vgl. hierzu den Beitrag von Knefelkamp in diesem Band.

talaudy bretaine

Francisco Contente Domingues

Neue Meere befahren und Neue Welten darstellen. Nautik und Kartografie in der portugiesischen Seefahrt

Samuel Purchas schrieb 1625, dass die maritimen Entdeckungen dem Genie Heinrichs des Seefahrers zuzuschreiben seien, dem Sohn einer Engländerin, der somit selbst als Engländer gelten könne, deren »Fleisch und Blut er war«.[1] Dies markierte den Beginn einer ungewöhnlichen, in Portugal einzigartigen Situation, in der sich eine im Ausland entstandene historiografische Legende verfestigte und verbreitete, ohne dass dabei portugiesische Historiker anfangs eine dominante Rolle gespielt hätten.[2]

Das Bild des Infanten entwickelte sich langsam zu dem eines Gelehrten, Architekten und Wegbereiters der neuen Entdeckungen. Es war schon immer bekannt, dass Heinrich – der *Infante Dom Henrique* der Portugiesen – niemals zur See fuhr (abgesehen von vier kurzen Reisen nach Nordafrika im Rahmen von eigentlich zur Landeroberung dienenden Feldzügen, über die man strenggenommen sagen muss, dass er nicht selbst navigierte, sondern über das Meer transportiert wurde). Also sah man seine direkte Beteiligung an der Seefahrt auf den Bereich der Planung und Organisation beschränkt. Im Extremfall wurde ihm sogar die direkte Verantwortung für die Ausbildung der portugiesischen Piloten zuerkannt. Dieser Prozess findet sich in Studien von Duarte Leite und W. G. L. Randles beschrieben,[3] die deutlich machen, wie im Diskurs der Geschichtsschreibung die Vorstellung entstand, dass der Infant ein gelehrter Kenner der Nautik und Begründer der sogenannten ›Schule von Sagres‹ war, in der portugiesische Seefahrer zu jener Zeit die beste Ausbildung in der Steuermannskunst und der Kartografie erhielten. Die portugiesische Geschichtsschreibung war, wie bereits erwähnt, an dieser Konstruktion zunächst nicht beteiligt.

Eine erste Änderung in diesem Panorama ereignete sich im 19. Jahrhundert anlässlich des Wettlaufs der europäischen Mächte nach Afrika. Im Vorfeld der Berliner Konferenz von 1884/85 erschien es den neuen Kolonialmächten notwendig, zu zeigen, dass sie selbst bestimmte historische Rechte auf Kolonien in Afrika hatten, obwohl ihr Hauptargument diesbezüglich auf der tatsächlichen Besetzung von Gebieten beruhte – ein Kriterium, das die Konferenz für ausschlaggebend befand und als solches absegnete. Als Entgegnung auf französische Ambitionen, die in der historiografischen Polemik zwischen d'Avezac und Santarém[4] auf die Spitze getrieben werden sollten, beauftragte die liberale Regierung Portugals bereits Ende der 1830er Jahre letztgenannten Historiker, Untersuchungen zur Vorrangstellung der portugiesischen Entdeckungen an der afrikanischen Westküste durchzuführen. Damit sollte die Errichtung ihres Kolonialreichs legitimiert werden, auch wenn zwischen den Plänen für die afrikanischen Kolonien sowie den materiellen und humanen Ressourcen des Mutterlandes in Wahrheit eine große Kluft bestand.

Es ist keinesfalls ironisch zu sehen, dass eine liberale Regierung, die 1834 als Siegerin aus einem Bürgerkrieg hervorgegangen war, einen dem Absolutismus verbundenen Politiker beauftragte, die portugiesische Geschichte zu untersuchen und die rivalisierenden Mächte mit den Ergebnissen zu konfrontieren. Der Utilitarismus der einen Seite und der Nationalismus der anderen fanden hier einen gemeinsamen Nenner. Das Ergebnis ist bekannt:[5] Die Geschichte der Kartografie wurde zu einer wissenschaftlichen Disziplin. Santarém war davon überzeugt, den Ausdruck *Kartographie* für diese neue Studienrichtung geschaffen zu haben, wie er es in einem Brief an den brasilianischen Historiker Adolfo Varnhagen am 8. Dezember 1839 äußerte. Höchstwahrscheinlich war ihm nicht bekannt, dass dieses Wort mit einer Bedeutung, die der von ihm gegebenen ähnlich war, bereits seit Ende des 18. Jahrhunderts in Buchtiteln auftauchte. Doch war er zweifelsohne der erste, der die Karten zum eigentlichen Geschichtsobjekt machte. Die Veröffentlichung seines *Atlanten* in Paris 1841 markierte den Beginn einer neuen Disziplin mit den uns heute bekannten Inhalten und Zielen der Kartografiegeschichte.[6]

Die Entdeckungen wurden somit Objekt eines bis dahin nicht bestehenden Interesses. Allein einige Studien über den Renaissancemathematiker Pedro Nunes, die Ende des 18. Jahrhunderts erschienen sind, bilden hier eine Ausnahme. Die Figur des Dom Henrique erstand in neuem Licht, als in der Mitte des 19. Jahrhunderts der umfangreichste und detaillierteste Bericht über die von ihm beauftragten Reisen an die afrikanische Westküste

Abbildung 1
Heinrich der Seefahrer, in: Gomes Eanes de Zurara, Crónica dos feitos da Guiné, 1453, Kat.-Nr. II.11

gefunden wurde, die *Crónica dos feitos da Guiné* (»Chronik der Unternehmungen von Guinea«) des Gomes Eanes de Zurara. Wie von Vitorino Magalhães Godinho festgestellt, erhielt die Geschichtsschreibung über die Entdeckungen hierdurch einen bemerkenswerten Impuls, wenn auch aufgrund denkbar unedler Motive.[7] Dasselbe geschah erneut, so Godinho, als Alexander von Humboldt behauptete, dass die portugiesische Nautik ihre gesamte Entwicklung der deutschen Wissenschaftskultur zu verdanken hätte. Als Reaktion hierauf erwuchs bald das siebenbändige Meisterwerk von Joaquim Bensaúde, die in den 1910er Jahren erschienene *Histoire de la Science Nautique Portugaise*.[8]

Der zweite Zeitpunkt, zu dem eine besonders intensive Durchdringung des historiografischen Diskurses mit unmittelbaren und ausdrücklich politischen Begründungen festzustellen ist, fällt in die Ära des *Estado Novo* (1926/33–1974), vor allem ab dem Moment, als das nach 1933 aufkommende autoritäre Regime mit seinem überschwänglichen Nationalismus eine immer größere Notwendigkeit darin sah, sich historisch zu rechtfertigen. Wieder sollte auf diesem Weg auch das Recht Portugals an einem Kolonialreich behauptet werden, das insbesondere nach dem Zweiten Weltkrieg und dem Aufkommen der politischen und militärischen Bewegungen, die bald zur Unabhängigkeit der europäischen Kolonien führten, immer anachronistischer wurde. Die Geschichtsschreibung, die zu dieser Zeit besonders von dem Regime nahestehenden Historikern produziert wurde, betonte vor allem die hervorragenden Führungsqualitäten großer politischer Persönlichkeiten. Diese wurden als Katalysatoren und Wegweiser für die historische Aktivität der Völker dargestellt, als von der Vorsehung gesandte Männer mit der Fähigkeit, die kollektiven Schicksale unauslöschlich zu prägen. Die 1960 abgehaltenen Gedenkfeiern zum 500. Todestag Heinrichs des Seefahrers waren möglicherweise der Höhepunkt für die ideologische Konstruktion dieses Geschichtsbildes. Es wurde in gewisser Weise sogar von jener seit dem Ende des 19. Jahrhunderts aufgekommenen Literaturströmung bestätigt, in deren Rahmen Historiker wie Henry Major oder Raymond Beazley biografische Studien vorgelegt hatten, in denen die Person, die sie Heinrich den ›Seefahrer‹ nannten, mit großer Aufmerksamkeit bedacht wurde.[9] Dieser Beiname wurde von der portugiesischen Geschichtsschreibung gierig aufgegriffen und hat bis heute überdauert.

Diese sehr kurzen Anmerkungen müssten prinzipiell durch eine Analyse anderer Ereignisse ergänzt werden, deren Erklärung nicht so offensichtlich ist, die aber zum gleichen Ergebnis führten. Dabei denke ich zum Beispiel an die Anziehungskraft der Geschichte der Entdeckungen auf Historiker, die der politischen Opposition zum *Estado Novo* nahestanden und deshalb ins Exil gehen mussten. In ihren Schriften zeigten ausgerechnet diese Historiker ein Faible für Themen, die ansonsten die nationalistische Geschichtsschreibung füllten und vom methodologischen Gesichtspunkt weit hinter all dem herhinkte, was sie ansonsten an Neuerungen in ihrem Bereich praktizierten.[10] Andererseits wäre es lohnenswert, in diese Gedankengänge die eigenartige Wirkung mit einzubeziehen, die die großen Gedenkzyklen auf die Bildung und Verbreitung des historischen Diskurses hatten. Dies reicht von den Gedenkfeiern zum 300. Todestag von Luís de Camões im Jahr 1880 bis zu den Gedenkfeiern der portugiesischen Entdeckungen, die von 1987 bis 2002 andauerten. Dazwischen lagen unter anderem 1892 die portugiesische Beteiligung an den Feierlichkeiten zum 400. Jahrestag der Entdeckung Amerikas durch Kolumbus, 1940 die große Ausstellung zur ›Portugiesischen Welt‹ (*Exposição do Mundo Português*) in Lissabon und 1960 die bereits erwähnten Gedenkfeiern zum Todestag des Infanten Heinrichs. Doch ist hier nicht der Ort für eine nähere Behandlung dieser Ereignisse.

Die historische Beurteilung dessen, was die portugiesische Nautik im 15. Jahrhundert wirklich ausmachte, wie sie entstand und was sie an Neuem hervorbrachte – und dies schließt den Beitrag des Infanten mit ein – erhielt ihre wichtigsten Impulse unterdessen auf ganz anderem Wege, nämlich in einem Prozess, der mit zwei unterschiedlichen, aber fast zeitgleich entstandenen Arbeiten begann. Es mag etwas unerwartet erscheinen, dass die erste Studie zur Geschichte der portugiesischen Seefahrtskunst aus der Feder eines deutschen Autors, des im späten 18. Jahrhundert wirkenden Heinrich David Wilckens, stammt. Den Nachweis darüber erbrachten Luís de Albuquerque und María Simões Lopes.[11] Fast gleichzeitig und ebenfalls überraschend – denn es handelte sich bei diesem Autor um einen Juristen – schrieb António Ribeiro dos Santos die ersten Texte über die Geschichte der Mathematik in Portugal und betonte darin die herausragende Stellung von Pedro Nunes.[12] Von nun an begannen diese zwei Wege der Geschichtsschreibung sich angesichts ihrer gemeinsamen Ziele miteinander zu vereinen. Einerseits erwuchs daraus die Feststellung, dass die portugiesischen Entdeckungen schon seit der Zeit Heinrichs von einer Erneuerung der modernen Nautik begleitet wurden, die auch speziell für diesen Zweck geschaffen und gelehrt wurde. Andererseits betonten die an der Geschichte der Mathematik interessierten Autoren auf den Spuren von Ribeiro dos Santos die Genialität von Pedro Nunes. Es war dann nur noch ein kleiner Schritt, Nunes als jenen Wissenschaftler zu bezeichnen, der den Grundstein für die theoretische Aufarbeitung der Navigationsprobleme legte.[13]

Nachlass zu forschen, ob er über die noch kurz zuvor aus Rom eingetroffene Bitte irgendetwas notiert hätte. Pedro Nunes besaß in diesen Kreisen einen bestens etablierten Ruf, der wohlverdient war, denn er war objektiv gesehen einer der größten Mathematiker aller Zeiten und galt schon früh als solcher, lange bevor die lateinische Ausgabe seiner Werke 1566 ihn noch berühmter machte. Es ist auch wahr, dass er einen bedeutenden Beitrag zum Wissen über die Seefahrtskunst leistete.

Aber es handelte sich um einen theoretischen Beitrag, der von den Praktikern seiner Zeit heftig kritisiert wurde. Immer wieder wurde Nunes vorgeworfen, er schlage den Seefahrern nur schwer praktizierbare Lösungen vor. Und die Kritik hatte ihren Grund: Auf der einen Seite standen die Mitglieder einer Berufsgruppe, die objektive Lösungen für konkrete Probleme suchte, aber nur ein sehr beschränktes Abstraktionsvermögen besaß und der gelehrten Kultur absolut fern stand; auf der anderen Seite stand ein Mann, der die Natur auf eine Weise mathematisch verstand, interpretierte und erklärte, die selbst unter seinen gelehrteren Zeitgenossen nur wenige verstehen konnten. Die Seefahrer arbeiteten schlicht mit anderen Methoden als Nunes. Diesen Widerspruch hat ein Historiker der Nautik im 20. Jahrhundert in einem einfachen Satz auf den Punkt gebracht: »Die Schule von Sagres existierte auf dem Verdeck der Karavellen«,[17] d.h. gelehrt wurde auf den Schiffen selbst, nicht in einer wirklichen Schule auf dem Festland.

Zweifellos sahen sich die portugiesischen Seefahrer zu einem bestimmten Zeitpunkt zwischen 1435 und 1440 mit den Grenzen der mediterranen Seefahrtskunst konfrontiert, als sie nach einer Lösung für die Probleme der Hochseenavigation suchten. Die im 13. und 14. Jahrhundert stark verbesserte Technik löste die meisten Probleme der Küstenschifffahrt auf dem geschlossenen Mittelmeer. Die Benutzung des Seekompasses und der Portolane war über kurze Entfernungen für die Nord-Süd-Richtung vollkommen ausreichend, denn aus den von der Nadel angezeigten magnetischen Richtungen ergaben sich keine bedeutenden Abweichungen gegenüber den geografischen Polen. Abgesehen davon brachten die Karten auch die Kenntnisse der mediterranen Seeleute von den Schifffahrtsgebieten jenseits des Mittelmeeres zum Ausdruck: nicht nur die Westküste Europas, sondern auch die afrikanische Atlantikküste, die spätestens seit dem Beginn des 14. Jahrhunderts bis zu den Kanarischen Inseln bekannt war und regelmäßig von Europäern befahren wurde.[18]

Für die portugiesischen Seefahrer stellten sich nunmehr zwei unterschiedliche Probleme. Das erste betraf die Orientierung auf hoher See. Von der portugiesischen Küste aus war die Erkundung der afrikanischen Küste durch die Nutzung günstiger

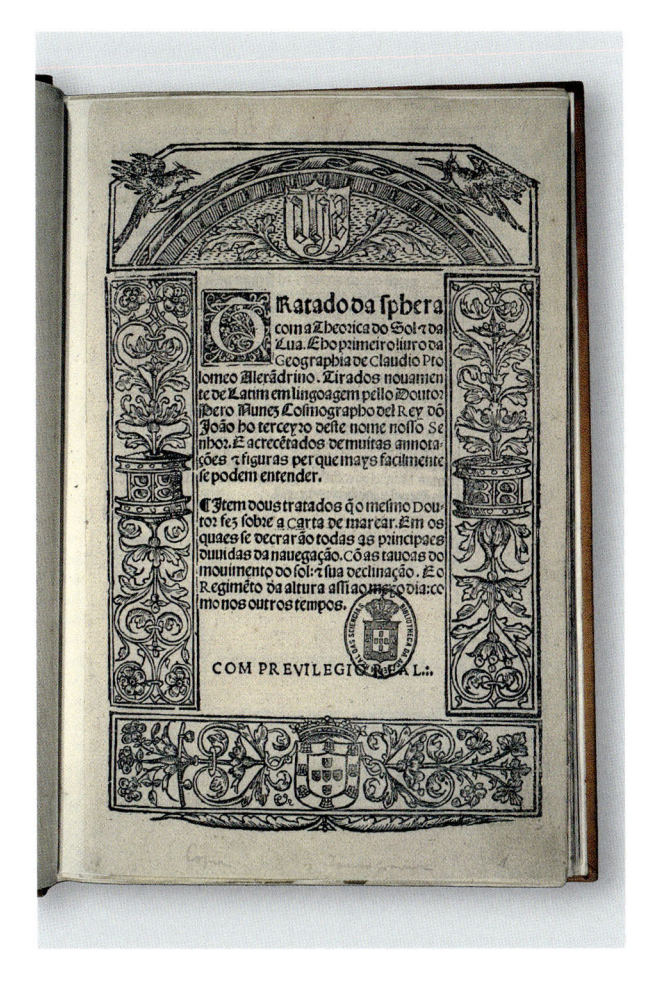

Das Problem Pedro Nunes ist beispielhaft für die verschlungenen Pfade des historiografischen Diskurses. Jeder halbwegs gebildete Portugiese hat in der Schule gelernt, dass Nunes einer der größten Mathematiker im Europa des 16. Jahrhunderts war. Das stimmt, wenn auch interessanterweise erst in den letzten Jahren im Rahmen der kritischen Ausgabe seiner Werke Belege hierzu gefunden wurden.[14] Es ist ganz offensichtlich kein Zufall, dass Nunes 1536 von einem italienischen Mathematiker als einer der großen Meister seiner Zeit zitiert wird, obwohl er doch erst 1537 seine ersten Texte (auf Portugiesisch) veröffentlichte (Abb. 2);[15] oder dass der englische Astrologe John Dee sich an Gerhard Mercator wandte, mit der Bitte, seine Papiere Pedro Nunes zu übergeben, dem einzigen, der sie seiner Ansicht nach verstehen konnte – was umso bemerkenswerter ist, als eine direkte Verbindung zwischen den drei Männern nicht bekannt ist;[16] oder dass der Papst größtes Interesse an einer Mitarbeit von Nunes bei der Kalenderreform hatte und sogar so weit ging, seine Gesandten darum zu bitten, nach Nunes' Tod in dessen

Abbildung 2
Tratado da sphera, Übersetzungen und Abhandlungen zu kosmografischen und nautischen Fragestellungen, Pedro Nunes, Lissabon 1537, Kat.-Nr. V.I.4

Winde und Strömungen relativ problemlos. Je weiter man jedoch nach Süden vordrang, desto schwieriger wurde die Rückkehr, die nun gegen eben jene Winde und Strömungen stattzufinden hatte. Für die anfangs benutzten kleinen einmastigen Segelschiffe wie die *Barcas* und die Karavellen wurde die Rückfahrt entlang der Küste nach Portugal zunehmend beschwerlich. Ab einem bestimmten Zeitpunkt sahen sich die portugiesischen Seefahrer zu einer sogenannten ›großen Wende‹ gezwungen, d. h. sie mussten auf das offene Meer hinausfahren, um so die Winde zu umschiffen, die beständig fast genau in Nord-Süd-Richtung an der afrikanischen Küste entlang wehen. Dieses Manöver, das in den 1440er Jahren nachweislich fest etabliert war, konnte nur mit Hilfe der Berechnung von zumindest einer Koordinate, dem Breitengrad, ausgeführt werden, wozu eine vergleichende Beobachtung der Sternenhöhen erforderlich ist. Neu war dabei nicht die schon lange bekannte und praktizierte Beobachtung selbst, sondern der Umstand, dass diese an Bord erfolgte und damit die Position des Schiffes auf hoher See bestimmt wurde. Die Berechnung des Längengrads hing dabei von den Fähigkeiten der Piloten ab, denn eine exakte Bestimmung wurde erst möglich, als sich zu Beginn der zweiten Hälfte des 18. Jahrhunderts der vierte Prototyp des Chronometers von John Harrison als verlässlich erwies.

Die Astronomie wurde immer mehr zum festen Bestandteil der Seefahrt, was in den Schriften über die portugiesische Seefahrt im 15. Jahrhundert hinreichend dokumentiert ist. Daraus tritt klar der empirische Charakter eines Entwicklungsprozesses hervor, bei dem es vor allem darum ging, technische Lösungen für praktisch auftretende Probleme zu finden. Die astronomische Nautik wurde in keiner konkreten Schule unterrichtet und war auch nicht das Ergebnis theoretischer Lehren, die von außerhalb in dieses Fachgebiet eingebracht wurden. Es wäre schließlich unmöglich gewesen, Navigationstechniken zu entwickeln, ohne die auf hoher See herrschenden physischen Bedingungen mit zu berücksichtigen. Für die Seeleute des 15. Jahrhunderts hatten weder der Infant noch die deutschen Astronomen die passenden Antworten parat. Diese mussten sie sich selbst in ihrer täglichen Praxis auf dem Ozean erarbeiten. So lernten sie zuerst die einfache Beobachtung der Sternenhöhe anhand dafür geeigneter, damals existierender Instrumente und benutzten erst später die genaueren Deklinationstabellen, die nicht vor dem Ende des Jahrhunderts aufkamen.[19]

Das zweite große Problem ergab sich aus einer weiteren Beschränkung der mediterranen Nautik. Bei der Benutzung des Kompasses in Nord-Süd-Richtung zeigten sich schon bald die Folgen eines Phänomens, das früh beobachtet, spät verstanden und noch später (erst im 16. Jahrhundert) gelöst wurde: die magnetische Deklination, also die Abweichung des magnetischen Nordpols (der von der Kompassnadel angezeigt wird) vom geografischen Nordpol. Bei den ersten Etappen der Erforschung der Westküste Afrikas war das Problem noch nicht gravierend. Es wurde aber immer dringlicher, je mehr die Reisen über das offene Meer zur normalen Praxis wurden.

Natürlich lösten die frühen, nach der mediterranen Technik angefertigten Karten das Problem auf sehr einfache Weise. Der Pilot orientierte sich an der Kompassnadel, und dies funktionierte, weil auch die Karten selbst in Übereinstimmung mit dem Kompass gezeichnet wurden. Der geografische Nordpol tauchte also gar nicht erst in den Karten auf. Das Problem zeigte sich erst dann, als eine korrekte Navigation mit Kompass und Karte den Piloten nicht dorthin brachte, wohin er wollte, sondern an einen anderen Ort. Zu Beginn des 16. Jahrhunderts war deshalb auf den portugiesischen Seekarten eine wichtige Neuerung zu finden: die Einführung einer vom Äquator ausgehenden Breitengradskala. Zum ersten Mal findet sich diese 1502 auf einem anonymen portugiesischen Planisphärium, das auch als Cantino-Karte bekannt ist. Den Namen erhielt diese Karte von dem italienischen Spion Alberto Cantino, der im Dienst des Herzogs von Ferrara stand und das Meisterwerk in Lissabon heimlich erworben hatte. Doch schon um 1504 wies eine weitere portugiesische Karte eine ungewöhnliche Neuerung auf: Bei Neufundland war eine *schräge* Breitengradskala zu sehen, ein ausreichender Beweis dafür, wie schnell Steuermänner und Kartografen für auftretende Probleme praktische Lösungen fanden. Wenn die bekannten Nordatlantik-Karten wegen des Unterschiedes in der von den Steuermännern geschätzten und tatsächlichen Position des Schiffes in der Praxis unbrauchbar wurden (die Karten stimmten zwar mit der magnetischen Richtung überein, die Missweisung der Kompassnadel in Bezug auf den geografischen Nordpol war jedoch schon beträchtlich), stellte eine zweite ›falsch‹ gesetzte Breitengradskala auf der Karte die Konkordanz von magnetischer Richtung und tatsächlichem Ort wieder her (Abb. 3).

All dies ist in der Geschichtsschreibung wohlbekannt.[20] Dasselbe kann von einem anderen Aspekt dieses Problems, für den es meiner Ansicht nach keine zufriedenstellende Antwort gibt, allerdings nicht gesagt werden: den außerordentlichen Mangel an portugiesischen nautischen Karten aus dem 15. Jahrhundert. Nach Charles Verlinden setzte die portugiesische Kartografie Mitte der 1440er Jahre ein[21] – also wie zu erwarten gleichzeitig mit den ersten Schritten der astronomischen Navigation. Das leuchtet ein, denn die portugiesischen Seefahrer, die zunächst die mediterrane Navigationskunst übernommen hatten, benutzten Karten aus Mallorca, Katalonien oder Italien. Die Unzulänglichkeiten dieser Karten im Kontext der neuen Reisen stellten sich aber schon bald heraus. Einerseits erforderte eine neue Navigationstechnik eine neue Kartografie, andererseits machte das erworbene Wissen um neue Länder, Inseln und Küstenlinien die Herstellung von Karten nötig, die diese angemessen darstellten.

Der Korpus heute bekannter portugiesischer Karten aus dem 15. Jahrhundert beschränkt sich jedoch auf drei vollständige Exemplare: eine Karte, die weder signiert noch datiert ist und wahrscheinlich um das Jahr 1470 entstand; eine zweite von Pedro Reinel, die nicht signiert ist, aber aus den Jahren 1480 bis 1490 stammen muss; und eine dritte, von Jorge de Aguiar signierte und 1492 datierte Karte. Hinzu kommen einige nicht sehr bedeutende Fragmente.[22] Es stellt sich also die Frage, was mit den sonstigen Karten geschah. Natürlich war die Herstellung reich dekorierter Karten aufwendiger, als die der uns hier interessierenden Karten, die vermutlich nur Richtungen und Küstenlinien enthielten und von den Steuermännern auf See benutzt wurden. Einer der Gründe für das Verschwinden dieser Karten im Lauf der Zeit besteht gerade darin, dass sie zunehmend rasch an Aktualität verloren. Neuigkeiten kamen meines Erachtens in einem Rhythmus auf, der die bestehenden Karten immer schneller veralten ließ: Die Navigationskunst entwickelte sich ständig weiter und die entsprechenden Raumdarstellungen mussten ständig aktualisiert werden, denn sonst nutzten sie den Steuermännern wenig. Das allein allerdings ist als Erklärung für besagten Mangel an Karten noch nicht vollkommen ausreichend.

Abbildung 3
Portolankarte von Pedro Reinel
um 1504, Kat.-Nr. V.I.21

Bekanntlich stellen nautische Karten nicht nur neue Welten dar, sondern reflektieren auch neue Sichtweisen der Welt. Das Fehlen von Karten in den Archiven behindert also die Erforschung gerade jener Veränderungen in der Erfassung neuer Räume, die sich zwangsläufig in solchen Objekten widergespiegelt haben müssen. Uns fehlen die kartografischen Dokumente, anhand derer wir diesen Prozess besser nachvollziehen könnten. Es ist jedoch möglich, etwas von dieser Entwicklung im Laufe des 15. Jahrhunderts zu erahnen, wenn man die folgenden wesentlichen Schritte in Betracht zieht: erstens das Wiederauftauchen von Ptolemäus als geografischem Referenzautor zu Beginn des 15. Jahrhunderts (Abb. 4); zweitens die Tatsache, dass in der Mitte des 15. Jahrhunderts der portugiesische König Dom Afonso V. den italienischen Kartografen Fra Mauro mit der Herstellung einer Weltkarte beauftragte, die dann sein Emissär in Venedig bzw. Murano als vollkommen veraltet betrachtete, denn es handelte sich lediglich um eine T-O-Karte (Kat.-Nr. III.18); und drittens die Tatsache, dass der damals ebenfalls in Italien arbeitende Henricus Martellus Germanus eine Karte anfertigte, die die ptolemäische Tradition widerspiegelte, dabei aber eine Seeverbindung zwischen Atlantischem und Indischem Ozean darstellt, die im ursprünglichen ptolemäischen Weltbild nicht existierte (der Indische Ozean war dort ein Binnenmeer). Diese Karte wurde gleich nach 1488 hergestellt, als Bartolomeu Dias von einer Reise zurückkam, bei der er das Kap der Guten Hoffnung umschifft hatte (Abb. 5).

Zusammengenommen können diese Aspekte zu einem besseren Verständnis der Cantino-Planisphäre von 1502, einem der wichtigsten Dokumente in der Geschichte der Kartografie, beitragen. Es handelte sich um die detailgetreue Kopie eines Originals, das in den *Armazéns da Índia* aufbewahrt wurde, einem beim Königspalast befindlichen Lagertrakt, der neben

Abbildung 4
Weltkarte nach Claudius Ptolemäus, Cosmographia, Ulm 1482, Kat.-Nr. III.17

den offiziell akkreditierten Kartografen nur dem König Dom Manuel und einer begrenzten Zahl von Angehörigen seines engsten Kreises zugänglich war. Die Kopie wurde von einem (oder mehreren) bestochenen Kartografen angefertigt und an Alberto Cantino ausgeliefert. Sie zeigt uns die Welt so, wie sie von diesem elitären Zirkel in Lissabon zu Beginn des 16. Jahrhunderts gesehen, gleichzeitig aber auch geheimgehalten wurde (Abb. 6).

Dieses neue Weltbild setzte sich aus unterschiedlichen ›Teilwelten‹ zusammen. Die Darstellung Amerikas ist politisch motiviert und unterstützt portugiesische Ambitionen zur Aneignung neuer Räume. Europa und das Mittelmeer erscheinen ganz in der spätmittelalterlichen Tradition, ohne nennenswerte Neuerungen; Afrika erscheint in neuem Gewand, mit minutiös gezeichneten Umrissen, die das Ergebnis von zahlreichen Erkundungen portugiesischer Seefahrer waren; der Orient schließlich entspricht den Lehren des Ptolemäus, die in diesem Fall direkt aus jenen Karten übernommen wurden, die im Europa des ausgehenden 15. Jahrhunderts unter dem Namen des Geografen aus Alexandria kursierten.

Immer schon mischten sich in Zeiten der ›Entdeckungen‹ neue mit alten Welten, je nachdem, wie die Menschen zum Staunen und zum Suchen nach neuen Gegebenheiten bereit waren. Dies war auch in den Jahren um 1500 nicht anders.

Abbildung 5
Karte des Henricus Martellus Germanus,
um 1489, London, The British Library

Resumo

Os Descobrimentos portugueses foram iniciados nos princípios do século XV pelo príncipe Henrique (1394–1460), filho do rei D. João I, e que foi depois conhecido por Henrique, o Navegador. Todavia a lenda do Infante enquanto grande promotor das viagens marítimas que revelaram novos mundos ao mundo, e iniciaram o processo da expansão europeia, teve início pela pena do escritor inglês Samuel Purchas, e, da mesma forma, o primeiro estudo sobre a arte de navegar portuguesa do século XV foi devido a um historiador alemão: Heinrich David Wilckens.

Deve-se porém à historiografia portuguesa a criação de uma disciplina científica nova, a história da cartografia, que se deveu ao 2º Visconde de Santarém, com a publicação dos seus Atlas de cartografia antiga, que foram os primeiros do género. Estes atlas expressaram o resultado essencial das navegações portuguesas do século XV, que se podem sintetizar em dois pontos:

1. Em primeiro lugar, a exploração da costa ocidental africana levada a cabo entre 1434 e 1488 (data em que Bartolomeu Dias dobrou o cabo da Boa Esperança), e bem assim o reconhecimento das condições de navegação no Atlântico Sul, só foi possível porque os navegadores do Infante D. Henrique deram início à navegação astronómica, com recurso à observação dos astros, permitindo aos seus navios singrar em mar aberto por longos períodos de tempo.

Abbildung 6
Cantino-Karte, 1502,
Modena, Biblioteca Estense universitaria

2. Depois, as necessidades práticas dos pilotos levaram ao desenvolvimento da cartografia náutica, feita a partir do modelo já conhecido das cartas-portulano mediterrânicas, mas revelando novos territórios e mares de que a Europa não tinha até então conhecimento. Porém, e algo estranhamente, subsistem muito poucas cartas náuticas portuguesas do século XV, mas em contrapartida o século XVI conheceu um desenvolvimento extraordinário desta actividade, que teve o seu máximo expoente no chamado ›planisfério anónimo português de 1502‹, um verdadeiro retrato de um mundo que era então praticamente quase todo desconhecido mesmo para os eruditos europeus, que o viram ser-lhes revelado como consequência das grandes viagens marítimas do século XV.

Anmerkungen

1 Purchas 1905, Bd. II, S. 10: »but in nothing more, then that English lady before mentioned, whose third sonne Don Henry was the true foundation of the Greatnesse, not of Portugal alone, but of the whole Christian world, in Marine Affaires, and especially of these Heroike endevours of the English (whose flesh and bloud he was)«.
2 Ausgenommen natürlich die frühen Chronisten aus der Zeit des Infanten und kurz danach. Für einen generellen Überblick zum Bild des Infanten in der portugiesischen Geschichtsschreibung vgl. João 1994. Zum Infanten selbst vgl. die Referenzbiografie Russell 2001.
3 Leite 1959–1962; Randles, 1993.
4 Manuel Francisco Leitão e Carvalhosa, allgemein bekannt als *Visconde de Santarém*.
5 Vgl. Cattaneo 2006; Garcia 2006.
6 Santarem 1841.
7 Godinho 1978b.
8 Bensaúde 1917. Dieses Buch fasst die Ergebnisse des siebenbändigen Hauptwerks des Autors zusammen. Darin wurden verschiedene nautische Texte veröffentlicht.
9 Major 1868; Beazley 1895.
10 Hier ist zum Beispiel Jaime Cortesão zu erwähnen. Vgl. Cortesão 1960–1962.
11 Albuquerque/Lopes 1993.
12 Santos 1812.
13 Zu Pedro Nunes vgl. *Oceanos* 2002.
14 Nunes 2002–2005.
15 Leitão 2002.
16 Rua 2004.
17 Silva 1945.
18 Zur portugiesischen Nautik in der frühen Entdeckungszeit vgl. Matos 1997.
19 Albuquerque 1992.
20 Vgl. das Kapitel zur portugiesischen Kartografie in Woodward 2007.
21 Verlinden 1979.
22 Cortesão/Mota 1987. Diese Ausgabe enthält ergänzende Angaben von Alfredo Pinheiro Marques zu Entdeckungen, die nach der ersten Ausgabe (1960) gemacht wurden.

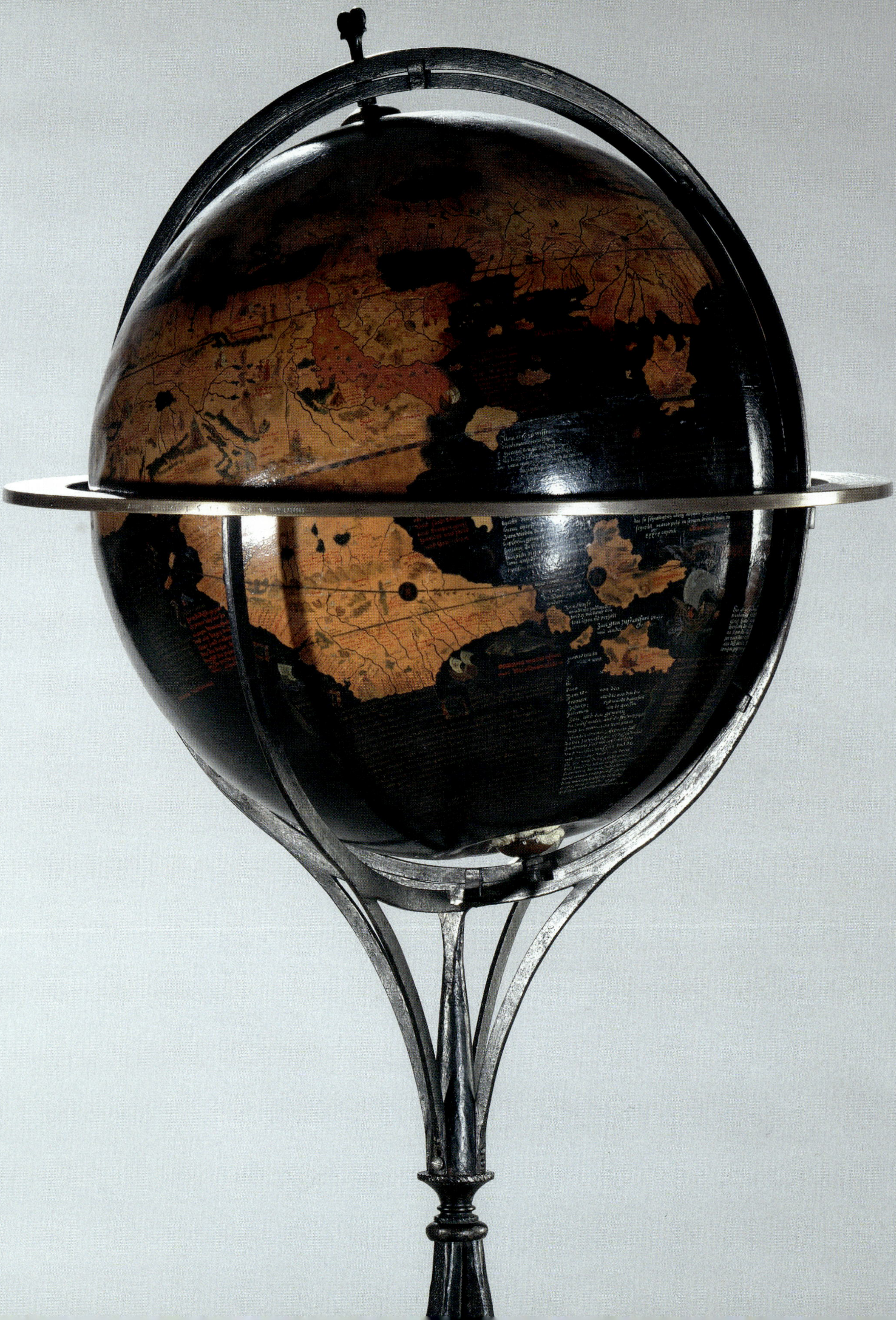

Ulrich Knefelkamp

Die Neuen Welten bei Martin Behaim und Martin Waldseemüller

Portugal und Spanien waren die beiden dominierenden Nationen der europäischen Expansion, die im späten 15. Jahrhundert auf der Suche nach dem Seeweg nach Indien einen neuen Kontinent entdeckten. Es waren Kapitäne aus Italien, Christoph Kolumbus und Amerigo Vespucci, die im Auftrag der spanischen und portugiesischen Könige ihre Schiffe in unbekannte Gewässer lenkten.[1] Deutsche waren an den Entdeckungsfahrten nicht in führender Position beteiligt. Einzelne Personen haben aber in dieser turbulenten Zeit der Expansion in Portugal gelebt und große Wirkung erzielt, wie z.B. der bekannte Drucker und Verleger Valentim Fernandes.[2]

Aus Nürnberg kam der Kaufmannssohn Martin Behaim nach Lissabon, heiratete dort in vornehme Kreise ein und kam so mit dem königlichen Hof in Berührung. Er ließ 1492 in Nürnberg den ältesten erhaltenen Erdglobus anfertigen, der das Weltbild vor der Fahrt von Kolumbus und zugleich die letzten Entdeckungen der Portugiesen an der Südspitze Afrikas zeigt. Behaim starb 1507 in Lissabon.

Ebenfalls vor 500 Jahren, also im Jahr 1507, schufen die deutschen Humanisten Matthias Ringmann und Martin Waldseemüller in St. Dié in Lothringen ein Buch, eine Karte und einen Globus, in und auf denen sich zum ersten Mal der Name *America* für die Gebiete fand, die Amerigo Vespucci auf einer seiner Fahrten für die portugiesische Krone entdeckt hatte.

In dem folgenden Beitrag soll analysiert werden, wie das Bild der Neuen Welten in den Werken der beiden Deutschen vor und nach den Fahrten von Kolumbus und Vespucci ausgesehen hat. Besonderes Augenmerk gilt den Darstellungen Afrikas, des Indischen Ozeans, des Atlantischen Ozeans und Amerikas. Dabei stellt sich die Frage, welchen Einfluss Behaims Werk auf Waldseemüller hatte. Und auch, warum der Name *America* 1507 erfunden wurde, dann aber eine gewisse Zeit verging, bis er sich für den neuen Kontinent, und zwar für den Norden und den Süden, durchsetzte.

Der Globus von Martin Behaim

Es ist nicht viel über das Leben Martin Behaims bekannt.[3] Am 6. Oktober 1459 in Nürnberg geboren, als Sohn des angesehenen Ratsherren und Kaufmannes Martin Behaim der Ältere, wurde er dort und in Antwerpen als Kaufmann ausgebildet. Er kam wahrscheinlich im Jahr 1484 nach Lissabon, dort traf er auf viele interessante Menschen und Informationen. Er heiratete die Tochter von Jobst Hurter, dem flämischen Gouverneur der Azoren-Insel Fayal, wo ihm 1489 ein Sohn geboren wurde. Mit dieser Heirat konnte er in Portugal in die bessere Gesellschaft aufsteigen. Wegen seiner Verdienste soll er vom König zum Ritter geschlagen worden sein, so erzählen spätere Quellen.

Als er sich seit 1490 in Nürnberg aufhielt, bekam er Kontakt zu den Humanisten, die mit der berühmten Schedelschen Weltchronik (1492) beschäftigt waren. Mit ihren Kenntnissen und ihrer Hilfe wurde der Globus, der ›Erdapfel‹, 1492/93 angefertigt. Martin Behaim hatte wohl durch seine Kommunikation in informierten Kreisen umfangreiche Kenntnisse über die portugiesischen Entdeckungen.[4] Dabei muss daran erinnert werden, dass die Portugiesen ihre Geheimnisse streng hüteten, damit keine ausländische konkurrierende Macht die Seerouten kennenlernen konnte.

Über das Motiv der Herstellung des Globus gibt es einige Hypothesen. Eventuell wollte Behaim mit diesem Objekt den Weg nach Westen Richtung Indien verdeutlichen, der zu dieser Zeit wegen der Pläne von Kolumbus in Lissabon diskutiert worden war. Mit dem drehbaren Globus wollte er vielleicht die Nürnberger Kaufleute überzeugen, auf welchen Wegen es die begehrten Gewürze zu holen gab. Denn bei der Darstellung auf dem Globus lag ein Schwerpunkt auf Gebieten, wo Gewürze wuchsen und gehandelt wurden. Einschlägige Quellen dazu, wie Marco Polo, wurden direkt auf den Globus geschrieben.

Der Behaim-Globus im Germanischen Nationalmuseum wird als der älteste erhaltene Erdglobus der Welt angesehen.[5] Er hat einen Durchmesser von 51 Zentimetern, seine Polachse ist mit zwei Ösen an einem inneren Ring befestigt, um den ein zweiter äußerer Meridian-Ring verläuft. Nach den letzten Untersuchungen mit Röntgenstrahlen (1977) und einer Computertomografie (1992) wurden bei der Herstellung durch den Bron-

Abbildung 1
Behaim-Globus (Faksimile), der älteste erhaltene Erdglobus der Welt, Nürnberg, 1492/1892, Kat.-Nr. V.II.1

› 74 ‹ KOSMOGRAFIEN

zegießer, Glockengießer und Rechenmeister Kolberger über einer Tonkugel vier Lagen leimverstärktes Leinen aufgelegt. Auf der zusammengesetzten Kugel wurden sechs Papierschichten in ganzen Bahnen aufgeleimt. Darüber kam dünnes Leder, das wiederum mit Papier überzogen wurde. Dieses Papier wurde bemalt und mit Schrift versehen, als Vorlage soll eine portugiesische Karte gedient haben.

Angesichts der langen Geschichte des Globus ist es schwierig, Originalbild und Originalbeschriftung des Globus zu ermitteln. Schon seit dem 17. Jahrhundert versuchten die ersten Nürnberger Gelehrten,[6] die Schriften aus dem Globus zu ermitteln und das Kartenbild des Globus abzuzeichnen.[7] Der national gesinnte Nürnberger Stadtbibliothekar Friedrich Wilhelm Ghillany stellte 1853 die merkwürdige These auf, dass der deutsche Wissenschaft-

ABBILDUNG 2
GEDENKLEUCHTER FÜR MARTIN BEHAIM UND SEINE
FRAU JOHANNA (JOÃNA DE MACEDO), NÜRNBERG 1490/1519,
NÜRNBERG, GERMANISCHES NATIONALMUSEUM

ler Behaim die Grundlage für den Erfolg der Portugiesen in der Entdeckungsgeschichte geliefert habe[8].

Im 19. Jahrhundert blieb es nicht nur bei Nachzeichnungen, man stellte dreidimensionale Nachbildungen her. Der französische Geografiehistoriker Edme François Jomard (1777–1862)[9] veranlasste die erste Kopie durch den Mechaniker Carl Bauer und den Kupferstecher Jean Müller im Jahr 1847. Diese Kopie, z. B. in der Farbigkeit, aber auch durch fehlende Inschriften von dem Original unterschieden, steht bis heute in der *Bibliothèque nationale* in Paris. Lediglich die Pariser Kopie war öffentlich zugänglich, weil die Familie den Zugang zum Original erschwerte. Weitere Kopien wurden von der Kopie erstellt, wie für die Weltausstellung 1892 in Chicago oder für das 400-jährige Jubiläum der Entdeckung Amerikas für Madrid und für Lissabon. Nur die Berliner Kopie, heute im *Deutschen Historischen Museum* in Berlin, soll vom Original genommen worden sein.

Der deutschstämmige Engländer Ernest G. Ravenstein unternahm als erster mit großer Genauigkeit eine gründliche Lesung der Globusinschriften und edierte einen Satz von zwölf Globussegmenten und zwei Polkappen im Verhältnis 1 : 1.[10] Aber auch er hatte das Handicap der Kopie. Das bedeutete, er arbeitete an der Pariser Kopie. Nur 1899 und 1904 konnte er seine Lesung bei der Familie Behaim mit dem Original vergleichen. Nach seinen Segmenten wurden große Mengen von Kopien gefertigt, von denen nicht alle bekannt sind.[11]

Die reale Dokumentation der Globusoberfläche erfolgte durch Bruno Blum in 92 einzelnen Schwarzweißaufnahmen. Jedes Foto bietet einen 13 × 18 Zentimeter großen Ausschnitt, aber die Fotos sind nicht entzerrt (verebnet). Der Verlag begann eine Produktion von Globus-Kopien, von denen aber nur eine erhalten ist. Die Glasplattennegative befinden sich im Archiv des Germanischen Nationalmuseums. Oswald Muris veröffentlichte die Fotos mit Kommentar und Beschreibung der Globusoberfläche im Jahr 1943 im Ibero-Amerikanischen Archiv.[12] Die schwarzweißen Fotos wurden in den 60er Jahren vergrößert und um den Globus herum im Germanischen Nationalmuseum aufgehängt.

Im Jahr 1988 begann meine Arbeit am Behaim-Globus. Es wurden Farbaufnahmen des Globus erstellt, die an der TU Wien mittels Methoden wie bei Satellitenaufnahmen mit einem Krümmungsfaktor umgerechnet und digitalisiert wurden. Zur Ausstellung *Focus-Behaim-Globus* erschienen 1992 viele interdisziplinäre Beiträge im Katalog, die den Globus und sein Umfeld behandelten.

Kartenbild vor den Fahrten von Kolumbus

Um das Bild der Welt auf einem Globus darstellen zu können, benötigten die Hersteller entsprechende Vorlagen, Karten und schriftliche Quellen. Ravenstein hatte geklärt, dass das Kartenbild des Globus im Wesentlichen auf Ptolemäus beruhte, in Afrika auf portugiesischen Karten (nicht erhaltenen Portolanen), und auf literarischen und anderen zeitgenössischen Quellen wie Henricus Martellus Germanus mit seinen Karten von 1489 (vgl. Abb. 5, S. 69).[13] Neue Lesungen innerhalb eines interdisziplinären Projekts, das von mir und Günther Görz an der Universität Erlangen-Nürnberg vorangetrieben wurde, bestätigten diese Annahmen und ergaben aber auch ein genaueres Bild.[14]

Zu den typischen Erscheinungen der mittelalterlichen Weltkarten, *mappae mundi*, gehörten die Fabelvölker am Rand der Erde, zumeist in Afrika angesiedelt.[15] Im Gegensatz zu anderen Werken finden sich auf dem Behaim-Globus nur zwei Skiapoden (Schattenfüßler) im Süden Afrikas, während andere monströse Fabelvölker kaum erwähnt werden.

Ebenfalls aus der griechischen Kultur stammen die Hinweise auf die Kynokephalen (Hundsköpfige), Alexander den Großen und die Fraueninsel. Allerdings berufen sich die Einträge hinsichtlich der Kynokephalen auf mittelalterliche Quellen. Denn sie werden auf der Insel Angam (Andamanen) platziert, sowohl nach dem Bericht von Marco Polo als auch in dessen Nachfolge nach Jean de Mandeville (nur erwähnt).[16] Marco Polo verbindet mit ihnen dazu noch die Legende, dass sie lieber Menschenfleisch als etwas anderes essen.[17]

An das antike Legendenmotiv der Amazonen, denen Alexander begegnet sein soll, erinnern die Fraueninsel und die Männerinsel im Indischen Ozean. Ihre Erwähnung geht auf Marco Polo zurück, wie der Text verdeutlicht: »Nach Christi gepurt 1285 sind diese zwo inseln bewont gewest, in der ein eitel men, in der andern eitel fraun, welche eins im jar zusammenkamen und sind christen und haben ein bischof unter dem erzbischoff von Scoria (Sokotra).«

Die Legende vom Priesterkönig Johannes, die seit etwa 1370 durch Johannes von Hildesheim mit der Legende der Heiligen Drei Könige verbunden war, ist in Indien dokumentiert, nämlich, dass dieses Land von den Heiligen Drei Königen an den Kaiser Priester Johann gegeben wurde.[18] Alle Untertanen sind Christen gewesen, aber man weiß nur noch von 72 Christen, die unter ihnen sind. In einem weiteren Text wird die Verbindung zu den Heiligen Drei Königen noch einmal hervorgehoben. Die Texte geben den Stand aus dem 14. Jahrhundert wieder, denn zur Zeit der Anfertigung des Globus suchten die Portugiesen den sagenhaften Priesterkönig Johannes längst in Äthiopien. Dies deutet auf das Wissen der Nürnberger Humanisten hin, denn in der Schedel'schen Weltchronik (Fol. CXCVIIv) sind dieselben Informationen enthalten (Kat.-Nr. V.II.7).

Der Atlantische Ozean

Zwischen Legende und Realität stehen die Mitteilungen über Inseln im Atlantik. Die mythische Insel Thule der Ptolemäus-Karten wird auf dem Globus schon als *Island* bezeichnet.

Westlich von Irland liegt die Insel *Brazil*, zu der eine Karavelle segelt. Dies war eine mythische Insel, deren Name (die Feurige) auf den vulkanischen Ursprung zurückgehen soll. Zu der Insel *Antilia*, weit im Westen, beschreibt der Text, dass im Jahr 735 der Erzbischof von Porto mit sechs Bischöfen und Frauen und Männern vor den islamischen Eroberern auf die Insel geflohen sei. Daher wurden im 15. Jahrhundert häufiger Expeditionen aus Portugal zu dieser legendären Insel geschickt, um die Landsleute zu finden. Eventuell wurden sogar Schiffe bis an die östlichen Antillen verschlagen. Später wurden die neu entdeckten Inseln der Karibik nach dieser legendären Insel benannt.

Am westlichsten im Atlantik liegt die Insel *Brandan*, wohin laut Text der Heilige Brandan (Heiliger Brendan) im Jahr 565 mit seinem Schiff gekommen sei und nach sieben Jahren zurückgekehrt sein soll. Heute ist man der Ansicht, dass diese irische Legende die zufällige Entdeckung Amerikas durch Iren belegen könnte.

Als *Purpurinseln* waren in der Antike die Inseln der Madeiragruppe bekannt, weil man dort die Purpurschnecke holte. Südlich davon wird Madeira als die Insel charakterisiert, woher Portugal seinen Zucker importierte. Dies entspricht der Realität. Denn die Inselgruppe war nach der Wiederentdeckung 1419 Heinrich dem Seefahrer zur Besiedlung übergeben worden. Er setzte deutsche Bauern und afrikanische Sklaven ein, um dort die erfolgreiche Zuckerrohrwirtschaft aufzubauen.

Auch die Kanarischen Inseln waren bereits in der Antike bekannt. Phönizier und arabische Händler hatten dort Handel betrieben. Sie wurden schon zu Anfang des 14. Jahrhunderts wiederentdeckt, aber ihre Inbesitznahme dauerte lange, denn die Einwohner, Guanchen, wehrten sich. Daher werden sie auf dem Globus als *Inseln der wilden Guanchen* bezeichnet. Sie waren ein Streitobjekt zwischen Portugal und Spanien und kamen 1479 endgültig unter kastilische Herrschaft.

Als Habichtsinseln (Azoren) sind die Inseln gekennzeichnet, die spätestens 1427 wiederentdeckt und dann Heinrich dem Seefahrer übergeben wurden. Mit dem Anbau von Getreide und der Schafzucht wurden Flamen beauftragt. Zu dieser Inselgruppe gehörte Fayal, die vom Schwiegervater Behaims als Gouverneur beherrscht wurde. Die verschiedenen Texte erklären, dass die Inseln nur von Habichten bewohnt waren, als die Portugiesen kamen. Außerdem wird berichtet, dass diese Inseln 1466 der Schwester des portugiesischen Königs, Isabella von Burgund, geschenkt worden waren, die 2000 flämische Bauern zur Kolonisation geschickt habe. Als Gouverneur wird Jobst Hurter aus Moerkirchen genannt. Martin Behaim soll dort gewohnt, aber sein Leben in Lissabon beschlossen haben.

Auffällig ist die Länge der Texte. Gleichzeitig stecken aber einige Fehler darin. Die portugiesischen Könige und ihre Verwandtschaftsbeziehungen sind verwechselt. Jobst Hurter war nicht aus Moerkirchen und kam mit nur 15 Siedlern. Er war nicht Gouverneur aller Azoren-Inseln. Es wird vermutet, dass Martin Behaim bis zu seiner Abreise nach Nürnberg nicht auf Fayal war, sondern im Stadthaus der Familie in Lissabon lebte. Die fehlerhaften Daten könnten auf die Schreiber der Inschriften des Globus zurückgeführt werden, also Übermittlungsfehler, aber eventuell hat Behaim auch selbst fehlerhafte Informationen weitergegeben. Das gilt für alle Informationen des Globus.

Die Inseln der Glückseligen beschäftigten die westlichen Kulturen Europas schon in der Antike. Als *Insulae Fortunatae* sind die Kapverden auf dem Globus bezeichnet. Zu ihnen gibt es nur die Information, dass sie 1472 von den Portugiesen entdeckt und bewohnt wurden. Das richtige Datum müsste 1456 heißen.

Afrika

Besonders deutlich wird die Sonderstellung des Globus zwischen der alten und modernen Kartentradition im Hinblick auf die Gestaltung der Neuen Welten Afrikas. So hat das nördliche Afrika eine Gestaltung, deren Wiedergabe in den Konturen augenscheinlich auf Ptolemäus beruht. Allerdings sind die meisten Städte- und Regionennamen vermischt, ein großer Teil spiegelt das empirische Wissen der Zeit wider. Durch rote Inschriften und Wappenfahnen sind die Städte hervorgehoben, die damals eine herausgehobene wirtschaftliche oder politische Bedeutung hatten. In die Zeit der Antike führt jedoch die Nennung Karthagos, das längst zerstört war. Wie die Konturen, so entsprechen auch die Gebirge und Flussläufe der Phantasie der Ptolemäus-Karten. Die Mittelmeerküste verläuft beinahe horizontal, das Atlasgebirge liegt am nördlichen Wendekreis (32 Grad nördlicher Breite), und der mächtige Strom Bagradas fließt mitten durch die Sahara.

Zu den typischen Merkmalen der Portolane gehören als Topoi die zahlreichen Herrscher vor ihren Zelten, die beinahe schablonenhaft auf Portolanen des 14. und 15. Jahrhunderts zu finden sind, ohne aber eine Vorlage erkennen zu lassen. Für die historische Realität suggeriert diese Darstellung ein falsches Bild. Es handelt sich keinesfalls um mächtige Herrscher großer Staaten, wie sie teilweise in Europa vorhanden waren. Es sind vielmehr regionale Herrscher von Stammesfürstentümern, deren komplexe Strukturen den Europäern zu dieser Zeit verborgen blieben.

Bei der Darstellung von Westafrika kommt es zu einem großen Kontrast zwischen Küstenverlauf und Landesinnerem, wie er für Portolane typisch ist. Die Nordwestküste ist relativ getreu nachgezeichnet, das Kap Verde ragt etwas zu auffällig heraus. Hier könnte noch einmal die Bedeutung der Überwindung dieser psychischen Barriere für die Fahrten der Portugiesen herausgehoben worden sein. Beim Golf von Guinea nimmt die Genauigkeit etwas ab. Signifikant falsch ist hier die Platzierung des wichtigsten Stützpunktes, des Forts São Jorge da Mina, viel zu weit im Westen. Im Landesinnern sind Gebirgszüge und der Verlauf der Flüsse Senegal, Gambia, Niger falsch gezeichnet. Interessanterweise sind die Informationen über Handel und Rohstoffe im Landesinnern richtig wiedergegeben. Dies verdeutlichen die Texte zu Goldquellen im Reich Melli, zum Karawanenhandel durch die Sahara und zur Herkunft des Malaguetta-Pfeffers. Für diese Texte gibt es wieder keinen Portolan als Vorlage. Hier könnte es sich um die Wiedergabe von Erzählungen bestimmter Entdecker wie Diogo Gomes oder der Erfahrungen anderer handeln.

Mit dem südlichen Afrika kommt man in den ganz aktuellen Bereich. Gerade erst war dieses Gebiet endgültig von Bartolomeu Dias im Jahr 1488 umfahren worden, die Informationen über den Küstenverlauf waren also recht neu. Älter waren die Nachrichten über die zwei Fahrten von Diogo Cão. Mit Wappenfahne und steinernem Wappenpfeiler (Padrão) sind die Orte gekennzeichnet, die die Portugiesen 1485 in Südwestafrika in Besitz genommen hatten. Das Gebiet selbst ist jedoch zu weit in den Süden geraten. Die Konturen der Südspitze erscheinen noch sehr phantasievoll. Hier lagen keine genauen Beschreibungen der Dias-Reise zugrunde, die eventuell geheim waren. Wichtig ist in diesem Zusammenhang, dass aber schon die Südspitze und deren Umfahrbarkeit dokumentiert sind. Eine auffällig große Karavelle fährt im Bereich von Sansibar und Madagaskar, die viel zu weit südlich eingezeichnet sind.[19] Die

ABBILDUNG 3
AFRIKA UND DER ATLANTIK. ABZEICHNUNG DES BEHAIM-GLOBUS'
NACH E. G. RAVENSTEIN, 1908,
NÜRNBERG, GERMANISCHES NATIONALMUSEUM

Städtenamen im Landesinnern sind schwer zuzuordnen, die Bezeichnungen für die Regionen in dem Raum sind aber antiken Ursprungs.

Ganz anders ist Ostafrika dargestellt. Hierüber hatte man keine aktuellen Kenntnisse, wenn man von Nachrichten absieht, die eventuell Pero da Covilhã, Agent der portugiesischen Krone, über jüdische Kaufleute nach Portugal bringen ließ. Er hatte die ostafrikanische Küste von Indien aus befahren können und dies in Kairo an jüdische Kaufleute weitergegeben. Er selbst war beim Priesterkönig Johannes in Äthiopien verschollen.[20] Angesichts der Konfrontation zwischen Islam und Christentum war diese Seite des Kontinents im Dunkeln geblieben. Daher musste bei der Gestaltung der Küste auf Phantasie zurückgegriffen werden, denn Ptolemäus hatte das südliche Ostafrika nicht dargestellt. Weitere Informationen in den Texten des Globus stammen von Marco Polo. Die meisten Städtenamen sind unbekannter Herkunft, wichtige Orte wie Mombasa, Malindi und andere fehlen. Aber es fehlen auch die Fabelvölker, die sonst in West- und Ostafrika platziert wurden. Allerdings sind wie erwähnt zwei Skiapoden eingezeichnet, die unter dem großen Fuß auf dem Rücken liegend Schatten finden.

ABBILDUNG 4
GLOBUS DES MARTIN WALDSEEMÜLLER (FAKSIMILE), 1507/1992,
KAT.-NR. V.II.19

DIE NEUEN WELTEN BEI MARTIN WALDSEEMÜLLER

Martin Waldseemüller, als Humanist *Ilacomylus* genannt, wurde etwa 1470/75, wohl in Wolfenweiler bei Freiburg im Breisgau, als Sohn eines Metzgers geboren.[21] Am 7. Dezember 1490 wurde er an der Universität Freiburg immatrikuliert. Als sein Lehrer gilt der Kartäuserprior Gregor Reisch, der die *Margerita philosophica* als Enzyklopädie herausgab. Um 1505 wurde Waldseemüller von Herzog René II. von Lothringen an das Gymnasium Vosagense in St. Dié in einen Kreis von Humanisten berufen. Nach einem Aufenthalt in Straßburg kehrte er nach St. Dié zurück, wo es nach 1516 keine Informationen über ihn gibt; er könnte um 1517/20 gestorben sein.

Vor 500 Jahren, im Jahr 1507, erschien in der Druckerei des Gymnasiums Vosagense die *Introductio Cosmographiae*. Der Humanist und Lateinlehrer Matthias Ringmann, ebenfalls Schüler von Gregor Reisch, geht im 9. Kapitel auf die Reisen von Amerigo Vespucci ein und gibt dem neuen Erdteil in Anlehnung an dessen Vornamen den weiblichen Namen *America*, weil ja schon die Namensformen *Europa* und *Asia* existierten.[22]

Das Zitat lautet: »[...] et alia quarta pars per Americum Vesputium [...] inventa est / [...] sive Americam dicendam: cum et Europa et Asia a mulieribus sua sortita sint nomina [...]«. Das heißt frei übersetzt, dass der von Amerigo Vespucci gefundene vierte Teil der Erde nach seinem Entdecker benannt werden soll und den weiblichen Vornamen Amerika erhält, wie schon Europa und Asia.

Anscheinend hatte Herzog René bereits 1505 eine französische Übersetzung des Vespucci-Briefes erhalten, so dass die Humanisten in St. Dié diese Informationen besaßen. Die *Introductio* war die Erläuterung der großen Weltkarte, die Martin Waldseemüller angefertigt hatte. Auf ihr platzierte er zum ersten Mal den Namen *America*, weil er wie sein Kollege Ringmann Vespucci für den Entdecker der ›Neuen Welt‹, des neuen Kontinents, hielt. Die *Introductio* hatte schon 1507 vier Auflagen und sorgte zusammen mit der Weltkarte und einem Globus Waldseemüllers für die Verbreitung des Namens America.

Von den ursprünglich 1000 gedruckten Karten wurde um 1900 von Josef Fischer S. J. nur eine Karte, wohl ein späterer Probedruck, auf Schloss Wolfegg in Baden-Württemberg entdeckt. Heute befindet sie sich in der *Library of Congress* in Washington (seit 2001).[23]

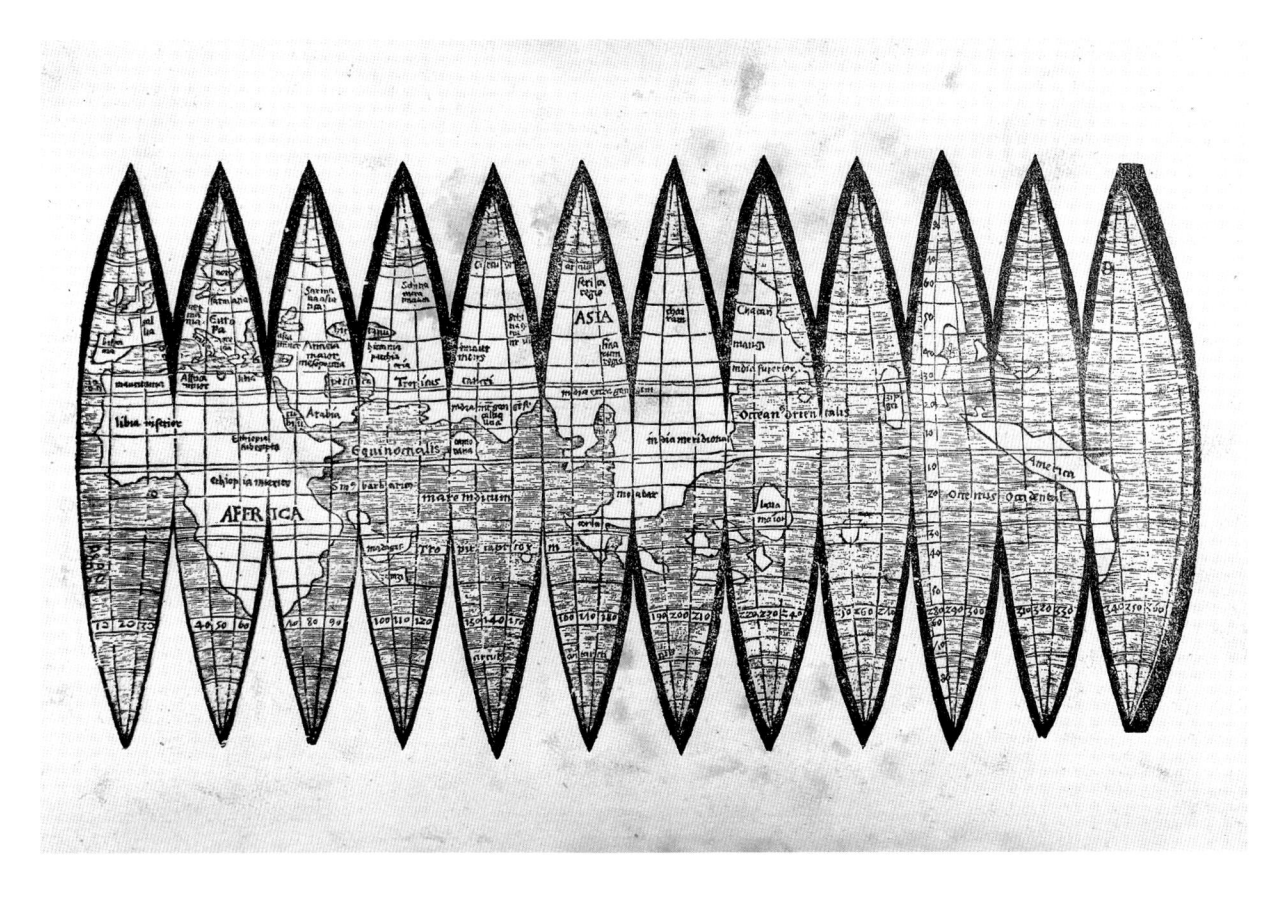

Das Kartenbild

Seit der Anfertigung des Behaim-Globus waren die wesentlichen Entdeckungsfahrten von Kolumbus, Vasco da Gama und Vespucci durchgeführt worden. Durch ihre Informationen veränderten sich die Kartenbilder in diesem epochalen Umbruch nur sehr langsam. Das betrifft die neue Gestaltung der ostafrikanischen Küste und Indiens sowie die Platzierung der neuen Regionen im Westen. Weniger die handgezeichneten Karten aus Portugal und Spanien, sondern eher die gedruckten Karten aus Italien und dem Deutschen Reich verbreiteten die Neuigkeiten. Zu der Gruppe von Karten gehören z. B. die sogenannte Kolumbus-Karte (etwa 1498), die Karte von Juan de la Cosa (1500) mit den Entdeckungen von Kolumbus, die anonyme portugiesische Karte von Alberto Cantino (1502), die Cabrals Entdeckung Brasiliens (1500) zeigt, die *King-Hamy-Karte* (1502), die *Atlantik-Karte* von dem Portugiesen Pedro Reinel als frühester bekannter portugiesischer Portolan (etwa 1504), die Karten von Nicolo de Caverio (1504/05), Giovanni M. Contarini (1506), Johannes Ruysch (1507/08) und Francesco Rosselli (um 1508).[24]

Die monumentale Weltkarte (132 × 236 cm) von Waldseemüller von 1507 zeigt den Mittelmeerraum, Europa und auch Asien weitgehend nach den Vorgaben der Ptolemäus-Karten[25] (Abb. 6). Fortschrittlich ist die ostafrikanische Küste. Dort dokumentieren die Wappenpfeiler die Ansprüche der portugiesischen Krone, wichtige Stützpunkte sind genannt. Das Besondere dieser Karte zeigt sich bei der Neuen Welt im Westen, die in der Form z. B. auf die Cantino, Caverio und die *King-Hamy-Karte* zurückgeht. Im Gegensatz zu diesen Karten ist der amerikanische Kontinent in der Waldseemüller-Karte im Norden nicht mehr mit Asien verbunden. Das nördliche Amerika trägt die Bezeichnung *Parias*, wie man die Einwohner nannte. Die Bezeichnung *America* trägt nur der südliche Teil Amerikas. Ptolemäus und Vespucci sind als Paten des Weltbildes oberhalb der Karte dargestellt. Dort befinden sich auch zwei Planigloben als Nebenkarten. Auf der Nebenkarte ist der südamerikanische Kontinent in beinahe realer Konfiguration zu sehen. Diese Darstellung ist bis heute nicht erklärbar. Gleichzeitig schuf Waldseemüller einen kleinen Globus (12 cm Durchmesser), der als erster Erdglobus gedruckt wurde und den Namen *America* aufweist[26] (Abb. 4, Abb. 5). Nach 1507 hat Waldseemüller die Bezeichnung *America* nicht mehr benutzt. Er hatte seinen Irrtum erkannt.

Abbildung 5
Globensegmente von Martin Waldseemüller, 1507,
Kat.-Nr. V.II.18

› 80 ‹ Kosmografien

Abbildung 6
Weltkarte von Martin Waldseemüller, 1507
Washington, Library of Congress, Geography and
Map Division

Ulrich Knefelkamp · Die Neuen Welten bei Behaim und Waldseemüller

Im Jahr 1513 erschien in Straßburg die *Geographia* von Ptolemäus als Gemeinschaftswerk von Ringmann, der gestorben war, Waldseemüller und Jakob Eszler und Georg Uebelin[27]. Die erste *Tabula Terre Nove* (42 × 36 cm) orientiert sich auch an Cantino und Caverio, die Ostküste mit Brasilien nimmt Form an. Im Landesinnern steht die Information, dass Kolumbus dieses Gebiet entdeckt hat. Der südliche Teil des Kontinents hängt mit dem Nordteil zusammen, wo bei der Karte von 1507 noch eine Meerenge zu sehen war. Die Weltkarte in dieser Ausgabe zeigt dieselben Umrisse Südamerikas und vor allem – aufgrund der portugiesischen Etablierung – die Neue Welt des langen Indischen Halbkontinents (Abb. 7, Abb. 8).[28]

Als zweite monumentale Karte (etwa 248 × 133 cm) brachte Waldseemüller 1516 die *Carta Marina Navigatoria Portugallen Navigationes* heraus, ebenfalls von Fischer auf Schloss Wolfegg entdeckt.[29] Afrika und Indien sind kaum verändert. Die Neue Welt im Westen ist verändert, ein Rückschritt. Denn der Norden wird nun als *Cuba, ein Teil Asiens* angesehen. Der südliche Halbkontinent trägt die Bezeichnung *Prisilia Sive Terra Papagalli*, wie es in Portugal üblich war. Aber auch *Terra Novae* und *Terra Parias* tauchen auf. Figürlich untermalt wird der Begriff *Terra Canibalorum* mit grillenden Kannibalen, deren menschenfressende Tätigkeit Vespucci beschrieben hatte.[30] In der großen Kartusche sind Hinweise auf die Quellen zu finden. Die Karte von Caverio und Karten vom Hamy-Typ dienten als Vorlagen.

Abbildung 7
Die »Neue Welt« nach Martin Waldseemüller,
aus der Ptolemäus-Ausgabe von 1513, Kat.-Nr. V.II.21

Auswirkungen der Karten Waldseemüllers

Die Karte von 1507 mit der Bezeichnung *America* repräsentierte einen neuen Kartentypus und war sehr erfolgreich, wie man an den 1000 Drucken des Originals erkennen kann. Verkleinerte Nachdrucke wurden in großen Mengen publiziert, ohne dass der Name Waldseemüller erschien. Seine Karte war nicht mit seinem Namen gekennzeichnet. 1510 zeichnete der Schweizer Geograph Henricus Glareanus (1488–1563) an der Universität Freiburg die Karte ab und übernahm den Namen *Terra America*.[31] Der berühmte Kosmograph Sebastian Münster fertigte eine kolorierte ovale Karte in seinem Kollegienbuch an (um 1515–1518), auf der sich der Name *America* befindet.[32] Johannes Stobnicza aus Krakau führte in Polen den Kartendruck ein, wobei er die beiden Nebenkarten der Weltkarte in seine Ptolemäus-Ausgabe von 1512 aufnahm.[33] Ab 1520 wurden die Nachbildungen der Karte immer mehr verbreitet, wie die Karten und Globen von Petrus Apianus (1520) und Johannes Schöner (1520) zeigen.[34]

Die *Carta Marina* von Waldseemüller hatte zwar ein exakteres Weltbild, war aber als zweite Karte nicht so spektakulär. Sie beeinflusste dieselben Kartographen. Dazu kam aber noch Lorenz Fries (geb. um 1485, gest. um 1530), Stadtarzt in Colmar, Straßburg und Metz.[35] Er folgte der Darstellung Waldseemüllers in seiner Weltkarte (1525), in seiner Ptolemäus-Ausgabe (1522) und der *Carta Marina*, die auf Veranlassung des Verlegers Grieninger 1525 herausgebracht wurde, dann weitere Ausgaben 1527, 1530 (mit deutschem Text) und 1531 (Abb. 9). Dadurch wurden typische Tiere wie das Rhinozeros in Afrika und das Opossum in Amerika, vor allem aber das Bild der Kannibalen sehr weit verbreitet.[36] Gerhard Mercator schließlich benutzte beide Karten Waldseemüllers als Vorlagen und war der erste, der den Namen *America* 1538 für beide Teile des Kontinents einsetzte.[37]

Abbildung 8
Weltkarte nach Martin Waldseemüller,
aus der Ptolemäus-Ausgabe von 1513, Kat.-Nr. V.II.21

Abbildung 9
Carta Marina Martin Waldseemüllers in einer Bearbeitung
von Lorenz Fries, 1531, Kat.-Nr. V.II.24

Sinus barbaricus
Hic tramontana videri non potest
Mare prasodum
Tropicus cancri
Sinus magnus
Mare indicum
Samotra insula
Iatta insula maxima
Levans
Ost

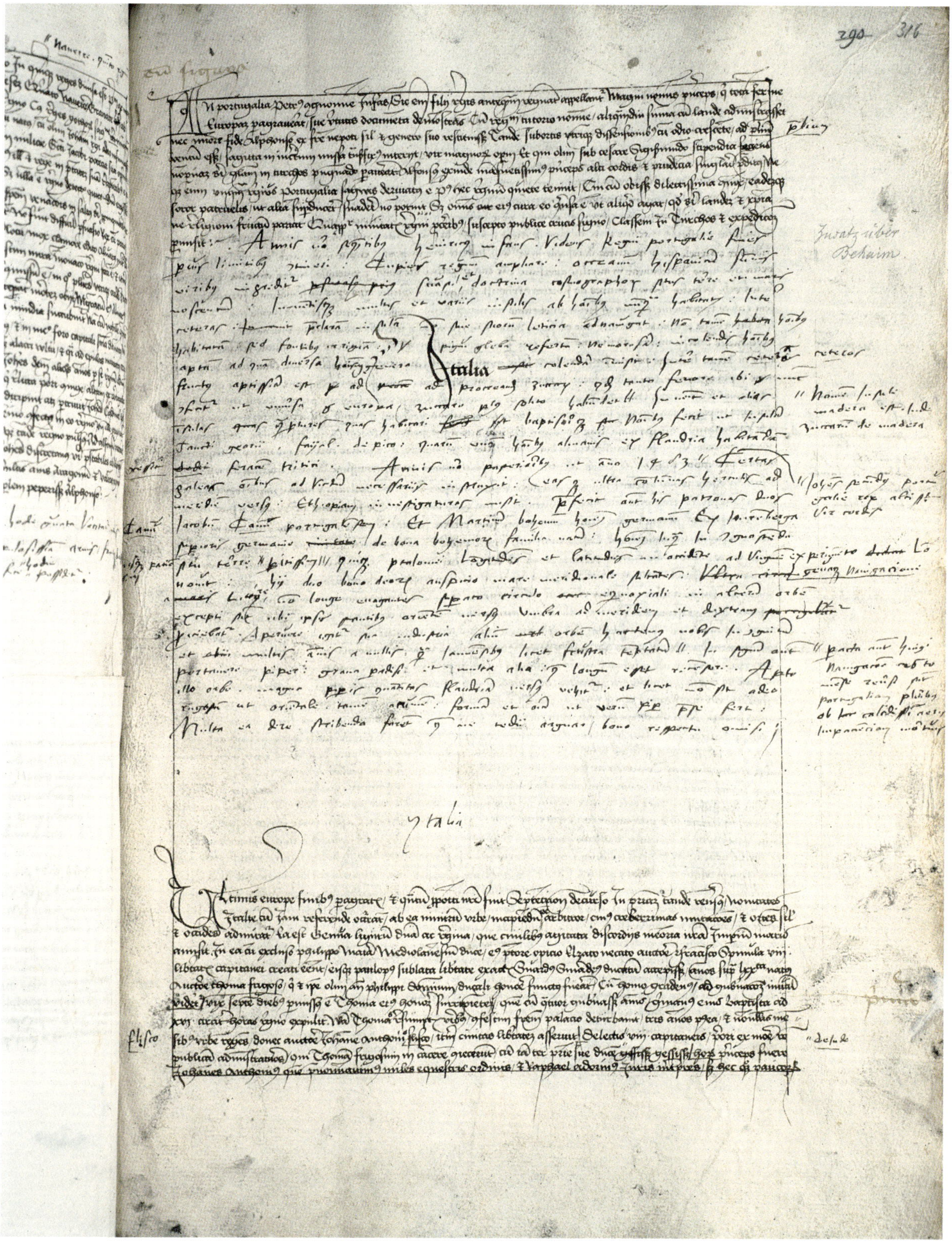

Abbildung 10
Lateinisches Druckmanuskript der Schedel'schen Weltchronik, mit dem Zusatz von Hieronymus Münzer über Martin Behaim, 1493, Kat.-Nr. V.II.6

Fazit

Martin Behaim zeigte auf seinem ältesten erhaltenen Erdglobus das von Antike und Mittelalter geprägte Bild der Erde in Asien und weiten Teilen Europas, des Mittelmeers und Nordafrikas. Die Darstellung von West- und Südafrika beruhten auf den neuesten Informationen der Portugiesen über die Neuen Welten, die sich aber noch nicht auf Ostafrika erstreckten. Martin Waldseemüller nahm für diese Bereiche das Weltbild von Behaim als Ausgangspunkt, wie es noch 1507 trotz der Entdeckungen in Asien und im Indischen Ozean zu sehen war. Er fertigte vor 500 Jahren die erste Weltkarte und den ersten Globus an, auf denen für den von Amerigo Vespucci neu entdeckten Kontinent der Name *America* auftauchte. Als er seinen Irrtum erkannte, verwendete er den Namen nicht mehr, sondern die Bezeichnungen der Portugiesen. Aber viele Kopien und Nachzeichnungen seiner Karten führten zur Verbreitung des Namens, der ab 1538 für den ganzen Kontinent Nord- und Südamerika genutzt wurde.

Resumo

Martin Behaim (1459–1507), filho de um comerciante de Nuremberga, morou em Lisboa desde cerca de 1484, onde, por via do casamento, ingressou na alta sociedade local. Na cidade circulavam então muitos boatos, mas também informações importantes, sobre as rotas dos Descobrimentos portugueses, maioritariamente mantidas em segredo. Durante uma estadia em Nuremberga em 1492/93, mandou fabricar o mais antigo globo terrestre ainda conservado, o qual – no que respeita à Ásia e a grande parte da Europa, do Mediterrâneo e do Norte de África – mostra uma imagem do Mundo marcada pela Antiguidade e Idade Média. As representações da África Ocidental e Austral baseavam-se já nas últimas informações dos portugueses sobre os Novos Mundos, que no entanto ainda não abrangiam a incógnita África Oriental.

Em 1507, ano da morte de Behaim, Martin Waldseemüller serviu-se da visão do mundo de Behaim como ponto de partida para as suas representações de partes de África, Ásia e Oceano Índico. Há precisamente 500 anos, elaborou o primeiro mapa-mundo e o primeiro globo em que surge o nome America para designar os Novos Mundos de Amerigo Vespucci, o qual suspeitava de que a massa terrestre recentemente descoberta era em si um continente. Quando Waldseemüller se apercebeu do erro – Colombo foi o primeiro – deixou de utilizar este nome, adoptando as designações dos portugueses. Mas as muitas cópias do seu primeiro mapa levaram à divulgação do nome, que só a partir de 1538 passou a ser utilizado para designar a totalidade do continente norte e sul-americano.

Anmerkungen

1 Vgl. Knefelkamp 1988; König 1992a; Gewecke 1992.
2 Zu den Deutschen in Portugal vgl. Ehrhardt 1980; Marques 1995; Pohle 2000.
3 Zu Behaim vgl. die letzten Veröffentlichungen z. B. Willers 1992, S. 173–188; Bräunlein 1992; Nachrodt 1995; Stadtarchiv Nürnberg 2007.
4 Zu seinen Kenntnissen vgl. Knefelkamp 1992, S. 87–95.
5 Anlässlich des 500-jährigen Gedenkens kam zu einer großen Ausstellung im Germanischen Nationalmuseum Nürnberg ein umfangreicher Katalog mit den neuesten Forschungsergebnissen heraus: Ausst.-Kat. Nürnberg 1992.
6 Doppelmayr 1730.
7 Murr 1778. Das Buch wurde ins Französische und später ins Spanische übersetzt: Murr 1802.
8 Ghillany 1853.
9 Jomard 1853.
10 Ravenstein 1908.
11 So z. B. im Flemmings Verlag (1960 ff.), Hamburg.
12 Muris 1943, S. 49–64.
13 Vgl. zu Portolanen und Martellus die Beiträge La Roncière/Mollat du Jordain 1984, zu Martellus vgl. Davies 1977, S. 451–459.
14 Näheres dazu Knefelkamp 2003, S. 117 ff., Projekt auffindbar unter: www.forwiss.uni-erlangen.de/fg-we/projekte/Behaim.html (letzter Zugriff: 07/2007) und unter: www.informatik.uni-erlangen.de/mappae/app/ (letzter Zugriff: 07/2007).
15 Zu Mappae Mundi Arentzen 1984; Pochat 1997.
16 Zu Mandeville vgl. Bremer 1991; Deluz 1988.
17 Polo 1989.
18 Knefelkamp 1991; Knefelkamp 1986; Baum 1999.
19 Zu den Darstellungen von Schiffen vgl. Tebel 2007.
20 Vgl. Knefelkamp 1986, S. 110 f.
21 Den wesentlichen Beitrag zu Waldseemüller lieferte Laubenberger 1959, außerdem Wolff 1992, S. 111–126; Stupp 2005; Conti 2006.
22 Zu Ringmann NDB 21, S. 635 f.; Fischer 1903.
23 Vgl. Fischer 1903, Stupp 2005.
24 Zu den Karten vgl. Cortesão/Mota 1960; Bagrow/Skelton 1963; La Roncière/Mollat du Jordain 1984; Nebenzahl 1990; vor allem Karten und Beiträge in: Ausst.-Kat. München 1992; Ausstell.-Kat. Valladolid 2006.
25 Vgl. Abbildung in: Ausst.-Kat. München 1992, S. 114 f.
26 Vgl. Abbildung in: Ausst.-Kat. München 1992, S. 116.
27 Vgl. Abbildung in: Ausst.-Kat. München 1992, S. 117 f.
28 Zur Darstellung Indiens vgl. Knefelkamp 1998.
29 Vgl. Abbildung in: Ausst.-Kat. München 1992, S. 120 f.
30 Vgl. Colin 1992, S. 175–181.
31 Ausst.-Kat. München 1992, S. 123.
32 Ausst.-Kat. München 1992, S. 124.
33 Vgl. die Ausführungen von Lindgren 1992, Abbildung bei Ausst.-Kat. München 1992, S. 146.
34 Ausst.-Kat. München 1992, S. 148 f.
35 Ausst.-Kat. München 1992, S. 125 f.
36 Ausst.-Kat. München 1992, S. 179.
37 Ausst.-Kat. München 1992, S. 167.

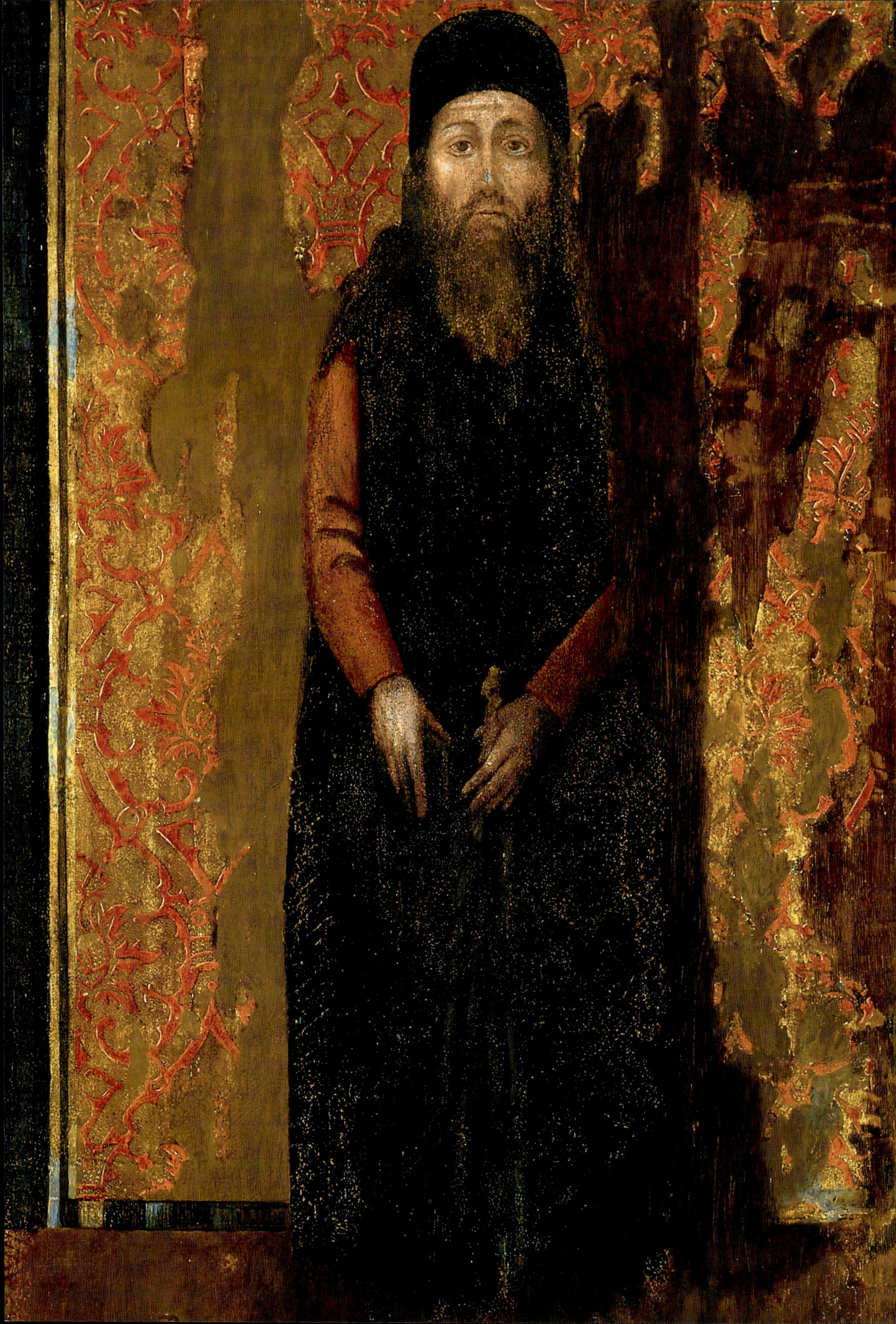

Maria de Lurdes Rosa

Vom Heiligen Grafen zum Morisken-Märtyrer: Funktionen der Sakralität im Kontext der nordafrikanischen Kriege (1415–1521)

Zwischen 1415 und 1521 eroberte die portugiesische Krone im heutigen Marokko eine Reihe von Städten und Festungen, in denen sie über mehrere Jahrzehnte und teilweise bis ins 18. Jahrhundert eine weitgehend militärische Präsenz aufrechterhielt.[1] Die Einnahme von Ceuta im Jahr 1415 war nur der Beginn eines langen Prozesses. Es folgten die Eroberungen von Alcácer Ceguer (El-Ksar es-Seghir, 1458), Anafé (Anfa, heute im Stadtgebiet von Casablanca, 1469), Arzila (Asilah, 1471), Safim (Safi, 1508), Azamor (Azemmour, 1513) und Mazagão (heute El-Jadida, 1514). Auch Faktoreien (Meça, südlich der Souss-Mündung, 1497) wurden errichtet sowie etliche kleinere Festungen, unter anderem in Graciosa (eine Insel im Loukkos-Fluss bei Larache, 1489), Agadir (1505), Mogador (Amogdul, heute Essaouira, 1506), Aguz (südlich von Safi, 1507 oder 1508) und Mamora (an der Mündung des Oued Sebou, nahe Mehdiya, 1515). Auch Misserfolge waren zu verzeichnen. Tanger leistete 1437 erbitterten Widerstand und wurde erst besetzt, als die Einwohnerschaft angesichts der portugiesischen Eroberung Arzilas 1471 die Stadt räumte. Anafé wurde kurz nach der Eroberung wieder aufgegeben. Hinzu kamen zahlreiche weitere Überfälle und erfolglose Feldzüge kleineren oder größeren Umfangs, die in der Regel mit hohen Verlusten einhergingen (so sollen beispielsweise in der Schlacht von Mamora 1515 etwa 4000 Menschen umgekommen sein).

Zur Verwaltung der neuen Besitztümer griffen die Portugiesen auf ihre eigenen, im Königreich erprobten Systeme zurück. Die Krone entsandte Beamte und versuchte, die Lokalbevölkerung vor allem mit fiskalischen und juristischen Maßnahmen zu erfassen. Die von der Krone ernannten Militärkommandanten hatten die Aufgabe, in den Festungen Gewaltausbrüche zu verhindern und den Außenhandel bzw. häufig auch auftretende Raubzüge der Portugiesen ins Umland zu steuern. Dies bereitete ihnen mitunter große Schwierigkeiten, denn zum einen nahm die einheimische Bevölkerung gegenüber den Eindringlingen eine feindselige Haltung ein. Zum anderen war der portugiesische Adel, der in den Festungen administrative und militärische Dienste leistete, häufig unfähig, Kompromisse zu schließen. Bei all dem wurden bereits von Anfang an mit Unterstützung aus Rom auch kirchliche Strukturen mit Diözesen, Pfarrgemeinden und Konventen geschaffen.

Die königliche Inbesitznahme von Gebieten, deren Eroberung aus portugiesischer Sicht legitim war, da sie ja einige Jahrhunderte früher ›von Ungläubigen usurpiert‹ worden waren, wurde dabei zwangsläufig von symbolischen Akten begleitet.[2] Schon im Anfangsstadium verfolgte die Ansiedlung der Portugiesen in Nordafrika das Ziel, die *Reconquista* und die Kreuzzüge fortzusetzen; zum einen wollte man damit die 711 begonnene Invasion und Besetzung Spaniens durch die Mauren rächen, zum andern sollte das alte christliche Afrika, Heimat des Heiligen Augustinus, wiederhergestellt werden. Eifrig forschte man nach Spuren aus jener Zeit und stellte sie zur Schau, wie beispielsweise die Glocken, die von Arabern aus Kirchen geraubt und in ihren Moscheen entweiht worden waren. Besonders wach war die Erinnerung – und zwar sowohl auf portugiesischer als auch auf marokkanischer Seite – an die Salado-Schlacht von 1340, in der christliche Truppen einen vernichtenden Sieg über die in Südspanien eingefallene Streitmacht des Königs von Fez errungen hatten.

Dabei gehörte es zur ›Sakralisierung‹ der eroberten Städte, die Wahrzeichen der siegreichen Religion zu installieren: Neue Gotteshäuser, neue Pastoren, neue Riten und neue Schutzpatrone wurden eingesetzt. Die Ausformungen und Funktionen dieser sakralen Elemente im Kontext der nordafrikanischen Kriege geben Aufschluss über die Pläne der Portugiesen, aber auch über deren stufenweise Anpassung an die lokalen Verhältnisse, beispielsweise, wenn unter Berufung auf die christliche Opferbereitschaft Niederlagen in Siege umgedeutet wurden (so bei Dom Fernando, dem in Marokko gefangenen ›Heiligen Infanten‹, und bei Gonçalo Vaz, einem Märtyrer, von dem weiter unten die Rede sein wird). Vor allem an den geografischen Rändern der Gesellschaft, wo der Kontakt mit Andersgläubigen am intensivsten war, werden Aspekte einer Identität deutlich, die noch stark durch die Zugehörigkeit zum Christentum geprägt und somit nur relativ schwach von nationalen, für die frühneuzeitliche Geschichte typischen Elementen durchdrungen war.

Abbildung 1
Triptychon des Infante Santo (Ausschnitt), Portugal, 15. Jahrhundert, Kat.-Nr. II.13

Von Ceuta bis Tanger: Heilige Kreuzritter und Heilige aus dem Haus von Avis

Der erste Vorstoß der Avis-Dynastie nach Afrika (Ceuta 1415) stand bekanntlich von Anfang an unter dem Vorzeichen der Kreuzzugsideologie.[3] Man beschwor anlässlich dieser Expedition die himmlischen Schutzmächte, die den ›sakralen Besitzstand‹ jener Bewegung bildeten: »das Kreuz und die Kriegsheiligen«.[4]

Der Aufbruch nach Afrika erfolgte am 25. Juli, dem Tag des Heiligen Jakobus (*Santiago*), des Schutzpatrons der Krieger in der iberischen *Reconquista*.[5] Im dritten, von Gomes Eanes de Zurara verfassten Teil der *Crónica de Dom João I.* (auch bekannt als *Crónica da Tomada de Ceuta*), unserer Hauptquelle zur Vorbereitungsphase des Feldzuges, heißt es, dass dieses Datum nicht eigentlich festgelegt, sondern ›offenbart‹ worden war: Die todkranke Königin Dona Filipa hatte den Infanten verkündet, dass sie »am Fest des Heiligen Jakobus« aufbrechen würden.[6] Dies sorgte zunächst für große Verwunderung, denn der Tag schien angesichts der Verzögerungen bei der Vorbereitung des Zuges viel zu nahe. Außerdem wollte man, für den Fall dass die Königin überlebte, eine Besserung ihres Gesundheitszustandes abwarten. Falls sie dagegen sterben würde, sollte die Zeit zur Vorbereitung der Trauer- und Bestattungsfeierlichkeiten genutzt werden. Die Chronik suggeriert also, dass sich der König nicht einfach eines ›mythischen Datums‹ bedienen wollte und dass die logistischen Gründe ein solches Vorhaben prinzipiell unmöglich gemacht hätten. Die Worte der Königin erhielten dadurch den Charakter einer Offenbarung. Sie war nicht umsonst eine Frau, die »alle Gläubigen unserer Heiligen Religion liebte und einen großen Hass gegen die Ungläubigen hegte«[7] (eine Einstellung, die ihr Sohn Heinrich der Seefahrer offenbar schon früh von ihr übernommen hatte) und die sich auf dem Sterbebett mit den Schutzheiligen unterhielt, von denen sie in ihrem Dämmerzustand umgeben war.

In Lagos wurde vor den Schiffen, die sich zum Aufbruch rüsteten, eine päpstliche Kreuzzugsbulle verlesen. Da das Dokument verlorenging, ist ihr Inhalt allerdings nicht überliefert.[8] Abgesehen von einer feierlichen Predigt soll kein offizieller Festakt stattgefunden haben. Dies hatte vermutlich mit der Geheimhaltungspolitik zu tun, der diese Expedition unterlag.[9] Allerdings ist die von Frei João de Xira gehaltene Predigt dokumentiert, da sie von Zurara später in seine Chronik aufgenommen wurde.[10] Frei João gehörte zu einer Gruppe von Gelehrten, die der König zur Legitimation seines Feldzuges konsultiert hatte und die ihm eine Reihe von Begründungen für dessen Rechtmäßigkeit lieferten. So wurde unter anderem eine Parallele gezogen zwischen den kreuzzugsartigen Kampagnen des Dom Afonso Henriques im 12. Jahrhundert und der von Dom João I. geplanten militärischen Unternehmung. In besagtem Dokument wurde Dom João I., der Gründer der Dynastie von Avis, als der letzte und höchste Repräsentant der heldenhaft gegen den Unglauben kämpfenden iberischen Könige dargestellt. Die Argumentation der Predigt konzentrierte sich auf zwei Hauptpunkte, die in Zusammenhang mit der Bekanntmachung der päpstlichen Bulle standen: Zum einem befinde man sich in einem Heiligen Krieg, der Erlösung verspreche; zum anderen handele es sich um einen gerechten Krieg mit dem schlichten Ziel, Gebiete zurückzuerobern, die der christlichen Religion von den Muslimen widerrechtlich entzogen worden waren. Die Predigt endete bezeichnenderweise mit der Geschichte der Makkabäer, einem klassischen Topos, der mit seinen Märtyrerkriegern in der Entstehung der christlichen Idee vom Heiligen Krieg eine wesentliche Rolle spielte.[11] All diese Themen wurden zu einem späteren Zeitpunkt, nämlich als zur Dankespredigt nach der Eroberung der Stadt eine weitere feierliche Zeremonie stattfand, erneut aufgegriffen. Nach der ›Reinigung‹ der Moschee und ihrer Weihung als Kirche in Gegenwart des Königs und der wichtigsten Vertreter des Adelsstandes[12] – die Rituale ähnelten im Großen und Ganzen denen, die während der *Reconquista* bei der Profanierung von Moscheen angewandt wurden[13] – betonte der Geistliche in seiner feierlichen Ansprache während der ersten Messe vor allem Ruhm und Ehre (*Glória*) der Glaubenskrieger. Er pries zudem die Eroberung der Stadt als Auftakt für die Wiedererlangung Afrikas durch das Christentum und bezog sich auf die fünf Wunden Christi, indem er sie symbolisch mit den fünf Buchstaben im Namen der Stadt verband.[14]

In Ceuta erfolgte die Re-Sakralisierung der Heiligen Orte nach dem gleichen Muster: Kurz nach der Eroberung wurde die profanierte Hauptmoschee geweiht und als Kathedrale eingesetzt, für die man, wie auch schon während der *Reconquista*, den Schutz Marias erflehte; andere Kirchen bzw. ehemalige Moscheen stellte man unter den Schutz von Heiligen, die in irgendeiner Weise mit dem ›Heiligen Krieg‹ in Verbindung standen, so beispielsweise der Heilige Georg, der Heilige Jakobus oder der Heilige Michael; das neu errichtete Franziskaner-Kloster erhielt unter Bezug auf den Heiligen Jakobus den Beinamen *Santiago de Ceuta*.[15] Wenig später berief sich der erste portugiesische Gouverneur der Stadt, Dom Pedro de Meneses, in einer Ansprache, mit der er die erschöpften Soldaten wieder aufrichten wollte, auf einen älteren Bericht über den ›Heiligen Krieg‹. Diese Rede glich dem oben erwähnten ›Gutachten der Gelehrten‹, das der König hatte anfertigen lassen. Sie verwies

Abbildung 2
König Dom João I., 15. Jahrhundert, Kat.-Nr. II.6

auf den christlichen Krieger Pelayo, der sich in den Bergen Kantabriens der Islamisierung widersetzte, und auf die *Votos de Santiago*, eine Abgabe an die Kathedrale zu Compostela, und unterstrich außerdem die herausragende Bedeutung der Heldentaten, die die Portugiesen im Kampf gegen die Mauren vollbrachten, wobei wieder Dom Afonso Henriques und die Salado-Schlacht von 1340 besondere Betonung fanden.[16]

In den folgenden Jahren vollzog sich dann eine Veränderung, die weitgehend dem Infanten Dom Henrique (Heinrich der Seefahrer) zu verdanken war. Die herausragende Bedeutung des Heiligen Jakobus – der ja ›Spanier‹ war und sich auch sonst auf dem besten Weg befand, in den Erzählungen und Berichten über die für Portugal entscheidende Schlacht von Ourique (1139) endgültig gegenüber dem Heiland in den Hintergrund zu treten – sollte nun offenbar gänzlich auf Maria übertragen werden. Die Marienverehrung stand in engem Bezug zur Sakralität des Königshauses und insbesondere zu Dom João I. *Nossa Senhora de África*, Unsere Liebe Frau von Afrika, stand in Verbindung mit den jährlichen Feierlichkeiten zu Mariä Himmelfahrt am 14. und 15. August. Dieses Datum gewann für das Haus von Avis als Gründungsdatum der Dynastie (die Schlacht von Aljubarrota, in der João sich den kastilischen Truppen widersetzte und endgültig den Thron gewann, fand am 15. August 1385 statt) und als Beginn der ›Rückeroberung Afrikas‹ eine immer stärkere mythische Bedeutung.[17]

Tatsächlich wurde in Ceuta eine kleine Kirche, die von einigen Angehörigen des Königshauses errichtet und mit einem von Heinrich dem Seefahrer gesandten Bildnis geschmückt worden war, durch den Infanten nach und nach zu einer Wallfahrtsstätte umgestaltet, mit der fromme Pilger angezogen werden sollten.[18] In dieser Kirche wurden 1437 die Zeremonien zur Vorbereitung des Feldzuges nach Tanger abgehalten, die im Folgenden noch ausführlicher dargestellt werden sollen. Für das Jahr 1442 wird der Ort in römischen Unterlagen eindeutig als Wallfahrtsstätte erwähnt, was deutlich zeigt, wie viel Heinrich an der Kirche gelegen war und was für eine Patronin er schaffen und bekannt machen wollte: eine Heilige, die zur Schutzpatronin der Glaubenskämpfer werden sollte. Der Papst gewährte den Pilgern, die zu Mariä Himmelfahrt oder binnen acht Tagen danach eine Wallfahrt zu jener Stätte unternahmen, einen vollkommenen Ablass *in articulo mortis* (zur Todesstunde).

Um die logistischen Schwierigkeiten abzufangen, die bei einer solchen Pilgerreise auftraten, bot der päpstliche Gnadenerlass ausdrücklich gewisse Auswahlmöglichkeiten an: entweder einen dreimonatigen Aufenthalt in Ceuta oder – und das stellt eine sehr interessante Variante dar – die Übernahme der Kosten, die im selben Zeitraum für einen Soldaten in Ceuta anfielen.[19] Von nun an scheint sich die ›Heilige‹ darauf spezialisiert zu haben, die Portugiesen bei ihren Kampfhandlungen in Afrika zu beschützen.[20]

Anlässlich des Feldzuges nach Tanger im Jahr 1437 kam es zur Rekrutierung weiterer Schutzheiliger.[21] Bei den Prozessionen, die zum Aufbruch aus Lissabon und Ceuta stattfanden, standen typische Insignien der Kreuzzüge im Mittelpunkt: Reliquien des Heiligen Kreuzes, die päpstliche Kreuzzugsbulle, die Ordensfahne der Christusritter. Im Umfeld tauchen jedoch auch andere Gegenstände und sogar bildliche Darstellungen auf, die auf zwei neue, dem Haus von Avis zugehörige ›heilige‹ Personen verwiesen; Dom João I. und Nuno Álvares Pereira, der Held von Aljubarrota (dessen Seligsprechungsverfahren bereits im Gange war).[22] Weiterhin wurde die Marienverehrung der Krone durch ein Bildnis Unserer Lieben Frau betont, das beim Aufbruch nach Tanger aus Ceuta im Gefolge mitgeführt wurde. Am Vorabend der Abfahrt fand in Ceuta eine Mahnwache in der Kirche

Abbildung 3
Allegorie des Angriffs einer christlichen Flotte auf Nordafrika, in: Francisco de Holanda, Da Fábrica que Falece à Cidade de Lisboa, 1571, Kat.-Nr. IX.51

Nossa Senhora de África statt, die von den Infanten unmittelbar nach ihrer Landung aufgesucht worden war (auch wenn es keinen direkten Beleg gibt, kann davon ausgegangen werden, dass das Marienbild für die Prozession aus diesem Gotteshaus stammte). Man könnte einwenden, dass die beiden genannten ›besonderen Toten‹ (eine Bezeichnung des Historikers Peter Brown) im Jahr 1415 noch lebten; doch es ist eine Tatsache, dass bei beiden Persönlichkeiten bereits damals mehrere Versuche unternommen wurden, sich ihren ›Ruf der Heiligkeit‹ zunutze zu machen. Die Heiligkeit wurde ihnen – zu einem nicht unbeträchtlichen Teil – aufgrund ihres Einsatzes im Heiligen Krieg zuerkannt. Die beiden prestigeträchtigen Leitfiguren im Kampf für die Unabhängigkeit des Königreiches und für den christlichen Glauben bildeten ein symbolisches Kapital, das auf keinen Fall verschwendet werden durfte. So wurde der Weg geebnet, um die althergebrachten Schutzpatrone voller Stolz durch ›eigene Heilige‹ zu ersetzen.

Ein unfreiwilliger Märtyrer, geheiligt im Namen der Dynastie – Der Infant Dom Fernando

Die als Triumphzug geplante Expedition nach Tanger (1437) endete im Desaster. Daran ändert auch die Tatsache nichts, dass den vorhandenen Quellen nicht eindeutig zu entnehmen ist, ob die portugiesische Kapitulation von ihrem Befehlshaber angeboten (die Portugiesen sahen sich mehr oder weniger umzingelt) oder von den Feinden erzwungen wurde.[23] Das Versprechen, Ceuta wieder abzutreten und als Unterpfand Geiseln zu stellen, unter ihnen den Infanten Dom Fernando, sollte jedenfalls zu einem schwerwiegenden politischen und moralischen Problem führen. Das Ergebnis ist bekannt: Die Verhandlungen zogen sich in die Länge, in Portugal geriet das Königshaus wegen der Thronfolgefrage in schwere Krisen, und der Infant starb, geschwächt von der Haft, schließlich als Opfer der Umstände am 5. Juli 1443 in seinem nordafrikanischen Gefängnis. Ganz Portugal war von diesem einschneidenden Ereignis erschüttert. Unzählige Trauerzüge wurden abgehalten. Der fortdauernde Schmerz sorgte dafür, dass der Kult rasch weite Verbreitung fand. Selbst im Jahr 1451 rührte die Erwähnung des Infanten in einer öffentlichen Ansprache die versammelte Menge zu Tränen, und »das Volk erhob ein großes und lautes Wehklagen zum Herrn, für die Seele des Königs Fernando, der in Afrika gemartert und vom Leben zum Tode gebracht worden war.«[24] Von der Avis-Dynastie wurde der Kult von Anfang an unterstützt.

Die Verehrung des Infanten und die Förderung seiner Anbetung folgten den in diesem Zusammenhang gebräuchlichen Grundmustern. Schnell entstanden hagiografische Schriften – besonders der *Trautado da Vida e feitos do muito Vertuoso Senhor Infante Dom Fernando* (Abhandlung über Leben und Wirken des wahrhaft Aufrechten Infanten Fernando) ist hier hervorzuheben –, die Frei João Álvares, der Sekretär und Kerkergenosse des unglückseligen Prinzen, zwischen 1451 und 1460 (möglicherweise zwischen 1451 und 1454) verfasste. Er tat dies auf Bitten des Infanten Dom Henrique, der den Chronisten gleich nach seiner Rückkehr im Jahr 1451 in sein Hofgefolge aufgenommen hatte. Heinrich war damit die Hauptrolle bei der Einführung des neuen Kultes sicher; zudem wurde so für eine enge Verflechtung mit den Unternehmungen gesorgt, die ihm selbst am Herzen lagen, insbesondere die Expansion in Nordafrika.[25]

Das Werk *Martirium pariter et gesta magnifici ac potentis Infantis Domini Fernandi* aus der Feder eines nach wie vor unbekannten Autors dürfte um 1470/71 entstanden sein. Es wurde vermutlich von einem Franziskanermönch verfasst und möglicherweise von der Schwester des toten Infanten, der Herzogin Dona Isabel von Burgund, in Auftrag gegeben, um das formale Verfahren der Kanonisierung in die Wege zu leiten.[26] In der Folgezeit fanden eine Reihe öffentlicher Feierlichkeiten statt: Im Juni 1451 wurden die Eingeweide des Infanten (die einzigen sterblichen Überreste, die der getreue Sekretär im Nachhinein aus Marokko zurückzuholen vermocht hatte) zunächst dem

Abbildung 4
Grabstelle mit Christuskreuz, Portugal, 14./15. Jahrhundert, Kat.-Nr. II.5

König gezeigt und anschließend in einer prunkvollen Zeremonie vom Palast in das königliche Pantheon, das sein Vater in Batalha errichtet hatte, überführt. Im Jahr 1472 folgte ein Festakt zur Ankunft der Gebeine, deren Überführung nach der Eroberung von Arzila auf dem Verhandlungsweg erreicht worden war. Weiterhin kam es zur Einrichtung ewiger Fürbitten, so auf Geheiß der Infanten Dom Pedro (1444) und Dom Henrique (1451) in Batalha und durch Isabel, Herzogin von Burgund, in der bedeutenden und hoch angesehenen Santo António-Kirche in Lissabon (1471). Es folgte die Einführung des Infanten als ›Märtyrer des Glaubens‹ bei den internationalen Instanzen, insbesondere in Rom. In den beiden wichtigsten Grabstätten des Königshauses von Avis (Batalha und Belém) wurde in bildliche Darstellungen des Infanten investiert. Kleriker und Religiose wollten ebenfalls nicht abseits stehen – allen voran natürlich die Dominikaner des Klosters von Batalha, wo der Infant seine letzte Ruhestätte fand.

Aber auch Vertreter der Antonius-Kirche in Lissabon und der Stiftskirche von Guimarães beteiligten sich. Letztere hatten sich in der zweiten Hälfte des 15. Jahrhunderts aktiv dafür eingesetzt, ihre Stellung als ›königliches Sanktuarium‹ (Guimarães war Sitz des Grafen Heinrich von Burgund und seines Sohnes Dom Afonso Henriques gewesen, der in besagter Kirche getauft wurde) wiederzuerlangen. Sie hatten dabei fest auf Dom João I. gebaut, dessen Figur als ›Neubegründer‹ des Königreiches wie auch der Stiftskirche an jene des Dom Afonso Henriques angelehnt wurde. Hierbei kamen die gemeinsamen Interessen der Stiftskirche und des Königshauses zum Ausdruck.[27] Hinzu kam schließlich die zumeist namenlose Menge der Gläubigen, denen die Wunder zugutekommen sollten, die von den Reliquien des Märtyrers nicht nur auf christlichem Boden, sondern auch im Land der Ungläubigen bewirkt wurden – Zeichen einer Gnade, die von Franziskanern, Dominikanern und der Bruderschaft des Militärordens von Avis geschickt gehandhabt und verwaltet wurden.[28]

In ihrer Gesamtheit verweisen all diese Äußerungen auf die Existenz einer ausgeprägten kultischen Verehrung des Infanten Dom Fernando in Portugal gegen Ende des 15. Jahrhunderts.[29] Das Vorhaben, den ›Märtyrer von Fez‹ auch im engeren Sinn des Wortes zu Heiligenehren zu erheben, entsprach ganz den

Abbildung 5
Triptychon des Infante Santo (Dom Fernando),
Portugal, 15. Jahrhundert, Kat.-Nr. II.13

Vorstellungen der Infanten des Hauses Avis und sollte durch die Herzogin Isabel von Burgund einen entscheidenden Impuls erhalten. Doch scheiterte die Umsetzung schließlich an unvorhersehbaren Ereignissen – sowohl die Herzogin als auch Papst Paul II., der möglicherweise für das Anliegen zu gewinnen gewesen wäre, verstarben im Juli bzw. Dezember des Jahres 1471. Da der Plan nunmehr seine wichtigsten Förderer verloren hatte, wurde der weiter oben genannte lateinische Text vermutlich einfach archiviert und in der Kurie in Rom bald ›vergessen‹. Der Text ist dabei nicht zuletzt deswegen von besonderem Interesse, weil er eine Reproduktion der ältesten ikonografischen Darstellung des Infanten als ›Märtyrer‹ enthält. Es handelt sich um das Triptychon von Dom Fernando, dem *Infante Santo*, das Mitte des 15. Jahrhunderts entstand und von Dom Henrique beim Maler João Afonso in Auftrag gegeben worden sein soll. Heute befindet sich dieses Altarbild im *Museu Nacional de Arte Antiga* in Lissabon[30] (Abb. 5).

Abschließend zu diesen Ausführungen soll noch die Frage aufgeworfen werden, welche Art von ›Heiligkeit‹ dem früh verstorbenen Infanten überhaupt zugedacht war. Genau genommen zeichnet sie sich durch eine gewisse Einförmigkeit der ihm zugeschriebenen Attribute aus: Alles war darauf angelegt, sein Martyrium im Einsatz für den Glauben herauszustellen und den Infanten einem Geschlecht von Königen und Prinzen zuzuordnen, das sich eben diesen Einsatz als Hauptaufgabe für ihr privates und öffentliches Leben auf die Fahnen geschrieben hatte. Wie auch der bedeutendste Erforscher des »Lebensweges und der Aufzeichnungen« des Infanten anmerkt, erklärt sich die Unterstützung des Kultes von Seiten der Königsfamilie dadurch, dass sich jene »das Ansehen sichern wollte, das mit der Pflege der Erinnerung an eines ihrer Mitglieder, das sich als Märtyrer und Heiliger hervorgetan hatte, verbunden war; die Rache für seinen Tod und die Wiedererlangung seiner sterblichen Überreste wurden in diesem Zusammenhang als gewichtige ideologische Rechtfertigungsmotive eingesetzt, um die Politik zur Eroberung der Handelsplätze in Nordafrika fortzusetzen.«[31]

Die Dynamik des Krieges und das Wiedererwachen alten Brauchtums: Die Wiederbelebung der Verehrung der ›Marokkanischen Märtyrer‹

Angesichts der Herausforderungen des ›Heiligen Krieges‹ begab sich nicht nur die Krone auf die verschlungenen Pfade der Wiedereinführung von Heiligen. Die Anstrengungen zur Wiederbelebung der ›Marokkanischen Märtyrer‹, deren Verehrung sich ab der zweiten Hälfte des 15. Jahrhunderts wieder zunehmender Beliebtheit erfreute, waren von entscheidender Bedeutung dafür, dass nun auch die religiösen Orden wieder mit neuer Kraft auf der Bildfläche erschienen (Abb. 6). Hinter den Ruhmestaten des Königshauses waren sie zeitweilig verblasst, wenn auch nie ganz in Vergessenheit geraten. Auch in diesem Zusammenhang gilt es zwischen unterschiedlichen Zielen und Formen der Kooperation zu unterscheiden. Meines Erachtens kann man von zwei Hauptbewegungen zur Wiederbelebung religiöser Kulte sprechen, die sich in ihren Schlüsselfiguren, ihren Zielsetzungen und ihrem Verhältnis zur kriegsführenden Krone deutlich voneinander unterschieden.

Abbildung 6
Wappen der militärischen und religiösen Orden Portugals, Francisco Coelho, Lissabon 1675, Lissabon, Instituto dos Arquivos Nacionais / Torre do Tombo

An der Spitze der einen Bewegung stand das alte königliche Kloster Santa Cruz in Coimbra unter den Prioren Dom Gonçalo Pereira (1414–1437) und Dom Gomes Eanes (1441–1459).[32] Die im 12. Jahrhundert gegründete Klostergemeinschaft von Santa Cruz galt in Portugal als Hauptverehrungsstätte der vom Infanten Pedro Sanches aus Marokko zurückgeholten Reliquien jener Franziskaner, die um 1219 zur Missionierung nach Marokko aufgebrochen waren und dort den Märtyrertod starben. Die sterblichen Überreste waren im Kloster beigesetzt worden. Die ›Märtyrer‹ waren somit in das Land zurückgekehrt, von dem sie mit Unterstützung der Infantin Dona Sancha zu ihrer Unternehmung ausgezogen waren. Ihre Rückkehr im Jahr 1220 war der Auslöser dafür gewesen, dass ein gewisser Fernando Martins in Ergriffenheit über die damit verbundenen Zeremonien seine Karriere als Augustiner-Chorherr in Lissabon aufgab, in den Franziskanerorden eintrat und zu Antonius – von Lissabon bzw. Padua –, dem großen Heiligen des Ordens, wurde.[33] Drei Jahrhunderte später jedoch hatte die Rückbesinnung auf die damalige Verehrung im mittelalterlichen Coimbra wenig mit den franziskanischen Heiligen zu tun, die ihr Leben geopfert hatten. Von viel größerer Bedeutung waren jetzt die strategischen Bemühungen der Kongregation von Santa Cruz in Coimbra, das Ansehen der heiligen Stätte wiederzubeleben, und, auf einer anderen Ebene, ihre Einbindung in die ›volkstümliche Religion‹ zu erreichen. Deren sichtbarster Ausdruck war sicherlich die ›Prozession der Nackten‹. Sie soll ursprünglich entstanden sein, nachdem ein Bauer aus der Gegend von Coimbra 1423 zusammen mit seiner Familie auf wundersame Weise von der Pest geheilt wurde. Dennoch ist festzuhalten, dass, wie bereits 1984 von Luís Krus aufgezeigt wurde, die ›Sache der Märtyrer‹ (also die Heiligsprechung von 1481) weit mehr dem Wirken der Franziskaner und dem Interesse des Papsttums an einer Evangelisierung Nordafrikas zu verdanken hatte, als den Initiativen von Santa Cruz[34] (Abb. 7).

Diese zweite Wiederbelebung weist nun tatsächlich völlig neue Merkmale auf, die in erster Linie auf die hohe gesellschaftliche Ebene, der die Initiatoren angehörten, zurückzuführen ist: Zum einen hatte die iberische Führungsschicht der franziskanischen Observanten (einschließlich der ›reformierten‹ Zweige des Ordens) ihre Hand im Spiel, und zum anderen die Krone, die mit jener Elite zusammenarbeitete und bei der Überführung der Reliquien Beistand leistete. Zu den Schlüsselfiguren gehörte dabei mit an Sicherheit grenzender Wahrscheinlichkeit der namhafte Franziskaner Frei João da Póvoa, Beichtvater von Dom João II. und auch darüber hinaus eine zentrale Figur des Ordens.

Schon lange identifizierten sich die iberischen Observanten als streng an den Ordensregeln festhaltende Franziskaner mit ihren fünf Märtyrerbrüdern und strebten mittels verschiedener Strategien danach, ihre Verbindung zu der in Nordafrika verankerten Tradition zu festigen und publik zu machen. Kurz nach der Eroberung von Ceuta hatte Dom João I. das Kloster von Santa Catarina da Carnota in Alenquer (nordöstlich von Lissabon) mit zwölf Jaspis-Säulen aus der Hauptmoschee jener marokkanischen Stadt beschenkt.[35] Die Kongregation in Alenquer pflegte eine besondere Verehrung des Heiligen Johannes (*João*) und hatte sich der reformierten Observanz der Franziskaner verschrieben, die, von Galizien kommend, seit 1392 in Portugal Verbreitung gefunden hatte und stets mit der Unterstützung durch das Königshaus rechnen konnte. Während des gesamten 15. Jahrhunderts befolgte das Kloster die mit der Reform eingeführte strenge Ordensregel und gehörte am Ende des Jahrhunderts zur Gruppe von Konventen, von denen die ›strikte Observanz‹ ausging.

Frei João da Póvoa war Spross und aktiver Förderer dieser Bewegung. Er sorgte nun dafür, dass der Ordensbruder Frei Francisco von Sevilla im Jahr 1476 eine »ausführliche Version« der Aufzeichnungen zur »Legende der Heiligen Marokkanischen Märtyrer« erhielt. Vermutlich war er auch der Ansprechpartner für die Franziskaner der Kustodie der Heiligen Engel (*Custódia dos Anjos*) in der kastilischen Estremadura. Diese hatten sich zwischen 1486 und 1492 an ihn gewandt, nachdem sie 1486 eine Klostergemeinschaft zur Verehrung der Marokkanischen Märtyrer in Belalcázar gegründet hatten und nun ihr Interesse an einem Teil der im Kloster von Santa Cruz aufbewahrten Reliquien bekundeten. Als der König höchstpersönlich als Fürsprecher dieses Vorhabens vor den Prior von Coimbra trat, war mit großer Wahrscheinlichkeit die Hand seines geschätzten franziskanischen Beichtvaters und Ratgebers mit im Spiel.

Ab dem 15. und vor allem in den ersten Jahrzehnten des 16. Jahrhunderts fand der Kult der ›Marokkanischen Märtyrer‹ immer mehr Anhänger, was unter anderem durch die massive Verbreitung diesbezüglicher Bilder und Devotionalien belegbar ist. Die Chronologie der Ereignisse sowie die Verbreitung der Heiligendarstellungen veranschaulichen diese Feststellung: So besaß der Infant Dom Fernando, Herzog von Beja (1433–1470), der sich aktiv für den Franziskanerorden einsetzte, ein Medaillon mit Reliquien der ›Märtyrer‹, das, wie seine Witwe, die Herzogin Beatriz (gest. 1506) testamentarisch verfügte, an das Klarissenkloster *Nossa Senhora da Conceição* von Beja übergeben werden sollte.[36] Im Jahr 1510 wurden zwei aus Silber gefertigte

ABBILDUNG 7
DIE HEILIGEN MÄRTYRER VON MAROKKO,
WERKSTATT VON JORGE AFONSO, 1520–1530,
SETÚBAL, MUSEU DE SETÚBAL

› 97 ‹

Heiligenschreine fertiggestellt, die der Prior von Santa Cruz zu Coimbra, der Bischof Dom Pedro Gavião (gest. 1506), in Auftrag gegeben hatte.[37] 1508 begann Francisco Henriques im Franziskanerkloster zu Évora mit der Ausführung des Retabels für den Hauptaltar, wo die ›Marokkanischen Märtyrer‹ ihren Platz in der ›Reihe der Franziskaner‹ einnehmen sollten. Dabei wurde »besonderer Wert auf eine synoptische Darstellung des Opfertodes der fünf Märtyrer gelegt«.[38]

Im Jahr 1515 wachte die Äbtissin von Lorvão, Dona Catarina de Eça, über die Herstellung zweier Heiligenschreine für die sterblichen Überreste der Märtyrer, die sich im Besitz des Klosters befanden. Eines der Reliquiare, von meisterlicher Hand in Gold gearbeitet, verblieb in Lorvão und wurde zu einem weiteren Kleinod in der bemerkenswerten Sammlung von kostbaren Kultgegenständen, mit denen die Äbtissin ihr Kloster beschenkte.[39] Der zweite Schrein aus vergoldetem Silber, der ebenfalls ein Reliquienfragment enthielt, wurde zusammen mit kostbarem Altarschmuck dem Espírito Santo-Kloster in Gouveia, dem Familiensitz der Äbtissin, als Geschenk übergeben. Zudem erwirkte Dona Catarina dafür eine päpstliche Bulle, die den Gläubigen Ablass gewährte, wenn sie zu den Heiligenfesten zu Pfingsten, am Tag des Heiligen Franziskus oder dem der Heiligen Märtyrer zum Kloster pilgerten und Almosen gaben.[40] Des Weiteren wurde in den Jahren 1521/22 im Kloster zu Coimbra die alte Kapelle der Märtyrer renoviert.[41]

Die weite Verbreitung und Förderung dieser Heiligen lässt darauf schließen, dass die beiden Zentren der Verehrung in Portugal sehr aktiv blieben und dass mit Lorvão auf Betreiben der damaligen Äbtissin Dona Catarina de Eça ein dritter Ort hinzukam. Eine genauere Erforschung der außerhalb des Franziskanerordens stattfindenden Abläufe (und somit die Fortschreibung der von Luís Krus für Coimbra geleisteten Arbeit) steht noch aus. Zu untersuchen wäre zum Beispiel, welche Rolle die von der Zisterzienser-Äbtissin praktizierte Märtyrer-Verehrung für den Konvent von Lorvão spielte. Denn der Umgang dieser Frau mit den Reliquien der Märtyrer scheint in erster Linie auf ihre persönliche Verehrung zurückzuführen zu sein und in Zusammenhang mit einer Strategie zur Erweiterung des sakralen Besitzstandes des Heimatklosters der Eças in Gouveia zu stehen – selbst wenn letzteres wiederum dem Franziskanerorden angehörte. Die Verehrung der Heiligen umfasste dabei offensichtlich noch wesentlich größere Kreise – was vor allem durch die lange Tradition ihrer Verehrung bedingt war –, und ihre Bedeutung reichte somit weit über jene der oben besprochenen ›neueren nordafrikanischen Heiligen‹ des Hauses von Avis hinaus.

DIE HEILIGEN DES DOM MANUEL:
NEUE SAKRALITÄT IM DIENST KÖNIGLICHER TRÄUME

Dom Manuel I. besaß ein ausgeprägtes Bewusstsein für die Relevanz von Sakralität für die Monarchie. Er führte, so könnte man sagen, den Lernprozess, den seine Vorgänger mit der Thronbesteigung der Avis-Dynastie eingeleitet hatten, zu einem krönenden Höhepunkt. Unter den zahlreichen von ihm initiierten Investitionen auf diesem Gebiet interessieren mich hier hauptsächlich seine Initiativen zur Förderung der Heiligenverehrung. Zunächst lässt sich feststellen, dass die ›Schutzheiligen des Königreiches‹ vom Herrscherhaus aktiv gefördert wurden. Ein geeignetes Umfeld war hierfür unbestreitbar vorhanden, und zwar sowohl was die Beliebtheit der Thematik, die verwendete Sprache (die Verwendung der Landessprache in den entsprechenden Texten stellte ein Novum dar) als auch das Gefühl einer territorialen Zugehörigkeit angeht.[42] Einerseits sind diese Vorgänge einem Phänomen zuzuordnen, das zu jener Zeit in ganz Europa auftritt: Das Verhältnis zu den Heiligen in der religiösen Wahrnehmung der Bevölkerung einzelner Länder änderte sich allmählich und wurde Teil einer neuen zivilen Religiosität.[43] Andererseits gilt es hervorzuheben, dass sich Portugal mit den spanischen Nachbarn maß, ja geradezu mit ihnen konkurrierte, zumal die Katholischen Könige Ferdinand und Isabella sich in aller Ausführlichkeit ihres hispanischen Überlieferungsschatzes bedienten, um ihr politisches Vorgehen zu rechtfertigen.[44]

Die Einleitung der unumgänglichen Formalitäten, die für eine Heiligsprechung erforderlich waren, war bereits damals kostspielig und aufwendig. König Manuel setzte sich besonders für die ›Heilige‹ Königin Dona Isabel (Gattin des Königs Dom Dinis), für Dom Afonso Henriques und für einen gewissen Gonçalo Vaz ein, was weiter unten näher betrachtet wird. Zusammen mit seiner Schwester Dona Leonor gab er bildliche Darstellungen des Infanten Dom Fernando in Auftrag. Möglicherweise interessierte er sich am Rande auch für Nuno Álvares Pereira, den Helden von Aljubarrota (1385), doch wäre der Nachweis hierfür noch zu erbringen. Wie Ana Cristina Araújo ausführt, konnte mit der feierlichen Bekräftigung der Dom João II. (gest. 1495) nachgesagten Heiligkeit bei dessen zweiten Bestattungsfeierlichkeiten im Jahr 1499 in Batalha – in Verbindung mit den Fortschritten bei der Sakralisierung des Dom Afonso Henriques – »die politische Aneignung eines Status der Heiligkeit für die Dynastie erfolgen, den die Vertreter des Hauses Avis mit Nachdruck angestrebt hatten und der nun unter König Manuel zum ersten Mal in einer eigenständigen Verehrung zum Ausdruck gebracht werden konnte«.[45] Wie dies genau geschah, soll im Folgenden näher beleuchtet werden.

Die Heiligsprechung von Dona Isabel lag der Monarchie seit langem am Herzen. Schließlich konnte man diese ursprünglich aragonesische Königin auch als Heilige der eigenen Dynastie betrachten, und im Gegensatz zu anderen europäischen Herrscherhäusern hatte Portugal bis dato wenig Besitzstand in dieser Hinsicht.[46] 1516 erwirkte Dom Manuel in Rom die Seligsprechung der Königin.[47] Der zweite ›Heilige‹ im Familienkreis, Dom Fernando, stand im Mittelpunkt der Aufmerksamkeit Dona Leonors. Sie gab beim Maler Cristóvão de Figueiredo zu einem nicht bekannten Zeitpunkt ein Altarbild in Auftrag, auf dem das Martyrium des Infanten dargestellt werden sollte. Die Ausführung wurde jedoch erst lange nach dem Tod der Königin im Jahr 1539 in Angriff genommen. Das Retabel sollte in der *Capela do Fundador*, der Grabkapelle des Stifters im Kloster von Batalha aufgestellt werden, wo es sich auch bis zu Beginn des 19. Jahrhunderts befand.[48] Dom Manuel wiederum sah für die Statue des Infanten einen gut sichtbaren Platz im Hieronymus-Kloster in Lissabon vor, dem eindrucksvollsten architektonischen Wahrzeichen, das unter seiner Herrschaft errichtet wurde. Er verfügte, dass sein eigener Leichnam ebenfalls an diesem Ort bestattet werden sollte, dessen Ausgestaltung seine komplexen religiösen und politischen Zielsetzungen widerspiegelt[49] (Abb. 8).

Die Figur des Märtyrers Fernando ist nach übereinstimmender Auffassung der Kunsthistoriker über dem Westportal der Klosteranlage zu erkennen und befindet sich Seite an Seite mit dem Heiligen Vinzenz, dem Schutzheiligen der Stadt, einem weiteren Märtyrer, der in Zusammenhang mit den Kreuzzügen des Königshauses des Öfteren ›in Anspruch genommen‹ wurde. Unter Umständen stellt sogar eine Statue am großen Südportal von Belém, die üblicherweise mit Heinrich dem Seefahrer identifiziert wird, den Infanten Fernando dar.[50] Was die Sakralisierung von Dom João II. betrifft, der als *Príncipe Perfeito* in den Volksmund einging, konnte Ana Cristina Araújo in ihrer bereits erwähnten Studie aufzeigen, wie entscheidend dieses Element für den politischen Durchbruch von Dom Manuel war (auch wenn heute davon auszugehen ist, dass insbesondere die Rolle der feindseligen Edelleute am Hof und ihre Bedeutung für den Gesamtprozess noch nicht ausreichend erforscht ist). Nuno Álvares Pereira war schließlich eine ebenso gefragte Persönlichkeit: Lange Zeit ›wetteiferte‹ das Königshaus mit den Herzögen von Bragança in seiner Verehrung. Als dritte Partei beteiligten sich die Karmeliter am Wettstreit. In der zweiten Hälfte des 15. Jahrhunderts erlahmte jedoch das Interesse der Königsfamilie an Pereira,[51] während die Braganças ganz im Gegenteil, vor allem nachdem sie sich den Zorn von Dom João II. zugezogen

ABBILDUNG 8
PANORAMA MIT HIERONYMUS-KLOSTER AM STRAND VON BELÉM,
FILIPE LOBO, PORTUGAL 1657–1660, KAT.-NR. IX.9

hatten (der Herzog Dom Fernando II. wurde aufgrund einer Verschwörung 1483 hingerichtet), über ihren Vorfahren Pereira die Vergangenheit ihrer Familie betonten und versuchten, sich mit deren Hilfe zu rehabilitieren.[52] Es ist denkbar, dass König Manuel, der den Braganças weniger übel gesinnt war als sein Vorgänger, das Anliegen somit in guten Händen wusste. Seine Erwägungen könnten dabei durchaus auch strategischer Natur gewesen sein, denn Dom Jaime, der 1500 aus dem Exil zurückgekehrte und rehabilitierte Herzog von Bragança, hatte eine schwierige Persönlichkeit, und das Klima zwischen ihm und Dom Manuel (der zugleich sein Onkel war) blieb trotz der Amnestie nach wie vor angespannt.[53]

Der König setzte sich mit besonderem Nachdruck für zwei andere Heilige ein, die ihm im Rahmen seines politischen Programms besonders relevant erschienen. Diese Strategie richtete sich einerseits ›nach innen‹, also nach Portugal, und andererseits – vielleicht sogar noch ausgeprägter – ›nach außen‹. Auf der internationalen Bühne wollte Dom Manuel Portugal mit seinem Überseereich zur Großmacht in Europa und im christlichen Raum machen und auf diese Weise zur Rückeroberung des Heiligen Landes beitragen.[54] In diesem von Aufbruchsstimmung geprägten Moment traten nun im Umfeld des Monarchen zwei sehr unterschiedliche Heilige in bemerkenswerter Eintracht in Erscheinung: zum einen Dom Afonso Henriques, der Begründer des Königreiches und Held der *Reconquista*, zum anderen Gonçalo Vaz, ein bescheidener Moriske (*Mourisco*), also ein in Marokko zum Christentum konvertierter Muslim und Märtyrer des katholischen Glaubens. Wenn Dom Afonso Henriques noch für die Anfänge des Christianisierungsprozesses stand, so war Gonçalo Vaz bereits das Symbol eines in vollem Gang befindlichen, auf eine utopische Zukunft ausgerichteten Prozesses.

Es ist verständlich, dass diese beiden Persönlichkeiten die Aufmerksamkeit des Königs auf sich zogen. Zwar geschah dies zu unterschiedlichen Zeitpunkten, doch entsprachen beider Lebensläufe in ihrer Mustergültigkeit genau den Erwartungen, die in einen zu fördernden ›Heiligen‹ gesetzt wurden. Dom Afonso Henriques, der ruhmreiche König der Kreuzzugszeit stand für die großen militärischen Siege im Kampf gegen den Islam und verwies zugleich als Begründer Portugals auf die von Dom Manuel als ›Neugründung‹ angesehene Politik um 1500. Gonçalo Vaz, der fromme Moriske, der durch seinen neuen Glauben zum Märtyrer in Marokko wurde, stand mahnend für die mit dem ›afrikanischen Traum‹ einhergehenden Niederlagen, wie das Desaster der Mamora-Schlacht, das Tausenden von Männern das Leben gekostet hatte und wenig später auch noch vom Tod des vorbildlich königstreuen Befehlshabers der Festung von Safim, Nuno Fernandes de Ataíde, überschattet wurde (in Mamora sollte eine Festung errichtet werden, doch der marokkanische Widerstand führte unter katastrophalen Umständen zu einem Rückzug der portugiesischen Truppen im August 1515; Ataíde kam 1516 bei einem Raubzug im Landesinneren um).

Mehrfach machten sich Dom Manuel und einige seiner Angehörigen daran, ihre Absichten in Bezug auf Dom Afonso Henriques zu verwirklichen. Diese Thematik ist im Lauf der letzten Jahre in mehreren Arbeiten untersucht worden, die vorliegende Darstellung beschränkt sich deshalb auf die gegenwärtig bedeutendsten Gesichtspunkte.[55] Zwei Hauptinstrumente lassen sich hervorheben: die königliche Chronistik und das monarchische Zeremoniell. Im ersten Fall knüpfte Dom Manuel an bereits bestehende Traditionen an, nicht ohne einige Umdeutungen vorzunehmen; im anderen brachte er die Feierlichkeiten, die im Kloster von Santa Cruz in Coimbra zelebriert wurden, ein für allemal unter die Obhut der Krone. Mit der *Crónica del-rei Dom Afonso Henriques* von Duarte Galvão (vgl. Abb. 1, S. 222) wurde die offizielle Ursprungslegende des Königreichs, so wie sie bereits in der sogenannten *Crónica de 1419* begonnen worden war, in eine endgültige Form gegossen. In stärkerer Kontinuität mit früheren Praktiken wurden an den Grabstätten von Dom Afonso Henriques und Sancho I. in Coimbra ›sakrale Manipulationen‹ durchgeführt. In der neuen Praxis wechselten vor allem die Nutznießer dieser Sakralität im Vergleich zu den althergebrachten Ritualen der Klostergemeinschaft von Santa Cruz, insbesondere jener unter den Prioren Dom Gonçalo Pereira (1414–1437) und Dom João Galvão (1459–1460).

Von nun an profitierte in erster Linie das Königshaus vom Zeremoniell. Dabei war das Verhältnis nicht in erster Linie durch Rivalitäten, sondern vielmehr durch eine Konvergenz der Interessen geprägt. Der genannte Prior Dom João Galvão war ein Bruder des großen manuelinischen ›Ideologen‹ Duarte Galvão, der in den Jahren 1502 bis 1505 die oben zitierte Chronik verfasste. Der Chronist griff in seinem Werk sämtliche traditionellen Attribute wieder auf, die Afonso Henriques als Heiligem, der gegen die Mauren zu Felde gezogen war, zugeschrieben wurden: die Abstammung aus einem geheiligten Geschlecht, die wundersame Heilung von einem Geburtsmakel, die ihm die Teilnahme an Kriegen ermöglichte, und das Wunder von Ourique (am Jakobustag des Jahres 1139) mit der daraus abgeleiteten symbolischen Darstellung der fünf Wundmale Christi auf der portugiesischen Flagge, wo sie bis heute im zentralen Wappen zu sehen sind. Dom Afonso Henriques besiegte an jenem Tag ein muslimisches Heer, nachdem er – so die spätere Interpretation – eine Vision Christi gehabt hatte; in der Folge dieses Ereignisses begann er sich *Rex Portugallensium* zu nennen.

Wie Albano Figueiredo ausführt, stellte der Chronist dabei auch modernere Querverbindungen zur manuelinischen Regentschaft her, mit denen die ursprüngliche Legende aus der ›Gründungszeit‹ aktuellen Interessen angepasst wurde.[56] So versuchte er auf zuweilen erstaunliche Weise bestimmte Vorkommnisse, die bis dato mit dem König in Verbindung gebracht wurden, aber mit dem Bild des großen Gründers oder Heiligen nicht zu vereinbaren waren, in klarem Bruch mit der Tradition zu ›beschönigen‹.[57] Er zögerte nicht, am Ende seiner Chronik auf einige frühere Werke anzuspielen, in denen der König in seiner Jugend als grausamer Rebell dargestellt worden war, nur um diesen Eindruck abzuschwächen und einem Leben voll königlicher Tugend- und Heldenhaftigkeit gegenüberzustellen. Er ging dabei sogar so weit, nach diesen Überlegungen anzudeuten, dass eine Heiligsprechung des Gründervaters der portugiesischen Unabhängigkeit nach Meinung des Priors von Santa Cruz in Coimbra wahrscheinlich sei – also nach Meinung des Vorstehers einer hoch angesehenen Institution, die das Pantheon mit den Grabstätten der ersten Könige beherbergte und die Erinnerung an den Stammvater in Zeremonien und Erzählungen von Anfang an wachgehalten hatte. Anschließend erwähnt Galvão, dass es sich bei eben jenem Prior um den Bruder des Chronisten handle. Ihren Höhepunkt findet die Verbindung zum Kloster schließlich anlässlich eines eindrucksvollen Festtags im Jahr 1520, in dessen Verlauf der Sarkophag von Afonso Henriques durch Dom Manuel geöffnet wurde. All dem schloss sich später das Verfahren zur Heiligsprechung an, das sich über Jahrhunderte hinziehen sollte.[58] Bezugspunkt und tragendes Element all dieser Handlungen war, wie es in der Chronik heißt, das Bild des Dom Afonso Henriques als Heiligem, der für den christlichen Glauben zu Felde zog.

Im Gegensatz zum spätmittelalterlichen Bild des Dom Afonso Henriques ist die Figur des Gonçalo Vaz nur wenig bekannt. Im 17. Jahrhundert erwähnte ihn Jorge Cardoso und lieferte einige wichtige Angaben über ihn,[59] doch in der umfangreichen portugiesischen hagiografischen Literatur ist er sonst nirgends zu finden.[60] Es ist bemerkenswert, wie die marginale Stellung, die Gonçalo Vaz während seines Lebens inne hatte, auch nach seinem Tod bestehen blieb. Möglicherweise ist diese Haltung symptomatisch für die Ambivalenz bei der ›Integration des Anderen‹ in die portugiesische Zivilisation in der Zeit nach den Entdeckungen – oder auch der gesamten ›zivilisierten Welt‹ der damaligen Zeit, da ja auch die sogenannten *Elches*, also Christen, die sich dem Islam zugewandt hatten, von gebürtigen Muslimen nicht gerne gesehen und Grenzgänger zwischen den Kulturen häufig von beiden Parteien mit Feindseligkeit betrachtet wurden (selbst eine so hochstehende Persönlichkeit wie Bentafufa, ein gebürtiger Marokkaner und Truppenkommandant in der portugiesischen Festung von Safi im frühen 16. Jahrhundert, beklagte sich, dass er »für die Christen Maure und für die Mauren Christ« sei).[61]

Vermutlich ist es kein Zufall, dass Gonçalo Vaz in der Zeit nach der Entstehung von Jorge Cardosos Werk (dem im Zusammenhang mit der Wiedererlangung der Unabhängigkeit nach 1640 daran gelegen sein musste, die Zahl der portugiesischen Heiligen bis zum Äußersten zu steigern) sein einziges Comeback als ›Heiliger‹ in den fünfziger Jahren des 20. Jahrhunderts feiern durfte, als sich das Salazar-Regime gerade zur ›Rückkehr nach Afrika‹ anschickte. Vermischt wurde dieser erneute Aufbruch mit einer ›Ablehnung des modernen Europa‹ der Nachkriegszeit. Zuständig dafür war unter anderem António Brásio, Geschichtsschreiber und eifriger Missionar, der von einem ›neuen portugiesischen Afrika‹[62] träumte. Dieses sollte seiner Vorstellung nach auf den »unbefleckten und großherzigen Ursprüngen« der Kolonisierung gründen, mit anderen Worten, auf Wertvorstellungen, die für die Taten der Infanten der Avis-Dynastie, allen voran Heinrichs des Seefahrers, maßgeblich gewesen sein sollten. Nach Ansicht Brásios waren diese Unternehmungen vollständig von der ›religiösen‹ Idee einer Bekehrung der gesamten Menschheit zum Christentum getragen. Gonçalo Vaz war in dieser Hinsicht einfach zu attraktiv, um im neu zurechtmanipulierten Geschichtsbild der Salazarzeit keine Rolle zu spielen.

Angesichts dieser Tatsachen erscheint es wichtig, Gonçalo Vaz wieder aus der Versenkung zu holen. Vaz war ein zum Christentum konvertierter Maure, der zunächst im marokkanischen Hinterland als Spion für die Portugiesen tätig war und sich dann im portugiesisch besetzten Arzila niederließ. Dort war er bereits früher gewesen, um die Beute seiner Raubzüge abzuliefern. Im Ort hatte er die Position eines Hauptmanns (*Almocadém*) inne. Er organisierte Raubzüge, legte die Routen dafür fest und übernahm deren praktische Leitung unter der fast unmittelbaren Obhut des portugiesischen Gouverneurs.[63] Als Hauptquelle für sein Leben gelten Bernardo Rodrigues' *Anais de Arzila* (Annalen von Arzila), in denen Vaz als mutiger, aufgrund seiner Heldentaten geschätzter Krieger dargestellt wird.[64] Während der Rückkehr von einem Aufenthalt in Tanger wurde er dann auf offener See gefangen genommen und ins muslimische Tetuan gebracht, wo er, da er seinem Glauben nicht abschwören wollte, schreckliche Qualen zu erleiden hatte und 1516, wahrscheinlich gegen Sommerende, an den Folgen der Folter starb.[65]

Über die Ereignisse im darauffolgenden Jahr liegen uns zwar keine direkten Quellen vor, doch ein vom 3. Juni 1517 datiertes Breve Leos X. belegt, dass der König in dieser Angelegenheit rasch und entschlossen handelte.[66] Im päpstlichen Erlass heißt es, dass sich Dom Manuel, nachdem er die Schilderung der Folterqualen erhalten hatte, mit der Bitte an die Kurie wandte, Gonçalo Vaz als Märtyrer anzuerkennen und damit zu gestatten, dass er als solcher mit einer eigens für ihn geschaffenen Messe im Königreich Portugal und Algarve verehrt werde, wie auch in anderen Königreichen und an den Orten, die unter portugiesischer Herrschaft standen, so in Afrika.[67] Dasselbe Dokument liefert auch eine detaillierte Beschreibung des Martyriums und erwähnt die Nachweise, die der Antragsteller vorschriftsgemäß einreichen musste.

Dem Bild von Gonçalo Vaz, das den Befürwortern seiner Heiligsprechung vorschwebte, kommen wir damit bereits sehr nahe. Die Darstellung folgte dem gebräuchlichen hagiografischen Kanon, überging also die weniger erbaulichen Passagen im Lebenslauf des Kandidaten und stellte seine Konversion in einen rein spirituellen Kontext. Gonçalo Vaz sei in einer angesehenen Familie aufgewachsen (*non obscuris parentibus genitum*).[68] Schon sehr früh, im Alter von sechs Jahren, war er unter dem Einfluss des Heiligen Geistes zum katholischen Glauben übergetreten, führte fortan das Leben eines demütigen und keuschen Christen und kämpfte im Heer derer, die auf Befehl König Manuels *sub crucis vexillo* die Sarazenen bekriegten.[69] Die Schilderung der Marterqualen, die er erduldete, ohne seinen Glauben zu leugnen, gleicht anderen Berichten dieser Art; er soll gesteinigt worden sein und im Augenblick des Todes Christus und die Muttergottes gepriesen haben. Das päpstliche Schriftstück stellt ihn ausdrücklich den Märtyrern gleich, das heißt denjenigen, die ein besonders unmittelbares Zeugnis dessen gaben, was Christus am Kreuz erlitten hatte.[70]

Diese Angaben, die in einer Sprache gehalten waren, die der damals zeitgemäßen Vorstellung von ›Heiligkeit‹ entsprach, waren, folgt man Bernardo Rodrigues, von den Kommandanten der Festungen Ceuta, Alcácer, Tanger und Arzila geliefert worden; sie beruhten auf Zeugenaussagen christlicher Gefangener und Kaufleute, die sich am Ort des Geschehens aufgehalten hatten.[71] Auch Jorge Cardoso erwähnt, dass diese Informationen mit Aussagen der Kommandanten ergänzt wurden.[72] Bei beiden Autoren heißt es, dass diese Ereignisse in offizieller Form als *enformação* aufgezeichnet wurden. Allerdings findet man auch erhebliche Unterschiede, wenn man die Aufzeichnungen, die zeitlich besonders nah am Geschehen liegen (darunter das päpstliche Breve), miteinander vergleicht. Daraus lässt sich schließen, dass die an den Papst gerichteten Schilderungen die unter dem Gesichtspunkt der Heiligkeit wichtigen Elemente deutlich in den Vordergrund stellten und dabei andere Aspekte vertuschten.

Lediglich bei Jorge Cardoso finden wir Anmerkungen darüber, wo die offiziellen Aufzeichnungen der Aussagen der Hauptleute verblieben sind. Nachdem Dom Manuel die Mitteilungen erhalten hatte, »ließ er sie, tief bewegt, in seiner Königlichen Kapelle verkünden« und wandte sich unverzüglich an Rom, um das Verfahren einzuleiten.[73] Das päpstliche Breve belegt zumindest, dass Interesse bestand und keine Zeit verloren wurde. Der

Abbildung 9
Auferstandener Christus, Portugal, Coimbra, 15. Jahrhundert, Kat.-Nr. II.7

Papst antwortete auf die Bitte des Königs in der üblichen Weise, das heißt, er erteilte die Genehmigung zur Einleitung einer formalen Überprüfung des Gesuchs. So war das Breve an die Bischöfe von Ceuta und Funchal gerichtet, die das Verfahren leiten sollten. Die Zeugenaussagen sollten geprüft und, falls sie sich als glaubwürdig erwiesen, notariell beglaubigt werden. Die entsprechenden Unterlagen mussten in einem verschlossenen und mit den Bischofssiegeln versehenen Umschlag an den Heiligen Stuhl zurückgesandt werden.[74]

Allem Anschein nach war es die königliche Kanzlei (zweifelsohne aber eine offizielle Stelle am Königshof), die nach Eingang des päpstlichen Schreibens die Unterlagen mit den Anweisungen für die praktische Umsetzung verfasste.[75] Das Dokument ist nicht datiert, bezieht sich aber ausdrücklich auf die Beantwortung des apostolischen Breves durch die Bischöfe in Ceuta und Funchal. Es wurde also kurze Zeit danach niedergeschrieben. Die Krone übernimmt darin uneingeschränkt die Verantwortung, die vorgeschriebenen Formalitäten abzuwickeln. Dementsprechend werden die Aufgaben der Untersuchungsbeamten minutiös beschrieben, und der König erklärt mehrmals, dass er seinen Verpflichtungen nachkommen werde. Bereits in der Ausdrucksweise zeichnet sich die königliche Entschlossenheit ab; davon abgesehen findet sich eine Textstelle (leider die einzige, aber bei den ›Anweisungen‹ handelt es sich nur um einen relativ kurzen Text zur praktischen Vorgehensweise), die aufgrund der Wortfolge vermuten lässt, dass diese Anweisungen und die nach Rom übermittelte Schilderung des Martyriums – die meines Erachtens im päpstlichen Breve paraphrasiert sind – vom selben Autor verfasst wurden.[76]

Das Verfahren begann zunächst vielversprechend, in der Folgezeit verblasste es jedoch. Es gibt keine Belege für den weiteren Prozessverlauf, und lediglich Jorge Cardoso liefert eine mögliche Erklärung für das Scheitern des Vorhabens: der Tod von Dom Manuel im Jahr 1521.[77] Selbst die Gefangenschaft und der Foltertod eines Bruders von Gonçalo, João Vaz, der ebenfalls konvertiert war und 1524 starb (wie von Góis und Bernardo Rodrigues berichtet)[78] scheinen beim Nachfolger Manuels, Dom João III., wenig Interesse am Thema geweckt zu haben. Der verminderte Einsatz zur Heiligsprechung des Gonçalo Vaz steht somit in unmittelbarem Verhältnis zu der unter dem neuen König unternommenen Reduzierung der portugiesischen Präsenz in Nordafrika.

Erforscht man die verschlungenen Pfade der Kanonisierung, so stellt sich die Frage, was genau mit dem Verfahren erreicht werden sollte. Da weitere Nachweise leider nicht vorliegen – und es gibt meines Wissens keinen Zweifel daran, dass das Interesse der Krone an Vaz nach dem Thronwechsel erlosch –, ist es unmöglich, eindeutige Schlussfolgerungen darüber zu ziehen, wie ein ›Heiliger Gonçalo Vaz‹ verehrt worden wäre. Welcher Erfolg wäre einem ›maurischen Märtyrer‹ beschieden gewesen in einem Königreich, das in erster Linie die ›Märtyrer der Mauren‹ verehrte? Der Quellentext der Annalen von Arzila, in denen die Empfindungen der portugiesischen Bevölkerung in Nordafrika möglicherweise am deutlichsten zum Ausdruck kommen, erklärt ihn, unter Betonung seiner Konversion und seiner Beständigkeit im Glauben, eindeutig zum Mitgläubigen. Wenn der *informação* zu glauben ist und es stimmt, dass sie sehr rasch angefertigt wurde, löste das Ereignis am Ort des Geschehens tiefe Ergriffenheit aus. Auch die Krone nahm daran Anteil.

Aber die Bedeutung des Heiligen, der einem Papsttum vorgestellt wurde, das die kreuzzüglerischen Unternehmungen König Manuels nicht immer unterstützte,[79] ging meines Erachtens weit über das hinaus, was man als ein Ergebnis tragischer Umstände, die die Massen bewegten, betrachten könnte. Gonçalo Vaz wäre ein sehr besonderer Heiliger auf besonderem Terrain gewesen: ein zutiefst gläubiger Konvertit, dessen Bekehrung den Taten der portugiesischen Glaubenskrieger zu verdanken war und der sein Leben in einem ehemals christlichen Land opferte. Er wäre der erste Heilige in einem ›neuen christlichen Afrika‹ gewesen, das, wie noch erläutert wird, in der Folgezeit immer wieder mit den Diözesen der Antike in Verbindung gebracht und teilweise identifiziert wurde. In dieser komplexen Aneignung und Manipulation der Vergangenheit liegt ein Großteil der Begeisterung Dom Manuels für den Kanonisierungsprozess begründet.

Nicht weniger wichtig war der Krieg in Afrika und die damit verbundenen Spannungen innerhalb der portugiesischen Gesellschaft. Es bestanden erhebliche Zweifel über die Fortsetzung der Eroberungspolitik in Marokko und die Rolle der kirchlichen Institutionen darin.[80] Das Engagement des Königs für eine relativ unwahrscheinliche Heiligsprechung des Gonçalo Vaz hing wohl mit dem Pessimismus zusammen, der sich sowohl in den marokkanischen Besitzungen als auch in Portugal selbst nach der verheerenden Niederlage von Mamora im August 1515 ausgebreitet hatte. Hinzu kam, dass weniger als ein Jahr später, im Mai 1516, der hoch angesehene Hauptmann von Safim, Nuno Fernandes de Ataíde, starb. Die ›Düsternis‹, die diese Ereignisse ausgelöst hatten, sollte mit Hilfe des klassischen Rüstzeugs aus der christlichen Vorstellungswelt, mit der sowohl der Hof als auch das Volk in Portugal und in den Überseefestungen tief vertraut war, aufgehellt werden. Die Märtyrer, die ja ihr Leben für den Glauben geopfert hatten, waren dementsprechend Lichtgestalten, mit weißen Gewändern und direktem Zugang zu Ruhm und Glorie. Und dies galt umso mehr für Kriegsmärtyrer – leidenschaftliche, unbeugsame, mutige Kämpfergestalten – wie Gonçalo Vaz.

An einem ganz anderen Ort, auf der Theaterbühne, wurde eine ähnliche Botschaft verbreitet: Gil Vicentes Stück *Auto da Barca do Inferno* (Das Höllenschiff) wurde kurz nach der Schlacht von Mamora aufgeführt. Die einzigen Personen, die der Teufel hierin nicht für sich gewinnen kann, sind, neben der Gestalt des Einfältigen (*o inocente*), die vier Ritter »aus fernen Landen«; dazu heißt es in den »Anmerkungen zur Inszenierung«, sie seien im Augenblick des Todes »unter Qualen erlöst von Schuld durch Privilegium, denn die so sterben, erkennen die Mysterien der Passion des Herrn, für den sie leiden«. Mit anderen Worten: Sie werden hier klar als Märtyrer dargestellt und definiert.

Darüber hinaus lassen sich die Eile und die Hartnäckigkeit, mit denen der König seinen Plan vorantrieb, und natürlich die Wesenszüge des für die Heiligsprechung ausgewählten Kandidaten auch als Reaktion auf einen anderen Aspekt deuten, der auf Portugal beschränkt war, der der Fortsetzung des ›Heiligen Krieges‹ aber nicht weniger im Weg stand: In Portugal widersetzte sich die Kirche dem immer stärker werdenden Steuerdruck, den die Krone auf sie ausübte, um das ›marokkanische Abenteuer‹ zu finanzieren.[81]

Eine letzte Frage soll an dieser Stelle noch beantwortet werden: Lassen sich im Zusammenhang mit der Förderung dieses Kultes Spuren einer identitätsstiftenden Sakralisierungsstrategie erkennen? Es sei hier noch einmal darauf hingewiesen, dass der ›Märtyrer‹ nicht als Portugiese geboren wurde, sondern ein Moriske, also ein konvertierter Maure, war. Waren die in Afrika angesiedelten Portugiesen bereit, sich mit ihm zu identifizieren? Wenn wir dem Bernardo Rodrigues Glauben schenken, dann könnten die in den afrikanischen Städten lebenden portugiesischen Christen tatsächlich in Gonçalo Vaz ein Leitbild der Tapferkeit – oder sogar der ritterlichen Verwegenheit – gefunden haben, das ermutigend und identitätsstärkend wirkte. Das Problem seiner Abstammung scheint in diesem Zusammenhang nicht von Bedeutung gewesen zu sein. Was dagegen die Morisken selbst angeht, so gilt es zu bedenken, dass die Vertreibung der Mauren aus Portugal erst wenige Jahre zurücklag und dass der Alltag von Spannungen geprägt war, die durch die Gefangennahmen und erzwungenen Konversionen auf beiden Seiten der Grenze verstärkt wurden. Bezogen auf die portugiesische Bevölkerung wäre die Förderung dieses ›Heiligen‹ folglich als Modellfall für die gesellschaftliche, politische und religiöse Integration unter schwierigen Rahmenbedingungen einzuordnen. Doch welche Faszination konnte das Martyrium auf die Gemeinschaft der Morisken ausüben, die von den anderen Christen nur schwer akzeptiert wurden und deren neuer Glaube allem Anschein nach noch auf wackligen Beinen stand? Und welche Bedeutung hatte in diesem Zusammenhang die Erinnerung daran, dass einst auch die *Elches* vom Christentum zum Islam konvertiert waren, um sich ihr Leben und ihren Wohlstand zu sichern?[82] In dieser Hinsicht steht die Person des Gonçalo Vaz für zahlreiche offene Fragen, die es in Zukunft zu beantworten gilt.

Resumo

Este artigo estuda os ›usos da santidade‹ no contexto da guerra norte-africana (1415–1521), entendo-os como uma das várias formas de apropriação simbólica do espaço que acompanharam a conquista e presença militar portuguesa na zona.

Desde o início, o estabelecimento dos Portugueses na região foi feito sob o signo da continuidade da Reconquista e da Cruzada, e visava tanto a vingança pela ›invasão‹ e ocupação das Espanhas, como a recuperação da antiga África Cristã. Procuravam-se e salientavam-se com afã as marcas daquelas, desde Santo Agostinho aos sinos roubados das igrejas e profanados nas mesquitas, passando pelas populações hostis porque tinham sido dizimadas na célebre batalha do Salado (1340). A sacralização do espaço passou ainda pela imposição dos sinais da religião triunfante – novos templos, novos pastores, novos cerimoniais e – novos protectores celestes.

É assim que os ›usos de santidade‹ no contexto da guerra norte-africana constituem um objecto de estudo de grande interesse. Pelo que revelam de ›projecto‹, pela forma como este se vai adequando às realidades – ajudando a transformar derrotas em vitória, seguindo a linha sacrificial do Cristianismo (Infante Santo e Gonçalo Vaz) –, pela força que tinham numa sociedade que, apesar de todas as facturas, era ainda de ›Cristandade‹, sobretudo nas franjas ameaçadas pelo adversário religioso.

O estudo realizado privilegiou uma sucessão cronológica que permitisse apreender a acção e reflexão dos agentes, desenrolando-se pelos seguintes capítulos: »De Ceuta ao cerco de Tânger: santos de cruzada e ›santos de Avis‹«; »Um mártir involuntário, um santo para a Dinastia: o Infante D. Fernando«; »A dinâmica da guerra e o despertar de cultos antigos: a revitalização do culto dos ›Mártires de Marrocos‹«; »Os santos de D. Manuel: originais santidades ao serviço de um sonho«.

ANMERKUNGEN

1 Für die beiden folgenden Absätze vgl. Lopes 1931; Witte 1958 u. Witte 1986; Marques 1998, S. 237ff.; Rodrigues 2001.
2 Zu den nachfolgenden Angaben vgl. Rosa 2006.
3 Thomaz 2000; Thomaz/Alves 1991.
4 Flori 2001; Barthelémy 2004; O'Callaghan 2004.
5 Zurara 1915 [1449], Kap. XLIX.
6 Ebd., Kap. XLIII; die Analyse in Saraiva 1990, S. 235–247, gibt nach wie vor den neuesten Stand wider.
7 Zurara 1915 [1449], Kap. XLV.
8 Witte 1958, S. 688.
9 Zurara 1915 [1449], Kap. LII.
10 Ebd.
11 Riché 1984, S. 397f.; Martins 1979, S. 81–85.
12 Zurara 1915 [1449], Kap. XCV.
13 Rosa 2006, S. 55ff.
14 Zurara 1915 [1449], Kap. XCVI.
15 Rosa 2006, S. 63; Remensnyder 2000, S. 194f.
16 Saraiva 1990, S. 243.
17 Sousa 1984, S. 451.
18 Brásio 1973a und Brásio 1973b; Witte 1958, S. 442f.
19 Witte 1958, S. 442f.
20 Rosa 2006, S. 77f.
21 Rosa 2005b, S. 39; Fontes 2000, S. 85ff.
22 Zur Heilgsprechung von D. João I, vgl. Sousa 1984; zu Nuno Álvares Pereira siehe Rosa 2001/02, S. 435ff.; Moiteiro 2005.
23 Ich folge hier der aktuellsten Diskussion des Problems bei Fontes 2000, S. 89ff.
24 Nach der Zeugenaussage eines Botschafters Kaiser Friedrichs III., der sich in offizieller Mission in Portugal aufhielt, um die Infantin D. Leonor, die versprochene Braut des Monarchen, abzuholen. Zit. in: Fontes 2000, S. 119, Anm. 109.
25 Fontes 2000; Braga 1994; Gomes 1997.
26 Rebelo 2001, S. 829–880.
27 Rosa 2005a, S. 86f.
28 Fontes 2000, S. 194ff.
29 Santos 1927; Rebelo 2001, S. 847ff., der die Grundlage für die folgenden Aussagen bildet.
30 Saraiva 1925, S. 116–123; Gomes 1997; Fontes 2000, S. 192f., Anm. 145; Rebelo 2001, S. 881–913, bes. 887–890.
31 Fontes 2000, S. 120.
32 Krus 1984; Costa 1993, S. 153–157.
33 Zu den Anfängen vgl. Rosa 2001/02, S. 408–411; Rosa 2000, S. 452ff.
34 Krus 1984, S. 39, Anm. 47.
35 Rosa 2006, S. 60.
36 Franco 2000, S. 228; zur Herzogin und dem Konvent siehe Rosa 1998a.
37 Madahil 1928, S. [128–130].
38 Falcão/Pereira 1997, S. 133f.
39 Franco 2000, S. 228; Borges 1997, S. 305f.
40 Amaral 1973, S. 33–37; Borges 1997, S. 292ff.
41 Falcão/Pereira 1997, S. 133.
42 Rosa 2001, S. 336; Sobral 2000.
43 Vauchez 1995.
44 Rosa 2006, S. 38f., 81.
45 Araújo 2005, S. 79.
46 Rosa 2001/02, S. 421–429.
47 Vasconcelos 1894.
48 Rodrigues 1995, S. 273ff.; Caetano 1997, S. 208f.
49 Pereira 1995c, S. 115–131.
50 Portugal 1980.
51 Rosa 2001/02, S. 435f.
52 Ebd., S. 436ff.
53 Rosa 1998b.
54 Thomaz 1990.
55 Bibliografie in Mattoso 2006.
56 Figueiredo 2001, S. 196f.
57 Mattoso 1993b, S. 226.
58 Vgl. dazu Rosa 1997, S. 120f.
59 Cardoso 2002 [1652–1744], Bd. III, S. 510ff. u. 519.
60 Rosa 2001, S. 335ff.
61 Cruz 2002.
62 Brásio 1956.
63 Aubin 2006c, S. 194f.
64 Rodrigues 1915 [vor 1561], Bd. I, S. 52–62, 84f., 220–226.
65 Ebd., S. 221; Cardoso 2002 [1652–1744], Bd. III, S. 510ff. u. 519, nennt das Datum 3. Juni, allerdings ohne Quellenangabe.
66 Breve [1517], zit. nach Moniz 1898.
67 Ebd., S. 163.
68 Ebd., S. 162.
69 Ebd., S. 162.
70 Ebd., S. 163.
71 Rodrigues 1915 [vor 1561], Bd. I, S. 225.
72 Cardoso 2002 [1652–1744], Bd. III, S. 519.
73 Ebd.
74 Breve [1517], zit. nach Moniz 1898, S. 163f.
75 Bulle [undatiert, um 1520], Gavetas da Torre do Tombo, gav. 1, mç. 3, doc. 3.
76 »asy do Martirio que padeceo [...]« (in etwa: »vom Martyrium, das er erduldete«). Bulle [undatiert, um 1520], Gavetas da Torre do Tombo, gav. 1, mç. 3, doc. 3.
77 Cardoso 2002 [1652–1744], Bd. III, S. 519.
78 Góis 1949–1954 [1566–1567], Bd. IV, S. 21; Rodrigues 1915 [vor 1561], Bd. I, S. 465f.
79 Thomaz 1990, S. 90ff.
80 Aubin 2006b, S. 171–187.
81 Aubin 2006b, S. 183ff.
82 Braga 1999, S. 59ff., 90ff.; Rosenberger 1988, S. 632ff., 649–668.

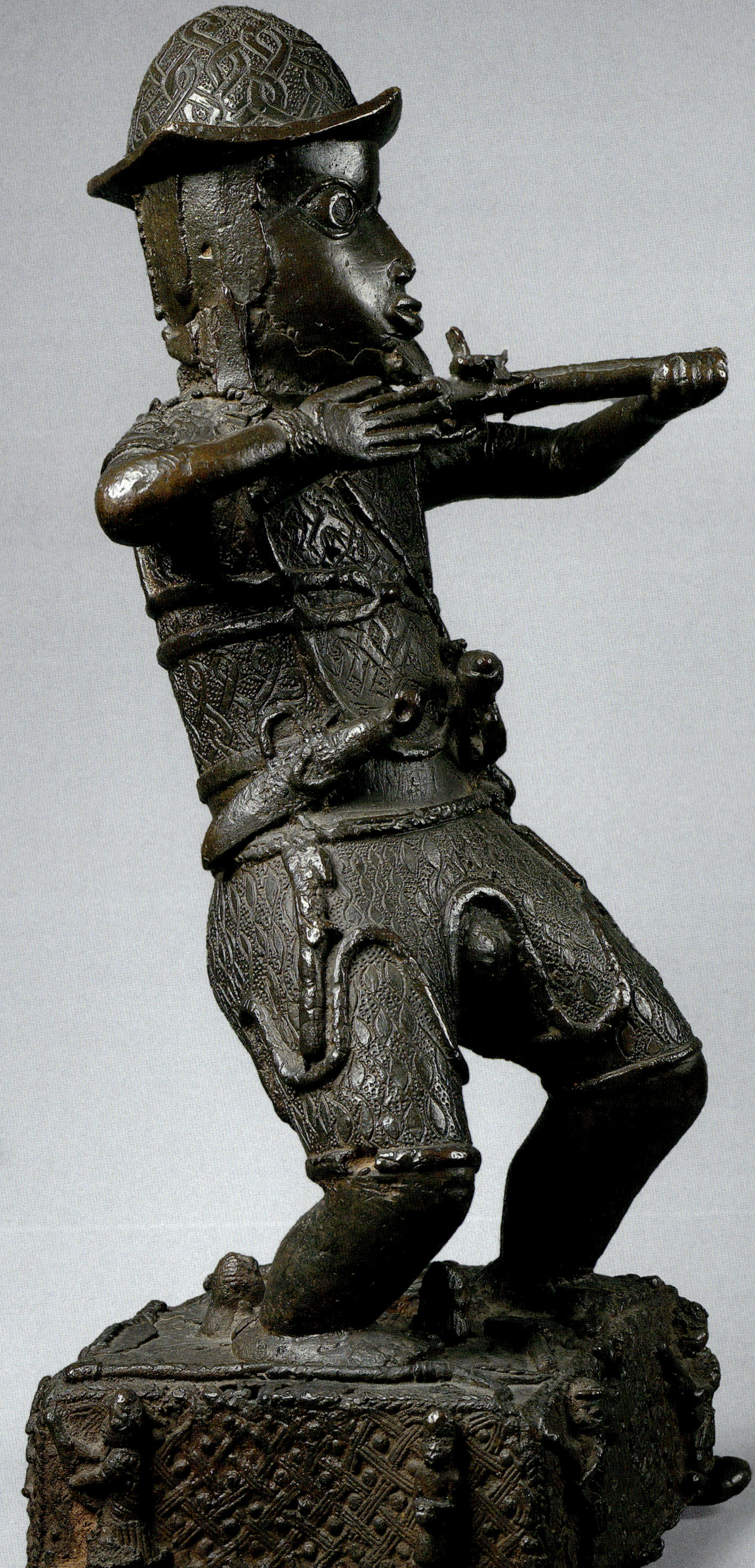

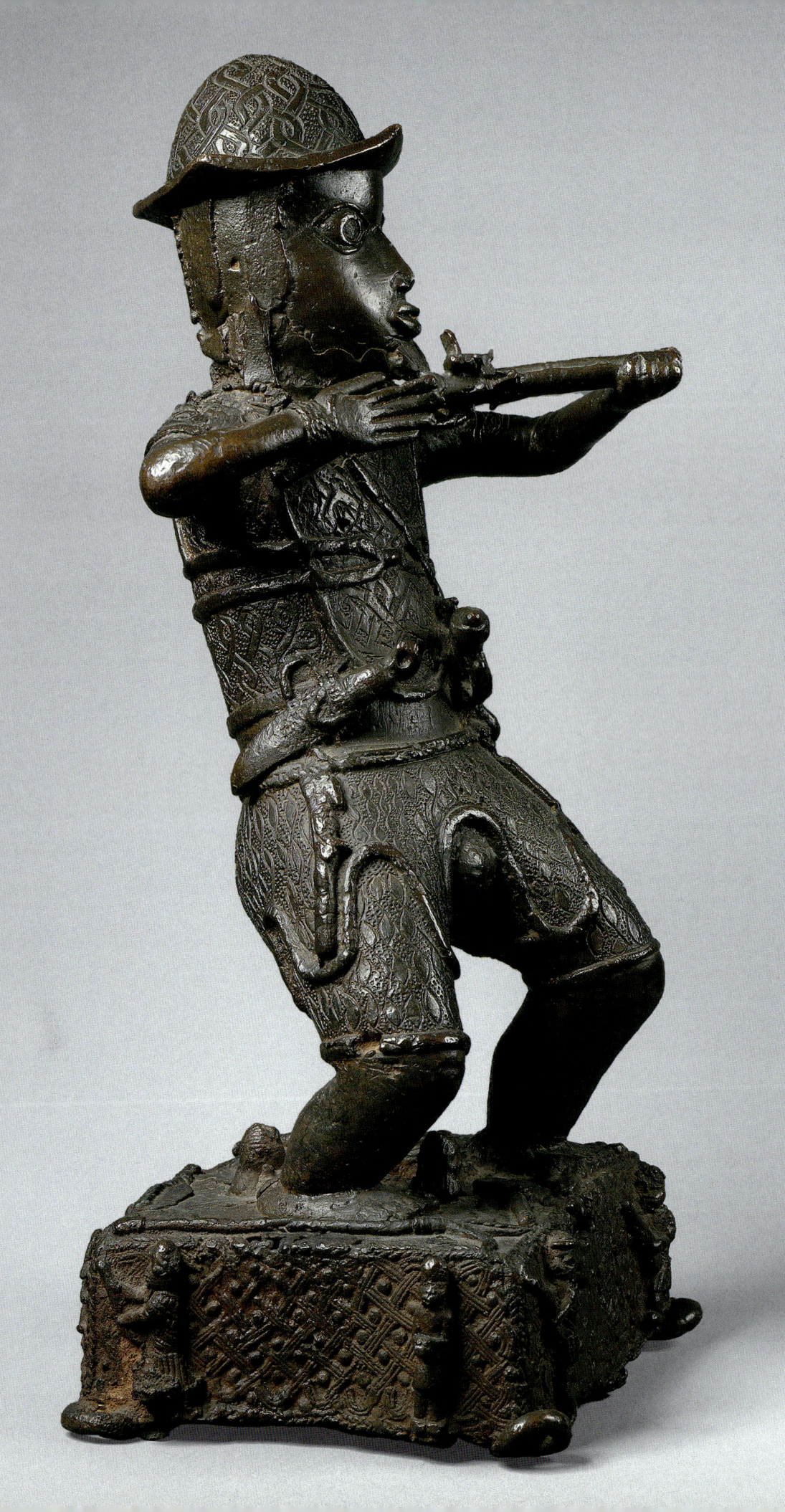

Stefan Eisenhofer

Das westafrikanische Reich Benin und die Portugiesen

Über Jahrhunderte hinweg war das Reich Benin eines der militärisch, politisch und künstlerisch einflussreichsten Staatsgebilde an der östlichen Guineaküste Westafrikas. Sein Kerngebiet im heutigen Süd-Nigeria wurde vornehmlich von den Bini und anderen edosprachigen Bevölkerungsgruppen bewohnt. Daneben umfassten die Grenzen des Reiches aber auch viele anderssprachige Gruppen, vor allem Igbo, Yoruba, Itsekiri und Ijaw. Die Hauptstadt Benin City fungierte als religiöses, administratives und künstlerisches Zentrum. Hier residierte der Oba, der Gottkönig von Benin. Er stand an der Spitze einer hochkomplizierten Struktur von erblichen und nichterblichen Würdenträgern und Organisationen. In der Staatsideologie verfügte er über absolute Macht, in der historischen Wirklichkeit war der Oba jedoch über weite Phasen von mächtigen Hintermännern beherrscht und sah sich auf die Erfüllung ritueller Pflichten beschränkt.

Die selbstbestimmte Entwicklung des Reiches Benin endete, als die Hauptstadt im Jahr 1897 von britischen Truppen erobert und weitgehend zerstört wurde. Aber schon vorher deuten die historischen Quellen auf einen wesentlich reduzierten Herrschaftsbereich Benins und eine geschwächte Zentralmacht hin. Erst 1914 wurde das Königtum Benins mit beschnittenen Rechten von der britischen Kolonialmacht wieder eingesetzt.[1]

Als die Portugiesen 400 Jahre früher als erste Europäer die östliche Guineaküste erreichten, war Benin ein expandierendes und militärisch schlagkräftiges Reich. Beide Seiten erkannten sehr schnell die Bedeutung des Gegenübers und erhofften sich durch den Auf- und Ausbau diplomatischer und ökonomischer Beziehungen erhebliche Vorteile gegenüber ihren Konkurrenten in Afrika bzw. Europa.

»The King of Portugal also sent some Portuguese traders who established trading factories at Ughoton, the old port of Benin.«[2] Mit diesen Worten schildert der Lokalhistoriker Jacob Egharevba aus Benin die ersten wirtschaftlichen Kontakte zwischen dem westafrikanischen Königreich und der europäischen Macht in den letzten beiden Jahrzehnten des 15. Jahrhunderts. Für beide Seiten waren Geschäftsbeziehungen mit Händlern aus fernen Regionen nichts Ungewöhnliches. Außerordentlich für die Menschen in Benin war lediglich die Richtung dieser neuen Kontakte. Denn vorher war man beim Fernhandel weniger auf das offene Meer hin ausgerichtet gewesen als vielmehr in Richtung jener regionalen und überregionalen innerafrikanischen Märkte, die bereits vor dem Kontakt mit den Europäern bestanden. Auf diese etablierten Handelsnetze konnte nun zurückgegriffen werden, und jede Seite lieferte in gleichrangigem Austausch das, was die andere begehrte.[3]

Bis heute ist in der Forschung vor allem auch aufgrund der mangelhaften Quellenlage umstritten, ob der Handel mit den Europäern für die damalige Wirtschaft von Benin nur eine Randnotiz gewesen ist. Jedenfalls fungierten die Portugiesen an der afrikanischen Küste vornehmlich als Zwischenhändler. Aus Benin brachten sie in erster Linie Sklaven, Cori-Steinperlen und Gewebe an die Küste des heutigen Ghana und tauschten diese Güter dort mit hohem Gewinn gegen Gold ein. Daneben spielte der Handel mit ›Benin-Pfeffer‹ nach Europa eine wichtige Rolle. Im Gegenzug nach Benin eingeführt wurden von den Portugiesen vorwiegend Luxusgüter aus Europa und Asien. Diese spiegeln die Vorlieben der dortigen Eliten wider – vor allem jene des Königshauses sowie jener Würdenträger, die den Handel mit den Europäern abwickelten und kontrollierten. Im Namen des portugiesischen Königs Manuel erhielt beispielsweise der Oba von Benin im Jahr 1505 als Geschenk neben einem prächtig aufgeputzten Pferd auch einen Halsschmuck aus indischen Perlen sowie diverse Textilien und Kleidungsstücke: ein bedrucktes Stück Chintz-Stoff aus dem indischen Khambhat (Cambay), einen *marlota*-Kurzmantel aus orangefarbigem Taft und weißem Satin, sechs Leinenhemden und ein Hemd aus blauer indischer Seide. Zwar erhielten auch andere Offizielle auf der Seite Benins immer wieder Geschenke von den Europäern, aber Güter aus Indien waren offenbar auf der Seite Benins ausschließlich den höchsten Würdenträgern vorbehalten.[4]

Tatsächlich blieben die portugiesischen Importe nicht ohne Einfluss auf den lokalen Geschmack in Benin. Zu Hofe entstand eine ähnliche Vorliebe für bestimmte asiatische und orientalische Vorbilder, wie man sie auch an europäischen Fürstenhöfen fand. Gerade die als am wertvollsten geltenden und am meisten geschätzten Gaben und Handelsgüter aus Indien wirkten für die herrschenden Kreise in Benin geschmacksbildend. Besonders

Abbildung 1
Portugiese mit Gewehr, Königreich Benin, Gelbguss, 18. Jahrhundert, Kat.-Nr. XI.6

begehrt waren farbige Stoffe, die vorwiegend in Indien für den afrikanischen Markt produziert und teilweise sogar in die Zeremonialkleidung Benins integriert wurden. Und durch die Einfuhr von Korallenperlen aus dem Mittelmeerraum für den Zeremonialschmuck konnte das Repräsentationsbedürfnis der Herrschenden nun in noch größerem Umfang gestillt werden[5] (Abb. 2). Nicht ausgeschlossen werden kann zudem, dass auch die berühmte höfische Elfenbeinschnitzerei von Benin durch die Portugiesen inspiriert wurde, indem durch sie Elfenbeinarbeiten aus der asiatischen Welt in Westafrika bekannt und so die Schnitzer in Benin zu neuen Darstellungsformen angeregt wurden.

Europäische Schriftquellen berichten davon, dass in den ersten Jahrzehnten des 16. Jahrhunderts ein König Benins der portugiesischen Sprache mächtig gewesen sei. So liest man etwa in Hakluyts *Kompilation von Reiseberichten*: »And now to speake somewhat of the communication that was between the king and our men, you shall first understand that he himselfe could speake the Portugall tongue, which he had learned of a child.«[6] Tatsächlich wurde in einigen Regionen der westafrikanischen Küste durch den direkten europäisch-afrikanischen Kontakt europäische Erziehung ein begehrtes Ziel, um sich Vorteile im Kontakt und im Handel mit den Europäern zu verschaffen. In Elmina (São Jorge da Mina) im heutigen Ghana wurde 1529 sogar eine Schule gegründet, um Kindern Lesen, Schreiben und die ›Heilige Schrift‹ näher zu bringen. In Benin hingegen scheinen schon Jahrzehnte früher junge Männer der herrschenden Eliten die portugiesische Sprache erlernt zu haben. Und die Mitglieder der Iwebo-Palast-Organisation, die seinerzeit den königlichen Handel mit den Portugiesen abwickelte, sprechen bis heute eine Art Geheimsprache, die von manchen auf Portugiesisch zurückgeführt wird.[7]

Erhebliche Auswirkungen auf die Gesellschaft von Benin hatte die Einfuhr von *Manillas* (Armringe) aus Kupfer, Bronze und Messing. Diese ›Geldringe‹ gelangten seit dem späten 15. Jahrhundert in beeindruckenden Mengen nach Westafrika – Schätzungen sprechen für die portugiesische Periode von alljährlichen Importen von 25 bis 49 Tonnen. Zwischen den Jahren 1505 und 1507 wurden über den portugiesischen Handelsposten in Ughoton nahe der Hauptstadt Benin City knapp 13 000 *Manillas* gehandelt. Und einige Jahre später, in den Jahren 1515/16, transportierte ein einziges Schiff nicht weniger als 13 000 solcher Ringe nach Benin[8] (Abb. 3). Ein Teil dieser riesigen Materialmengen wurde dort im ›Guss der verlorenen Form‹ im Wachsausschmelzverfahren zu Rundfiguren, Gedenkköpfen und Rechteckplatten umgearbeitet. In einem Klima, in dem sogar die Paläste der Herrscher durch ihre Lehm- und Holzbauweise trotz intensiver Pflege meist ziemlich schnell vergänglich waren, kam im Königtum Benin Gegenständen aus den weitaus dauerhafteren Materialien Kupfer und seinen Legierungen maßgebliche Bedeutung zu. Sie waren dauerhafter als etwa Werke aus Holz und fungierten so als Manifestation zeitenthobener Ordnungen. Sie entzogen sich scheinbar natürlicher Vergänglichkeit und menschlichen Horizonten, widersetzten sich Verfall und Insektenfraß. Zudem war der Zugang zu Kupfer und seinen Legierungen Bronze und Messing als ›fremde Materialien‹ für die herrschenden Kreise relativ leicht kontrollierbar und daher exklusiv.

Gegen Ende des 15. Jahrhunderts wurden vornehmlich *Manillas* aus reinem Kupfer nach Benin verschifft. Doch schon wenig später, zu Beginn des 16. Jahrhunderts, verlagerte sich die Vorliebe der afrikanischen Handelspartner in Richtung Messing. Wahrscheinlich führte ein verstärkter Ausbau der Gelbgießerei in Benin zu diesem Wandel, weil reines Kupfer im Wachsausschmelzverfahren sehr viel schwieriger zu verarbeiten ist als seine Legierungen Bronze und insbesondere Messing. Jedenfalls ermöglichte der Metallhandel mit den Portugiesen den Gießern in Benin eine kontinuierliche Produktion mit dem nun in ausreichenden Mengen zur Verfügung stehenden Material, das vorher mühsamer und aufwendiger zu beschaffen war.[9]

ABBILDUNG 2
KÖNIGLICHER GEDENKKOPF MIT ZEREMONIELLEM HALS- UND KOPFSCHMUCK AUS KORALLENPERLEN, REICH BENIN, GELBGUSS, 17./18. JAHRHUNDERT, MÜNCHEN, STAATLICHES MUSEUM FÜR VÖLKERKUNDE

Dass der Handel mit Benin die anfänglichen Erwartungen der Portugiesen nicht erfüllte, lag auch daran, dass sich die Region um Benin infolge des dortigen Klimas zum ›Europäergrab‹ entwickelte. Reihenweise wurden die europäischen Händler von Krankheiten dahingerafft und viele Handelsmissionen erlitten enorme Verluste. Es war offenbar keine Seltenheit, dass von 140 Männern nur etwa 40 gesund nach Europa zurückkehrten. Zudem war der Außenhandel in Benin weitgehend durch das Herrscherhaus monopolisiert. Dieses kontrollierte und regulierte Einfuhr und Ausfuhr durch Öffnen und Schließen der Märkte gemäß der gebotenen Preise und Geschenke. Das machte Benin für die Portugiesen zu einem unbequemen Handelspartner, zumal aus ihrer Sicht umständliche höfische Zeremonien eine zügige Geschäftsabwicklung zusätzlich erschwerten. Als durch die übermächtige Konkurrenz des asiatischen Gewürzhandels der Pfeffer-Handel mit Benin endgültig unrentabel wurde, wurde der königliche Handelsposten in Ughoton schließlich bald aufgegeben.[10]

Ungeklärt ist bis heute, welche Rolle der Sklavenhandel im Verhältnis von Benin und Portugal gespielt hat. Für das afrikanische Reich stellt sich die Frage, inwieweit gerade in den ersten Jahren des Handels durch die verstärkte Nachfrage nach Sklaven an der Küste durch die Herrscher Benins Kriegszüge verursacht und gefördert wurden. Dieses Phänomen ist für andere afrikanische Reiche mehrfach belegt, und der bedeutende Benin-Forscher Bradbury sieht in Sklavenjagd und Sklavenfang tatsächlich auch für Benin eine wichtige Stütze der Wirtschaft und konstatiert, dass das Hauptziel der Kriegszüge des Reiches mehr der Sklavenfang als die Eroberung fremder Gebiete gewesen zu sein scheint.[11] Aus portugiesischer Sicht dagegen erwies sich der Skla-venhandel mit Benin als nicht lukrativ genug für einen umfangreichen, kontinuierlichen Handel und wurde bald aufgegeben.

Die Zeit, in der die Portugiesen nach Benin kamen, gilt in vielen populären Traditionen des Reiches als Ära der Kriegerkönige Ewuare, Ozolua, Esigie, Orhogbua und Ehengbuda. In dieser Periode soll das Reich seinen politischen und militärischen Höhepunkt erlebt haben. Zahlreiche Eroberungen und Neuerungen machen sie zu einer Art ›Goldenes Zeitalter‹, das die gesamte Geschichte des Reiches überstrahlt. Die Rolle der Portugiesen bei diesen Entwicklungen ist allerdings schwer einzuschätzen, und tatsächlich ist bis heute unklar, welche Rolle sie bei der Verteilung von Macht im Reich Benin gespielt haben. Zwar verfügen wir mit den Schriften von Duarte Pacheco Pereira, Ruy de Pina und João de Barros über die ersten Schriftdokumente über das Reich. Doch letztlich ist ihr Aussagewert für interne Entwicklungen in Benin begrenzt. Und aus der Sicht von Benin selbst existieren keine gesicherten zeitgenössischen Quellen. Zwar wird gerne auf mündliche Traditionen verwiesen, in erster Linie auf die *Short History of Benin* des Lokalhistorikers Jacob Egharevba. Doch handelt es sich dabei keineswegs um eine schlichte Aufzeichnung mündlicher Überlieferungen aus jener Zeit, sondern um eine geschickte Kombination von unterschiedlichsten afrikanischen Überlieferungen mit europäischen Schriftquellen, die stark von politischen Interessen des 20. Jahrhunderts geprägt ist. Tatsächlich sind die meisten Überlieferungen über die vorkoloniale Geschichte Benins stark von kolonialen und postkolonialen Geisteshaltungen bestimmt und erlauben daher nur sehr vorsichtige Rückschlüsse über historische Konstellationen und Entwicklungen früherer Jahrhunderte.[12]

In den europäischen Berichten ist neben Ausführungen zum Handel viel von Missionaren, Taufen und Kirchenbauten im Benin jener Zeit zu lesen. Diese schriftlichen Quellen zeigen aber auch deutlich, dass die Beziehungen zwischen Benin und Portugal auch von realpolitischen Interessen bestimmt waren. So erhofften sich die Portugiesen im Reich Benin einen starken Partner im subsaharischen Afrika, mit dessen Hilfe man die muslimischen Zwischenhändler in Nordafrika dauerhaft ausschalten und sich dadurch Handelsvorteile verschaffen konnte. Auch versprach man sich auf der Suche nach dem legendären ostafrikanischen christlichen König ›Priester Johannes‹ in Benin einen wichtigen Stützpunkt. Für die Herrschenden in Benin stand das Christentum ebenfalls nicht aus überirdischen Beweggründen heraus im Zentrum der Konvertierung zum portugiesischen König. Denn damals war es gemäß päpstlicher Weisung untersagt, Feuerwaffen an nichtchristliche Staaten zu liefern. Toleranz gegenüber den europäischen Missionierungsbestrebun-

ABBILDUNG 3
MANILLA (RINGGELD), KAT.-NR. VII.II.12

gen schürte daher die Hoffnung auf afrikanischer Seite, als zum Christentum Bekehrte mit Feuerwaffen aus Europa versorgt zu werden, um sich bei kriegerischen Auseinandersetzungen leichter durchsetzen zu können. Höchstwahrscheinlich war ihnen auch bewusst, dass der König des zentralafrikanischen Reiches Kongo auch deswegen von den Europäern mit Feuerwaffen versorgt worden war, weil er christlich getauft war. Schon de Barros bringt in seinem Bericht diese Interessen des Königshauses von Benin zum Ausdruck, indem er im Verlangen des Oba nach der fremden Religion weniger das unwiderstehliche Bedürfnis nach der Taufe sieht, sondern die Hoffnung auf eine militärische Machtsteigerung.

In der Folge wurden zwar von europäischer Seite aus keine größeren Mengen an Feuerwaffen nach Benin geschickt, aber immerhin kämpften portugiesische Söldner auf der Seite Benins. So berichtet Duarte Pires in einem Brief vom 20. Oktober 1516 an den portugiesischen König Dom Manuel, dass die vom portugiesischen König gesandten Missionare den König von Benin über ein Jahr lang auf einem Feldzug begleiten. Der König von Benin brachte in Briefen nach Portugal das Thema Feuerwaffen aber weiterhin unverdrossen zur Sprache. Immerhin hatte der Oba ja bei den portugiesischen Söldnern gesehen, welch ungeheure Wirkung diese Waffen entfalten konnten. Die Portugiesen verweigerten jedoch dem Oba trotz seiner Bemühungen weiterhin die ersehnten Waffen.[13]

Dennoch erscheinen Portugiesen in der höfischen Kunst Benins als Symbole der Macht. Sie werden auf Regalia in Messing, Elfenbein und Holz dargestellt, erscheinen auf Rechteckplatten und als freistehende Figuren auf Altären. Gegossene oder geschnitzte Abbilder von Portugiesen zieren Armbänder und Anhängemasken ebenso wie Glocken und Elefantenstoßzähne (Abb. 1, Abb. 5, Abb. 6).

Diese Darstellungen der Fremden machten die Größe von Herrscher und Reich augenfällig und bezeugten, dass sich die

ABBILDUNG 4
FIGURENGRUPPE MIT DER KÖNIGINMUTTER IYOBA,
REICH BENIN, GELBGUSS, 16./17. JAHRHUNDERT,
MÜNCHEN, STAATLICHES MUSEUM FÜR VÖLKERKUNDE

Verfügungsgewalt des Oba nicht auf die eigene Bevölkerung beschränkte, sondern auch auf Untertanen aus weiter Ferne. Ähnlich den ›Hofmohren‹ an europäischen Königs- und Fürstenhöfen befriedigten die Portugiesendarstellungen das Repräsentationsbedürfnis der Mächtigen in Benin. Offenbar waren die höfischen Kreise Benins in ihrer repräsentativen Vereinnahmung des Fremden ausschließlich an ihrem eigenen Ruhm interessiert. Gleichsam wurden die Europäer, die anfangs eine Bedrohung der sozialen Ordnung Benins darstellten, in die Weltsicht Benins eingebaut und dieser förderlich gemacht. Entsprechend erscheinen die Europäer in der höfischen Kunst Benins keineswegs um ihrer eigenen Macht willen, sondern um Feldzüge des Oba zu verherrlichen, der von den Portugiesen unterstützt wurde.[14]

Eine ganz charakteristische Aneignung fand in Benin in den Relief-Rechteckplatten aus Gelbguss statt. Vermutlich dienten den Gießern in Benin dabei außerafrikanische Vorbilder, die die europäischen Seefahrer auf ihren Schiffen mitführten, als Inspirationsquellen: Illustrierte Bücher, kleine Elfenbeinbehälter mit geschnitzten Deckeln und indische Miniaturen.[15] In Benin wurde jedoch aus diesen Einflüssen eine unverwechselbare ästhetische Form, die mit spezifischen Bedeutungen und Funktionen aufgeladen wurde, die kaum noch etwas mit den Vorlagen gemeinsam hatte.

In der höfischen Kunst Benins haben die Portugiesen also unübersehbare Spuren hinterlassen. Schwieriger ist es, den christlich-portugiesischen Einfluss auf Glaubensvorstellungen und Weltsichten der Menschen in Benin nachzuweisen. Die ersten Missionare wurden bereits 1486 nach Benin geschickt, aber bald wieder abberufen, bis 1515 erneut portugiesische Missionare in Benin stationiert wurden. Zwar wurde auch diese Mission schnell wieder beendet, doch einige Edo, die in portugiesischen Diensten gestanden hatten und konvertiert waren, blieben dem neuen Glauben treu. Durch sie, wie etwa dem namentlich bekannten Übersetzer Gregorio Lourenço, wirkte christlicher Einfluss noch Jahrzehnte weiter. Doch trotz der Taufe eines Königssohnes, zweier hoher Würdenträger und vieler weiterer Menschen in Benin war die Missionsstation aus portugiesischer Sicht eine Enttäuschung. Denn auch der Bau von christlichen Kirchen, die der Oba 1516 in Auftrag gegeben hat, ist nicht durch schriftliche oder archäologische Zeugnisse bestätigt, wenngleich der Lokalhistoriker Egharevba in seinen Schriften sogar genaue Lokalisierungen dieser einstigen Gotteshäuser anbietet.[16] Insgesamt standen die christlichen Missionare aber in Benin auf verlorenem Posten. Sie waren zahlenmäßig unterbesetzt, litten unter einer unzureichenden Versorgungslage, besaßen weder Kenntnisse lokaler Sprachen noch der religiösen Systeme, die sie zu ersetzen versuchten. Sie verkörperten daher für die Mehrheit der Menschen in Benin alles andere als eine attraktive weltliche und religiöse Verlockung.

In anderen Himmelsangelegenheiten war der portugiesische Einfluss dagegen nachhaltiger: So führt sich die Iwoki-Gilde, die mit außergewöhnlichen Himmelsphänomenen wie Kometen und Sonnenfinsternissen befasst ist, auf zwei Portugiesen zurück.[17] Und als Bezwinger der wilden, unkontrollierbaren Macht des Meeres und als Bringer von kostbaren Materialien und Luxusgütern wurden die seefahrenden Portugiesen mit Ideen verknüpft, die sich um die Wohlstand und Fruchtbarkeit schenkende Meeresgottheit Olokun ranken.[18]

Leider sind die Reaktionen Benins auf den ersten direkten Kontakt mit Europäern und deren Kultur sowohl auf europäischer wie auf afrikanischer Seite nur sehr schwach dokumentiert. Zusätzlich erschwert wird eine angemessene Einschätzung

Abbildung 5
Reliefplatte mit Portugiesendarstellung,
Reich Benin, 16./17. Jahrhundert, Kat.-Nr. XI.5

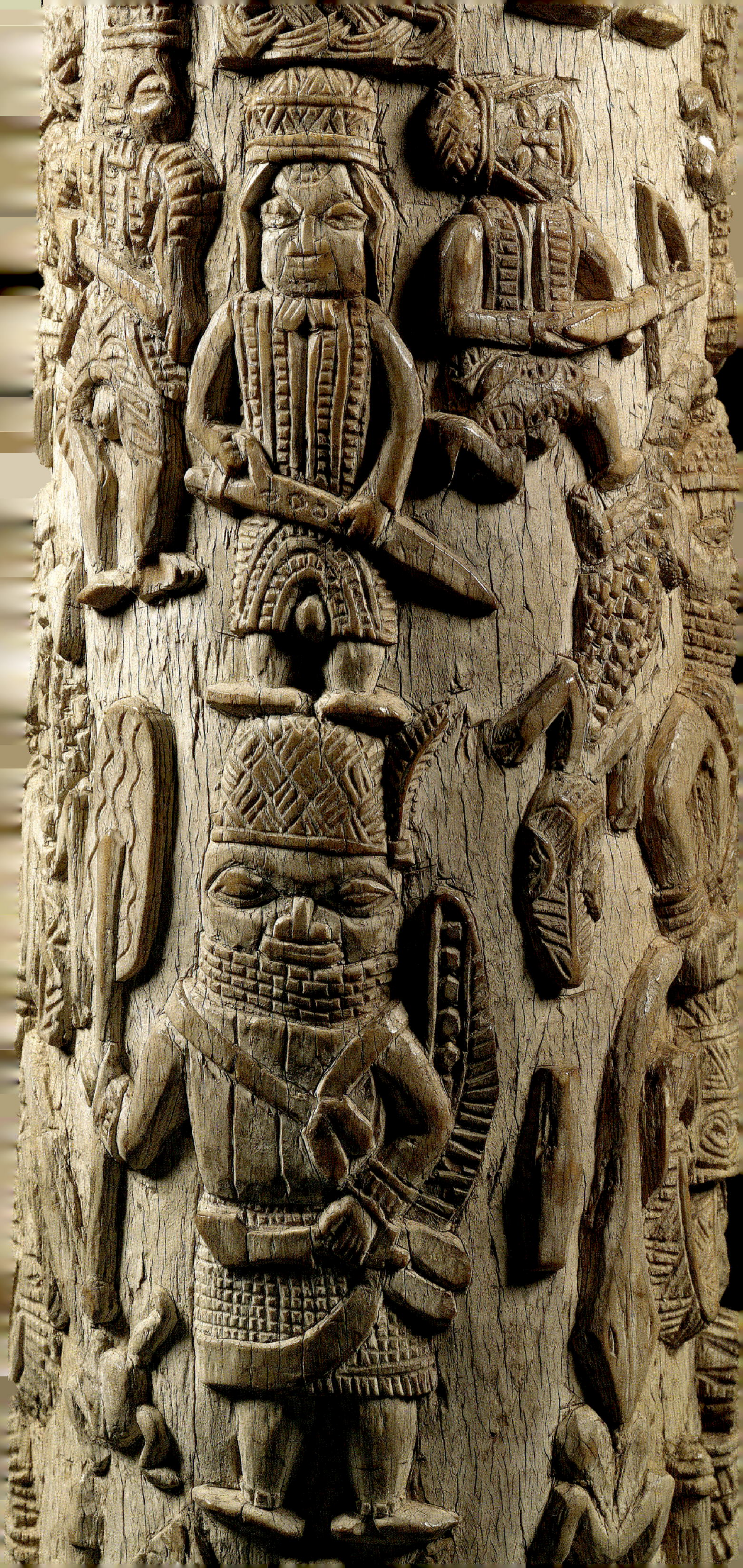

dadurch, dass die ›portugiesische Periode‹ Benins sehr stark in koloniale und postkoloniale Diskurse eingebunden und daher stark von Ideologien überlagert ist. Je nach Standpunkt werden dabei wichtige kulturelle Errungenschaften in Benin als in jedem Falle ›voreuropäisch‹ oder eben ›nacheuropäisch‹ eingestuft, um koloniale oder antikoloniale Ansichten zu stützen.[19] Die gesamte Auswirkung des Kontaktes der europäischen Macht auf die Gesellschaft von Benin lässt sich heute daher meist nur mehr erahnen. Unbestreitbar ist jedoch, dass durch die ›portugiesische Periode‹ die Gesellschaft Benins nachhaltig verändert wurde, nicht zuletzt deshalb, weil in dieser Ära zahlreiche fremde Phänomene und Dinge von den Menschen in Benin auf typische und ganz unverwechselbare Weise angeeignet wurden.

Resumo

Quando os portugueses chegaram, no final do século XV – foram os primeiros europeus – à costa da Guiné, na África Ocidental, o Benim era um império com importância militar e política. O estabelecimento de relações diplomáticas e económicas parecia atraente para ambos os lados. O Benim dispunha de uma invejável rede comercial no interior africano, na qual Portugal via vantagens em relação aos intermediários muçulmanos do norte de África. Por outro lado, os senhores da terra tinham interesse nas relações comerciais que Portugal mantinha com a Europa e a Ásia. No Benim, os portugueses transacionavam, sobretudo, a pimenta local (muito apreciada na Europa), tecidos e escravos, frequentemente trocados por ouro, já no Gana. Como contrapartida, ofereciam-se bens de luxo europeus e asiáticos, tais como tecidos coloridos, peças de vestuário e pérolas corais, que correspondiam ao gosto local e marcaram a arte da corte por muito tempo.

Especial repercussão sobre a sociedade autóctone teve o comércio de manillas (pulseiras) de cobre, bronze e latão. Pela sua durabilidade e carácter exclusivo, era atribuído grande valor, no Benim, a estes ›anéis monetários‹. Com recurso a certos processos de fundição, eram trabalhados até obter figuras redondas, bustos comemorativos e placas rectangulares com trabalhos em relevo.

Estas actividades revelaram-se, porém, pouco lucrativas para Portugal. O comércio externo continuava a ser um monopólio da elite local e o clima afugentava muitos europeus. Os estrangeiros foram, contudo, ›eternizados‹ na arte da corte do Benim. As representações de portugueses eram consideradas símbolos de poder. Os portugueses aparecem muitas vezes nas peças metálicas, para glorificar os chefes locais.

Anmerkungen

1. Bradbury 1973; Ben-Amos 1995; Eisenhofer 1993.
2. Egharevba 1968, S. 27.
3. Marquart 1913; Ryder 1969.
4. Ryder 1969, S. 41; Hodgkin 1960, S. 87 f., 94.
5. Hodgkin 1960, S. 97 f.; Ryder 1969, S. 41; Wolf 1972.
6. Hakluyt 1599, S. 1–12.
7. DeCorse 2001, S. 149; Egharevba 1968, S. 29.
8. Ryder 1969, S. 53.
9. Ryder 1969, S. 40.
10. Ryder 1969, S. 53 ff.
11. Bradbury 1957, S. 75; Meillassoux 1989, S. 157.
12. Eisenhofer 1993; 1995.
13. Hodgkin 1960, S. 97 f.; Ryder 1969, S. 46, 49 f.
14. Wolf 1965; 1972; Kramer 1987.
15. Fagg 1963, S. 33; Dark 1973, S. 4; Duchateau 1989, S. 26.
16. Hodgkin 1960, S. 97 f., 99 f.; Ryder 1961; Egharevba 1968.
17. Ryder 1969, S. 49.
18. Blackmun 1984; Ben-Amos 1995, S. 37.
19. Eisenhofer 1993.

Abbildung 6
Beschnitzter Elefantenstosszahn
mit Portugiesendarstellung (Ausschnitt),
Berlin, SMB – Ethnologisches Museum

Tabula hec Regionis magni brasilis est · et ad partem occidentalez
Antilias castelle regis obtinet · Gens uero eius nigrescentis coloris ·
fera et immanissima carnibus humanis uescitur · Hec eadem gens arcu
et sagittis egregie utitur · Hic psytaci uersicolores alieque innumere a
ues fereque monstruose · et Symiarum plura genera reperiuntur plu
rimaque arbor nascitur que brasil nuncupata uestibus purpureo colo
re tingendis opportuna censetur ·:
TERRA BRASILIS
CLIMA
CLIMA

Michael Kraus

Entdeckung und Kolonialisierung Brasiliens

Entdeckerbriefe

»Und kaum hatte [...] sich [Nicolau Coelho] auf den Weg gemacht, liefen schon die Menschen am Strand – bald zu zweit, bald zu dritt – zusammen, so daß dort, als die Barkasse die Mündung des Flusses erreichte, bereits achtzehn oder zwanzig dunkelhäutige Menschen standen, allesamt nackt ohne irgendetwas, das ihre Scham bedeckt hätte. Sie trugen Bogen in den Händen und Pfeile. Alle eilten geradewegs auf die Barkasse zu, und Nicolau Coelho bedeutete ihnen, die Bogen abzulegen, und sie legten sie ab. An dieser Stelle war es ihm jedoch nicht möglich, mit ihnen zu sprechen oder sich sinnvoll zu verständigen, da das Meer sich an der Küste brach. Er konnte ihnen lediglich ein rotes Barett und eine Leinenmütze, die er selbst auf dem Kopf trug, als Geschenk zuwerfen, sowie einen schwarzen Sombrero. Und einer von jenen schenkte ihm daraufhin einen Hut mit langen Vogelfedern und einer schmalen, kleinen Krempe aus roten und grauen Federn, wie von einem Papagei. Und wieder ein anderer gab ihm eine große Kette aus winzigen, weißen Perlen, die man für Perlmutter halten mochte (ich denke, daß unser Kapitän Eurer Hoheit diese Stücke sendet). Und damit kehrte Nicolau Coelho nun zu den Schiffen zurück.«[1]

Die Szene stammt aus dem berühmten Brief des Pêro Vaz de Caminha an den portugiesischen König Manuel I. Sie beschreibt die älteste überlieferte Kontaktaufnahme zwischen portugiesischen Seefahrern[2] und indigenen Bewohnern des heutigen Brasiliens.

Im September 1499 war Vasco da Gama von seiner Fahrt, auf der er zum ersten Mal erfolgreich den Seeweg von Europa nach Indien befahren hatte, nach Portugal zurückgekehrt. Bereits im Juli dieses Jahres hatte der eben erwähnte Nicolau Coelho, der da Gama auf dieser Fahrt begleitet hatte, Lissabon erreicht.[3] Um die Handelsmöglichkeiten, welche die nach langer Suche aufgefundene Seeroute nach Asien bot, zu sichern und auszubauen, rüstete die portugiesische Krone eine neue Flotte aus. Diese bestand aus 13 Schiffen und stand unter dem Kommando des Pedro Álvares Cabral. Sie verließ Lissabon am 9. März 1500, um erneut die Seereise nach Indien anzutreten. Auf dieser Fahrt driftete die Flotte Cabrals – möglicherweise unbeabsichtigt[4] – weiter westwärts als ursprünglich geplant und stieß am 22. April, etwas nördlich von der heutigen brasilianischen Stadt Porto Seguro, auf Land. Cabral gab diesem Land den Namen *Terra da Vera Cruz* (Land des wahren Kreuzes). Da man sich in der Woche nach Ostern befand, erhielt der hohe Berg, den man als erstes erblickt hatte, den Namen *Monte Pascoal*.[5]

Einen Tag später, am 23. April 1500, ereignete sich die eingangs zitierte Szene. Insgesamt neun Tage blieb man an der Küste des heutigen Brasiliens, dann segelte Cabral weiter zum vorgesehenen Bestimmungsort Kalikut (Kozhikode) in Indien. Ein Schiff seiner Flotte, das Vorratsschiff unter dem Kommando des Gaspar de Lemos, sandte er nach Portugal zurück, wo König Manuel durch das Schreiben des Pêro Vaz de Caminha über das neu aufgefundene Land informiert werden sollte (Abb. 2).

Der portugiesische König reagierte auf die überbrachte Nachricht mit der Aussendung einer weiteren Expedition, die die neu entdeckte Küste genauer erforschen sollte. Diese Flotte, die Lissabon im Mai 1501 verließ, bestand diesmal aus lediglich drei Karavellen und stand unter dem Kommando des Gonçalo Coelho. An Bord des Flaggschiffs befand sich dabei auch der Mann, dessen Namen später der ganze Kontinent tragen sollte: der Florentiner Amerigo Vespucci, der zuvor schon in spanischen Diensten über den Atlantik gesegelt war.[6] Im September 1502 kehrten die Schiffe nach Lissabon zurück, wo Vespucci zunächst blieb und Lorenzo di Pierfrancesco de' Medici in Italien schriftlich über seine Reiseergebnisse informierte. Das Schreiben, in dem er der Idee Ausdruck verlieh, dass es sich bei den neu gefundenen Ländern im westlichen Atlantik um eine Neue Welt (»Mundus Novus«), also einen bisher nicht bekannten vierten Kontinent neben Europa, Asien und Afrika handelt, erschien bald in gedruckter Version und fand weite Verbreitung.

Vergleicht man die Briefe von Caminha und Vespucci, so finden sich in diesen beiden frühen Beschreibungen eine Reihe von Ähnlichkeiten, aber ebenso Unterschiede in der Charakterisierung der vorgefundenen einheimischen Bevölkerung. Dies ist natürlich vor allem auf die Begegnung mit unterschiedlichen indianischen Ethnien zurückzuführen. Dennoch lohnt sich ein kurzer Vergleich der genannten Schriftstücke: Beide Autoren bestaunen ausgiebig die Nacktheit der Indianer und betonen ihren schönen und kräftigen Körperbau sowie die leicht rötliche Hautfärbung. Beide benennen Pfeil und Bogen als typische Waffen. Beide beschreiben die Knochen und Steine, die die Indianer als Schmuck in der Unterlippe tragen. Während Caminha diese Beobachtung jedoch ansonsten unkommentiert lässt,

Abbildung 1
Brasilienkarte aus dem Atlas Miller (Ausschnitt),
Lopo Homem, 1519, Paris, Bibliothèque nationale de France

Die Schwierigkeit, ein ›richtiges‹ Bild vom Brasilien des 16. Jahrhunderts zu geben, die Ambivalenzen und Fragwürdigkeiten überlieferter europäischer Indianerbilder, spiegeln sich somit bereits in den ersten Berichten über diese Neue Welt wider: Während die Echtheit des Briefes von Caminha in der Regel unumstritten ist, wird die Authentizität des Mundus Novus-Briefes von manchen Forschern angezweifelt und lediglich als literarische Überarbeitung gedeutet, bei der fiktionale und in der Regel sensationalistische Elemente einem tatsächlichen Augenzeugenbericht zugefügt wurden.[8] Der Brief des Pêro Vaz de Caminha hat die Vorstellungen über die indigene Bevölkerung des tropischen Südamerika zunächst allerdings kaum zu bestimmen vermocht, verschwand er doch aus dem Besitz des Königshauses bald ins Archiv und wurde erst 1817 das erste Mal vollständig veröffentlicht.[9] Die umstrittene Darstellung Vespuccis hingegen wurde vor allem in Mitteleuropa zu einem großen Publikumserfolg und prägte das landläufige Bild vom ›Indianer‹. In verschiedene Sprachen übersetzt, erschienen bereits zwischen 1503 und 1506 etwa 30 Varianten in Form von Flugschriften oder Einblattdrucken, darunter allein 14 auf Deutsch (Abb. 3; vgl. auch Abb. 1, S. 266).[10]

Kolonialisierung

Noch vor den Reisen des Caminha und des Vespucci, also bereits einige Jahre, bevor die indigene Bevölkerung des heutigen Brasiliens den ersten Weißen überhaupt zu Gesicht bekommen hatte, hatte man ihr Gebiet in Europa bereits unter sich aufgeteilt. Im berühmten Vertrag von Tordesillas vom 7. Juni 1494 einigten sich die Katholischen Könige, Isabella von Kastilien und Ferdinand von Aragón, sowie der portugiesische Monarch Dom João II. auf eine Trennlinie 370 *léguas* (Seemeilen) westlich der Kapverdischen Inseln, von der aus gesehen die westlichen Gebiete von nun an spanischen, die östlichen Territorien portugiesischen Herrschaftsansprüchen unterlagen. Die nach diesem Vertragstext Portugal zustehenden Gebiete nahm Pedro Álvares Cabral während seines Aufenthaltes an der brasilianischen Ostküste im April 1500 nun offiziell für sein Land in Besitz.[11]

Fasst man die portugiesischen Kolonisationsanstrengungen in Brasilien im 16. sowie frühen 17. Jahrhundert zusammen, so zeigen sich als zentrale Charakteristika der baldige Übergang von der Stützpunkt- zur Siedlungskolonie, ausgelöst nicht zuletzt durch die andauernden Konflikte mit anderen europäischen Mächten, welche ihre Aktivitäten ebenfalls auf Brasilien auszudehnen versuchten. Neben Spaniern und Engländern spielten in Brasilien hierbei vor allem Franzosen und später Holländer eine zentrale Rolle. Mit der Siedlungskolonie eng verbunden

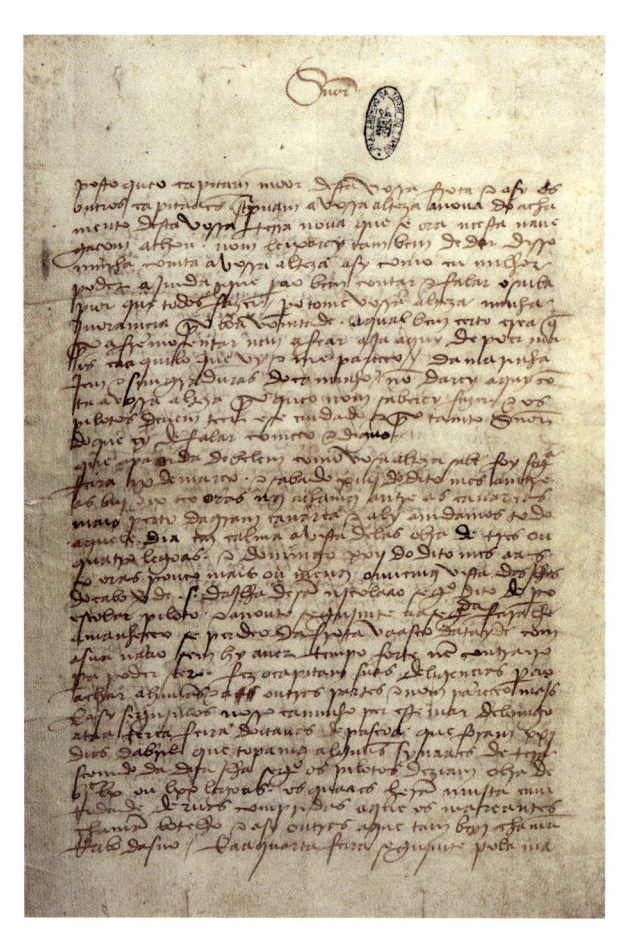

bezeichnet sie Vespucci im Mundus Novus-Brief als Verunstaltung und als »monströsen Brauch«. Überhaupt beschränkt sich Caminha überwiegend auf die Beschreibung einzelner Szenen, während der Autor des Mundus Novus-Briefes kaum Einzelerlebnisse schildert, sondern eine generalisierende Zusammenfassung bevorzugt. Die Erwähnung von Hängematten, Federschmuck und Körperbemalung – Caminha vergleicht die indianische Körperbemalung gar mit der Kunstfertigkeit europäischer Tapisserien *(panos d'armar)* – findet sich bei Vespucci nicht.[7] Dafür widmet dieser sich wesentlich ausgiebiger als Caminha all den Dingen, die bei den Indianern tatsächlich oder angeblich *nicht* vorhanden sind: So haben sie, laut Vespucci, keinen Staat und keinen König, kein Gotteshaus und keine Religion, keinen Handel und keine Kaufmannsschaft. Umgekehrt führt der Mundus Novus-Brief allerdings auch Aspekte ein, die man bei Caminha nicht finden kann: die Wollust der Frauen, die sexuelle Promiskuität und vor allem den Kannibalismus.

Abbildung 2
Brief des Pêro Vaz de Caminha an Dom Manuel I., 1. Mai 1500
Lissabon, Instituto dos Arquivos Nacionais / Torre do Tombo

war der Aufbau eines entsprechenden Regierungs- und Verwaltungsapparates. Weiterhin zu nennen ist die Entstehung der Zuckerindustrie als zentraler exportorientierter Wirtschaftskomplex sowie die mit dieser Produktionsform einhergehende Bedarfssteigerung an Arbeitskräften, welche vor allem ab dem Ende des 16. Jahrhunderts zu einer zunehmenden Einfuhr afrikanischer Sklaven führen sollte.

Was den Umgang mit der indigenen Bevölkerung des Landes angeht, so ist zum einen eine intensive Vermischung europäischer und amerikanischer Bevölkerungsteile zu konstatieren, zum anderen jedoch auch eine Vielzahl häufig brutaler kriegerischer Konflikte mit verschiedenen einheimischen Ethnien sowie der Streit innerhalb der Kolonialbevölkerung über den richtigen Umgang mit den Indianern. Die Konfliktlinien verliefen hierbei vor allem zwischen den Siedlern und den Jesuiten. Während die Siedler hauptsächlich an der Ausbeutung der indianischen Arbeitskraft interessiert waren, engagierten sich die Missionare in der Regel für den physischen Schutz der bekehrten oder zur Bekehrung vorgesehenen Bevölkerung.[12]

Das Engagement der portugiesischen Krone bezüglich der im westlichen Atlantik neu gefundenen Gebiete war in den ersten drei Jahrzehnten nach der Landung der Flotte Cabrals aufgrund der wesentlich lukrativeren Handelsmöglichkeiten mit Asien zunächst relativ gering. Das zentrale Ausfuhrprodukt blieb für viele Jahre das Brasilholz *(caesalpinia echinata L.)*,[13] das aufgrund seiner rötlichen Färbeeigenschaften in der europäischen Textilindustrie guten Absatz fand. Darüber hinaus war die Küste als Anlaufpunkt für die Flotten nach Indien von Bedeutung. Erste Handelsstützpunkte *(feitorias)* wurden zunächst am Cabo Frio, später in Pernambuco, São Vicente sowie in der Gegend des heutigen Rio de Janeiro errichtet.[14] Das Monopol zur Vermarktung des Holzes hatte die Krone bereits 1502 gegen eine entsprechende Gewinnbeteiligung einer Lissabonner Händlergruppe übertragen. Das Brasilholz wurde von der indigenen Bevölkerung geschlagen und transportiert und gegen europäische Importwaren wie Messer, Scheren, Äxte, Spiegel und Glasperlen eingetauscht. Der Holzschlag an der ostbrasilianischen Küste war dabei im 16. Jahrhundert so intensiv, dass die Regierung in

ABBILDUNG 3
ANONYMES FLUGBLATT MIT INDIANER-DARSTELLUNG NACH DEN ANGABEN AMERIGO VESPUCCIS, 1505, KAT.-NR. XI.10

Abbildung 4
Brasilienkarte mit Einzeichnung der ersten Kapitanien
bis zur Vertragslinie von Tordesillas,
in: Luís Teixeira (zugeschrieben), Roteiro de todos os Sinais
que Há na Costa do Brasil, um 1586, Kat.-Nr. V.I.29

Lissabon bereits 1605, also gut hundert Jahre später, erste Schutzmaßnahmen zur Regeneration der Bestände ergriff.[15]

Aufgrund der zahlenmäßigen Überlegenheit sowie der Ortskenntnis der Indianer waren die Portugiesen zur Aufrechterhaltung des Handels zunächst auf friedliche Beziehungen und die Unterstützung der einheimischen Bevölkerung angewiesen. So verwundert es nicht, dass König Manuel, der zum einen von den Handelsgewinnen profitierte und zum anderen den Einfluss anderer europäischer Mächte auf die Indianer gering halten wollte, ein adäquates Auftreten der Portugiesen in Brasilien verlangte. In einem erhaltenen Erlass *(regimento)* aus dem Jahre 1511 wies er den Kapitän Cristóvão Pires sowie die Mannschaft des im Brasilholzhandel eingesetzten Schiffes Bretoa unter Androhung harter Strafen ausdrücklich an, die Indianer nicht zu belästigen oder ihnen Schaden zuzufügen. Ein generelles Verbot, Indianer zu versklaven, erließ die Krone allerdings nicht. Mit ihrer Festsetzung an der brasilianischen Ostküste und dem Übergang von der Handels- zur Siedlungspolitik ging Portugal dann auch verstärkt zu einem gewaltsamen Vorgehen gegen die indigene Bevölkerung über.[16]

Neben portugiesischen liefen bereits zu Beginn des 16. Jahrhunderts auch immer wieder spanische und französische Expeditionen die brasilianische Küste an. Im Bündnis mit dem einheimischen Volk der Tupinambá versuchten zunächst vor allem Franzosen, deren König Franz I. dem Vertrag von Tordesillas seine Anerkennung verweigerte, sich in Konkurrenz zu Portugal an der brasilianischen Küste festzusetzen.[17]

Um die eigenen Interessen zu wahren, sandte Portugal nun mehrfach Flotten aus, die die konkurrierenden Schiffsverbände vor der brasilianischen Küste aufbrachten. Während der Expedition, die 1530 unter dem Befehl des Martim Afonso de Sousa stand, erfolgten neben militärischen Aktionen zur See sowie Kämpfen gegen die Franzosen um die Handelsniederlassung in Pernambuco auch zwei Ortsgründungen.[18] In den Folgejahren (1532–1534) forcierte der portugiesische König João III. die Besiedlung der Kolonie. Insgesamt 15 Gebiete *(capitanias)*, die von Nord nach Süd einem jeweils etwa 50 Meilen langen Abschnitt an der brasilianischen Ostküste entsprachen und deren Grenzen geradlinig nach Westen bis zur Vertragslinie von Tordesillas gedacht waren, wurden in der Tradition lehensrechtlicher Landschenkungen zwölf verdienten Personen *(donatários,* von *doação* = Schenkung) übereignet, die gegen weitreichende Privilegien diese Territorien im Sinne der Krone an Siedler weiter vergeben und die Ländereien erschließen sollten (Abb. 4). Aufgrund mangelnder Auswanderungs- bzw. Arbeitswilligkeit portugiesischer Kolonisten, Mangel an Finanzmitteln, Konflikten mit der indianischen Bevölkerung sowie den weiterhin vor allem von französischer Seite erfolgenden Angriffen zeichneten sich diese Kapitanien in der Mehrzahl durch wirtschaftlichen Misserfolg aus. Lediglich zwei *donatários*, dem bereits erwähnten Martim Afonso de Sousa, dem die Kapitanien São Vicente und Rio de Janeiro zugeteilt waren, sowie Duarte Coelho (Pernambuco), gelang es, ihre Gebiete zu konsolidieren. Luís de Góis, der Bruder des *donatário* der Kapitanie São Tomé, schilderte damals die prekäre Lage der portugiesischen Kolonien in einem Brief an den portugiesischen König mit den Worten: »Wenn Eure Hoheit nicht binnen kurzem diesen Kapitanien und der Küste von Brasilien Hilfe zukommen lässt, werden nicht nur wir unser Vermögen und unser Leben verlieren, sondern Eure Hoheit wird das gesamte Land verlieren.«[19]

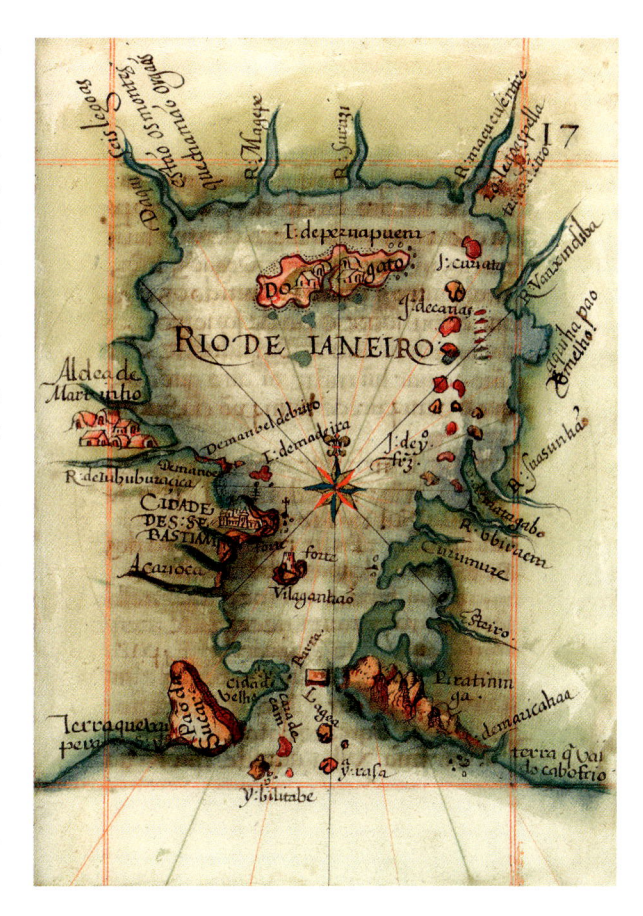

Die Krone reagierte auf die Zustände im Land mit der Einführung einer zentralen Kolonialverwaltung. 1549 nahm der erste portugiesische Generalgouverneur Brasiliens, Tomé de Sousa, vor Ort seine Arbeit auf. São Salvador da Bahia de Todos os Santos wurde sein Regierungssitz. Gemeinsam mit Tomé de Sousa kamen auch die ersten Jesuiten ins Land.[20]

ABBILDUNG 5
DIE BUCHT VON RIO DE JANEIRO MIT DEM FORT
DES FRANZOSEN VILLEGAIGNON,
IN: LUÍS TEIXEIRA (ZUGESCHRIEBEN), ROTEIRO DE TODOS OS SINAIS
QUE HÁ NA COSTA DO BRASIL, UM 1586, KAT.-NR. V.I.29

Der Zucker, von Kolumbus auf seiner zweiten Fahrt in die ›Neue Welt‹ eingeführt, wurde im 16. und 17. Jahrhundert zum ökonomischen Mittelpunkt der portugiesischen Kolonialherrschaft in Brasilien, die sich ganz auf den Export konzentrierte und die Bedürfnisse einer regional ausgerichteten Wirtschaftsentwicklung weitgehend vernachlässigte. Die Anzahl der Zuckermühlen *(engenhos)* nahm ab dem letzten Viertel des 16. Jahrhunderts rasch zu. Zwischen 1570 und 1629 hatte sie sich beinahe versechsfacht, die Zahl der Betriebe stieg von 60 auf 346. Im 18. Jahrhundert schließlich existierten über 500 *engenhos* in Brasilien.

Eine profitable Plantagenwirtschaft erforderte dabei einen umfangreichen Einsatz von Arbeitskräften. Diese suchten die Plantagenbesitzer zunächst mittels indianischer, ab Ende des 16. Jahrhunderts zunehmend über afrikanische Sklaven zu sichern. Der Arbeitskräftebedarf einer Zuckermühle konnte sich dabei auf über hundert Personen belaufen, wobei eine noch einmal weitaus größere Anzahl von Sklavenarbeitern auf den die *engenhos* beliefernden Zuckerplantagen tätig war.[21] Bis Mitte des 17. Jahrhunderts, als die karibischen Inseln, allen voran Barbados, die Spitzenstellung übernahmen, war die portugiesische Kolonie Brasilien der weltweit führende Zuckerexporteur. Die Zuckernachfrage in Europa stieg vom Ende des 15. bis zum Ende des 16. Jahrhunderts, ausgehend von zunächst 2500 Tonnen im Jahr, etwa um das Zehnfache und bis zum Ende des 18. Jahrhunderts noch einmal um fast den gleichen Wert. Im 16. Jahrhundert wurden hierfür etwa 100 000, im 17. Jahrhundert etwa 500 000 bis 600 000 afrikanische Sklaven gewaltsam nach Brasilien verschleppt. Stammten diese zunächst von ethnischen Gruppen der westafrikanischen Guineaküste, so etablierte sich Luanda an der Küste Angolas bald als wichtigster Brasilien beliefernder Sklavenmarkt.[22]

Gegen Ende des 16. Jahrhunderts bestand die portugiesische Kolonie Brasilien noch immer weitgehend aus »einer Ansammlung verstreuter küstennaher Siedlungsschwerpunkte, die jeweils mehr Kontakt mit dem Mutterland als untereinander hielten«.[23] Doch steigerte sich ab dieser Zeit zunehmend die Zahl der sogenannten *entradas* oder *bandeiras*, also organisierter, teils aus mehreren hundert Personen bestehenden Expeditionen in das Hinterland, die in der Regel die Suche nach Edelmetallen sowie das Gefangennehmen und Versklaven der Indianer zum Ziel hatten. Darüber hinaus trugen sie zur kolonialen Erschließung des Landes bei und schoben den portugiesischen Einflussbereich auf diese Weise nach und nach bis weit über die Vertragslinie von Tordesillas hinaus.[24]

Was die oben erwähnte Vorstellung vom südamerikanischen Indianer als Menschenfresser angeht, so erwies sich diese nicht nur als Aufmerksamkeit erregendes und gruseliges Motiv europäischer Fremddarstellungen, sondern avancierte auch zum wichtigen Bestandteil der kolonialen Indianerpolitik. So erließ der portugiesische König Dom Sebastião am 20. März 1570 ein Gesetz, mit dem er die Versklavung der indigenen Bevölkerung des Landes einzudämmen versuchte. Erlaubt war nunmehr lediglich die Versklavung von Indianern, die in einem ›gerechten Krieg‹[25] gefangen wurden oder aber als Menschenfresser galten. Diese Rechtslage dürfte den ›Kannibalismusvorwurf‹ gegenüber der indigenen Bevölkerung noch einmal stark gefördert haben, erleichterte doch die entsprechende Behauptung die legale Beschaffung umfangreicher Reservoirs an Zwangsarbeitern. Die Jesuiten warfen den portugiesischen Siedlern in Brasilien sogar vor, die Indianer selbst zum Kannibalismus anzustacheln.[26] Auch bei späteren Gesetzesreformen gab es stets eine Reihe von Ausnahmetatbeständen, die die Versklavung der Indianer weiterhin offiziell erlaubte. Auch wenn sich die entsprechenden offiziellen Vorgaben zugunsten eines verbesserten Indianerschutzes während der Zeit der spanisch-portugiesischen Personalunion (1580–1640) zumindest phasenweise verstärkten, so wurden diese aufgrund von Einwänden der an zahlreichen Sklaven interessierten Siedler letztlich doch immer wieder verwässert oder in der Praxis vor Ort einfach ganz ignoriert.[27]

Indianische Reaktionen

Chroniken, die die Entwicklungen an der brasilianischen Ostküste im 16. Jahrhundert aus indianischer Sicht der Nachwelt überliefern, sind infolge der traditionellen Schriftlosigkeit der im östlichen Südamerika angetroffenen Ethnien nicht vorhanden. Was aus jenen Tagen an originär Indianischem bleibt, sind einige materielle Objekte, die, nach Europa gebracht, bis heute in unterschiedlichen Sammlungen überlebt haben (Abb. 6, vgl. auch Abb. 12, S. 250, Kat.-Nr. VI.7 u. VI.8), sowie die Darstellung der indianischen Lebensweise in den europäischen Berichten – Berichte, die bezüglich der Angaben über die indianischen Kulturen, wie gezeigt, natürlich mit Vorsicht und jeweils in ihrem spezifischen Entstehungskontext und Interessenszusammenhang betrachtet werden müssen.[28]

Was den Handel mit den Europäern angeht, so haben sich die Indianer offenbar zunächst bereitwillig darauf eingelassen, waren sie selbst doch sehr am Erwerb europäischer Erzeugnisse, allem voran Eisenwaren wie Äxten und Messern, interessiert. »[...] an jenem Tag kamen vom Land her einige Indianer schwim-

Abbildung 6
Federmantel der Tupinambá, 16./17. Jahrhundert
Brüssel, Musées royaux d'Arts et d'Histoire

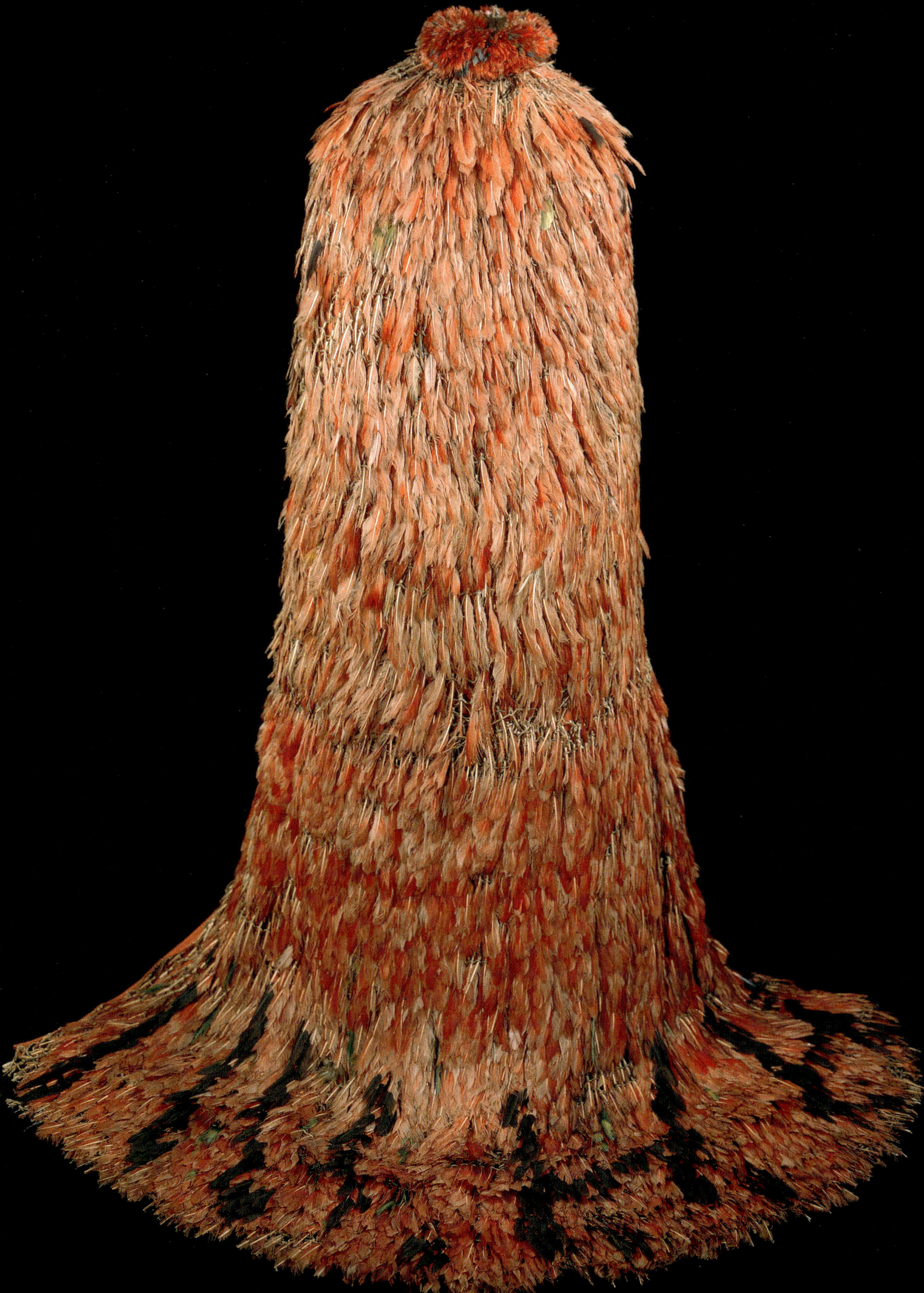

Konfrontation der Kulturen

mend auf die Schiffe zu, um uns zu fragen, ob wir Brasil[holz] wollten«, heißt es beispielsweise im Bordbuch des Pêro Lopes de Sousa, das über die oben erwähnte Reise seines Bruders, Martim Afonso de Sousa, in den Jahren 1530 bis 1532 Auskunft gibt.[29] Dabei ist zu beachten, dass für viele Ethnien des tropischen Südamerika bis heute eine strenge Arbeitsteilung zwischen Männern und Frauen charakteristisch ist, wobei das Roden des Waldes zum Anlegen einer Pflanzung zu den Männer-, das Ernten allerdings zu den Frauenarbeiten zählt. Die Rodung und Zulieferung von Brasilholzstämmen sowie zeitlich begrenzte Handelsbeziehungen ließen sich folglich sowohl mit den Gewohnheiten als auch mit den Interessen der Indianer vereinbaren. Die Arbeiten auf den Zuckerplantagen, bei denen nun auch Männer in einem fremden, von außen auferlegten Arbeitsrhythmus die aus ihrer Sicht eigentlich den Frauen obliegenden Erntetätigkeiten übernehmen sollten, stellten hingegen einen Bruch mit den eigenen kulturellen Regeln dar. Dies dürfte mit eine Rolle gespielt haben, dass die Indianer sich zunächst relativ problemlos in den Handel mit Brasilholz integrieren ließen, wohingegen sie zu Tätigkeiten auf den Plantagen der Weißen in der Regel nur unter Zwang bereit waren (Abb. 7).

Wie die Indianer das Auftauchen der Weißen empfanden, ist heute nur mehr schwer rekonstruierbar. Dem Bericht des Caminha zufolge, waren die Indianer neugierig, aufgeschlossen, hilfsbereit, aber auch nicht allzu beeindruckt. Die ihnen von der Besatzung Cabrals gereichten Speisen rührten sie kaum an, den Wein spuckten sie aus, und die auf den Schiffsplanken ausgerollten Teppiche nutzten sie umgehend für ein Schläfchen. Auffällig im Brief des Pêro Vaz de Caminha ist die regelmäßige Verweigerung des portugiesischen Ansinnens, in die indianischen Dörfer zu gelangen oder dort gar zu übernachten. Trotz mehrfacher Versuche wurden die Fremden spätestens bei Einbruch der Dunkelheit immer wieder hinauskomplimentiert.

Caminha, wie auch andere Quellen,[30] erwähnen weiterhin, wie die Indianer das Verhalten der europäischen Ankömmlinge interessiert beobachteten und regelmäßig nachahmten, was von den ›Entdeckern‹ und Eroberern oftmals als Zustimmung bzw. als Zeichen leichter Bekehrbarkeit missgedeutet wurde. Diese offenkundigen Fehlinterpretationen führen heute manchmal dazu, dass die Glaubwürdigkeit der alten Quellen generell in Frage gestellt wird, da man darin lediglich die Projektion der Eigeninteressen der Chronisten widergespiegelt sieht. Wissen-

Abbildung 7
Brasilianische Indianer beim Fällen und Transportieren von Brasilholz, Rouen, um 1530, Kat.-Nr. VII.II.13a

schaftler, die sich nicht nur mit der europäischen Berichterstattung, sondern auch intensiv mit den indigenen Völkern selbst beschäftigt haben, verweisen allerdings auf die oft sehr detaillierte Wiedergabe von typischen Merkmalen der indianischen Kulturen, die sich in den frühen Beschreibungen finden lassen. So wie in den eigenen Ratsversammlungen, wo stundenlanges Diskutieren oder Erzählen an der Tages- bzw. Nachtordnung sein kann, hörten die Indianer auch den Fremden gerne und geduldig zu, ohne sich jedoch an das Gehörte – und natürlich oft auch nicht recht Verstandene – gebunden zu fühlen. Die ersten Europäer in Brasilien hingegen interpretierten die Neugier und Höflichkeit der Indianer sowie das Tolerieren fremder Verhaltensweisen oder religiöser Überzeugungen in der Regel als Ausdruck einer generellen Akzeptanz ihres Tuns.[31]

Aus späteren Jahrhunderten, aus denen wir über genauere Aufzeichnungen verfügen, ist eine Vielzahl von Mythen bekannt, in denen die jeweiligen Kultur- und Machtunterschiede zwischen Europäern und Indianern aus indigener Sicht thematisiert werden.[32] Immer wieder findet sich hierbei das Motiv des Raubes: Die Existenz einer den Indianern überlegenen Technologie wird darauf zurückgeführt, dass die Weißen diese ihren eigentlichen Besitzern, eben den Indianern, in mythischer Vorzeit gestohlen hätten. Manchmal werden allerdings auch Fehler der eigenen Vorfahren als Begründung für die real erlebte Situation angeführt. So existieren mythische Erzählungen, in denen eine Schöpfungsgottheit den Indianern verschiedene Gegenstände, wie beispielsweise Gewehr bzw. Pfeil und Bogen, zur Auswahl gibt, wobei es nun die Indianer selbst waren, die sich für die technisch weniger entwickelte Variante entschieden. Dieses Motiv lässt sich bereits im frühen 17. Jahrhundert nachweisen. So beschreibt der französische Kapuzinermissionar Claude d'Abbeville von den Tupinambá die Vorstellung, dass ihr eigener Vorfahr einst vor der Wahl zwischen einem hölzernen und einem eisernen Schwert gestanden haben soll. Unbesonnenerweise habe er sich damals für die Waffe aus Holz entschieden, was die aktuelle indianische Unterlegenheit in der Auseinandersetzung mit den fremden Eindringlingen erkläre.[33]

Auseinandersetzungen mit den Geschehnissen der ›Entdeckungszeit‹ lassen sich bis heute immer wieder in den indianischen Geschichtserzählungen nachweisen. Die mündlichen Überlieferungen der in Zentral-Brasilien lebenden Kuikuro beispielsweise enthalten zahlreiche Erinnerungen an das Eindringen der *bandeirantes* im 18. Jahrhundert.[34] Auch in den Erzählungen der im nordost-brasilianischen Bundesstaat Maranhão lebenden Ramkokamekra (Canela) finden sich nach wie vor Anklänge an die Kolonialzeit. In den Mythen der Ramkokamekra ist es der Kulturheros Auké, der für die Erschaffung und Verteilung unterschiedlicher materieller Güter, wie u. a. Gewehr und Bogen, verantwortlich zeichnet. Dabei wird Auké wegen seiner außergewöhnlichen Fähigkeiten – so kann sich Auké beispielsweise in Tiere oder bestimmte Pflanzen verwandeln, womit er seine indianischen Verwandten immer wieder in Schrecken versetzt – in verschiedenen Erzählungen auch regelmäßig aus der indianischen Dorfgemeinschaft verstoßen. Sogar von seiner bewussten Tötung durch indianische Verwandte ist die Rede. Doch kehrt Auké anschließend stets in verwandelter Form zurück. Auch bedeutende nicht-indianische Personen, die auf die indianische Geschichte Einfluss nahmen, werden von den Ramkokamekra in ihren Erzählungen daher manchmal als Erscheinungsform Aukés interpretiert. In einer in der ersten Hälfte des 20. Jahrhunderts aufgezeichneten Variante wird der wiederauferstandene Auké von den Ramkokamekra mit Kaiser Dom Pedro II. (reg. 1831–1889), später auch mit General Rondon gleichgesetzt. In einer jüngeren Version ist es hingegen kein geringerer als Pedro Álvares Cabral, dessen Auftauchen als Wiederkehr des zur indianischen Tradition zählenden Heros erklärt wird.[35]

Das irdische Paradies, dem sich Vespucci im Mundus Novus-Brief – so er ihn denn wirklich verfasst hat – aufgrund der Annehmlichkeiten der aufgefundenen Region so nahe fühlte,[36] war bei der autochthonen Bevölkerung Brasiliens im 16. Jahrhundert dabei sicherlich nicht zu finden. Die angetroffenen Völker trugen bereits untereinander regelmäßig heftige Fehden aus. Diese wurden allerdings durch die Konflikte der Kolonialmächte noch einmal dramatisch verstärkt, da diese die einzelnen indianischen Gruppen immer wieder aus eigenen Interessen gegeneinander auszuspielen sowie die bestehenden Feindschaften weiter anzuheizen und für die eigenen Zwecke zu instrumentalisieren vermochten (vgl. Anm. 17).

Im Zusammenspiel mit diesen Kriegen sowie der geschilderten Versklavung und Vertreibung der indigenen Bevölkerung, in den spezifischen Auswirkungen dabei aber noch einmal wesentlich verheerender, waren es dann vor allem Krankheiten – ausgelöst durch aus Europa eingeschleppte Erreger, gegen die die Urbevölkerung Amerikas keine Immunität besaß –, die unter den Indianern zu einer demografischen Katastrophe führten. Für die Ostküste Brasiliens sind erste schwere Epidemien bereits für das frühe 16. Jahrhundert belegt. Wesentlich schneller als die europäisch-brasilianische Bevölkerung verbreiteten sich Pocken, Masern und andere dort zuvor unbekannte Krankheiten von der Küste ins Innere Südamerikas. Diese dezimierten die indigene Bevölkerung noch einmal dramatischer als Gewehrkugeln und Arbeitszwang.[37]

Berichteten europäische Geschichtsschreiber im 16. Jahrhundert noch regelmäßig von einer zahlreichen indianischen Bevölkerung – was ihnen später manchmal als Übertreibung ausgelegt wurde, um in Europa ein möglichst positives Bild bezüglich der Missionierungs- und wirtschaftlichen Entwicklungsmöglichkeiten des Landes zu geben – und fanden europäische Chronisten bei ihren späteren Zügen ins Hinterland häufig nur mehr kleine und, was die politischen Organisationsformen angeht, wenig differenzierte Dorfgemeinschaften vor, so bestätigen Ergebnisse der modernen Archäologie zunehmend die These von der Existenz komplexer sozialer Systeme sowie einer dichten frühen Besiedlung auch des östlichen Südamerika. Aus der Analyse von Fundstellen der sogenannten *Terra Preta*, einer fruchtbaren schwarzen Erde, die von der indigenen Bevölkerung lange vor der europäischen Landnahme kultiviert wurde und die Ernährung auch großer Bevölkerungsgruppen auf den ansonsten nährstoffarmen Böden des tropischen Südamerika erlaubte, lassen sich beispielsweise Rückschlüsse auf prähistorische Siedlungsstrukturen ziehen. Diese zeigen, dass ein vermutlich durch die neu eingeschleppten Epidemien ausgelöster dramatischer Bevölkerungsrückgang im Hinterland bereits einsetzte, lange bevor sich die ersten Weißen diese Gebiete auch politisch aneigneten.[38]

Insgesamt gehört die indigene Bevölkerung des heutigen Amerika zweifellos zu den Gruppen, die unter der europäischen Expansion am meisten zu leiden hatten. Seit Ankunft der ersten Europäer hat die Zahl der brasilianischen Indianer über gut 450 Jahre kontinuierlich abgenommen. Zahlreiche Ethnien wurden vollständig ausgerottet. Erst seit der zweiten Hälfte des 20. Jahrhunderts ist die Zahl der indianischen Bevölkerung wieder am Steigen. Heute leben in Brasilien mehr als 220 indianische Völker, von denen allerdings lediglich gut ein Viertel mehr als 1000 Personen zählt. Der Anteil der Indianer an der brasilianischen Gesamtbevölkerung beträgt lediglich zwischen 0,2 und 0,3 Prozent.[39]

Wie auch immer man die Kolonialisierung Brasiliens bewerten mag, zumindest aus Sicht der Indianer muss daher auch für die Entdeckung des Pedro Álvares Cabral jener berühmte Satz gelten, den der deutsche Mathematiker und Physiker Georg Christoph Lichtenberg im 18. Jahrhundert in seinen *Sudelbüchern* über Christoph Kolumbus notierte. Bei Lichtenberg heißt es: »Der Amerikaner, der den Kolumbus zuerst entdeckte, machte eine böse Entdeckung.«[40] Und dies gilt, obwohl man Cabral zugestehen muss, dass er seine Mannschaft bei der ersten Begegnung zwischen Portugiesen und Indianern zu einem Auftreten anhielt, das friedliche Tauschbeziehungen im gegenseitigen Interesse ermöglicht hatte. Vielleicht hat ihn der Mythenerzähler der Ramkokamekra ja auch deshalb in die eigene Tradition integriert.

Resumo

Organizado em três partes, este artigo descreve e exemplifica, aspectos característicos da descoberta e colonização do Brasil. Em primeiro lugar, são apresentadas e comparadas as duas fontes mais famosas neste contexto, as cartas de Pêro Vaz de Caminha e Amerigo Vespucci. Torna-se evidente que a representação de Vespucci, historicamente discutível, marcou de forma duradoura a representação contemporânea europeia da população autóctone da América do Sul tropical. A descrição de Caminha, mais autêntica, exerceu, comparativamente, muito pouca influência sobre a representação que os europeus faziam dos sul-americanos, uma vez que o documento só foi reencontrado, em arquivo, no princípio do século XIX. Na segunda parte, o artigo esboça importantes etapas da colonização portuguesa da região, tais como o comércio do pau-brasil, os conflitos com espanhóis, ingleses, holandeses e franceses, a transição de uma colonização pelo comércio para uma colonização de assentamento, a criação da indústria açucareira e do trabalho escravo.

A última parte tenta descobrir traços das reacções indígenas ao ›Descobrimento‹. Ainda hoje surgem, nos contos e lendas dos índios brasileiros, referências a reacções e confrontos com a antiga época colonial. Além disso, demonstra-se que os dados dos primeiros cronistas relativos à população anteriormente encontrada no Brasil, por vezes postos em dúvida pela ciência e, assim, ›desconstruídos‹, encontram uma nova confirmação em investigações arqueológicas recentes na bacia do Amazonas.

Anmerkungen

1 Caminha 2000 [1500], S. 21 f.
2 Bereits im Januar 1500 war die spanische Expedition des Vicente Yáñez Pinzón nach Südamerika gesegelt und dort, vermutlich in der Nähe des Cabo São Roque, angelandet. Etwas später erreichte sie auch die Amazonasmündung. Die Portugiesen waren somit nicht die ersten Europäer, die den Boden des heutigen Brasiliens erreichten. Doch blieb diese spanische Expedition kolonialpolitisch folgenlos, da sich Pinzón nach den Vereinbarungen des Vertrags von Tordesillas auf der Portugal zugesprochenen Seite befand. Pfeisinger 2001, S. 128; Schmitt 1984, Bd. 2, S. 167 ff.
3 Vasco da Gama hatte wegen der Erkrankung seines Bruders Paulo zunächst noch die Azoren angesteuert, wo Paulo da Gama allerdings verstarb.
4 Zur Diskussion um die gezielte oder zufällige Entdeckung Brasiliens durch Cabral vgl. z. B. Carvalho 1992, S. 66–74; Couto 1999a; Wallisch 2000b.
5 Caminha 2000 [1500], S. 20.
6 Vespucci berichtet von vier eigenen Expeditionen, von denen die ersten beiden in spanischem und die beiden letzten in portugiesischem Dienst erfolgt sein sollen. Zwei dieser Reisen, namentlich die erste und die vierte, gelten in der Forschung als zweifelhaft. Die Reise mit Gonçalo Coelho war nach Vespuccis Zählung seine dritte Fahrt über den Atlantik. Schmitt 1984, Bd. 2, S. 174 f. Zur Benennung Amerikas nach Amerigo Vespucci vgl. Laubenberger 1959 sowie den Beitrag von Knefelkamp in diesem Band.
7 Erwähnung finden ›Federn‹ und Hängematte (›Baumwollnetze‹) allerdings in anderen Schriften Vespuccis, wie im sogenannten Bartolozzi-Brief, dem ersten Brief, den Vespucci 1502 an Lorenzo di Pierfrancesco de' Medici über seine Reise von 1501/02 schrieb; vgl. Vespucci in Schmitt 1984, Bd. 2, S. 177, 180. Dieser Brief wurde allerdings erst 1789 von Francesco Bartolozzi zum ersten Mal ediert. Detaillierter war auch die zweite, bereits im 16. Jh. weite Verbreitung findende Schrift Vespuccis, *Quatuor Navigationes*, doch war ihr Erfolg »zu keinem Zeitpunkt […] mit dem des Mundus Novus-Briefes vergleichbar«. Gewecke 1992, S. 113.
8 So zum Beispiel Menninger 1995, Pieper 2000. Für die Authentizität plädiert hingegen der Übersetzer und Herausgeber der deutschen Edition (Vespucci 2002 [1504]), Robert Wallisch.
9 Zur Editionsgeschichte des Dokumentes vgl. Wallisch 2000a, S. 14 f.
10 Weitere Ausgaben erfolgten beispielsweise in italienischer, lateinischer und niederländischer Sprache. Menninger 1995, S. 51, 130; Pinheiro 2004, S. 106. Bis 1555 sind schließlich sogar knapp 60 Ausgaben des Mundus Novus-Briefes belegt, davon etwa 25 im Rahmen des zuerst 1507 auf Italienisch, anschließend in weiteren Sprachen erschienenen Sammelbandes von Fracanzano da Montalboddo, *Paesi novamente retrovati*. Gewecke 1992, S. 113. Für die Vielfältigkeit *aktueller* Positionen bzgl. der Streitfrage, ob es unter der autochthonen Bevölkerung Brasiliens Kannibalismus gab, vgl. mit dem Beispiel der berühmten *Warhaftig Historia* von Hans Staden (1557, Kat.-Nr. XI.11); Münzel 2006a.
11 Zum europäischen Selbstverständnis in völkerrechtlicher Hinsicht vgl. Fisch 1984.

Lgoas comuns

I. d'Ascenção

Não ha fundo

Canal grande   por fima do baxo

I. Guitado

COSTA DO BRASIL

VILA DE PORTO SEGVRO   Monte pascoal   SPRITO SANTO

12 Für einen ersten Überblick zur Geschichte Brasiliens vgl. Pfeisinger 2001. Ausführlicher dann beispielsweise Johnson/Silva 1992; Wehling/Wehling 1994; Pietschmann 2000. Die Situation der indigenen Bevölkerung schildert ausführlich Hemming 1995 [1978], als ersten Überblick hierzu vgl. Kurella 2002b.
13 Der aller Wahrscheinlichkeit nach (zu unterschiedlichen Interpretationen vgl. Pietschmann 2000, S. 30f.) hierauf zurückgehende Name *Brasilien* setzte sich bald auch international durch und ersetzte frühere europäische Bezeichnungen wie *Land des wahren Kreuzes* oder *Land der Papageien*. Im deutschsprachigen Raum findet sich die Bezeichnung bereits in den ersten Dekaden des 16. Jh. in der Flugschrift *Copia der Newen Zeytung auß Presillg-Landt* (Kat.-Nr. IX.44). Auch auf der berühmten Brasilienkarte des Atlas Miller aus dem Jahr 1519 (Abb. 1) findet der Name *Terra Brasilis* Verwendung. Zur frühen Benennung Brasiliens aus kartografischer Sicht vgl. Dürst 1992.
14 Thomas 1966, S. 20; Pietschmann 2000, S. 30.
15 Pietschmann 2000, S. 52.
16 Thomas 1966, S. 19ff.; Carvalho 1992, S. 90f.; Pinheiro 2004, S. 69ff. Die Versklavung vor allem nicht-christlicher Personen, legitimiert u.a. durch päpstliche Bullen von Nikolaus V. aus der Mitte des 15. Jh., war zur damaligen Zeit in Portugal fest institutionalisiert. Thomas 1966, S. 29f., 47; Fisch 1984, S. 105, 206f.; Carvalho 1992, S. 91f.; Marques 2001, S. 33, 99f.; Kayser 2005, S. 115f. In der Beschreibung Portugals durch Johann Heinrich Hagelganß aus dem Jahr 1641 (Kat.-Nr. IX.55) heißt es, dass Sklaven – in diesem Falle aus São Tomé – »zu Lisbona / wie das Vieh / vmb 2.3. oder 400 Ducaten verkaufft werden«.
17 Thomas 1966, S. 22f.; Pietschmann 2000, S. 32. Eine erste französische Siedlungskolonisation in Brasilien, die nach großen internen Konflikten von den Portugiesen bereits in den 1560er Jahren wieder aufgelöst wurde, entstand ab 1555 unter Nicolas Durand de Villegaignon, der in der Guanabara-Bucht, also der Gegend des heutigen Rio de Janeiro, das *Antarktische Frankreich* gründete (vgl. Abb. 5). Zwischen 1612 und 1615 versuchten die Franzosen sich an der Amazonasmündung festzusetzen, was von Portugal letztlich ebenfalls vereitelt werden konnte. Auch die Holländer bemühten sich seit Ende des 16. Jh. mehrfach, eine eigene Kolonie in Brasilien zu etablieren. Der berühmteste Versuch war dabei sicherlich die Statthalterschaft Johann Moritz von Nassaus in Pernambuco (1637–1644). 1654 mussten die Holländer ihren Besitz nach teilweise heftigen Gefechten allerdings wieder aufgeben. In all diesen Fällen verbündeten sich die europäischen Eroberer und Kolonialherren jeweils mit bestimmten einheimischen Ethnien, die sie im Kriegsfall gegen andere europäische Mächte vor Ort auszuspielen versuchten. Die eigenen Truppen wurden in der Regel zudem mit zahlreichen Söldnern aus anderen europäischen Ländern aufgestockt. Schmitt 1986b, Bd. 3, S. 181ff.; Carvalho 1992, S. 150–166 u. 190–198; Gewecke 1992, S. 20–39 u. 159–191; Hemming 1995 [1978], v.a. Kap. 6, 8, 10, 11, 14; Obermeier 1995; Pietschmann 2000, S. 74–88.
18 Dies waren São Vicente an der Küste sowie das später zunächst wieder aufgegebene Santo André da Borda do Campo weiter landeinwärts. Schmitt 1986b, Bd. 3, S. 130ff.; Silva 1992, S. 349ff.; Wehling/Wehling 1994, S. 66; Pietschmann 2000, S. 35. Einen Überblick zur Bedeutung der Expedition gibt Carvalho 1992, S. 100–110.
19 Wehling/Wehling 1994, S. 69; dt. Übersetzung zit. nach Pietschmann 2000, S. 46; vgl. auch Thomas 1966, S. 41; Pinheiro 2004, S. 79.

20 Zur Missionsgeschichte vgl. Prien 1978, 2006 sowie den Beitrag von Meier in diesem Band.
21 Nach Schwartz (2004a, S. 180) waren auf den Zuckermühlen in Bahia und Pernambuco durchschnittlich 60 bis 70 Sklaven tätig, wobei auch auf Sklaven von den umliegenden Zuckerplantagen zurückgegriffen wurde, sodass sich die tatsächliche (Zwangs-)Arbeiterzahl pro *engenho* auf 100 bis 120 Personen belaufen konnte. Pfeisinger (2001, S. 136, vgl. auch Thomas 1966, S. 31) spricht von »unter 200 Sklaven inklusive Facharbeiter« als durchschnittlichen Bedarf einer Zuckermühle. Für den Anbau des Zuckerrohrs auf einer Plantage von 18 km^2 gibt er zudem einen Bedarf von 800 bis 1000 Zwangsarbeitern an.
22 Schmitt 1988, Bd. 4, S. 496ff.; Pietschmann 2000, S. 54ff.; Pfeisinger 2001, S. 134ff.; Schwartz 2004a. Vgl. hierzu auch den Beitrag von Costa in diesem Band. Die Eroberung Luandas durch die Holländer 1641 führte zwischenzeitlich zu einer Verknappung afrikanischer Sklaven im portugiesischen Brasilien, was wiederum den verstärkten Rückgriff auf indianische Zwangsarbeiter mit sich brachte. Thomas 1966, S. 129. Im 18. Jh. hat sich die Zahl der nach Brasilien verschleppten Sklaven dann noch einmal mehr als verdoppelt.
23 Pietschmann 2000, S. 52.
24 Eine Neuregelung der spanisch-portugiesischen Grenzziehungen erfolgte schließlich 1750 im Vertrag von Madrid bzw. 1777 im Vertrag von San Ildefonso.
25 Zu den sehr vage definierten, aus der Lehre des Thomas von Aquin abgeleiteten Gründen, die einen Krieg als ›gerecht‹ ausweisen konnten, vgl. Thomas 1966, S. 34ff., 76, 84, 112; Fisch 1984, S. 168ff.
26 Pinheiro 2004, S. 130ff.
27 Thomas 1966; für einen ersten Überblick vgl. auch Kayser 2005, S. 111–139.
28 Ausführlich hierzu Pinheiro 2004.
29 Zit. nach Pinheiro 2004, S. 74 bzw. Anm. 253. Mit der Zeit erschöpfte sich jedoch offenbar das Interesse der Indianer bzw. diese schraubten ihre Forderungen merklich in die Höhe. Vgl. Thomas 1966, S. 21; Pinheiro 2004, S. 79; Schwartz 2004a, S. 188.
30 So z.B. 1549 Manuel da Nóbrega, zit. in Pinheiro 2004, S. 119, oder 1614 Claude d'Abbeville, zit. in Münzel 2006b, S. 114.
31 Münzel 2006b.
32 Für einen ausführlichen Überblick vgl. Gerhards 1981.
33 Gerhards, 1981, S. 168ff.; vgl. auch Obermeier 1995, S. 196ff.
34 Franchetto 1998, S. 343–348.
35 Nimuendajú 1946, S. 245f.; Kowalski 2004, S. 136, 162, 178.
36 Vespucci 2002 [1504], S. 25.
37 Vgl. allgemein für die europäische Expansion Crosby 2004 [1986], v.a. Kap. 9. Speziell für Brasilien vgl. Hemming 1995 [1978], v.a. Kap. 7; Kurella 2002b, S. 82ff.; Pinheiro 2004, S. 145.
38 Für eine frühe Kritik an der Ableitung niedriger Bevölkerungszahlen für das 16. Jh. aus deutlich späteren Befunden und Interpretationen, die im Gegensatz zu den Angaben der ersten Chronisten stehen, vgl. Clastres 1976. Zu den Ergebnissen neuer archäologischer Forschungen vgl. z.B. Roosevelt 1993; Heckenberger 2000; Petersen, Neves u. Heckenberger 2001.
39 Gomes 2000; Ricardo 2000.
40 Lichtenberg 1986, S. 345.

ABBILDUNG 8
DIE KÜSTE BRASILIENS MIT PORTO SEGURO UND DEM MONTE PASCOAL, IN: GASPAR FERREIRA REIMÃO, ROTEIRO DA CARREIRA DA ÍNDIA, 1612, KAT.-NR. V.I.26

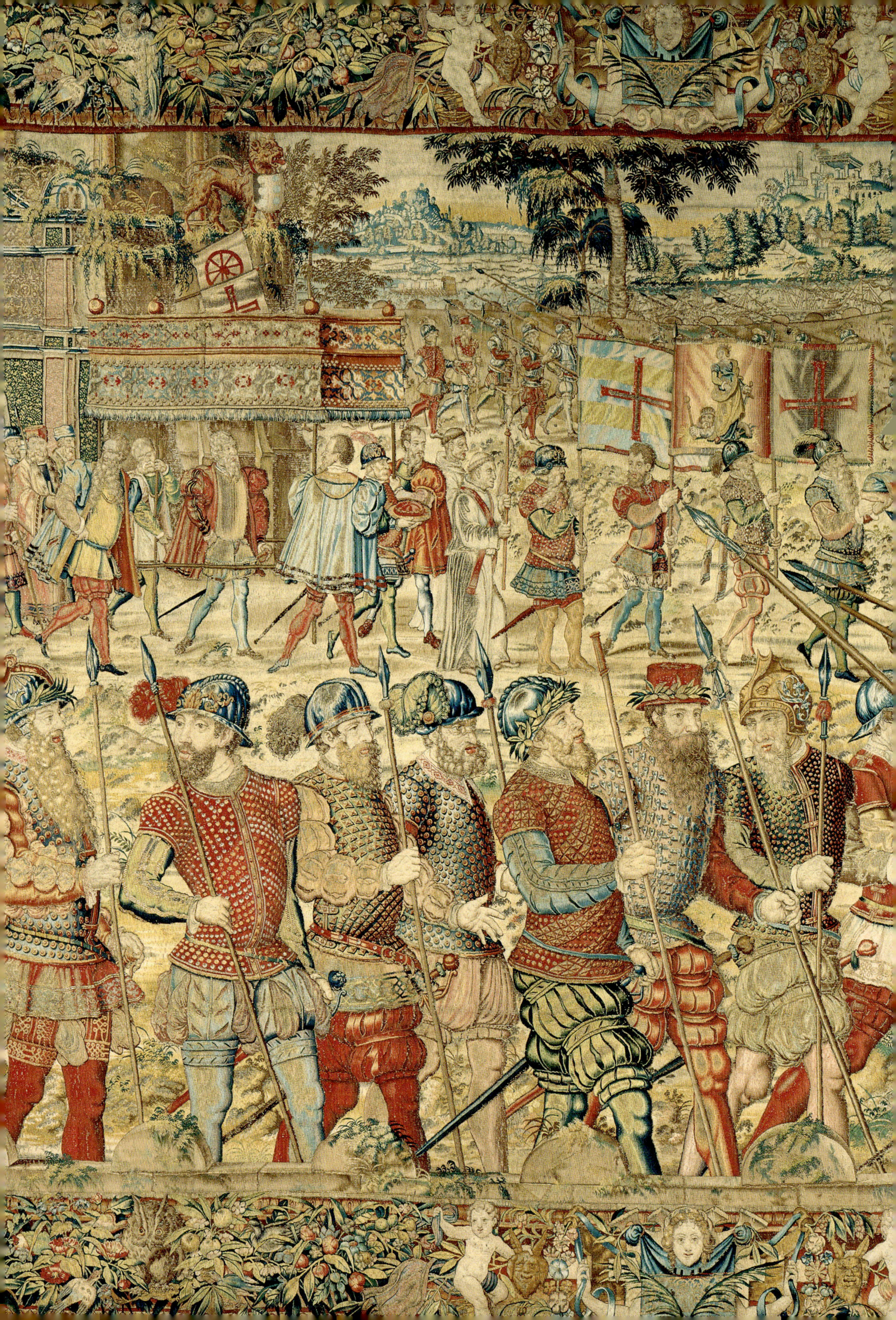

Ângela Barreto Xavier

Katholischer Orientalismus:
Wege des Wissens im Goa der Frühen Neuzeit

Der Erwerb und die Systematisierung von Wissen über Lebensräume, Bevölkerungsgruppen und Kulturen in den Gebieten des portugiesischen Imperiums sind bisher vor allem mit Blick auf die Wahrnehmungen und Darstellungen des ›Anderen‹ untersucht worden. Weniger beachtet wurden hingegen die Verbindungen zwischen ›Wissen‹ und ›Macht‹ und vor allem die Art, in der die Prozesse der Wissensaneignung (über Gebiete, Menschen, Kulturen), die sich aufgrund der imperialen Präsenz Portugals ergaben, an der Errichtung ebendieser Macht beteiligt waren. Im vorliegenden Beitrag wird nun dieser letzte Aspekt betont.[1] Der Aufsatz behandelt die Geschichte der ›westlichen‹ Wissensaneignung über den ›Orient‹ bzw. Asien und die Frage, wie dieses Wissen durch die imperialen Erfahrungen erworben wurde, diese aber zugleich auch produzierte.[2]

Nicht berücksichtigt werden dabei die englischen, französischen und deutschen Ausformungen des Orientalismus im 18. und 19. Jahrhundert, die in der sozialwissenschaftlichen Debatte über die sogenannten ›orientalischen‹ Gebiete eine größere Bedeutung hatten und auch mehr gesellschaftliche Resonanz fanden als der portugiesische Fall.[3] Es soll also jenes Wissen untersucht werden, das vor dem 18. Jahrhundert im portugiesischen *Império*, insbesondere beim Zusammentreffen der portugiesischen Imperialmacht mit den lokalen Territorien und Bevölkerungen erworben wurde.

Aufgrund des vormodernen und ›informellen‹ Charakters dieses Wissens oder auch aus bloßer Unkenntnis,[4] ist man in der Literatur bisher offenbar der Ansicht gewesen, dass es nicht ›würdig‹ genug sei, um zur Menge des von Said definierten ›orientalistischen‹ Wissens gezählt zu werden.[5] Der vorliegende Beitrag geht dagegen von einer ganz anderen Voraussetzung aus: Gerade die Tatsache, dass dieses Wissen seit dem Ende des 15. Jahrhunderts – oftmals mit denselben Zielsetzungen (also Wissen zur Unterstützung der Errichtung imperialer Macht, durch die es wiederum produziert wurde) – erworben wurde, macht es umso bedeutender, und daher sollte es auch Gegenstand einer genauen geschichtswissenschaftlichen Untersuchung sein.

Aus der Identifikation, Abgrenzung und Analyse dieses Wissens, das im Kontext der portugiesischen Kolonialerfahrungen gewonnen wurde, kann sowohl ein neues Verständnis der portugiesischen Lernvorgänge innerhalb des eigenen Imperiums als auch bisher wenig genutztes Informationsmaterial über die Regionen, deren imperiale Erfahrungen den Stempel Portugals trugen, gewonnen werden.

Ich habe mich daher nicht so sehr auf das ›Wissen von Reisenden‹ konzentriert, das traditionell von der Geschichtsschreibung, die sich mit dem portugiesischen Imperium befasst, am meisten studiert wird, sondern auf eine Sammlung von Verwaltungswissen, das Mitte des 16. Jahrhunderts in Goa zusammengetragen wurde. Konkret beziehe ich mich dabei auf das 1526 vom obersten Finanzaufseher (*vedor da fazenda da Índia*) Afonso Mexia mit Hilfe lokaler Brahmanen zusammengetragene Register (bzw. Charta) von Landrechten und Abgabenverpflichtungen in Goa, den sogenannten *Foral de Mexia*, sowie auf die Eigentumsregister oder *Tombos*, welche das Vermögen der Tempel, Gottheiten und lokalen Vertreter nichtchristlicher Religionsausübung inventarisierten.[6] *Forais* und *Tombos* dieser Art waren Verwaltungsdokumente, die im Königreich Portugal schon lange vor der Expansionszeit benutzt wurden und Ende des 15. Jahrhunderts als Instrumente zur territorialen Anerkennung und administrativen Neuordnung wieder aufgegriffen wurden. Ihre Anwendung auf die Gebiete des portugiesischen Kolonialreichs beruht auf dem Versuch, die imperiale Macht effektiver auszuüben.

Da nach meinem Verständnis die Geschichte des Königreiches Portugal zutiefst mit derjenigen seiner imperialen Territorien verwoben ist, wende ich mich zunächst kurz der politischen Geschichte Portugals im 16. Jahrhundert zu. Die anschließenden Überlegungen betreffen die Bedeutung Goas in der Geschichte des portugiesischen Kolonialreichs. Erst danach werden besagte Dokumente analysiert, um einige der Charakteristika der lokalen Gesellschaft, die die Portugiesen dort vorfanden, zu verdeutlichen.

Unter den Historikern herrscht ein wachsendes Einverständnis darüber, dass die Regierungszeit des Sohnes von Dom Manuel dem Glücklichen, König Dom João III. (reg. 1521–1556), der mit Dona Catarina (Katharina von Habsburg), der Schwester Kaiser Karls V., verheiratet war, von konstruktivistischen und

Abbildung 1
Triumphzug des Dom João de Castro in Goa (Ausschnitt),
Tapisserie, Brüssel 1555–1560, Kat.-Nr. VII.I.11

reformistischen Elementen geprägt war.[7] Ein Beispiel dafür ist die Durchführung der allgemeinen Zählung (*Numeramento Geral*) der portugiesischen Bevölkerung zwischen 1527 und 1532, was eine erste Erfassung der geografischen und bevölkerungstechnischen Gegebenheiten des Königsreiches ermöglichte. Diese demografische und territoriale Erhebung fiel mit der Aufteilung des Königsreiches in neue Bezirke (*Correições*, rechtspolitische Einheiten zur Organisation des Territoriums) sowie mit der Gründung neuer Städte und Diözesen zusammen.[8] Auch wenn die Zählung nicht im ganzen Königreich mit der gleichen Effizienz durchgeführt wurde – was die noch rudimentären Ressourcen der Krone verdeutlicht wie auch die unzähligen Hindernisse, mit denen sie konfrontiert wurde – und man sie deshalb nicht als Statistik im modernen Sinn begreifen kann, so stellt sie doch in beachtenswerter Weise und relativ präzise dar, wie viele Einwohner das Königreich hatte.

Neben dem *Numeramento Geral* waren auch die unter dem vorherigen König begonnene sogenannte Reform der *Forais* sowie die Erstellung von Haushaltsentwürfen (*orçamentos*) in den Jahren 1526, 1527, 1534 und 1557, deren Bedeutung für die Steuerkontrolle des Königsreiches bereits hinlänglich aufgezeigt wurde, Maßnahmen, die zur Erfassung[9] und Ordnung des Territoriums,[10] aber auch seiner Menschen dienten. Diese Anstrengungen wurden ergänzt durch die Gründung von Pfarrschulen, wo man mit Fibeln das Alphabet und über Katechismen die christliche Lehre erlernte, die Reform der Universität, das Aufkommen von Kontrollinstitutionen (so die Inquisition und die *Mesa da Consciência e Ordens*, ein zentrales Kontrollorgan für Gewissens- und Ordensangelegenheiten), die Entwicklung von Mechanismen, mit denen die religiöse Orthodoxie aufrechterhalten werden sollte (so die Zensur und die Beichte), und die Stärkung von Institutionen zur gesellschaftlichen Disziplinierung (zum Beispiel die klosterartigen *Recolhimentos*, in denen Waisenmädchen, Witwen und andere Frauen untergebracht wurden, deren Gatten auf Reisen gingen). Auf diese Weise nahm man zunehmend auf intime Bereiche wie den Körper und die Seele der Menschen Einfluss.[11] In gewissem Sinne waren auch die Kleiderordnungen, die Gesundheitsgesetze, die Gesetze gegen die Bettelei, die Strafgesetzgebung sowie die Regelungen für Spitäler, Siechenhäuser, Herbergen und andere barmherzige Institutionen Teile dieses Prozesses.[12]

Doch in welchem Maß manifestierte sich diese Haltung auch in den Reichsgebieten in Übersee? Und auf welche Weise war die Erstellung von *Forais* und *Tombos* im indischen Vizekönigreich, dem *Estado da Índia*, ab Mitte der 1520er Jahre, in der Regierungszeit Dom Joãos III. also, Teil einer politischen Kultur, in welcher der Wunsch »die Welt zu beherrschen« es erforderlich machte, diese Welt, über die man herrschen wollte, kennenzulernen?

Wenige Jahre nachdem Vasco da Gama 1498 im Hafen von Kalikut angelegt hatte und einige Handelsniederlassungen und Festungen an der Westküste des indischen Subkontinents und der Ostküste Afrikas – also im westlichen Indischen Ozean – errichtet worden waren, gründete der König von Portugal den *Estado da Índia*. König Dom Manuel I., dem immer klarer wurde, dass die Entfernung zwischen dem Königsreich und den Territorien im Indischen Ozean eine effiziente Verwaltung derselben verhinderte, beschloss 1505, »all unsere Macht und Gerichtsbarkeit« zu delegieren, und schuf erstmalig die Position eines portugiesischen Vizekönigs in Indien, die er für drei Jahre mit Dom Francisco de Almeida besetzte. Damit begründete er die politische Entität, die bis 1961 die ostafrikanischen und asiatischen Territorien des ›portugiesischen Imperiums‹ miteinander verband.

In dieser Anfangszeit war Kochi (Cochin) an der Küste von Malabar (heute Kerala) die wichtigste Stadt des *Estado da Índia*, doch ab 1510, als Afonso de Albuquerque, der zweite Vizekönig von Indien, die etwas nördlicher, in Konkan gelegene Stadt Goa eroberte, begann die Diskussion darüber, ob Kochi oder Goa das Zentrum des *Estado* sein sollte. Die Gründe, die zu der – nicht einstimmigen – Wahl Goas, dem späteren »Schlüssel zu ganz Indien« (»a chave de toda a Índia«, wie es in einem berühmten Schreiben heißt), führten, wurden von der Geschichtsschreibung bereits dargelegt. An erster Stelle wird die Lage Goas angeführt, aber auch der Umstand, dass Goa mehr noch als Kochi ein Handelsposten war, der sich als Dreh- und Angelpunkt verschiedener Handelsrouten erwies, die über das Arabische Meer sowie den östlichen und westlichen Indischen Ozean ins Innere des Indischen Subkontinents führten.[13] Nachdem Goa zum Zentrum des *Estado* ausgewählt worden war – ein Status, den es bis 1961 behielt –, erfolgten politische Anstrengungen mit der Absicht, diese Stadt mit allen institutionellen Merkmalen auszustatten, die auch die ›Hauptstadt‹ des Königreiches kennzeichneten. In diesem politischen Kontext entstanden nun der *Foral de Mexia* (1526) und die ersten *Tombos de Goa*, die in den 1540er Jahren von Vizekönig Dom João de Castro (Abb. 2) in Auftrag gegeben wurden, wie auch anschließend die Vermögensregister der Tempel von Goa (1560er Jahre). Festzustellen ist, dass wir es für die Gesamtheit des *Estado da Índia* mit einer nicht zu vernachlässigenden Sammlung von Verzeichnissen zu tun haben, von denen einige bereits publiziert worden sind. Hierbei geben die Vermögensregister der Tempel von Goa ein ungewöhnliches Zeugnis vom ›Zusammentreffen der Kulturen‹, das in dieser Region stattfand.

Die Einzigartigkeit dieser Dokumente rechtfertigt, dass wir uns zuerst auf die Umstände ihrer Entstehung konzentrieren und danach die Bedeutung der Inhalte erörtern. In dem von Rosa Perez 1997 herausgegebenen Buch *Histórias de Goa* stellte Sanjay Subrahmanyam in einem kritischen Beitrag meines Wissens zum ersten Mal die Vorstellung in Frage, dass die portugiesische Imperialmacht die lokale politische und gesellschaftliche Organisation Goas (mit anderen Worten das, was die Literatur normalerweise als Gemeindesystem und Kastensystem bezeichnet) intakt gelassen hätte.[14] Hinsichtlich des *Foral de Mexia* stellte Subrahmanyam die These auf, dass ganz im Gegenteil die portugiesische Kolonialmacht begonnen hatte, in die lokale Ordnung einzugreifen und bestehende Gleichgewichte ab dem Zeitpunkt seiner Abfassung neu zu justieren. Dies ergebe sich daraus, dass eines der Ziele des *Forals* die direkte politische Kommunikation mit den Dorfeliten war. Zugleich ging es darum, jene Eliten zu umgehen, die in vorherigen imperialen Kontexten mit politischen und administrativen Vermittlungstätigkeiten beauftragt gewesen waren.

In jener konkreten politischen Situation kann die von den einheimischen Gewährsleuten übermittelte Version durchaus das Ergebnis einer pragmatischen Interpretation der Normen gewesen sein, die das Leben in diesen Dörfern regelten. Vielleicht waren einige gesellschaftliche Verschiebungen (die den einen mehr passten als den anderen) sogar erwünscht. Die schriftliche Fixierung dieser Normen – und ihre nachfolgende Kristallisation – kann gleichermaßen Einfluss auf die interne Logik des Lebens dieser Dörfer genommen haben, denn jene hatten auf diesem Weg ein Grundbuchdokument in Händen, dem gegenüber sie sich positionieren konnten und sollten. Bei dem Dokument selbst handelte es sich vor allem um eine Auswahl der Normen, welche die Fragen der imperialen Beamten beantworteten. Mit anderen Worten, die diskursive Kenntnisnahme der lokalen Wirklichkeit, ihre selektive Wahrnehmung und ihre Rolle als Gegenstand des Diskurses erfanden teilweise erst diese gesellschaftliche Ordnung.

Während der *Foral de Mexia* das erste Ergebnis dieser ausforschenden Herangehensweise ist, die der Kolonialmacht den Aufbau des lokalen wirtschaftlichen und sozialen Systems verdeutlichte (die Bestimmungen betrafen Landrechte, Tributzahlungen, Nachfolgeregelungen sowie einige Verwaltungs- und Rechtsaspekte des Dorflebens), stellen die *Tombos*, also die Besitzverzeichnisse, Zusammenstellungen dar, deren Informationen jedes einzelne Dorf betrafen und so – in den Augen der

ABBILDUNG 2
DOM JOÃO DE CASTRO, VIERTER VIZEKÖNIG DES ESTADO DA ÍNDIA, 16. JAHRHUNDERT, KAT.-NR. VII.1.10

Abbildung 3
Rekonstruktion der Siedlungsstruktur Goas
in vor-portugiesischer Zeit, Ângela Barreto Xavier

Kolonialmacht, wohlverstanden – konkrete Elemente über ihre Eigenheiten lieferten.

Die Kompilation der Besitztümer und des Vermögens der Gottheiten, Tempel und lokalen religiösen Vertreter, die 1553 auf den Inseln Tiswadi, Chorão und Divar begonnen und ab 1567 in Salcete und Bardez weitergeführt wurde, ermöglicht uns einen Zugang zu zahlreichen Aspekten des kulturellen Lebens dieser Dörfer. Bezeichnenderweise wurde ein Teil dieser Verzeichnisse im selben Jahr erstellt, in dem das erste Provinzialkonzil von Goa abgehalten wurde, auf dem offiziell jener religiöse Orden gegründet wurde, der dann genau über den zerstörten Tempeln und mit den diesen inzwischen entwendeten Einkünften und Vermögen aufgebaut werden sollte.[15] Diese Dokumente verweisen in der Tat mehr als andere auf eine weitere institutionelle Struktur, das Patronatsrecht nämlich, das die Krone Portugals an diesen Orten innehatte und das im Allgemeinen bedeutete, dass sie die Ausübung der christlichen Religion zu finanzieren, zu fördern und aufrechtzuerhalten hatte. Zu jenem Zeitpunkt nahm die Krone die Bekehrung der lokalen Bevölkerung in die Hand, was eine beträchtliche Erhöhung des diesbezüglichen Finanzaufwandes bedeutete.

Was die Finanzierung des christlichen Kultus anging, so konnten die damit einhergehenden ökonomischen Verpflichtungen reduziert werden, indem das Finanzierungssystem der lokalen Kulte – genau wie die Bevölkerung – christianisiert wurde. Im Übrigen erlaubte eine gesetzliche Fiktion (dass nämlich Besitztümer, Einnahmen und Vermögen, die dem religiösen Kult zuzuordnen waren, nur für die Ausübung des christlichen Kultes übertragen werden konnten – eine Praxis, die in Portugal bereits nach der Zwangskonversion von Juden und Muslimen Ende des 15. Jahrhunderts auf deren Vermögen und Gebäude angewandt worden war) die relativ lineare Übertragung der aus dem lokalen Kultus stammenden Vermögenswerte auf die portugiesische Krone, die für die Neuverteilung dieser Mittel zum Zweck der Förderung der christlichen Religion zuständig war. Die Erfassung dieser Besitztümer, Vermögen und Einnahmen schien daher ein wichtiger Schritt auf dem Wege zur Neuverteilung der Einnahmen zu sein. Dieser Prozess soll im Folgenden genauer betrachtet werden.

Im Unterschied zu den späteren *Tombos* oder Eigentumsverzeichnissen, wie zum Beispiel dem von Francisco Pais aus den 1590er Jahren, wo die Auflistung der Daten bereits als mehr oder

ABBILDUNG 4
HAUSALTAR MIT INDISCHEN UND EUROPÄISCHEN STILELEMENTEN,
17. JAHRHUNDERT, KAT.-NR. VII.III.29

weniger unpersönliche ›Beschreibung‹ einer wirtschaftlichen und finanziellen Situation erscheint, haben die *Tombos* aus der Mitte des 16. Jahrhunderts noch einen narrativen Charakter. Das heißt, die Aufzeichnungen enthalten Berichte über die Reisen, die von der Gruppe portugiesischer Beamter zu jedem einzelnen der etwa 150 Dörfer des Territoriums von Goa unternommen wurden, um möglichst genau die Einkünfte und Vermögenswerte der Gottheiten, Tempel und lokalen Priester zu verzeichnen.

Leider besitzen wir nur wenige Daten über die Planung dieser Befragungen und die Richtlinien des Königs und Vizekönigs dazu. Aus dem, was die Dokumente uns sagen, wissen wir, dass zu den direkt beteiligten Beamten der portugiesischen Krone ein ›Expeditionsleiter‹ gehörte. Dies konnte der oberste Steuereintreiber (*Tanadar-mór*) oder der Waisenrichter (*Juíz dos órfãos*) sein sowie einige Schreiber, Dolmetscher und Zeugen (Abb. 5). Auf Seiten der lokalen Bevölkerung waren die Hauptgesprächspartner die Dorfeliten, insbesondere die als *Gaunkaren* (*Gauncares*) bekannten Vorsteher, und darüber hinaus gleichermaßen Dolmetscher und Zeugen, unter denen sich schon einige Konvertiten befanden, die portugiesische Namen besaßen.

Dieser Vorgang hatte im Übrigen viele Ähnlichkeiten mit vergleichbaren Vorgängen im Königreich, wobei allerdings die kulturellen Unterschiede stark ins Gewicht fielen. Zuerst wurde den Dörfern angekündigt, dass die portugiesischen Beamten die beabsichtigten Informationen einholen würden. Bei ihrer Ankunft in einer Ortschaft mussten sich die Dorfvertreter versammeln und, wenn sie Christen waren, »auf die Heiligen Evangelien« oder, wenn es sich um Heiden handelte, »im Kreis gemäß ihren Sitten« schwören und versprechen, dass sie die Wahrheit sagen würden. Danach, so war es zumindest 1553,

fragten die Beamten allgemein nach »jeglichen Vermögensverhältnissen und -zuständen« der Tempel und ihrer offiziellen Vertreter.[16] Nach Beendigung des Besuchs hatten die Schreiber der Dörfer fünf Tage Zeit zum Übersenden noch fehlender Informationen. Wenn sie Informationen vorenthielten, wurden sie bestraft. Abschließend wurde auf Anordnung des obersten Rechnungsprüfers nach Art des *Foral dos Contos*, des Regelwerkes der Finanzverwaltung, eine Abschrift dieser Information angefertigt. Während eine Kopie in lokaler Sprache in jedem Dorf verblieb, wurde wahrscheinlich eine Sammlung aller Dokumente bis 1627 in der *Casa dos Contos* (erste Form staatlicher Finanzbehörde) von Goa archiviert, wo sie in der Finanzverwaltung benutzt wurde. Später dann wurde sie vielleicht in die Finanzinspektion überführt. Es ist auch möglich, dass eine Kopie angefertigt wurde, die im *Torre do Tombo*, dem offiziellen Staatsarchiv Goas, archiviert wurde.

Was waren das nun für Güter, die zu inventarisieren die portugiesische Krone ein Interesse hatte, und welche Information war jeweils bezüglich der einzelnen Güter wichtig? Einerseits ging es um Immobilien wie die Ländereien, die den Gottheiten, Tempeln oder ihren offiziellen Vertretern für ihre Dienste im Rahmen der lokalen Religionen vermacht worden waren. Zu diesen Immobilien gehörten auch Gebäude und Geschäfte (*boticas*). Andererseits handelte es sich um bewegliche Güter wie Sklaven, Rinder, Ziegen, Gold, Silber und andere Gegenstände, Pflanzen, Lebensmittel (vor allem Kokosnüsse und Reis), Kleidung, Sandelholz usw.[17] Schließlich waren da auch noch verschiedene Einkünfte. Zum Beispiel wurde von denjenigen, die in den Tempeln Andachten abhielten, Miete gezahlt (das beste Beispiel in diesem Zusammenhang sind die *Gaunkare* und die Dorfschreiber). Auch auf diese Einkünfte hatte es die portugiesische Krone abgesehen, und später wurden diese Mittel für den Bau von Kirchen verwendet.

Welche Informationen wollte man nun über diese Güter erhalten? Bei den Grundstücken wollte man neben dem Namen des Besitzers ihre Größe, ihre Lage sowie die der angrenzenden Grundstücke (und deren Besitzer) wissen, dazu ihren Marktwert und die Abgaben, die dafür gezahlt wurden. Wenn es sich zum Beispiel um Palmenhaine handelte, fragten die Beamten nach der Anzahl der Bäume und danach, ob diese jung oder alt waren. Anschließend nahmen sie dann selbst die Schätzung des Wertes dieser Ländereien vor und befanden darüber, ob die dafür angesetzten Steuern erhöht oder herabgesetzt werden sollten.

Auch die Inhalte dieser Dokumente und ihr deskriptives Potential – also das, was diese uns über die Eigenheiten der

Abbildung 5
Portugiesen in Goa, in: Códice português,
1540, Rom, Biblioteca Casanatense

Dörfer Goas erzählen – sollen an dieser Stelle einer eingehenderen Betrachtung unterzogen werden, wobei in erster Linie auf jene Aspekte Wert gelegt werden soll, die direkt mit den Zielen der portugiesischen Krone zu tun haben. Wir wissen, dass es einer der Hauptzwecke dieser Umfragen war, in Erfahrung zu bringen, welchen Grundbesitz und welche Einkünfte die Tempel, Gottheiten und ihre Vertreter in den Dörfern Goas besaßen, damit die portugiesische Krone eine Vorstellung von der Höhe der Einnahmen erhielt, die dann (für die Gründung, die Ausstattung und den Erhalt von Gotteshäusern, die Zuteilung von kirchlichen Ämtern und deren Einnahmen usw.) auf den christlichen Kult übertragen werden konnten. Grundbesitz war das wertvollste, weil stabilste Wirtschaftsgut, und so war es von zentraler Bedeutung, die potentiellen Erträge der Ländereien in den verschiedenen Ortschaften festzustellen.

Diesbezüglich verfügen wir über verschiedene Arten von Angaben. Einerseits Einzelheiten über die Natur der Ländereien, darüber also, ob es sich etwa um Palmenhaine handelte oder aber um Reisfelder mit einer oder zwei jährlichen Ernten, Felder mit Arekapalmen, Obstgärten (mit Mangobäumen und Tamarinden), Gemüsegärten, Felder in Meeresnähe, die regelmäßig unter Wasser standen (*Esteiros salgados* und *Marinhas*), Buschland, Salzwasserbuschland, Brachland und anderer Grundbesitz minderer Bedeutung. Darüber hinaus gibt es aber auch interessante Informationen über die Beziehungen der Menschen bzw. der Dörfer zum Land und zum Grundbesitz. Es gab in der zweiten Hälfte des 16. Jahrhunderts in Goa auch nach dem Beginn der Christianisierung weiterhin muslimische ›Eigentümer‹ und eine Art Steuerbehörde für diese Gruppe – ein Beispiel dafür ist Said Mohammed, der Historikern als Steuereintreiber der Mauren (*Tanadar dos mouros*) bekannt ist.

Andererseits wurden Ländereien aus unterschiedlichen Gründen unter den Dörfern ausgetauscht: als Zahlung für Dienstleistungen von Vertretern eines Dorfes für ein anderes (z.B. gingen Tempeltänzer eines größeren Dorfes in kleinere Dörfer), für ›militärische‹ Hilfe in schwierigen Zeiten oder aus Gründen

ABBILDUNG 6
GETREIDEANBAU IN GOA, IN: CÓDICE PORTUGUÊS,
1540, ROM, BIBLIOTECA CASANATENSE

der religiösen Verehrung, bei der die Verwaltung eines Dorfes beschloss, Land an die Gottheit einer anderen Ortschaft, für die sie besondere Wertschätzung empfand, abzugeben.

Landbesitz war nicht nur deshalb übertragbar, weil die Kolonialherren den Landbesitz zu kontrollieren versuchten und dahingehend Druck ausübten – ein Tatbestand, der ganz im Gegensatz zu dem nicht-interventionistischen Bild steht, das in einem Großteil der Geschichtsschreibung über die koloniale Präsenz in Goa vorherrscht. Die Übertragbarkeit bestand in jener Region bereits vor der portugiesischen Präsenz, was wiederum dem klassischen ›orientalistischen‹ Bild der Starrheit der indischen Besitzverhältnisse widerspricht, auf der, folgt man gewissen Historikern, die angebliche soziale Unveränderlichkeit beruht haben soll. Die Verzeichnisse selbst zeigen deutlich, dass es bereits vor der Anwesenheit der Portugiesen Besitzbewegungen gab. Es sei diesbezüglich das Beispiel des Muslimen Noru Nagoa und seines Rechtsstreites mit dem Dorf Vanelim in Salcete genannt. Nagoa hatte einige Palmenhaine und Reisfelder des Dorfes Navelim gepachtet und einige dieser Grundstücke dem Bauern Deoguo Maboalque mit der Vorgabe übergeben, dass dieser Palmen auf den Reisfeldern anpflanzen sollte. Die Dorfverwaltung war mit diesem Handel nicht einverstanden, reichte bei Gericht Klage gegen ihn ein, forderte die Kündigung des vorher mit Noru Nagoa abgeschlossenen Vertrages und erreichte einen für sie günstigen Gerichtsentscheid.[18] Der Fall verdeutlicht meiner Ansicht nach eine ganze Reihe von Vorgängen innerhalb der Dörfer, darunter das Verpachten von Grundstücken an jene Person, die die besten wirtschaftlichen Garantien bot, die Neigung zum Wechsel der Anbauart (zum Beispiel von Reis zu Palmen, wofür niedrigere Abgaben gezahlt wurden) und das Vorhandensein eines Justizsystems, das Konflikte zwischen den Parteien regelte.

Gleicht man dies mit anderen Informationsquellen über die lokalen Besitzverhältnisse ab, so wird klar, dass die über die Verzeichnisse erhaltenen Daten auch auf das Vorhandensein von zwei oder drei Agrarordnungen in diesen 150 Dörfern hinweisen, was dem ›orientalistischen‹ Bild entgegensteht, wonach es im gesamten Indien ein ganzes Jahrtausend lang ein und dasselbe Agrarsystem gegeben habe.[19] In einem der Dokumente findet sich eine ausdrückliche Rechtfertigung dafür, dass der Grundbesitz des Dorfes Eigentum seiner Bewohner sei (und diese ihn folglich nach Wunsch veräußern könnten), in einem anderen dagegen wird eine viel komplexere Darstellung gegeben: Man besteht auf dem Unterschied zwischen den Inseln Salcete und Bardez und äußert sich über die Irrtümer, die durch die ›Verallgemeinerung‹ des *Foral de Mexia* – der eigentlich einzig die Insel Tiswadi beträfe – für die beiden genannten Orte entstanden sein sollen. Hier gehöre das Land nämlich dem König von Portugal, denn es sei vorher Eigentum der früheren Könige jener Gebiete gewesen und nach dem Abkommen von 1543 auf ersteren übertragen worden.[20] Der Autor des Dokuments weist noch darauf hin, dass in den an Salcete und Bardez angrenzenden Ländereien dasselbe System gültig sei, was seine Auffassung beweise.[21] Durch die Verzeichnisse ist auch zu erfahren, dass es in vielen Dörfern schriftliche Unterlagen gab, eine Art ›Erklärung‹, die das Recht einiger Personen auf bestimmte Ländereien anerkannte. Es wird sogar erwähnt, dass die Dorfschreiber in ihren ›alten Verzeichnissen‹ derartige Informationen aufgezeichnet hatten.

Neben ihrer ethnografischen, politischen und administrativen Bedeutung ist eine weitere in diesen Dokumenten enthaltene Information für die Rekonstruktion der lokalen kulturellen Ordnung ebenfalls relevant: Es handelt sich um die Liste der Gottheiten und der religiösen Handlungen, die für sie durchgeführt wurden, was besonders nützlich ist, wenn man vor allem die kulturellen Aspekte dieser Orte beleuchten will. Einige der Fragen, die sich anhand dieser Listen beantworten lassen, sollen im Folgenden aufgegriffen werden.

Eine zentrale Frage in der klassischen und post-orientalistischen Literatur über die sozio-kulturellen Systeme Indiens betrifft die Beziehung zwischen Kastensystem, Brahmanisierung und Sanskritisierung sowie die Verbindung dieser Aspekte mit der politischen und ökonomischen Macht. Nach Louis Dumont rührte die Überlegenheit der ›Kasten‹ der Brahmanen und der Kshatrya von ihrer vordefinierten rituellen Stellung her sowie aus der Vorrangstellung ihrer Gottheiten im ›hinduistischen‹ Pantheon. Besagte Überlegenheit hatte sich, so Dumont, über die Jahrtausende herausgebildet.[22] Dieser klassisch ›orientalistischen‹ These stehen spätere Studien gegenüber, die den politischen und historisch konstruierten Charakter dieser Kulturelemente betonen und auf ihren direkten Bezug zu den Auswirkungen der europäischen Kolonialisierung, vor allem auf den Zusammenstoß mit dem britischen Imperium, hinweisen.[23]

Beide Lesarten scheinen jedoch durch zweierlei in Frage gestellt zu werden: zum einen durch die Listen der Gottheiten von Goa und der ihnen zugeeigneten Besitztümer, die sich in unseren Inventaren finden, und zum anderen durch die Informationen, die sie über die ›Kasten‹ dieser Dörfer geben. So stehen die Daten im Widerspruch zu der allgemein verbreiteten Vorstellung, dass diese Territorien Pfeiler der brahmanischen Macht darstellten. Andererseits beschreiben sie einen Vorgang, der sich bereits lange vor der britischen Präsenz abspielte. Die

Listen der Gottheiten der Dörfer Goas im 16. Jahrhundert zeigen, dass die Hauptgötter nicht mehrheitlich sanskritisch waren, obwohl es auch Gottheiten dieses Typs gab. Statistisch gesehen waren die sanskritischen Gottheiten keinesfalls die bedeutendsten. Nicht einmal in Dörfern, wo sich die mächtigste Kaste selbst als ›brahmanisch‹ bezeichnete – so auf der Insel Chorão, einer der Inseln der zentralen Gruppe der Region – wurden ihnen die meisten Besitztümer abgetreten. Ohne nun an dieser Stelle auf die Gesellschaftsstruktur dieser Dörfer einzugehen, sei lediglich erwähnt, dass Chorão in der lokalen Mythologie eine *Agrahara* der Brahmanen war – also ein den Studien gewidmeter Ort – und dass die hiesigen *Gaunkare* ihren brahmanischen Ursprung stets betonten. Dementsprechend würde man also erwarten, dass auch ihre Götterwelt sanskritisch gewesen sei (Abb. 7).

Gerade dies war jedoch nicht der Fall. Wenn man die Gottheiten des Hauptdorfes auflistet, stellt man zunächst einmal fest, dass es ebenso viele Gottheiten sanskritischer Herkunft (Narayana, Bhagavati, Devi-Krishna, Ganesha) gab wie Gottheiten, die in Sanskrittexten nicht erwähnt werden und wahrscheinlich lokalen Ursprungs waren (wie zum Beispiel Ravalnath und Bhaukadevi).[24] Andererseits ist es wahrscheinlich, dass die Gottheiten entweder infolge von Migrationen in das Dorf gelangten oder aber, weil man sich bestimmten Bewegungen in der Verehrungspraxis anschloss (wie im Fall von Matsyendranath, ein Sidhanath, in Form von Mallinath, im 13. Jahrhundert).[25] Nicht zuletzt ist auch festzuhalten, dass die Beziehung zwischen den Sanskritgottheiten und den restlichen Gottheiten alles andere als linear war. Die sichtliche Beziehung zwischen zwei ›lokalen‹ Gottheiten (Ravalnath und Bhaukadevi) und einer Sanskritgottheit (Devki-Krishna, Mutter von Krishna) zeigt deutlich die Ambiguität und Komplexität des Pantheons eines Dorfes in Goa im 16. Jahrhundert.

Im Bannkreis der lokalen Gottheiten scheinen die Kulte für die alte Göttin Bhaukadevi, oft die furchterregendste unter den reineren Göttinnen, aber auch Heldenkulte – so um Ravalnath, einer Form von Rahul – und Kulte für die besagten Figuren als Wächter der höheren Gottheiten gestanden zu haben. Devki-Krishna konnte in diesem Zusammenhang eine der Gottheiten sein, die sich von diesen lokalen Gottheiten beschützen ließ. Dies geschah und geschieht noch heute in anderen Gegenden Indiens, wo sich der jeweilige Pantheon aus dravidischen und an der Spitze der Hierarchie stehenden brahmanischen Gottheiten zusammensetzt.[26] Überraschenderweise lässt sich jedoch eine solche Hierarchie in Chorão nicht feststellen. Hier war es im Gegenteil Ravalnath, dem die meisten Ländereien, Güter und Einkünfte zugeeignet waren. Rein ökonomisch gesehen galt also in der Vorstellung der Bevölkerung gerade er als mächtigste Gottheit und wahrscheinlich als die Hauptgottheit des Dorfes. Ravalnath, häufig als populäre Verkörperung von Shiva (Rahul) angesehen, wurde und wird dargestellt als stehender, mit einem *Dothi* bekleideter Mann mit vier Händen. In der einen hält er einen Spaten, in den anderen ein Behältnis mit Nektar, einen Dreizack und eine Trommel. Er hat einen langen Schnurrbart, trägt eine Halskette aus Totenköpfen und präsentiert sich traditionellerweise als Krieger und Wächter. Seine Darstellung ähnelt sehr der anderer männlicher Wächterfiguren, die in verschiedenen Gegenden Südindiens identifiziert und untersucht wurden.[27] Diese Götter, die zunächst den von ihnen beschützten Göttern untergeordnet waren, konnten deren Platz einnehmen und somit auch nach regelmäßigen Opfern und sonstigen Kulthandlungen verlangen.[28]

Möglicherweise machte Ravalnath im Dorf Chorão eine ähnliche Entwicklung durch. Er könnte sich dabei zuerst in Shano Ravalnath, den Intelligenten, und dann in Pisso Ravalnath, den Verrückten, aufgespalten haben. Diese Gottheiten waren mit zwei Dorfteilen verbunden, die von Brahmanen bewohnt wurden, welche Vishnu verehrten (die Viertel Gaunvaddo und Pandavaddo).[29] Shano und vor allem Pisso konnten jedoch nur gütig gestimmt werden, wenn ein Priester aus der Shudra-Kaste einmal im Jahr jene aus brahmanischer Sicht unreinen Opfer vollzog, die der Kult für Ravalnath erforderte, insbesondere die Opferung von Ziegen und Hähnen im Monat Ashvina.[30] Diese Opfer waren den brahmanischen Priestern, die auf das vegetarische und reinere *Puja* spezialisiert waren, zumindest theoretisch verboten. Das bedeutet, dass in Chorão entweder die brahmanische Identität die später dieser Kaste zugeschriebenen Verhaltensweisen noch nicht herausgebildet hatte oder aber dass die Zufriedenstellung Ravalnaths Transaktionen zwischen Brahmanen und anderen Gruppen notwendig machte. Im letzteren Fall engagierten die Brahmanen von Chorão einen nicht-brahmanischen Gaudapriester (aus den Kasten der Vaishyas oder der Shudras), um sich Ravalnath gewogen zu machen. Diese Art von Beziehung nahm dem Priester allerdings einiges von der rituellen Autonomie, die ihm eigentlich zu eigen sein sollte.

Wenn es beim Ravalnath-Kult im Dorf Chorão noch einige unbeantwortete Fragen gibt, so gilt das gleiche für den Kult für Devki-Krishna, die Mutter von Krishna. Möglicherweise war es diese Gottheit, die von Ravalnath in vergangenen Zeiten beschützt worden war, doch im 16. Jahrhundert war es Devki-Krishna – die Sanskritgottheit –, die Rituale zu Ehren von

›138‹ Konfrontation der Kulturen

Abbildung 7
Die dominanten Kasten im Goa des 16. Jahrhundert,
Ângela Barreto Xavier

Ravalnath abhielt, und nicht umgekehrt. Handelte es sich hierbei um ein Dankesopfer für den von Ravalnath gewährten Schutz? Beschwor dieses Opfer auch konkrete soziale Erfahrungen herauf, wie dies in Indien so oft der Fall war? In diesen Gegenden hing die Wahl der Dorfgöttin häufig mit ihrer irdischen Persönlichkeit zusammen.[31] Deshalb ist es gut möglich, dass die Beziehung zwischen Devki und Ravalnath Ereignisse evozierte, die sich im Dorfleben abgespielt hatten. Sie ginge somit über die lokale mythologische Tradition hinaus, dass Chorão dort gegründet wurde, wo einige von Krishnas Mutter weggeworfene Diamanten hingefallen waren.

Unter den verschiedenen Berichten über vergangene soziale Spannungen im Dorf Chorão ist der interessanteste zweifellos jener aus dem als *Reisen durch Indien* bekannt gewordenen Tagebuch eines portugiesischen Franziskaners aus der zweiten Hälfte des 17. Jahrhunderts.[32] Der Text berichtet von einer Episode, die sich einige Jahrhunderte früher abgespielt haben soll, als sich die Einwohner des Dorfes in Brahmanen und Unberührbare (bekannt als *Farazes*) aufteilten und die Macht in der Hand der Brahmanen lag. Lange Zeit hatten die Inselbewohner auf diese Weise friedlich zusammengelebt, bis das Wachstum der Farazengemeinschaft jenes der Brahmanen bei weitem überstieg und das demografische Gleichgewicht zwischen beiden Gruppen verlorenging. Da die Unberührbaren sich schneller vermehrten, warben sie schließlich um Brahmanentöchter – eine Kühnheit, die bei den brahmanischen Familien Entrüstung hervorrief. Um solche Bestrebungen ein für alle Mal zu unterbinden, baten die Brahmanen von Chorão die Brahmanen von Sirula, der bedeutendsten Ortschaft der Nachbarprovinz Bardez, um Hilfe. Am Ende waren zahlreiche Unberührbare samt ihrer Frauen und Kinder tot und die brahmanische Macht in Chorão wiederhergestellt.[33]

Ist es nun ein gewagter Gedanke, dass die Verbindung zwischen Devki-Krishna – die als Mutter mit Kind dargestellt wird und die Mutterschaft symbolisiert – und Ravalnath im 16. Jahrhundert auf die eine oder andere Art auf diese Zeit zurückverweist, als der Bevölkerungsanteil der Unberührbaren von Chorão so schnell wuchs, dass diese die Macht der Brahmanen bedrohten? Es mag vielleicht unmöglich sein, diese Fragen zu beantworten und die Verbindungen zwischen tatsächlichen Ereignissen und religiösen Darstellungen zu rekonstruieren, die so weit voneinander entfernt liegen, vor allem angesichts des Fehlens zeitgenössischer lokaler Zeugnisse sowie der ›christlichen‹ Vermittlung aller verfügbaren Informationen. Doch muss man diese Frage zumindest formulieren, wenn man über die Götterwelt von Chorão und über ihre mögliche Funktion bei der Lösung der sozialen Konflikte auf symbolischer Ebene reflektiert.

Deshalb lohnt es sich, noch einmal auf Bhaukadevi zurückzukommen, deren Eigenschaften auch an das Thema der biologischen und sozialen Reproduktion erinnerten.[34] Bhauka musste genau wie Ravalnath mit Blutopfern und obszönen Gesängen gütig gestimmt werden. Wie bei Ravalnath wurden die Opferhandlungen für jene Göttin normalerweise von einem Gaudapriester, wahrscheinlich bei Neumond im Monat Vaishajk (April bis Mai) vorgenommen, einem im Prinzip gefährlichen Tag. Die sexuell abstinente Bhauka, die weder Mann noch Kinder hatte, was sie zu einer frustrierten Göttin machte, da ihre zurückgehaltene sexuelle Energie den Ausbruch ihres Zorns und ihrer Angst steigern konnte, drohte an diesem Tag zu explodieren. Um ihren Zorn zu besänftigen, war es notwendig, noch blutigere und obszönere Situationen als die von Bhauka ersonnenen zu schaffen – Riten, die sich in vielerlei Hinsicht nicht von dem unterschieden, was man normalerweise als Tantrismus bezeichnet.[35] Wichtig ist dabei, über das historisch-anthropologische Potential dieser Rituale im Goa der Frühen Neuzeit hinaus, vor allem der offensichtliche Antagonismus zwischen Bhauka und Devki-Krishna (zwischen Shudras und Brahmanen also?), wie auch der Antagonismus zwischen unterschiedlichen Formen der Erinnerung, die mit einer solchen Vergegenständlichung möglicherweise dargestellt wurden und sich in einer recht überraschenden Beziehung zwischen diesen beiden Gottheiten niederschlugen.

Man könnte solche Untersuchungen auch auf andere Gottheiten Chorãos ausdehnen.[36] Ich denke jedoch, dass die hier erwähnten Beispiele folgenden Ansatz ausreichend verdeutlichen: Auch wenn es schwierig erscheint, ihre vielfältigen Bedeutungen herauszuarbeiten, so ist es doch sehr wahrscheinlich, dass das Pantheon des Dorfes Chorão eine Beziehung zur sozialen Ordnung der Inselbewohner und ihren historischen Erfahrungen hatte. Diese Beziehungen sind viel komplexer als es die Thesen der ›Orientalisten‹ erkennen lassen. Sie werden aber auch von einer bestimmten post-orientalistischen Richtung nicht vollständig erfasst. Wie wir am Beispiel dieses durchaus repräsentativen Dorfes gesehen haben, waren häufig weder die Hauptgottheiten Goas noch die an diesen Orten entwickelten Rituale brahmanisch. Gleichzeitig wird aber auch klar, dass die brahmanische Hegemonie auf dem Land bereits vor dem Kontakt mit den ›westlichen Imperien‹ im Aufbau begriffen war. Der von dieser kleinen Fallstudie vermittelte komplexe Eindruck verfestigte sich sicherlich, wenn man sich der Untersuchung weiterer Aspekte[37] der religiösen Ordnung zuwenden würde, zum Beispiel ihren offiziellen Vertretern, die im kultischen Bereich für den Unterhalt der Tempel und ihrer Gottheiten sowie für den der Priester und anderer Funktionsinhaber zuständig waren.[38]

Inwiefern werfen die bisher gesammelten Erkenntnisse neues Licht auf den Lernprozess, der mit der portugiesischen Expansion einherging? In Goa lassen sich bereits während der Befragungen, aufgrund derer die Landregister erstellt wurden, Veränderungen feststellen. Diese weisen auf eine Anpassung der Machtstrukturen an die unterdessen begriffene, aber auch schon diskursiv manipulierte Wirklichkeit hin. Während zum Beispiel bei den Befragungen der ersten Dörfer die Fragenliste relativ beschränkt war – was den einheimischen Gewährsleuten großen Interpretations- und Handlungsspielraum ließ – waren dieselben Befragungen zwei Wochen später bereits viel detaillierter und listen nunmehr eine ganze Reihe neuer Elemente auf, über welche die Ortsbewohner Informationen geben sollten. Offensichtlich kannte jetzt der mit der Befragung beauftragte ›Verwalter‹ die lokale Wirklichkeit, aber auch seine Gesprächspartner besser und versuchte, seinen Fragenkatalog an dieses neue Wissen anzupassen. Wenn wir uns vor Augen halten, dass das Referenzsystem der portugiesischen Beamten die christliche Religion mit ihren Institutionen, Vertretern und Gottesdienstpraktiken war – und dass im Mittelpunkt der Untersuchungen die Inventarisierung der Besitztümer, des Vermögens und der Einnahmen von Tempeln stand –, so ist dieser Prozess vollkommen natürlich. Da die portugiesischen Beamten die religiöse Ordnung der Orte nicht kannten und auch keine konkrete Vorstellung davon hatten, entschieden sie sich dafür, die vorgefundene Wirklichkeit zahlenmäßig so genau wie möglich festzuhalten.

Diese Haltung beweist zugleich die komplexe Wechselbeziehung zwischen Wissen (in diesem Fall administrativem Wissen) und politischer Praxis. Je genauer die durch die Untersuchungen erworbene Information war, desto angemessener konnte die an jenen Orten ausgeübte politische Kontrolle sein. Die Detailliertheit und die zum Teil informelle Darstellung der erworbenen Information erlauben, über einige Aspekte der lokalen Geschichte nachzudenken, die über den Mikrokosmos der fraglichen Region hinaus interessant erscheinen. So lässt sich aus diesen Verzeichnissen beispielsweise ersehen, dass es schon vor der Präsenz der Portugiesen ein administratives Informationssystem gab. In einigen der Erzählungen finden sich Erwähnungen von einem ›alten Verzeichnis‹, von ›Büchern‹ der ›Schreiber‹ und von ›ihren Archiven‹, die mittlerweile zerstört worden seien. Selbst wenn sich durch die ›Übersetzung‹ Veränderungen ergeben haben, ist doch die Möglichkeit nicht auszuschließen, dass es auch unter den islamischen oder hinduistischen Machthabern, die dieses Gebiet beherrschten, analoge Informationsnetzwerke gab, so unter der Vorherrschaft Vijayanagaras. Es ist sogar möglich, dass die Dorfeliten diese Information zerstörten, um so ihre Stellung als Dolmetscher und Vermittler aufzuwerten. So hatten sie es wahrscheinlich schon bei der Ausarbeitung des *Foral de Mexia* gehandhabt. In diesem Sinne erlauben diese Daten die Annahme, dass die von Christopher Bayly in *Empire and Information* und in *Indian Society and the making of the British Empire*[39] beschriebenen Prozesse bereits sehr viel früher in anderen Regionen Indiens existierten und, darüber hinaus, dass sich die von den westlichen Mächten in Indien erstellten Kataster sowie ihre Folgen hinsichtlich möglicher lokaler Verschiebungen viel früher als erst im 18. Jahrhundert auswirkten.

Noch interessanter ist vielleicht, dass die aus diesen Dokumenten gewonnenen soziokulturellen Informationen einige Aspekte unseres Vorverständnisses über das ländliche Leben in Indien in Frage stellen können. Dies ist nicht nur für unsere Reflexionen über die Geschichte Indiens selbst relevant, sondern auch für die Erörterung der Formen der Wissensproduktion über Indien, einschließlich der Entstehungsweisen akademischen Wissens. Es stellen sich dabei viele Fragen: Warum werden diese und andere Fakten aus dem portugiesischen Kontext in den dominierenden historiografischen Schriften unserer Zeit selten beachtet? Was sagt dies über die Mechanismen der heutigen Wissensproduktion aus? Und was über die Position bestimmter Wissenselemente in einem Feld, das seinerseits aus Zentren und Peripherien besteht?

Resumo

A produção e sistematização de saberes sobre os espaços, população e cultura dos territórios do império português, têm sido sobretudo estudadas a partir do enfoque das percepções e representações da alteridade. Menos estudada tem sido, em contrapartida, a articulação entre Saber e Poder, e o modo como os processos de conhecimento (dos territórios, das gentes) que se desenvolveram no contexto da presença imperial portuguesa participaram na construção desse mesmo poder. Neste estudo privilegia-se, precisamente, este segundo aspecto.

Em concreto, privilegia-se alguma documentação administrativa produzida, em meados do século XVI para mostrar como ela permite realizar uma etnografia das aldeias de Goa durante esse período. A esse respeito, os tombos de propriedades que inventariaram os bens atribuídos a templos, divindades e oficiantes das devoções locais, constituem fontes excelentes. Ao fazerem o levantamento sistemático destes templos e divindades – bem como dos meios financeiros que lhes eram disponibilizados pelas populações de cada aldeia – estes documentos disponibilizam informação única para se fazer a história das 150 aldeias que, no século XVI, constituíam estes territórios.

A meu ver, o facto de tais conhecimentos terem sido produzidos nesse período (e não a partir do século XVIII, como aconteceu com a maior parte dos saberes orientalistas), com o mesmo tipo de objectivos (fornecer conhecimentos que facilitassem a implantação e conservação imperial) torna-os ainda mais relevantes enquanto fontes privilegiadas de informação sobre aquelas paisagens históricas, permitindo, inclusive, problematizar alguns dos conhecimentos que foram sendo gizados sobre as estruturas sócio-culturais indianas neste mesmo período.

Anmerkungen

1 Dieser Text entstand im Rahmen eines Projektes, an dem ich zusammen mit Ines Zupanov vom CNRS (*Centre national de la recherche scientifique*) in Paris arbeite und das denselben Titel, *O Orientalismo Católico* (Katholischer Orientalismus), trägt.
2 Cohn 1996; Bayly 1996.
3 Said 1978.
4 Vgl. hierzu die Tendenz der Mehrzahl der Beiträge in Ausst.-Kat. Lissabon 1997.
5 Said 1978.
6 Historical Archives of Goa, Nr. 3071; Nr. 7583–7585; Nr. 7604.
7 Siehe Magalhães 1993a, S. 530–540; Dias 1998b, S. 742ff. sowie v. a. die in Actas 2004 veröffentlichten Arbeiten.
8 Rodrigues 1993, S. 197–211; Dias 1998b, S. 11–26.
9 Magalhães 1993b, S. 18–32; Magalhães 1993c, S. 91–93.
10 So zeigten beispielsweise Teresa Rodrigues, Romero de Magalhães und João Alves Dias, wie im Königreich Portugal im 15. Jahrhundert die Zunahme der Kenntnis und der Kontrolle des Territoriums und die administrative Ausbreitung miteinander einhergingen (Rodrigues 1993; Magalhães 1993b; Dias 1998b).
11 Rodrigues 1993, S. 197–211; Dias 1998b, S. 11–26; Paiva 2000a, S. 187–191.
12 Zu diesen Vorgängen vgl. vor allem Sá 1996, 1998, 2001; Abreu 1996.
13 Santos 1999.
14 Subrahmanyam 1997b.
15 Die von den Portugiesen 1510 eroberte Stadt Goa liegt am Ufer des Rio Mandovi in Ella. Seit Mitte des 15. Jahrhunderts war sie die Hauptstadt jener Region. Goa Velha nannten die Portugiesen die alte Stadt im Süden der Insel Tiswadi.
16 Historical Archives of Goa, Add. Nr. 3071, fol. 37v–38.
17 *Foral de Salcete*, in *Purabilekh Puratatva*, Goa, Jan.–Jul. 2001, S. 27.
18 *Foral de Salcete*, in *Purabilekh Puratatva*, Goa, Jul.–Dec. 2001, S. 62.
19 Archivum Romanorum Societatis Iesu, Goana 22, fol. 59–66.
20 Instituto dos Arquivos Nacionais / Torre do Tombo, *Cartório Jesuítico*, Mss. 89, Systema da Causa, fol. 49.
21 Instituto dos Arquivos Nacionais/Torre do Tombo, *Cartório Jesuítico*, Mss. 89, Systema da Causa, fol. 49.
22 Dumont 1966.
23 Dirks 1996, 2003; Bayly 1999.
24 Daniélou 1992.
25 Mitragotri 1999, S. 115f.; Gopal 1988.
26 Fuller 1988.
27 Vgl. Bayly 1989, S. 31ff.; Fuller 1992, S. 39ff.; Gune 1965, S. 16.
28 Vgl. Anm. 26.
29 Catão 1964, 1965; Mitragotri 1999, S. 168.
30 Für eine Beschreibung vgl. Pereira 1940, Bd. II, S. 225 und 234.
31 Fuller 1992, S. 44.
32 Nationalbibliothek Lissabon (Biblioteca Nacional), Cod. 846, fol. 117v.
33 Die institutionalisierte Erinnerung an diesen Konflikt hat sich in Zinszahlungen erhalten, die die *Gaunkare* von Chorão seitdem an jene von Sirula zahlen. Diese Art von Abhängigkeit zwischen den Dörfern aus militärischen Gründen war sehr gängig.
34 Mitragotri 1999, S. 138ff.
35 Auch die im Dorf entstandenen Rituale und Kultformen standen in Verbindung mit zwei Reformbewegungen, insbesondere dem Vaishnava-Reformismus von Madhavacharya (Shirodkar 1988, S. 9ff.; 1998, II, S. 24–55).
36 Am Fuß des Pantheons befanden sich Dadd-Shenkar und Barazan. Dadd-Shenkar erinnert an die Gegenwart bösartiger Geister, Barazan steht in Bezug zu geheiligten Orten und häufigen Kulten zwischen den Sudragemeinden.
37 Tabakarbeiter, Barbiere, Spargattenverkäufer (Schuhsorte).
38 Töpfer, Schmiede, Flechter (*fuleiros*), Lampenanzünder, ein Mann, der die Pagode mit Zweigen schmückte, *chaudaris* (die die Pagoden deckten), *corunbins* (die Stroh brachten) und Maler.
39 Bayly 1988, 1996.

O GOVERNADOR AFFONÇO D ALBOQVERQVE SVCEDEO NA IN
DOM FRANCISCO D ALMEIDA EM NOVEMBRO 1
509 TOMOV DIAS VEZES A CIDADE DE GOA FAS EM
TE ORVZ E FEZ A FORTALEZ A DE CALECVTE FOI A PERCIA
STRETO DE ORMVZ E MAR ROXO

Jan Werquet

Zwischen Aufbruch und Erinnerung.
Architektonische Herrschaftsrepräsentation und politische Ikonografie im Goa des 16. und frühen 17. Jahrhunderts

»Es liegt nun etwa hundertzehn Jahre zurück, seitdem die Portugiesen diese Insel Goa in Besitz genommen haben, und ich war oft darüber erstaunt, wie [sie] es in so wenigen Jahren vermochten, so viele herrliche Kirchen, Klöster, Paläste, Festungen und andere Bauwerke in europäischer Bauweise zu errichten; [...] dies alles ist ebenso gut geschützt und überwacht wie in Lissabon selbst. Diese Stadt ist die Hauptstadt des Staates der Portugiesen in Indien, was ihr große Macht, Reichtum und Berühmtheit verleiht.«[1]

Als der französische Reisende Pyrard de Laval über seinen Aufenthalt in Goa Anfang des 17. Jahrhunderts berichtete, hob er die großen städtebaulichen und politischen Veränderungen hervor, die die Stadt in den Jahrzehnten zuvor durchlaufen hatte. Er blickte dabei auf eine ebenso dynamische wie umwälzende Entwicklung zurück, die das islamisch beherrschte Handelszentrum an der indischen Westküste zur unbestrittenen Metropole des portugiesischen *Estado da Índia* hatte werden lassen. Wie der Autor andeutet, stand dieser Prozess in engem Austausch mit der europäischen Kunstentwicklung. Aus der heutigen Perspektive werden die bis zum Aufenthalt Lavals in Goa entstandenen Bauten und Kunstwerke jedoch nicht allein in ihrer formalen Abhängigkeit von der Kunst und Architektur des Mutterlandes verständlich. Eine vergleichende Betrachtung der zentralen königlichen Bauunternehmungen – des Vizekönigspalastes und der Kathedrale – offenbart vielmehr, dass sie in ihrer Ikonografie und Formensprache dem Repräsentationsanspruch des noch jungen *Estado* in besonderer Weise Rechnung trugen und dabei innovative und retrospektive Aspekte europäischer Kultur auf recht eigenständige Weise mit lokalen Traditionen in Beziehung setzten.[2]

Die Anfänge Goas als integraler Bestandteil des portugiesischen Überseeimperiums standen im Zeichen weitreichender strategischer Ambitionen Dom Manuels I., die darauf abzielten, ein Jahrzehnt nach der ersten Entdeckungsfahrt Vasco da Gamas die machtpolitische und wirtschaftliche Position des *Estado* an der indischen Malabarküste zu festigen und auszubauen.[3] Dass dabei gerade das zum zentralindischen Sultanat Bijapur gehörende Goa in den Fokus des portugiesischen Interesses rückte, war der geografischen Situation der Stadt und ihrer Bedeutung als Warenumschlagplatz geschuldet. Ihre Lage zwischen dem Hindureich von Vijayanagara im Süden und den muslimischen Staaten im Norden versprach ihrem Besitzer großen Einfluss auf die politischen Gegebenheiten und den Handelsverkehr in Indien. Schließlich machte ihre leicht zu verteidigende Position auf einer Insel im Mündungsgebiet der Flüsse Mandovi und Zuari die Stadt zum idealen Stützpunkt einer auswärtigen Seemacht. Der portugiesische Angriff auf Goa erfolgte im Februar 1510 und zog wechselvolle, fast zehn Monate andauernde Kämpfe nach sich. Die endgültige Eroberung am 25. November durch Afonso de Albuquerque, den neu ernannten Gouverneur des *Estado*, endete in einem Massaker am muslimischen Teil der Bevölkerung und ihren Verteidigern. Um die Stadt vor Rückeroberungsversuchen und feindlichen Blockaden zu schützen, bemächtigten sich die Portugiesen auch der angrenzenden Provinzen Bardez und Salcete, die jedoch erst 1543 dem *Estado* einverleibt werden konnten.

Die territoriale Erweiterung der portugiesischen Enklave wurde von einem steten Bedeutungsgewinn der Stadt begleitet. Bereits 1530 veranlasste ihre strategisch günstige Lage am Mittelabschnitt der Malabarküste die Regierung des *Estado* dazu, ihren Sitz von Kochi (Cochin) nach Goa zu verlegen. Wenig später folgten wichtige geistliche Institutionen: Im Jahr 1534 wurde das Bistum Goa gegründet, das 1558 zum Erzbistum mit den beiden Sufraganen Kochi und Malakka erhoben wurde. Die politische Hauptstadt des *Estado da Índia* avancierte damit auch zur geistlichen Metropole des portugiesischen Ostens, zum Zentrum der Missionsbewegung im asiatischen Raum und zu einem der wichtigsten Schauplätze der portugiesischen Inquisition.

Die Selbstdarstellung des *Estado* stand in Goa in einem vielschichtigen urbanen Kontext, dem die Portugiesen erst sukzessive eine neue architektonische Prägung verliehen. So bedeutete das Jahr 1510 trotz der blutigen Umstände ihrer Eroberung nicht den jähen Untergang der vorkolonialen Stadt. Albuquerques Pläne gingen zwar über die königlichen Befehle zur Errichtung einer exterritorialen Handelsstation, wie sie die Portugiesen bereits unter anderem in Kochi betrieben hatten, hinaus und

Abbildung 1
Porträt von Afonso de Albuquerque (Ausschnitt),
16. Jahrhundert, Lissabon, Museu Nacional de Arte Antiga

› 144 ‹ KONFRONTATION DER KULTUREN

sahen von Anfang an die Sicherung eines größeren souveränen Gebietes vor. Dennoch blieb die demografische Struktur Goas weiterhin von der einheimischen, meist hinduistischen Bevölkerung geprägt. Auch die Grundzüge der bestehenden Stadtanlage erschienen den Portugiesen als geeigneter Rahmen für ihre eigenen Baumaßnahmen.[4] Dies galt zum einen für die Befestigungen, die erst in der zweiten Hälfte des 16. Jahrhunderts durch einen weiter ausgreifenden Mauerring ersetzt wurden; zum anderen wohl auch für das Straßennetz, das sich in seinem unregelmäßigen Verlauf deutlich von den orthogonalen Anlagen portugiesischer Neugründungen unterschied (Abb. 2).

Der öffentliche Raum der zentralen Verkehrsachse Goas, der *Rua Direita*, war in portugiesischer Zeit vor allem vom regen kommerziellen Alltagsleben der Handelsstadt geprägt; dagegen fungierte der an deren Ausgangspunkt gelegene *Palácio da Fortaleza* als zentraler Ort staatlicher Repräsentation.[5] Wie das äußere Erscheinungsbild des Festungspalastes, seine Ausstattung und zeremonielle Nutzung zeigen, verbanden sich hier die funktionalen Aspekte der portugiesischen Profanarchitektur[6] mit dem Wunsch des Staates, seinen raschen und von seinen Vertretern als triumphal empfundenen Aufstieg zu dokumentieren. Hatten Afonso de Albuquerque und dessen Nachfolger noch im Palast der islamischen Herrscher Quartier bezogen, so verlegte man 1554 die Residenz des Vizekönigs in den Festungspalast am Mandovi-Ufer. Dies versprach, neben einem höheren Wohnkomfort und besseren Unterbringungsmöglichkeiten für die Verwaltungsstäbe des *Estado*, eine verstärkte Kontrolle der Kaianlagen mit ihren Handelskontoren und Warenhäusern. Wie die anderen Bereiche der Stadtbefestigung Goas ging auch der *Palácio da Fortaleza* in seinen Ursprüngen auf die Zeit der islamischen Herrschaft zurück; durch zahlreiche Umbauten und Erweiterungen, die ohne einheitlichen Plan erfolgten, wurde er im Laufe des 16. Jahrhunderts jedoch weitgehend überformt.

ABBILDUNG 2
STADTPLAN VON GOA, IN: MATTHÄUS MERIAN D. Ä.,
THEATRUM EUROPAEUM, UM 1642, KAT.-NR. VII.I.4

Die Baugestalt des Palastes zeigt neben Reiseberichten auch eine Planzeichnung, die sich heute im Besitz der *Sociedade de Geografia* in Lissabon befindet (Abb. 3). Demnach entsprachen seine sparsam gegliederten Fassaden und seine charakteristische Dachlandschaft, die mit ihren dicht gruppierten und hoch aufragenden Walmdächern der einheimischen Bautradition folgte, den gängigen Gestaltungsprinzipien Goeser Profanarchitektur. An der zur inneren Hofanlage gewandten Seite wurden diese jedoch um architektonische Würdeformeln erweitert, die den Rang des Gebäudes zum Ausdruck brachten: Unter einer monumentalen Säulenvorhalle führte eine doppelläufige Treppe zum Hauptgeschoss des Palastes empor, wo eine Veranda die zentralen Funktions- und Repräsentationsräume des *Estado* miteinander verband. An der flussseitigen Front schloss sich eine weitere Veranda an, die das nördliche Stadttor Goas überfing. Von diesem Ort, der einen weiten Blick über die Hafenanlagen Goas mit ihrem regen Schiffsverkehr bot, nahmen die Vizekönige die Petitionen der einheimischen Bevölkerung entgegen (Abb. 4).

Unterstrichen die Lage und das äußere Erscheinungsbild des Palastes den Machtanspruch des *Estado* und seiner Regenten, so stand das ikonografische Programm der Repräsentationsräume für einen erweiterten Sinnzusammenhang: die dauerhafte Vergegenwärtigung des portugiesischen Überseereiches, seiner staatlichen Kontinuität und der nautischen Errungenschaften, auf denen seine Existenz beruhte.[7] Den Auftakt bildete ein großer Saal, in dem seit der Mitte des 16. Jahrhunderts alle Schiffe und Flottenverbände der Indienroute mit den jeweiligen Namen und Reisedaten in Gemälden festgehalten wurden. Diese Demonstration portugiesischer Seemacht schloss auch diejenigen Schiffe ein, die vor der Ankunft in Indien gesunken waren.

In dem anschließenden Audienzsaal wurden auswärtige Gesandtschaften empfangen und Ratssitzungen abgehalten. Dieser übertraf die vorgelagerten Räume noch an Größe und war zum Zeitpunkt des Besuches von Laval mit den Staatsporträts aller bis dahin regierenden Vizekönige geschmückt. Die Anfänge der Galerie gingen auf Dom João de Castro, den militärisch erfolgreichen vierten Vizekönig Indiens, zurück. Dieser hatte den portugiesischen Historiker Gaspar Correia und einen einheimischen Gehilfen mit der Ausführung der Bilder beauftragt.[8] Wie die zum Teil noch erhaltenen Gemälde und zeitgenössischen Kopien zeigen, wurden die Regenten in ihrer gesamten Erscheinung dargestellt, mit aufgestütztem Kommandostab in der Rechten und einem Zeremonienschwert in der Linken (Abb. 1). Der Bedeutung der Bildfolge als ›Ahnengalerie‹ des *Estado* entsprechend, traten die Vizekönige dem Besucher mit

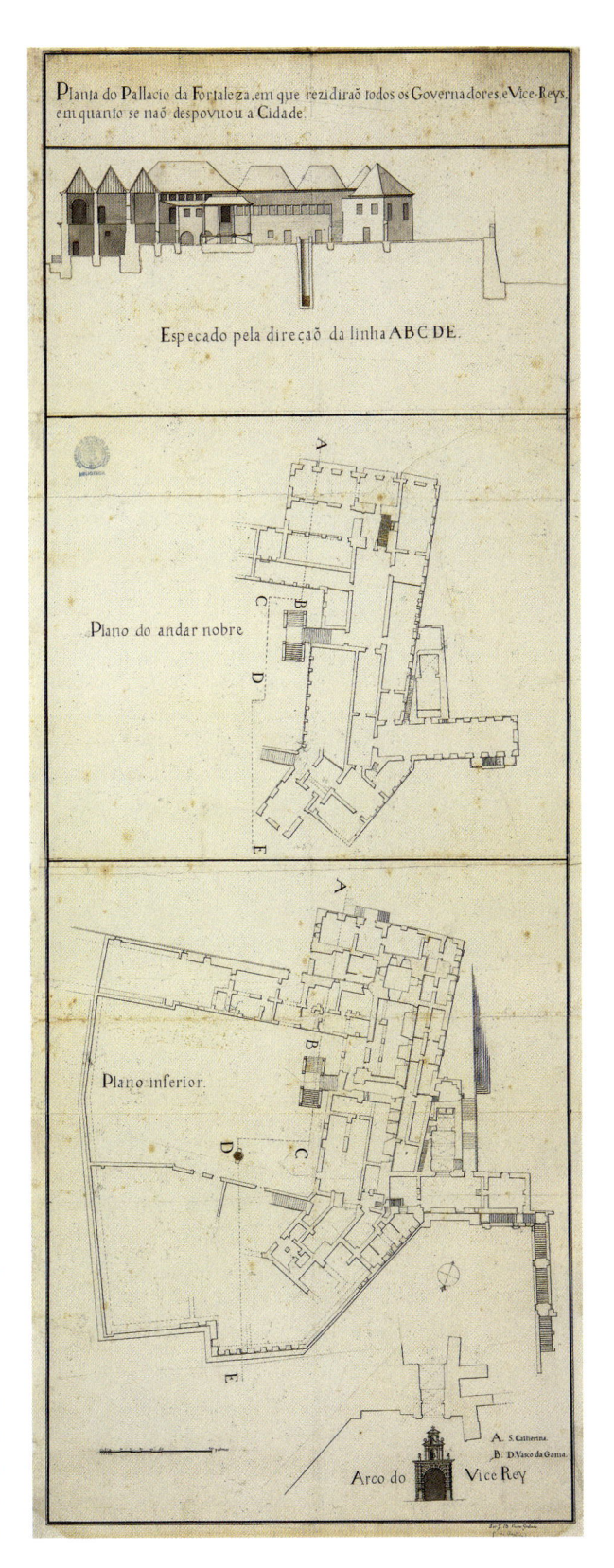

ABBILDUNG 3
PLAN DES VIZEKÖNIGSPALASTES IN GOA,
1779, KAT.-NR. VII.1.3

ihren Wappen und Regierungsdaten entgegen. Während der Bildtypus den gängigen Formen monarchischer Herrscherporträts folgte,[9] verlieh der Stil den Bildnissen einen eigenen Charakter: In noch stärkerem Maße als etwa die zeitgenössischen Mogulminiaturen verzichteten die Gemälde auf die perspektivische Erschließung des Bildraumes und ließen die Dargestellten als imposante Silhouette vor einem meist monochromen Hintergrund erscheinen. Wie die Architektur des Palastes traten somit auch zentrale Elemente seiner Ausstattung in einen Dialog mit der einheimischen Kultur und setzten so den Hof des portugiesischen Vizekönigs mit der Repräsentation indigener Herrschaft in Beziehung.[10]

Als die Galerie der Vizekönige bereits über ein halbes Jahrhundert fortgeführt und erneuert worden war, begann sich abzuzeichnen, dass die Ikonen der Selbstvergewisserung und Selbstdarstellung des *Estado* und seiner Funktionsträger zunehmend in eine historische Perspektive rückten.[11] Diese Entwicklung war aufs Engste mit dem politischen Wandel verbunden, den Goa und das portugiesische Mutterland am Ende des 16. Jahrhunderts durchliefen. Im Jahr 1597 verfügte der spanische König Philipp II., der 1580 nach dem Ende des Hauses Avis die Krone Portugals geerbt hatte, die offizielle Würdigung eines Ereignisses, das zunehmend als Geburtsstunde des portugiesischen Überseereiches angesehen wurde: die Entdeckung des Seeweges nach Indien durch Vasco da Gama im Jahr 1498.

Äußerer Anlass war die Ernennung Dom Francisco da Gamas, eines Urenkels des Seefahrers, zum Vizekönig von Indien. Philipp hatte diese Personalentscheidung gegen Widerstände in der Verwaltung des portugiesischen Mutterlandes durchgesetzt. Um die Position des neuen Vizekönigs zu stärken und ihn als Abkömmling eines noch jungen Adelsgeschlechtes zu nobilitieren, ordnete der Monarch eine Reihe von Feierlichkeiten an. Diese sollten das hundertjährige Jubiläum der Fahrt des Ahnherren im Bewusstsein der lokalen Öffentlichkeit Goas verankern. In ihrer politischen Kernaussage zielten sie darauf ab, die Familie da Gama jener des Eroberers der Stadt, Afonso de Albuquerque, als zumindest ebenbürtig gegenüberzustellen. Zugleich appellierten die Festveranstaltungen an den portugiesischen Patriotismus, der sich bereits im 16. Jahrhundert nicht nur in epischen Werken wie den *Lusiaden* von Luís de Camões, sondern auch in der historiografischen Auseinandersetzung mit der maritimen Expansion des Staates niedergeschlug.[12] Philipp folgte damit den Grundprinzipien seiner Politik gegenüber Portugal, die keineswegs darauf gerichtet waren, das Land seiner gewachsenen Traditionen zu berauben und einer kastilischen Dominanz zu unterwerfen, sondern es als eigenständige staatliche Einheit in seinen Herrschaftsbereich zu integrieren.[13]

Die Feierlichkeiten des Jahres 1597 mündeten in eine weitere Bauphase der Goeser Palastanlage, die die Repräsentation des *Estado* und seiner Funktionsträger aus dem zeremoniellen Rahmen der Residenz in den öffentlichen Raum der Stadt treten ließ. Auf Betreiben des neuen Vizekönigs und mit Einverständnis des spanischen Monarchen begann man vermutlich noch vor Jahresende, das nördliche Stadttor Goas zu einem Triumphbogen für Vasco da Gama umzugestalten (Abb. 5).[14] In direktem baulichem Zusammenhang mit dem *Palácio da Fortaleza* stehend, erfüllte es als Ort des Einzuges der neu ernannten Vizekönige in ihre Hauptstadt eine wichtige protokollarische Funktion. Als *Arco dos Vice-Reis* sollte das Tor nun einem Seefahrer gewidmet werden, der 1524 bis zu seinem Tod selbst den *Estado*

ABBILDUNG 4
MODELL DES VIZEKÖNIGSPALASTES IN GOA, RECHTS DER BOGEN DER VIZEKÖNIGE, LISSABON, MUSEU MILITAR

verwaltet hatte. Verantwortlich für die künstlerische Gestaltung zeichnete der ›Ingenieur des Vizekönigs‹ Júlio Simão, ein Goeser Architekt, der in Portugal und Spanien ausgebildet worden war. Simão orientierte sich bei der Konzeption des neuen Stadttores an Idealentwürfen des Italieners Sebastiano Serlio und schuf ein Bauwerk, das wohl in noch stärkerem Maße als der angrenzende Vizekönigspalast von der einheimischen Bevölkerung als europäische Herrschaftsarchitektur verstanden worden sein dürfte: Mit dem monumentalen Erscheinungsbild seiner rustizierten dorischen Ordnung trug er den neueren Stiltendenzen des italienischen Manierismus ebenso Rechnung, wie dem noch jungen Heroenkult um Vasco da Gama.[15] Dem entsprach auch die Gestaltung des dorischen Frieses, dessen Methopen mit den Wappenemblemen Portugals und denen der Familie da Gama geschmückt wurden. Der Entdecker selbst erschien in der darüberliegenden Ädikula als überlebensgroßes Marmorstandbild, welches sich in seiner Ikonografie eng an die Staatsporträts im Audienzsaal des Palastes anlehnte.

Mit dem *Arco dos Vice-Reis* war in der Hauptstadt des portugiesischen Überseereiches ein Erinnerungszeichen entstanden, das sich aus der heutigen Perspektive wie eine Vorwegnahme des Denkmalkultes des 19. Jahrhunderts ausnehmen mag.[16] Der Triumphbogen für den »Entdecker und Eroberer Indiens«[17] stand aus der Sicht der Zeitgenossen jedoch wahrscheinlich vor allem in der Tradition einer dynastischen Memorialkultur, die sich bereits im Italien des 15. Jahrhunderts aus dem engeren sepulkralen Kontext gelöst und monumentale Denkmäler im städtischen Raum hervorgebracht hatte.[18] So erscheint das neu gestaltete Stadttor nicht allein als architektonische Machtdemonstration gegenüber der einheimischen Bevölkerung. Es konkurrierte auch mit den Herrschaftsinszenierungen anderer Vizekönige, wie etwa dem ephemeren Triumphbogen, mit dem man Dom João de Castro nach dessen Sieg bei Diu geehrt hatte.[19] Einen dauerhaften Antipoden besaß es in Gestalt der Statue Afonso de Albuquerques, die das Portal der Kirche *Nossa Senhora da Serra* zierte, einer Votivkapelle, die der Eroberer der Stadt am südlichen Ende der *Rua Direita* hatte errichten lassen.[20]

Der Umstand, dass die lokalen portugiesischen Eliten im *Arco dos Vice-Reis* ein dominantes Monument der Familie da Gama sahen, bestimmte dessen weiteres Schicksal: Im Jahr 1600, am Ende der Regierungszeit des wegen seines arroganten Auftretens äußerst unbeliebten Francisco da Gama, wurde das Standbild seines berühmten Vorfahren zerstört und durch eine Statue der Katharina von Alexandria ersetzt. Am Gedächtnistag dieser Märtyrerin hatte Albuquerque im Jahr 1510 Goa erobert, und so war Katharina in der Folgezeit zur Schutzpatronin der Stadt geworden. Nach Protesten der Anhänger da Gamas entschied man sich schließlich dafür, das Standbild des Entdeckers an seinem angestammten Ort zu erneuern und die Statue Katharinas in eine neu ausgeführte Nische im oberen Bereich des Triumphbogens zu versetzen.[21] Die Vorgeschichte dieses Kompromisses macht die hohe politische Brisanz deutlich, die dem *Arco dos Vice-Reis* zu Beginn des 17. Jahrhunderts zukam. Das Monument erhielt hierdurch eine große öffentliche Präsenz – ein Umstand, der wohl mit dazu beitrug, dass es in späteren Jahrzehnten ganz entgegen seiner ursprünglichen Bestimmung zu einem markanten Sinnbild portugiesischen Souveränitätsanspruchs wurde.[22]

In der Hauptstadt des *Estado da Índia* beschränkte sich die Selbstdarstellung der Kolonialmacht nicht allein auf das Umfeld des Vizekönigspalastes. Da die portugiesische Krone die kirchlichen Patronatsrechte im indischen Raum innehatte, standen auch die zahlreichen Kirchenbauten Goas, die nach der Zerstörung der Hindutempel im Jahr 1540 das Stadtbild zunehmend dominierten,[23] im erweiterten Zusammenhang architektonischer Herrschaftsrepräsentation. Bei der Konzeption der neuen Kathedrale, die um 1564 auf Befehl von König Sebastião I. begonnen und erst in der Mitte des 17. Jahrhunderts vollendet werden konnte,[24] positionierte man sich jedoch auf völlig andere

ABBILDUNG 5
BOGEN DER VIZEKÖNIGE (ARCOS DOS VICE-REIS),
GOA, UM 1597. FOTO: MAFALDA MASCARENHAS

Weise als im engeren höfischen Kontext gegenüber einheimischen Kulturtraditionen. Ganz im Unterschied auch zu den vielen kunsthandwerklichen Zeugnissen christlichen Inhalts, die seit dem 16. Jahrhundert in Goa entstanden,[25] setzte man hier einen wirkungsvollen Gegenakzent. So wurde die neue Kathedrale – ebenso wie die alte, sehr viel kleinere Bischofskirche – der Heiligen Katharina geweiht.

Die gedankliche Verbindung der Märtyrer-Heiligen mit den Ereignissen des Jahres 1510 rückte den nunmehr größten christlichen Sakralbau Asiens in die Reihe der Votivkirchen der Stadt, die – wie die bereits erwähnte *Nossa Senhora da Serra* – an die militärischen Auseinandersetzungen im Vorfeld der Christianisierung Goas erinnerten. Seine gestalterischen Aspekte stehen für das innovative Potential und die Eigenständigkeit Goeser Architektur. In ihrer stilistischen Grundhaltung folgte die neue Kathedrale zwar wie der *Arco dos Vice-Reis* der Architektur *ao romano*, welche im Mutterland schon seit den 1530er Jahren die Manuelinik mit dem antikisierenden Formenvokabular der italienischen Baukunst abgelöst hatte.[26] Von den zur Jahrhundertmitte begonnenen portugiesischen Kathedralen, die zum Teil noch als gotisierende Hallenkirchen errichtet worden waren, hob sich jedoch die Goeser Bischofskirche als Staffelhalle mit erhöhtem Mittelschiff und kassettierten Tonnengewölben deutlich ab.[27] Bei der Konzeption der ursprünglich zweitürmigen Hauptfassade[28] fand man schließlich zu einer völlig eigenständigen Lösung, die Idealentwürfe aus italienischen Architekturtraktaten im Sinne einer formalen Reduktion neu interpretierte (Abb. 6).[29]

Diese Schaufront mutet in ihrer rationalen Baugestalt nach heutigen Begriffen »kompromisslos modern«[30] an und verschließt sich jedem Einfluss einheimischer Architektur. Ihr ikonografisches Programm lässt die gesamte Kathedrale als gewaltiges Siegesmonument des portugiesischen Königtums und der katholischen Kirche im Orient erscheinen.[31] Während das Hauptportal eine Inschriftentafel mit Papstkrone und Petrusschlüssel sowie Symbole des Martyriums der Heiligen Katharina zeigt,[32] wird das Giebelfeld des darüber befindlichen Fensters vom Wappen der portugiesischen Könige geschmückt. In der Ädikula-Nische der oberen Fassadenzone verschmelzen politische und sakrale Ikonografie miteinander: Gemäß der mittelalterlichen Bildtradition steht hier Katharina mit einem Schwert in der Hand auf ihrem unterworfenen heidnischen Peiniger, dem man nunmehr allerdings die Gestalt des letzten islamischen Herrschers Goas gegeben hatte.[33] Durch diese Anspielung auf den Sieg der christlichen Kolonialmacht wurde die Erinnerung an den 25. November 1510 in eine bildmächtige Form gebracht.[34]

Noch vor Vollendung der Kathedrale begann sich abzuzeichnen, dass die Hauptstadt des *Estado da Índia* ihre Blütezeit bereits überschritten hatte. Eine Reihe von Epidemien, die fortwährende militärische Bedrohung durch die Niederländer sowie die Verlagerung des Schwerpunkts der kolonialen Interessen Portugals in den südlichen Atlantik läuteten den unaufhaltsamen Niedergang Goas im 17. Jahrhundert ein. Nach der Verlegung des Regierungssitzes in das nahe Mormugão im Jahr 1685 wurden fast sämtliche Profanbauten bis auf den erzbischöflichen Palast und den *Arco dos Vice-Reis* als Baumaterial abgetragen.[35] So kündet heute in Goa neben den isoliert stehenden Kirchenbauten nur noch der Triumphbogen für Vasco da Gama von der imperialen Selbstdarstellung der Portugiesen – und zugleich vom retrospektiven Charakter kollektiver Selbstvergewisserung angesichts einer ebenso rasanten wie wechselvollen historischen Entwicklung.

Abbildung 6
Kathedrale von Goa, etwa 1564 bis etwa 1652.
Foto: Mafalda Mascarenhas, Kat.-Nr. VII.III.17

Resumo

No centro da representação arquitectónica do império português em Goa estão o Palácio do Vice-Rei, o Arco dos Vice-Reis, que lhe está directamente ligado, e a Catedral, reedificada a partir de meados do século XVI.

A estas obras, está associada uma arquitectura inovadora e racional com as formas de expressão de uma cultura da memória, que se relaciona com a época dos Descobrimentos.

Essa exprime a auto-definição da elite portuguesa na capital asiática do seu Império colonial e reflecte também, desta forma, a rivalidade entre os diferentes detentores de cargos do Estado. Entende-se aqui um posicionamento diferenciado em relação às tradições culturais locais. Enquanto o Palácio do Vice-Rei e os seus espaços cortesãos mais próximos se abriam para essas tradições, tanto o Arco como a Catedral surgem como corporizações exemplares da arquitectura colonial europeia.

Anmerkungen

1 Zit. nach Laval 1998 [1611], Bd. 2, S. 561 f.
2 Grundlegend für diesen Beitrag sind die reichen Erträge der jüngeren portugiesischen Forschung. Hervorzuheben sind in diesem Zusammenhang vor allem die Arbeiten von Carita 1996; Dias 2004; Moreira 1994a und Pereira 2005a.
3 Mendonça 2002, S. 81–86; Newitt 2005, S. 83.
4 Couto 1996, S. 45–48; Pereira 2005a, S. 63 f.
5 Carita 1996, S. 22–25; Dias 2004, S. 70–82.
6 Zur *arquitectura chã*, einer von der Militärarchitektur beeinflussten Strömung der portugiesischen Baukunst, die sich durch besondere Rationalität und Bauökonomie auszeichnete, vgl. Kubler 1972, S. 165; Carita 1996, S. 15 f.; Pereira 2005a, S. 191–201.
7 Dias 2004, S. 77–80. Zum höfischen Zeremoniell vgl. Santos 1998, S. 81–95.
8 Dias 1998, S. 214; Dias 2004, S. 78.
9 Von zentraler Bedeutung für die Entwicklung zum ganzfigurigen Herrscherporträt war Tizians Gemälde *Karl V. mit Ulmer Dogge* von 1533, Ausst.-Kat. Bonn 2000, S. 310–312, Kat.-Nr. 344.
10 Dias sieht anders als etwa Helder Carita einen ›möglichen‹ indigenen Einfluss auf die Form der Dachlandschaft begrenzt. Carita 1996, S. 18; Dias 2004, S. 82. Vor allem die ständig wechselnde Möblierung des Palastes war jedoch in hohem Maße von asiatischen Handwerkertraditionen geprägt. Dias 2004, S. 89–95.
11 Moreira 1994a, S. 156–159. Zum Repräsentationsbegriff vgl. Chartier 1989, S. 1514.
12 Vgl. etwa die *História do descobrimento e conquista da Índia pelos Portugueses* von Fernão Lopes de Castanheda, die ab 1552 in mehreren Bänden erschien. Freundlicher Hinweis von Anne Seubert, Berlin.
13 Newitt 2005, S. 174 f.
14 Eine am Bogen angebrachte Bronzeplakette bezeichnet Philipp II. als Stifter des Bogens. Inschrift zitiert bei Moreira 1994a, S. 160.
15 In Rückbezug auf die Architekturtheorie Vitruvs hatte Serlio in seinem 4. Buch über die Architektur die dorische Ordnung mit den Attributen ›Wehrhaftigkeit‹ und ›Männlichkeit‹ assoziiert. Kruft 1985, S. 29, 83; Moreira 1994a, S. 160.
16 Nach Moreira handelt es sich bei dem Bogen wohl um das erste Denkmal seit der Antike, das einem hundertjährigen Jubiläum gewidmet wurde. Moreira 1994a, S. 156 f.
17 Vgl. die Widmungsinschrift. Zitiert bei Moreira 1994a, S. 156 f.
18 Vgl. etwa die Reiterstandbilder der Heerführer Gattamelata und Colleoni in Padua und Venedig.
19 Moreira 1994a, S. 159; Santos 1998, S. 85.
20 Laval 1998 [1611], Bd. 2, S. 591.
21 Nach dem Einsturz des Bogens im Jahre 1951 wurde dieser ohne die zweite Statuennische rekonstruiert. Moreira 1994a, S. 160.
22 Nachdem Portugal im Jahr 1640 unter João IV. seine Unabhängigkeit wiedererlangt hatte, wurde eine zweite – im 19. Jahrhundert erneuerte – Inschrift in der Tordurchfahrt angebracht. So findet sich heute vor Ort der Text: »SANCTISSIMAE CONCEPTIONI MARIAE JOANNES IV. PORTUGALIAE REX UNA CUM GENERALIBUS COMITIIS SEET [sic!] REGNA SUA SUB ANNUO CENSU. TRIBUTARIA PUBLICE DICAVIT ATQUE DEI PAPAM IN IMPERII TUTELAREM ELECTAM A LABE OPIS INALI PRAESERVATAM PERPETUO DEFENSURUM IURAMENTO FIRMAVIT ET UT VIVERET PIETAS LUSITANA HOC VIVO LAPIDE IN MEMORIALE PERENNE EXARARI IUSSIT ANNO CHRISTI MDCXLVI IMPERII SUI VI«.
23 Mendonça 2002, S. 70; Osswald 2005.
24 Pereira 2005a, S. 139–162. Helder Carita geht von einem Baubeginn im Jahr 1562 aus. Carita 1998, S. 117.
25 Zur Jesuitenkunst in Goa, die sich in besonderem Maße indischen Einflüssen öffnete, vgl. Osswald 2005, S. 139–143.
26 Euskirchen 2003, S. 436.
27 Von Bedeutung sind in diesem Zusammenhang die Kathedralen von Mirando do Duoro, Portalegre und Leiria. Pereira 2005a, S. 181–185.
28 Die beiden oberen Geschosse des Nordturmes stürzten 1776 ein. Pereira 2005a, S. 144.
29 Pereira 2005a, S. 203–211.
30 Pereira 2005a, S. 210.
31 Pereira 2005a, S. 148 f.
32 Das Speichenrad der Hl. Katharina war auch das Emblem der Stadtfahne Goas, vgl. Ausst.-Kat. Wien 1992b, S. 74.
33 Pereira 2005a, S. 149. Seit der Mitte des 13. Jahrhunderts wurde zu Füßen der Katharina oft der überwundene Kaiser Maxentius dargestellt. Lexikon der Christlichen Ikonographie, Bd. 7, S. 290.
34 Vergleiche auch das entsprechende Fahnenmotiv auf der Tapisserie *Triumphaler Einzug Dom João de Castros in Goa* im Kunsthistorischen Museum Wien (Kat.-Nr. VII.I.11); Quina 1995, S. 211.
35 Castro 1996, S. 199–208; Pereira 2005a, S. 66–69.

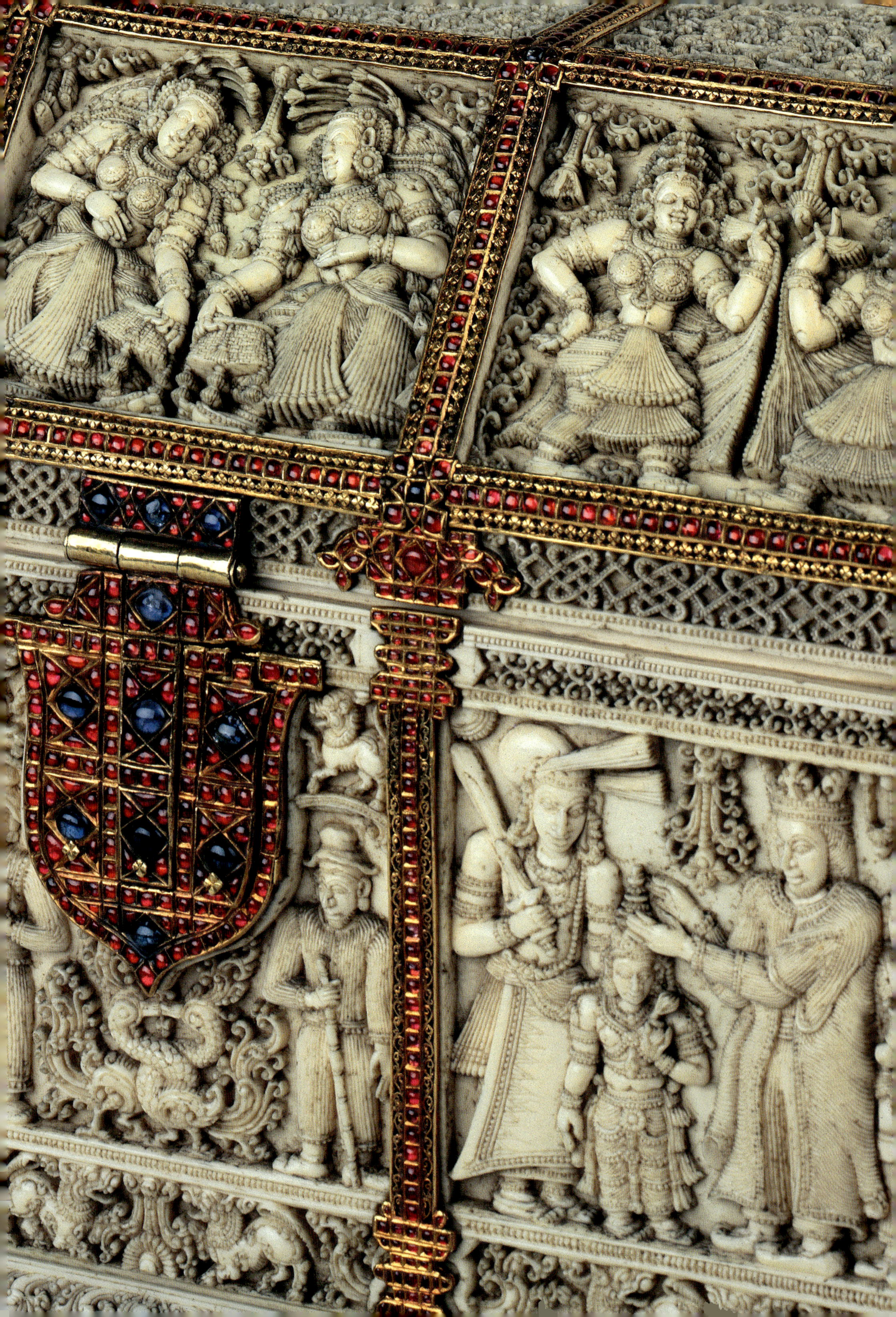

Zoltán Biedermann

Krieg und Frieden im Garten Eden: Die Portugiesen in Sri Lanka (1506–1658)

Einleitung

Sri Lanka galt seit der Antike als ein außergewöhnliches Stück Erde. Bereits die Vielzahl von Namen, mit denen die Insel in verschiedenen Ländern bezeichnet wurde, deutet auf eine bewegte Geschichte und eine nicht ganz alltägliche Ausstrahlungskraft hin. *Laṅkā*, die mit ihrem Präfix *Srī* als heilig geltende Insel an der Südspitze Indiens, trug in der indogermanischen Sanskrit-Tradition den Namen *Tāmraparṇī* (Pali *Tambapanni*). Dies bezog sich zunächst nur auf einen Landstrich im Norden der Insel und bedeutete wörtlich so viel wie »der von rotem Lotus bedeckte See«. Über verschiedene Umwege wurde daraus jedoch bald *Taprobane* (Ταπροβάνη), jenes altgriechische Toponym, das bis weit in die Frühe Neuzeit hinein im Westen in Gebrauch blieb. Nicht von ungefähr gehörte die Taprobane zum Wunderhaftesten, was Plinius im Ostteil der Ökumene zu beschreiben imstande war. Eine riesige, reichlich überdimensionierte Insel, die in vieler Hinsicht einem Paradies auf Erden glich.[1]

Die Namen kamen und gingen – aus dem Sanskritischen *Siṇhala-dvīpa*, »Insel des Löwen«, wurde Griechisch *Sielediba* (Σιελεδίβα), Lateinisch *Serendivi*, Chinesisch *Hsi-lan*, Arabisch *Saylān*, Italienisch *Saylam* und Portugiesisch *Ceilão* – doch der Grundton blieb. Sri Lanka, die gesegnete Insel, war, so die Worte des Kamaldulensers Fra Mauro, der 1459 in Murano eine Weltkarte anfertigte, »von edelster Natur« (*nobilissima*), »höchst fruchtbar« (*fertilissima de tutte cose*) und dank »bester Lüfte und Wässer« ein Ort, an dem die Menschen außergewöhnlich lange (*longissimamente*) lebten.[2] Dennoch verlor die Insel im Laufe des 15. Jahrhunderts einen Teil ihres Reizes, denn ferner im Osten tauchte eine neue Taprobane – die ›Goldinsel‹ Sumatra – auf. Als die Portugiesen endlich mit ihren Schiffen in den Indischen Ozean vordrangen, war für sie ein Großteil des einstigen Glanzes der Taprobane verflogen. In der 1502 in Lissabon angefertigten neuen Weltkarte des Alberto Cantino war *Ceilão* nur noch ein kleiner Fleck im Schatten eines neuen Subkontinents, der aus Asien südwärts in den Ozean hinausragte: Indien.[3]

Dies entsprach in gewisser Weise den geografischen und wirtschaftlichen Gegebenheiten der Region. Sri Lanka war und ist in vieler Hinsicht ein Fortsatz Indiens und mit einer Gesamtfläche von etwa 66 000 km² ein winziges Land im Vergleich zu anderen Staaten Asiens. Gleichzeitig aber ist Sri Lanka mit seiner einzigartigen buddhistisch-hinduistischen Mischkultur und seinen überwältigenden Landschaften eines der faszinierendsten Länder Asiens. Es ist also keine Überraschung, dass die Geschichte der Portugiesen auf dieser Insel zu den komplexesten Kapiteln europäischer Expansionsgeschichte überhaupt gehört. Nicht von ungefähr entstanden gerade in Sri Lanka einige der schönsten und aufwendigsten Kunstwerke der frühen Kolonialzeit Asiens.

Die Ankunft der Portugiesen und ihre Bedeutung im lokalen Kontext

Die Portugiesen erreichten Sri Lanka 1506, vier Jahre nach der Anfertigung der Cantino-Karte. Ein kurzer Rückblick auf frühere Zeiten ist aber hilfreich für ein Verständnis der ganzen Tragweite der Geschehnisse im 16. Jahrhundert.[4] Im relativ trockenen Nordteil Sri Lankas hatte zeitgleich mit Rom eine klassische Hochkultur buddhistischer Prägung um die Metropole Anuradhapura geblüht. Eine ihrer größten Errungenschaften war ein weitgespanntes Netz von Bewässerungskanälen und Stauseen, das bis heute seinesgleichen in der Region sucht.[5] Später wurde Polonnaruwa im Nordosten zum Zentrum eines neuen Reiches, das aber im späten 13. Jahrhundert zerfiel. Im ausgehenden Mittelalter wanderte das politische Zentrum Sri Lankas allmählich südwärts, weg von der sogenannten Trockenzone, in der die alten Bewässerungssysteme dem Verfall überlassen wurden, und hinein in die tropische Feuchtzone, wo Palmen und natürlich jener Zimt wuchsen, der bald in der ganzen Welt berühmt wurde. Hauptstadt wurde schließlich Jayawardhenapura Kotte – kurz Kotte – nahe Colombo im Südwesten der Insel, wo sie sich übrigens seit einigen Jahren offiziell wieder befindet.[6]

Politisch stand Sri Lanka während der Antike und des Mittelalters trotz einer bedeutenden tamilisch-hinduistischen Minderheit im Zeichen des Theravada-Buddhismus, der als Staatsreligion galt und eng mit einem Reichsgedanken verquickt war, dem an der Vereinigung der gesamten Insel unter der Oberherrschaft einer einzigen buddhistischen Königs- bzw. Kaiserfigur gelegen war.[7] Diese Figur nannte sich *Maharaja* und im Idealfall *Cakravarti*, ein pompöser Titel, der im indischen Kulturraum

Abbildung 1
Singhalesisches Elfenbein-Kästchen mit der Krönung Dharmapalas durch König João III. (Ausschnitt), 1540–1542, München, Bayerische Verwaltung der Staatlichen Schlösser, Gärten und Seen, Residenz, Schatzkammer

so viel bedeutete wie »Eroberer der Welt«, »Herr der vier Himmelsrichtungen« oder, wörtlich, »Dreher des Rades« (also im Mittelpunkt stehender Gesetzgeber und Ordnungshüter),[8] im Falle Sri Lankas aber bald auf die Insel selbst beschränkt wurde. Daraus ergab sich eine bemerkenswerte Verknüpfung von Königsfigur, buddhistischer Staats- und Gesellschaftsideologie und utopisch geprägten Raumvorstellungen in einem verklärten Bild von der wortwörtlich ›heiligen‹ Insel Sri Lanka.[9]

Besonders interessant ist dabei, dass die *Cakravartis* von Sri Lanka vor allem im späten Mittelalter mit wenigen Ausnahmen äußerst bedrängte Herrscher waren. Bedrängt wurden sie zum einen von außen her. So war es durchaus normal, als *Cakravarti* zu gelten und gleichzeitig Tribut an andere Könige außerhalb der Insel zu zahlen, meist an südindische Herrscherhäuser (darunter das Reich von Vijayanagara) oder, etwa von 1412 bis in die 1450er Jahre, an China, das damals mit seinen von Zheng He geführten Flotten aktiv in die Innenpolitik Sri Lankas eingriff. Bedrängt wurden die srilankischen *Cakravartis* jedoch auch, oder sogar gerade, im Inneren ihres theoretischen Herrschaftsgebietes. Meist mussten sie sich die Insel mit anderen, symbolisch untergeordneten, jedoch in der Praxis weitgehend unabhängigen Königen teilen. Immer wieder hatten die Könige von Kotte widerwilligen Königen in Sitawaka, Kandy (Senkadagala), Jaffnapatnam und anderswo die Tributzahlungen in Erinnerung zu rufen, was einen erheblichen militärischen und finanziellen Aufwand bedeutete und mit dem ausgehenden 15. Jahrhundert immer seltener erfolgreich endete. Dieses System indirekter Herrschaft wird von Historikern mit dem Begriff *tributary overlordship* umschrieben, denn die rituelle Darbringung von Tributzahlungen (*däkum*) bildete ein zentrales Element im jährlichen politischen Zyklus.[10]

Darüber hinaus mussten Sri Lankas Könige mit ernsthafter Konkurrenz innerhalb ihrer Hofhaushalte rechnen, denn es gab keine klaren Thronfolgeregeln. Nicht nur Brüder, Söhne, Neffen und Enkel waren potentielle Nachfolger, sondern auch zahlreiche andere Personen aus dem weiteren Familienkreis bzw. aus dem sehr breit gestreuten königlichen Geschlecht der *Suryavamsa*.[11]

ABBILDUNG 2
CEYLON (SRI LANKA), IN: LIVRO DAS PLANTAS DAS FORTALEZAS, CIDADES E POVOAÇÕES DO ESTADO DA ÍNDIA ORIENTAL, 1633–1641, CAXIAS, PAÇO DUCAL (FUNDAÇÃO DA CASA DE BRAGANÇA)

Rechnet man all dies zusammen, so findet sich leicht eine Antwort auf die Frage, was wohl das kostbarste Importgut der srilankischen Könige im späten Mittelalter gewesen sein mag: nicht Gold oder exquisite Textilien nämlich, sondern ausländische Söldner, die sich innerhalb der Insel zu keinerlei Gruppe zugehörig fühlten und somit als treue Leibgarde für den persönlichen Schutz des Staatsoberhauptes sorgen, aber auch als Elitetruppen im Krieg dienen konnten – eine Art Schweizergarde. Solche Truppen, zumeist als *Agampadis* bezeichnet, kamen traditionell aus Südindien, wo ausgefeilte Kampftechniken und damit einhergehend auch ein ausgeprägtes Kriegsethos zur kulturellen Erbschaft insbesondere der hinduistischen *Nayaren*-Kaste gehörten. Offenbar gehörte die Entsendung solcher Milizen zu den Verpflichtungen südindischer Herrscher, wenn sie Tribut von srilankischen Herrschern erhielten, und um 1500 bis 1510 war dies anscheinend – unmittelbare Belege gibt es nicht, doch die indirekten Indizien sind triftig – im südindischen Quilon (portugiesisch *Coulão*) der Fall.[12] Just zu jener Zeit aber machte auch eine neue Militärmacht in der Region auf sich aufmerksam, nämlich die Portugiesen mit ihren kanonenbeladenen Schiffen und ihrem außergewöhnlich aggressiven Kampfverhalten. Seit ihrer Ankunft 1498 in Kalikut (Kozhikode) arbeiteten sie sich allmählich südwärts über Kannanor (Cannanore) und Kochi (Cochin) in Richtung Kotte vor, wo sie 1506 eintrafen und äußerst freundlich von König Dharma Parakramabahu IX. empfangen wurden.[13]

Mit der Erklärung dieses freundlichen Empfanges tut sich die Forschung bis heute unnötig schwer. Was genau sich während jener Tage in Kotte im September 1506 abspielte, ist zwar in der Tat ungewiss. Doch offenbar wurde eine Art Tributzahlung ausgehandelt, denn der König von Kotte händigte dem portugiesischen Kapitän Dom Lourenço de Almeida die beträchtliche Menge von 400 *Bahar* (große Bündel) Zimt aus.[14] Problematisch war dabei, dass dieses mehrere Tonnen wiegende ›Geschenk‹ unterschiedlich ausgelegt wurde. Beide Seiten fassten es zwar als eine Art Tribut auf, unklar blieb jedoch die Natur der Gegenleistungen, die von den Portugiesen erbracht werden sollten. Ganz sicher war der Schenkungsakt des Königs von Kotte weit mehr als eine naive Freundschaftsbekundung.[15] Der gesamte Empfang war fein auskalkuliert, um die Portugiesen von der Notwendigkeit einer Allianz mit dem regierenden König zu überzeugen und sie gleichzeitig davon abzuhalten, mit den Rivalen des Königs in und um Kotte in Kontakt zu treten.[16] Almeida dagegen legte den Zimt schlicht als ein Zeichen der Unterwerfung aus, das kein weiteres Entgegenkommen von seiner Seite verlangte.

Die Rolle der Portugiesen in Sri Lanka von 1506 bis 1551

Nach der Begegnung von 1506 blieb die Unklarheit in Sachen Tribut und ›Vasallentum‹ – solches Vokabular taucht immer wieder in den zeitgenössischen Quellen auf – über viele Jahre hinweg bestehen. Ganz offensichtlich erwarteten die Könige von Kotte – zunächst Dharma Parakramabahu IX., dann Vijayabahu VI. (reg. 1513–1521) und später Bhuvanekabahu VII. (reg. 1521–1551) – als Vasallen militärische Unterstützung von ihren portugiesischen ›Herren‹, während diese aber wenig Verständnis für die lokalen Machtverhältnisse zeigten. So geschah es 1513, dass Vijayabahu VI. die portugiesische Obrigkeit in Goa dazu aufforderte, im Gegenzug für die Zimtzahlungen eine Garnison in Colombo zu stationieren. Das Desinteresse des Statthalters Afonso de Albuquerque ließ den Plan aber scheitern.[17] Auch in den Folgejahren stießen die Ideen des singhalesischen Herrschers auf meist taube Ohren in Goa, während sie vorübergehend ein positives Echo in Lissabon auslösten, wo der alternde König Dom Manuel immer einsamer von der Wiedervereinigung der Menschheit unter dem Zeichen des Kreuzes träumte. Erst nach mehrmaliger Befehlsverweigerung und unter erheblichem politischem Druck aus Lissabon ließ sich der Statthalter Lopo Soares de Albergaria (reg. 1515–1518), ein entschiedener Vertreter des freien Privathandels, endlich dazu bewegen, eine kleine Festung in der Nähe von Colombo zu errichten (heute liegt dieser Ort mitten in der Stadt).[18] Doch auch dies brachte nicht die von Kotte erwarteten Ergebnisse, denn jetzt waren die Portugiesen zwar endlich auf der Insel, doch sie wollten partout nicht aus ihrer Festung heraus, wo sie sich vornehmlich damit beschäftigten, Zimt für die portugiesischen Flotten aus Kochi zu verpacken und Edelsteine aus dem Land zu schmuggeln. 1524 wurde die Festung sogar auf Befehl des neuen Königs Dom João III. (reg. 1521–1557) wieder abgerissen.

Die Allianz zwischen Kotte – nun unter König Bhuvanekabahu VII. (reg. 1521–1551) – und Goa bzw. Lissabon war in Gefahr. Zugleich aber geschah endlich das Unerwartete. Etwa zwanzig bis dreißig portugiesische Soldaten ließen sich auf der Insel nieder, ehe sie aus Colombo abgezogen werden konnten. Sie unterstanden nun – zumindest bedingt – dem König von Kotte. Zwar trieben sie vor allem Handel, doch bereits 1525 stellten sie auch ihre militärischen Fähigkeiten unter Beweis. Als Kotte 1525 von muslimischen Mappilas aus Südindien bedrängt wurde, machten sie sich mit einer etwa 600 Mann starken srilankischen Truppe über die Belagerer her und zwangen diese zur Flucht.[19] Nichts Besseres hätte sich Bhuvanekabahu wünschen können, denn genau dies war es, was seine Vorfahren seit

Jahrhunderten von fremden Milizionären auf ihrer Insel erwarteten, und es schien, als würde sich alles zum Guten wenden. Der König von Kotte würde seinem portugiesischen Lehnsherren – nun Dom João III. (Abb. 3) – Tribut in Form von Zimt, Elefanten, Edelsteinen und immer wieder auch Bargeld zahlen. Die portugiesische Obrigkeit in Goa würde ihm zum Tausch – so seine Vorstellung – Söldner schicken, die er selbst befehligen würde. Im Notfall würden größere Flotten aus Kochi oder Goa für Abhilfe sorgen, wie dies bereits zwischen 1518 und 1524 mehrmals der Fall gewesen war.

Dies war freilich ein Ideal, das mit der rauen Wirklichkeit des 16. Jahrhunderts kaum noch in Einklang zu bringen war. Zum einen, weil die portugiesischen Obrigkeiten, allen voran der König Dom João III., weiterhin nicht verstanden oder verstehen wollten, was ihre eigentliche Aufgabe in diesem eigenartigen Spiel war: nämlich Truppen zu senden, die letztendlich Bhuvanekabahu unterstanden hätten. Zum anderen sah sich Bhuvanekabahu zunehmend von seinem Bruder Mayadunne bedrängt, der seine Hauptstadt 50 Kilometer östlich von Kotte in Sitawaka gründete, intensiv Truppen aus Südindien einführte und sich dabei auch eifrig darum bemühte, selbst Vasall (*vassalo*) der portugiesischen Krone zu werden. In der Folgezeit musste sich Bhuvanekabahu deshalb von den Portugiesen einiges gefallen lassen, um sich ihre Treue zu sichern.

Er tat dies zum einen, indem er auf die extravaganten Wünsche der Königin von Portugal einging. Das macht ihn besonders interessant für Kunsthistoriker und Museumskuratoren. Dona Catarina bzw. Katherine von Habsburg, Schwester Karls V. und Gattin von Dom João III., war eine beflissene Sammlerin und Konsumentin orientalischer Exotica.[20] Sie ließ zum Beispiel Hunderte von Fächern aus dem Fernen Osten und aus Sri Lanka kommen, um sie unter ihren Hofdamen zu verteilen[21] (vgl. Abb. 9, S. 247). Elfenbeinobjekte aus Sri Lanka, und insbesondere jene berühmten Elfenbeinkästchen, die sich heute in München und in Berlin befinden, gehören zum Wertvollsten, was Dona Catarina je in die Hände bekam.

Die ältesten erhaltenen ›singhalo-portugiesischen‹ Elfenbeinkästchen entstanden um 1540.[22] Ihre Entstehungsgeschichte ist nur bedingt nachvollziehbar, und die Meinungen der Kunsthistoriker scheiden sich in vielen Detailfragen, vor allem was ihre genaue Datierung betrifft. Sicher ist jedoch, dass zumindest eines der frühen Kästchen, heute in München, im Zusammenhang mit einem außerordentlichen historischen Ereignis stand. 1541 schickte Bhuvanekabahu eine Gesandtschaft nach Lissabon. Sie wurde geleitet von Sri Ramaraksa, dem *Purohita* des Königs, einem hochrangigen brahmanischen Priester. Sri Ramaraksas Aufgabe war es, in Lissabon die Thronfolge Bhuvanekabahus vorzubereiten, indem er ein Bildnis des auserwählten Thronfolgers Dharmapala durch den portugiesischen König krönen ließ. Dharmapala war Bhuvanekabahus Enkel, und prinzipiell stand vor ihm in der Reihe der Thronfolge der Bruder und Erzrivale des Königs, Mayadunne. Aufgabe der Mission war es also, Legitimität für den minderjährigen Kandidaten zu schaffen. Eben jene symbolische Krönung wurde auf einem Kästchen abgebildet, das kurz vor dem Ereignis (oder aber, so einige Forscher, unmittelbar danach) in Sri Lanka angefertigt wurde (Abb. 1 u. Abb. 4).

Auf den Reliefs sind Szenen abgebildet, mit denen in Kotte und in Lissabon die Legitimät des Aktes hervorgehoben werden sollte: eine rechtmäßige Krönung einerseits und ein Treueeid andererseits. Doch in Lissabon wurde das Kästchen im Handumdrehen zum bloßen Schauobjekt. Diese Kunst hatte in verschiedenen Kontexten radikal gegensätzliche Bedeutungen: Sie war sakrales Behältnis für das Bildnis eines potentiellen *Cakravartis* einerseits, exotisches Schaustück für das profane Hofspektakel der Habsburger andererseits.

Abbildung 3
König Dom João III., Ölgemälde aus dem 17. Jahrhundert,
Kat.-Nr. IX.22

Elfenbeintruhen allein machten ohnehin noch keine Allianz. Bhuvanekabahu musste ab den 1540er Jahren auch auf ein anderes Spiel eingehen, von dem niemand genau weiß, wie es eigentlich begann. Seit jener Zeit ging es einigen Portugiesen zunehmend darum, auf Sri Lanka das Christentum zu etablieren. Frühere Versuche waren eher zögerlich gewesen, doch seit etwa 1540 bis 1542 wuchs der Druck innerhalb des *Estado da Índia* dahingehend, dass in der Außenpolitik Goas das religiöse Element eine größere Rolle spielen sollte, so auch in Sri Lanka. Es ist unklar, ob Bhuvanekabahu tatsächlich versprach, sich zu bekehren. *De facto* weigerte er sich bis zu seinem Tod standhaft gegen die Taufe. Doch andere Könige und Thronkandidaten in Sri Lanka bekamen Wind von der neuen Tendenz. Es dauerte kaum zwei Jahre, bis überall auf der Insel Bekehrungsversprechen gemacht wurden, mit denen Unterstützung für oft abenteuerliche politische Projekte leichter zu erhalten war. Unterdessen musste Bhuvanekabahu immer tiefer in die Tasche greifen, um seine portugiesischen Alliierten bei Laune zu halten.[23]

Der wachsende Einfluss der Portugiesen im Südwesten Sri Lankas nach 1551

Die Allianz der Portugiesen mit Kotte blieb zwar erhalten, doch sie ging durch manchen schwierigen Moment. 1551 starb der noch immer buddhistische Bhuvanekabahu VII. eines unnatürlichen Todes, als ein portugiesischer Soldat auf eine Taube zielte, einen Schuss abfeuerte und – willentlich oder unwillentlich, die Meinungen scheiden sich bis heute – anstelle der Taube den König traf. Bhuvanekabahus Nachfolger, der in Lissabon ›gekrönte‹, aber noch immer minderjährige Enkel Dharmapala und seine Vertrauten sahen sich in eine äußerst schwierige Situation versetzt. Sie konnten zwar einerseits damit rechnen, zumindest vorübergehend von den Portugiesen vor Rivalen am Hof geschützt zu sein. Andererseits aber waren sie von Anfang an klar in ihre Schranken verwiesen.

Im Gegensatz zu seinem Vorgänger hielt Dharmapala nicht lange dem Drängen der Missionare stand und ließ sich 1557 auf den Namen *Dom João* taufen. Dom João Dharmapalas 46-jährige Regierungszeit (1551–1597) ist eine der am wenigsten untersuchten und doch wichtigsten Epochen überhaupt in

Abbildung 4
Singhalesisches Elfenbein-Kästchen, 1540–1542,
München, Bayerische Verwaltung der Staatlichen Schlösser,
Gärten und Seen, Residenz, Schatzkammer

›156‹   Konfrontation der Kulturen

der Geschichte Sri Lankas. Dies war zum einen die Zeit, in der die Portugiesen erstmals massiv Truppen auf der Insel stationierten. 1551 wurde die gesamte Stadt Colombo befestigt und mit einer Garnison von zunächst 400 Mann zum militärischen Hauptquartier gemacht (Abb. 5). Portugiesische Truppen griffen zunehmend in srilankische Angelegenheiten ein, nahmen aktiv an den lokalen Kriegen teil und brachten dabei Dharmapala unter wachsenden Druck. In der Tat ließ Dharmapala sich nicht nur taufen, sondern 23 Jahre später, 1580, unterzeichnete er auch ein Dokument mit äußerst schwerwiegenden Folgen: Da er keinen Erben für seinen Thron hatte, vermachte er das Reich von Kotte schlichtweg der portugiesischen Krone.[24]

Die Bekehrung und die *donatio* Dom João Dharmapalas werden in der Regel als Niederlagen der höfischen Elite von Kotte ausgelegt, was in vielerlei Hinsicht richtig ist. Doch es gibt auch die andere Seite der Medaille. Mit diesen beiden Gesten mag Dharmapala zwar verhängnisvolle Kompromisse gemacht haben, gerade damit aber vermochte er die Portugiesen auch definitiv an sich und an Kotte zu binden. Denn die Portugiesen hegten in den 1550er Jahren noch immer schwere Zweifel an ihrer Rolle in Sri Lanka und waren durchaus versucht, auch anderen Lokalherrschern – so dem bereits genannten Mayadunne in Sitawaka – den Vasallenstatus einzuräumen, was für Dharmapala fatal gewesen wäre.

Die Taufe des Königs (offenbar kein absolutes Sakrileg im Rahmen der singhalesischen Königskonzeption, denn das Aufgeben älterer Riten und Glaubensvorstellungen wurde zunächst nicht als unumgänglich angesehen) erwies sich dabei als ein höchst wirksames Mittel.[25] Einen christlichen Alliierten ließen die portugiesische Krone und ihre sonst oft unberechenbaren Untertanen in Goa, Kochi und Colombo wesentlich weniger leicht im Stich als einen nicht-christlichen. Wieder waren es Elfenbeinschnitzereien, die diese Argumente, vermutlich als Teil intensiver diplomatischer Bemühungen, bildhaft zum Leben erweckten. Um 1557 wurde ein Kästchen nach Lissabon gesandt,

Abbildung 5
Colombo, in: João Texeira Albernaz I. (?),
Plantas das Cidades e fortalezas da conquista
da India oriental, um 1648 (?),
München, Bayerische Staatsbibliothek

auf dem erstmals christliche bzw. europäische Motive erschienen, so ein Musikant, der einem Dürer-Holzdruck aus dem Jahr 1514 nachempfunden ist, und ein Jesse-Baum in der gotischen Tradition. Sie standen offenbar mit der Taufe Dharmapalas sowie der Geburt des portugiesischen Thronfolgers Dom Sebastião im selben Jahr in Zusammenhang (Abb. 6).

Perfekt wurde das Bündnis schließlich durch die Schenkung von 1580. Auch diese wurde in einem Moment höchster Unsicherheit, während der Belagerung Colombos durch die Truppen Rajasinghas I., des Sohnes von Mayadunne, ausgehandelt. Kotte war 1565 aufgegeben, der alte Königshof in die befestigte Hafenstadt geholt worden, wo er leichter verteidigt werden konnte. Doch viele Portugiesen hegten noch immer Zweifel am Sinn der kostspieligen Allianz mit Dharmapala. Erst als dieser ihnen sein Reich vermachte, waren sie endgültig in der Falle. Einen Menschen, von dem man bald ein Königreich erben wird, kann man nicht nicht verteidigen. Ihn im Stich zu lassen, hätte geheißen, das eigene Erbe aufs Spiel zu setzen.

Zufällig befand sich Portugal zu eben jener Zeit selbst in einer dynastischen Krise. Dom Sebastião fiel 1578 in der Dreikönigsschlacht von Ksar el-Kebir in Marokko und ebnete damit den Weg für eine Übernahme der portugiesischen Krone durch Philipp II. von Habsburg. Auf dem Deckel des Berliner Kästchens sind Szenen zu sehen, in denen Dom Sebastião kämpft und fällt, sein angeblicher Leichnam ausgehändigt wird, der wahre Prinz jedoch, in der damals erwachenden messianischen Tradition, zur Genesung nach Portugal zurückkehrt.[26] Gleichzeitig scheint das Kästchen auch zu suggerieren, dass Sri Lanka in diesem schweren Moment zur Erneuerung des Imperiums beitragen wird. Auf der Frontseite ist zweifach das Wappen Dom João Dharmapalas abgebildet, in dem singhalesische und christliche Elemente kombiniert wurden. Besonders wichtig aber sind die beiden Szenen an den beiden Enden des Kästchens: einerseits die misslungene Tötung Johannes des Täufers in siedendem Wasser, andererseits die Anbetung Christi durch die Heiligen Drei Könige. In beiden Fällen steht das Motiv der Erneuerung und

ABBILDUNG 6
ELFENBEINKÄSTCHEN AUS SRI LANKA, UM 1557,
LONDON, VICTORIA AND ALBERT MUSEUM

Konfrontation der Kulturen

des ewigen Lebens im Mittelpunkt. Diese Erneuerung, so scheint das ikonografische Programm zu suggerieren, ist wechselseitig. Zum einen trägt Portugal durch seine Mission zur Erlösung Sri Lankas bei, zum anderen aber wird Kotte in Treue neben dem krisengeschüttelten Portugal ausharren (Abb. 7).

Die portugiesischen Einsätze in Sri Lanka wurden seit den frühen 1590er Jahren immer ehrgeiziger und kostspieliger.[27] Als Dom João Dharmapala 1597 starb, war es endlich so weit: Kotte ging in der Tat an den portugiesischen König. Damals befand sich die portugiesische Krone bereits in Habsburgerhänden, und für Philipp II. von Spanien gehörte die Übernahme fremder Länder durch Krieg, Heirat und anderweitige Umstände zur gängigen Praxis. Im Gegensatz zu den portugiesischen Königen des Hauses von Avis waren die in Spanien regierenden Nachfahren Karls V. darauf ausgerichtet, die in Mittelamerika begonnene Eroberungs- und Integrationspolitik auch in anderen Gegenden der Welt fortzuführen. Der Übergang ging also reibungslos vonstatten. Philipp II. trat sein Erbe ohne Zögern an, und die Portugiesen waren endgültig in der Falle. Nun mussten sie das Reich von Kotte verteidigen, denn es gehörte ihnen. Es hatte zwar keinen singhalesischen König mehr, aber am Hof von Colombo tummelten sich zahlreiche singhalesische Aristokraten, die sich mit der neuen Situation zunächst relativ gut abfanden – erst später begannen die Probleme, als portugiesische Siedler ihnen ihre Ländereien streitig machten.

Diese Übergabe, eine bemerkenswerte ost-westliche *translatio imperii*, machte die Habsburgerkönige Spaniens und Portugals zu potenziellen srilankischen *Cakravartis*. Das war umso folgenschwerer, als die Habsburger – zunächst Philipp II., dann Philipp III. – ihre Aufgabe als Könige von Kotte kaum im Rahmen der traditionellen srilankischen Konzeption verstehen konnten. Die spanischen Monarchen und ihre portugiesischen Ratgeber in Madrid, Valladolid und Lissabon ignorierten das jahrhundertealte System der indirekten, meist symbolischen Herrschaft Kottes über den Rest Sri Lankas, das System des *tributary overlordship*. Sie gaben sich dem Glauben hin, die gesamte Insel müsse nicht nur indirekt bzw. symbolisch unterworfen, sondern ganz und gar erobert werden. Der erste Befehlsbrief zur Erobe-

Abbildung 7
Kleine Schmucktruhe aus Elfenbein, um 1580,
Kat.-Nr. VIII.4

rung von Ceylon verließ Madrid und Lissabon im Jahr 1594, nachdem sämtliche früheren offiziellen Schreiben gerade gegen ein solches Vorgehen Stellung bezogen hatten. Aus *Cakravartitum* wurde nun *conquista* in der – so meinte man – wohlerprobten iberischen Tradition.[28] Ein äußerst schwerwiegender Fehler, der in der Folgezeit viele Tausend Menschenleben fordern würde. So begann mit Anbruch des 17. Jahrhunderts eine in vieler Hinsicht neue Phase der Geschichte Sri Lankas und der portugiesisch-srilankischen Kontakte, eine Zeit, in der Diplomatie nur noch marginal ein Mittel portugiesisch-ceylonesischer Machtpolitik war. Es ist wohl kein Zufall, dass aus dieser Periode keine Kunstobjekte überlebten, die mit den Elfenbeintruhen des 16. Jahrhunderts vergleichbar wären. Nun kamen vorwiegend kleinere Schmuckgegenstände nach Europa oder aber religiöse Objekte, die teilweise Raubgut waren.[29]

Dass letztlich weder die Rechnung der Habsburger noch jene der Aristokraten von Kotte aufging, hat verschiedene Gründe. Zum einen existierte um 1600 ein Gleichgewicht im Hinblick auf die militärische Macht zwischen dem von Colombo kontrollierten Südwesten Sri Lankas und dem nunmehr konsolidierten, *de facto* unabhängigen Hochland um Kandy. Eroberungskriege waren damit in beiden Richtungen sinnlos, sie konnten keinen entscheidenden Sieg erbringen. Selbst wenn die Portugiesen es schafften, im Laufe der ersten drei Jahrzehnte des 17. Jahrhunderts mehrere Tausend Quadratkilometer Land zu erobern und teilweise direkt zu verwalten, also auch wirtschaftlich zu nutzen und zu missionieren, blieben ihre Bemühungen um eine Stabilisierung der Grenzen vergeblich. Der Kriegszustand war nun mit Ausnahme einiger kürzerer Ruhepausen endemisch, und die Schlachten wurden auf beiden Seiten mit zunehmender Verbitterung ausgefochten. Zweitens fielen die Portugiesen bald ebenjener Logik zum Opfer, die ursprünglich ihren Aufstieg in Sri Lanka bewirkt hatte. Die Könige von Kandy suchten ebenso selbstsicher nach ausländischen Alliierten wie einst die Könige von Kotte. Gefragt waren ›neue Portugiesen‹: Soldaten aus Europa, die durchschlagend in lokale Kriege eingreifen könnten. 1602 war der perfekte Partner tatsächlich gefunden. Damals landeten im vernachlässigten Osten der Insel, bei Batticaloa, Schiffe einer bis dahin unbekannten Nation europäischer Krieger und Händler: die Niederländer.

In der Ausstellung ist ein Buch zu sehen, in dem Joris van Spilbergen, Kapitän der niederländischen Expedition von 1602, beschreibt, wie freundlich er in Sri Lanka empfangen wurde (Abb. 8). Dies mag übertrieben klingen, doch alles in allem war das Interesse der Könige von Kandy an einer Allianz mit der *Verenigden Oostindischen Compagnie* (VOC) unbestreitbar. Das Bündnis hielt in der Tat über ein halbes Jahrhundert lang, selbst wenn es auch hier zu zahllosen Missverständnissen kam, wie einst zwischen den Portugiesen und Kotte. Nach anfänglichem Zögern gingen die Niederländer sogar schneller auf den Kuhhandel ein, als einst die Portugiesen. Verführt vom Duft des hochprofitablen ceylonesischen Zimts griffen sie zu den Waffen, nahmen an den Feldzügen der Könige von Kandy teil und wurden schließlich selbst Eroberer im engeren Sinne des Wortes. Ab 1638 besetzten sie nach und nach die portugiesischen Festungen von Batticaloa, Galle, dann Negombo und schließlich, 1656 und 1658, Colombo und Mannar. Vertragsgemäß sollten sie diese eigentlich an ihre singhalesischen Alliierten abtreten, doch letztlich behielten sie die Städte mitsamt ihrem Umland und machten daraus bald fest integrierte Besitztümer der VOC.[30]

Somit endete die Zeit der portugiesischen Herrschaft im Südwesten Sri Lankas. Vereinzelt waren um 1700 noch Missionare der Oratorianerkongregation von Goa auf der Insel tätig, die im Untergrund halfen, den nunmehr von der protestantischen Obrigkeit verbotenen Katholizismus am Leben zu erhalten. Doch der Traum, die Insel zurückzuerobern, blieb unerfüllt. Die Holländer ersetzten die Portugiesen. Sie hatten zwar anfangs nicht viel mehr im Sinn, als Handel zu treiben, aber letztlich blieben auch sie 150 Jahre lang, unterwarfen weite Landstriche, was einen erheblichen militärischen und administrativen Aufwand bedeutete, und versteiften sich vergeblich auf eine Eroberung Kandys, bis sie schließlich 1796 von den Briten vertrieben wurden.

SCHLUSSBEMERKUNG

Die Ausführungen in diesem Aufsatz sollen keinesfalls dazu dienen, die Anfänge des europäischen Kolonialismus in Sri Lanka zu verharmlosen oder gar die Taten der Portugiesen in irgendeiner Weise reinzuwaschen. Die zahllosen Verbrechen, die im Laufe von viereinhalb Jahrhunderten von Europäern und eben auch – zwischen 1518 und 1658 – von Portugiesen auf der Insel verübt wurden, sind nicht zu leugnen. Im Laufe des 16. und 17. Jahrhunderts wurden Tempel und Klöster zerstört, Kunstwerke verbrannt, Traditionen gebrochen und Menschen aufgrund ihres Glaubens verfolgt. Zugleich aber sollte auch festgehalten werden, dass Krieg und Zerstörung keinesfalls mit der Ankunft der Portugiesen begannen und ebenso wenig mit ihrem Abzug endeten. Hinzu kommt, dass selbst inmitten blutiger Konflikte ein Kulturaustausch stattfinden konnte, dessen positive Auswirkungen – so etwa in der Kunst, aber auch in der Literatur, der Architektur oder schlicht der Alltagskultur – nicht zu unterschätzen sind. Colombo entwickelte sich um

› 160 ‹ KONFRONTATION DER KULTUREN

1600 zu einer wahrhaftigen Hauptstadt, weil dort die Interessen von Portugiesen und Singhalesen konvergierten. Die Geschichte des europäischen Kolonialismus in Sri Lanka wird um eine wichtige Facette reicher, wenn auch die Rolle der srilankischen Eliten für seine Entwicklung in Betracht gezogen wird.

Selbstverständlich sind dies Ansichten, die heute bei manchen singhalesischen Kollegen auf harte Kritik stoßen. Historiker stehen derzeit unter enormem Druck in Sri Lanka, wenn sie versuchen, mit herkömmlichen Feindbildern aufzuräumen und neue Ansätze zu erproben. Im Sommer 2006 wurde der Vorsitzende der *Royal Asiatic Society of Sri Lanka* von einer Gruppe radikaler Mitglieder gewaltsam abgesetzt, weil er an einem von der portugiesischen Gulbenkian-Stiftung organisierten wissenschaftlichen Symposium in Paris teilnahm. Doch früher oder später wird eine gründliche Debatte dieser Probleme unumgänglich werden. Und so fragwürdig die Methoden, mit denen teilweise gearbeitet wird, auch sein mögen, eine Diskussion um die Anfänge des europäischen Kolonialismus in Sri Lanka wird letztlich die Geschichtsschreibung Europas und Asiens gleichermaßen bereichern.

ABBILDUNG 8
TREFFEN DES KÖNIGS VON KANDY MIT JORIS VAN SPILBERGEN, IN: JOHANN THEODOR DE BRY, SIEBENDER THEIL DER ORIENTALISCHEN INDIEN, 1605, KAT.-NR. X.8

Resumo

O presente artigo analisa a interacção entre os portugueses e os reinos do Sri Lanka (Ceilão) durante o século XVI. Ceilão, ilha famosa pela sua canela, terá sido »descoberta« em 1506 por Dom Lourenço de Almeida. Mas a »descoberta« mais importante deu-se no sentido inverso, pois os reis de Kotte desenvolveram um forte interesse pelos recém-chegados portugueses, devido às suas capacidades militares. Em 1518, o governador Lopo Soares de Albergaria estabeleceu, a pedido do rei de Kotte, uma fortaleza perto de Colombo. Após o fracasso desta primeira experiência em 1524, Ceilão quedou-se, do ponto de vista português, a meio caminho entre os centros oficiais do Estado da Índia e o »império-sombra« que crescia no Golfo de Bengala. Mesmo após o estabelecimento de uma segunda guarnição em 1551, a comunidade portuguesa de Colombo manteve uma relativa autonomia face ao Estado, e a política portuguesa em Ceilão continuou a obedecer a lógicas locais. É nesse contexto que nasceram algumas das mais preciosas obras de arte luso-cingalesa. Na sequência do baptismo do rei Dharmapala, em 1557, o Estado da Índia teve de investir cada vez mais na manutenção da sua presença em Ceilão. Já após a União Pessoal em 1580, a doação do Reino de Kotte à coroa portuguesa em 1594, e a morte do rei de Kotte em 1597, a política portuguesa em Ceilão tomou um sentido mais agressivo, virado para a conquista de vastos territórios. Foi esta política que acabou por facilitar, no século XVII, alianças entre outros reinos locais e os holandeses, levando à expulsão dos portugueses em 1658.

Anmerkungen

1 Herrmann 1932; Weerakoddy 1994.
2 Transkribiert aus Atlas 1989, Tafel 45; vgl. auch die neuere Ausgabe bei Falchetta 2006.
3 Vgl. Biedermann 2007.
4 Für die Hypothese einer Ceylon-Reise unter João da Nova im Jahr 1501 hat sich Geneviève Bouchon ausgesprochen, doch direkte Belege gibt es nicht (vgl. Bouchon 1980a). Den definitiven Beweis für die Reise von Lourenço de Almeida im September 1506 hat Donald Ferguson erbracht (vgl. Ferguson 1907). Das immer wieder zitierte und auch heute in Sri Lanka verbreitete, vom Chronisten Fernão Lopes de Castanheda genannte Datum 1505 ist falsch.
5 Für eine kritische Diskussion der Rolle des Wassers in diesem Staatswesen vgl. Witzens 2000, S. 75 ff.
6 Zur Geschichte Sri Lankas vor 1500 vgl. Ray 1959; Silva 1995b.
7 Dass dabei die Gesellschaft in Wirklichkeit stark von der Präsenz hinduistischer Tamilen geprägt war, verstärkte die in den buddhistischen Klöstern florierende Einheitlichkeitsideologie offenbar noch weiter. Unklar ist aber bis heute, wie sehr das Königtum tatsächlich, also nicht nur in den monastischen Schriften, ausschließlich buddhistisch war, denn hinduistische Traditionen nahmen hier immer wieder überhand. Vgl. hierzu Strathern 2007.
8 Es existieren verschiedene wörtliche Übersetzungsvorschläge, die sich zwar in der genauen Wortwahl unterscheiden, inhaltlich aber stets auf die Universalität dieses Herrschaftsmandats verweisen.
9 Vgl. Reynolds 1972; Tambiah 1976; Holt 1991.
10 Ähnliche Systeme in Indien (*Mandala*-Staaten, *Little Kingdoms*) wurden ausgiebig beschrieben und sind Teil einer seit mehreren Jahrzehnten andauernden Debatte um den Feudalismus in jenem Land; vgl. hierzu Chattopadhyaya 1985; Shulman 1985, S. 15 ff.; Mukhia 1999; Subrahmanyam 2001. Es besteht dabei ein klarer Zusammenhang mit den für Südostasien entwickelten Konzepten der *Galactic Polity* (vgl. Tambiah 1985) und der *Solar Polity* (Lieberman 2003).
11 Vgl. Bechert 1963; Somaratne 1991.
12 Für etwas spätere Zeiten ist klar belegt, dass die Könige von Jaffna im Norden der Insel Hilfe von den Herrschern von Tanjavur in Tamil Nadu erhielten.
13 Vgl. hierzu Bouchon 1971; Flores 1998; Biedermann 2006.
14 Correia 1975, Bd. II, S. 545; Castanheda 1979, Bd. I, S. 942.
15 So bei Silva 1994 und 1995a; Flores 1998; Strathern 2007.
16 Biedermann 2006.
17 Schreiben von Afonso de Albuquerque an Dom Manuel, Kannanor, 30.11.1513, veröff. in Albuquerque 1884, Bd. I, S. 135–139.
18 Vgl. Subrahmanyam 1997a, S. 313; Flores 1998, S. 138 f.
19 Correia 1975, Bd. II, S. 521.
20 Zur Sammlertätigkeit Katherina von Habsburgs vgl. Jordan 1994a.
21 Jordan 1999.
22 Vgl. hierzu Jaffer und Schwabe 1999.
23 Biedermann 2006, S. 178–259.
24 Biedermann 2006, S. 331–389, Saldanha 1991.
25 Zur hochkomplexen Problematik der Königsbekehrungen in Sri Lanka vgl. Strathern 2004, 2007.
26 Jaffer/Schwabe 1999, S. 11.
27 Biedermann 2006, S. 390–446; Abeyasinghe 1966.
28 Biedermann 2007.
29 Für eine reichlich bebilderte Übersicht vgl. Flores 2002.
30 Vgl. hierzu Silva 1972; Winius 1971.

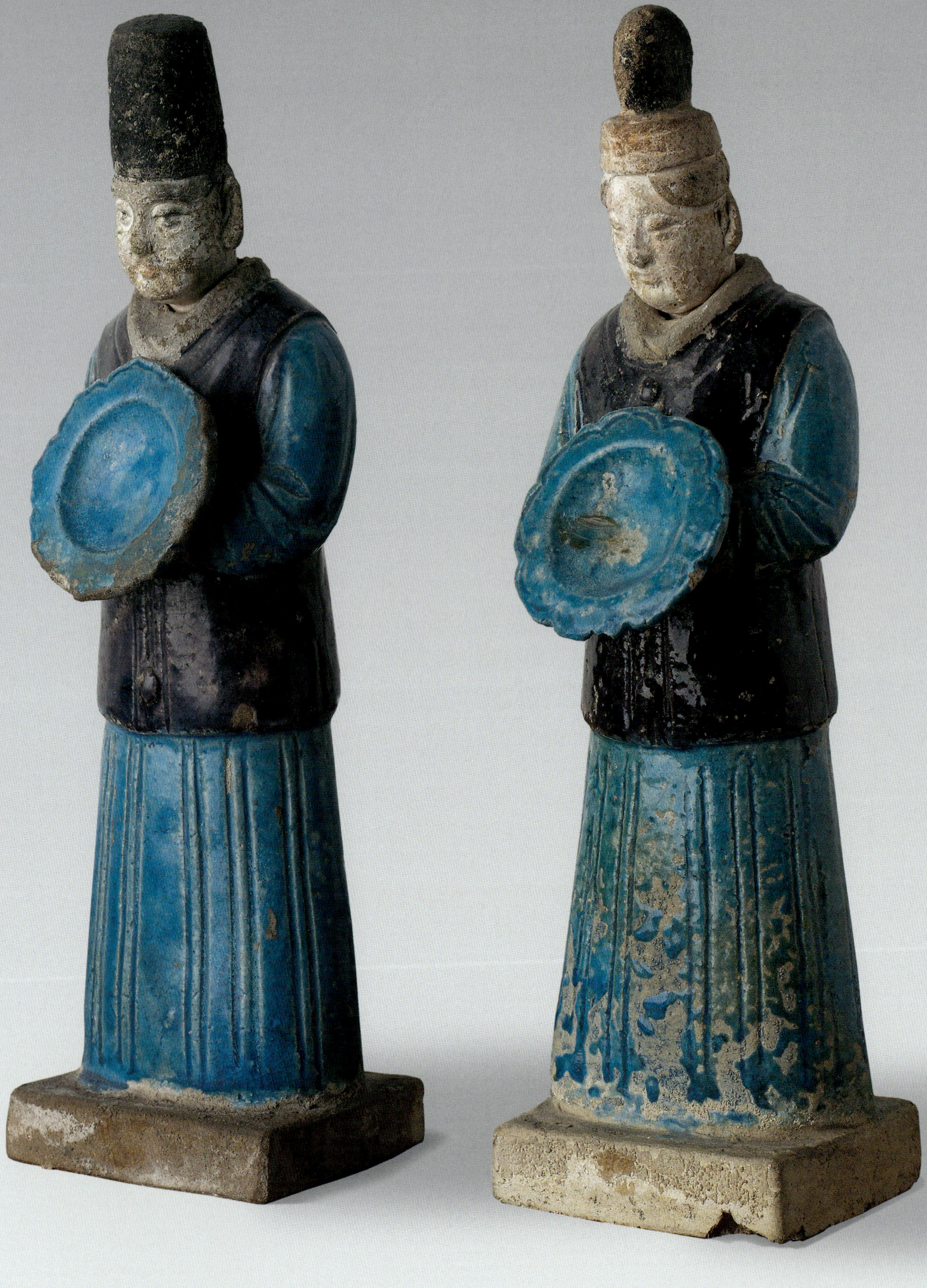

Roderich Ptak

Anatomie einer Eintracht: Portugal und China im 16. und 17. Jahrhundert

Einleitung

Die Geschichte portugiesisch-chinesischer Begegnungen, besonders während ihrer ersten Jahre, ist oft erzählt worden. Auch die kulturellen Dimensionen des Austausches zwischen beiden Seiten wurden mehrfach untersucht. Beides soll hier nicht noch einmal wiederholt werden, wenngleich freilich nicht auf alle bekannten Details verzichtet werden kann und am Anfang darum eine zusammenfassende, chronologisch geordnete Einführung geboten ist. Doch im Wesentlichen interessieren nicht so sehr die Ereignisse ›an sich‹, sondern es geht um die strukturellen Grundlagen der Kontakte, um die Voraussetzungen gleichsam, die den Umgang miteinander über lange Zeiträume geprägt haben. Dabei ist natürlich zu bedenken, dass sich diese Grundlagen gelegentlich verschoben, also nicht immer konstant blieben, und ebenso, dass bestimmte Bilder, die bis heute in der Wissenschaft üblich sind, sehr wohl übermalt werden müssten. Das betrifft bereits ein ganz zentrales Element: Von ›China‹ als einer in sich völlig geschlossenen Einheit zu sprechen – im wirtschaftlichen und kulturellen Sinne –, kann für das 16. und 17. Jahrhundert nur bedingt richtig sein. Korrekter ist die Annahme, die Portugiesen hätten sich während dieser Epochen mehreren lokalen chinesischen Gruppen oder Regionen gegenüber gesehen. Ähnliches gilt für die portugiesische Seite: Die dauerhaft in Macau lebende portugiesischsprachige Bevölkerung handelte und dachte durchaus anders als jene Personen, welche frisch aus Europa oder Indien kamen. Fast könnte man von unterschiedlichen Identitäten sprechen, doch so weit möchte ich nicht gehen.

Chronologie

Beginnen wir also mit der Chronologie der wesentlichen Ereignisse, die schnell zusammengefasst sind. Die ersten nachgewiesenen portugiesisch-chinesischen Begegnungen fanden in Malakka (Melaka) statt. Einige chinesische Gruppen scheinen die portugiesische Eroberung dieses Ortes (1511), dessen damalige Rolle im internationalen Handel gewaltig übertrieben wurde, begrüßt zu haben und arbeiteten fortan mit den Portugiesen zusammen. Die meisten Chinesen, die ihre Dienste anboten, hatten vermutlich ihre Wurzeln in der Provinz Fujian, besonders in der Gegend um die Stadt Zhangzhou. Andere Chinesen, welche auf Nordjava lebten, standen den islamischen Fürsten der Region nahe und unterstützten diese gegen die Portugiesen – doch sämtliche Versuche, Malakka zurückzuerobern, schlugen fehl.[1] Wichtig ist, dass das chinesische ›Lager‹, mit dem die Portugiesen zu tun hatten, also fragmentiert war.

Fujianesen wiesen den Portugiesen schließlich den Weg nach China. Wohl versprach man sich von den Neuankömmlingen zusätzliche Handelskontakte und vielleicht auch – man denke an die überlegene europäische Artillerie – Protektionsdienste. Die erste ›Landung‹ der Portugiesen auf chinesischem Boden erfolgte allerdings nicht in Fujian, sondern im zentralen Bereich der Provinz Guangdong. Da China, ›technisch‹ gesehen, verschlossen war, eigentlich nur Tributmissionen zuließ, nicht aber den freien privaten Handel, den die Portugiesen von Indien und Afrika her gewöhnt waren, bemühte sich Portugal jetzt darum, das Reich der Mitte auf diplomatischem Wege zu ›öffnen‹. Die zu diesem Behufe entsandte Delegation des Tomé Pires scheiterte jedoch (frühe 1520er Jahre), Pires selbst wurde eingesperrt und starb vermutlich in Kanton (Guangzhou), der großen Südmetropole des Ming-Staates (Ming-Dynastie 1368–1644). Da es parallel zu seiner Reise nach Nanjing und Peking (Beijing), wo der Hof residierte, im tiefen Süden vor der Guangdong-Küste zu Missverständnissen und sogar einer kurzen militärischen Konfrontation gekommen war, gingen sich nun beide Seiten für längere Zeit aus dem Wege. Doch das betraf eigentlich nur die staatlichen Repräsentanzen, nicht die inoffiziellen ›Schichtungen‹. Letzteres bedeutete, dass sich portugiesische Händler und Abenteurer weiterhin – heimlich, weil von chinesischer Seite unerlaubt – mit ihren fernöstlichen Kollegen trafen, sei es vor der chinesischen Küste oder anderswo.[2]

Die meisten Chinesen, mit denen die Portugiesen während dieser Zeit (1530er und 1540er Jahre) verkehrten, kamen wohl weiterhin aus Fujian. Damit hatte Guangdong das Nachsehen, denn wegen der erwähnten Vorfälle blieb der große Hafen Kanton für die Portugiesen und einige andere nunmehr verschlossen. Das bedeutete weniger Außenhandel für die Provinz Guangdong – und mehr Geschäfte für Fujian. Die Fujianesen konnten sich darüber freuen, die Guangdong-Behörden grollten.

Abbildung 1
Chinesische Würdenträger, erste Hälfte Ming-Dynastie (1368–1644), Kat.-Nr. VI.19

Doch bald entstand aus den heimlichen Kontakten zwischen Fujian-Chinesen und Portugiesen ein Konkurrenzverhältnis. Beide weiteten nämlich just um diese Zeit in verschiedenen Häfen Südostasiens – etwa in Patani – ihren Einfluss aus, handelten mit ähnlichen Waren, vor allem Pfeffer, und kamen sich somit ins ›Gehege‹. Auch die Präsenz von Portugiesen vor der Fujian-Küste in den 1540er Jahren hatte keine positiven Folgen.[3]

Die dritte Phase luso-chinesischer Kontakte führte die Portugiesen darum wieder zurück nach Zentral-Guangdong. Als Konkurrenten der Fujianesen waren sie jetzt nicht mehr unwillkommen, obschon die oben genannten Handelsrestriktionen weiterhin galten. Aber die Beamten besagter Provinz wussten um die technische Überlegenheit portugiesischer Schiffe und Waffen und hatten ihre Partner auch insofern schätzen gelernt, als auf sie Verlass war.

Welche Faktoren letztendlich den Ausschlag dafür gaben, dass Guangdong die Portugiesen nun zunächst auf einigen Eilanden vor der Küste und schließlich auf der Südhälfte der Macau-Halbinsel duldete, ist bis heute umstritten. Traditionellen Erklärungen zufolge hatten die Portugiesen bei der Bekämpfung von Piraten geholfen und als Dank dafür ein Stück chinesischen Bodens erhalten. Andere sprechen hingegen von Bestechungen. Wieder andere erinnern daran, dass der chinesische Hof teure Substanzen benötigte – etwa Ambra –, welche die Portugiesen zu beschaffen wussten; Macau sei ihnen deshalb zur Verfügung gestellt worden. Einen entsprechenden Vertragstext gibt es aber nicht, und es ist auch nicht zu ermitteln, ob Macau ›verschenkt‹, ›verkauft‹, ›verpachtet‹ oder in anderer Form vergeben wurde. Selbst das Datum der ›Gründung‹ bleibt umstritten; es dürfte in die Zeit um 1555 bis 1557 fallen, doch es werden auch andere Jahre genannt. Gleich auf welche Weise die Landvergabe erfolgte

– der chinesische Hof war vermutlich informiert, die Provinzbehörden scheinen also nicht unbedingt eigenmächtig gehandelt zu haben.[4]

Macaus erster großer Lebenszyklus (1550er Jahre bis etwa 1640) war vom Handel mit Seide und Silber geprägt. Silber kam größtenteils aus Japan, Seide aus dem benachbarten Kanton, das seinerseits japanisches Silber importierte. Kupfer, Gold, Quecksilber, kostbare Tropenhölzer und andere Waren spielten gleichfalls eine gewisse Rolle in Macaus Außenbeziehungen.[5] In Kanton selbst konkurrierten die Portugiesen mit Fujianesen und anderen um Marktanteile. Aus der Sicht Kantons wurde dies sicher positiv empfunden, denn wäre die Versorgung der Stadt mit Importgütern überwiegend in fujianesischen Händen verblieben, hätte dies die Preise vermutlich hochgetrieben.

Durch den Außenhandel gelangte Macau natürlich bald zu großem Reichtum, den es seinerseits vor Ort investierte oder in den Handel zurückfließen ließ. Ab den 1580er Jahren kooperierte es – eher ungewollt – auch mit Manila. Allerdings war hier Vorsicht geboten, zum einen, weil die Spanier gleichfalls am Geschäft mit Seide und Silber beteiligt waren und mit den Fujianesen zusammenarbeiteten, zum anderen, da spanische Geistliche vorschlugen, eigene Missionsgebiete in China aufzubauen. Einige träumten sogar davon, im Konquista-Stil über China herzufallen und ganze Küstenstriche zu erobern; das missfiel den Portugiesen natürlich. Mit Geschick und Diplomatie gelang es ihnen schließlich, Spanien vom ostasiatischen Festland fernzuhalten.[6]

Auch die aggressiven Niederländer, die ab etwa 1600 in Fernost tätig wurden, fanden keinen richtigen Zugang nach China. Ihre Präsenz forderte den Portugiesen jedoch neue Investitionen ab: Macau musste militärisch befestigt werden. Das bedeutete die Errichtung zusätzlicher Forts und Gebäude. Mehr Arbeitskräfte waren jetzt erforderlich. Macaus exportgeleitetes Wachstum führte somit zu demografischer Expansion: Es kamen immer mehr chinesische Einwanderer und solche Personen, die tagsüber in der Stadt arbeiteten, abends aber in ihre Nachbardörfer zurückkehrten.[7]

Als Macau um 1640 von mehreren misslichen Entwicklungen getroffen wurde – Verlust des Japan-Marktes, Eroberung Malakkas durch die Niederländer, vorübergehende Unterbrechung des Macau-Manila-Verkehrs nach Auflösung der spanisch-portugiesischen Doppelmonarchie –, fand es sich in einer demografischen Falle: Teile des Außenhandels brachen weg, doch die nach einigen Schätzungen auf rund 40 000 Menschen angewachsene Bevölkerung musste weiterhin ernährt werden. Erschwerend ebenso, dass im benachbarten China die Dynastie wechselte. Die

ABBILDUNG 2
PORZELLANDOSE IN FORM EINES SILBERBARRENS
AUS DER MING-DYNASTIE, WANLI PERIODE, KAT.-NR. VII.II.10

Ming wurden von den herannahenden Manju-Kräften nach Süden abgedrängt, Kanton wechselte dabei zweimal den Besitzer, und Flüchtlinge strömten nach Macau. Damit war der wirtschaftliche Abstieg der Stadt vorprogrammiert.[8]

Die Sieger der innerchinesischen Auseinandersetzungen, also die Qing (Qing-Dynastie 1644–1911), bekämpften in den folgenden Jahrzehnten auch noch den sogenannten Zheng-Klan, der Teile Ostfujians und einige Gebiete auf der Westseite Taiwans kontrollierte. Diese Auseinandersetzungen führten vorübergehend zu drastischen Evakuierungsmaßnahmen und Handelsverboten, welche nahezu den gesamten chinesischen Küstenraum betrafen. Macaus Hafen wurde während jener Tage rigoros kontrolliert, der freie Handel war unmöglich, die Stadt verarmte noch mehr, viele Chinesen, die eingewandert waren, kehrten ihr den Rücken.[9]

Erst mit Beseitigung der Zheng-Herrschaft durch die Qing (frühe 1680er Jahre) sollte sich die Lage in Südchina wieder entkrampfen. Der Handel wurde jetzt freigegeben, davon profitierte vor allem die fujianesische Seefahrt, am Rande auch Macau. Doch während der restlichen Jahrzehnte des 17. Jahrhunderts und selbst danach konnte Macau nicht mehr jene international wichtige Position einnehmen, die es während des ersten großen Handelszyklus' genossen hatte. Es fehlte zumeist an Geld und Schiffen und natürlich an den Silberquellen, die Macau zuvor reich gemacht hatten. Im 18. Jahrhundert wurde mit südostasiatischen Rohstoffen und periodisch auch mit Tee gehandelt, der zumeist via Kanton aus Fujian kam, aber die europäischen Konkurrenten – aus Großbritannien, zunehmend ebenso aus den Niederlanden, Frankreich und Skandinavien – sowie die fujianesische Seefahrt gewannen jetzt rasch an Bedeutung. Außerdem hatte Portugal seine alten Positionen in Südostasien – mit Ausnahme Timors – verloren, sodass eine strukturelle Verzahnung zwischen Macau und anderen portugiesischen Gebieten – zwecks wirtschaftlicher Regenerierung – kaum möglich war.[10] Aber es gibt noch mehr zu berichten: Als im Laufe des 18. Jahrhunderts immer mehr europäische Schiffe nach Kanton fuhren, um dort Tee zu laden, geriet Macau in eine gänzlich neue Situation. Gegen Ende des Jahrhunderts musste

Abbildung 3
Blick auf Macau und das Delta des Perlenflusses,
Jorge Pinto de Azevedo, 1646, Kat.-Nr. VII.I.15

es nämlich, äußerem Druck nachgebend, häufig europäische Kaufleute aufnehmen, die vor Ort ›überwinterten‹ und auf die nächste Handelssaison in Kanton warteten. Da diese Fremden viel Geld brachten, bot Macau jetzt Dienstleistungen an. Damit begann eine Art schleichender Transformationsprozess: Aus der alten Handelsstadt wurde ein Ort, der nicht nur vom Kommerz, sondern ebenso von Mieten und anderen Einnahmen lebte. Mit dieser Weichenstellung freilich kann die kurze Chronologie beendet werden.[11]

Portugiesen, Chinesen und andere

Betrachten wir nun die strukturelle Seite der ›bilateralen‹ Beziehungen. Oben wurde bereits angedeutet, dass es die Portugiesen grundsätzlich mit zwei größeren Gruppen zu tun hatten, den Fujianesen und den Guangdong-Chinesen (die Überseechinesen interessieren hier wenig). Die Fujian-Chinesen sind über den gesamten Zeitraum aktiv im Seehandel tätig. Das gilt zwar auch für die Guangdong-Chinesen, doch in weit geringerem Umfang. Auf der Macau-Halbinsel selbst finden die Portugiesen in den Anfangsjahren ihrer Präsenz Vertreter beider Gruppen vor. Es kommen vermutlich Hakka-Familien (Kejia) hinzu. Genaueres ist für diese Epoche allerdings nicht überliefert. Gewiss hingegen ist, dass im Laufe der Zeit das Guangdong-Element zunimmt und sich der kulturelle und kommerzielle Einfluss der Fujian-Chinesen in und um Macau demzufolge verringert.

In der großen Handelsmetropole Kanton selbst – und Macau fungierte lange als Kantons wichtigstes Tor zur Außenwelt – dürfte das Gewicht der Fujianesen ein anderes gewesen sein; die Einzelheiten bleiben aber wieder unbekannt. Eine bemerkenswerte und sehr grundsätzliche Entwicklung ist allerdings festzustellen – und zwar unter den Qing: Die meisten Kaufleute, welche den Europäern in Kanton Tee anbieten, kommen aus Fujian. Auch scheint Fujian zum führenden Teeproduzenten innerhalb Chinas aufzusteigen. Fujianesischer Tee gelangt über Inlandswege – durch fujianesische Unternehmer, welche die Verkaufspreise kontrollieren – an Bord europäischer Schiffe. Da die Portugiesen nur gelegentlich an diesem Geschäft beteiligt sind, gehen sie gewissermaßen, wie in früheren Zeiten, den Fujianesen aus dem Wege.[12]

Stattdessen kooperiert Macau häufig mit der lokalen Bevölkerung auf ›unterer Ebene‹, also mit den Guangdong-Chinesen im Hinterland Macaus. Auch wenn es keine verlässlichen Quellen für die folgende Annahme gibt, so fügt sich diese doch ins Bild: Aus Sicht Kantons – und der Guangdong-Bevölkerung – war es wohl oft leichter, mit den Portugiesen zusammenzuarbeiten als mit den Fujianesen, die ja, wie gesagt, einen erheblichen Teil des Teegeschäftes steuerten. Und nicht nur die Fujianesen waren Fremde in Kanton, die neuen Manju-Herrscher, deren Verwalter bestimmte Ebenen der lokalen Administration führten, kamen gleichfalls von ›außen‹. Denkbar also, dass sich die Bevölkerung Zentral-Guangdongs in doppelter Hinsicht fremdbestimmt sah – durch die Repräsentanten des Qing-Hofes und durch die reichen fujianesischen Unternehmer –, weswegen ihr die ›altvertraute‹ portugiesische Präsenz, die sich unter den Ming bewährt hatte, sicher nicht unangenehm war. Diese Überlegungen bleiben gewiss spekulativ und sind so in der Literatur kaum anzutreffen, aber sie zeigen zumindest implizit, dass sich die Küstengegenden Chinas voneinander unterschieden und in vielerlei Hinsicht eigenständige Entitäten bildeten.

Auch in Macau selbst bot sich eine interessante Situation. Anfangs dürfte die Stadtbevölkerung eher ›portugiesisch‹ geprägt gewesen sein. Die Oberschicht wurde von den Portugiesen gestellt. Ihr zur Seite standen viele Personen aus anderen portugiesischen Überseegebieten, etwa Malaien, Inder und selbst Afrikaner. Doch das chinesische Element nahm sehr bald zu, bedingt durch Einwanderung und Vermischungsprozesse. Innerhalb dieser Schichtung waren Familien mit Guangdong-Hintergrund vermutlich schon recht früh in der Überzahl. Gleichwohl schwankte die Zahl der Chinesen häufig stärker als die der ansässigen Portugiesen. Ökonomische und politische Gründe – nicht nur innerhalb Macaus, sondern vor allem im chinesischen Hinterland – waren letztlich für diese demografischen Änderungen verantwortlich.

Die statistische ›Sinisierung‹ der ursprünglich stark portugiesisch gefärbten Stadt war vermutlich von Akkulturationsprozessen begleitet. Zunächst ist aber die Frage zu stellen, welche Gruppe sich überhaupt an welche andere ›anpasste‹, welche Richtung die unterstellte(n) Akkulturation(en) eigentlich einschlug(en).[13] Indizien sind schwer zu finden, denn die wenigen Beschreibungen des Macauer Alltages im 16. und 17. Jahrhundert lassen kaum entsprechende Rückschlüsse zu. Auch architektonische Relikte und andere materielle Hinterlassenschaften helfen nur selten, die gestellte Frage wirklich zu beantworten.[14]

Folgende weiterführende Überlegungen dazu sollten jedoch nicht unterbleiben: Neben der überwiegend portugiesisch denkenden und handelnden Verwalterschicht, innerhalb derer anfangs nur wenige Personen mit (teil)chinesischer Abstammung zu finden sind, gab es bald jene Gruppe, die heute in der Literatur gerne als Macanesen (Macaenser) bezeichnet wird. Diese ›Mestizen‹ chinesischen, portugiesischen und gelegentlich auch anderen Ursprungs kommunizierten in einer mit chinesischen, malaiischen und anderen Ausdrücken durchsetzten Kreolsprache. Sie fühlten sich, weil in Macau geboren, ihrer Stadt verpflichtet, waren meist Händler und Kaufleute und als solche des Kantonesischen mächtig. Mit den ›eigentlichen‹ Portugiesen verband sie ihre Lebensweise und der katholische Glaube; sie hatten sich also gewissermaßen zwischen den ›Lagern‹ etabliert und pflegten selbstverständlich auch gute Kontakte zu den ›eigentlichen‹ Chinesen in und um Macau.[15]

Letztere blieben wohl – wie häufig auch die ›reinen‹ Portugiesen – eher unter sich, nur eben, dass sie für ihre portugiesischen Herren arbeiteten und gelegentlich von deren Familien aufgenommen wurden. Das dürfte vor allem chinesische Mädchen betroffen haben. Nicht wenige Zeitgenossen melden daher für bestimmte Epochen eine Art ›Frauenüberschuss‹, der sich ökonomisch und auch kulturell erklären ließe. Wenn dieses Bild stimmt, liegt die Annahme nahe, dass sich viele chinesische Einwanderer an portugiesische Lebensumstände anpassten, also eine entsprechende ›Akkulturation‹ erfolgte. Diese ist von der oben beschriebenen ethnischen Mischung durchaus zu trennen, wenngleich die Übergänge hier sicher fließend waren und folglich davon ausgegangen werden kann, dass die Annahme des Fremden entsprechende Verbindungen förderte.

Möglich ist ebenso, dass viele Macau-Chinesen, deren statistisches Gewicht im Laufe der Geschichte wuchs, der chinesischen Heimat emotional verbunden blieben – oder aber eine eigene, lokale Identität entwickelten, quasi parallel zu den Identitäten jener Kreise, die den Kategorien ›Mestizen‹ und ›reine Portugiesen‹ zugeordnet werden müssten. Verkompliziert würde dieses Modell dann, wenn ›die‹ Macau-Chinesen in toto nach Herkunftsorten oder -gruppen aufzusplitten wären. Anhaltspunkte für die eine oder andere Variante lassen sich in der Literatur finden, aber das Gesamtbild bleibt unscharf, eine quantitative Abwägung verschiedener Akkulturationsrichtungen ist mithin unmöglich.

Motive und Rhetorik

Die moderne Wissenschaft unterstellt kolonialen Gesellschaften und ›diaspora-ähnlichen‹ Strukturen gerne, dass die in ihr lebenden Menschen vor allem an der Mehrung ihres Besitzes interessiert gewesen seien. Das trifft sicher auch auf Macau zu, doch wäre es unangemessen, andere Dimensionen – etwa das religiöse Leben – völlig auszuklammern. Jene, die Macau führten und nach außen hin repräsentierten, durften nicht nur an Geld und Gewinn denken, sie hatten ebenso die Kirche vor Augen, die

Abbildung 4
Truhendeckel mit der Darstellung einer chinesischen Hafenstadt, 17. Jahrhundert, Kat.-Nr. VII.I.16

in China und Japan missionierte. Schließlich war Macau die logistische Basis für beide Missionsgebiete. Demnach mussten rein kommerzielle Interessen hintangestellt werden, um die Erfolge der Missionare nicht zu gefährden. Als Teil der *padroado*-Struktur war Macau auch nicht allein an Goa oder Lissabon gebunden, sondern ebenso an Rom. In institutioneller Hinsicht sahen sich die Bürger Macaus also gleichsam zwei übergeordneten Ebenen gegenüber, und sie mussten bei wichtigen Entscheidungen stets an die Belange aller Seiten denken. Dass dies nicht immer gelang und vorübergehend interne Kontroversen auslöste, versteht sich von selbst.

Neben der eher ›europäischen‹ Problematik gab es natürlich noch eine andere Dimension: Macau musste als Ganzes mit seinen chinesischen Nachbarn in Guangdong auskommen. Diese Aufgabe wurde mit Bravour gemeistert, doch bedarf es einiger Erläuterungen, um den Sachverhalt nachvollziehbar zu machen. Konfrontationen, wie sie während der frühen Dekaden portugiesischer ›Expansion‹ im Bereich der Arabischen See statt-

fanden, längs der Westküste Indiens etwa, passten im Fernen Osten nicht ins Bild. Weder in Japan noch in China gab es islamische Gegner, die man hätte bekämpfen müssen. Außerdem fiel die Gründung Macaus in eine Epoche, während der sich Portugiesisch-Asien längst mit vielen islamischen Mächten arrangiert hatte. Der mittelalterliche Geist, der die ersten Indienfahrer beflügelt hatte, die maurischen Gegner des Abendlandes gleichsam im Rücken zu fassen, war längst verweht.

Zudem scheint die ›Erschließung‹ Ostasiens durch die Portugiesen von Anfang an mit überwiegend positiven Erwartungen verknüpft gewesen zu sein: China und Japan galten als reich, man hoffte auf Gewinne und lernte ihre Kulturen sehr bald schätzen, auch wenn sie lange unverstanden blieben. Den Einsatz militärischer Mittel konnte sich Macau, wenn überhaupt, höchstens als Notmaßnahme vorstellen. Nur sehr selten äußerten einzelne Personen – meist aus spontaner Verärgerung über momentane Missstände – den Wunsch, China zu ›strafen‹. Diese Vorschläge wurden jedoch nie in die Tat umgesetzt – sieht man

Abbildung 5
Karte Südostasiens aus dem Atlas des Fernão
Vaz Dourado, um 1576, Kat.-Nr. V.I.27

von einer kurzen Aktion Mitte des 19. Jahrhunderts einmal ab, die zur vorübergehenden Besetzung eines chinesischen Grenzpostens führte.

Lag es im Interesse aller Bürger Macaus und der Missionare, mit China in Harmonie und Eintracht zu leben, so herrschte in China selbst oft Uneinigkeit darüber, wie mit den Portugiesen zu verfahren sei.[16] Dass Macau überhaupt existieren durfte, galt aus Sicht der Mandarine als Anomalie, die nicht so recht ins chinesische ›Weltkonzept‹ passen wollte. Doch Zentral-Guangdong profitierte von der Anwesenheit der Portugiesen – vor allem materiell –, und die Portugiesen verwiesen ihrerseits immer wieder darauf, dass ihnen die Erlaubnis zur Besiedlung Macaus vom chinesischen Staate erteilt worden sei. Hiermit war eine komplexe Rhetorik verknüpft, auf die beide Seiten zu rekurrieren wussten, wenn es galt, den *Status quo* – unter Wahrung des Gesichtes – fortzuschreiben. So mächtig die Drohungen auch waren, die gelegentlich aus dem Inneren Chinas kamen, und so sehr hohe Beamte, radikalen Neigungen folgend, dafür plädierten, die Portugiesen zu vertreiben – am Ende obsiegten stets die gemäßigten Kräfte, hier wie da, welche an die ›alten Privilegien‹ erinnerten, die der Kaiserhof den Portugiesen hatte zuteil werden lassen (obschon dies bis heute umstritten ist), und wohl gelegentlich auch auf die Vorzüge guter Nachbarschaft im Allgemeinen hinwiesen.

Zum Umgang miteinander gehörte es freilich auch, das rein Materielle nicht über Gebühr zu strapazieren. Konfuzianisch denkende Beamte waren meist in dem Glauben groß geworden,

Gewinnstreben sei die Sache des einfachen Mannes, nicht des Edelgesinnten. Überhaupt hatte der Kaufmann nach offizieller Lesart nicht viel zu sagen. Also betonte man im bilateralen Gespräch weniger das Gemeinnützige – oder gar den Handel betreffende Einzelheiten –, sondern die guten Erfahrungen, welche aus der langen Nachbarschaft erwachsen waren. Und je länger Macau existierte, desto mehr gewann dieses rhetorische Element an Gewicht – denn die Zeit wirkte gleichsam wie ein Garant für portugiesisches ›Wohlverhalten‹. Anders ausgedrückt: Die Bürger Macaus – allen voran wohl jene, die in Macau aufgewachsen und mit chinesischen Umgangsformen vertraut waren, also die Macanesen – hatten sich im Laufe der Jahre auf chinesische Erwartungshaltungen eingestellt, wussten das sublime Spiel mit Gesten und Symbolen für sich, im Sinne ihrer Stadt, zu nutzen.

Ebenen der Beziehungen

In der Tat wurde an keiner anderen Stelle des *Estado da Índia* so viel Fingerspitzengefühl eingefordert wie in Macau. Nirgends war Diplomatie so groß geschrieben wie eben hier. Ihren Ausdruck fand diese Situation unter anderem in verschiedenen Gesandtschaften, die in der Regel von oder über Macau nach China reisten. Versuchen wir diese zu ›strukturieren‹ und aus der Gesamtkonstellation heraus zu verstehen.

Die frühen Missionen, noch vor Gründung Macaus, sind kaum bekannt, doch handelte es sich um Gespräche auf ›informeller‹ Ebene – zwischen Portugiesen, die ohne offizielle Genehmigung Goas auftraten, und chinesischen Provinzbeamten, welche – so eine Lesart – gleichfalls ›auf eigene Faust‹ handelten. Elementar war für den Erfolg, dass beide Seiten Interesse an guter Zusammenarbeit hatten. Die Portugiesen wirkten verlässlich, sie boten Silber aus Japan an, ihre Anwesenheit konnte die Abhängigkeit der Provinz Guangdong von fujianesischen und anderen Kaufleuten reduzieren. Freilich, wie es die chinesischen Provinzbeamten am Ende schafften, ihre lokalen Belange bei der Zentrale im hohen Norden, in Peking, durchzusetzen, wissen wir nicht genau, doch dass sie es geschafft haben, steht außer Frage.

Wahrscheinlich ist ebenso, dass Portugals ›Repräsentanten‹ die Struktur innerchinesischer Verhältnisse recht früh durchschaut hatten, und ferner, dass sie äußerst flexibel vorzugehen wussten. War Tomé Pires, in offizieller Mission auftretend, kläglich gescheitert – mangels Erfahrung, der widrigen Umstände wegen und weil er bestimmte Zielvorgaben zu beachten hatte –, mussten jene Kaufleute, welche am Ende die chinesische Seite zum Umdenken bewegten, keinerlei formale Erwartungen einer übergeordneten portugiesischen Instanz beachten. Das gereichte

Abbildung 6
Schultertopf mit Drachendekor, China, 16. Jahrhundert,
Kat.-Nr. VI.20

ihnen zum Vorteil. Sie schufen gleichsam Fakten – Macau war eine inoffizielle Gründung –, die *ex post* von Goa und Lissabon gutgeheißen wurden.

Erst nach Gründung Macaus – und nachdem Macau eine eigene Verwaltung bekommen hatte – wurden die Beziehungen zu China langsam ›formalisiert‹. Hier kristallisierten sich bald drei Ebenen des bilateralen Austauschs heraus, die bis weit in das 18. Jahrhundert wirksam blieben: Auf unterster Ebene verständigte sich die Stadt mit den Beamten des benachbarten Kreises Xiangshan, auf mittlerer Ebene mit der Provinzregierung in Kanton, auf oberster Ebene – der zwischen souveränen Staaten – zählten die Kontakte zwischen Lissabon und Peking.[17]

Doch nur selten verkehrten offizielle Delegationen zwischen beiden Hauptstädten. Meist gingen sie von portugiesischer Seite aus, in deren Absicht es lag, nicht nur Macau, sondern zugleich die Arbeit der Missionare in China zu stützen. Bei diesen Reisen kam eine besondere Rhetorik zum Einsatz: Portugal forderte im Grunde nichts, ließ Geschenke überbringen und erwies sich als dankbarer ›Untertan‹, so die chinesische Sicht. Die portugiesische Auslegung – im fernen Europa – fiel natürlich anders aus: Von einer Unterordnung war hier nichts zu spüren, das chinesische ›Weltbild‹, welches keinerlei Gleichrangigkeit zwischen den Mächten zuließ, blieb schlichtweg unverstanden. Die Kunst, zweierlei Interpretationen zu ermöglichen – eine vor Ort in Macau und Peking, eine andere in Lissabon –, war den Patres zu verdanken sowie den ortsgebundenen Portugiesen – oder Macanesen –, die als Dolmetscher und ›kulturelle Mittler‹ fungierten und sich geschickt auf die diplomatischen Bedürfnisse ihrer jeweiligen ›Klientel‹ einstellen konnten.[18]

Da Portugal nichts forderte – kein zusätzliches Territorium, keine zweite Basis –, fiel es meist nicht schwer, einen rhetorischen Modus zu finden, der beiden Seiten genehm war. Es ging selten um ›Inhalte‹, eher um die Form, denn die alten ›Privilegien‹, an die Portugal zu erinnern pflegte – auch wenn sie vielleicht nie *de jure* gewährt worden waren –, hatten längst den Status eines *fait accompli* angenommen. Nicht näher darauf einzugehen, alles beim Alten zu belassen – damit konnte Macau sehr wohl leben. Eintracht – eigentlich ein ganz chinesischer Gedanke – musste nicht unbedingt definiert werden.

Auf unterer Ebene bot sich ein etwas anderes Bild. Der Alltag Macaus war nicht frei von Spannungen zwischen den verschiedenen Volksgruppen, demzufolge mischten sich die chinesischen Lokalbehörden immer wieder in örtliche Belange ein. Sie vertraten sozusagen die Interessen ihrer Landsleute, doch oft nur in symbolischer Weise, denn Macaus Leben lief auch ohne komplexe Vorschriften seinen gewohnten Gang, und die Identität der Macau-Chinesen war ja vielleicht ohnehin eine ›andere‹. Dass chinesische Bürokraten dennoch von Zeit zu Zeit ›intervenierten‹, hatte wohl vor allem mit der ihnen obliegenden Pflicht zu tun, sich vis-à-vis den eigenen Provinzoberen in Kanton legitimieren zu müssen. Abgrenzung und gelegentliches Drohen gehörten folglich dazu und waren in den Augen der Provinzgouverneure ein Beleg für aufmerksame Grenzpolitik. Das kam der Provinzverwaltung auch insofern entgegen, als sich diese selbst gegenüber der nächsten ›Etage‹, dem Hofe in Peking, rechtfertigen musste. Aufmerksame Untertanen – in Gestalt der Lokalbeamtenschaft – ließen sich dabei gut ›verkaufen‹.

Die portugiesische Verwaltung wusste all dies sehr wohl hinzunehmen. Vorausahnend, dass es besser sei, einen an sich kooperativen Lokalbeamten von Zeit zu Zeit schimpfen zu lassen, als ihn durch einen echten ›hardliner‹ verdrängt zu sehen, machte sie entsprechende Zugeständnisse. Derlei wird vor allem

ABBILDUNG 7
EUROPÄERFIGUR AUS DEM CHINA DER QING-DYNASTIE,
KAT.-NR. XI.26

im 18. Jahrhundert sichtbar. Natürlich gab es auch Perioden ernster ›Verstörungen‹ – dann etwa, wenn chinesische Bürger in Macau durch andere zu Tode kamen und die chinesische Seite auf Anwendung der eigenen Rechtsvorschriften pochte. Doch diese Fälle wurden wohl meist nur deshalb hochgespielt, da sie der ansonsten eher trägen Lokalbeamtenschaft die Möglichkeit einräumten, sich in Szene zu setzen.[19] Im Grunde aber waren sie unwichtig. Überhaupt wurden schwierige Konstellationen oft elegant umschifft, an wirklichen Konflikten hatte schließlich keine Seite Interesse. Personen innerhalb der Macauer Verwaltung, die diesen Grundsatz zu missachten drohten, da sie – frisch aus Portugal angereist – die Regeln des Spiels noch nicht durchschauten, kamen gegen jene, denen es ums gute Einvernehmen ging, kaum je an; dafür wussten die Kaufleute und Alteingesessenen zu sorgen. Auch Geldgeschenke dürften in krisenhaften Situationen geholfen haben; besonders chinesische Amtsträger zeigten sich wohl nicht ganz unempfänglich, wenn es um großzügige ›Unterstützung‹ ging.

Mit dem Übergang zur Manju-Herrschaft, dem allmählichen Aufblühen des Teehandels und der vermehrten Ankunft europäischer Händler in Kanton wurde die Lage für Macau dann allerdings ein wenig komplizierter. Die Qing-Regierung war, wohlgemerkt, keine chinesische. Für sie bildete Macau eine von vielen Einheiten innerhalb ihres ›kompartmentalisierten‹ Vielvölkerstaates. Eine nicht-chinesische ›Bastion‹ am Bauche des riesigen chinesischen Teilgebietes, so mag der eine oder andere Hofbeamte gedacht haben, würde nicht wirklich schaden, hatten doch die Han-Chinesen ein zahlenmäßiges Übergewicht, das es auszugleichen galt. Wenn also manjurische Beamte Teile der Administration in Kanton kontrollierten und fujianesische Kaufleute ganze Segmente des Teeverkaufs, so wurden die Interessen der lokalen Guangdong-Bevölkerung gewissermaßen in Schach gehalten. Eine für die Portugiesen keineswegs ungelegene Situation, denn sie bot die Möglichkeit, alte Freundschaften mit den Guangdong-Partnern umso mehr zu betonen und sie abseits der Regularien auf lokaler Ebene weiterzupflegen, gleichsam im Schatten der höheren ›Etagen‹. Außerdem konnte Macau notfalls ›seine‹ Han-Chinesen gegen manjurische Interessen in Schutz nehmen, zumindest an der verbalen Front, wenngleich solcherlei schwer nachzuweisen bleibt.

Aber die Manju-Herrschaft bot noch weitere Besonderheiten, da auf der höchsten Ebene die portugiesische Seite den Qing-Hof bewusst als Erbe der besiegten Ming betrachtete und damit dezent daran erinnerte, dass es doch für alle Beteiligten förderlich sei, die ihr zuvor gewährten Rechte fortzuschreiben. Eher unausgesprochen blieb dabei das folgende Argument: Beide Seiten hatten chinesische ›Untertanen‹, das winzige Macau, quasi ein ›Anhängsel‹ Guangdongs, und das riesige Manju-Imperium, dem Guangdong unterstand; gleich wie, Macau würde für ›seine‹ Chinesen sorgen, man fand sich damit im gleichen Boot. Das konnte den Manjus nur recht sein.

Seitens der Portugiesen wurde hierbei wohl auch berücksichtigt, dass sich die Qing an der maritimen Peripherie ihres Reiches in etwa so verhalten würden wie ihre Vorgänger, während sie in Nordasien und Turkestan durchaus anders auftraten und eine gewisse Gleichrangigkeit zwischen den regierenden Monarchen gelten ließen. Der berühmte Vertrag von Nertschinsk (1689), geschlossen zwischen Russen und Manju-Vertretern – unter Mitwirkung kirchlicher Dolmetscher –, ist das beste Beispiel hierfür. Die Jesuiten erkannten, dass der Qing-Staat viel internationaler dachte als die Ming es je getan hatten und setzten folglich alles daran, die höfischen Kreise in Peking für sich und für Macau zu gewinnen.

Roms Vertreter in Fernost bildeten also einen weiteren ›Faktor‹ im komplexen Beziehungsgeflecht zwischen Portugal und China. Dennoch sollte die politische Funktion der Patres nicht überbetont werden, denn als der Ritenstreit ausbrach, aus dem die Kirche geschwächt hervorging, blieb Macau noch immer am Leben. Altbewährte Traditionen im tiefen Süden des Landes und die dem Qing-Staat ureigenen Mechanismen, welche Fremde durchaus gewähren ließen, waren vermutlich ausschlaggebend dafür, dass die Portugiesen auch diese Krise zu meistern wussten.

Abbildung 8
Fassade der Kirche São Paulo in Macau.
Foto: Pedro Dias, Kat.-Nr. VII.III.23

Fazit

Historiker haben versucht, Macau als ›autonomes Gebiet‹ unter den Qing zu definieren, als fest in den *Estado da Índia* integriertes Territorium, einer Kolonie gleich, als Diaspora-Enklave, oder gar als Variation eines *fanfang* – eines ›ausländischen Quartiers‹ auf chinesischem Boden –, doch es können mit Leichtigkeit Argumente gegen die eine oder andere Option gefunden werden.[20] Macau ist wohl keiner einzigen Kategorie ausschließlich und alleine zuzuordnen. Die Stadt wurde jedoch stets sehr flexibel verwaltet. Gelegentlich sogar mit einer gewissen Undurchsichtigkeit und scheinbaren Irrationalität, die es der anderen Seite oft unmöglich machte, auf sie ›zuzugreifen‹. Eine saubere ›Festschreibung‹ des eigenen Status' war zwar bisweilen angestrebt – meist von den Portugiesen –, aber letztlich wurde dieser Schritt bis weit in das 19. Jahrhundert hinein vermieden.

Mehrere exogene wie endogene Faktoren – allen voran die häufig von Goa und Lissabon recht unabhängig auftretende Lokalregierung – trugen am Ende dazu bei, dass Macau Höhen und Tiefen durchschritt, ohne wirklich gefährdet zu sein. Fast könnte man sagen, Macau wurde in ›konfuzianischem‹ Stile geführt. Es gab sich meist bescheiden, scharfe Kanten fehlten. Die Konturen blieben ›wässrig‹, damit standen alle Möglichkeiten offen, und alle Türen – für sämtliche Beteiligten. Genau hierin lag die außergewöhnliche Stärke Macaus und der Portugiesen, die sich in ihrem Verhalten wahrlich positiv von den übrigen europäischen Mächten abzuheben wussten – bis zuletzt übrigens, denn dem säbelrasselnden Beispiel britischer *law-and-order*-Prediger wollte Lissabon, auf Respekt und Harmonie setzend – und auf das gemeinsame kulturelle Erbe –, bekanntlich unter keinen Umständen folgen.

Abbildung 9
Macau, in: António Bocarro, O Livro das plantas de todas as fortalezas, cidades e povoações do Estado da Índia Oriental, 1635, Kat.-Nr. VII.I.7

Resumo

Este artigo oferece, em primeiro lugar, uma perspectiva cronológica dos primórdios das relações sino-portuguesas e da história da cidade de Macau. Apresentam-se em seguida, em síntese, os diferentes grupos étnicos que viviam em Macau e à volta da cidade, tendo em conta que é preciso distinguir entre ›agrupamentos‹ chineses específicos, como os grupos populacionais originários de Fujian, os chineses de Guangdong e outros.

Esboça-se depois a estrutura dos contactos entre os lados ›português‹ e ›chinês‹. Eram raras as missões diplomáticas oficiais, ao mais alto nível, entre Lisboa e Pequim. Muito mais comum era o trânsito de legações entre Macau e Guangdong. De acordo com a sua natureza, desempenhavam, muitas vezes, funções nitidamente diferentes das missões oficiais.

O lado ›português‹ soube, neste caso, levar em linha de conta com os interesses internos chineses, e, assim, só raramente surgiram desentendimentos substanciais. As tensões no interior de Macau, perturbadoras da rotina diária, eram amortecidas por considerações gerais e pela retórica. Para este entendimento, contribuía o facto de muitas questões permanecerem indefinidas e de manter-se, também, o respeito pelas convenções determinadas pelas hierarquias.

Esta situação é, sobretudo, visível depois da mudança de dinastia na China, de Ming para Quing. No fundo, Portugal nada exigiu ao novo Governo Manju. Lembrou-lhe apenas, discretamente, certos privilégios antigos que Macau tinha – de facto ou alegadamente –, recebido dos Ming. Além disso, tentou, de acordo com obrigações de padroado, apoiar a Igreja em Pequim, que, por sua vez, na China se empenhava em favor de Macau. De certo modo, o lado português comportava-se quase de modo mais ›confuciano‹ do que os próprios chineses. Isso criou um ambiente de confiança e possibilitou, ao mesmo tempo, um elevado grau de flexibilidade. Neste aspecto, aliás, até à entrega da administração à República Popular da China, Macau e Lisboa diferenciaram-se da atitude afrontosa dos britânicos em Hong-Kong.

Anmerkungen

1 Zu Portugiesen und Fujianesen z. B. Ptak 2002 und 2004 b.
2 Loureiro 2000 fasst die wesentlichen Ereignisse zusammen. Wichtige chinesische Studien zu den frühen Kontakten z. B. Zhang 1988, Teil 2, ferner mehrere Aufsätze in Jin 2000a und 2000b sowie z. B. Jin/Wu 2004, Aufsatz 2. In englischer Sprache etwa Ng 1995 und Ptak 1999c, in deutscher Sprache Ptak 1980.
3 Zu den Chinesen in Südostasien z. B. Ptak 1998b.
4 Zur Gründung Macaus letztens z. B. Loureiro 1997; Loureiro 2000, Kap. 21; ferner Tang 1999, S. 82–130, Tang 2004 sowie Jin/Wu 2002, besonders Aufsätze 3, 4, 5 u. 7; ferner Jin/Wu 2001, Aufsatz 3.
5 Zum Handel Kanton-Macau-Japan war Okamoto 1942 ausschlaggebend. Später hat Boxer hiervon profitieren können. Vgl. sonst z. B. Ptak 1994c; Ptak 1999b. Eine der neuesten chinesischen Studien mit umfangreichen Angaben zu allen Handelskontakten Macaus ist Zhang 2004, besonders Kap. 2 u. 3.
6 Zu Manila und Macau z. B. Pires 1971; Ollé 2000.
7 Zu Demografie und Wachstum in Macau z. B. Souza 1986, S. 31–36; Ptak 1982; Ptak 2000.
8 Zum Ende des Japan-Handels letztens Coutinho 1999. Zu den übrigen Entwicklungen die Werke in Anm. 4 u. 5.
9 Zu dieser Epoche z. B. Wills 1984; Ptak 1989. Ferner Flores 2000, S. 215–234; Münch Miranda 2001.
10 Hierzu z. B. Vale 1997; Vale 2001; Flores 2001; Ptak 1994b. Zur Demografie, auch späterer Perioden, z. B. Vale 1996; Münch Miranda/Serafim 2001, S. 231–242.
11 Zur Transformation Ptak 2004a.
12 Ptak 1994b; Ptak 2004a.
13 Ptak 2001a, S. 64–68.
14 Zur Architektur jüngst der Überblick von Dias 2005. Zum Alltag und zur Kunst sonst z. B. Braga 2001; Curvelo 2001; Cruz 2001.
15 Die meisten Studien zu den Macanesen beziehen sich auf das 20. Jahrhundert. Wichtige Beiträge schrieb Ana Maria Amaro. Einige Titel z. B. in den bibliografischen Überblicken Ptak 1998a; Ptak 2001b, Kap. 9.
16 Einige interessante Aufsätze dazu z. B. in Tang 1998.
17 Alves 1995a; Alves 1995b enthält interessante Angaben hierzu, die sich in Teilen mit der hier präsentierten Analyse decken.
18 Wichtige Studien zu Gesandtschaftsreisen z. B. Ramos 1991; Santos 1993; Saldanha 2005; Wills 1984. Zu unterschiedlichen Lesarten – chinesisch und portugiesisch – z. B. Ptak 1999a, S. 185–190.
19 Vgl. z. B. einige Angaben in den Studien von Tang 1998, besonders Aufsätze S. 158–184, 219–240.
20 Zum Thema *fanfang* z. B. Wu 1999, S. 71–84; Jin/Wu 2001, Aufsatz 5; Ptak 2001b.

MALACKA.

Jürgen G. Nagel

Scheitern und Überleben der portugiesischen Expansion in Südostasien

Nur kurze Zeit nach ihrem Erscheinen im Indischen Ozean und an den Küsten Indiens erreichten die Portugiesen den Südosten Asiens.[1] Dort richtete sich ihr Blick vor allem auf den Malaiischen Archipel, da sich ihre Expansionsinteressen primär an Gewürzen ausrichteten. Entsprechend bestimmte die Geografie der Gewürze auch die Geografie der portugiesischen Expansion nach Asien. Der Weg führte einerseits auf den indischen Subkontinent, der Pfeffer und Zimt anbieten konnte, und andererseits in das maritime Südostasien, wo neben Pfeffer die in Europa besonders seltenen Gewürze der Molukken lockten: Nelken, Muskatnuss und Mazis. Zu Beginn des 16. Jahrhunderts konzentrierte sich deren Anbau auf nur wenige Inseln. Gewürznelken fanden sich auf einer Reihe kleinerer Vulkaninseln, unter denen Ambon im Süden sowie Ternate und Tidore im Norden der Molukken eine herausgehobene Stellung einnahmen. Die Muskatpflanze, die sowohl die gleichnamige Nuss als auch das sie umgebende Fruchtblatt Mazis hervorbrachte, fand sich ausschließlich auf den winzigen Eilanden des Banda-Archipels. Im Gegensatz dazu waren die Anbaugebiete und Märkte des Pfeffers weitaus verstreuter.

So war es von europäischer Seite möglich, die molukkischen Gewürze für einen längeren Zeitraum einem zumindest faktischen Monopol zu unterwerfen, während dies beim Pfeffer und mit Abstrichen auch beim Zimt nie gelang.[2] Zur Geografie der Gewürze zählten jedoch nicht nur die Anbaugebiete, sondern auch die Warenumschlagplätze. Entsprechend dienten die großen Hafenstädte den Portugiesen als Anlaufpunkte, von denen sie einige zu ihren Zentralen ausbauten. Im Mittelpunkt standen dabei das indische Goa, das chinesische Macau und – um auf Südostasien zu sprechen zu kommen – Malakka auf der Malaiischen Halbinsel.

Südostasien um 1500

Das maritime Südostasien wies zum Zeitpunkt der ersten portugiesischen Kontaktaufnahme äußerst komplexe Herrschaftsverhältnisse auf.[3] Die Zeit der Großreiche, die wie Srivijaya oder später Majapahit weite Bereiche des Malaiischen Archipels beherrschten, war lange vorbei. Zahlreiche Klein- und Kleinststaaten breiteten sich über die größeren Inseln aus und verwickelten sich nur allzu häufig in blutige Auseinandersetzungen um die Vorherrschaft. Daneben hatte sich eine Reihe von Stadtstaaten etabliert, die auf eher informelle Weise Teile ihres Hinterlandes kontrollierten, ihre Stärke jedoch aus den kommerziellen Erfolgen als Emporium, als Stapelplatz für alle im Fernhandel bedeutsamen Güter bezogen. Lange vor dem Eintreffen der Europäer waren Gewürze eine wichtige Grundlage ökonomischer Prosperität wie politischer Macht. In strategisch günstigen Lagen etablierten sich Malakka an der gleichnamigen Meerenge, Banten an der Sunda-Straße, Makassar auf Süd-Sulawesi im Zentrum der Seeverbindung zu den Molukken, Aceh an der nördlichen Ausfahrt der Straße von Malakka oder Johor an deren südlichem Ende.[4]

Zudem war ›Macht‹ in der malaiischen Welt auf verschiedene Ebenen verteilt. Die sulawesische Metropole Makassar und das nordmolukkische Ternate teilten sich, nachdem beide Sultanate im Anschluss an ihre Islamisierung eine erfolgreiche Expansionspolitik betrieben hatten, die Vorherrschaft über den östlichen Teil Indonesiens. Auf der Ebene darunter blieben die verschiedenen Vasallenstaaten unabhängig, erkannten aber die Oberhoheit einer der beiden Rivalen an.

Ähnlich vielschichtig gestaltete sich das Handelssystem. Neben dem Handel auf den untersten Ebenen bestand ein ausgeprägtes Netzwerk des Fernhandels. Zahlreiche Nationen beteiligten sich daran, insbesondere aus Süd- oder Ostasien. Eine prominente Rolle spielten chinesische Kaufleute, die Produkte aus dem Meer (*trepang*, *agar-agar*), den Wäldern (Vogelnester, Wachs, Honig) und der Plantagenwirtschaft (Gewürze) für die Märkte im Reich der Mitte einkauften und im Gegenzug Seide und Keramikwaren lieferten. Daneben spielten Kaufleute aus Indien (Gujerati, Banyas) oder dem islamischen Orient (Hadrami, Armenier) eine wichtige Rolle. Gelegentlich wurden, insbesondere von den Chinesen, Produktionsstätten wie die Molukken unmittelbar aufgesucht, doch zumeist beschränkten sich die auf den Langstreckenhandel spezialisierten Händlergemeinschaften auf die großen Hafenstädte, die von malaiischen Händlern versorgt wurden. Die Herrscher dieser Stadtstaaten waren sich der Bedeutung des Handels für ihr Gemeinwesen bewusst und förderten und strukturierten ihn nach Kräften.

Abbildung 1
Malakka nach der Eroberung durch die Niederländer (Ausschnitt), in: Atlas Vingboons, um 1660, Kat.-Nr. X.2

INDIAE ORIENTALIS, INSVLARVMQVE ADIACIENTIVM TYPVS.

PERSIAE sive Sophorum Imperij limites ad Indum fluuium vsque pertingunt

ORMVTII REGNVM

ARABIAE FELICIS PARS

OCCIDENS

Dalanguer mons
CARDANDAN.
Naugracot mons.
Vssonte mons

Sindinfu
Quianfu
Sing

Cataia fet
Cu ria bach
Tioda
Badalech fl.
Sandabulac fl.
Lamp
Suraa
Scoruita
Tor
sals
Pilingu

Negra
Gelseten
Zaraura fl.
Hipeli fl.
Cas pira
Baj condel
Mozu
Calba ca.
Megiran
Zebeng
Bon pruo
Ar uagu
Tarda dain
Anociam
Ciarm cem
MAN

Machlunara
Surant
Pendaua
March
Curm
Serchis
Raeban
Cansa
Aufun
Chu cun
Cipri bis
Coloma
MIEN.
Sele xi
Pazanfu
Zebeng
Mien
Zabu
Perche
Pan disgu
Maraffa

Asbiran
Ardauat
Matcin
Chirtor
Indus fl.
Moltan
Aracam
ARACAM.
INDOSTAN.
Amuy
Chy amai lacus
Gindi zu
Lichi

Diul
Patenissi
Bimpiron
Asmodabat
Lahor
BENGALA
Caor
Toleman
Paliba
CACHV

Curut
Delli
Aymer
Cero melmandel
Mandau
Mandao MANDAO
Cernouem
Iame
Pandrua
Cirote
Comotaia
Capilaba
Sal zatyu
Cachu china
Cachu chi.
Deit ma.

Diu
Babelcut
Bazaim
Tanamaibu
Chaul
Dabul
Carapana
Banda
Goa
Cintacola
Onor
Batticalla
Mangalor
Cananor
Calecut
Carangano
Cochin
Caicolam
Coulam
Trauancor
C. Comori
DELLI
DE CAN.
Curu
Raual
Negorias
Cheromandel
Delli
Armenga
Tarnasseri
Brigitinio
Paleacate
D. Tho
D. Alberto vbi quisfuit
Marache
Colmuco
Berebeli
NARZINGA
Calouda
Chinasfim
Penacora
Viligirmale
Nagumt
Naranun
Adalepatam
Petepoli
BISINAGAR
Vdeschiria
ORIXA
Benora
Orifa
Guenga fl.
Ara sem
Car puam
Vermaa
Gumra
Punta de magnas
Poparupo
Maricalperyo
Tone audraue
VERMA
Mataleni
Copi fl.
Aua
PEGV
Capu timo
Pegu
Bret ma
Carchi
Choi
CAM.
BRE MA
Bicipuri
Pulo
Cotam
Arangoia
Zaca Pydera
Cam boia
Corol
Baida
PA.
Chorela
Puloca
Pulocondor

Maldiuar insulae numero intra 7000 et 8000
Maldiuar
Cedu
Actau
y as de Cu bili
Maldar
y as de ilheos
Burros
Arecisa
Areciea
Vmeloi
Anacira
Queberna
Gemanacota
Zeilan Ins. Tenarism incolis dicta
Andramania id est aurea insula
Angama
Nicouar
Naguecar prom.
Quedoa
Toram
Pera
Bembao
Mango
Lapur
Data
Punta
Ciaca
Biruen
Campei
Campar
Teradumi
Iuailaon
Cui
Camburi
Patane
Buque
Calatan
Ponticam
Paam
Malaca
Salietom
Cincapura
Lugor
Donate
Nucaon
Alcan
Maia
Ariobo
y de Calantan
Natu na.

Golfo di Bengala

Madalican
Patet
Vertoplate
Selaga
Paloen
Indopoure tra
Pulobarra
Pasada
olim Ta probana
Loida de canol
Menan
Ardapura
Mara copa
Bilior
Lin ga
Manope
Palimbam
Clinabaro
Mitapare
Lucapara
Cur.
Sunda
Pariham
Sanlai
Panara
Iampara
Lompon
Cajonam
Manuliba
Sabala
Qhirmurjaha

SV MA TRA

IAVA MAIOR

continent

AMERICAE, Siue Indię Occidentalis pars.

Quiuira
Cicuie
Tiguex

Satyrorum insⸯ
Insⸯ de Miaco
Torza
Saendeber
Chela
Miaco academia
Bandu
Dinlai
Amaguco
Homⸯ
IAPAN.
Menlai
Negru
Malao
Hormar
Frason
Cangoxina

Hanc insulam M. Paul. Venet Zipangri vocat.

Mare Cin

angia insⸯ
Pilbo
Baraquis
Liampo opⁱ et prom.
Chequeam

OCEANVS

Mazacar
Lequio maior yᵃ Fermosa
Reix mages
Lequio minor

Los dos hermanos
Los Volcanes.

Tropicus Cancri
Malabrigo
La farfana

ORIENTALIS

Restinga de ladrones.

Pauao das
Hanhan
Baia de inocentes
Cailon
Aguada
Culuan
Philippina
Pasage de S. Clara
Paulogon
Bohol
Messana
Calagan
Chippit
Mindanao
Buran
Caut
Lozon
Candimar
Cagayan insⁱ
Talao, alijs Tarrao insulę
Taginar
Cabno
Doy
Zolo
Sanguin
Morotay
Tutche
Bibalon

Humunu vel yᵃ di buoni segni.
Cenalo
Hibusson
Abarien
Huinangan
yᵃ de matalotes
yᵃ de arrecifes

Zamal

ARCHIPELAGO DIS
Los iardines
Insⸯ de los corales.

LAZARO

ORIENS

Insulę Moluccę celebres ob maximā aromatum copiam, quam per totum terrarū orbem transferunt, s. sunt, iuxta Gilolo, nempè Tarenate, Tidore, Motir, Machiā et Bachiā.

yᵃ de cocos.

Circulus æquinoctialis.
yᵃ de crespos.

Calamba
Supa
Mamoro
Gilolo
yᵃ de los martires
Tuban
Celebes
Machian
Cuma
Guebe
Cainam
Hermosa
Pulola or
Sidacho
Vazon
Çaylan
Aruu
Yslⁱ de S. Lorenzo
S. Agustin

Galiam
Bandan
Doluza pinos
Nocemuor
Bartubor
Ambalo
Terra alta
Eude
Çalion
Cuto
Balala
Timor
Mallua
Ambalo
Tior
Cornum
Juragna
Tidore insⸯ
Alifao
bao
Cimpegua
Sumbedit

NOVA GVINEA quam Andreas Corsalus Terram Piccinaculi appellare videtur. An insula sit, an pars continentis Australis incertum est.

Cum Priuilegio.

Die auswärtigen Kaufleute waren in der Regel gern gesehen, bildeten eigene Diaspora-Gemeinden in autonomen Stadtvierteln und übernahmen nicht selten wichtige Funktionen in der Administration.

In dieser komplexen, vom interkulturellen Austausch geprägten Welt versuchten die Portugiesen seit Beginn des 16. Jahrhunderts Fuß zu fassen. Für die indigenen Eliten bedeutete dies zunächst keine allzu große Neuerung, waren die Europäer zwar bislang unbekannt, aber letztendlich nur eine weitere Fernhandelsnation unter zahlreichen anderen – und angesichts der Zahl und des Einflusses der omnipräsenten Chinesen bei weitem nicht die beeindruckendste. Nicht überall blieb es jedoch bei einer friedlichen Eingliederung der Portugiesen. Neben einem durchaus vorhandenen katholischen Sendungsbewusstsein lag dies vorrangig an ihren Bemühungen, am Gewürzhandel nicht nur teilzuhaben, sondern ihn vollständig unter Kontrolle zu bringen. Insgesamt entwickelten sich vor diesem Hintergrund drei Spielarten portugiesischer Präsenz. Zunächst ist der *Estado da Índia* als der offizielle portugiesische Staat in Indien einschließlich der staatlich organisierten Handelsstrukturen zu nennen. Darüber hinaus etablierten sich bald Privatiers, sogenannte *casados*, die einerseits Untertanen der portugiesischen Krone waren, aber andererseits häufig außerhalb des Einflussbereichs des *Estado* operierten und sich nicht selten unter der Protektion indigener Herrscher ansiedelten. Schließlich darf die katholische Mission nicht außer Acht gelassen werden, auch wenn diese eigentlich päpstlich kontrolliert und in nicht-national definierten Orden organisiert war. Im Asien des 16. Jahrhunderts trat sie allerdings vorrangig in Symbiose mit dem *Estado da Índia* in Erscheinung.

Im Namen der Krone –
der offizielle Estado da Índia in Südostasien

Da sich der offizielle *Estado da Índia* im Malaiischen Archipel auf die Besetzung einiger strategischer Positionen beschränkte, kann von einer portugiesischen Dominanz, gar einer Eroberung bei aller Brutalität einzelner Aktionen, kaum die Rede sein. Wie – mit nur graduellen Unterschieden – überall in Asien, verfügte der *Estado da Índia* nicht über das Potential an Schiffen, Mannschaften und Finanzen, um mehr zu tun, als sich in den Niederlassungen zu verschanzen und zu hoffen, von dort aus den Handelsverkehr so gut wie möglich kontrollieren zu können. Die Alternative zur echten Monopolisierung des Handels bestand in einem System, das von allen Schiffen auf dem Indischen Ozean und dem Chinesischen Meer einen portugiesischen Pass (*cartaz*) verlangte.[5] Da der *Estado da Índia* nur über ein grobmaschiges Stützpunktnetz verfügte, spielte der Passzwang im Alltag des asiatischen Seehandels nur eine marginale Rolle. Die Portugiesen fühlten sich aber berechtigt, auf dieser Grundlage fremde Schiffe aufzubringen und ihre Ladung zu beschlagnahmen – ein Vorgehen, das kaum etwas anderes als staatliche Piraterie darstellte. Die Zahl der ausgestellten Pässe und aufgebrachten Schiffe reichte aus, um den *cartaz* zur wichtigsten Einnahmequelle zu machen. Insofern war es vorrangig das Fehlen einer starken europäischen Konkurrenz, das den *Estado da Índia* vor 1600 als Erfolgsgeschichte im euro-asiatischen Gewürzhandel erscheinen ließ.

Für Produktion und Handel von molukkischen Gewürzen innerhalb Asiens muss die Rolle der Portugiesen allerdings relativiert werden. Folgt man der großen Asienbeschreibung, die Tomé Pires zwischen 1512 und 1515 verfasste, hatte die Kultivierung der zuvor wild wachsenden Gewürznelken mehr oder weniger zeitgleich mit dem Eintreffen der Portugiesen eingesetzt, ja wurde sogar erst durch deren Nachfrage angestoßen.[6] Diese Auffassung gilt bis heute als gesichert, obwohl die Quellengrundlage kaum über Pires hinausgeht. Andererseits finden sich schon in indischen und chinesischen Schriften des ersten nachchristlichen Jahrhunderts Hinweise auf den Gebrauch von Gewürznelken. Importe des Gewürzes in beide Länder lassen sich für die Zeit des europäischen Mittelalters ebenso nachweisen wie dessen Bedeutung für den Aufstieg maritimer Königreiche wie Srivijaya. Hinzu kommen die Transporte auf dem Landweg zu den Häfen der Levante und Ägyptens. In Anbetracht dieser weit zurückreichenden Nachfrage in Asien und Europa sowie der extrem geringen Anbauflächen auf den Molukkeninseln ist es durchaus denkbar, wenn nicht sogar wahrscheinlich, dass bereits im 14. und 15. Jahrhundert Gewürznelken als *cash-crop* angebaut wurden, davon jedoch mangels europäischer Berichterstatter keine schriftlichen Zeugnisse bekannt sind.

Ein Blick auf die Rekonstruktion der frühen Produktions- und Exportzahlen lässt bei aller Vorsicht hinsichtlich der spärlichen Quellenlage diese Möglichkeit noch wahrscheinlicher werden.[7] Während des 16. Jahrhunderts wurde lediglich ein Viertel bis ein Drittel der Nelken nach Europa verschifft. Mehrheitlich handelte es sich bei den Abnehmern um Chinesen, Inder und Araber, deren Nachfrage mit Sicherheit bereits vorher bestanden hatte. Hätten tatsächlich die Europäer die Steigerung der Produktion und damit des Exportes bewirkt, so hätten sie einen entsprechend hohen Anteil an den Exporten beansprucht, was jedoch erst im 17. und 18. Jahrhundert der Fall war. Weniger die reine Nachfrage durch europäische Handelsnationen war also entscheidend, sondern deren verbesserter Zugriff auf die

Abbildung 2 (vorherige Seite)
Karte Südost-Asiens, in: Abraham Ortelius, Theatrvm orbis terrarvm, 1579, Kat.-Nr. V.II.26

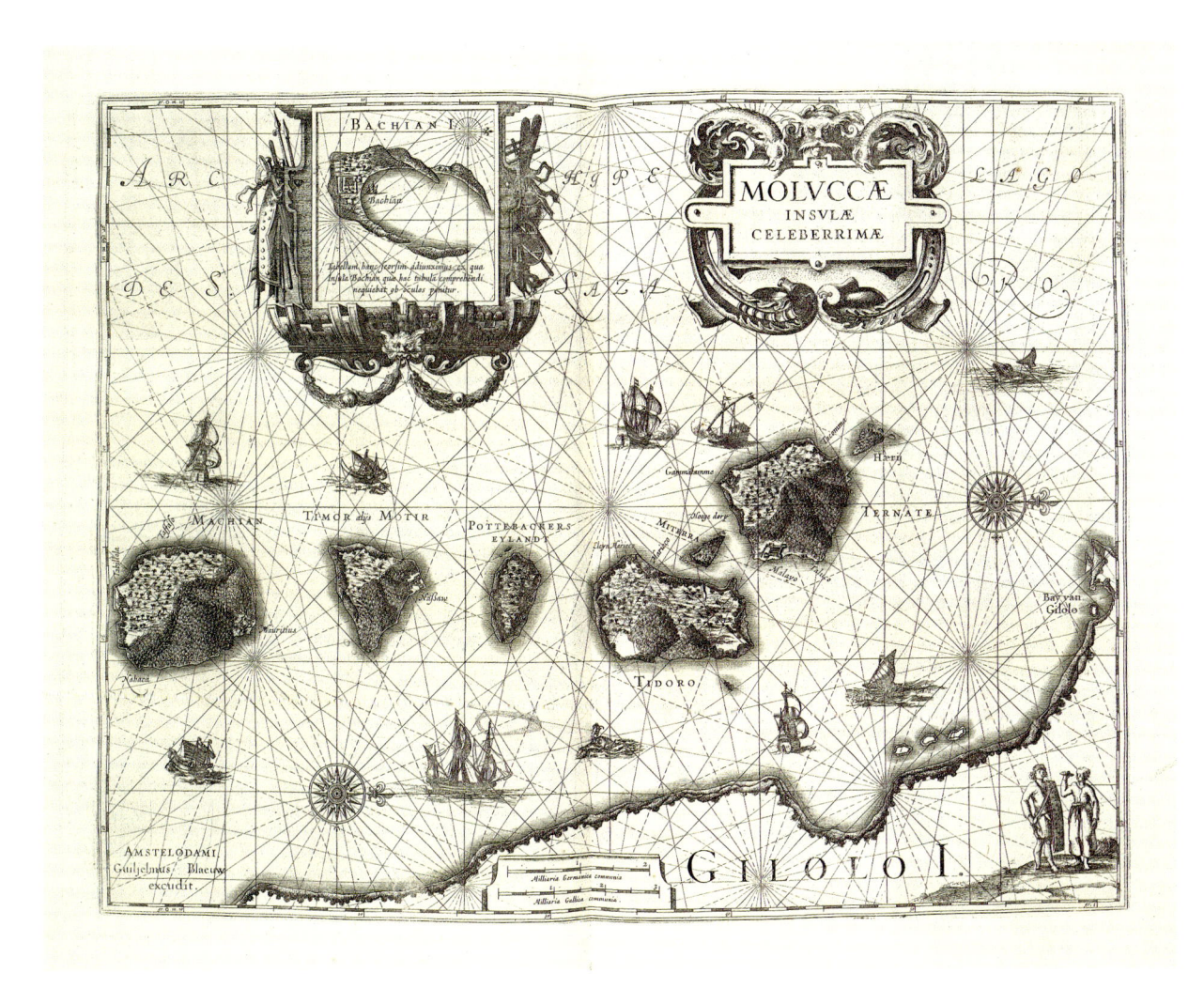

verfügbare Nelkenmenge, der erst den westeuropäischen Handelskompanien und ihren gewaltsamen Monopolbestrebungen gelang.

Davon unberührt bleibt das Interesse der Portugiesen, unmittelbar an den Herkunftsorten der wichtigsten Waren Fuß zu fassen. Neben Solor und Timor, der Heimat der auf dem chinesischen Markt begehrten Sandel- und Sappanhölzer, handelte es sich in Südostasien dabei vor allem um die Molukken. Erste Beziehungen zu Ambon wurden bereits 1511 geknüpft. Abgesehen von einigen Schiffbrüchigen folgten offizielle Kontakte mit Ternate und Tidore erst 1521 im Rahmen der Reise des Ferdinand Magellan (Fernão de Magalhães). 1522 folgte ein Exklusivvertrag mit Ternate, der die Preise für Gewürznelken festlegte und andere Kaufleute ausschloss, aber die Souveränität des Sultans ganz selbstverständlich anerkannte. Auf Ambon hatten es die Portugiesen wegen teilweise bekehrungswilliger Herrscher etwas leichter, vorteilhafte Einkaufsbedingungen auszuhandeln. Eine gezielte Missions- und Besiedlungspolitik seit den 1530er Jahren blieb allerdings in den Ansätzen stecken. Auch ein staatlich kontrollierter Handel war nicht überall zu organisieren. Die Muskatinsel Banda wurde ausschließlich von privaten Händlern angelaufen, während ab Mitte des 16. Jahrhunderts, nach der Freigabe durch den *Estado*, das gesamte östlichen Indonesien steigende Aktivitäten der *casados* verzeichnete. Die staatliche Präsenz war hingegen rückläufig, wurden doch die Portugiesen 1575 aus Ternate sogar vertrieben. Immerhin wurden auf Tidore und Ambon noch Niederlassungen unterhalten, bis der Druck der *Verenigden Oostindischen Compagnie* (VOC) zu Beginn des 17. Jahrhunderts zu ihrer Aufgabe führte.

Es war Afonso de Albuquerque, der erkannte, dass eine Monopolisierung des Gewürzhandels weniger durch schlecht gesicherte und weit entfernte Faktoreien auf den Gewürzinseln zu

ABBILDUNG 3
KARTE DER MOLUKKEN, IN: JODOCUS HONDIUS JR. / JOAN BLAEU,
NOVUS ATLAS, 1647, KAT.-NR. V.II.31

erreichen war als vielmehr über die Kontrolle der entscheidenden Emporien. Für das maritime Südostasien bedeutete dies in erster Linie, dass Malakka als führender Umschlagplatz indonesischer Gewürze ins Visier genommen wurde.

Zum Beispiel:
Malakka unter portugiesischer Flagge

1511 eroberte der noch junge *Estado da Índia* unter dem Kommando Albuquerques in einer seiner größten Militär- und Flottenoperationen Malakka und verwandelte das Emporium in eine portugiesische Kolonialstadt (Abb. 4).[8] Die Stadt wurde zum Zentrum der königlichen Verwaltung und damit Sitz eines offiziellen Vertreters der Krone, der für den gesamten Malaiischen Archipel zuständig war. Sein Anspruch ging so weit, dass er im Rahmen des *cartaz*-Systems die oberste Kontrollinstanz im Seeverkehr der Region für sich beanspruchte. Aus dieser Sicht hatte jeder Schiffsführer bei ihm einen Pass zu beantragen, dessen Verkauf die zentrale Einnahmequelle der *Estado*-Niederlassung darstellte. Zahlreiche Kaufleute, unter ihnen mehr Asiaten als Portugiesen, kamen dieser Forderung tatsächlich nach. Für viele Langstreckenhändler war es langfristig preiswerter, für eine vergleichsweise kleine Gebühr einen *cartaz* zu erwerben als sich auf hoher See der Gefahr auszusetzen, von einem der patrouillierenden portugiesischen Kriegsschiffe aufgebracht zu werden und dabei zumindest die Ladung, wenn nicht noch mehr zu verlieren.

Der Kommandant von Malakka unterstand bis 1571 unmittelbar dem Vizekönig von Goa; daraufhin wurde er im Zuge einer Neuorganisation des *Estado da Índia* Gouverneur des maritimen Asiens östlich von Indien. Die politische Macht in Malakka selbst lag daneben vor allem in den Händen des *Senado da Câmara*, einem Stadtrat, der sich aus Vertretern der Krone, der katholischen Kirche und gewählten Ratsherren aus der portugiesischen Gemeinde zusammensetzte. Die Stadtverwaltung war eine gemeinschaftliche Anstrengung von Krone und niedergelassenem Bürgertum. Das Zentrum der Stadt bildete nun eine militärische Festungsanlage, um die sich ein ebenfalls befestigter Stadtkern bildete, der von portugiesischen Einwohnern dominiert wurde und sich nicht zuletzt durch seine zahlreichen Kirchtürme auszeichnete. Daneben blieben jedoch die traditionellen Strukturen einer südostasiatischen Stadt weitgehend unberührt. Vor den Mauern des neuen Zentrums blühte weiterhin die multikulturelle Hafenstadt aus der Zeit vor 1511. Zahlreiche Kaufmannsgruppen – neben den einheimischen Malaien vor allem Gujeratis, Bengalen, Tamilen, Araber, Osmanen und Chinesen – lebten in ethnisch segregierten Vierteln und genossen nach wie vor eine weitgehende politische, administrative und wirtschaftliche Autonomie. Die Eliten der vorkolonialen Zeit bewahrten sich in diesem segmentären System weiterhin ihren Einfluss, der sich konkret in der Besetzung zentraler Ämter wie den Oberhäuptern der einzelnen Nationen oder den ebenfalls ethnisch zugeordneten Hafenmeistern, den *syahbandhars*, niederschlug. Allerdings waren auch graduelle Verschiebungen zu beobachten. So verschwanden die muslimischen Gujeratis nach und nach aus der nun christlich dominierten Stadt, während die hinduistischen Tamilen zur reichsten Kaufmannsgruppe aufstiegen.[9]

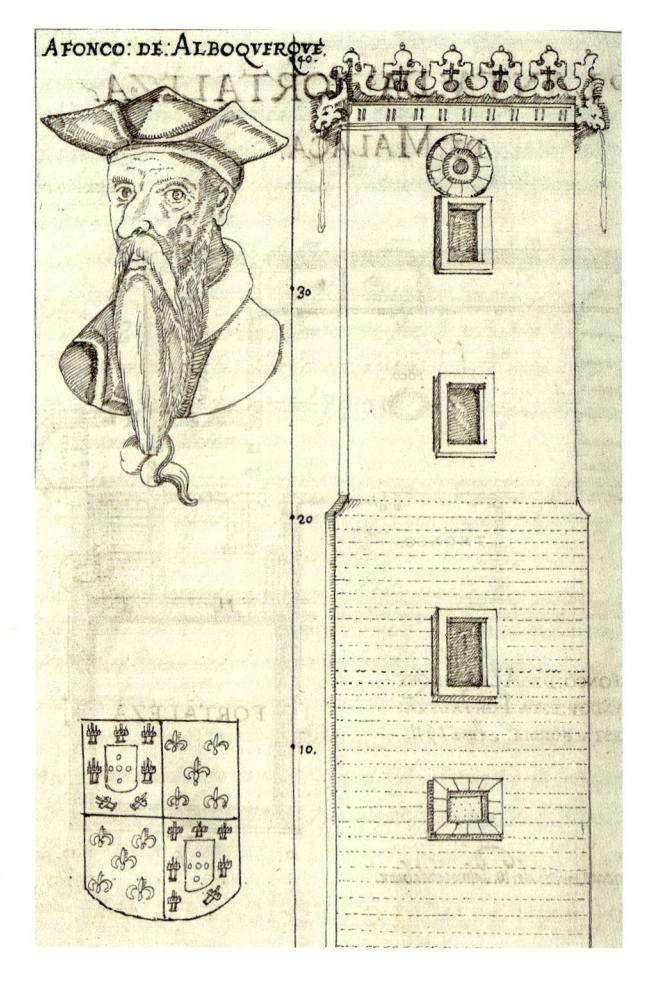

Allerdings zeichnete sich in den 13 Jahrzehnten portugiesischer Herrschaft, nicht zuletzt aufgrund zahlreicher Blockaden durch Flotten aus Aceh, Java und später den Niederlanden, ein schleichender kommerzieller Bedeutungsverlust ab. Dennoch war auch das portugiesische Malakka bedeutend genug, um der niederländischen VOC in ihrem Bestreben nach alleiniger Kontrolle des Molukkenhandels ein Dorn im Auge zu sein. Nach

Abbildung 4
Afonso de Albuquerque, in: Manuel Godinho de Erédia, Deklaration zu Malakka, 1604, Kat.-Nr. VII.I.13

diversen vergeblichen Anläufen und einer fünfmonatigen Belagerung gelang es den Niederländern am 14. Januar 1641, Malakka zu erobern. Die Hafenstadt war fortan für alle anderen europäischen Händler tabu; die indigenen Kaufleute wurden unter strenge Aufsicht gestellt, denen sich bei weitem nicht alle Betroffenen unterordnen wollten. Ein Exodus von Angehörigen der unterschiedlichsten Nationen setzte ein. Allerdings erlebte Malakka durch die niederländische Eroberung nicht nur einen Aderlass. Immerhin war die Stadt als Emporium auch unter niederländischer Herrschaft nicht ohne Bedeutung. So war aus der chinesischen Gemeinde, die bei der Eroberung 400 Seelen zählte, ein Jahrhundert später, im Zuge der allgemeinen chinesischen Zuwanderung in die südostasiatischen Städte unter VOC-Kontrolle, eine Kolonie von rund 2000 Angehörigen geworden.[10]

Unter fremder Protektion – portugiesische Gemeinden in Südostasien

Unmittelbar der portugiesischen Krone unterstanden nur wenige Niederlassungen in Südostasien. Darüber hinaus waren vergleichsweise viele portugiesische Privatiers in der Region zu finden, die als eigenverantwortliche Kaufleute, aber auch als ganze Gemeinden unter souveränen asiatischen Herrschern in Erscheinung traten. Der Privathandel in sekundären Häfen ergänzte den staatlichen und konzessionierten Handel in den großen, primären Emporien. Von portugiesischen Privatiers wird 1522 aus Timor berichtet, 1525 aus Banda und 1532 von der Nordküste Javas. Seit 1543 sind *casados* dann auch im ursprünglich ganz der Krone vorbehaltenen Malakka belegt. Zahlreiche Privatiers – die Quellen sprechen von 300 – unterhielten Handelsbeziehungen zwischen Malakka und China, und ebenso viele sollen in Patani ansässig gewesen sein. Häufig in Kooperationen mit einheimischen Kaufleuten gelang es den *casados*, sich nicht nur langfristig im innerasiatischen Handel zu etablieren, sondern dort zur eigentlichen portugiesischen Wirtschaftsmacht zu werden. Von den in Asien eingesetzten portugiesischen Schiffen gehörten Mitte des 16. Jahrhunderts manchmal nur zehn, allenfalls 20 Prozent der portugiesischen Krone. Dabei war der *Estado* durchaus an den Aktivitäten der Privatiers interessiert, da diese wichtige Einnahmen versprachen – solange sie in Reichweite der staatlichen Abgaben stattfanden.

Nach Schätzungen der jüngeren Forschung war zu Beginn des 17. Jahrhunderts der Kapitaleinsatz der *casados* deutlich höher als die finanziellen Möglichkeiten der niederländischen VOC.[11] Daraus wird gelegentlich geschlossen, dass die ›traditionelle‹ Erklärung für die Verdrängung des *Estado da Índia* durch die Niederländer, die von einer westeuropäischen Überlegenheit dank rationaler, effektiver und moderner Organisation der Ostindien-Kompanien ausgeht, unzulänglich sei.[12] Hier ist jedoch eine Differenzierung in staatliche und private Vertreter Portugals notwendig. Als Grund für den Untergang des portugiesischen Kronkapitalismus ist der institutionelle Fortschritt der Ostindien-Kompanien nach wie vor relevant. Die *casados* hatten sich zu Beginn des 17. Jahrhunderts längst als eine von mehreren kapitalstarken Händlergruppen in Südostasien etabliert, denen die Westeuropäer anfangs tatsächlich nicht das Wasser reichen konnten. An einigen zentralen Orten änderte sich dies jedoch im Verlauf dieses Jahrhunderts, teils durch ökonomischen Aufschwung der VOC, teils durch deren unzweifelhafte militärische Überlegenheit.

Zum Beispiel: Makassar und sein portugiesisches Viertel

Portugiesische Privatiers suchten nicht selten die Protektion indigener Herrscher, um außerhalb des *Estado da Índia* günstige Rahmenbedingungen für ihre Geschäfte zu erreichen. Das augenfälligste Beispiel bietet Makassar, das als urbanes Zentrum des Doppelkönigtums Goa-Tallo auf der südwestlichen Halbinsel Sulawesis seit Ende des 16. Jahrhunderts kontinuierlich zu einem der bedeutendsten Warenumschlagplätze im Molukkenhandel aufstieg. Nach 1641 wurde die Hafenstadt vorübergehend zum wichtigsten unabhängigen Emporium. Die Herrscher verfolgten eine eindeutig wirtschaftspolitisch motivierte Toleranzpolitik, die eine multiethnische Gesellschaft auf Grundlage der Ansiedlung unterschiedlicher Kaufmannsgruppen entstehen ließ. Neben Chinesen, Malaien, Bugis und kleineren Gruppen aus Südasien und dem Archipel gehörten auch Portugiesen zu dieser Gesellschaft (Abb. 5).[13]

Schon früh, lange bevor die niederländische Eroberung Malakkas zu einer regelrechten Fluchtwelle führte, wurde Makassar zum Ziel von Menschen, die durch die mannigfaltigen Auseinandersetzungen im Malaiischen Archipel und die Expansionsbestrebungen der VOC ihre angestammte Heimat verloren hatten oder dort mit ungünstigen Lebensumständen rechnen mussten. Das Wachstum der Stadt rekrutierte sich vornehmlich aus Zuwanderung.

Sieht man von Sprache und Religion ab, ähnelten die Portugiesen in Makassar weitaus mehr den asiatischen Handelsnationen als den Europäern, die als Vertreter einer Handelskompanie in der Stadt residierten. Sie ließen sich nicht in einer eigenen Faktorei oder ihrem Umfeld nieder, sondern bildeten nach

Vorgabe des makassarischen Königs ein eigenes Stadtviertel, wo sie in landestypischen Bambus-Häusern wohnten. Vor 1641 handelte es sich zwar nur um eine kleine Kolonie von maximal 50 Personen, doch waren sie ständig in Stadt und Hafen präsent und konnten dort ein erhebliches Kapital einsetzen. Zwölf oder 13 portugiesische Schiffe verkehrten jährlich zwischen Malakka und Makassar, während zwei weitere Schiffe die Molukken besuchten. Die Portugiesen waren damit die einzigen Europäer, die von Makassar aus trotz niederländischer Monopolansprüche die Gewürzinseln direkt ansteuerten.[14] In diesen Jahrzehnten konzentrierten sich die Portugiesen ganz auf den Gewürzhandel; andere Waren spielten für sie in Makassar keine wesentliche Rolle. Dies ging so weit, dass sie gelegentlich bereit waren, hochwertige indische Textilien in Makassar zum Einkaufspreis abzusetzen.[15] Der Textilienhandel spielte in den Augen der Portugiesen keine eigenständige Rolle, vielmehr dienten Tuche in erster Linie zur Wertaufbewahrung ihrer Zahlungsmittel, die sie für den Erwerb der begehrten Gewürze benötigten.

Neben der lebhaften Verbindung nach Malakka und den eigenen Besuchen auf den Molukkeninseln unterhielt die portugiesische Gemeinde Beziehungen zu ihren Landsleuten auf Timor und Solor. Dort war es den Portugiesen während der ersten Hälfte des 17. Jahrhunderts gelungen, durch gute Beziehungen zu den Einheimischen eine längerfristige Etablierung der VOC zu verhindern und sich selbst eine starke Position zu erhalten. Von Timor und Solor aus wurden regelmäßige Verbindungen nach Malakka, Macau, Manila und Makassar aufrechterhalten. Hier ist eine der wenigen Ausnahmen zu der Vorrangstellung des Gewürzeinkaufes zu finden, da Timor und Solor Edelhölzer für China lieferten.[16]

Als 1641 die letzte Bastion des offiziellen *Estado da Índia* im maritimen Südostasien an die Niederländer fiel, waren es nicht nur Kaufleute, die die Obhut der portugiesischen Gemeinde in Makassar suchten. So floh auch der Gouverneur von Malakka mit einer großen Zahl Priester nach Sulawesi. Zugleich wurde das gesamte Domkapitel von Malakka nach Makassar trans-

ABBILDUNG 5
MALAIEN, IN: CÓDICE PORTUGUÊS, 1540, KAT.-NR. XI.22

feriert; die Gemeinde wurde der jesuitischen Provinz Japan zugeschlagen. Es war Pattingalloang (1600–1654), der als Reichsverweser die politischen Geschäfte führte, persönlich, der dafür sorgte, dass all diese Flüchtlinge einen angemessenen neuen Wohnplatz in seiner Stadt fanden und mit den notwendigen Baumaterialien ausgestattet wurden. Zudem garantierte er ihnen freie Glaubensausübung. Die Portugiesen, deren Zahl nun nach vorsichtigen Schätzungen auf 1500 bis 2000 Personen zuzüglich zahlreicher Sklaven gestiegen war, bewohnten ihr eigenes Stadtviertel und errichteten eine eigene Kirche.[17]

In der Folge dehnten sich die Handelsbeziehungen und Handelsfelder der portugiesischen Gemeinde aus, auch wenn sie ihren Handel letztendlich ganz auf Macau ausrichten musste.[18] Daneben erlangten die Portugiesen in Makassar insbesondere in den zwei Jahrzehnten nach 1641, als sie eine der größten auswärtigen Bevölkerungsgruppen darstellten, einen großen politischen Einfluss. Doch auch zuvor war ihre Bedeutung deutlich gewachsen. Einerseits mag dies an ihrer relativen Nähe zu den indigenen Handelsnationen gelegen haben, fehlte ihrem Auftreten doch der merkantile Vorherrschaftsanspruch der VOC. Auf dieser Basis konnte ein solides Vertrauensverhältnis gedeihen als zu den Handelskompanien, die zwar in der Regel freundlich aufgenommen, jedoch möglichst auf ihre Faktorei begrenzt wurden. Weitaus profaner, aber wohl auch weitaus wichtiger war jedoch der Grund, dass Goa-Tallo in den langwierigen militärischen Auseinandersetzungen mit seinen Nachbarn und der vordringenden VOC von den Portugiesen durch Waffenlieferungen unterstützt wurde.[19]

Eine regelrechte Personifizierung erfuhr die starke Position der Portugiesen in dem Kaufmann, Diplomaten und Politiker Francisco Vieira de Figueiredo (1624–1667).[20] Seit 1640 in Makassar ansässig, unterhielt er Handelsverbindungen von Indien bis Java, von Macau über die Philippinen bis zu den Sunda-Inseln. Dabei handelte er, schon hierin eine Ausnahme, nicht nur mit Gewürzen, sondern bediente die gesamte Palette des regionalen Großhandels. Einen besonderen Schwerpunkt seiner Tätigkeiten bildete der Handel mit Sandelholz, der auf der Strecke von Timor nach China über Makassar und Macau ansehnlichen Profit abwarf (Abb. 6). Zum Erfolgsrezept Vieiras gehörte, zu allen in Südostasien auftretenden Handelsnationen – mit Ausnahme der Niederländer, die es vorzogen, sich als seine Feinde zu betrachten – unvoreingenommene kommerzielle Beziehungen zu pflegen und diese Beziehungen vorzugsweise durch persönliche Kontakte zu untermauern.

In Makassar war Francisco Vieira schon bald einer der entscheidenden Akteure auf dem politischen Parkett der multikulturellen Händlergesellschaft. Als der Missionar Domingo Navarette 1657/58 auf der Durchreise Makassar besuchte, spielte Vieira nicht nur die Rolle des großzügigen Gastgebers, er fädelte auch die Treffen zwischen Navarette und den beiden Herrschern des Doppelkönigtums ein und arrangierte diese in seinem Haus. Traten die Herrscher von sich aus an Navarette heran, war es wieder Vieira, der an ihrer Seite auftrat.[21] Er war Berater und Vertrauter der Könige, und gerade deswegen die richtige Anlaufstelle und der geeignete Vermittler, wenn es um Kontakte zum makassarischen Hof ging. Ermöglicht wurde ein solches Vertrauensverhältnis durch die Kombination aus persönlichem Reichtum, weitreichenden Kontakten sowie der Rückendeckung des offiziellen Portugals, die Vieira stets nach außen hin glaubhaft versichern konnte. Hinzu kam die Zugehörigkeit zu einer Handelsnation, die sowohl eindeutig im europäischen ›Lager‹ stand als auch aus Sicht des Sultans über eine große Nähe zu den asiatischen Handelsnationen verfügte und so ein Stück Normalität des lokalen Wirtschaftslebens repräsentierte.

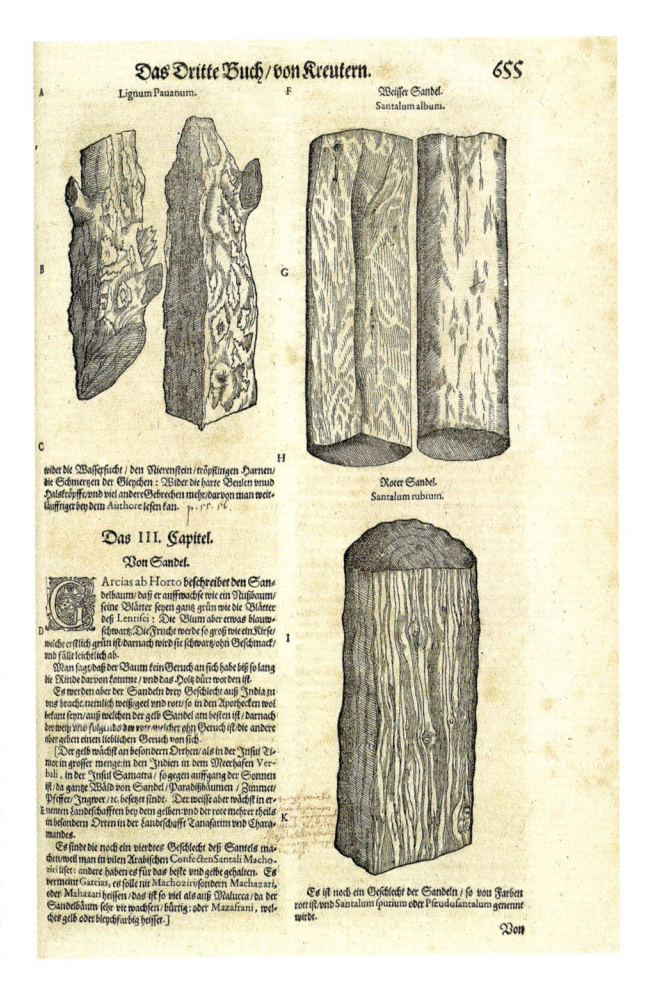

Abbildung 6
Sandelholz, in: D. Jacobi Theodori Tabernaemontani, Kräuterbuch, 1613, Berlin, Deutsches Historisches Museum

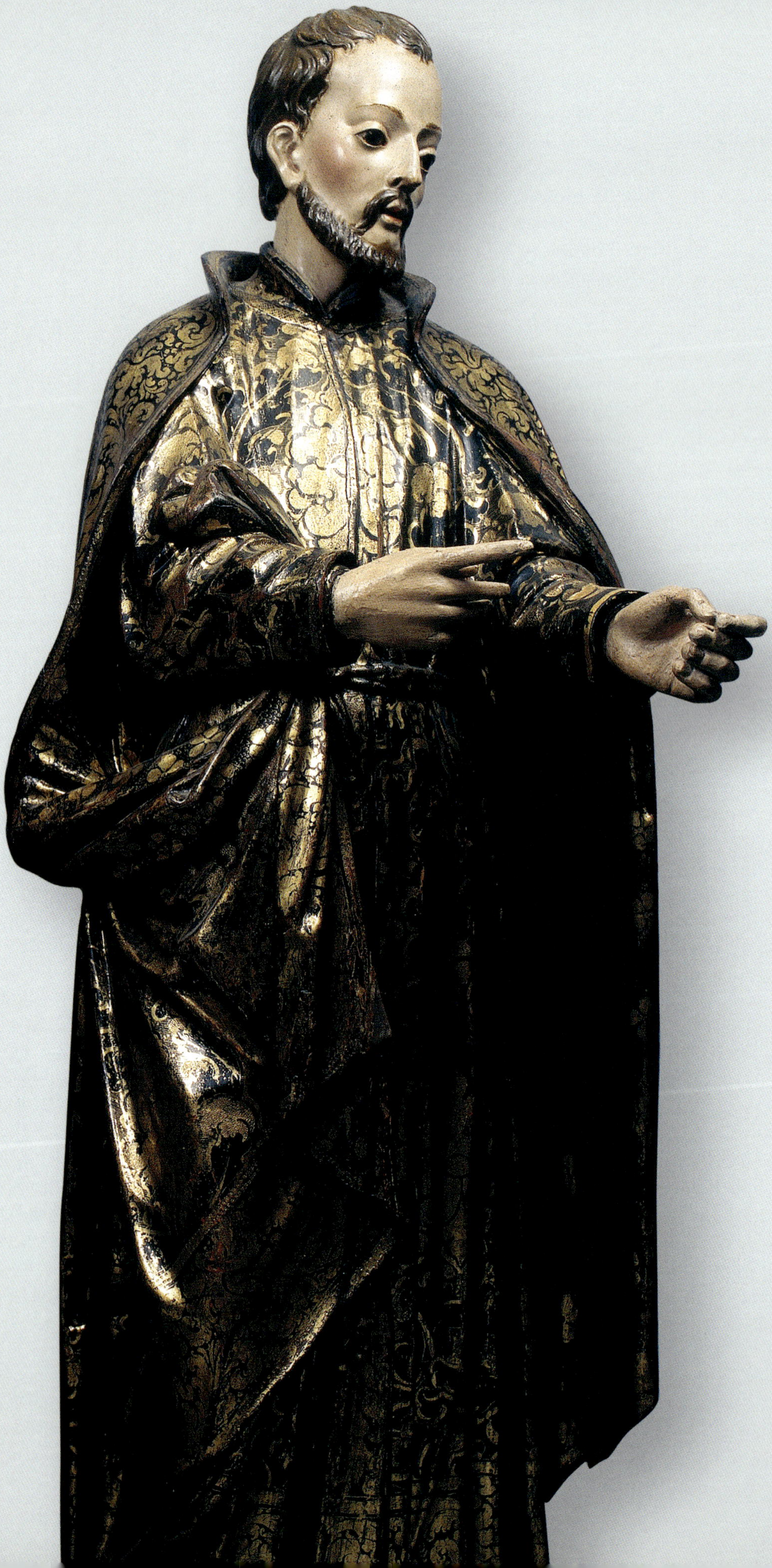

Die Hochphase der Portugiesen in Makassar währte nur zwei Jahrzehnte. Erreichte sie zu Beginn der 1640er Jahre ihre Blüte durch den Zuzug einer ganzen portugiesischen Kolonie, endete sie bereits zu Beginn der 1660er Jahre, als jene Kolonie dem unermüdlichen Druck der Niederländer weichen musste, der nicht zuletzt der Beseitigung der portugiesischen Präsenz an einem Knotenpunkt des Molukkenhandels diente. Die mangelnde Bereitschaft der Sultane von Makassar, ihr Privilegien einzuräumen, veranlasste die VOC schließlich, zwischen 1666 und 1669 das ›Problem Makassar‹ militärisch zu lösen.[22] Teile der portugiesischen Gemeinde waren allerdings schon früher durch die niederländische Bedrohung zermürbt. Bereits Ende 1662 berichtet der Generalgouverneur der VOC nicht ohne Genugtuung, dass die Mehrheit der Portugiesen Makassar bereits verlassen hatte.[23] Francisco Vieira verließ Ende Februar oder Anfang März 1665 als einer der letzten Portugiesen die Stadt. An der Ostspitze der Insel Flores richtete er sein letztes Hauptquartier ein. Seine Absicht, von dort möglichst bald nach Europa aufzubrechen, ließ sich nicht mehr verwirklichen. Er starb in Larantuka während der Blockade der Insel Flores durch die Niederländer, vermutlich im Sommer 1667.

Im Auftrag des Herrn –
katholische Mission in Südostasien

So zentral Gewürze und andere asiatische Luxuswaren für die europäische Expansion nach Asien waren, so wenig darf die Rolle der Religion in diesem Zusammenhang unterschätzt werden. Dies gilt besonders für die Portugiesen, die sich stets als katholische Schutzmacht mit unbestrittenem Missionsauftrag verstanden. Im Malaiischen Archipel geriet diese Mission unversehens in eine Konkurrenzsituation, in ein regelrechtes Wettrennen um die Seelen der malaiischen ›Heiden‹ mit dem expandierenden Islam. Auf christlicher Seite spielten die Jesuiten die Vorreiterrolle; neben ihnen waren auch Augustiner, Dominikaner und Franziskaner missionarisch aktiv und in den portugiesischen Gemeinden präsent. Unter den Missionaren befanden sich zahlreiche Franzosen und Italiener, mehrheitlich aber Portugiesen. Zudem standen sie vor Ort unter dem Schutz des *Estado da Índia* oder waren in die portugiesischen Diaspora-Gemeinden integriert. Berühmtheit erlangte der spanische Jesuit Francisco de Xavier (1506–1552), der als Heiliger Franz Xaver in der Rolle des ›Apostels Indiens‹ oder auch des ›Apostels Japans‹ in die Geschichte einging (Abb. 7). Zwischen 1545 und 1549 missionierte er auf der Malaiischen Halbinsel und in den Molukken, ohne dass jedoch dauerhafte katholische Gemeinden dort entstanden wären. Unter zunehmendem Einfluss muslimischer Kaufleute wurden die Gewürzinseln zu dieser Zeit vielmehr dauerhaft islamisiert. Gleiches gilt für die Insel Sulawesi, deren mächtigstes Sultanat, Goa-Tallo, jedoch 1605 den Islam zur Staatsreligion erklärte, obwohl auf ihr zu Franz Xavers Zeit ebenfalls portugiesische Missionare tätig waren.

Zum Beispiel: Sulawesi und die Jesuiten

In den europäischen Quellen zur Islamisierung Makassars wird mehrfach die gleiche Geschichte kolportiert. Demnach hätte der Sultan nach muslimischen Gelehrten aus Aceh und christlichen Missionaren aus Malakka geschickt, die sein Volk jeweils in ihrer Religion unterweisen sollten. Die Religion, deren Vertreter als erste Makassar erreichten, wollte der Herrscher und damit sein Volk übernehmen. Nach dieser Legende waren es die muslimischen Gelehrten, die zuerst eintrafen, wodurch die Makassaren zu Beginn des 17. Jahrhunderts Muslime wurden.[24]

In der Tat hatte das Christentum ein Rennen verloren, allerdings eines über einen langen Zeitraum. Beide Religionen waren schon im 16. Jahrhundert auf Sulawesi präsent; das Christentum sogar in Gestalt gezielter Missionierungsversuche. Die viel zitierte Legende vom Wettlauf der Religionen, die bezeichnenderweise in der einheimischen Überlieferung keinerlei Platz findet, ist kaum mehr als ein selbst gespendeter Trost der christlichen Seite für den Umstand, dass ihre Religion für Herrscher wie Bevölkerung nicht die Anziehungskraft ausstrahlte wie der Islam. Für den Herrscher einer offenen Hafenstadt war dieser, jenseits persönlicher Überzeugungen, angesichts der überwältigenden Mehrheit muslimischer Händler die günstigere Entscheidung. Der breiten Bevölkerung war eine Bekehrung aufgrund der weitaus größeren Flexibilität des vorherrschenden mystischen Islam und der damit verbundenen Integration animistischer Glaubenselemente und des *adat*-Rechts wesentlich leichter zu vermitteln.

Den bereits seit den 1520er Jahren in der Region tätigen katholischen Predigern war nur die Bekehrung einzelner Herrscher gelungen, wie etwa die Taufe der Könige von Supa und Siang im Jahr 1544. Eine tiefer gehende Missionierung der jeweiligen Bevölkerung fand jedoch nie statt. Der frisch getaufte Herrscher kümmerte sich nicht darum, sondern betrachtete seine vordergründig religiöse Entscheidung lediglich als politisch-taktisches Manöver. Die katholischen Missionare verfügten nicht über das Personal und die kontinuierliche Präsenz, um sich dieser Aufgabe zu widmen. Die meisten Könige der Region verhielten sich dem Christentum gegenüber eher abwartend. Gegen Ende des 16. Jahrhunderts sah die Lage der christlichen Mission so unvorteilhaft aus, dass eine aus dem indischen Goa

Abbildung 7
Statue des Heiligen Franz Xaver, Japan um 1600,
Kat.-Nr. VII.III.15

nach Makassar gesandte Augustiner-Delegation bereits in Malakka den Entschluss fasste umzukehren.²⁵

Nach der geradezu blitzartigen Islamisierung der Südhalbinsel zu Beginn des 17. Jahrhunderts waren christliche Missionare weiterhin vor Ort präsent, doch hatten sie eher eine seelsorgerische als eine missionarische Funktion. Insbesondere waren es portugiesische Jesuiten, die sich entweder längerfristig in Makassar aufhielten oder die Stadt zumindest vorübergehend besuchten. Trotz wiederholter Missionierungsversuche und zeitweise reger religionsgelehrter Dispute mit dem Herrscherhaus stand die Präsenz der Jesuiten vor allem mit der kontinuierlich wachsenden portugiesischen Gemeinde im Zusammenhang. Entsprechend endete auch ihre Tätigkeit mit dem Beginn des Makassarischen Krieges 1666.²⁶

Bis Mitte des 17. Jahrhunderts genossen die in Makassar ansässigen Christen und ihre Geistlichen eine Zeit der außerordentlichen Toleranz. Den Portugiesen erschien insbesondere Pattingalloang als christenfreundlich und westlich gebildet. Der Jesuit Alexandre de Rhodes, der von dessen außerordentlicher Bildung und seinem großen Interesse an europäischer Kultur und Wissenschaft berichtet, verstieg sich sogar zu der Einschätzung, dass Pattingalloang nominell zwar Muslim war, jedoch so nahe am Christentum lebte, dass er ein ›gutes Leben‹ führte – was er nicht zuletzt mit der Tatsache begründete, dass er nur eine Frau hatte und diese sogar kurz vor ihrem Tod taufen ließ.²⁷

Nicht nur Zeitgenossen waren vor diesem Hintergrund geneigt, einen großen christlichen Einfluss in Makassar zu konstatieren. Auch die neuere Forschung gelangt gelegentlich aufgrund der Wettlauflegende sowie vor allem der Koexistenz diverser christlicher und islamischer Elemente in Makassar, insbesondere am Hof, zu derartigen Interpretationen.²⁸ Daraus wird das Bild einer offenen Entscheidungsmöglichkeit für das Sultanat zwischen den beiden Religionen konstruiert, das dem tatsächlichen Kräfteverhältnis nicht entspricht und die Rolle des Christentums deutlich überschätzt. Dieses war trotz makassarischer Toleranz und tatsächlichem Interesse an christlich vermittelter Bildung stets nur als exotische Marginalie in Gestalt überschaubarer Gruppen und vereinzelter Missionare vertreten, die zwar genauso lange, wenn nicht sogar länger als der Islam auf Sulawesi präsent waren, jedoch keinerlei langfristige Erfolge aufweisen konnten. Hintergrund für die relativ ungestörte Existenz einer isolierten christlichen Gemeinde innerhalb der Stadt Makassar und das Vordringen vereinzelter christlicher Elemente über die Gemeindegrenzen hinaus war das Zusammentreffen zweier Traditionen: zum einen der lokalen Tradition des offenen Hafens, die Kaufmannsgemeinschaften aller Religionen und Kulturen einschließlich der Portugiesen gleichermaßen ihre Entfaltung garantierte, und zum anderen der islamischen Tradition, den Andersgläubigen, die sich als Angehörige einer Buchreligion (*dhimmis*) unter den Schutz des islamischen Herrschers stellten, Sicherheit und Eigenständigkeit zu garantieren. Hinsichtlich der ursprünglichen Bekehrungsabsichten kann jedoch davon ausgegangen werden, dass das Christentum nie eine reelle Chance hatte.

Die Ära des wohlwollenden Verhaltens dem Christentum gegenüber endete nach dem Tod Pattingalloangs unter Karaeng Cronron. Dieser ließ eine offene christliche Mission unter Todesstrafe verbieten und die großen Ordenskirchen niederbrennen, wodurch sich die Jesuiten zur heimlichen Ausschiffung von Konvertiten gezwungen sahen. Allerdings stand Karaeng Cronron seinem Vorgänger in Bildung und Religionskenntnis nur wenig nach. Die von mehreren Missionaren beschriebene Bibliothek und die bemerkenswerte wissenschaftliche Sammlung wurden Domingo Navarette, der Makassar 1657/58 besuchte, mit Stolz vorgeführt.²⁹ Auch konnte die Christenfeindlichkeit dieser Zeit nicht übermäßig groß gewesen sein, konnte Navarette doch während seines Aufenthaltes ungehindert predigen. Die Position der geschützten *dhimmis* hatten die Portugiesen und Jesuiten noch immer inne; lediglich allzu offene Bekehrungsbemühungen und auffällige Kirchen waren beseitigt worden. Die katholischen Ordensleute konnten weiterhin seelsorgerisch tätig sein und karitative Einrichtungen unterhalten, solange sie sich ganz auf die portugiesische Gemeinde beschränkten. An der islamischen Durchdringung der makassarischen Gesellschaft konnte diese Präsenz jedoch nichts ändern. 1662 kam der Jesuit Giovanni Filippo de Marini desillusioniert zu dem Schluss, dass Makassar ohne einen neuen, christenfreundlichen König lediglich als Hafen für das Sandelholz aus Solor und die Gewürze der Molukken nützlich sein konnte.³⁰

Vom Scheitern ...

Der Titel dieses Beitrages legt die Frage nahe, inwiefern die portugiesische Expansion in Südostasien scheiterte. Sieht man für den Augenblick von den Misserfolgen portugiesischer Missionare einmal ab und betrachtet nur den *Estado da Índia*, dann ist zu konstatieren, dass dieser innerhalb von vier Jahrzehnten von der VOC völlig aus dem Malaiischen Archipel verdrängt wurde. Den endgültigen Schlusspunkt bildete der Verlust Malakkas im Jahr 1641. Der *Estado* scheiterte hier in zweifacher Hinsicht. Auf der einen Seite nahm er eine zu schwache Position im regionalen System ein. Die Defizite bestanden im Wesentlichen in einer zu geringen Stützpunktdichte, um die wesentlichen Handelswege kontrollieren zu können, und in dem Versäumnis, vor dem Hintergrund der eigenen Machtanmaßungen eine tragfähige Bündnispolitik aufzubauen, wie es den Niederländern immer wieder gelang. Auf der anderen Seite konnte er gegen die Überlegenheit der europäischen Konkurrenz im 17. Jahrhundert nicht dauerhaft bestehen. In der Auseinandersetzung mit der VOC – die englische *East India Company* (*EIC*) kann für das maritime Südostasien, zumindest in Bezug auf Portugal, vernachlässigt werden – geriet der *Estado da Índia* nicht nur wegen der mangelnden regionalen Verankerung schnell ins Hintertreffen, sondern vor allem wegen der strukturellen Nachteile gegenüber der ›institutionellen Innovation‹ der Ostindien-Kompanien.[31] Diese bestanden vorrangig in der geringeren Kapitaldecke, den geringeren Flottenbeständen, dem Festhalten an der veralteten Struktur des *cartaz* sowie der mangelnden Flexibilität gegenüber Marktveränderungen. Auf den Molukken räumte Portugal bei Ankunft der Niederländer und Briten sehr schnell das Feld; die dortigen Niederlassungen wurden zumeist kampflos von den Westeuropäern übernommen. Lediglich Malakka wurde zäh verteidigt. Die Stadt fiel erst nach mehreren Blockaden einer konzertierten Militäraktion von VOC und dem Sultanat Johor zum Opfer (Abb. 8). Neben dem gewaltbereiten Vorgehen gegen den *Estado* wurden auch die portugiesischen Privatiers seitens der Niederländer bekämpft. Sie waren letztendlich die einzige etablierte Kaufmannsdiaspora in den malaiischen Hafenstädten, die im Falle einer Eroberung und Machtübernahme durch die VOC auf Dauer die Stadt verlassen musste, wie dies 1667 in Makassar der Fall war.

ABBILDUNG 8
MALAKKA NACH DER EROBERUNG DURCH DIE NIEDERLÄNDER,
IN: ATLAS VINGBOONS, UM 1660, KAT.-NR. X.2

... UND ÜBERLEBEN

Dem schließt sich nahtlos die Frage nach dem Überleben der portugiesischen Expansion in Südostasien an. Die verdrängten portugiesischen Gemeinden verschwanden nicht vollends aus Südostasien, auch wenn sie wirtschaftlich ein gutes Stück marginalisiert wurden. Da auch die VOC nicht in der Lage und Willens war, sämtliche Inseln Indonesiens zu unterwerfen, bestanden ausreichend Rückzugsgebiete, um erneute portugiesische Ansiedlungen zu ermöglichen, die weiterhin eine Rolle im regionalen Handelssystem ausfüllten. Insbesondere die unübersichtliche Inselwelt Nusa Tenggaras kam hierfür in Frage.

Begünstigt wurden solche Kontinuitäten durch die gesellschaftsbildende Kraft, die der portugiesischen Präsenz innewohnte. Auch wenn sich die Offiziellen des *Estado da Índia* durch ihre Politik viele südostasiatische Staaten zum Feind machten, erwies sich die zugewanderte portugiesische Bevölkerung als durchaus fähig, mit den indigenen Kulturen nicht nur in Frieden zusammenzuleben, sondern auch neue Gesellschafts- und Kulturformen entstehen zu lassen. Es entstand, nicht zuletzt durch den auch für die Portugiesen in Asien relevanten Frauenmangel, eine katholische Mestizengesellschaft, der man aus großzügiger Perspektive eine luso-asiatische Ethnizität zuschreiben kann.

Diese konnte dauerhaft in Diasporagruppen ihren Ausdruck finden. So existiert in Malakka bis heute eine Gemeinde, die sowohl die portugiesische Sprache als auch ein Brauchtum portugiesischen Ursprungs pflegt. Ethnisch handelt es sich um eine Mischgesellschaft, die auf die Verbindungen portugiesischer

Männer mit malaiischen Frauen zurückgeht und heute weitgehend problemlos in die asiatische Stadtgesellschaft integriert ist, wiewohl die Hafenstadt Malakka längst marginalisiert wurde. Ähnliche kleine Gemeinschaften bestehen in Jakarta, wo in dem Viertel Tugu Nachkommen freigelassener Gefangener der VOC leben, und in Larantuka auf Flores.[32] Auf kleineren Inseln Indonesiens existieren zudem Dorfgemeinschaften, deren Brauchtum einen portugiesischen Bezug zumindest nahe legen.

Die Persistenz einer solchen Gemeinschaft konnte jedoch auch wieder zu einer kolonialen Gründung führen, wie das Beispiel der Insel Timor zeigt. Auf der Grundlage einer portugiesischen Niederlassung, die vor dem Druck der Niederländer zunächst nach Solor und dann nach Larantuka auf Flores ausgewichen war, entstand hier seit dem 17. Jahrhundert eine lusoasiatische Gemeinde, die sich im Ostteil der Insel auf Dauer behaupten konnte und im späten 18. Jahrhundert eigenständige Grenzregelungen mit der niederländischen Vormacht aushandelte. Als im letzten Viertel des 19. Jahrhunderts der Wettlauf der europäischen Mächte um die endgültige Aufteilung der Welt einsetzte, besann sich die Regierung in Lissabon dieses Außenpostens und setzte nach und nach eine, wenn auch rudimentäre, koloniale Erschließung durch. 1912 wurde schließlich die einzige offizielle portugiesische Kolonie in Südostasien seit dem Fall Malakkas eingerichtet, die bis zur Nelkenrevolution 1975 Bestand hatte.[33]

Mit dem verbliebenen Zentrum in Macau und solchen kleinen Außenposten gelang es einer kleinen, aber nicht unbedeutenden Anzahl *casados* auch wirtschaftlich eine spürbare portugiesische Präsenz über den Untergang des *Estado da Índia* hinaus aufrecht zu erhalten.[34] In dieser kleinen Welt spielte auch weiterhin die katholische Kirche eine wichtige Rolle. Gerade die im Wettlauf mit dem Islam vielerorts so grandios gescheiterte Mission zeitigte im Kleinen am Ende doch langfristige Erfolge. Nicht die bekehrten Fürsten waren entscheidend, sondern die Untergrundgemeinden aus versprengten Portugiesen, ihren getauften Mestizo-Nachkommen und freigelassenen christianisierten Sklaven. So lassen sich in religiösen Riten wie auch in vielen anderen Phänomenen der Alltagskultur des maritimen Südostasiens bis heute portugiesische Wurzeln beobachten,[35] auch wenn – sieht man von dem winzigen Osttimor einmal ab – spätestens seit 1641 kein kolonialer Einfluss mehr bestanden hatte.

Abbildung 9
Karte der Festung von Malakka, in: Manuel Godinho de Erédia, Livro de Plantaforma das Fortalezas da Índia, 1640, Kat.-Nr. VII.I.14

Resumo

Pouco depois de Vasco da Gama ter aberto o caminho marítimo para a Índia (1498), as caravelas portuguesas atingiam também o sueste da Ásia, impulsionadas pela intenção de contornar o predomínio de Veneza no Mediterrâneo e o encarecedor controlo da Rota da Seda pelos príncipes islâmicos. Enquanto a pimenta e a canela eram compradas no Sri Lanka (Ceilão), outros produtos cobiçados encontravam-se exclusivamente no arquipélago da Malásia – em particular, cravinho, em Ambom, Ternate ou Tidore, e noz-moscada nas Ilhas Banda. Este facto levou os Portugueses directamente ao complexo mundo comercial do sueste marítimo da Ásia, marcado por empórios de crescimento acelerado e ramificadas redes mercantis.

O *Estado da Índia* oficial estabeleceu-se na região com a tomada de Malaca (1511). Além disso, foram fundadas feitorias nas ilhas mais importantes do leste da Indonésia. Todavia, o *Estado da Índia* encontrava-se, desde o início, numa posição relativamente fraca, dado que apenas podia exercer no sueste asiático controlos pontuais. O comércio tradicional malaio permaneceu assim incólume.

Ao mesmo tempo, negociantes portugueses privados estabeleciam-se numa série de cidades portuárias independentes e construíam vivas comunidades de diáspora. Em Macassar, na ilha de Celebes, subsistiu até a conquista pelos holandeses (1667) a maior comunidade deste tipo. Como em muitos grupos asiáticos, também os seus membros se encontravam envolvidos numa diáspora mercantil. As suas redes compunham – juntamente com poucas feitorias estatais (Macau, Goa) – a espinha dorsal da permanência portuguesa no sueste asiático, apesar da repressão do *Estado* pelos holandeses durante o século XVII.

Em estreita relação com a expansão económica de Portugal, encontrava-se a missão católica, protagonizada em primeiro lugar pelos Jesuítas portugueses. Conversões espectaculares eram, porém, raras e de curta duração, e os sucessos duradouros eram de pequena dimensão, constituindo, de facto, muitas comunidades portuguesas o cerne de um catolicismo regional. Os seus descendentes luso-asiáticos sofreram uma crescente aculturação, embora ainda hoje sejam visíveis no Arquipélago da Malásia, quer na cultura quer na religião, elementos de uma herança lusitana.

Anmerkungen

1. Grundlegend zur Geschichte der Portugiesen in Asien vgl. u. a. Boxer 1969a, Diffie/Winius 1977, Subrahmanyam 1993, Feldbauer 2005.
2. Schmitt 1999.
3. Grundlegender Überblick u. a. bei Shaffer 1996.
4. Grundlegend zur südostasiatischen Stadt Reid 1993, S. 62–131.
5. Mathew 1986.
6. Cortesão 1944, S. 218 f.
7. Bulbeck u. a. 1998, S. 54 f.
8. Dunn 1984, McRoberts 1984.
9. Boxer 1969a, S. 279 f.; Woodcock 1965, S. 228 f.; Desai 1969; Thomasz 1985.
10. Andaya 1992, S. 368.
11. Boyajian 1993.
12. Feldbauer 2005, S. 127.
13. Grundlegend zum vorkolonialen Makassar Nagel 2003, S. 167–334; Villiers 1990; Reid 1983.
14. Joosten 1922, S. 370 f.
15. British Library, Oriental and India Office Collections, E/3/2, Nr. 142, S. 12.
16. Vgl. hierzu Ptak 1985b; Ptak 1987; Villiers 1985.
17. Jacobs 1988, S. 77–81, 89–100, 114–118, 151–157. Zur Schätzung der Gemeindegröße vgl. Nagel 2003, S. 202 f.
18. Zu diesem Handel vgl. ausführlich Ptak 1989.
19. Coolhaas 1960, S. 669.
20. Zur Biografie Vieiras vgl. Boxer 1967, S. 1–53.
21. Cummins 1962, S. 115 f.
22. Andaya 1981.
23. Coolhaas 1968, S. 414 f.
24. Cummins 1962, S. 113 (mit der Variante, dass die Muslime aus Siam kamen); Rhodes 1966, S. 207 f.; Jacobs 1988, S. 114–118, 151–157, 166–174, 198–209, 253–257, 257–262; Gervaise 1701, S. 124–129; Lach/Kley 1993, S. 1445.
25. Jacobs 1988, S. 5*; vgl. zur frühen Missionsgeschichte Sulawesis auch Wessels 1925; Wessels 1949; Jacobs 1966.
26. Für eine äußerst detaillierte Geschichte der Jesuiten in Makassar vgl. Jacobs 1988, S. 9*–29*.
27. Rhodes 1966, S. 209 f.; Jacobs 1988, S. 198–209.
28. Reid 1981, S. 14.
29. Cummins 1962, S. 114 f.
30. Jacobs 1988, S. 184–189.
31. Diese Charakterisierung der Ostindien-Kompanien geht zurück auf Steensgaard 1974, S. 412.
32. França 1985, S. 20–29, 42–49.
33. Schlicher 1996.
34. Souza 1986.
35. Eine erste Bestandsaufnahme der unterschiedlichsten, auf portugiesische Ursprünge zurückgehende Elemente liefert França 1985.

TERRA DO LAVRADOR

BARBARIA

AFRICA

TROPICO DE CANCRO

LINHA EQVINOCIAL

BRASIL

TROPICO DE CAPRICORNIO

Leonor Freire Costa

Portugal und der Atlantik: Die Rolle des Ozeans für die portugiesische Identität

In einer Rezeptsammlung der portugiesischen Infantin Dona Maria (1492–1517), einer Tochter des König Dom Manuel I., findet sich der Vorschlag, Geflügel-, Schweine- oder Ziegenfleisch in einem mit Zimt oder Ingwer abgeschmeckten Zuckersud zu servieren. Hierin zeigt sich bereits die üppige Geschmacksvielfalt, die das portugiesische Weltreich, das sich vom atlantischen bis zum asiatischen Raum erstreckte, bieten konnte.[1] Doch nicht nur an der königlichen Tafel waren die neuen Geschmackserlebnisse vertreten. In den Straßen von Lissabon wurden 1552 in der Weihnachtszeit allerlei Arten von Süßigkeiten feilgeboten. Obwohl solche Leckereien aufgrund ihres Preises der wohlhabenden Kundschaft vorbehalten blieben, lässt der Straßenverkauf doch erkennen, dass Zucker im Begriff war, zum allgemeinen Verbrauchsgut zu werden.[2] Sein Einsatz blieb von nun an nicht länger auf medizinische Rezepturen beschränkt, wie es im Mittelalter noch der Fall gewesen war, sondern wurde zu einem festen Bestandteil der Ernährungsgewohnheiten der europäischen Bevölkerung.

In London, Amsterdam oder Paris wuchs am Ende des 17. Jahrhunderts auch die Zahl der öffentlichen Räumlichkeiten, in denen Kaffee, Tee oder Kakao konsumiert werden konnten, was die Nachfrage nach Zucker noch einmal wesentlich verstärkte. Die Steigerung des Durchschnittseinkommens der Bevölkerung führte dazu, dass sich Gewohnheiten und Vorlieben bei gesellschaftlichen Ereignissen in den Städten änderten. Doch hatte die Übernahme neuer Gewohnheiten durch breite Bevölkerungsgruppen – was bezüglich der Bedeutung des Atlantischen Ozeans für die europäische Wirtschaft wiederum sehr aussagekräftig ist – bereits Jahrzehnte früher eingesetzt, als die Iberische Halbinsel ein Netz von maritimen Handelswegen etablierte, das vier Kontinente miteinander verwob. Die Rolle des Atlantischen Raumes im portugiesischen Weltreich führt uns dabei zu einer Vielzahl von Themen, die allesamt verbunden sind mit der wachsenden Vorliebe für Zucker.

Politische Konstellationen auf der Iberischen Halbinsel

Der wirtschaftliche und soziale Stellenwert des Atlantischen Ozeans in der portugiesischen Geschichte fasziniert Generationen von Denkern und Forschern seit dem 19. Jahrhundert. Historiker und Philosophen suchen noch immer nach einer Erklärung für Portugals Autonomie. In diesem Zusammenhang ist vor allem Jaime Cortesão (1864–1960) als einer der Referenzautoren für die portugiesische Geschichtsschreibung des 20. Jahrhunderts zu erwähnen. Seinem Ansatz zufolge wurzelten gerade im Atlantischen Ozean jene »demokratischen Faktoren der Entstehung Portugals«, die einem seiner Werke über die wirtschaftliche Entwicklung des Landes im späten Mittelalter den Titel gaben. Jaime Cortesão war unter anderem an jenem Moment um 1383 bis 1385 interessiert, als Portugal trotz einer dynastischen Krise seine Autonomie gegenüber Kastilien bewahren konnte. Er identifizierte die *Vocação atlântica*, also eine Art Berufung bzw. unvermeidliche Hinwendung Portugals zum Atlantik, als das strukturbildende Element der nationalen Identität. Mit dieser These verwies er auf die gesellschaftlichen und wirtschaftlichen Kräfte, die sich der Integration in das spanische Reich widersetzten. Er belegte sie dann insbesondere mit einer Untersuchung der Unabhängigkeitsbewegung Portugals im Jahre 1640, jener als *Restauração* bekannten Erhebung, die nach der Personalunion mit der Monarchie des Hauses Habsburg in Spanien (1580–1640) zur Wiedereinsetzung eines portugiesischen Königs führte. Die Gegenüberstellung mit den zeitgleichen Entwicklungen in Katalonien, das sich im selben Jahr gegen die Habsburger wandte, jedoch nicht denselben Erfolg verzeichnen konnte, verlieh diesem Argument besonderen Nachdruck. Die Einbindung Portugals in einen atlantischen Kontext, so Cortesão, lieferte diesem Königreich Ressourcen, die Katalonien nicht besaß, die für den Erfolg der Revolte aber entscheidend waren.

Diese Idee einer *Atlantidade*, einer tiefen Verbindung Portugals mit dem Atlantik, die zwar nur relativ vage umrissen war, aber doch hinreichend geeignet erschien, den Blick auf die Geschichte in eine bestimmte Richtung zu lenken, bedeutete für Generationen von Denkern der unterschiedlichsten politischen Richtungen, dass die Atlantikküste der entscheidende

Abbildung 1
Der atlantische Ozean, Seekarte (Ausschnitt) von João Teixeira Albernaz, 17. Jahrhundert, Kat-Nr. V.I.24

Handels- und Wirtschaftsgeschichte

Faktor für die Entwicklung des portugiesischen Städtenetzes war und folglich die demografische und wirtschaftliche Struktur des Landes erklärt. Die Besiedlungsdichte wuchs in den Küstengebieten mit einer Geschwindigkeit, mit der das Bevölkerungswachstum im Landesinneren nicht Schritt halten konnte. Jaime Cortesão gelangte deshalb zu der Ansicht, dass die Anziehungskraft des Meeres bereits während des ausklingenden Mittelalters deutlich zu erkennen sei. Seit dem 14. Jahrhundert habe die Dynamik der urbanen Bevölkerungsgruppen Portugal zu einem Wirtschaftswachstum verholfen, das auch in der Frühen Neuzeit noch prägend für das küstennahe Siedlungsnetz blieb, wo kleinere Handelsstädte oft mit dem Großbürgertum Lissabons konkurrierten, das sich zu Zeiten der spanisch-portugiesischen Personalunion in komplizenhafte Nähe zum Machtzentrum Madrid begab.

Da Jaime Cortesão die Auffassung vertrat, dass der Widerstand gegen die Verbindung der beiden Königreiche auf der Iberischen Halbinsel aus den besonderen Interessen des Kleinbürgertums und des Mittelstandes in den Küstenorten entspross, kam diesen gesellschaftlichen Gruppierungen in seinen Werken eine fast schon heldenhafte Rolle zu. Dabei deutet der Ausdruck *Vocação atlântica* nicht in erster Linie auf ein Volk von Fischern, obwohl das untrennbar mit dem Fischfang verbundene Salz den Außenhandel und die diplomatischen Beziehungen Portugals entscheidend prägte. Cortesão entwarf vielmehr das Bild eines Landes von Händlern, adligen Kaufleuten, Auswanderern, Kolonisatoren und Abenteurern.[3] Im Konzept der *Vocação atlântica* ist so die weltumspannende Dimension des portugiesischen Wirtschaftsraumes und insbesondere die Hinwendung des Imperiums zum Atlantik im 17. Jahrhundert begriffen.

Unabhängig von der Diskussionswürdigkeit eines auf kollektiver ›Berufung‹ fußenden historischen Ansatzes und unabhängig vom Hang zum Nationalistischen, der sich in dieser Art von Abhandlungen insbesondere seitens bestimmter republikanischer Kräfte in Portugal findet, erscheint es unvermeidbar, die Geografie als historische Gegebenheit zu berücksichtigen, als einen Faktor also, der auf die eine oder andere Weise mit der politischen und wirtschaftlichen Dynamik des Landes zusammenwirkte, dessen Bevölkerung vor allem in Küstennähe anwuchs und die Wirtschaft prägte. Etwa 30 Kilometer nördlich der Tejo-Mündung, über die Lissabon Zugang zum Atlantik hat, liegt das Cabo da Roca, der westlichste Punkt des europäischen Festlandes. Dieses Kap wurde im Nationalepos *Os Lusíadas* (1572) von Luís de Camões als der Ort bezeichnet, an dem »das Land endet und das Meer beginnt«. Die Worte des Dichters betonten die Herausforderung, die das Meer dem Königreich stellte. Aber sie verwiesen ebenso auf den eingrenzenden Charakter des Ozeans und auf eine geografische Lage, durch die Portugal an den Rand gedrängt war, während sich die Ereignisse im Herzen Europas überstürzten (Abb. 2).

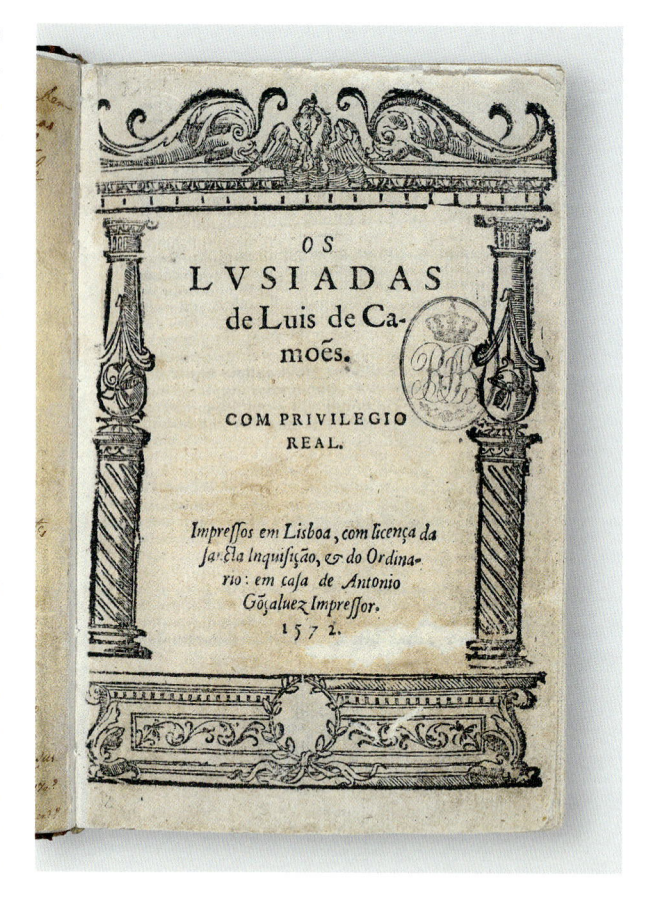

Diese Randlage kam bereits in den ersten entscheidenden Phasen der Gründung des Königreiches, während der sogenannten *Reconquista*, zum Tragen. Es handelte sich hierbei um einen Eroberungskrieg, der die Kreuzzugsdynamik bis an den äußersten westlichen Rand der christlich besiedelten Welt pendeln ließ. Die Wiedergewinnung von Gebieten, die seit dem 8. Jahrhundert von islamischen Mächten (zunächst von den Almoraviden und später, während des 12. und 13. Jahrhunderts, vom marokkanischen Reich der Almohaden) auf der Iberischen Halbinsel besetzt worden waren, wurde begleitet von Streitigkeiten zwischen den christlichen Königreichen, die sich im Zuge dieser Expansionsbewegungen herausbildeten. Durch den Krieg, der gleichzeitig gegen die Ungläubigen und unter den christlichen Königreichen geführt wurde, entstanden die Grenzen Por-

Abbildung 2
Luís de Camões, Die Lusiaden, Lissabon 1572,
Kat.-Nr. IX.26

tugals, die sich noch heute nur geringfügig von denen unterscheiden, die mit Kastilien 1297, einige Jahrzehnte nach der Eroberung des Algarve im äußersten Süden des Landes, vertraglich festgelegt wurden. Die beständigsten und dauerhaftesten Grenzen in Europa umfassen somit ein Gebiet, das sich im Osten und im Norden von der gotischen Welt Europas abgrenzte, da die Königreiche von León und Kastilien dazwischenlagen. Gleichzeitig erstreckten sich im Westen und im Süden etwa 700 Kilometer Küste als natürliche Grenze, was einerseits eine Beschränkung bedeutete, aber ebenso zum Überschreiten derselben herausfordern konnte.

Der erste Schritt zur Schaffung eines Seereiches (das erst 1975 mit der späten Anerkennung der Unabhängigkeit Guineas, den Kapverden, São Tomé und Príncipes, Angolas und Mosambiks endgültig der Vergangenheit angehörte) vollzog sich in Nordafrika mit der Eroberung von Ceuta im Jahr 1415. In erster Linie lässt sich hier das Leitmotiv des Kreuzzugs erkennen und weniger der Aufbruch zur Erkundung neuer Welten. Zugleich diente diese Maßnahme der Legitimierung der neuen, 1385 von Dom João I. begründeten Königsdynastie von Avis. Mit dieser militärischen Handlung brachte der neue König die Gründungselemente der portugiesischen Monarchie zum Ausdruck.[4] Von den portugiesischen *Cortes Gerais*, einer Parlamentsversammlung von Vertretern aus Adel und Drittem Stand, war er im Jahr 1385 zum Herrscher ausgerufen worden, ein Ereignis, das in engem Zusammenhang mit einer Thronfolgekrise stand, die zum Verlust der Unabhängigkeit Portugals gegenüber Kastilien hätte führen können. Allerdings sorgten Dom Joãos Nachkommen in der Folgezeit durch ihre Heiratspolitik mit den iberischen Herrscherhäusern dafür, dass die Wiederholung einer derartigen Krise vorprogrammiert war, auch wenn ihre Politik natürlich darauf abzielte, die iberische Einheit unter der Vorherrschaft der portugiesischen Krone zu erreichen – was während der Regierungszeit König Manuels (reg. 1495–1521) sogar möglich erschien. Die angewandte Strategie sollte sich jedoch zum Nachteil Portugals auswirken. Als König Dom Sebastião im Jahr 1578 starb bzw. in der Dreikönigsschlacht von Ksar el-Kebir (Alcácer Quibir) bei einem Versuch, den Norden Afrikas zu erobern, verschollenging, hinterließ er keine Nachkommenschaft. Sein Tod führte zu einer erneuten Sukzessionskrise, die erst 1581 durch den Schwur Philipps II. aus dem Hause Habsburg vor den in Tomar versammelten *Cortes* gelöst wurde.

Die 60 Jahre währende Vereinigung der iberischen Königreiche (1580–1640) war insofern richtungsweisend, als sie einerseits dazu führte, dass die Kolonialgebiete jenseits des Atlantiks eine Aufwertung erfuhren, und andererseits die internationalen Spannungen, an denen die spanische Monarchie zu ersticken drohte, sich auch auf das portugiesische Reich ausdehnten. Die widrigen Umstände auf internationaler Ebene wirkten als Gärstoff für wirtschaftlichen und sozialen Unmut, der schließlich im Aufstand von 1640 mit zum Tragen kam. Mit dem Erfolg der Revolte wurde ein lange währender Zyklus der iberischen Geschichte abgeschlossen. Von nun an bestanden auf der Iberischen Halbinsel endgültig zwei souveräne Staaten nebeneinander, Spanien und Portugal. Im Gegensatz zum Mittelalter, der Entstehungszeit dieser Königreiche, maß Europa dem Atlantischen Ozean im 17. Jahrhundert eine weit größere Bedeutung zu, was die Nachteile der Randlage Portugals gewissermaßen ausglich. Wenn auch das Meer Auslöser für Konflikte zwischen den Mächten Europas war, so konnte es von jetzt an doch auch als Verbindungsweg und nicht mehr nur als Grenze betrachtet werden.

Die Ausmasse der Atlantikgebiete des Imperiums

Der Ausbruch Portugals aus seinen mittelalterlichen Grenzen begann mit dem Angriff auf die Handelsplätze Nordafrikas ab 1415. Selbst die erfolgreiche Verbindung des Atlantischen mit dem Indischen Ozean durch die Expedition von Vasco da Gama (1498) konnte die afrikanischen Eroberungsbestrebungen der Portugiesen nicht aus der Welt schaffen. Die Koexistenz der beiden sich gegenseitig ergänzenden Strategien – militärische Expansion einerseits, Seefahrt und Handel andererseits – ist übrigens auch bei einem weiteren Angriff auf Marokko zur Einnahme Tangers im Jahr 1437 zu erkennen. Das Plündern der Stadt schloss nicht aus, dass man versuchte, parallel dazu auf den eroberten Handelsplätzen und an der Westküste Marokkos und Mauretaniens geregelte Geschäftsbeziehungen aufzubauen. Die Expeditionen zur Erschließung und Kartografierung der afrikanischen Küste – die zur Auffindung und allmählichen Besiedlung der Inselgruppen Madeiras (1419) und der Azoren (1427) führten, die heute als autonome Regionen zum portugiesischen Staat gehören – waren Vorstöße, die mit den Angriffen auf die marokkanischen Handelsplätze einhergingen. Letztere zielten darauf ab, über portugiesische Stützpunkte an der Küste einen festen Zugang zu den Trans-Sahara-Routen zu erlangen. In ihrer Gesamtheit spiegeln diese Aktionen den Versuch der Krone wider, über einen privilegierten Zugriff auf bestimmte Ressourcen ihre Macht gegenüber den führenden Adelshäusern des Landes zu festigen.[5] Kosten und Nutzen dieser Plünderungen, Eroberungen und Erkundungen wurden indes zwischen der Krone und einigen hochherrschaftlichen Häusern mit direkter Verbindung zum Königshaus aufgeteilt, so zum Beispiel dem Haus von Viseu und seinem bekanntesten Vertreter, Heinrich dem Seefahrer (Infante Dom Henrique, Sohn von Dom João I.).

Die gewalttätigen Angriffe gegen die afrikanische Bevölkerung hörten erst auf, als die bereits vor der Landung der Karavellen Dom Henriques vorhandenen Routen für den Sklaventransport an die afrikanischen Küstenregionen umgeleitet wurden; der Handel wurde nunmehr von den portugiesischen Festungen und befestigten Handelsstützpunkten (*feitorias*) aus organisiert, wie zum Beispiel der Insel Arguim (1456) oder Mina (1481). Der leichte Zugang zu diesen Zentren des Sklavenhandels machte Madeira zum ersten Gebiet unter portugiesischer Herrschaft, wo der sehr arbeitskraftintensive Zuckeranbau betrieben werden konnte. So änderte sich der ursprüngliche Produktionsschwerpunkt der Insel, deren zuvor unberührter Boden nach Brandrodungen bereits hervorragende Ergebnisse beim Weizenanbau erbracht hatte. Als sich die Azoren gerade anschickten, die neue Kornkammer des Königreiches zu werden, gingen die Einnahmen aus dem Getreideanbau allerdings zurück. So bot sich die Gelegenheit, neue Kulturpflanzen einzuführen, die eine höhere Rentabilität versprachen. Jahrzehnte später, zu Beginn des 16. Jahrhunderts, wirkte sich der Boom dieses neuen ›Zyklus‹, der der Zuckernachfrage auf den europäischen Märkten entgegenkam, auch auf die Äquatorinsel São Tomé aus, die in der Nähe der Versorgungsrouten mit Sklaven aus Angola und dem Kongo lag. Madeira und São Tomé produzierten dabei für unterschiedliche Märkte. Der Madeira-Zucker war stets von höherer Qualität und erzielte trotz größerer Produktionsmengen vierfache Preise im Vergleich zu jenem aus São Tomé. Im Jahr 1570 erreichte die Produktion auf Madeira ihren Höhepunkt bei 200 000 *Arrobas* (etwa 3000 Tonnen), während São Tomé im Jahr 1580 lediglich 20 000 *Arrobas* (etwa 300 Tonnen) Zucker produzierte.[6]

Die Koexistenz der beiden Produktionsgebiete im 16. Jahrhundert wurde erst dann ernsthaft in Frage gestellt, als im letzten Viertel des Jahrhunderts damit begonnen wurde, im ausgedehnten Küstenstreifen von Pernambuco bis Bahia im brasilianischen Nordosten Zuckermühlen und Siedereien einzurichten, die Zucker von hervorragender Qualität und zu geringeren Herstellungskosten lieferten als Madeira. Das Wachstum der brasilianischen Wirtschaft sollte somit eine weitere Umstellung der Landwirtschaft auf jener Insel bewirken. Bald begann der ›Zyklus‹ des Weinanbaus, da Wein wiederum von der weißen Bevölkerung in der brasilianischen Kolonie stark nachgefragt wurde. Für São Tomé dagegen war ein anderes Schicksal vorgesehen. Die Produktion von Zucker wurde aufrechterhalten, doch mischten sich andere europäische Zwischenhändler, die regelmäßig auf der Insel landeten, nun viel stärker in die Geschäfte ein.

Die hartnäckige Präsenz von nicht-portugiesischen Europäern bedrohte die Rechte, die Portugal für sich sowohl hinsichtlich der Nutzung von São Tomé als auch für den gesamten Handel und die Schifffahrt im Atlantischen und Indischen Ozean in Anspruch nahm. Die Nutzbarmachung der afrikanischen Küste, des Südatlantik und der Kaproute in Zusammenhang mit der Kolonisierung Brasiliens verstand man in Portugal als politischen und wirtschaftlichen Vorstoß, der durch die kurz vorher etablierten Prinzipien des neuen ›internationalen Rechtes‹ gedeckt war. Es wurden Besitzrechte am Meer verliehen, und Portugal erhielt dadurch das Exklusivrecht auf Seefahrt, Handel oder die Besetzung von Gebieten, die in Europa bis dato unbekannt waren. Die rechtlichen Grundlagen dieses Prinzips eines *Mare clausum* wurden vom Papst mit seinem unerlässlichen Siegel durch eine Bulle bekräftigt und zwischen den iberischen Königreichen vertraglich festgeschrieben. Dieser Vertrag wurde 1494 in Tordesillas unterzeichnet und sollte während der drei folgenden Jahrhunderte das grundlegende Regelwerk für Streitigkeiten im Zusammenhang mit der Festlegung von Grenzen zwischen den beiden iberischen Reichen bilden; das galt für Grenzen in Amerika, jedoch auch im Pazifikraum, so bei der Lösung der Streitigkeiten um die Molukken im Jahr 1524. Dabei war der Umgang mit territorialen Monopolen vor allem nach der Einverleibung Portugals in die hispanische Monarchie 1580 relativ flexibel, solange es nur um die beiden iberischen Reiche ging und keine anderen Nationen sich einmischten (Abb. 3).

Die beharrliche Berufung auf das Prinzip des *Mare clausum* zielte in erster Linie darauf ab, den wirtschaftlichen Gewinn, den die Erkundung der Meere mit sich gebracht hatte, nicht mit anderen europäischen Mächten teilen zu müssen. Solange die nautischen Fähigkeiten und die zur Befahrung des Atlantiks entwickelte Kartografie Kenntnisse waren, die den anderen Seemächten Europas nicht zugänglich waren, blieb der iberische Exklusivanspruch auf die südlichen Meere bewahrt. Doch Wissen breitete sich damals wie heute schneller aus, als die Obrigkeiten dies wünschen. So kam es, dass die afrikanische Küste, die im Übrigen aufgrund ihrer klimatischen Gegebenheiten für die Kolonisierung durch Weiße wenig geeignet war, bereits zu Beginn des 16. Jahrhunderts zu einer von Portugal weniger streng kontrollierten Region wurde. Zudem unterstützten die afrikanischen Herrscher das portugiesische Streben nach Exklusivität nicht; ihnen waren die englischen, holländischen oder französi-

Abbildung 3
Vertrag von Tordesillas (Ratifizierung),
Arévalo, 2. Juli 1494, Kat.-Nr. IV.5

Don Fernando y Doña Ysabel por la gracia de Dios Rey e Reyna de Castilla de Leon de Aragon de Sezilia de Granada de Toledo de Valençia de Galizia de Mallorcas de Sevilla de Çerdeña de Cordoua de Corçega de Murçia de Jahen del Algarbe de Algezira de Gibraltar de las Yslas de Canaria Conde e Condesa de Barçelona e Señores de Vizcaya e de Molina Duques de Atenas e de Neopatria Condes de Rosellon e de Çerdaña Marqueses de Oristan e de Goçiano en vno con el prinçipe don Juan nuestro muy caro e muy amado hijo primogenito heredero de los dichos nuestros Reynos e Señorios, Por quanto por don Enrrique Enrriquez nuestro mayordomo mayor e don Gutierre de Cardenas contador mayor de leon e don con todos y mayor y el doctor Rodrigo Maldonado todos del nuestro consejo fue tratado asentado e capitulado por nos y en nuestro nombre e por virtud de nuestro poder con el serenisimo don Juan por la graçia de Dios Rey de Portugal e de los Algarbes e de aquende el mar en africa Señor de Guinea nuestro muy caro e muy amado hermano e con Ruy de Sosa Señor de Vsagres e don Juan de Sosa su hijo almotaçen mayor del dicho serenisimo Rey nuestro hermano e arias de Almadana corregidor de los hechos çeuiles de su corte e del su desembargo todos del consejo del dicho serenisimo Rey su hermano en su nombre e por virtud de su poder sus enbaxadores que a nos vinieron sobre la diferençia de lo que a nos y al dicho serenisimo Rey nuestro hermano pertenesçe de lo que hasta siete dias deste mes de junio en que estamos desta presente scriptura esta por descubrir en el mar oceano en la qual dicha capitulacion los dichos nuestros procuradores entre otras cosas prometieron que dentro de çierto termino en ella contenido otorgariamos e firmariamos e juraríamos e aprouariamos e confirmariamos por nuestras personas e nos queriendo conplir e cunpliendo todo lo que asi en nuestro nonbre fue asentado e capitulado e otorgado sobre lo suso dicho mandamos traer ante nos la dicha escriptura de la dicha capitulaçion e asiento para la ver e examinar e el tenor della de verbo ad verbum es este que se sygue:

En el nombre de Dios todo poderoso pan: tres personas Real-mente distinctas e apartadas e vna sola essençia deuina manifiesto sea a todos quantos este publico instrumento vieren como en la villa de Tordesillas a siete dias del mes de Junio año del nasçimiento de nuestro Señor Ihesu Xpo de mill e quatroçientos e nouenta e quatro años en presençia de nos los secretarios e scriuanos e notarios publicos de yuso escriptos estando ay presentes los honrrados don Enrrique Enrriquez mayordomo mayor de los muy altos e muy poderosos prinçipes los Señores don Fernando e doña Ysabel por la graçia de Dios Rey e Reyna de Castilla de leon de aragon de Seçilia de granada &c. e don Gutierre de Cardenas contador mayor de los dichos Señores Rey e Reyna e el doctor Rodrigo Maldonado todos del consejo de los dichos Señores Rey e Reyna de Castilla de leon de Aragon de Seçilia de granada &c. sus procuradores bastantes de la vna parte e los honrrados Ruy de Sosa Señor de Vsagres e Berenguel e don Juan de Sosa su hijo almotaçen mayor del muy alto e muy exçelente

schen Schiffe, die in der Nähe der im 15. Jahrhundert gegründeten portugiesischen Handelsstützpunkte landeten, willkommen. Die Europäer brachten hochwertige Konsumgüter für die lokale Bevölkerung.

Nichts von dem, was ein Europäer zu bieten hatte, war dabei lebenswichtig, mit einer Ausnahme: Eisenerz. Die portugiesischen Könige fürchteten allerdings die afrikanische Fertigkeit, aus Eisenerz Waffen zu schmieden, und versuchten daher den Verkauf dieses wertvollen Handelsgutes zu unterbinden. So gelang es den nordeuropäischen Konkurrenten rasch, die Gunst der örtlichen Zwischenhändler zu gewinnen und Eisen und Kupferketten gegen Sklaven und Elfenbein zu tauschen. Sie untergruben den portugiesischen Einfluss und übten schließlich eine so starke Konkurrenz aus, dass der Ankaufspreis für Sklaven im Lauf des 16. Jahrhunderts kontinuierlich anstieg.[7]

Trotz dieser als Störung empfundenen Einflüsse durch die europäische Schifffahrt an der afrikanischen Küste gelang es den Portugiesen, sich eine Vormachtstellung im Sklavenhandel zu sichern. Die Festung São Jorge da Mina war in den letzten 25 Jahren des 16. Jahrhunderts zwar nicht mehr jene zentrale Goldquelle, die sie zuvor gewesen war, aber sie blieb weiterhin ein wichtiger Vorposten für die Handelsverbindungen mit den Kapverden und dem Gebiet der sogenannten Guinea-Flüsse, zwei Regionen an der afrikanischen Küste, die ihren wirtschaftlichen Aufstieg der wachsenden Nachfrage nach Arbeitskräften für Cartagena und Vera Cruz im spanischen Amerika verdankten.[8] Die afrikanische Küste trug deshalb bereits zur wirtschaftlichen Integration der beiden iberischen Königreiche bei, bevor diese 1580 durch die Personalunion verbunden wurden. Kastilien mangelte es an Sklaven, Portugal wiederum brauchte Silber, das für den Erwerb von Gewürzen im indischen Raum unerlässlich war.[9]

Die Geschichte der spanischen Habsburgermonarchie hängt besonders eng mit den Entwicklungen im Atlantik an der Schwelle vom 16. zum 17. Jahrhundert zusammen. Im atlantischen Wirtschaftsraum findet man einige Erklärungen für den schwachen Widerstand, den Portugal den Ansprüchen entgegensetzte, die Philipp II. 1580 auf den portugiesischen Thron stellte (Abb. 4). Aus der Sicht Kastiliens galt Portugal als wertvolles Königreich, das mit Einnahmen in Höhe von etwa zwei Millionen Dukaten zum Haushalt der Krone beitragen konnte. Es stand damit an der Spitze jener Königreiche und Staaten, aus denen die spanische Monarchie sich außerhalb von Kastilien zusammensetzte, und war sogar bedeutender als die reichen städtischen Gebiete Flanderns.[10] Diese aus dem Jahr 1616 stammende Einschätzung, die Portugal den Spitzenplatz einräumte, rührt daher, dass Portugal über ein Reich verfügte, das sich bis nach Asien erstreckte, und das, auch wenn es damals bereits von nordeuropäischen Kräften bedroht wurde, nach wie vor beträchtlich zum Einkommen des portugiesischen Staatshaushaltes beitrug. Gerade diese globalen Ausmaße des *Império* machten seine Einverleibung in die Monarchie zu einer politischen Option mit beträchtlichen wirtschaftlichen Konsequenzen in einer Zeit, da die Krone wegen der explodierenden Ausgaben für die Kriege in den Niederlanden und in Mitteleuropa unter erheblichem Druck stand.

Der iberische Atlantik zu Zeiten der »Globalisierung«

Den Habsburgern stand beim Nachfolgestreit von 1580 auf portugiesischer Seite das Herzoghaus von Bragança entgegen. Doch die Argumente seiner juristischen Berater waren nicht ausreichend konsistent, um die portugiesische Elite für ihre Sache zu gewinnen.[11] Davon abgesehen übte die Aussicht auf eine Personalunion der Königreiche auch auf die portugiesischen Kaufleute eine gewisse Anziehungskraft aus. In der obersten Schicht

Abbildung 4
König Philipp II. (1527–1598), Frans Pourbus d. J. zugeschrieben, nach 1597,
Berlin, Deutsches Historisches Museum

der Kaufleute dominierte eine Handvoll Familien, die bekannterweise jüdischen Ursprungs waren, aber seit der erzwungenen Bekehrung zum Christentum unter der Herrschaft von König Dom Manuel in Portugal als *Cristãos-novos*, also Neuchristen, bezeichnet wurden. Sie beteiligten sich an den Handelsaktivitäten entlang der Route über das Kap der Guten Hoffnung, entweder als Pächter von Rechten, die das Königshaus auf dieser Route innehatte (Rechte an Frachten, an der Ausrüstung von Schiffen, am Handelsmonopol mit Pfeffer und anderen Gewürzen sowie an Kontrakten über das Recht, auf orientalische Waren, die in Lissabon in der *Casa da Índia*, dem königlichen Amt für den Indienhandel, eintrafen, Steuern zu erheben), oder als Importeure von Waren, die nicht dem Monopol der Krone unterlagen, wie zum Beispiel die berühmten Tuchwaren aus Indien.[12] Diese mächtigen Kaufleute konnten von der Nähe zur kastilischen Verwaltung eine günstigere Ausgangsposition erwarten, um sich in den Handel mit Silber aus Potosí einzumischen, einem Gut, das für die Geschäfte in den Gebieten um den Indischen Ozean unerlässlich war. 1585 war in der Welt der Politik und des Handels allgemein bekannt, dass die portugiesischen Silberzahlungen nach Goa das Rückgrat für den Gewürzimport darstellten. Im Jahr 1618 wurden diese Zahlungen ausnahmslos in kastilischer Silberwährung getätigt und betrugen etwa 80 Millionen *Réis* jährlich.[13]

Mehrere Untersuchungen zur Rolle der Kaufmannsfamilien in diesem Kontext haben gezeigt, wie vorteilhaft sich deren lebhafte Reisetätigkeit und auch ihre Fähigkeit, geschäftliche und familiäre Netzwerke miteinander zu verbinden, auf den Handel zwischen den Hauptumschlagplätzen des neuen Welthandels auswirkten. Wichtig waren dabei der Handel mit bestimmten Gütern des Orients innerhalb des indischen Raumes und der Erwerb einer Reihe weiterer Waren, die an die afrikanische Westküste verschifft wurden. Von dort brachte man Sklaven in die kastilischen Kolonien; ihr Gegenwert wurde in amerikanischem Silber entrichtet, das wiederum in Lissabon auf Schiffe verladen wurde, die über die Kap-Route nach Goa segelten. In diesem weltumspannenden Güterverkehr waren die Städte Lissabon, Sevilla, Goa, Malakka, Manila, Acapulco und Lima durch ein komplexes Netzwerk von Handelsniederlassungen verbunden, das im Dienst global ausgerichteter Geschäftstätigkeiten stand.[14]

Der Kreislauf der Edelmetalle belegt, dass es im 16. Jahrhundert bereits einige globale Märkte gab. Im Rahmen dieser ersten Globalisierungserfahrung, die sich natürlich auf einige wenige Güter beschränkte, bildeten die portugiesischen Kaufleute eine nicht zu vernachlässigende Größe, die über umfangreiches Kapital verfügte und schließlich zur Konkurrenz für die Genuesen in den Reihen der Bankiers Philipps IV. von Habsburg in Madrid wurde. Doch sorgte das Risiko dieser Investitionen, deren Ertrag mehr als vier Jahre auf sich warten lassen konnte, dafür, dass diese höhere Stufe der Handelsaktivitäten einem sehr überschaubaren Kreis von Einzelpersonen vorbehalten blieb. Es überrascht also nicht, dass die ersten Anfänge des Zuckerrohrbooms in Brasilien, mit seinen für die Errichtung und die Unterhaltung einer Zuckermühle erforderlichen umfangreichen Investitionen, sehr eng damit zusammenhingen, dass die großen Kaufleute ihre Kapitalanlagen zu diversifizieren suchten und sie jeglicher Art von Geschäft zukommen ließen, das außergewöhnlich hohe Gewinne versprach. Allerdings waren nicht sie die Hauptverantwortlichen für das spätere Wachstum der Kolonie, zogen sie sich doch nach diesen ersten Impulsen ab Mitte der 1610er Jahre zurück, als die Rentabilität des Zuckergeschäftes einen deutlichen Einbruch erlitt.[15]

Bis zum letzten Viertel des 16. Jahrhunderts besaßen etwa ein Dutzend Familien von *Cristãos-novos*, die über Erfahrung im Asienhandel verfügten, auch Land und Zuckermühlen in Brasilien. Von den Investitionskosten haben wir nur eine ungefähre Vorstellung, wobei es die Ausgaben für den Lebensunterhalt von Sklaven, für Lohnzahlungen an qualifizierte Arbeitskräfte zur Überwachung der Produktion, für Energie (Zugtiere und Wassermühlen), für Brennstoff zur Zuckerraffination und andere kleinere Posten zu veranschlagen gilt. In Untersuchungen zur Buchhaltung dieses Sektors wird für die 1630er Jahre beispielsweise die Summe von jährlich 3 305 633 *Réis* angeführt[16] (als ein *Alqueire* Weizen – etwa 13 Liter – in Bragança ungefähr 180 *Réis* kostete; was uns zumindest annäherungsweise ahnen lässt, wie hoch die laufenden Ausgaben pro Jahr anzusetzen waren).

Wäre dieser Zucker vom Eigentümer der Zuckermühle in der Kolonie selbst verkauft worden, so wäre die Rendite des eingesetzten Kapitals relativ moderat ausgefallen, Schätzungen zufolge ungefähr drei Prozent. Andere, optimistischere Untersuchungen widersprechen dem und gehen davon aus, dass ein Zehnfaches dieses Prozentsatzes zu erzielen war.[17] Wie dem auch sei, selbst auf der Grundlage der vorsichtigsten Schätzung läge der Erlös gewiss bei über drei Prozent, wenn Herstellung und Verkauf des Zuckers im Mutterland aufeinanderfolgende Prozesse in der Hand von ein und demselben Familienunternehmen wären. Der Eigentümer der Zuckermühle übernahm dabei die Rolle des Händlers im großen Stil, eine Eigenschaft, die übrigens auf alle frühen Investoren in Brasilien zutraf. So wird verständlich, warum die Eigentümer der Zuckermühlen sich in den Anfängen des Zuckerrohranbaus auch um den Handel kümmerten; diese Praxis war erforderlich, um die Investitionen für die Produktion

› 198 ‹   Handels- und Wirtschaftsgeschichte

in einem Sektor, der beträchtlichen Unsicherheiten unterworfen war, rentabel zu machen. Möglicherweise spiegelt sich die Volatilität der Einnahmen darin wider, dass Zuckermühlen und Siedereien nachweislich häufig den Eigentümer wechselten.[18]

Diese Unsicherheit war nicht nur durch die Schwankungen des Zuckerpreises in den Kolonien und auf den europäischen Märkten bedingt; sie umfasste neben den klimatischen Unwägbarkeiten – Dürrezeiten wirkten sich auf den Zuckerrohrertrag aus und führten dazu, dass die Produktionskapazität der Zuckermühle nicht voll ausgenutzt werden konnte – auch die verheerenden Auswirkungen von Masern- oder Pockenepidemien auf einheimische und afrikanische Sklaven. Jede Zuckermühle benötigte für einen ungestörten Betrieb durchschnittlich 50 Arbeitskräfte, und bei Ausfällen wurde die Produktion erheblich beeinträchtigt.

Allein schon die hohe Sterblichkeitsrate unter den Sklaven, die Kinder und Erwachsene gleichermaßen betraf und zu der das zahlenmäßige Ungleichgewicht zwischen weiblichen und männlichen Sklaven hinzukam, wären Erklärung genug für den nicht abreißenden Zustrom importierter Sklaven nach Brasilien, brachte diese Bevölkerungsgruppe in der amerikanischen Kolonie doch keine ausreichende Zahl an Nachkommen hervor (die Sterblichkeitsrate lag über der Geburtenrate). Die große Zunahme der Zahl der Zuckerraffinerien kommt als weiterer ausschlaggebender Faktor für die starken demografischen Einschnitte auf dem afrikanischen Kontinent hinzu. Die Umwandlung Brasiliens und anderer Gebiete Amerikas in Plantagenland für die europäischen Mächte schlägt sich in den Zahlen deutlich nieder. Man geht davon aus, dass bis 1600 etwa 325 000 Menschen als Sklaven aus Afrika fortgeschleppt wurden. Im Laufe des folgenden Jahrhunderts sollen es bereits 1,9 Millionen gewesen sein. Bezogen auf Brasilien gelten Schätzungen von 4000 Menschen pro Jahr als realistisch.

Nach verschiedenen, nicht immer einfachen Berechnungen wurden etwa 560 000 Afrikaner dorthin geschafft, und die portugiesische Kolonie war verantwortlich für bis zu 42 Prozent

Abbildung 5
Zuckerplantage in der Provinz Pernambuco,
in: Zacharias Wagner, Thier Buch, Deutschland um 1636,
Dresden, Kupferstich-Kabinett, SKD

aller über den Atlantik verschleppten Afrikaner im 17. Jahrhundert.¹⁹ Die weiße Bevölkerung in Brasilien blieb eine Minderheit, da die Auswanderung aus dem Königreich oder von Madeira und den Azoren lediglich etwa 2000 Weiße pro Jahr ins Land brachte.²⁰ Diese Wanderungsströme waren für die Demografie eines Königreiches, das um 1620 von nur 1,6 Millionen Menschen bewohnt wurde, von großer Bedeutung.²¹ Zudem rückt das Wachstumstempo, mit dem sich die Zuckermühlen und Siedereien im Küstengebiet des brasilianischen Nordostens ausbreiteten, die Auswirkungen der Erschließung der Kolonie auf die portugiesische Wirtschaft in ein neues Licht.

BRASILIEN IM WELTREICH

Die Kapitanie (*Capitania*, ein von einem *Capitão* verwalteter Bezirk) von Pernambuco fällt bei alldem durch die atemberaubende Geschwindigkeit auf, mit der zwischen 1570 und 1583 die Anzahl der verarbeitenden Betriebe wuchs; aus 23 Zuckermühlen wurden 66. In Bahia machte sich der Anstieg der Investitionen weniger deutlich bemerkbar; im genannten Zeitraum verdoppelte sich die Zahl von 18 auf 36. In den Regionen Paraíba und Rio Grande do Norte erstreckte sich das Netz der Produktionsstätten weiter nach Norden, obwohl dort im Jahr 1612 lediglich 23 Zuckermühlen zu finden waren, die zu den 90 in der Kapitanie Pernambuco dazu kamen. Zu dieser Zeit existierten in Bahia und in den benachbarten Kapitanien Sergipe, Ilhéus, Espírito Santo und Porto Seguro insgesamt 64 Zuckermühlen, und erst danach begannen Investitionen weiter südlich nach Rio de Janeiro für den Bau von etwa 14 Zuckermühlen zu fließen. Im Jahr 1612 zählte man insgesamt 192 Betriebe unterschiedlicher Größe und mit unterschiedlichen jährlichen Produktionskapazitäten von etwa 1000 bis maximal 10 000 *Arrobas* (eine *Arroba* entspricht etwa 15 Kilogramm).²² Die Zahl der Zuckermühlen stieg in den darauffolgenden 17 Jahren auf insgesamt 346. Kurz bevor die Holländer in Pernambuco in brasilianisches Territorium einfielen und es von 1630 bis 1654 besetzt hielten, kam aus dieser Kapitanie ein Drittel der Zuckerexporte der Kolonie.²³

ABBILDUNG 6
AFRIKANISCHE SKLAVEN BEI DER ZUCKERHERSTELLUNG,
IN: SIMON DE VRIES, CURIEUSE AENMERCKINGEN DER BYSONDERSTE
OOST EN WEST-INDISCHE VERWONDERENS-WAERDIGE DINGEN,
UTRECHT 1682, KAT.-NR. VII.II.15

Fest steht, dass die Holländer von einem Portugiesen jüdischer Abstammung einen detaillierten Bericht über die Wirtschaftslage jener Region erhalten hatten, was eindeutig darauf hinweist, dass bei der Vorbereitung der Invasion Spionage eine Rolle spielte. In erster Linie ging es dabei um unverzichtbare Informationen über Produktionsverfahren und Gewinnerwartungen. Den Holländern gelang es jedoch nie, die Produktionsstandorte im besetzten Gebiet zu dominieren; sie mussten sich auf die portugiesisch-brasilianische Bevölkerung verlassen, die das Verfahren beherrschte und die Sklaven kontrollierte. Den Invasoren überließ man die Exportwege nach Amsterdam. Letztendlich standen exorbitante Summen auf dem Spiel. 1629 konnten aus ganz Brasilien 18 000 Tonnen Zucker ausgeführt werden. Dies entspricht 22 425 Tonnen Fracht, also in etwa einer Größenordnung von 300 Schiffen jährlich.

Wenn wir trotz der unterschiedlichen Produktionskapazitäten der Zuckermühlen einen Mittelwert berechnen wollen und die durchschnittliche Leistung der von Portugiesen an Holländer verkauften Betriebe auf die Hälfte reduzieren, erhalten wir eine Vorstellung von einem ›Modellbetrieb‹ mit etwa 8 000 000 *Réis* Anfangsinvestition für den Aufbau.[24] Auf Grundlage dieses angenommenen Wertes lässt sich das in der Zeit von 1583 bis 1629 investierte Kapital berechnen. Alles in allem kam es innerhalb dieses halben Jahrhunderts, das mit der Iberischen Personalunion und der Zusammenführung der Überseereiche Kastiliens und Portugals weitgehend zusammenfällt, in der portugiesischen Kolonie zu einem Anstieg der Investitionen von 920 000 000 auf 2 768 000 000 *Réis* (200 Prozent). Berücksichtigt man beim Umlaufkapital die Ausgaben für Schiffe mit der dafür erforderlichen Ausrüstung, Frachtkosten und Wert der Ladung zum Marktpreis in Lissabon, fällt die Zunahme mit 120 Prozent geringer, aber nach wie vor beträchtlich aus.[25]

In der Gesamtbetrachtung für die Zeit der Personalunion auf der Iberischen Halbinsel zeigt sich, dass in diesem Zeitraum der brasilianische Atlantikraum für privates Kapital besonders attraktiv war. Die königliche Schatzmeisterei reagierte mit Verzögerung auf diese üppigen Zeiten. Sie behalf sich, soweit es ging, mit der Verpachtung von Eintreibungsrechten für die wichtigsten Steuern, so für den ›Zuckerzehnten‹, und mit Abgaben auf den Ankauf, Transport und Verkauf von Sklaven. Sehen wir uns die Eckdaten 1600 und 1630 an, zu denen verlässliche Angaben vorliegen, so stiegen die Einnahmen aus der Zuckersteuer von 42 000 000 auf 60 000 000 *Réis* an, was einem durchschnittlichen Zuwachs von etwa 42 Prozent entspricht. Die Summen verraten in diesem Fall allerdings wenig über die Schwierigkeiten des königlichen Schatzmeisters, das System der Steuereinziehung zu reformieren, um es auf die wachsende Steuerbasis auszurichten. Dabei darf nicht vergessen werden, dass die rasche Ausbreitung der Zuckerrohrplantagen unter anderem auf Befreiung vom Zehnten während der ersten zehn Jahre nach der Errichtung einer Zuckermühle und Siederei beruhte. Daher überrascht es auch nicht, dass die Einnahmen der Krone nicht im selben Maß stiegen wie die Zahl der Produktionsstätten.

Besser spiegeln daher die sogenannten *Asientos* die wirtschaftliche Entwicklung wider. Es handelte sich dabei um Steuereinnahmen aus dem Sklavenhandel, die großen Kaufleuten vertraglich überlassen wurden (diese Hauptvertragsnehmer zahlten der Krone eine Pauschale und verkauften dann die Handelsrechte in kleineren Teilen, selbstverständlich gewinnbringend, an Händler). Für Überlassungsrechte an Sklaven aus Angola wurde im Jahr 1580 eine Summe von 11 000 000 *Réis* angesetzt, 1627 war dieser Wert bereits auf 29 000 000 *Réis* gestiegen (um 160 Prozent). Die Verträge für die Kapverden entwickelten sich dagegen negativ. Im Jahr 1607 lag der Vertragswert bei 27 000 000 *Réis* (3 000 000 *Réis* über dem Wert für Angola zur selben Zeit), 1627 fiel er auf die Hälfte dieses Betrages zurück.

Die geografischen Veränderungen auf den Sklavenmärkten folgten der zunehmenden Bedeutung des Zuckerrohranbaus in Brasilien, indem sie die Standorte des für die südliche Atlantikregion charakteristischen Wirtschaftskomplexes vernetzten,[26] sodass dieser später, 1621, bei den Holländern um so mehr Begehrlichkeiten weckte. Parallel dazu wurden auch die kastilischen Märkte in Übersee zunehmend mit Sklaven aus Angola beliefert. Diese Funktion hatten in den letzten 25 Jahren des 16. Jahrhunderts noch die Handelsnetzwerke auf den Kapverden und im Deltagebiet des Guinea-Flusses erfüllt.[27] Angola übte eine Anziehungskraft aus, die es nahelegte, diese Region effektiver auszuschöpfen und den Versuch zu unternehmen, sie in ein ›zweites Brasilien‹ zu verwandeln, wie dem König zeitgenössischen Quellen zufolge empfohlen wurde. Allerdings fehlte es an Siedlern und an Kapital.[28] Als Folge der holländischen Besetzung des brasilianischen Nordostens verfielen die portugiesischen Stützpunkte und Niederlassungen in Angola, denn nach dem Einfall der Holländer in Pernambuco wurde es für die neue Besatzungsmacht unabdingbar, auch diesen Markt zu beherrschen. Ohne Sklaven gab es keinen Zucker.

Nachdem Bahia 1624 besetzt worden war (die Stadt wurde 1625 zurückerobert), machte die bedrohliche Anwesenheit der Holländer auf eigentlich als portugiesisch geltendem Gebiet den Zuckerhandel zu einem Geschäft mit beträchtlichem Risiko (Abb. 7). Der Verlust der Kapitanien Pernambuco und Paraíba im Nordosten zwischen 1630 und 1634 verstärkte diese Entwicklung. Dies lag nicht nur am rein materiellen Schaden, der durch den Verlust eines der reichsten Landstriche, in den bis 1630 der Großteil aller Investitionen geflossen war, entstand. Die Einbußen betrafen auch die Verkehrswege und entsprechende Verluste bei der portugiesischen und spanischen Schifffahrt. Die Besetzung Pernambucos folgte einer Strategie der West-Indischen Kompanie (der niederländischen Handelsgesellschaft, die gegründet wurde, um die iberische Macht im Westen zu untergraben), die nicht auf die Eroberung bereits erschlossener Gebiete beschränkt war. Die Absicht der Kompanie bestand auch darin, ihre Raubzüge auf die Schifffahrt auszudehnen, wobei der Nordosten Brasiliens als Stützpunkt für die Seestreitkräfte diente, die im Golf von Mexiko die kastilischen Silberflotten angriffen. Weiter im Süden wurde kleineren portugiesischen Karavellen aufgelauert, die Bahia oder Rio de Janeiro mit ihrer Zuckerfracht verließen. Plünderung, Eroberung und Kolonisierung: Die klassische Trilogie des Expansionsprozesses wurde nun auch von den Holländern fortgeführt. Es wiederholte sich damit, wenn auch in anderen Größenordnungen und mit neuer unternehmerischer Raffinesse, was die Portugiesen hundert bis 150 Jahre zuvor in zahlreichen Regionen Afrikas und im Indischen Ozean getan hatten.

Die internationale Konkurrenz fand also ihren Ausdruck im bewaffneten Kampf um das von den iberischen Mächten als unverrückbare Tatsache angesehene iberische Exklusivrecht auf Handel in den neu ›entdeckten‹ Gebieten. Hugo Grotius verfasste sein Werk *Mare liberum* (1606) aufgrund von Streitigkeiten im Indischen Ozean, doch der Überfall auf die iberischen Kolonien in Amerika bezog seine Rechtfertigung aus derselben neuen Rechtsauffassung. Die Besetzung von Territorien und die Überfälle auf Schiffe vernichteten privates Kapital und beeinträchtigten die Einnahmen des Königreichs Portugal. Der Chronist der West-Indischen Kompanie, Johannes de Laet, bezifferte sogar die Schäden, die der portugiesischen Schifffahrt zwischen 1623 und 1635 zugefügt worden sein sollen. Insgesamt wurden von den 312 gekaperten oder versenkten Schiffen 39 355 Kisten Zu-

ABBILDUNG 7
EINNAHME DER STADT SALVADOR DA BAHIA
DURCH DIE HOLLÄNDER IM JAHR 1624, KUPFERSTICH,
DEUTSCHLAND NACH 1624, KAT.-NR. X.11

cker (etwa 769 Tonnen pro Jahr) erbeutet. Legt man den durchschnittlichen Wert der sich im Verkehr befindlichen Schiffe und die pro Tag anfallenden Kosten für ihre Ausrüstung, die Frachtkosten und den Zuckerpreis in Lissabon zugrunde, ist davon auszugehen, dass die Schäden eine Größenordnung von 1 500 000 *Réis* erreichten; das entspricht einem jährlichen Verlust von 117 000 *Réis*: hohe Einbußen, die jedoch aller Wahrscheinlichkeit nach weniger als zehn Prozent des gesamten im Umlauf befindlichen Vermögens ausmachten. Abgesehen davon war es nicht das erste Mal, dass die portugiesische Flotte derart heftigen Angriffen ausgesetzt war.

Bereits während der Herrschaft von König Dom João III., als Frankreich das portugiesische *Mare clausum* sehr nachdrücklich in Frage stellte, waren zwischen 1521 und 1531 im Nordatlantik um die 300 Schiffe gekapert worden.[29] Allerdings konnten in Portugal zu jener Zeit die Ursachen für den Konflikt zwischen Dom João III. und dem französischen König, Franz I. von Valois, nicht einfach einer fremden Besatzungsmacht angelastet werden, wie dies seit Mitte der 1630er Jahre zunehmend den Habsburgern gegenüber geschah. Kastilien bzw. die portugiesischen Verwaltungsorgane, die sich nach 1580 zu Komplizen der neuen Oberherrschaft mit Sitz in Madrid machten, stießen in weiten Teilen der gesellschaftlichen Elite Portugals auf wenig Zuspruch, wenn sie die Holländer als unrechtmäßige Rebellen brandmarkten. In den 1630er Jahren betrachtete man den Krieg und seine Auswirkungen auf das portugiesische Imperium als eine Folge politischer Spannungen in Europa. Diese Spannungen standen den Interessen des Königreiches entgegen, und die einzige Möglichkeit, ihnen zu entkommen, bestand in einer Wiederherstellung der 1580 gescheiterten Dynastie. Dieses Gedankengut gärte bereits, lange bevor sich die Abspaltung am 1. Dezember 1640 endgültig vollzog.

Die Erhebung von 1640 ist zweifelsohne auf eine Vielzahl von Faktoren zurückzuführen; hier entluden sich unter anderem die Spannungen, die mit der immer schwieriger werdenden Verteidigung der Überseegebiete und der Schifffahrt im Atlantischen Ozean gewachsen waren. Jedoch erfüllten sich die Erwartungen der Adligen, die an der Spitze der Ereignisse von 1640 standen, zumindest was die Lösung der Brasilienfrage anging, nicht völlig. Für die Niederlande sollte die Tatsache, dass Portugal nicht länger zur Habsburgermonarchie gehörte, nur geringe Bedeutung gewinnen. Brasilien wurde, da man es ja besetzt hatte, als niederländisches Territorium angesehen. Wenn überhaupt Verhandlungen geführt werden sollten, dann allenfalls über einen Rückkauf dieser Gebiete durch die portugiesische Krone.

Doch sind die diplomatischen, politischen und militärischen Schachzüge, unter anderem die Rückeroberung des heute brasilianischen Nordostens durch die Portugiesen, nicht mehr Gegenstand der vorliegenden Studie.[30] Es sei an dieser Stelle lediglich noch darauf verwiesen, dass es sich bei dieser Rückeroberung um eine lokal angeführte Kampagne handelte, die sich nahezu zeitgleich zu den Bemühungen Portugals abspielte, im Rahmen der komplexen diplomatischen Verwicklungen von Münster als politisch selbständiges Land wieder anerkannt zu werden. Denn in Münster wurde gerade die Unterzeichnung eines allgemeinen Friedensvertrags für Europa vorbereitet, der ja auch den Weg zu einem Vertrag zwischen Spanien und den Niederlanden bereiten sollte. Die portugiesisch-brasilianische Bevölkerung, die sich nach 1630 bereit erklärt hatte, mit den Holländern zusammenzuarbeiten, entdeckte nun, 15 Jahre später, Vorteile darin, einen bewaffneten Aufstand anzuzetteln, mit dem die ›Eindringlinge‹ wieder vertrieben werden konnten. Mit einem solchen Machtwechsel sollte unter anderem das Problem der hohen Verschuldung portugiesischer Zuckermühlenbetreiber bei den Gläubigern der holländischen Handelskompanie, die für die Verwaltung des Territoriums zuständig war, gelöst werden. Dabei strebten im Übrigen nicht alle Siedler nach einem politischen Umschwung.[31] Als die Holländer 1654 kapitulierten und den portugiesisch-brasilianischen Kräften das Ruder überließen, beschloss ein Teil der portugiesischen Bevölkerung, der sich zum Judentum bekannte, auf andere Kolonien in Amerika auszuweichen, die zu den protestantischen Reichen Europas gehörten und dem jüdischen Glauben gegenüber toleranter eingestellt waren. Sie trugen dazu bei, dass die Anbauverfahren für Zuckerrohr auch in anderen Gegenden Amerikas verbreitet wurden.

Die 60 Jahre der iberischen Personalunion, eine Zeit der Umgestaltung der politischen Landkarte der Iberischen Halbinsel, haben deutliche Spuren in der Geschichte Portugals hinterlassen. Zum einen durch den Verlust der Stützpunkte am Indischen Ozean, die im Kampf um den Atlantik teilweise geopfert wurden, zum anderen durch den Auftakt zur Kolonisierung breiter Landstriche Südamerikas, die heute zum portugiesischen Sprachraum gehören. Eine umfassende Betrachtung der Übergangszeit vom 16. zum 17. Jahrhundert lässt die Bedeutung des atlantischen Raumes für die Autonomie Portugals deutlich zutage treten. Brasilien kam in diesem Prozess ohne Zweifel eine Schlüsselrolle zu, zunächst hinsichtlich der portugiesischen Wirtschaft und später mit Blick auf die internationale Politik. Als in den 1690er Jahren auch noch Goldvorkommen entdeckt wurden, wurde diese Rolle sogar weiter gestärkt.

Resumo

As questões de fundo na historiografia sobre Portugal no período moderno (séculos XVI a XIX) tomam a importância da expansão e da dinâmica do império na estrutura da sociedade e da economia. É neste contexto de reflexão sobre o significado de um espaço económico na construção de um Estado dinástico que se torna possível reconhecer na feição atlântica de Portugal do Antigo Regime, mais do que nas ligações regulares ao longínquo mundo do oceano Índico que a coroa tutelava, os fundamentos da autonomia do reino. Com efeito, as finanças da Coroa cedo dependeram de impostos indirectos, com base na circulação de mercadorias e no comércio marítimo com a Europa, de reexportação de produtos do império, ainda que durante vários séculos uma vasta fatia da vida económica, sujeita a formas diversas de exacção fiscal sobre a terra, escapasse a esse mercado impulsionado pelas trocas externas.

A economia das áreas atlânticas do império português, pelo tráfico de escravos e pela plantação açucareira no Brasil, assumiu um papel relevante nas finanças da Coroa no último quartel do século XVI e durante o século XVII, quando a unidade da monarquia hispânica, sob os Habsburgo, implodia numa sucessão de revoltas, sendo a de Portugal e a dos Países Baixos casos de sucesso, face por exemplo ao fracasso de Nápoles ou da Catalunha. A vertente marítima de Portugal na Europa do Antigo Regime desde há séculos que inquieta as elites intelectuais portuguesas. Pode-se dizer mesmo que as suas raízes se encontram neste período em que Portugal foi reino integrado na monarquia dos Habsburgo (1580–1640), tornando-se um tópico essencial na construção de uma identidade cultural.

Tomando estas reflexões como linha norteadora, o presente ensaio traz alguns dados quantitativos sobre fluxos comerciais activados pelas rotas atlânticas, nomeadamente os que tiveram impacto nas finanças da Coroa, assim reunindo contributos significativos da historiografia sobre Portugal dos séculos XVI e XVII.

Anmerkungen

1. Manuppella 1987, S. 17, 31–33.
2. Alves 1990, S. 87.
3. Cortesão 1940, Cortesão 1974.
4. Mattoso 1993a.
5. Godinho 1962.
6. Mauro 1983, S. 206.
7. Silva 2002, S. 453, 463.
8. Torrão 2007.
9. Godinho 1978.
10. Ortiz 1983, S. 152f.
11. Costa/Cunha 2006, S. 40–45.
12. Boyajian 1993.
13. Godinho 1983, Bd. 3, S. 28.
14. Russel-Wood 1998c, S. 148–150.
15. Costa 2002a.
16. Mauro 1983, S. 239.
17. Ebd., S. 241.
18. Mello 1998; Schwartz 2004b, S. 362.
19. Schwartz 1998, S. 235.
20. Russell-Wood 1998c, S. 97.
21. Hespanha 1994, Angaben auf S. 73–77.
22. Costa 2002b, S. 170.
23. Schwartz 1995, S. 148.
24. Mauro 1983, S. 245.
25. Berechnung auf der Grundlage der Angaben in Costa 2002b, Bd. I, S. 178, 203, 241f., 360, 362.
26. Alencastro 2000.
27. Torrão 2007.
28. Magalhães 1998a, S. 72.
29. Ferreira 1995, S. 240.
30. Mello 2001.
31. Mello 1998.

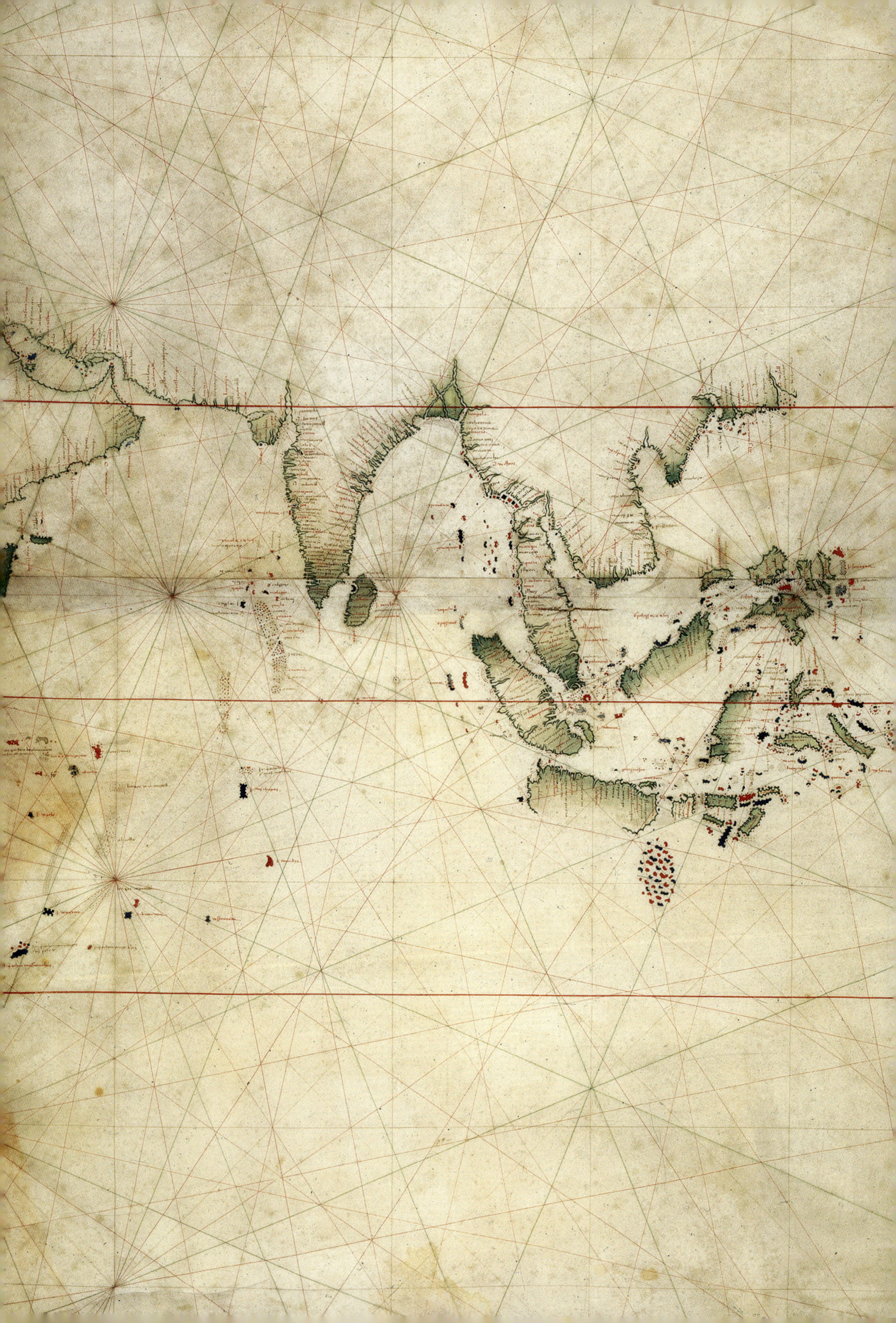

Peter Feldbauer / Jean-Paul Lehners

Portugal und der Indische Ozean 1498–1600

Einleitung

Der Indische Ozean ist der drittgrößte Ozean der Welt und bietet durch den jahreszeitlichen Wechsel der Windrichtungen ausgezeichnete Bedingungen für Fahrten auf hoher See. Diese Windrichtungen werden vom äußerst regelmäßigen System der Monsune beeinflusst; die Meeresströmungen haben übrigens im nördlichen Teil des Indischen Ozeans die gleiche Richtung. Nördlich des Äquators wehen die Winde im Winter aus nordöstlicher Richtung, vom Äquator bis etwa zehn Grad südlich ändern sie ihre Richtung und kommen von Nordwest. Den Rest des Jahres wehen sie konstant von Süden und Westen. Die Winter- und Sommermonsune bedeuten also, dass Schiffe leicht Richtung Westen segeln können, dann ein paar Monate Wartezeit einlegen und schließlich weiter ostwärts ziehen.

Am 20. Mai 1498 erreichte eine Schiffsflotte unter der Leitung von Vasco da Gama Kalikut (Kozhikode) in Indien. Dazu schreibt Geneviève Bouchon: »Am Ende des 15. Jahrhunderts war der Indische Ozean zum größten Markt der Welt geworden.«[1] Und das Asien, das die Portugiesen vorfanden, war kein statisches Element, sondern eine Welt in ständiger Bewegung.[2] Der Eintritt in den Indischen Ozean bedeutet also einen Eintritt in eine maritime Welt, die schon seit mehr als 1000 Jahren Schauplatz intensiver Handelsbeziehungen war. Zieht man gängige Geschichtsbücher in Betracht, könnte man das Gefühl haben, dass Vasco da Gama in unbekannte Gefilde aufbricht, er allein mit seinen Schiffen auf dem weiten Meer. Das Gegenteil war der Fall. Im Unterschied zu den Spaniern in Amerika sahen sich die Portugiesen in den Weiten des Indischen Ozeans mit folgenden Tatsachen konfrontiert: der größten vorkolonialen Weltwirtschaft, einem seit Jahrhunderten florierenden Fernhandel, vielfältig erprobten Geschäftspraktiken und einflussreichen Händlergruppen. Die Antwort auf diese Herausforderungen bestand zunächst nicht vorrangig oder gar ausschließlich in kommerzieller Konkurrenz, sondern im staatlich organisierten Gewalteinsatz. Um ein Monopol im Gewürzhandel und bei der Schifffahrt im Indischen Ozean zu erreichen, setzten die portugiesischen Könige folgende Methoden ein: Flottenvorherrschaft, Handelsblockaden und Plünderungen. Diese Strategie war am Anfang des 16. Jahrhunderts ziemlich erfolgreich, stieß aber bald an die Grenzen des Möglichen. In realistischer Einschätzung der relativ geringen Finanzkraft Portugals hatte Afonso de Albuquerque ein umfassendes Konzept zur Sicherung des Pfeffer- und Gewürznachschubs nach Lissabon entwickelt, das zeitlich limitiert den vermehrten Einsatz von königlichem Kapital sowie die Kontrolle des Innerasienhandels vorsah. Bereits Vasco da Gama hatte aber feststellen müssen, dass man in Kalikut nur Gold und Silber sowie andere Waren für Pfeffer und Gewürze in Kauf nahm. Spätestens in den 30er und 40er Jahren stellte sich heraus, dass Portugals kommerzielle und militärische Mittel für ein effizientes Monopol auf den Pfeffer- und Gewürzmärkten Asiens nicht ausreichten. Die traditionellen asiatischen Händlergruppen umgingen die portugiesischen Kontrollen häufig. Daneben entzogen sich auch viele Portugiesen dem Einfluss des Vizekönigs oder Gouverneurs, um an der Peripherie des *Estado* als Partner oder Konkurrenten einheimischer Kaufleute auf eigene Faust einträglichen Geschäften nachzugehen.

Zwei einander ergänzende Strategien boten sich an, um aus diesem Dilemma herauszukommen. Auf der einen Seite beteiligten sich Portugiesen im Dienste des Königs oder auf eigene Rechnung im etablierten Asienhandel als Zwischenhändler und Makler. Die beträchtlichen Einnahmen aus diesem Geschäft trugen zum Budget des *Estado* bei und finanzierten überdies einen Teil der Einkäufe für den Luxusgüterexport nach Europa. Auf der anderen Seite wurde das Kolonialsystem Portugals stärker als bisher zu einem redistributiven Unternehmen entwickelt, also zu einer Institution, die organisierte Gewalt einsetzt, um Schutz als spezielle Dienstleistung zu ›produzieren‹ und zu ›verkaufen‹. Dies erbrachte der Krone zwar weiterhin in einigen Fällen Monopolprofite, brachte aber vor allem durch die Kontrolle und Besteuerung des Seehandels eine anschauliche Geldsumme ein. Es stellte sich rasch heraus, dass man nicht alle Handelsrouten in den Griff bekommen konnte. Man sah auch ein, dass es einträglicher war, an möglichst vielen Punkten Zölle zu erheben, als eine lückenlose Kontrolle anzustreben. So wurde die aufwendige Blockade der Seerouten etwas gelockert, die Kontrolle und Besteuerung der Kaufleute wurde dagegen systematisiert und verstärkt. Voraussetzung für das Gelingen dieser Strategie war allerdings nicht die Unterbindung, sondern das Florieren des Asienhandels auf den großen etablierten Routen.[3]

Da der großartige Traum einer totalen Beherrschung und Umlenkung des asiatischen Luxusgüterhandels realistischerweise aufgegeben werden musste, blieb der portugiesischen Kolonial-

Abbildung 1
Portolankarte des Indischen Ozeans, Lopo Homem (zugeschrieben), um 1540, Kat.-Nr. V.I.32

politik nichts anderes übrig, als sich an die beschränkten Ressourcen der Metropole und an die vorgefundenen Verhältnisse anzupassen. Dabei blieb der international-asiatische Charakter des Handels weitgehend bestehen. Portugal akzeptierte im weiteren Verlauf des 16. Jahrhunderts die Autonomie aller großen Staatsgebilde im Bereich des Indischen Ozeans.

Es stellt sich die Frage, wer den Handel durchführte. Abgesehen von der Kaproute zwischen Lissabon und der Westküste Indiens gab es vier verschiedene Stränge im Asienhandel, die von Portugiesen betrieben oder kontrolliert und besteuert werden konnten: den Handel auf portugiesischen Schiffen, die entweder der Krone oder deren Vertragspartnern gehörten, vom westlichen Indien nach Portugal; Seereisen in besondere Gebiete innerhalb Asiens, die zuerst von königlichen Schiffen und später von Schiffen unternommen wurden, die von der Krone konzessioniert waren; der privat von Portugiesen durchgeführte Asienhandel; der Handel einheimischer Personen in ganz Asien mit eigenem Schiff, aber mit Passierschein der Portugiesen. Letzteres betraf mehr Kapital und Schiffe als jeder andere Handelszweig.[4]

Die unterschiedlichen Formen portugiesischer Teilnahme am Asienhandel blieben in ihrem Verhältnis zueinander sowie in ihrer Organisationsstruktur im Verlauf des 16. Jahrhunderts keineswegs konstant, sondern erfuhren einen ständigen Wandel. Dabei kann man vier Phasen unterscheiden. In einer ersten Phase bis etwa 1520 wurde eine ganze Serie von *carreiras*, also Kronrouten etabliert, die vielfach von Malakka, aber auch von Goa, Hormuz und anderen Küstenorten ausgingen und oft in Zusammenarbeit mit einheimischen Kaufleuten betrieben wurden. Seit etwa 1530 wurden die Schiffe der Krone immer häufiger durch jene von Privatleuten ersetzt. Das in Frachten investierte königliche Kapital ging sogar auf jenen Kronrouten drastisch zurück, auf denen weiterhin staatliche Schiffe segelten. Nutznießer dieser Veränderungen waren vor allem die von der Krone mit Frachtraum ausgestatteten Kapitäne und Funktionäre des *Estado*.[5]

In einer dritten Phase nach 1540 ging die Beteiligung der Krone am Asienhandel weiter zurück. Von den traditionellen Routen bestanden im letzten Viertel des Jahrhunderts nur mehr jene von Goa nach Sri Lanka und zu den Molukken. Die meisten anderen Routen, aber auch einige neu geschaffene – darunter die berühmte von Goa über Macau nach Nagasaki – funktionierten nun auf der Basis von Konzessionen, die an Adelige oder auch Soldaten für treue Dienste vergeben wurden. Nach 1570 schließlich kann man einen weiteren Rückgang des Kronmonopols im Innerasienhandel und nun auch auf der Kaproute feststellen; ab jetzt wurden Konzessionsfahrten und Privatgeschäfte außerhalb jeglicher staatlichen Kontrolle organisiert.[6]

Grenzen des Kronmonopols

Neben dem der Krone reservierten Pfeffer- und Gewürzhandel von Indiens Westküste nach Lissabon gab es zwischen einzelnen Plätzen in Asien den offiziellen portugiesischen Handel auf Monopolbasis. Im frühen 16. Jahrhundert wurden die entsprechenden Fahrten, die auf einer fixen Route und nach einem verbindlichen Zeitplan abliefen, ausschließlich auf königlichen Schiffen abgewickelt, obwohl der Großteil der transportierten Güter privaten Kaufleuten gehörte. Diese Vorgehensweise band aber zu viel Kapital des Königs. So ging man seit etwa 1530/40 dazu über, Lizenzen für einige äußerst einträgliche Fahrten an Einzelpersonen zu vergeben. Einige Monopolfahrten gehörten zur Ausstattung eines hohen Amtes im *Estado*, einige wurden für militärische Verdienste oder als Heiratsausstattung verliehen, wieder andere wurden an den Meistbietenden versteigert.[7]

Das beste Geschäft ermöglichte die berühmte Route von Goa nach Japan über Macau. Nur einmal pro Jahr startete eine große Karacke zu der langen Rundreise, die zwischen 18 und 36 Monaten dauerte, dem jeweiligen Kommandanten aber meistens so viel Profit einbrachte, dass er sich für den Rest seines Lebens zur Ruhe setzen konnte.[8] Sehr hohe Einnahmen winkten auch den Konzessionären von Fahrten zu den Gewürzinseln oder nach Bengalen. Um das Jahr 1580 waren die Gewinnerwartungen auf der Kaproute wesentlich geringer als in den lukrativsten Zweigen des portugiesischen Monopol- bzw. Konzessionshandels in Asien.[9]

Der von Portugiesen in Asien betriebene Privathandel ist vergleichsweise schlecht dokumentiert und wird erst seit den letzten Jahren systematisch erforscht.[10] Gesichert ist immerhin, dass er seit dem zweiten Viertel des 16. Jahrhunderts beträchtliche Dimensionen erreichte. Fast alle ansässigen Portugiesen, auch Beamte, Soldaten und Geistliche, beteiligten sich am Regionalhandel als Kaufleute und/oder Investoren. Häufig handelte es sich um gemeinsame Geschäfte mit asiatischen Partnern. Trotz der Verbote der Krone entwickelten sich insbesondere mit Juden und Hindus vielfältige Formen der Kooperation. Um Experimente zu vermeiden, ahmten die Portugiesen meist die bewährten Praktiken nach. Ihre asiatischen Partner erwiesen sich daher als unentbehrliche kommerzielle Ratgeber, die es bald nicht mehr verschmähten, ihr Kapital auch in die Geschäfte der Europäer zu investieren.[11]

Selbst die aus Adelsfamilien rekrutierten hohen Funktionäre des *Estado* ergänzten ihre Einnahmen gerne durch Partizipation am Asienhandel, wenngleich ihr Hauptinteresse immer direkteren, gewaltgestützten Formen der Ausbeutung galt: Im Allgemeinen behinderte ihre feudal-kriegerische Mentalität die Befassung mit Wirtschaftsfragen und das Verständnis für kaufmännische Rationalität. Trotz dieses Tatbestandes sollte man nicht dem fest verwurzelten Klischee aufsitzen, wonach jeder Metzgersohn unmittelbar nach Umrundung des Kaps der Guten Hoffnung zum Fidalgo wurde und in Goa oder Kochi (Cochin) ein Leben in Müßiggang und Verschwendungssucht führte. Ganz im Gegenteil war die Masse der nichtaristokratischen Portugiesen überall an Asiens Küsten energisch bemüht, wirtschaftliche Profitmöglichkeiten privat wahrzunehmen (Abb. 2).[12]

Wenn auch vereinzelt Männer bürgerlicher Abstammung zu ›Rittern‹ gemacht wurden und dann lieber Pfefferschiffe überfielen als ausrüsteten, zogen es die meisten aus dieser Klasse vor, ihre erlernten Berufe auch in Asien auszuüben. Als *casados*, d. h. in Asien niedergelassene, verheiratete Portugiesen, waren sie an langfristig einträglichen Aktivitäten stärker interessiert als die Kolonialfunktionäre und Flottenkommandanten, die mit allen Mitteln versuchten, in den drei Jahren einer Amtsperiode ein Vermögen zusammenzuraffen. Die *casados* schufen sich dagegen eine dauerhafte Existenzbasis als Advokaten, Ärzte, Apotheker, Schiffsmakler, Geldverleiher, Handwerker, Landbesitzer – die Reisfelder der indischen Nordprovinz waren eine wichtige Einnahmequelle – und insbesondere als Händler.[13]

Die Zahl der auf privater Basis legal oder illegal, inner- oder außerhalb der Grenzen des *Estado* kommerziell tätigen Portugiesen war beträchtlich und ihr Anteil am Innerasienhandel vermutlich viel größer als in den Quellen dokumentiert, da die offiziellen Berichterstatter und Chronisten von den alltäglichen Handelsaktivitäten nur wenig Notiz nahmen. In vielen Sparten übertraf das Volumen privater Geschäfte den Kron- und Monopolhandel bei weitem, dessen Restriktionen durch enge Zusammenarbeit mit etablierten asiatischen Kaufleuten, durch Befahren neuer Routen und durch Beteiligung am Detailhandel im Binnenland ständig unterlaufen wurden.[14]

Schon im Jahr 1523 wurde in Kochi das Holz für den Schiffbau knapp, da es von Portugiesen aufgekauft wurde, die sich auf Dauer in Indien niederlassen und Handel treiben wollten. Seit 1543 ist die Handelsaktivität portugiesischer Privatleute in Malakka belegt, in Siam und auf den Bandainseln seit 1525, an der Koromandelküste seit den 50er Jahren und zwischen Hormuz und dem Mogulreich seit 1546. Im Einklang mit dieser

Abbildung 2
Stadtplan von Kochi, in: João Texeira Albernaz I. (?), Plantas das Cidades e fortalezas da conquista da India oriental, um 1648, München, Bayerische Staatsbibliothek

Entwicklung wurden immer mehr Waren von Privatleuten auf königlichen Schiffen nach Europa verfrachtet. Am stärksten engagierten sich die portugiesischen Privatkaufleute in Guzerat (Gujarat), wo ständige Handelskontakte mit dem alten Stapelhafen Khambhat (Cambay) spätestens im Jahr 1509 eingesetzt hatten. Trotz staatlicher und kirchlicher Bedenken nahmen hier die kommerziellen Operationen von Portugiesen außerhalb des Machtbereiches des *Estado* rasch zu. Als der Mogulherrscher Akbar 1572 nach Khambhat vorstieß, befanden sich trotz des Kriegszustandes etwa 60 Portugiesen in der Stadt, und 1594 waren es mehr als hundert Familien. Ihre Hauptbeschäftigung war der Ankauf lokaler Produkte, besonders Textilien, die sie nach Goa zur weiteren Verteilung verschifften. Einige arbeiteten offensichtlich auch als Agenten reicher portugiesischer Händler in Goa.[15]

Die Rolle portugiesischer Privatleute, die als *casados* innerhalb der vage definierten Oberhoheit des *Estado* Handel trieben oder außerhalb des portugiesischen Einflusses ihren Geschäften nachgingen, wuchs in der zweiten Hälfte des 16. Jahrhunderts besonders östlich von Kap Komorin, wo die Flottenmacht der Gouverneure immer sehr beschränkt war, gewaltig an. Elemente eines entsprechenden *shadow empire* oder ›informellen Empire‹, wie es George D. Winius und Roderich Ptak bezeichneten, fanden sich selbstverständlich auch an Indiens Westküste und im Raum der Arabischen See, sie prägten Portugals Kolonialsystem aber vor allem in den östlichen Regionen. Obwohl die Aktivitäten privat agierender Portugiesen an Bengalens Küste in der Hauptstadt Goa vielfach als illegal galten, profitierte die Krone gar nicht wenig von dieser inoffiziellen Ausweitung der Ränder des *Estado*. Bisweilen war dies sogar bei den politisch-militärischen Unternehmungen von Renegaten, die offiziell zwar die Fronten gewechselt hatten und als Staatsfeinde galten, der Fall.[16]

Eine Unterbindung des Privathandels lag außerhalb der Möglichkeiten der Krone und hätte wirtschaftlich mehr Schaden angerichtet als Nutzen gebracht, da der König an allen legalen Geschäften mit verschiedensten Abgaben partizipierte. Die Verwaltung des *Estado* war sogar zunehmend auf jene Einnahmen angewiesen, die infolge des florierenden Privathandels der

ABBILDUNG 3
FAHRTENBUCH LISSABON–GOA, NACH JOÃO DE CASTRO,
VOR 1578, KAT.-NR. VII.II.3

casados in die Kassen flossen. Zusammen mit den Schutzgebühren, die von asiatischen Schiffsbesitzern und Kaufleuten eingetrieben wurden, sicherten die Gewinne und Steuern der portugiesischen Händler die Finanzautonomie des Asienreiches und lieferten einen wesentlichen Teil des für das Funktionieren der *Carreira da Índia* zwischen Lissabon und Goa erforderlichen Kapitals. Übertragen auf die Verhältnisse der europäischen Weltökonomie, bedeutete die Rolle der Portugiesen als Mittelsmänner, dass sich ein Gutteil der europäischen Importe aus dem unsichtbaren Export von Schifffahrts-Kommerzdienstleistungen herleitete[17] (Abb. 3).

Statistisches Material, mit dessen Hilfe genaue Angaben über das Volumen und die relative Bedeutung des portugiesischen Monopol- und Privathandels in Asien im Vergleich zum Luxuswarengeschäft auf der Kaproute und zum Handel der asiatischen Kaufleute gemacht werden könnten, liegt bruchstückhaft erst für das späte 16. Jahrhundert vor, so dass für die meiste Zeit lediglich Aussagen über den allgemeinen langfristigen Trend möglich sein werden. Mehr Klarheit besteht über die regionalen Schwerpunkte des von den Portugiesen staatlich bzw. privat betriebenen oder von ihnen besteuerten Handels, über die wichtigsten Waren sowie über die kommerziellen Erfolge und Rückschläge des *Estado*.

REGIONALE SCHWERPUNKTE

Der bestkontrollierte Großhandelsraum verband Ostafrika, die arabisch-persischen Küstenregionen und den Westen Indiens. Nach der Phase von Expansion und Stabilisierung bewährte sich in diesem Kerngebiet portugiesischer Flotten- und Kolonialmacht das Stützpunktsystem recht gut, obwohl man Aden nie eroberte. Von Mosambik (Moçambique) kamen Sklaven, Elfenbein, Bernstein, Gold und Ebenholz in immer größerem Umfang; Südarabien lieferte Pferde, Zucker, Perlen, Kamelhaarstoffe und Früchte der ariden Zone. Hormuz bot darüber hinaus auch Farbstoffe, Teppiche und Seide aus Persien sowie Silber und Manufakturwaren europäischer Herkunft an.[18]

An Indiens Westküste hatte die im ersten Drittel des Jahrhunderts etablierte Stützpunkt- und Handelsstruktur ziemlich unverändert Bestand. Goa, die Malabarküste und Guzerat blieben immer das Kerngebiet des *Estado*, wozu auch der kontinuierliche Aufstieg von Kochi beitrug.[19]

Im ganzen 16. Jahrhundert übertraf Goas Regionalhandel immer den Warenverkehr auf der Kaproute. Im Vordergrund stand der Kontakt zu anderen westindischen Häfen und Regionen: Die Nordflotte brachte Textilien aus Guzerat, der Schiffsverkehr mit Kanara sicherte insbesondere die Versorgung, und die Südflotte holte den Malabarpfeffer und suchte Anschluss an die Warenströme Bengalens, Sri Lankas, Malakkas und des Fernen Ostens. Um 1530 war die Monopolroute von Goa über Malakka nach China und Japan von allergrößter Bedeutung. Der Handel durch das osmanisch kontrollierte Rote Meer war zwar verboten, asiatische sowie private portugiesische Schiffe beförderten aber beträchtliche Mengen an Pfeffer und Gewürzen in Richtung Levante. Neben Gewürzen wurden auch Baumwolle, Indigo und Drogen gegen Woll- und Seidenfabrikate, Gold- und Silbermünzen sowie Sklaven getauscht. Ergänzt wurde das Handelsnetz durch Landrouten, die Goa mit Binnenindien verbanden.[20]

In Guzerat folgte nach zwei Jahrzehnten ständiger Konflikte zwischen den einheimischen Kaufleuten und Portugals Flottenmacht seit der Jahrhundertmitte eine lange Phase friedlicher Koexistenz und intensiver kommerzieller Kooperation im Textil- und Gewürzhandel. Selbst in Kriegsphasen wurden die Kontakte zwischen den – nach den Vorstellungen der Krone – ›feindlichen‹ Händlergruppen fortgesetzt.[21] Die Expansion des binnenorientierten Mogulreiches im späten 16. Jahrhundert, die unter Akbar zur Eroberung von Guzerat führte, bewirkte eine dem Handel dienliche relativ stabile Ordnung in Nordindien, die den Portugiesen, nach vollzogenem Interessenausgleich mit dem Großmogul, erhebliche Vorteile bescherte. Akbar und seine Nachfolger dachten gar nicht daran, eine Marine aufzubauen. Sie stellten ihre Pilgerschiffe unter portugiesischen Schutz und

ABBILDUNG 4
TSUBA MIT PORTUGIESISCHEM HANDELSSCHIFF,
16. JAHRHUNDERT, KAT.-NR. XI.29

zogen symbiotischen Nutzen aus der Existenz des *Estado*, dessen Händler das für die Monetarisierung der Grundsteuer notwendige Edelmetall ins Land brachten.²² (Abb. 5).

Im Süden erwuchs dem *Estado* und dem portugiesischen Privathandel aus der Zerschlagung des Hindureiches Vijayanagara durch die Moslemfürstentümer des Dekkan empfindlicher Schaden, da der Großabnehmer für arabische Pferde, Kupfer, Quecksilber, Korallen und andere europäische Luxusartikel ausfiel, ebenso ein Markt für Sandelholz und chinesische Seide, wofür man fein bedruckte Baumwolle eingetauscht hatte. Die militärisch erstarkten Sultanate wurden kein vollwertiger Ersatz für die Märkte des zerstörten Hindureiches.²³

Tendenziell günstig verlief die Entwicklung auf Sri Lanka, dessen Zimt-, Elefanten- und Elfenbeinexporte seit der allmählichen Etablierung portugiesischer Territorialherrschaft immer stärker kontrolliert werden konnten, freilich in aller Regel in Kooperation mit asiatischen Kaufleuten. Geschäfte portugiesischer Händler und Funktionäre außerhalb der Kontrolle Goas spielten auch in dieser Region eine große Rolle.²⁴

An der Ostküste von Indien war der offizielle portugiesische Einfluss gering. Sowohl in der Bucht von Bengalen als auch an der Koromandelküste entstanden aber portugiesische Niederlassungen außerhalb des *Estado*, die als Exporteure von Textilien und Nahrungsmitteln unter anderem die Versorgung von Malakka sicherten. Nach 1560/70 erlangten die Aktivitäten von *casados*, Privatleuten und sogar Renegaten an den Rändern des portugiesischen Kolonialsystems immer größere Bedeutung.²⁵

Malakka, das durch die portugiesische Eroberung an Bedeutung eingebüßt hatte, wurde trotz zahlreicher Konflikte mit Aceh, Johor und Bantam als Handelsdrehscheibe zwischen Indischem Ozean und Chinesischem Meer behauptet.²⁶ Alle osmanischen Anstrengungen, die Glaubensgenossen in Aceh gegen die Portugiesen zu unterstützen und eine islamische Einheitsfront gegen die christlichen Eindringlinge aufzubauen, erbrachten nur wenige militärisch-politische Erfolge, trugen aber immerhin zur allmählichen Entwicklung gut bewaffneter Handelsschiffe und einer schlagkräftigen Flotte des islamischen Sultanats bei und festigten vor allem die Handelsbeziehungen zwischen Indonesien und dem Roten Meer.²⁷ Uneinigkeit der Gegner, Lagegunst und in islamischer Zeit aufgebaute Handelskontakte ermöglichten jedoch das kommerzielle Überleben Malakkas auf etwas geringerer Stufe als um 1500. Trotz manch ungeschickten Verhaltens der portugiesischen Funktionäre und trotz der Eröffnung neuer Routen, die Portugals Kontrollen umgingen, gelangten noch lange die Luxuswaren Europas und der Levante, die Textilien und das Opium Indiens, Zinn aus Malaya, Pfeffer von Ostsumatra und Bantam, die Gewürze Ambons, der Molukken und der Bandainseln, das Gold Borneos, Reis und andere Nahrungsmittel von Java und Bengalen und die wertvollen Exportgüter Chinas nach Malakka und ermöglichten das Fortbestehen seiner berühmten Märkte. Im Jahre 1587 sollen immer noch 2800 Kilogramm Gold in Malakka zusammengeflossen sein, die den Einkauf der im Fernen Osten äußerst begehrten indischen Textilien (Abb. 6) und die Beschaffung der für Europa oder asiatische Staaten bestimmten Gewürze ermöglichten: zweifellos ein Zeichen ökonomischer Potenz.²⁸ Gegen Ende des 16. Jahrhunderts hatten die Portugiesen aber die attraktivsten Zweige des über Malakka abgewickelten Asienhandels verloren.

Östlich der Straße von Malakka war es den Portugiesen nie gelungen, eine Flottenvormacht wie im Indischen Ozean aufzubauen, Monopolansprüche wenigstens partiell durchzusetzen und die bestehenden Warenströme zu den Faktoreien des Estado umzulenken. In den Weiten der indonesischen Inselwelt waren

ABBILDUNG 5
DER MOGULKAISER AKBAR ZÄHMT EINEN ELEFANTEN,
NORDINDIEN, MOGULSCHULE, 1609/10, KAT.-NR. VI.16

ABBILDUNG 6 (RECHTS)
INDO-PORTUGIESISCHE DECKE AUS SEIDE UND BAUMWOLLE,
17. JAHRHUNDERT, KAT.-NR. VII.II.4

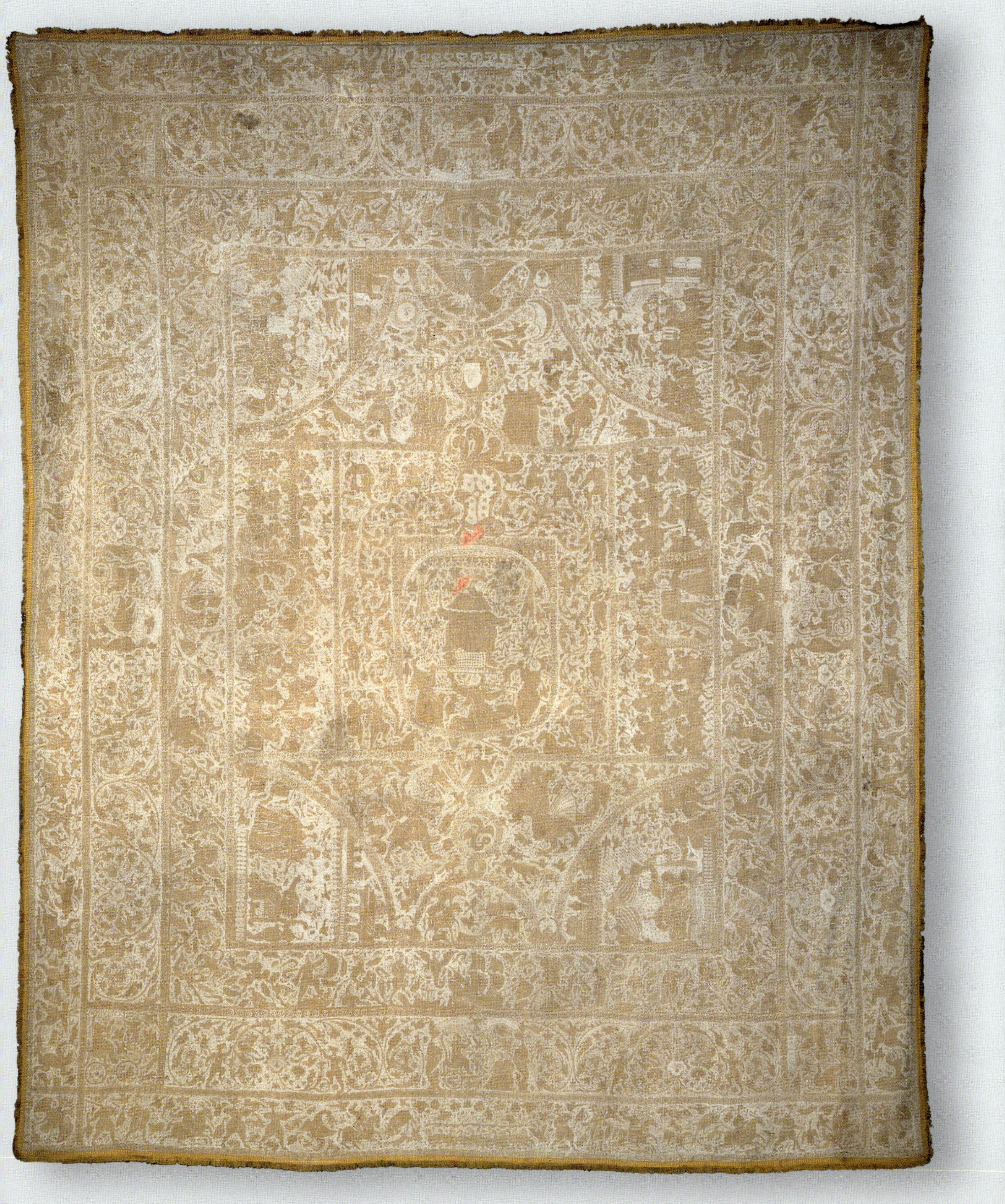

die portugiesischen Funktionäre und Kaufleute lediglich eine Käufergruppe unter vielen. Chinesische und malaiische Händler konnten jederzeit Java und Sumatra anlaufen, ohne die Intervention portugiesischer Schiffe fürchten zu müssen.[29]

Einen begrenzten politischen Einfluss erlangte der *Estado* auf einigen Gewürzinseln, ansonsten blieb die Präsenz auf Handelsaktivitäten beschränkt. Selbst in diesem Punkt gab es besonders dort, wo sich der Islam durchgesetzt hatte, massive Probleme. Der islamische Hafen Brunei auf Kalimantan beispielsweise erzielte mit einer aggressiven antiportugiesischen Politik große kommerzielle Erfolge, der Großteil Javas blieb den Portugiesen völlig verschlossen, und die Feindschaft javanischer Moslems gestaltete die Passage der Straße von Malakka zunehmend gefährlicher.[30]

Nur auf den Molukken und etwas später auf Ambon machten sich die Portugiesen durch die Errichtung von Festungen und Faktoreien stärker bemerkbar. Auf Bekehrungsversuche sollte aber verzichtet werden, und an der uneingeschränkten Souveränität des Sultans bestand vorerst kein Zweifel. Die Molukken lagen monsunbedingt von Malakka etwa zwanzig, von Goa gar bis zu dreißig Monate entfernt, sodass sich schon infolge der Entfernung eine strikte Durchsetzung der Wünsche Lissabons als illusorisch erwies. Im Geschäft mit den nur auf Ternate, Tidore und Ambon gepflanzten Gewürznelken wurde aber kurzfristig fast ein Monopol realisiert, und auf den Bandainseln, dem Produktionsgebiet von Mastix und Muskatnuss, setzten sich Privatleute von Anfang an durch. Am unproblematischsten erwies sich Ambon mit seinen ›bekehrungswilligen‹ Herrschern, von wo man sowohl Gewürznelken als auch Muskat beziehen konnte.[31]

Einige wenige Zahlenangaben vermitteln eine Vorstellung von der keineswegs beherrschenden Position der Portugiesen. Diese sollen nach Meinung mancher Autoren nie mehr als 12,5 Prozent, nach anderen Schätzungen aber doch einen wesentlich größeren Anteil der gesamten Gewürznelkenproduktion auf der Kaproute nach Europa gebracht haben, während der größere Rest auf den alten Wegen nach Persien, ins Osmanische Reich und in den übrigen Mittelmeerraum gelangte, vor allem aber an die asiatischen Konsumenten in China und Indien verteilt wurde. Vom Gesamtangebot an Mastix und Muskat dürfte die Kaproute nicht mehr als ein Siebtel absorbiert haben.[32] Obwohl seit 1536 eine gezielte portugiesische Missions- und Besiedlungspolitik auf den Molukken einsetzte, vermochten die Portugiesen ihre Positionen nach Anfangserfolgen nicht auszubauen, sondern mussten infolge zu geringer Ressourcen, problematischer Herrschafts- und Handelspraktiken sowie ständiger Konflikte insgesamt einen Rückgang ihres Einflusses in Kauf nehmen.[33]

Der Handel mit China, der bis zur Errichtung des Stützpunktes Macau ausschließlich von portugiesischen Privatleuten betrieben worden war und anfänglich lediglich eine Erweiterung der in Malakka und anderen indonesischen Häfen gepflegten Kontakte mit chinesischen Kaufleuten dargestellt hatte, erfuhr durch die Etablierung eines regelmäßigen Schiffsverkehrs mit Japan eine beträchtliche Aufwertung. Die Einstellung aller regulären Handelsbeziehungen zu Japan durch die Ming-Dynastie im Jahre 1540 bot den Portugiesen die Möglichkeit, sich als unentbehrliche Vermittler im Warenverkehr zwischen den beiden Ländern zu etablieren. Ab etwa 1570 verfügten sie mit Nagasaki auch in Japan über einen hervorragenden Stützpunkt. Die Handelsroute Macau–Nagasaki blieb bis zu Beginn des 17. Jahrhunderts eine der profitabelsten des gesamten asiatischen Raumes. Der abgewickelte Handel war dem Volumen nach bescheiden, aber von großem Wert. Am einträglichsten war der Austausch von Seide und Gold aus China gegen japanisches Silber. Silber war in China in Relation zu Gold etwa doppelt so wertvoll wie in Europa oder auch Japan und absolut unentbehrlich für das Funktionieren des Finanz- sowie Fiskalsystems. Die riesige chinesische Ökonomie exportierte vor allem enorme Quantitäten Seide und sog umgekehrt den Großteil der globalen Silberproduktion auf.

Aus diesen Rahmenbedingungen erklären sich die enormen Zwischenhandelsgewinne der Portugiesen von 150 Prozent und mehr. Um die chinesische Nachfrage zu befriedigen, lieferten die portugiesischen Schiffe um 1600 nicht nur einen erheblichen Anteil der auf 26 Tonnen gestiegenen jährlichen Silberproduktion Japans, sondern verfrachteten eine doppelt so große Menge amerikanischen Silbers auf der Kaproute ins Reich der Mitte. Die erfolgreiche lusitanische Kaufmannsgruppe in Nagasaki trat auch mit dem spanischen Manila in Geschäftsverbindung und tauschte gegen Nahrungsmittel und Waffen unter anderem mexikanisches Silber ein, das von Acapulco direkt nach Asien gebracht wurde. Sowohl Macau als auch Nagasaki prosperierten bis ins erste Drittel des 17. Jahrhunderts, obwohl die Handelsverbote der Ming gelockert wurden und Japan eine Handelsflotte aufzubauen begann. Der Direkthandel mit Südamerika gelang zwar nicht, im Gegenzug wurden aber auch die Spanier, mit denen Portugal seit 1580 im Weltreich der Habsburger verbunden war, gehindert, von den Philippinen aus regelmäßig Macau anzulaufen.[34]

Entwicklung in der zweiten Hälfte des 16. Jahrhunderts

Entgegen einer weitverbreiteten Meinung bestand die Hauptfracht der aus Portugal auslaufenden Schiffe anfänglich nicht vorwiegend aus Edelmetallen, da der Frachtwert der königlichen Schiffe in der Anfangsphase der portugiesischen Asienpräsenz zumindest in guten Jahren den Pfeffer-, Gewürz- und Drogenkauf wertmäßig abdeckte. Die gelieferten Waren bestanden u. a. aus Kupfer, Blei, Alaun, Korallen, Leinwand, Safran und Scharlach. Nach wenigen Jahrzehnten hatte sich diese Situation jedoch grundlegend verändert, da nun große Mengen Gold und Silber im Asienhandel erforderlich wurden, und so waren Portugals Krone und Kaufleute vor erhebliche Probleme gestellt.

Trotz einiger schwerwiegender Rückschläge und vielfältiger Transformationsprozesse als Antwort auf die Krisenjahrzehnte nach 1540 und 1550 war die zweite Hälfte des 16. Jahrhunderts jedoch keine Phase abnehmender kommerzieller Aktivitäten der Portugiesen in Asien. Das nach raschen Anfangserfolgen immer lückenhaft gebliebene königliche Monopol auf den Pfeffer- und Gewürzmärkten verlor zwar seit 1540 sowohl in Theorie als auch in Praxis ständig an Bedeutung, der Direkthandel mit Portugal ums Kap der Guten Hoffnung begann zu stagnieren und schließlich vielleicht sogar etwas zu schrumpfen, viele innerasiatische Konzessionsrouten sowie die Privatgeschäfte der Portugiesen verzeichneten aber hohe Wachstumsraten. Diese jahrzehntelang gegenläufige Entwicklung erklärt sich zum einen aus den organisatorisch-kommerziellen Mängeln der Kaproute und den bei der Beschaffung von Pfeffer und Gewürzen auftretenden ökonomischen Problemen, die durch die rigide Politik der Krone verschärft wurden, zum anderen aus dem Wiederaufstieg des restrukturierten Fernhandels der traditionellen asiatischen Händlergruppen, der ja durchaus im Interesse der vorrangig an Steuern und Schutzgebühren interessierten Verwaltung des *Estado* lag und vielen portugiesischen Privatkaufleuten lukrative Kooperationsmöglichkeiten bot.[35]

Gemäß Lissabons Monopolvorstellungen versuchten die Portugiesen überall Tiefstpreise für Pfeffer vertraglich zu fixieren, wobei man sich entweder auf Zwischenhändler stützte oder direkt an die Eliten der Produktionsgebiete herantrat, um billig einzukaufen. Längerfristig erwies sich die besonders in den Anfangsjahren portugiesischer Präsenz in Indien strikt verfolgte monopolistische Tiefpreispolitik als äußerst kurzsichtig. Die von den Portugiesen gezahlten Preise blieben zwar, gemessen an Edelmetallwährungen, im Verlauf des 16. Jahrhunderts weitgehend stabil. Die Pfefferanbieter entwickelten aber wirksame Defensivstrategien: Sie lieferten zu den von den Portugiesen mit Druck ausgehandelten ermäßigten Marktpreisen, aber nur relativ geringe Mengen schlechten Pfeffers, während der Löwenanteil und alle guten Sorten der Jahresproduktion den Lokalmärkten und dem Überlandhandel reserviert wurden. Vor allem aber wurden alle portugiesischen Funktionäre und Kaufleute dauerhaft von den Pfeffergärten und vom eigentlichen Marktgeschehen ferngehalten. Im Jahre 1585 war das Pfeffermonopol der Krone infolge Tiefpreispolitik, Bargeldmangel und Inkompetenz der portugiesischen Funktionäre endgültig obsolet geworden.[36]

Schon seit 1540/50 mussten portugiesische Schiffe wesentlich mehr Edelmetalle, Gold- und Silbermünzen nach Asien transportieren, um das Defizit im Warenverkehr auszugleichen. Die

Abbildung 7
Spanischer Real aus der Zeit König Philipps III.
(reg. 1598–1621), Berlin, SMB – Münzkabinett

صورة بحر فارس

بحر القلزم
بحر الحبشة

جزيرة اوال
جزيرة خارك
جزيرة لافت

Konkurrenz der über die Levante auf asiatische Märkte gelangenden europäischen Waren und die Abnahme des in Westeuropa für Exportzwecke vorhandenen Kupfers brachten die Portugiesen um lukrative Geschäfte und forcierten den Edelmetallabfluss, der seinerseits immer stärker den Silberstrom von Spanisch-Amerika nach Sevilla – seit den 1570er Jahren zunehmend auch nach Manila – voraussetzte, da die zentraleuropäische Produktion schrumpfte und teilweise unter osmanische Kontrolle geriet. Immer mehr spanische Reales, die gängigste Silbermünze der Zeit, gingen nach Portugiesisch-Asien (Abb. 7).[37]

Die Verfügbarkeit großer Silbermengen, an die Portugal durch Sklavenlieferungen nach Amerika, Handel mit Spanien und auch durch Schmuggel gelangte, trug Lissabon eine steigende Kaufkraft gegenüber Asien ein, da Silber in Europa in Relation zu Gold viel billiger gehandelt wurde als in Indien und vor allem in China. Man sollte daher den Edelmetallabfluss nicht vorschnell als klares Indiz ökonomischer Schwäche interpretieren.[38] Der ›Silbersegen‹ reichte aber nicht aus, um die seit den Anfängen der Kolonialherrschaft bestehenden Schwierigkeiten auf Indiens Pfeffer- und Gewürzmärkten zu lösen.

Probleme für Lissabon und den *Estado* erwuchsen freilich nicht nur aus der Beschaffung der notwendigen großen Silbermengen, sondern auch aus den komplizierten Währungsverhältnissen und Zahlungsmodalitäten in Süd- und Südostasien sowie im Fernen Osten.[39] Den Portugiesen blieb keine andere Wahl, als sich den herrschenden Verhältnissen anzupassen. Infolge ihrer beschränkten ökonomischen Position in Asien und der zumindest zeitweilig unzulänglichen Edelmetall- und Kupferreserven mussten sie entweder die örtlichen Zahlungsmittel akzeptieren oder konnten versuchen, im Namen der Krone eigene Münzen, aber nach Art des in den verschiedenen asiatischen Regionen etablierten Geldes, zu prägen. So oder so blieben die um das Kap der Guten Hoffnung verschifften, recht ansehnlichen Kupfermengen anfänglich doch zu gering, um Asiens Währungen maßgeblich beeinflussen und daraus ökonomischen Nutzen ziehen zu können. Da in dieser Hinsicht der Einsatz von Gewalt die wirtschaftlichen Schwächen Portugals, d. h. die unzureichende Entwicklung des lusitanischen und die ungenügende Präsenz des europäisch-internationalen Handelskapitals, nicht auszugleichen vermochte, verhieß geschickte Anpassung an die vorgefundenen Möglichkeiten am ehesten Erfolg. Erst im letzten Drittel des 16. Jahrhunderts änderte sich diese Situation zugunsten der Portugiesen durch die kommerzielle Einbindung des Silber produzierenden Japan in das Handelsnetz des *Estado* und durch die spanische Ausbeutung der Silberminen Mexikos und Perus.[40]

Der relative Bedeutungsverlust der Kaproute gegenüber dem Asienhandel seit etwa 1530/40, zu dem unter anderem das Festhalten der Krone am langfristig unrealistischen Monopolkonzept sowie machtpolitische Verschiebungen im Bereich der Levanterouten beitrugen, erklärt sich in besonderem Maß aus dem Wiederaufstieg des traditionellen, von einheimischen Kaufleuten dominierten und zunehmend auch von Portugiesen illegal auf eigene Rechnung betriebenen Asienhandels und den damit verknüpften Eigeninteressen der Verwaltung des *Estado*. Natürlich gestalteten sich Portugals Anstrengungen um ein Handelsmonopol auch nach Albuquerque nicht völlig erfolglos, wie vergebliche Attacken der Osmanen belegen. Immer wieder gelangen schwere Schläge gegen die ›illegale‹ Schifffahrt indischer, persischer und arabischer Händler, und noch im Winter 1545/46 kontrollierte die portugiesische Flottille die Malabarküste mit so großer Wachsamkeit, dass der geheime Pfefferexport vorübergehend völlig zusammenbrach.[41]

Solche Erfolge wurden aber immer seltener, sodass das königliche Monopol in den meisten Regionen schließlich nur mehr auf dem Papier bestand. In Guzerat beispielsweise gingen die Portugiesen in der zweiten Hälfte des 16. Jahrhunderts völlig von der obsoleten Politik der Strafexpeditionen und Plünderungen ab und waren künftig mit der einträglichen Besteuerung eines möglichst großen Teiles des wieder aufblühenden Handels zufrieden. Selbst in der Phase ständiger Konfrontation hatten viele Schiffe islamischer oder hinduistischer Kaufherren ihre Fahrten nach Bengalen und Indonesien nie völlig eingestellt, von wo sie Gewürze holten, die teilweise ins Rote Meer und den Persischen Golf geliefert wurden. Immer häufiger erwarben die Gujaratis für diese Routen portugiesische Schutzbriefe, ein Teil der Schiffe umging aber auch Portugals Kontrollen und Zollstationen. Sogar auf der Basis des legalen Handels berechnet, steckten um 1570 bereits 25 Prozent des Kapitals der gujaratischen Händler im Geschäft mit dem Roten Meer, und die Berücksichtigung der geheimen Aktivitäten würde diese Quote noch massiv erhöhen. Malakka verlor als Ziel dagegen ständig an Bedeutung, da die chinesischen und indonesischen Waren in jenen Häfen Bengalens, Javas und Sumatras erworben wurden, die außerhalb der Zone portugiesischen Einflusses lagen.[42] Nach 1590 beschleunigte sich auch im Bereich des Indischen Ozeans der Aufstieg von Handelszentren außerhalb portugiesischer Kontrolle.

Im indonesischen Raum waren die etablierten Handelskreisläufe durch die portugiesische Eroberung Malakkas zwar beeinträchtigt, aber nicht zerstört worden. Die asiatischen Schiffe wählten teilweise neue Routen oder unterliefen mit regem

ABBILDUNG 8
KARTE DES INDISCHEN OZEANS, IN: AL-ISTAHRI, KITĀB AL-MASĀLIK WA-L-MAMĀLIK, 1173, KAT.-NR. III.9

Schmuggel die Monopolansprüche der Portugiesen, die in Südostasien unzulängliche Sanktionsmöglichkeiten besaßen. Für viele Händlergruppen, etwa aus China, zog die portugiesische Präsenz keine nennenswerten Behinderungen nach sich, und die Weiten der Inselwelt ließen Portugals Flottenstärke nur wenig zur Wirkung kommen. Arabische, persische und andere asiatische Seeleute eröffneten sofort nach dem Machtwechsel in Malakka eine Schiffsverbindung von Indonesien zum Roten Meer, die über die Malediven führte und portugiesische Stützpunkte vermied.[43]

Ein Teil der Luxusgewürze gelangte infolge dieser Umstellung gar nicht mehr nach Malakka, und die kurzsichtige Habgier der Portugiesen auf den Gewürzinseln reduzierte das Handelsvolumen der Stadt noch stärker. Besonders javanische und chinesische Dschunken entzogen sich äußerst erfolgreich portugiesischer Kontrolle und transportierten den Großteil der indonesischen Luxusgewürze und des hochwertigen Pfeffers aus Java und Sumatra. Zum Zentrum des neuen indonesischen Handelsnetzes entwickelte sich Aceh auf Sumatra, wo sich die islamischen Schiffe zur Fahrt zum Persischen Golf oder Roten Meer versammelten und wo eine blühende osmanische Handelsniederlassung entstand.[44] Im letzten Drittel des 16. Jahrhunderts barg diese Route nur mehr geringe Risiken, und schließlich gelangte sogar Zimt aus Ceylon auf diesem Weg ins Mittelmeer. Parallel zu den Gewürzexporten in die Levante stiegen die Lieferungen asiatischer Kaufleute nach China, Indochina und große Teile Indiens.[45]

Das ausgehende 16. Jahrhundert brachte nicht nur den Wiederaufstieg asiatischer Handelsaktivitäten außerhalb des Kontrollpotentials des Estado, sondern auch ein spektakuläres Wachstum der Geschäfte portugiesischer *casados*. Falls die Berechnungen von Boyajian auch nur einigermaßen der Realität nahekommen, übertraf der Kapitaleinsatz der *casados* im Rahmen der *Carreira da Índia* und im innerasiatischen Handel um die Jahrhundertwende jenen der Niederländer auch nach 1620 noch bei weitem, was nur schlecht zum oft beschworenen Gegensatzpaar ›vormodern-traditionalistische Portugiesen versus rationale Nordwesteuropäer‹ passt.[46]

Die großen Erfolge asiatischer und privater europäischer Kaufleute, die trotz der teilweise fortbestehenden Seeherrschaft der Portugiesen im Indischen Ozean die überzogenen Monopolansprüche der Krone allmählich illusorisch machten und immer enger kooperierten, zeugen von großer Anpassungsfähigkeit, setzten aber – trotz des teilweise komplementären Charakters von Kaproute und portugiesischem Innerasienhandel – auch gewisse Interessengegensätze zwischen Lissabon und Goa voraus.

Der Zwang zur Finanzautonomie und die Stärke des kriegerisch-aristokratischen Elementes im Verwaltungspersonal des *Estado da Índia* förderten die Entstehung eines im Kern feudal-redistributiven Unternehmens, dessen Funktionäre ganze Handelszweige der Asiaten nach den Vorstellungen des Königs völlig unterbinden sollten, in Wirklichkeit aber durch Sanktionsdrohungen eine möglichst lückenlose Besteuerung des Asienhandels anstrebten. Die Voraussetzung dafür waren gute Geschäfte asiatischer Kaufleute, die sich eine sichere Passage ihrer Waren im Bereich portugiesisch dominierter Meeresregionen durch Bezahlung von Schutzgebühren erkauften. Verkauf von Schutz, d. h. die Abschöpfung eines relativ kleinen Teiles der Zwischenhandelsgewinne mit politisch-militärischen Mitteln, dienten zur Finanzierung der Kolonialverwaltung und wurden zu einem Charakteristikum von Portugiesisch-Asien. Gegenüber dem Einsatz von Gewalt im Dienste von Plünderungen, von Tributforderungen und von Monopolansprüchen, bescherte die ebenfalls auf Gewalt gestützte Eintreibung von Schutzrenten langfristig sicherlich die höheren Einnahmen. Diese kamen zwar vorrangig dem *Estado da Índia*, indirekt aber doch auch dem König zugute.[47]

Gemessen an der Entwicklung des königlichen Monopolhandels und der portugiesischen Privatgeschäfte in Asien, erlangte die Besteuerung asiatischer Händler allergrößte Bedeutung, da sie Goas Budget regelmäßige Einnahmen zuführte und zur Umstrukturierung des Wirtschaftslebens von Arabien bis Japan beitrug. Das Hauptinstrument der Portugiesen zur Kontrolle des Warenverkehrs asiatischer Schiffe war die Ausgabe von *cartazes* (Schutzbriefen), die dazu berechtigten, auf festgelegten Routen und mit bestimmten Waren in aller Regel ein Jahr lang legal Handel zu treiben. Trotz erheblicher Flexibilität und Korruptionsanfälligkeit des Systems wurde ein großer Teil der asiatischen Handelsschiffe auf diese Weise zu den portugiesischen Forts, d. h. zu Kontroll- und Mautstellen gelenkt. Das Schutzbriefsystem funktionierte vermutlich auch deswegen so gut, weil ähnliche Konventionen und Instrumente schon vor den Portugiesen im Indischen Ozean in Gebrauch gewesen waren.[48]

Regelmäßig kreuzende Kriegsschiffe kontrollierten die *cartazes* der asiatischen Kauffahrer, sollten lokale Herrscher beeindrucken und Piraten bekämpfen. Dies alles gelang immerhin in solchem Maß, dass viele Kaufleute lieber ihren ›Schutz‹ mit Zöllen und Abgaben erkauften, als das Risiko sogenannter illegaler Fahrten einzugehen. Seit etwa 1560 mussten die kleinen Handelsschiffe an Indiens Westküste überhaupt in *cafilas*, d. h. Konvois unter portugiesischem Begleitschutz, fahren, was eine verschärfte Form der Kontrolle bedeutete und die Einnahmen des *Estado* erhöhte.[49]

Schlussbetrachtungen

Die Frage, ob die Portugiesen als kommerzielle Konkurrenten der geschäftstüchtigen Araber, Perser, Gujaratis, Mappilas, Kling, Javaner usw. bei völligem Verzicht auf Gewalt höhere Profite erzielt hätten, als durch Monopolgewinne und Schutzrenten, darf die Gesellschaftsentwicklung in Portugal und die um 1500 herrschende machtpolitische und ökonomische Situation in Asien nicht außer Acht lassen. Frederic C. Lane betont in diesem Zusammenhang, dass eine möglichst gewaltfreie portugiesische Kolonial- und Handelspolitik im Osten, deren Stellenwert übrigens im Laufe des 16. Jahrhunderts ständig zugenommen und, zumindest nach Meinung von Sanjay Subrahmanyam, nach 1570 das Handeln der Funktionäre des *Estado* maßgeblich bestimmt hat,[50] ganz andere Produktions- und Klassenverhältnisse im spätmittelalterlich-frühneuzeitlichen Portugal erfordert und den Verzicht des Königs auf die kurzfristig größte Steigerung des Kron- bzw. Nationaleinkommens durch Plünderung und Tribute vorausgesetzt hätte.[51] Vor allem aber gelangt Lane durch die Analyse mehrerer Fallbeispiele zur Überzeugung, dass Schutzrenten bis ins 18. Jahrhundert einen erheblichen Anteil aller Handelsgewinne darstellten und ihre Eintreibung höhere Profite entweder auf direktem Weg oder indirekt durch Erlangung von Wettbewerbsvorteilen versprach, als man etwa durch überlegene gewerblich-kommerzielle Techniken oder Organisationsformen erlangen konnte.[52] Wahrscheinlich waren auch die niederländische und die englische Ostindienkompanie – beide waren als private Institutionen Staats- und Religionsinteressen viel weniger unterworfen, setzten aber zumindest anfänglich massiv auf Gewalt und Terror – diesbezüglich längst nicht so modern und rational, wie in vielen Vergleichen mit Portugals Kolonialsystem in Asien unterstellt wird. Und außerdem betrieben die portugiesischen *casados* ihre profitablen Geschäfte außerhalb der Kontrolle der Krone meist wesentlich ›moderner‹ als die Funktionäre des *Estado*. Man sollte die Portugiesen in Asien gegenüber ihren angeblich viel moderneren, protestantisch-kapitalistischen nordwesteuropäischen Nachfolgern also keinesfalls unterschätzen.

Das führt zu einer abschließenden Einschätzung der Bedeutung Portugals im Indischen Ozean im 16. Jahrhundert: Portugal hat in der Geschichte des Indischen Ozeans im 16. Jahrhundert sicherlich eine bedeutende Rolle gespielt. Diese wurde jedoch mit Recht in den letzten Jahrzehnten relativiert, insbesondere dadurch, dass man den Indischen Ozean aus der Perspektive der asiatischen Gesellschaften beschrieben und analysiert hat. Anstatt sich mit der Frage zu beschäftigen, warum Portugal seine dominierende Position aufgeben musste, könnte man genauso gut fragen, wie es möglich war, dass das kleine Portugal sich so lange halten konnte.

Obschon die Rolle Portugals nicht überschätzt werden soll, kann man trotzdem festhalten, dass diese Phase für ganz Europa wichtig war, punktuell auch für Asien, beispielsweise für Goa und die Gewürzinseln. Längerfristige Prozesse wurden eingeleitet, z. B. die Monetarisierung durch Edelmetalle. Außerdem wurde dieser Raum viel intensiver in die Weltwirtschaft integriert. Man kann mit Anthony Reid darüber nachdenken, was geschehen wäre, wenn die portugiesische Kapumrundung nicht erfolgt wäre.[53] Hätten sich die Kontakte und Interaktionen auch dann realisiert, etwas langsamer vielleicht, aber mit viel positiveren Vorzeichen für Asiens Gesellschaften, wie er vermutet? Wäre weniger Gewalt angewandt worden? Hätte es verstärkte Kulturkontakte gegeben, die auf dem Lande leichter zu realisieren sind als über das Meer? Die Antwort auf diese spekulative Frage soll hier offen bleiben.

Abbildung 9
Portugiesischer Mörser, 1696–1700,
Kat.-Nr. X.7

Resumo

O 20 de Maio de 1498, chegou a Calecute, na Índia, uma frota comandada por Vasco da Gama. A Ásia que os portugueses encontraram, não era um elemento estático, mas um mundo em permanente movimento. A entrada no Oceano Índico significou, portanto, a entrada num mundo marítimo que já há mais de mil anos era palco de intensas relações comerciais.

Ao contrário dos espanhóis na América, os portugueses viram-se, na amplidão do Índico, confrontados com as seguintes realidades: a maior economia internacional pré-colonial e um comércio de longo curso florescente desde há séculos; experimentadas e variadas práticas comerciais e de influentes grupos de comerciantes. A resposta a estes desafios não foi prioritária nem exclusivamente dada pela concorrência comercial, mas sim mediante a violência estatalmente organizada. Para conseguirem o monopólio do comércio de especiarias e da navegação no Índico, os reis portugueses usaram métodos como a hegemonia da frota portuguesa, os bloqueios comerciais e as pilhagens. A estratégia teve bastante sucesso no início do século XVI, mas depressa se tornou infrutífera.

Verificou-se, o mais tardar nos anos 30 e 40 do século XVI, que os meios comerciais e militares de Portugal não eram suficientes para garantir um monopólio eficiente dos mercados da pimenta e das especiarias. Os grupos tradicionais de comerciantes asiáticos iludiam frequentemente os controlos portugueses. Paralelamente, muitos portugueses escapavam-se à influência do vice-rei ou do governador, para, na ›periferia‹ do Estado e por iniciativa própria, se dedicarem a negócios lucrativos, como parceiros ou concorrentes dos comerciantes nativos. Duas estratégias complementares foram encontradas para sair deste dilema. Por um lado, portugueses ao serviço do rei ou por conta própria participavam, como intermediários ou agentes, no comércio asiático estabelecido. Os enormes lucros deste negócio contribuíam para o Orçamento de Estado e, além disso, financiavam uma parte das compras dos bens de luxo destinados à exportação para a Europa. Por outro lado, o sistema colonial português tornava-se, agora mais do que nunca, uma forte empresa de redistribuição, isto é, uma instituição que usava a violência organizada para ›produzir‹ e ›vender‹ protecção como uma especial prestação de serviços.

Anmerkungen

1 »A la fin du XVe siècle l'océan Indien était devenu le plus grand marché du monde«. Bouchon 1997, S. 133.
2 Subrahmanyam 1993, S. 28.
3 Wallerstein 1974, S. 330; Braudel 1976, S. 546; Rothermund 1985, S. 158.
4 Pearson 1976, S. 35; ähnlich Magalhães 1998b, S. 329.
5 Vgl. dazu Subrahmanyam/Thomaz 1991, S. 311f.
6 Ausführlich analysiert in Subrahmanyam 1990b, S. 142f. und 137ff. sowie ders. 1993, S. 80ff. und 107ff. Vgl. auch Thomaz 1979, S. 108; Chaudhuri 1985, S. 66; Subrahmanyam/Thomaz 1991, S. 312ff.
7 Einander ergänzend Pearson 1976, S. 36f.; Subrahmanyam/Thomaz 1991, S. 311ff., und vor allem Subrahmanyam 1993.
8 Vgl. dazu Boxer 1969a, S. 63f.; Reinhard 1983, S. 78; Subrahmanyam 1993, S. 100ff. und 138; Catz 1994, S. 107f.; vgl. auch Chaudhuri 1985, S. 66, der den ohnehin hohen Stellenwert des Fernosthandels aber überschätzen dürfte, indem er den Strukturwandel des portugiesischen Kolonialsystems im letzten Drittel des 16. Jahrhunderts mit der Öffnung Japans und Chinas für einige Schiffe auf einer Route junktimiert.
9 Thomaz 1981, S. 101.
10 Vgl. insbesondere die Arbeiten von Thomaz, Boyajian und Subrahmanyam.
11 Disney 1978, S. 27.
12 Recht ähnlich in diesem Punkt Pearson 1976, S. 38, und Thomaz 1991, S. 108. Zur privaten Beteiligung von Kolonialfunktionären und portugiesischem Adel am Asienhandel vgl. auch Ptak 1994a, S. 46.
13 Vgl. dazu Boxer 1969a, S. 304; Daus 1983, S. 59f.; Pearson 1987, S. 81ff. und vor allem Subrahmanyam 1990a; ders. 1990b; ders. 1993 sowie Boyajian 1993.
14 Thomaz 1981, S. 103; Subrahmanyam 1990b und insbesondere Boyajian 1993. Allgemein zu den Portugiesen an den Rändern oder außerhalb der Kolonialadministration vgl. weiter Ptak 1994a, S. 52ff.; Russell-Wood 1998b, S. 256–265.
15 Pearson 1976, S. 37ff.
16 Vorzüglich zu diesem Fragenkomplex die einander ergänzenden Fallstudien in Subrahmanyam 1990b sowie ergänzend ders. 1990a; Winius 1991; Ptak 1994a, S. 53–56; Flores 1994, S. 128f. Allgemein zur kommerziellen und insbesondere auch finanziellen Kooperation zwischen asiatischen Händlern und *casados* vgl. auch Scammell 1988, S. 478f.
17 Wallerstein 1974, S. 330.
18 Vgl. dazu die Fülle an älterer Literatur Harrison 1968, S. 539f.; Kellenbenz 1970, S. 31; Disney 1978, S. 26; Newitt 1987, S. 208ff. sowie neuerdings Russell-Wood 1998a, S. 126f. und 133ff. Eine Ergänzung aus anderem Blickwinkel bieten Veinstein 1999, S. 97ff., sowie insbesondere Barendse 2000, S. 183ff. – Pearson 1987, S. 45ff., betont selbst für den Kernraum des portugiesischen Handels die Schwächen des Systems. Ergänzend zu Hormuz vgl. Magalhães-Godinho 1981–83/3, S. 124ff., sowie Santos 1996, S. 150ff.
19 Scammell 1981, S. 242; Boyajian 1993, S. 54ff. Dies bestätigt auch Subrahmanyam 1993, trotz seines Insistierens auf profunden Wandlungsprozessen im gesamten *Estado* um die Mitte und im letzten Drittel des 16. Jahrhunderts. Den beachtlichen Aufstieg des Malabarhafens Kochi, der zwar enger Kooperation mit den Portugiesen, nicht jedoch militärischer Zwangsgewalt geschuldet war, analysiert ders. 1987, S. 59–71. Zeitgenössische Kommentare und Darstellungen der Schwerpunkte portu-

20 Zusammengefasst aus Harrison 1968, S. 539f.; Disney 1978, S. 24ff.; Scammell 1981, S. 242f.; Russell-Wood 1998a, S. 133.
21 Pearson 1976, S. 93ff., und ders. 1987a, S. 83.
22 Zur Eroberung Guzerats durch Akbar sowie zur friedlichen Koexistenz zwischen *Estado* und Mogulreich vgl. Richards 1993, S. 32f., und Rothermund 2002, S. 254.
23 Harrison 1968, S. 540; Disney 1978, S. 28; Bouchon 1987, S. 179ff.; Stein 1989, S. 119 und 125ff.; Subrahmanyam 1990a, S. 134f. und 145ff.; ders. 1990b, S. 128ff., bes. 131f.; Chaudhuri 1998a, S. 182.
24 Vgl. Diffie/Winius 1977, S. 295f.; Disney 1978, S. 25 und 121; Arasaratnam 1987b, S. 225ff.; Flores 1994, S. 128ff.; ders. 1998, S. 136ff.
25 Harrison 1968, S. 541f., bietet einen ersten brauchbaren Einstieg in diese Thematik, die inzwischen vielfach von Subrahmanyam (bes. 1990a und 1990b) aufgegriffen und eingehend abgehandelt wurde; ergänzend dazu Winius 1991, S. 273f., und Ptak 1994a, S. 53.
26 Als Einstieg noch immer empfehlenswert Meilink-Roelofsz 1962, S. 137ff., und Harrison 1968, S. 541f. Zu Malakka und seinen indonesischen Rivalen vgl. auch Dunn 1984, S. 87ff.; ders. 1987, S. 6ff.; Reid 1993, S. 208ff. und passim; Subrahmanyam 1993, S. 134ff. Zur politisch-ökonomischen Rolle sowie zum Aussehen Malakkas vgl. auch Santos 1996, S. 250ff.
27 Zur außergewöhnlich gut erforschten Geschichte von Aceh vgl. Reid 1969, S. 401ff.; ders. 1975; ders. 1993; das Gupta 1987, S. 257f.; Subrahmanyam 1990a, S. 151ff.; ders. 1990b, S. 134f. und 168f.; ders. 1993, S. 134ff. In den genannten Werken ausführliche Hinweise auf weiterführende Literatur. Zur wachsenden Kriegstüchtigkeit der Schiffe und Flotten Acehs vgl. auch Manguin 1993, S. 205ff.; Parker 1996, S. 105.
28 Reinhard 1983, S. 102; Chaudhuri 1985, S. 114. Etwas skeptischer Das Gupta 1987, S. 251ff.
29 Lang 1979, S. 19f.; vgl. insbesondere Reid 1993.
30 Rich 1967 S. 365f.; Kubitschek/Wessel 1981, S. 47f.; allgemein zu den Grenzen und Schwierigkeiten portugiesischer Handelsaktivitäten in der südostasiatischen Inselwelt vgl. Villiers 1994, S. 160ff.
31 Einführend zum umfangreichen Themenkomplex vgl. Rich 1967, S. 365; Ricklefs 1993, S. 24ff.; Catz 1994, S. 101ff.
32 Vgl. dazu Magalhães-Godinho 1969, S. 701ff. und 794ff.; Thomaz 1975, S. 46ff.; ders. 1981, S. 100f.; Reid 2000, S. 168f., dessen aussagekräftige Tabelle auf der umfangreichen Studie von Bulbeck u.a. 1998, basiert.
33 Vgl. u.a. Magalhães-Godinho 1969, S. 812ff.; ders. 1981–83/3, S. 158ff.; Diffie/Winius 1977, S. 374ff.; Abdurachnam 1978, S. 167ff.; Kubitschek/Wessel 1981, S. 48f.; Ricklefs 1993, S. 24f.; Catz 1994, S. 103ff.; Villiers 1994, S. 161ff.
34 Die vorangegangenen Abschnitte über Portugals Handelsaktivitäten in Ostasien kombinieren aus einem reichlichen Literaturangebot Informationen aus Kobata 1965, S. 245ff.; ders. 1981, S. 273ff.; Harrison 1968, S. 543; Boxer 1969a, S. 63f.; Diffie/Winius 1977, S. 380ff.; Scammell 1981, S. 240f.; Atwell 1982, S. 68ff.; Ptak 1985a; ders. 1987; ders. 1991a + 1991b + 1991c; Souza 1986, bes. S. 12ff., 46ff. und passim; ders. 1987, S. 319ff.; Kondo 1987, S. 176ff.; Cremer 1987; Subrahmanyam 1993, S. 100ff.; Chaudhuri 1998a, S. 182ff.; ders. 1998d, S. 209ff., sowie zur globalhistorischen Einbettung Flynn/Giráldez 1995; dies. 2002, S. 10ff.; d'Ávila Lourida 2000.
35 Grundlegend dazu die vielfach zitierten Arbeiten von Pearson und Subrahmanyam sowie Disney 1978; Souza 1986 und insbesondere Boyajian 1993.
36 Magalhães-Godinho 1969, S. 631ff.; ders. 1981–83/3, S. 19ff.; Disney 1978, S. 30ff.; Kieniewicz 1986, bes. 20ff.
37 Reinhard 1983, S. 103; Subrahmanyam, 1994b, S. 196f.; Flynn/Giráldez 1995, S. 204f. Ergänzend zu den osmanischen Gold- und Silberminen am Balkan vgl. Sahillioğlu 1983, S. 272.
38 Vgl. dazu Spooner 1972, S. 76ff.; Vilar 1984, S. 93; Subrahmanyam 1994b, S. 188ff.
39 Magalhães-Godinho 1969, S. 525f.; Perlin 1983, S. 60ff.; ders. 1984, S. 97; Yamamura/Kamiki 1983, bes. S. 346ff.; Vilar 1984, S. 87ff.; Flynn 1991; Flynn/Giráldez 1994.
40 Kobata 1965, S. 245ff.; Magalhães-Godinho 1969, S. 403f. und 524; ders. 1981–83/2, S. 36ff.; ders. 1981–83/3, S. 9ff.; Atwell 1982, S. 68ff.; Vilar 1984, S. 93ff.
41 Vgl. Pearson 1979, S. 29f. Zeitpunkt und Dimension des Wiederaufstiegs des Levantehandels mit dem Mittelmeerraum sind umstritten, worauf noch zurückzukommen ist. Vgl. aus der reichhaltigen Literatur zunächst Braudel 1976, S. 546, und Lane 1980, S. 459, contra Wake 1979, bes. S. 381ff., und Subrahmanyam/Thomaz 1991, S. 308.
42 Vorzüglich analysiert von Pearson 1976, S. 96ff. Zu Malakka, Bengalen und Indonesien sei nochmals auf die materialreichen Arbeiten von Subrahmanyam 1990a; ders. 1990b und Reid 1993 verwiesen.
43 Scammell 1981, S. 139 und 272; ergänzend Souza 1986, S. 15f.; Ptak 1992, S. 43f.; Subrahmanyam 1993, S. 135f.
44 Noch immer vorbildlich dazu Boxer 1969b, S. 415ff. Vgl. auch Subrahmanyam 1990b, S. 134f.; Subrahmanyam/Thomaz 1991, S. 316.
45 Braudel 1976, S. 568, der im Wesentlichen Boxer 1959, Meilink-Roelofsz 1962 und Magalhães-Godinho 1969 zusammenfasst, sowie Thomaz 1981, S. 100f.
46 Vgl. Boyajian 1993, bes. S. 53–85, 128–145 sowie 244. Die traditionelle Sicht vom niedergehenden portugiesischen Handel infolge verstärkter asiatischer und nordwesteuropäischer Konkurrenz bietet Arasaratnam 1987a, S. 107–127.
47 Zum sicherlich nicht unproblematischen Konzept des *Estado* als ›redistributives‹ Unternehmen sowie zur Rolle von Protektionskosten vgl. Lane 1966, S. 376ff.; ders. 1979; Chaudhuri 1981, S. 232ff.; Steensgaard 1981, S. 251ff.; Kritik daran übt Subrahmanyam 1990a, S. 253ff. und 296f.; ders. 1993, S. 271f.
48 Ganz allgemein zu den *cartazes* vgl. etwa Pearson 1976, S. 41ff., und Mathew 1988, S. 133ff., sowie – zum Zusammenhang mit Korruption – Pearson 1979, S. 20. Auf lokale Vorläufer der *cartazes* verweisen Digby 1982, S. 153, und Morineau 1999, S. 122.
49 Pearson 1976, S. 43ff.
50 Vgl. Subrahmanyam 1993, bes. 107ff. Ähnlich auch in vielen anderen Werken des Autors.
51 Lane 1979; ders. 1966, S. 376ff., 393ff. und 402f. Man sollte wohl hinzufügen, dass man auch von der ausgeprägten messianischen- und Kreuzzugsideologie zumindest König Manuels abstrahieren müsste, was die Plausibilität einer historisch-erklärenden Analyse aber wohl konterkarieren würde.
52 Lane 1966, S. 395f. und 421f.; Steensgaard 1981, S. 251f.
53 Reid 1992, S. 457ff.

Rollogno dereg⁊do ao serenissimo ɨ muito pode
roso prinçipe elRey dom manuell nosso senõr sobre
as bidas ɨ excellentes feitos dos Rees de portugall
seus antecessores, hordenados, ɨ escptos per seu
mãdado per duarte galluam fidallguo de sua
casa do seu cõsselho noquall falla do grãde lou
uor da presente materia que he o propio ɨ uerdadei
ro louuor destes mesmos Rees de portugall

Uito deuem serenissimo senõr trabalhar os homẽes por
em sua uida obrarem uirtudes por que mereçã a ds̃ no ou
tro mũdo ɨ neste leixem de seu tempo memoria Nam soo
mẽte que uiuessem o que as animallias tem per Jguall
com nosco Mas que bem ɨ louuadamẽte biuessem que he propio do
homem O quall teẽdo ainda em dias breue com uirtude a faz

Paulo Pereira

Lissabon im 16. und 17. Jahrhundert

Das gebaute Lissabon
Spiegelbilder der Stadt

Unser Wissen über das alte, im Erdbeben von 1755 zerstörte Lissabon, beruht zum großen Teil auf schriftlichen Quellen, aber auch auf Zeichnungen, Miniaturen, Stichen und Gemälden aus jener Zeit. Diese sind von enormer Bedeutung,[1] da ein Großteil der abgebildeten Gebäude und Straßen bis auf wenige Ausnahmen nicht mehr existiert. Stadtpanoramen aus dem Renaissancezeitalter spiegeln dabei eine leicht abstrahierende, generische Sichtweise, die sich seit Beginn des 16. Jahrhunderts herausbildete. Ihre Autoren wählten zur Darstellung der Stadt eine synthetische und direkte Ausdrucksweise und bedienten sich dabei eines imaginären, meist südlich der Stadt gelegenen idealen Aussichtspunktes (*vantage point*) zur Erfassung und Komposition des Bildes aus der Vogelperspektive.

Unter den allerersten, zwischen 1520 und 1540 entstandenen Darstellungen finden sich freilich einige, auf denen die Stadt von Osten her zu sehen ist. Der Blick nach Westen erlaubte es in der Tat, mit einiger Genauigkeit das wichtigste Bauwerk zu erfassen, das sich zum damaligen Zeitpunkt in Lissabon im Bau befand: den Königspalast. Dies ist der Fall bei einer Miniatur aus der *Chronik von Dom João I* oder der Darstellung auf Blatt 25 des sogenannten *Stundenbuchs von Dom Manuel*. Diese anfängliche Darstellungsweise machte jedoch schon früh einem neuen Typ von Panoramen Platz, in denen die Stadt von einem abstrakten Punkt in der Mitte des Flusses – oder sogar vom imaginären Mastkorb eines Schiffes aus – gezeigt wurde. Darauf ist die Wasserfront der Stadt zu sehen, die je nach Autor mehr oder weniger kompakt erscheint, jedoch stets zwei wesentliche Eigenschaften der Stadt festhält: ihre hügelige Topografie und den Hafencharakter ihrer Bucht mit seiner überwältigenden Vielfalt an Schiffen. Die Abbildung erfolgte von nun an stets mit Blick von Süden nach Norden.[2]

In der Mehrzahl der Fälle stehen wir physischen Darstellungen der Stadt, chorografischen Zeugnissen einer als materielle Wirklichkeit aufgefassten *Urbs*, gegenüber. Neben der allgemeinen Lage und Gestalt der Stadt wurden auch die bedeutendsten Gebäude gezeigt. So kann im Fall Lissabons keine Rede von einer strikten Unterscheidung zwischen ›chorografischer‹ Schilderung der *Urbs* und ›kommunozentrischer‹ Darstellung der *Civitas*, der Stadtgemeinschaft also, sein,[3] wie man sie in anderen Ländern kennt. Beide Aspekte verschmolzen hier zu einem umfassenden ›öffentlichen‹ Bild der Stadt.

Selbstverständlich waren die Panoramen aus dem zweiten Viertel des 16. Jahrhunderts, wenn sie als Stiche gedruckt wurden, für einen allgemeineren Gebrauch bestimmt. Man findet sie dann in Sammlungen, die auch Darstellungen vieler anderer Städte beinhalten. Somit hatten sie einen illustrierenden, die Stadt Lissabon in ihren Eigenheiten beschreibenden Charakter, gleichzeitig aber auch einen globalisierenden, der auf allgemeine Merkmale von Städten in der Frühen Neuzeit hinweist. Dennoch wurden diese Stiche zum generell anerkannten kanonischen Modell Lissabons. Besonders jene von Georg Braun (1541–1622) aus den Jahren 1572 und 1598 können als die klassischen Darstellungen Lissabons *par excellence* angesehen werden. Ich bin sogar versucht zu behaupten, diese Lissabonner Panoramen zeigen das klassische, kanonische Bild der ›europäischen Stadt‹ schlechthin (Abb. 2).[4]

Eine Stadt mit Aussicht auf einen Fluss

In der Regierungszeit von Dom Manuel I. (1495–1521) kamen in Lissabon die Merkmale eines frühneuzeitlichen Städtebaus zum Tragen, der sich bald auf das gesamte portugiesische Festland ausdehnte und auch die Gebiete in Übersee erreichte. Aus den Quellen dieser Zeit geht hervor, dass man sich zunehmend mit der Ordnung des öffentlichen Raumes, insbesondere aber der Straßenführung und der Normierung von Straßenbreiten, beschäftigte. Hierbei wurde erstmals eine messbare funktionelle Norm angelegt, die sich im Ausdruck *traçar por cordel* (»nach der Schnur« oder »mit der Schnur« zeichnen bzw. anlegen) niederschlug.[5]

In der Zeit von 1498 bis 1499 wurde ein Programm zur Neuordnung der Stadt in Gang gesetzt, das sich bis 1501/02 hinzog.[6] Dieses Programm offenbart neue, vormals nicht zum Tragen gekommene funktionelle Sorgen der Städteplaner und belegt den Beginn einer Suche nach Antworten auf den plötzlich angewachsenen Zustrom von Gütern und Menschen in die Stadt. So wurde der Raum der *Ribeira* definiert, ein wörtlich am ›Fluss-

Abbildung 1
Hafenansicht Lissabons, in Duarte Galvão/António de Holanda, Crónica do rei D. Afonso Henriques, Lissabon nach 1534, Kat.-Nr. II.3

ufer‹ gelegenes, seit dem Mittelalter bestehendes Areal, das aber erst durch den Bau des neuen Königspalastes (der unterdessen auch als *Ribeira-Palast* bekannt wurde) als eigenständiges Element hervortrat. Die *Ribeira* wurde Standort eines Gebäudekomplexes, der den bis dahin auf dem Burgberg gelegenen, von der mittelalterlichen Festung der *Alcáçova* eingeengten Palast ablöste. Die Verlegung des Königspalastes ans Flussufer war ein politisches Signal, das dem merkantilen Charakter des portugiesischen Imperiums Rechnung tragen sollte. Dieser einzigartige, jeglichen Vorbildes entbehrende Palast, von manchen Historikern lediglich als Zeichen einer kuriosen Fehleinschätzung der wirtschaftlichen und finanziellen Struktur des Landes abgetan, war das Ergebnis einer durch und durch ›manuelinischen‹ politischen Vorgehensweise, von der im Folgenden noch die Rede sein wird. Hier wurden Prinzipien einer unbestrittenen Anerkennung königlicher Macht und eines aufkommenden Zentralismus befolgt, mit denen ein Haupstadtideal vorweggenommen wurde, das in anderen europäischen Städten erst am Ende des 16. und zu Beginn des 17. Jahrhunderts aufkam.

Nach kommunal-dienstleistungsbezogenen Gesichtspunkten und mit dem Ziel der festen Ansiedlung von Handwerksgilden ermöglichten diese Bauprojekte die unmittelbare Durchführung einer Reihe von Neustrukturierungen: die Verbreiterung von Straßenzügen (Porta do Paço, Portagem, Calçada de São Francisco), den Durchbruch neuer Straßen (Rua Nova, Rua Nova dos Mercadores, Rua dos Sapateiros, Rua dos Ferreiros, Rua de São João da Praça) sowie die Umgestaltung oder den Neubau von Brunnen, unter anderem für die Wasserversorgung der Schiffe (in der Rua Nova, der Rua dos Cavalos, am Chafariz d'el-Rei, in Cata-Que-Farás und in Santos).

Festzustellen ist auch, dass diese Urbanisierungsmaßnahmen von einer erforderlichen Gesetzgebung begleitet wurden, die im

ABBILDUNG 2
STADTANSICHT LISSABONS, IN: GEORG BRAUN/FRANZ HOGENBERG, URBIUM PRAECIPUARUM MUNDI THEATRUM, KÖLN UM 1599, KAT.-NR. IX.10

Wesentlichen zwischen 1498 und 1502 entstand. Die damals erlassenen Gesetzesinstrumente oder Gemeindeverordnungen disziplinierten oder verhinderten das Bauen und bestanden[7] streng auf der Standardisierung von Prozessen, was an der Häufigkeit der Benutzung des Ausdrucks »es möge auf gleiche Weise gemacht werden« (*faça-se de iguall*) ersichtlich wird.[8]

Die Architektur der neuen Bürokratie

In diesem Zeitraum blühte auch die Baukunst, insbesondere auf dem Gebiet der Zweckbauten, auf. Neben Wohngebäuden, die wegen des demografischen Wachstums der Städte insbesondere an der Küstenlinie entstanden, finden wir Hafen-, Zoll-, Dienstgebäude, Lagerhallen verschiedenster Art und Gebäude, deren Funktionen im Zusammenhang mit dem wachsenden Staatsapparat standen. Bei diesen Zweckbauten können wir anhand noch vorhandener Bausubstanz, zeitgenössischer Darstellungen und archäologischer Spuren weitgehend einförmige, allgemein angewandte architektonische Gestaltungsmotive ausmachen, darunter Rundbogenarkaden mit Pilastern oder Halbpilastern, Bogensegmente und breite glatte Wandpfeiler mit abgefasten Kanten. Hinzu traten Holzdecken und manchmal Gewölbe, wobei letztere oft aus Ziegeln bestanden. Es handelte sich im Allgemeinen um einfache Strukturen aus leicht zu beschaffenden, regional erhältlichen Materialien mit einheitlichen Proportionen und sehr wenig plastischer Ausschmückung. Sie bestätigen die These vom Aufkommen einer ersten, noch anfänglichen ›Standardisierung‹, die einherging mit meist sehr einfachen, auf Rahmungen bzw. Einfassungen von Türen und Fenstern und abgefaste Steinkanten beschränkte Verzierungen. Dies kam dem Bedürfnis nach unkomplizierten, zeitsparenden Techniken in einer Zeit stark anwachsender Bautätigkeit entgegen.

In offensichtlichem Gegensatz zur Pracht der edleren Gebäude (Kirchen, Paläste) löste die Zweckmäßigkeit und Rationalisierung der Mittel auch eine ästhetische Spannung, die durch die Hinwendung von Teilen der Gesellschaft zu bürokratischen und merkantilen Tätigkeiten entstanden war. Eine Verbindung dieser pragmatischen Bauweise mit einer heraldisch beladenen, rhetorischen Architektur findet sich im königlichen Allerheiligenspital, dem *Hospital de Todos-os-Santos* am Rossio, begonnen unter Dom João II. und fertiggestellt unter Dom Manuel I. Der Rossio – der Name bedeutet einfach ›Platz‹ – lag am Nordrand Lissabons und empfing Reisende, die sich der Stadt auf dem Landweg näherten. Mit dem neuen Gebäude und vor allem seiner ausgedehnten Fassade wurde der Platz an seiner Ostseite abgegrenzt und in seiner Ausrichtung fixiert. Das Gebäude, dessen Fundamente 1492 gelegt wurden, besaß einen kreuzförmigen Grundriss, eine damals moderne, aus Italien eingeführte Lösung, die bereits bei Krankenhäusern wie dem Mailänder Ospedale Maggiore von 1456 angewandt worden war.

Auf dem Rossio konnte Lissabon nun seine Festlichkeiten und Turniere abhalten. Wie ein bislang anscheinend unbeachtetes Detail der Panorama-Miniatur in der *Crónica de Dom Afonso Henriques* (Museum Conde Castro Guimarães, Cascais) zeigt, befand sich auf der Westseite des Platzes, den König Manuel zu dieser Zeit gerade städtebaulich zu ordnen versuchte, eine große vergoldete Umfriedung mit zwei hohen Masten an beiden Enden, die beide Mastkörbe zu tragen scheinen. Dieses ansehnliche Areal diente vermutlich für große Pferdeturniere und stand somit ganz in der Tradition zahlreicher Feste und Stierkämpfe, für die der Rossio bekannt war.[9]

Bedeutsamer noch war die Gründung eines neuen Stadtviertels, der Vila Nova de Andrade[10] unmittelbar außerhalb der mittelalterlichen Stadtmauern im Westen der Altstadt. Dieses neue Viertel zog sich den Hang hinauf bis in die Nähe des Trindade-Konvents und wies ein regelmäßiges Netz von ›geraden Straßen‹ (*ruas direitas*) und ›Querstraßen‹ (*ruas travessas*) auf, die längliche trapezförmige Häuserblöcke bildeten.

Ein aussergewöhnlicher Palast

Die *Ribeira* war im Westen durch die sehr lange, aber mit seinen Arkaden alles andere als schwerfällig wirkende Masse des Königspalastes gekennzeichnet, der sich 1501 bereits im Bau befand. Das Gebäude, das von Nuno Senos[11] als Paradebeispiel manuelinischer Prachtarchitektur untersucht wurde, ist umso außergewöhnlicher, als es keinem konkreten Vorbild folgte.

Die zur Verfügung stehenden ikonografischen Quellen ermöglichen eine Rekonstruktion der funktionellen Aufteilung der Räume. Diese ergibt, dass der eigentliche Palast eine L-förmige Grundstruktur besaß, deren ältester Flügel an der Nordseite recht weit vom Flussufer entfernt lag.[12] Hier befanden sich in den Obergeschossen die eigentlichen Wohnräume, während im Erdgeschoss die *Armazéns da Casa da Índia* untergebracht waren, Lager und Kabinetts, in denen der Handel mit Indien verwaltet wurde (daher manchmal die Bezeichnung des Gebäudes als Indienpalast, *Paço da Índia*). Die Gemächer des Königs befanden sich in einem kleineren Flügel, der etwas zurückgesetzt im rechten Winkel zum Flussufer lag. Dieser führte dann zu dem sich parallel zum Fluss erstreckenden Flügel, in dem sich hierarchisch von Westen nach Osten angeordnet die Gemächer des Thronfolgers, die Thomaskapelle (*Capela de São Tomé*) und der Große Saal (das diplomatische und zeremonielle Zentrum des Palastes) befanden, gefolgt von den Gemächern der Königin und denen der Infanten; parallel zu diesem letzten Flügel verlief ein weiterer, der für die Gemächer der Infantinnen bestimmt war und so die Trennung nach Geschlechtern erlaubte. Vom Großen Saal, dem funktionalen Knotenpunkt des ganzen Ensembles, ausgehend, verlief im rechten Winkel zum Strand die auf sämtlichen Abbildungen sichtbare Galerie. Dieser ausgedehnte Gebäudeteil mit anfangs offenen, auf andere Neubauten der Stadt verweisenden Arkaden im Erdgeschoss, verband den bereits beschriebenen Komplex brückenartig mit dem Fluss. Auf halber Länge wies dieser Bau, wahrscheinlich erst seit der Zeit Dom Joãos III. (reg. 1521–1557), ein zweigeschossiges turmartiges Wohngebäude (casa) mit einem zugespitzten Dach auf. Die Galerie wurde im Süden zum Fluss hin von einem Turm mit Wehrcharakter abgeschlossen. Dieser befestigte Turm am Fluss wurde zwischen 1508 und 1511 erbaut und folgte den gleichen Prinzipien königlicher Rhetorik wie der von 1514 bis 1519 erbaute Turm von Belém; an seiner Fassade prangte ein riesiges königliches Wappen, flankiert von zwei ebenfalls übertrieben großen Armillarsphären, Symbole und Vergegenwärtigungen manuelinischer Macht. Als wenige Jahre später das Verteidigungssystem an der Tejomündung fertiggestellt wurde, verlor dieser Turm schnell jegliche Verteidigungsfunktion.

Der Bau des Palastes begann 1501, und seine Räumlichkeiten wurden scheinbar bereits ab 1505 genutzt. Doch erst 1508 wurde mit den Bauarbeiten für den von Diogo de Arruda geplanten Turm am Ende der Galerie begonnen, die bis ungefähr 1511 andauerten. Von den weiteren Baumaßnahmen sind die des Steinmetzes João Dias erwähnenswert. Zeitgleich zum Turmbau erneuerte Dias die brückenartige Galerie, indem er wahrscheinlich über dem offenen Erdgeschoss zwei Stockwerke mit Fenstern errichtete.[13]

Der spektakuläre Gebäudevorsprung des Palastes durch die im rechten Winkel zum Tejo gelegene ›Brücke‹ oder Galerie findet im langen Baukörper des Schlafsaals des Hieronymusklosters seine Entsprechung, der auf ein ausgedehntes, ursprünglich offenes Vordach oder das Erdgeschoss gesetzt wurde. Dieser Bau erstreckte sich von Osten nach Westen parallel zum Strand von Belém und wurde um 1513 nach einem Plan von Diogo Boitaca bzw. Boytac erbaut. Zur gleichen Zeit wurden auch, wie schon erwähnt, die Bauarbeiten für das königliche Krankenhaus *Todos-os-Santos* mit seinen Arkaden im Erdgeschoss realisiert. Ab 1513 begann dann Martim Lourenço mit den Änderungs- und Anbauarbeiten an den königlichen Palästen von Évora. Die heute noch existierende sogenannte ›Damengalerie‹ deckt sich mit dem Grundriss der großen Galerie des Lissabonner Königspalastes und ist praktisch eine Replik des Letzteren in kleinerem Maßstab. Sie stellt einen im Erdgeschoss offenen, im ersten Stock geschlossenen Baukörper dar und besitzt einen zentralen Turm mit Veranda und einen ausgedehnten, unten geschlossenen Gebäudeteil, der von einer großen Veranda mit drei Mudejarbögen abgeschlossen wurde, die einen Ausblick auf die Felder in der Umgebung der Stadt bieten.[14] Die Ausrichtung dieses Anbaus, der übrigens auch rechtwinklig zum heute verlorenen Hauptteil lag, auf die umliegende Landschaft belegt die frühe Entstehung einer typisch portugiesischen Palasttypologie ohne Parallelen auf der Iberischen Halbinsel, die Charakteristika der Renaissance bzw. sogar späterer gegenläufiger Stile vorwegnahm.

Die Sphäre des Königs

Mit der Galerie des Königspalastes an der Westseite und der Ladenreihe der sogenannten *boticas da fonte da Frol* an der Nordseite erhielt die Ribeira einen architektonischen Rahmen, der sie zu einem *Terreiro*, einem Platz also, machte. Bei den Läden handelt es sich um eine Gruppe von vier einstöckigen Baukörpern (Erdgeschoss und erster Stock), die um 1498 gemeinsam entworfen wurden und eine homogene Ladenfront mit sich wiederholenden Fassaden aufwiesen, die nur von den Durchgängen zur Rua Nova, Rua dos Ferreiros und Largo dos Açouges unterbrochen wurde.[15] Der Gesamtkomplex hatte einen L-förmigen Grundriss und wurde in Lissabon bald als *Terreiro do Paço*, Palastplatz, bekannt.

Im Jahr 1513 wurde auch eine umfassende Neuordnung der Flussfront in Angriff genommen. Für den Bau der neuen Gebäudekomplexe am Fluss wurde ein erfahrener Steinmetzmeister engagiert: André Pires[16] wurde zum »Meister der königlichen Bauarbeiten für die Stadt Lissabon« ernannt und 1515 als solcher registriert.[17] Die Erweiterungsarbeiten konzentrierten sich vor allem auf die Umgebung des Königspalastes oder auf diesen selbst. Sie befolgten weiterhin typisch manuelinische Prinzipien, wurden aber in der Folgezeit sukzessive verändert und hatten am Ende des 16. Jahrhunderts nur noch wenig mit den Plänen jenes Königs zu tun. Die traditionell mit der Ribeira verbundenen Viertel blieben dabei unverändert nördlich des *Terreiro*, hinter den von Dom Fernando im 14. Jahrhundert errichteten Stadtmauern und in enger Anbindung an die als *Baixa* bekannte Unterstadt.[18] Westlich vom Palast lagen die Waffen- und Handelslager der Krone, darunter die *Casa da Guiné*.[19] Die wahrscheinlich an den Gebäudekomplex des Palastes angeschlossene *Casa da Moeda*, das Münzhaus, lag an der Rua da Calcetaria. Sie war vom *Terreiro do Paço* aus zugänglich über einen als *Arco da Moeda* bekannten Torbogen.

Die als Casas bekannten Institutionen (*Casa da Guiné/Mina*, *Casa de Ceuta* und vor allem *Casa da Índia*, letztere im Erdgeschoss des Palastes eingerichtet) dienten zur Lagerung, aber auch zur Gewichtskontrolle und Registrierung der wertvollen Güter aus Übersee. Diese Gebäudetopografie, zugleich grandios und zerbrechlich, weil aus so unterschiedlichen, voneinander teils getrennten Elementen zusammengesetzt, fand ihre direkte Entsprechung in der komplexen Geografie des Imperiums, das Dom Manuel von hier zu lenken gedachte.

Festzustellen ist dabei auch, dass einige Machtfunktionen anhand autonomer Gebäude identifizierbar waren – sogar typologisch, wie noch zu sehen sein wird – während die *Casas*, von denen die Macht des Königreiches und des Königs in großem Maße abhing, regelrecht mit der Palastarchitektur verschmolzen waren und von außen gesehen keine besonderen typologischen Merkmale aufwiesen. Die monopolhafte Konzentration des königlichen Reichtums anhand privilegierter Handelsbeziehungen und -rechte fand in dieser Architektur einen unmissverständlichen Ausdruck. Auch wenn es pragmatische Gründe für die Verbindung von Palast und *Casa da Índia* gab, so waren doch die symbolischen Aspekte der ausschließlich portugiesischen oder sogar ausschließlich manuelinischen imperialen Makroideologie ausschlaggebend. Die praktischen Funktionen des Königspalastes verschmolzen mit den symbolischen Funktionen der Armillarsphäre als Herrschaftszeichen und dem neuen, auf die Besitztümer in Afrika und Asien verweisenden Titel des Königs.

Das Gewerbegebiet

Östlich des Palastareals wurde der große Komplex der *Tercenas das Portas da Cruz* erbaut, wo die Artillerie hergestellt wurde. Dieses Arsenal war der vom neuen politischen Machtzentrum am weitesten entfernte, aber auch bemerkenswerteste manuelinische Bau. Die zweistöckigen Hallen waren hufeisenförmig angelegt und standen auf einem rechteckigen Kryptoportikus. Reste der unterirdischen Bogenstruktur sind heute im Kellergeschoss des Militärmuseums zu sehen, das im 19. Jahrhundert in die Geschützgießerei der Armee zog, die die Funktion der ursprünglichen manuelinischen Tercenas übernommen hatten und bis zum 17. Jahrhundert unter dem Namen *Tercenas Novas* bekannt war.[20]

In der Nähe lagen die Zwiebacköfen der *Portas da Cruz*,[21] die die Schiffe versorgten bzw. zu versorgen halfen, denn seit den 1530er Jahren erfolgte die Zwiebackherstellung auch in weiteren

Abbildung 3
Der Palast des Marquis von Castelo Rodrigo,
Dirk Stoop, um 1650, Lissabon, Museu da Cidade

Anlagen südlich vom Tejo, in *Vale do Zebro*. Etwas westlich vom Arsenal lag die alte *Ribeira* (*Ribeira Velha* oder *Ribeira das Portas do Mar*), umgrenzt von den riesigen, ebenfalls schlichten und funktionalen, unter Dom Manuel erbauten Kornspeichern (*Armazéns do Terreiro do Trigo*). Letztere wurden gegenüber der Fassade der bedeutendsten Kirche der gesamten Flussfront errichtet, der Misercórdia-Kirche, einer zu dieser Zeit hochangesehenen Einrichtung, deren Seitenfassade mitsamt dem gewaltigen, heute noch erhaltenen Portal hierdurch verdunkelt wurde. Das Speichergebäude bestand aus einem offenen Gang, der zu zwei ausgedehnten symmetrisch angelegten Galerien führte. Diese besaßen ein offenes Erdgeschoss mit Segmentbögen und einen ersten Stock auf einer Plattform mit in die Fassade eingelassenen Fenstern.[22] Die formale Gliederung (Mauerpfeiler, Seitengänge) unterschied sich nicht sehr von der Galerie des Schlafsaals des Hieronymusklosters.

Eines der für den Betrieb an der Flussfront wichtigsten Gebäude war das damals renovierungsbedürftige Zollhaus. Das alte Zollhaus stammte aus dem Mittelalter und war zu klein, um den Anforderungen des zunehmenden Warenverkehrs entsprechen zu können. Die Bauarbeiten für das neue Zollhaus (*Alfândega Nova*) wurden 1517 begonnen und zogen sich über Jahrzehnte hin. Das Gebäude lag am Fluss und grenzte direkt an die Kornspeicher an. Die Form dieses Gebäudes änderte sich im Laufe des Jahrhunderts erheblich. Zu Beginn hatte es eine zweistöckige, zum Fluss ausgerichtete Fassade mit vier Segmenten und einem offenen Bogengang im Erdgeschoss sowie eine Verbindung zu einer Plattform mit einem daran anschließenden Kai. Diese Form hatte, wenn man die Bildquellen untereinander abgleicht, meiner Ansicht nach bis ungefähr 1580 Bestand. Doch Ende des 16. Jahrhunderts wurden zur Flussseite hin zwei parallel gelegene Gebäude angefügt, die eine Art zum Wasser hin gewandten Innenhof schufen, der als Kai diente.

Westlich vom Königspalast lag die *Ribeira das Naus*, wo während des 16. Jahrhunderts die für die Schifffahrt nach Indien und bald auch Brasilien nötigen Schiffe (zumeist *Naus*, in etwa übersetzbar als ›Karacken‹) gebaut wurden. Das Werftgelände lag zwischen der Galerie des Palastes und der Häuserfront des Cata-Que-Farás-Viertels, die im 16. Jahrhundert durch die prächtige Fassade des Palastes des Grafen und späteren Marquis von Castelo Rodrigo, Cristóvão de Moura, ersetzt wurde. Die umfriedete und bewachte Werft, die bis ins 18. Jahrhundert in Betrieb blieb, grenzte direkt an den Königspalast an, von dem man einen guten Ausblick auf das rege Treiben um die Holzskelette der Schiffe hatte (Abb. 3).

Der spanische Herkules

Die Bemühungen König Philips II. um eine Veredelung der ›atlantischen Fassade‹ seines Reiches sind bekannt. Bei seiner Reise nach Lissabon im Jahr 1581 ließ sich der Monarch, der soeben den Thron Portugals bestiegen hatte, von dem bedeutenden Architekten Juan de Herrera (1530–1597) begleiten.[23] Unter der Hand der neuen Baumeister sollten die Zeichen der neuen Macht in dem ehemals von Dom Manuel entworfenen, seit Dom João III. dagegen vernachlässigten Schauplatz königlicher Symbolik wiedererstehen.

In diesem Zusammenhang stand die Errichtung eines Turmbaus am Südende der Palastgalerie unter der Leitung des Hauptarchitekten von König Philip II., Filipe Terzi (tätig 1577–1597). Dieser Bau griff zwar den militärischen Charakter des ursprünglichen manuelinischen Festungsturms auf, gab ihm aber mit einer neuen Fassadenarchitektur in den oberen Stockwerken und mit einer neuen Bleikuppel ein deutlich palastartiges Aussehen. Auch der Bau der Kirche von *São Vicente de Fora* – der einzige Eingriff in die Lissabonner Skyline in hundert Jahren – geht auf Philipp II. zurück und stellt sein bedeutendstes Engagement als Mäzen dar. Der König wählte in einem hoch symbolischen Akt ein von Dom Afonso Henriques, dem ersten König Portugals gegründetes königliches Kloster, um es neu zu gestalten und wieder aufblühen zu lassen. Die eigentlichen Bauarbeiten begannen 1590,[24] und die Planung lag wahrscheinlich bei Juan de Herrera, unter Mitarbeit von Filippo Terzi. Die Arbeiten wurden wohl von Baltasar Álvares (tätig 1575 bis zu seinem Tod 1624) geleitet, einem Neffen von Afonso Álvares. Baltasar war in der Zeit von 1573 bis 1578 durch Italien gereist, wo er lernte, die weiterhin dominante Strenge und Einfachheit der portugiesischen Architektur (*arquitectura chã*) zumindest aufzulockern und zu verfeinern. Er übernahm einige der portugiesischen Vorgaben, plante aber einen Tempel, der weitgehend von Vignolas Modell der Il Gesú-Kirche in Rom inspiriert war, mit einem Querhaus, dessen Stirnwände mit den Seitenwänden des Langhauses eins waren (also nicht nach außen hervorstachen), Seitenkapellen am Langhaus, einer später eingestürzten Kuppel über der Vierung (mit zylinderförmigem Tambour und einer Laterne), einer tiefen Chorkapelle und origineller Fassade.

Rein ›spanischen‹ Charakter hatte ein weiterer Neubau, der in den Augen der damaligen Bewohner Lissabons recht eindrucksvoll gewesen sein muss. Es handelt sich hierbei um den Palast der Familie des Grafen und späteren Marquis von Castelo Rodrigo,[25] dem ein Entwurf in der Tradition des volumetrisch besonders begabten Herrera zugrunde lag: Es bestand aus einem Bauquader mit quadratischem Grundriss und einem kleinen Innenhof, hatte zwei vorgeschobene Gebäudeteile an der Vorderseite und pyramidenförmige Zinnen an den vier Ecken. Ich denke, dass das Gebäude angesichts des politischen Status' der Familie (der Marquis war der höchste Repräsentant Philipps II. in Portugal) als offizielle Residenz des Gouverneurs bzw. Vizekönigs während der spanischen Herrschaft fungierte. Es musste dementsprechend sehr weitläufig sein und im oberen Geschoss Räumlichkeiten für festliche Anlässe höfischer Natur aufweisen.

Das imaginäre Lissabon
Visionen eines Manieristen

Im Jahr 1571 stellte der Architekt, Maler und Kunsttheoretiker Francisco de Holanda[26] ein Manuskript mit dem Titel *Da fabrica que falece à cidade de Lisboa* (wörtlich *Von den Bauarbeiten, die die Stadt Lissabon benötigt*) fertig,[27] mit dem er dem jungen König Dom Sebastião I. den Weg zur Verschönerung der Stadt weisen wollte. Mit einer ganzen Reihe neuer Bauten sollte Lissabon das monumentale Profil einer wirklichen Reichshauptstadt erhalten, einer Art ›neuen Roms‹ oder sogar, mit mystischen Untertönen, eines ›neuen Jerusalems‹. Dies offenbarte sich schon in der vitruvianisch inspirierten allegorischen Gestalt Lissabons, mit der Holanda für sein Projekt warb.

Natürlich interessierte sich Holanda neben großen religiösen und Zivilbauten auch für die Militärarchitektur. Sein Entwurf sah ein neues Stadttor (*Porta da Cruz*) vor, daneben renovierte Stadtmauern und Basteien, eine moderne Burg, eine revolutionäre innere Festung und verschiedene außerhalb gelegene Verteidigungsbauten, darunter die *Bastião dos Cachopos* am Tejo, an deren Stelle später das *Forte do Bugio* errichtet wurde. Holandas Hauptinspirationsquelle waren die 1537 veröffentlichten *Regole generali d'architettura* (auch bekannt als ›Viertes Buch‹) des Sebastiano Serlio, als dessen eifriger Leser und Befolger er sich entpuppte.[28]

Der bescheidene Vorschlag eines ›Gitters‹ für die Sebastianskirche nahe beim Palast (São Sebastião; Blätter 26v–27r des Manuskripts) wurde schließlich zur unfreiwilligen Bestätigung für den Idealismus Francisco de Holandas. Der Bau der Kirche befand sich zu diesem Zeitpunkt in seinem Anfangsstadium, und das Gebäude wurde nie fertiggestellt. Der Bau auf dem *Terreiro do Paço* wurde mit dem gesetzten Fundament und hochragenden Mauern, die in der Abbildung Lissabons von Simão de Miranda aus dem Jahr 1575 noch zu sehen sind, schlicht aufgegeben.

Ein Blitzbesuch des Königs

Eine der Wunschvorstellungen, an die sich viele Lissabonner während der iberischen Union klammerten, war es, die Stadt am Tejo zum politischen Zentrum der Iberischen Halbinsel und seiner beiden Weltreiche zu erheben. Die Annexion Portugals im Jahr 1580 durch die spanische Krone hatte schwerwiegende Folgen, gleichzeitig eröffnete sie aber auch die Möglichkeit, dies mit einer Aufwertung der Stadt im neuen Kontext wettzumachen. Dementsprechend hatte die ephemere Architektur rund um den offiziellen Einzug König Philipps I. (Philipp II. von Spanien) 1581 in Lissabon die ›Stadtrechte‹ zum Thema. Dies sollte die erste *Joyeuse Entrée* in Lissabon sein.[29] Vor dem Königspalast errichtete die flämische Gemeinde einen großen Triumphbogen, und hier fand die Zeremonie zur ›Übergabe der Schlüssel‹ der Stadt statt.[30] Ein anderer großer Bogen, von der deutschen Gemeinde gestiftet, erhob sich an der Flussfront des *Terreiro do Paço* (Abb. 4). Solche Bögen folgten im Allgemeinen

Abbildung 4
Arco de los Alemanes (Der Bogen der Deutschen), in: J. B. Lavanha, Viagem da Catholica Real Magestade, Madrid 1622, Lissabon, Museu da Cidade

Abbildung 5
Einzug von Philipp III. (Philipp II. von Portugal) in Lissabon, 1613,
Panoramagemälde im Kurfürstlichen Gemach von Schloss Weilburg,
Bad Homburg v. d. Höhe – Staatliche Schlösser und Gärten Hessen

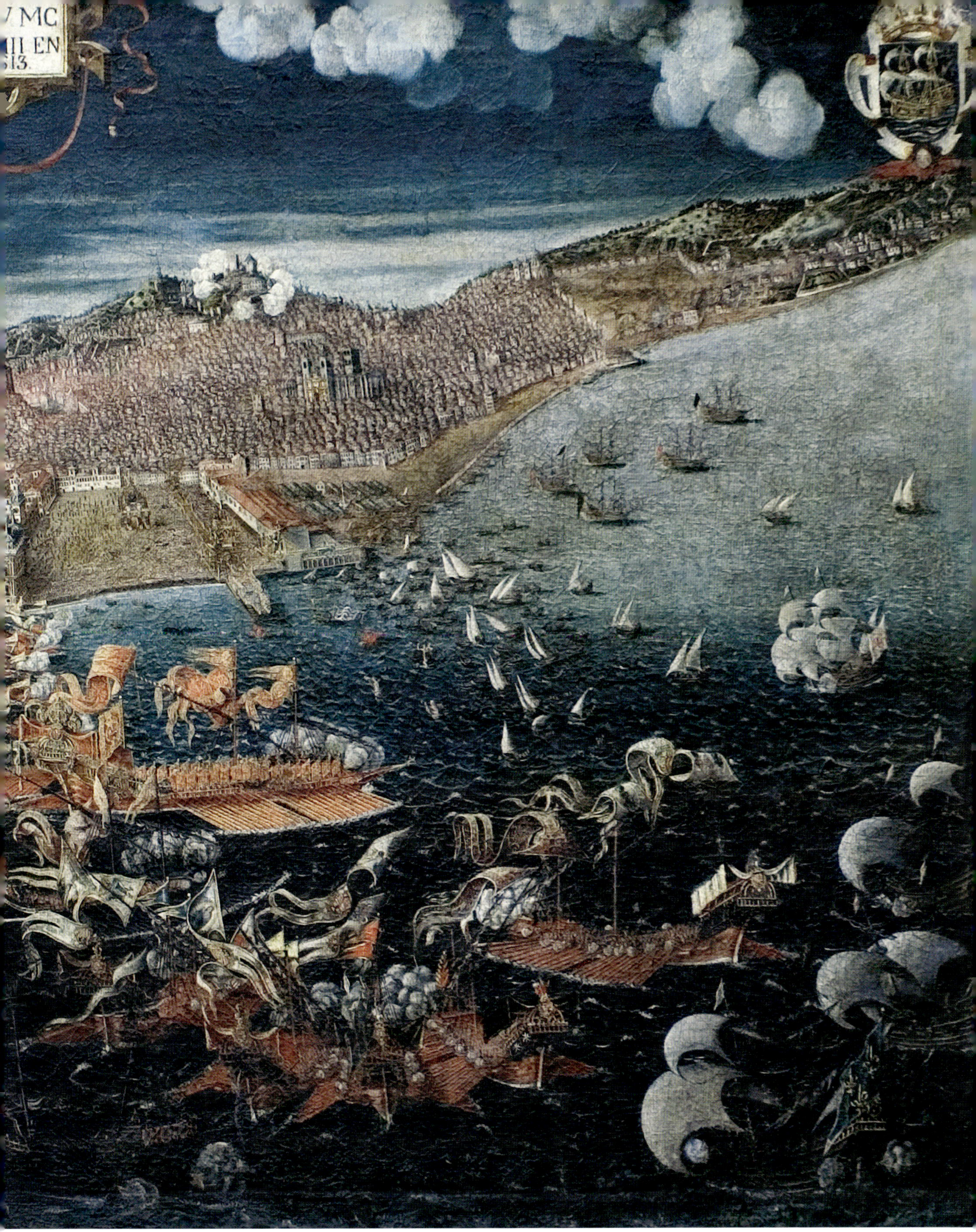

Kunstwerke und Bildsprache

den architektonischen Regeln der klassischen Antike und waren von allegorischen Skulpturen geschmückt. Sie trugen oft Inschriften zu Ehren der Stadt, in der sie aufgestellt wurden, des Königs, dem sie gewidmet waren, und der Gemeinde oder ›Nation‹, die sie in Auftrag gab. Vom Einzug Ernsts von Österreich 1594 in Antwerpen ist zum Beispiel ein monumentaler Bogen der portugiesischen Nation auf einem Kupferstich dokumentiert.[31]

Nach dem Tod Philipps I. im Jahr 1598 legte Lissabon dem Hof in Madrid nahe, einen Besuch des neuen Monarchen Philipp II. (Philipp III. von Spanien) zu organisieren, bei dem einerseits die Stadtrechte bestätigt und andererseits die Macht der Habsburger in Portugal legitimiert werden sollten. Seit der Wende zum 17. Jahrhundert gab es wirtschaftliche Probleme, und auch die politische Situation war instabil. Trotz des Drängens der Stadt spätestens seit 1605 kam Philipp III. den Bitten erst 1619, aus rein politischen Gründen und eher gegen seinen Willen, nach. Lissabon dagegen zögerte dennoch nicht, sich zur Deckung der enormen Ausgaben, die eine solche Feier erforderte, hoch zu verschulden. Die in künstlerischer Hinsicht beachtlichen Ergebnisse wurden dann in dem von João Baptista Lavanha verfassten, 1622 in Madrid veröffentlichten Werk *Viagem da Catholica Real Magestade del Rey D. Filipe III* (Reise der Katholischen Majestät König Philipps III.) dokumentiert, das Stiche der wichtigsten Bauten enthält, die zu diesem Anlass errichtet wurden (Abb. 4, Abb. 6).[32]

Bei den von den Zünften errichteten Triumphbögen überwogen die Huldigungen an den König und die Allegorien. Dasselbe galt für die Mehrheit der Bögen der nationalen Minderheiten (Deutsche, Flamen, Spanier, Italiener und Engländer). Gelegentlich konnten aber einige heraldische Symbole oder andere komplexe Herrschaftszeichen Zweifel an deren korrekter Interpretation und sogar den Verdacht auf rebellische Untertöne aufkommen lassen, selbst wenn letztere nicht unbedingt gewollt waren. In der Tat interpretierten der König und seine Gefolgsmänner einige der besonders mehrdeutigen allegorischen Bilder mit Skepsis. So hieß es in der ersten Zeile einer von der Münzerzunft gestifteten Inschrift, sie sei »A FILIPE SEM SEGUNDO« gewidmet, also wörtlich »Dem Philipp ohne Zweiten«,[33] was so viel heißen konnte wie »Philipp hat nicht seinesgleichen« oder aber, weit weniger lobhaft, »Philipp ... gab es nur einen«.[34] Sicher ist nur, dass Philipp III. sich an diesem Bogen nicht lange aufhielt. Die Zeremonie insgesamt war aber in künstlerischer Hinsicht eine der prächtigsten, die jemals in Lissabon abgehalten wurde.[35]

Die Vorstellung von Lissabon als *Umbilicus mundi*, als Nabel der Welt, die von den Portugiesen schon auf ihrem Bogen beim Einzug Ernsts von Österreich in Antwerpen erprobt worden war, wurde auch auf der Titelseite der *Viagem* Lavanhas in einem Stich von Hans Schorquens wieder aufgegriffen. Dort sieht man oben das allegorische Bild Lissabons als sitzende weibliche Figur,

Abbildung 6
Ankunft von König Philipp III. in Lissabon,
in: J. B. Lavanha, Viagem da Catholica Real Magestade,
Madrid 1622, Lissabon, Museu da Cidade

die in der linken Hand das Wappenschild der Stadt mit dem üblichen Schiff hält und am Kopf die Inschrift »ULISSEA« trägt. Zu ihren Füßen befindet sich die herkömmliche, für den Tejofluss gebräuchliche allegorische Figur des bärtigen und stark behaarten Mannes mit einem Gefäß, aus dem Wasser fließt (die Inschrift »TAGUS« befindet sich auf einer der Amphoren). Seitlich auf der Inschriftentafel findet sich zu unserer Linken Odysseus (mit der Inschrift ULYSSI / OB / URBEM / CONDITAM auf dem Sockel) und zu unserer Rechten Dom Afonso Henriques, der erste König Portugals (mit der Inschrift ALFON / SO.I / OB / URBEM / CAPTAM auf dem Sockel). Dies war die grafische und allegorische Übertragung der Vorstellung von Lissabon als ältester unter den großen Städten der Antike: eine Stadt wie sie edler nicht sein konnte, vom Helden Odysseus gegründet und würdig, die Hauptstadt eines Imperiums zu sein.

Das fiktive Lissabon

Lissabon und Odysseus: Der Mythos vom ›kulturbringenden Heros‹

Wenn nun Lissabon mit seiner Lage am Atlantik ein unbestreitbares Ansehen erlangte, erwarb sich auch der Tejo, an dessen Ufern die Stadt errichtet wurde, mit seinem natürlichen Hafen und seiner Geschäftigkeit einen großen Ruf. Aufgrund seiner Rolle in der portugiesischen Expansion wurde der Tejo während des 16. Jahrhunderts sowohl wirtschaftlich als auch symbolisch als einer der wichtigsten Flüsse der Welt angesehen: ein Fluss, der »an den Gestaden des Ozeans, in Afrika wie auch in Asien, Gesetze und Regeln« diktiert.[36]

Die Mystik jener Zeit verlieh dem Fluss, sei es aufgrund seines Goldgehaltes, sei es, weil er die Stadt umspülte, die Zentrum eines ausgedehnten Imperiums war, ›magische‹ Eigenschaften. Dieser Ruf beruhte auf ›Belegen‹ diverser Art, von denen der berühmteste wohl die falsche römische Inschrift zu Sintra ist, auf der die ›Wirkungen‹ (also die magischen Kräfte) des Tejo mit denen des Ganges in Verbindung gebracht und so, ganz im Sinne der mittelalterlichen Tradition von der *Translatio Imperii*, die Zeichen für ein kommendes Weltreich gesetzt wurden. Es waren Worte einer Prophezeiung, die angeblich auf einer Stele in Sintra entdeckt und dann tatsächlich 1534 in Ingolstadt veröffentlicht wurden:[37] »Offenbaren werde ich mich im Okzident. / Wenn sich im Orient die Türe öffnet / Verblüffend wird es sein [zu sehen] / Dass der Indus zusammen mit dem Ganges, wie ich sehe / die Wirkungen mit dem Tejo tauscht.«[38] War der Ganges bereits für seine Nähe zum Garten Eden bekannt, wurde jetzt der Tejo zur Pforte einer neuen Evangelisierung, mit der die Endzeit für das ganze Erdrund eingeläutet werden sollte.

Da aber der Ursprung des Namens Lissabon geheimnisumwoben war, wurde diese Ungewissheit zur Quelle verschiedenster Spekulationen. Größte Aufmerksamkeit und sogar internationale Anerkennung erregte dabei diejenige, wonach der Name der Stadt von Odysseus (*Ulisses*) hergeleitet sei. Hierzu passend[39] wies Lissabon, so manche Autoren, bestimmte topografische und symbolische Charakteristika auf, die nur in sogenannten ›magischen Städten‹ und Hauptstädten großer Imperien zu finden seien. Sie wurde von einem großen zivilisationsstiftenden Helden gegründet,[40] sie wurde durchquert von einem großen Fluss mit äußerst reichen Wassern, in ihrer Umgebung fanden sich heilige Orte wie Täler oder Berge, wo Wunder geschahen, sie besaß aufgrund ihrer sieben Hügel eine ganz besondere Topografie. Deshalb, so sagte man, war Lissabon die ideale Hauptstadt für ein großes Imperium. Diese Eigenschaften, von denen etliche aus der klassischen Antike bekannt waren (die Gründungsmythe, die heiligen Berge und Täler), andere im Mittelalter Erwähnung fanden (der kulturstiftende Held),[41] wurden von Humanisten des 16. Jahrhunderts wie Damião de Gois und André de Resende, aber auch von Mythenerzählern wie Francisco de Monzón, Luís de Camões, Nicolau Coelho do Amaral, Francisco de Holanda[42] und Fernão de Oliveira in großem Stil weiterentwickelt. Dieselbe Tradition lebte dann fort bei Autoren des 17. Jahrhunderts, die eine Verbindung der christlichen Mystik mit den teleologischen Erzählungen des *Quinto Império*, des apokalyptischen ›Fünften Reiches‹ aus der Geschichtskonzeption des Propheten Daniel, verfolgten.

Der Feuerstrahl und die wunderhafte Weltkugel

Der Hofhumanist João de Barros war einer der ersten Autoren, der die Gründung von Lissabon zum Thema machte und dabei mit symbolischen Elementen hantierte. In seinem um 1520 entstandenen Ritterroman, der *Crónica do Imperador Clarimundo* (Chronik des Kaisers Clarimundo), entfaltet sich eine grandiose Fabelsammlung, die unter anderem durch ›Ursprungsmythen‹ gekennzeichnet ist: »Das Wichtigste, was Odysseus auf dieser Erde vollbrachte, war die Gründung der Stadt Lissabon in der Nähe des Klosters von Chelas, wo Achill sich aufhielt. Und diese Gründung ging nicht ohne geheimnisvolle Ereignisse von statten, denn Jupiter erschien dem Odysseus im Schlaf und sprach [...]:[43] Dort, wo du in dieser zweiten Nacht ein Feuerzeichen niedergehen sehen wirst, sollst du eine Stadt gründen, die, wenn Rom seine Macht und seinen Kaisertitel verliert, an Umfang, Macht und Erhabenheit derart zunehmen wird, dass sie in allen Teilen der Welt gefürchtet und geliebt werden und solche Taten vollbringen wird, dass die Kriegstaten der Griechen und Römer ihren Ruhm verlieren werden. Zu höherem Lob wird dies dir gereichen, als die vielen Taten, die du bei der Belagerung Troias vollbracht hast; daher lebe zufrieden, denn gefeiert wird dein Name in Verbindung mit der Gründung dieser Monarchie werden. Odysseus fiel über all dies in große Ehrfurcht, und da er ein fähiger und scharfsinniger Mann war und das Gute und den Ruhm bedachte, die ihm für dieses Werk zukommen würden, erzählte er seinen Gefährten davon, und sie warteten die ganze Nacht auf das Zeichen, bis sie über der höchsten Spitze eines Berges einen Feuerstrahl niedergehen sahen, der die dort stehenden grünen Bäume zu verbrennen begann, bis die Erde so nackt dalag, als ob dort nie etwas gestanden hätte. Als Odysseus am folgenden Tag zur Stelle ging, an der er den Strahl hatte niedergehen sehen, fand er dort einen feuerfarbenen Stein, in den eine Sphäre gehauen war, und auf dem Sternenkreis waren folgende Worte zu sehen: Auf diesem Fundament möge der erste Stein meiner Stadt liegen, denn ein Rund wie dieses wird demjenigen untergeben sein, der mich zum Grundstein hat. Da Odysseus und seine Gefährten verstanden, dass sie an jenem Ort und auf diesem Fundament bauen sollten, gründeten sie die Stadt Lissabon, die den Namen Ulissipo erhielt. Und dieser Anfang war so vielversprechend, dass die Stadt immer mehr an Macht, Ehre und Reichtum gewann und in aller Vollkommenheit heranwuchs. Nachdem Odysseus sie gegründet hatte, ließ er dort einige Gefährten als Siedler zurück, die sich über das Land ausbreiteten und diese Stadt erbauten.«[44]

ABBILDUNG 7
ANKUNFT VON ODYSSEUS (VLISIS) IN LISSABON (VLISSEO), IN: FRANCISCO DE HOLANDA, DE AETATIBUS DE MUNDI IMAGINES, MADRID, UM 1570, MADRID, BIBLIOTECA NACIONAL DE ESPAÑA

Die Anspielungen auf Rom zielen offensichtlich darauf ab, die ehemalige Reichshauptstadt in eine Position der Abhängigkeit und Unterlegenheit gegenüber dem neuen Lissabon zu manövrieren. Das Zeichen wiederum, das Odysseus erhält, kommt in Form eines Feuerstrahls vom Himmel, so wie es bei allen wundersamen Gründungen geschieht. Doch noch beeindruckender ist der Fund einer in Stein gehauenen Sphäre mit einem darauf gezeichneten Himmelskreis an dem Ort, wo der Strahl niederging. Dieses Kosmogramm ist nicht mehr und nicht weniger als die Armillarsphäre, das königliche Herrschaftszeichen, das seit der Zeit von Dom Manuel I. benutzt wurde.[45] Für die Gründungsmythologie Lissabons und Portugals war dieser Aspekt von außerordentlicher Bedeutung, denn das antike Rom überließ nach seinem Niedergang die Vorrangstellung den am Ozean lebenden Lusitanern und legitimierte so das portugiesische Weltreich nach der Logik der *Translatio Imperii*, der Übertragung der kaiserlichen Macht Roms. Odysseus aber soll der Stadt seinen Namen gegeben haben, und so war *Olissi(po)* gleich *Ulissipo*, *Ulixbona* und *Ulisses*.

Francisco de Holanda griff diese Mythen künstlerisch auf. Im bereits erwähnten Band mit Zeichnungen, Entwürfen und Bauvorschlägen für die Stadt Lissabon (*Da Fabrica...*), den er 1571 dem König Dom Sebastião widmete, lieferte er in Anlehnung an die alten Schriften eine gelehrte Erklärung für den Ursprung der Namen *Lusitanien* und *Lissabon*. Er folgte dabei seinem Vorbild Nicolau do Amaral, der für seinen Umgang mit Ursprungsmythen bekannt war, und seinem Lehrer, dem Antikensammler André de Resende. So war bereits in *De Aetatibus* die Gründung Roms durch Romulus und Remus Thema eines der Tondi (Rundbilder oder Reliefs), die Holanda auf dem Altar im Bild von Jonas und dem Wal (Folio 31 des *De Aetatibus de Mundi Imagines*) darstellte. Im selben Werk (Folio 26v) fügte er auf einer Seite zum Tod des Moses zwischen Tantalus und Perseus den Lusus ein, den Namensgeber der Lusitaner also. Hermes erscheint in Begleitung von Kadmus und Bacchus. Lusus ist somit dem allseits geschätzten Philosophen und griechisch-ägyptischen Halbgott Hermes (der, wie Sylvie Deswarte zu Recht erinnert, den Humanisten als König von Ägypten galt) gleichgestellt.[46] Dabei sollte auch die chronologische Einordnung des Lusus in Übereinstimmung mit der *Cronologia* des Nicolau do Amaral aus dem Jahr 1554 gebracht werden.[47] Moses wurde, so Amaral, 797 Jahre nach der Erschaffung der Welt König, genauso wie Lusus. Weiter hinten in seinem *De Aetatibus* setzte Holanda auf einer Samson gewidmeten Seite (Folio 28) zwei Bilder mit dem Brand von Troja und der gleichzeitigen Ankunft des Odysseus in *Ulisseo*, also Lissabon (Abb. 7).

Das Schiff des Heiligen Vinzenz

Lissabon besitzt eines der rätselhaftesten und symbolisch tiefgehendsten Stadtwappen der westlichen Welt. Es besteht aus einem Schiff – dem ›Schiff des Heiligen Vinzenz‹ – mit zwei Raben darauf, der eine am Bug, der andere am Heck. Es entstand im Mittelalter und illustrierte die Geschichte der Rückführung der Reliquien des besagten Heiligen nach Lissabon. Diese befanden sich seit dessen Martyrium in einem mozarabischen Kloster am südportugiesischen Cabo de São Vicente, welches schon in der Antike als *Promontorium Sacrum* (›Heiliges Vorgebirge‹) bekannt und dem Saturn geweiht gewesen war.[49] Zweimal musste Dom Afonso Henriques als erster König des Landes versuchen, die Reliquien zu bergen.

Das Schiff im Wappen befördert den Leichnam des Heiligen; die Raben unterstreichen als Orakeltiere offenbar die Todessymbolik. Es gibt dabei zahlreiche Parallelen zwischen dem Kult des Heiligen Vinzenz und der Verehrung des keltischen Gottes Lug, der ebenfalls durch einen Raben symbolisiert wurde. Der Rabe galt als Herrscher über das Licht und das Sehen. Doch es bestand auch ein Bezug zum Gott Saturn und zu seinen phönizischen bzw. karthagischen Manifestationen (Kronos/Baal), die laut den antiken Geografen an jenem portugiesischen *Finisterra* verehrt wurden.[50]

Translatio Imperii: Lissabon als neues Rom

Im Rahmen der providenzialistischen, über die göttliche Vorsehung geschriebenen Literatur taucht das Thema der *Translatio Imperii*, der Übertragung des kaiserlichen Mandats im Laufe der Geschichte, auf.[51] Dieses Thema wurde, in Kombination mit der Theorie der sechs Zeitalter des Augustinus bzw. der drei Zeitalter des Joachim von Fiore oder der fünf Reiche des Propheten Daniel von der manuelinischen Vorsehungslehre, wie auch vom Sebastianismus, aufgegriffen. Es bildete die Grundlage für die bereits erwähnte Ideologie des *Quinto Império*, des Fünften Reiches, mit dem das Zeitalter des Heiligen Geistes eingeläutet werden sollte. Dieses Reich – das letzte in der Weltgeschichte – sollte im äußersten Westen Europas, also in Portugal bzw. ganz konkret in Lissabon, seinen Anfang nehmen, denn die Imperien folgten, so die Theorie, dem Lauf der Sonne entsprechend, von Osten nach Westen aufeinander.[52] Da Lissabon bereits Hauptstadt eines Weltreiches war, galt die Stadt auch als *Caput Imperii*, als Haupt im anthropomorphen Sinn. Diese Position verdiente eine geradezu wörtliche Übertragung in Schriften und bestimmten Karten des 16. Jahrhunderts.[53]

Eine der frühesten Anthropomorphisierungen Portugals und auch Lissabons findet sich in den berühmten Versen der

Nachdem so die edle Herkunft und das hohe Alter Lissabons belegt waren, stellte Holanda die Stadt in seinem Werk von 1571 als Allegorie, als »FIGVRA DE LYSBOA«, dar. Diese berühmt gewordene Darstellung zeigt Lissabon als junges Mädchen, deren Körper mit einem Netz bekleidet ist. In den Händen hält es das Boot des Heiligen Vinzenz mit den zwei charakteristischen Raben. Einer sitzt auf dem Heck, der andere auf der Schulter der Figur. Das Mädchen trägt eine Krone in Form einer Festung.[48] Mit einer solchen Vielfalt allegorischer Darstellungen scheint Holanda den Kreis der mythologischen ›Erfindung‹ bzw. Ursprungssuche um die Stadt Lissabon zu schließen. Sie blieb in ihrer Altehrwürdigkeit hierarchisch über allen anderen stehen (Abb. 8).

Abbildung 8
Allegorie Lissabons, in: Francisco de Holanda, Da Fábrica que Falece à Cidade de Lisboa, 1571, Kat.-Nr. IX.51

EVROPA PRIMA PARS TERRÆ IN FORMA VIRGINIS

SEPTENTRIO.

OCCIDENS.

ORIENS.

MERIDIES:

En tibi, formosa sub forma Europa puella
Vinda foecundos pandit vtrilla sinus.

Ridens Italiam dextra Cimbrosq́; sinistra
Obtinet Hispanam fronte gerit́q; folum.

Pectore habet Gallos, Germanos corpore gestat
Ac pedibus Graios, Sauromatasq́; fouet.

Lusíadas des Luís de Camões, wo es im Dritten Gesang heißt: »Hier wird das edle Spanien nun entdeckt / Das gleichsam Haupt von ganz Europa ist / Und dessen Ruhm, soweit es sich erstreckt / Vom Rad des Schicksals oft getroffen ist [...] / Sieh, wie des Hauptes Scheitel, hoch gesinnt / Von ganz Europa liegt hier Lusitanien / Am Festlandsende, wo das Meer beginnt.«[54] Diese Tradition der Anthropomorphisierung Europas und somit auch Portugals, bei der das lusitanische Königreich anatomisch betrachtet dem Kopf entspricht, war damals nicht neu. In den Weltkarten und Atlanten des 16. Jahrhunderts wurde die zentrale Position entweder vom Atlantischen Ozean oder, noch auffälliger, von der Iberischen Halbinsel eingenommen. Dies ist bis heute in der europäischen Tradition unverändert geblieben.[55]

Besonders ausdrucksstarke Darstellungen der ›Kopfposition‹ der Iberischen Halbinsel und Portugals finden sich in weniger koventionellen Karten des 16. Jahrhunderts. Der ›Erfinder‹ der vollständigen Anthropomorphisierung Europas im kartografischen Bereich war Johann Putsch, der 1537 in Paris eine ›allegorische‹ Karte *(Carte de l'Europe en forme de femme couronnée)* veröffentlichte, auf der Iberien den Kopf und Portugal die Krone darauf bildeten.[56] Eine 1552 von Anton Francesco Doni geschriebene Allegorie betonte ebendiese Besonderheit. Eine andere Version lieferte die *Europa Prima Nova Tabula* in der 1540 von Sebastian Münster in Basel herausgebrachten *Geographie* des Ptolomäus. Darin wurde Europa vollständig umkehrt und die Iberische Halbinsel, zur Lobpreisung des Reiches Karls V. und somit der Christenheit, in die obere rechte Ecke des Stichs versetzt. Sebastian Münster verdanken wir auch die weite Verbreitung der ›Erfindung‹ von Putsch durch eines der Blätter im vierten Buch seiner *Cosmographiae Universalis* von 1588.[57] Europa wird hier als Prinzessin dargestellt: Hispanien ist der gekrönte Kopf, Gallien die Brust, Germanien der Rumpf, Italien der rechte Arm, der die Himmelskugel (Sizilien) hält, Dänemark (Dania) der linke Arm, Vandalien, Ungarn und Polen bilden den Unterleib, Litauen befindet sich auf der Höhe der Knie auf der einen Seite, und etwas tiefer liegen Griechenland, Bulgarien, Moskowien und Skythien (Abb. 9).

Weitere Beispiele folgten, darunter eine von Sylvie Deswarte beschriebene Karte Michael von Eytzingers aus dem Jahr 1587.[58] Darauf erscheint Europa als eine auf einem Stier reitende Prinzessin mit gelehrten Verweisen auf die klassische Antike: Der Stier ist das Reich, aber auch Zeus und Kaiser Karl V. In dieser Karte verweisen vier Buchstaben in den Tondi auf die vier Weltreiche, die dem christlichen Reich Karls vorangingen: ›R‹ steht für *Romanorum*, ›A‹ für *Assyrorum*, ›M‹ für *Macedonium*

und ›B‹ für *Bersarum*. Dies verdeutlicht sicherlich, wie weit die Theorie von den Fünf Reichen in Europa verbreitet und Teil des allgemeinen Geschichtsverständnisses war. Allerdings bewegte sie sich, wenn es um die Lobpreisung Karls V. ging, im Bereich der Allegorie, während sie in Portugal, wo sie eine besondere Bedeutung erlangte, in den Bereich der Ideologie, der Religion, der Vorsehung und des Messianismus übertragen und so ins Transzendentale verlegt wurde.

Auch deshalb wurde Lissabon als ein ›Neues Rom‹ angesehen. Es war nicht ungewöhnlich, dass Städte dem Vorbild eines großen spirituellen und politischen Zentrums nacheiferten. ›Neue Jerusalems‹ und ›Neue Roms‹ waren bereits in der mittelalterlichen Vorstellungswelt häufig anzutreffen und erfuhren im Zeitalter des Absolutismus, als die meisten Hauspstädte im engeren Sinne entstanden, eine Blüte. In gewisser Weise wollten alle großen Städte früher oder später auch als ein ›Neues Rom‹ gelten. So geschah es in Portugal mit Braga und Lissabon, und später wiederum sollten im portugiesischen Einflussbereich ›Neue Lissabons‹ auftauchen. Dies ist meiner Ansicht nach der Fall im brasilianischen São Salvador da Bahia während des 17. und 18. Jahrhunderts.

Im Falle Lissabons haben wir es allerdings mit einem besonders ausufernden und rhetorischen Verständnis der Tradition der *Translatio Imperii* zu tun.[59] Der Lauf der Sonne von Osten nach Westen schrieb zwingend vor, dass die Reiche und ihr jeweiliges Zentrum diesen gleichermaßen nachvollzogen und auf diese Weise die großen Zyklen der Menschheitsgeschichte markierten. So hatten auf Rom und das Römische Reich Lissabon und das Portugiesische Reich zu folgen. Der Vergleich Lissabons mit Rom wurde in unzähligen im 17. und 18. Jahrhundert abgefassten Predigten, poetischen Texten und akademischen Versen zur wahrhaften Modeerscheinung.

Rom hatte von Anfang an seine heiligen ›sieben Berge‹ besessen,[60] Orte, an denen sich die ersten Siedler niederließen, bevor sie sich in jene feuchtere Niederung begaben, wo das Forum entstand.[61] Dementsprechend ist auch die erste Anspielung auf Lissabon als die Stadt der sieben Hügel, *septicollis* (oder *septimontio*), in dem Werk *Livro das Grandezas de Lisboa* (*Buch über die Herrlichkeiten Lissabons*) von Frei Nicolau de Oliveira aus dem Jahr 1620 gestaltet.[62] Oliveira benannte die folgenden sieben Hügel: *Castelo, São Vicente de Fora, São Roque, Santana, Chagas, Santa Catarina* und *Santo André*. Auch wenn es sich um eine eher freie Interpretation handelt, kann das Lissabonner *Septimontium* in der Tat an dieser Reihe großer Erhebungen festgemacht werden, die im übrigen alle mit bedeutenden christlichen Heiligtümern besetzt sind.[63]

ABBILDUNG 9
EUROPA ALS KÖNIGIN DER WELT, IN: HEINRICH BÜNTING,
ITINERARIUM SACRAE SCRIPTURAE, WITTENBERG, UM 1588,
BERLIN, DEUTSCHES HISTORISCHES MUSEUM

Lissabon als … New York

Als Epilog zu dieser Geschichte soll ein außergewöhnlicher und wenig bekannter Fall aus dem späten 17. Jahrhundert erwähnt werden. 1672 verließ eine Abbildung Neu-Amsterdams die Druckereien und verbreitete sich über die ganze Welt. Sie enthielt eine Inschrift in zweifelhaftem Holländisch mit dem Titel *Nowel Amsterdam* und dazu eine Inschrift in französischer Sprache. Das Bild sollte tatsächlich jene neu gegründete Stadt darstellen, die später als New York bekannt wurde.

Grundlage dieser Abbildung war jedoch nichts anderes als eine Ansicht Lissabons aus dem 16. Jahrhundert. Der Panoramastich aus der Vogelperspektive erschien ursprünglich fast ein Jahrhundert zuvor in der 1593er Ausgabe des berühmten Städteatlanten von Georg Braun. Sämtliche Details des Braunschen Stiches, vom Stadtwappen bis zu den wichtigsten Gebäuden, wurden getreu wiedergegeben, allerdings mit neu eingefügten Legenden, die einen, wenn auch minimalen Bezug zur Wirklichkeit Neu-Amsterdams herstellen sollten.[64] Der Tatbestand an sich ist nicht ganz außergewöhnlich, wie Sylvie Deswarte feststellte, die auf diesen wenig bekannten Fall zu einem Zeitpunkt, als auch ich schon begonnen hatte, ihn zu untersuchen, bereits aufmerksam machte.[65] Die besagte Darstellung von Neu-Amsterdam wurde unter dem Titel *The Jollain View* bekannt, denn sie wurde vom Pariser Drucker Gérard (oder François) Jollain (oder C. L. Jollain) herausgegeben (Abb. 10).

Die Geschichte dieses Plagiats würde eine genauere detektivische Untersuchung verdienen, auch wenn es sich durchaus um eine leichtfertige Verlegenheitslösung in Jollains Verlagsbetrieb gehandelt haben könnte. Es ist das Erscheinungsdatum, das nachdenklich macht. Neu-Amsterdam stand von 1625 bis 1664 unter holländischer Herrschaft, bevor es von den Briten besetzt und mit dem Namen New York bedacht wurde. 1673 eroberten die Holländer die Kolonie wieder zurück, doch im Abkommen von Westminster wurde sie endgültig den Engländern zugesprochen. Jollain veröffentlichte seine Ansicht also unmittelbar vor der Rückeroberung durch die Holländer.

Nun weiß man aber, dass 1654 23 portugiesische Juden in New York landeten. Sie kamen aus Recife in Brasilien, das nach

Abbildung 10
Nowel Amsterdam, F. Jollain, Paris 1672,
Lyon, Bibliothèque municipale

einer relativ kurzen holländischen Besatzung gerade wieder in portugiesische Hände gefallen war. In Neu-Amsterdam (bzw. New York), wo sie anscheinend unfreundlich aufgenommen wurden, gelang es ihnen, die erste nordamerikanische Synagoge und die erste jüdische Gemeinde ›New Yorks‹ zu gründen. Sie war sephardischer Provenienz und ist noch heute unter dem Namen *Shearith Gemeinde* bekannt. Damit wurde jene Diasporabewegung in Gang gesetzt, in deren Folge zahlreiche portugiesische Juden aus Curaçao, Brasilien und selbst Holland sich vorzugsweise in Rhode Island und Newport ansiedelten.[66]

Wenn man bedenkt, dass Holland für die portugiesischen Juden einer der wichtigsten Zufluchtsorte war, so kann man sich durchaus fragen, ob beim Verwechslungsspiel mit den Städteansichten nicht eine portugiesische Hand mitmischte. Vielleicht war es ein Portugiese, der ironischerweise und mit tragischem Humor Lissabon, die Stadt, in der seine Vorfahren zwangsgetauft, verfolgt (und massakriert), vertrieben oder zur Flucht gezwungen worden waren, als Vorbild für New York bzw. ein wieder zu eroberndes Neu-Amsterdam vorschlug. Die Einfügung der Ansicht von Lissabon in einen neuen Kontext enthielte dann wieder die Hoffnung auf das Wahrwerden des Traumes vom Land der Verheißung und, *mutatis mutandis*, des Fünften Imperiums.

Schlussbemerkung

Wie bei allen großen Städten mit einer langen Vergangenheit hat auch Lissabon mehr als nur ein Gesicht. Aus dem Nebeneinander dessen, was es gibt oder gab, was verwirklicht werden sollte, was verlorenging und was nie verlorengehen kann, weil es in die feine, aber unzerstörbare Hülle der Vorstellungskraft eingeschlossen ist, ergibt sich eine der möglichen Wahrheiten, eines der möglichen Bilder dessen, was auch heute den Zauber Lissabons ausmacht, eines Ortes, an dem sich die Vorstellungen der *Civitas* und ihre Gemeinschaft festmachen und Wirklichkeit werden. 1755 zerstörte das große Erdbeben die alte Stadt. Aus ihrer Asche erstand bald eine neue Stadt, so wie in Rom nach der Plünderung von 1527, so wie in New York, so wie es eigentlich immer geschieht, wenn eine Stadt wirklich eine Stadt ist.

Resumo

Lisboa foi a primeira cidade europeia a sentir o impacte dos descobrimentos portugueses e europeus. Foi, por isso, também, a primeira cidade europeia a adaptar-se às exigências de uma rede global. Este processo de adaptação sofreu um impulso decisivo no reinado de D. Manuel I (1495–1521), por força do peso que foi adquirindo a Rota do Cabo e a Carreira da Índia, e que impôs um esforço logístico permanente.

O esforço de modernização da cidade resulta na edificação de uma frente de cais e de molhes, a »Ribeira« de Lisboa, com capacidades que hoje diríamos serem »intermodais«. Verifica-se, também, um esforço de renovação urbana através da abertura de novas ruas, que conduziam aos pólos comerciais mais animados (o Rossio, o Terreiro do Paço), bem como a edificação de um sem número de estruturas praticamente standardizadas: armazéns, »tercenas«, fundições, chafarizes, alfândegas e »casas« para contabilização das mercadorias, manifestação de um centralismo régio sem precedentes que se apoia numa impressionante máquina burocrática. Foi esta a Lisboa construída.

Mas durante os anos de construção desta Lisboa, que atingirá os cerca de 150 000 habitantes por volta de 1600, aparecem, também, os primeiros sinais de uma cidade »desejada«, ainda por construir. As propostas de Francisco de Holanda (1571) ou o testemunho dos ensejos dos mais influentes lisboetas, expressos nos aparatos cénicos das entradas de Filipe II de Espanha (1581) e de Filipe III (1619), exprimem a expectativa de uma cidade que se encontra cada vez mais dependente de uma »globalização« imperial que não soube acompanhar e da consequente perda de autonomia face ao reino espanhol. Era esta a cidade imaginada.

Porém, sobre a cidade material, pairou sempre um manto subtil de ideias magnânimes, fazendo dela um autêntico umbilicus mundi. A história mítica da cidade recuava aos heróis: a sua fundação milagrosa devia-se a Ulisses, que a baptizou. A »esfera do mundo« encontrava-se no próprio corpo de empresa de D. Manuel, que era aposto em todos os edifícios de iniciativa régia e, em lugar de destaque no torreão do Paço real. Foi depois adoptado para simbolizar o reino: a esfera armilar. A concepção mítica de uma »translação dos Impérios« serviu de argumento para Lisboa se assumir como caput mundi. É esta a cidade imaginária.

ANMERKUNGEN

1 Zur Kenntnis der Stadt Lissabon im 16. und 17. Jahrhundert muss auf folgende neuere, mit moderner Methodologie arbeitenden Werke verwiesen werden: Carita 1999; Senos 2002; Caetano 2004. Vgl. auch Rossa 2002 sowie Rossa in Actas 2004, S. 86–121.
2 Erst im 18. Jahrhundert entstanden ›seitliche‹ Ansichten (zum Beispiel von Westen nach Osten) oder Abbildungen von ferner gelegenen Hügeln (von Norden nach Süden).
3 Wir folgen hier der Terminologie bei Kagan 2000.
4 Die Stadtabbildungen von Georg Braun wurden in sechs Bänden zusammengefasst, die zwischen 1572 und 1617 veröffentlicht wurden (vgl. Kat.-Nr. IX.13).
5 Vgl. Carita 1999, S. 33f.
6 Vgl. ebd., S. 60f.
7 Vgl. ebd., S. 81–89.
8 Vgl. ebd., S. 75–79.
9 Über die Zeremonie, die den Anlass zum Bau dieses kurzlebigen Architekturelementes gab, ist nichts genaues bekannt. Angesichts des möglichen Herstellungsjahres dieser Illuminierung vor oder spätestens kurz nach 1534 könnte es sich um eine ungefähr 1520 in einer Zeichnung festgehaltene Vorrichtung handeln, die anlässlich des ›Einzugs‹ der seit kurzem mit König Manuel verheirateten Königin Dona Leonor in Lissabon gebaut wurde. Damals war der Goldschmied und Theaterautor Gil Vicente zum Verantwortlichen der Festlichkeiten ernannt worden (Königliches Schreiben vom 29.11.1520). Vgl. Alves 1986a, S. 48, Nr. 10. Es wurde wohl auf die Panoramaansicht der Stadt übertragen, als die Zeichnung koloriert und in die Chronik aufgenommen wurde. Es wird berichtet, dass es mit Sicherheit eine Vorlage gab, die abgezeichnet oder kopiert wurde, denn die gleiche Struktur erscheint in der Panoramaansicht auf Bl. 8 der *Genealogie der Könige Portugals* aus derselben Zeit (etwa 1530–1534). Eine andere Hypothese besagt, dass es sich um Überbleibsel der Lissaboner Feierlichkeiten anlässlich der Hochzeit Kaiser Karls V. mit der Infantin Dona Isabel von Portugal im Jahr 1526 handelt. Es kann also ein wichtiges Element für die endgültige Datierung dieses Panoramabildes oder zumindest der ihm zugrunde liegenden Zeichnung sein.
10 Vgl. Carita 1999, S. 101ff.
11 Vgl. Senos 2002.
12 Vgl. ebd., Stich XI.
13 Vgl. ebd., S. 66ff.
14 Vgl. Vieira da Silva 1995, S. 132ff.
15 Vgl. Carita 1999, S. 63ff.
16 Vgl. ebd., S. 99.
17 Vgl. ebd.; Senos 2002.
18 Vgl. Caetano 2004, S. 201ff., Abb. 121; Zeichnung v. José António.
19 Vgl. ebd., S. 170ff., Abb. 98; Zeichnung v. José António.
20 Vgl. ebd., S. 179–187 u. Abb. 109; Zeichnung v. Ricardo Laranjeira.
21 Vgl. ebd., S. 168f.
22 Wir folgen der Rekonstruktion von Caetano 2004, S. 164ff.; Zeichnungen v. Ricardo Laranjeira.
23 Vgl. Wilkinson-Zerner 1993.
24 Zu den Werken aus der Zeit Philipps II. vgl. die Synthese von Lourenço u. a. in Ausst.-Kat. Madrid 1997, S. 125–155. Zu Juan de Herrera s. auch Wilkinson-Zerner 1993.
25 Cristóvão de Moura, Vertrauter von Philipp I. und dessen Berater, war zunächst Graf von Castelo Rodrigo. Er wurde von Philipp II. von Portugal (Philipp III. von Spanien) 1600 zum Marquis ernannt. Zu dieser Zeit wurde er Vizekönig Portugals. Er hatte dieses Amt in den drei Jahren von 1600 bis 1603 und dann noch einmal von 1608 bis 1612 inne.
26 Seine klassische Kultur wurde in Rom gefestigt, wo er sich für einige Zeit niederließ, mit Humanisten wie D. Miguel da Silva, Blosio Palladio und Latanzzio Tolomei Umgang hatte und auch Serlio und Michelangelo kennenlernte. Über letzteren schrieb er nach seiner Rückkehr nach Portugal seine *Diálogos de Roma* – oder *Diálogos de pintura antigua* (1540–1548, Bücher I und II), die nicht nur für das Studium jenes großen italienischen Meisters, sondern auch für die Bildung neuer Ansichten in der Kunsttheorie des 16. Jahrhundert Pflichtlektüre sind.
27 Zu Francisco de Holandas *Da Fábrica que Falece à Cidade de Lisboa*, 1571; Handschrift. Zeichnung auf Papier, 36,7 × 47 cm, Lissabon, Biblioteca Nacional da Ajuda, 51-III-9; vgl. Alves 1986b.
28 Vgl. Deswarte 2002, S. 246.
29 Vgl. die grundlegende Studie von Kubler 1988, Kap. VII, S. 110–133, vgl. auch Soromenho 2001; Jong 1991.
30 Vgl. Anm. 29.
31 Jong 1991, S. 93f.
32 Das auf 1613 datierte Gemälde, das eine Panoramaansicht Lissabons zeigt, auf der dieser Platz mit den monumentalen Vorrichtungen für den Einzug von 1619 abgebildet ist, wurde kurz vor Abschluss dieser Studie entdeckt (vgl. Abb. 5). Es befindet sich im Südflügel von Schloss Weilburg und wurde von Andreas Gehlert (Frankfurt am Main) identifiziert.
33 Vgl. Kubler 1988, S. 116.
34 Kubler 1988, S. 116.
35 George Kubler, dessen hervorragender Studie wir gefolgt sind, hat die Konzeption der *Joyeuse Entrée* von 1619 in Lissabon dem Chronisten derselben, João Baptista Lavanha zugeordnet. Der Maler Domingos Vieira Serrão, der die Panoramaansicht der Stadt zeichnete, von der Hans Schorquens einen Stich anfertigte, soll die künstlerische Leitung des Ereignisses innegehabt haben. Schorquens, ein Freund Lavanhas, hatte Kublers Ansicht nach einen entscheidenden Einfluss bei der Zeichnung der Fassaden der Bögen. In Wahrheit war wohl Teodósio de Frias der Autor der Bögen und der Gesamtkonzeption des ›Einzugs‹, der seit mindestens 1600 vorbereitet wurde. Gomes 2002.
36 Góis 2001, Bd. I, S. 3.
37 Apianus 1534.
38 Gandra 1997, S. 87; zit. nach Freitas 1960, S. 145.
39 Studiert von Gandra 1997; vgl. auch Gandra 2002; Fiore 1999; Dicionário do Milénio Lusíada, vol. I, Lisboa, 2003; Deswarte 2002.
40 Zu einer anderen neueren Beschreibung mit bereits humanistischen Merkmalen vgl. Góis 2001, Bd. II, S. 6–7.
41 Der Ursprung des Mythos findet sich bei Solinus. Dieser wiederum interpretierte zwei Passagen von Strabo (*Geographia*, Bd. III, S. 2, 14; Bd. III 4,3).
42 Holanda 1571, 1, ff. 4r–v.
43 Diese Passage von João de Barros bildet eine der ikonografischen Grundlagen für die Interpretation der Gründung der Stadt von Fran-

cisco de Holanda im *De Aetatibus Mundi Imagines*, wie später noch zu sehen sein wird.
44 Barros 1520, Bd. III, Kap. IV, S. 124–126. Hervorhebungen von mir.
45 Über den Symbolismus der ›manuelinischen‹ Armillarsphäre vgl. Alves 1985; Pereira 1990a, Kap. III.
46 Deswarte 2002, S. 110–113.
47 Amaral 1554, untersucht von Deswarte 2002.
48 Ein bemerkenswerter Aspekt ist, dass die Ikonografie der Göttinnen Kybele, Isis oder Io oder Diana von Ephesus, die mindestens seit dem ersten Jahrzehnt des 16. Jahrhundert durch Statuen bekannt ist, wenn auch nur anhand von römischen Illustrationen, oft einen Turm als Krone enthält, was Holanda sicherlich nicht entgangen war; dieser Umstand bildete vor allem seit dem 17. Jahrhundert die Grundlage für die Diskussion über den Ursprung des Namens Paris, der von *Isis Pharia* oder *Isis Faria* hergeleitet sein soll.
49 Es ist möglich, dass der Transport dieser Reliquien mit der Religiosität des Hofes und der Krieger zu tun hatte, meiner Ansicht nach hat er aber vor allem mit dem Umstand zu tun, dass Lissabon zu einem großen Teil eine mozarabische Stadt war, die ganz sicher von einer bedeutsamen Zahl von Anhängern dieses Kultes bewohnt wurde.
50 Die schwarze Farbe, die später alternierend zum Weißen als Hintergrundfarbe auf der Fahne der Stadt zu finden ist, bezeugt diese Duplizität, ja fast den Dualismus zwischen Schwarz und Silber. Die Fahne ist in Dreiecke aufgeteilt, die sich aus der Vierteilung der Felder ergeben und allesamt um das Zentrum herum liegen (die kreisförmige Anordnung der schwarzen und weißen Dreiecke auf der Fahne wurde sogar als Symbol der Raben für das Wappendesign im 20. Jahrhundert übernommen). Über dieses Symbol blieb Lissabon mit dem Meer verbunden, denn über das Meer wurden die Reliquien nach Sagres gebracht, das sich in historischen Zeiten als einer der ›Altäre‹ des Vaterlands verstand, als Ort der Verehrung, der Erinnerung und Heroisierung des Infanten Dom Henrique, Prinz Heinrichs des Seefahrers.
51 Die älteste Begründung für diese Lesart der Geschichte taucht schon in den Schriften des Hugo von Sankt Viktor auf, in *Arca Noe*. Vgl. *Arca Noé* zit. in Deswarte 2002, S. 127 f. António de Nebrija äußerte 1499 die gleiche Vorstellung.
52 Der Mythos vom Fünften Reich stammt aus der Prophezeiung Daniels (Daniel, 2, 24–44) in der Bibel.
53 Wie Manuel J. Gandra (1997) und Sylvie Deswarte (2002) sehr gut erkannt haben.
54 Deutsche Übersetzung nach Camões 2004, S. 133.
55 Deswarte 2002, S. 138 ff.
56 Johann Putsch, der 1537 in Paris eine ›allegorische‹ Karte veröffentlichte (*Carte de l'Europe en forme de femme couronnée*). Vgl. Deswarte 2002, S. 135.
57 Sebastian Münster, dem wir den am weitesten verbreiteten Stich verdanken, in dem die ›Erfindung‹ von Putsch – in einem der Blätter des IV. Buches der *Cosmographiae Universalis* – fast weltweit bekannt gemacht wird. Vgl. Deswarte 2002, S. 133–135.
58 Michael von Eytzinger, *De Europa Viriginis*, de 1587; vgl. Deswarte 2002, S. 136.
59 In gewisser Weise war auch Rom nach der Erklärung des christlichen Glaubens zur offiziellen Staatsreligion ein ›Neues Jerusalem‹. In gleicher Weise wurde Konstantinopel als Sitz des byzantinischen Reichs zum ›Neuen Rom‹.
60 Das Thema der sieben heiligen Hügel begleitet die Errichtung großer Städte, die zum Sitz von Reichen wurden, so auch in Kontantinopel (Istanbul). Das bekannteste Beispiel ist aber ohne Zweifel Rom.
61 Wie man daraus ableiten kann, stellen die sieben Berge eine intime Beziehung zur Zahl sieben oder dem *Septenarium* her, vor allem aber zur Beschreibung des Kosmos mit seinen *sieben Planeten*, was auf eine unmittelbare Beziehung zu den führenden Göttern und zum Olymp verweist.
62 Oliveira 1620.
63 Pereira 2005b, Bd. VII, Kap. IV.
64 Augustyn/Cohen 1997, S. 34 f.
65 Deswarte 2002, S. 144–147.
66 Die Erinnerung daran ist in der Touro-Synagoge festgehalten.

Lackhij
marti
33

Hans
Reÿt
Afagnj
naly
35

Elke Bujok

Kunstkammerbestände aus portugiesischen Seereisen

Kunstkammern entstanden in der zweiten Hälfte des 16. und im 17. Jahrhundert an den Fürstenhöfen in ganz Europa sowie bei Bürgern und Gelehrten. Zu den frühesten fürstlichen Kunstkammern zählen jene in Wien und Dresden, auf Schloss Ambras bei Innsbruck, in Prag und München. Ziel der Sammler war es, die große Welt im Kleinen möglichst vollständig zu vereinen. Sie sammelten all das, was in der Welt existierte, in ihren eigenen Räumen. Dazu gehörten Naturalien und Artefakte jeglicher Art, Gemälde, Preziosen, Antiken, vor- und frühgeschichtliche Funde, Kleider, Musikinstrumente, Waffen, Rüstungen, Mirabilien und Abnormitäten der Natur, wissenschaftliche und mechanische Instrumente, Automaten, Münzen und Bücher. Globen waren als Sinnbild für die Einheit der Welt ein bedeutender Bestandteil der Kunstkammern und repräsentierten deren universalistisches Konzept. Den Ethnografika kam vor dem Hintergrund der europäischen Seereisen und Eroberungen und der damit verbundenen Erweiterung des Weltbildes eine herausragende Bedeutung zu. Sie waren Belegstücke für das Fremde und veranschaulichten in besonderem Maß die Vielfalt der Schöpfung Gottes. In die Kunstkammern wurden sie mit gleicher Wertigkeit wie ihre europäischen Pendants eingereiht. Wie alles, was rar und kurios war, weckten sie die Neugierde der Betrachter und wurden mit offenem Mund bestaunt: »allso daß einer sich darob vergafft und des Munds offen vergißt«, wie sich Rennward Cysat 1613 über die fremden Dinge aus allen Teilen der Welt in der Kunstkammer seines Basler Freundes Felix Platter fassungslos äußerte.[1]

Die meisten dieser einst bewunderten und begehrten Objekte sind nicht mehr erhalten. Der Verlust ist zum einen auf die Plünderungen während des Dreißigjährigen Krieges zurückzuführen, denen auch europäische Sammlungsstücke zum Opfer fielen. Zum anderen ließ seit dem ausgehenden 17. Jahrhundert mit der zunehmenden Verwissenschaftlichung und Systematisierung das Interesse an den frühen Ethnografika nach. Ihre Bedeutung war nicht bekannt, und sie gerieten immer mehr in Vergessenheit. Im ausgehenden 18. Jahrhundert kamen zudem mit den Forschungsreisen neue Ethnografika, deren Kontext dokumentiert war, nach Europa. Kunstkammerinventare sind deswegen neben bildlichen Darstellungen und Reiseberichten die wichtigsten Zeugnisse für die ethnografische Sachkultur, die sich im 16. und 17. Jahrhundert in Europa befand. Sie belegen die Vielzahl und Vielfalt der vorhanden gewesenen Objekte und ihre weite Verbreitung in ganz Europa. Dies zeigt zum Beispiel das Münchner Inventar von Johann Baptist Fickler aus dem Jahr 1598.[2] Es enthält unter seinen über 6000 Objekten 930 Ethnografika. Sie machten ein Siebtel des Gesamtbestandes aus und prägten aufgrund ihrer Herkunft aus allen damals bekannten und bereisten Kontinenten entscheidend den universalistischen Charakter der Sammlung. Hinzu kamen zahlreiche außereuropäische Naturalien, die den Bestand an fremden Dingen erhöhten.

Die Auswahl der im 16. und 17. Jahrhundert gesammelten Ethnografika war nicht repräsentativ für die materielle Kultur einer Ethnie oder einer Region. Sie richtete sich vielmehr nach dem subjektiven Geschmack der Konquistadoren, Reisenden und Händler, orientierte sich an den europäischen und persönlichen Vorstellungen des Raren und Kuriosen sowie an handwerklichen und materiellen Wertschätzungen. Entsprechend aus ihrem Kontext gerissen trafen die Objekte in Europa ein. In den Inventaren der Kunstkammern sind die Ethnografika zwar nach ihrem Material und der Technik ihrer Herstellung beschrieben. Kenntnisse über ihre Funktion und Herkunft sind aber, wenn überhaupt, nur rudimentär und pauschal überliefert. Auch die Herkunftsangaben sind meist falsch. Die häufigste Bezeichnung ist ›indianisch‹. Eine Unterscheidung zwischen West- und Ostindien, also zwischen Amerika und Asien, wird dabei in den seltensten Fällen getroffen. Unter diesem Begriff können sich aber auch generell Objekte außereuropäischer Herkunft verbergen. Allenfalls chinesische und türkische Herkunft wird mitunter korrekt benannt.

Die ungenauen Herkunftsangaben mögen einerseits von geografischer Unkenntnis herrühren. Andererseits scheinen sie schlichtweg nicht von Interesse gewesen zu sein. Dies belegen einige Beispiele aus Herzog Ferdinand Albrechts I. (1636–1687) Beschreibung seiner Kunstkammer in Bevern. Er berichtet über einen Vogel und einen Dolch und hält dabei Ost- und Westindien nicht auseinander: »Manugodiata oder Paradeißvogel/ auß der Insul Molocia bey Ost Indien in America« und »ein Ost-Indianischer Dolch/ so sie in der Stadt Bantam in der Insul

Abbildung 1
Aufzug der ›Königin Amerika‹ am Stuttgarter Hof zu Fastnacht 1599 (Ausschnitt), Kat.-Nr. XI.12 d

›242‹ Kunstwerke und Bildsprache

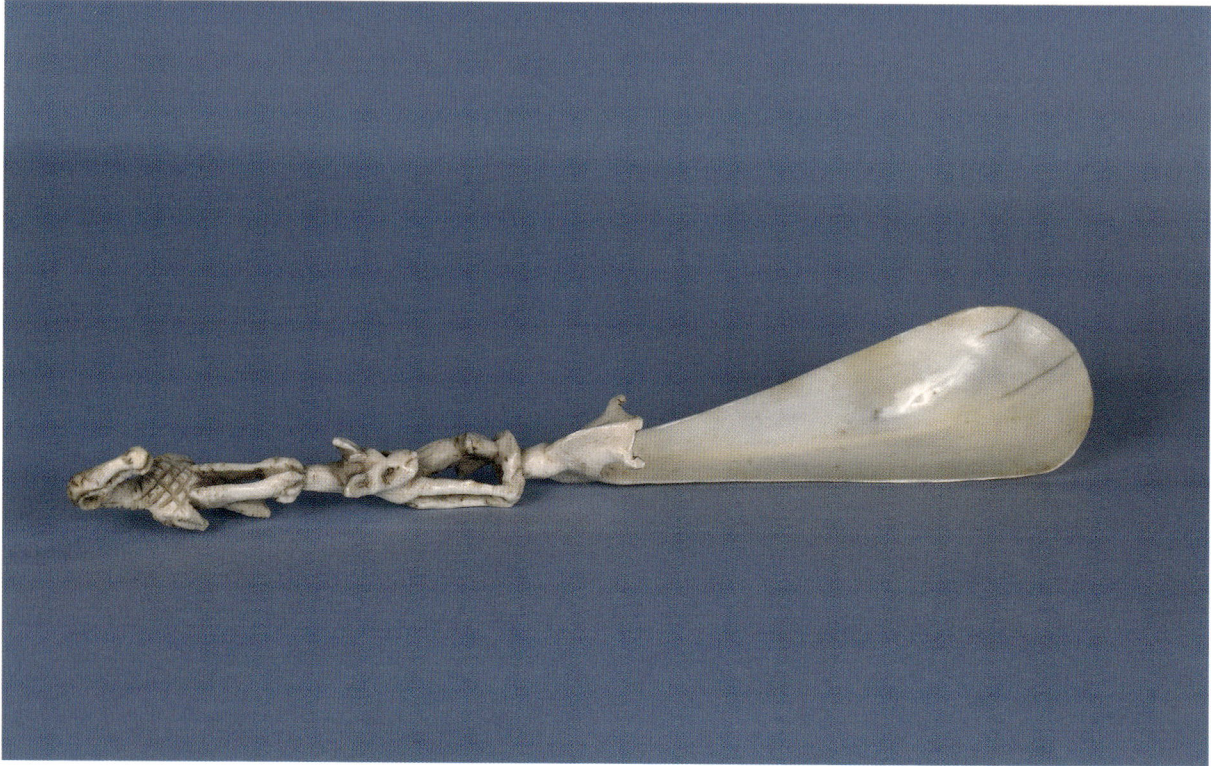

Abbildungen 2 und 3
Löffel aus Elfenbein, bini-portugiesisch, 15. Jahrhundert,
Kat.-Nr. VIII.3 a + b

Java, in America entlegen/ gebrauchen«.³ Solche Herkunftsangaben weisen auf die Generalisierung des Fremden hin, das *en bloc* dem Eigenen, Bekannten gegenübergestellt und bewundert wurde. Eine Differenzierung blieb aus. Dies gilt im Übrigen auch für die europäischen Artefakte, die ebenso wenig im Kontext ihrer Geschichte, Funktion und Bedeutung interessierten. Vielmehr faszinierte das Rare und Kuriose. Beides weckte in der Frühen Neuzeit ganz besonders die Aufmerksamkeit der Europäer, denn darin kam für sie die Genialität und Vielfalt der göttlichen Schöpfung nachhaltig zum Ausdruck. Ethnografika als greifbare Belege für das Fremde hatten ohnehin die Bedeutung von rar und kurios, da sie in der eigenen Kultur nicht vorkamen.

Durch die portugiesischen Expansionen kamen im 16. und 17. Jahrhundert bedeutende Bestände nach Europa. 1494 hatte die spanische Krone das Überseehandelsprivileg völkerrechtlich abgesichert, und mit dem Vertrag von Tordesillas wurde die Erde in zwei Sphären aufgeteilt. Die Grenze verlief von Pol zu Pol ungefähr auf dem 46. Längengrad beim heutigen São Paulo. Das östlich dieser Linie gelegene Gebiet wurde Portugal, das westlich davon gelegene Spanien zugesprochen. Portugal erhielt so das Monopol für Afrika und Asien, Lateinamerika fiel bis auf den Osten Brasiliens in die Hände Spaniens.

Die portugiesischen Seefahrten begannen bereits in den zwanziger Jahren des 15. Jahrhunderts durch Heinrich den Seefahrer (1394–1460) entlang der Westküste Afrikas. Die Portugiesen trafen dabei auf komplexe und weitläufige Handelsstrukturen. Sie mussten sich ihre eigene Position in dem bereits bestehenden System schaffen und Zugangswege und Handelsrechte sichern. Bereits um die Mitte des 15. Jahrhunderts begannen sie, an der Guineaküste wichtige Handelspunkte zu besetzen, um 1460 richteten sie erste Handelsplätze im Bereich des heutigen Sierra Leone ein.⁴ Portugal war bis ins 17. Jahrhundert an der Westküste Afrikas präsent und spielte um 1650 kaum noch eine Rolle. An seine Stelle traten England, Frankreich, die Niederlande, Dänemark und Schweden. Von der Westküste Afrikas gelangten vor allem Elfenbein, Gold, Pfeffer, Sklaven, Baumwolle und Wachs nach Europa, während die zahlreichen Kunstkammerobjekte eher Nebenprodukte waren. Darunter befanden sich in erster Linie Elfenbeinarbeiten, Raffiabastgewebe und geflochtene Objekte aus dem gleichen Material.⁵

Bei den Elfenbeinarbeiten handelt es sich um Besteck, vor allem um Löffel (Abb. 2, Abb. 3), sowie Salzbehälter, Dosen und Olifanten (Abb. 4; Kat.-Nr. VIII.1). Es sind afro-portugiesische Arbeiten der Sapi aus dem heutigen Sierra Leone sowie aus dem Königreich Benin. Professionelle afrikanische Elfenbeinschnitzer fertigten in ihrer seit langem tradierten Technik und Formsprache die Objekte als Auftragsarbeiten für den Export an. Die Portugiesen gaben dafür Form, Thematik und Ikonografie vor. Neben der Produktion für den europäischen Markt stellten die Schnitzer auch weiterhin Objekte für den eigenen Bedarf her. Die afro-portugiesischen Elfenbeinarbeiten zeigen eine ausgewogene Mischung von Elementen zweier Kulturen, die Ezio Bassani und William B. Fagg als »fairly balanced relationship«⁶ bezeichnen. Sie sind gewissermaßen eine frühe Form der Touristenkunst. Ihre Herstellung erfolgte jedoch mit größter Sorgfalt und zeigt nicht die seit dem 19. Jahrhundert zu beobachtende Anpassung, um einen Massenmarkt zu bedienen.⁷ Bei den Olifanten aus Calabar im heutigen Nigeria (Kat.-Nr. VI.1) handelt es sich nicht um Auftragsarbeiten, sie wurden für den eigenen Bedarf produziert. Die Sapi arbeiteten zwischen 1490 und 1530 für ihre europäischen Auftraggeber.⁸ Die ersten bini-

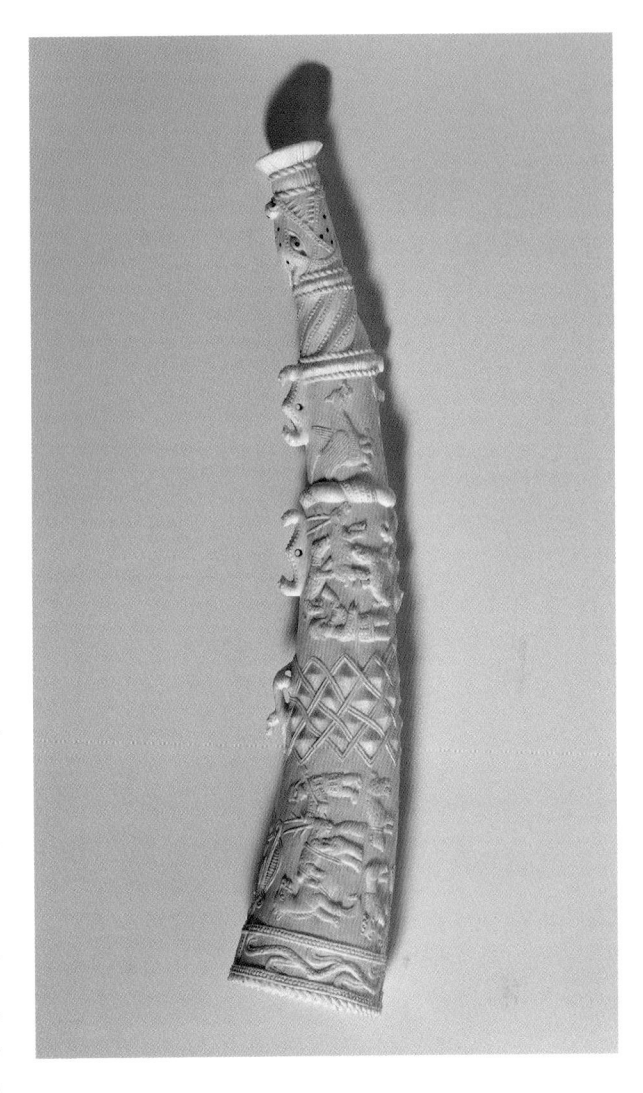

ABBILDUNG 4
BLASHORN AUS ELFENBEIN (OLIFANT), SAPI-PORTUGIESISCH,
16. JAHRHUNDERT, KAT.-NR. VIII.2

portugiesischen Elfenbeinarbeiten entstanden vermutlich erst um 1525.[9] Die Europäer bewunderten die afro-portugiesischen Elfenbeinarbeiten aufgrund der hohen handwerklichen Leistung und des wertvollen Materials. Die Löffelschalen sind beispielsweise so hauchdünn gearbeitet und entsprechend zerbrechlich, dass sie alleine deswegen außerordentlich begehrte Sammlungsstücke waren.

Aus der Kongoregion kamen Flaschen (Abb. 5) und Körbchen (Abb. 6) aus einem Geflecht aus Palmblattfasern nach Europa. Das Geflecht ist in einem strengen geometrischen Muster ausgeführt, wobei verschiedenfarbige Kett- und Schussfäden ein- oder mehrfach verschlungen wurden.[10] Das Muster folgt einer in der Kongoregion über lange Zeit entwickelten Formsprache, die für repräsentative Zwecke verwendet wurde und hohen Status symbolisierte. Die Muster sind bis heute auf Mützen, Raffiabastgeweben und Olifanten sowie als Körperschmuck zu finden. Die bedeutendsten Korbflechter der Kongoregion lebten in Loango und hatten eine besondere Flechttechnik entwickelt.[11]

Gewebe aus Raffiabastfasern (Abb. 7) stammen ebenfalls aus dem Königreich Kongo. Sie zählten unter anderem zu den Tributleistungen der dem König untergebenen Gesellschaften. Dort und im historischen Angola dienten Raffiabastgewebe auch als Zahlungsmittel und waren durch den Handel sehr weit verbreitet. Die Stoffe dienten als Kleidung, der Ausstattung des Hofes und als Wandschmuck für hochgestellte Personen. Ihre Herstellung war langwierig. Sie sind entweder aus geschmeidig geriebenem Palmrindenbast oder den Fasern frischer Palmblätter, meist Raffiapalmen, gewoben, gestickt und plüschiert. Für die Plüschelemente wird der Stickfaden in einer Höhe von zwei bis drei Zentimetern oder auch niedriger abgeschnitten und aufgefasert.[12] Für große Stücke wurden meist mehrere kleine Teile angefertigt und zu einem großen Stück zusammengenäht. Die Gewebe weisen wie die Flechtarbeiten aus der Kongoregion ein strenges geometrisches Muster auf. Noch heute werden sie von vielen Ethnien im Kongobecken, wie beispielsweise den Bakuba, hergestellt. In Europa fanden die Raffiabastgewebe außerordentliche Bewunderung. Dies ist auf ihren Glanz und die feine Verarbeitung zurückzuführen, die an Samt erinnerten. Zahlreiche Zeugnisse belegen die Wertschätzung. So würdigt P. Joanne Antonio Cavazzi die Raffiabastarbeiten in seinem Bericht über die Königreiche Kongo, Matamba und Angola: »Ja etliche deren scheinen zu seyn ein weicher und linder Sammet/ wie nit weniger also hoch und lebhafft an der Farb/ dass sie die unsrige nit selten übertreffen.«[13] Eine ähnliche, frühere Beschreibung der Raffiaplüsche findet sich im Reisebericht von

ABBILDUNG 5
KALEBASSENFLASCHE, KÖNIGREICH KONGO, VOR 1659,
KAT.-NR. VI.4

ABBILDUNG 6
DECKELKÖRBCHEN AUS PALMBLATTFASERN, KÖNIGREICH LOANGO,
VOR 1659, KAT.-NR. VI.5

Samuel Brun: »Solche Kleidung ist so schön und glantzend/ daß man es für den köstlichsten Sammet ansihet/ und ist doch nur auß den Baum-blätteren gemacht.«[14] Die ersten Raffiabastgewebe kamen 1489 mit den Schiffen Diogo Cãos nach Lissabon.[15] In der zweiten Hälfte des 17. Jahrhunderts brachten Missionare und Reisende die Raffiagewebe in großer Zahl nach Europa, und ab ungefähr 1700 entwickelte sich ein regelrechter Auftragsmarkt.[16]

Eine außergewöhnliche Sammlung afrikanischer Objekte besaß der Ulmer Kaufmann Christoph Weickmann (1617–1681) in seiner Kunstkammer aus der Mitte des 17. Jahrhunderts. Die verbliebenen Objekte befinden sich heute im Ulmer Museum. Vermutlich handelt es sich um eine geschlossene Sammlung, die Weickmann von dem Augsburger Kaufmann Johann Abraham Haintzel (um 1620–1662) erhalten hatte. Haintzel hatte sich im Dienst der Schwedisch-Afrikanischen Kompanie an der Westküste Afrikas aufgehalten. Fast alle Africana Weickmanns sind mit Angaben zu ihrer Herkunft versehen, sodass sie sich lokalisieren lassen. Dies übertrifft bei Weitem die Angaben in anderen Kunstkammerinventaren. Ein Männergewand und ein Orakelbrett stammen demnach aus dem Königreich Allada oder Ardra, im 17. Jahrhundert das mächtigste Königreich an der Küste des heutigen Benin.[17] Bei dem Männergewand aus Baumwolle (Kat.-Nr. VI.2) und einem weiteren aus der Ulmer Sammlung handelt es sich um die beiden ältesten noch völlig intakt erhaltenen Kleidungsstücke in Europa, die aus der Region südlich der Sahara stammen. Das Orakel- oder Opferbrett aus Holz stammt von den Ifa und ist das älteste bekannte und erhaltene seiner Art. Es hatte den Belangen des Königs gedient.[18] Dass das Brett nicht für den Export hergestellt wurde, belegen Gebrauchsspuren in der Mitte. Sie entstanden beim Werfen von Gegenständen wie Palmnüssen und beim Schlagen mit Schlegeln

ABBILDUNG 7
RAFFIAPLÜSCHGEWEBE, KÖNIGREICH KONGO, VOR 1659
ULM, ULMER MUSEUM

oder Stäben während des Orakelns. Zudem weist das Brett Spuren eines weißen Puders auf, wohl Maniokmehl, mit dem es bestreut wurde (vgl. Kat.-Nr. VI.3).

Mit der Umrundung der Südspitze Afrikas und der Seereise Vasco da Gamas 1498 nach Indien eröffnete sich der asiatische Raum. Gehandelt wurden in erster Linie Gewürze, Gold, Edelsteine, Perlen und andere Reichtümer. Mit diesen Gütern kamen auch vielfältige Kunstobjekte nach Europa und in die Kunstkammern. Die wichtigsten bereisten Regionen waren Indien, Ceylon, Malaysia, die Molukken oder Gewürzinseln, China und Japan.

Aus Indien stammten im Wesentlichen Perlmutt- und Schildpattarbeiten, indo-portugiesische Textilien, filigrane Goldschmiedearbeiten, Pulverhörner aus Elfenbein, die wahrscheinlich als indo-persische Arbeiten zu betrachten sind, sowie indo-portugiesische Elfenbeinarbeiten. Die Objekte entstanden in aller Regel als Auftragsarbeiten. Die Handwerkstraditionen bestanden jedoch größtenteils schon lange vor dem Kulturkontakt. Perlmuttarbeiten stammen meist aus Guzerat (Gujarat)[19] (Abb. 8), Schildpattarbeiten aus Goa. Vermutlich brachten die Portugiesen Modelle und Formen mit, nach denen die indischen Handwerker die Objekte herstellten. Ein Teil der Arbeiten wurde in Indien und in Europa gefasst und montiert. Es kam auch zu einem Austausch von Goldschmieden. So kamen einige aus Goa nach Lissabon, um dort für den Hof zu arbeiten, ebenso lebten einige portugiesische Goldschmiede zeitweise in Indien.[20] Das Material Perlmutt reizte die Europäer aufgrund seines irisierenden Glanzes. Schildpatt hatte eine ähnliche Wirkung, zudem imponierte es durch seine glatte und polierte Oberfläche. Die Stellen, an denen die Stücke miteinander verschmolzen wurden, waren meist nicht sichtbar.[21] In Inventaren wurde das Material häufig als gegossen beschrieben, so in der Ambraser Kunstkammer.[22]

Im Zusammenhang mit der Missionierung durch die Jesuiten und Franziskaner sind religiöse Darstellungen wie *Der Gute Hirte*, Christus- und Madonnendarstellungen zu sehen (Kat.-Nr. VII.III.30–33). Indische Traditionen wurden dabei mit christlichen Inhalten überlagert, und es entstanden Mischformen aus hinduistischen, buddhistischen und christlichen Inhalten und Motiven. Das Handwerk und die verinnerlichte Ruhe der Figur gehen auf die indische Kunst zurück, während das Motiv in der christlichen Mission begründet liegt.[23] In der Figur des *Guten Hirten* vermischt sich die frühchristliche Auffassung des *pastor bonus* und des *Bodhisattva Maitreya*, des Buddhas der Zukunft.[24]

Aus Ceylon kamen Elfenbeinarbeiten nach Europa, wie Kämme, Fächer und Kästchen. Aus singhalesischen Chroniken sind Elfenbeinarbeiten bereits spätestens seit dem ersten Jahrhundert überliefert. Die am Hof arbeitenden Elfenbeinschnitzer gehörten zu den angesehensten Handwerkern, das Material galt als äußerst kostbar und wurde häufig in durchbrochenen Reliefs verarbeitet. Bei den Kästchen handelt es sich um portugiesisch-ceylonesische Auftragsarbeiten. Ihre Form ist rein europäisch und erinnert an portugiesische Reisekoffer des 16. Jahrhunderts. Die Kästchen bestehen aus vier miteinander verzargten Elfenbeinplatten und einem Satteldach aus einem zusammenhängenden Stück. Sie dienten in der Regel zur Aufbewahrung von Schmuck. Das Bildprogramm war zunächst noch von singhalesischen, buddhistischen und hinduistischen Formen und Inhalten geprägt. Dieses wich über Mischformen immer mehr einer rein europäisch-christlichen Ikonografie.[25] Auf dem Kästchen aus der Münchner Kunstkammer (vgl. Abb. 4, S. 155) sind Darstellungen aus der singhalesischen Mythologie und der portugiesischen Geschichte vermischt. Die Szenen stellen eine Gesandtschaft des Königs von Kotte an den portugiesischen Königshof in den Jahren 1542/43 dar, mit der die Erbfolge auf Ceylon geregelt werden sollte. Die Reliefs zeigen den symbolischen Akt der Krönung und die anschließenden Feierlich-

ABBILDUNG 8
TRINKSCHALEN AUS PERLMUTT, INDO-PORTUGIESISCH,
ENDE 16. JAHRHUNDERT, KAT.-NR. VIII.15 A–F

ABBILDUNG 9 (RECHTS)
FÄCHER AUS ELFENBEIN, SRI LANKA, 16./17. JAHRHUNDERT,
MÜNCHEN, STAATLICHES MUSEUM FÜR VÖLKERKUNDE

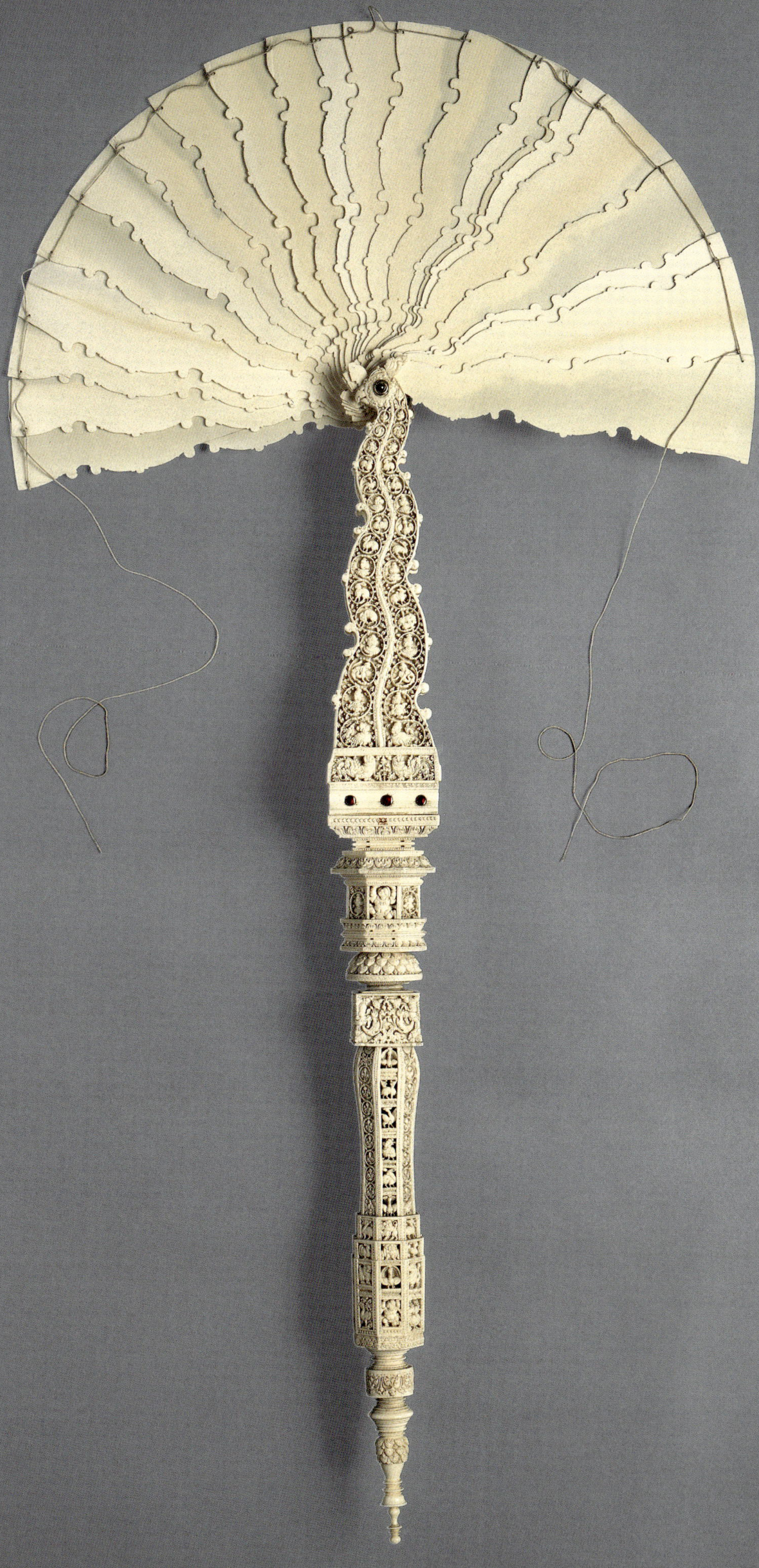

keiten.²⁶ Bei den nur noch selten erhaltenen Fächern (Abb. 9) ist ebenfalls ein Wandel von ceylonesischen zu europäischen Formen hin zu beobachten. Der Typus dieses Pfauenfächers, der sich auch in der Münchner Kunstkammer befand, stammt aus Indien und folgt weitgehend dieser Tradition. Bei den Fächern handelte es sich um reine Rangabzeichen und Statussymbole. In Indien waren sie hochgestellten Personen vorbehalten, die sie im Rahmen von bestimmten Zeremonien erhielten.²⁷ Darauf weist auch der Löwe als Herrschaftssymbol am unteren Ende des Griffes hin.

Aus Malaysia kamen Palmblattfächer, die in den Kunstkammern häufig zu finden waren. Ein Fächer aus der Ambraser Kunstkammer ist rot lackiert und mit Gold verziert. Fächer mit langem Stiel wurden nicht benutzt, sondern als Ehrenzeichen hochgestellten Personen zugeordnet. Solche mit kürzerem Stiel dienten dagegen durchaus dem Gebrauch.²⁸

Ebenfalls aus Malaysia und aus Java stammen Krise. Sie sind bis heute in Gebrauch und von hoher kultureller Bedeutung. Krise sind spezielle Dolche mit geflammten, seltener mit geraden Klingen. Diese sind damasziert. Insbesondere die Klingen besitzen magische Kräfte und sind beseelt, ihre Herstellung ist eine sakrale Handlung. Sie sind eng mit ihren Besitzern und deren Leben verbunden und beschützen diese. Rituelle Krise dürfen nur als Geschenk oder über Vererbung im Rahmen einer Zeremonie ihren Besitzer wechseln. Sie müssen regelmäßig gepflegt und mit Opfern geehrt werden, da sie sich ansonsten gegen den Besitzer wenden können. Sie sind Heiligtümer einer Familie, einer Dynastie und auch von Königreichen. Die Griffe der Krise sind meist anthropomorph oder zoomorph, können aber auch glatt und einfach sein.²⁹

Aus Japan gelangten in erster Linie Werke der *Namban*-Kunst³⁰ sowie Samurai-Rüstungen und Waffen in die Kunstkammern. Aus China kamen Porzellane, Specksteinfiguren, Rollbilder, Steinzeug und Lackarbeiten. Sie waren in den Kunstkammern geradezu in Massen vertreten. So befanden sich in der Münchner Kunstkammer 200 Porzellane.³¹ In Braunschweig waren am Ende des 18. Jahrhunderts 666 Specksteinfiguren inventarisiert, die größtenteils aus der Kunstkammer des Herzogs Anton Ulrich von Braunschweig-Wolfenbüttel (reg. 1685–1714) in Salzdahlum kamen.³² Die Herstellung von Specksteinfiguren blühte vor allem im 17. Jahrhundert. Dargestellt wurden Figuren aus dem Buddhismus, Daoismus und Konfuzianismus, aus der Mythologie und der Volkstradition. Sie dienten als signierte Unikate zur Ausstattung von Gelehrtenstudios. Für den familiären und volksreligiösen Bedarf wurden die Figuren in Werkstätten als Serienproduktionen hergestellt und häufig auf Haus-

ABBILDUNG 10
JAPANISCHE LANZE, MITTE 17. JAHRHUNDERT,
KAT.-NR. VI.28

altären aufgestellt. In der zweiten Hälfte des 17. Jahrhunderts begann in Kanton die Herstellung von Specksteinfiguren in großer Zahl für den Export nach Europa.³³

Porzellane waren wohl die beliebtesten Exportgüter aus Asien. Sie faszinierten wegen der Härte des Materials, ihrem Glanz, ihrer Feinheit und Glasur. Die Europäer nannten das Porzellan auch »das weiße Gold«. Die Porzellane in Form von Schalen, Schüsseln, Tellern, Kannen, Flaschen und Vasen wurden schon früh für den Export hergestellt (Abb. 11). Dennoch bestand im 16. Jahrhundert kaum ein Unterschied zwischen der Ware, die in Asien gehandelt, und jener, die nach Europa exportiert wurde. Der Großteil der chinesischen Porzellane kam im 16. Jahrhundert nach Europa, als Portugal das Handelsmonopol in Asien besaß. In Lissabon wurde die Ware öffentlich gehandelt und als Ersatz für Silber angepriesen.³⁴ Die Porzellane waren nicht nur Bestandteil der Kunstkammern, sie dienten auch dem Gebrauch. Um 1700 wurden vielfach eigene Porzellankabinette gegründet, so beispielsweise in Salzdahlum.³⁵

Nach Brasilien kamen die Portugiesen erstmals im Jahre 1500. Pedro Álvares Cabral nahm das Land in Besitz. 1501/02 veranlasste Portugal eine Expedition, um die brasilianische Küste zu erforschen, der auch Amerigo Vespucci angehörte. Dieser publizierte daraufhin 1502 seinen Bericht *Mundus Novus*. Darin begründete er, dass es sich bei dem später nach ihm benannten Kontinent nicht um Asien, sondern um einen bislang unbekannten Erdteil, eine »Neue Welt«, handelte. Die Portugiesen richteten einige Stützpunkte an der Küste ein und handelten mit Brasilholz. Das dunkle und sehr harte Brasil- oder Farbholz (*caesalpinia echinata L.*) enthält einen Farbstoff, der zur Rotfärbung von Stoffen diente und eine kostengünstige Alternative zur Purpurschnecke darstellte. Nach ihm benannten die Portugiesen Brasilien. In der zweiten Hälfte des 16. Jahrhunderts entwickelte sich die Zuckerrohrindustrie, für die sowohl die indigene Bevölkerung als auch Afrikaner von der Westküste versklavt wurden. Objekte, die aus Brasilien nach Europa kamen, hatten ausnahmslos dem indianischen Gebrauch gedient und wurden nicht für den Export hergestellt. Es handelte sich um Federkleidung und -attribute, Schmuck und Rasselbänder, Hängematten, Keulen und Äxte.

Abbildung 11
Porzellanschale mit portugiesischer Inschrift,
Auftragsarbeit, China 1541, Kat.-Nr. VII.II.8

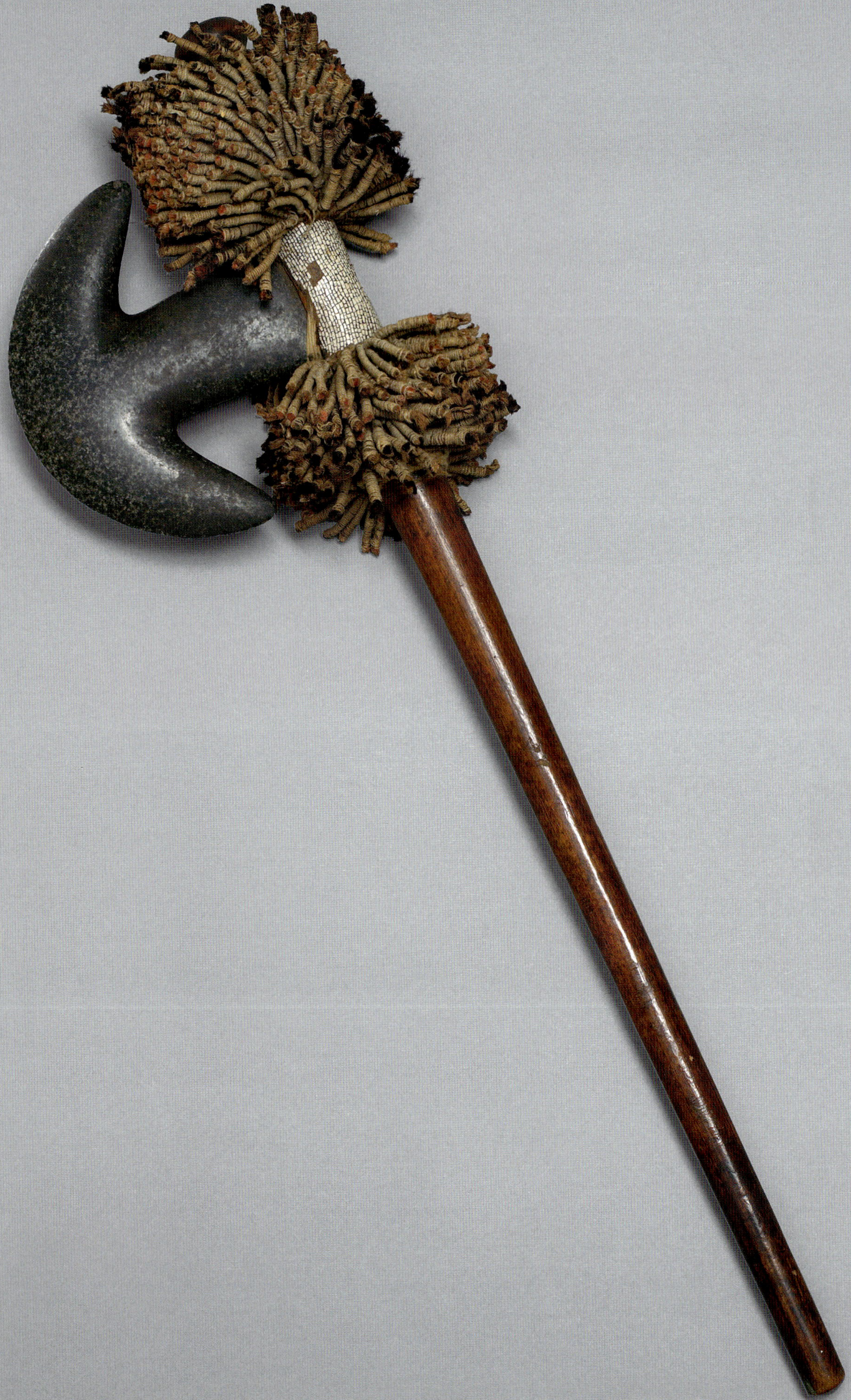

Keulen und Äxte sind in unterschiedlicher Form aus den Kunstkammern überliefert.³⁶ Von den Tupinambá der Ostküste stammen Keulen mit rundem Kopf. Hans Staden überlieferte solche Keulen.³⁷ Staden hatte sich in der Mitte des 16. Jahrhunderts als Landsknecht mehrmals in Südamerika aufgehalten und war in die Gefangenschaft der Tupinambá geraten. Seine Überlieferung ist recht detailliert und gilt als wichtiges ethnohistorisches Zeugnis für die frühe Kultur der brasilianischen Küste. Keulen mit ungefähr zwei Meter langen Stielen dienten zum zeremoniellen Töten von Gefangenen und wurden für diesen Anlass bemalt. Ihr Gebrauch beim rituellen Kannibalismus ließen sie zu einem Symbol für Amerika werden. Keulen, deren Stiele gut einen Meter lang sind, wurden wohl eher im Krieg benutzt, da sie besser zu handhaben waren. Sie bestehen aus rötlichem, schwerem Holz, wahrscheinlich Brasilholz, und sind mit einer harzigen, schwarz-braunen Masse bestrichen. Die Stiele waren am Ende mit Baumwolle verschnürt und mit Federn geziert (Kat.-Nr. VI.7).

Weitere Keulen kamen von den Tarairíu Nordostbrasiliens, die im heutigen Staat Rio Grande do Norte lebten. Die flachen Holzkeulen sind ungefähr einen Meter lang und längs mit Inkrustierungen aus Muschelschalen versehen. Der Schaft ist mit Harz eingelassen, er kann mit Baumwollschnüren umwickelt und mit Federn geziert sein. Die Keulen dienten im Kampf und bei Zeremonien. In Kunstkammerinventaren wie dem Münchner und Stuttgarter sind solche Keulen häufig als ›Szepter‹ beschrieben³⁸ (vgl. Kat.-Nr. VI.8).

Von den Gê, deren Nachfahren noch heute im Nordosten Brasiliens leben, kamen Ankeräxte nach Europa. Sie werden bis heute in unterschiedlichen Formen hergestellt. Die halbmondförmigen Klingen der Ankeräxte bestehen aus syenitartigem Gestein, das Zapfenende ist in den Stiel aus hartem Holz eingelassen und durch eine sorgfältige Verschnürung mit gedrehten Baumwollschnüren befestigt. Die Verschnürung kann inkrustiert sein. Ankeräxte mit langen Stielen, wie das Wiener Exemplar, sind nur aus dem 16. Jahrhundert überliefert. Später wurde der Schaft immer kürzer, was die Funktion der Äxte beeinträchtigte. Schließlich dienten sie als reines Würdezeichen (Abb. 12).³⁹

Ebenfalls beliebte und weit verbreitete Objekte für die Kunstkammern waren Rasselbänder der Tupinambá aus den Schalen der nussartigen Frucht des Baumes Ahovay (*thevetia ahovai L.*), des Brasilianischen Schellenbaumes.⁴⁰ Sie werden noch heute in weiten Teilen Amazoniens hergestellt. Die Rasseln geben beim Tanz den Takt an. Die Schalen der Ahovay-Früchte eignen sich besonders gut für die Herstellung von Rasselbändern, da sie sehr hart sind und stark klappern, wenn sie aufeinanderschlagen.

Sie werden mit Pflanzenfaserschnüren an einem gewebten oder geknüpften Band befestigt und an Armen, Beinen und an der Hüfte getragen (Abb. 13). Das sehr laute Klappern wird in Kunstkammerinventaren immer wieder hervorgehoben. So schreibt der Münchner Inventarist: »ein selzam geschell, alß wan die Mettallin schellen wern [...]. Welche die Indianer in iren freuden Spilen und Tänzen umb sich gürten, und mit großem geschell herumbspringen.«⁴¹ Und Pierre Barrère schreibt in seinem Reisebericht: »Es ist unmöglich, den entsetzlichen Lärm zu beschreiben, den diese Art von Schellen verursacht.«⁴²

Weitere Objekte aus Brasilien waren Ketten aus Tierzähnen, die noch heute in Amazonien weit verbreitet sind. Die Zähne stammen von Affen, Jaguaren und anderen Wildkatzenarten. Sie sind meist mit einer Umflechtung aus Baumwollfaden an einem Reif aus Gerten befestigt. Zusätzlich sind sie an der Wurzel durchlöchert und mittels einer eingefädelten Pflanzenfaserschnur miteinander verbunden. Hängematten waren ebenfalls Bestandteil fast jeder Kunstkammer. Sie werden aus Pflanzenfasern oder Baumwolle netzartig geknotet, geschlungen oder gewoben. Vollständig aus Gewebe hergestellte Hängematten sind kolonialzeitlich, während die geknoteten auch vorkolonial

ABBILDUNG 12
ANKERAXT DER GÊ, BRASILIEN, 16. JAHRHUNDERT,
WIEN, MUSEUM FÜR VÖLKERKUNDE

ABBILDUNG 13
INDIANER MIT RASSEL UND TANZSCHMUCK, IN DER MITTE
EIN AHOVAY-BAUM, IN: ANDRÉ THEVET, LES SINGVLARITEZ
DE LA FRANCE ANTARCTIQVE, AVTREMENT NOMÉE AMERIQVE...,
PARIS, 1557/58, KAT.-NR. X.13

sein können. Beide Typen sind an den Enden mit verstärkten Griffen versehen, an denen sie aufgehängt werden. Hängematten werden zum Schlafen, Ruhen, Sitzen und als Kinderwiege verwendet. Noch heute sind Hängematten in Mittelamerika und im südamerikanischen Tiefland weit verbreitet. Durch den Abstand vom Boden bieten sie im tropischen Regenwald Schutz vor Ungeziefer, Schlangen und Feuchtigkeit. Sie sind für die Hauskonstruktion bestimmend, denn bestimmte Pfosten werden so gesetzt, dass ihr Abstand die größtmögliche Bequemlichkeit in einer zwischen ihnen gespannten Hängematte bietet.[43]

Die begehrtesten Objekte aus Süd- und Mittelamerika, und neben dem chinesischen Porzellan vielleicht überhaupt aus Außereuropa, waren die Federarbeiten.[44] Aus Brasilien kamen Mäntel (vgl. Abb. 6, S. 121), Kopfbedeckungen, Arm-, Bein- und Hüftbinden. Von dem Kontakt der Europäer mit den Tupinambá Brasiliens rührt auch das europäische Klischee des federgeschmückten Indianers Süd- und Mittelamerikas. Es fand seit dem 16. Jahrhundert mit den frühesten Abbildungen und Reiseberichten Verbreitung und prägt die Vorstellung noch heute. Die Europäer waren von den Farben und dem Glanz der Federn und von ihrer perfekten und kunstvollen Verarbeitung sehr beeindruckt. Bei den Tupinambá markierte Federschmuck den sozialen Status und stand für Wandel. Er verwies auf Abstammungslinie und Alter sowie auf soziale, politische und zeremonielle Stellung. Federschmuck und -kleidung standen in engem Zusammenhang mit den Heilritualen, und sie waren bei Toten und der kultischen Tötung von Gefangenen von großer Bedeutung. Das Herstellen und Tragen von Federobjekten war den Männern vorbehalten. Dies ist auch heute noch bei den meisten Ethnien des südamerikanischen Tieflands der Fall.[45] Die Federn werden mit Hilfe einer Schnur aus Pflanzenfasern entweder zusammen- oder auf einen netzartigen Untergrund geknüpft.

In den Kunstkammerinventaren und zeitgenössischen Reiseberichten werden meist Federn von Papageien, Pfauen und Paradiesvögeln erwähnt. Die Federn stammten jedoch auch von zahlreichen anderen Vögeln wie dem Kolibri (grün), Löffelreiher (rot), Ara (rot), Kotinga (blau), Ibis (rot), Tzinitzcan (schwarz, grün) und Tukan (orange, gelb). Die Tupinambá verwendeten häufig die roten Federn des Ibis, insbesondere zur Herstellung von Mänteln und Hauben. Dem Vogel selbst und der Leuchtkraft seines Gefieders kam wahrscheinlich symbolische Bedeutung zu. Nur sehr wenige der Federarbeiten haben sich bis heute erhalten. Die meisten verwahrlosten und fielen dem Mottenfraß zum Opfer. Amerikanische Federkleidung, -schmuck und -attribute dienten in Europa auch zur Ausstattung von höfischen Festlichkeiten, wie beim Stuttgarter Aufzug der »Königin Amerika« zu Fastnacht 1599 (Abb. 14–17) oder dem Brasilianischen Fest zu Ehren Heinrichs II. in Rouen 1550/51.[46] Auch dies belegt ihre hohe Wertschätzung.

Der Aufzug der »Königin Amerika« in Stuttgart 1599[47] belegt einerseits die Verwendung von realen Americana zu repräsentativen Zwecken des Hofes. So sind die beiden aztekischen Federschilde, die im Gefolge der Königin getragen werden (Abb. 17), im Umfeld der Stuttgarter höfischen Sammlungen nachzuweisen und befinden sich heute im Württembergischen Landesmuseum. Andererseits ist der Aufzug, der in acht Zeichnungen und einer Festbeschreibung durch M. Jacob Frischlin überliefert ist, ein Beleg für die aufgeschlossene Rezeption des Fremden in der Frühen Neuzeit. Bei der Veranstaltung handelte es sich um ein Ringrennen, das aus mehreren Aufzügen bestand und auf

ABBILDUNGEN 14 BIS 17
AUFZUG DER »KÖNIGIN AMERIKA« AM STUTTGARTER HOF
ZU FASTNACHT 1599, KAT.-NR. XI.12A–D

den Auftritt der Amerika ausgerichtet war. Die Hauptrolle spielte Herzog Friedrich I. selbst. Die »Königin Amerika« wird unter den vier damals bekannten Kontinenten als ›jüngste‹ vorgestellt, also nach Asien und Afrika als zuletzt in Europa bekannt gewordener Kontinent. Gleichzeitig wurde sie als ebenbürtige Schwester geschätzt. So ist in der Festbeschreibung zu lesen: »America, Groß Königin in India, Die jüngste under unserm Gschlecht/ Und Schwestern/ welche sich auffrecht/ Erzeiget und verhalten hat/ Under den Schwestern auffrecht gaht.«[48] Es zeigt sich keine Hierarchisierung der Erdteile untereinander, und dies mag wenigstens für die nicht-habsburgischen Höfe gelten. Die Königin repräsentierte eine Neue Welt und wurde mit Staunen und Neugierde in Stuttgart empfangen. Der Beweggrund für ihre Reise war, in Stuttgart ihre Heimat und ihre Gewohnheiten vorzustellen. Gleichzeitig wollte sie das dortige Leben kennenlernen. So legt es ihr der Autor der Festbeschreibung in den Mund: Amerika bezwecke nicht nur, dass »damit nicht allein jnen und jren Eynwohnern unser Gelegenheit desto besser bekandt werde/ sondern auch wir hingegen augenscheinlich sehen und erfahren/ was von jhrem rühmlichen Thun und Wesen [uns] mehrmahlen fürkommen ist«.[49]

Das Fremde wurde in der Frühen Neuzeit, nach den sogenannten Entdeckungen, in aller Regel als gleichwertig zum Eigenen rezipiert. Darin unterscheiden sich das 16. und das 17. Jahrhundert von den folgenden Epochen. Die Kenntnis über den bislang unbekannten Kontinent Amerika drang ab der zweiten Hälfte des 16. Jahrhunderts verstärkt in das Bewusstsein der Europäer und an die Höfe, die nicht direkt an der Eroberung beteiligt waren. Die Tatsache, dass es sich um eine »Neue Welt« handelte, übte eine starke Anziehungskraft aus und fesselte die Gemüter. Das Fremde wurde dabei wahrgenommen und beobachtet, jedoch nicht in Relation zum Eigenen gesetzt. Diese Art der Rezeption resultierte aus der Geisteshaltung der Zeit, dem Zusammenspiel von Staunen und Neugierde.[50] Das Staunen rührte vom Mittelalter her und galt als Beleg für den Respekt vor der Schöpfung, gleichzeitig als Eingeständnis der menschlichen Unkenntnis. Die Neugierde dagegen war eine verpönte Eigenschaft, galt mit ihrem Wissensdurst als hochmütig und stand dem Respekt vor der Schöpfung entgegen. Um 1600 löste sich dieses Tabu auf und wich den Bestrebungen, sich die Welt anzueignen und zu verstehen. Die Neugierde wurde nun zur regelrechten Tugend und gesellte sich dem Staunen hinzu. Der Erkenntnisdrang kam einer Form des Gottesdienstes gleich. Die Neugierde war in der ersten Hälfte des 17. Jahrhunderts eine Folge des Staunens und lenkte die Aufmerksamkeit auf das Ungewöhnliche, Seltene und Kuriose. Es wurde beobachtet und gewissermaßen gesammelt, aber nicht ausgewertet und systematisiert. So konnten das Kuriose und auch das Fremde in das bestehende Weltbild integriert werden, ohne dass es einer Hierarchie der Werte standhalten musste. Der Blick war noch nicht von Vergleichen und dem Nachweis der eigenen Überlegenheit begleitet, wie er sich im ausgehenden 17. Jahrhundert und im 18. Jahrhundert herausbildete.

Über die Wege, auf denen die Ethnografika nach Spanien und Portugal und anschließend durch europäische Agenten und Schenkungen an die Höfe gelangten, ist nur wenig bekannt.[51] Es gibt lediglich einzelne Hinweise in Archivalien, Inventareinträgen und Inschriften, die kaum ein vollständiges Bild zulassen. Auch über die Preise finden sich nur sehr vereinzelte Hinweise, und diese lassen allenfalls ein vages Bild zu. So ist aus der Stuttgarter Kunstkammer überliefert, dass im Jahr 1669 für ein Raffiabastgewebe und ein geflochtenes Körbchen aus dem Königreich Kongo zusammen 22 Reichstaler bezahlt wurden. Dies entsprach dem Monatsverdienst einer höhergestellten Person.[52] Von Herzog August dem Jüngeren von Braunschweig-Wolfenbüttel (reg. 1635–1666) liegt eine Liste mit Objekten vor, die dieser am 30. Juli 1650 aus der hinterlassenen Kunstkammer des Augsburger Kunstagenten und politischen Beraters Philipp Hainhofer (1578–1647) anforderte.[53] Ein Raffiabastgewebe aus dem Königreich Kongo sollte demnach 20 Reichstaler kosten, eine flache Holzkeule aus Brasilien oder Guyana und ein türkisches Visier jeweils vier Reichstaler und 30 Groschen, ein Paar türkische Stiefel mit »Sohlen von einer Christenhautt« zwei Reichstaler. Im Vergleich dazu waren ein Landschaftsgemälde in Öl von dem Münchner und Augsburger Maler und Architekten Johann Matthias Kager (1575–1634) mit 30, zwei goldemaillierte Schalen zusammen mit 20, eine goldemaillierte Lavabo-Garnitur mit 15 Reichstalern veranschlagt. Um 1660 wurden dem Wolfenbütteler Hof Federobjekte der Tupinambá angeboten: ein roter Mantel, eine gelbe Haube, ein gelber Kragen und acht Bänder für Arme, Beine und Hüfte. Sie sollten zusammen hundert Reichstaler kosten.[54] Der Preis zeigt deutlich das hohe Ansehen, das die Federarbeiten genossen.

Die große Wertschätzung der außereuropäischen Objekte im Vergleich zu den europäischen belegt auch ein Gespräch, das Simplicissimus mit einem unbekannten Sammler im Jahr 1669 führte. Unter dessen Gemälden gefiel Simplicissimus am besten eine Ecce-Homo-Darstellung wegen der erbarmungswürdigen Darstellung des Sohnes Gottes. Daneben befanden sich gemalte chinesische Götter. Auf die Frage des Sammlers, was ihm in seiner Kunstkammer am besten gefiele, deutete Simplicissimus auf das Gemälde des Ecce-Homo. Daraufhin entwickelte sich folgender Disput, in dem sich der Sammler darüber ereiferte, dass Simplicissimus die Rarität des chinesischen Bildes nicht genügend würdigte: »Er [der Sammler] aber sagte, ich irre mich; das Chineser Gemäld wäre rarer und dahero auch köstlicher; er wolle es nicht um zehen solcher Ecce-Homo manglen. Ich antwortet: ›Herr! ist Euer Herz wie Euer Mund?‹ Er sagte: ›Ich versehe michs.‹ Darauf sagte ich: ›So ist auch Euers Herzen Gott derjenige, dessen Conterfait Ihr mit dem Mund bekennet, das köstlichste zu sein.‹ – ›Phantast‹, sagte jener, ›ich ästimiere die Rarität‹.«[55]

Resumo

Nos gabinetes de curiosidades particulares dos séculos XVI e XVII, príncipes, burgueses e intelectuais procuravam reunir um vasto mundo em miniatura, tão exaustivamente quanto possível. Nas suas salas, coleccionavam de tudo o que no Mundo existia. O que então mais os fascinava eram o raro e o exótico, que no início da Idade assumiram uma posição de especial relevo. Com as viagens marítimas europeias e o consequente alargamento da imagem do Mundo, as peças etnográficas adquiriram grande importância. Eram a prova do desconhecido e, como tal, per se, raras e diferentes. No gabinete de curiosidades de Munique, por exemplo, tais peças constituíam cerca de 1/7 do acervo. Eram integradas nas colecções já existentes, com um valor idêntico ao das peças europeias correspondentes, sendo comentadas e discutidas com admiração e curiosidade. A maioria destas peças etnográficas já hoje não existe hoje.

Da costa ocidental africana chegavam à Europa peças de marfim afro-portuguesas, cestinhos trançados e têxteis de fio de ráfia. O comerciante Christoph Weickmann, da cidade de Ulm, possuía uma invulgar colecção de objectos africanos. Da Índia, vinham trabalhos em madrepérola e tartaruga, bem como ourivesaria e peças de marfim indo-portuguesas. Do Ceilão, chegavam objectos em marfim como leques, caixinhas e pentes; da Malásia, leques de folha de palmeira e punhais Kris. No Japão, os europeus adquiriam obras de Arte Nanban e armaduras de samurai; na China, porcelanas, figuras em pedra-sabão, quadros de rolo, cerâmica e lacre. Do Brasil, chegavam peças de vestuário e enfeites tribais em penas; jóias; pulseiras de maracas; camas de rede; maças e machados. Estes objectos encontraram também, em parte, uma aplicação nas festas na Europa, como no caso do cortejo da ›Rainha América‹, em Estugarda em 1599, adornado com vestes e outros enfeites em penas.

Anmerkungen

1. Zit. nach von Liebenau 1900, S. 91; s.a. Feest 1993, S. 3, und 1995, S. 347.
2. Bayerische Staatsbibliothek München, Cgm 2133, Cgm 2134, s. Diemer/Bujok/Diemer 2004.
3. Albrecht 1677, S. 118, 123.
4. Lopes 1992b, S. 26.
5. Bujok 2003a, S. 65–82.
6. Ausst.-Kat. New York/Houston 1988, S. 216.
7. Ebd., S. 57.
8. Ebd., S. 101.
9. Ebd., S. 150.
10. Firla/Forkl 1995, S. 171f.
11. Ebd., S. 174.
12. Stritzl 1971, Firla/Forkl 1995, S. 163–165.
13. Cavazzi 1694, S. 207.
14. Brun 1969 [1624], S. 13f.
15. Bassani 2000, S. 279.
16. Stritzl 1971, S. 38.
17. Jones 1994, S. 35.
18. Exoticophylacium 1659, S. 52.
19. Vgl. auch den Aufsatz von Sangl in diesem Band.
20. Vassallo e Silva 2001, S. 234.
21. Ausst.-Kat. Wien 2000, S. 172, Nr. 83.
22. Vgl. ebd., S. 174 Nr. 86, 87.
23. Yaldiz u.a. 2000, S. 130, Nr. 129.
24. Ausst.-Kat. Wien 2000, S. 224, Nr. 135.
25. Schwabe in Ausst.-Kat. Wien 2000, S. 101f.; vgl. auch den Aufsatz von Biedermann in diesem Band.
26. Ausst.-Kat. Wien 2000, S. 234–236, Nr. 147.
27. Ebd., S. 234, Nr. 146.
28. Ebd., S. 253, Abb. S. 255f.
29. Zu Krisen vgl. Sri Kuhnt-Saptodewo 1998, S. 359–362; Drescher/Weihrauch 1999; jeweils mit Abb. Vgl. auch Ausst.-Kat. Wien 2000, S. 249f., 253f.
30. Vgl. Aufsatz von Curvelo in diesem Band.
31. Diemer/Bujok/Diemer 2004, Nr. 543, 556, 1162–1177.
32. Slg.-Kat. Braunschweig 2002, S. 183.
33. Ebd., S. 184.
34. Ausst.-Kat. Wien 2000, S. 273.
35. Slg.-Kat. Braunschweig 2002, S. 73.
36. Bujok 2003a, S. 112–117.
37. Staden 1557, Abb. 23, 33, 42–44, 46.
38. Vgl. Bujok 2003a, S. 116; dies. 2004, S. 118.
39. Ausst.-Kat. München 1987, S. 250.
40. Benda 2000, S. 105f.
41. Vgl. Bujok 2003a, S. 117.
42. »Il n'est pas possible d'exprimer le bruit effroyable que font ces sortes de grelots.« Barrère 1743, S. 196.
43. Seiler-Baldinger 1971, S. 182f.; Münzel 1985, S. 223. Vgl. auch Seiler-Baldinger 1979 und Köpf/Seiler-Baldinger 2005.
44. Vgl. Bujok 2003a, S. 86–93.
45. Métraux 1932, S. 101; Seiler-Baldinger 1974, S. 437f.
46. Abb. in Ausst.-Kat. Berlin 1982, S. 227.
47. Bujok 2003b mit Abb. und 2004, S. 13–23, 149–160 mit Abb.
48. Frischlin 1602, S. 22.
49. Ebd., S. 33.
50. Daston/Park 1998, S. 303–328, Daston 2001, Bujok 2004, S. 62–68.
51. Bujok 2004, S. 161–169, Pérez de Tudela/Jordan Gschwend 2001.
52. Firla/Forkl 1995, S. 166.
53. Niedersächsisches Staatsarchiv Wolfenbüttel, 1 Alt 22, Nr. 170, fol. 25.
54. Herzog August Bibliothek Wolfenbüttel, Cod. Guelf. 84 Novi, fol. 222r.
55. Grimmelshausens Werke 1977, S. 73f.

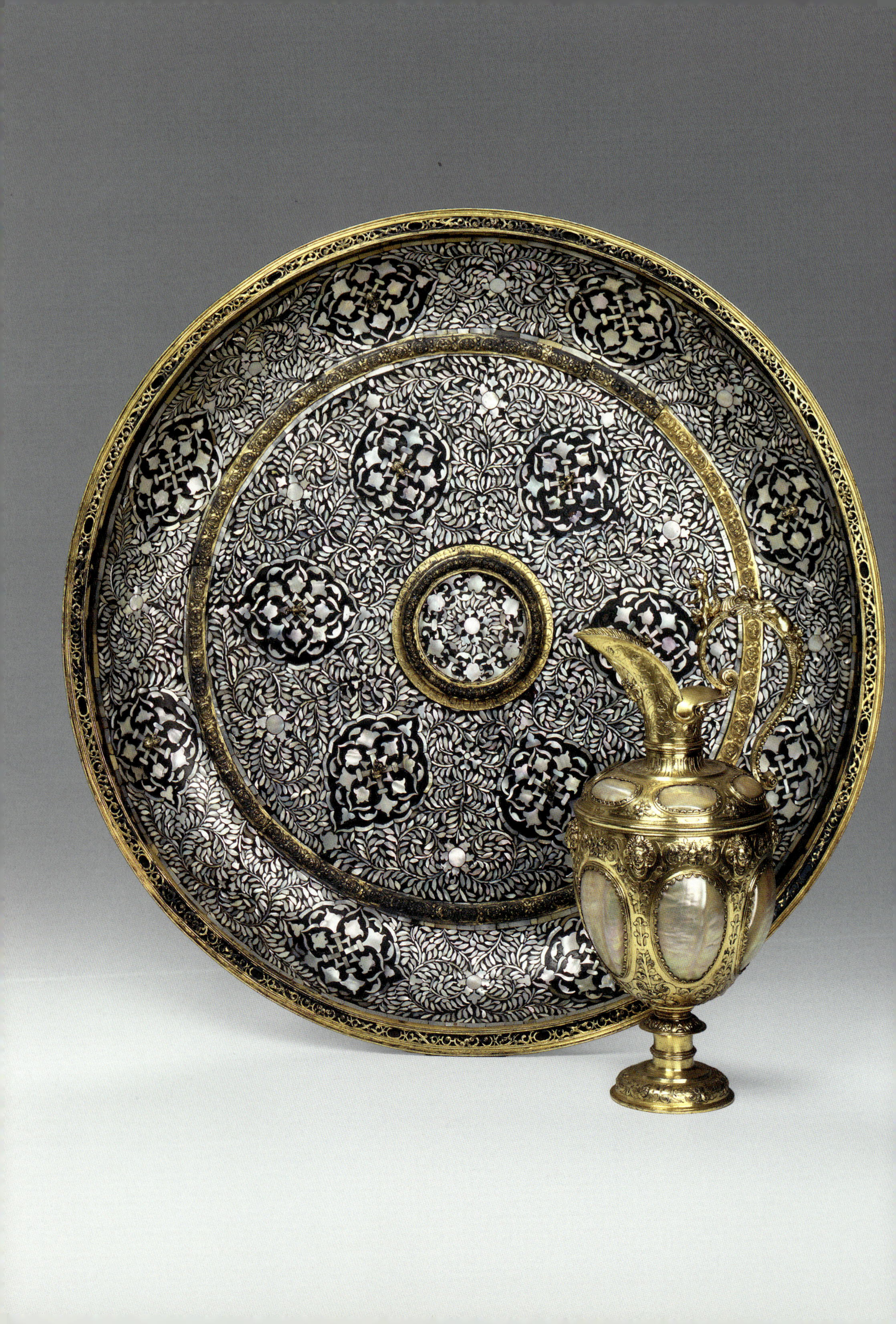

Sigrid Sangl

Begegnung der Kulturen: Indische Perlmuttobjekte mit deutschen Montierungen

In nahezu allen deutschen fürstlichen Kunstkammern des 16. und 17. Jahrhunderts haben sich kostbarste Kannen- und Becken-Garnituren mit Perlmuttdekor erhalten sowie Pokale, Kästchen, die als Apotheken dienten, Spielbretter und Spieltische mit demselben Material. Anders als bei vergleichbaren Objekten in spanischen oder portugiesischen Kirchenschätzen, die dort zumeist als Behälter für Reliquien dienten,[1] tragen die fremdartig wirkenden Gegenstände in deutschen Kunstkammern Marken deutscher Gold- und Silberschmiede.[2] Aus diesem Grund wurden sie bis vor wenigen Jahren als Werke des deutschen Manierismus im Kunsthandwerk angesehen. Tatsächlich handelt es sich aber um beeindruckende Kombinationen von indischer Handwerkskunst, die den ›Kern‹ der Objekte bildet, und von aufwendigen Montierungen deutscher Metallkünstler. Damit sind die Artefakte schönster materieller Ausdruck der frühen schöpferischen Verbindung europäischer und asiatischer Kultur in der Folge der portugiesischen Entdeckungsfahrten.

Perlmutt war seit dem Mittelalter in Europa sowohl aus material-ästhetischen, als auch aus material-ikonografischen Gründen ein begehrter Stoff für künstlerische Arbeiten. Bereits in der Antike, als man noch keine Vorstellung von der künstlerischen Bearbeitung jener Materialien aus den unbekannten Weiten des Ostens hatte, genossen Perlmutt und Perlen einen besonderen Ruf. Einerseits war man fasziniert von dem fast magischen Lüsterglanz des Materials, andererseits konnten auch die Gelehrten nur sagenhafte Legenden von der Entstehung der Perlen in den Muscheln berichten. So schreibt Plinius Secundus d. Ä. (23/24–79 n. Chr.), Himmelstau würde die Muscheln befruchten und schließlich in ihnen Perlen wachsen lassen, die damit weniger ein Produkt des Meeres als des Himmels seien. Der unbekannte Zusammenhang zwischen Perlmutt und Perlen bildete die Grundlage für vielerlei Entstehungstheorien und war gleichzeitig ein Symbol für die unbefleckte Empfängnis Mariens. Im Buch des Physiologus, das im 2. Jahrhundert entstanden und im Mittelalter weit verbreitet war, wird die Entstehung der Perle aus einem Blitz erklärt, der in die Muschel dringt. Analog schloss der Autor: »Wie dort in dieser Weise Perlen gemacht werden, so auch die hochheilige unbefleckte Maria, die von allem Schmutz rein war. Denn der göttliche Blitz aus dem Himmel, der Sohn und Logos Gottes ist, ist in die ganz reine Muschel, die Gottesgebärerin Maria eingegangen, eine überaus kostbare Perle ist aus ihr geworden, worüber geschrieben steht: Sie hat die Perle, den Christus, aus der göttlichen Perle geboren.«[3] Diese Gleichsetzung der Muschel und damit des Perlmutts mit dem Schoß der Heiligen Jungfrau hat dem raren Material eine Bedeutung verliehen, die zumindest im Mittelalter den Künstlern bewusst war, wenn sie – vor allem in der Spätgotik – christliche Szenen diffizil in Perlmutt-Scheiben schnitzten, die vielfach zur Ornamentierung von Kreuzen und Reliquiaren dienten. Transzendenz und Immaterialität des Perlmutt-Lüsters schienen das Göttliche in der Natur zu reflektieren.

So wurde Perlmutt in Europa – anders als in Asien – nicht nur wegen seines unmittelbaren ästhetischen Reizes begehrt, sondern auch wegen seiner allegorischen Bedeutung. In der Kunst der Renaissance mit ihrer Rückbesinnung auf die Antike trat dann die maritime Ikonografie des noch seltenen Materials in den Vordergrund, wie sie von den antiken Denkern wie Aristoteles bereits formuliert worden war. Der allmähliche Verlust aller allegorischen Bedeutungen zeigt sich jedoch in barocken Inszenierungen, wie der um 1730 entstandenen im Dresdner Grünen Gewölbe, bei der eindeutig die ästhetische Faszination des exotischen Materials im Vordergrund steht, obwohl an den aus der Dresdner Kunstkammer stammenden, nun neu arrangierten Stücken des 16. und 17. Jahrhunderts durchaus noch Anklänge an den allegorischen Zusammenhang von Perlmutt und dem Meer als Ursprung allen Lebens zu bemerken sind (Abb. 2).

Noch im Mittelalter war Perlmutt äußerst schwierig zu erlangen. Die heimischen Flussperlmuscheln waren nicht geeignet, um größere, halbwegs plane Flächen zur künstlerischen Bearbeitung aus der Muschelschale zu schneiden. Vor der Eröffnung der Handelswege nach Indien im 16. Jahrhundert infolge der Expansion der portugiesischen Seefahrer mussten sich die Künstler mit den kleinen Exemplaren der Seeschnecken des Mittelmeeres (*Haliotidae*) und aus dem Meer um die Kanalinseln vor den britischen Küsten (*Haliotis tuberculata L.*) begnügen. Selten gelangten Seeperlmuscheln (*Meleagrina margaritifera L.*) und Meeresschneckenmuscheln (*Turbo marmoratus*) in die Faktoreien

Abbildung 1
Silberkanne und Becken mit Perlmuttblättchen,
Fassung von Elias Geyer, um 1600, Kat.-Nr. VIII.17 a + b

› 258 ‹ Kunstwerke und Bildsprache

Abbildung 2
Becken und Kanne einer Lavabo-Garnitur, Nikolaus Schmidt,
um 1600, Dresden, Grünes Gewölbe, SKD

jener Handelshäuser, die sich in Venedig – dem Haupthandelsplatz für Waren aus dem Orient und aus Afrika – niedergelassen hatten. Hauptsächlich waren es zwar Edelsteine und Perlen, die entweder über die Handelsverbindungen der Fugger und Welser nördlich der Alpen oder über italienische Schiffsverbindungen nach Brügge schließlich auch in die Niederlande und nach Norddeutschland gebracht wurden. Sicher befanden sich aber auch schon im 14. Jahrhundert Muschel- und Schneckenschalen als Rohmaterial für die Verarbeitung durch Goldschmiede – vor allem zur Herstellung von Rosenkranzperlen – und Reliefschnitzer darunter. Die für größere Objekte geeigneten Muscheln, das heißt zoologisch korrekt die Gehäuse von Mollusken, also dem Tintenfisch im Nautilus-Gehäuse, und dem Gastropoden, der Meeresschnecke im Turbo marmoratus, mussten aus subtropischen und tropischen Gewässern, von der Malabar-Küste, dem Meer um Ceylon und von den Philippinen importiert werden (Abb. 5).

Nur vereinzelt gelangten solche Gehäuse im Mittelalter nach Zentraleuropa. Die Benennung des Perlmutts deutet dessen damaligen Handelsweg an. Das französische Wort für Perlmutt *nacre* und das spanische beziehungsweise portugiesische Wort *nahor* ist eindeutig verwandt mit dem persischen *nakar*, das heißt, Perlmutt kam zunächst auf dem Landweg über Persien. In Asien wurden seit dem 13. Jahrhundert große Mengen von Muschelschalen zwischen China, Korea und Indien gehandelt, was die Entwicklung der verschiedenen Varianten der Perlmutt-Lacke mit Muschelsplittern in Asphaltlack beförderte, eine Technik, wie sie sich später auch auf einigen montierten Kästchen, Spielbrettern und Schalen in den deutschen Kunstkammern der Renaissance findet.

Mit der Einrichtung der Seehandelswege nach Indien infolge der geglückten Umschiffung des Kaps der Guten Hoffnung im Jahr 1487/88 und der Ankunft Vasco da Gamas in Indien am 20. Mai 1498 sollte sich die Handelssituation für exotische Materialien und Produkte grundlegend ändern. Regelmäßige Verbindungen zu den florierenden Märkten im Osten wurden hergestellt: Jedes Jahr starteten auf der Route *Carreira da Índia* oder einfacher der Kaproute (*Rota do Cabo*) drei bis 20 Schiffe im März oder April in Lissabon, um mit günstigen Winden im September oder Oktober in Goa, dem Vizekönigtum Portugiesisch-Indien anzukommen. Schwer beladen mit Luxusgütern, wie vor allem Gewürzen (Pfeffer, Zimt, Nelken, Muskat), Seidenstoffen, Edelsteinen und eben auch Perlmutt, liefen die Schiffe im Dezember wieder Richtung Heimat aus. Viele scheiterten an widrigen Winden, den Stürmen am Kap oder wurden durch Seeräuber und Ende des 16. Jahrhunderts durch englische Schiffe gekapert.

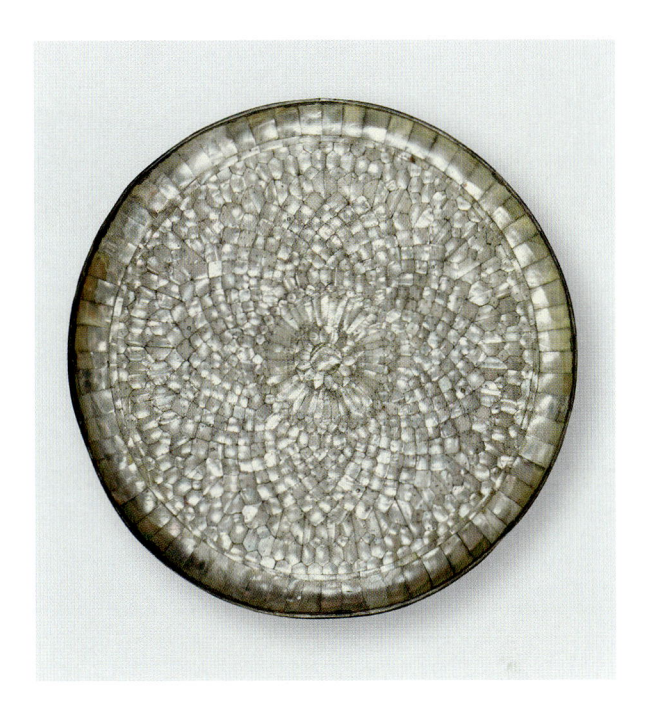

Systematisch hatte die portugiesische Krone ihre Handelsstützpunkte ausgebaut: Afonso de Albuquerque hatte 1510 die spätere Hauptstadt Goa erobert, 1511 das strategisch wichtige Malakka, 1515 Hormuz, den wichtigen Stützpunkt der moslemischen Händler. Damit eröffnete sich den Europäern ein unglaublicher Markt bis hin zu den Inseln Australasiens wie Java, den Molukken und schließlich auch China und Japan. Auf diesem Markt konnten nicht nur Rohstoffe erworben werden, die in Europa selten und teuer waren, sondern die entwickelten Kulturen des Ostens boten auch ungeahnte Luxuswaren an, die in den florierenden Manufakturen der Städte hergestellt wurden. Die auch in der Mogul-Zeit dominierende Hindu-Bevölkerung der bedeutenden Hafenstadt Khambhat (Cambay), auf deren vorgelagerter Insel Diu die Portugiesen eine Festung einrichteten, unterhielt Handelsbeziehungen in den Mittleren Osten, nach Ostafrika, in den indonesischen Archipel und weiter in den Fernen Osten.[4] Aus Ahmedabad, der führenden Textilstadt in der nordwestindischen Region Guzerat (Gujarat) kamen Unmengen an Stoffen. Kostbare Seiden, Goldschmiededinge, Porzellan, Lackarbeiten und Kunsthandwerk aus dem reichlich vorhandenen Perlmutt gelangten aus diesen Quellen über die portugiesischen Importe zu den Europäern. Zusammen mit den bearbeiteten Naturgegenständen gelangten auch Rohmaterialien wie Muscheln und Nüsse in die Handelshäuser Europas. Dabei wurden die Wunder einer fremden Natur – wie die merkwürdige Form der Seychellen-Nuss oder die gewundene

ABBILDUNG 3
PERLMUTTTELLER, GUZERAT, 16. JAHRHUNDERT, KAT.-NR. VIII.16

Schale der Nautilusschnecke – in Europa genauso bestaunt wie die artifiziellen Arbeiten asiatischer Kunsthandwerker.

In ihrem Bestreben, das Spektrum der Welt um sich zu versammeln, erwarben die europäischen Fürsten die fremden Dinge für ihre Kunstkammern. Neben dem rein exotischen Aspekt des Seltsamen und Unbekannten spielte auch der religiöse Gedanke des Wunderbaren der von Gott geschaffenen vielfältigen Natur eine große Rolle bei der Sammlung von fremdartigen Materialien und Naturalien. Sogenannte ›Exotica‹ waren fester Bestandteil der Kunstkammern, von denen um 1600 die berühmtesten von Erzherzog Ferdinand von Tirol auf Schloss Ambras bei Innsbruck, von Kaiser Rudolf II. in Prag, den Medici-Herzögen in Florenz, den Wittelsbacher-Herzögen in München und von den Kurfürsten in Dresden unterhalten wurden. Philipp Hainhofer, der berühmte Augsburger Kunstagent und selbst Vermittler von importierten Muscheln, schilderte 1611 beeindruckt den ästhetischen Reiz der vielen Perlmutt-Artefakte in der Münchner Kunstkammer: »es schimmern die Farben im beerlemuetter gar schön durch ain ander, wie die opali.«[5]

Auch Sammlungen von protestantischen Fürsten wie die des hessischen Landgrafen Moritz oder diejenigen der Herzöge von Schleswig in Schloss Gottorf, die heute den Kernbestand der königlichen Sammlungen in Schloss Rosenborg in Kopenhagen[6] bilden, waren in ihrer Zeit europaweit bekannt. Der bedeutendste heute noch vorhandene Bestand an frühen Perlmutt-Objekten hat sich in den Sammlungen des Grünen Gewölbes, der Schatz-

Abbildung 4
Reisekästchen, geöffnet mit Inneneinrichtung, Elias Geyer, 1589–1592, Dresden, Grünes Gewölbe, SKD

kammer der sächsischen Herzöge erhalten, in die 1832 die ehemalige Kunstkammer des Hofes integriert worden war. Darin vertreten sind die wichtigsten Typen: prunkvolle Becken- und Kanne-Garnituren, kleine Reisekästchen und Trinkgeschirre, die aus den natürlich gebogenen Schalen der Gehäuse und Muscheln angefertigt worden waren (Abb. 4).

Dynastische Beziehungen

Für die Verbreitung der Perlmutt-Objekte nach ihrer Ankunft in Lissabon quer durch Europa gab es mehrere Wege: Aufgrund der dynastischen Beziehungen der europäischen Herrscherfamilien, vor allem bei den Habsburger Fürsten, gelangten viele Exotica als Geschenk in weitere Sammlungen. Durch die engen verwandtschaftlichen Beziehungen des portugiesischen Königshauses innerhalb der Habsburger Dynastie schon vor der Übernahme der portugiesischen Krone 1581 verbreiteten sich die indischen Kostbarkeiten, darunter auch die Objekte aus Perlmutt, in den verschiedenen Sammlungen. So hatte beispielsweise die Gemahlin des portugiesischen Königs Dom João III., Königin Catarina von Österreich,[7] die Schwester Kaiser Karls V., bereits eine eigene kategorisierte Sammlung angelegt. Noch heute werden im 1559 gegründeten Kloster de las Descalzas Reales in Madrid kostbare Kästchen aus Japan und Indien aufbewahrt, die als Behältnisse für Reliquien dienten. Diese stammen entweder aus der Sammlung von Kaiserin Maria da Áustria, der Tochter Philipps II. und Gattin des deutsch-römischen Kaisers Maximilian II., oder könnten als Geschenk des Erzherzogs Alberto, Sohn der Kaiserin Maria, nach Madrid gekommen sein, da dieser von 1583 bis 1593 als Vizekönig in Lissabon residierte und somit den unmittelbaren Zugang zu den indischen Importen der *Casa da Índia* hatte.[8]

Auch im Kirchenschatz der Kathedrale von Toledo lassen sich nordindische Kästchen des 16. Jahrhunderts nachweisen, die als Reliquienbehälter zusätzlich mit Silberbeschlägen oder Edelsteinen geschmückt worden waren[9] und wahrscheinlich Schenkungen der spanischen Krone sind. Besonders Kaiser Rudolf II., der als zwölfjähriger 1564 an den spanischen Hof gekommen war, zeigte sich geblendet vom Reichtum aus der neuen Welt, der auch Exotica wie Federbilder aus Mexiko, fremdartige Tiere und Schildpattarbeiten umfasste. Als mit der Vereinigung von Portugal und Spanien unter Philipp II. auch die Schätze aus Afrika, Indien, China und Japan an das spanische Königshaus gelangten, wuchs der Wunsch des späteren Kaisers, Ähnliches oder gar Besseres in seiner Prager Kunstkammer anzuhäufen. Tatsächlich befanden sich nach dem Tode des Kaisers große Mengen an ›indianischen‹ Dingen in der Kunstkammer, sowohl in bearbeitetem Zustand als auch in unbearbeiteter Form, darauf wartend, von europäischen Kunsthandwerkern durch kostbare Fassungen veredelt zu werden.[10]

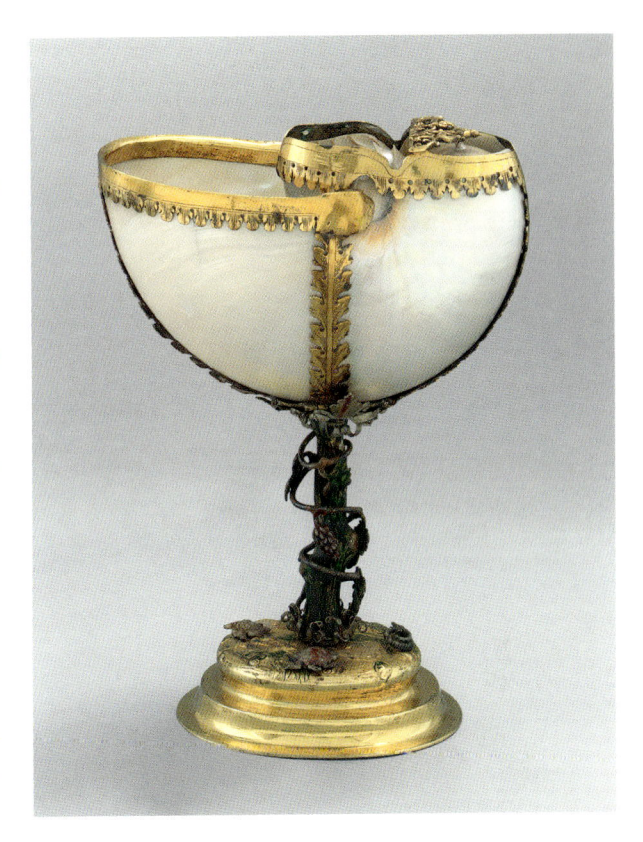

Die bayerischen Wittelsbacher Fürsten, speziell der spätere Herzog Wilhelm V., nutzten ihre habsburgischen Verwandtschaftsbeziehungen ebenfalls, um sich Exotica, deren Import sich der Monopolstellung der Portugiesen verdankte, nach München kommen zu lassen. So erbat sich der bayerische Erbprinz die Übersendung ›seltzamer‹ Sachen aus den Schiffsladungen seiner portugiesisch-spanischen Verwandtschaft, darunter sicher auch Perlmutt-Objekte, die 1598 in reicher Zahl im Inventar der Münchner Kunstkammer aufgelistet waren. Allein vierzehn Perlmutt-Kästchen, wahrscheinlich noch ohne deutsche Montierungen, werden dort aufgeführt.

Auch nicht-habsburgische Fürsten begehrten die meist über Lissabon importierten exotischen Perlmutt-Objekte, sodass diese im Rahmen der Diplomatie häufig als Geschenke eingesetzt wurden. Besonders Tafeln mit Spielplänen für das Schachspiel, das sowohl im Orient wie im Okzident als fürstliches Spiel galt, wurden verschenkt. So ist belegt, dass die Medici in Verhandlungen mit dem bayerischen Herzogshaus über eine mögliche Allianz gegen das Gewürzhandelsmonopol der portugiesischen

Abbildung 5
Nautiluspokal mit Weinstock, 16. Jahrhundert,
Kat.-Nr. VIII.19

›262‹ Kunstwerke und Bildsprache

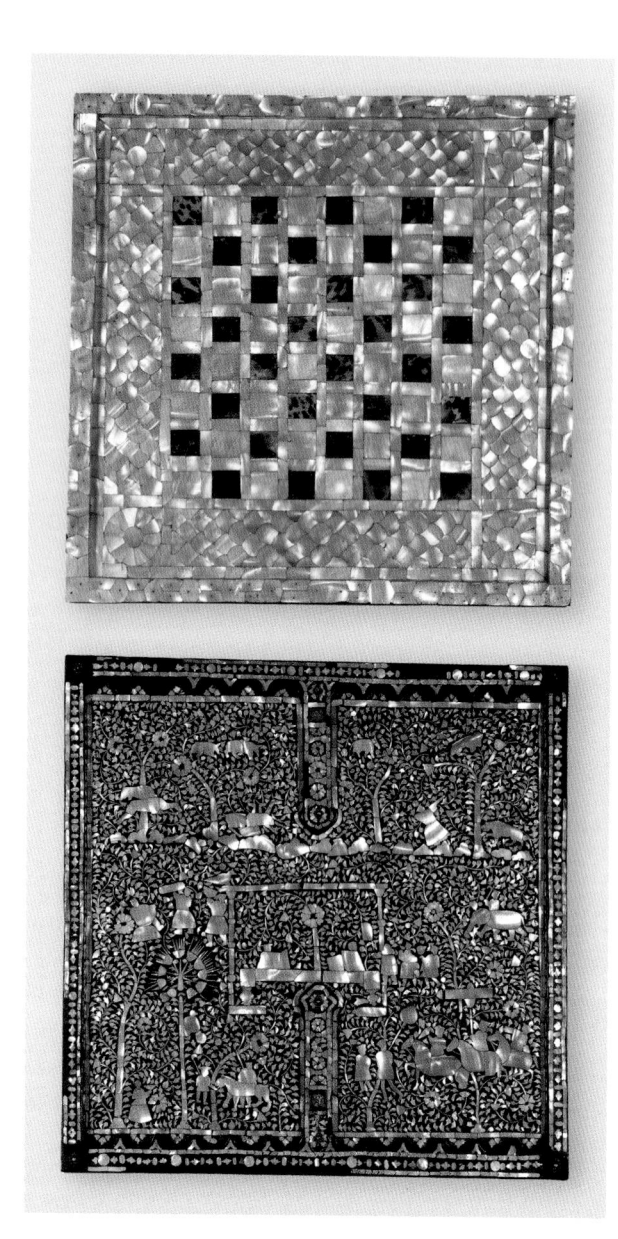

Krone 1576 Herzog Albrecht V. mit einer ganzen Reihe von Kunstkammerstücken beschenkten, darunter – neben Datteln aus Alexandria und lebenden Papageien – auch einem indischen Schachspiel, mit Perlmutt eingelegt (Abb. 6).[11] Zwischen 1577 und 1580 schenkte der portugiesische König Dom Henrique dem Sherif von Marokko ebenfalls zwei mit Perlmutt eingelegte und an den Ecken mit Silberbeschlägen versehene Schachbretter.[12] Der Ehrgeiz der europäischen Fürsten, nur die raren und seltsamsten Dinge in ihren Kunstkammern zu versammeln, ließ den Wert der Perlmutt-Objekte – solange sie tatsächlich noch selten nach Europa kamen – in große Höhen steigen.

Abbildung 6
Spielbrett mit Perlmuttbelag für Schach und Trictrac, Guzerat, vor 1571, Kat.-Nr. VIII.13

Handelsbeziehungen

Die portugiesische und später auch die spanische Krone verpachteten Handelsrechte mit Indien an finanzstarke süddeutsche Handelshäuser und ermöglichten somit nicht nur deren Gewürzimport auf eigenen Schiffen, sondern auch den Import von anderen Luxusartikeln. So hatte die international tätige Augsburger Handelsfamilie der Fugger über mehrere Jahre 1586 bis 1591 den Pfefferhandel gepachtet und eine eigene Handelsflotte nach Goa betrieben.[13] Die Familie besaß eigene Faktoreien in Goa und Lissabon, worüber sie bei den indischen Manufakturen einkaufen konnte. Da neben dem Gewürzhandel vor allem der Handel mit Edelsteinen und Perlen aus dem weiteren asiatischen Raum Gewinn versprach, unterhielt man zugleich einen Handelsagenten in Sevilla, dem Zentrum des Perlenhandels, der die Waren aus Indien weiterverkaufte. Es gibt zwar keine genauen Aufzeichnungen über den Export von Perlmutt-Objekten, doch da die indischen ungeschliffenen Diamanten und die Perlen häufig in kleinen, kostbaren Kästchen verschickt wurden,[14] sind auf diesem Weg sicher eine ganze Reihe von Perlmuttkästchen nach Europa gekommen und dann verkauft worden. Aufgrund der Erwerbungsakten für die sächsische Kunstkammer aus der zweiten Hälfte des 16. Jahrhunderts ist bekannt, dass auf den international beschickten Messen – zum Beispiel in Leipzig – deutsche Goldschmiedemeister indische Perlmutt-Objekte über spezialisierte Händler wie Veit Böttiger anboten, die sie zuvor mit europäischen Montierungen versehen hatten. Diese konnten sie nur über Importeure wie die Fugger-Familie beschafft haben. Auch einfache indische Trinkgefäße aus Perlmutt, die sich noch heute in den Sammlungen befinden, wurden auf der Leipziger Messe vom sächsischen Herzogshaus von Händlern erworben.[15]

In der technischen Bearbeitung gingen die deutschen Meister manchmal recht krude mit den indischen Erzeugnissen um. Kürzlich stattgefundene Restaurierungen der Dresdner Bestände mit Abnahmen der deutschen Montierungen zeigen, dass die Perlmuttlacke einfach abgeschabt wurden, um darüber Beschläge anzubringen (Abb. 7, Abb. 8). Bei Kästchen mit Perlmuttplättchen wurden ganze Teile abgenommen, die Kästchen selbst dann aber sehr aufwendig veredelt mit silbervergoldeten Beschlägen, farbiger Kaltbemalung auf den Metallröschen, die zudem mit Amethysten besetzt wurden. Ein immer freierer Umgang mit dem exotischen Material führte schließlich zu eigenständigen deutschen Formfindungen, wie beispielsweise Trinkgefäßen in Papageienform, die die indische Technik der Perlmutt-Verarbeitung lediglich noch als Oberflächendekor und exotische Anmutung verwendeten.

Sigrid Sangl · Indische Perlmuttobjekte mit deutschen Montierungen

Begegnung der Kulturen

Die Perlmutt-Artefakte des 16. und 17. Jahrhunderts bilden noch heute ein großes Faszinosum. Denn über ihren ästhetischen Reiz hinaus sind sie doch auch Zeugnisse von der spannenden Begegnung der europäischen mit der asiatischen Kultur im Zeitalter der Renaissance. Beide hoch entwickelten Kulturen haben sich auf dem Gebiet des Kunsthandwerks nachhaltig beeinflusst, wobei die Wirkung Asiens auf die Europäer sicher weitreichender war. Doch eine Anregung durch fremdartige Einflüsse fand nicht nur im Okzident statt. Wechselseitig ließen sich auch die indischen Kunsthandwerker durch die aus Europa importierten Formen zu neuen Ideen anregen. So berichtete der französische Händler und Reisende François Pyrard de Laval bereits 1611 über die Manufakturen in Khambhat im Sultanat Guzerat: »Sie haben noch Kabinettschränke nach deutscher Art mit Elementen aus Perlmutt, Perlen, Elfenbein oder Silber, Edelsteinen. Alles sehr sorgfältig hergestellt.«[17]

Augsburger Kabinettschränke, europäische Gefäßformen und andere Dinge mehr wurden in Guzerat in exotischen Materialien nachgearbeitet und nach Europa exportiert. Der nach Indien ausgewanderte Militärarzt Garcia da Orta berichtete 1563 in seinen *Colóquios dos simples, e drogas he cousas medicinais da India*[18] über die Vielfalt der Arbeiten mit Schildpatt und Perlmutt in Form von Schachbrettern und Kästchen, die in den Manufakturen Indiens zum Verkauf angeboten wurden.[19]

Der holländische, in Goa lebende Reisende und Historiker Jan Huygen van Linschoten schrieb über die Produktion der Region Sind zwischen 1583 und 1588, wo vor allem Kästchen bis hin zu kompletten Möbeln mit Perlmutt-Einlagen in großen Mengen produziert und dann zu den Exporthäfen in Goa und Kochi (Cochin) verkauft wurden.[20] Noch vor der Epoche der eigentlichen Kolonialmöbelproduktion, wie sie im späten 17. Jahrhundert vor allem durch die holländischen und englischen Handelskompanien vorangetrieben wurde, gab es in den spezialisierten Manufakturen erfahrene indische Kunsthandwerker, die das fremde Vorbild rasch adaptierten.

Augsburg als Zentrum der künstlerischen Gold- und Silberbearbeitung in Europa um 1600 hat sicher auch in diesem Bereich der Bearbeitung importierter Luxus-Objekte eine große Rolle gespielt. Es ist durch zeitgenössische Überlieferung bekannt, dass sich im 17. Jahrhundert in Augsburg zwischen den Zünften der Goldschmiede, Kunstschreiner und Silbermöbelhersteller eigens Spezialisten zur Perlmutt-Bearbeitung herausgebildet hatten.[16] Infolge der guten internationalen Beziehungen der deutschen Faktoreien im Ostindienhandel ist es also nicht verwunderlich, dass ein Großteil der noch erhaltenen Perlmutt-Objekte mit europäischen Montierungen deutsche Goldschmiedemarken (Hamburg, Leipzig, Torgau, Nürnberg, Augsburg) tragen.

So stellen die montierten Perlmutt-Objekte in deutschen Kunstkammern aus der Zeit um 1600 ein bedeutendes Beispiel für die Begegnung zweier Kulturen dar, die ursprünglich durch die portugiesischen Seefahrer möglich gemacht wurde. Der Reiz des natürlichen Materials, dessen irisierender Lüster und seine fast magische Bedeutung waren für Sammler und Künstler beider Kontinente Anlass für einige der schönsten Artefakte des Kunsthandwerkes des 16. Jahrhunderts (Abb. 9).

Abbildung 7
Indisches Kästchen mit abgenommenen Beschlägen,
Guzerat, 16. Jahrhundert, Dresden, Grünes Gewölbe, SKD

Abbildung 8
Indisches Kästchen mit deutschen Beschlägen,
Elias Baldauff, vor 1589, Dresden, Grünes Gewölbe, SKD

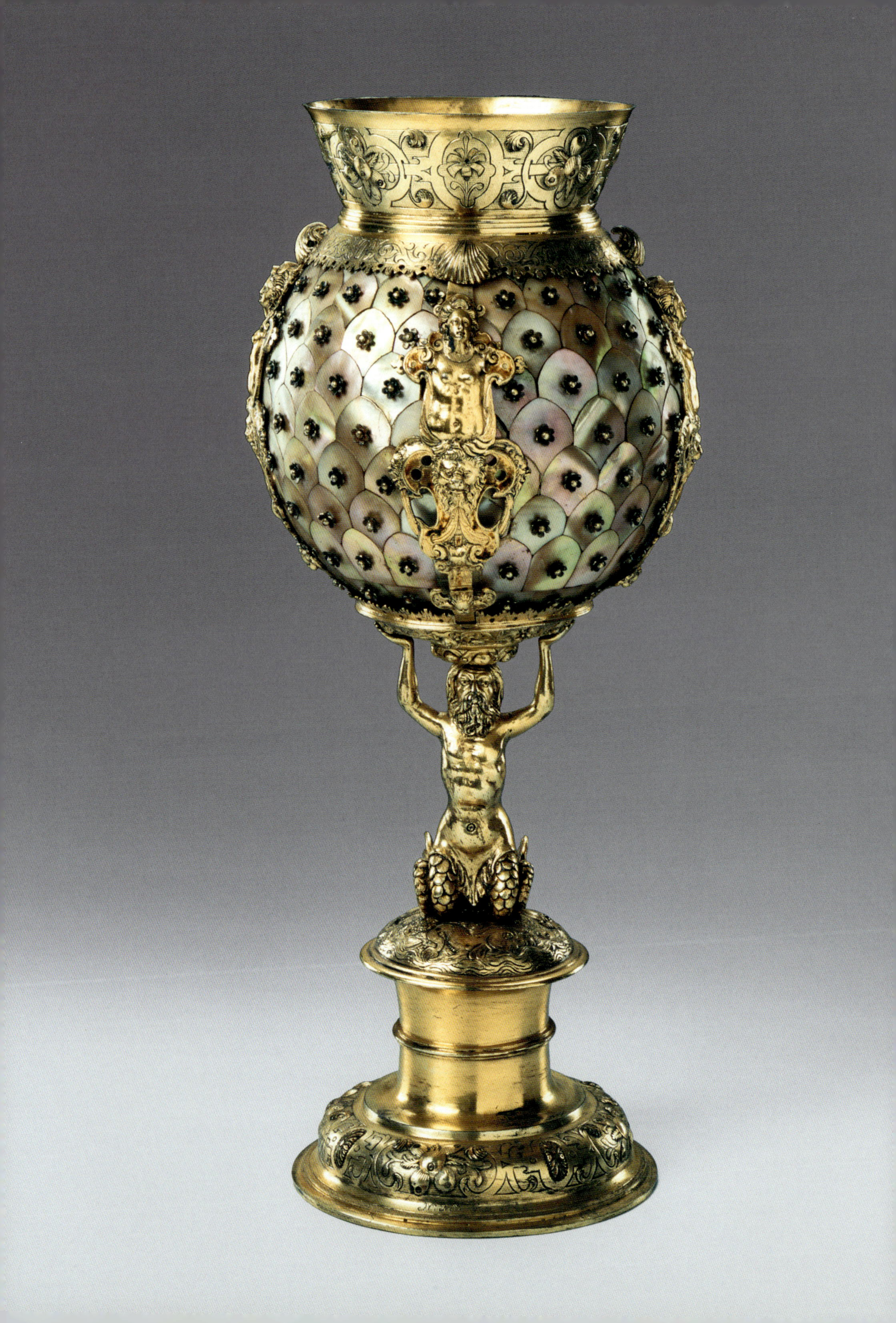

Resumo

Quando, no século XVI, a Coroa portuguesa criou as praças de comércio na Índia abriram-se aos Europeus possibilidades de comércio até aí desconhecidas. Juntamente com outros bens de luxo, como especiarias, sedas e pedras preciosas, começou também a chegar mais madrepérola à Europa.

Conhecida na Europa já desde a Antiguidade Clássica, a madrepérola era na Idade Média, muito apreciada como matéria-prima dos trabalhos artísticos, mas difícil de obter. Desconhecendo-se a sua exacta proveniência, atribuíam-se-lhe, no início da Idade Média, origens divinas. O exotismo deste material invulgar, muito raro e caro na Europa, desempenhava, a par dos aspectos religiosos, tinha um importante papel no coleccionismo daqueles objectos. Na época da expansão europeia, recorria-se às relações de parentesco e de negócios para obter esta raridade. Devido ao seu enorme valor, as peças de madrepérola eram frequentemente usadas como presente diplomático.

Objectos de madrepérola (bules, taças e outros) eram peças de colecção muito apreciadas pelos príncipes europeus do século XVI e XVII e conservam-se até hoje em quase todos os gabinetes alemães de curiosidades (Munique, Dresden, Innsbruck, entre outras). Ao contrário de muitos objectos semelhantes que integram valiosos patrimónios religiosos espanhóis e portugueses, estes objectos de aparência invulgar têm a marca dos ourives alemães de ouro e prata (de Hamburgo, Augsburgo, Leipzig e outras cidades). No entanto, não se trata, ao contrário do que durante muito tempo se pensava, de peças exclusivamente alemãs, mas sim da combinação de artesanato indiano, que constitui o ›cerne dos objectos‹, e de complexas montagens feitas por artistas alemães. Estes objectos testemunham o encontro de culturas europeias e asiáticas, na sequência dos Descobrimentos portugueses.

Anmerkungen

1 Vgl. Sanz 2003; vgl. auch Ausst.-Kat. Lissabon 1996.
2 Vor allem indische Kästchen aus Perlmutt mit europäischen Montierungen sind verbreitet: so zum Beispiel im Domschatz von Mantua, in der Kathedrale von Lissabon, im Kapuzinerschatz in Wien, im Kirchenschatz von St. Peter in München, im Domschatz der Kathedrale von Toledo, im Schatz des Klosters Descalzas Reales in Madrid; ein Kästchen aus dem Besitz der französischen Krone befindet sich heute im Louvre. Allein das Grüne Gewölbe in Dresden bewahrt fünf Kästchen in verschiedener Perlmutt-Technik aus der sächsischen Kunstkammer auf. Vgl. hierzu ausführlich die Katalogeinträge in Ausst.-Kat. Wien 2000, S. 149–157.
3 Zit. nach Physiologus 1981, S. 85.
4 Vgl. Chaudhuri 1990.
5 Zit. nach Häutle 1881, S. 88.
6 Gundestrup 1991.
7 Vgl. Jordan 1994a; Jordan Geschwend 1993.
8 Sanz/Jordan Gschwend, Madrid 1998.
9 Vgl. Ausst.-Kat. Toledo 1991: Kat.-Nr. 88 und Abb. S. 104, 229, 103 u. 126.
10 Zimmermann 1905; vgl. auch Distelberger 1988, S. 437 ff.
11 Ehemals Kunstkammer München, heute Bayerisches Nationalmuseum, Inv.-Nr. 1099. Guzerat, vor 1571.
12 Ausst.-Kat. Lissabon 1996, S. 137 f.
13 Beschrieben bei Dobel 1886.
14 Boyaijian 1993, S. 48.
15 So wird das Kästchen von Elias Baldtauff mit Torgauer Beschaumarke (Inv.-Nr. III 245) im Kunstkammerinventar 1640 beschrieben (pag. 160v., No 628): »Ein verschlossen Kästlein über und über mit Perlenmutter eingelegt, und mit silber verguld, darin bundte farben laßiret, und mit silber verguld, inwendig mit grünem Sammet gefüttert« (Freundl. Mitteilung Staatliche Kunstsammlungen Dresden). Das *Inventar über Schmuck und Silber Geschirr, Anno 1541–1662, Crucis Anno 89*, beschreibt den Ankauf dieses Kästchens: »[...] Seint Veidt Böttiger vor ein Kestlein von Perlen Mutter mit Laubwerck eingeleget Darann 5 mk 15 lot Silber vergüldt, mit farbenn eingelassenn, unnd mit grünem Sammet außgefüttert, so zu der Churfürstin zu Sachßen meiner gnedigsten Frauenn Christbescherung Ao 89 kommen« (H.St.A. Dresden, Loc. 8694/10, fol. 191. Zit. nach Schröder 1935, S. 138).
16 Stetten 1770, S. 118.
17 »Ils ont encore des Cabinets à la façon d'Allemagne à pièces rapportées de nacre, de perles, yvoires or argents, pierreries, le tout fait fort proprement.« Zit. nach Slomann 1934, S. 125. Das 1611 in Paris erschienene Werk *Discours du voyage des François aux Indes orientales, ensemble des divers accidents et dangers de l'auteur en plusieurs royaumes des Indes etc. Traité et Description des animaux, arbres et fruits des Indes etc., plus un bref advertisement et advis pour ceux qui entreprennent le voyage des Indes* zählt zu den ausführlichsten Quellen der ostindischen Handelsregionen.
18 Orta 1987 [1563], Nr. 35.
19 Vgl. Markham 1913.
20 Vgl. Linschoten 1997 [1596].

Abbildung 9
Pokal mit Perlmuttmosaik, von Triton getragen,
Elias Geyer, 1613–1617, Kat.-Nr. VIII.18

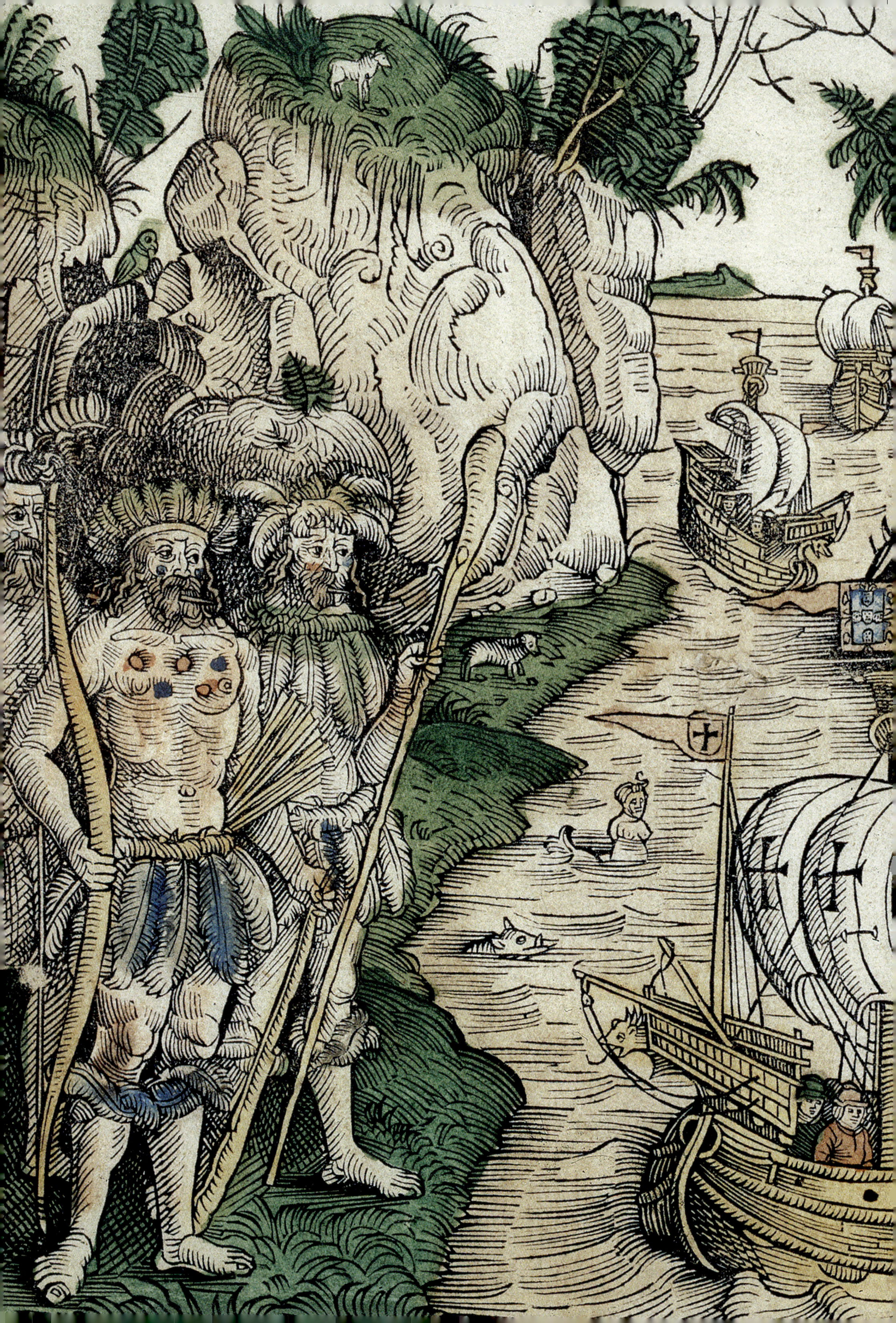

Marília dos Santos Lopes

Verwunderung und Vereinnahmung: Novos Mundos in der Bildgrafik der Frühen Neuzeit

Die Überraschung und Verwunderung, die die überseeischen Reisen und die Entdeckung neuer Welten auslösten, sind in den Schriften der Frühen Neuzeit allenthalben anzutreffen. Das gilt sowohl für Texte, die persönliche und individuelle Erfahrungen von Reisenden vermitteln, wie auch für solche, deren Autoren in der Heimat geblieben sind und von dort Kenntnis nehmen von den unerhörten Neuigkeiten und darüber schreiben. So wundert sich der Seefahrer Diogo Gomes (gest. 1502) über die Menge an Einwohnern, die er südlich des Äquators angetroffen hatte, und hält fest, wie schwer es ist, an dieses Selbstbeobachtete zu glauben.[1] Alvise da Mosto (da Ca'da Mosto, um 1432–1483), wie Diogo Gomes an der Südwestküste Afrikas unterwegs, glaubt gar, in eine andere neue Welt geraten zu sein[2] – lange bevor der Begriff für die Entdeckungen des Kolumbus und des Vespucci reserviert werden sollte. Überraschung und Verwunderung suchen in diesem Begriff ihren Ausdruck.

Dem in portugiesischen Diensten reisenden Italiener Ca'da Mosto verdanken wir den ersten Bericht aus dieser Welt, das heißt von den Fahrten der Portugiesen im südlichen Atlantik. Im Jahre 1507 veröffentlichte der italienische Humanist Francazano Montalboddo Ca'da Mostos Bericht in einer Sammlung unter dem Titel *Paesi novamente retrovati*, denen bald viele weitere Editionen in ganz Europa folgten. Jobst Ruchamer, der die Sammmlung 1508 ins Deutsche übersetzt hat (Kat.-Nr. V.II.8), spricht von seinem Staunen angesichts der Neuigkeiten aus fernen Ländern, in denen dunkle Völker mit Sitten und Gebräuchen lebten, die so ganz anders wären als die bislang bekannten. Dies, so führt er im Vorwort seiner Übersetzung aus, sei der eigentliche Grund gewesen, warum er Montalboddos Sammlung übersetzt habe, dass die darin enthaltenen Informationen nämlich zugleich Verwunderung und den Wunsch auslösten, sie dem deutschen Publikum näher bekannt zu machen. Die Entdeckung neuer Regionen des Erdkreises, die überdies noch bewohnt seien, käme in der Tat einem Wunder gleich.

In diesem Sinne brachte auch Albrecht Dürer (1471–1528), als er in Brüssel Zeugnisse aus fremden Ländern sah, in seinem Tagebuch das Staunen mit folgenden Worten zum Ausdruck: »Und ich hab aber all mein Lebtag nichts gesehen, das mein Herz also erfreut hat als diese Ding. Dann ich hab darin gesehen wunderliche künstliche Ding [...].«[3] Diese und viele andere Beispiele bestätigen, was Stephen Greenblatt ausgehend von anderen Texten (insbesondere natürlich solchen, die sich auf Amerika beziehen) folgendermaßen beschrieben hat: »Verwunderung ist denn auch die zentrale Figur in den ersten europäischen Begegnungen mit der Neuen Welt, das entscheidende emotionale und geistige Erlebnis angesichts radikaler Verschiedenheit.«[4]

Diese Verwunderung fand auf verschiedene Weise in den zeitgenössischen Texten ihren Ausdruck. Wichtig scheint es mir aber, schon hier festzuhalten, dass nicht allein die Neue Welt, die später Amerika genannt werden sollte, diese Verwunderung ausgelöst hat, wie Greenblatt annimmt, indem er schreibt: »Kolumbus' Reise war der Beginn eines Jahrhunderts des Staunens.«[5] In Wirklichkeit hatten schon die früheren Reisen entlang der westafrikanischen Küste und über den Äquator hinweg dieses Staunen ausgelöst, wie die Texte von Gomes und Ca'da Mosto, aber auch Reiseberichte aus dem Orient belegen können.[6]

Der Effekt des Staunens, den man den Texten ablesen kann und der so typisch ist für den Diskurs der Frühen Neuzeit, lässt sich – so möchte ich nun zeigen – auch an der zeitgenössischen Bildgrafik beobachten. Wie Stephen Greenblatt schreibt, ist das ›Wunderbare‹ »ein zentrales Merkmal des ganzen komplexen, verbalen und visuellen, philosophischen und ästhetischen, geistigen und emotionalen Repräsentationssystems, mittels dessen die Europäer des Spätmittelalters und der Renaissance das Unvertraute, das Fremde, das Schreckliche, das Wünschens- und das Hassenswerte in Besitz nahmen oder verwarfen.«[7]

Wie lassen sich aber dann das Phänomen der Verwunderung und der Prozess der Vereinnahmung konkret in der Bildgrafik nachweisen und beschreiben? Die ersten bildlichen Darstellungen der Neuen Welt sind von einer gewissen Hilflosigkeit diesen ›Wunderdingen‹ gegenüber geprägt. Die Illustratoren versuchen, im Rückgriff auf den geschriebenen Text, einzelne Momente der Ereignisse festzuhalten, so wie etwa die Ankunft in der neuen Welt, wie sie auf dem Titelblatt des Kolumbusbriefes von 1493 zu sehen ist. Die Ankunftsszene wird derart typologisch aufgefasst, dass dasselbe Bild später, nämlich im Jahre 1505, auf dem Titel eines Vespucci-Briefs benutzt werden kann.[8] Auf der

Abbildung 1
Das sind die new gefunden menschen oder volcker...,
Flugblatt nach dem Brief des Amerigo Vespucci (Ausschnitt),
Leipzig, 1505, Wolfenbüttel, Herzog August Bibliothek

Abbildung 2
Druckfassung des Kolumbusbriefes, Frontispiz, 1493
London, The British Library

einen Seite – sagen wir, diesseits des Wassers – sehen wir einen König auf einem Thron, der, leicht vorgebeugt, mit der Hand in jene Richtung weist, der unsere Aufmerksamkeit folgen soll: übers Meer an eine andere Küste, wo gerade ein erstes Schiff anlegt, dem zwei weitere folgen. Das Land, das sie gerade gesichtet haben, ist voll nackter Leute, und ein großer Palmenbaum verspricht eine fruchtbare Natur (Abb. 2).

Die verschiedenen Realitäten werden einander gegenübergestellt oder auch übereinander gestellt, wie in der Illustration zum Vespucci-Brief von 1506 (aus Straßburg), so als hätte das eine mit dem anderen keine rechte Verbindung (Abb. 3). Das genau ist es, was wir unter Verwunderung verstehen, »dieses Auseinanderbrechen eines kontextorientierten Verstehens in der flüchtigen und vieldeutigen Erfahrung«,[9] wie es Greenblatt nennt. Unten sehen wir portugiesische Schiffe als Repräsentanten des Reisethemas, oben Menschen aus einer fremden Welt. Zwischen ihnen gibt es keine Verbindung, ein Riss trennt das eine vom anderen.

Auch die deutsche Ausgabe von 1505 unter dem bezeichnenden Titel *Das sind die new gefunden menschen* zeigt förmlich auf die neuen Völker (Abb. 1). Auch wenn im Rückgriff auf den Text erste Zeichen einer Identifikation der neuen Realität versucht werden (die Tracht, die Waffen und der Schmuck der neuen Völker), so dominiert in allem doch das Staunen über den Befund. Und wenn wir heute die Federkleidung rasch und eindeutig als Symbol Amerikas identifizieren, so übersehen wir, dass diese Attribute im 16. Jahrhundert sowohl Amerikanern als auch Asiaten zugeschrieben wurden, ohne klar zwischen den einen und den anderen zu unterscheiden: Die Federn stehen hier nicht für ein bestimmtes Volk oder einen bestimmten Kontinent, sondern für die bislang unbekannten Völker überhaupt.

Mit solchen Vorstellungen beginnt ein langer Prozess der Identifikation und Wissensbildung. So finden wir auf dem Nürnberger Flugblatt von 1505 mit dem Titel *Das Volck vn insel die gefunden ist durch den cristenlichen künig zu Portugal* […] zahlreiche wunderliche Merkmale dieses Volkes, sei es wiederum die Federkleidung oder sei es der Kannibalismus: Man beachte die einzelnen Körperteile, besonders den Kopf und einen Arm, die zentral in die Bildmitte gehängt sind, von denen Vespucci berichtet hatte, sie hingen dort, wie bei uns der Schinken. Auch wenn im Vordergrund des Bildes eine stillende Mutter und zwei Männer im freundschaftlichen Gespräch gezeigt werden, so wird hier doch das Kannibalismus-Thema eingeführt, das später zu einem Topos in der Darstellung der brasilianischen Indianer werden sollte (vgl. Abb. 3, S. 117).

Abbildung 3 (rechts oben)
Von den nüwen Insulen vnd landen so yetz kürtzlichen erfunden synt..., Illustration aus einer Ausgabe des Briefes von Amerigo Vespucci, Strassburg, 1506, Berlin, Staatsbibliothek zu Berlin – PK, Abteilung Historische Drucke

Abbildung 4
Von der newen welt, Titelillustration einer Ausgabe des Briefes von Amerigo Vespucci, 1509
Wolfenbüttel, Herzog August Bibliothek

In den Illustrationen zum Vespucci-Brief aus dem Jahre 1509 können wir schließlich sehen, wie die Begegnung mit der fremden Welt selbst zum Thema wird, indem Portugiesen und Indianer gemeinsam die Bildszene bevölkern. Den durchaus bedrohlichen Charakter dieser Begegnung zeigt die Frau im rechten Bildvordergrund (Abb. 4).

Nach den ersten kleinen Informationsschriften sind es ausführliche Berichte, deren Edition die Kenntnis neuer Welten bereichert. Eine besondere Herausforderung stellen geografische Abhandlungen dar, für die die bildliche Darstellung von zentraler Bedeutung ist, wie z. B. in der *Cartha marina* von Lorenz Fries (1490–1531). Hier geht es nun darum, die geografischen und ethnologischen Unterschiede durch entsprechende Lokalisierung und Markierung zu identifizieren.[10] Die anfängliche Verwunderung macht hier einem neuen Interesse Platz, indem das Staunen durch den Versuch der Identifikation ergänzt wird. Die bisher erörterten Beispiele haben gezeigt, wie ›Verwunderung‹ einen ersten Schritt der Erkenntnis und des Wissens darstellt. Mir scheint es wichtig festzuhalten, dass diesem ersten Schritt der Verwunderung und des Staunens andere folgen werden, die den Prozess des Kennenlernens und Wissens fortsetzen. Identifizierung und Vereinnahmung sind spätere Momente dieses Prozesses, der mit dem Staunen einsetzt.

Die bildliche Darstellung ist das Medium, in dem diese Identifizierung geleistet werden kann. So zeigt Lorenz Fries die verschiedenen Völker und die unterschiedlichen Regionen, die bislang unbekannt gewesen waren, in entsprechend fremder Atmosphäre und Umgebung, wie zum Beispiel eine Gruppe von Männern vom Kap Verde (Abb. 5) oder den Hafen von Kalikut (Kozhikode) (Kat.-Nr. V.II.22), der seinerzeit als Synonym für den Orient stand, weil er der erste Anlaufpunkt der Europäer in Indien gewesen war.[11]

Was für die Identifizierung der Völker und Regionen gilt, gilt natürlich auch für die Tiere und Pflanzen, so etwa in der Darstellung eines Zebras in der Ausgabe des Berichts (1591) von Duarte Lopes und Filippo Pigafetta (1533–1604) oder in der Reproduktion des von Dürer 1515 gezeichneten Nashorns im Rahmen des Tierbuchs (1563) von Konrad Gesner (1516–1565); die Publikationsdaten zeigen, dass nun schon mehr als hundert Jahre nach den ersten Entdeckungsfahrten vergangen sind. Unter den Pflanzen sei zum Beispiel das »Türkisch Korn«, das wir heute Mais nennen, oder der »Calechutische Pfeffer«, der zwar

Abbildung 5
Bewohner der Kap Verden, in: Uslegung der mercarthen oder Cartha marina..., Lorenz Fries, Strassburg, 1527, Kat.-Nr. V.II.22

den Namen der indischen Stadt trägt, aber bezeichnenderweise aus Amerika stammt. Leonhard Fuchs (1501–1566) hat solche Pflanzen in seinem berühmten Kräuterbuch von 1543 identifiziert und festgehalten (Kat.-Nr. VIII.27).

Eine andere große Herausforderung stellt die Identifizierung von Themen und Kategorien dar, die für die fremden Kulturen charakteristisch sind. Das gilt zum Beispiel für die deutsche Ausgabe des Berichts von Ludovico di Vartema (um 1470–1517), die 1515 mit Illustrationen von Jorg Breu dem Älteren (um 1475–1537) aufgelegt wurde. Hier werden Szenen fremden kulturellen Lebens als typisch herausgestellt, wie etwa die Witwenverbrennung oder sogenannte Abgötter aus Indien, ebenso wie die Nelkenernte auf den Molukken (Abb. 6). Die Schwierigkeiten dieser Aufgabe sind bei der Darstellung von Einwohnern aus Sumatra besonders deutlich zu erkennen: Sie tragen jene Federkleidung, die eigentlich den brasilianischen Indianern gehört (Abb. 7). Ein anderes Bild, das eine Kannibalismusszene auf Java zeigt, konnte in diesem Sinne 1557 als Titelblatt des berühmten Brasilienberichts von Hans Staden (1525–1579) dienen (Abb. 8). Wichtiger als die identifizierende Abbildung der konkreten Völker ist die szenische Einordnung in ein thematisches Repertoire. Für die bildliche Darstellung steht Anfang des 16. Jahrhunderts nur ein begrenztes Repertoire von Zeichen, Symbolen und Themen zur Verfügung, dessen Beschränkungen nur langsam und Schritt für Schritt eine korrekte Identifizierung der neuen Realitäten erlauben.

Die Bildkünstler waren in der Regel auf jene Informationen angewiesen, die ihnen die Texte zur Verfügung stellten. So versuchten sie, den schriftlichen Text zu dechiffrieren und die Wörter in Bilder zu übersetzen, und schufen dabei Entwürfe bestimmter physischer Typen, der Kleidung, der Tätigkeiten, der künstlerischen Zeugnisse, das heißt aller soziokulturellen Gegebenheiten der Gesellschaften und Zivilisationen, denen man in Übersee begegnet war. Die verschiedenen Volkstypen in ihrer Kleidung oder in ihrer Nacktheit, ihre Waffen und Instrumente, die Landschaften, in denen sie leben, die Tiere und Pflanzen der neu entdeckten Regionen erscheinen auf den Seiten dieser Werke für die Leser und Betrachter zum ersten Mal in visueller Gestalt. Und auch fremde Götter und Götzen, Gebräuche bei Hochzeiten, Tänze und Lustbarkeiten fügen sich in dieses Panorama. So wie die Autoren in ihren Texten, so versuchen die Künstler in ihren Bildern einer Welt gerecht zu werden, die plötzlich so viel weiter, bunter, vielfältiger und herausfordernder geworden ist und die danach verlangt, ihre Grenzen und ihre Bedeutung neu zu definieren. Die Künstler nehmen hier die Rolle von Schöpfern an, die das Unbekannte

ABBILDUNG 6
NELKENERNTE AUF DEN MOLUKKEN, IN: LUDOVICO DI VARTHEMA, DIE RITTERLICH UND LOBWIRDIG RAYS... (REISE ZU DEN GEWÜRZINSELN), 1515, BAMBERG, STAATSBIBLIOTHEK

ABBILDUNG 7
BEWOHNER SUMATRAS, IN: LUDOVICO DI VARTHEMA, DIE RITTERLICH UND LOBWIRDIG RAYS... (REISE ZU DEN GEWÜRZINSELN), 1515, BAMBERG, STAATSBIBLIOTHEK

ABBILDUNG 8
KANNIBALEN AUF JAVA, IN: LUDOVICO DI VARTHEMA, DIE RITTERLICH UND LOBWIRDIG RAYS... (REISE ZU DEN GEWÜRZINSELN), BAMBERG, STAATSBIBLIOTHEK

vorstellbar und damit bekannt zu machen versuchen. Diese schöpferische Tätigkeit (die ja auch ein Erfinden beinhaltet) kann nicht genug betont werden, gerade wenn man den dokumentarischen Wert der grafischen Zeugnisse ermessen will.[12] Um es selbst in einem Bild zu sagen: Die Ikonografie der Entdeckungen ist ein Fenster zu der fremden neuen Welt und zugleich auch immer ein Spiegel der eigenen. Es lohnt sich in diesem Zusammenhang daran zu erinnern, dass erst im Europa des 16. Jahrhunderts die realitätsgetreue Abbildung zu einer künstlerischen Aufgabe wurde, sei es in Porträts, Stillleben oder in der Landschaftsmalerei. Die zunehmende Bemühung um Genauigkeit in der Darstellung fremder Realitäten muss auch im Kontext dieser kunsthistorischen Entwicklung gesehen werden.

Die schriftlichen Quellen des 16. und 17. Jahrhunderts zeigen, dass die Informationen über neue Länder und Kontinente, die von bislang unbekannten Völkern mit ihren fremden Sitten und Gebräuchen bewohnt werden, außerhalb des Vertrauten registriert werden. Diese zusätzlichen Informationen mussten zunächst überhaupt in Beziehung gesetzt werden zu dem seit jeher überlieferten und von den Humanisten so huldvoll gepflegten *imago mundi*.[13] Diese Sorge um das überlieferte Wissen und die Schwierigkeiten der Integration der zusätzlichen Informationen bestimmen auch den grafischen Prozess der Zeit. Hier wie überall diktiert das Gewicht der Tradition die Regeln, stellt die Symbole zur Verfügung und determiniert die Bedeutung des Dargestellten. Genau darum geht es beim dritten Aspekt der bildlichen Darstellung der Neuen Welten: der Vereinnahmung.

Es ist in diesem Sinne nicht verwunderlich, dass bestimmte ›fabelhafte‹ Elemente der Tradition auch in der Darstellung der Neuen Welten wieder auftauchen, wie etwa das Einhorn in einem Bild bei Lorenz Fries, das Brasilien zugeordnet wird (Abb. 9). Amerika als das verlängerte oder verlagerte Indien war der ideale Ort, um eine mythische Geografie wieder auferstehen zu lassen. Oder – ein anderes Beispiel für Vereinnahmung – wenn man die Einwohner Brasiliens in Gesten und Posen abbildet, die ganz offensichtlich den ästhetischen Idealen des klassischen Altertums entsprechen, auch wenn, getreu dem Bericht des Vespucci, ein neuzeitliches Piercing hinzugefügt wird.

ABBILDUNG 9
DARSTELLUNG BRASILIENS MIT EINHÖRNERN UND EINGEBORENEN,
IN: USLEGUNG DER MERCARTHEN ODER CARTHA MARINA…,
LORENZ FRIES, STRASSBURG, 1527, KAT.-NR. V.II.22

Die Gelehrten des 16. und 17. Jahrhunderts, die an einer neuen Summe des Wissens arbeiteten, waren – sowohl in ihren Texten als auch in ihren Bildern – so sehr von ihren eigenen Vorstellungen geprägt, dass sie diese Prägung auf die ganze Welt übertrugen – ganz unabhängig von den jeweils konkreten geografischen und ethnologischen Gegebenheiten. So wundert es uns nicht, dass wir die gleichen Szenen und Darstellungen, in manchen Fällen in der Tat sogar dieselben Abbildungen, in ganz unterschiedlichen geografischen Kontexten wiederfinden, denn sie sind Ausdruck der Kultur des Betrachters und seiner Prägung. Deshalb ist es auch so wichtig, von Neuen Welten im Plural zu sprechen und sie vergleichend in Betracht zu ziehen, um nicht, ausgehend von geografisch beschränkten Beobachtungen, falsche Rückschlüsse auf die darin vermeintlich repräsentierten Wirklichkeiten zu ziehen.[14]

Der Rückgriff auf bekannte Themen und eine etablierte Bildgrammatik hindert die Grafiker aber nicht daran, den Versuch zu unternehmen, Schritt für Schritt eine neue Bildersprache für die neuen Realitäten zu entwickeln. Als Beleg hierfür mögen die Werke von Olfert Dapper (1635–1689), Philippus Baldeus (1632–1672) und Peter Kolb (1675–1726) gelten und natürlich auch die berühmten Reisesammlungen der Familie de Bry, in denen wir unter anderem reich illustrierte Ausgaben der Berichte von Jan Huyghen van Linschoten (1563–1611) und Duarte Lopes finden. Der »texte gravé« Theodor de Brys (1528–1598), um einen Ausdruck von Michele Duchet[15] zu übernehmen, hat das Bild der Neuen Welten nachhaltig geprägt. In der Tat belegen seine mehr als 300 Gravuren – darunter auch seltene Darstellungen der Portugiesen in Indien (Kat.-Nr. XI.24) – eine große Aufmerksamkeit und Neugier gegenüber der Vielfalt der Neuen Welten. Die Bilder sind hier unabdingbare Ergänzungen des Textes, die die schriftlichen Informationen visuell konkretisieren.

Aus dem Staunen ist nun der Versuch geworden, die fremde Vielfalt als solche zu identifizieren und sie dem eigenen Weltverständnis einzuverleiben. Was zunächst wie ein Wunder und etwas Außerordentliches erschien, wird nun Schritt für Schritt in den größeren Kreis eines größeren Wissens integriert.

Resumo

O espanto da descoberta de novos mundos além-mar, veiculado nas relações de viagens da Europa dos finais do século XV e inícios do século XVI, está igualmente presente na arte da gravura. Neste âmbito, os artistas coevos deixam-se fascinar tanto pela lendária Índia, como pela desconhecida Africa ou pelo novo continente americano. A que meios de expressão e a que formas de representação recorrem é a temática que aqui se pretende debater. Os desenhadores e ilustradores da Idade Moderna desenvolvem, na verdade, diversas estratégias de apropriação, a fim de lidar com a novidade: uns baseiam-se em assuntos, motivos e temas já conhecidos e intentam adaptá-los em face das realidades até agora nunca vistas, outros preferem, motivados pelas novas informações, experimentar representações inovadoras. De particular interesse é ainda averiguar que »fontes« permitem este trabalho de ilustração: uma concepção pessoal, esboços de outros viajantes, a tradição artística ou o saber livresco.

Questionar, a partir de alguns exemplos, as diferentes reacções artísticas à »maravilhosa novidade dos novos mundos« é o repto deste trabalho.

Anmerkungen

1 Godinho 1943, S. 77f.
2 Ca'da Mosto 1948, S. 83.
3 Dürer 1982, S. 66.
4 Greenblatt 1994, S. 27.
5 Ebd.
6 Vgl. Lopes 1992a.
7 Greenblatt 1994, S. 39.
8 Vgl. Pochat 1970, S. 148.
9 Greenblatt 1994, S. 33.
10 Vgl. Lopes 1992a, S. 104–131.
11 Vgl. Lopes 1994, S. 13–26.
12 Vgl. Lopes 1998.
13 Vgl. Wuttke 1992 und Lopes 1992a.
14 Vgl. Lopes 2004.
15 Duchet 1987, S. 9–46.

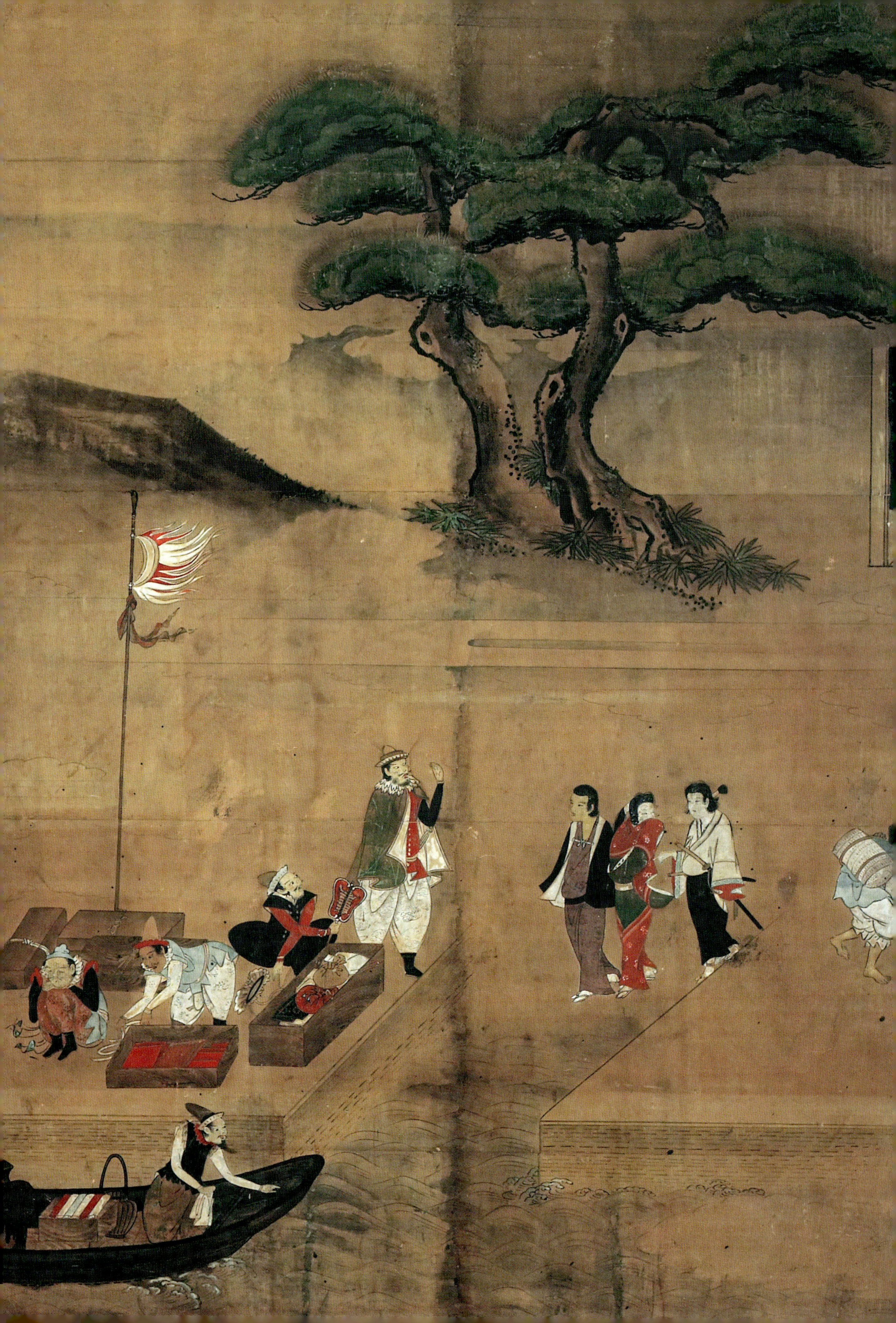

Alexandra Curvelo

Die Namban-Kunst im Kontext der iberischen Expansion

»Ich weiß nicht, wo Ihr, verehrtester Padre, diesen Brief entgegennehmen werdet – ob in Rom, in Spanien oder in Indien, ob auf dem Weg von uns fort oder auf dem Weg zu uns her […]«[1] Mit diesen Worten beginnt ein im November 1583 abgefasstes Schreiben des Jesuiten Pero Gomes aus Usuki in Japan an Alessandro Valignano (1539–1606), den obersten Verantwortlichen für die Jesuitenmissionen in Indien, Japan und China von 1573 bis 1606.[2] Wie so viele andere Schreiben – aber vielleicht ausdruckskräftiger – gewährt es uns Einblick in das nomadenhafte, von Instabilität geprägte Leben vieler Geistlicher, Kaufleute, Adliger oder Militärs, die im 16. und 17. Jahrhundert aus Europa kommend ihr Glück in Asien versuchten.

Es war eine dynamische Welt, in der, trotz der großen Entfernungen zwischen Goa, Macau, Nagasaki oder Manila und europäischen Städten wie Lissabon, Sevilla, Madrid oder Rom, Menschen, Ideen und Gegenstände den Globus schneller umrundeten, als man heute vermuten mag. Doch ›Geschwindigkeit‹ ist natürlich relativ. Je nachdem, wie man die Dinge betrachtet, findet man parallel zur ›schnellen‹ Zeit auch eine langsamere, in der die Wartezeiten in Monaten gerechnet wurden. Die Reise von Lissabon nach Nagasaki zum Beispiel dauerte üblicherweise zwei bis zweieinhalb Jahre. Wenn man im März oder April von der Tejo-Mündung aufbrach, konnte man ein Jahr später von Indien aus nach China segeln und innerhalb von vier Monaten in Macau eintreffen. Dann galt es noch einmal zehn bis elf Monate lang zu warten, bis der saisonale Markt von Kanton (Guangzhou), auf dem die hochbegehrte chinesische Seide preisgeboten wurde, vorüber war und endlich die Überfahrt in Richtung Japan beginnen konnte. Die Rückreise von Nagasaki nach Lissabon konnte etwas schneller, innerhalb von ›nur‹ 22 bis 23 Monaten bewältigt werden. Voraussetzung dafür war, dass die Reisenden den japanischen Hafen im Oktober oder November verließen, sodass sie sich im Januar in Macau einschiffen und ein Jahr später von Indien nach Portugal weiterreisen konnten, wo sie am Ende des darauffolgenden Sommers eintrafen.

So dauerte in Rom die Abwicklung der Korrespondenz mit Japan einschließlich der betreffenden Antwortschreiben, die den Weg über Portugiesisch-Indien nahmen, durchschnittlich fünf bis sechs Jahre.[3] Aus dieser Perspektive betrachtet, nahm die europäische und vor allem die portugiesische Präsenz in Asien im 16. und 17. Jahrhundert recht eigenartige Konturen an. Sie war in erster Linie gekennzeichnet durch Prozesse der Eingewöhnung und Anpassung, des Experimentierens und der Überschreitung von Grenzen fern von der europäischen Wirklichkeit. Sowohl für die religiösen Orden als auch für die heterogenere weltliche Bevölkerung, die dieses Universum bildeten, führten die Eigenarten des alltäglichen Lebens in Asien zu hybriden Kulturerscheinungen und Verhaltensmustern, die für Neuankömmlinge aus dem Westen seltsam waren. Nahrung, Kleidung, Etikette, Wohnkultur und die Gegenstände, mit denen man sich umgab, spiegelten neue Sitten und Gebräuche wider, die aus der Begegnung mit neuen klimatischen Bedingungen und vorher wenig bekannten Kulturen entstanden waren.

Das große, von der portugiesischen Krone offiziell akkreditierte Handelsschiff, das Macau einmal im Jahr mit Japan verband, spiegelte diese Welt als Mikrokosmos wider. Dieses Schiff transportierte nicht nur Güter aus verschiedenen Kontinenten, sondern auch eine multiethnische, kulturell wie sozial differenzierte Besatzung, bei der zwar das europäische Element überwog, aber auch Afrikaner, Guzeratis, Chinesen und Malaien zu finden waren – letztere dienten mehrheitlich als Dolmetscher.[4] An Bord des *Navio de Amacao*, das ab 1570 vornehmlich Nagasaki anlief – eine Stadt, die zehn Jahre später der Gesellschaft Jesu übertragen wurde – gelangte man an die äußerste Grenze der bekannten Welt, in ein Land voller ›verkehrter‹ Sitten, wie dies so oft von denjenigen beschrieben wurde, die Japan persönlich erlebt hatten: »[…] weil die Dinge in dieser Provinz besonders ungewöhnlich waren und so verschieden von den unsrigen, wie man es sich nur vorstellen kann […], ist es unmöglich, Euch per Brief allein eine Vorstellung davon zu geben […]«,[5] schrieb beispielsweise Luís Fróis 1584.

An diesem Ort, der von den Höfen Lissabons und Madrids und vom päpstlichen Rom so weit entfernt lag, wie es nur irgend möglich war, in einem Land, in dem die Portugiesen nirgends je volle Souveränität genossen und in dem sie sich während eines von politischen und diplomatischen Unklarheiten und Konflikten geprägten Jahrhunderts (1543–1640) aufhielten, entstand eine der interessantesten, reichhaltigsten und langlebigsten Strö-

Abbildung 1
Ankunft portugiesischer Händler in Japan,
Teil eines Wandschirms, Japan, 17. Jahrhundert,
Kat.-Nr. XI.27

› 276 ‹ Kunstwerke und Bildsprache

Abbildung 2
Die Ankunft der Portugiesen: Portugiesisches
Handelsschiff, Sechsteiliger Stellschirm, Japan,
17. Jahrhundert, Kat.-Nr. XI.28a

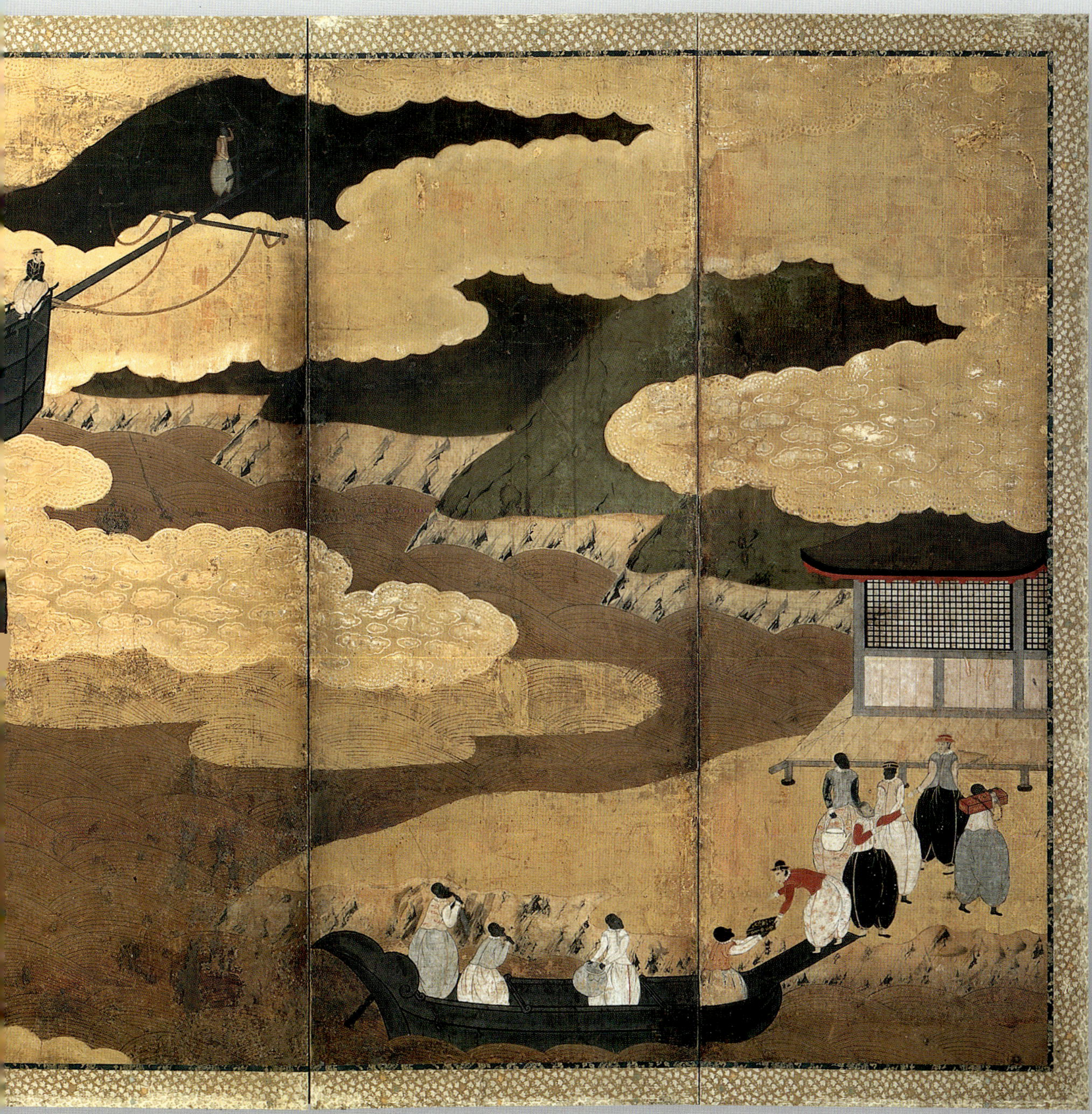

Kunstwerke und Bildsprache

mungen der luso-asiatischen Künste, die *Namban*-Kunst. Die Entstehung dieser Kunstform war durch das Zusammentreffen zahlreicher Faktoren bedingt. Dazu gehörte die Grenzlage des japanischen Archipels im asiatischen Kontext, die bereits bestehenden Kontakte der Portugiesen in Afrika, auf dem indischen Subkontinent, in Südostasien und Brasilien, die in Japan bei Ankunft der Portugiesen herrschenden politischen und künstlerischen Verhältnisse sowie die Politik der *Patres* der Gesellschaft Jesu, des wichtigsten in dieser Region aktiven religiösen Ordens.

Die Neugierde, die im Rahmen der frühen Kontakte zwischen Portugal und Japan sofort auf beiden Seiten erwachte, kommt einerseits in den europäischen Schriften und andererseits in den japanischen *Namban*-Wandschirmen zum Ausdruck. Neben typisch japanischen Themen wurden die *Namban-jin* (›Barbaren des Südens‹) in kurzer Zeit zum Darstellungsgegenstand einer der wichtigsten jener Schulen japanischer Malerei, die traditionsgemäß für die herrschende Elite arbeiteten. Die Kano-Schule nahm als erste dieses neue Repertoire in Angriff, das bald zum bevorzugten Thema eines Publikums wurde, das sich für die Exotik dieser Menschen und für das, was mit ihnen ins Land

gelangte, interessierte. Die tragbaren Gestelle, deren portugiesische Bezeichnung *Biombos* ihren Ursprung in dem japanischen Wort *Byobu* hat, wurden schon früh von den Jesuiten beschrieben, wobei Gaspar Vilela eine der vollständigsten Beschreibungen lieferte: »Einige bemalte Wandschirme, die man *beobus* nannte und die mannshoch waren, zierten [das Haus]. Jeder einzelne *beobu* bestand aus vier Tafeln, die zu einer wurden, wenn man sie zusammenfaltete. Sie wurden aus Holz hergestellt und mit Papier bezogen, das bemalt war. Wenn sie richtig aufgestellt und befestigt waren, bedeckten sie die Wände gänzlich, so wie man das in Europa von Wandteppichen kennt. Diese *beobus* waren an den Rändern mit Gold beschlagen, und sie stellten den Sommer, den Winter und den Herbst in solchen Farben dar, dass man meinte, das Gemalte in natura vor sich zu sehen.«[6] (Abb. 2).

Diese Malereien mit ihren heute noch lebendigen leuchtenden Farben und goldenen Wolken erleichtern uns die Reise in eine Zeit und einen Raum, von denen – wie Fróis beobachtete – »es unmöglich ist, per Brief allein eine Vorstellung [...] zu geben«. Als Betrachter der *Biombos* können wir in Bilder eintauchen,

Abbildung 3
Flügelaltar mit japanischen und europäischen Stilelementen, Japan, 16. Jarhundert, Kat.-Nr. VII.III.36

Alexandra Curvelo · Die Namban-Kunst im Kontext der iberischen Expansion

die Begegnungen zwischen Japanern und Europäern vor fast 400 Jahren wiedergeben. So fällt unser Blick auf ein Handelsschiff und seine Mannschaft, deren akrobatische Kunststücke in den Masten, Tauen und Segelbalken hoch über den Decks die Japaner so sehr erstaunten; am Strand erkennen wir frisch entladene Güter, darunter Seide, Brokat, Möbel – so etwa chinesische Klappstühle –, Lackobjekte, arabische Pferde und Kamele; und schließlich eine Gesandtschaft von Portugiesen mit ihren so charakteristischen Gesichtszügen und Kleidungsstücken,[7] die das Ergebnis der Anpassung an neue Klimata und neue Geschmäcker waren. Diese Fremden trugen Accessoires wie Tücher, Rosenkränze, Pfeifen und – vielleicht das Erstaunlichste überhaupt – Brillen. Man hatte diese Gestelle in Japan nie zuvor gesehen, und einfache Leute waren, so Fróis »[…] fest und ganz davon überzeugt, der Pater habe vier Augen anstelle von zweien: zwei an der üblichen Stelle, wo sie alle Menschen von Natur aus haben, und weitere zwei in einigem Abstand dazu hervorstehend und wie Spiegel glänzend, ein wahrhaft furchterregender Anblick«.[8]

Diese Gesandtschaft, von den Einheimischen mit aufmerksamen, forschenden Blicken verfolgt, setzte sich aus dem *Capitão-Mor* (dem von der portugiesischen Krone eingesetzten obersten Kommandanten des Schiffes), einigen adligen *Fidalgos*, Kaufleuten, Geistlichen, Sklaven und Dolmetschern zusammen. Handel und Religion waren dabei unauflöslich miteinander verbunden und formten von Anfang an gemeinsam die portugiesische Präsenz in Japan.

Auch in anderen Kontexten wurden die *Namban-jin* – weniger in Kompositionen narrativen Charakters, sondern eher als Einzelfiguren oder kleine Gruppen – Teil des Repertoires japanischer Künstler, so in Lackarbeiten, die meistens nicht so sehr für das heimische Publikum, sondern in erster Linie für Europäer produziert wurden. Zu diesen Objekten gesellte sich eine wahrhaft eindrucksvolle Vielzahl von Stücken unterschiedlicher Größe, die in ihrer Form europäischen Vorbildern folgten, dabei aber in typisch japanischer Art lackiert (*Uruxi*-Technik) und mit hybriden tier- und pflanzenförmigen Motiven geschmückt wurden. Es handelte sich zumeist um Truhen, Kisten und Schatullen, Sekretäre, Reisesekretäre, Tische und Tabletts, und sie wurden damals in wirklich bemerkenswerten Mengen hergestellt, wie dies sowohl zeitgenössische Dokumente als auch die verbliebenen Exemplare belegen, die über die ganze Welt verstreut in Sammlungen von Museen, kirchlichen Einrichtungen und Privatleuten zu finden sind. Hinzu kommen Objekte mit religiösem Bezug, so Stehpulte, Schachteln zur Aufbewahrung von Hostien oder tragbare Altäre (Abb. 3, 4, 5 u. 6).

Letzteren kommt dabei besondere Bedeutung in der *Namban*-Kunst zu, weil sie uns in die kulturellen und künstlerischen Aktivitäten der Gesellschaft Jesu einführen, die mit Nachdruck versuchte, auf japanischem Boden die Kunst in den Dienst des Glaubens zu stellen. Den entscheidenden Beitrag zur Anwendung und Weiterentwicklung dieser Strategie leistete Alessandro Valignano als Verfechter einer Missionsmethode, die auf einer gewissen Anpassung und auf einer systematischen Bildungsstrategie beruhte und modellhaft in Japan erprobt werden sollte. Hauptaspekt in diesem Zusammenhang und gleichzeitig eines der größten Hindernisse, mit denen man in Japan konfrontiert

ABBILDUNG 4
KÄSTCHEN IM NAMBAN-STIL, JAPAN,
16.–17. JAHRHUNDERT, KAT.-NR. VIII.10

ABBILDUNG 5
KLEINE LEBENSMITTELKISTE MIT PORTUGIESEN-DARSTELLUNG,
JAPAN 1600–1625, LISSABON, MUSEU NACIONAL DE ARTE ANTIGA

wurde, war die geringe Anzahl der Missionare – ein Problem, das durch die Entsendung von Personal aus den jesuitischen Provinzen in Indien und Europa nicht wirklich zu lösen war. Deshalb sah Valignano in der Ausbildung Einheimischer die einzige Möglichkeit, das Missionarskontingent zu erhöhen. Diese sollten gleichberechtigt mit den Europäern in die Gesellschaft aufgenommen werden und, wenn sie die Voraussetzungen erfüllten, ihr Gelübde als Jesuiten ablegen dürfen.[9]

Ganz im Sinne der ›Anpassungsstrategie‹ trat Valignano in seinen *Advertimentos*, dem Kodex und praktischen Führer für den Alltag der Missionare, welchen er nach der *Consulta* im Jahre 1580 verfasste, sogar dafür ein, den sozialen Aufbau und die interne Struktur des Nanzenji-Tempels von Kyoto auf die Gesellschaft Jesu zu übertragen. Dieser Vorschlag stieß freilich auf einige Kritik, weshalb sich Valignano gezwungen sah, eine überarbeitete Fassung seines Werkes vorzulegen.[10]

Eines der ausdrucksstärksten Elemente dieser aktiven Missionspolitik waren die Kirchen selbst. Die christlichen Gotteshäuser folgten in ihrer Architektur mehrheitlich japanischen Vorbildern, wobei natürlich das Innere im Wesentlichen mit Altarvorsätzen aus bestickter Seide und mit Altarbildern geschmückt war, auf denen Mariä Heimsuchung, Christi Geburt, die Jungfrau mit dem Kinde, die Gnädige Maria (*Nossa Senhora da Graça*) oder die Triumphale Auferstehung Christi (*Triunfo da Glória da Ressurreição de Cristo*) abgebildet waren. Die meisten dieser Bilder stammten zwar aus Europa, herausragende japanische Künstler erlernten jedoch schnell, von diesen Vorlagen Kopien anzufertigen. So ließ Dario Takayama in Sawa ein Bild des auferstandenen Christus reproduzieren, das – nach Aussagen von Almeida – mit so viel Frömmigkeit gemalt war wie das Original selbst. In Sakai wurden zwei Altarbilder angefertigt – eines mit Christi Geburt und ein anderes mit der Auferstehung – von denen die Japaner glaubten, sie stammten aus Portugal.[11]

Eingeführt worden war die westliche Malerei bereits 1549, als mit der Ankunft des Heiligen Franz Xaver (São Francisco Xavier) in Kagoshima die Verbreitung des Christentums im Lande begann. Damals erhielt Shimazu Takahisa, der *Daimyō* (Feudalherr) von Satsuma, von Xaver ein Bild der Jungfrau mit Kind. Hiervon gab es bald eine Kopie, und diese Praxis des Abmalens westlicher Gemälde wurde im Laufe der folgenden Jahre zur Regel. Es verwundert also kaum, dass Valignano dieses Potential auszuschöpfen gedachte und den begabten italienischen Maler Giovanni Niccolò anreisen ließ, der 1583 in Japan eintraf.

Das von Valignano im Namen der Gesellschaft gegründete Seminar, das bis zu seiner endgültigen Etablierung in Nagasaki im Jahr 1603 ein Wanderleben auf der Insel Kyūshū führte, brachte nicht nur zahlreiche Kunstwerke, sondern mehrere Maler japanischer und chinesischer Herkunft hervor,[12] deren Namen wir kennen: so Mancio Ota, Thaddeus (Giovanni Mancio), Leonardo Kimura, Mancio Taichiku, Luís Shiozuka (Maler, Organist und Kapellmeister in Nagasaki), Giovanni Niva (Ni Yi Ceng) und Emanuel Pereira (You Ven Hui).[13]

Die heute erhaltenen Bilder stellen mit Sicherheit eine reduzierte Auswahl aus einem wesentlich umfangreicheren Gesamtbestand dar. Es handelt sich dabei, was die westlichen Sammlungen betrifft, hauptsächlich um Ölgemälde wie jene in der Sakristei der Il-Gesù-Kirche in Rom, auf denen katholische Märtyrer Japans dargestellt sind und die uns erahnen lassen, welcher Malstil im Seminar gelehrt wurde. Anders als in Europa und Nordamerika befinden sich in Japan jedoch auch zahlreiche andere Werke, insbesondere kartografische Wandschirme mit äußerst aussagekräftigen Genre-Szenen, die uns eine umfassende Vorstellung von dem ästhetischen und didaktischen Einfluss vermitteln, den das Malerei-Seminar tatsächlich ausübte.

Auch in Macau und in China finden sich Werke, anhand derer der Einfluss Niccolòs und das Fortleben der von ihm begonnenen Tätigkeit nachvollziehbar werden. Macau hatte als Vorhafen von Kanton seit 1557 den Status eines Hauptumschlaglagers für den chinesisch-japanischen Warenhandel inne und blieb fast ein ganzes Jahrhundert lang eine zentrale Position im Fernen Osten sowohl für Agenten der portugiesischen Krone als auch für eigenständige portugiesische Händler und für die Gesellschaft Jesu. Letztere ließ sich hier 1565 nieder und errich-

Abbildung 6
Messbuchständer mit Jesuitenemblem im Namban-Stil,
Japan, 17. Jahrhundert, Kat.-Nr. VII.III.35

tete 1594 ihr berühmtes Kolleg, das *Colégio da Madre de Deus*.[14] In diese kosmopolitische Stadt, in der die japanische Gemeinde einen erheblichen Einfluss ausübte,[15] zog sich der größte Teil der 1614 aus Japan vertriebenen Ordensmitglieder zurück, darunter Giovanni Niccolò, der bis zu seinem Tod 1626 hierblieb.

Unter den Schülern, die sein Werk fortsetzten, ragte insbesondere Niva, eigentlich Ni Yi Ceng, hervor. In Japan als Sohn eines chinesischen Vaters und einer japanischen Mutter geboren, hatte er in der Schule von Niccolò studiert und war später von Valignano nach China geschickt worden, wo er – von Matteo Ricci gefördert – bis zum Ende seines Lebens arbeitete. Einige der Bilder für die São-Paulo-Kirche in Macau stammen von ihm. In Peking (Beijing) malte er die Jungfrau Maria, was enorme Bewunderung unter den Chinesen hervorrief, wie Matteo Ricci bezeugte. Später schuf er ein Bild des Erlösers, das in einem buddhistischen Tempel in Beijing hing, der den Christen als Grabkapelle für Ricci überlassen worden war. Mit ihm zusammen arbeitete ein anderer Chinese, You Ven Hui, dem die Portugiesen den Namen Pereira gaben. Er war wohl der Maler eines Porträts von Ricci, das nach Ansicht von Pasquale d'Elia identisch mit dem heute in der Sakristei der Il-Gesù-Kirche in Rom hängenden Porträt ist.[16]

Eine etwas andere Route nach Macau führte ab 1614 über Manila, die Drehscheibe zwischen China (Macau), Japan und Neuspanien bzw. Mexiko. Dieses alternative Netz von Kontakten ist in einigen Briefen der Missionare gut umrissen, so zum Beispiel in einem Schreiben von Matteo Ricci an Claudio Acquaviva, das 1608 in Peking verfasst wurde. Ricci berichtet darin, dass ihm die Werke des Heiligen Augustinus und Abraham Ortelius' *Theatrum Orbis Terrarum* über die westliche, mexikanische Route, also nicht die Kaproute zugekommen seien. Neben Büchern erhielt der Jesuit ebenfalls über Neuspanien eine in Flandern hergestellte Uhr, die »auf den Philippinen und in Japan durch viele Hände gegangen war und Gott sei Dank nicht verloren ging, wie ich es schon befürchtet hatte«.[17] Auch der 1607 zum Bischof von Champa (Südvietnam) ernannte Augustiner Frei Juan González de Mendoza, Autor der *História de las cosas más notables, ritos y costumbres del gran Reino de la China* (*Geschichte der bemerkenswertesten Dinge, Riten und Gebräuche des großen Königreichs China*),[18] schrieb, dass »ein in Macau lebender barfüßiger Franziskaner dem König [von *Tuquín* bzw. Tongking], dessen Wünsche er kannte, über portugiesische Kaufleute, die in seinem Königreich Handel trieben, eine große Leinwand zukommen ließ, auf der das Jüngste Gericht und die Hölle von sehr geschickter Hand gemalt waren, dazu einen Brief, in dem er deutlich machte, dass er den allergrößten Wunsch hegte, zusammen mit einigen Gefährten in jenem Reich das Evangelium zu predigen. Nachdem besagter König all dies empfangen hatte und darüber informiert worden war, was es mit dem Bild und dem Mönch, von dem es geschickt war, auf sich hatte, freute er sich über die Maßen an dem Geschenk, sandte seinerseits andere sehr schöne Dinge an besagten Mönch, sowie einen sehr freundlichen Brief, in dem er das Angebot annahm, das ihm unterbreitet worden war, und versprach allen, die kommen würden, gute Behandlung und Unterbringung in Häusern neben dem seinen zukommen zu lassen.«

Tatsächlich stellte die Route Macau–Manila–Neuspanien–Sevilla trotz königlicher Verbote, die auf der formalen Trennung beider Reichshälften nach der Personalunion von 1580 beruhten, eine verlockende Alternative zur Kaproute dar, die die Reisezeit beträchtlich – bisweilen sogar um die Hälfte – verkürzte. So war das Martyrium von Nagasaki vom 5. Februar 1597 bereits im Juni 1598 in Sevilla bekannt (Abb. 7).[19] Dabei handelte es sich freilich auch um ein Thema, das heftige Diskussionen entfachte und einen tiefen Widerspruch in der Monopolpolitik der Jesuiten im Fernen Osten zutage treten ließ. Während die Jesuiten offiziell die Auffassung vertraten, dass jeglicher Handel von den Philippinen nach China und Japan und jegliches Vordringen von Missionaren des spanischen Patronats in die unter portugiesischem Patronat befindlichen fernöstlichen Gebiete unterbunden bleiben sollte, nutzten und förderten sie gleichzeitig eine Kommunikationsroute, die gerade auf der Verflechtung der beiden iberischen Reiche beruhte.[20]

ABBILDUNG 7
KREUZIGUNG EINES CHRISTEN IN JAPAN, CHINA-KARTE (AUSSCHNITT) DES JODOCUS HONDIUS, AMSTERDAM 1606, BERLIN, DEUTSCHES HISTORISCHES MUSEUM

Symmetrisch zur Kaproute, die Lissabon mit dem Südatlantik, dem Indischen Ozean, China und Japan verband, verlief die spanische Route von Mexiko aus über den Pazifik zu den Philippinen. Sie wurde benannt nach der Manila-Galeone (*Galeão de Manila*), die auch als Acapulco-Galeone (*Galeão de Acapulco*) oder China-Schiff (*Nau da China*) bekannt war. Diese Route wurde regelmäßig von 1565 bis 1815 befahren und darf so als eine der am längsten in Betrieb gebliebenen Seerouten überhaupt gelten. Die Galeone von Manila, ein auf Befehl des spanischen Gouverneurs von Manila in der Werft von Cavite von einheimischen und chinesischen Handwerkern erbautes Schiff mit außergewöhnlichen Ausmaßen, war eine regelrechte ›schwimmende Schatzkammer‹,[21] deren wichtigstes Gut chinesische Seide war. So wurde der Ferne Osten über die Neue Welt mit Europa verbunden, jedoch nicht über Lissabon, sondern über Sevilla. Später, nach der Anerkennung der Statuten der Spanisch-Philippinischen Handelsgesellschaft *Compañia de las Filipinas* durch die spanische Krone im Jahr 1785, wurde Cádiz zum neuen Zentrum des spanischen Überseehandels, mit Verbindungen nach Manila über das Kap der Guten Hoffnung und über das Kap Horn mit Zwischenstation in Montevideo und Callao. Im Pazifik entwickelte sich Manila, »Herrin vieler Meere, Hauptstadt vieler Archipele und Zentrum und Warenlager des Ostens« (»señora de muchos mares, capital de muchos archipélagos y centro y depósito de Oriente«), zur zentralen, wenn auch fernab von allen großen Märkten gelegenen Handelsplattform eines weit verzweigten und sehr komplexen Netzwerks. Dort wirkten vor allem die *Sangleyes*, auf den Philippinen sesshaft gewordene chinesische Händler, die eine enorme Vielfalt von Waren aus China, aber auch Japan, Indonesien, Siam, Burma, Indien, Ceylon (Sri Lanka) und Persien in Manila einführten. Aus China kamen Seide, Elfenbein, Fächer und Porzellan, aus Indonesien Pfeffer, Nelken und Muskatnüsse, aus Siam Benzoeharz, aus Burma große, nach der Stadt Martaban benannte Amphoren (Kat.-Nr. I.2), aus Ceylon Zimt und aus Japan Wandschirme und Lackmöbel. Über letztere schreibt auch António de Morga in seinem Werk *Sucesos de las Islas Filipinas* (Mexiko, 1609), dass aus Nagasaki jedes Jahr »mit Ölfarbe bemalte und vergoldete, feine und schön verzierte Wandschirme« auf den Philippinen eintrafen.[22]

Die Entwicklung der spanischen Kontakte mit Japan hing eng mit der schlichten Tatsache zusammen, dass der kürzeste Weg von Manila nach Acapulco nahe am Archipel vorbei führte. Wenn auch die ersten, recht spontanen Kontakte nicht unbedingt als Erfolg betrachtet werden können, so erwiesen sich die etwas später initiierten Kontakte auf offizieller Ebene als vielversprechend. Das traf auf die japanische Gesandtschaft unter der Leitung von Hasekura Tsunegaga zu, die Date Masamune, der Herr von Sendai, in die Wege geleitet hatte und die am 25. Januar 1614 in Neuspanien eintraf.[23] Von dort aus reisten die japanischen Gesandten am 25. November desselben Jahres nach Sevilla weiter und einige Zeit später sogar nach Rom, wo sie in feierlicher Prozession zum Petersdom eskortiert wurden.

In Mittelamerika verband der ›Asienweg‹ (*Camino de Asia*) Acapulco mit Mexiko-Stadt – ehemals Tenochtitlán – und Vera Cruz. Vom Pazifik her kommend überquerten exotische, fremdartige Gegenstände die Grenze zur Atlantikregion, darunter japanische Wandschirme und Lackobjekte, Elfenbeinarbeiten und Fächer, Porzellan, bemaltes Papier, chinesische Seidenstoffe und Möbel. Aber Neuspanien war nicht nur Durchgangsstation für all diese Gegenstände aus Asien, es assimilierte und integrierte sie auch schrittweise in seine eigene materielle Kultur.

Dies ist in mehrfacher Hinsicht ein faszinierender Vorgang. Im Land der Azteken und Mayas hatte nach der spanischen Eroberung eine intensive Hybridisierung sowohl auf dem Gebiet der materiellen Kultur als auch der Lebensformen eingesetzt, ähnlich wie in jenen Gebieten Asiens, auf die die Portugiesen Einfluss nahmen. Bald aber geschah in Mexiko auch etwas, das zur gleichen Zeit Parallelen in Portugal selbst hatte: Zunächst wuchs der Import orientalischer Kunstgegenstände, die mehrheitlich dem europäischen Geschmack und Bedarf angepasst waren und zum großen Teil auf Bestellung fabriziert wurden. Später begannen Künstler und Kunsthandwerker in Portugal und in Neuspanien Objekte mit orientalischen Anklängen herzustellen und zwar weniger im Sinne einer Imitation fremdländischer Modelle, sondern vielmehr im Geiste einer Aneignung und autonomen Weiterentwicklung der importierten Formen.

Beispielhaft ist, was sich auf dem Gebiet der mexikanischen Malerei abspielte. Ein wichtiger Wandel ereignete sich hier zur Wende vom 17. zum 18. Jahrhundert, als ein schrittweiser Übergang von den herkömmlichen italienischen, flämischen und spanischen Einflüssen hin zu einer fast totalen Dominanz des italienischen Manierismus stattfand. Neben dem Einfluss einer strengeren spanischen Strömung in der Malerei und dem der Werke von Rubens (vor allem seiner Stiche) waren die Arbeiten der Maler Miguel und Juan Gonzáles besonders bedeutsam. Vor allem mit ihren 1698 signierten und datierten Werken reihen sich beide, um einen von Manuel Toussaint[24] geprägten Begriff zu verwenden, in den »piktorischen Barockismus« ein, der für die Werke der bedeutendsten Künstler jener Zeit charakteristisch wurde. Darunter sind die Correas (Juan, Nicolás, José und Mateo), die Villalpandos (Cristóbal und Carlos), die Mirandas

(José Juan und Ventura), die Arellanos (Antonio und Manuel) und die Rodríguez Juárez (Nicolás und Juan).

Eines der bedeutendsten Zeugnisse der Malerei dieser Epoche waren Intarsien aus Perlmutt, mit denen man in erster Linie die González-Familie in Verbindung bringt. Toussaint fand im alten Stadtarchiv von Mexiko-Stadt (*Archivo de los Alcaldes ordinários e Corregidores de la Ciudad del Mexico*) für die Jahre von 1692 bis 1752 20 Testamente, in denen Perlmuttarbeiten erwähnt wurden (sie wurden als *cuadros, lienzos, imágenes, tableros* und *láminas* bezeichnet). Die Technik, mit der diese Perlmuttintarsien hergestellt wurden – die Perlmuttstücke wurden, wie auch in Japan, in einen lackartigen Belag eingelassen –, nannte sich *maque*. Es handelte sich dabei im Wesentlichen um eine Lackimitation, die zum Teil auf Verfahren indianischen Ursprungs beruhte. Dieser Belag findet sich auch bei Möbeln und kleineren Gegenständen mexikanischer Herkunft.

Hinzu kam der offensichtliche Einfluss der japanischen *Uruxi*-Objekte, insbesondere ausgehend von Arbeiten, die als *Namban*-Lacke bezeichnet wurden. Dabei handelt es sich nicht um einen technischen Einfluss im eigentlichen Sinne, obwohl es interessante Parallelen beim Zusammenwirken der verschiedenen Materialien gibt, sondern um eine ästhetische Befruchtung. Reproduziert wurde eine florale Ornamentik, die ihren Ursprung in den vom japanischen Archipel stammenden Gegenständen findet. Dass diese Technik in Mexiko auch bei der Herstellung zahlloser *Biombos* Anwendung fand, bestätigt die hier vertretene Interpretationslinie umso mehr.

Der Begriff *Biombo* taucht in zeitgenössischen neuspanischen Dokumenten als ein allgemein verwendeter Terminus auf, der es uns ermöglicht, diese Gestelle in verschiedenen spezifischen Kontexten auszumachen. So finden sich in den Quellen Bezeichnungen wie *biombo de cama* (›Bett-Wandschirm‹, verwendet in Schlafzimmern), *biombo rodastrado* (Wandschirm, der eine Holzempore innerhalb eines Raumes abtrennte) oder *biombo arrimador* (umgangssprachliche Bezeichnung für einen Wandschirm, wörtlich ›Wandschirm, der neben etwas steht‹). Es handelte sich dabei durchgehend um Objekte profaner Nutzung (kein einziger dokumentierter Schirm wies eine religiöse Thematik auf), und selbst wenn biblische Themen dargestellt wurden, geschah dies in rein anekdotischer Art. Bevorzugt wurden mythologische Themen, die Geschichte des Don Quijote, Jagdszenen (*Escenas de montería*) oder Landschaften (*Escenas de paizería*). Eine Sonderstellung nehmen Darstellungen von Kriegen und Schlachten ein, wie zum Beispiel auf einem Wandschirmpaar mit insgesamt zehn Segmenten, die Episoden der Eroberung und eine Stadtansicht von Mexiko zeigen.[25] Kurioserweise existiert ein Exemplar, das von dieser Regel eine Ausnahme bildet und gleichzeitig zu ihrer Bestätigung dient: Es stellt die Sintflut dar, wurde aber höchstwahrscheinlich nicht in Neuspanien, sondern in Macau hergestellt und stammte aus

Abbildung 8
Kästchen mit Portugiesenfiguren, Japan, erste Hälfte des 17. Jahrhunderts, Kat.-Nr. XI.31

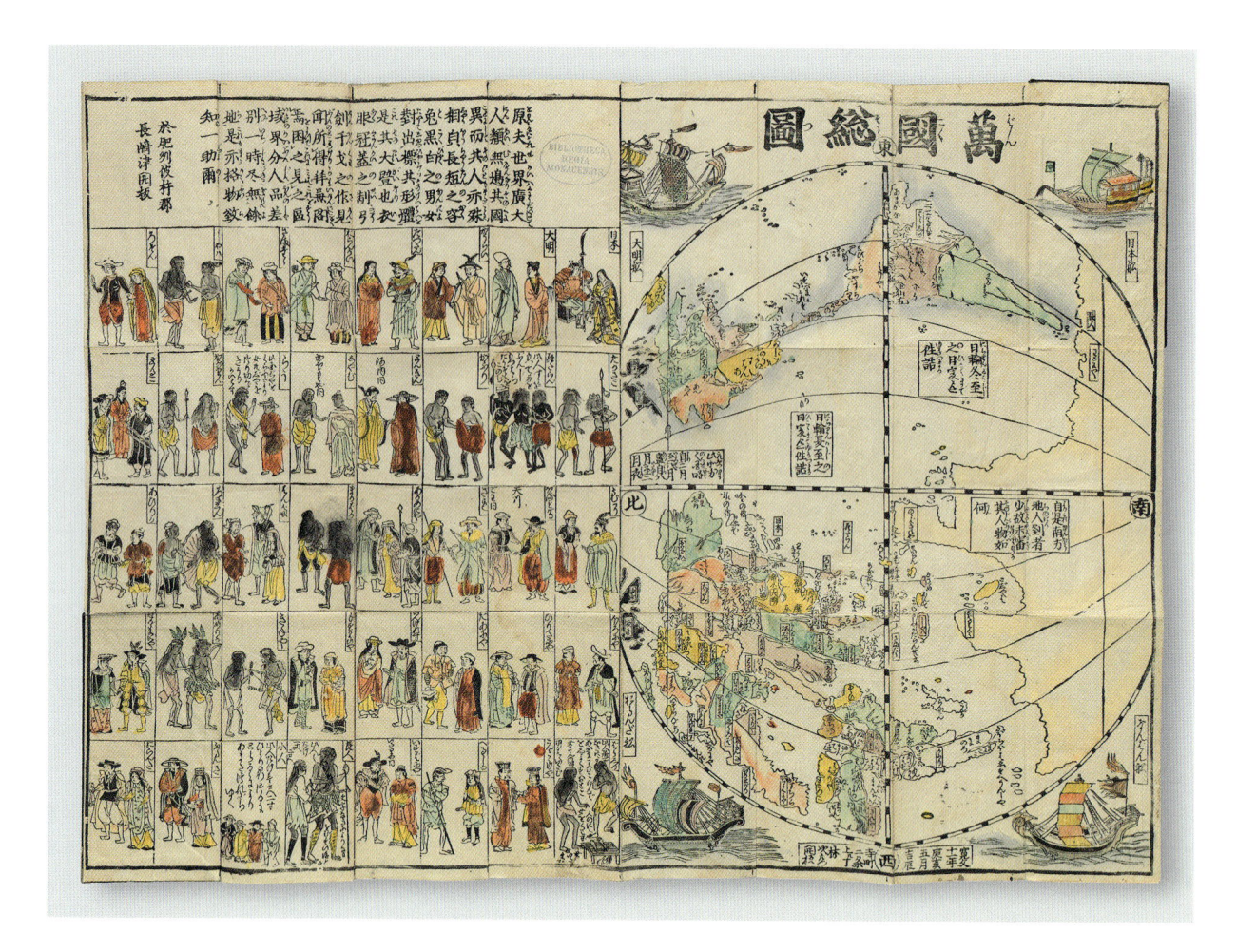

der Hand eines dort ansässigen Künstlers, der die westliche Maltechnik beherrschte.

Die Epoche, von der die Rede ist, war gekennzeichnet durch politische Konflikte und Rivalitäten, häufige Machtwechsel sowohl in Europa als auch in anderen Erdteilen, eine zunehmende Präsenz der Holländer und Engländer auf den Meeren Asiens, das Entstehen von Handelsgesellschaften, insbesondere der *Verenigden Oost-Indischen Compagnie*, das komplexe Zusammenspiel zahlloser Interessen – Krone, religiöse Orden und Privathändler –, die Vereinigung und spätere Trennung Portugals und Spaniens und nicht zuletzt tiefgreifende Veränderungen im Bereich der Wissenschaft und Technologie mit Auswirkungen auf die Philosophie und die politische Theorie. Und dennoch stand all dem ein intensiver und fruchtbarer Handel mit Waren und Objekten gegenüber, der einen ständigen Fluss von Kenntnissen, Traditionen, Glaubensrichtungen und Lebensarten mit sich brachte. Dementsprechend existierten im Vizekönigreich von Neuspanien nicht einfach nur importierte Kunstobjekte aus dem portugiesischen Einflussbereich in Fernost – wobei die *Namban*-Kunst besondere Hervorhebung verdient –, sondern auch Gegenstände, die sich aus einer Weiterentwicklung der japanischen bzw. japanisch-portugiesischen Traditionen in Mexiko ergaben. In ebendieser Fähigkeit, technische und ästhetische Modelle durch Transposition und Adaptation auf Alltagsgegenstände zu übertragen und so neu zu interpretieren und neu zu erfinden, lag die Originalität einer Kunst, die wahrhaftig keine Grenzen kannte.

ABBILDUNG 9
JAPANISCHE WELTKARTE MIT 40 PERSONENPAAREN UNTERSCHIEDLICHER VÖLKER SOWIE JEWEILS EINEM JAPANISCHEN, CHINESISCHEN, PORTUGIESISCHEN UND NIEDERLÄNDISCHEN SCHIFF, HAYASHI JIZAEMON, KYŌTO, 1671, KAT.-NR. XI.32

Resumo

Os *Namban*-jin, ou bárbaros do sul, termo japonês que abarcava tanto os Portugueses, como Espanhóis e Italianos, foram uma presença constante no território japonês entre 1543 e 1639, ano definitivo da sua expulsão. Este século, já designado como »o século cristão« do Japão, corresponde grosso modo ao período de anexação da Coroa portuguesa por Espanha (1580–1640), ainda que no contexto ultramarino as políticas imperiais portuguesa e espanhola tivessem permanecido bem demarcadas.

Deste contacto ficaram-nos relatos escritos da maior importância, assim como um corpus artístico absolutamente ímpar no contexto da arte luso-oriental. Esta originalidade advém da conjugação de uma série de factores, tanto de índole geográfica e política, como cultural e religiosa. Situado no limite extremo do Estado da Índia, na fronteira entre o Mar da China e o Oceano Pacífico, o Japão foi palco de um experiencialismo artístico e religioso que por sua vez só pode ser entendido à luz da experiência ultramarina entretanto já adquirida pelos povos do sul da Europa, sobretudo os Portugueses. Foi a passagem por África, Índia e Sueste asiático, o contacto com novas realidades, povos e civilizações e a adaptação a terras e climas novos, que levaram a uma progressiva transformação das vivências e dos gostos adquiridos. O Japão, detentor de uma sociedade fortemente hierarquizada, com uma elite política e religiosa culta e requintada, cedo foi vislumbrado por estes europeus como o contrário civilizacional de tudo o que a Europa conhecia, cenário propicioso a objectivos de índole comercial e religiosa.

A partir de 1571, data em que o porto de Nagasaki foi dado aos Jesuítas, com a consequente fundação de uma cidade, encontrou-se um local que se veio a tornar na principal base europeia no arquipélago. Foi aqui que passou a aportar com a regularidade possível o kurofune (navio negro) que ligava Nagasaki a Macau, Goa, Malaca. Mas estas cidades maiores do Estado da Índia, enquadradas no império português do Oriente, interagiam com Manila, plataforma espanhola fundamental na ligação do Oriente com a América espanhola (Nova Espanha e Perú). À circulação de homens e mercadorias num espaço em que as fronteiras políticas eram repetidamente passadas, as Filipinas foram, à semelhança de Macau, um local importante na disseminação da arte *namban*. Mas se Macau funcionou como centro de execução e ponto de irradiação destes objectos, Manila serviu fundamentalmente como ponto de passagem. Chegado a Acapulco, o galeão de Manila, ou a nau da China, como também era conhecido, descarregava artefactos lacados e biombos japoneses que, uma vez incorporados num contexto diferenciado, foram alvo de reinterpretação e associados a tradições artísticas locais, revelando desta forma uma outra faceta de um fenómeno que se contituíu desde o início como uma experiência artística e cultural multifacetada.

Anmerkungen

1. ARSI, JapSin 9-II, Brief von [Pero] Gomez, 2.11.1583 Usuki [gerichtet an Alessandro Valignano], fol. 177 r.
2. Zum Entwurf eines Profils von Alessandro Valignano, vgl. Üçerler 2003.
3. Costa 1998, S. 468 f.; Moran 1993, S. 42 ff.
4. Leitão 1994.
5. ARSI, JapSin 9-II, Brief von Fróis an Aquaviva, Nagaski, 15.11.1584 fol. 236 r–241 v.
6. CE I, Bl. 320 v–321.
7. Garcia 1994, S. 199–216. Die Beschreibung bezieht sich hier auf die *Biombos*, die sich heute im Museu Nacional de Arte Antiga, Lissabon, befinden. Abgebildet ist hingegen das Wandschirmpaar aus dem Rijksmuseum Amsterdam, das auch in der Ausstellung zu sehen ist.
8. Fróis 1981, S. 363.
9. Laures 1952; vgl. auch den Aufsatz von Correia in diesem Band.
10. Üçerler 2003.
11. Bourdon 1993.
12. Zur Malerei nach westlichem Stil in Japan siehe Vlam 1976; Tucci 1941; Sorge 1988.
13. D'Elia 1939.
14. Pires 1988.
15. Teixeira 1993.
16. Tucci 1941, S. 9–13. Zur Auflistung der japanischen Schüler vgl. Schurhammer 1933.
17. Ricci 1911/13 (*Opere Storiche del P. Matteo Ricci S.I.*).
18. Gonzáles de Mendoza 1944.
19. Costa 1998.
20. Ebd.
21. Lorente Rodrigáñez 1944.
22. Zit. nach Alvarez-Taladriz 1953.
23. Scipione Amati 1954; Gil 1991.
24. Toussaint 1952.
25. Unbekannter Autor, Mexikanisches Nationalmuseum und Sammlung des Herzogs Almodóvar del Valle, Madrid.

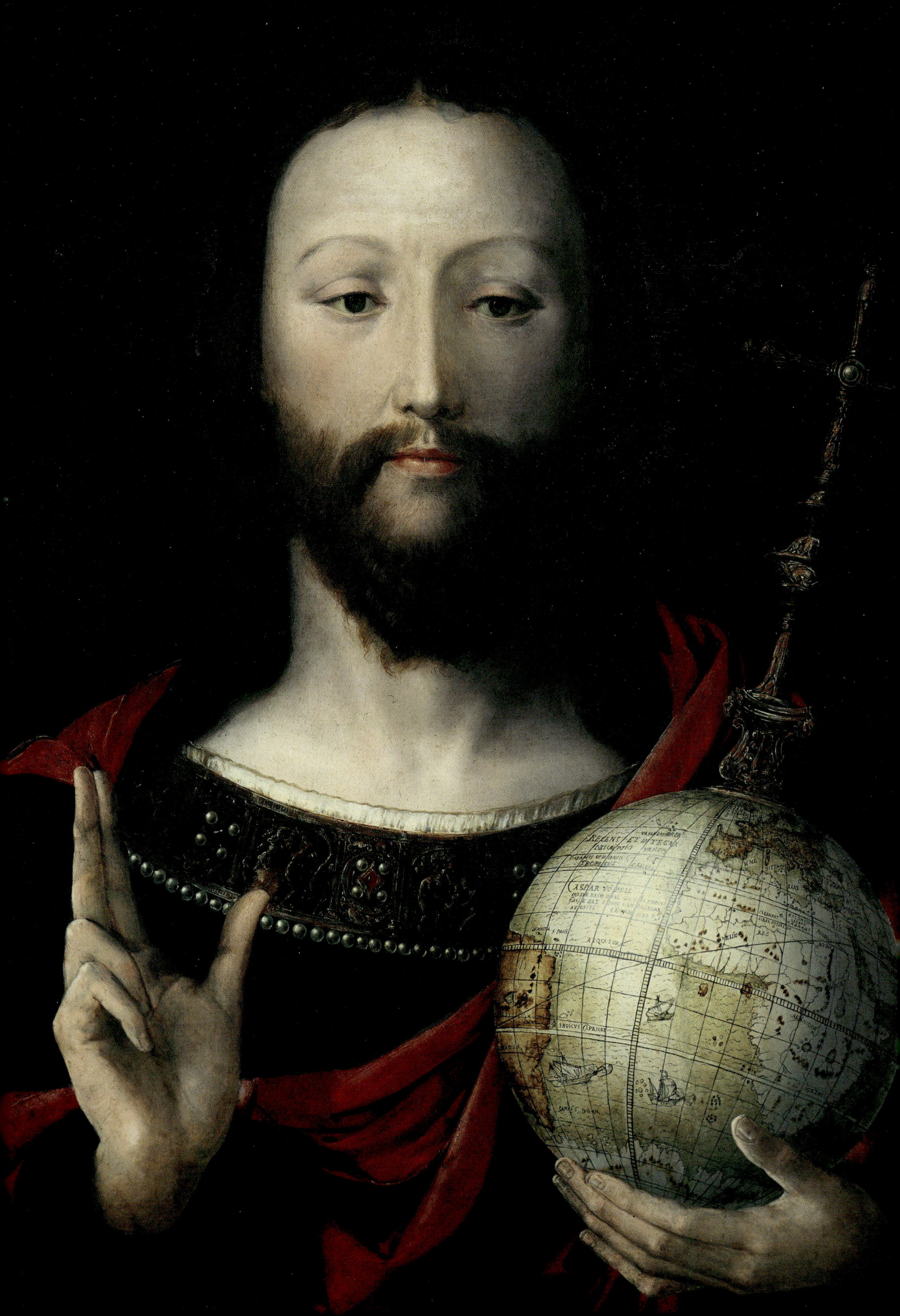

Johannes Meier

Die Kirche und das Wirken der Jesuiten in Brasilien (1549–1759)

Einige Zeit nachdem ihre Seefahrer seit den 1430er Jahren in bis dahin unbekannte Gebiete entlang der westafrikanischen Küste vorgedrungen waren, ersuchte die portugiesische Krone den Heiligen Stuhl um eine päpstliche Bestätigung ihrer Entdeckungen, da sie andere europäische Herrscher aus diesen Gegenden fernhalten wollte. In der Bulle *Romanus Pontifex* übertrug Papst Nikolaus V. am 8. Januar 1455 König Afonso V. und dem Infanten Heinrich die Länder, Häfen, Inseln und Meere Afrikas; er verband damit aber die Verpflichtung, dort das Christentum einzuführen und Kirchen und Klöster zu bauen. Am 13. März des folgenden Jahres bestätigte Papst Calixtus III. diese Rechte und Pflichten; er übertrug dem Christusorden, dessen Hochmeister Prinz Heinrich der Seefahrer war, die geistliche Jurisdiktion über die neuen Besitzungen. Aus dieser Verleihung entwickelte sich im 16. Jahrhundert ein universales Patronatsrecht der portugiesischen Könige über die Kirche in den portugiesischen Überseegebieten.[1]

1533 wurde für die damaligen maritimen und außereuropäischen Territorien Portugals eine eigene Kirchenprovinz errichtet. Als Sitz des Erzbischofs diente zunächst Funchal auf Madeira, wo seit 1514 ein Bischof residierte. Zugeordnete Suffraganbistümer waren Angra auf den Azoren, Santiago de Cabo Verde, São Tomé und Goa.[2] Am 25. Februar 1551 wurde mit São Salvador da Bahia das erste Bistum in Brasilien geschaffen. Am 3. Juli desselben Jahres verlor dann Funchal, das Bischofssitz blieb, den Rang einer Metropole. Die Bistümer der portugiesischen Überseegebiete wurden nun dem Erzbischof von Lissabon unterstellt. Einige Jahre später aber, am 4. Februar 1558, wurde Goa zum Erzbistum erhoben; mit Kochi (Cochin) und Malakka erhielt es zunächst zwei Suffraganbistümer. Damit war der Bereich des portugiesischen Patronats geteilt: Während Lissabon Metropolitansitz für die Sprengel im und beiderseits des Atlantik blieb, wurde Goa zuständig vom Kap der Guten Hoffnung bis zum Fernen Osten.

Der geregelte Aufbau kirchlichen Lebens in Brasilien begann mit der Schaffung einer Regierung im Jahre 1549. Zusammen mit dem ersten Gouverneur Tomé de Sousa trafen am 29. März dieses Jahres sechs Jesuiten in Salvador da Bahia ein und gründeten dort ein Kolleg, das erste ihres Ordens auf dem amerikanischen Doppelkontinent.

Die Jesuiten waren damals eine noch ganz junge Gemeinschaft. Ihre Bestätigung als Orden durch Papst Paul III. lag erst achteinhalb Jahre zurück, ihre Gründung als »Gesellschaft Jesu« im Pariser Studentenmilieu während einer in einer Kapelle auf dem Montmartre gefeierten Messe 15 Jahre. Der Initiator des Ordens, der baskische Adlige Ignatius von Loyola (1491–1556), ein bei der französischen Belagerung Pamplonas 1521 verwundeter und von da an lebenslang gehbehinderter Kriegsinvalide, leitete die Gemeinschaft von einer kleinen Wohnung in Rom im Haus neben der Kirche Santa Maria della Strada aus, die Paul III. den Jesuiten überlassen hatte. Die von Ignatius ausgearbeiteten normativen Texte der *societas Jesu* verbinden das spirituelle Prinzip der *peregrinatio*, der Pilgerschaft, mit dem apostolischen Prinzip der *missio*, der Sendung durch den Papst, und dem pastoralen Prinzip des *iuvare animas*, des Nutzens der Seelen, wo immer sie leben mögen.

»Unsere Berufung ist, in jedweder Gegend der Welt unterwegs zu sein und das Leben zu führen, wo mehr Dienst für Gott und Hilfe für die Seelen erhofft wird.«[3] Die Jesuiten verstanden ihre Aufgabe nicht kultisch, sondern apostolisch und universal; daher hat es für sie nie die für andere Orden übliche Klausur gegeben, weder geistig in Form vorrangig kontemplativer Spiritualität noch materiell in Form von Klöstern; ihr Charisma stellt einen Gegenpol zur monastischen *stabilitas loci* dar. Jerónimo Nadal, einer der engsten Mitarbeiter des Ignatius, zählte einmal vier Wohnungen im Werdegang der Jesuiten auf: das Haus der Erprobung (Noviziat), das Haus der Bildung (Kolleg), das Haus der Vollmitglieder des Ordens (Professhaus) und als vierte Bleibe die *peregrinatio*, die Pilgerschaft, wodurch »die ganze Welt zu unserer Wohnung wird«, »totus mundus nostra fit habitatio«. Globale Mobilität ist somit das eigentliche Zuhause der Jesuiten[4] (Abb. 2).

Manuel da Nóbrega, der Superior und seit 1553 erste Provinzial von Brasilien – das Land wurde schon 1553 selbständige Provinz der Gesellschaft Jesu, deutlich früher als Peru (1568) und Mexiko (1572) in Spanisch-Amerika – bezeugt kurz nach der Ankunft in einem Brief an den portugiesischen Provinzial Simão Rodriguez am 10. April 1549, dass er und seine Mitbrüder umgehend Kontakt zur einheimischen Bevölkerung aufnahmen: »Ich arbei-

Abbildung 1
Christus mit Weltkugel, Globusdarstellung nach Caspar Vopel, 1537, Kat.-Nr. VII.III.1

Abbildung 2
Weltmission der Jesuiten, Bartholomäus Kilian (Stecher) und Johann Christoph Storer (Zeichner), Dillingen, 1664, Kat.-Nr. VII.III.2

tete daran, die Gebete und einige Zeremonien unseres Herrn in ihre Sprache zu übertragen.«[5] Zielstrebig versuchten sie, die christlichen Glaubenslehren in die Sprache der Indios zu übertragen und diesen zu vermitteln. 1550 ließen sie aus Lissabon Waisenkinder nach Brasilien kommen, die sie mit gleichaltrigen Indiokindern in Kontakt brachten, um das Erlernen der jeweils anderen Sprache zu ermöglichen und so künftig Dolmetscher zur Verfügung zu haben. 1552 berichtet Nóbrega über die Gründung von sechs *aldeias* in der Umgebung von Salvador, wo die Indios zusammengeführt und zu christlicher Lebensgestaltung angeleitet wurden.

Der evangeliumsgemäße Missionsauftrag und die Verteidigung der indianischen Bevölkerung, denen sich die Jesuiten verschrieben hatten, waren freilich mit der Praxis der Kolonisierung und den materiellen Interessen der Siedler unvereinbar, sodass die Mission an verschiedenen Fronten in Konflikt geriet. Die Siedler sahen die Indios vor allem als Potential billiger Arbeitskräfte an und waren an deren Versklavung interessiert. Da auch die Lebensweise der Kolonisten die evangelisatorischen Ziele der Jesuiten konterkarierte, entschlossen sich diese zur Gründung eines neuen Hauses weit entfernt von den Siedlungen der Portugiesen; am 25. Januar 1554, dem Fest »Bekehrung des Apostels Paulus«, gründeten sie in Piratininga die spätere Stadt (und heutige Metropole) São Paulo.

Daran war bereits José de Anchieta beteiligt, ein aus La Laguna (Teneriffa) stammender, im Vorjahr als 19-jähriger humanistisch gebildeter Student von Coimbra nach Brasilien gekommener Jesuit.[6] Anchieta hatte große pädagogische Fähigkeiten und war überaus sprachbegabt. Sein vielfältiges Talent entfaltete er bei der Vermittlung des christlichen Glaubens im Kontakt mit den Einheimischen, besonders den Jugendlichen der indianischen Dörfer; dabei setzte er den Gesang und andere musikalische, rhythmische und theatralische Mittel ein. Schon nach sechs Monaten hatte er eine Tupí-Grammatik in Grundzügen erstellt, die zusammen mit Listen von transkribierten Tupí-Wörtern bald in vielen Abschriften zirkulierte und erst viele Jahre später, kurz vor seinem Tod, gedruckt wurde[7] (Abb. 3).

Anchieta pflegte aber auch das Lateinische. Unter widrigsten Arbeitsbedingungen verfasste er das 1563 in Coimbra erschienene Epos *Gesta Mendi de Saa* aus Tausenden Versen in elegantem, vergilianischem Latein.[8] Es handelt von den Leistungen des dritten Gouverneurs von Brasilien, Mem de Sá (1556–1570), der den Jesuiten eng verbunden war; schon bald nach seiner Ankunft hatte Mem de Sá eine Woche lang unter Anleitung von Manoel da Nóbrega Exerzitien gemacht und dann in der Folgezeit die Umsetzung des jesuitischen Missionskonzeptes nachdrücklich unterstützt. Unter Aufsicht der Patres wurden die Indianer zum Schutz nicht nur vor den schädlichen Einflüssen und Übergriffen der Siedler, sondern auch vor Sklavenjägern und deren Helfershelfern unter miteinander verfeindeten Stämmen in geschlossenen Siedlungen, den sogenannten *aldeamentos*, zusammengeführt.

Mit der Unterweisung im Glauben ging die Eingewöhnung in die gesellschaftliche Ordnung, in die anderen Werte und Lebensformen einher. Diesen Bemühungen war jedoch keineswegs unmittelbarer Erfolg beschieden. Vor allem Polygamie, Trunksucht und kannibalistische Riten waren schwer auszurotten. Nóbregas Werk *Diálogo da conversão do gentio* (1556/57), das als frühestes literarisches Zeugnis des portugiesischen Brasilien gilt, beschreibt jene sozialen, politischen und geistigen Charakteristika der Indios, die einer raschen Bekehrung zum Christentum im Wege standen, in Form eines Dialogs zwischen

ABBILDUNG 3
ERSTE GRAMMATIK DER TUPÍ-SPRACHE, JOSÉ DE ANCHIETA SJ,
COIMBRA 1595, KAT.-NR. VII.III.7

zwei Figuren, dem Dolmetscher für Tupí, Matheus Nogueira, und einem Missionar namens Gonçalo Alvarez.⁹

Inzwischen waren nach Salvador da Bahia (1549) und São Paulo (1554) weitere Jesuitenkollegien in Rio de Janeiro (1567) und Olinda (1576) gegründet worden; auch in deren näherem und weiterem Umkreis wurden Missionsdörfer errichtet. Unterdessen erforderte die florierende Zuckerproduktion immer mehr Arbeitskräfte. Andererseits nahm die Zahl der Indios infolge von Seuchen und durch Flucht ins Landesinnere ab. So richteten sich die Augen der Siedler begehrlich auf die in den *aldeias* der Jesuiten lebenden Einheimischen. Es kam zu Überfällen, und die Krone sah sich 1570 zu einem Indio-Schutzgesetz veranlasst.¹⁰ Um durch den rücksichtslosen Umgang der Kolonisten mit den Indios ihre Arbeit nicht zunichte machen zu lassen, strebten die Jesuiten deshalb immer weiter von den Zentren der Kolonie an der Küste weg ins Landesinnere. Hier wollten sie die Indios in Gemeinden sesshaft machen, ihnen die Versklavung ersparen, ihr Überleben sichern und sie zu christlichen Lebensgewohnheiten erziehen. Sie konzentrierten sie in drei großen ›Reduktionen‹, in denen Mitte der 1580er Jahre zeitweilig 40 000 Indios lebten.

José de Anchieta, 1566 zum Priester geweiht, hielt sich wiederholt monatelang im Landesinneren auf. Es gelang ihm, viele Stämme, die in dauerndem Krieg untereinander und mit ihren portugiesischen Bedrückern lebten, zu befrieden. Dabei wurde er ein immer besserer Kenner der Sprache der Tupí, in der er predigte, einen kürzeren *Dialogo da fé* und eine ausführliche *Doutrina Cristã* für die Katechese sowie viele weitere Schriften verfasste. Letztlich ist es auf Anchietas Werk zurückzuführen, dass die Tupí-Sprache zur *lingua franca* der indianischen Völker Brasiliens wurde, weil seine Katechismen später von den Missionaren auch in anderen Teilen des Landes, besonders im Amazonasraum, benutzt wurden. Anchieta war 1577 bis 1588 der fünfte Provinzial der Gesellschaft Jesu in Brasilien. Zuletzt lebte und arbeitete er in Espírito Santo, wo er 1597 in der *aldeia* Reritiba, die heute Anchieta heißt, starb. Bald nach seinem Tod erschienen Biografien über sein heiligmäßiges Leben. Die Ikonografie, anschaulich in Stichen, Gemälden, Skulpturen, Reliefs und Kacheln (*azulejos*), hat zwei Haupttypen der Darstellung herausgebildet: Meistens wird Anchieta als Missionar und Wundertäter in schlichter Jesuitensoutane mit Buch (Brevier) und Kreuz oder Wanderstock in den Händen dargestellt, umgeben von Indianern und/oder Tieren wie Jaguaren, Schlangen oder Vögeln; bisweilen wird er aber auch im Porträt als inspirierter Schriftsteller mit Manuskript und Feder gezeigt, dem aus himmlischer Perspektive Maria zuschaut und – an der Gestik abzulesen – Anweisung oder Inspiration zu geben scheint (Abb. 4).

Im 18. Jahrhundert hatte Anchieta in dem aus Köln stammenden Jesuitenpater Johannes Breuer (1718–1789) einen glühenden Verehrer. Ein knappes Jahr nach seiner Ankunft in Rio de Janeiro erläuterte Breuer in einem Brief vom 29. März 1744 seiner Mutter: »Eben diesem Ehrwürdigen Diener Gottes schreiben es die unsere in diesen schreckbaren und unermessenen Waldungen arbeitende Missionarii dankbar zu, daß sie von denen grimmig- und giftigen Thieren, deren es eine unzahlbare Menge gibt, nie malen verletzt werden. Der Schöpfer aller Dingen hat V[enerabili] P[atri] Josepho Anchieta, wie es in seinem, zum Druck beförderten Leben zu lesen, gleich einem andern Adam, eine Oberherrschaftliche Gewalt über alle kriech- und fliegende Thier gegeben, die sich auf seine Befehl, zu allen Diensten ganz zahm und gehorsam, überall und allzeit eingestellt haben.«¹¹ Einige Wochen später reiste Breuer von Rio aus auf einem Schiff, das schon Anchieta benutzt hatte und dem geweissagt war, dass es niemals Schiffbruch leiden werde, nach Nordostbrasilien. Unterwegs besuchte er Anchietas Grabstätte in Reritiba. Aus Olinda schilderte er am 17. September 1744 seiner Mutter die Reise und übersetzte ihr auch die Inschrift des Epitaphs: »Hier hat geruhet V[enerabilis] P[ater] Josephus Anchieta, aus der Gesellschaft Jesu, Apostel des Brasilien und der neuen Welt neuer Wunderwürker. Er ist gestorben zu Reritiba, dem 9. Tag des Brachmonats, im Jahr 1597.«¹² Auch etliche Jahre später – Breuer arbeitete inzwischen als Missionar in Ibiapaba – kam der Kölner Jesuit gegenüber seiner Mutter im Brief vom 8. Oktober 1753 nochmals auf die Wunderkraft Anchietas zu sprechen: »Dessen Reliquen oder was immer für einem Überbleibslein von unserem Venerabili Patre Josepho Anchieta, dem Apostel dieser Länder, hat GOTT eine übernatürliche Kraft beygeleget, also daß alle, welche wider die Schlangen und dergleichen schädliche Menschen-Feinde, mit diesen heiligen Waffen bewaffnet seynd […], auch mitten in der Gefahr nicht verletzet […] Wir Jesuiten […] schreiben diesem wunderthätigen Missionario mit vielem Dank zu, daß bishero keiner aus unserem Orden, von dem giftigen Thier, ob wir uns schon immer unter selben aufhalten, seye beschädiget worden.«¹³ Pater José de Anchieta wurde 1980 von Papst Johannes Paul II. seliggesprochen.¹⁴

Die verschiedentlich von Jesuiten geäußerte Kritik an der laxen Moral der Kolonialgesellschaft und deren nachsichtiger Duldung durch den Säkularklerus veranlasste den Orden, auch in der höheren Erziehung in den Städten tätig zu werden. Er gründete einzelne Kollegien, in denen vornehmlich die Söhne der kolonialen Eliten unterrichtet wurden, aber auch andere Jugendliche Zugang erhielten, wenn sie ihre entsprechende Begabung unter Beweis stellen konnten und geeignete Förderer sich ihrer annahmen. Diese Kollegien sollten nicht allein Nachwuchs für den Orden rekrutieren, sondern auch zur Verbreitung von Bildung in der Kolonialgesellschaft beitragen. Zur Finanzierung dieser Aktivitäten unterhielt die Gesellschaft Jesu landwirtschaftliche Güter, die nach strengen ökonomischen Prinzipien geführt und zum Teil mit afrobrasilianischen Sklaven bewirtschaftet wurden.

In der Zeit der portugiesisch-spanischen Kronunion (1580–1640) erließ der Staat mehrfach Gesetze, die das von den Jesuiten entwickelte *aldeia*-System zum Schutz der Urbevölkerung grundsätzlich anerkannten, allerdings durch Ausnahmebestimmungen auch auf Interessen der Kolonisten und Plantagenbesitzer Rücksicht nahmen: Indios, die der Anthropophagie überführt oder in einem »gerechten Krieg« in Gefangenschaft geraten waren, sollten versklavt werden können.[15] Trotz der ansteigenden Sklaventransporte aus Afrika[16] gelang es in Brasilien im Unterschied zu Spanisch-Amerika nie, ein völliges Verbot der Indianersklaverei zu erreichen. Dies traf besonders Nordbrasilien, das von den Sklavenlieferungen aus Afrika weitgehend ausgeschlossen war und wo sich die Verwaltung des 1618 errichteten *Estado do Maranhão* gegenüber der militanten Interessenvertretung der Siedler lange Zeit nicht wirklich durchsetzen konnte.

Die erste Gründung der Jesuiten in diesem Raum erfolgte 1607 durch die Patres Luis Figueira und Francisco Pinto in Ibiapaba (heute: Vila de Viçosa) an der Grenze von Maranhão und Ceará. Die beiden Missionare folgten dabei der Route der Tupinambá, die sich einige Jahrzehnte vorher wegen der europäischen Invasion von den Küsten zurückgezogen hatten. Sie konnten das Vertrauen der Indios gewinnen, diese verehrten sie als *caraíbas*, als Gottesmänner.[17]

Bald darauf, 1612/15, unterbrach ein französischer Koloniegründungsversuch etwa 100 Kilometer südlich der Amazonasmündung, an dem auch zwei Kapuziner, Claude d'Abbeville und Yves d'Evreux, beteiligt waren, die Entwicklung (Abb. 7).[18] Allerdings wurde nach der Hochzeit Ludwigs XIII. mit der

ABBILDUNG 4
JESUITENMISSION IN AMERIKA (IN DER MITTE JOSÉ DE ANCHIETA SJ),
CHRISTOPH THOMAS SCHEFFLER, FEDERZEICHNUNG, 1749–1750,
KAT.-NR. VII.III.8

gewaltiges Predigertalent Aufsehen (Abb. 5). 1641 wurde er Berater von König João IV. in Lissabon, übernahm diplomatische Aufgaben in Frankreich und Italien und wurde 1644 Hofprediger; seine *sermões* gehören zu den Klassikern der portugiesischen Literatur. Auf Vieiras Einfluss geht es zurück, dass die Mission von Maranhão unter ausdrücklichem Ausschluss aller anderen Orden den Jesuiten übertragen wurde. 1652 zum Missionsoberen von Maranhão ernannt, kämpfte Vieira leidenschaftlich für die Lebensrechte der Indios.[20]

Schon Ende 1653 lernte er aus eigener Anschauung eine *entrada* kennen. Der Gouverneur Barreto führte sie von Belém aus an den Río Tocantins durch. Die Expedition bestand aus 20 Kanus; vier davon gehörten den Jesuiten. Bemannt waren die Kanus mit acht Offizieren unter dem Kapitän Gaspar Cardoso, 60 Dienern und 202 indianischen Ruderern. Ziel der Expedition war es, Indios mit Hilfe von Geschenken und Freundlichkeiten zu überreden oder mit Gewalt zu zwingen, mitzukommen – letztlich zum Zweck der Versklavung. Vieira geriet auf dieser Fahrt mit dem Gouverneur in Konflikt, da er den bedrängten Indios beistehen wollte und dem Gouverneur das Recht bestritt, gegen sie, wenn sie den Portugiesen nicht freiwillig folgen wollten, Gewalt anzuwenden. Vieira löste sich schließlich von der *entrada*, sammelte die Klagen der Indios und legte sie im folgenden Jahr in Lissabon dem König und einer Junta von angesehenen Juristen und Theologen vor. Er erreichte 1655 ein neues, strengeres Gesetz und die Bestellung eines anderen Gouverneurs, André Vidal Negreiro. In dessen Regierungsinstruktion wurde die Unterstellung aller Indianerdörfer unter die geistliche und weltliche Jurisdiktion der Jesuiten angeordnet. Nur sie sollten das Recht haben, Indios aus den *aldeias* zeitweise zur Arbeit für die Siedler abzuordnen. Dagegen hagelte es Proteste der Kolonisten, aber zunächst konnte der neue Gouverneur diese abwehren.[21]

Mit Vieira begann die weit nach Westen ausgreifende Mission der Jesuiten in Amazonien (Abb. 6). Vieira schöpfte seine kraftvolle prophetische Haltung aus einer tiefen Überzeugung von der missionarischen Berufung Portugals und der portugiesischen Könige. Portugal ist für ihn ähnlich wie das alte Israel ein auserwähltes Volk Gottes. Alle Portugiesen – Missionare, Soldaten, Siedler – sind aufgerufen, das Licht des Glaubens in die Welt zu bringen. In den Indios erkannte Vieira Wesen mit menschlichen Rechten, dem Recht auf Freiheit, dem Recht auf Land und dem Recht auf Erlösung. Deshalb sollten die Portugiesen ihnen gegenüber Nächstenliebe walten lassen und sie nicht in Armut, Leid und Versklavung stoßen.[22]

1661 eskalierten die andauernden Spannungen mit den Siedlern, die ihn und im folgenden Jahr sämtliche Jesuiten gefangen

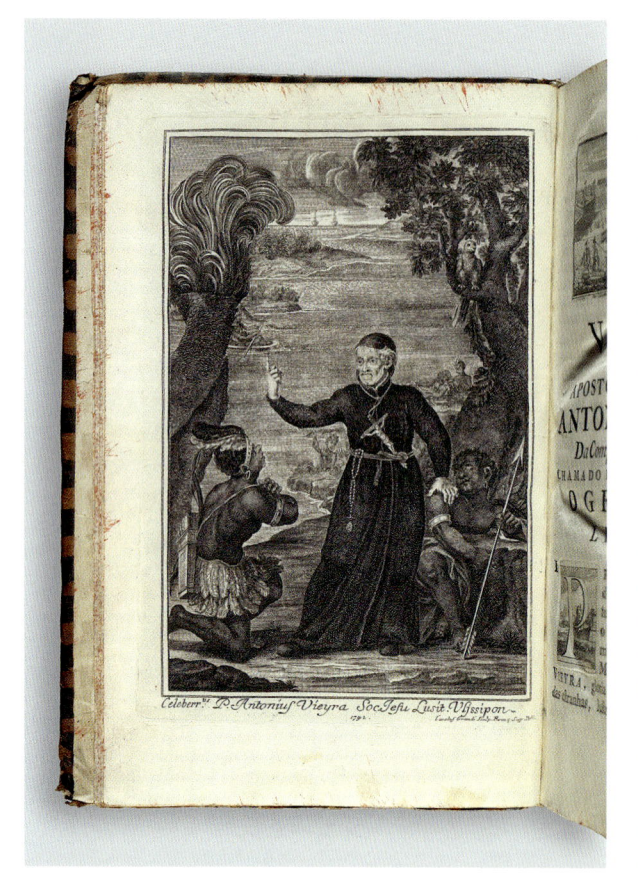

spanischen Infantin Anna von Österreich das von den Franzosen gegründete und nach dem heiligen Ludwig (1214–1270), König von Frankreich und Kreuzfahrer, benannte São Luís den Portugiesen übergeben. P. Figueira errichtete hier 1626 das Kolleg *Nossa Senhora da Luz*; zwischenzeitlich hatte er ein bedeutendes Werk zur Sprache der Tupí-Indios verfasst: *Arte da gramática da lingua do Brasil* (1611). In der Folgezeit kam die Missionsarbeit der Jesuiten nur wenig voran, teilweise weil der *Conselho Ultramarino* vorübergehend die Franziskaner für Maranhão favorisierte, vor allem aber aufgrund der niederländischen Invasion (1630–1654), deren Schwerpunkt freilich weiter südlich bei der als *Mauritsstad* gegründeten, nach dem deutschen Statthalter der Niederländer, Moritz von Nassau, benannten Stadt Recife lag.[19]

Deshalb kam es erst 1653 zur Niederlassung der Jesuiten in Belém an der Amazonasmündung, wo P. António Vieira das spätere Kolleg *Santo Alexandre* errichtete. 1602 in Lissabon geboren, war Vieira in Bahia aufgewachsen, wo sein Vater 1609 einen Posten am obersten Gerichtshof erhalten hatte. 1623 trat er in die Gesellschaft Jesu ein. Vieira erregte durch sein wort-

ABBILDUNG 5
DER JESUITENMISSIONAR ANTÓNIO VIEIRA,
IN: ANDRÉ DE BARROS, VIDA DO APOSTÓLICO PADRE ANTÓNIO
VIEYRA DA COMPANHIA DE JESUS, LISSABON 1742,
KAT.-NR. VII.III.10

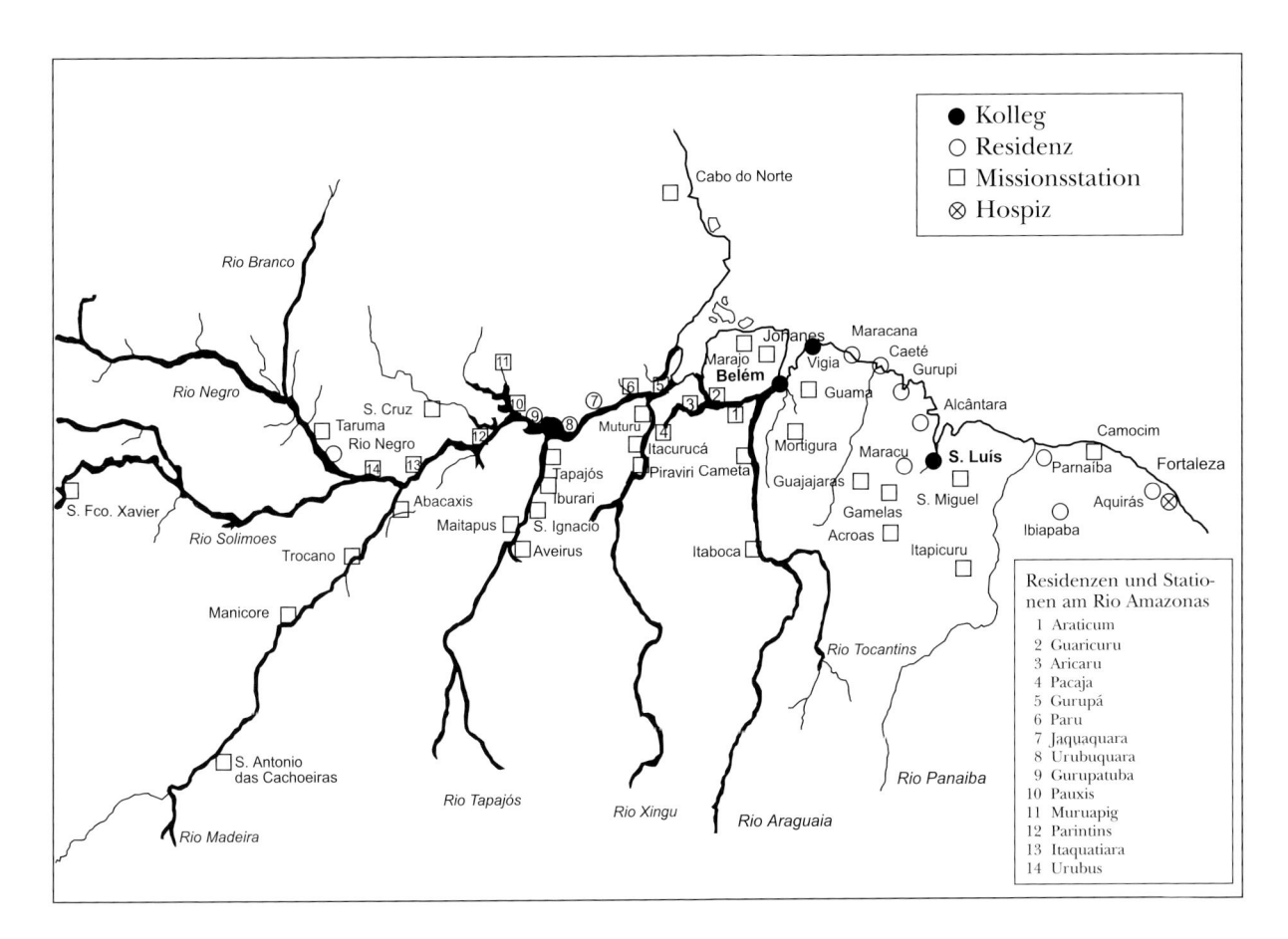

nahmen und nach Lissabon deportierten. Obwohl er drei Jahre von der Inquisition in Haft gehalten wurde, gelang ihm die Restitution der Missionsarbeit des Ordens. Vieira selbst durfte allerdings nicht nach Belém zurück, sondern nur nach Bahia, wo er sich noch auf dem Sterbebett 1697 mit Fragen des Indio-Schutzes befasste. Im Amazonasraum sind Zehntausende, vielleicht Hunderttausende von Indios der Konfrontation mit dem Kolonialsystem zum Opfer gefallen. Gerade hier waren aber auch die Stimmen kirchlichen Protestes besonders laut. 1680 waren die Jesuiten nach Amazonien zurückgekommen. 1685 wurde das sogenannte Missionsregiment eingeführt, das der Gesellschaft Jesu erneut auch die politische und wirtschaftliche Jurisdiktion über die Missionen Amazoniens verlieh. Damit setzte eine Konsolidierungsphase ein.

An Vieiras Stelle als Missionsoberer war P. Johann Philipp Bettendorff SJ (1627–1698) aus Luxemburg getreten.[23] Mit Ausgangspunkten in den beiden Kollegien von São Luís und Belém entwickelten die Jesuiten nun bis zur Mitte des 18. Jahrhunderts ein Netz von 32 *aldeias* entlang des Amazonas und seiner großen Nebenflüsse. Daran waren auch etwa 25 Patres und Brüder beteiligt, die aus den zentraleuropäischen Provinzen des Ordens stammten.[24] Es gelang, die Indios vor dem portugiesischen Militär abzuschirmen und ihre wirtschaftliche Autarkie zu sichern. In den *aldeias* wurde nicht portugiesisch, sondern tupí gesprochen. Ähnlich wie bei den Guaraní in Paraguay erreichten die Ordensleute sogar, dass die Indios zu ihrer Verteidigung Waffen tragen konnten. Kritisch hat Carlos de Araújo Moreira Neto bemerkt, dass die Missionssiedlungen damals zu großen Wirtschaftsunternehmen wurden, auf denen man erfolgreich landwirtschaftliche Produkte (Maniok, Zucker, Kakao, Baumwolle) erzeugte und Gewinne erwirtschaftete, welche in die Siedlungen reinvestiert wurden.[25]

Die Missionskultur der Jesuiten umfasste eine ausgefeilte Pädagogik und Didaktik, über die auf den verschiedensten Wegen neben Lesen, Schreiben und Rechnen Inhalte des christlichen Glaubens und christlicher Ethik und Lebensführung vermittelt wurden. Auch entstand eine eigene Missionsarchitektur und -malerei. Außerdem führten die Ordensleute europäische Handwerks- und Landwirtschaftstechniken unter den Indios ein, sofern dies deren natürliche Umgebung und Lebens-

ABBILDUNG 6
KARTE DER JESUITENNIEDERLASSUNGEN IN AMAZONIEN,
AUS: MEIER/AMADO AYMORÉ 2005

mehr als verdoppelt (310 in der Provinz Brasilien im Jahre 1694, 54 in Maranhão 1690). Von der Ausweisung 1759 waren 481 Ordensangehörige in Brasilien und 146 (Mitgliederzahl von 1753) in der 1727 förmlich errichteten Vizeprovinz Maranhão betroffen.[26] Unter den Ausgewiesenen befanden sich 13 Personen, die aus den fünf zentraleuropäischen Jesuitenprovinzen stammten: P. Johannes Breuer aus Köln, P. Anselm Eckart aus Mainz, P. David Alois von Fay aus Abauj (Ungarn), P. Rochus Hundertpfund aus Bregenz, P. Rötger Hundt aus Olpe, P. Lorenz Kaulen aus Köln, P. Joseph Kayling aus Schemnitz (Slowakei), P. Anton Meisterburg aus Bernkastel, Br. Matthäus Piller aus Brünn (Mähren), P. Martin Joseph Schwarz aus Amberg, P. Ignaz Szentmartonyi aus Kotiri (Kroatien), P. Johann Nepomuk Szluha aus Gyalu (Ungarn) und P. Franz Wolff aus Landeck (Grafschaft Glatz).[27]

Nominell wurden die Indianer durch Pombals Gesetz für frei erklärt. Andererseits wurde ihre Sprache unterdrückt; nicht Tupí, fortan war Portugiesisch alleinige Staatssprache. P. Anselm Eckart aus Mainz, Bruder des in Erfurt residierenden Mainzer Weihbischofs Johann Georg von Eckart, der Missionar in Piraguirí/Xingu, Abacaxis/Rio Madeira und zuletzt in Trocano am Rio Madeira gewesen war, urteilte rückblickend nach seiner 18-jährigen Haft in portugiesischen Gefängnissen (1759–1777) über Pombals Maßnahmen so: »In dem 1757 neu eingeführten Regierungsplan wurden zwar die Indianer mit einigen Privilegien begnadigt, und den Portugiesen gleich gehalten; allein sie mussten, wie vorher, für die Portugiesen arbeiten, welche, wenn sie aus ihrem Reiche in diese Länder kommen, lauter große Herren spielen wollen. Ja, sie wurden mit dergleichen Diensten noch mehr belästigt, als zur Zeit der gewesenen Missionen; und das ist ohne Zweifel die eigentliche Ursache, dass so viele mit dem leeren Namen prangende Marktflecken öde und verwüstet sind.«[28]

Nun sei noch ein kurzer Überblick über Präsenz und Wirken der anderen Orden in Brasilien im 16. und 17. Jahrhundert gegeben: Bereits seit 1525 waren einzelne Franziskaner im Land. Ihre ersten Niederlassungen befanden sich in São Vicente (1525), Olinda (1535), Salvador da Bahia (1537) und Santa Catarina (1538). Diese Häuser wirkten zunächst kaum missionarisch, sondern übten Seelsorge unter den dortigen Portugiesen aus. Erst nach dem Aussterben der Dynastie Avis und der Vereinigung Portugals mit Spanien unter Philipp II. wurde die Präsenz der Franziskaner zahlreicher; 1584 kam es zur Errichtung einer Kustodie (vom Heiligen Antonius); bis 1655 sind 17 Konvente gegründet worden, 1657 wurde die Kustodie zur Provinz erhoben. Fast alle Konvente lagen an der Küste, doch wirkten die Franziskaner im jeweiligen Hinterland auch missionarisch. Dabei waren

bedingungen zuließen. Umgekehrt zeigten sie selbst ethnografisches Interesse und studierten spezielle Fertigkeiten der Indios, ihre Heilkunst und religiösen Vorstellungen. Wir verdanken den Schriften verschiedener Jesuiten grundlegende Informationen über die indigene Bevölkerung Brasiliens, deren Kultur und Lebensweise.

Die in den *aldeias* aufgebaute christlich-indianische Zivilisation wurde durch die Politik des Premierministers König José I. (Joseph I., 1755–1777), Sebastião de Carvalho e Mello, bekannt als Marquis de Pombal, zunichte gemacht. Unter dem zynischen Titel eines »Gesetzes zur Wiederherstellung der Freiheit der Indios« verfügte er 1759 die Ausweisung aller Jesuiten aus allen Teilen des portugiesischen Reiches. In Brasilien war der Orden kontinuierlich gewachsen. Mit sechs Jesuiten hatte es 1549 begonnen; fünfzig Jahre später (1600) zählte man schon 169 Jesuiten in Brasilien. Ende des 17. Jahrhunderts hatte sich die Zahl

ABBILDUNG 7
DER TUPINAMBÁ ITAPOUCOU (LOUIS MARIE) NACH SEINER TAUFE IN PARIS, IN: CLAUDE D'ABBEVILLE (AUTOR), LÉONARD GAULTIER (STECHER), HISTOIRE DE LA MISSION DES PERES CAPUCINS EN L'ISLE DE MARAGNAN, PARIS 1614, KAT.-NR. VII.III.9

sie nicht so systemkritisch eingestellt wie die Jesuiten, aber die minoritische Lebensform gemäß dem Armutsideal des Heiligen Franziskus enthielt in sich schon ein Gegenzeugnis gegen das auf Macht und Beherrschung ausgerichtete Kolonialsystem. Aufgrund ihres uneigennützigen Zusammenlebens mit Indianern und Schwarzen haben die Franziskaner zum Respekt vor der indigenen und afrobrasilianischen Kultur, ihrer Sprache und Kunst beigetragen. Auch die Präsenz des zweiten Ordens, der klausurierten Klarissen (seit 1677), stellte ein stummes Zeugnis für andere Ideale als die kolonialistischen Ziele dar. Schließlich hat der dritte franziskanische Orden ein sozial-caritatives Ferment in die Kolonialgesellschaft Brasiliens eingebracht. Unterdessen waren 1659 die Klöster im Süden des Landes zu einer zweiten Kustodie unter dem Patrozinium der »Unbefleckten Empfängnis Mariens« zusammengefasst worden; auch sie wurde bald (1675) zur Provinz erhoben. 1763 erreichte das Wachstum der Franziskaner in Brasilien seinen Zenit mit 1140 Ordensangehörigen, die sich auf 165 Orte verteilten, 31 Konvente, vier Hospizien und 130 Indianermissionen. Im folgenden Jahr erließ Premierminister Pombal ein Dekret, das den Franziskanern die Aufnahme von Novizen verbot; dies führte zu einem Rückgang. Zwar wurde das Verbot nach Pombals Entlassung aufgehoben, doch konnten die Mitgliederzahlen von 1763 nicht wieder erreicht werden[29] (Abb. 8).

Als 1580 die Ausübung des königlichen Patronatsrechts an die spanischen Habsburger übergegangen war, sorgten diese dafür, dass neben den Franziskanern und den Jesuiten weitere Orden nach Brasilien gelangten, nämlich zunächst die Karmeliter und die Benediktiner. Diese beiden Orden haben sich viel stärker als ihre Vorgänger in das Kolonialsystem integriert. Seit 1580 ließen sich die Karmeliter in verschiedenen Kolonialstädten an der Küste nieder. Im Hinterland übernahmen sie Seelsorge auf

ABBILDUNG 8
DAS FRANZISKANERKLOSTER VON IGARAÇÚ, FRANS POST, 1663,
BERLIN, SMB – GEMÄLDEGALERIE

Zuckerplantagen und Fazendas, unterhielten aber auch selbst Landgüter, die von afrikanischen Sklaven bewirtschaftet wurden. Später ließen sie sich als Militärgeistliche für portugiesische Festungen in der Amazonasregion rekrutieren. Die Missionen entlang des Rio Negro wurden zu ihrem Terrain; anders als die Jesuiten kooperierten die Karmeliter in ihren Missionen mit der staatlichen Administration. Zu beachten ist, dass sich der Orden in hohem Maß aus der Kolonialgesellschaft rekrutierte.[30]

Die Benediktiner siedelten sich 1581 in Salvador da Bahia an, 1586 in Rio de Janeiro, 1592 in Olinda, 1596 in Paraiba und 1598 in São Paulo. Im Laufe des 17. Jahrhunderts entstanden im Süden weitere Klöster (São Vicente 1643, Santos 1669, Sorocabá 1660, Jundiaí 1668). Gemäß ihrer feudalen Tradition verbanden die Benediktiner ein beschauliches Leben mit der Bewirtschaftung großer Landgüter. Mitte des 18. Jahrhunderts zählten sie etwa 200 Mönche und hielten auf ihren Fazendas mehrere Tausend Sklaven.

1634 kamen auch die Kapuziner nach Brasilien. Sie wirkten vor allem im Sertão, in Piauí und in Goiás. Mit den Kapuzinern kam erstmals eine Ordensgemeinschaft nach Brasilien, die eng mit der 1622 gegründeten Römischen *Congregatio de propaganda fide* zusammenarbeitete. Die Kapuziner waren keine portugiesischen Staatsangehörigen, sondern Franzosen aus der bretonischen Ordensprovinz; vor ihrer Ausreise nach Brasilien mussten sie sich in Lissabon durch einen Eid zum Respekt vor dem Patronat verpflichten. Neben einigen städtischen Niederlassungen in Olinda (1649), Rio de Janeiro (1653) und Recife (1656) konzentrierten sich die Kapuziner vornehmlich auf evangelisatorisch-seelsorgliche Arbeit am Rio São Francisco und seinen Nebenflüssen. Bei der einfachen lusobrasilianischen Landbevölkerung standen sie in hohem Ansehen. Bis heute werden die beiden Patres Martinho und Bernardo de Nantes verehrt. Als 1698 aufgrund einer Krise in den diplomatischen Beziehungen zwischen Portugal und Frankreich die französischen Missionare Brasilien verlassen mussten, traten Italiener an ihre Stelle. Unter ihnen ragten im 18. Jahrhundert José de Bolonha, Apolônio de Todi, Clemente de Adorno, Carlo Giuseppe de Spezia und Anibal de Genova hervor.

Bei den Oratorianern handelte es sich um eine Weltpriestergemeinschaft; portugiesische Oratorianer wirkten seit 1669 im Landesinneren von Pernambuco; kurzfristig übernahmen sie vier indianische Missionsstationen, welche vor der holländischen Besatzung (1630–1654) den Jesuiten und Franziskanern gehört hatten. Doch lag der Schwerpunkt des Wirkens der Oratorianer nicht auf der Mission, sondern auf der pastoralen Betreuung der Landbesitzer, ihrer Familien und ihrer Sklaven.

Abschließend seien die brasilianischen Bistumsgründungen aufgezählt. Salvador da Bahia, 1551 entstanden, blieb bis 1676 die einzige Diözese Lusoamerikas. In diesem Jahr wurde es am 16. November Erzbistum mit den beiden Suffraganbistümern Olinda und Rio de Janeiro. 1677 entstand die Diözese São Luís do Maranhão, 1720 noch weiter im Norden Belém do Pará. 1745 erhielt Minas mit Sitz in Mariana einen eigenen Sprengel, und im selben Jahr wurde São Paulo Diözese für den Süden des Landes.[31] Während die Orden ihre neuen Mitglieder meist selbst ausbildeten, durchlief der Weltklerus seine Ausbildung im Priesterseminar des Bistums Bahia. Mangels breit angelegter, flächendeckender Untersuchungen über den Klerus lassen sich bisher nur sehr allgemeine Aussagen über die innerkirchliche Entwicklung im kolonialen Brasilien machen.

Die soziale Funktion der Kirche lässt sich an der weiten Verbreitung von Bruderschaften erkennen. Diese pflegten einerseits die Verehrung der jeweiligen örtlichen Kirchenpatrone (Patrozinien) und stellten andererseits eine soziale Selbsthilfeeinrichtung dar. Die Gründung von Bruderschaften war auch den Sklaven erlaubt. Gerade für die ärmere Bevölkerung waren sie ein wichtiges Instrument der sozialen Absicherung; ihre Mitglieder hielten eng zusammen, trafen sich regelmäßig, feierten gemeinsam Gottesdienste und Feste und halfen sich in verschiedenen Notlagen.[32]

Resumo

O artigo oferece uma perspectiva das actividades da Companhia de Jesus no Brasil, centrando a reflexão nos exemplos de José de Anchieta no século XVI e de António Vieira no início do século XVII. São, em seguida, resumidos os contributos das outras ordens missionárias.

A 29 de Março de 1549, chegaram ao Brasil seis Jesuítas, juntamente com o primeiro Governador, Tomé de Sousa. Fundaram um colégio em Salvador da Baía, o primeiro na América do Sul. O Brasil tornou-se, logo em 1553, província independente da Companhia de Jesus – bastante mais cedo do que o Peru (1568) ou o México (1572), na América espanhola. Os Jesuítas entraram imediatamente em contacto com a população indígena. Manoel da Nóbrega, o superior da ordem, deu já em 1552 conta da fundação de seis aldeias nos arredores de Salvador, para onde os Índios foram levados e iniciados na vivência cristã. Eram estas as intenções da Coroa Portuguesa, as quais contradiziam os interesses dos colonizadores, que viam os indígenas, sobretudo, como mão-de-obra barata.

À época da união das Coroas Espanhola e Portuguesa (1580–1640), o Estado promulgou diversas leis, que reconheciam genericamente o sistema de aldeias, criado pelos Jesuítas para protecção da população indígena, embora tendo também em conta, mediante disposições excepcionais, os interesses dos colonizadores e dos proprietários das plantações. Apesar do crescente transporte de escravos provenientes de África, nunca a Companhia de Jesus conseguiu uma proibição total da escravatura dos índios no Brasil, ao contrário do que aconteceu na América espanhola.

A civilização indigeno-cristã, criada nas referidas aldeias, foi destruída pela política do Primeiro-ministro do Rei José I (1755–1777), Sebastião de Carvalho e Mello, conhecido como Marquês de Pombal, que, em 1759, decretou a expulsão dos Jesuítas de todo o Império Português.

Anmerkungen

1. Schmitt 1986a, Bd. 1, S. 218–237.
2. Als Gründungstag für das Erzbistum Funchal und die Bistümer Santiago de Cabo Verde und Goa gibt das »Annuario Pontificio« den 31.1.1533 an; für die Bistümer Angra und São Tomé nennt es den 3.11.1534.
3. Ignatius von Loyola 1998, S. 674 (Nr. 304).
4. O'Malley 1986.
5. »Trabalhey por tirar em sua lingoa as orações e algumas pratic[as de] N. Senhor.« Leite 1956, S. 109–115, 112.
6. Maia 2004, S. 8.
7. Sievernich 2004, S. 973f. u. 988f.
8. Briesemeister 2002a.
9. Jaeckel 1996, S. 139. Zu den religiösen Vorstellungen der brasilianischen Urbevölkerung vgl. Meier/Amado Aymoré 2005, S. 63–73.
10. Thomas 1982, S. 104–109 u. 221f.
11. Welt-Bott 1728–1761, Bd. V, Teil 40, Nr. 788, S. 22–25, hier 23.
12. Ebd., Nr. 789, S. 25–27, hier 25.
13. Ebd., Nr. 795, S. 46–50, hier 47. – Unter den ›Jesuitica‹ des Bayerischen Hauptstaatsarchivs in München (Jes. 607/159) findet sich die Abschrift eines Berichtes des Provinzials der brasilianischen Jesuiten, P. Johannes Antonius Andreonus, vom 30.5.1708 über die beeidete Aussage von P. Emmanuel Pedronus (Espirito Santo, Kolleg Santiago), P. José de Anchieta habe im Januar 1708 in Reritiba ein Wunder gewirkt.
14. Die Seligsprechung und der 400. Todestag Anchietas (1997) haben eine Fülle neuerer Literatur ausgelöst; dazu im Überblick: Sievernich 2002, S. 425f. mit Anm. 132–137; Sievernich 2004, S. 972.
15. Thomas 1982, S. 111–211 u. 222–242.
16. Verger 1968.
17. Meier/Amado Aymoré 2005, S. 9–11, 22 u. 77–79.
18. Obermeier 1995.
19. Brunn 2004.
20. Boxer 1957; Haubert 1964; Alden 1996, S. 487–490.
21. Biermann 1957.
22. Bie 1970, S. 320, 423 u. 426–428.
23. Ebner 1975.
24. Meier/Amado Aymoré 2005, S. 231–356.
25. Moreira Neto 1992, S. 85–90.
26. Alden 1996, S. 74 u. 598f.
27. Meier/Amado Aymoré 2005, S. 231–356.
28. Eckart 1785, S. 571f.
29. Fragoso 2000.
30. Knobloch 1972, S. 83–92.
31. Gründungstag der Diözese São Luís war der 30.8.1677, der Diözese Belém do Pará der 4.3.1720 und der beiden Bistümer Mariana und São Paulo der 6.12.1745 (Angaben nach dem »Annuario Pontificio«).
32. Boschi 1986; Da Mata 2002.

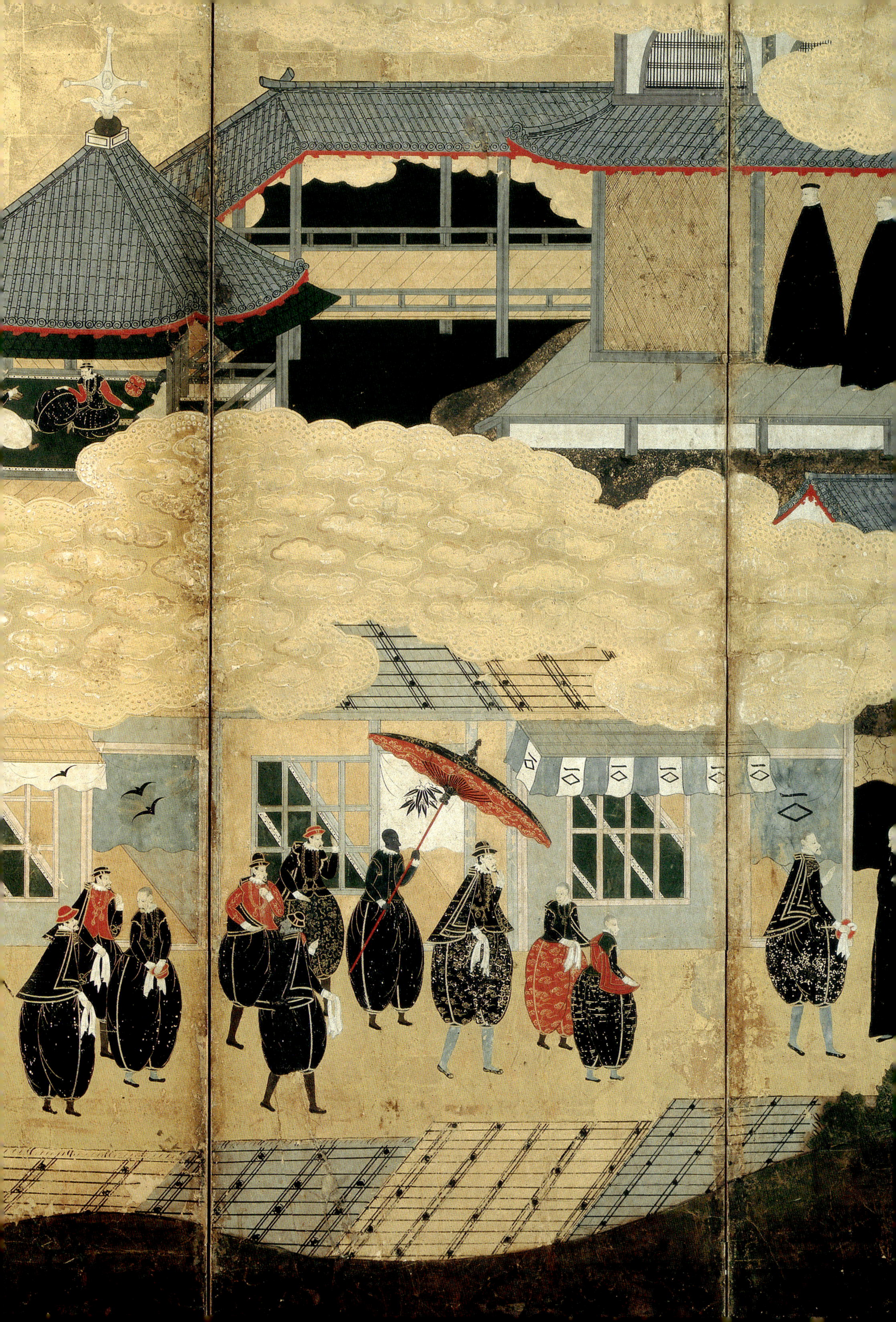

Pedro Lage Reis Correia

Der Triumph des Experimentalismus in der japanischen Mission.
Alessandro Valignano (1539–1606)
und die Planung der japanischen Gesandtschaft von 1582 nach Europa

Valignano und die Notwendigkeit eines neuen Informationsmodells

Mit dem vorliegenden Beitrag über die japanische Gesandtschaft nach Europa im Jahr 1582 soll unter anderem an den 400. Todestag von Alessandro Valignano (1606 in Macau verstorben) erinnert werden. Valignano zählt zu den bedeutendsten Persönlichkeiten in der Geschichte des religiösen Patronats (*Padroado*) der portugiesischen Krone in Asien. In seiner Bedeutung für die Evangelisierung des Fernen Ostens im sechzehnten Jahrhundert kommt er für viele Gelehrte gleich nach dem Heiligen Franz Xaver (São Francisco Xavier).

Valignano wurde 1539 im italienischen Chieti geboren. 1557 erhielt er von der Universität Padua die Doktorwürde als Jurist, 1566 trat er in die Gesellschaft Jesu ein und setzte seine Studien in Rom fort. 1573 brach Valignano dann als Visitator ›Ost-Indiens‹ nach Goa auf, ausgestattet mit Vollmachten für alle Missionen vom Kap der Guten Hoffnung bis China und Japan. Ab 1597 widmete sich Valignano ausschließlich der Inspektion der Jesuitenmissionen in Fernost. Besonders intensiv war dabei die Beziehung Valignanos zum japanischen Archipel. Insgesamt dreimal hielt er sich in Japan auf, das erste Mal im Zeitraum von 1579 bis 1582, ein zweites Mal von 1590 bis 1592 und schließlich zwischen 1598 und 1603. Für die vorliegende Arbeit ist allerdings nur der erste Zeitraum von Belang.

Nach seiner Ernennung zum Visitator kam Valignano 1574 in Goa an und blieb bis 1577 in Indien. Nach kurzen Aufenthalten in Malakka (1577) und Macau (1578) erreichte er schließlich 1579 Japan. Bei diesem ersten Aufenthalt lernte Valignano die Situation der Christen in Japan kennen. Die Verhältnisse, unter denen die Christen dort lebten, waren ihm vor seiner Ankunft auf dem japanischen Archipel keineswegs gänzlich unbekannt, denn er erhielt regelmäßig Berichte und Briefe. Doch fiel dem Visitator der Jesuiten bei seinem ersten Besuch des Landes der Unterschied zwischen der vorgefundenen Wirklichkeit und den von den Missionaren gesandten Berichten auf. Seine Erschütterung über den Zustand der Mission in Japan, insbesondere auf der Insel Kyūshū, veranlasste ihn, die Informationsformen innerhalb der Gesellschaft Jesu neu zu überdenken.

Valignano fühlte sich von den Briefen, die er zunächst in Europa und dann in Indien und Macau gelesen hatte, getäuscht. Aufgrund der Schreiben hatte er den Eindruck gewonnen, dass die Kirche in Japan im Wachsen begriffen sei und dass ihr nur noch ein japanischer Klerus und ein für das Archipel zuständiger Bischof fehlten. Die Situation, die er vorfand, war hingegen ganz anders, und so nahm Valignano zwischen 1579 und 1582 eine regelrechte Neugründung der Mission in Japan vor.

Im Rahmen dieses Beitrages soll es vor allem darum gehen, wie Valignanos Jahre in Japan ihn dazu veranlassten, neue Regeln für die Informationsvermittlung von Asien nach Europa zu schaffen, wobei er vor allem auf die sogenannten Jahresbriefe abzielte. Nach Valignanos Vorstellung sollten diese zwar vom Obersten oder vom Visitator zusammengestellt werden, sich dabei aber stets auf die Berichte der Missionare stützen, die in den entsprechenden Gebieten evangelisierten. Die geschriebene Information bzw. die briefliche Übermittlung von Wissen über Japan und die dortige Mission sollte eine effektive Erfahrung der berichteten Realität zur Grundlage haben.

Bei der Lösung des Problems der internen Kommunikation überdachte Valignano aber auch die Kommunikationsformen der Gesellschaft Jesu mit der lokalen Außenwelt, d.h. mit den japanischen Christen. Zudem ging es ihm um die Frage, wie die Jesuiten diese japanische Wirklichkeit den Machtzentren in Europa, also der spanischen Krone (damals König Philipp II.) und dem Heiligen Stuhl, vermitteln sollten. Die japanische Gesandtschaft nach Europa fügte sich damit bestens in das Vorhaben des Jesuitenpaters zur Neuorganisation der Weitergabe von Informationen innerhalb der Gesellschaft Jesu ein.

Abbildung 1
Die Ankunft der Portugiesen: Kaufleute und Jesuiten (Ausschnitt), Sechsteiliger Stellschirm, Japan, 17. Jahrhundert, Kat.-Nr. XI.28 b

Die Vorbereitung der Gesandtschaft mit den Daimyō von Kyūshū

Das Motiv für die Entsendung der Gesandtschaft von 1582 war an erster Stelle eine Gehorsamkeitsbezeugung christlicher japanischer Herrscher an den Heiligen Stuhl. 1581 beschlossen drei christliche Herrscher der Insel Kyūshū zusammen mit Valignano, eine zweiköpfige Gesandtschaft nach Europa zu schicken. Der *Daimyō* (Herrscher) von Bungo, Ōtomo Sorin (1530–1587) entsandte seinen Neffen Mâncio Ito. Arima Harunobu (gest. 1612), Herrscher von Arima, und sein Onkel Ōmura Sumitada (1532–1587), Herrscher von Ōmura, beschlossen, Miguel Chijiwa, einen Vetter Arimas und Neffen Ōmuras, zu entsenden. Julião Nakaura und Martinho Hara,[1] zwei Adlige aus dem Haus Ōmura, begleiteten die beiden Gesandten.

Die Gesandtschaft verließ Japan 1582 und erreichte nach einem Abstecher nach Spanien 1585 Rom. Im Jahr 1587 war sie wieder in Indien und kehrte 1590 in Begleitung des Visitators Alessandro Valignano nach Japan zurück.

Kommunikation mit den Japanern

Erste Phase: Annäherung an die Japaner

Ein tieferer, bei Valignano zu suchender Grund für die Entsendung der Gesandtschaft dürfte in dem Bedürfnis gelegen haben, die Kommunikationsformen innerhalb der Gesellschaft Jesu neu zu strukturieren. Für Valignano war die Gesandtschaft eine Möglichkeit, die ernsthaften Probleme zu lösen, die sich in seinen Augen bei der Informationsübermittlung und der Kommunikation nicht nur mit Europa, sondern auch mit den japanischen Christen ergaben. In diesem Sinne kann die Gesandtschaft als ein Versuch Valignanos interpretiert werden, die Unfähigkeit der Jesuiten bei der Vermittlung eines bestimmten Typs von Informationen an die japanischen Christen zu überwinden.

Valignanos Missionierungsstrategie zufolge sollte die Evangelisierungstätigkeit soziokulturelle Elemente jener Orte mit einbeziehen, an denen die jeweiligen Missionare aktiv waren. Was Japan angeht, so war es für den Jesuitenvisitator von großer Wichtigkeit, dass die Missionierung von einer toleranten Haltung gegenüber der japanischen Kultur gekennzeichnet blieb. So schrieb Valignano, dass »auch wenn die Gebräuche, Zeremonien und Gefühle sich von denen in Europa stark unterscheiden, man doch nicht schlecht darüber reden oder sich befremdet zeigen dürfe«.[2] Diese respektvolle Haltung gegenüber der japanischen Kultur wurde wohl besonders im Seminar von Arima gepflegt, das 1580 von Valignano gegründet wurde. Valignano bestand darauf, dass die Patres nicht versuchen sollten, die japanischen Seminaristen »nach europäischer Vorgehensweise anzuleiten«. Dabei helfe es vor allem, so Valignano weiter, den Seminaristen »zu zeigen, dass man dem Land Japan und seinen Gebräuchen positive Gefühle entgegenbringt, denn darüber freuen sie sich sehr und im gegenteiligen Fall begehren sie auf« (Abb. 2).

Zweite Phase: Verinnerlichung der Überlegenheit Europas

Während Valignano für diese tolerante Haltung eintrat, machte er sich freilich gleichzeitig dafür stark, dass die japanischen Schüler dahingehend beeinflusst würden, die christlichen Tugenden anzunehmen und sich von den »Falschheiten« der japanischen Religion abzuwenden. Dies sollte geschehen, »indem man einige Werke in Prosa und Versform über christliche Heilige und Autoren für sie aussuchte [...] und weitere Werke speziell für Japan anfertigte, in denen auch die dortigen Fehler und falschen Sekten angeprangert würden [...]«.[4]

Der Jesuitenvisitator war der Ansicht, dass es für die Integration der zukünftigen japanischen Kleriker in die christliche Kultur notwendig sei, die Seminaristen von der Überlegenheit der europäischen über die japanische Zivilisation zu überzeugen. So schrieb Valignano 1583, dass die Schüler des Seminars »nur solche Bücher haben dürften, die wir ihnen geben, damit sie das Volk später in gleicher Weise leiten und keine Simonien, andere Missbräuche und abergläubische Sitten in die Sakramente einführen, wie es bei den japanischen Bonzen Brauch ist«.[5]

Stärkung der Autorität der Jesuiten

Ein Verinnerlichen der europäischen Überlegenheit war nicht nur deshalb entscheidend, weil es die Seminaristen von der japanischen Kultur zu distanzieren helfen konnte, sondern vor allem, weil es die Autorität der Jesuiten gegenüber den japanischen Schülern stärkte. Wie Eduardo de Sande, ein Valignano nahestehender Jesuit, versicherte, war es von zentraler Bedeutung, dass die japanischen Schüler »den Grund verstanden, warum diese Ordensmänner so große Gefahren auf sich nahmen und in so viele Länder reisten, so viele Meere überquerten und mit Engagement und Enthusiasmus den unterschiedlichsten Menschen und Völkern den Namen Christi verkündeten [...]«.[6]

Die Gesandtschaft als Lösung für eine paradoxe Situation

Valignano war also mit einem Widerspruch innerhalb seiner missionarischen Strategie konfrontiert. Für den Aufbau einer einheimischen Kirche war es einerseits von wesentlicher Bedeutung, die japanischen Schüler in die westliche christliche Logik einzubinden. Dieses Ziel wurde jedoch durch die Anordnung des Visitators erschwert, dass bei der Erziehung der Japaner gegenüber der japanischen Kultur keine arrogante Haltung eingenommen werden sollte. Andererseits aber war die Vermittlung von Kenntnissen über Europa durch die Jesuiten nicht unbedingt glaubwürdig. Als Informationsempfänger nahmen die japanischen Schüler ein stark spekulatives und abstraktes Konzept von Europa in sich auf. Der Prozess der Erfahrung, der das Wissen eigentlich formen sollte, fehlte ihnen vollständig.

Als Mittel zur Lösung dieses Paradoxes erschien Valignano die japanische Gesandtschaft nach Europa hervorragend geeignet zu sein. Der Jesuitenvisitator plante diese diplomatische Mission also gemäß seinen eigenen Vorstellungen darüber, wie Wissen weitergegeben werden sollte. Für Valignano waren Eigenerfahrung und empirisches Wissen wesentlich für die Glaubhaftmachung der übermittelten Information. Dies galt gleichermaßen für die interne Kommunikation unter den Jesuiten wie auch für jene nach außen bei der Übermittlung von Informationen an die Japaner und nach Europa. Dieses Konzept wandte Valignano nun auf die japanische Gesandtschaft an. Sie stellt gewissermaßen den Höhepunkt in einem Prozess dar, mit dem der Visitator die Eigenerfahrung zum Kern des Wissenserwerbs machen wollte. So kann auch die Auswahl derjenigen, die nach Europa entsandt wurden, besser verstanden werden. Abgesehen davon, dass es sich um Verwandte christlicher Herrscher handelte, war es ebenso wichtig, dass sie Schüler der Jesuiten waren. Die vier entsandten Japaner Mâncio, Miguel, Martinho und Julião kamen alle aus dem Seminar von Arima, das adligen Schülern vorbehalten war.[7] So wurde aus subjektivem, von den Jesuiten übermitteltem Wissen etwas Objektives, von den Schülern des Seminars durch direkte Erfahrung Wahrgenommenes.

Pater Luís Fróis, ein Gefährte Valignanos in Japan, betonte, wie wichtig es sei, diese jungen Japaner nach Europa zu schicken, damit sie »den Einheimischen als Augenzeugen ausführlich berichten könnten«. Dies würde eine »bessere Aufnahme« des Wissens durch die Japaner garantieren und »weniger Misstrauen erwecken, als wenn es von aus Europa stammenden Patres erzählt würde, die ja parteiisch sind, was den beschriebenen Gegenstand angeht«.[8] Valignano selbst machte seine Ziele ebenfalls sehr deutlich, indem er schrieb: »Es war mir klar, dass sie wegen der

Abbildung 2
Junger japanischer Christ, Japan 1621,
Caramulo, Museu do Caramulo – Fundação Abel de Lacerda,
Doação Jerónimo Maria Araújo de Lacerda

hohen Meinung, die sie von ihren eigenen Dingen haben, nur eine mangelhafte Vorstellung von den unsrigen besitzen und nicht so leicht glauben, was ihnen die Patres über die Werte der kirchlichen und weltlichen Fürsten erzählen. Also erschien es mir richtig und sehr passend, wenn einige führende japanische Adlige nach Europa reisten, um sich die Dinge dort anzusehen, damit sie nach ihrer Rückkehr in ihre Heimat erzählen könnten, was sie mit ihren eigenen Augen gesehen hatten und sicheres Zeugnis darüber ablegen konnten und so verstehen würden, dass der edlere und gelehrtere Teil der Welt diesen Heiligen Glauben besitzt.« (Abb. 3)

Die japanischen Gesandten und die von Valignano gelenkte Erfahrung Europas

Nachdem das Problem des Informationsübermittlers gelöst war, bereitete Valignano das Wissen vor, das von den japanischen Gesandten aufgenommen werden sollte. Er versah deshalb Pater Diogo Mesquita, den er den jungen Gesandten an die Seite stellte, mit strengen Instruktionen darüber, wie die europäischen Höfe diese diplomatische Mission empfangen sollten.

Außerdem instruierte Valignano den Ordensgeneral der Gesellschaft Jesu brieflich sehr genau darüber, wie der Heilige Stuhl die Gesandten empfangen sollte, damit sie die Überlegenheit Europas verinnerlichten: »Es war mir daran gelegen, dass sie nicht mit öffentlichem Pomp empfangen wurden, und daher schrieb ich den Patres in Portugal und am Hofe Spaniens, dass

Abbildung 3
Die japanischen Gesandten, Newe Zeyttung auss der Insel Japonien, Augsburg 1586, Kat.-Nr. VII.III.24

der Kardinal und Seine Majestät sie so behandeln sollten, dass sie sie nicht bedecken und vor sich sitzen lassen, und man sie nicht mit Pomp empfangen und auch nicht beherbergen sollte, damit man in Japan nach ihrer Rückkehr, wenn sie von ihrem Empfang und den Ehren erzählten, die ihnen erwiesen wurden, die Größe der Könige und Herrscher Europas begreife.« Und er fügte hinzu: »Und da ich wusste, dass es an den Höfen Roms und Spaniens üblich ist, Gesandte mit öffentlichen Ehren zu empfangen, war mir daran gelegen, dass man dies mit ihnen nicht so machte, sondern dass sie als Privatpersonen empfangen würden, damit sie auch auf diesem Wege verstanden, dass es ein Unterschied war, ob Gesandte der Könige Europas empfangen wurden, die größere Könige waren, oder die Vertreter derjenigen [Könige], die sie aus Japan sandten.«[10]

Die Art und Weise, wie Valignano den Empfang für die japanische Gesandtschaft in Europa lenken wollte, beruhte im Übrigen auch auf seiner Kenntnis und Erfahrung der japanischen Realität: »Da Taycosama die anderen Könige und Herrscher Japans nicht mit soviel Respekt und Pomp behandelte wie unsere Könige in Europa die anderen Souveräne und Gesandten, wäre mir daran gelegen, dass Eure Hoheit und Eure Heiligkeit sie so behandeln, wie Taycosama die anderen Könige und Herrscher Japans behandelte.«[11] Auch sollten die Gesandten ständig überwacht und in den Häusern der Jesuiten untergebracht werden. Valignano betonte, dass ihnen niemals anderswo Aufnahme zuteil werden sollte: »Sie sollten immer in unseren Häusern wohnen, um Gelegenheiten zu unnötigen Gesprächen und das Wissen über viele Dinge zu unterbinden, die wenig erbaulich sein könnten, wenn sie in Japan erzählt würden.«[12]

Das »De Missione Legatorum Iaponensium«

Doch Valignano ging noch weiter in seiner Strategie des Überdenkens der Kommunikationsweisen. Damit die von den Gesandten übermittelte Information von den Schülern des Seminars in wirksamer Weise aufgenommen würde, stellte Valignano nach der Rückkehr der Gesandtschaft auf der Grundlage der von ihnen geschriebenen Tagebüchern einen Reisebericht in Form eines Dialogs zwischen den Protagonisten zusammen. Der Text wurde von Pater Eduardo de Sande mit dem Titel *De Missione Legatorum Iaponensium* ins Lateinische übersetzt und 1590 gedruckt, um von den Seminarschülern gelesen zu werden.

Hierzu erklärte Valignano: »Er wurde zur Veröffentlichung bei den Japanern gedruckt, damit die Mitglieder des Seminars und unsere japanischen Brüder ihn lesen und mit der Lehre, die sie daraus zögen, die Großartigkeit des römischen Hofes und der christlichen Könige und Herrscher wie Muttermilch trinken sollten. Sie sollten die Großartigkeit und den Adel der europäischen Herrscher erfahren und die Unterordnung der säkularen unter die kirchliche Hierarchie und deren Unterschied begreifen […].«[13] (Abb. 4).

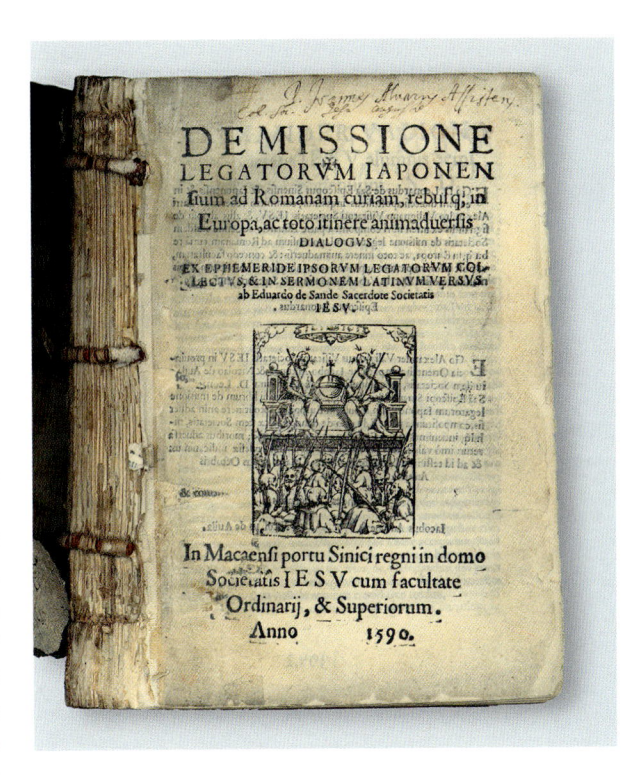

Europas Kenntnis von Japan

Zeitgleich mit all diesen Aspekten trugen die Vorstellungen Valignanos zum Ablauf der Gesandtschaft auch zur Lösung eines weiteren Kommunikationsproblems bei, nämlich jenem der Wahrnehmung Japans durch Europa. Durch die Betonung des Erfahrungsfaktors für den Aufbau von Erkenntnissen bei den Japanern gelang es dem Visitator auch, Europa und Japan in eine Beziehung miteinander treten zu lassen, in der *beide* als sich Wissen aneignende Entitäten und gleichzeitig als Objekte der Wissensgewinnung fungierten. Für Valignano war es von größter Wichtigkeit, in Europa eine bestimmte Vorstellung von der japanischen Christenheit zu vermitteln. Aus der Perspektive des Jesuitenvisitators war diese Gesandtschaft daher auch eine Lösung für das mangelnde Wissen über Japan. Über die nach Europa gesandten Briefe und Berichte bemerkte er: »So viel man auch schreibt, man kann doch kein wirkliches Verständnis erreichen. Es kommen viele Zweifel und Gegenargumente auf, welche die Briefe nicht beantworten können, und so bleiben Misstrauen, Zweifel und viele falsch verstandene Dinge haften.«[14]

Abbildung 4
In Dialogform edierte Fassung der Reiseerfahrungen der japanischen Gesandtschaft, Eduardo de Sande, De Missione Legatorvm Iaponensium ad Romanam curiam, Macau 1590, Augsburg, Staats- und Stadtbibliothek

Valignano hoffte, dass die Gesandtschaft beim Heiligen Stuhl und bei der spanischen Krone einen so tiefen Eindruck hinterlassen würde, dass für die Jesuitenmission in Japan verschiedene Probleme wirksam gelöst werden könnten. So sollte einerseits erreicht werden, dass der Heilige Stuhl der Gesellschaft Jesu das Exklusivrecht der Evangelisierung in Japan zuerkannte und den Bettelorden der Zugang dorthin verwehrt würde. Andererseits sollte die Reise der Gesandtschaft nach Europa dazu beitragen, die finanziellen Probleme der Mission zu lösen. Valignano rechnete damit, dass die Gesandtschaft eine Mittelerhöhung des Heiligen Stuhls und der Krone für die Mission in Japan zur Folge haben würde. Als weitere positive Auswirkung erhoffte er sich die finanzielle Unterstützung der Mission durch verschiedene europäische Diözesen.

Valignano machte deutlich, dass nach seiner Vorstellung der europäische Kontakt mit der Gesandtschaft in vielerlei Hinsicht zu einer Klärung führen würde: »Ohne Zweifel werden sie durch diese Jungen verstehen, was in Japan zu tun ist.«[15] Daraus lässt sich leicht ersehen, dass ihm nicht nur daran gelegen war, den japanischen Gesandten eine gelenkte Erfahrung Europas zu vermitteln, sondern auch den Kontakt des Heiligen Stuhls und der Krone mit der Gesandtschaft im Voraus festzulegen. In seinen Instruktionen bestimmte er, dass die jungen Gesandten nicht so sehr als Vertreter des christlichen Adels in Japan vorgestellt werden sollten, sondern, in entsprechende Kleidung gehüllt, als Schüler des Seminars von Arima. Auf diese Weise erhoffte sich Valignano, dass der Heilige Stuhl den Eindruck einer vollkommen in die jesuitische Evangelisierung einbezogenen japanischen Christenheit gewönne.

Auch wenn die *Daimyō* die Gesandten als ihre Vertreter ausschickten, bestand Valignano doch darauf, dass diese als Seminarschüler vorgestellt würden: »Was die Form der Entsendung dieser Adligen angeht, dachten die Patres nicht einmal daran, sie als *Durchlauchtheiten* (*Seren*í*ssimos Pr*í*ncipes*) anzureden, und auch ich selbst schrieb Seiner Majestät und Seiner Heiligkeit, dass sie zwar sehr vornehm und Verwandte der besagten Könige seien, ihre Entsendung jedoch im Namen des Seminars von Japan erfolgte, wo sie erzogen wurden, und niemals in ihrer Funktion als Fürsten oder Erben von Königen.« Deshalb sollten sie in ihrer »Studententracht und jeder nur mit einem Pagen« auftreten.[16]

Wie Valignano schrieb, sollte mit Hilfe dieser Gesandtschaft eine Einflussnahme auf die Politik der spanischen Krone, vor allem aber des Heiligen Stuhls, gegenüber Japan ermöglicht werden: »Dies ist nur möglich, wenn die Information über die Dinge dieser Provinz in Rom lebendig und kontinuierlich bleibt,

ABBILDUNG 5
DIE ANKUNFT DER PORTUGIESEN:
KAUFLEUTE UND JESUITEN, SECHSTEILIGER STELLSCHIRM,
JAPAN, 17. JAHRHUNDERT, KAT.-NR. XI.28B

und zwar so, dass sich auch im Fall der Nachfolge anderer Ordensgeneräle mit anderen Assistenten diese Information nicht verliert oder in Frage gestellt wird.«[17] Wieder erscheint die direkte und gegenseitige Erfahrung als jenes für Valignano zentrale, weil äußerst wirksame Mittel, mit dem die Glaubhaftigkeit der Information über die Mission unterstrichen werden konnte.

Abschließend lässt sich feststellen, dass die Art und Weise, wie Valignano die Gesandtschaft von 1582 strukturierte, wesentlich dazu beitrug, dass der Papst sowohl das Exklusivrecht der Gesellschaft Jesu für die Evangelisierung Japans akzeptierte als auch das portugiesische Patronat unversehrt beließ. Dies sollte sich bald im Breve *Ex pastoralis officio* (1585) von Papst Gregor XIII. niederschlagen.

Resumo

Na sequência da primeira estadia de Alessandro Valignano como Visitador no Japão (1579–1582), três senhores cristãos da ilha de Kyūshū decidem enviar uma embaixada à Santa Sé. A embaixada japonesa sai do Japão em 1582 e, após passar por Espanha, chega a Roma em 1585, regressando ao Japão em 1590.

Esta embaixada é organizada por Valignano com o objectivo de solucionar diversos problemas relativos à missão japonesa. Valignano, na sua estratégia missionária, defendia que a actividade evangelizadora devia integrar elementos sócio-culturais do próprio espaço onde o missionário estava inserido. No entanto, ao mesmo tempo que Valignano pugnava por esta atitude de tolerância, defendia que os seminaristas japoneses deviam aceitar as virtudes do Cristianismo e repudiar diversos elementos da cultura japonesa.

A embaixada será a solução encontrada por Valignano para resolver este paradoxo. O Visitador jesuíta vai organizar esta missão diplomática em função da sua própria concepção do que é a transmissão de conhecimento. Para Valignano, a evocação da experiência e do conhecimento empírico de um determinado espaço, são fundamentais para a credibilização da informação transmitida. É esta conceptualização que Valignano irá aplicar à embaixada. Neste sentido, é possível compreender a escolha dos embaixadores enviados para a Europa: para além de serem parentes de senhores cristãos, a sua importância advém, igualmente, de serem alunos do seminário de Arima. Mas Valignano também utilizou a embaixada como meio de valorizar a missionação jesuíta junto dos poderes políticos e religiosos da Europa. Desta forma, Valignano esperava que a Santa Sé tivesse a experiência de uma Cristandade japonesa perfeitamente enquadrada na evangelização jesuíta.

Anmerkungen

1 Moran 1993, S. 14f.
2 »Por muy contrarias que sean las costumbres, ceremonias y sentidos de los japones a las nuestras de Europa, no se diga mal de ellas ni muestren los nuestros extrañarlas [...].« Valignano 1583 [1954], S. 201.
3 »Es necesario tratarlos conforme a su condición y a su modo, no los queriendo llevar por las condiciones y modos de proceder de Europa [...]. Y para eso ayudará sobre todas las cosas mostrarles que sienten bien de Japón y de sus costumbres [...] porque con esto se alegran todos mucho, y con lo contrario se amohinan.« Valignano 1583 [1954], S. 207f.
4 Die Seminarschüler sollten unterrichtet werden mit »libros que traten de buena materia de la virtud y religión cristiana y de abominar los vicios, escogiendo algunas obras en prosa y en verso de santos y autores cristianos que traten de esto, y componiendo otros de nuevo, a propósito de Japón, en que también se reprueben sus vicios y falsas sectas [...].« Valignano 1583 [1954], S. 171.
5 »No tendrán ni podrán tener otros libros sino los que nosotros les daremos [...], para ser uniformes nel gobierno del pueblo y que no introduzen simonías en los sacramentos y otros abusos y supersticiones, como es propria costumbre de los bonzos [...].« Valignano 1583 [1954], S. 178f.
6 Sande 1590 [1997], S. 20; Gil 1994, S. 411–439.
7 Moran 1993, S. 12f.
8 Fróis 1592 [1993], S. 15f.
9 »Entendiendo yo [...] por la grande openion, que tienen de sus cosas, no tienen tanto concepto de las nuestras ni creen tan facilmente lo que los Padres dizen de las grandezas de los Principes Ecclesiasticos, y Seglares de Europa [...] me pareció, que seria cossa acertada, y muy conviniente, yr algunos Cavalleros Principales Japones a ver las cossas de Europa, para que bolviendo a su tierra pudiessen dizir lo que con sus proprios oyos vieron [...] y pudiessen dar dellos a sus naturales certissimo testimonio, y viniessen de raiz a entender, que las mas noble parte del mundo, y la mas docta tenia esta Santa fee.« Valignano 1598, Kap. 5°, fol. 22v. Auch in einem 1583 geschriebenen Brief Valignanos an den Ordensgeneral bestätigte der Jesuitenvisitator die Bedeutung, die ein direkter Kontakt der Gesandten mit der europäischen Wirklichkeit für das Vorankommen der Gesellschaft Jesu in Japan bringen würde: »Con ver ellos la gloria de nuestra Iglesia y del Summo Pontífice y de sus Cardenales, y las grandezas y riquezas de las ciudades y señores de Europa, los niños se edificarían mucho y darían mucho lustre y reputación a nuestras cosas tornando a Japón [...].« Brief Valignanos an den Ordensgeneral Pater Claudio Acquaviva, Kochi, 28. September 1583, in: Wicki 1972, S. 833.
10 »Toda via procuré, que no fuessen recebidos con publico aparato, escrivendo a los Padres de Portugal, y de la Corte de Espanha que hisiessen con el Principe Cadernal, y con S. Magestad, que los tratassen de tal manera, que ni los hisessen cobrir, ni assentar delante de si, ni los recebissen con publico aparato, ni les diessen casa [...] para que bolviendo ellos, y tratando del recibimiento, y honras, que les hisieron se entendiesse en Japon, quan grandes eran los Reyes, y Señores de Europa [...], y por que yo sabia que era costumbre de las Corte de Roma, y Espanha recibir los Embaxadores con publico aparato procuré que no se hisiessen con ellos, mas que fuessen recebidos como particulares personas; para que tambien con esto entendiessen la differencia que havia

en recibir Embaxadores de los Reyes de Europa, como de Reyes mayores, que los que embiavan a ellos.« Valignano 1598, Kap. 5°, Bl. 23–23 v.

11 »Por que como Taycó Sama, y los mas Señores de la monarchia de Japon, no tratavan a los otros Reyes, y Señores de Japon, con tanto respecto, y aparato, como hazen los nuestros Reyes de Europa a los demas Christianos, y a sus Embaxadores [...] tambien deseava, que fuessen tratados de S. Magestad, e S. Santidad [...] de la manera, que Taycó Sama costumbra tratar los demas Reyes, y Señores de Japon.« Valignano 1598, Kap. 5°, fol. 23–23 v.

12 »Mas moravan siempre en las nuestras para le quitar la ocazion de Conversaciones escuzadas, y de saber muchas cosas, que saberlas podia causar poca idificacion, contandolas despues en Japon.« Valignano 1598, Kap. 5°, fol. 23–23 v.

13 »El fin para que se imprimió, fue para que se publicasse a los Japones, y por el estudiassen los que estavan en el Siminario, y tambien nuestros hermanos Japones, y con la licion del viniessen a beber como primera leche, las grandezas de la Corte Romana, y de los Reys, y Señores Christianos, y supiessen quanta es la grandeza, y nobleza de los Señores de Europa [...] dandoles tambien a entender la differencia, y subordinacion que tienen la monarchia Seglar a la Ecclesiastica [...].« Valignano 1598, Kap. 5°, fol. 21–21 v. Wie Eduardo de Sande berichtet, »[...] beschloss der verehrte Pater Alexandre Valignano, Visitador der gesamten östlichen Region, dass alles, was diese jungen Menschen eilig aufgeschrieben hatten, in Kürze geordnet und in lateinischer Sprache abgefasst werden sollte, damit die des Lateinischen kundigen Japaner das über die Gesandtschaft zusammengestellte Buch oft in die Hand nehmen könnten. Dieses später ins Japanische übersetzte Buch konnte auch mit Interesse von denen gelesen werden, die des Lateinischen nicht mächtig waren, und beide Bücher, das lateinische wie das japanische, würden, wenn sie erst einmal gedruckt seien, ein dauerhafter Schatz und ein angenehmes Nachschlagewerk für so notwendige und nützliche Dinge.« Sande 1590 [1997], S. 21.

14 »Por mucho que se escriva no se puede bien dar a entender, y se ofrecen muchas dubdas y réplicas a lo que se escrive, a los quales no pueden responder las cartas, y así quedan suspenças, dubdosas y mal percebidas muchas cosas.« Brief des Alessandro Valignano an den Ordensgeneral Pater Claudio Acquaviva, Cochim, 28. September 1583, in: Wicki 1972, S. 831.

15 »Senza dubbio con i fanciulli [...] si faranno capaci delle qualita e cose che si avrano da fare con il Giappone [...].« Brief Valignanos an den Ordensgeneral, Macau, 17.12.1582, in: Archivum Romanum Societatis Iesu, Japonica - Sinica, 9-I, fol. 118 v.

16 »Quanto al modo de embiar estos cavalleros, tan fuera estuvo de los Padres em darles titulos de Serenissimos Principes [...] que antes yo mismo escrevi a Su Magestad y a Su Santidad, que aun que eran personas tan nobles, y parientes tan cercanos de los dichos Reyes, era a las primissas de Siminario de Japon ado se criavan, y nunca les di nombres de Principes ni de herderos de los Reyes [...].« Daher sollten sie »en habito del estudiantes con uno solo page cada uno [...]« auftreten. Valignano 1598, Kap. 5°, fol. 23.

17 »E questo non si puo fare se non con ordinarsi, e determinarsi le cose di tal modo in Roma che ne qui si possino mutare al volere de Superiori che si mutano, et in Roma resti viva e perpetua la informatione delle cose di questa Provincia di tal modo dichiarata che ancor che succeda altro Generale con altri assistenti non rimanga perduta ne dubiosa questa informatione.« Brief Valignanos an den Ordensgeneral, Macau, 17.12.1582, in: Archivum Romanum Societatis Iesu, Japonica - Sinica, 9-I, fol. 119.

KATALOG

›308‹
I. Prolog

›312‹
II. Portugal im Mittelalter

›324‹
III. Ausgangsbedingungen

›344‹
IV. Entdeckungsreisen

›364‹
V. Kartografie und Nautik

›414‹
VI. Neue Welten – Alte Reiche

›432‹
VII. Portugal in Übersee

›482‹
VIII. Kunst- und Wunderkammern

›502‹
IX. Portugal im 16. Jahrhundert

›546‹
X. Internationale Konflikte

›560‹
XI. Fremdbilder

›581‹
XII. Die lusitanische Welt heute

I. Prolog

»Und nachdem wir so vor Anker lagen, kamen vom Lande vier Barken auf uns zu. Sie kamen, um zu erfahren, wer wir wären, und nannten und zeigten uns Kalikut. Und desgleichen am anderen Tag kamen wieder diese Barken zu unseren Schiffen, und der Kommandant schickte einen der Verbannten nach Kalikut und die, mit denen er fuhr, führten ihn hin, wo zwei Mauren von Tunis wohnten, die kastilianisch und genuesisch sprechen konnten, und der erste Gruß, den sie ihm zuriefen, war der: ›Hol dich der Teufel! Wer hat dich hergebracht?‹ Sie fragten, was wir so weit in der Ferne suchten, und er antwortete ihnen: ›Wir kommen, Christen und Gewürze zu suchen.‹«

Mit dieser berühmten Szene, notiert in dem Álvaro Velho zugeschriebenen Reisebericht von der Fahrt des Vasco da Gama, endete die lange Suche nach einer Seeverbindung zwischen Europa und Asien. Im Mai 1498 hatte die Flotte da Gamas Indien erreicht. Und bereits die knappen Worte, die diese erste Kontaktaufnahme skizzieren, bezeugen ein kompliziertes Beziehungsgeflecht. »Christen und Gewürze« waren Leitmotive der Entdeckungsfahrten. Geradezu emblematisch ist die Ausbreitung des christlichen Glaubens als moralische Legitimation und politisch-religiöser Auftrag sowie die Hoffnung auf die Produkte Asiens als gewinnträchtige Handelswaren an dieser Stelle benannt. Zugleich verweist der geschilderte Moment auf die Internationalität des bestehenden Welthandels, die Konkurrenz zu Arabern und Italienern im Wettlauf um die begehrten Spezereien Asiens und auf die geringe Begeisterung der etablierten Händler über die Neuankömmlinge.

Es war kein unbekanntes Land, das Vasco da Gama entdeckt hatte, sondern ein neuer Weg, um bekannte Güter zu erlangen. Die verkehrstechnischen Auswirkungen der Verbindung des Atlantischen und des Indischen Ozeans waren jedoch beträchtlich. Bereits zu Beginn des 16. Jahrhunderts hatte sich auf der Route um das Kap der Guten Hoffnung ein regelmäßiger Linienverkehr etabliert. Die Welt rückte enger zusammen – und auf die historischen Entwicklungen folgte auch umgehend die Historisierung der Ereignisse. Luis de Camões formulierte 1572 über die Taten seiner Landsleute im Vergleich zu den antiken Helden Odysseus und Aeneas:

»Dann wird den Euren Größeres noch gelingen,
Der Welt werden sie Neue Welten bringen.« MK

I. Prólogo

»E, depois que assim estivemos pousados, vieram de terra a nós quatro barcos, os quais vinham por saber que gente éramos e mencionaram e nos mostraram Calecute. E igualmente no outro dia voltaram estes barcos aos nossos navios, e o capitão-mor mandou um dos degredados a Calecute; e aqueles que o acompanhavam levaram-no aonde estavam dois mouros de Tunes, que sabiam falar castelhano e genovês. E a primeira salva que lhe deram foi esta que se segue: ›O diabo que te carregue; quem te trouxe cá?‹ E perguntaram-lhe o que vinhamos buscar tão longe; e ele respondeu: ›Vimos buscar cristãos e especiarias.‹«

É com este famoso episódio da Relação da Viagem de Vasco da Gama, atribuída a Álvaro Velho, que termina a longa busca da ligação marítima entre a Europa e a Ásia. Em Maio de 1498, a frota de Vasco da Gama chegara à Índia. Este escasso diálogo que esboça um primeiro contacto, é já testemunho de uma comunicação difícil. »Cristãos e especiarias« foram o leitmotiv das Descobertas. Esta referência é paradigmática tanto do alargamento da fé cristã, como legitimação moral e missão político-religiosa, como da esperança nos produtos da Ásia, tidos como promissores de grandes lucros. Ao mesmo tempo, este episódio remete para o carácter internacional do comércio mundial de então, para a renhida concorrência, com os árabes e italianos, pelas cobiçadas especiarias da Ásia e para a reacção de pouco agrado dos comerciantes aí estabelecidos, quanto aos recém-chegados.

O que Vasco da Gama descobre não era terra desconhecida, mas sim um novo caminho para se chegar aos conhecidos produtos. Porém, foram enormes as repercussões técnicas do transporte náutico de ligação entre o Oceano Atlântico e o Oceano Índico. Já no início do século XVI se tinha estabelecido um verdadeiro sistema de transportes regulares, na rota do Cabo da Boa Esperança. O mundo tornava-se mais pequeno e ao desenvolvimento histórico seguia-se a narração histórica dos acontecimentos. Em 1572, Luis de Camões, comparando os feitos dos seus compatriotas com os heróis da Antiguidade, Ulisses e Eneias, versou:

»Os vossos, mores cousas atentando,
Novos Mundos ao Mundo irão mostrando.« MK

I. PROLOG ›309‹

I.1 PROZESSIONSKREUZ
Portugiesische Schule, 15. Jahrhundert
Silber, 82 × 44
Guimarães, Museu Nacional de Alberto Sampaio,
Inv.-Nr. 057-19
Lit. Ausst.-Kat. Lissabon 1992 d, Bd. 2, S. 236

Prozessionskreuz in spätgotischem Stil. Auf dem sechskantigen Stab ruht ein Kreuz mit lilienförmigen Balkenenden und gekreuzigtem Christus in frontaler Haltung. Auf den Zierflächen sieht man die für diese Zeit typische Dekoration mit Pflanzenmotiven. Der Kreuzknoten weist gotische Architekturelemente, wie Miniaturfenster und Strebepfeiler, auf. PP

I.2 MARTABÃO (TRANSPORTGEFÄSS)
Ostasien, 12./13. Jahrhundert
Sandstein, 39 × 36 (Dm.)
Coimbra, Cámara Municipal de Coimbra, Museu Municipal – Colecção Telo de Morais, Inv.-Nr. 7 C
Lit. Ausst.-Kat. Porto 1999, Kat.-Nr. 146–148; Matos 1998

Ostasiatischer Gefäßtyp, der vor allem seit dem 16. Jahrhundert, gleich nach der Errichtung der ersten portugiesischen Handelsniederlassungen, allgemein zur Beförderung von Produkten nach Europa benutzt wurde. Typisch ist sein Profil mit weitem Bauch und Flaschenhals mit kleinem Kragen und enger Öffnung. Diese tönernen, außen glasierten Behältnisse waren äußerst widerstandsfähig und ideal für den Schiffstransport über weite Strecken. Die Bezeichnung *Martabão*, unter der sie bekannt wurden, kommt daher, dass die Behälter typischerweise im Hafen von Pegu nahe bei der 1516 gegründeten portugiesischen Handelsniederlassung Martaban (*Martabão*) im südlichen Birma bzw. Myanmar verschifft wurden. Pegu und Martaban waren wichtige Umschlagshäfen für Güter aus dem inneren Südostasien (China, Birma, Siam), und bei den dort gebrauchten Behältern handelte es sich sicherlich um einen sehr alten und langlebigen Typus, ähnlich den römischen *Dolia*. Es finden sich noch Belege im China des 17. und 18. Jahrhunderts. Das ausgestellte glasierte Beispiel stammt aus dem 16. Jahrhundert oder später, ist von mittlerer Größe und stellt den im Handel mit Europa am meisten verbreiteten Typ dar. Es existieren auch größere Exemplare mit einem Durchmesser von bis zu hundert Zentimetern. PP

›310‹

I.3 ADAMASTOR
Ernesto Condeixa (1858–1933)
1901–1904
Öl auf Leinwand, 197 × 110
Lissabon, Museu Militar, Sala Camões
Lit. Ausst.-Kat. Porto 1999, Kat.-Nr. 6; França 1996

1876 wurde das alte Lissabonner Militärzeughaus im Rahmen einer generellen ›Musealisierung des Krieges‹ neu ausgestattet und dekoriert. Beauftragt wurden unter anderem einige ausgesprochen begabte naturalistische Maler. Beschwörende Szenen erinnern noch heute an weit zurückliegende Episoden portugiesischen Heldentums, so José Malhoas (1855–1933) *Empfang des Vasco da Gama beim Samorim* (1907–1908, Infante-Dom-Henrique-Saal) oder in António Carneiros (1872–1930) *General Mathias de Albuquerque in der Schlacht von Montijo* (Restauração-Saal). Das Bild *Adamastor*, das im Camões-Saal hängt (eine weitere Darstellung dieses Dichters von Carlos Reis befindet sich im Vasco-da-Gama-Saal), preist den Dichter Luís de Camões und sein episches Werk *Os Lusíadas* (*Die Lusiaden*) und zugleich die darin beschriebenen portugiesischen Entdeckungen. Die Umschiffung des Kaps der Guten Hoffnung – damals auch als Kap der Stürme bekannt – dramatisierte der Dichter unter Rückgriff auf die alte Personifizierung der gefährlichen Felsenlandschaft. Das Kap wird im fünften Gesang der Lusiaden zum bedrohlichen Riesen Adamastor, der eine Durchfahrt der Portugiesen zu verhindern suchte. Ernesto Condeixas Komposition ist eines der ausdruckvollsten Werke im Militärmuseum von Lissabon und eines der gelungensten des Autors. Die riesige Wächtergestalt erscheint an der von Nebel umhüllten Durchfahrt vom Atlantischen zum Indischen Ozean. Unter einem von Wolken verdunkelten und von Blitzen durchzogenen Himmel verkörpert sie silhouettenhaft Angst und Schrecken der portugiesischen Seefahrer auf ihren Fahrten durch unbekannte Gewässer. Im aufgewühlten Meer gleitet das Schiff Vasco da Gamas, die Segel vom heftigen Wind aufgebläht, unter nächtlichem, grünlich-blauem Licht am Kap vorbei. PP

I.4

I.4 VASCO DA GAMA VOR DEM SAMORIM VON KALIKUT
José Veloso Salgado
(Santa Marai de Melon 1864 – 1945 Lissabon)
1898
Öl auf Leinwand, 307 × 368
Lissabon, Sociedade de Geografia
Lit. Germer 1998; Slg.-Kat. Lissabon 2001, S. 145; Vollmer 1958, S. 147

Anlässlich des 400. Jahrestags der Entdeckung des Seewegs nach Indien wurde 1898 ein Malwettbewerb ausgeschrieben, bei dem dieses Gemälde Salgados den ersten Platz errang. In einem am französischen Orientalismus geschulten Salonrealismus, der historische und ethnografische Treue suggeriert, setzt er ein Hauptereignis der portugiesischen Geschichte ins Bild. Im Mittelpunkt der Komposition, die sich mit großer Detailfreude auf einer schmalen Raumbühne entfaltet, steht Vasco da Gama. Hinter ihm nehmen seine Gefährten die rechte Bildhälfte ein, während auf der linken der König von Kalikut und seine Höflinge die Fremden Europäer neugierig bis argwöhnisch beäugen. Da Gama überreicht eine Urkunde, wobei er seine Autorität unterstreicht, indem er mit seiner linken Hand auf die königliche Fahne und gleichzeitig gen Himmel weist. Obwohl er im Bild mit dem indischen Herrscher auf einer Augenhöhe gezeigt wird, ist die Begegnung der Kulturen offensichtlich aus der portugiesischen Perspektive des 19. Jahrhunderts dargestellt. Die Portugiesen warten zwar mit Geschenken auf, kommen aber auch mit Waffen und dem Selbstverständnis künftiger Herren daher. Das Gemälde zeigt, wie man sich in der Abgrenzung zum Anderen, Exotischen definierte und unter Verweis auf die eigene geschichtliche Bedeutung der eigenen nationalen Identität vergewisserte. RG

◀ I.3

II. Portugal im Mittelalter

Mit der Ankunft von Kelten, Iberern, Phöniziern, Griechen und Karthagern sowie später Römern, Mauren und Westgoten erlebte das Territorium des heutigen Portugal in Antike und frühem Mittelalter eine Vielzahl von Invasionen und überregionalen Einflüssen. Im 9. Jahrhundert griff die zunächst von Asturien ausgehende *Reconquista*, also die christliche Eroberung der unter muslimischer Herrschaft stehenden Gebiete auf der Iberischen Halbinsel, auf Portugal über. 868 wurde im Norden des Landes die später namensgebende Stadt *Portucale*, das heutige Porto (Oporto), eingenommen. 1139 gelang Afonso Henriques, der auch aus internen Kämpfen als Sieger hervorging und als Afonso I. erster portugiesischer König wurde, in der Schlacht von Ourique ein wichtiger Sieg gegen die Mauren. 1143 erkannten León und Kastilien, 1179 schließlich auch der Papst Portugal als eigenständiges Königreich an. Vor allem mit Hilfe der militärischen Orden wurde die *Reconquista* im Gebiet des heutigen Portugal bereits im darauffolgenden Jahrhundert abgeschlossen. Somit ist Portugal das europäische Land, dessen Staatsgebiet zeitlich die wohl größte Kontinuität aufweist. Zumindest territorial unterlag es in Europa seit dem Ende des 13. Jahrhunderts nur mehr geringen Veränderungen.

1385 verhinderte Dom João, der Großmeister des Avis-Ordens, der innenpolitisch vor allem das städtische Bürgertum hinter sich wusste, in der Schlacht von Aljubarrota die Anbindung Portugals an Kastilien. Als João I. übernahm er anschließend die Königswürde in einem Land, dessen Küstenstädte als Bindeglied zwischen Mittelmeer- und Nordseeraum bereits einen beachtlichen wirtschaftlichen Aufschwung verzeichnen konnten. Auch das Interesse kapitalstarker Kaufmannsgesellschaften aus Mittel- und Südeuropa verlagerte sich in dieser Zeit zunehmend vom östlichen Mittelmeerraum auf die Iberische Halbinsel.

Der Übergriff auf die nordafrikanische Stadt Ceuta unter Dom João I. im Jahr 1415 gilt als Beginn der portugiesischen Expansionspolitik, auch wenn es bereits zuvor im Atlantik erste Entdeckungsfahrten gegeben hatte. In den folgenden Jahren trieb vor allem der fünfte Sohn von König João I., der als ›der Seefahrer‹ bekannt gewordene Infant Heinrich, die Erkundungsfahrten an der afrikanischen Westküste voran. Militärisch und wirtschaftlich konnte er sich dabei vor allem auf die Macht des Christusordens stützen, der in Portugal in der Nachfolge des Templerordens gegründet worden war.
MK

II. Portugal na Idade Média

Com a chegada dos Celtas, dos Iberos, dos Fenícios, dos Gregos e Cartagíneses, assim como, mais tarde, dos Romanos, dos Mouros e Visigodos, o actual território de Portugal vivenciou, durante a Antiguidade e o início da Idade Média, uma série de invasões e influências transregionais. No século IX, ‹a Reconquista› que partira das Astúrias – a conquista cristã dos territórios da Península Ibérica sob domínio muçulmano – estende-se a Portugal. Em 868, foi ocupada, no norte do país, aquela que viria a dar o nome a Portugal, *Portucale*, a actual cidade do Porto. Em 1139, D. Afonso Henriques, que também tinha saído vitorioso de lutas internas e que se tornou no primeiro rei de Portugal, D. Afonso I, venceu uma importante batalha contra os mouros: a Batalha de Ourique. Em 1143, Leão e Castela e em 1179 também o Papa, reconheceram Portugal como reino independente. Foi sobretudo com a ajuda das ordens militares que a ‹*Reconquista*› do actual território de Portugal pôde terminar logo no século seguinte. Assim, Portugal é o país europeu, cujo território se apresenta com maior continuidade temporal. Pelo menos em termos europeus, registaram-se apenas alterações irrelevantes, desde o séc. XIII.

Em 1385, D. João, Grão-Mestre da Ordem de Avis, ciente do apoio da burguesia, evitou a anexação de Portugal a Castela, na Batalha de Aljubarrota. Como regente do reino, D. João I, acabou por assumir a coroa de uma nação cujas urbes costeiras eram um importante elo de ligação entre o Mediterrâneo e o espaço do mar do Norte, apresentando já um grande desenvolvimento económico. As empresas comerciais da Europa Central e Austral, com forte capital, também começavam a transferir o seu interesse de negócios do Mediterrâneo Oriental para a Península Ibérica.

O ataque à cidade de Ceuta, sob o reinado de D. João I, no ano de 1415, é considerado o início da política de expansão portuguesa, embora as primeiras viagens de descobertas já tivessem sido lavadas a cabo no Atlântico. Nos anos que se seguiram, foi o quinto filho de D. João I, o Infante D. Henrique, conhecido como o Navegador, quem impulsionou as viagens de Descobertas na costa ocidental africana. Do ponto de vista militar e económico, pôde contar, sobretudo, com o apoio da Ordem de Cristo, que foi criada em Portugal para suceder à Ordem dos Templários. MK

II. Portugal im Mittelalter ›313‹

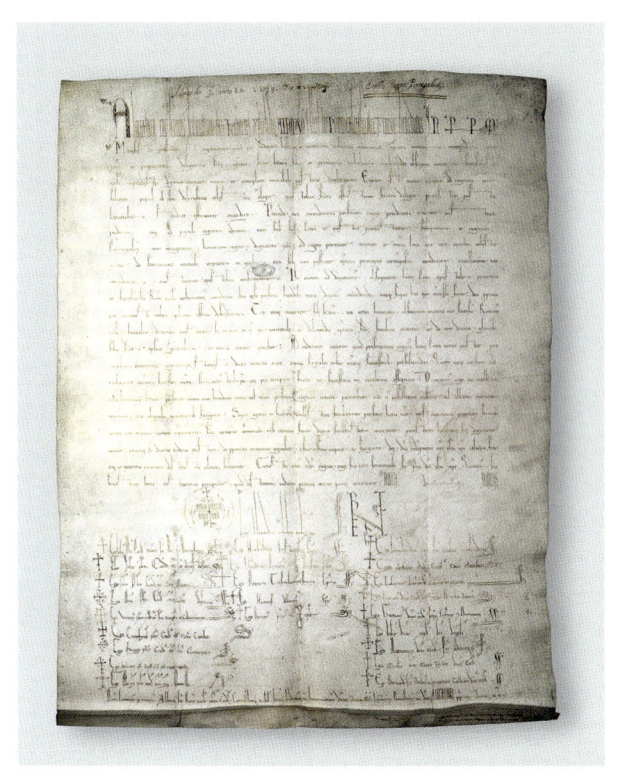

II.1

II.1 Bulle »Manifestis Probatum« von Papst Alexander III. (Faksimile)
Papst Alexander III. (1159–1181), Februar 1179
Lissabon, Instituto dos Arquivos Nacionais / Torre do Tombo, Inv.-Nr. [des Originals] Bulas, mç. 16, doc. 20
Lit. Mattoso 2002

Die Bulle *Manifestis Probatum* aus dem Jahr 1179 erwähnt zum ersten Mal in einem Dokument des Heiligen Stuhls Dom Afonso Henriques als König von Portugal, was einer diplomatischen Anerkennung des Landes als unabhängiges Königreich gleichkam. In der Bulle gewährte der Heilige Stuhl dem neuen Monarchen das Recht, Gebiete der Muslime zu erobern, sofern nicht andere christliche Monarchen ein Anrecht darauf besaßen: »Wir erkennen an, dass deine Person voller Klugheit und Gerechtigkeit ist und also die Eignung zum Herrschen besitzt und empfangen dich und das Königreich Portugal unter unserem und des Heiligen Petri Schutz.« Es handelte sich um den Höhepunkt eines langen Prozesses, der mit der Rebellion von Afonso gegen seine Mutter Dona Teresa von León, die Gattin des bereits verstorbenen Heinrich von Burgund, begonnen hatte, aus der er 1128 in der Schlacht von São Mamede siegreich hervorgegangen war. Nach dem Sieg festigte Afonso seine politische Stellung gegenüber den Adligen der nördlichen Teile der damaligen Grafschaft Portucale und vor allem seine Unabhängigkeit gegenüber Kastilien und León. Er begann selbst Druck auf die benachbarten Königreiche auszuüben und, wie auch die anderen Herrscher auf der Iberischen Halbinsel, in einem als *Reconquista* bezeichneten Krieg allmählich nach Süden vorzudringen. Die Schlacht von Ourique (1139) im noch muslimischen Alentejo nahm dabei angesichts der Dimension des Sieges über die Mauren eine Schlüsselstellung ein. Noch im selben, spätestens aber im folgenden Jahr rief Afonso sich zum ›König der Portugiesen‹ aus. 1143 erklärte er als solcher seine Gefolgschaft gegenüber dem Heiligen Stuhl. Mit der Eroberung von Santarém und Lissabon (1147) erweiterte Afonso die christlichen Gebiete erheblich und schuf somit die Grundlage für einen neuen Staat.
PP

II.2 Heiliger Vinzenz
Portugiesische Schule, 16. Jahrhundert
Polychromer Kalkstein, 45,5 (H.)
Lissabon, Museu da Cidade, Inv.-Nr. MC. ESC.0290
Lit. Ausst.-Kat. Lissabon 1983a, Kat.-Nr. 319

Der als Diakon gekleidete Heilige Vinzenz hält eine *Nau* mit zwei Raben in den Händen. Diese archaische, aber sehr ausdrucksvolle Skulptur weist die Attribute auf, für die der Heilige in Portugal und vor allem in Lissabon in erster Linie bekannt war. Vinzenz war ursprünglich Diakon in Valencia und starb im Jahr 304 unter Kaiser Diokletian den Märtyrertod. Er wurde aufgrund seines Glaubens in den Kerker geworfen, geschlagen und entstellt, auf einen glühenden Rost gelegt und fand schließlich den Tod auf einem Scherbenlager, wo Engel ihn trösteten. Sein Leichnam wurde wilden Tieren zum Fraß vorgeworfen, jedoch wieder von Engeln bewacht und von zwei Raben verteidigt, bis er in eine Tierhaut eingenäht und mit einem Mühlstein beschwert ins Meer geworfen wurde. Nach einer langen Reise von der spanischen Ostküste bis zum äußersten Südwesten der Halbinsel wurde er am heutigen Cabo de São Vicente schließlich wieder an Land gespült. Dort beerdigte eine fromme Witwe den Körper an dem Ort, wo später auch die Igreja do Corvo, also die ›Rabenkirche‹, errichtet wurde. Diese Vögel wachen seither über den Heiligen und bilden eines seiner Hauptattribute. Die Vinzenz-Reliquie wurde bald Gegenstand eines intensiven Kultes und auch in der Zeit der muslimischen Herrschaft von mozarabischen, unter islamischer Herrschaft lebenden Christen verehrt. Der erste König Portugals, Dom Afonso Henriques, beschloss, sich die Reliquien des Heiligen, die ja auf islamischem Territorium begraben lagen, anzueignen und sie

› 314 ‹   II. Portugal im Mittelalter

II.2

nach Lissabon zu überführen. Zu diesem Zweck schickte er zwei Expeditionen aus. 1173 wurde der Körper feierlich in Lissabon in Empfang genommen. Ikonografisch wird der Heilige Vinzenz im Allgemeinen als junger Mann im roten Gewand des Diakons und mit verschiedenen Attributen wie den Raben, einer *Nau* oder einer Karavelle dargestellt. In Portugal, wo der Kult große Ausmaße annahm, sind zahlreiche Abbildungen des Heiligen zu finden, vor allem in der Malerei des frühen 16. Jahrhunderts, doch wurde er sicherlich auch schon vorher häufig als Skulptur oder auf bemalten Tafeln dargestellt, die inzwischen verlorengingen. Zu den repräsentativsten Kunstgegenständen zählen die berühmten *Painéis de São Vicente*, auf denen der gleich zweimal dargestellte Heilige zusammen mit einem Seil (zu seinen Füßen), zwei Büchern (einem offenen und einem geschlossenen) und einem Sarg (in dem er beerdigt wurde) zu sehen ist. Die Stadt Lissabon wählte später sogar das symbolische Schiff mit dem Leichnam und den zwei Raben als Wappen. PP

II.3 Ansicht von Lissabon
Titelblatt in: Duarte Galvão, *Crónica do rei Dom Afonso Henriques*
António de Holanda zugeschrieben (gest. etwa 1549)
Lissabon, nach 1534?
Handgeschriebenes, illuminiertes Pergament, 41,5 × 29,5 × 9
Cascais, Câmara Municipal – Museu Condes de Castro Guimarães, Sign. 14
Lit. Ausst.-Kat. Lissabon 1983a, Kat.-Nr. 14; Caetano 2004, S. 135; Carita 1999, S. 33 f., 60 f.; Senos 2002, S. 97

Die Ansicht Lissabons auf dem Titelblatt der um 1520 verfassten *Crónica do rei Dom Afonso Henriques* von Duarte Galvão enthält Elemente zur Illustrierung einer der wichtigsten vom Chronisten erzählten Episoden: die Belagerung und Einnahme Lissabons durch Dom Afonso Henriques, den ersten König von Portugal, im Jahr 1147. Christliche Heere sind im Westen (rechts) und Osten (links) an den Stadtmauern gruppiert. Das Bild der Stadt mitsamt den darauf dargestellten Details entspricht jedoch ihrem Zustand zwischen 1530 und 1540. Lissabon wird von Süden her unter Hervorhebung der Flussfront gezeigt, als ob die Zeichnung von einem imaginären Punkt hoch über dem Wasser angefertigt worden wäre, was später zu einer beliebten Darstellungsweise Lissabons wurde.

Die Zeichnung betont die unebene Topografie der Stadt und verweist mit der Darstellung des von *Naus*, Zweimastern und Karavellen bevölkerten Tejos auf den maritimen Charakter der Stadt. Die aus der südlichen Vogelperspektive konstruierten Ansichten Lissabons enthalten unter anderem die aufschlussreichsten Darstellungen des manuelinischen Königspalastes, mit dessen Bau 1501 begonnen wurde. Dank seiner außergewöhnlich langen Galerie, an deren Ende ein Verteidigungsturm (in dieser Form um 1530) die ursprüngliche Schiffslandestelle bereits ersetzt hat, reicht der Palast bis ans Flussufer hinaus. Dieses öffnet sich zum *Terreiro de Paço*, der im Hintergrund von den Fassaden einer zwei- bis dreistöckigen Häuserreihe eingerahmt wird; rechts sieht man in verzerrtem Maßstab das Zollgebäude, das um 1534 fertiggestellt wurde.

Auf der Hügelkuppe ist die Burg São Jorge mit dem alten Königspalast dargestellt. Gegenüber davon im Westen erhebt sich die steinerne Masse der Karmeliterkirche *Nossa Senhora do Carmo*, deren Ruinen heute eines der Wahrzeichen der Stadt sind. Weiter unten liegt der rechteckige Rossio-Platz mit dem Königlichen Krankenhaus, auf dessen Kapelle ein pyramidenförmiges Dach aus blau verglasten Keramikziegeln sitzt. Zwischen den Häusern kann man im Zentrum des Bildes die zwei Fassadentürme der Kathedrale von Lissabon erkennen, wie auch den Vierungsturm, der beim Erdbeben von 1755 einstürzte.

Östlich davon erkennt man inmitten des Häusermeeres das riesige pyramidenfömige Dach des Limoeiro-Palastes, und auf einem noch unverbauten Hügel außerhalb der Stadtmauern das einzeln stehende Kloster *São Vicente de Fora*, dessen Umrisse nur teilweise wiedergegeben sind. Es handelt sich hier um eine der vollständigsten und genauesten Ansichten Lissabons aus der Zeit vor dem Erdbeben von 1755. (Abb. 1, S. 220) PP

II.4 Mittelalterliche Ritterfigur
Unbekannt, 14. Jahrhundert
Kalkstein, 72 × 19,5 × 64,8
Coimbra, Museu Nacional de Machado de Castro,
Inv.-Nr. 704 E3
Lit. Ausst.-Kat. Lissabon 1983b, Kat.-Nr. 4.4.2.3.;
Ausst.-Kat. Lissabon 2000a, Kat.-Nr. 38

Skulptur aus der Kapelle der Schmiede (*Capela dos Ferreiros*) der Hauptkirche (*Igreja Matriz*) von Oliveira do Hospital, in der die Kirchenstifter Domingos Joanes und Domingas Sabanchais begraben liegen. Dargestellt ist ein zur Parade gerüsteter Ritter mit Kriegsgewand, Schnabelschuhen und Kettenhemd, großem geschlossenem Helm, einem Schwert in der rechten Hand und dem Schild mit dem Wappen von Domingos Joanes (silberner Kreuzbalken mit vier Goldlilien auf blauem Grund). Die Figur ist gewissermaßen eine bildhauerische Übertragung der üblicherweise zweidimensionalen Wappensiegel herrschaftlicher Familien. Durch die neue Form wird der Idealcharakter der Ritterschaft betont, ein besonders wichtiger Aspekt bei relativ jungen Adelsgeschlechtern, wie es hier der Fall ist. PP

II.5 Grabstele mit Christuskreuz
14./15. Jahrhundert
Kalkstein, 35 (Dm.) × 7,5
Tomar, Convento de Cristo, Instituto Português do Património Arquitectónico, im Besitz der União dos Amigos da Ordem de Cristo (UAMOC)
Lit. Pereira 2007 (in Druck)

Unmittelbar nach der Auflösung des Templerordens gründete König Dom Dinis den Christusorden (*Ordem de Cristo*), der von Papst Johannes XXII. mit der Bulle *Ad ea exquibus* vom 14. März 1319 bestätigt wurde. Hiermit gingen alle Ritter und Güter des ursprünglichen Ordens auf den neu gegründeten Christusorden mit Sitz auf der Burg Castro Marim in der Algarve über. 1357 wurde der Sitz zur Burg von Tomar, dem ur-

II.4

sprünglichen Zentrum der portugiesischen Templer, verlegt. Von nun an gab es praktisch keinen Unterschied zwischen dem alten und dem neuen Orden. Sogar der Name blieb den Ursprüngen treu: Die Bezeichnung als ›Ritterorden unseres Herrn Jesus Christus‹ (*Ordo Militiae Jesu Christo*) entsprach dem ursprünglichen im Konzil von Troyes verwendeten Namen der Templer als ›Ritter Christi‹ (›*Comilitionum Christi*‹). Auch die Ordenstracht blieb unverändert, und das Ordenszeichen war direkt vom Templerkreuz abgeleitet; es handelte sich um ein rotes Tatzenkreuz mit einem aufgesetzten weißen griechischen Kreuz. Später wurde die traditionelle Rundung der Kreuzarme abgeschafft und durch eine eckige Version ersetzt, bei der die Enden der Kreuzarme abgewinkelt sind. Das neue Kreuz des Christusordens sollte im Zeitalter der Entdeckungen unter dem Ordensgeneral und König Dom Manuel denselben symbolischen Wert wie das königliche Wappen und die Armillarsphäre erlangen.

Der portugiesische Christusorden war also eine Neugründung des Templerordens. Er befolgte dabei die Ordensregeln der Zisterzienser. Dom Gil Martins, gleichzeitig Großmeister des Ordens von Avis, wurde zu seinem ersten Großmeister ernannt. Die neuen Mönche sollten nach seinem Tod ihren eigenen Großmeister wählen dürfen. Geistliches Oberhaupt des Christusordens wurde der Abt des Zisterzienserklosters in Alcobaça. Am 11. Juni 1321 nahm das in Tomar zusammengekommene Ordenskapitel die Ordensregel von Calatrava an. Bis 1417 gab es sieben Großmeister, dann wurde dieses Amt durch päpstliche Ernennung von Gouverneuren oder Administratoren aus dem Königshaus ausgeübt. Der erste in dieser Reihe war Heinrich der Seefahrer, der offenbar der Templerideologie Kontinuität verlieh, indem er den Christusorden auf den Heiligen Krieg und eine Eroberung Asiens über den Seeweg ausrichtete. Das hier gezeigte Kopfende einer Grabstätte ist eines der ersten, auf der das Kreuz des Christusordens sich seiner endgültigen Form annähert. Die Rückseite zeigt ein einfaches griechisches Kreuz. Das Motiv entwickelte sich dann zu der genannten Version, in der die Balken am Ende der Kreuzarme in rechtem Winkel abstehen. (Abb. 4, S. 93) PP

II.6 König Dom João I.

Flämische Schule, 15. Jahrhundert
Tempera auf Eichenholz, 41 × 32
Lissabon, Museu Nacional de Arte Antiga, Inv.-Nr. 2006 Pint
Lit. Ausst.-Kat. Brüssel 1991 b

Das Gemälde zeigt Dom João I. (1357–1433; reg. 1385–1433) im Alter von ungefähr 50 Jahren. Der König trägt einen roten Rock mit weißem Marderpelzkragen über einem schwarzen Wams. Seine Hände sind zum Gebet aneinandergelegt. Die Inschrift verrät in holprigem Latein, dass es sich um ein posthumes Porträt handelt: »Hec est vera digne ac venerabilis memorie Domini Joannis defucti quond (am) Portugalie nobilissimi et illustrissimi Regis ymago quippe qui du viveret de Juberot victoria potitus est potentissima.« – »Dies ist das wahre Bildnis des verstorbenen Dom João, würdig und verehrt in unserer Erinnerung, bis vor kurzem hochedler und hochillustrer König von Portugal, der zu Lebzeiten große Macht durch die Schlacht von Aljubarrota erlangte.«

Nach dem Sieg über die Streitmacht des kastilischen Königs Juan I. in der Schlacht von Aljubarrota am 14. August 1385 wurde der Meister des Avis-Ordens, der seit 1383 als Regent des Königreiches gegen die dynastisch bedingte Annexion durch Kastilien aufgetreten war, zum König Portugals ausgerufen. Er begründet damit die Dynastie von Avis (1385–1578). Das Haus Avis spielte im Zeitalter der maritimen Entdeckungen und der damit verbundenen territorialen Expansion die zentrale Rolle. Mit der Eroberung von Ceuta im Jahr 1415 und der Ansiedlung von Portugiesen in Nordafrika gab König João I. den entscheidenden Anstoß für die Expansionsbestrebungen. Sein Sohn, Heinrich der Seefahrer, begann anschließend mit den systematischen Unternehmungen zur Erforschung und Eroberung der westafrikanischen Atlantikküste. Das Bild ist das früheste bekannte Beispiel für ein ›nach der Natur‹ entstandenes Porträt eines portugiesischen Monarchen. (Abb. 2, S. 91) PP

II.7 Auferstandener Christus

Coimbra, 15. Jahrhundert
Kalkstein, 73 × 26 × 21
Viseu, Museu Grão Vasco, Inv.-Nr. 905
Lit. Ausst.-Kat. Lissabon 2000a, Kat.-Nr. 64

Darstellung des auferstandenen Christus aus der Portela-Kirche (São Cipriano, Viseu), die in einer Werkstatt in Coimbra gefertigt wurde. Es handelt sich um eine geläufige Abbildung Christi nach der Auferstehung, als der Heiland seiner Körperlichkeit gewahr wird. Die für das ausgehende Mittelalter charakteristische Spiritualität hat diese Skulptur noch nicht erfasst: Die Darstellung ist nüchtern, frei von Theatralik und fast heiter in ihrer Einfachheit. Die Erregung über den mystischen Moment bleibt diskret. Die große Dornenkrone und die tiefe Wunde in der Brust – sowie wahrscheinlich die Wundmale in den offenen Händen, die jedoch verlorengingen – betonen das Martyrium und den Schmerz Christi, aber auch deren Überwindung, die in seinem ruhigen Gesicht offenbar wird. Letzteres ist von Haaren umrahmt, die mit ihren symmetrisch angeordneten Locken fast abstrakt wirken. Eine Brosche hält die Tunika zusammen, die den mageren Rumpf des Herrn und seine verletzten Füße sichtbar lässt. (Abb. 9, S. 102) PP

II.8 Porträt von Papst Nikolaus V.

Cristofano dell' Altissimo (Florenz? um 1530 – 1605 Florenz)
Italien, vor 1568
Öl auf Holz, 59 × 44
Florenz, Galleria degli Uffizi, Inv.-Nr. 1890 n. 2983
Lit. Grohe 1999, Sp. 1142–1148; Schmitt 1986a, S. 218–231

Papst Nikolaus V. (Tommaso Parentucelli) kam am 15. November 1397 als Sohn eines Arztes in Sarzana (bei La Spezia) zur Welt. Seine Ausbildung erhielt er in Florenz, wo er als Hauslehrer reicher Florentiner Familien Zugang zu Kunst und Wissenschaft fand. Nach Abschluss seiner theologischen Studien und dem Empfang der Priesterweihe diente er zwanzig Jahre

II.8

unter dem Bischof von Bologna und späteren Kardinal Niccolò Albergati, in dessen Gefolge er sich seit 1426 an der Kurie aufhielt. Seine diplomatischen Verdienste im Konzil von Florenz ebneten seine politische Karriere am Hof Papst Eugens IV., der ihn 1444 zum Bischof von Bologna und 1446 zum Kardinal Presbyter ernannte. Am 6. März 1447 wurde er im Konklave in S. Maria Sopra Minerva als Kompromisskandidat zum Papst gewählt. Nach nur achtjähriger Amtszeit starb Nikolaus V. am 24. März 1455 in Rom.

Als ›erster Renaissancepapst‹ förderte Nikolaus V. Wissenschaft und Künste und baute Rom zu einem Zentrum des abendländischen Kulturschaffens aus. Zu seinen politischen Erfolgen zählten die endgültige Überwindung des noch bestehenden Schismas und der Abschluss des Wiener Konkordats durch die Aussöhnung mit König Friedrich III. Kurz nach der Segnung der Ehe Friedrichs III. mit Eleonore von Portugal fand am 19. März 1452 die letzte Kaiserkrönung in Rom statt. Die Bemühungen Nikolaus V. in der Verteidigung des oströmischen Reiches endeten mit dem Fall Konstantinopels 1453 hingegen erfolglos. Einzig König Afonso V. von Portugal, ein Verfechter der *Reconquista*, antwortete mit ernsthaften Kriegsvorbereitungen auf den päpstlichen Aufruf zum Kreuzzug gegen die muslimischen Eroberer. Wohl zum Dank für die portugiesische Unterstützung und in der Hoffnung, das Heilige Land über den Zugang zum mächtigen Reich des sagenhaften abessinischen Priesterkönigs Johannes erobern zu können, sicherte Nikolaus V. den Westafrikaexpeditionen Portugals weitreichende Privilegien zu. Am 8. Januar 1455 übertrug er in der Bulle *Romanus Pontifex* Afonso V. und dem Infanten Heinrich die ausschließliche Herrschaft über Afrika und die angrenzenden Meere. CT

II.9 BULLE ROMANUS PONTIFEX
Papst Nikolaus V., Rom, 8. Januar 1455
Pergament mit Bleisiegel und Seidenschnur, 57 × 84
Lissabon, Instituto dos Arquivos / Torre do Tombo,
Inv.-Nr. Bulas, Maç. 7, Nr. 29
Lit. Ausst.-Kat. Lissabon 1994, Kat.-Nr. 96; Schmitt 1986a,
S. 218 ff.

Mit der Bulle *Romanus Pontifex* bestätigte Rom den exklusiven Besitzanspruch Portugals auf die unter Heinrich dem Seefahrer seit den 1420er Jahren erkundeten Länder. Gleichzeitig wurde dieser Status quo auch auf unbestimmte Zeit in die Zukunft projiziert. Rom erkannte damit die portugiesischen Anstrengungen zur Verbreitung des christlichen Glaubens an und bekräftigte das Recht der Portugiesen auf Besitz und Kontrolle dieser Länder. Bezüglich der bisherigen Eroberungen heißt es, dass das portugiesische Königshaus »mit Fug und Recht die Inseln, Länder, Häfen und Meere auf diese Weise [im Kampf gegen Sarazenen und Heiden] erworben und besetzt hat und besitzt und dass [all] jenes von Rechts wegen demselben König zusteht und gehört und dass kein anderer, mag er auch ein Christ sein, ohne besondere Zustimmung seitens des Königs Afonso und seiner Nachfolger bisher auf irgendeine Art in diese Gebiete eindringen durfte oder darf«.

Die Bulle betont, dass Nikolaus V. »aus eigenem Antrieb (*motu proprio*) und nicht etwa auf eine drängende Bitte des Königs Afonso und des Infanten oder eines anderen hin« handelt und setzt unter anderem fest, dass »das, was bereits erworben wurde, und das, was noch in Zukunft dazugewonnen werden mag, nach dem Erwerb dem besagten König und seinen Nachfolgern und dem Infanten [gehört und gehören wird] und dass [das Recht auf] Eroberung, das sich, wie wir mit diesem Schreiben ausdrücklich erklären, von Kap Bojador und Kap Nun (*Nam*) über ganz Guinea und darüber hinaus bis zu jener

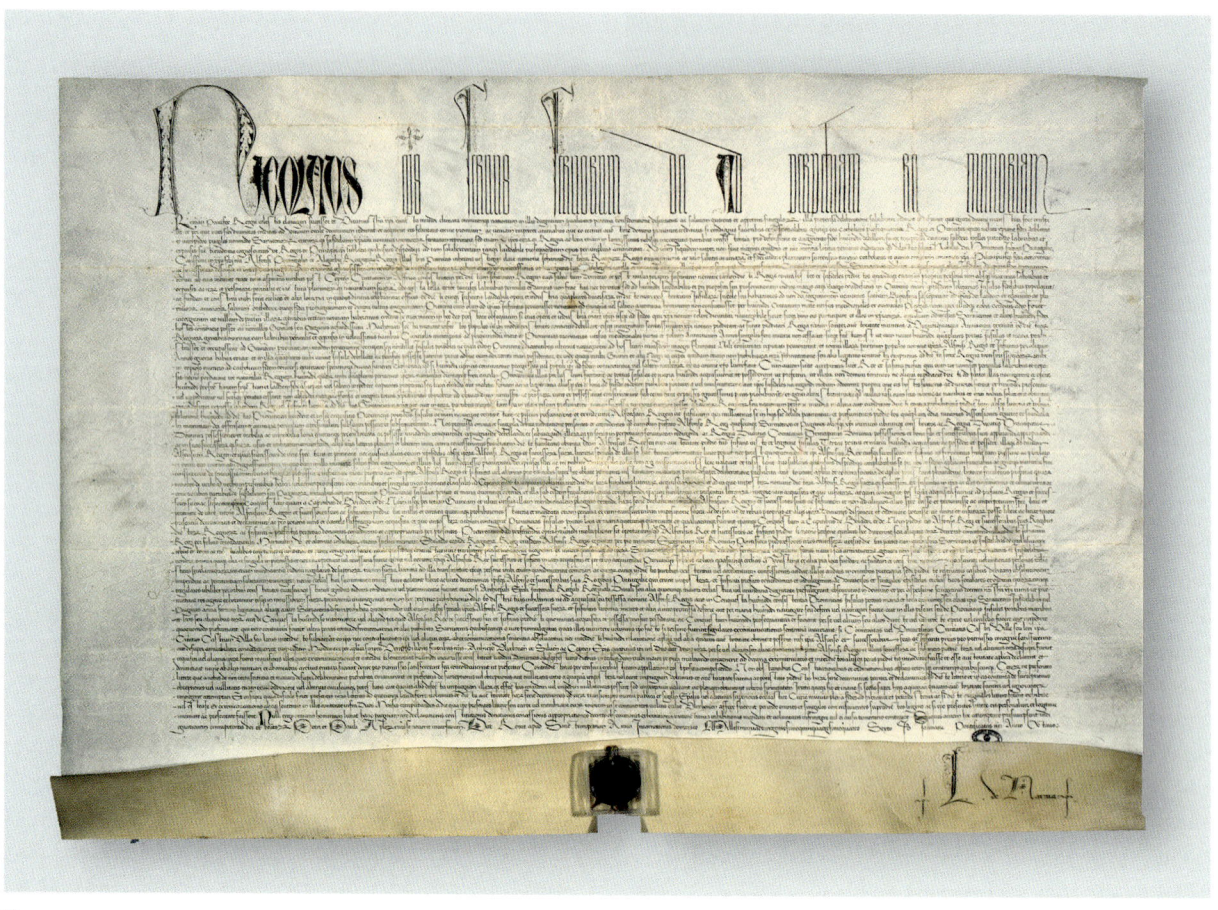

II.9

Südküste (*meridionalem plagam*) erstreckt, gleichfalls von Rechts wegen jenem König Afonso, seinen Nachfolgern und dem Infanten und niemand anderem sonst gehört und zugestanden hat und in alle Zukunft gehört und zusteht«. Hiermit wurde die Politik des *Mare clausum*, der monopolhaften Besegelung von Teilen des Atlantiks durch die Portugiesen, offiziell bekräftigt und legitimiert. König João II., der im Jahr dieses Erlasses geboren wurde, sollte den Wortlaut der Bulle besonders ernst nehmen und hart gegen Konkurrenten vorgehen. PP/MK

II.10 Konzessionsschreiben des Königs Afonso V. an den Infanten Dom Henrique über den Handel mit den Azoren

Dom Afonso V. (Sintra 1432 – 1481 Sintra)
2. Juli 1439
Handschrift auf Pergament, 69 × 41
Lissabon, Instituto dos Arquivos Nacionais / Torre do Tombo, Inv.-Nr. Chancelaria de D. Afonso V, Buch 19, fol. 14
Lit. Albuquerque 1994, Bd. 2

Die aus neun Inseln bestehende Inselgruppe der Azoren wurde – so die gängige Geschichtsversion – 1427 von ihrem ›offiziellen Entdecker‹ Gonçalo Velho bei seiner Ankunft auf der Insel Santa Maria für Portugal in Besitz genommen. Darstellungen der Azoren finden sich jedoch bereits auf Seekarten aus dem 14. Jahrhundert und angesichts der natürlichen Reiserouten zwischen dem portugiesischen Festland, der Insel Madeira und den Kanaren ist es wahrscheinlich, dass sie schon lange vorher gesichtet worden waren. Möglicherweise waren dort sogar schon Seeleute an Land gegangen. Freilich wurden nicht alle Inseln zur gleichen Zeit entdeckt oder gar erkundet. Fest steht lediglich, dass die drei ersten Inseln diejenigen waren, die heute als Santa Maria, São Miguel und Terceira (wörtlich ›die Dritte‹) bekannt sind. Die am weitesten im Westen liegenden Eilande Flores und Corvo wurden erst 1450 von Diogo de Teive entdeckt. Das hier ausgestellte Dokument enthält den ältesten bekannten schriftlichen Vermerk über die Inseln. Erwähnt wird, dass Heinrich der Seefahrer auf den Azoren hatte Schafe aussetzen lassen und dass Dom Afonso V. gebeten wurde, die Kolonisierung zuzulassen, was er im vorliegenden Dokument zugestand. PP

II.11 Heinrich der Seefahrer
In: Gomes Eanes de Zurara, *Crónica dos feitos da Guiné*
15. Jahrhundert (letztes Drittel)
Pergament, Lederumschlag mit Monogramm Karls X.
Paris, Bibliothèque nationale de France, Département des manuscrits, Inv.-Nr. Portugais 41 (R 14185)
Lit. Avril u. a. 1982, S. 150 ff., Tafel XCVI

Das Porträt stellt sehr wahrscheinlich den portugiesischen Infanten Heinrich dar, der später den Beinamen ›der Seefahrer‹ erhielt. Von einem Rahmen mit üppigem Pflanzenornament umgeben, enthält es im unteren Teil die Devise und das Wappen des Infanten. Das Manuskript, dessen einheitliche Authentizität heute umstritten ist (es besteht aus mehreren, zusammengefügten Seiten), kam 1740 in die Bibliothèque royale, später gelangte es in die Bibliothèque nationale. Es wurde mit einer Botschaft von Gomes Eanes de Zurara an den portugiesischen König Afonso V., den Neffen Heinrichs, versehen. Heinrich der Seefahrer (Dom Henrique o Navegador, 1394–1460) beschloss bereits im Alter von 21 Jahren, den afrikanischen Kontinent erforschen und umfahren zu lassen, um den Seeweg nach Indien zu finden. Die von ihm beauftragten Entdeckungsfahrten begründeten die portugiesische See- und Kolonialmacht. Heinrich selbst unternahm keine Seereisen. Seinen Beinamen verdankt er seinem Einsatz als Förderer der Seefahrt. In den Jahren von 1427 bis 1432 wurden von seinen Seeleuten die Azoren entdeckt und besiedelt. Auf diplomatischem Weg erhielt er 1433 weitgehende Verfügungsrechte über die Kanarischen Inseln, die im Vertrag von Alcáçovas 1479 dann allerdings Kastilien zugesprochen wurden (Kat.-Nr. IV.2). (Abb. 1, S. 62) AC

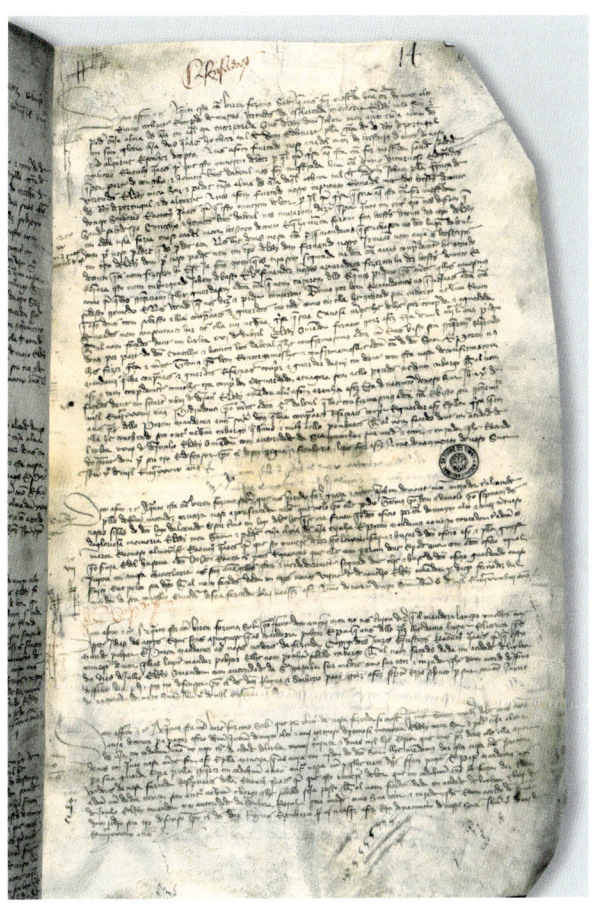

II.10

II.12 Vertrag zwischen König Afonso V. und dem Kaufmann Fernão Gomes
November 1469
Handschrift, 70,3 × 43,5 × 11,3
Lissabon, Instituto dos Arquivos Nacionais / Torre do Tombo, Inv.-Nr. Chancelaria de D. Afonso V, Buch 33, fol. 147 r
Lit. Albuquerque 1994, Bd. 2; Schmitt 1984, S. 67 ff.

König Afonso V. war während seiner Regierungszeit vor allem damit beschäftigt, seinen Anspruch auf den kastilischen Thron geltend zu machen und Eroberungskampagnen in Nordafrika durchzuführen. Mit diesem Vertrag garantierte er die Fortsetzung der von Heinrich dem Seefahrer begonnenen Entdeckungen an der westafrikanischen Küste. Mit Ausnahme von Arguim und den Kapverden trat er den gesamten Guinea-Handel an den Lissaboner Kaufmann Fernão Gomes ab. Im Gegenzug verpflichtete dieser sich, jährlich hundert *Léguas* (etwa 600 km) Küste erkunden zu lassen. Der Vertrag war zunächst

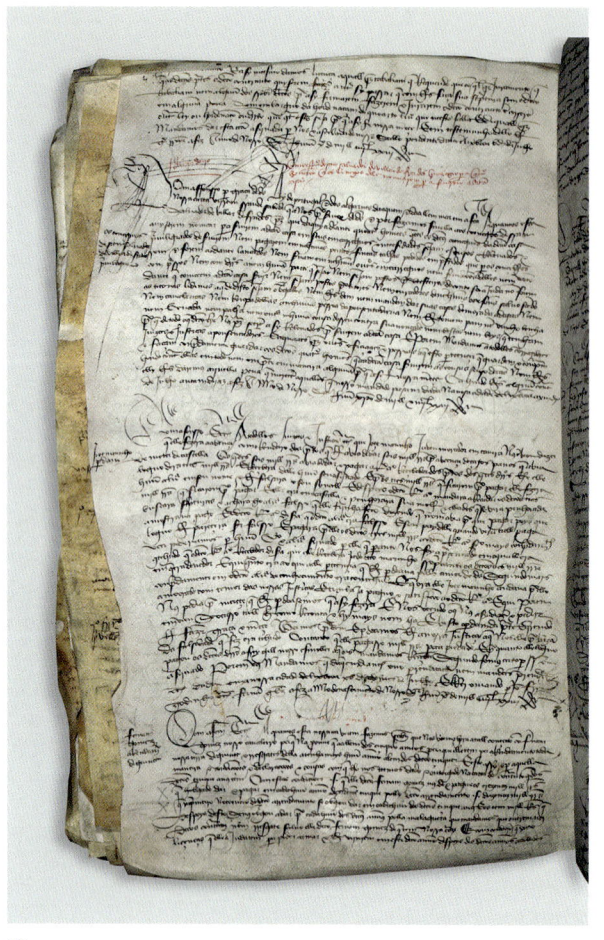

II.12

bis 1473 gültig und wurde dann mittels einer Zahlung von 100 000 *Reis* um ein weiteres Jahr verlängert.

Fernão Gomes kam seiner Verpflichtung mit bemerkenswertem Eifer nach. Seine Schiffe stießen erstmals in der Geschichte in die südliche Halbkugel vor und überwanden das Kap Santa Catarina. Die Gewinne waren so beträchtlich, dass Gomes dem König Geld für seine nordafrikanischen Feldzüge leihen konnte, einen Adelstitel erhielt und von Dom João II. im Jahr 1478 zum Mitglied des königlichen Rats ernannt wurde.
PP

II.13 Triptychon des Heiligen Infanten Dom Fernando

Portugiesische Schule, 15. Jahrhundert
Tempera und Öl (Mischtechnik) auf Eichenholz, 100 × 139,5
Lissabon, Museu Nacional de Arte Antiga, Inv.-Nr. 1877 Pint
Lit. Ausst.-Kat. Brüssel 1991b

Die 1385 begründete Dynastie von Avis stand im frühen 15. Jahrhundert noch unter erheblichem Legitimationsdruck. Die neue Herrscherfamilie entwickelte deshalb bewusst ein öffentliches Bild, in dem Tugenden wie Heiligkeit, Treue, Rechtmäßigkeit und Verbundenheit eine große Rolle spielten. Das architektonische und bildnerische Programm des königlichen Pantheon im für portugiesische Verhältnisse beispiellosen Klosterbau von Batalha und insbesondere das ungewöhnliche Doppelgrabmal von Königin Dona Filipa und König Dom João sind hervorragende Beispiele dafür. Gefördert wurden aber auch literarische Werke mit häufig mystischem Inhalt, so die *Crónica de Dom João I.* von Fernão Lopes, einem ausgezeichneten Chronisten und Schriftsteller, der von den Ereignissen nach dem Tod des Infanten Dom Fernando in einem messianischen und der Vorsehungslehre verhafteten Ton erzählte.

Fernando war 1437 beim fehlgeschlagenen Eroberungsversuch von Tanger in muslimische Gefangenschaft geraten und als Unterpfand für eine von Dom Henrique versprochene, jedoch nie ausgeführte Rückgabe Ceutas in Fez festgehalten worden, bis ihn 1443 der Tod ereilte. Das Martyrium führte zu einer Welle der religiösen Verehrung, die umso intensiver ausfiel, als Dom Fernando schon vor seiner tragischen Reise nach Marokko im Ruf der Heiligkeit stand. Dieser Aspekt wurde unter anderem in einer zeitgenössischen Schrift, dem *Tratado da vida e feitos do muito vertuoso Senhor Infante D. Fernando* (»Traktat über Leben und Taten des sehr tugendhaften Herrn Infanten Dom Fernando«) von Frei João Álvares eingehend bestätigt. Daneben wurden auch Gemälde in Auftrag gegeben, so das hier gezeigte Triptychon des Infanten.

Das Bild zeigt die Lebensabschnitte des Heiligen. Im Zentrum des Bildes sieht man den heiligen Infanten vor einem damaszierten, in Rot und Gold gehaltenen Hintergrund in Fesseln in seinem Gefängnis in Fez und auf beiden Seiten Bilder von ihm als Gefangenem und von den Wundern, die ihm zugeschrieben wurden. Heinrich, der sich weigerte Ceuta auszuhändigen und so den Tod seines Bruders verursachte, wird hier als einsam leidende Gestalt gezeigt. Vielleicht handelte es sich um eine Art Votivbild, das im Kontext der von Gewissensproblemen geplagten Familie des Märtyrers gebraucht wurde. Fernando war dabei nicht der einzige, dessen Bild religiös verklärt wurde. Auch sein

Afonso · von gots
genaden küng
zü portigal vnd
zalgarbe · her zü
sept vnd zü al
gogiuo

II.14

Vater Dom João I., Begründer der sogenannten ›großen Generation‹ Heinrichs des Seefahrers, wurde bald zum Gegenstand mythisierender Umdeutungen, so im posthumen Porträt mit seiner bedeutsamen lateinischen Inschrift. (Abb. 1, S. 88, Abb. 5, S. 94) PP/ZB

II.14 König Afonso V.

In: Georg von Ehingen, *Reisen nach der Ritterschaft*
Georg von Ehingen (Hohenentringen 1428 – 1508 Kilchberg)
15. Jahrhundert (Ende)
Handschrift, Pergament, 21 × 17
Stuttgart, Württembergische Landesbibliothek,
Sign. Cod. Hist. Quart. 141
Lit. Ehrmann 1979; Kulturamt der Universitätsstadt
Tübingen 1986; Serrão o. J., S. 22 f.

Dom Afonso V. (1432–1481) war der 13. König Portugals. Aufgrund seiner militärischen Unternehmungen in Nordafrika, zu denen die Eroberung von Alcácer Ceguer, Tanger und Arzila zählen, erhielt er den Beinamen ›der Afrikaner‹. In seine Regierungszeit fällt u. a. die päpstliche Bulle *Romanus pontifex*, die Erstellung der *Fra Mauro*-Karte sowie der Vertrag von Alcáçovas.

Sein Bildnis findet sich in den autobiografischen Aufzeichnungen des schwäbischen Ritters Georg von Ehingen. Dieser begab sich im Zuge der Ereignisse nach dem Fall Konstantinopels (1453) – Papst Nikolaus V. hatte, wenn auch mit wenig Erfolg, zu einem neuen Kreuzzug aufgerufen – nach Rhodos, wo er mit den Johannitern gegen die Türken kämpfte. Anschließend besuchte er das Heilige Land und kehrte über Ägypten, Zypern und wiederum Rhodos nach Deutschland zurück. Eine weitere Reise führte ihn anschließend über Spanien nach Portugal, wo er sich 1457 – und erneut 1458 – am Hofe von Afonso V. aufhielt. Er setzte nach Sept (Ceuta) über und beteiligte sich am Kampf der Portugiesen gegen das Heer des Sultans von Fez. Ausführlich schildert Georg, wie einer der ›Heiden‹ von ihm im Zweikampf getötet wurde. Über Afonso V. heißt es in seinem Bericht: »Der küng war [...] ain hüpscher, wollgestallter fürst und der aller kristlichst, werlichst und gerechtiste küng, den ich je erkennt hab.« In späteren Jahren trat Georg in den Dienst des Landes Württemberg, wo er unter anderem an den Verhandlungen, die 1477 zur Stiftung der Universität Tübingen führten, beteiligt war.

Von den insgesamt drei erhaltenen Handschriften seines Reiseberichts handelt es sich bei der hier ausgestellten um die wohl älteste und wertvollste. Neben Afonso V. finden sich darin acht weitere zeitgenössische Herrscher abgebildet. MK

II.15 Reliquienbüste des Heiligen Johannes Presbyter

S. Ioannes Presbyter ex Sodalitate S. Ursula
Köln, um 1330
Holz, polychrome Fassung, Glasfluss und Eisenscharnier,
48 × 38 × 24
Köln, St. Ursula, Goldene Kammer, Inv.-Nr. N 10 b 15
Lit. Baum 1999, S. 141; Dahm 1992, Sp. 530–533;
Karpa 1933/34, S. 64; Knefelkamp 1986

Johannes Presbyter, der auch im Johannesevangelium als Autor zweier Briefe genannt wird, war bereits in der christlichen Urkirche eine geheimnisumwobene Gestalt. In der Zeit der Kreuzzüge avancierte er zum legendären ›Priesterkönig Johannes‹, der mit verschiedenen, zum Teil auch realen Persönlichkeiten assoziiert wurde. Er galt nun als Herrscher eines mächtigen, weit im Osten liegenden christlichen Reiches, von dem man sich Unterstützung im Kampf gegen die muslimischen Staaten im Vorderen Orient erhoffte. So berichtete im Jahre 1145 Otto von Freising von einem christlichen Machthaber aus dem östlichen Syrien, der einen Feldzug zur ›Befreiung‹ Jerusalems geplant habe. Im Jahre 1165 kursierte in Europa ein angeblicher Brief des Presbyters Johannes, der von dessen Imperium in Indien kündete. Die Vorstellung von der Existenz eines christlichen Alliierten im Rücken des islamischen Gegners beflügelte auch die frühen portugiesischen Entdeckungsfahrten des 15. Jahrhunderts. Nach seinen militärischen Erfolgen in Nordafrika berichtete Prinz Heinrich der Seefahrer Papst Eugen IV., dass er nähere Kenntnisse über das Land des Priesterkönigs zu gewinnen hoffe. Dieses wurde nun nicht mehr allein in Indien vermutet. Die Lokalisierung des legendären Reiches verlagerte sich nach Äthiopien, wohin 1442 eine Expedition unter der Leitung Antão Gonçalves über den Gambiafluss zu gelangen hoffte.

Ein frühes Beispiel für den breiten Einfluss der variantenreichen Legende stellt eine Reliquienbüste aus der Kölner Kirche St. Ursula dar. Sie wurde für die Überreste eines ›Bischofs Johannes aus Armenien‹ geschaffen, die man 1327 unter den Gebeinen der Heiligen Ursula und ihres Gefolges aufgefunden hatte. JW

II.15 ▶

S. IOANNES PRESBYTER EX
SODALITATE S. VRSVLÆ

III. Ausgangsbedingungen

Überlieferte Wissensmodelle beeinflussten im ausgehenden Mittelalter den Beginn der portugiesischen Entdeckungsfahrten ebenso wie politische Konstellationen. Die geografischen Vorstellungen gingen in Europa zunächst vor allem auf die Werke antiker Autoren zurück. Ergänzt und korrigiert wurden sie im Mittelalter zunehmend durch Berichte einzelner Reisender, wobei die Ausführungen von Marco Polo sicherlich die größte Berühmtheit erlangten. Zur gleichen Zeit bevölkerten allerdings auch zahlreiche Fabelwesen und Ungeheuer die europäische Vorstellung von der außereuropäischen Welt.

Die Kugelform der Erde war bereits in der Antike bekannt gewesen. Auch im Mittelalter zog die Mehrzahl der Gelehrten diese Auffassung nicht in Zweifel. In der kartografischen Darstellung war lange die antike Tradition kreisförmiger Weltkarten vorherrschend, wobei in den heilsgeschichtlich strukturierten *Mappae Mundi* Jerusalem das Zentrum der Ökumene bildete. Im 13. Jahrhundert entstanden die ersten Portolankarten der Mittelmeerküsten mit neuartigen Informationen für Seefahrer. Ein großer Teil des antiken Wissens war zudem seit dem 6. Jahrhundert in die Sprachen des Vorderen Orients übersetzt worden. Im Mittelalter bereicherten dann Rückübersetzungen aus dem Arabischen, ergänzt durch eigenständige Weiterentwicklungen, den europäischen Wissensbestand. Zentren dieses Wissenstransfers, bei dem die Forschungen muslimischer, jüdischer und christlicher Gelehrter zusammenflossen, waren Spanien und Sizilien. Durch arabische Vermittlung etablierte sich in Europa seit dem 10. Jahrhundert auch die indische Zahlenschrift. Für einen Entwicklungsschub in der Geografie sorgte weiterhin die spätmittelalterliche ›Wiederentdeckung‹ und Verbreitung der Schriften von Claudius Ptolemäus, der im 2. Jahrhundert n. Chr. in Alexandria tätig gewesen war.

Der Handel mit asiatischen Gewürzen wurde innerhalb Europas im ausgehenden Mittelalter von den italienischen Stadtstaaten dominiert. Diese übernahmen die Waren an den Küsten des östlichen Mittelmeeres von den Mamelucken, die wiederum weite Gebiete der Levante sowie Ägypten und das Rote Meer beherrschten. Ab Mitte des 15. Jahrhunderts war mit der Ausbreitung des Osmanischen Reichs ihre Vormachtstellung jedoch zunehmend bedroht. Für Portugal war eine lukrative Beteiligung am Asienhandel angesichts der gegebenen politischen Machtverhältnisse nur durch die Entdeckung einer alternativen Seeroute nach Indien möglich. CT

III. Acervo existente

Os modelos de conhecimento tradicionais e as constelações políticas, no final da Idade Média, influenciaram o início das viagens de descobertas dos portugueses. As percepções geográficas, na Europa, baseavam-se, sobretudo, nas obras de autores da Antiguidade. Na Idade Média, estas foram sendo, crescentemente, corrigidas e completadas através de roteiros de viajantes individuais, embora, seguramente, as representações de Marco Polo fossem as que ganharam mais celebridade. Simultaneamente, porém, a visão europeia do mundo que se situava fora da Europa, estava replecta de figuras fabulosas e de monstros.

A forma esférica da Terra já era conhecida dos antigos e também na Idade Média não fora refutada pela maioria dos letrados. Na representação cartográfica, há muito que predominava a tradição dos mapas-mundo circulares, embora no *Mappae Mundi* Celeste, Jerusalém se encontrasse no centro da ecuménia. No século XIII, apareceram os primeiros mapas portulanos, com a costa do Mediterrâneo, contendo novas informações para os marinheiros. Uma grande parte do conhecimento antigo fora traduzida, adicionalmente, a partir do século VI, para as línguas do Próximo Oriente. Na Idade Média, retroversões do árabe, completadas por avanços próprios, enriqueceram o nível de conhecimento europeu. Os centros deste intercâmbio de conhecimento, para os quais as pesquisas de especialistas muçulmanos, judeus e cristãos fluíam, eram a Espanha e a Sicília. Por transmissão árabe, estabeleceu-se, na Europa, no século X, a escrita numérica da Índia. A ›redescoberta‹ e a divulgação, na Baixa Idade Média, dos escritos de Ptolomeu, que vivera no século II d. C., proporcionaram um impulso no desenvolvimento da Geografia.

O comércio com especiarias asiáticas, na Europa, passou a ser dominado pelas Cidades-Estado da Itália, no final da Idade Média. Estas Cidades-Estado adquiriam os produtos na costa oriental do Mediterrâneo, dos Mamelucos que, por sua vez, dominavam extensas regiões do Levante, assim como do Egipto e do Mar Vermelho. Porém, a partir de meados do século XV, a sua hegemonia foi ficando ameaçada com a expansão do Império Otomano. Para Portugal, face à relação dos poderes políticos constituídos, uma participação lucrativa no comércio com a Ásia só seria possível através de uma alternativa via marítima para a Índia. CT

III.1 Kosmografie
Cosmographia de situ orbis
Pomponius Mela
Venedig, 1478
Druck, 25 × 17,8
München, Bayerische Staatsbibliothek, Sign. 4 Inc. c.a. 97
Lit. Ausst.-Kat. Nürnberg 1992, S. 649; Winkler 2000,
S. 142–146

Die um das Jahr 44 n. Chr. verfasste Länderkunde des Pomponius Mela ist das älteste vollständig erhaltene geografische Werk in lateinischer Sprache. In Form einer Schifffahrt, wie sie unter dem Begriff ›Periplus‹ (Umsegelung und Beschreibung der Küste) eine lange literarische Tradition hat, beschreibt der römische Geograf aus dem südspanischen Tigentera die damals bekannten Erdteile Asien, Europa und Afrika. Klar auf die Bedürfnisse der Seefahrer ausgerichtet, konzentriert sich Mela in den drei Bänden in erster Linie auf allgemeinverständliche Beschreibungen der Küstengebiete. Neben simplen Richtungsangaben und Entfernungen in ›Tagesreisen‹ liefert die Kosmografie Informationen über die Schiffbarkeit von Flüssen. Eingestreute Exkurse unterhalten den Leser mit detaillierten Nachrichten über Tierwelt und Fabelwesen sowie andersartige Sitten und Gebräuche der Bewohner in den Randgebieten der Ökumene. Angaben zur physikalischen Geografie und absolute Entfernungen fehlen jedoch fast gänzlich.

Ihre größte Wirkung entfaltete die in nur wenigen Handschriften überlieferte Schrift Melas durch den Buchdruck im ausgehenden Mittelalter. Bis 1498 erschienen zehn Ausgaben in Spanien und Italien, darunter auch in den venezianischen Offizinen der deutschen Drucker Ratdolt, Maler und Löslein. Von Humanisten hoch geschätzt, war die Kosmografie zu Beginn der Neuzeit bereits fester Bestandteil des universitären Lektürekanons und blieb bis ins 18. Jahrhundert hinein ein weit verbreitetes Schulbuch. Auch der Entdecker Brasiliens, Pedro Álvares Cabral, besaß ein mit zahlreichen handschriftlichen Bemerkungen versehenes Exemplar von 1498. Die hier gezeigte Kosmografie stammt aus der Bibliothek des Humanisten Hartmann Schedel (1440–1515). Nach der Vorlage der ersten gedruckten Karte Melas aus dem Jahr 1482 entstand später die Weltkarte der Schedel'schen Weltchronik (Kat.-Nr. V.II.7). CT

III.2

III.2 Historia Naturalis
Gaius Plinius Secundus d. Ä.
(Novum Comum 23 – 79 n. Chr. Stabiae)
Rom, Conrad Sweynheym, Arnold Pannartz, 1470
Druck, 43 × 30
Erlangen, Universitätsbibliothek Erlangen-Nürnberg,
Sign. Inc. 1599
Lit. Ausst.-Kat. Nürnberg 1992, S. 741; Krafft 1986,
S. 275; Winkler 2000, S. 150–161

Im Jahr 77 n. Chr. erschien die erste Ausgabe der naturwissenschaftlichen Enzyklopädie Plinius des Älteren. In insgesamt 37 Büchern fasst die Naturgeschichte das Wissen seiner Zeit systematisch aus rund 2000 griechischen und römischen Werken zusammen. Plinius behandelt darin nicht nur die Pflanzen und Mineralien, sondern auch die Erd- und Himmelskunde, die Medizin sowie die Entwicklung der Schifffahrt, des Handels und der Künste. Das zweite Buch enthält unter anderem eine Beweisführung für die Kugelgestalt der Erde. In den Büchern drei bis sechs, die der Geografie im eigentlichen Sinne gewidmet sind, beschreibt der Historiker in einem ›Rundgang um die Welt‹ (*circuitus mundi*) auch die Länder Nordafrikas und Kleinasiens sowie Indien und die Insel ›Taprobane‹ (Sri Lanka). Zum Abschluss der Darstellung der bewohnten Welt informieren zwei Zusätze über die Ausdehnung der Meere und die Größe der Erdteile.

Zeugnisse der hohen Wertschätzung, die diesem monumentalen Opus im Mittelalter entgegengebracht wurde, sind mehr als 200 erhaltene Handschriften und das frühe Datum der ersten gedruckten Gesamtausgabe (1469). Auf dem Behaim-Globus (Kat.-Nr. V.II.1) wird Plinius als Quelle genannt. Das ausgestellte Exemplar, dessen aufgeschlagene Seite den Beginn von Buch V mit der Beschreibung Afrikas zeigt, stammt aus dem Besitz Conrad Sweynheyms. CT

III.3 Mappa Mundi
In: *De bello civili*
Nach: Marcus Annaeus Lucanus
(Córdoba 39 – 65 n. Chr. Rom)
Tegernsee, zweite Hälfte 11. Jahrhundert
Handschrift, 30 × 22, Karte 13,5 (Dm.)
Berlin, Staatsbibliothek zu Berlin – PK, Handschriftenabteilung, Sign. Ms.lat.fol.35
Lit. Schneider 2006, S. 26–28; Stolzenberg 1971, S. 24

Die mittelalterliche T-O-Weltkarte zeigt die Ökumene, also die seit der Antike bekannte Welt mit den drei Kontinenten Asien, Afrika (»*Libia que et Affrica*«) und Europa, die sich um ein den Don, den Nil und das Mittelmeer darstellendes T gruppieren. Dabei trennt das Mittelmeer Europa von Afrika, die beide wiederum durch die Flüsse Don und Nil von dem doppelt so großen asiatischen Kontinent separiert sind. Diese Kartenform geht auf den um 600 n. Chr. lebenden Gelehrten Isidor von Sevilla zurück, der in seinen Werken das Wissen aus Antike und Mittelalter verband. Die Buchstaben T-O stehen dabei für den Erdkreis (*orbis terrarum*), der vollständig von einem Ozean umgeben ist. Hier wird die Welt allerdings von einem Umkreis mit zwölf Abschnitten für die zwölf Winde umfasst.

Die ›Mappa Mundi‹ befindet sich in Lucans unvollendetem historischem Epos *De bello civili*, oder *Pharsalia*, über den Bürgerkrieg zwischen Caesar und Pompeius. Eine figürliche Darstellung des Kampfes zwischen beiden findet sich in dem Zierbuchstaben auf der der Weltkarte gegenüberliegenden Seite. (Abb. 4, S. 57) CT

III.4 Zonenkarte
Ambrosius Theodosius Macrobius (um 395 – 436 n. Chr.)
In: *Commentarii in Somnium Scipionis*, Liber II, FV, Bl. 45r
Brescia, Boninus de Boninis, 5. Mai 1485
Druck, 31 × 21,5, Holzschnitt, 12,7 (Dm.)
München, Bayerische Staatsbibliothek, Sign. 2° Inc.c.a. 1614
Lit. Ausst.-Kat. Nürnberg 1992, S. 649 f.; Campbell 1987 b, S. 114–117

Um 430 n. Chr. verarbeitete der römische Philosoph Macrobius die auf griechische Gelehrte zurückgehende Einteilung der Erde in Klimazonen in seinem Kommentar zu Ciceros *Traum des Scipio*. Danach besteht die Erde aus vier von einem Ozean getrennten Festlandinseln, je eine in der nördlichen und in der südlichen Hälfte der östlichen und westlichen Hemisphäre. Über die beiden Hemisphären erstreckt sich ein Band aus fünf Klimazonen: im Norden und Süden je eine kalte, unbewohnbare Zone, an die sich jeweils eine gemäßigte, bewohnbare Zone anschließt. Eine heiße, unbelebte Äquatorzone trennt beide Lebenswelten.

In seinen Weltkarten beschreibt Macrobius lediglich die östliche Hemisphäre. Die Menschen der Ökumene leben im nördlichen Erdviertel, das aus den Kontinenten Afrika, Europa und Asien besteht. Die Ökumene wird größtenteils der temperierten Zone zugerechnet. Die nördlichen Regionen Europas und Asiens, darunter auch Britannien, liegen nach der Karte eigenartigerweise im kalten, der Süden Afrikas bereits im heißen Bereich, also in Zonen, die Macrobius eigentlich als unbewohnbar schildert. Genannt werden nur einzelne Länder bzw. Regionen wie ›Hispania‹, ›Gallia‹, ›Ytalia‹, ›India‹ oder ›Aethiopia‹, Städte wie Jerusalem, Babylon, Karthago oder Alexandria und Gebirge wie der Atlas im Westen Afrikas oder die ›Montes Reiphei‹ im Norden Asiens und Europas. Im unbekannten Gebiet südlich des äquatorialen Ozeans existieren ebenfalls Menschen, die ›Antipoden‹ (Gegenfüßler).

Macrobius' Werke genossen im Mittelalter hohe Popularität. Aus dem Zeitraum 1200 bis 1500 sind rund 150 Manuskriptkopien mit etwa einhundert Zonenkarten überliefert. Im Gegensatz zu den ptolemäischen Weltkarten, in denen der Indische Ozean als geschlossenes Binnenmeer dargestellt ist, ließ Macrobius' schematische Illustration den Rückschluss auf einen Seeweg nach Indien zu. (Abb. 3, S. 56) CT

III.5

III.5 Borgia-Karte
Erste Hälfte 15. Jahrhundert
Eisen, graviert, teilweise gefärbt, 67 (Dm.)
Vatikanstadt, Musei Vaticani, Inv.-Nr. 70163
Lit. Bagrow/Skelton 1963, S. 99; Caraci 1953; Falchetta 2006

Die Karte besteht aus zwei halbkreisförmigen Eisenplatten mit eingravierter Zeichnung, in die teilweise Farben eingerieben wurden (Niello-Technik). Sie wurde 1794 im Auftrag von Kardinal Stefano Borgia (1731–1804) in Portugal erworben und in dessen Kunstsammlung aufgenommen. Die Karte war sicherlich nicht als Gebrauchsobjekt, sondern als Wandschmuck gedacht, worauf das ›unhandliche‹, aber dauerhafte Material hinweist, als Symbol der Gelehrsamkeit oder des Herrschaftsanspruches eines weltlichen oder kirchlichen Potentaten, ausgestellt in einer Studierstube oder einem Audienzsaal.

Da die Karte ›gesüdet‹ ist, erscheint es sinnvoll, sie für einen Vergleich mit unserem Erdbild auf den Kopf zu stellen. Auch wenn keinesfalls eine größere Genauigkeit erwartet werden darf, wird die Grundstruktur der Darstellung deutlich. Die alte T-

Gliederung der Kontinente ist nicht mehr erkennbar. Weit unterhalb der Bildmitte ragt von Westen her das Mittelmeer als schmales Band in die Karte. Zu sehen sind die Iberische Halbinsel, Korsika und Sardinien, Italien und Griechenland auf der Nordseite, während Afrika auf der Südseite sehr grob erscheint. Das Atlasgebirge erstreckt sich als langes Band, klar ist noch das Nildelta mit Alexandria an der Mündung, während alles weitere neben der mangelnden geografischen Kenntnis stark verzeichnet ist und auch der vorgegebenen Kreisform geopfert wurde. Asien liegt gedrängt im Osten, die Arabische Halbinsel ist in Tropfenform dargestellt, Indien und China sind nur als Landmasse erkennbar. Die Türkei wird vom Mittelmeer und dem Schwarzen Meer umrahmt, recht deutlich sind die Krim, das Asowsche Meer, nach Osten zu das Kaspische Meer und wohl auch der schon dem östlichen Rand der bekannten Welt sehr nahe liegende Aralsee. Asien ist ebenso wie Afrika am Rand in einfacher Kreisform begrenzt, kontinental von der in das Schwarze Meer mündenden Wolga, von der die Kama abzweigt, die hin zum ganz kurzen Uralgebirge verläuft.

Doch auch Nordeuropa erscheint stark verzeichnet und stilisiert, die Britischen Inseln und Irland, die Halbinsel Jütland und Skandinavien mit der von diesen eingeschlossenen Ostsee und doch eher phantasievollen Flussläufen und Gebirgszügen, bei denen man zwar auch etwas Reales finden kann, ohne zu wissen, ob dies auch immer damit gemeint war. Die Binnenzeichnungen geben Flussläufe, Gebirge und Städte mit zumeist kleinen Kirchen- oder Festungsbildchen wieder. Als reiner Schmuck erscheinen Menschen, teilweise in angenommener typischer Bekleidung bei landwirtschaftlichen Tätigkeiten, auf der Reise, bei religiösen Übungen und militärischen Szenen, in Afrika wilde Tiere, auf dem Wasser verteilt Schiffe im typischen Stil norddeutscher Hansekoggen sowie eine Galeere, dazu teils mehrzeilige Inschriften.

Mit umfassenden Betrachtungen zur kartografischen Genauigkeit würde man dem gewünschten Zweck der Karte nicht gerecht werden. Ihr Verfertiger war auch ganz sicher kein geübter Kartograf, sondern hier wurde älteres Kartenmaterial, darunter solches katalanischer Provenienz, entsprechend dem Wunsch des Auftraggebers zu einer europadominierten, runden Darstellung zum Zwecke des Schmucks und der Repräsentation verarbeitet. Die Karte weist auf der ganzen Fläche verteilt 37 sorgfältig eingefügte, zum Teil oben mit einer kurzen Nut versehene Löcher auf, die sicherlich zum Einstecken von Markierungen dienten, möglicherweise Wappen, Herrscherbilder oder anderen Schmuck tragend, der sich nicht erhalten hat. JH

III.6 The mirrour of the world
Gossouin von Metz
Westminster, 1481
Druck, 29 × 21
Göttingen, Niedersächsische Staats- und Universitätsbibliothek, Sign. 4° Hist. Un. II, 42 Inc Rara
Lit. Gossouin von Metz 1913; Hamel 1996, S. 91–98; Hamel 2002, S. 88–90; Hamel 2006, S. 61–72

Die Kugelgestalt der Erde war während des gesamten Mittelalters ein Grundelement des Naturwissens. Nachdem am Ende des 12. Jahrhunderts die wichtigsten Werke zur Astronomie von Ptolemäus und zur Physik des Aristoteles über den Umweg der islamischen Gelehrsamkeit wieder bekannt wurden, gelang es, die Kugelgestalt der Erde physikalisch zu begründen und mit anschaulichen Beispielen zu erklären. Im Rahmen der Literatur zu diesem Thema besitzt die 1246/47 in altfranzösischer Sprache verfasste und 1480 ins Englische übersetzte Schrift *Image du monde* des Gossouin von Metz, von dem biografische Details leider nicht bekannt sind, eine herausragende Bedeutung. Es handelt sich um eine enzyklopädische Darstellung des Wissens für eine unterhaltsame Laienbildung, die Theologie ebenso umfassend wie die Geografie und besonders ausführlich die Astronomie in aristotelischer Prägung.

Zunächst entwickelt Gossouin das Bild der Erde mit den vier Elementen Erde, Wasser, Luft und Feuer im bekannten, symbolischen Bild eines Eies. Dann findet er jedoch zur Veranschaulichung der Kugelgestalt bildhafte Beispiele, für die es in der Literatur keine Vorlagen gibt und mit denen er sich als geschickter Didaktiker erweist.

1. Würde ein Mensch um die Erde herumlaufen (soweit dies nicht durch Wasser gehindert wäre), könnte er sich auf dieser bewegen wie eine Fliege auf einem Apfel.

2. Würde ein Mensch sich so weit von uns entfernen, bis er sich unter uns befindet, würde er seine Füße gegen unsere kehren und sein Kopf würde zum Himmel zeigen, genauso wie es hier mit uns so wäre und er sagen könnte, wir wären unter ihm. Würde er weiter fortgehen, käme er an den Ausgangspunkt seines Weges.

3. Wenn zwei Männer von ein und demselben Ort fortgingen und sich mit genau der gleichen Geschwindigkeit bewegten, einer nach Osten, der andere gen Westen, würden sie sich am gegenüberliegenden Punkt der Erde treffen und endlich am Ausgangspunkt zusammenkommen.

4. Schließlich greift er noch ein physikalisches Gedankenexperiment auf, das schon zuvor von Adelard von Bath (geb. um 1090) und Alexander Neckam (1157–1217) entwickelt wurde und von Gossouin nun in mehreren Schritten erweitert wird:

Ein Stein oder eiserner Ring, der in ein quer durch die Erde gegrabenes Loch geworfen wird, an deren anderem Ende der Himmel zu sehen ist, müsste im Mittelpunkt der Erde zur Ruhe kommen; bei großer Wurfgeschwindigkeit würde er zunächst um diesen oszillieren. Würde man von zwei gegenüberliegenden Orten der Erde solche Löcher graben und in alle vier einen Stein werfen, kämen sie alle im Erdmittelpunkt – gleiches Gewicht vorausgesetzt – zur gleichen Zeit zur Ruhe.

Diese Darlegungen sprechen von einem klaren Verständnis der aristotelischen Physik. (Abb. 2, S. 55) JH

III.7 Klimakarte
Pierre d'Ailly (Compiègne 1351 – 1420 Avignon)
In: *Imago Mundi*
Löwen, Johannes von Westfalen, 1480/83
Druck, 28,6 × 21,5
Erlangen, Universitätsbibliothek Erlangen-Nürnberg,
Sign. Inc. 1302
Lit. Ausst.-Kat. Nürnberg 1992, S. 655 f.;
Brincken 2006, S. 20; Frenken 1994, Sp. 320–324

Der französische Kardinal Pierre d'Ailly (Petrus de Alliaco) war ein einflussreicher Kirchenpolitiker, der sich insbesondere für die Beseitigung des Papstschismas einsetzte. Neben theologischen Schriften verfasste er um 1410 die Kosmografie *Imago Mundi*, die in großen Teilen die Erkenntnisse antiker Gelehrter, wie Aristoteles, Plinius oder Ptolemäus, aber auch diejenigen des englischen Mathematikers Roger Bacon aufgreift. Insgesamt acht Karten illustrieren die von Johannes von Westfalen angefertigte erste Druckausgabe.

Die genordete siebte Karte aus dem 14. Kapitel zeigt die fünf Klimazonen der östlichen Hemisphäre. Zwischen drei unbewohnbaren Regionen (Nord- und Südpol, Äquator) liegen zwei gemäßigte Zonen, von denen der nördliche, Europa, Afrika und Asien umfassende Gürtel zusätzlich in sieben Klimata unterteilt ist. Das Gegenstück der westlichen Hemisphäre hat im Wesentlichen den gleichen Aufbau. Die Karte weist keine geografischen Konturen auf, lediglich Legenden und die Namen einiger Flüsse und Meere sind verzeichnet. Ungewöhnlich ist das Fehlen christlicher Legenden sowie der Weltmittelpunkt, der nicht mehr Jerusalem, sondern das aus der arabischen Astronomie bekannte *Aryn* darstellt.

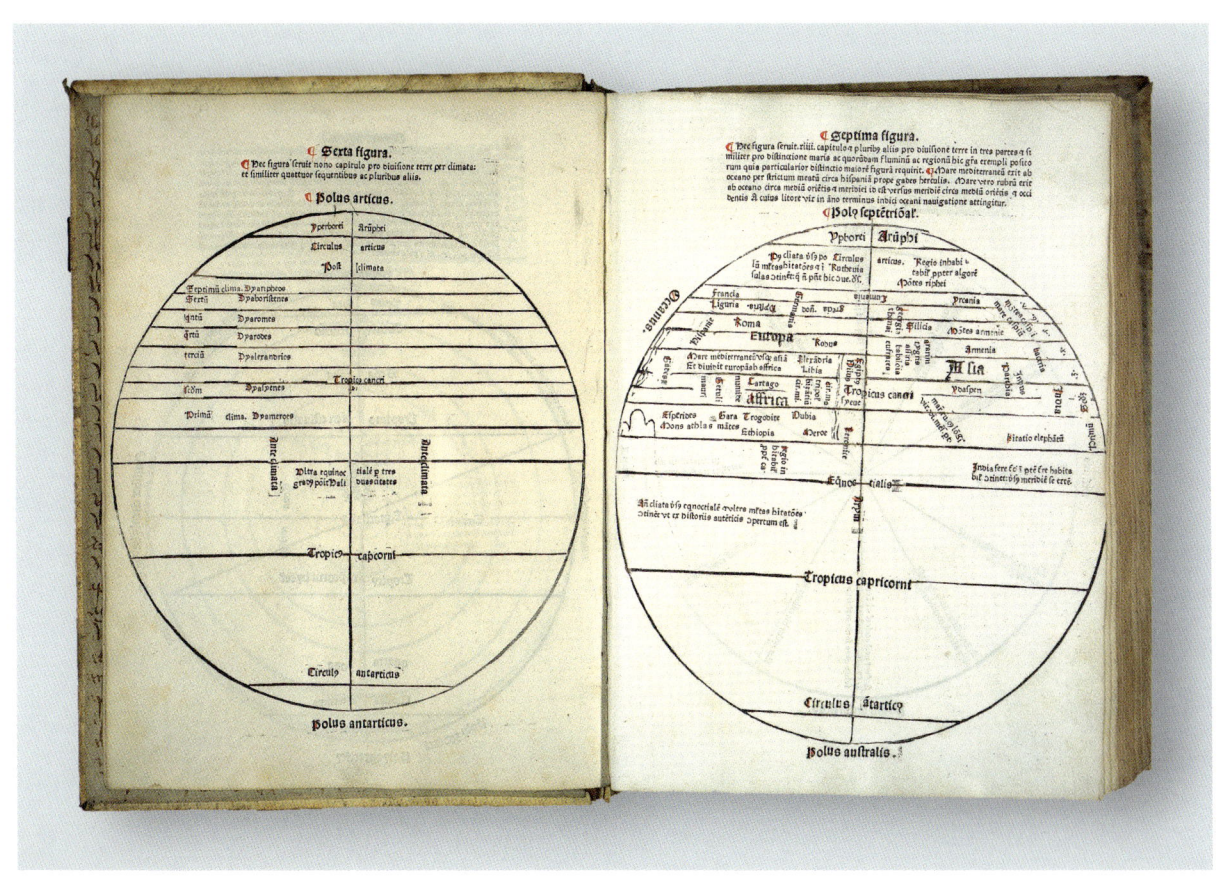

Wegweisend für die geografischen Vorstellungen der Entdecker ist d'Aillys Vermerk, dass die Erde über die bekannten Klimate und den Äquator hinaus bewohnbar sei. So nehme Indien, nach Aussagen ›authentischer Historiker‹, in Realität über ein Drittel der bewohnbaren Welt gen Süden ein, erstrecke sich über den Äquator hinaus und reiche im Osten beinahe an Afrika heran. Berühmtester Leser des *Imago Mundi* war Kolumbus, dessen Handexemplar, ebenfalls eine Löwener Ausgabe von 1483, sich heute in der Biblioteca Colombina in Sevilla befindet. CT

III.8 Das Buch des edlen Ritters Marco Polo

Marco Polo (Venedig 1254 – 1324 Venedig)
Nürnberg, Friedrich Creussner, 1477
Druck, 30 × 21
Berlin, Staatsbibliothek zu Berlin – PK,
Inkunabelsammlung, Sign. 4° Inc. 1801
Lit. Ausst.-Kat. Berlin 1985, Kat.-Nr. I/19; Münkler 1998

1260 unternahmen die beiden venezianischen Kaufleute Maffeo und Niccolò Polo, deren Familie Handelsniederlassungen in Konstantinopel und in dem auf der Krim gelegenen Soldaia unterhielt, eine Handelsreise ins Innere Asiens. 1271 begleitete Marco Polo, der Sohn Niccolòs, die beiden Brüder auf einer weiteren Unternehmung. In China trat Marco Polo in den Dienst des mongolischen Herrschers Khubilai-Khan, in dessen Auftrag er weite Teile Südostasiens bereiste. Erst 1295 kehrte er wieder nach Venedig zurück.

In Italien wurde Marco Polo aufgrund der kriegerischen Auseinandersetzungen zwischen Genua und Venedig gefangengenommen und lernte in einem Genueser Gefängnis den als Schriftsteller erfahrenen Rustichello da Pisa kennen. Dieser brachte die Erzählungen Polos unter dem Titel *Le Divisament dou Monde* – in Italien bürgerte sich für das Buch später der Name *Il Milione* ein – zu Papier. Der Bericht fand rasche Verbreitung, wobei die erhaltenen Abschriften und Übersetzungen keine Einheit aufweisen, sondern durch verschiedene Kürzungen, Ausweitungen oder Umdeutungen gekennzeichnet sind.

Neben seinem Unterhaltungswert für die höfische Leserschaft des Spätmittelalters und den frühen Informationen über Asien, dessen Kulturen und Errungenschaften Marco Polo in einem sehr positiven Licht darstellt, zeitigte der Bericht im ›Zeitalter der Entdeckungen‹ weitere ganz konkrete Auswirkungen. So übernahm Martin Behaim daraus zahlreiche Angaben für die Legenden seines ›Erdapfels‹ (Kat.-Nr. V.II.1). Zudem gehört die Aufzählung der Reichtümer von ›Cathay‹ (Asien bzw. Nordchina) und ›Cipangu‹ (Japan) bei Marco Polo zu den Textstellen, die Christoph Kolumbus vor seiner Atlantikfahrt gründlich studierte und die ihn in seinen Plänen, eine westliche Route gen Asien zu finden, stark motivierten. (Abb. 6, S. 59) MK

III.9 Karte des Indischen Ozeans

In: *Kitāb al-masālik wa-l-mamālik*
Al-Istahri, 569/1173
Handschrift, 25,6 × 19,6 × 2,9
Gotha, Forschungsbibliothek, Sign. Ms. Orient.
A 1521, bl. 12 a
Lit. Ausst.-Kat. Gotha 1997, S. 163 f.;
Tibbets 1992a, S. 108 f.; Tibbets 1992b, S. 256 f.

Bereits vor der islamischen Ära befuhren Araber und Perser den Indischen Ozean. Mit der Ausbreitung des Islams blühte auch der maritime Handel auf, und es gab neue Anreize für die Aufnahme der Langstreckenschifffahrt nach Afrika und China. Zur Zeit der portugiesischen Entdeckungen war bereits eine beachtliche Anzahl nautischer Schriften und praktischer Segelanweisungen zu den Küsten des Indischen Ozeans und der Chinesischen Meere im Umlauf. Von den profunden Kenntnissen der arabischen Seefahrer konnten auch die Portugiesen profitieren: Nach einem Bericht des Chronisten João de Barros (*Asia*, Kat.-Nr. IX.24) zeigte man Vasco da Gama vor seiner ersten Überquerung des Arabischen Meeres in Malindi eine detaillierte Karte der indischen Küsten.

Das *Kitāb al-masālik wa-l-mamālik* (»Buch der Routen und Provinzen«), hier in einer gekürzten Version der zweiten Fassung, ist die zweitälteste Handschrift mit islamischen Karten. Die stark abstrahierte Karte des Indischen Ozeans zeigt, beginnend von oben rechts, das Rote Meer und die leicht ausgebuchtete arabische Halbinsel mit Euphrat und Tigris in Y-Form, nachfolgend dann das Nordufer des Persischen Golfes und die Küste des Arabischen Meeres, vor denen die drei weit überdimensionierten Inseln des Persischen Golfs platziert sind. Hinter der Mündung des Indus folgen das Indische und das Chinesische Kap, dazwischen der Berg Gabal Sarandib. Am oberen Rand befindet sich Äthiopien, das links in die ptolemäische ›terra incognita‹ übergeht, welche sich weit in den Osten zieht und den Indischen Ozean zu einem langgestreckten Golf formt. (Abb. 8, S. 214) CT

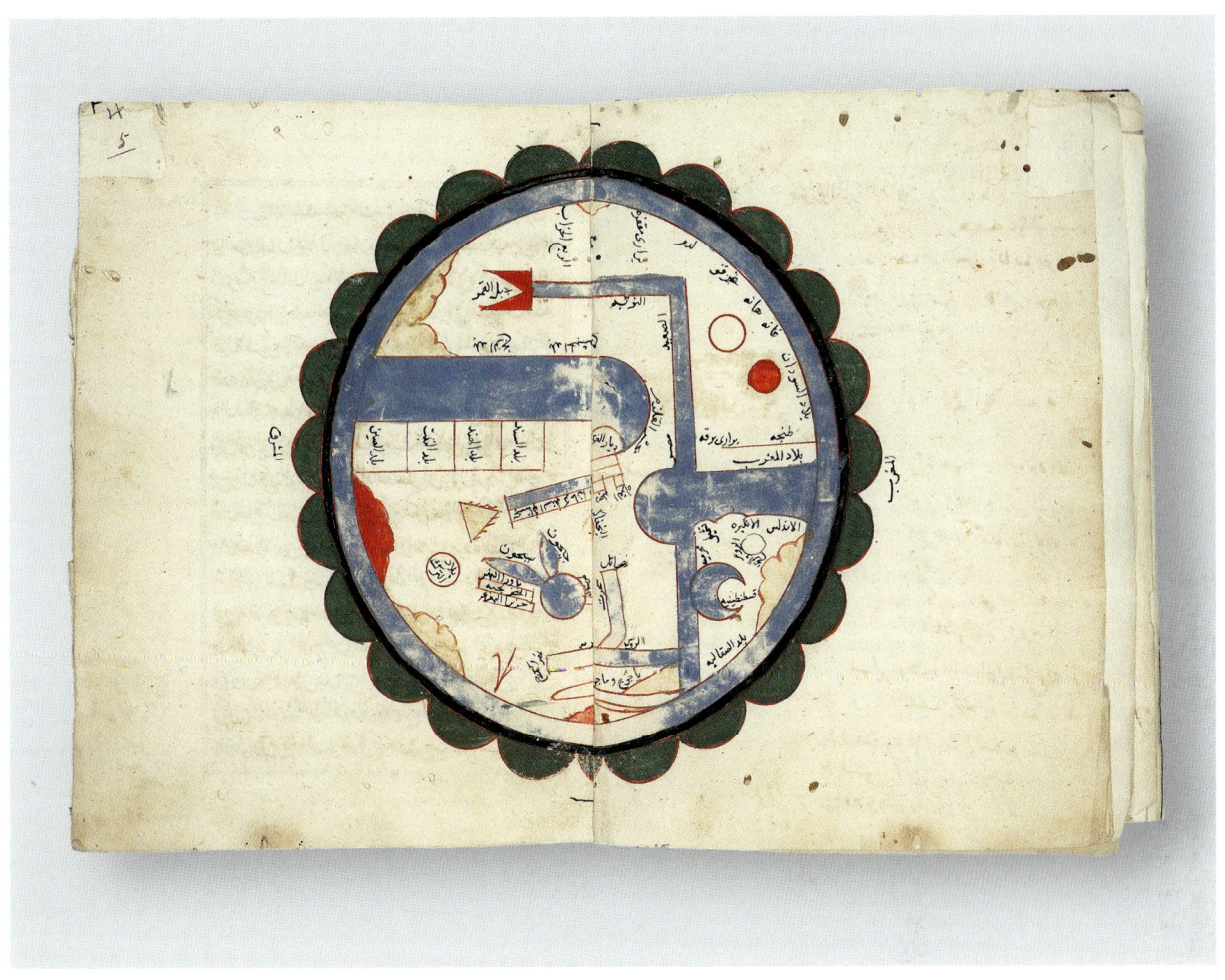

III.10

III.10 Arabische Weltkarte
Ibn Al-Wardi (1290–1349)
Portugal, Kopie aus dem 18. Jahrhundert (erstes Viertel)
Kolorierte Handschrift, 20 × 28
Évora, Biblioteca Pública, Sign. CXVI / 1–42
Lit. Ausst.-Kat. Évora 1999, Kat.-Nr. 88

Kopie einer arabischen Weltkarte, die dem in Damaskus geborenen syrischen Rechtsgelehrten, Dichter und Philologen Ibn Al-Wardi (1290–1349) zugeschrieben wird. Dieser soll die Karte in sein Werk *Kharidat al-ʾajaʾib wa-faridat al-gharaʾib* (»Die reine Perle der Merkwürdigkeiten und der Edelstein der Wunder«) integriert haben. Das Original stammt wohl aus der Zeit zwischen 1453 und 1492, denn Konstantinopel wird schon als unter türkischer Herrschaft stehend dargestellt, Granada hingegen noch als islamische Stadt. Als wahrscheinlichstes Entstehungsdatum gilt das Jahr 1457. Es handelt sich eher um eine symbolische denn eine objektive Karte im modernen Sinn, und die geografischen Angaben entsprechen nicht dem damaligen Wissensstand. Sie folgt dem T-O-Schema der mittelalterlichen Weltkarten, auf denen die drei bekannten Kontinente sich um eine waagerechte Achse (das Mittelmeer) mit zwei senkrechten Armen (Nil und Don) gruppieren und vollständig vom Ozean umgeben sind. Da es sich um eine Karte islamischer und wahrscheinlich türkischer Herkunft handelt, nehmen der Bosporus und Konstantinopel eine herausragende Stellung ein. PP

III.11

III.12

III.11 Islamischer Himmelsglobus
Muhammad ibn Muawayyad-al-Urdi
Marâgha, 1288
Messing, graviert und mit Gold
und Silber tauschiert, Holz, 30,5 × 14,4 (Dm.)
Dresden, Mathematisch-Physikalischer Salon,
SKD, Inv.-Nr. E II 1
Lit. Dolz 1994, S. 78 f.; Drechsler 1922;
Oestmann 2002, S. 291–298

Der Dresdner ›Arabische Himmelsglobus‹ zählt zu den ältesten islamischen Himmelsgloben der Welt. Jüngste Messungen der Sternpositionen auf dem Globus ergaben das Herstellungsjahr 1288. Aus der sich zwischen den Sternbildern des Großen Bären und dem Fuhrmann befindlichen Signatur: »szanahat Muhammad ibn Muawayyad-al-Urdi« wird ersichtlich, dass es sich um das Werk des Sohnes von Muawayyad-al-Din al-Urdi al-Dimishqi handelt. Letzterer war als Assistent des Astronomen Nasir al-Din al Tusi (1201–1274) an der persischen Sternwarte zu Marâgha tätig.

Auf dem Globus wurden die 48 Sternbilder des griechischen Gelehrten Claudius Ptolemäus (um 100–180 n. Chr.) mit insgesamt 997 Sternen verzeichnet. Somit sind islamische Himmelsgloben beispielgebend für die Weitergabe der Tradition des Instrumentenbaus aus der hellenistischen und byzantinischen Welt. Neben den überlieferten Schriften bilden sie eine Brücke des astronomischen Wissens zwischen Antike und Früher Neuzeit in Europa bzw. zwischen Okzident und Orient.

Die Sterne werden je nach ihrer Helligkeit in unterschiedlicher Größe dargestellt. Bedeutende Sterne und Sternbilder tragen arabische Namen, die in kufischer Schrift eingraviert wurden. Zur Lokalisierung der Sterne dienen zwölf Meridiane, die jedes der zwölf Tierkreiszeichen in 30 Grad unterteilen. Die Meridiane verlaufen senkrecht zur Ekliptik, der scheinbaren Sonnenbahn, und treffen sich in den Ekliptikpolen. Als weiterer Großkreis ist der Himmelsäquator aufgetragen. Die Kugel besteht aus zwei Messinghalbkugeln, die an der Ekliptik zusammengefügt sind. Die Gravuren wurden mit Silber und Gold ausgelegt. Zwei Messingmeridianringe und ein Horizontring umgeben die Globuskugel. Sie dienen der Einstellung auf die geografische Breite (Polhöhe) des Beobachtungsortes. Das Holzgestell ist eine spätere, wohl Dresdner Arbeit aus dem 17. Jahrhundert. Der Globus gehört zum ältesten Bestand des Mathematisch-Physikalischen Salons im Dresdner Zwinger. WD

III.12 Andalusisches Astrolab
Muhammad ibn Said al-Sabban
Andalusien, 1073
Messing, vergoldet, 12,6 (Dm.)
München, Bayerisches Nationalmuseum,
Inv.-Nr. 33/243
Lit. Ausst.-Kat. Washington 1991, S. 215f.;
Stautz 1999, S. 145–159

Das Astrolab war das wichtigste astronomische Instrument des Mittelalters, mit dem die Höhe von Sternen, Mond oder Sonne ohne mathematische Berechnungen bestimmt werden konnte. Verschiedene Skalen oder Diagramme boten zudem die Möglichkeit, die Positionen von Sonne, Mond und anderen Planeten – insbesondere der Erde – in Relation zu den Fixsternen unmittelbar abzulesen.

Das Gerät besteht aus einer Aufhängung mit einer kreisrunden Scheibe, der ›Mater‹, deren Rand in 360 Grad bzw. 24 Stunden aufgeteilt ist. In der ›Mater‹ liegen mehrere auswechselbare, mit verschiedenen Ortsbreiten und -namen gravierte Einlegplatten, die ›Tympana‹. Darüber liegt die ›Rete‹, eine durchbrochene Scheibe mit den Tierkreiszeichen und wichtigsten Fixsternen. Die Umdrehung der ›Rete‹ zeigt die Bahn der Fixsterne um den Nordpol an. Auf der Rückseite der ›Mater‹ ist im Mittelpunkt die ›Alhidade‹ befestigt, ein drehbarer Zeigerarm mit zwei Absehen, durch die man die Gestirne anpeilen und deren Höhe ablesen kann.

Das ausgestellte Instrument ist eines von rund zwanzig, teils vollständig erhaltenen westislamischen Astrolabien aus der Zeit vor 1100. Achse, ›Alhidade‹, Zeiger und Flügelmutter sind hier allerdings grobe, spätere Ergänzungen. Von dem Hersteller Muhammad ibn Said al-Sabban sind heute insgesamt zwei Astrolabien bekannt. CT

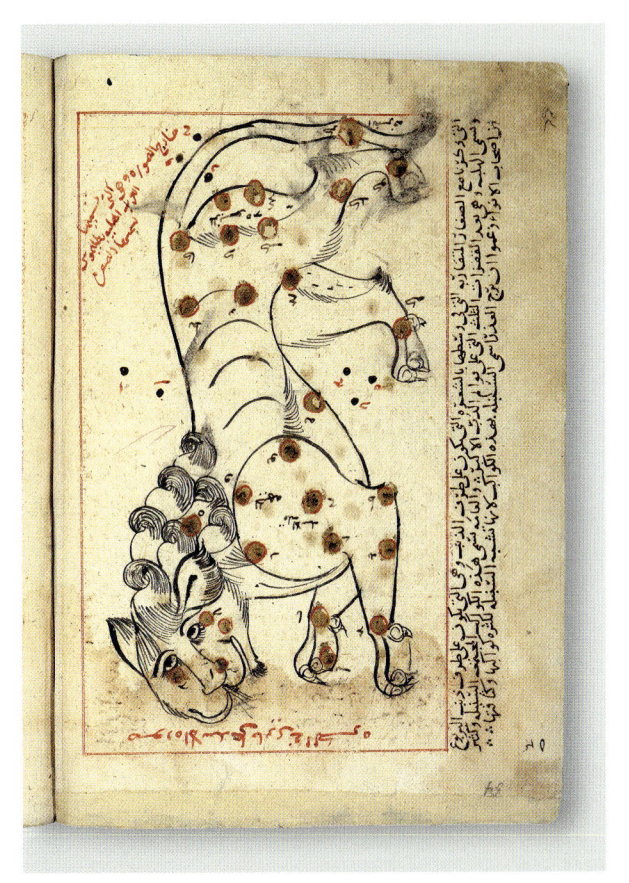

III.13

III.13 Das Buch von den Formen der Sterne
Kitab suwwar al-kawakib
Abu-l Husain Abdarrahman asch-Schirazi
1233
Handschrift, 24,8 × 18,5
Berlin, Staatsbibliothek zu Berlin – PK,
Orientabteilung, Sign. Landberg 71
Lit. Ausst.-Kat. Berlin 1989, S. 651;
Robinson 1997, S. 252; Thoraval 1999, S. 48–50

Auf dem Gebiet der Astronomie erbrachten islamische Wissenschaftler bedeutende Leistungen. Die Forschungen dienten zunächst religiösen Zwecken, wie der Bestimmung der Gebetszeiten und -richtung. Bereits im 8. Jahrhundert übersetzte man zahlreiche indische und griechische Werke über Astronomie und Astrologie ins Arabische und gründete bei Bagdad und Damaskus die ersten Sternwarten. Wichtigste Grundlage der islamisch-arabischen Sternkunde bildeten die Werke des Ptolemäus. Ab dem 9. Jahrhundert erlebte die Forschung einen raschen Aufschwung. Al-Hassib, Chwarismi, al-Farghani (Alfra-

III.14

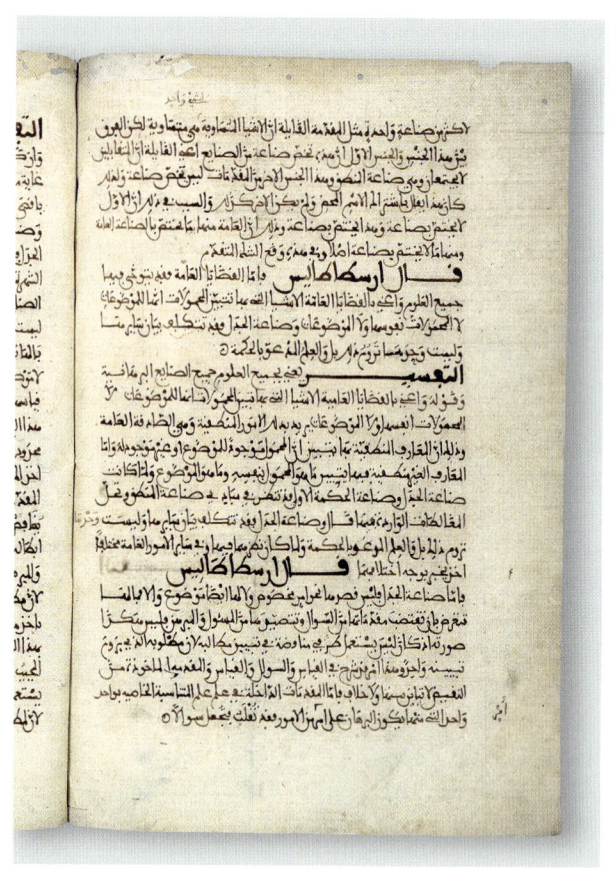

III.15

ganus) und Abu Maschar entwickelten astronomische Berechnungstafeln. An-Nairizi verfasste die vollständigste Abhandlung über das Sphärenastrolabium, während al-Battani (Albategnius) die Zunahme der Erdferne von der Sonne und eine neue Methode zur Beobachtung von Sonnen- und Mondeklipsen entdeckte.

Der andalusische Astronom Sarkala entwickelte im 11. Jahrhundert neue Messgeräte sowie die *Toleder Tabellen*, die in den folgenden Jahrhunderten im arabischen und europäischen Raum angewandt wurden. Zur selben Zeit trug der Gelehrte al-Biruni die Forschungsergebnisse in einem Kompendium der islamischen Astronomie zusammen. Nach Europa gelangte das arabische und antike Wissen vornehmlich über die Forschungszentren des islamischen Spanien. Das ausgestellte *Buch von den Formen der Sterne* enthält eine Beschreibung der Sternbilder und ihrer Einzelsterne. CT

III.14 Buch der Unterweisung in die Anfänge der Kunst der Sterndeutung
Kitāb at-tafhīm li-awā'il sinā'at at-tanǧīm
Abu'r-Raihān Muhammad ibn Ahmad al-Bīrūnī
(Kath 973 – 1048)
Khwarizm (Choresm), Abschrift von 1238
Handschrift, 21,8 × 14,7
Berlin, Staatsbibliothek zu Berlin – PK, Orientabteilung, Sign. Landberg 63
Lit. Ausst.-Kat. Berlin 1989, Kat.-Nr. 6/5;
Strohmaier 2000

Der aus der choresmischen, im heutigen Usbekistan gelegenen Stadt Kath stammende arabische Gelehrte Al-Bīrūnī zählt zu den bedeutendsten muslimischen Naturwissenschaftlern des Mittelalters. Intensiv setzte er sich mit den antiken Schriften griechischer Gelehrter auseinander, in deren Tradition stehend er sich verstand. Mit dem berühmten persischen Arzt und Philosophen Avicenna (980–1037) stand er im Briefwechsel. Bereits mit 17 Jahren bestimmte er selbstständig die geografische

Breite seiner Heimatstadt. In seinen Schriften beschäftigte er sich unter anderem mit der Funktionsweise von Astrolabien, er berechnete den Erdumfang und verfertigte eine Halbkugel, um darauf aus bekannten Entfernungsangaben die geografischen Längen und Breiten abzuleiten – ein früher Hinweis auf die Anfänge des Globenbaus.

Im Rahmen der Eroberungszüge des Mahmūd, der auch in Choresm eingefallen war, musste er an den Hof dieses Herrschers nach Ghazna übersiedeln. Hier verfasste er auch das in einer frühen Abschrift ausgestellte Werk, das neben astrologischen Überlegungen vor allem eine Einführung in die geometrischen und arithmetischen Grundlagen der Astronomie und Geografie darstellt. Als er im Rahmen der Kriegszüge Mahmūds bis nach Nordindien kam – ob freiwillig oder gezwungen ist ungeklärt – nutzte er die Zeit, eine Schrift über die bereiste Region zu verfassen. Zudem übersetzte er, von indischen Gelehrten unterstützt, wissenschaftliche Werke aus dem Sanskrit ins Arabische und bemühte sich umgekehrt, unter anderem den *Almagest* des Ptolemäus ins Sanskrit zu übertragen.   MK

III.15 Kommentar und Umschreibung der zweiten Analytik des Aristoteles

Corpus commentariorum Averrois in Aristotelem
Averroes (Abû l-Walîd ibn Ruschd, Córdoba 1126 – 1198 Marrakesch)
13. Jahrhundert
Handschrift auf Papier, 28 × 20
Berlin, Staatsbibliothek zu Berlin – PK, Orientabteilung,
Sign. Ms. or. fol. 3176
Lit. Rudolph 2004; Wilderotter 1989

Das antike Erbe des Abendlands wurde zu einem nicht unbedeutenden Teil in arabischen Übersetzungen bewahrt. Im 8. Jahrhundert begann ein umfangreicher Rezeptionsvorgang, bei dem vollständige Texte aus dem Griechischen, teils auch aus dem Syrischen und Mittelpersischen, übertragen wurden. Bereits in der Mitte des 10. Jahrhunderts lagen die meisten Schriften der wissenschaftlichen Literatur der Antike auf Arabisch vor. Auf der Iberischen Halbinsel hatten die im 10. Jahrhundert dort regierenden Kalifen von Córdoba entscheidend zur Förderung der Wissenschaft beigetragen. Vor allem im 12. Jahrhundert entstanden dann in Spanien wichtige philosophische Schriften aus muslimischer Hand.

Aus Córdoba stammte auch der Arzt und Jurist Abû l-Walîd ibn Ruschd, der in Europa vor allem unter seinem latinisierten Namen Averroes bekannt wurde. Neben Traktaten zu einer mit dem Koran in Einklang stehenden Legitimierung der Philosophie schuf er ein umfangreiches Œuvre aus Kommentaren und Kompendien zum Werk des Aristoteles, wobei er sich auch ausführlich mit den bis dato geleisteten Interpretationsversuchen auseinandersetzte. Averroes Schriften fanden – in Europa oft in Form lateinischer oder hebräischer Übersetzungen – weite Verbreitung, wobei sie, nicht zuletzt aufgrund ihres Widerspruchs zur Überzeugung von der Unsterblichkeit der Einzelseele, auch bald Gegenstand heftiger Kritik wurden. So bemühte sich beispielsweise Thomas von Aquin in seiner Streitschrift *De unitate intellectus contra Averroistas* um die Widerlegung der Auffassungen von Averroes und seiner Anhänger. In der Schedel'schen Weltchronik von 1493 (Kat.-Nr. V.II.7) findet Averroes positive Erwähnung.   MK

III.16 Opus Quadripartitum

Claudius Ptolemäus
(Ptolemais um 100 n. Chr. – nach 160 n. Chr. Canopus?)
Westfrankreich?, zweite Hälfte 12. Jahrhundert
Handschrift auf Pergament, 25 × 17
Pommersfelden, Kunstsammlungen Graf von Schönborn,
Sign. Hs. 60 (2633)
Lit. Ausst.-Kat. Nürnberg 1989, S. 461 f.; Ptolemäus 2000 [1553]

III.16

In seinem astronomischen Hauptwerk *Tetrabiblos* oder *Quadripartitum* widmet sich der antike Geograf und Mathematiker Ptolemäus der kritischen Aufarbeitung babylonischer, griechischer und ägyptischer Astrologiekenntnisse. Das vierbändige Werk befasst sich neben einer Einleitung zu den Grundlagen der Astrologie unter anderem mit den Teilbereichen der geografischen Astrologie, Meteorologie sowie Geburtsastrologie. Alfons X. von Kastilien ließ das Opus im 13. Jahrhundert aus dem Arabischen ins Spanische übertragen. Hieraus entstanden später zahlreiche lateinische Fassungen. Das Beispiel zeigt, wie Übersetzungen antiker Werke, die im arabischen Raum überdauert hatten, das mittelalterliche Europa mit hier verlorenem Wissen versorgten.

Die vermutlich in Westfrankreich angefertigte lateinische Übersetzung ist mit weiteren astronomischen Handschriften in einen Kodex eingebunden. Nach einem Explizit-Vermerk der Handschrift wurde die Übersetzung am 20. Oktober 1137 zur dritten Stunde der Venus vollendet. Die Abbildung zeigt den Anfangsbuchstaben ›d‹ am Beginn des ersten Buches, der auf Goldgrund von einem rot gerahmten Bildfeld umgeben ist. Innerhalb des Buchstabens befindet sich drei Personen: der Autor Ptolemäus mit einem Schüler, im Hintergrund ein König, der beide Figuren umarmt. Der antike Gelehrte hält in seiner linken Hand eine dunkle Scheibe, vermutlich ein Astrolabium. CT

III.17 Cosmographia
Nicolaus Germanus nach Claudius Ptolemäus
Ulm, Lienhart Holl, 16. Juli 1482
Holzschnitt, koloriert, Pergament, 43 × 11,5
Stuttgart, Brasilien-Bibliothek der Robert Bosch GmbH, Sign. Nachtrag
Lit. Ausst.-Kat. Ulm 1982, S. 52; Ausst.-Kat. Wolfenbüttel 2006, S. 63–65

Im zweiten Jahrhundert n. Chr. stellte der Geograf und Astronom Claudius Ptolemäus in seinem achtbändigen Werk *Geographia* alle bis dahin bekannten geografischen Kenntnisse zusammen. Den Hauptteil des Textes bildete ein nach den drei bekannten Kontinenten Asien, Afrika und Europa gegliedertes Verzeichnis von über 8000 Orten mit Angabe ihrer geografischen Breite und Länge. Diese Daten dienten Ptolemäus als Basis für die Erstellung einer Weltkarte und 26 Regionalkarten. Zusätzlich enthielt die Abhandlung Anweisungen zur Konzeption von Weltkarten und Globen mit geografischem Koordinatennetz.

Unter dem Titel *Cosmographia* fand die lateinische Übersetzung der *Geographia* seit 1410 in Handschriften, seit 1475 in zahlreichen Inkunabeln weite Verbreitung. Außerhalb Italiens wurde das Werk erstmals von Lienhart Holl in Ulm gedruckt, dessen Ausgabe 32 großformatige Holzschnitt-Karten enthält. Die kolorierte Weltkarte zeigt im Wesentlichen die drei seit der Antike bekannten Kontinente. Im Vergleich zu den Landflächen, die durch Längen- und Breitengrade gegliedert sind, nehmen die Weltmeere nur wenig Platz ein. Typisch für das ptolemäische Weltbild ist die Darstellung des Indischen Ozeans als Binnenmeer: Afrika ist über eine ausgedehnte Landmasse, die ›Terra Incognita‹, mit China verbunden. Das stark verkürzte Indien ist kaum als Halbinsel erkennbar, die vor der indischen Küste liegende Insel Ceylon (›Taprobana‹) dagegen gewaltig überdimensioniert. Der von Ptolemäus berechnete – und unterschätzte – Erdumfang führte neben anderen Faktoren zu der Annahme des Kolumbus, Asien sei über eine kurze Westpassage erreichbar. (Abb. 4, S. 68) CT

III.18 Weltkarte des Fra Mauro (Reproduktion)
Fra Mauro (gest. 1459)
Venedig, 1459
Holz, Pergament (Original), 196 (Dm.)
Venedig, Biblioteca Nazionale Marciana
Lit. Baumgärtner 1998; Falchetta 2006

Die Weltkarte, die der venezianische Kamaldulensermönch Fra Mauro wohl in den Jahren 1457 bis 1459 im Auftrag des portugiesischen Königs Afonso V. schuf, verdeutlicht sowohl den Wissensaustausch zwischen Portugal und Italien als auch die Verbindung antiker und christlicher Traditionen mit neuen Erkenntnissen aus dem Zeitalter der Entdeckungen. Erhalten ist eine zeitgenössische Kopie aus dem Kloster San Michele in Isola. Die Karte sollte nach Fra Mauros eigenen Worten »die Schrift mit Hilfe der Erfahrung verifizieren« und stellt dementsprechend eine Verbindung zweier kartografischer Grundtypen dar: der dreiteiligen, kreisrunden *mappa mundi*, die den irdischen Bezugsrahmen der Heilsgeschichte veranschaulichte, sowie der Portolankarte, die – meist auf einzelne Regionen begrenzt – als nautisches Hilfsmittel die Küstenverläufe mit größtmöglicher Genauigkeit wiedergab. Bei dieser Synthese konnten Fra Mauro und seine Mitarbeiter – zu nennen ist in erster Linie der venezianische Kartograf und Galeerenkommandant Andrea Bianco – an verschiedene Vorläufer in der oberitalienischen Kartografie anknüpfen. Diese hatte sich vor allem in Venedig verstärkt monumentalen Darstellungsweisen zugewandt (in der neueren Forschung wird bisweilen die Borgia-Karte als Kopie eines

III.18

früheren Kartenprojekts des Kamaldulensermönches interpretiert). Die großen Abmessungen der nach arabischem Vorbild gesüdeten Weltkarte gaben Raum für ausführliche schriftliche Erläuterungen, mit denen Fra Mauro verschiedene Neuerungen, wie etwa die Verschiebung Jerusalems aus dem Erdmittelpunkt, rechtfertigte. In ihnen manifestiert sich auch ein großes Vertrauen in die Empirie, das jedoch zum Teil über tatsächliche Erfahrungen hinausgeht.

So führt Fra Mauro mehr als 30 Jahre vor der Kapumrundung durch Bartholomeu Dias portugiesische Seeleute als Augenzeugen für die Umschiffbarkeit Afrikas an und stellt dementsprechend den Indischen Ozean nicht mehr als Binnenmeer dar. Hinsichtlich des Verlaufs der afrikanischen Westküste verarbeitet die Karte neueste geografische Erkenntnisse der Portugiesen, die jedoch einige Ungenauigkeiten aufweisen und so auf einen eingeschränkten Informationsfluss von Portugal nach Venedig hindeuten. Die Darstellung Südostasiens beruht dagegen vor allem auf den Reiseberichten Marco Polos und denen des 1442 nach Europa zurückgekehrten venezianischen Kaufmanns Niccolò de' Conti. JW

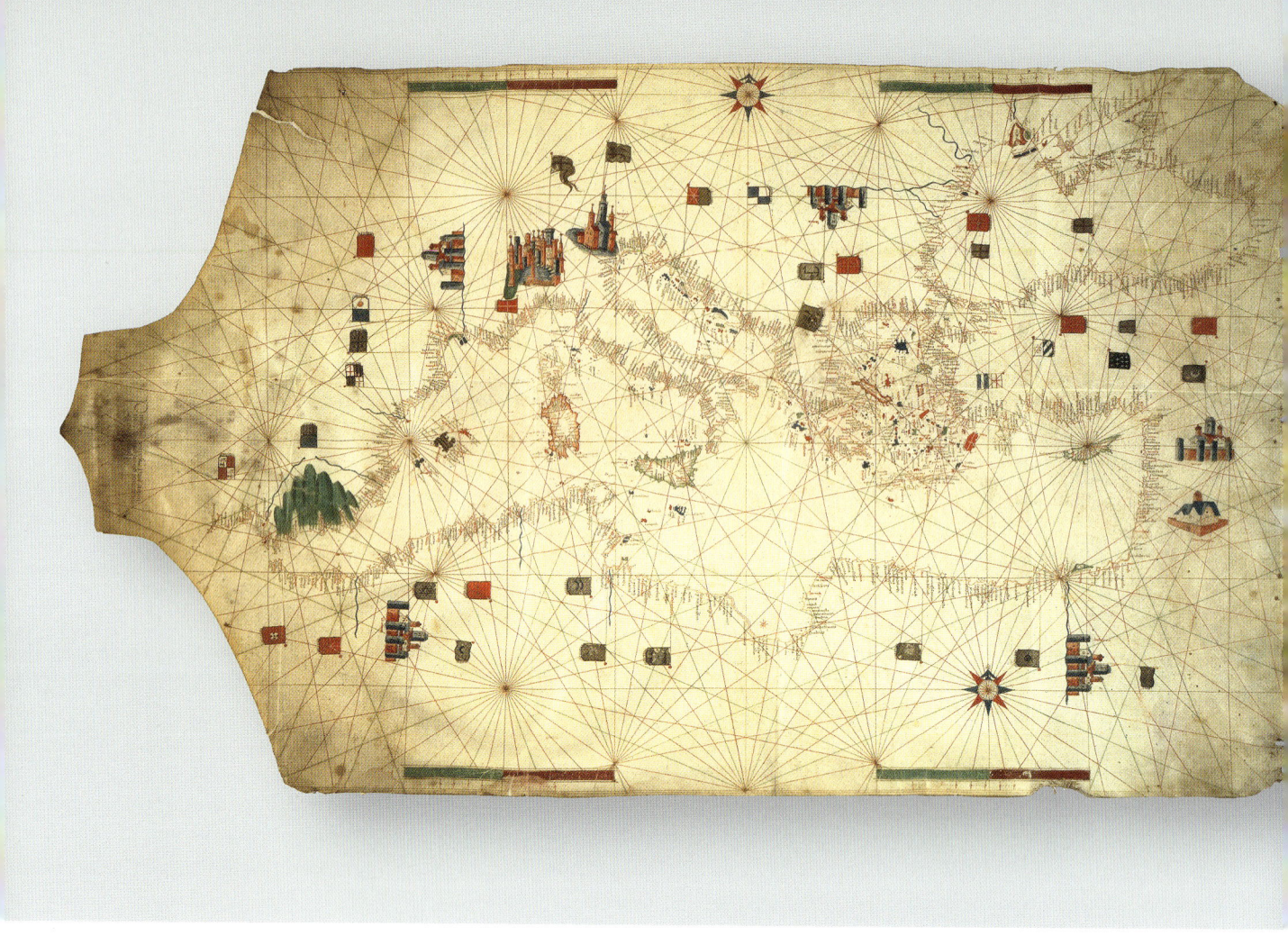

III.19

III.19 MALLORQUINISCHE PORTOLANKARTE
Petrus Roselli
Palma de Mallorca, 1449
Pergament, koloriert, 59,5 × 102,5
Karlsruhe, Badische Landesbibliothek, Sign. S 6
Lit. Campbell 1987a, S. 431f., 435; Cortesão 1969–1971,
S. 93–97; Winter 1940/41, S. 92–106; Winter 1952, S. 1–11

Die großformatige Einzelkarte des Petrus Roselli, 1449 in Palma de Mallorca hergestellt, repräsentiert den späten Typ von Portolankarten der mittelalterlichen mallorquinischen Schule. Der geografische Raum ist, wie in dieser Tradition üblich, auf das Mittelmeer und das Schwarze Meer begrenzt. Die Einzeichnung der angrenzenden Atlantikküsten fehlt allerdings. Die Karte besitzt das sogenannte Rumbenliniensystem, ein für nautische Zwecke eingezeichnetes Liniensystem, das von zwölf kreisförmig angeordneten Punkten ausgeht. Zwei dieser Sekundärzentren sind mit Kompassrosen ausgestattet, ein Pfeil markiert jeweils die Nordrichtung. Vier Maßstableisten rahmen das Kartenbild ein. Eine dichte Folge von Städtenamen ist an allen Küsten eingezeichnet. Mit Ausnahme der Sierra Nevada fehlen Gebirge und andere Details im Inland völlig.

Wie auf mallorquinischen Karten des 15. Jahrhunderts üblich, wird ein fester Kanon von Städten dargestellt, von denen allerdings lediglich Genua realistische Züge trägt. Eine Vielzahl von Flaggen ist über die Städte der Karte verteilt. Diese ist für mallorquinische Verhältnisse sehr schlicht gehalten und stark von den Karten des Genuesers Battista Beccari beeinflusst, den Roselli seinen Lehrmeister nennt. Sie stammt aus einer Zeit, in der in Portugal vermutlich noch keine eigenständige kartografische Produktion existierte. Ausgewanderte mallorquinische Experten haben im 15. Jahrhundert die Grundlagen für die Blüte portugiesischer Kartografie im 16. Jahrhundert gelegt. PB

III.20 Portolankarte der Adria und Egäs
Venedig, 1517
Handzeichnung auf Pergament, 50 × 40
Berlin, Staatsbibliothek zu Berlin – PK, Kartenabteilung,
Sign. Kart. 13.064
Lit. Ausst.-Kat. Berlin 1984, Kat.-Nr. 18

Diese kleinformatige Portolankarte zeigt die Adria mit den Dalmatinischen Inseln, den Küstenstädten und den Namen verschiedener Regionen. Die Inseln sind zur besseren Unterscheidung farbig ausgemalt, von Flüssen wurden nur die Mündungen in das Meer eingezeichnet. Gruppen brauner Punkte warnen vor Klippen und Sandbänken.

Auch diese Karte trägt das traditionelle System der Rumbenlinien, ein grafisches Hilfsmittel aus parallelen und sich kreuzenden Linien, die von 16 auf einem Kreis liegenden Punkten ausgehen. Acht der 16 Sekundärzentren sind mit Kompassrosen ausgeschmückt, wobei die Nordrichtung jeweils durch eine Fleur de Lys angezeigt wird.

Im Zusammenspiel mit dem Kompass konnte der Navigator anhand der sogenannten Windrichtungen den zu fahrenden Kurs durch Parallelverschiebung in eines dieser Zentren ermitteln und ihm folgen. Aufgrund der astronomischen Vermessungsgrundlage portugiesischer Karten sollte sich dieses grafische Hilfsmittel in der Folgezeit zu einem reinen Schmuckelement wandeln. Die zur Navigation ebenfalls notwendigen Maßstäbe finden sich in zwei reich verzierten Leisten. Neben diesen für die Nautik relevanten Zeichen sind auf den freigebliebenen Flächen Berge in Form bunter Hügel dargestellt, die keinen Bezug zu den geografischen Verhältnissen vor Ort besitzen. In den vier Ecken der Karte sind vier einfache Windbläser eingezeichnet, die ins Innere der Karte blasen. Die Ortsnamen erlauben eine Lokalisierung der Kartenherstellung in Venedig. (Abb. 4, S. 28) PB

III.21 Leuchter
Kairo, zweite Hälfte 14. Jahrhundert
Bronze, silber- und goldtauschiert, 31 × 23 (Dm.)
Berlin, SMB – Museum für Islamische Kunst, Inv.-Nr. I. 3594
Lit. Ausst.-Kat. Berlin 1989, Kat.-Nr. 4/92; Sarre 1906, Nr. 61;
Slg.-Kat. Berlin 1971/79, Kat.-Nr. 545

Das Metallhandwerk von Damaskus und Kairo war seit dem späten 14. Jahrhundert über die Grenzen des Mameluckenreiches hinaus hochberühmt. Beide Städte waren Handelsmetropolen, die von Europäern – aus den italienischen Seefahrerstädten – regelmäßig besucht wurden. Sie waren vor allem von der Brillanz der mit Silber und Gold eingelegten Messingwaren begeistert. Die nach Europa mitgebrachten Souvenirs zeigen gelegentlich Wappen der großen italienischen Familien.

Bei dem Leuchter bilden drei gleiche schildförmige Wappenfelder die Achsen in einem dreifach wiederholten Dekorsystem, das spiegelsymmetrisch angelegt ist und Phantasieblüten mit begleitendem Blattwerk umfasst. Das üppige Pflanzenensemble ist von einem tauschierten Becken des Königs von Zypern und Jerusalem, Hugo IV. de Lusignan (1324–1359), bekannt. Dieser hatte Famagusta zu einem bedeutenden Stützpunkt des Mittelmeerhandels gemacht. Der Leuchter besteht aus zusammengelöteten Teilen: Die am Hals aufwachsenden Bäume, die als Zugeständnis an den europäischen Geschmack gewertet werden können, weisen in das späte 14. Jahrhundert. Die durch breite Silberrahmen betonten Schilde wurden nachträglich mit der Wappenzeichnung versehen: Ein oberflächlich gepunztes Kreuz mit aufgebogenen Enden wird der venezianischen Familie Suriano zugewiesen, bekannt durch Iacopo Suriano, der 1398 die Eröffnung eines Konsulats in Kairo einleitete und am Hof des Mameluckensultans Barquq empfangen wurde.

Der Leuchter stammt aus dem Familiengrab der Grafen Colleoni, die im 15. Jahrhundert durch den Condottiere Bartolomeo Colleoni und sein Reiterstandbild in Venedig Berühmtheit erlangten. (Abb. 11, S. 42) AvG

III.22 Albarello
Damaskus, 14. Jahrhundert
Tonware, bemalt und glasiert, 27 × 15 (Dm.)
Berlin, SMB – Museum für Islamische Kunst, Inv.-Nr. I. 3978
Lit. Ausst.-Kat. Berlin 1989, Nr. 4/118–120; Slg.-Kat. Berlin 1971/79, Kat.-Nr. 517

Die hohen Keramikgefäße mit zylindrischer, leicht konkaver Grundform und zurückgesetztem niedrigem Hals fanden in der Mittelmeerwelt wohl so großen Anklang, weil sie Eleganz mit praktischer Handhabung vereinten. Die durch einen ockerfarbenen Scherben gekennzeichnete Ware wurde in der früheren Mameluckenzeit in Damaskus hergestellt, charakteristisch ist die Bemalung in senkrecht verlaufenden Bordüren, die auf weißer Engobe mit Gabelblattranken, Kreissegmenten und arabischen Schriftzügen in einer für Damaskus typischen Farbigkeit ausgefüllt sind. Die Gefäße wurden im 14. Jahrhundert für den regionalen Markt und für den Export hergestellt, in dem sie die Funktion als Behälter für Luxuswaren wie Drogen, Gewürze oder Aromastoffe übernahmen. An den Zielorten auf

III.22

der anderen Seite des Mittelmeers wurden sie wegen ihrer Schönheit und Funktionalität geschätzt. In Italien wurde die Form *albarello* (Bäumchen) genannt, in Andalusien *tarro* (Topf, oder – nach dem andalusisch-arabischen *al-barrada* – Trinkbehälter).

In Europa standen sie reihenweise in Apothekerregalen, wobei sich die Form mit der leicht eingezogenen Wandung bei Entnahme und Abstellen als äußerst handlich erwies. Bereits im 15. Jahrhundert dienten sie den lokalen Keramikwerkstätten in Spanien und Italien als Formvorlage, während Dekormotive und Farben teils islamische Anregungen verarbeiteten und teils eigenen Gesetzen folgten. Hauptproduktionsorte waren das südostspanische Valencia (Manises) und die Toskana sowie Padua und Venedig. AvG

III.23 Mameluckenschiff, Schattenspielszene aus Ägypten

Kairo, 15. Jahrhundert
Leder, Reste von Pergament, 49 × 67,5
Berlin, SMB – Museum für Islamische Kunst, Inv.-Nr. I. 1641
Lit. Kahle 1911, Abb. 43

Die aus Leder geschnittene Szene zeigt ein nach rechts fahrendes Segelschiff mit großem Steuer und dem Kapitän in der hinteren, überwölbten Kajüte. Die vier Segel sind nur flach angedeutet, unter Deck knien drei Bogenschützen mit Mützen, ein weiterer Bogen gibt wohl an, dass diese nur ein Ausschnitt aus der Szene seien. Auch das Deck ist mit drei Wölbungen und einem unterschiedlich verzierten Fries aufwendig gestaltet. Am Bug steht ein mit einem Turban versehener Schiffsführer, der wohl einen viereckigen Quadranten zur Bestimmung der Fahrthöhe hält – eine in der islamischen Welt nicht nachgewiesene Form. Der Bug selbst ist verstümmelt.

Die zusammengenähten Lederflicken sind zum Teil filigran zu Ornamenten ausgeschnitten, deren geometrische Formen auf den in der Mameluckenzeit, das heißt bis Anfang des 16. Jahrhunderts, gebräuchlichen Stil weisen. Mehrere Stellen waren mit farbigem Pergament hinterlegt, auch das (Kamel-)Leder hat verschiedenartige, wohl ehemals gefärbte Oberflächen. Das Stück stammt mit ursprünglich an die 80 weiteren Figuren und Szenen aus vermutlich einem einzigen Spiel, das 1909/10 von Paul Kahle aus Unterägypten mitgebracht und leider zerstreut wurde. Es ist mit weitem Abstand das älteste erhaltene und einer der sehr wenigen Belege für das arabische Schattenspiel. Arabische Texte sind zwar mehrfach bekannt, aber Figuren kaum. Es wurde seit dem Ende des 18. Jahrhunderts vom osmanisch-türkischen Karagöz-Spiel verdrängt, erlebte jedoch zu Anfang des 20. Jahrhunderts eine kurze Renaissance. Insgesamt sieben Schiffsszenen sind erhalten, mehrere darunter mit Kriegsschiffen, doch wurden sie bisher keinem der Theaterstücke zugewiesen (Abb. 10, S. 39). CPH

III.24 Stadtansicht von Konstantinopel

In: Sebastian Münster, *Cosmographia*
Basel, Heinrich Petri, um 1550
Holzschnitt, 33,3 × 41,7
Berlin, Deutsches Historisches Museum, Inv.-Nr. Gr 53/639
Lit. Faroqhi 2006; Newitt 2005; Schlicht 1992

Unter Sultan Mehmed II. kam es zu einer raschen Expansion des Osmanischen Reiches. Nach kurzer Belagerung wurde 1453 Konstantinopel erobert. Neben der folgenden Westexpansion

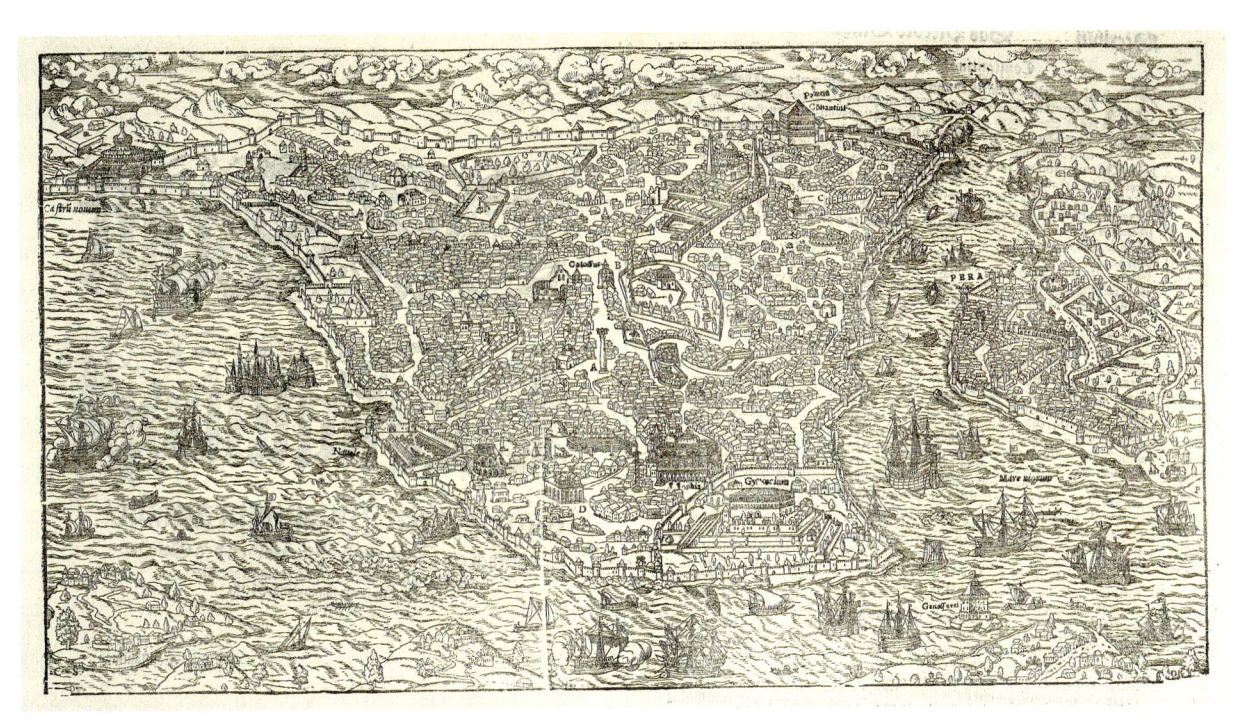

III.24

– wobei die Zeit um 1529, als Wien von den Türken belagert wurde, aus mitteleuropäischer Sicht sicherlich die markanteste Periode bildete – kam es auch zu einer Vielzahl kriegerischer Unternehmungen im asiatischen und nordafrikanischen Raum. Unter Selim I. (reg. 1512–1520) wurde 1517 die Eroberung des Mamelucken-Reiches abgeschlossen. Der Scherif von Mekka bot von sich aus seine Unterwerfung an.

Der Aufstieg des Osmanischen Reichs war auch für Portugal nicht folgenlos. Zum einen schwächte das türkische Ausgreifen ins Mittelmeer die italienischen Stadtstaaten, die in Europa lange Zeit Portugals größter Konkurrent im Gewürzhandel gewesen waren. Zum anderen band die osmanische Expansion vor allem im arabischen und persischen Raum Kräfte, die andernfalls auch Portugal hätten bedrohlich werden können. Darüber hinaus kam es jedoch auch zu direkten Auseinandersetzungen zwischen Portugiesen und Osmanen – so in den Kämpfen um Diu bzw. Hormuz –, da die osmanischen Herrscher ihrerseits versuchten, die alte Gewürzhandelsroute wieder zu stärken. In der Regel blieben osmanische Ausfälle in den Bereich des Indischen Ozeans allerdings ebenso erfolglos wie portugiesische Vorstöße ins Rote Meer. Berührungspunkte zwischen beiden Reichen gab es zudem noch an ganz anderer Stelle: Dienten doch Teile des osmanischen Reichs, nicht zuletzt die nordafrikanischen Provinzen, zur Aufnahme von Muslimen und Juden, die nach 1492 aus Spanien und Portugal vertrieben worden waren. MK

III.25 Türkischer Turbanhelm
Türkisch/Osmanisch, 16. Jahrhundert
Eisen getrieben, Gold- und Silbertauschierung, 32 × 24, 1730 Gr.
Berlin, Deutsches Historisches Museum
(ehemalig Sammlung Gay, Paris), Inv.-Nr. W 4695
Lit. Bodur 1987; Nicolle 1981; Quaas 2004

Der in eine aufgesetzte, würfelartig facettierte, stumpfe Spitze auslaufende konische Turbanhelm ist aus einer einzigen Stahlplatte getrieben. Der Helmkorpus ist in drei Teile gegliedert: ein Stirnfries mit Inschriftkartuschen, ein Mittelteil mit geraden Kehlungen und ein oberer Teil, der mit fortlaufenden Inschriften versehen ist. Das jetzt fehlende Nasenschutzeisen, die Verstärkungsschiene und die Gleitschiene für die Gehänge wurden nachträglich montiert und genietet. Die Inschriften, nur in Resten erkennbar, sind silber- und zwischen den Kartuschen und Rosetten goldtauschiert. Der Hintergrund der Inschriften ist durchgehend punziert.

Die Form des Helmes stammt vermutlich aus dem Iran. Sie ist bei den Turkmenen (*Akkoyunlu*) seit dem 15. Jahrhundert geläufig und für dieses Jahrhundert charakteristisch. Bei den frühen Osmanen und den Mamelucken fand sie ebenfalls bald Verwendung. Diese Art von Helm war in der Regel nicht gepolstert, deshalb war das Anziehen einer gesteppten Kappe oder eines kleinen Turbans darunter vorgesehen.

Die frühen Beispiele wurden aus Eisen und Stahl hergestellt, sie waren widerstandsfähig und dauerhaft, weshalb sie lange Zeit bevorzugt wurden. Das 16. Jahrhundert ist die Reifezeit der osmanischen Helme, in der die Proportionen ganz ausgewogen sind. Im 17. Jahrhundert verliert die Spitze an Länge und Bedeutung. Der mittlere Teil des Helmes wird manchmal kanneliert, wie bei diesem Turbanhelm, manchmal glatt herausgearbeitet. In dieser Zeit tauchen auch Helme auf, die aus Kupfer hergestellt wurden, gleichzeitig wird der die Augen schützende Kettenbehang durch Stirnplatten ersetzt.

Der Turbanhelm trägt die Marke des osmanischen Arsenals, wodurch deutlich wird, dass sich dieser Helm einstmals in der Rüstkammer des Sultans in Istanbul befand. Die ehemalige Hagia-Irenen-Kirche, innerhalb der Palastmauern gelegen, wurde zum Arsenal umfunktioniert. Daher nennt man diese Marke auch die St. Irenenmarke. FÇP

III.26 Osmanische Sturmhaube
Miğfar
Osmanisch, 16. Jahrhundert
Eisen getrieben, Goldtauschierung, 65 × 22, 2540 Gr.
Berlin, Deutsches Historisches Museum,
Inv.-Nr. W 5275
Lit. Ausst.-Kat. Berlin 1988; Ausst.-Kat. Dresden 1996;
Boeheim 1890; Nicolle 1981; Müller/Kunter 1971

Die in einer hohen Spitze auslaufende Helmglocke ist in drei Friese gegliedert: ein schmales, glattes, ehemals goldtauschiertes Stirnband mit Futternieten, ein länglich geripptes, breites Mittelteil und ein abgesetztes Oberteil. Sie besitzt einen Augenschirm mit Durchbruch für den Nasalschutz. Dieser und die aufgenietete Spitze (abgebrochen) fehlen. Die Schultergehänge aus drei Reihen mit nach unten spitz auslaufenden punzierten, mit pflanzlichem Dekor versehenen Plättchen sind durch Nieten verbunden. An den Seiten befinden sich Streifen aus Ringgeflecht. Der Wangenschutz besteht aus acht Plättchen, eine Eigenart des osmanischen *Schischak*. Die Gehänge sind mit Ösen mit aufgesetzten Rosettenköpfen an der Helmglocke befestigt, welche gänzlich mit Ornamenten verziert ist. An der Stirnseite trägt der Helm die Marke des Osmanischen Arsenals.

Ab der zweiten Hälfte des 16. Jahrhunderts wurden konische Helme mit niedrigem Knauf beliebter. Anstelle der Turbanhelme kamen Sturmhauben in Mode, die bereits zu Beginn des 16. Jahrhunderts Verwendung als Reiterhelm fanden. Infolgedessen wird die Brünne aus Kettengeflecht durch Platten zum Stirn-, Wangen- und Nackenschutz ersetzt. Ausgeprägter Augenschirm

III.25

III.26

und Wangenschutz in Form von beweglichen Wangenklappen werden Markenzeichen der Sturmhaube. Sie ist der meistgetragene Helmtypus des Jahrhunderts. Das Fehlen einer Stellschraube zum Festhalten des Nasenschutzes ist ein weiteres Merkmal der osmanischen Helme dieses Typus. Die Osmanische Bedrohung in Südosteuropa brachte ihn im 16. Jahrhundert über ungarische Husaren, in Polen *szyszak* genannt, nach Deutschland. Im 17. Jahrhundert wurden ›Zischägge‹ die meist verwendeten Reiterhelme in Deutschland. Solche orientalisierende Helmformen wurden beispielsweise in Nürnberg und Augsburg hergestellt. FÇP

III.27 Türkischer Säbel
Osmanisch, 16. Jahrhundert (Klinge), 19. Jahrhundert (Griff und Parierstange)
Damaststahl, Horngriffschalen und Goldtauschierung, 87 × 9 × 3,2, Klinge 74 (L.)
Berlin, Deutsches Historisches Museum, Inv.-Nr. W 4170
Lit. Mayer 1962; Nicolle 1981; Yücel 1966

Einschneidige Damaszenerklinge mit s-förmig gebogener Parierstange mit Parierkreuz, eingeritztem Fischgrätenmuster an den Kanten, im oberen Drittel der Quartseite beginnende, flache, breite Hohlkehle. An der Klingenwurzel sind zwei Kartuschen und eine Rosette angebracht, die mit Inschriften versehen sind. In der ersten Kartusche am Blattende heißt es: »Seid gegen mich nicht überheblich und kommt als Muslime zu mir« (Koran 27,31). In der Rosette in der Mitte: »Im Namen des barmherzigen, des gütigen Gottes« (Anfang einer jeden Koransure, auch zu finden in Sure 27,30). Die zweite Kartusche wurde dem Waffenschmied selbst gewidmet: »Arbeit des Haddschi Murad, Sohn von Khosh Qadem«. Eine weitere goldtauschierte Inschrift befindet sich auf der gleichen Seite des Säbels auf der Kehlung: »Hilfe von Gott und naher Sieg, verkünde den Gläubigen Gutes, Oh Muhammad, Oh Öffner (Allah)« (Sure 61,13).

Außer dem Berliner Objekt sind weitere Säbel von dem gleichen Künstler bekannt; einer befindet sich in Kairo, drei weitere im Topkapı Palast Museum in Istanbul und einige in Privatsammlungen. Der in Kairo befindliche Säbel weist auf den osmanischen Sultan Süleyman den Prächtigen (reg. 1520–1566) hin. Die besten Beispiele der Waffenschmiedekunst unter den Osmanen stammen aus der zweiten Hälfte des 15. bis zum Ende des 16. Jahrhunderts. Die Säbel aus dieser Zeitspanne sind nicht nur aufgrund ihrer exklusiven Qualität, sondern auch wegen der reichen Ornamentik und Tauschierungen herausragend. FÇP/CPH

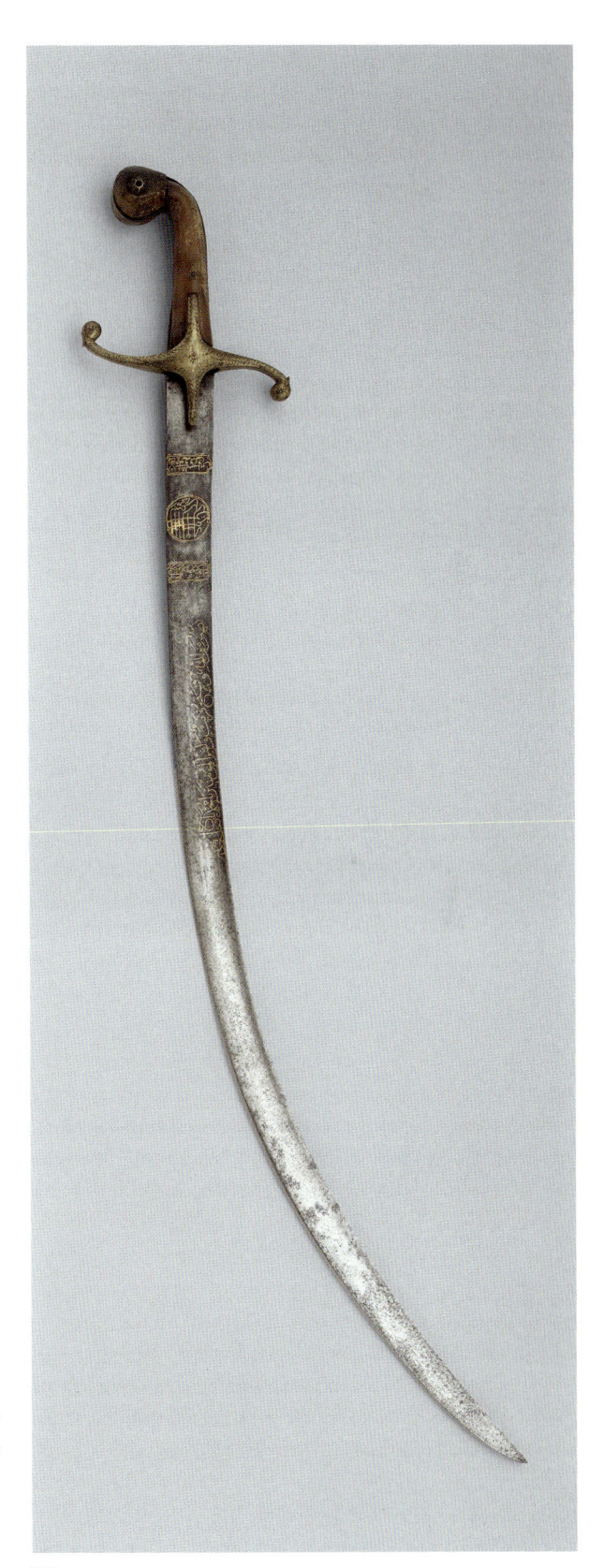

III.27

IV. Entdeckungsreisen

Mit dem Beginn der Dynastie von Avis 1385 und der gezielten Förderung der Seefahrt im atlantischen Raum durch den Infanten Heinrich begann in Portugal das eigentliche ›Zeitalter der Entdeckungen‹. Eine Barriere bildete lange Zeit das Kap Bojador. Gefährliche Meeresströmungen sowie die Vorstellung von der Unbewohnbarkeit der südlicheren Regionen verhinderten seine Umschiffung. Erst nach mehreren Anläufen gelang 1434 Gil Eanes im Auftrag Heinrichs die erfolgreiche Überwindung. Kontinuierlich verschoben die von Portugal aus geleiteten Seefahrten nun die Grenzen der in Europa bekannten Welt nach Süden. 1443 erreichte Nuno Tristão vor der Küste des heutigen Mauretaniens Arguim, wo wenige Jahre später mit dem Bau der ersten befestigten portugiesischen Handelsniederlassung begonnen wurde. 1444 gelangte Dinis Dias bis zum Kap Verde, dem westlichsten Punkt des afrikanischen Kontinents.

Um die Wende vom 15. zum 16. Jahrhundert erfolgten dann innerhalb von gut 30 Jahren die berühmten Fahrten der ›großen‹ Entdeckungsreisenden. 1488 gelang Bartolomeu Dias als erstem Seefahrer die lange ersehnte Umsegelung der Südspitze Afrikas. 1492 brach der Genuese Christoph Kolumbus, dessen Pläne in Portugal keine Unterstützung gefunden hatten, in spanischem Auftrag über den Atlantik nach Westen auf und erreichte, wenn auch nicht wie erhofft Indien, so doch eine in Europa bislang unbekannte Inselwelt, hinter der sich schließlich ein ganzer Kontinent – Amerika – auftat. Den Seeweg nach Indien fand über die Ostroute 1498 schließlich Vasco da Gama. Pedro Álvares Cabral nahm 1500 für die portugiesische Krone das heutige Brasilien in Besitz. Ein weiterer Italiener, Amerigo Vespucci, nach dem der von Kolumbus aufgefundene neue Kontinent letztlich benannt werden sollte, bereiste 1501/02 in portugiesischem Auftrag die Ostküste Südamerikas. 1519 bis 1521 erfolgte durch Ferdinand Magellan, ein Portugiese in spanischem Dienst, die erste Weltumsegelung.

Die jeweiligen Besitzansprüche an den neu entdeckten Regionen versuchten Spanien und Portugal in verschiedenen Verträgen zu regeln. Doch selbst in Europa regte sich hiergegen rasch Widerstand. Der französische König Franz I. beispielsweise gehörte zu denjenigen, die die getroffenen Absprachen nicht anerkannten. In einer ihm zugeschriebenen, an den spanischen König adressierten Note, wird sein Einspruch gegen die von den iberischen Staaten ausgehandelten Einflussbereiche mit den Worten wiedergegeben: »… aber die Sonne scheint für ihn wie für alle andern, und er [Franz I.] möchte doch gerne das Testament Adams sehen, um zu erfahren, wie jener die Welt aufgeteilt habe.« MK

IV. As Descobertas

A dinastia de Avis, em 1385, e a anterior definição de objectivos relativos às expedições navais, no espaço Atlântico, pelo Infante D. Henrique, marcam o verdadeiro início da ›Época das Descobertas‹. O Cabo Bojador forma, durante muito tempo, uma barreira incontornável devido às perigosas correntes marítimas, mas também por haver a ideia de que as regiões a Sul deveriam ser inabitáveis. Finalmente e após várias tentativas, Gil Eanes, ao serviço do Infante D. Henrique, atravessa o Cabo Bojador, em 1434. Gradualmente, as viagens marítimas conduzidas por portugueses vão alargando as fronteiras, para Sul do mundo que a Europa então conhecia. Em 1443, Nuno Tristão chega à costa da actual cidade mauritânea, Arguim, onde poucos anos antes se tinha iniciado a construção da primeira feitoria portuguesa. Em 1444, Dinis Dias consegue chegar a Cabo Verde, o ponto mais ocidental do Continente Africano.

Na viragem do século XV para o XVI, seguiram-se então, num espaço de pouco mais de trinta anos, as famosas viagens das ›Grandes Descobertas‹. Em 1488, Bartolomeu Dias é o primeiro navegador a dobrar a ansiada ponta Sul de África. Em 1492, o genovês Cristóvão Colombo, cujos planos não lograram qualquer apoio por parte do reino português, faz-se ao mar, com o apoio de Espanha e segue pelo Atlântico, rumo a Ocidente e embora não chegue à Índia, como esperado, chega sim a um mundo de ilhas, até então desconhecido da Europa, que vem a revelar-se ser todo um Continente: a América. O caminho marítimo para a Índia acaba por ser descoberto em 1498, por Vasco da Gama, através da rota do Oriente. Pedro Álvares Cabral toma o Brasil, para a coroa portuguesa, em 1500. Depois do Continente Americano se tornar conhecido, um outro italiano, Americo Vespúcio, viajou, em nome da coroa portuguesa, ao longo da costa oriental da América do Sul, entre 1501 e 1502. De 1519 a 1521, seguiu-se a primeira circum-navegação do mundo, levada a cabo por Fernão de Magalhães, um português ao serviço de Espanha.

Portugal e Espanha procuraram regulamentar, por meio de tratados, as respectivas aspirações pelo domínio de territórios das novas regiões descobertas. No entanto, até na própria Europa a resistência não se fez esperar. O rei francês, Francisco I, por exemplo, fazia parte daqueles que não reconheciam estes acordos. Numa nota diplomática, atribuída à sua autoria e endereçada ao rei de Espanha ergue a sua voz, contra as áreas de influência negociadas entre os Estados da Península Ibérica, com as seguintes palavras: »…mas o Sol brilha tanto para si como para os outros, e ele [Francisco I] gostaria de ver o Testamento de Adão, para verificar como este repartiu o mundo.« MK

IV.1 Portugiesische Wappensäule vom Kreuzkap
Padrão, vor 1486
Kalkstein, Sandstein (Sockel), gemeißelt, 354 × 70 × 70
Berlin, Deutsches Historisches Museum,
Inv.-Nr. RB000067 (Pro 68/264)
Lit. Kalthammer 1984; Schmitt 1984, S. 70–76

Nachdem portugiesische Seefahrer zunächst Holzkreuze aufgestellt oder auch einfach besonders sichtbare Stellen in der Landschaft markiert hatten, um den Herrschaftsanspruch des eigenen Landes zu verdeutlichen, führte Diogo Cão auf seinen Reisen zum erstenmal Wappensäulen – sogenannte *padrões* – aus Stein mit an Bord. Diese finden sich in den Folgejahren auch auf einigen Karten jener Zeit verzeichnet.

Die Angaben, die verschiedene Chronisten – so z. B. João de Barros (Kat.-Nr. IX.24), António Galvão, aber auch Martin Behaim auf seinem Globus (Kat.-Nr. V.II.1) oder Hartmann Schedel im *Liber Chronicarum* (Kat.-Nr. V.II.7) – über die Reisen Cãos hinterlassen haben, sind widersprüchlich. Aller Wahrscheinlichkeit nach unternahm Diogo Cão zwei Reisen entlang der westafrikanischen Küste, wobei ihn die erste 1482/83 bis zur Kongomündung und weiter entlang der angolanischen Küste führte. Unterwegs hörte er von einem bedeutenden lokalen Herrscher, dem Manikongo, zu dem er Kundschafter aussandte. Bei seiner Weiterfahrt blieben einige Portugiesen im Lande, und Einheimische wurden nach Lissabon mitgeführt, wobei beide Gruppen später im Rahmen von Cãos zweiter Reise auch wieder in ihr jeweiliges Heimatland zurückkehrten. Auf dieser zweiten Reise 1485/86 gelangte Cão schließlich bis zum im heutigen Namibia gelegenen Cape Cross (Kreuzkap), wo er die hier gezeigte Säule aufstellen ließ. Sie trägt neben dem portugiesischen Wappen eine Inschrift in lateinischer und portugiesischer Sprache, die jeweils das Datum – 6685 Jahre nach Erschaffung der Welt und 1485 Jahre nach Christi Geburt – sowie den Hinweis enthält, dass Diogo Cão diesen *padrão* auf Befehl des Königs João II. aufgestellt habe.

Die Angaben über den Seefahrer nach seiner Rückkehr sind spärlich, was möglicherweise auf seinen Tod hindeutet. Teilweise wird dies aber auch dahingehend interpretiert, dass Cão aus Enttäuschung über die nach wie vor nicht erreichte Umsegelung der Südspitze Afrikas am portugiesischen Hof in Ungnade gefallen sei. MK

IV.1

IV.2

IV.2 Vertrag von Alcáçovas
Alcáçovas, Ratifizierung vom 4. September 1479
Pergament mit Schnur, 41 × 31,2 × 8
Lissabon, Instituto dos Arquivos Nacionais / Torre do Tombo,
Inv.-Nr. Gaveta 17, maço 6, doc. 16
Lit. Ausst.-Kat. Lissabon 1994, Kat.-Nr. 99

Der 1479 im Rathaus von Alcáçovas im Alentejo unterzeichnete Vertrag zwischen dem Königreich Kastilien und dem Königreich Portugal ist der direkte Vorläufer des 1494 geschlossenen Abkommens von Tordesillas. Vertreter der Katholischen Könige Ferdinand von Aragón und Isabella von Kastilien war der königliche Rat Rodrigo Maldonado; der portugiesische König Afonso V. ließ sich durch den obersten Kanzler (*chanceler-mor*) Dom João da Silveira, Baron von Alvito, vertreten. Mit diesem Vertrag wurde der Konflikt um die Ansprüche der portugiesischen Krone auf den kastilischen Thron beendet, nachdem die portugiesischen Truppen kurz zuvor im kastilischen Erbfolgekrieg eine entscheidende Niederlage erlitten hatten. Dom Afonso V. erkannte endgültig das Recht Kastiliens auf die Kanarischen Inseln an, während die Katholischen Könige Portugal das Recht an allen Überseebesitzungen und noch zu entdeckenden Ländern südlich des Kaps Bojador zusicherten. Die imaginäre Grenzlinie, die dadurch gezogen wurde, entsprach zwar einem Breitengrad, verlief also in ost-westlicher Richtung. Doch in der Praxis nahm diese Linie vorweg, dass Portugal an der afrikanischen Küste entlang seine Expeditionen fortsetzen würde, wodurch den kastilischen Seefahrern nur der Weg nach Westen über den Atlantik blieb. Die portugiesische Seite ratifizierte den Vertrag in Alcáçovas selbst, die spanische in Toledo, weshalb man auch vom *Tratado de Alcáçovas-Toledo* spricht. PP/ZB

IV.3 Porträt von Papst Alexander VI.
Cristofano dell'Altissimo (Florenz? um 1530 – 1605 Florenz)
Italien, vor 1568
Öl auf Holz, vergoldeter Nussbaumrahmen, 59 × 44
Florenz, Galleria degli Uffizi, Inv.-Nr. 1890 n. 2989
Lit. Bautz 1990, Sp. 104f.; Kelly 2005, S. 270–272

Papst Alexander VI. (1430–1503) kam als Rodrigo Lanzol in Vativa bei Valencia zur Welt. Als Adoptivkind seines Onkels Papst Kalixt III. wurde er Mitglied der einflussreichen Familie Borgia. Nach seinem Studium in Bologna ernannte ihn Kalixt III. 1456 zum Kardinaldiakon und 1457 zum Vizekanzler des Heiligen Stuhls. Mit diesem hohen kirchlichen Amt, das er unter den vier folgenden Päpsten ausübte, und seinen zahlreichen Benefizien festigte er seine Macht an der römischen Kurie. Am 11. August 1492 gelangte Rodrigo Borgia trotz gegenteiliger Prognosen durch Ämterkauf auf den Stuhl Petri.

Das Pontifikat Alexanders VI. begann verheißungsvoll: Als erfahrener Verwalter sorgte er für die Wiederherstellung von Recht und Ordnung in Rom und versprach eine Reform der Kurie. Zugleich erntete der Borgia-Papst wegen seines skandalösen Lebenswandels allerdings heftige Kritik. Seinen Amouren entsprangen mindestens sieben Kinder, von denen ihm die seiner offiziell anerkannten Mätresse Vanozza Catanei besonders nahestanden: Juan, Cesare, Lucrezia und Goffredo. Mit dem Ziel, die Borgia zur mächtigsten Dynastie Mittelitaliens zu erheben, betrieb er eine skrupellose und ehrgeizige Staats- und Familienpolitik. Prominentester Kritiker der Dekadenz des päpstlichen Hofes war der 1498 hingerichtete Prediger und Reformator Girolamo Savonarola.

1493 teilte Alexander VI. in mehreren Bullen die neuentdeckten Welten im Westen zwischen Spanien und Portugal auf, doch regte sich in Portugal Widerstand gegen die vom spanischstämmigen Papst getroffene Regelung, was 1494 zu einer Neuformulierung der Teilung im Vertrag von Tordesillas führte. CT

IV.3

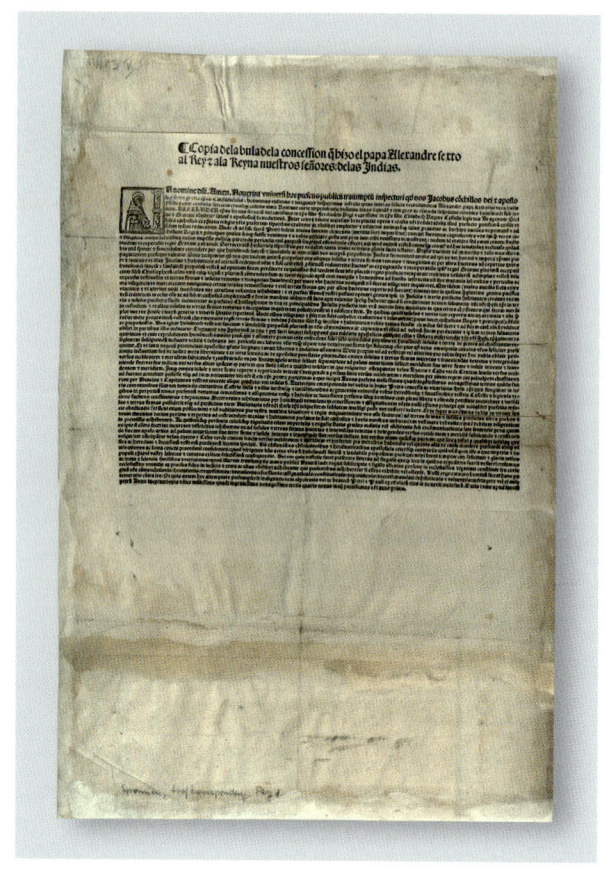

IV.4

IV.4 Bulle Inter caetera divinae von Papst Alexander VI.
Rom, 4. Mai 1493
Einblattdruck, Papier, 43 × 29,5
Wien, Österreichisches Staatsarchiv, Haus-, Hof- und
Staatsarchiv, Staatenabteilung Spanien, Hofkorrespondenz 1
Lit. Auer/Wehdorn 2003, S. 88; Bitterli 1980, S. 46f.;
Seppelt 1957, S. 392f.

Mit der Entdeckung der ›westindischen Inseln‹ durch Christoph Kolumbus wurde Spanien ein bedrohlicher Konkurrent Portugals im Wettrennen um die überseeischen Gebiete. Direkt nach der Ankunft Kolumbus' in Lissabon erhob der portugiesische König unter Berufung auf den Vertrag von Alcáçovas Anspruch auf die neuen Gebiete. Den Katholischen Königen gelang es jedoch, sich die Unterstützung des spanischen Papstes Alexander VI. zu sichern. In der Bulle *Inter caetera divinae* legte der Pontifex 1493 eine Demarkationslinie zwischen den Herrschaftsgebieten beider Länder vom Nordpol zum Südpol fest, die einhundert *Léguas* westwärts der Kapverden verlaufen sollte.

Damit gehörte der gesamte westlich der Linie liegende Raum nun zu Spanien. Zur Bestimmung der Grenze schrieb der Text vor, dass die Demarkationslinie binnen zehn Monaten von zwei gleich stark ausgerüsteten Schiffsexpeditionen von Gran Canaria ausgehend zu vermessen sei. Auf festem Boden sollten Zeichen oder Türme an der Küste und landeinwärts die Grenze markieren. Ferner wurde den Spaniern freie, direkte Durchfahrt durch portugiesische Gewässer gewährt. Die Bulle Papst Alexanders VI. schränkte das bisherige portugiesische Eroberungsmonopol über alle Länder und Meere südlich der Kanaren empfindlich ein. Nach starken Protesten Portugals kam es deshalb im Vertrag von Tordesillas ein Jahr später zu einer Westverschiebung der Demarkationslinie. CT

IV.5 Vertrag von Tordesillas
Arévalo, Ratifizierung vom 2. Juli 1494
Manuskript, Pergament, 33,5 × 24,6
Lissabon, Instituto dos Arquivos Nacionais / Torre do Tombo,
Inv.-Nr. Gavetas 17, maço 2, doc. 24
Lit. Ausst.-Kat. Lissabon 1994, Kat.-Nr. 110

Der Vertrag von Tordesillas ist ohne Zweifel eines der bedeutendsten Dokumente der frühneuzeitlichen Geschichte. Im nordkastilischen Tordesillas wurde ein Meridian festgelegt, der die Welt in zwei Interessensphären aufteilte. Damit wurde die 15 Jahre zuvor in Alcáçovas begonnene Beilegung des portugiesisch-kastilischen Konflikts um die Schifffahrt im Atlantik abgeschlossen. Dies geschah kurz nachdem Kolumbus auf seiner ersten Reise vermeintlich nach Ostasien vorgestoßen und sich in Europa noch niemand der Existenz eines weiteren Kontinents – Amerikas – zwischen Atlantik und Indischem Ozean bewusst war.

Der Meridian wurde am 7. Juni 1494 – dem Datum des Originalentwurfs (Biblioteca Nacional, Lissabon, *Reservados*, Ms. 5, Nr. 25) – festgelegt. Noch ein Jahr zuvor hatte Papst Alexander VI. in der Bulle *Inter caetera* vom 3. und 4. Mai 1493 eine Meridianlinie vorgeschlagen, die hundert *Léguas* (also etwa 320 Seemeilen oder 600 km) von der Inselgruppe der Kapverden entfernt verlaufen sollte, wobei die westlich des Meridians entdeckten oder noch zu entdeckenden Gebiete ausschließlich als spanisches Eigentum gelten, die östlich davon gelegenen Gebiete hingegen portugiesischen Besitz bilden sollten. Dies wurde so allerdings nicht umgesetzt, da die Ansprüche der beiden Königreiche mit dem in der Bulle festgesetzten Meridian kollidierten. In Tordesillas wurden daher neue Verhandlungen zur Lösung des diplomatischen Konflikts angesetzt. Der Meridian wurde daraufhin weiter nach Westen verlegt und endgültig 370 *Léguas* (1184 Seemeilen oder etwas über 2000 km) von den Kapverden entfernt, zwischen 48 und 49 Grad westlich der heutigen Greenwichlinie festgelegt. Das Abkommen wurde 1506 von Papst Julius II. ratifiziert. Diese ansonsten unerklärliche Verschiebung der Vertragslinie gilt als wichtigster Hinweis darauf, dass die Portugiesen bereits vor 1495 Kenntnis von einer Landmasse im Südwesten des Atlantiks, im heutigen Brasilien also, gehabt haben könnten. Offiziell wurde Brasilien, damals bekannt als *Terra de Vera Cruz*, erst 1500 von Pedro Álvares Cabral ›entdeckt‹. (Abb. 3, S. 195) PP/ZB

IV.6 Vertrag von Saragossa: Schreiben König Joãos III. mit Bestätigung und Ratifizierung
20. Juni 1530
Pergament, hängendes Bleisiegel und Seidenschnur, 43 × 30
Lissabon, Instituto dos Arquivos Nacionais / Torre do Tombo, Inv.-Nr. Gavetas 18, maço 8, Nr. 29
Lit. Ausst.-Kat. Lissabon 1994, Kat.-Nr. 121

Mit dem Vertrag von Saragossa wurde eine Regelung für die Zuordnung der fernöstlichen Gewürzinseln geschaffen. Als 1494 im Vertrag von Tordesillas die atlantische Trennlinie festgelegt worden war, wurde der Gegenmeridian auf der östlichen, weitgehend unbekannten Erdhalbkugel zwar theoretisch in Erwägung gezogen. In der Praxis blieb dies jedoch ohne eine klare Linienführung. Ein Rechtsstreit mit Spanien entbrannte, nachdem Magellans Flotte im Auftrag der spanischen Krone 1520 die Molukken erreichte. Die aufgrund ihrer Gewürznelken- und Muskatnussexporte hoch begehrten Inseln waren im vorhergehenden Jahrzehnt bereits mehrfach von portugiesischen Schiffen angelaufen worden. Zweifel bestanden nun darüber, ob der Archipel gemäß dem Abkommen von Tordesillas unter spanische oder portugiesische Rechtsprechung fiel. Ein Versuch, diese Frage durch einen in Elvas und Badajoz zusammengetretenen Rat von Geografen und Kartografen wissenschaftlich lösen zu lassen, schlug aufgrund der damaligen Beschränkungen bei der Berechnung von Längengraden fehl.

Ein diplomatischer Ausweg aus der Krise wurde am 22. April 1529 in Saragossa gefunden. Demnach befanden sich die Molukken zwar auf spanischem Gebiet, doch Karl V. trat ihre Nutzungsrechte für die beträchtliche Summe von 350 000 Golddukaten, die er für seine Kriege gegen Franz I. dringend benötigte, an Portugal ab. Ihm blieb dabei das Recht erhalten, die Transaktion durch Rückzahlung besagter Summe rückgängig zu machen. Erst viel später wurde festgestellt, dass die Molukken sich nach der Regelung von Tordesillas eigentlich in der ›portugiesischen‹ Erdhälfte befanden. PP/ZB

IV.6

IV.7 Porträt des Vasco da Gama
Portugiesische Schule, 16. Jahrhundert
Öl auf Holz, 25 × 20
Lissabon, Museu Nacional de Arte Antiga, Inv.-Nr. 550 Pint
Lit. Ausst.-Kat. Lissabon 1998b; Ausst.-Kat. Sines 1998, S. 158f.

Vasco da Gama (etwa 1469–1524) ist eine der herausragendsten Figuren der europäischen Entdeckungsgeschichte. Er kommandierte die erste erfolgreiche Seereise von Portugal nach Indien. Am 8. Juli 1497 brach er vom Strand in Restelo bzw. Belém an der Tejo-Mündung bei Lissabon auf. In Malindi, an der Ostküste Afrikas, gelang es ihm, einen muslimischen Piloten in seine Dienste zu nehmen. Am 20. Mai 1498 erreichte er Kalikut in Indien. 1499 kehrte er, nachdem er auf der Fahrt viele Männer verloren hatte, nach Portugal zurück. Seine zweite Reise, bei der er bereits den Admiralstitel (*Almirante*) trug, unternahm er 1502. Dabei gelang ihm ein wichtiger militärischer Durchbruch gegen den muslimischen Widerstand im Indischen Ozean. Er erhielt später in Portugal mit Hilfe des Herzogs von Bragança den lange ersehnten Adelstitel und wurde erster Graf von Vidigueira. 1524 wurde er zum Vizekönig von Indien ernannt, reiste im Triumph nach Asien, starb in Goa jedoch bald an einer

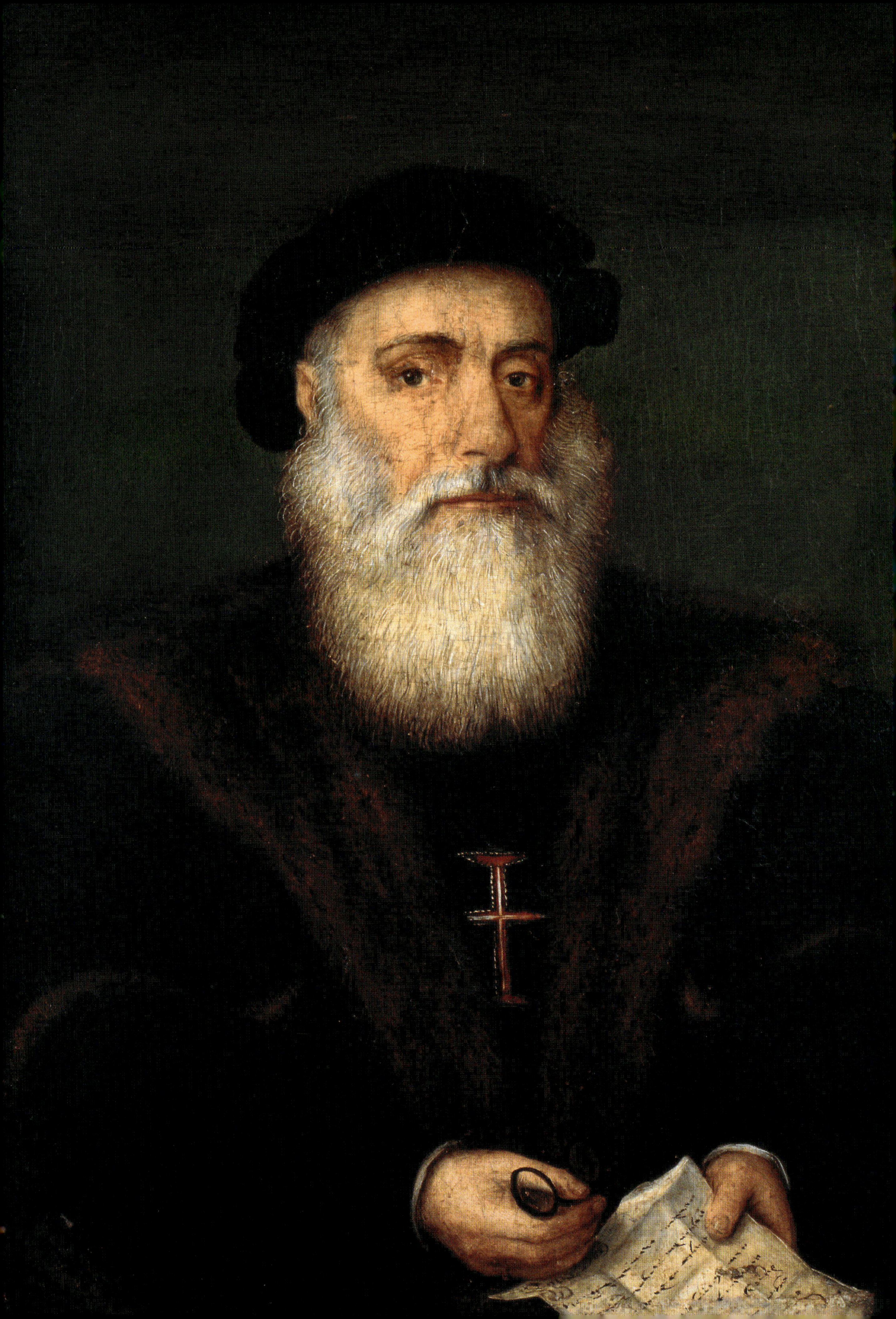

Fieberkrankheit. Mehrere seiner Nachfahren spielten eine wichtige Rolle in der späteren Geschichte des portugiesischen Reiches in Asien, des sogenannten *Estado da Índia*.

Die Person auf dem Bild ist leicht nach links gewandt dargestellt, was der im 16. Jahrhundert üblichen Konvention für Gelehrte und Höflinge entspricht. Diese Eigenschaft scheint durch die Brille in seiner rechten und den (unleserlichen) Brief in der linken Hand noch verstärkt zu werden. Gama trägt eine Ballonmütze und ein reiches Gewand mit einem verzierten Wams, das einen weiten Kragen aus Marderfell und ein Christuskreuz auf der Brust aufweist. Aus seinem heiteren Gesicht mit weißem Bart leuchtet ein entschiedener Blick. Man kann sagen, dass es sich um das ›offizielle‹ Porträt Vasco da Gamas handelt, auch wenn es keinen ausdrücklichen Beleg dafür gibt.

Das Gemälde wurde 1845 entdeckt, von der Akademie der Künste in Lissabon erworben und als Porträt von Vasco da Gama dem Publikum vorgestellt. Es stammte vermutlich aus dem Hause Nisa und gelangte später in den Besitz des Grafen von Farrobo, dessen Familientradition eine verwandtschaftliche Beziehung zu dem Seefahrer nahelegt. Selbst wenn es keine vollkommene Gewissheit über die Identität des abgebildeten Mannes gibt, wurde die Identifikation mit Gama im Laufe der letzten 160 Jahre in zahllosen Gedenkveranstaltungen und Jubiläen unumstößlich festgeschrieben, sodass es sich als allgemein anerkanntes Bildnis des Nationalhelden durchgesetzt hat. PP

IV.8 Flotte des Vasco da Gama (Reproduktion)

In: *Memória das Armadas*
Unbekannt, nach 1566
Lissabon, Academia das Ciências
Lit. Ausst.-Kat. Lissabon 1998, S. 77

Das Buch verdeutlicht das gegen Mitte des 16. Jahrhunderts aufkommende Interesse der portugiesischen Oberschicht, historische Aufzeichnungen über die portugiesischen Seefahrten und die damit verbundenen militärischen Ereignisse anfertigen zu lassen. Es hat große Ähnlichkeit mit dem *Buch der Flotten* des Lisuarte de Abreu, das sich heute in New York befindet. Kleine und dennoch sehr ausdrucksstarke Zeichnungen stellen sämtliche Schiffe dar, die im Rahmen der aus Lissabon entsandten Flotten bzw. *Armadas* seit der 1497 begonnenen ersten Reise Vasco da Gamas nach Indien aufbrachen. Der letzte Eintrag stammt aus dem Jahr 1566. Trotz etlicher Detailfehler handelt es sich um ein höchst wertvolles Dokument, das neben den Namen der Schiffe auch die der Kapitäne aufführt und viele interessante Details erwähnt, beispielsweise wenn ein Schiff sank oder in Brand geriet. (Abb. 1, S. 24) PP

IV.9 Tagebuch der ersten Indienfahrt des Vasco da Gama

Álvaro Velho (zugeschrieben)
1497–1499
Handschrift auf Papier, 30,5 × 21,9
Porto, Biblioteca Pública Municipal do Porto,
Inv.-Nr. Ms. 804
Lit. Ausst.-Kat. Lissabon 1998b

Die erste Reise des Vasco da Gama (etwa 1469–1524) nach Indien begann 1497 und endete 1499. Sie wurde von dem Mannschaftsmitglied Álvaro Velho in einer Handschrift dokumentiert, die heute allgemein als *Diário da Viagem de Vasco da Gama* (»Tagebuch der Seefahrt des Vasco da Gama«) bezeichnet wird. Dank diesem 1898 entdeckten Dokument sind heute die Einzelheiten der langen Reise nach Indien bekannt. Vasco da Gama verließ Lissabon als Kapitän der *Nau São Gabriel* sowie in Begleitung der *Nau São Rafael*, die unter dem Kommando seines Bruders Paulo da Gama stand, der *Nau Berrio* mit Nicolau Coelho als Kapitän und eines Transportschiffes. Auf den Kapverdischen Inseln nahm er Wasservorräte auf, fuhr dann weiter in Richtung Süden und wiederholte die Tat des Bartolomeu Dias' mit der geglückten Umrundung des schwer zu umfahrenden Kaps der Guten Hoffnung 1488. An der Ostküste Afrikas passierte er Sofala und erreichte dann Kilimane.

Das Unternehmen erwies sich dort in militärischer Hinsicht als schwierig, denn viele Häfen und ein Großteil des Handels im westlichen Indischen Ozean wurden von Muslimen kontrolliert. Es kam zu heftigen Auseinandersetzungen, und Vasco da Gama ging bald gewaltsam gegen die Bevölkerung der Küstenstädte vor. Zugleich verhinderte er die Zerstörung seiner Flotte, indem er eine Allianz mit dem Sultan von Malindi (Melinde) einging. Dieser verschaffte da Gama einen muslimischen Piloten, der mit den Winden im Indischen Ozean vertraut war und die Portugiesen nach Indien führte. Die Ankunft der Portugiesen in Kalikut war alles andere als vielversprechend. Da Gama hatte der indischen Elite wenig anzubieten und stieß zugleich auf starken Widerstand bei muslimischen Händlern, die an einer Beibehaltung des *Status quo* interessiert waren. Auf der Rückreise verlor da Gama das Begleitschiff *São Rafael* und ging auf den Azoren an Land, wo sein Bruder starb. Am 9. September 1498 landete er in Lissabon.

Diese erste Erkundung des Seeweges nach Indien ermöglichte den Portugiesen bald eine erhebliche Kontrolle über den Gewürzhandel Asiens mit Europa, unter Umgehung der traditionellen Märkte des Nahen Ostens. Die sogenannte *Carreira da Índia* (Indienroute oder Kaproute) verband Lissabon direkt mit den Häfen der indischen Westküste. (Abb. 2, S. 25) PP

◀ IV.7

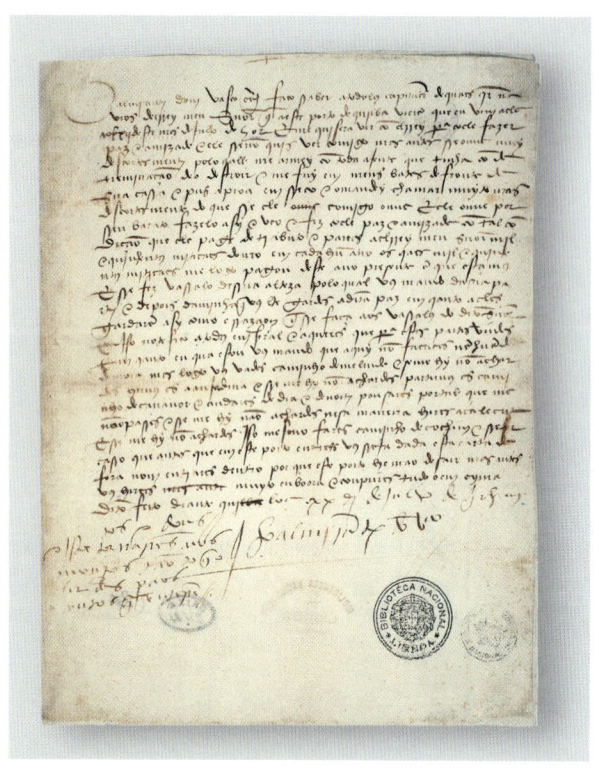

IV.10

IV.10 Brief des Vasco da Gama
Vasco da Gama (Sines, etwa 1469–1524 Kochi)
1502
Pergament, 28,6 × 22
Lissabon, Biblioteca Nacional, Sign. MSS.244, n° 2

Schreiben Vasco da Gamas vom 20. Juli 1502 mit Anweisungen für alle, die beabsichtigen, in den Hafen oder die Bucht von Kilwa (Quíloa) an der Ostküste von Afrika einzufahren (auf der Rückseite steht: »Carta pêra os capytães que aqui vierem« – »Brief an die Kapitäne, die hierher kommen«). Im Brief heißt es, dass man eine Einfahrt vermeiden sollte, da es sich um einen Hafen handele, »aus dem man nur schwer wieder herausfahren kann«. Im Zweifelsfall sollte man sich nach den Häfen von Malindi, Angediva, Kannanor, Kalikut oder Kochi wenden. Die Botschaft wurde ausgegeben, nachdem das Königreich Kilwa mit Waffengewalt zum Vassallen König Manuels von Portugal gemacht worden war und deshalb jährlich 1500 *Miticaes* Gold zahlen musste. Die erste Zahlung hatte Vasco da Gama bereits eingetrieben. PP

IV.11 Porträt des Christoph Kolumbus
Cristofano dell'Altissimo (um 1530–1605)
Como ?, 1556
Gemälde, Öl auf Holz, vergoldeter Nussbaumrahmen, 60 × 45
Florenz, Galleria degli Uffizi, Inv.-Nr. 1890 n. 1556
Lit. Slg.-Kat. Florenz 1979, S. 620; Schmitt 1984, S. 174 f.; Vasari 1987 [1550/1568], S. 239, 541

Um 1481 ermutigte der Florentiner Mathematiker Paolo dal Pozzo Toscanelli den Genuesen Christoph Kolumbus, der in Lissabon in Geldgeschäften tätig war, eine Idee wieder aufzugreifen, die der Gelehrte bereits sieben Jahre zuvor mit der portugiesischen Krone erörtert hatte: die Erschließung einer Westroute nach Indien. Kolumbus stellte João II. zwar entsprechende Projekte vor, aufgrund des negativen Votums einer Sachverständigenkommission lehnte der Monarch jedoch eine Unterstützung des Vorhabens ab. Nach der Eroberung Granadas erklärte sich hingegen Spanien bereit, einen Großteil der Kosten der Expedition zu übernehmen, und so stach Kolumbus am 3. August 1492 in der andalusischen Hafenstadt Palos mit drei Schiffen und insgesamt 90 Mann Besatzung in See. Nach 36 Tagen erreichte er die Bahamasinsel Guanahani, die er San Salvador taufte. Nach Aufenthalten auf Kuba und Haiti, wo er unter dem Namen *La Isla Española* die erste europäische Kolonie auf amerikanischem Boden gründete, trat Kolumbus 1493 die Heimreise an, die ihn über Lissabon nach Spanien führte.

Auch die drei folgenden Fahrten, auf denen er schließlich auch die Küste des amerikanischen Kontinents erreichte, ließen Kolumbus nicht von der Meinung abrücken, die östlichen Regionen Asiens erreicht zu haben. Krank und geschwächt von den Strapazen der Reisen, die von Schiffsbrüchen, internen Konflikten und Gewalttätigkeiten gegenüber der einheimischen Bevölkerung überschattet waren, starb der Entdecker 1506 in Valladolid.

Das Bildnis gehört zu einer Serie von Porträtkopien, die der manieristische Maler Cristofano dell'Altissimo im Auftrag Cosimos I. de' Medici im Museum des Paolo Giovio anfertigte. JW

VS
CRISTO: COLOMBO

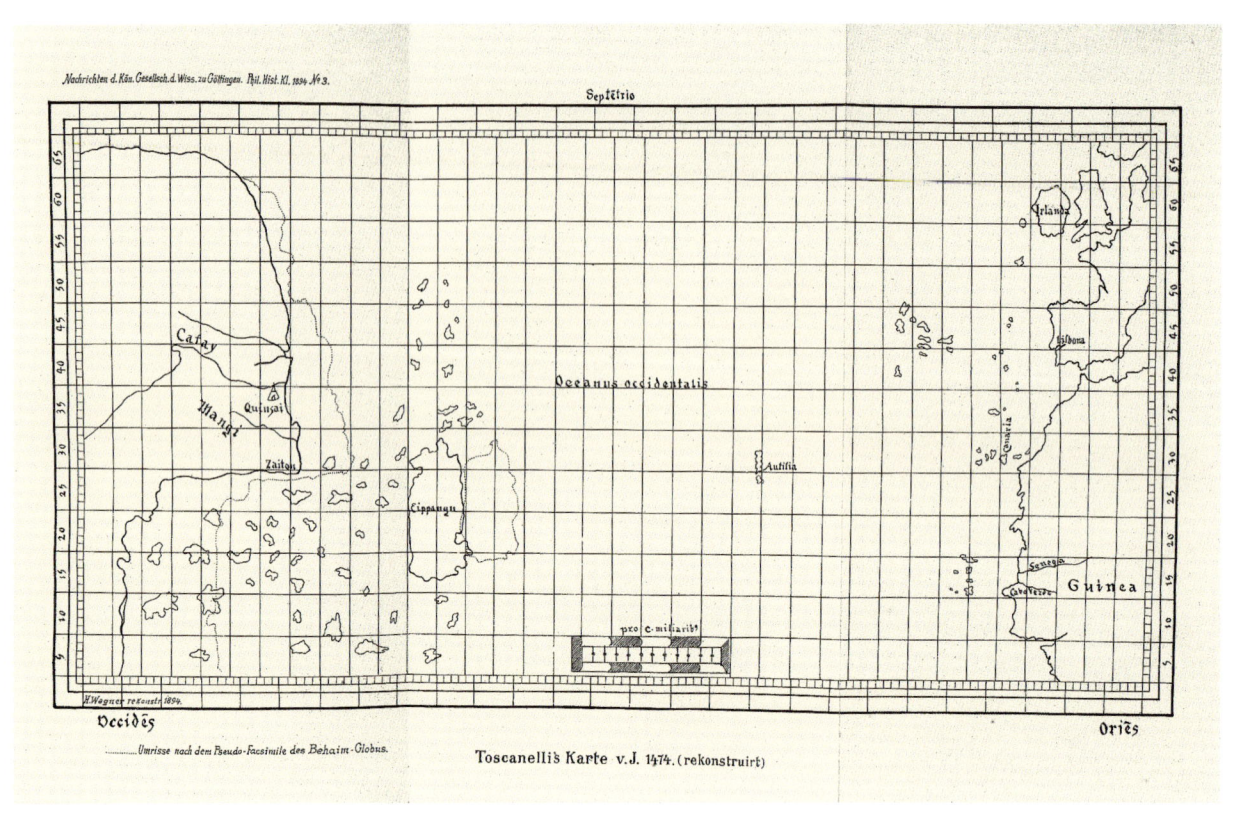

IV.12

IV.12 REKONSTRUKTION DER TOSCANELLI-KARTE VON 1474 (REPRODUKTION)
In: Hermann Wagner, *Die Rekonstruktion der Toscanelli-Karte v. J. 1474 und die Pseudo-Facsimila des Behaim-Globus v. J. 1492*
Göttingen, 1894
Buch, 23,7 × 16,5
Nürnberg, Germanisches Nationalmuseum,
Sign. 8° H.2199mdf
Lit. Ausst.-Kat. Nürnberg 1992, S. 743f.; Fialho 2007; Wagner 1894; Wallisch 2000d

Angesichts der Schwierigkeiten des italienischen Orienthandels beschäftigte sich der Florentiner Arzt und Humanist Paolo dal Pozzo Toscanelli (1397–1482) mit der Suche nach möglichen Alternativen zum Landweg nach Asien. Durch seine Bekanntschaft mit dem Kardinal Dom Jaime, Sohn des Infanten Dom Pedro von Portugal, stand Toscanelli in direktem Kontakt zum portugiesischen Königshaus. Im Jahr 1474 soll er Fernão Martins, dem Beichtvater König Afonsos V., die Möglichkeit einer Westfahrt nach Asien in einem Brief geschildert haben. Zentrales Argument war die geringe Entfernung zwischen Asien und Europa, die Toscanelli in der beigefügten, eigenhändig gezeichneten *carta navigationis* verdeutlichte. Über seinen Bruder Bartolomeo hörte auch Christoph Kolumbus von Toscanellis Theorien und trat mit ihm in Kontakt, worauf der Florentiner Gelehrte, der in seinen Berechnungen den realen Umfang des Globus weit unterschätzt hatte, Kolumbus eine Kopie seiner Karte übersandte. Die Idee einer Westfahrt nach Indien fand am portugiesischen Hof damals jedoch keine Unterstützung.

Gelegentlich findet sich auch die Vermutung, dass Martin Behaim ebenfalls Kenntnis von Toscanellis Karte hatte. Als Indiz hierfür wird beispielsweise die Lage Japans auf dem Behaim-Globus angeführt. Das Original der Karte ist heute verloren. In der Forschung gilt der Entwurf Hermann Wagners nach wie vor als zuverlässigste Rekonstruktion. CT

¶ Epistola Christofori Colom: cui etas nostra multū debet: de Insulis Indie supra Gangem nuper inuentis. Ad quas perquirendas octauo antea mense auspicijs z ęre inuictissimi Fernandi Hispaniarum Regis missus fuerat: ad Magnificum dnm Raphaelem Sanxis: eiusdem serenissimi Regis Tesaurariū missa: quam nobilis ac litteratus vir Aliander de Cosco ab Hispano ideomate in latinum conuertit: tertio kals Maij. M.cccc.xciij. Pontificatus Alexandri Sexti Anno primo.

Quoniam suscepte prouintie rem perfectam me cōsecutum fuisse gratum tibi fore scio: has constitui exarare: que te vniuscuiusque rei in hoc nostro itinere geste inuenteque ad moneant. Tricesimotertio die postquam Gadibus discessi in mare Indicū perueni: vbi plurimas insulas innumeris habitatas hominibus repperi: quarum omnium pro foelicissimo Rege nostro preconio celebrato z verillis extensis contradicente nemine possessionem accepi: primeque earum diui Saluatoris nomen imposui: cuius fretus auxilio tam ad hanc: q̃ ad ceteras alias peruenimus. Eam vo Indi Guanahanin vocant. Aliarum etiā vnam quanq; nouo nomine nuncupaui. Quippe aliā insulam Sancte Marie Conceptionis: aliam Fernandinam. aliam Hysabellam. aliam Johanam. z sic de reliquis appellari iussi. Quamprimum in eam insulam quā dudum Johanā vocari dixi appulimus: iuxta eius littus occidentem versus aliquantulum processi: tamq; eam magnā nullo reperto fine inueni: vt non insulam: sed continentem Chatai prouinciam esse crediderim: nulla tn videns oppida municipiaue in maritimis sita confinib? preter aliquos vicos z predia rustica: cum quoꝝ incolis loqui nequibam quare simul ac nos videbant surripiebant fugam. Progrediebar vltra: existimans aliquā me vrbem villasue inuenturum. Deniq; videns q̃ longe admodum progressis nihil noui emergebat: z h̄moī via nos ad Septentrionem deferebat: q̃ ipse fugere exoptabā: terris etenim regnabat bruma: ad Austrumq; erat in voto cōtendere

IV.13 Brief des Christoph Kolumbus aus der ›Neuen Welt‹

Epistola ... de Insulis Indie supra Gangem nuper inuentis
Christoph Kolumbus (Genua 1451 – 1506 Valladolid)
Rom, Stephan Plannck, 1493
Druck, 22 × 16
Berlin, Deutsches Historisches Museum, Inv.-Nr. R 53/2894
Lit. Ausst.-Kat. Berlin 2006; Kolumbus 2000 [1493]

Luis de Santángel, Schatzmeister des spanischen Königshofes, hatte den Plan des Kolumbus, Asien über den Atlantik im Westen zu suchen, tatkräftig unterstützt. An ihn ist dieser ›erste Brief aus der Neuen Welt‹ gerichtet, den Kolumbus am 15. Februar 1493, also noch an Bord seines Schiffes während der Rückreise von seiner ersten erfolgreichen Atlantiküberquerung verfasste.

Kolumbus gibt darin einen kurzen Abriss seiner Reise und berichtet von den neu aufgefundenen Inseln, deren Bewohner er im festen Vertrauen darauf, dem ersehnten Indien nahe zu sein, als *Indios* (Inder, Indianer) bezeichnet. Er betont die Schönheit der angetroffenen Landschaft, ihre vermeintlich reichen Gold- und Gewürzvorkommen, die Begeisterung der Eingeborenen für die aus Europa mitgebrachten Waren sowie die guten Chancen, die er einer zukünftigen Missionierung unter der einheimischen Bevölkerung einräumt. Ausdrücklich verweist er darauf, keine Ungeheuer, wie von manchen erwartet, sondern gutmütige, intelligente und ehrfürchtige Menschen angetroffen zu haben. Lediglich auf einer entfernt liegenden Insel namens Carib sollen, so hätte man ihm berichtet, grausame Menschenfresser leben. Auch die von ihm auf Hispaniola (Haiti) gegründete Festung Navidad findet im Brief Erwähnung.

Der Brief wurde nach Barcelona gesandt und dort 1493 zum ersten Mal in spanischer Sprache gedruckt. Die vorliegende, von Leandro de Cosco teilweise literarisierte und ins Lateinische übertragene Fassung des Textes erschien 1493 in Rom. 1493 und 1494 folgten weitere Drucklegungen in Basel, die nun auch mit verschiedenen Holzschnitten versehen waren. In verschiedene Sprachen übersetzt, fand der Text rasch weite Verbreitung. MK

IV.14 Autograf einer Zahlungsanweisung des Christoph Kolumbus

Christoph Kolumbus (Genua 1451 – 1506 Valladolid)
Panama?, 23. November 1502
Papier, 8,2 × 22
Rostock, Universitätsbibliothek, Sign. Mss. Var. 124(1)
Lit. Ausst.-Kat. Berlin 1993b, S. 36

Im vorliegenden Dokument weist Christoph Kolumbus seinen 13-jährigen Sohn, der ihn auf seiner vierten Reise begleitete, an, eine Schuld von zwölf Dukaten zu begleichen. Gläubiger war vermutlich Roldán de la Sala, der als Steuermann der *Niña* an der ersten Expedition des Kolumbus teilgenommen hatte. Das Geld war zum Kauf von Schiffsausrüstung und Proviant aufgenommen worden, als Kolumbus 1496 von seiner zweiten Reise in die Karibik zurückkehrte. Die Anweisung ist zwar mit der Ortsangabe »in Sevilla« versehen, doch hielt sich Kolumbus am Datum der Ausfertigung, dem 23. November 1502, an der Küste des heutigen Panama auf, wo er wohl – von Krankheit gezeichnet – seine Verbindlichkeiten regeln wollte. Die Auszahlung der Summe wurde daher auch erst zwei Jahre später, am 23. November 1504 durch eine Unterschrift Roldáns auf der Rückseite des Blattes bestätigt. JW

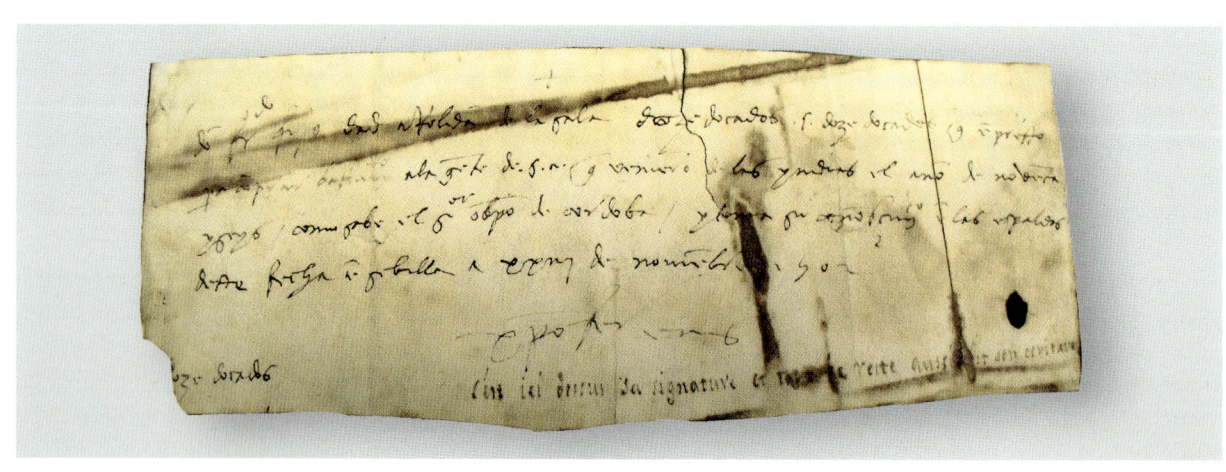

IV.14

IV.15 A + B

IV.15 A + B Die Flotte des Pedro Álvares Cabral
In: *Livro de Lisuarte de Abreu*, 1564
Ungebundenes Manuskript, 27,9 × 19
New York, The Pierpont Morgan Library, Purchased by
J. Pierpont Morgan (1837–1913), 1912, Sign. MS
M.525, vol. II, fol. 16v u. 17r
Lit. Carvalho 1992; Lisuarte de Abreu 1992 [1564]; Schmitt
1984, S. 146 ff.; Wallisch 2000c

Nach der Rückkehr des Vasco da Gama von seiner ersten Indienexpedition rüstete die portugiesische Krone umgehend eine zweite Flotte aus, die diesmal aus 13 Schiffen bestand und Lissabon am 9. März 1500 verließ. Ihr Admiral (*capitão-mor*) war der 1467 oder 1468 in Belmonte geborene Pedro Álvares Cabral. Im April erreichten zwölf Schiffe – eine *Nau* war offenbar bereits im März vor den Kapverdischen Inseln abhandengekommen – die Ostküste des heutigen Brasiliens, als dessen ›Entdecker‹ Cabral seitdem gilt. Ob diese Küste absichtlich angesteuert wurde, um die nach dem Vertrag von Tordesillas Portugal zustehenden Gebiete im Westen in Besitz zu nehmen, oder ob die Flotte aufgrund der Wind- und Strömungsverhältnisse des Atlantiks durch Zufall bis dorthin verschlagen wurde, ist nach wie vor umstritten.

Während Cabral das Schiff, das unter der Leitung des Gaspar de Lemos stand, direkt zurück nach Portugal sandte, um König Manuel über das aufgefundene Land zu informieren, nahm die restliche Flotte wieder Kurs auf Kalikut in Indien. Doch sollten lediglich sechs Schiffe dieses Ziel erreichen. Die anderen, darunter das des Bartolomeu Dias, der 1488 zusammen mit seiner Mannschaft als erster Seefahrer das Kap der Guten Hoffnung erfolgreich umsegelt hatte, gingen unterwegs verloren. In Kalikut kam es zu gewaltsamen Auseinandersetzungen mit der einheimischen Bevölkerung und arabischen Handelskonkurrenten. Dabei kamen mehrere Portugiesen ums Leben, weshalb Cabral die Stadt unter Beschuss nahm und große Zerstörungen anrichtete. Neue Handelsverbindungen wurden dann weiter südlich, in Kochi, angebahnt, wo man Cabral als willkommenen Verbündeten gegen den Herrscher von Kalikut freundlich aufnahm.

Das unter dem Namen *Livro de Lisuarte de Abreu* bekannte Dokument ist wohl teilweise von dem im Titel genannten Autor in Auftrag gegeben, aber sicher nicht von einer einzigen Hand verfasst worden. Es besteht aus drei Teilen, wobei der dritte Teil ähnlich der in Lissabon aufbewahrten *Memória das Armadas* die portugiesischen Indienflotten von 1497 bis 1563 in illustrierter Form verzeichnet. MK

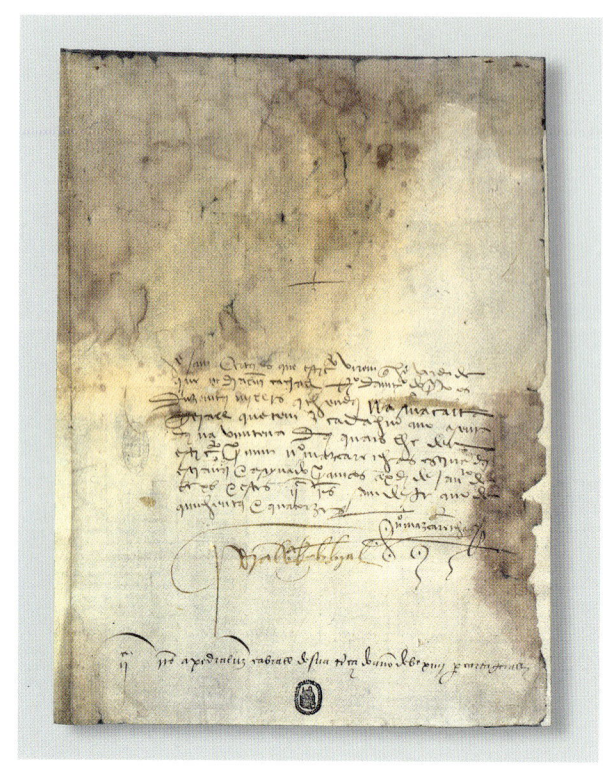

IV.16

IV.16 Bestätigung des Pedro Álvares Cabral über den Erhalt seines Gehaltes für das Jahr 1514
Pedro Álvares Cabral
(Belmonte, um 1467 – um 1520 Santarém)
10. Januar 1515
Manuskriptfragment, 29,5 × 22
Lissabon, Instituto dos Arquivos Nacionais / Torre do Tombo, Inv.-Nr. Corpo Cronológico, 2-44-33
Lit. Carvalho 1992; Gama 2004; Pögl 1986; Wallisch 2000c

Pedro Álvares Cabral, Angehöriger des Adels sowie Mitglied des Christusordens, leitete im Alter von 33 Jahren die zweite portugiesische Indienflotte. Im Verlauf dieser Reise wurde auch die Ostküste des heutigen Brasiliens erreicht und in Besitz genommen. Der Versuch, später in Kalikut friedliche Kontakte aufzubauen, endete allerdings in einem Debakel, und die Portugiesen mussten die Stadt nach schweren Konflikten wieder verlassen. 1501 kehrte Cabral zwar mit stark reduzierter Mannschaft, aber trotz allem mit reicher Fracht, die weiter südlich an der Malabarküste aufgenommen worden war, nach Lissabon zurück. Er heiratete die dem portugiesischen Hochadel entstammende Dona Isabel de Castro, eine Nichte des zweiten Vizekönigs des *Estado da Índia*, Afonso de Albuquerque. Ihrem Einfluss soll er im Jahre 1518 die Ernennung zum Ritter des Königlichen Rates verdanken. Im Gegensatz zu anderen bekannten ›Entdeckungsreisenden‹ unternahm Cabral nur eine einzige Fahrt über den Ozean. Eine weitere Indienreise, die ihm angeboten wurde, trat er aus unbekannten Gründen nicht an.

Auf dem vorliegenden Dokument bestätigt Cabral den Erhalt der Summe von 200 000 *Reais*, sein ›Gnadengehalt‹ (*tença*) für das Jahr 1514. Nach anderen Dokumenten soll er 1518 die Summe von 2437 *Reais* monatlich erhalten haben. MK

IV.17 Porträt des Amerigo Vespucci
Cristofano dell'Altissimo (um 1530–1605)
Como?, vor 1568
Gemälde, Öl auf Holz, vergoldeter Nussbaumrahmen, 60 × 45
Florenz, Galleria degli Uffizi, Inv.-Nr. 1890 n. 188
Lit. Saur 1999, Bd. 22, S. 336; Schmitt 1984, S. 174 f.; Vasari 1987 [1550/1568], S. 239, 541

Amerigo Vespucci (1451–1512) kam wohl 1491 im Auftrag des Florentiner Bankhauses Medici nach Sevilla, wo er an der Vorbereitung der zweiten und dritten Reise des Kolumbus mitwirkte. In den folgenden Jahren nahm er selbst an zumindest zwei Erkundungsfahrten zum südamerikanischen Kontinent teil. So folgte er 1501/02 im Rahmen einer Expedition des Portugiesen Gonçalo Coelho der brasilianischen Küste. Er erreichte dabei vermutlich den Abschnitt nördlich der La Plata-Mündung und berichtete nach seiner Rückkehr in einem Brief an Lorenzo di Pierfrancesco de'Medici über die Kultur der von ihm angetroffenen Indianerstämme. Auch außerhalb von Florenz erlangten Vespuccis Reiseberichte große Aufmerksamkeit. Diese prägten das Bild Südamerikas als eigenem Erdteil und führten den Begriff *Mundus Novus* als Bezeichnung für den von Kolumbus entdeckten Kontinent ein. Die von Vespucci publizierten Erkenntnisse veranlassten 1507 den deutschen Humanisten Matthias Ringmann in der gemeinsam mit Martin Waldseemüller herausgegebenen *Cosmographiae introductio*, dieser ›Neuen Welt‹ den Namen *America* zu verleihen.

Auch in den Jahrzehnten nach seinem Tod wurde Vespucci eine Vielzahl von Ehrungen zuteil. So gehört die nach einer Vorlage im Museum des Paolo Giovio in Como geschaffene Porträtkopie wie die beiden in der Ausstellung gezeigten Papstbildnisse (Kat.-Nr. II.8 und IV.3) zur Ausstattung der Sala del Mappamondo, die Cosimos I. de'Medici im Palazzo Vecchio einrichten ließ. Dort hing es neben dem Bildnis des Kolumbus. JW

AMERICVS VESPVCIVS

sierte Vespucci als lieblich und fruchtbar, das Klima nannte er gemäßigt und gesund. Die Beschreibung der einheimischen Menschen variierte – ebenso wie die spätere Interpretation Vespuccis – zwischen freundlich und grausam, wobei vor allem die Behauptung des Kannibalismus der Indianer und der Wollust der nackten Menschen Aufsehen erregte und immer wieder reproduziert wurde.

Im ›Zeitalter der Entdeckungen‹ war der Druck derartiger Briefe ein wichtiges Medium zur Verbreitung der neuen Informationen in Europa. Abgesehen von den Ausgaben in Latein war die Mehrzahl der Drucke, die auf Vespuccis Angaben beruhten, in deutscher Sprache abgefasst. Weitere Texte erschienen auf Italienisch, Französisch und Niederländisch, doch erfolgte interessanterweise zunächst keine Ausgabe in Spanisch oder Portugiesisch.

Ähnlich wie der Kolumbus-Brief, waren auch die Ausgaben des Vespucci-Briefes unterschiedlich illustriert. Die 1505 in Nürnberg erschienene Version ziert ein Holzschnitt, der einen Ritter mit Krone, Schwert und Zepter zeigt, welcher aufgrund des beigegebenen Wappens leicht als Darstellung des portugiesischen Königs identifiziert werden kann. Diesem wird im deutschen Titel die Ehre zugesprochen, eine ›Neue Welt‹ gefunden zu haben. MK

IV.18

IV.18 Flugblatt mit Vespuccis Bericht über die Neue Welt
Von der neuw gefunden Region die wol ain welt genent mag werden / durch den Cristenlichen künig von portugal / wunderbarlich erfunden
Amerigo Vespucci (Florenz 1451 – 1512 Sevilla)
Nürnberg, 1505
Holzschnitt; Einband Marmorpapier mit Pergamentrücken, 20 × 15
München, Bayerische Staatsbibliothek, Sign. Rar. 5k
Lit. Briesemeister 2002b; Gewecke 1992; Lopes 1998

Niemand hat das frühe Amerika- bzw. Brasilienbild wohl so nachhaltig geprägt wie der Florentiner Amerigo Vespucci. Allein im ersten Drittel des 16. Jahrhunderts erschienen etwa 60 Drucke, die von ihm verfasst oder ihm zumindest zugeschrieben wurden. Im Jahre 1500 von König Manuel I. von Spanien nach Portugal gerufen, lernte er 1501/02 auf der Fahrt des Gonçalo Coelho die brasilianische Ostküste kennen, die er anschließend im berühmt gewordenen *Mundus Novus*-Brief an Lorenzo di Pierfrancesco de'Medici beschrieb. Die Landschaft charakteri-

IV.19 Porträt des Ferdinand Magellan
Como?, um 1560
Öl auf Leinwand, 69 × 52
München, Bayerische Verwaltung der staatlichen Schlösser, Gärten und Seen, Kunst- und Wunderkammer der Burg Landshut, Inv.-Nr. L 2004/152
Lit. Slg.-Kat. Burg Trausnitz 2004, S. 33, 91; Schmitt 1984, S. 186–193

Nach den geografischen Vorstellungen, die der portugiesische Adlige Ferdinand Magellan (Fernão de Magalhães) bei Aufenthalten in Südostasien entwickelt hatte, erschien der Westweg zu den Gewürzinseln über Atlantik und Pazifik als eine vorteilhafte Alternative zur Kaproute. Da jedoch die portugiesische Regierung eine entsprechende Erkundungsfahrt ablehnte, wandte sich Magellan an Spanien, das das Projekt bereitwillig unterstützte. Am 20. September 1519 brach Magellan mit fünf Schiffen im Atlantikhafen Sanlúcar de Barrameda auf. Im Januar 1520 erreichte er die Mündung des Rio de la Plata und durchquerte im Oktober desselben Jahres als erster Seefahrer die später nach ihm benannte Passage zwischen Atlantik und Pazifischem Ozean. Nach einer mehr als dreimonatigen entbehrungsreichen Überfahrt erreichte Magellan im März 1521 die

FERDINANDVS MAGELLANVS

IV.21

Marianen, wenige Wochen später die Philippinen, wo er in Kämpfe zwischen lokalen Herrschern verwickelt und getötet wurde. Von den Schiffen Magellans gelang es alleine der *Victoria*, nach einem Zwischenaufenthalt auf den Molukken das Kap der Guten Hoffnung zu umrunden. 18 Mann erreichten schließlich unter Führung des Juan Sebastián de Elcano am 6. September Sanlúcar, den Ausgangspunkt der Reise. Trotz der immensen Verluste war die erste Weltumseglung ein wirtschaftlicher Gewinn, da der Wert der von der *Victoria* nach Spanien zurückgebrachten Gewürznelken die für die Ausrüstung der Expedition aufgebrachten Mittel überstieg.

Das Bildnis Magellans aus der Kunstkammer der Wittelsbacher ist ein Beispiel für die weite Verbreitung, die Kopien nach den Entdeckerporträts in der Sammlung des Paolo Giovio auch außerhalb Italiens fanden. JW

IV.20 Abschrift des Vertrags zwischen der kastilischen Krone und Ferdinand Magellan
24. Januar 1523 (1. Abschrift; ausgestelle Abschrift aus dem 18. Jahrhundert)
Handschrift auf Papier, 27 × 20
Lissabon, Instituto dos Arquivos Nacionais / Torre do Tombo, Inv.-Nr. Reforma das Gavetas, livro 41 [Original: Sevilla, Arquivo General de Índias, Patronato Real, 34, Band 1]
Lit. Ausst.-Kat. Lissabon 1994, Kat.-Nr. 121

Dieses Dokument stellt die Grundlage für die Weltumseglung Ferdinand Magellans (Fernão de Magalhães) dar. Magellan bat zunächst Dom Manuel um Erlaubnis, seine Dienste fremden Monarchen anbieten zu dürfen. Grund dafür war, dass er mit dem einflussreichen Afonso de Albuquerque im Streit lag und dadurch praktisch jeglicher Möglichkeit beraubt war, am portugiesischen Hof eigene Seefahrtsunternehmungen voranzutreiben. So schlug er der spanischen Führung – damals Karl V. und seine Mutter Johanna – vor, den westlichen Seeweg nach Indien zu erforschen, an dessen Fortführung Kolumbus gescheitert war. Magellan ging davon aus, dass sich die Molukken gemäß dem Vertrag von Tordesillas (1494) im Bereich des kastilischen Besitzanspruchs befinden mussten. Ihm war auch bekannt, dass Vasco Núñez de Balboa 1513 in Panama zum ›südlichen Meer‹ – zum Pazifik also – vorgestoßen und Juan Diáz de Solis kurz darauf an der südamerikanischen Ostküste entlangsegelnd bis zum Río de la Plata gelangt war.

Die Initiative Magellans, die von dem portugiesischen Kosmografen Rui Faleiro unterstützt wurde, erweckte in Kastilien Interesse. Der Plan wurde 1516 in Sevilla vorgestellt, jedoch erst konkret angegangen, nachdem mit der kastilischen Krone ein Vertrag zustandegekommen war. In dem auch als *Capitulaciones* bekannten Dokument gewährte die Krone Magellan und Rui Faleiro für zehn Jahre das Exklusivrecht zur Nutzung der geplanten Route. Des Weiteren verpflichtete sich die Krone, die beiden Vertragspartner über jegliche anderweitige Nutzung zu informieren und erteilte ihnen die Titel von *capitães-donatários* oder *governadores*, also Gouverneuren mit weitreichender Vollmacht. Der Vertrag wurde am 22. März in Valladolid unterzeichnet und ermöglichte Magellan die Finanzierung des Projekts durch die spanische Krone. So konnte er fünf Schiffe ausstatten, die am 10. August 1519 in Sevilla die Anker lichteten.

Die Reise führte unter schwierigsten Bedingungen durch die Magellanstraße zu den Marianen im Westpazifik. Bei einem Gefecht auf der Philippinen-Insel Mactan starb Magellan. Trotz dieses Verlustes und entgegen mehrerer Meutereien setzte Juan Sebastián de Elcano die Reise fort und erreichte am 8. September 1522 den Hafen von Sanlúcar de Barrameda in Südspanien. Die erste Weltumsegelung in der Geschichte der Menschheit kam so zu ihrem Ende. Von den 237 Männern der ursprünglichen Besatzung kehrten nur 18 zurück. PP

IV.21 Weltkarte mit der Reiseroute Magellans
Battista Agnese (Kartograf, gest. nach 1564)
Venedig, 16. Jahrhundert
Kolorierte Handzeichnung auf Pergament, 39 × 28,5
Berlin, Staatsbibliothek zu Berlin, PK – Kartenabteilung,
Sign. B 118
Lit. Kretschmer 1896, S. 362–368; Lindgren 1993;
Wawrik 1986, S. 5 f.

Die Weltkarte aus der Feder oder der Werkstatt des aus Genua stammenden Kartografen Battista Agnese ist ein typisches Produkt italienischer Seekartografie des 16. Jahrhunderts. Die Landflächen sind in verschiedenen Grüntönen ausgemalt, es sind Flusssysteme und vereinzelt Gebirge eingezeichnet. Eindeutig sind die Grenzen des geografischen Wissens in Amerika, Nordasien und der südostasiatischen Inselwelt zu erkennen. Australien war noch ganz unentdeckt. Der Äquator, die Wendekreise und ein Gradnetz sind ebenfalls vorhanden. Am Rand der Karte sind Windbläser eingezeichnet, die antike Windnamen tragen.

Der vornehmlich in Venedig arbeitende Battista Agnese gilt als einer der produktivsten Kartografen des 16. Jahrhunderts. Aus seiner Werkstatt ist eine große Anzahl reich ornamentierter, handgezeichneter Atlanten überliefert. Trotzdem handelt es sich dabei um eine Art Massenproduktion, die mit immer gleichen grafischen Merkmalen kaum auf die Wünsche des Auftraggebers einging. Im Gegensatz zu den portugiesischen Kartografen, die nautischen Nutzen und ornamentale Ausgestaltung in Einklang zu bringen vermochten, wird hier kaum neues geografisches Wissen transportiert. Diese Atlanten sind vielmehr schöne Sammlerstücke ohne nautische Relevanz, die neben mittelalterlichen Darstellungstraditionen (z. B. Rotes Meer in roter Farbe) auch die Route der ersten Weltumsegelung durch Ferdinand Magellan und Juan Sebastián de Elcano von 1519 bis 1522 zeigen. PB

V. Kartografie und Nautik
V.I. Seefahrt und portugiesische Kartografie

Die überseeischen Entdeckungen Portugals wurden von bedeutenden Fortschritten in Nautik und Kartografie begleitet. Mit dem Beginn der Afrikaexpeditionen unter Heinrich dem Seefahrer entstanden in Portugal erste hochseetaugliche Schiffstypen, die ein Vordringen in den unbekannten Südatlantik ermöglichten. Portugiesische Wissenschaftler, wie die Mitglieder der von König Dom João II. einberufenen Mathematischen Kommission, beschäftigten sich mit dem Problem der sicheren Ortsbestimmung auf dem offenen Ozean, die mit der mediterranen Methode (basierend auf verfolgtem Kurs und Schätzung der zurückgelegten Strecke) auf den langen Überfahrten nicht mehr zu leisten war. Bereits Mitte des 15. Jahrhunderts nutzten die portugiesischen Seefahrer zur Ermittlung der geografischen Breite simple, aus der Sternkunde übernommene Höhenwinkelmesser und legten so den Grundstein für die astronomische Navigation. Neben portugiesischen beschäftigten sich auch deutsche Astronomen mit den Möglichkeiten der Orientierung an den Himmelskörpern. Die für den Zeitraum von 1475 bis 1506 gefertigten *Ephemeriden* (Jahrbücher der Planetenbewegungen) des Johannes Regiomontanus galten als die besten der damaligen Zeit und begleiteten Kolumbus, Vasco da Gama und Amerigo Vespucci auf ihren Entdeckungsreisen.

Die neuen technischen Möglichkeiten und praktischen Erfahrungen der portugiesischen Seefahrer wirkten ihrerseits auf die europäische Kartografie zurück und verhalfen dieser zu einem bedeutenden Entwicklungsschub. Um einen Aufbau regelmäßiger Schiffsverbindungen in die neuen Gebiete zu gewährleisten, vermerkten die Navigatoren auf ihren Erkundungsfahrten alle geografischen und meteorologischen Beobachtungen in ihren Logbüchern (*roteiros*). Portugiesische Kartografen übertrugen darin enthaltene Informationen in die traditionellen *Portolan*-Karten (Seekarten) und gaben den unbekannten Regionen geografisch genaue Konturen. Die neu gewonnenen Erkenntnisse stützten die kritische Auseinandersetzung mit dem ptolemäischen Weltbild und führten allmählich zu dessen Korrektur und Erweiterung. CT

V. Cartografia e Náutica
V.I. Náutica e cartografia portuguesa

As Descobertas portuguesas ultramarinas foram acompanhadas de um avanço determinante da ciência náutica e da cartografia. Com o início das expedições em África, sob a direcção do Infante D. Henrique, criaram-se em Portugal os primeiros tipos de naus próprios para navegação em alto-mar, possibilitando assim avançar, para o desconhecido Atlântico Sul. Os cientistas portugueses, como por exemplo, os membros eleitos pelo rei D. João II para a Comissão de Matemáticos, concentravam-se em definir a localização segura em alto-mar, uma vez que os métodos utilizados no Mediterrâneo – baseados no seguimento da rota e estimativa do percurso efectuado – já não se podiam aplicar às grandes travessias. Os navegadores portugueses recorriam, já em meados do séc. XV, a astrolábios simples utilizados na astronomia, para calcular a latitude, lançando assim os alicerces da navegação astronómica. Além dos portugueses, também os astrónomos alemães estudaram as possibilidades de orientação pelos corpos celestes. As *Efemérides* de Johannes Regiomontanus (João de Monte Régio), anuários dos movimentos dos planetas, constituídas para o período entre 1475 e 1506, foram consideradas como as melhores daquele tempo e acompanharam Cristóvão Colombo, Vasco da Gama e Américo Vespucio nas suas viagens de Descobertas.

Por sua vez, as novas possibilidades, que a técnica apresentava, e a experiência prática dos navegadores portugueses, influenciaram a cartografia europeia e contribuíram para que esta sofresse um impulso significativo. De modo a garantir a constituição de ligações marítimas às novas regiões, os navegadores, durante as suas viagens de reconhecimento, registavam, nos seus *roteiros*, todas as observações geográficas e metereológicas. Os cartógrafos portugueses assinalavam as informações aí recolhidas nos tradicionais *portulanos* e davam, às regiões desconhecidas, contornos geográficos precisos. Os conhecimentos recém-adquiridos acentuavam a polémica quanto à visão ptolomaica do mundo e conduziam, progressivamente, à sua correcção e alargamento. CT

V.I.1

V.I.1 Johannes Müller, genannt Regiomontanus
In: Hartmann Schedel, *Buch der Chroniken*
Nürnberg, 1493
Holzschnitt, 7 × 5,6
Berlin, Deutsches Historisches Museum, Inv.-Nr. Gr 66/355
Lit. Mett 1996; Schedel 2004 [1493]

Johannes Müller, der in latinisierter Form nach seiner unterfränkischen Geburtsstadt Königsberg vor allem als *Regiomontanus* bekannt ist, zählt zu den bedeutendsten Mathematikern und Astronomen des 15. Jahrhunderts. Er gilt als Wegbereiter des kopernikanischen Weltbildes. Regiomontanus studierte und arbeitete in Leipzig, Wien, Nürnberg sowie an verschiedenen Orten in Ungarn und Italien. Neben seinen theoretischen Abhandlungen beschäftigte sich Regiomontanus auch mit der Herstellung wissenschaftlicher Instrumente. In Nürnberg betrieb er eine Druckerei, um eigene wie auch fremde Berechnungen und Abhandlungen in adäquater Form setzen zu lassen. In der Schedel'schen Weltchronik, aus der der gezeigte Holzschnitt stammt, der Regiomontanus mit einem Astrolabium zeigt, heißt es überschwänglich: »Iohannes Koenigsperg ein Teuetscher, nicht ein mynndrer dann Anaximander Milesius oder der Siracusanisch Archimedes in beden kriechischer vnnd lateinischer zungen hoherfarn vnnd geuebt ein zier vnd preys der Teuetschen ist diser zeyt von fuertreffe nlichkeit wegen seiner kunst der Astronomey vnd andrer schriftlichen weißheit von Mathia dem hungerischen koenig vnd von den vo Nuermberg besoldet. vnd in Teuetschem land. auch in Hungern vnd zu Rom in großem werde vnnd achtperkeit gehalten gewesen. der dan auß seiner loeblichen vnnd wunderperlichen synschicklichkeit vnd erleuchten verstentnus einen schoenen kalender vnd ettliche andere ding in der astronomey gemacht hat. mit einfuerung ettlicher newen tafel vnd mit rechtfertigunng der theorica Gerardi cremonensis. zu letzt wardt er von babst Sixto aus Nuermberg gein Rom gefordert ettliche ding zu der astronomey gehoere de zerechtfertigen daselbst starb er vnd ließ kuenstreich tafel hinder inne. die getruckt nochmals vorawgen sind.«
MK

V.I.2 Die Ephemeriden des Regiomontanus
Johannes Müller, genannt Regiomontanus
(Königsberg i. Ufr. 1436 – 1476 Rom)
Venedig, Erhard Ratdolt, 1484
Druck, 23 × 16,2 × 7,5
München, Bayerische Staatsbibliothek, Sign. 4 Inc. c.a. 381a
Lit. Ausst.-Kat. Lissabon 2002b, Kat. 21, 56 f.;
Ausst.-Kat. München 1992, Kat.-Nr. 10; Hamann 1980,
S. 70 f.; Mett 1996; Pohle 2007, S. 23 f.

In den *Ephemeriden* berechnete Regiomontanus den Stand der Himmelskörper für die Jahre 1475 bis 1506 voraus. Die Tabellen dienten zahlreichen Seefahrern als Hilfsmittel zur Navigation. Nicht nur Christoph Kolumbus hatte das Buch bei seinen Atlantiküberquerungen im Gepäck. Zwischen 1481 und 1500 erschienen mehrere Nachdrucke. Deklinationstafeln über den Sonnenstand waren dabei allerdings erst in den Ausgaben ab 1496 enthalten.

Im ›Zeitalter der Entdeckungen‹ waren auch weitere Schriften des *João de Monte Régio*, wie er in Portugal genannt wird, relevant. So beeinflussten seine Werke unter anderem den wichtigsten portugiesischen Mathematiker des 16. Jahrhunderts, Pedro Nunes (1502–1578). Auch der Chronist João de Barros erwähnt bei der Schilderung der portugiesischen Seefahrten an der afrikanischen Westküste auf der Suche nach dem Seeweg nach Indien die Leistungen des unterfränkischen Astronomen. João de Castro (1500–1548), der auch im wissenschaftlichen Bereich hervortretende vierte Vizekönig des *Estado da Índia*, beschäftigte sich in seinen Arbeiten mit der Dreieckslehre des berühmten Königsbergers. Ein früher Bezug zu Portugal findet

V.I.2

sich darüber hinaus bei astrologischen Berechnungen. So wird Regiomontanus die Erstellung des Horoskops zugeschrieben, das Friedrich III. für seine Ehefrau Leonor von Portugal, die Mutter von Kaiser Maximilian I., erarbeiten ließ (andere Quellen vermuten allerdings dessen Wiener Lehrer und Freund Georg von Peuerbach als Autor). MK

V.I.3 Klappsonnenuhr des Regiomontanus
Johannes Müller, genannt Regiomontanus
(Königsberg i. Ufr. 1436 – 1476 Rom)
1464–1467
Messing, gegossen, punziert, graviert, Stahl und Glas,
6 × 4,2 × 0,7
Nürnberg, Germanisches Nationalmuseum, Inv.-Nr. WI 7
(Dauerleihgabe der Gemälde- und Skulpturensammlung der Stadt Nürnberg)
Lit. Ausst.-Kat. Nürnberg 1992, Bd. 2, S. 614f.;
Wattenberg 1980

Die Uhr stammt aus dem alten Bestand der Nürnberger Stadtbibliothek und wird gewöhnlich zum Nachlass des Regiomontanus gerechnet. Sie ähnelt einem Typ horizontaler Klappsonnenuhren, der mit Regiomontanus' Freund und Lehrer, dem Wiener Astronom Georg von Peuerbach, der sich intensiv mit der Entwicklung von Klapp- und Reisesonnenuhren beschäftigte, in Zusammenhang gebracht wird. Der Kompass ist von einem u-förmigen Ziffernblatt umgeben, an dessen Rand die Stundenangaben vermerkt sind. Darüber sind um einen stilisierten Baum zwei Äffchen eingearbeitet. Möglicherweise war die Uhr als Geschenk für Papst Paul II. (reg. 1464–1471) bzw. als Modell einer für ihn vorgesehenen anderen Arbeit gedacht, denn der den Kompass schützende Deckel zeigt ein Papstporträt mit der Inschrift: »Paulo Veneto Pape II. Italice Pacis Fundatori Roma« (dem Papst Paul II., dem Venezianer, Begründer des italienischen Friedens, Rom). MK

V.I.4 Abhandlung über die Sphäre
Tratado da Sphera
Pedro Nunes (Alcácer do Sal 1502 – 1578 Coimbra)
Lissabon, Werkstatt von Germão Galharde, 1537
Druck, 29 × 19
Lissabon, Biblioteca Nacional, Sign. RES. 410 V
Lit. Ausst.-Kat. Évora 1999, Kat.-Nr. 99; Ausst.-Kat. Lissabon 1994, Kat.-Nr. 64; Ausst.-Kat. Lissabon 1995, Kat.-Nr. 4; Boaventura 1985

Der 1502 geborene Pedro Nunes kann als der wichtigste portugiesische und zugleich als einer der einflussreichsten europäischen Mathematiker seiner Zeit angesehen werden. Er studierte an der Universität von Salamanca (1522–1525) und beendete sein Studium an der Universität von Lissabon 1532 mit einem Abschluss in Medizin. Zugleich hatte er dort als Mathematiker bereits eine Professur inne. 1529 wurde er zum königlichen Kosmografen ernannt, 1547 zum Hauptkosmografen Portugals, eine Stellung, die er bis zu seinem Tod 1578 behielt. Als 1547 die Universität nach Coimbra verlegt wurde, zog er ebenfalls dorthin. Erst 1557 kehrte er nach Lissabon zurück. Seit 1531 war er Lehrer der Infanten Dom Luís und Dom Henrique und später des Kronprinzen Dom Sebastião. Nunes verfasste daneben eine Reihe von Übersetzungen, Kommentaren und Thesen, die für die Entwicklung von Mathematik, Nautik und Kosmografie von großer Bedeutung waren. Besonders wichtig waren seine Arbeiten über Loxodrome oder Winkelgleichen, die die Praxis der Seefahrt revolutionieren sollten (ein Loxodrom ist eine Kurve auf einer Kugeloberfläche, die die Meridiane stets unter gleichem Winkel schneidet; Loxodrome wurden in der späteren Mercator-Projektion, wie von Nunes vorgeschlagen, als gerade Linien zu Papier gebracht).

Das hier vorliegende Werk beinhaltet Übersetzungen der *Abhandlung über die Sphäre* des Sacrobosco (die dritte portugiesische Übersetzung dieses Werkes), der *Theorie von Sonne und Mond* des Georg von Peuerbach und des ersten Buches der *Geographia* von Ptolemäus, des Weiteren die *Abhandlung über gewisse Zweifel in der Navigation* und eine *Abhandlung in Verteidigung der Seekarte mit Angabe der Sonnenhöhe*. Zahlreiche Anmerkungen und Illustrationen sollten zum besseren Verständnis des Dargelegten beitragen. Das Buch diente zur Unterweisung der Piloten auf der Indienroute und bezeugt die Entwicklung des wissenschaftlichen Denkens in dieser Zeit. Dies kommt auch in Äußerungen zum Ausdruck, die sehr nachdrücklich auf die Wichtigkeit des Experimentierens in der Wissenschaft verweisen. (Abb. 2, S. 65)   PP

V.I.5 Instrument Buch durch Petrum Apianum erst von new beschriben
Peter Apian, (Leisnig in Sachsen 1495 – 1552 Ingolstadt)
Druck, 27,5 × 23
Ingolstadt, 1533
Nürnberg, Germanisches Nationalmuseum, Sign. 2° Nw. 2209 (Postinc.)
Lit. Apian 1990 [1533]; Hamel 2006, S. 99–131

Da es bei astronomischen Beobachtungen lange um nichts anderes als um Winkelmessung ging, waren astronomische Instrumente nicht nur für Messungen am Himmel, sondern auch für die Feldmessung sowie das zivile und militärische Ingenieurwesen und die Ortsbestimmung auf See zu gebrauchen. Infolgedessen entwickelte sich zu Beginn des 16. Jahrhunderts eine vielfältige Instrumentenliteratur. Dabei ging es vor allem um die Herstellung und den Gebrauch des Quadranten, des Astrolabs und des Jakobsstabs.

Unter diesen Werken kommt dem *Instrument Buch* Peter Apians eine besondere Bedeutung zu. Er wendet sich an praktisch arbeitende Landvermesser sowie Ingenieure in zivilem und militärischem Dienst. Es geht um Aufgaben wie die Messung der Höhe oder der Entfernung eines Turms in unbekanntem Gelände, der Breite eines Bauwerks, der Entfernung zwischen zwei Gebäuden, der Tiefe eines Brunnens sowie um astronomische Aufgaben. Diese Messungen führt Apian exemplarisch in einer Weise vor, die sich auch einem der Mathematik ungeübten Anwender recht einfach erschließt, verzichtet auf Formalisierungen und theoretische Proportionsbildungen. Ist sein Instrument anfangs der selbst hergestellte Quadrant, so verein-

V.I.3

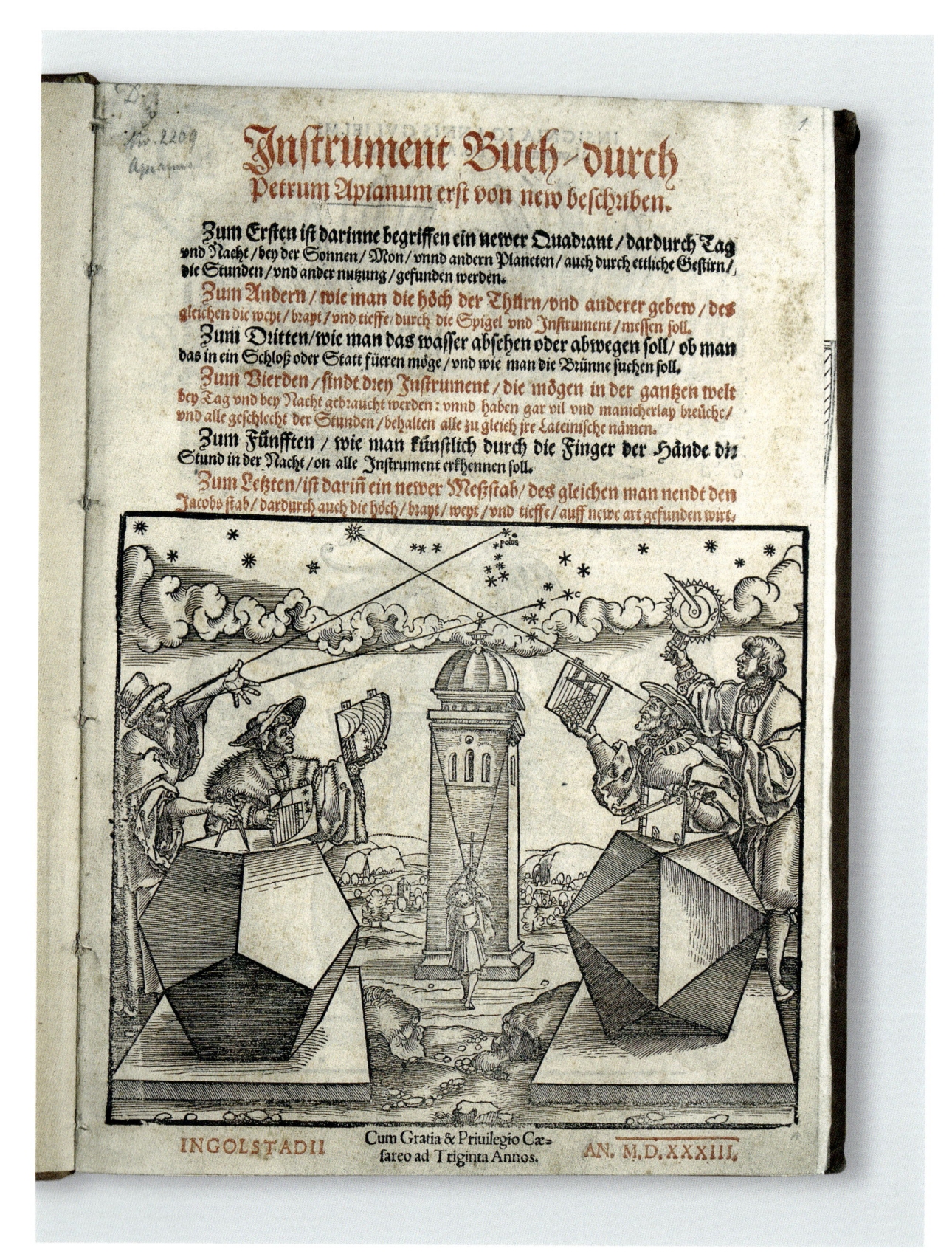

Instrument Buch / durch
Petrum Apianum erst von new beschriben.

Zum Ersten ist darinne begriffen ein newer Quadrant / dardurch Tag vnd Nacht / bey der Sonnen / Mon / vnnd andern Planeten / auch durch ettliche Gestirn / die Stunden / vnd ander nutzung / gefunden werden.

Zum Andern / wie man die höch der Thürn / vnd anderer gebew / des gleichen die weyt / brayt / vnd tieffe / durch die Spigel vnd Instrument / messen soll.

Zum Dritten / wie man das wasser absehen oder abwegen soll / ob man das in ein Schloß oder Statt füeren möge / vnd wie man die Brünne suchen soll.

Zum Vierden / sindt drey Instrument / die mögen in der gantzen welt bey Tag und bey Nacht gebraucht werden: vnnd haben gar vil vnd manicherlay breüche / vnd alle geschlecht der Stunden / behalten alle zu gleich ire Lateinische nämen.

Zum Fünfften / wie man künstlich durch die Finger der Hände die Stund in der Nacht / on alle Instrument erkhennen soll.

Zum Letzten / ist darin ein newer Meßstab / des gleichen man nendt den Jacobs stab / dardurch auch die höch / brayt / weyt / vnd tieffe / auff newe art gefunden wirt.

INGOLSTADII   Cum Gratia & Priuilegio Cæsareo ad Triginta Annos.   AN. M.D.XXXIII.

V.I.5

facht er seine Beispiele so weit, dass er am Ende die Messung von Gebäudehöhen lediglich mit einem Spiegel oder einem »stillstehend Wasser« vorführen kann.

Weithin einmalig ist seine Idee, dem Käufer des Buches auf einem angehängten Druckbogen einige der im Text abgehandelten Instrumente noch einmal zu präsentieren, diesmal auf einseitig bedrucktem Papier zum Ausschneiden und Aufkleben auf Holz. Auch wer nicht über die erforderlichen Geldmittel verfügte, sich ein fertiges Instrument anschaffen zu können, sollte nicht der instrumentellen Hilfsmittel beraubt sein, Vermessungsarbeiten auszuführen.

Bemerkenswert ist der geradezu bildungspolitische Ansatz Apians. Er habe verschiedentlich Instrumentenbeschreibungen in lateinischer Sprache verfasst, aber sah nun, dass es unter den nichtakademisch gebildeten Bevölkerungsschichten an Intelligenz nicht mangele, diese Menschen jedoch infolge des Lateinischen als Gelehrtensprache von jeder höheren Bildung ausgeschlossen waren. »Dann als ich gespört habe, so sindt mer subtiller und spitzfündiger köpffe in diser kunst bey den Layen, dann bey den schrifftgelerten, wann sie allein der anfäng, darauff dise kunst gegründt wirt, nicht beraubt wären.« (Apian 1533, Bl. A 1b). Die aus einer niedrigen sozialen Stellung resultierende Bildungslücke ein wenig zu verringern, hatte sich Apian im 16. Jahrhundert zur Aufgabe gemacht.

Die Titelillustration zum *Instrument Buch* zeigt Ausschnitte aus der Vielfalt der Möglichkeiten der Anwendung eines Quadranten, darunter zur Messung der Gestirne, und eines Jakobsstabes bei der Gebäudevermessung. Mit der Messung der Höhe des Polarsterns, dessen Auffindung Apian in einem eigenständigen Kapitel lehrt, sind auch Grundlagen für die Navigation auf See gelegt, für die der Jakobsstab und der Quadrant Standardinstrumente waren. JH

V.I.6 Cosmographia
Gemma Frisius (Dokkum 1508 – 1555 Louvain)
nach Peter Apian
Antwerpen, Gregorius de Bonte, 1545
Druck, Holzschnitt, 24 × 16
Berlin, Deutsches Historisches Museum, Sign. R 97/503
Lit. Clark 2005, S. 102 f.; Frisius 1545; Karrow 1993,
S. 205–215; Lindgren 1995, S. 158–160

Der Mathematiker, Astronom und Kartograf Peter Apian (1495–1552), seit 1527 Professor für Mathematik an der Universität von Ingolstadt, war einer der bedeutendsten Gelehrten seiner Zeit. Sein 1524 erschienenes Werk *Cosmographicus Liber*, eine praktisch orientierte Einführung in die Disziplinen der Kosmogra-

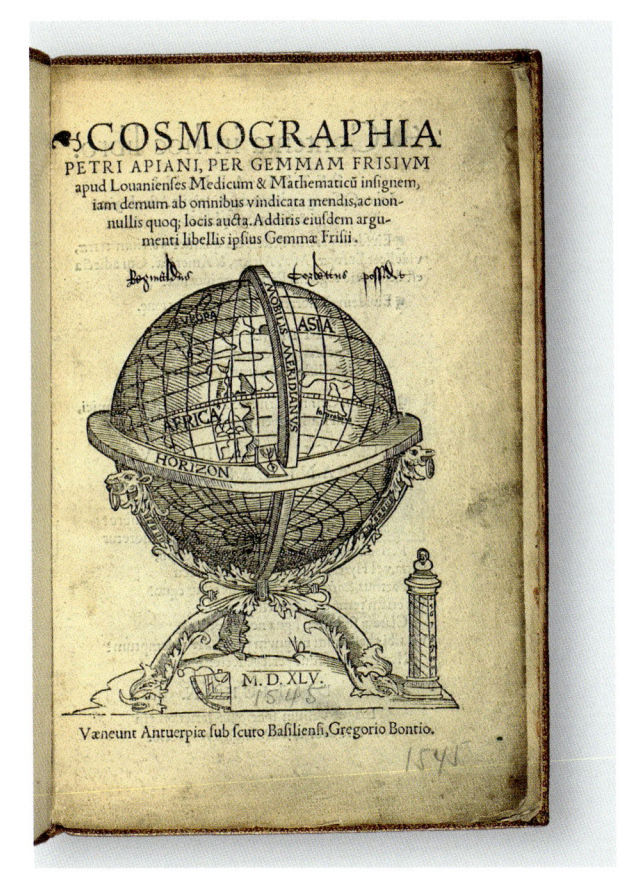

V.I.6

fie, verhalf dem Wissenschaftler zu großem Ansehen und erschien europaweit in mehr als 30 Auflagen. Bereits zu Apians Lebzeiten wurde sein Werk von dem niederländischen Kartografen und Instrumentenbauer Gemma Frisius ergänzt, kommentiert und unter dem Titel *Cosmographia* herausgegeben.

Neben Erläuterungen zur Kugelgestalt der Erde, der geozentrischen Struktur des Universums, des Gradnetzes sowie der geografischen Breite und deren Bestimmung gibt Apian die wohl erste gedruckte Anweisung zweier Verfahren der Längenfindung: die Mondfinsternismethode, mit der man die geografische Länge anhand des abgedruckten Finsterniskalenders für Leisnig (Apians Geburtsort) exemplarisch ableiten könne, sowie die Monddistanzmethode, bei der gleiches mittels eines Jakobsstabs möglich sei, sofern man den wahren Mondlauf kenne und die Fixsterne einbeziehe. Die *Cosmographia* ist mit zahlreichen Grafiken und praktischen Anweisungen verschiedener astronomischer Instrumente (darunter auch Scheibeninstrumente aus Papier) versehen, die dem Leser deren Anwendung auf einfachste Weise verständlich machten. Außerdem enthält das Buch eine ausklappbare Weltkarte sowie Beschreibungen der vier Erdteile Europa, Asien, Afrika und Amerika. CT

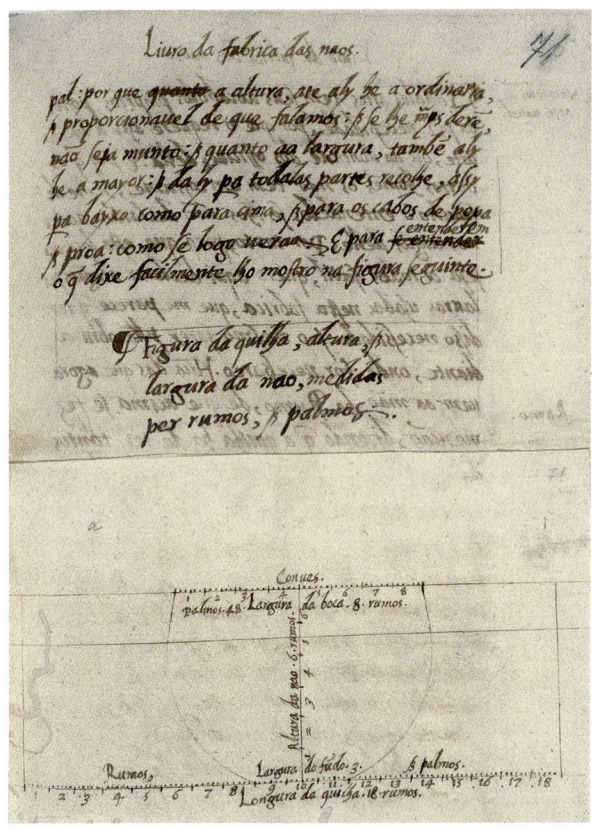

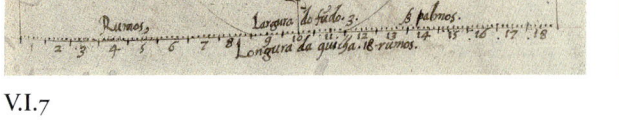

V.I.7

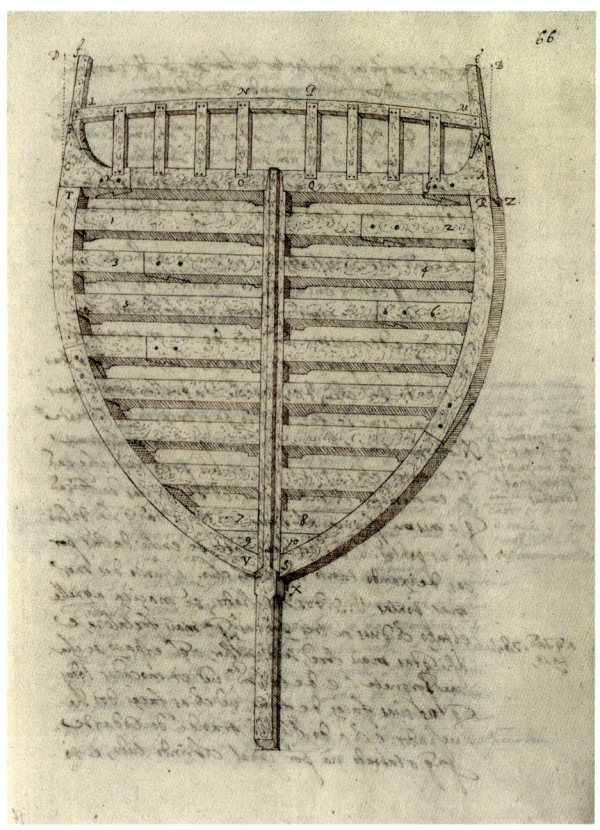

V.I.8

V.I.7 Buch über den Schiffsbau
Livro da Fábrica das Naus
Fernão de Oliveira (Aveiro 1507? – etwa 1581)
Um 1580
Handschrift und Zeichnungen auf Papier, 31 × 22,5
Lissabon, Biblioteca Nacional, Sign. Cód. 3702
Lit. Lavanha 1996 [1608–1615]; Monteiro 2003

Der Dominikanermönch, Philologe und Historiker Pater Fernão de Oliveira interessierte sich, wie auch andere portugiesische Humanisten, für den Schiffsbau und einige damit zusammenhängende mathematische Grundsatzfragen. Er war Autor einer lateinischen *Ars Nautica* und übertrug dieses Werk um 1580 ins Portugiesische. Er beendete diese Arbeit jedoch nicht, sodass das Manuskript unvollständig blieb. Es enthält neun Kapitel und einige technische Zeichnungen auf faltbaren Folios, die im Wesentlichen zu Demonstrationszwecken dienten. Oliveira wandte Proportionalprinzipien an, um die verschiedenen Schiffskomponenten untereinander in Bezug zu setzen, und benutzte Algorithmen zur Bestimmung des Umfangs der Holzstruktur des Rumpfes. PP

V.I.8 Erstes Buch der Schiffsbaukunst
Livro Primeiro da Architectura Naval
João Baptista Lavanha (1550–1624)
1608–1615
Handschrift auf Papier, 32 × 22,5
Madrid, Real Academia de la Historia, Colección Salazar y Castro, Sign. 9/1068
Lit. Lavanha 1996 [1608–1615]; Monteiro 2003

Mit seinem *Livro Primeiro da Architectura Naval* versuchte sich João Baptista Lavanha auf dem damals besonders bedeutsamen Gebiet der Schiffsbaukunst. Das Manuskript, trotz der iberischen Union auf Portugiesisch verfasst, ist nicht vollständig erhalten. Es weist Passagen in zögerlicher Handschrift und zahlreiche Verbesserungen auf, ist also Zeugnis eines *work in progress*. Es enthält jedoch eine ganze Reihe wertvoller Zeichnungen, die für die Schiffsarchäologie von großem Wert sind, auch wenn sie lediglich einen Schiffstyp behandeln: die *Nau* mit vier Decks. Lavanha war Mathematiker, Kartograf, Geograf, er befasste sich mit Nautik und Kosmografie und interessierte sich mit fortschreitendem Alter immer mehr für Geschichte,

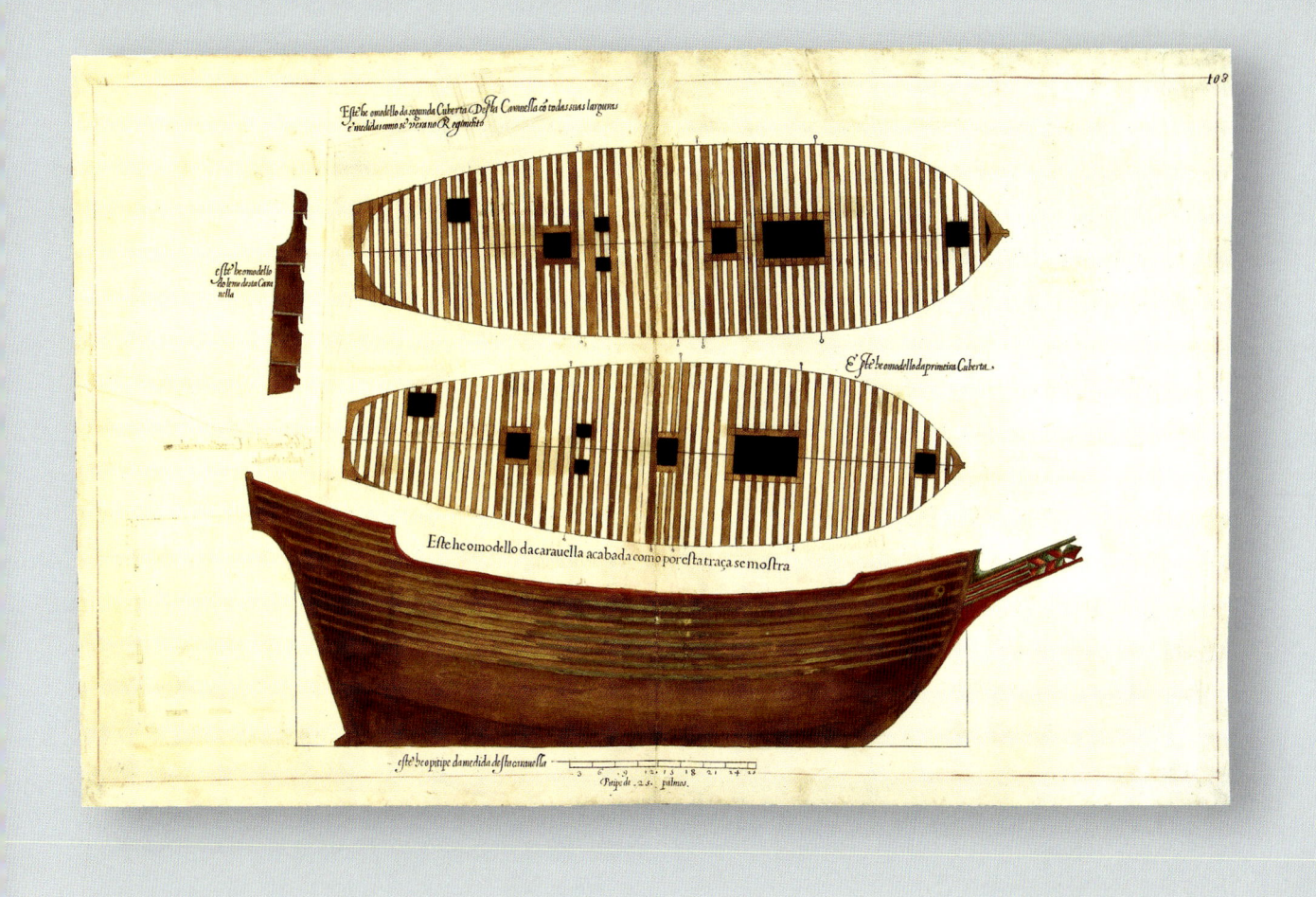

V.I.9

Heraldik und Genealogie. Im Rahmen der festen Etablierung des ›Mathematikunterrichts‹ im königlichen *Ribeira*-Palast nahm er schon früh eine wesentliche Rolle ein. Der Unterricht wurde für die Söhne des Hofadels 1568 unter Königin Dona Catarina eingerichtet und unter Dom Sebastião weitergeführt. Lavanha war dabei Assistent des vortrefflichen Mathematikers Pedro Nunes. Inspiriert von diesem Modell, gründete Philipp II. 1582 die Königliche Akademie für Mathematik. Lavanha wurde 1591 zum königlichen Kosmografen ernannt und übernahm die Verantwortung für die Ausbildung von Seeleuten und Piloten in Lissabon und für die Kontrolle der nautischen Instrumente. PP

V.I.9 Vorlagenbuch des Zimmermannshandwerks
Livro de Traças de Carpintaria
Manuel Fernandes, 1617
Handschrift und Zeichnung auf Papier, 47 × 73
Lissabon, Biblioteca da Ajuda, Inv.-Nr. BA CÓD. MS. 52-XIV-21. Bl. 108
Lit. Ausst.-Kat. Brüssel 1991a, Kat.-Nr. 50; Domingues 1994

Dieses für seine Epoche einzigartige Buch ist die detaillierteste und am besten illustrierte portugiesische Abhandlung über den Schiffbau. Der vollständige Titel lautet *Livro de traças de carpintaria com todos os Modelos e medidas pêra se fazerem toda a navegação, assy d'alto bordo como de remo traçado por Manuel Frz. Official do mesmo officio* (Buch der Vorlagen des Zimmermannshandwerks mit sämtlichen Modellen und Maßen für den Bau aller Schiffstypen, einschließlich solcher mit hohem Bord und Ruderboote, entworfen von Manuel Fernandes, Meister dieses Handwerks). Die 140 Folios des Werkes enthalten mehr als 200 Zeichnungen (einige davon doppelt) mit einer Vielzahl von Details.

Es sind allerdings Unstimmigkeiten bei der Beschreibung einiger Schiffe und ihrer technischen Ausstattung festzustellen, weswegen die wahre Funktion des Buches fraglich ist, vor allem wenn man bedenkt, dass es über den Autor Manuel Fernandes keine ausreichenden schriftlichen Informationen gibt. Alles in allem ist es wenig wahrscheinlich, dass das Buch tatsächlich praktische Verwendung beim Schiffbau fand. Es kann sich jedoch um ein Werk gehandelt haben, das für den Unterricht im Schiffsingenieurwesen benutzt wurde; hierfür war eine gut

V.I.10

entwickelte Ikonografie unabdingbar. Abgesehen von den erwähnten Einschränkungen findet man ausführliche Beschreibungen unterschiedlichster Schiffstypen und -größen und Informationen über ihre Herstellungsweise. Besonders interessant ist dieses Werk für die Geschichte der sogenannten ›breiten Karavelle‹ (*caravela de boca larga*), denn es enthält die älteste technisch detaillierte Darstellung dieses Schiffstyps. Noch immer fehlt eine Studie, die den genauen Entstehungszusammenhang dieser Karavellen klärt. PP

V.I.10 Modell einer Karavelle
20. Jahrhundert
Holz und Leinwand, 85 × 25 × 83
Lissabon, Museu de Marinha, Schenkung CNCDP
Lit. Ausst.-Kat. Lissabon 1994, Kat.-Nr. 85

Modell einer Karavelle mit zwei Masten und einem Fassungsvermögen von ungefähr 50 Tonnen im Maßstab 1:20. Die portugiesischen Seefahrer benutzten die seit dem 15. Jahrhundert allgemein übliche Karavelle auf ihren Erkundungsreisen im Atlantik. Sie ist auf die sogenannte ›Fischerkaravelle‹ zurückzuführen, die bereits einen Mast mit einem dreieckigen Lateinersegel besaß. Zunächst entwickelte sich daraus die zweimastige Karavelle und später die dreimastige Version (etwa 100 Tonnen) als höchste Stufe dieses Typs. Bartolomeu Dias umschiffte 1488 an Bord einer Karavelle das Kap der Guten Hoffnung. Karavellen waren äußerst wendige Schiffe, die problemlos sehr hart am Wind segeln konnten, was unter den schwierigen Bedingungen im Atlantik von großer Bedeutung war. Dabei waren sie auch sehr klein (je nach Typ zehn bis 20 Meter lang und drei bis sechs Meter breit) und somit vor allem für Erkundungsfahrten, weniger aber für den Transport großer Warenmengen geeignet. Die Mannschaft umfasste je nach Größe etwa 20 bis 50 Mann, wobei genaue Zahlen schwer zu nennen sind. Bestückt wurden sie meistens mit kleinkalibrigen Bombarden und Kanonen (*Falconetes*). Als Baumaterial wurde Seekiefernholz (*Pinheiro bravo / Pinus pinaster*) für den Schiffskörper, Korkeiche für das Spantenwerk und Schirmpinienholz (*Pinheiro manso / Pinus pinea*) für die Deckaufbauten verwendet. PP

V.I.11 Modell einer Nau
20. Jahrhundert
Holz und Leinwand, 121 × 64 × 103
Lissabon, Museu de Marinha, Schenkung CNCDP
Lit. Ausst.-Kat. Lissabon 1994, Kat.-Nr. 86

Modell einer *Nau* mit vier Masten im Maßstab 1:20. Die moderne Version dieses Schiffstyps wurde Ende des 15. Jahrhunderts entwickelt und war während des 16. Jahrhunderts sehr beliebt. Man benutzte *Naus* grundsätzlich für alle langen Reisen im Atlantik und auf der Kaproute nach Indien. Die *Nau* hatte eine Ladekapazität von bis zu 700 Tonnen. Dies wurde vor allem nach der Entdeckung des Seewegs nach Asien sehr wichtig, da nun immer größere Mengen an Gütern befördert werden mussten und auch die Passagierzahlen stark anstiegen. *Naus* waren aufgrund ihrer Ausmaße (mit etwa 30 Metern Länge und einem Schiffsbauch, dessen Breite etwa ein Drittel der Länge ausmachte) zwar weniger wendig als Karavellen, dafür aber auch in schwerer See sehr stabil und verlässlich. Normalerweise besaßen sie vier Masten (Besanmast, Hauptmast, Fock und Bugspriet), die alle, bis auf den Besanmast, mit viereckigen Segeln bestückt waren. Es gab Kastelle an Bug und Heck, Unterkünfte für die etwa 120 Mann starke Besatzung und, je nachdem ob drei oder vier Decks eingebaut waren, Transportkapazitäten für mehr als vierhundert Passagiere. PP

V.I.11

V.I.12 ASTROLABIUM (SÃO JULIÃO DA BARRA I)
Portugal, 17. Jahrhundert
Kupferlegierung, 1,8 × 16,7 (Dm.)
Lissabon, Centro Nacional de Arqueologia Náutica e
Subaquática, Inv.-Nr. 41 (im Besitz des Museu de Marinha,
Lissabon)
Lit. Ausst.-Kat. Porto 1999, Kat.-Nr. 9

Zusammen mit dem Quadranten und der *Balestilha*, einem Messgerät zur Ermittlung der Sonnenhöhe, war das Astrolabium eines der wesentlichen Instrumente für die Navigation auf hoher See. Die Portugiesen passten die bereits existierenden planisphärischen Astrolabien für die Zwecke der Navigation an, indem sie die Instrumente aus einer Kupferlegierung herstellten und ihnen so größeres Gewicht und bessere Haltbarkeit verliehen. Das in hängender Stellung benutzte nautische Astrolabium diente zur Bestimmung der Position der Gestirne. Die wichtigsten Bezugspunkte waren dabei der Polarstern und die Sonne. Das hier ausgestellte Exemplar wurde während archäologischer Unterwassergrabungen Ende der 1990er Jahre in der Tejomündung im Umfeld der Wrackteile der *Nau Senhora dos Mártires* gefunden. Es ist von den drei dort geborgenen Exemplaren das am besten erhaltene. (Abb. 5, S. 58) PP

V.I.13 Jakobsstab
Deutschland, um 1600
Holz, 84,4 (L.)
Stuttgart, Landesmuseum Württemberg, Inv.-Nr. KK rosa 80
Lit. Albuquerque 1988, S. 10–29; Ausst.-Kat. Nürnberg 1992,
S. 800; Pilz 1977, S. 19 f.

Der Jakobsstab (*Balestilha*) ist ein einfaches trigonometrisches Gerät, dass zur Distanz- und Winkelmessung in Astronomie, Geodäsie und Seefahrt eingesetzt wurde. Im Jahr 1342 wurde er von dem jüdischen Gelehrten Levi ben Gerson erstmals beschrieben. Den Seefahrern diente die *Balestilha* zur Messung der Gestirnshöhe und damit zur Positionsbestimmung. Zeitgenössische portugiesische Quellen belegen die nautische Verwendung dieses Instruments seit Beginn des 16. Jahrhunderts: So erbeuteten französische Piraten 1529 bei einem Überfall auf das Fischerboot João Gomes' vor der Küste Guineas neben »notwendigen Dingen für den Schiffsgebrauch und die Reise über das Meer« auch einen Jakobsstab.

Der Jakobsstab besteht aus einem hölzernen Hauptstab mit quadratischem Querschnitt sowie einem oder mehreren verschiebbaren Querstäben. Zur Messung hielt der Navigator den Hauptstab in Augenhöhe und verschiebt einen passenden Querstab so lange, bis der angepeilte Stern und der Meereshorizont (Kimm) von beiden Enden gerade bedeckt werden. Danach ließ sich der Höhenwinkel auf der betreffenden Skala ablesen. Da ein direktes Anvisieren der Sonne unangenehm war, konnte man das Gerät umdrehen und sich beim Messen mit dem Rücken zur Sonne stellen. Dieses Verfahren wurde Ende des 16. Jahrhunderts mit der Entwicklung des Davisquadranten (*Backstaff*) perfektioniert. CT

V.I.13

V.I.14 Nautischer Quadrant
Arnoldo di Arnoldi
Italien, vor 1627
Messing, graviert und vergoldet, 39 (Kantenlänge)
Hamburg, Museum für Kunst und Gewerbe,
Inv.-Nr. 1911.462
Lit. Albuquerque 1971, S. 31–38; Dreier 1979, S. 98–101;
Maddison 1991, S. 90 f.

Bei ihren Expeditionen entlang der westafrikanischen Küste sahen sich die portugiesischen Seefahrer des 15. Jahrhunderts mit dem Problem einer sicheren Rückkehr über den offenen Ozean konfrontiert. Konnte man sich auf der Hinfahrt am Küstenverlauf orientieren, zwangen ablandige Winde die Schiffe bei ihrer Fahrt gen Norden, diese westwärts in einem weiten Bogen zu umfahren. Mit Hilfe eines Quadranten bestimmten die Seefahrer die Höhe des Polarsterns oder der Sonne über dem Horizont und errechneten daraus den Breitengrad, auf dem ihr Schiff sich gerade befand. Diese Methode ist erstmals 1462 in einem Bericht des Guineafahrers Diogo Gomes überliefert.

Der Quadrant, ein seit der Antike bekannter Höhenwinkelmesser, besteht aus einem Viertelkreissegment, auf dessen Bogen eine 90-Grad-Skala eingraviert ist. Durch zwei Absehen, die auf einer der beiden Kanten des Instrumentes montiert sind, visiert man das Gestirn an. Als Höhenanzeiger diente entweder ein vom Scheitelpunkt herabhängendes Bleilot oder die *Alhidade* (beweglicher Zeigerarm). Seequadranten bestanden meist aus einem bloßen Holzrahmen, um dem Wind möglichst wenig Angriffsfläche zu bieten. Ihre Verwendung auf dem Schiff blieb jedoch wegen des Seegangs problematisch, weshalb man Winkelmessungen, wenn möglich, an Land vornahm.

V.I. Seefahrt und portugiesische Kartografie ›375‹

Auf dem hier abgebildeten Quadranten ist ein *Quadratum Nauticum* mit italienischer und niederländischer Windrose eingraviert. In der Mitte des Quadrats kann eine noch erhaltene Wetterfahne eingesteckt werden. Rechts davon befindet sich das Wappen des Auftraggebers Kardinal Mont'Alto, auf der linken Seite eine ausführliche Anweisung zum nautischen und geografischen Gebrauch des Geräts. Beide Absehen sind hier auf der *Alhidade* befestigt, die über den Bogen mit 90-Grad-Skala streicht. Am Scheitelpunkt des Höhenwinkelmessers ist ein Haltering angebracht. Die Kanten sind mit umlaufenden Akanthusblättern verziert. CT

V.I.15 Kompass
19. Jahrhundert
Eichenholz, Metall, Glas, Korpus 4 × 10 (Dm.),
mit Deckel 4,5 × 11 (Dm.)
Bremerhaven, Deutsches Schifffahrtsmuseum,
Inv.-Nr. I/5713/92
Lit. Dreier 1979, S. 57–60; Sellés 1994, S. 87–90

Der typische Kompass des Entdeckungszeitalters bestand aus einer gedrechselten Holzdose, in der eine magnetisierte Nadel und eine auf ihr befestigte ›Rose‹ frei und leicht drehbar auf einer feinen Spitze (Pinne) lagerten. Gegen Ende des 16. Jahrhunderts wurde die kardanische Aufhängung entwickelt, welche die Lage der Kompassnadel von den Schiffbewegungen unabhängig machte. Der Kompass verringerte nicht nur das Risiko, bei schlechter Sicht vom Kurs abzukommen, sondern ermöglichte vor allem die Überwindung größerer Strecken ohne Küstensicht. Spätestens im 15. Jahrhundert entdeckte man das Phänomen der ›Missweisung‹ oder ›Deklination‹ (Abweichung der Kompassnadel vom geografischen Nordpol). Auf den langen Entdeckungsfahrten gen Asien und Amerika sorgte die Veränderung der konstant geglaubten Missweisung für große Unruhe unter den Seeleuten. Um seine Mannschaft zu beruhigen, erklärte Kolumbus diese Erscheinung mit der damals bereits bekannten Präzession des Polarsterns. Die Besatzung ließ der Navigator nur dann an das Gerät, wenn dessen Nadel auf den Stern zeigte.

Der hier gezeigte Kompass ruht in einer handgeschnitzten Eichenholzdose. Eine Glasscheibe und ein separater Holzdeckel schützen vor Wind, Staub und Nässe. CT

V.I.14

V.I.15

V.I.16

V.I.16 Sanduhr
England?, um 1750
Eichenholz, Glas, Leder, 18,7 × 9,4 (Dm.)
Bremerhaven, Deutsches Schifffahrtsmuseum,
Inv.-Nr. I/6437/93
Lit. Dreier 1979, S. 69

Im ›Zeitalter der großen Entdeckungsfahrten‹ richtete sich der Dienst an Bord der Schiffe nach der Sanduhr, auch Stundenglas genannt. Die Zeitzählung mit dem Halbstundenglas wurde am Mittag, dem Augenblick des höchsten Sonnenstandes, begonnen. Halbstündlich schlug ein Mitglied der Besatzung die Zeit mit einer Glocke an. Bei »acht Glasen«, also nach dem Ablauf von acht halben Stunden, endete die Vier-Stunden-Wache, ein Rhythmus, der sich bis heute beibehalten hat. Ein fehlerfreies Wenden des Glases wurde durch die Schiffsbewegungen auf hoher See erschwert, weshalb die Sanduhr in regelmäßigem Abstand anhand des Sonnenstandes korrigiert werden musste. Um die Genauigkeit zu erhöhen, wurden oft mehrere Gläser unterschiedlicher Laufzeit mitgeführt. In Verbindung mit einem Log diente die Sanduhr auch zur Messung der Geschwindigkeit und der zurückgelegten Distanz.

Die abgebildete Sanduhr besteht aus zwei birnenförmigen, mit Sand gefüllten Glasblasen, die mittig eine Lederbindung aufweisen. Eingefasst werden diese durch zwei kreisrunde Platten, die durch gedrechselte Säulchen miteinander verbunden sind. Der Eichenholzkorpus weist Reste eines öligen Überzuges auf. Die reale Laufzeit des Glases beträgt 30 Minuten. CT

V.I.17 Stern- und Sonnenuhr
Frankreich, um 1580
Bronze, vergoldet, graviert, 5,7 (Dm.)
Berlin, SMB – Kunstgewerbemuseum, Inv.-Nr. 1983,19
Lit. Apian 1990 [1533], Bl. C 3 a – C 3 b, G 3 a – H 3 b; Dreier 1989, S. 139 f.; Zinner 1956, S. 164–166

Für die Zeitbestimmung bei Nacht war naturgemäß das Interesse weit weniger verbreitet als für die bei Tage. Insofern sind Sternuhren auch viel seltener zu finden. Ihr Prinzip beruht darauf, dass der Sternhimmel einen (scheinbaren) täglichen Umlauf um die Erde vollführt und sich dabei um den Himmelspol zu drehen scheint, in dessen Nähe der Nordpolarstern steht. Dabei nimmt der Sternhimmel im Laufe der Monate eine veränderliche, aber jeweils ganz bestimmte Stellung ein. Steht beispielsweise der Große Wagen um Mitternacht im Frühjahr hoch am Himmel, so bleibt er im Herbst tief am Horizont. Auf diesem Prinzip beruht die Sternuhr. Sie besteht aus zwei übereinanderliegenden, drehbaren Scheiben, in deren Mitte eine Öffnung frei bleibt. An einer der beiden aus diesen Scheiben herausragenden Spitzen wird zunächst das Datum eingestellt. Darauf wird das Instrument so gehalten, dass man durch die mittlere Öffnung den Nordpolarstern sehen kann. Wird dann der lange Zeiger so gedreht, dass seine Oberkante zu den beiden Sternen der Hinterachse des Großen Wagens eine Linie bildet, zeigt diese Kante auf der Stundenskala der oberen Scheibe die Stunde an. In völliger Dunkelheit findet man die Zeit auch durch Abtasten der ›Stundenzacken‹. Die Auffindung des Polarsterns und der betreffenden Sterne des Großen Wagens sowie die Handhabung einer Sternuhr hatte beispielsweise Peter Apian 1533 in seinem *Instrument Buch* ausführlich beschrieben.

Auch Sternuhren gibt es sowohl als einfache Gebrauchsausführung als auch in einer repräsentativen Ausführung. Das vorliegende Exemplar gehört eher zu den letzteren. Abgesehen von der aus zwei zusammenlaufenden Bögen bestehenden Konstruktion der Öse besitzt es zwar keinen Schmuck, ist aber sehr sorgfältig gestaltet und war ehemals vergoldet, wovon nur noch einige Reste zeugen. Auch von der Rotfärbung der Ziffern sind nur noch Spuren vorhanden. Es ist nicht signiert und datiert,

V.I.17

V.I.18

doch ist es wohl in der Zeit um 1580 entstanden und stammt aus Frankreich, worauf die Zeigerbeschriftung »Ligne de foi« hindeutet. Als Besonderheit weist das beschriebene Exemplar die Kombination der Sternuhr mit einer Sonnenuhr auf, für deren Gebrauch der Zeiger über den Mittelpunkt hinaus verlängert einen Kompass trägt. In der Mitte dieser Anordnung befindet sich eine sehr kleine Horizontalsonnenuhr mit abklappbarem Poldreieck. JH

V.I.18 RINGSONNENUHR
Georg Franz Knittel, Prag, 1685
Messing, 6,5 (Dm.)
Berlin, SMB – Kunstgewerbemuseum, Inv.-Nr. K 4681
Lit. Hausmann 1979, S. 79 f.; Zinner 1956, S. 414

Ringsonnenuhren stellen unter den Reisesonnenuhren die einfachste Variante dar. Doch auch innerhalb dieses Typs gibt es Abstufungen. Während es auf der einen Seite Objekte aus edlen Materialien in aufwendig gestalteten Halterungen gibt, finden wir auf der anderen die sogenannten Bauernringe in einfachster Konstruktion und Ausführung. Sehr verbreitet waren Messinginstrumente mit zwei Kreisen und einem drehbaren Monatsschieber.

Die Ringsonnenuhr des vorliegenden Typs muss zunächst auf die Polhöhe des Benutzungsortes eingestellt werden. Dies geschieht durch eine in einer Nut des äußeren Ringes laufende Haltevorrichtung (die bei dem beschriebenen Exemplar fehlt), die auf den entsprechenden Wert auf der Polhöhenskala mit Null bis 90 Grad dieses Ringes gebracht wird. Der innere Stundenring wird zum Gebrauch zum äußeren Meridianring um 90 Grad aufgeklappt. Er trägt eine doppelte Skala I bis XII. Innerhalb dieses Ringes ist ein schmaler Skalenträger mit einer Monatsskala drehbar, in dessen Schlitz ein kleiner Schieber mit einem Loch läuft. Dieser Schieber wird auf das geltende Datum eingestellt, das durch Symbole der Tierkreiszeichen angezeigt wird. Die Zeitablesung erfolgt in der Weise, dass zum einen der Skalenträger um seine Achse gedreht wird, bis das durch das kleine Loch scheinende Sonnenlicht auf die Innenkante des Stundenringes fällt. Dies geschieht jedoch nur, wenn zugleich der Meridianring in die Nord-Süd-Richtung gedreht wird. Die Kenntnis dieser Richtung ist aber nicht erforderlich. Man findet sie, da nur bei N-S-Richtung der Lichtfleck den Stundenring trifft. Dieser Sonnenuhrentyp benötigt insofern keinen Kompass wie die anderen Reisesonnenuhren.

Ringsonnenuhren wurden vor allem im 17. und 18. Jahrhundert in großer Zahl und an vielen Orten hergestellt. Die vorliegende Sonnenuhr ist auf dem Außenring mit »Georg Fr. Knittel In Prag 1685 Fecit« signiert. Über den Hersteller ist wenig bekannt. Außer dieser Sonnenuhr ist nur noch ein Höhenmesser mit Pendel bekannt, der auf 1690 datiert ist. JH

V.I.19 Seekartenzirkel
Deutschland, 1641
Messing (gegossen, gefeilt), Eisen (gestählt, geschmiedet, gefeilt), 23 × 6
Nürnberg, Germanisches Nationalmuseum, Inv.-Nr. WI 1870
Lit. Ausst.-Kat. Nürnberg 1992, S. 810

Die Schenkel dieses besonderen Zirkeltyps gehen vom Zirkelkopf aus und verschränken sich halbkreisförmig ineinander. Ab ihrem Überschneidungspunkt verlaufen die Schenkel wieder gerade und parallel, sodass beide Spitzen eine Linie mit dem Zirkelkopf bilden. Diese Konstruktion ermöglicht das Öffnen (durch den Druck des Handballens) und das Schließen des Seekartenzirkels mit nur einer Hand. Dadurch eignete sich das auch Druckzirkel genannte Stück hervorragend für den Einsatz auf See, denn bei stärkerem Wellengang blieb bei der Abmessung von Strecken auf einer Seekarte die zweite Hand zum Festhalten frei. Bis auf die gestählten, eisernen Spitzen besteht das gezeigte Objekt aus Messing. Diese Kupfer-Zink-Legierung wurde aufgrund der geringeren Korrosionsanfälligkeit im Kontakt mit Seewasser bevorzugt zu maritimen Zwecken eingesetzt. CT

V.I.20 Fernrohr
Deutschland?, Ende 17. Jahrhundert
Pappe, Leder, gedrechseltes Holz, geschliffenes Glas, 53–234 (max.) × 8 (Dm.)
Nürnberg, Germanisches Nationalmuseum, Inv.-Nr. WI 460
Lit. Ausst.-Kat. Dresden o. J., S. 3–6; Ausst.-Kat. Nürnberg 1992, S. 630 f.

Bereits in Antike und Mittelalter wurden linsenlose Sehrohre mit kleinen Blendenöffnungen zum Betrachten von weiter entfernten Objekten benutzt. Der arabische Gelehrte Alhazen beschrieb Anfang des 11. Jahrhunderts erstmals die Anwendung einer Linse zu Abbildungszwecken. Im 13. Jahrhundert befasste sich der englische Naturwissenschaftler Roger Bacon mit der Lupenwirkung von Glaskugelsegmenten. Die genauen Umstände, die zur Erfindung des Linsenfernrohres führten, sind allerdings nicht bekannt. Wahrscheinlich wurde das erste Instrument um 1600 im holländischen Middelburg entwickelt. Etwa neun Jahre später erhielt Galileo Galilei davon Kenntnis und entschloss sich ebenfalls zum Bau eines solchen Gerätes. Noch vor seinen revolutionären astronomischen Entdeckungen überzeugte er die Handelsmacht Venedig bei einer Vorführung auf dem Campanile von San Marco von der Bedeutung des Instruments für die frühe Erkennung der Angriffe feindlicher Schiffe. Galileos Gehalt wurde daraufhin verdoppelt und auf Lebenszeit verlängert.

Der größte Papptubus dieses Auszughandfernrohrs ist außen mit grünem, goldgeprägtem Leder beklebt. Es hat acht mit marmoriertem Papier beklebte Auszüge, die mit Blattgoldprägungen verziert sind. Das kleine Objektiv und das größere Okular sind in gedrechselte Holzfassungen eingelagert. Der Tubus des Okulars und die dazugehörige Linse sind nicht mehr vorhanden. Die erhaltene Objektivlinse ist nicht achromatisch.

Fernrohre dieses Typs mit einem im dickeren Teil des Tubus sitzenden Okular waren Ende des 17. Jahrhunderts in Gebrauch. Voll ausgezogen mussten diese Rohre aus statischen Gründen auf ein Stativ gelegt werden. CT

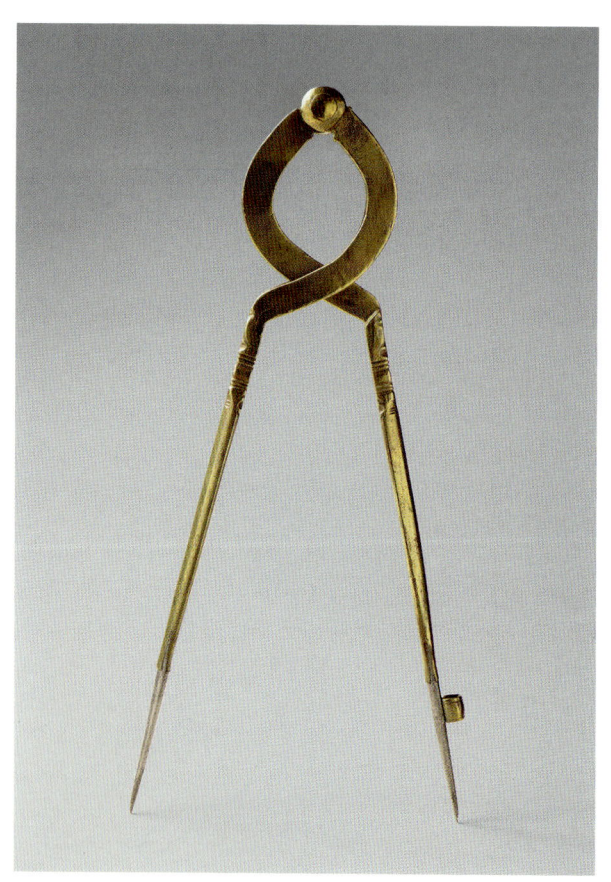

V.I.19

V.I. Seefahrt und portugiesische Kartografie ›379‹

V.I.20

V.I.22

V.I.21 Portolankarte des westlichen Mittelmeeres und der Küsten des Nordatlantik
Pedro Reinel (Kartograf, gest. nach 1542)
Um 1504
Handzeichnung auf Pergament, 62 × 90
München, Bayerische Staatsbibliothek, Sign. Cod. Icon. 132
(›Kunstmann I‹)
Lit. Ausst.-Kat. München 1992, S. 130–132; Cortesão/Mota 1960, Bd. 1, S. 25–27; Kupýík 2000, S. 21–26; Randles 1988, S. 115–118; Reuter o. J.

Die Portolankarte des Pedro Reinel, datiert um 1504, ist eine der ältesten portugiesischen Karten und damit eines der wichtigsten kartografischen Zeugnisse der Epoche. Sie zeigt das westliche Europa und Nordafrika sowie die Ostküste Neufundlands und Labradors, wie sie von den Brüdern Miguel und Gaspar Corte-Real 1500 bis 1502 entdeckt worden waren. Die Wichtigkeit Nordamerikas auf der Karte zeigt sich durch die durchgehend grüne Färbung der Landmasse.

Die großen Entfernungen, die zum neu entdeckten Kontinent zu überwinden waren, stellten die Kartografen vor neue Herausforderungen. Basierten die Karten bisher auf der Vermessung mit dem Kompass, so kam nun die astronomische Navigation hinzu, die eine Breitenbestimmung möglich machte. Aufgrund der Deklination, der Abweichung des magnetischen vom geografischen Nordpol, traten in der Praxis aber große Verzerrungen auf, die hier durch die Einführung eines zweiten, schrägen Meridians kompensiert wurden. Die Aufschrift »Pedro Reinel a fez« am Hals der Karte identifiziert den »mestre de cartas a agulhas de marear« Pedro Reinel eindeutig als Schöpfer dieses Werkes. Es ist die einzige Karte, die dieser Kartograf der ersten Generation der portugiesischen Blütezeit signierte. Sein Sohn Jorge sollte, wie in vielen Kartografenfamilien üblich, dem Vater in seinem Beruf folgen. Er arbeitete jedoch nicht für Portugal, sondern stand im Dienste Kastiliens. (Abb. 3, S. 67) PB

V.I.22 Weltkarte
Etwa 1502 bis 1506
Handzeichnung auf Pergament, 99 × 111
München, Bayerische Staatsbibliothek, Sign. Cod. Icon. 133
(›Kunstmann II‹)
Lit. Ausst.-Kat. München 1992, S. 134–136; Kupýík 2000, S. 21–26; Reuter o. J.

Diese ohne Autoren- und Datumsvermerk versehene Weltkarte gehört zu einer Reihe von Weltkarten, die zu Beginn des 16. Jahrhunderts die neuen Ergebnisse der Entdeckungsfahrten darstellten. In ihrer Grundform fast quadratisch, liegt im Zentrum immer noch das Mittelmeer. Der Äquator ist nach Süden versetzt. Während die Küsten Amerikas sehr ungenau erscheinen, ist Afrika bereits im Wesentlichen korrekt erfasst. Die Bedeutung des grünen Zeichens auf dem nordamerikanischen Festland ist unklar. Es wurde in der Forschung als Finger einer nach Westen weisenden Hand oder als eine zeichenhafte Repräsentation des reichen Baumbestandes Neufundlands interpretiert.

Die Land- und Seeflächen sind mit figuralen Darstellungen ausgeschmückt, die den repräsentativen Charakter der Karte verdeutlichen. Auf den Meeren segeln Einmaster, in Zentralasien kämpfen Löwen, in Brasilien bereiten Kannibalen ihr Essen. Schriftbänder ergänzen diese Bilder um landeskundliche Details. Gemäß einer mittelalterlichen Tradition werden die Städte Jerusalem und Mekka als kompakte architektonische Ensembles dargestellt. In Europa, Asien und Afrika finden sich figürliche Herrschergestalten, darunter auch der Kaiser des römisch-deutschen Reiches und der legendäre christliche Priesterkönig Johannes in Äthiopien, an den 1520 eine offizielle portugiesische Gesandtschaft geschickt wurde. Auch das Paradies ist im südlichen Afrika lokalisiert. Diese bildhaften Darstellungen und die Verwendung von Goldfarbe zeigen den dekorativen Charakter der Karte und lassen auf einen finanzkräftigen Auftraggeber schließen. PB

V.I.23 Weltkarte aus dem Atlas Miller
Lopo Homem (tätig in Lissabon 1517 – 1554)
1519
Pergament, Deckfarben, Goldblatt, 41,5 × 59
Paris, Bibliothèque nationale de France, Cartes et Plans, Inv.-Nr. Res Ge D. 26179
Lit. Ausst.-Kat. Paris 1998b, S. 49 ff.; Bonnaffé 1874, S. 65 f.; La Roncière/Mollat du Jourdain 1984, S. 218 ff.; Moleiro 2006; Pastoureau 1990, S. 56

Die aus einem außerordentlich prächtigen Kartenwerk stammende Weltkarte kam erst 1976 in den Besitz der französischen Nationalbibliothek. Sie ist der wichtigste Bestandteil des für den portugiesischen König Manuel (1469–1521) gefertigten Seeatlas. Dieser spiegelt die großen geografischen Fortschritte durch die Entdeckungen portugiesischer Seefahrer wider. Der Nordatlantik, Nordeuropa, der Archipel der Azoren, Madagaskar, der Indische Ozean, Inselindien, das Chinesische Meer, die Molukken, Brasilien, der Atlantische Ozean und das Mittelmeer sind auf sechs losen Pergamenten, einige beidseitig bemalt, dargestellt. Dabei nutzt der Autor auch einige spanische Quellen, vor allem für das Gebiet von Amerika.

V.I.23

Die Weltkarte, die im Allgemeinen auf der Ptolemäischen Vorstellung der Welt basiert, stellt die Hemisphäre dar, die der portugiesischen Einflusszone zugehört: Neben Afrika sind das Asien und Brasilien (*Mundus Novus Brasil*) sowie ein südlicher Kontinent (*Mundus Novus*). Auf ihr sind der Golf von Bengalen und die birmanische Küste relativ genau wiedergegeben. Die Erde ist grün gezeichnet, im Unterschied zum Roten Meer und einigen Inseln, die rot koloriert sind. Die Karte ist an vier Ecken von blasenden Engelsköpfen (Erdwinde), rechts von der Sonnenscheibe und links von der Mondscheibe flankiert. Auf der Rückseite befindet sich auf der rechten Blatthälfte in einer Kartusche eine Inschrift in lateinischer Sprache; erwähnt werden der Auftraggeber, König Manuel, der Kartenhersteller Lopo Homem und das Datum 1519. Die Inschrift lautet: »Hec est vniuersi orbis ad hanc usque diem cogniti//tabula Quam ego Lupus homo Cosmographus//in clarissima Vlisipone ciuitate Anno domini nostri//Millesimo quingentessimo decimo nono Jussu//Emanuelis incliti lusitanie Regis collatis pluribus//alijs tam vetustorum quam recentiorum//tabulis magna industria et dilligenti labore depinxi.«

Unter der Kartusche wurde, bereits nach 1559, das Wappen der französischen Königin Katharina von Medici angebracht. Aus dem Inventar der Karten im königlichen Besitz erfahren wir, dass der Atlas zu dieser Zeit vermutlich auseinandergenommen war (er hatte noch die heute nicht mehr vorhandenen Karten von Afrika enthalten). Lopo Homem wurde bereits 1517 zum Meister der Seekarten des Königs von Portugal ernannt. Der Atlas Miller erhielt seinen Namen nach seinem letzten Besitzer, Emmanuel Miller. Bis heute wird dieser Atlas, nicht zuletzt aufgrund seiner herausragenden künstlerischen Dekorationen, für eine der wertvollsten kartografischen Leistungen aller Zeiten gehalten. Die Kartografie geht auf Lopo Homem, Pedro und Jorge Reinel (Vater und Sohn) zurück. Anton von Holland malte die Miniaturen: Tiere, Schiffe, Landschaften und anderes. AC

V.I.24 SEEKARTE
Carta Náutica
João Teixeira Albernaz (gest. nach 1652)
Portugal, 17. Jahrhundert
Illuminiertes Pergament, 77 × 95
Lissabon, Instituto dos Arquivos Nacionais /
Torre do Tombo, Inv.-Nr. Casa-forte, Nr. 198
Lit. Cortesão/Mota 1960, S. 173–176

João Teixeira Albernaz war der vielleicht bedeutendste portugiesische Kartograf des 17. Jahrhunderts. Seine Tätigkeit erstreckte sich von 1602 bis 1649. Im Jahr 1605 wurde er zum offiziellen Kartografen der *Casa da Índia* und der *Casa da Guiné* ernannt und erstellte in dieser Funktion, soweit bekannt, die erstaunliche Anzahl von mehr als 400 Seekarten und 19 Atlanten. Als besonderer Kenner Brasiliens verfolgte er aus nächster Nähe die Informationen, die von den portugiesischen Forschern gesammelt wurden, und hielt sie in kartografischen Werken fest, die den modernen wissenschaftlichen Darstellungskonventionen nahekommen. Er war der Sohn des ebenfalls berühmten Kartografen Luís Teixeira und Großvater eines weiteren Kartografen, der den gleichen Namen trug wie er. (Abb. 1, S. 190) PP

V.I.25 KÜSTE DES SÜDÖSTLICHEN AFRIKAS
In: Manuel de Mesquita Perestrelo, *Roteiro dos Portos, Derrotas, Alturas, Cabos, Conhecenças, Resguardos e Sondas que há por toda a Costa desde o Cabo da Boa Esperança ao Cabo das Correntes*
17. Jahrhundert (Kopie des Originals, 1576)
Kolorierte Handschrift auf Papier, 39 × 28
Évora, Biblioteca Pública, Inv.-Nr. CXV/1-23
Lit. Ausst.-Kat. Évora 1999, Kat.-Nr. 104

Dieses Werk des Seefahrers und Reiseschriftstellers Manuel de Mesquita Perestrelo ist in Form eines *Roteiro* oder Fahrtenbuches abgefasst. Es ist König Dom Sebastião gewidmet, der vermutlich den Auftrag für die genauere kartografische Erfassung der ostafrikanischen Küste gab. Die Handschrift besteht aus 21 Folios, auf denen sich sowohl Zeichnungen der Küste als auch Beschreibungen von Einzelheiten der Reise entlang dem Küstenverlauf befinden. Die hier ausgestellte Seite ist besonders detailliert, da der Autor in der entsprechenden Region 1554 Schiffbruch erlitt. Schwerpunkte der Beschreibung werden bereits im langen Titel des Werkes deutlich (»Beschreibung der Häfen, Routen, Breitengrade, Kaps, Orientierungspunkte, Zufluchtshäfen und Meerestiefen entlang der gesamten Küste vom Kap der Guten Hoffnung bis zum Kap der Strömungen«). Manuel Perestrelo war auch der Autor der *Relação do Naufrágio da Nau São Bento* (»Beschreibung des Schiffbruchs der Nau São Bento«), die Eingang in die berühmte *História Trágico-Marítima* (»Geschichte schicksalhafter Seeereignisse«) von 1735/36 fand, einem der eigenwilligsten, von intensiver Barocktragik geprägten Werk der portugiesischen Literatur. Das Originaldokument, dessen Kopie aus dem 17. Jahrhundert hier ausgestellt wird, befindet sich im British Museum. Die im Original gesüdete Karte ist hier genordet abgebildet. PP

V.I.26 FAHRTENBUCH FÜR DIE KAPROUTE NACH INDIEN
Roteiro da Carreira da Índia
Gaspar Ferreira Reimão (gest. 1626)
1612
Zeichnung und Handschrift auf Papier, 24 × 17
Lissabon, Biblioteca Nacional, Sign. Cod. 1333
Lit. Albuquerque 1994, Bd. 2

Gaspar Ferreira Reimão war als Pilot wie auch als Autor von Fahrtenbüchern hoch geschätzt. Seine erste dokumentierte Reise fand 1589 statt, die letzte vermutlich 1615. Reimão verfasste etliche nautische Werke, darunter die »Abhandlung über das Schicksal der Schiffbrüchigen, die sich vom Schiff ›São Tomé‹ retteten« (*Tratado dos Grandes Trabalhos Que Passarão os Portugueses que se Salvarão do Espantoso Naufrágio Que Fez a Nau ›S. Tomé‹*) – ein Unglück, das sich ausgerechnet auf seiner ersten Fahrt ereignete. Bekannt sind eine Reihe von Reisetagebüchern, wie beispielsweise das *Diário da Navegação da Nau ›S. Pantaleão‹ da Índia para Portugal* (1596), sowie zwei Fahrtenbücher zur Kaproute nach Indien (*Roteiros da Carreira da Índia*) aus den Jahren 1600 und 1612. (Abb. 8, S. 126) PP

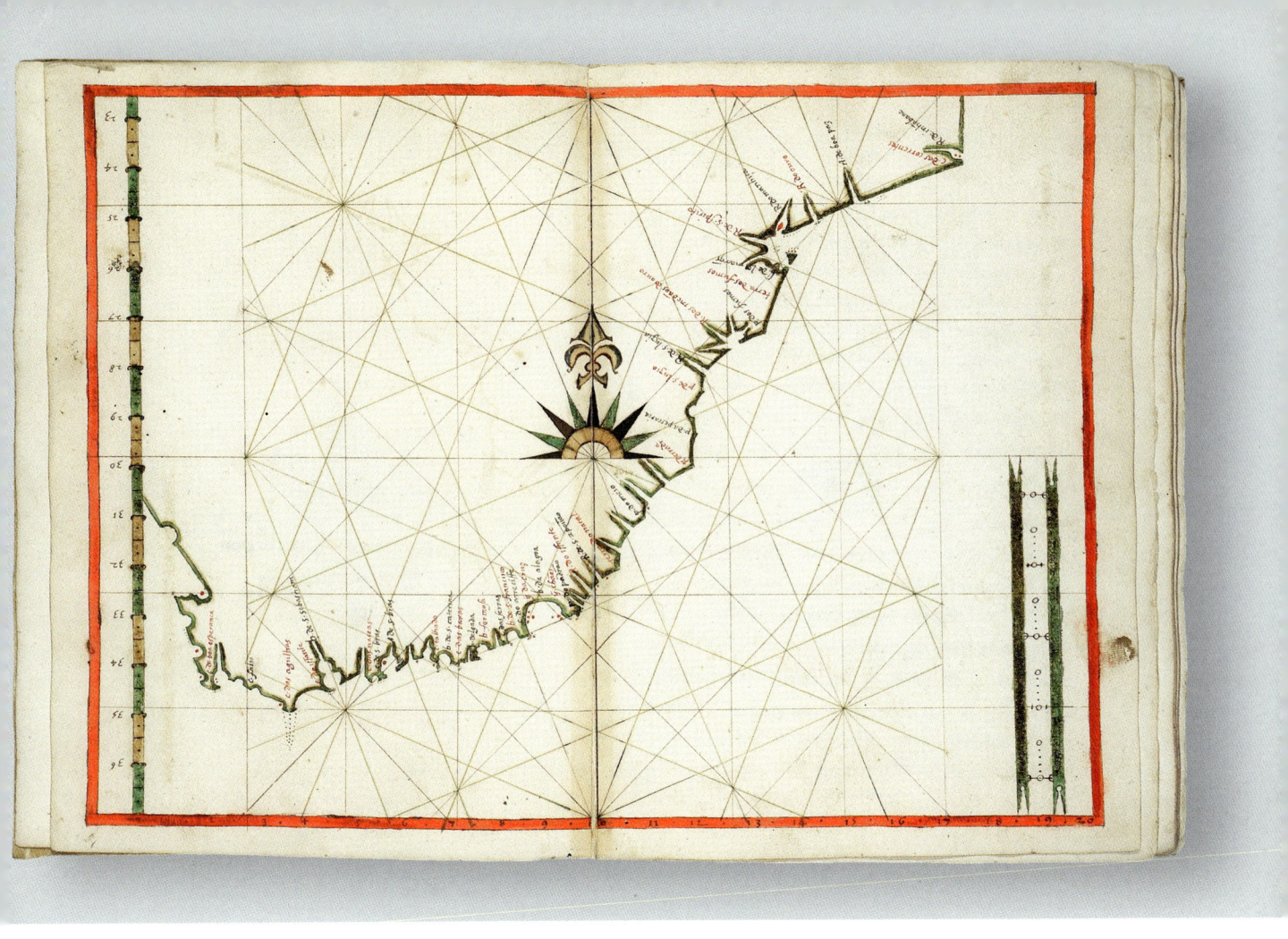

V.I.25

V.I.27 Atlas
Fernão Vaz Dourado (Diu 1520 – 1580 Goa?)
Portugal, etwa 1576
Illuminiertes Pergament, 39,4 × 29
Lissabon, Biblioteca Nacional, Sign. IL 171
Lit. Ausst.-Kat. Lissabon 1994, Kat.-Nr. 140;
Cortesão/Mota 1960, S. 17–22

Fernão Vaz Dourado, der sich zeitweise in Goa niederließ, war einer der produktivsten und begabtesten portugiesischen Kartografen. Seine Karten weisen einen hohen Grad an geografischer Genauigkeit auf, weshalb sie für Seefahrer besonders nützlich waren. Sie dienten außerdem als Grundlage bei den diplomatischen Verhandlungen über die Einflussbereiche zwischen Staaten, was für die Zeit, in der er arbeitete, von immenser Bedeutung war. Von 1568 bis 1580 erstellte Vaz Dourado acht Atlanten.

Der hier vorgestellte ist reich illuminiert, wobei auf das Küstenprofil und die übliche Darstellung von Besonderheiten der Küste oder des Landesinneren, die für die Seefahrer beim Näherkommen zur Identifikation der Länder hilfreich sein konnten, besonderer Wert gelegt wurde. Auch die Heraldik und die kosmische Symbolik nehmen eine wichtige Stellung ein. Das königliche Wappen Portugals erscheint an herausragender Stelle, und Amerika wird von einem Jüngling symbolisiert. Der Nordteil der Neuen Welt weist eine Bezeichnung auf, die heute weitgehend vergessen ist: »Dies ist das Land der Corte-Real«. Es handelt sich um eine Anspielung auf João, Miguel und Gaspar Corte Real, die im ausgehenden 15. Jahrhundert die Westküste des heutigen Kanada erforschten. Ein Landwirt, der mit einem Ochsengespann den Boden pflügt, steht für die *Terra do Lavrador*, eine Gegend, die nach ihrem Entdecker João Fernandes Lavrador (wörtlich: der Pflüger bzw. Bauer) benannt wurde und heute als Labrador bekannt ist. Doch auch die synthetische Darstellung von Architekturtypen, die in den verschiedenen Teilen der Welt und insbesondere in China (mit seinen bunten Pagoden) oder an der afrikanischen Küste zu finden sind, ist bemerkenswert. (Abb. 8, S. 33 und Abb. 5, S. 168) PP

V.I.28

V.I.28 Portolankartenatlas
Fernão Vaz Dourado (Diu etwa 1520 – etwa 1580 Goa)
Goa, 1580
Handzeichnung auf Pergament, z. Z. ungebunden, 46,5 × 68,8
München, Bayerische Staatsbibliothek, Sign. Cod. Icon. 137,
Bl. 3bv
Lit. Ausst.-Kat. München 1992, S. 142; Cortesão/Mota 1960,
Bd. 3, S. 27 f., 107 ff.; Kretschmer/Albuquerque 1986, S. 627;
Kupýík 2000, S. 66–87; Pranzetti 1992; Reuter o. J.

Der prachtvoll illustrierte Atlas des portugiesischen Kartografen Fernão Vaz Dourado mit insgesamt zwölf Karten sowie Tabellen für nautisch-astronomische Berechnungen gilt als eines der späten Werke der Blütezeit portugiesischer Seekartografie. Das ausgestellte Blatt zeigt Südamerika nördlich des Rio de la Plata. Der gesamte Atlas ist in prächtigen Farbtönen unter Verwendung von Gold illuminiert. Trotzdem sind die Küstenlinien detailliert gezeichnet, und die hohe Dichte der Ortsnamen an den Küsten zeigt die gelungene Verbindung von repräsentativer Kunst und nautischem Nutzen, wie sie für die Blütezeit der portugiesischen Kartografie typisch ist. Das Landesinnere des Kontinents zeigt Flusssysteme, Berge sowie Einheimische bei der Jagd. Die Wappen Spaniens finden sich im Westen und Norden, das Wappen Portugals im Osten. Im Westen des Kontinents sind koloniale Städte durch Architekturansichten dargestellt. Ihre genaue Lokalisierung ist durch goldene Punkte sichergestellt.

Der Kartograf Fernão Vaz Dourado war der Sohn eines hohen portugiesischen Beamten und einer Inderin. In portugiesischen Diensten nahm er selbst an Expeditionen teil und arbeitete in den 1570er Jahren in Portugal. Gegen Ende seines Lebens kehrte er nach Goa zurück, wo er diesen Atlas – vermutlich sein letzter – fertigstellte. Die Karten seiner Atlanten sollten das Bild ganzer Regionen der Erde für Jahrhunderte prägen. PB

V.I.29 Brasilienkarte
mit eingezeichneten Kapitanien

In: *Roteiro de todos os Sinais que Há na Costa do Brasil*
Luís Teixeira (zugeschrieben), um 1586
Zeichnung und Handschrift auf Papier, 56,5 × 51,5
Lissabon, Biblioteca da Ajuda, Inv.-Nr. BA COD MS.
52-XII-25
Lit. Ausst.-Kat. Lissabon 1994, Kat.-Nr. 141; Cortesão/Mota 1960, S. 73–75

Brasilienkarte aus dem *Fahrtenbuch mit allen Orientierungspunkten der Küste Brasiliens*. Diese Karte wurde von ihrem mutmaßlichen Autor, dem Kartografen Luís Teixeira, angefertigt, der um das Jahr 1574 nach Brasilien reiste, um dort die Küste zu vermessen. Sie berücksichtigt die nach dem Abkommen von Tordesillas unter portugiesischem Einfluss gelegenen Gebiete und weist die entsprechende Demarkationslinie auf, die im Norden bei der Mündung des Amazonas beginnt und im Süden bei der Mündung des Rio de la Plata endet. Östlich von dieser Linie sind die 1532 geschaffenen portugiesischen Kapitanien mit ihren geradlinigen, willkürlich durch die weitgehend unbekannte Landschaft gezogenen Grenzen eingezeichnet. Unter den sehr präzisen kartografischen Aufzeichnungen dieses *Roteiro* befindet sich eine Darstellung der Guanabara-Bucht (Rio de Janeiro) mit allen ihren komplizierten Ausbuchtungen und zahlreichen Ortsnamen. (Abb. 4, S. 118 und Abb. 5, S. 119)   PP

V.I.30 Westlicher Teil
einer unvollendeten Weltkarte

Diogo Ribeiro zugeschrieben (Kartograf, gest. 1533)
Sevilla, um 1532
Handzeichnung auf Pergament, 87,8 × 58,3
Wolfenbüttel, Herzog August Bibliothek,
Sign. Cod. Guelf. 104 A Aug. 2°
Lit. Albuquerque 1986, S. 657 f.; Ausst.-Kat. Wolfenbüttel 2006, S. 53 f.; Cortesão/Mota 1960, Bd. 1, S. 87–94, 107–109; Kretschmer/Albuquerque 1986, S. 626 f.; Vigneras 1962, S. 76–83

Der westliche Teil dieser unvollendeten Karte zeigt die atlantischen Küsten Nord- und Südamerikas, die Inseln der Karibik sowie teilweise die Pazifikküsten. Das nord- und südamerikanische Hinterland ist durch Flussläufe, Ansichten von Bäumen, Bergen und Tieren ausgestaltet. Umfangreiche Legenden erklären den Ursprung des jeweiligen Landesnamens und liefern Details zu früheren Entdeckungsfahrten sowie zu den Bodenschätzen und den landwirtschaftlichen Produkten der jeweiligen Region. So wird beispielsweise über Patagonien berichtet, das Land sei 1520 von Magellan entdeckt worden, es sei sehr karg, und die Einheimischen seien fast so groß wie Riesen. Die für die nautische Nutzung der Karte notwendigen Zeichen fehlen vollständig und sollten vermutlich abschließend eingetragen werden. Aufgrund des Fehlens der für Ribeiro typischen Windbläser in den östlichen Ecken kann vermutet werden, dass auch die Alte Welt auf zusätzlichen Blättern dargestellt werden sollte. Wegen der generellen Zeichnung der Küstenlinien, der bildlichen Darstellungen und der Handschrift des Kartografen kann diese Karte dem aus Portugal stammenden Kartografen Diogo Ribeiro zugeordnet werden, der früh nach Spanien auswanderte. Hier bereitete er Karten für spanische Expeditionen vor, trat als Unterhändler des spanischen Königs bei Verhandlungen und als Konstrukteur neuartiger Metallpumpen auf.   PB

V.I.31 Östlicher Teil
einer unvollendeten Weltkarte

Diogo Ribeiro zugeschrieben (Kartograf, gest. 1533)
Sevilla, um 1532
Handzeichnung auf Pergament, 87,8 × 67,5
Wolfenbüttel, Herzog August Bibliothek,
Sign. Cod. Guelf. 104 B Aug. 2°
Lit. Cortesão/Mota 1960, Bd. 1, S. 87–94, 107–109; Davies 2003, S. 103–112; Kretschmer/Albuquerque 1986, S. 626 f.

Der östliche Teil der unvollendeten Weltkarte zeigt im Westen die Molukken und lässt Raum für den noch zu erkundenden Pazifischen Ozean. Anhand neuer Entdeckungen in Mittelamerika, die sich in dieser Karte finden, kann sie nicht vor 1529 entstanden sein. Ihr spätest mögliches Entstehungsdatum ist Anfang 1533, da zu diesem Zeitpunkt die Todesnachricht des Gouverneurs und General-Kapitäns, Diogo de Ordàs, Spanien erreichte. Er wird auf dem anderen Teil der Karte als amtierender *commendador* am *Rio de Maranom* (Maranhão) erwähnt. Die noch unbekannten Gegenden des Pazifischen Ozeans wurden in den Karten des Diogo Ribeiro generell nicht weiß gelassen, sondern mit Zeichnungen nautischer Instrumente wie Astrolabium, Quadrant und Deklinationstabelle ausgefüllt, die in dieser unvollendeten Karte vollkommen fehlen. Auch Diagramme der Monate und der Tierkreiszeichen sind auf den vollständigen Karten dieses Kartografen, wie beispielsweise den Exemplaren in Weimar oder dem Vatikan, zu finden. Die genauen Umstände, unter denen die Karte nach Wolfenbüttel

POLVS MVNDI ARCTICVS

MVNDVS NOWS

TIERA NVEVA DE LOS BACALLAOS

TIERA DEL LABRADOR

TIERA DE ESTEVAM GOMEZ

TIERA DEL LICENCIADO AILLON

TIERA DE GARAY

ISLAS DE LOS AÇORES

TIERA DE PANFILO DE NARBAEZ

GOLFO DE LA NVEVA ESPAÑA

ISLAS DE LOS LVCAYOS

ISLAS DE LAS CANAREAS

NVEVA ESPAÑA

OCCEANVS OCCIDENTALIS

ISLAS DE CABO VERDE

ISLAS DE CARIBES

EQVINOCTIALES

MAR DEL SVR

CASTILLA DEL ORO

PERV PROVINCIA

RIO DE MARAÑON

EL BRASIL

MVNDVS NOWS

EL GRAM RIO DE PARANA

TIERA DE PATAGONES

POLVS MVNDI ANTARCTICVS

kam, sind unklar. Vermutlich befand sie sich im Besitz des Augsburger Humanisten, Jurist und Antiquar Konrad Peutinger (1465–1547), um schließlich von Herzog August von Braunschweig-Wolfenbüttel (1579–1666) aufgekauft zu werden. So gelangte sie in eine der umfangreichsten Bibliotheken des Barock, in der sie sich heute noch befindet. PB

V.I.32 Portolankarte der Küsten des Indischen Ozeans und Südostasiens

Um 1540
Handzeichnung auf Pergament, 108,2 × 76,5
Wolfenbüttel, Herzog August Bibliothek, Sign. Cod. Guelf. 102 Aug. 2°
Lit. Ausst.-Kat. Wolfenbüttel 2006, S. 47 f.; Cortesão/Mota 1960, Bd. 1, S. 147 f.

Die großformatige Portolankarte zeigt die Küsten des Indischen Ozeans vom Horn von Afrika im Westen bis zu den Molukken im Osten. Äquator und Wendekreise sind als breite Linien eingezeichnet. Am linken und rechten Rand der Karte findet sich jeweils ein Maßstab zur Messung der geografischen Länge, am oberen und unteren Rand ein Breitenmaßstab, der von 78 bis 160 Grad reicht. Trotz dieser großen Spannbreite beschränkt sich das Kartenbild auf den Bereich zwischen 32 Grad Nord und 22 Grad Süd. Die Küstenlinien und eine außergewöhnlich hohe Anzahl von Hafenstädten sind mit großer Genauigkeit wiedergegeben. Bemerkenswert ist die Einzeichnung des indonesischen Archipels und des Festlandes zwischen den Mündungen des Ganges und des südchinesischen Perlflusses. Das spätere portugiesische Handelszentrum Macau, hier am nordöstlichen Ende des auf der Karte eingezeichneten Gebietes zu finden, sollte noch bis 1999 portugiesisch bleiben.

Die Karte zeigt das Hauptinteressensgebiet der Portugiesen, das nach dem Vertrag von Tordesillas (1494), in dem Portugal und Kastilien ihre Expansionsinteressen gegeneinander abgrenzten, im Indischen Ozean lag. Eine Zuordnung dieser Karte zu den Werken des portugiesischen Kosmografen Lope Homem ist in der Forschung umstritten, eine Datierung aufgrund vergleichbarer zeitgenössischer Überlieferungen und der zügigen Erweiterung des geografischen Wissens im 16. Jahrhundert auf die Jahre 1537 bis 1545 möglich. (Abb. 1, S. 204) PB

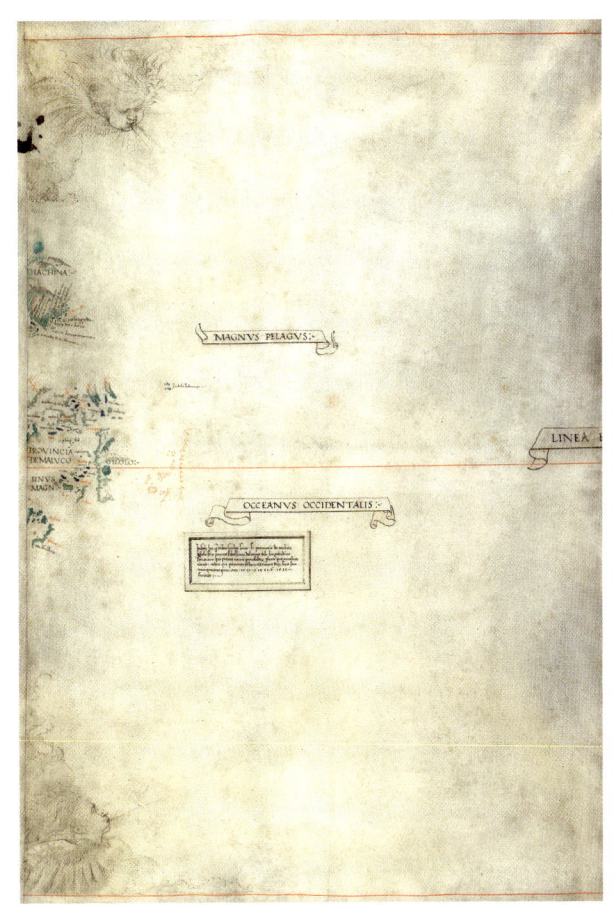

V.I.31

◀ V.I.30

V. Kartografie und Nautik
V.II. Rezeption und Weiterentwicklung in Mitteleuropa

Neue Druckverfahren, die ab dem 15. Jahrhundert in Mitteleuropa entwickelt wurden, schufen bis dahin unbekannte Möglichkeiten der Informationsverbreitung. Bereits die zahlreichen Auflagen der Briefe des Kolumbus und des Vespucci zeigen das große Interesse, das in ganz Europa an den Ergebnissen der iberischen Entdeckungsfahrten herrschte. Neben wirtschaftlichen Erwägungen spielten hierbei auch Bildungsabsichten eine maßgebliche Rolle. Humanistische Gelehrte beschränkten ihre Neugier keineswegs auf die Antike allein, sondern waren fasziniert von den Berichten über die ›neu aufgefundenen Welten‹ und sorgten in Briefen und Diskussionen, vor allem aber durch Übersetzungen und Drucklegungen für die Weiterverbreitung der neuen Kenntnisse. Nürnberg ist im deutschen Raum hierfür sicherlich das prominenteste Beispiel. Die Stadt ist Entstehungsort der Globen von Martin Behaim und Johannes Schöner, der Schedel'schen Weltchronik wie auch der von Jobst Ruchamer übersetzten deutschen Ausgabe der zunächst in Italien von Fracanzano da Montalboddo edierten Berichte der Entdeckungsreisenden. Und ebenso wie Augsburg war Nürnberg sowohl Drehscheibe des Handels und Zentrum des Finanzwesens als auch Wirkungsstätte hochbegabter Künstler und spezialisierter Feinmechaniker.

Das neue Wissen über die Welt verbreitete sich in Reiseberichten und Bildern, wie auch in Form von Karten und Globen. So wie die Entwicklung neuer Messtechniken eine quantitative und qualitative Verbesserung der erhobenen Daten mit sich brachte, so führten neue Projektionsverfahren zu einer immer detailgenaueren kartografischen Umsetzung der erhaltenen Informationen. Mit den gedruckten Kartensammlungen entstanden im 16. Jahrhundert auch die ersten modernen Atlanten. Neben Straßburg bzw. St. Dié, wo unter anderem Martin Waldseemüller wirkte, waren es Städte wie Löwen mit Gemma Frisius und Gerhard Mercator sowie Antwerpen, Amsterdam und Venedig, in denen die Entwicklung von Kartografie und Globenbau in jener Zeit entscheidende Fortschritte machte. Um die Wende vom 16. zum 17. Jahrhundert kam diese Kunst vor allem in den Niederlanden, die damals zu einer führenden Seemacht aufstiegen, zu großer Blüte. Im Anschluss an Mercator entstanden in den Werkstätten von Kartografen- und Verlegerfamilien wie Hondius und Blaeu immer genauere, aber auch immer prachtvollere Ausgaben. MK

V. Cartografia e Náutica
V.II. Recepção e desenvolvimento na Europa Central

As novas técnicas de impressão, que foram sendo desenvolvidas, na Europa Central, a partir do séc. XV, criaram possibilidades de divulgação de informação até aí desconhecidas. As inúmeras impressões das cartas de Colombo e de Vespúcio, mostravam o grande interesse que havia, em toda a Europa, sobre os resultados das viagens ibéricas de Descobertas. A par das considerações económicas, o desejo de conhecimento desempenhou, neste contexto, um papel determinante. Os intelectuais humanistas não saciavam, de modo algum, a sua curiosidade apenas nos autores da Antiguidade. Pelo contrário, sentiam-se fascinados pelos relatos sobre os ›novos mundos descobertos‹ e contribuíram não só através de cartas e debates, mas sobretudo de traduções e multiplicação de impressões, para a divulgação dos novos conhecimentos. O caso de Nuremberga é, seguramente, no espaço alemão, o exemplo mais famoso. Esta cidade é o berço dos globos de Martin Behaim e de Johannes Schöner, a Crónica Universal, de Schedel, assim como da edição de relatos de viagens, traduzida para alemão por Jobst Ruchamer, editada inicialmente em Itália, por Fracanzano da Montalboddo. Tal como Augsburgo, Nuremberga foi tanto o pólo do comércio e centro financeiro, como a cidade que acolhia artistas geniais e mecânicos de precisão especializados.

O novo conhecimento sobre o mundo não era apenas divulgado através dos relatos de viagens e de imagens, mas também sob a forma de globos e mapas. Tal como o desenvolvimento de novas técnicas de medição trouxera consigo uma melhoria quantitativa e qualitativa dos dados recolhidos, os novos processos de projecção levaram a uma transposição cartográfica dos dados recebidos, cada vez mais pormenorizada. No séc. XVI, com os conjuntos de mapas impressos, nasceram também os primeiros atlas. Não só em Estrasburgo, i.é, St. Dié, onde se encontrava, entre outros, Martin Waldseemüller, mas também em cidades como Lovaina, com Gemma Frisius e Gerhard Mercator, assim como Antuérpia, Amesterdão e Veneza, que o desenvolvimento da cartografia e da construção de globos registou um avanço decisivo para a época. Na viragem do século XVI para o século XVII, esta arte teve o seu auge, especialmente, nos Países-Baixos, que se tinham tornado numa potência marítima liderante. A seguir a Mercator, as oficinas de famílias de cartógrafos e de editores, como a de Hondius e Blaeu, foram produzindo edições de mapas cada vez mais perfeitas e mais exuberantes. MK

V.II.1 Globus des Martin Behaim (Faksimile)

Martin Behaim (Nürnberg 1459 – 1507 Lissabon)
Ende 19. Jahrhundert (Original Nürnberg 1492–1493/94)
Metall, Eisen, Messing, Holz, 133 × 63 (Dm.)
Berlin, Deutsches Historisches Museum, Inv.-Nr. DL 63/450
Lit. Ausst.-Kat. Nürnberg 1992; Bräunlein 1992; Pohle 2007;
Willers 1992

Der Globus des Martin Behaim ist der älteste erhaltene Erdglobus der Welt. Sein Herstellungsdatum vor bzw. während der epochalen Entdeckungsfahrt des Christoph Kolumbus im Jahr 1492/93 bringt es mit sich, dass der amerikanische Kontinent auf dem Globus noch nicht eingezeichnet ist. Bewegt man sich von Europa aus nach Westen, so gelangt man nach der Darstellung des Behaim-Globus stattdessen über den Atlantik direkt nach Ostasien (zu Einzelheiten in der Darstellung vgl. den Beitrag von Knefelkamp in diesem Band).

Martin Behaim stammt aus einer angesehenen Nürnberger Patrizierfamilie und war als Tuchhändler unter anderem in Flandern tätig. 1484/85 übersiedelte er nach Portugal. Die Quellenlage zu Behaim ist spärlich, was in vergangenen Jahrhunderten zu manch lokalpatriotischer Übertreibung verführte. Gesichert ist, dass sich Behaim lange Zeit in Portugal aufhielt, dort den Ritterschlag erhielt und die Tochter des Statthalters der Azoreninseln Fayal und Pico heiratete. Vermutlich nahm er an einer portugiesischen Expedition an die Westküste Afrikas teil. Während eines neuerlichen Aufenthaltes in Nürnberg wurde dann 1492/93 – vom Rat finanziert, gezeichnet von Georg Glockendon, gefertigt von Ruprecht Kolberger und von den humanistischen Gelehrtenkreisen der Stadt unterstützt – unter Anweisungen Behaims der heute nach ihm benannte ›Erdapfel‹ hergestellt. 1493 verließ Behaim seine Heimatstadt wieder und kehrte nach Lissabon zurück, doch reiste er bald darauf im Auftrag von König João II. in die Niederlande. Unterwegs geriet er in englische Gefangenschaft, konnte aber fliehen. Über seine späteren Jahre ist kaum etwas bekannt. Er starb 1507 verarmt in Lissabon. (Abb. 7, S. 60 und Abb. 1, S. 72) MK

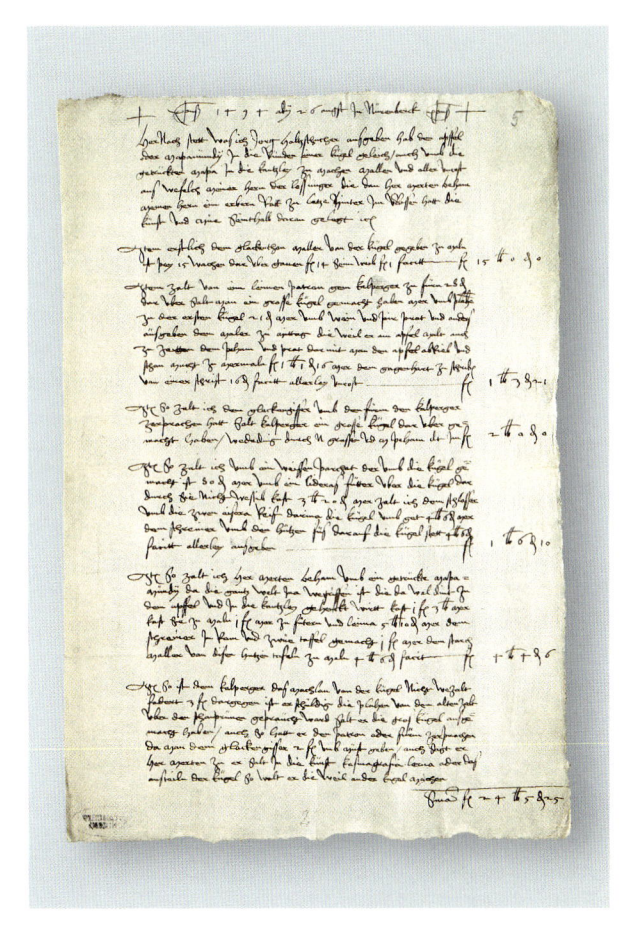

V.II.2

V.II.2 Endabrechnung über die Fertigungskosten des Behaim-Globus

Georg Holzschuher
Rechnungsdatum Nürnberg, 20. August – 17. September 1494
Tinte auf Papier, 31,5 × 22,5
Nürnberg, Stadtarchiv Nürnberg, Sign. B 35 Nr. A 691
(A 26/I (Rep. 80/IV ad. 3))
Lit. Ausst.-Kat. Nürnberg 1992, Kat.-Nr. 3.30; Timann 1992;
Willers 1992

Die erhaltene Rechnung über die Herstellung des Behaim-Globus weist aus, dass der Maler der Landkarte, Georg Glockendon, 15 Wochen lang mit der Ausführung beschäftigt war und dafür 14 Gulden erhielt. Seine ihm assistierende Frau Kunigunde erhielt einen weiteren Gulden. Dazu wird der Hersteller einer Lehmkugel erwähnt, anhand derer wiederum Ruprecht Kolberger die eigentliche Globuskugel aus Stoff und Leim produzierte. Neben den Rohmaterialien sind das Gestell sowie ein nicht erhaltener Überzug zum Schutz gegen Verstauben aufgeführt. Die ausführliche Rechnung nennt auch mehrere Arbeitsessen, bei denen die beteiligten – darunter hin und wieder auch Martin Behaim – Wein, Bier, Brot und andere Dinge auf Ratskosten zu sich nahmen. Brot, mit dem man den Globus nach der Bemalung zur Oberflächenglättung abrieb, ist gesondert aufgeführt. Interessant ist weiterhin der Verweis auf eine gedruckte Weltkarte, die Behaim verkauft haben soll und die nun in der Kanzlei des Rathauses hänge. Abschließend findet sich zudem der Hinweis, dass der Kunsthandwerker Kolberger weitere Kugeln anfertigen wolle, wenn ihm Behaim in der Kunst der Kartografie unterrichte. MK

V.II.3 Notiz über Martin Behaims Ritterschlag
Ende 15. Jahrhundert
Tinte auf Papier, 12,5 × 22,5
Nürnberg, Stadtarchiv Nürnberg, Sign. E II/II, Nr. 570
Lit. Ausst.-Kat. Nürnberg 1992, Kat.-Nr. 3.10 u. 3.16; Bräunlein 1992, S. 49–53

Auf diesem recht unscheinbaren Stück Papier steht vermerkt, dass Martin Behaim aus Nürnberg am Freitag, den 18. Februar 1485 in der Salvatorkirche in Alcáçovas vom portugiesischen König Dom João II. zum Ritter geschlagen wurde. Paten waren der König selbst, der ihm das Schwert umgürtete, der Herzog von Beja, der ihm den rechten Sporen anlegte, Graf Christoph von Mello, ein Cousin des Königs, welcher ihm den linken Sporen anlegte, sowie Graf Fernando Martins Mascarenhas, der ihm den Helm aufsetzte. Zudem seien alle Fürsten, die Ritterschaft und auch die Königin anwesend gewesen. Die genauen Motive für den Ritterschlag sind nicht geklärt. Möglich wäre, dass er als Anerkennung nach Kämpfen gegen die Mauren erfolgte, wovon auf der unteren Platte des Nürnberger Gedenkleuchters für Behaim aus dem Chor der Katharinenkirche die Rede ist. Denkbar ist auch, dass Behaims zukünftige Schwiegereltern – seine Schwiegermutter, Brites de Macedo, war Hofdame der portugiesischen Infantin Dona Beatriz, sein Schwiegervater Statthalter zweier Azoreninseln – mit Blick auf die bevorstehende Heirat ihre Beziehungen spielen ließen. Fest steht, dass auch andere Deutsche, wie etwa 1503 der in Nordafrika kämpfende Wolfgang Holzschuher (Kat.-Nr. IX.40), in Portugal den Ritterschlag erhielten. MK

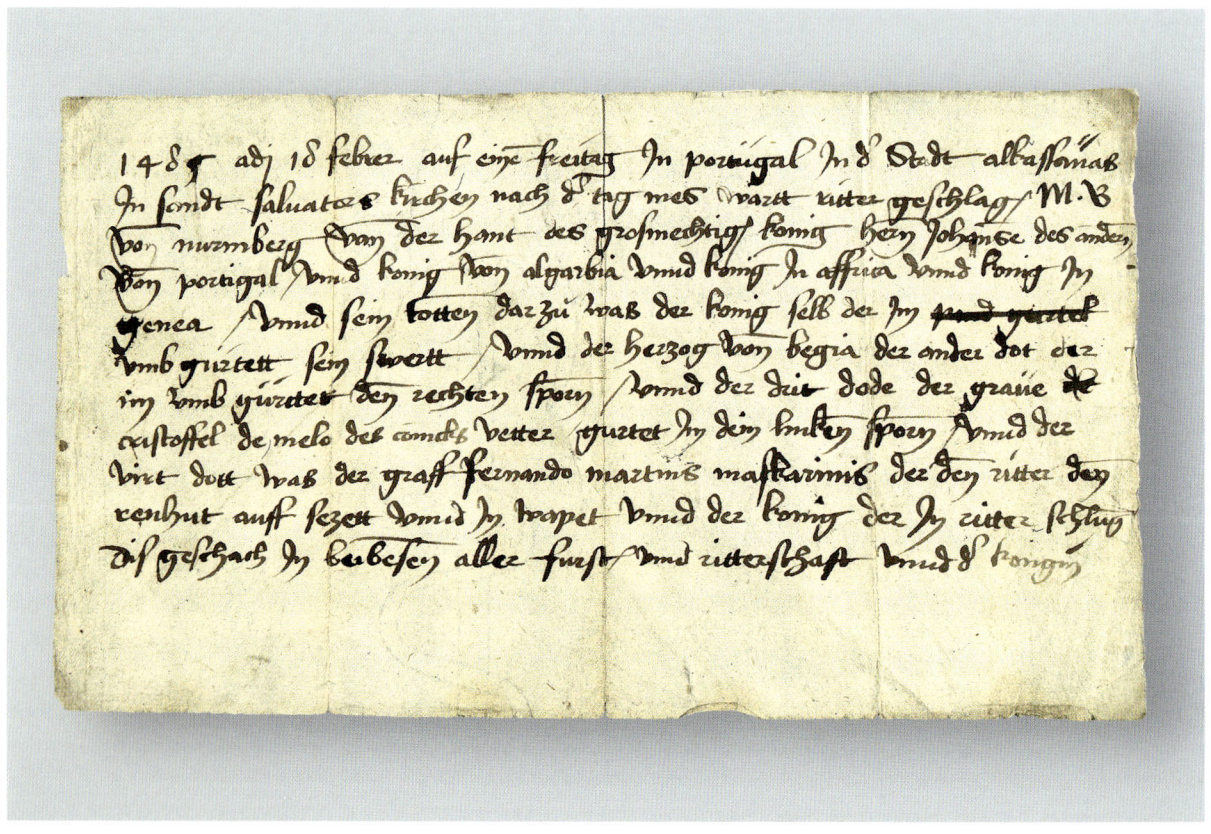

V.II.3

V.II.4 Brief Martin Behaims an seinen Vetter Michael Behaim

Martin Behaim (Nürnberg 1459 – 1507 Lissabon)
Brabant, 11. März 1494
Tinte auf Papier, 29 × 21,5
Nürnberg, Stadtarchiv Nürnberg, Sign. E. 11/II, Nr. 569,4
Lit. Ausst.-Kat. Nürnberg 1992, Kat.-Nr. 3.13; Pohle 2007, Anhang D

Bei diesem Brief handelt es sich um die letzte bekannte handschriftliche Nachricht von Martin Behaim. Er berichtet hier, wie er von Dom João II. nach Flandern geschickt wurde. Als Grund des Auftrages ist von einem ›Königssohn‹ die Rede. Unterwegs sei er mit seinen Dienern und allem Geld (an die 160 Gulden) in englische Gefangenschaft geraten und drei Monate festgehalten worden. In Gefangenschaft war er schwer erkrankt, genas jedoch und konnte mit einem Seeräuber nach Frankreich fliehen. In Flandern gedenke er nun den Zucker seines Schwiegervaters – des aus Flandern stammenden Jobst van Hurter, der mittlerweile Statthalter auf den Azoren war – zu verkaufen. Neben Grüßen an verschiedene Familienmitglieder enthält das Schriftstück auch den Hinweis, dass man ihn erreichen könne, indem man Briefe für ihn an den Faktor des portugiesischen Königs in Antwerpen oder Brügge sende. In einem Nachsatz findet sich noch der Hinweis, dass Dr. Hieronymus [Münzer] darüber Auskunft geben könne, wie es ihm gehe. Zudem bittet er um Post eines Ulrich Futterer, der diese nach Genua senden solle, von wo man sie ihm über Lissabon und Madeira auf die Azoren übermitteln würde. MK

V.II.5 Brief von Hieronymus Münzer an König Dom João II.

In: *Guia Náutico de Évora*
German Galhardo (Drucker), Lissabon, 1516
Druck, 21,5 × 15
Évora, Biblioteca Pública, Sign. Res. 404 – Ans. 676
Lit. Ausst.-Kat. Évora 1999, Kat.-Nr. 100; Ausst.-Kat. Nürnberg 1992, Kat.-Nr. 3.19; Pohle 2000, S. 85–96; Pohle 2007, S. 33–40

Gedruckte Fassung eines Werkes, das dem ›Nautischen Führer von München‹ (*Guia Náutico de Munique*, 1509, Bayerische Staatsbibliothek) ähnelt. Es handelt sich hierbei um die zwei ältesten Ausgaben jener Nautikführer, die die portugiesischen Hochseepiloten wahrscheinlich seit dem ausgehenden 15. Jahrhundert benutzten. Der Band – eigentlich eine Sammlung verschiedener Texte – hat insgesamt 72 nicht nummerierte Seiten. Dem *Tractado da Spera* (Abhandlung über die Sphäre)

V.II.5

des Sacrobosco, der hier in der zweiten portugiesischen Übersetzung wiedergegeben ist, folgt die übersetzte Fassung eines Briefes von Hieronymus Münzer (*Monetarius*) vom 14. Juli 1493 an König Dom João II. Im Namen Kaiser Maximilians schlug Münzer darin ähnlich wie knapp 20 Jahre vor ihm der Florentiner Paolo dal Pozzo Toscanelli (Kat.-Nr. IV.12) eine Westfahrt über den Atlantik nach Ostasien vor. Ob die gerade erfolgreich abgeschlossene Atlantiküberquerung des Kolumbus Münzer bereits bekannt war, ist ungeklärt. Auf jeden Fall wollte Maximilian I., dessen Mutter Dona Leonor Portugiesin war, eine entsprechende Reise materiell wie personell unterstützen. Interessant ist zudem der im Brief geäußerte Vorschlag, dass der Nürnberger Martin Behaim die Expedition als Gesandter Maximilians begleiten solle.

Der Band enthält weiterhin Tabellen zur Berechnung der Breitengrade und der Deklination des Polarsterns. Beachtenswert ist auch die Ikonografie des Titelblatts mit der großen Armillarsphäre, dem Emblem König Manuels. Dieses damals weit verbreitete Kosmogramm ist flankiert von einem Monarchen und einem Gelehrten, der wahrscheinlich Ptolemäus darstellen soll. PP/MK

V.II.6 Druckmanuskript der Schedel'schen Weltchronik, mit handschriftlichem Zusatz zu Martin Behaim

Hartmann Schedel (1440 – 1514 Nürnberg),
Hieronymus Münzer (Feldkirch 1447? – 1508 Nürnberg)
1493
Tinte auf Papier, 49 × 35,4
Nürnberg, Stadtbibliothek, Sign. Cent. II 98
Lit. Ausst.-Kat. Nürnberg 1992, Bd. 2, S. 734; Füssel 2004;
Schedel 2004 [1493]; Willers 1992

Die erhaltenen handschriftlichen Druckvorlagen der Schedel'schen *Weltchronik* zeigen, dass dieses Buch nicht von einer einzigen Person erstellt wurde. Neben Hartmann Schedel, auf den mit etwa 62 Prozent der größte Textteil zurückgeht, lassen sich an der ursprünglichen, in Latein verfassten Version weitere sechs Autoren identifizieren, darunter der Nürnberger Arzt und Humanist Hieronymus Münzer. Von Münzer, der 1493 in einem Brief an den portugiesischen König João II. eine Westfahrt zur Auffindung des Seewegs nach Asien unter Beteiligung von Martin Behaim anregte, stammt auch der handschriftliche Eintrag zu Behaims Afrikareise.

Im vorletzten, *Portugalia* gewidmeten Abschnitt der deutschen Druckfassung des Buches heißt es dann nach einer kurzen Würdigung der Taten von Dom Afonso und Heinrich dem Seefahrer sowie dem Hinweis auf die »Teutschen lewten aus Flandern«, die auf einer der Azoren-Inseln Weizen anbauen: »Darnach im iar des herrn M.cccc.Lxxxiij. hat Koenig Johanes [João II.] zu Portugalia ein man gar hoher synn ettlich galee mit alle zu lebe nottuerftige dingen angerichtet vnd hinder die seueln herculs gegen mittemtag wartz Ethiopiqm zeerforschen außgeschickt. vnd den selben Schiffen oder galeen zwen patron gesetzt. Nemlich Jacobum canum [Diogo Cão] einen Portugalier vnd Martin beheym einen teuetschen von Nuermberg auß einem guten geschlecht daselbst geporn in erkanntnus des gelegers der erden hoherfarn vnd dess meres wol geduldich. der dan die lenge vn prayte in dem occident auß erfarnus vnd langer schiffung gar aigentlich waißt vnd nach volbringung solcher schiffung sind sie in dem sechzeheden monat widerumb gein Portugalia komen vnd haben doch vil irer mitgeferten von des vberhitzigen lufts wegen tod hinder inen gelassen.« In der Forschung ist diese Angabe allerdings umstritten. Eine Beteiligung Behaims an den Reisen des Diogo Cão wird heute weitgehend ausgeschlossen. (Abb. 10, S. 86) MK

V.II.7

V.II.7 Schedel'sche Weltchronik

Register Des // buchs der Cro= // niken vnd geschichten // mit figure(n) und pildnus // sen von anbegin(n) der welt // bis auf dise vnsere Zeit
Hartmann Schedel (1440 – 1514 Nürnberg)
Nürnberg, Anton Koberger, 1493
Druck, 48,5 × 33
Berlin, Deutsches Historisches Museum, Bibliothek,
Inv.-Nr. RB 54/4164a (PA)
Lit. Ausst.-Kat. München 2000; Füssel 2004; Reske 2000

Das *Buch der Chroniken* entstand auf Initiative der Nürnberger Kaufleute Sebald Schreyer (1446–1520) und Sebastian Kammermeister (1446–1503). Als Illustratoren waren die Holzschneider Michael Wohlgemut (1434/37–1519) und Wilhelm Pleydenwurff (um 1450–1494) tätig. Den Druck besorgte zwischen März 1492 und Juni bzw. (für die deutsche Ausgabe) Dezember 1493 die Werkstatt Anton Kobergers (1440/45–1513). Neben der lateinischen war von vornherein auch die deutsche Ausgabe geplant. Den Text und das detaillierte Konzept einschließlich des

Layouts und der Skizzen für die Illustrationen lieferten Hartmann Schedel und verschiedene andere Autoren. Die Texte stellen eine Kompilation dar, es wurden also Abschnitte aus anderen Werken meist wörtlich übernommen und neu zusammengestellt.

Schedel war für diese Aufgabe nicht nur durch seine Studien in Leipzig und Padua prädestiniert, sondern vor allem auch durch seine hervorragende Bibliothek, die in großen Teilen in der Bayerischen Staatsbibliothek bis heute erhalten ist. Ihre Besonderheit ist, dass Schedel in seine Bücher in großem Umfang Grafiken verschiedenster Art einklebte und in dieser Form auch eine umfassende Grafiksammlung besaß. Man mag darin eine Vorform der reich bebilderten Weltchronik sehen.

Die Illustrationen machten zweifellos den Reiz der Schrift aus. Die 1804 Illustrationen der lateinischen Edition wurden von nur 652 Holzstöcken gedruckt, das heißt, viele Holzschnitte wurden mehrfach verwendet; viele Darstellungen haben also typologischen Charakter. Daneben aber enthielt die Chronik auch eine große Zahl mehr oder weniger authentischer Ansichten, für die sie bis heute berühmt ist.

Die Weltchronik des Hartmann Schedel versammelt in enzyklopädischer Form und durch ein Register erschlossen das historische Wissen des Spätmittelalters und tradierte es für das 16. Jahrhundert. Die Forschung schätzt, dass etwa 1400 Exemplare der lateinischen Ausgabe und 700 der deutschen gedruckt wurden. AR

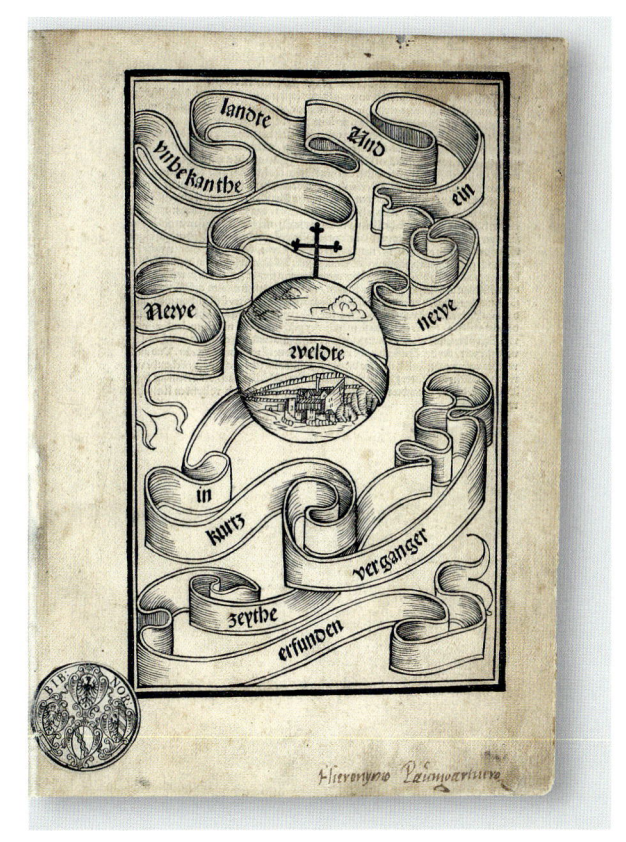

V.II.8

V.II.8 Sammlung von Reiseberichten
Newe unbekanthe landte Und ein newe weldte in kurtz verganger zeythe erfunden
Jobst Ruchamer (gest. um 1548), nach Fracanzano da Montalboddo
Nürnberg, Georg Stuchs, 1508
Holzschnitt, 29,1 × 21,3
Nürnberg, Stadtbibliothek, Sign. Math. 786, 2° f. 1a
Lit. Sadji 1980; Sadji 1983

Vor rund 500 Jahren bat der Nürnberger Drucker Georg Stuchs seinen Freund, den Stadtarzt Jobst Ruchamer, das 1507 veröffentlichte Sammelwerk *Paesi novamente retrovati* des Italieners Fracanzano da Montalboddo ins Deutsche zu übertragen. Die darin enthaltenen Briefe und Reiseberichte von den bis dato durchgeführten Entdeckungsfahrten begeisterten Ruchamer derart, dass er in seinen Feierabendstunden an der Übersetzung arbeitete. Im September 1508 war diese druckreif. In seiner Vorrede begründet der Nürnberger Arzt sein Engagement mit dem Wunsch, den deutschen Lesern »wunderbarliche und byßhere unerhörte dinge« vorzustellen, die auch in jenen Regionen zu finden seien, die selbst von den antiken Gelehrten als unbewohnbar beschrieben wurden.

Das Sammelwerk gliedert sich in sechs Bücher, von denen die ersten drei die Beschreibungen der portugiesischen Westafrika-Expeditionen, insbesondere nach den Berichten des Italieners Alvise Cadamosto sowie die Schilderung der Entdeckung des Seeweges nach Indien enthalten. Es finden sich hier Informationen über »schöne und lustige jnseln, mit nackenden schwartzen lewten seltzamer und unerhörten sitten und weyse« sowie die dort aufgefundenen Reichtümer. Das vierte Buch widmet sich Amerika, vor allem den Reisen des Kolumbus, das fünfte besteht hingegen nur aus einer Kopie des berühmten Vespucci-Berichts von dessen dritter Reise. Abschließend finden noch einmal die portugiesischen Aktivitäten in Indien eingehende Erwähnung. CT

V.II.9 Bericht über die neu entdeckten Inseln
De nuper repertis insulis
Johannes Schöner (Karlstadt am Main 1477 – 1547 Nürnberg)
Kirchehrenbach, 1523
Druck, 15 × 9,2
Bamberg, Staatsbibliothek, Sign. R.B.Misc.o.5/2
Lit. Ausst.-Kat. Nürnberg 1992, S. 674; Holst 1999, S. 64–70

Nach der Berufung zum Kanoniker eines Bamberger Stifts 1511 widmet sich der studierte Theologe und Mathematiker Johannes Schöner seinen kosmografischen Studien und Publikationen. Vermutlich aus finanziellen Gründen begann er mit der serienmäßigen Herstellung von Globen, die er mit Hilfe seiner Kontakte zum Nürnberger Humanistenkreis vertrieb. 1526 erlangte der Kosmograf die Professorenwürde für Mathematik und Astronomie am Egidien-Gymnasium in Nürnberg. Zuvor wurde Schöner jedoch wegen eines Konkubinats ins fränkische Kirchehrenbach verbannt. Dort schrieb er 1523 seine fünfseitige Flugschrift *De nuper sub Castiliae ac Portugaliae Regibus sereniß︎imus repertis insulis*, eine bibliografische Rarität, die belegt, wie schnell Nachrichten über die neuesten Entdeckungen im Mitteleuropa der frühen Neuzeit Verbreitung fanden. Neben sachlich-präzisen Schilderungen bislang erfolgter Überseeexpeditionen enthält die Schrift bereits die Meldung der im Vorherbst gelungenen Weltumsegelung Magellans. Die wichtigste explizit genannte Quelle ist der im Januar 1523 erstmals publizierte Brief *De moluccis insulis* des kaiserlichen Vertrauten Maximilianus Transsilvanus an den Erzbischof von Salzburg. Aufgrund kursierender Zweifel an den Verdiensten Amerigo Vespuccis ordnete Schöner, entgegen seiner Kosmografie von 1515, die Entdeckung Amerikas nun Kolumbus zu und ersetzte den Namen *America*, der zuvor nur auf eine Ansammlung von Inseln bezogen war, durch die Bezeichnung »Terra firma«. Die im Druck erwähnten beigefügten Globensegmente haben sich nicht erhalten. CT

V.II.10 Astronomisches Taschenbesteck
Christoph Schißler d. Ä. (1530/32 – 1609 Augsburg)
Augsburg, 1555
Messing, vergoldet und graviert, 7,1 × 6,8 × 1,5
Berlin, SMB – Kunstgewerbemuseum, Inv.-Nr. K 4647
Lit. Bobinger 1954; Hausmann 1979, S. 46–48;
Zinner 1956, S. 503–520

Als astronomisches Taschenbesteck werden Mehrzweckinstrumente bezeichnet, die in sich verschiedene Funktionen der Orientierung und der Zeitmessung vereinen. Die dafür erforderlichen Skalen und Indikatoren boten vielfältige Möglichkeiten der künstlerischen Gestaltung, weshalb diese Instrumente vorwiegend oder gar ausschließlich als repräsentative Stücke gefertigt wurden. Der Zweck der Repräsentation wird auch bei dem meisterhaften Stück Christoph Schißlers aus der Königlichen Kunstkammer sofort deutlich. Es gibt kaum Freiflächen; was nicht für Skalen oder technische Einrichtungen benötigt wird, ist fein ziseliert, handwerklich ausgefeilt, zurückhaltend und geschmackvoll. Im geschlossenen Zustand präsentiert sich ein goldenes Kästchen, dessen Deckel und Boden an zwei gegenständigen Scharnieren aufgeklappt werden kann. Die daraus entstehenden sechs Flächen tragen Skalen und Vorrichtungen für die verschiedenen Funktionen des Taschenbestecks. Die Oberseite des Deckels, im geschlossenen Zustand sichtbar, trägt eine Rechenscheibe für die im Jahreslauf wechselnden Längen von Tag und Nacht, »Regula quantitatis dierum et noctium«, also die Zeit, während der die Sonne über bzw. unter dem Horizont steht. Dabei werden die jeweiligen Längen in Abhängigkeit von der geografischen Breite für die Polhöhen 46, 48 und 51 Grad angegeben.

Die Innenseite des Deckels weist die Einrichtung einer Monduhr auf. Sie ermöglicht es unter Einbeziehung der Mondphase die sich mit Hilfe der drehbaren Scheibe einstellen lässt, die durch das Mondlicht auf der Sonnenuhr angezeigten Stunden in die entsprechenden Nachtstunden umzurechnen. Dieser Schattenwurf ist natürlich erst bei fortgeschrittener Rundung des Mondes und einer wirklich finsteren Umgebung möglich. Der Innenkreis trägt die lateinischen Bezeichnungen der Winde und über dieser Skala einen drehbaren Zeiger. Die Oberseite der nun sichtbaren Platte ist mit einer horizontalen Sonnenuhr, »Horologium horizontalem«, und der Stundenfolge 4–12–8 eingerichtet, deren dreieckiger Schattenwerfer abgeklappt werden kann. Die rechteckig umlaufenden Skalen sind für die geografische Breite von 42, 45, 48, 51 und 54 Grad eingerichtet, und auch der Anstellwinkel des Schattendreiecks ist dementsprechend verstellbar.

Mittig ist über einem runden Ausschnitt ein kleiner Kompass sichtbar, der für die Ausrichtung der Sonnenuhr erforderlich ist. Die Unterseite dieser Platte weist keine funktionalen Elemente auf. Die Innenseite des Bodenteils zeigt um den hier eingesetzten Kompass die Haupthimmelsrichtungen und zwischen diesen jeweils eine von 0 bis 90 Grad laufende Skala auf. Darüber ist ein drehbarer Zeiger angebracht, um eine bestimmte Richtung der Fortbewegung einzuhalten. Im inneren Kreis um den Kompass findet sich die Herstellersignatur »Christoffervs Schisler Avgvstanvs me fecit Anno 1555«. Die Unterseite des Bodenteils weist ein Schema der ungleich langen Planetenstunden auf, nach dem jede Stunde von einem Planeten beherrscht wird, was für die Astrologie von großer Bedeutung ist. Die Unterseite der Sonnenuhrenplatte und die Zwickelfelder der runden Skalen sind mit feinen Blattranken, sogenannten *Mauresken* verziert, die schmalen Seitenflächen des Kästchens mit kräftiger ausgeführtem Rankwerk.

Christoph Schißler ist mit seinen Arbeiten in Augsburg seit 1546 nachweisbar. Er fertigte vor allem Sonnenuhren aller Art, Zirkel, artilleristische Instrumente, Quadranten, Armillarsphären und anderes an, die gleichermaßen von hoher technischer wie künstlerischer Qualität sind und sich bis heute in größerer Zahl erhalten haben. JH

V.II.11 Reisesonnenuhr
Hans Tucher
Nürnberg, 1590
Messing, graviert, punziert, vergoldet, 1,4 × 6,1 × 7,6
Berlin, SMB – Kunstgewerbemuseum, Inv.-Nr. K 4648

Diese Sonnenuhr stammt aus der Kunstkammer der preußischen Könige: ein kleines, sehr sorgfältig gearbeitetes Kästchen aus vergoldetem Messing, dessen Deckel und Boden abklappbar sind. Zu finden sind zunächst einige bereits geschilderte Grundbestandteile: der Polfaden als Schattenwerfer, die Horizontalsonnenuhr mit der Anzeige 4–12–8 (V–XII–VI), direkt für die Polhöhen 42, 45, 48, 51 und 54 Grad (dazu eine lateinische Inschrift). Mittig der tiefer sitzende Elfenbein-Kompass, der auch in geschlossenem Zustand durch einen runden Ausschnitt der oberen Platte abgelesen werden kann. Auf dieser Platte befinden sich in zwei kleinen Kreisfeldern Signatur, Datierung und die bekrönte Schlange als Meistermarke, eine 16-teilige Windrose

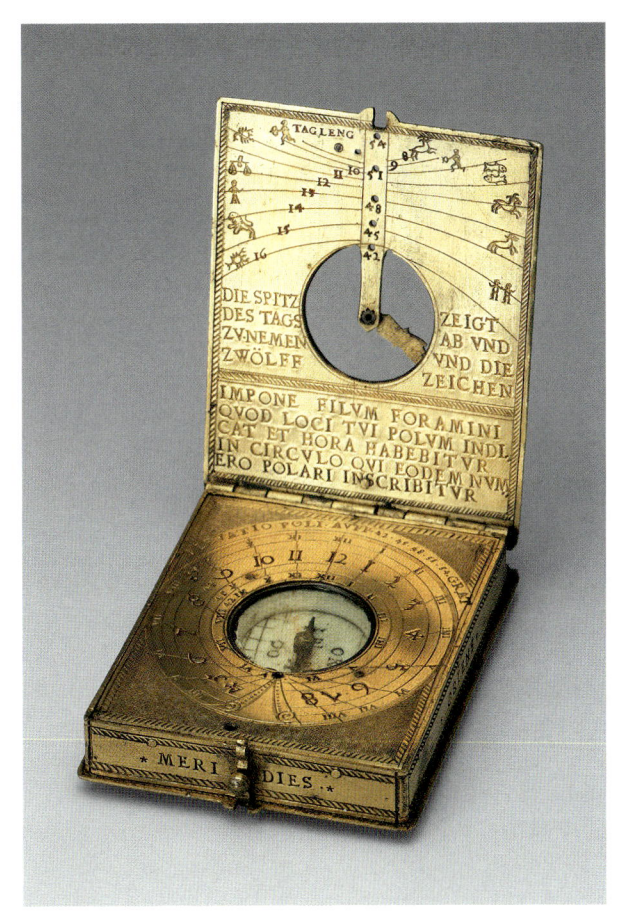

V.II.11

sowie ein Zeiger, wohl zur Fixierung der Himmelsrichtung. Auf der Innenseite dieses Deckplättchens befinden sich die Löcher für die Befestigung des Polfadens (42–54 Grad), dazu die Anzeige der Länge des lichten Tages, verbunden mit den jeweils zugehörigen Tierkreiszeichen. Darunter finden sich eine deutsche und eine lateinische Erklärungsschrift. An der Unterseite des Kästchens sind eine Skala mit drehbarer Scheibe zum Vergleich der Länge des lichten Tages im Laufe des Jahres eingearbeitet und der darauf beruhende Vergleich der Stundenzählungen vermerkt. Die Unterseite des abklappbaren Bodens trägt das Skalensystem einer Monduhr, also die Umrechnung der durch das Mondlicht angezeigten Stunden auf der Sonnenuhrenskala in Tagesstunden auf der Grundlage der jeweiligen Mondphase. JH

V.II.12 Klappsonnenuhr
Hans Tucher
Nürnberg, 1579
Elfenbein, graviert, gefärbt, Messing, 1,3 × 6,7 × 10,3
Berlin, SMB – Kunstgewerbemuseum, Inv.-Nr. 1901,11
Lit. Gouk 1988, S. 56; Hamel 2000, Nr. 2; Hausmann 1979, Nr. 8 u. 9; Körber 1965, Nr. 1; Pilz 1977, S. 236 f.; Syndram 1989, Nr. 14; Zinner 1956, S. 555–563

Es handelt sich hier um einen weit verbreiteten Typ von Reisesonnenuhren. Sie bestanden aus zwei mit einem Scharnier verbundenen Plättchen, die in geschlossenem Zustand ein flaches, in der Rocktasche sicher mitgeführtes Kästchen bildeten. Rechtwinklig aufgeklappt, spannt sich zwischen ihnen ein zum Himmelsnordpol gerichteter Faden als Schattenwerfer auf. Bei vielen dieser Sonnenuhren konnte entsprechend der geografischen Breite des Reiseorts die Höhe des Polfadens durch Befestigung in verschiedenen Löchern eingestellt werden. Der hauptsächliche Herstellungsort der Elfenbein-Klappsonnenuhren war Nürnberg. Hier wirkte auch die Familie Tucher, aus der wir drei Meister mit gleichem Vornamen Hans kennen.

Die auf 1579 datierte und mit »hans ducher zu nurnberg« signierte Elfenbein-Klappsonnenuhr ist ein typisches, wenn auch besonders sorgfältig gestaltetes Beispiel dieser Zeitmesser. Die Vertikal- und Horizontalsonnenuhren haben einen Anzeigebereich von VI–XII–VI bzw. 4–12–8, beide mit Halbstundenteilung. Der Polfaden ist fest auf etwa 48 bis 50 Grad eingestellt. Die Uhr hat weitere Anzeigemöglichkeiten. Auf der senkrecht stehenden Platte weist der Schatten eines kurzen waagerechten (heute abgebrochenen) Stiftes die veränderliche Dauer des lichten Tages zwischen Auf- und Untergang der Sonne von 8 bis 16 Stunden. Dies ist kombiniert mit der Anzeige der seit Sonnenuntergang (am Vortag) verstrichenen sogenannten italienischen oder böhmischen Stunden 13 bis 24. Da hier die Stunden des ganzen Tages fortlaufend gezählt werden, wird dies auch als »ganze Uhr« bezeichnet. In die untere Platte ist vertieft ein Kompass mit achtteiliger Windrose und einer Marke für die magnetische Missweisung eingearbeitet (Nadel und Deckglas fehlen), neben der Pinne die bekrönte Schlange als Meistermarke der Tucher. Davor in einer Vertiefung eine weitere Skala für die italienischen oder böhmischen Stunden sowie eine Skala für den Lauf der Sonne durch den Tierkreis mit kleinen vergoldeten Bildchen der Tierkreiszeichen. Im zugeklappten Zustand wird auf der Oberseite die drehbare Scheibe einer Monduhr sichtbar (vgl. nachstehendes Objekt), oben eine längere Inschrift zur Polhöhe in verschiedenen Ländern, was auf der Unterseite der unteren Platte eine Fortsetzung erfährt.

Durch eine seitlich angebrachte Stütze, von der der obere Teil fehlt, ließ sich diese Klappsonnenuhr auch als äquatoriale Sonnenuhr verwenden, was eine ungewöhnliche Kombination darstellt. Zu diesem Zweck wird die obere Platte im Winkel der geografischen Breite eingestellt. Wird dann durch die Öffnung in der Mitte des Messingscheibchens ein Stift gesteckt, zeigt sein Schatten auf dieser Platte ebenfalls die Stunden an – auf der Oberseite im Sommerhalbjahr, auf der Unterseite im Winterhalbjahr bei niedrigem Sonnenstand.

Die Sonnenuhr ist zurückhaltend geschmückt und besticht vor allem durch ihre saubere Ausführung. Die wenigen floralen Elemente sind wie die Skalen und Beschriftungen graviert und schwarz, grün und rot eingefärbt. JH

V.II.13 Das Weltbild nach Ptolemäus
In: Sebastian Münster, *Cosmographia, Das ist: Beschreibung der gantzen Welt*
Sebastian Münster (Ingelheim am Rhein 1488 – 1552 Basel)
Basel, Heinrich Petri, um 1550
Holzschnitt, 25 × 34
Berlin, Deutsches Historisches Museum, Inv.-Nr. DO 54/1608

V.II.14 Weltkarte
In: Sebastian Münster, *Cosmographia, Das ist: Beschreibung der gantzen Welt*
Sebastian Münster (Ingelheim am Rhein 1488 – 1552 Basel)
Basel, Heinrich Petri, um 1561
Holzschnitt, 26 × 38
Berlin, Deutsches Historisches Museum, Inv.-Nr. DO 54/1609
Lit. Münster 2007 [1628]; Rücker 2007

Die reich illustrierte *Cosmographia* des Sebastian Münster war über acht Jahrzehnte für ein weites Publikum Weltbeschreibung, Lesebuch und Nachschlagewerk in einem. Auf dem frühen Buchmarkt erwies sie sich als außergewöhnlicher Erfolg. Münster, der in Heidelberg, Löwen, Freiburg und Rouffach studiert hatte, Priester und Mitglied des Franziskanerordens war und nach Stationen in Tübingen und Heidelberg schließlich seit 1529 Hebräisch und Theologie an der Universität Basel unterrichtete, hatte 20 Jahre an der ersten Auflage des Buches gearbeitet. Mit großem Fleiß und Interesse hatte er Reise- und Erdbeschreibungen von der Antike bis ins Zeitalter der Entdeckungen zusammengetragen, die er nun, in teils wörtlichen Abschriften,

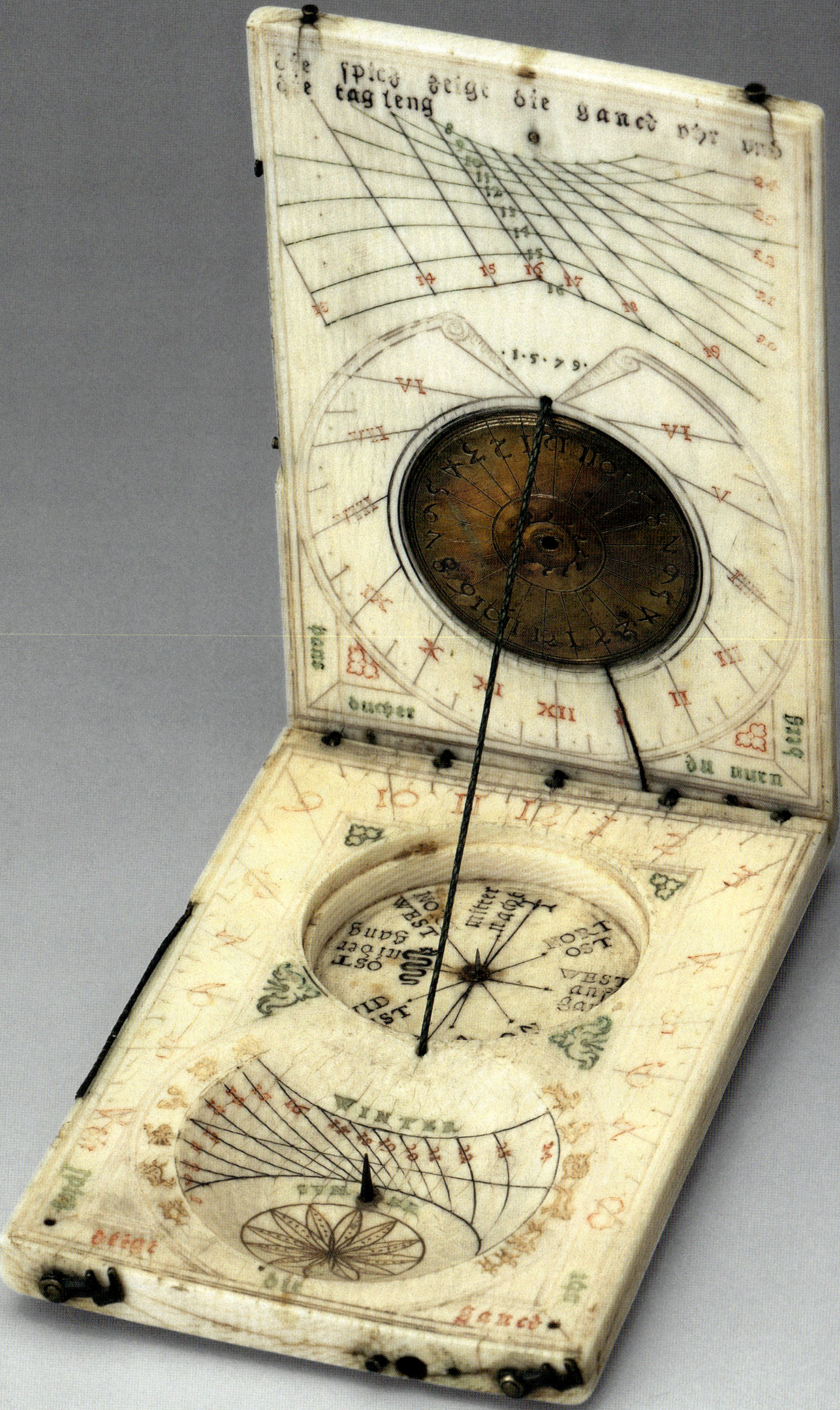
.1.5.7.9.
WINTER

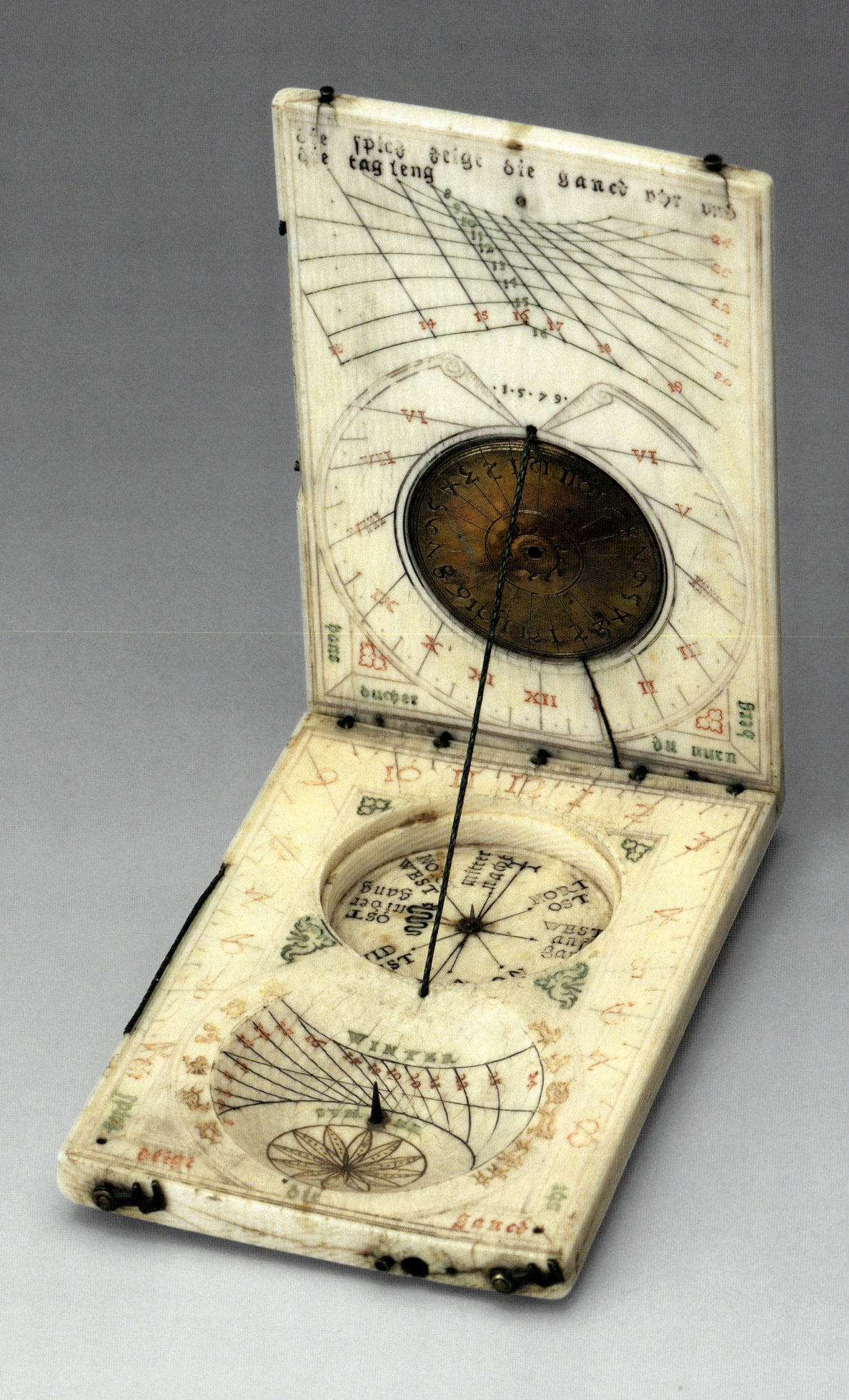

Ptolemaisch general tafel/begreiffend die halbe kugel der welde.

Das erst general inhaltend die beschreibung und den circkel des gantzen erderichs und möres.

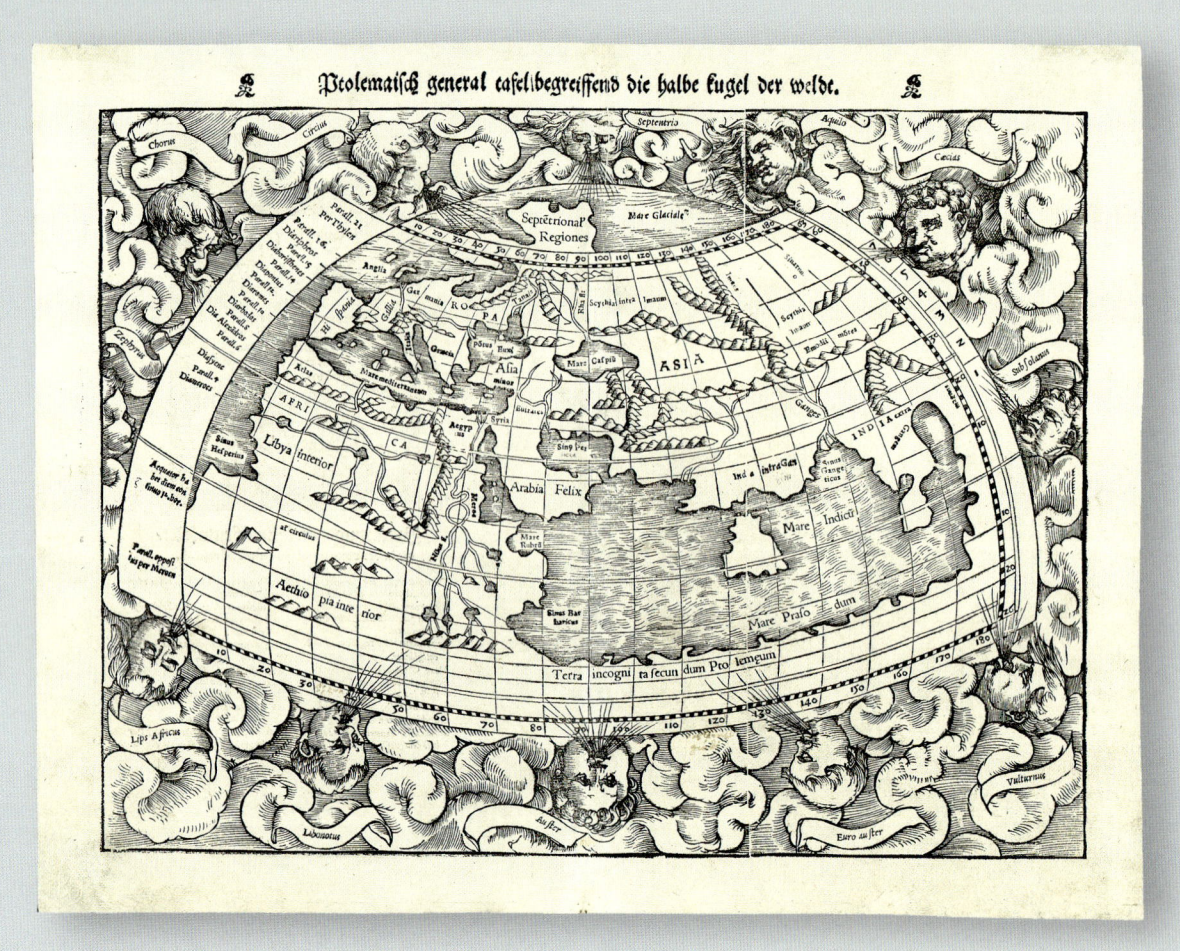

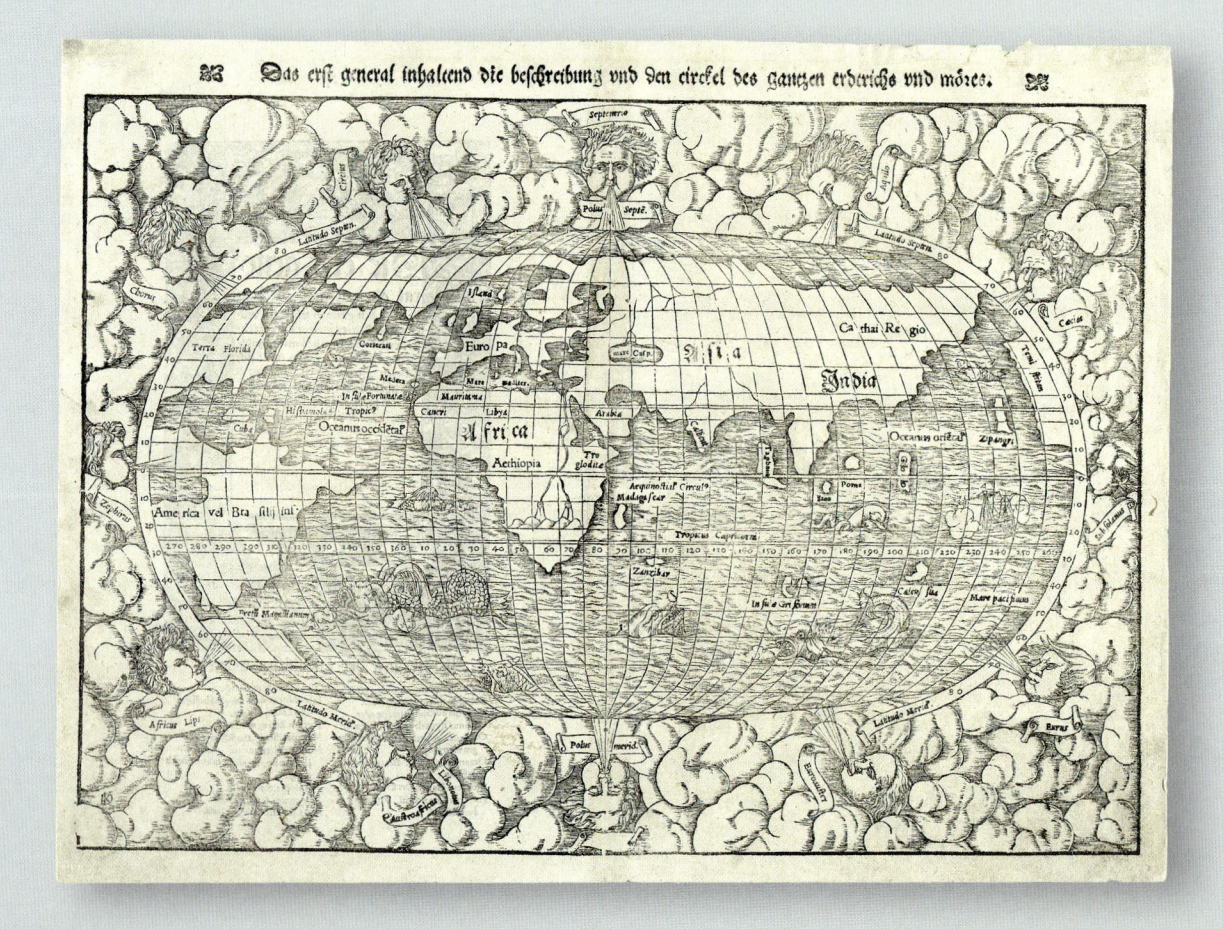

zu einem umfassenden Kompendium über Geschichte, Geografie und Sitten zahlreicher Völker und Regionen sowie über deren Tier- und Pflanzenwelt vereinigte. Bereits ein Jahr nach Erscheinen der über 600 Seiten starken Erstausgabe im Jahre 1544 folgte eine um hundert Seiten erweitere Neuauflage. Insgesamt erschienen zwischen 1544 und 1628 in 27 Auflagen allein etwa 50 000 Exemplare in deutscher Sprache, des Weiteren 10 000 Exemplare auf Latein sowie Übersetzungen ins Französische, Englische, Italienische und Tschechische. Nach der Bibel soll die *Cosmographia* das meistgelesene Buch ihrer Zeit gewesen sein. Bei der letzten Auflage von 1628 hatte sich der Umfang des Werkes mit fast 1800 Seiten gegenüber dem Erstdruck nahezu verdreifacht.

Zugute kam Münster, der selbst wenig gereist war und in dessen Studierzimmer sich der Wahlspruch »In Portu navigo« (Ich fahre im [sicheren] Hafen zur See) befunden hat, dass er neben seinen Universitätsaufgaben aktiv in der Druckerei seines Stiefsohnes – Münster hatte 1530 die Witwe des Basler Druckers Adam Petri geheiratet – mitarbeiten konnte, wo er sowohl als Lektor tätig war als auch zahlreiche Holzschnitte selbst herstellte. Zu Beginn des Buches finden sich zwei Weltkarten (*General Tafeln*) von denen die eine unter Berücksichtigung allgemeiner Ergebnisse der Entdeckungsfahrten des 15. und frühen 16. Jahrhunderts »der ganzen Erdkugel umbkreis auff die Ebne ausgebreitet« zeigt, während die zweite zum Vergleich noch einmal lediglich »die halbe Erdkugel / auff die ebne / in die lenge und breite gelegt / nach Beschreibung des alten Geographen Ptolemaei« wiedergibt. MK

V.II.15 Das Narrenschiff
Sebastian Brant (Straßburg 1457 – 1521 Straßburg)
Basel, 1512
Druck, 22,5 × 15,7 × 4,6
Berlin, Staatsbibliothek zu Berlin – PK, Abteilung Historische Drucke, Sign. Yg 5585 R
Lit. Brant 2005 [1494]; Knape 2005; Wuttke 1991

Sebastian Brant, ein Straßburger Gastwirtssohn, der ab 1475 an der Universität Basel Jura studierte und dort anschließend auch kanonisches und römisches Recht lehrte, kehrte 1500 in seine Heimatstadt zurück, um hier als praktischer Jurist und oberster Verwaltungsbeamter zu arbeiten. Vor allem in den letzten zehn Jahren seiner Basler Zeit schuf er ein umfangreiches, aus Fachliteratur, Dichtung und journalistischen Arbeiten bestehendes Werk. Europaweit bekannt wurde er zum einen durch seine vielfach wieder aufgelegte Einführung in das Kirchen- und römische Zivilrecht (*Expositiones*), zum anderen durch das 1494

V.II.15

erstmals in deutscher Sprache erschienene *Narrenschiff*, das neben zahlreichen deutschen, niederländischen, französischen und englischen Ausgaben allein von 1497 bis 1572 auch mindestens 21-mal in Latein publiziert wurde. In 112 Kapiteln prangert Brant hier mit satirischer Schärfe Formen menschlicher Narretei an. Die dem Buch beigefügten Holzschnitte, die zweifellos zum großen Erfolg des Werkes beitrugen, stammen teilweise von Albrecht Dürer. In der dem Konzept des *poeta philosophus* des Renaissance-Humanismus verpflichteten Dichtung findet sich mit Kapitel 66 auch eine Auseinandersetzung mit den Entdeckungsreisen. So heißt es unter anderem:

»Ouch hatt man sydt jnn Portigal //
Vnd jnn hispanyen vberall
Golt / jnslen funden / vnd nacket lüt //
Von den man vor wust sagen nüt [...]
Ob schon dis kunst ist gwyß vnd wor //
So ist doch das eyn grosser tor
Der jn sym synn wygt so gering //
Das er well wissen froemde ding
Vnd die erkennen eygentlich //
Vnd kann doch nit erkennen sich.« MK

◀ V.II.13 (OBEN) UND V.II.14 (UNTEN)

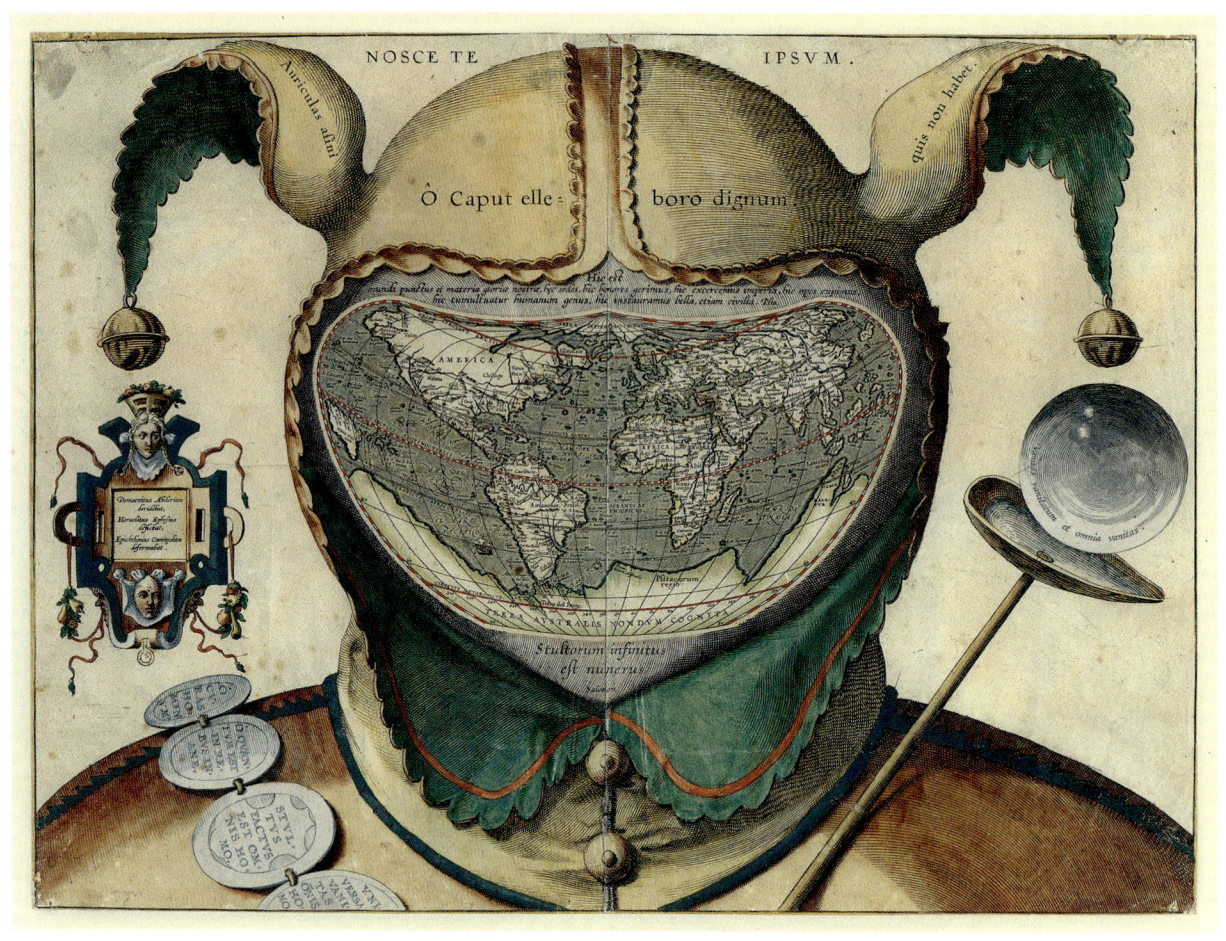

V.II.16

V.II.16 Die Welt unter der Narrenkappe
Unbekannt, um 1600
Kupferstich, koloriert, 35,6 × 48
Nürnberg, Germanisches Nationalmuseum, Inv.-Nr. La 213
Kapsel 1186
Lit. Ausst.-Kat. Nürnberg 1992, Kat.-Nr. 2.35; Schneider 2006, S. 132 ff.; Wuttke 1991

Auch wenn die deutschen Humanisten den Mitteilungen über die Entdeckungsfahrten in der Regel mit großem Interesse und großer Aufgeschlossenheit gegenüberstanden, so blieben im Rahmen eines – ebenfalls humanistisch begründbaren – moralischen Skeptizismus auch ironisch-spöttische Kommentare nicht aus. Neben der wohl bekanntesten Schrift hierzu, Sebastian Brandts *Narrenschiff*, zeigt auch der vorliegende Stich auf anschauliche Weise, dass die Fortschritte in der Welter- bzw. umfahrung nicht einfach kritiklos begrüßt wurden. »Nosce te ipsum« (Erkenne Dich selbst) steht über der Darstellung, bei der der unbekannte Künstler dem neuen Weltbild eine Narrenkappe übergestülpt hat. In dieser Welt, so heißt es über der Karte, streben wir nach Ruhm, Ehre und Macht, hier sorgen wir für Unruhe und brechen Kriege vom Zaun. Weitere lateinische Inschriften benennen die menschliche Narretei: Eselsohren und Nieswurz – der als Heilmittel gegen Narrheit galt – finden Erwähnung, und schließlich heißt es gar: »Stultorum infinitus est numerus« (Die Zahl der Narren ist unendlich). Ein Rohr mit einer Seifenblase, Sinnbild der *Vanitas*, wird wie ein Zepter getragen. Das Kartenbild in der Bildmitte stammt aus Abraham Ortelius' *Theatrum orbis terrarum* (Antwerpen 1587).
MK

V.II.17

V.II.17 Cosmographiae Introductio
Matthias Ringmann (Reichsfeld um 1482 – 1511 St. Dié) und
Martin Waldseemüller (Freiburg i. Br. ? 1475 – 1518/21 St. Dié)
Druck, 20 × 14,5 × 1,5
Göttingen, Niedersächsische Staats- und Universitäts-
bibliothek, Sign. 8° Geogr. 623 Rara
Lit. Ausst.-Kat. München 1992, Kat.-Nr. 43; Crom 2006;
Laubenberger 1959; Wolff 1992

Die gemeinsam mit Waldseemüllers Weltkarte und seinem Globus erschienene, Kaiser Maximilian I. gewidmete Schrift ist vor allem wegen der Passage berühmt, in der für den kurz zuvor entdeckten Kontinent der Name *America* vorgeschlagen wird. Sie wird daher gerne auch als ›Taufschein Amerikas‹ bezeichnet. Die Benennung erfolgte nach dem Florentiner Gelehrten Amerigo Vespucci, der in seinem bereits zu Beginn des 16. Jahrhunderts vielfach gedruckten Brief *Novus Mundus* (Kat.-Nr. IV.17 und IV.18) als erster die Erkenntnis verbreitete, dass es sich bei den seit 1492 im Westatlantik neu entdeckten Ländern um einen bisher in Europa unbekannten Kontinent handle. Da, so die Argumentation im vorliegenden Werk, auch andere Kontinente (*Europa, Asia*) weibliche Namen besäßen, wurde in Abwandlung von Vespuccis Vornamen die Bezeichnung *America* eingeführt.

Dem Buch war der Bericht des Vespucci über seine vier Reisen (*Quatuor Navigationes*) beigegeben. Es diente zur Einführung in geografische, mathematische und astronomische Grundkenntnisse sowie als Begleittext für Waldseemüllers große Weltkarte und erlebte rasch mehrere Auflagen. Wie Laubenberger ausführt, ist der eigentliche Autor der Einführung allerdings wohl Matthias Ringmann (latinisiert Philesius Vogesigena), wohingegen Waldseemüller ganz für das gleichzeitig erschienene Kartenwerk verantwortlich zeichnete. Auf diesen Elsässer Bauernsohn, der Schullehrer von Colmar und dann Mitarbeiter im Gelehrtenkreis von St. Dié wurde, wäre somit die Namensgebung *America* zurückzuführen – eine Bezeichnung, auf die Waldseemüller selbst in späteren Werken ja auch wieder verzichtete. MK

V.II.18 Globensegmente von Martin Waldseemüller
In: Claudius Ptolemäus, *Geographia*, 1513, darin eingebunden Globensegmente von 1507
Martin Waldseemüller (Freiburg i. Br. ? 1475 – 1518/21 St. Dié)
Holzschnitt, 44 × 31,5 × 6
München, Bayerische Staatsbibliothek, Sign. 2 Inc. C.a. 1820a, darin: Mapp. I, 5 ua
Erworben mit Mitteln des Freistaates Bayern, der Kulturstiftung der Länder und einer Spende der Robert Bosch GmbH
Lit. Ausst.-Kat. München 1992, Kat.-Nr. 43; Austilat 2007; Kaltwasser 1992; Laubenberger 1959; Wolff 1992

Der von Martin Waldseemüller 1507 hergestellte Globus ist der erste, der die ›Neue Welt‹ einschließlich des Namens *America* wiedergibt. Das ptolemäische Weltbild der bekannten Kontinente wurde in Afrika um Madagaskar und Sansibar, in Ostasien um Japan ergänzt. Von den Originalgloben ist nach derzeitigem Kenntnisstand kein Exemplar mehr erhalten, doch existieren weltweit noch vier der im Holzschnittverfahren gedruckten Globenstreifen Waldseemüllers, die sich zu dem etwa zwölf Zentimeter Durchmesser aufweisenden Globus zusammenfügen ließen. Wie im Buch eingeklebte Besitzvermerke zeigen, haben die Globensegmente mit ihrer über die Jahrhunderte wechselnden Zugehörigkeit zu Bibliotheksbeständen in Deutschland, Russland, Polen, England und den USA mittlerweile selbst eine kleine Weltreise hinter sich. (Abb. 5, S. 79) MK

V.II.19 Globus des Martin Waldseemüller (Faksimile)
Martin Waldseemüller
(Freiburg i. Br. ? 1475 – 1518/21 Saint Dié)
1992 (Original 1507), 20,5 × 12 (Dm.)
Berlin, Staatsbibliothek zu Berlin – PK, Kartenabteilung, Sign. Kart. Glob 3
(Abb. 4, S. 78)

V.II.20 Weltkarte von Martin Waldseemüller (Reproduktion)
Martin Waldseemüller
(Freiburg i. Br. ? 1470/75 – 1518/21 St. Dié)
St. Dié, 1507
Holzschnitt, 12 Blatt, 228 × 125 (gesamt)
Original: Washington, Library of Congress, Geography and Map Division
Lit. Wolff 1992; http://bundesrecht.juris.de/kultgschg/index.html (28.7.2007); http://www.loc.gov/loc/lcib/0309/maps.html (28.7.2007)

Die Weltkarte des Martin Waldseemüller erschien 1507 zusammen mit einem Globus des gleichen Autors sowie der gemeinsam von Matthias Ringmann und Martin Waldseemüller publizierten Schrift *Cosmographiae Introductio*. Mit diesen drei Werken wird der Name *America* erstmalig eingeführt. Die große Weltkarte wurde vermutlich in einer Auflage von 1000 Stück gedruckt. Heute ist allerdings nur noch ein einziges Exemplar, das 1901 im oberschwäbischen Schloss Wolfegg wiederentdeckt wurde, bekannt. Darauf sind nicht nur neue Erkenntnisse der Entdeckungsreisen eingearbeitet. Die Karte, die von anderen Autoren schließlich in einer Vielzahl verkleinerter Nachdrucke weiterverbreitet wurde, war auch maßgeblich dafür verantwortlich, dass die hier für das heutige Südamerika verwendete Bezeichnung *America* als Kontinentsname populär wurde und sich schließlich durchsetzte (für Einzelheiten im Kartenbild vgl. den Aufsatz von Knefelkamp in diesem Band).

In Deutschland war die Weltkarte Waldseemüllers in das *Verzeichnis national wertvollen Kulturgutes* eingetragen. Nach § 1 (4) des *Gesetzes zum Schutz deutschen Kulturgutes gegen Abwanderung* ist eine Ausfuhr dieser Objekte zu untersagen, »wenn bei Abwägung der Umstände des Einzelfalles wesentliche Belange des deutschen Kulturbesitzes überwiegen«. Aufgrund einer speziellen Genehmigung des zuständigen Kulturstaatsministers im Jahre 2001 konnte die Karte von ihren Besitzern für die Summe von 10 000 000 Dollar an die *Library of Congress* in Washington verkauft werden, wo sie im *Thomas Jefferson Building* nunmehr dauerhaft ausgestellt werden soll. Eine Ausleihmöglichkeit besteht nicht. (Abb. 6, S. 80–81) MK

V.II.21 Die Neue Welt nach Martin Waldseemüller
In: Martin Waldseemüller/Claudius Ptolemäus, *Geographia*
Martin Waldseemüller (Freiburg i. Br. ? 1475 – 1518/21 St. Dié)
Straßburg, 1513
Druck, koloriert, 48 × 34 × 6,5
München, Bayerische Staatsbibliothek, Sign. Rar. 881
Lit. Ausst.-Kat. München 1992, Kat.-Nr. 43; Laubenberger 1959; Wolff 1992

Für die Neuausgabe der *Geographia* des Ptolemäus von 1513 lieferte Martin Waldseemüller das Kartenmaterial der *Tabulae Novae*, also die Tafeln, auf denen in Ergänzung und Korrektur des ptolemäischen Weltbildes das neue geografische Wissen dargestellt wurde. Portugiesische und italienische Quellen dienten ihm hierfür als Vorgabe. Besonders interessant ist, dass Waldseemüller bereits sechs Jahre nach dem Erscheinen seiner Weltkarte von 1507 sowie der *Cosmographiae Introductio* von der Bezeichnung *America* wieder Abstand nahm. Stattdessen findet sich hier nun für Südamerika die Benennung *Terra Incognita*

V.II.22

sowie ein Textzusatz, der auf die Entdeckerleistung des Kolumbus im Auftrag des Königs von Kastilien verweist. Die Tatsache, dass Waldseemüller den Begriff *America* nach dem Tod von Ringmann (1511) nicht mehr verwendete, gilt als wichtiger Hinweis dafür, dass die Namensgebung des Kontinents auf Matthias Ringmann zurückzuführen ist. Trotz der revidierten Ansicht Waldseemüllers sollte sich die Bezeichnung allerdings durchsetzen. Auf dem *globe vert* der Pariser Nationalbibliothek (1513–1515) sowie der doppelherzförmigen Globuskarte von Gerhard Mercator (1538) wurde sie dann schließlich sowohl auf Nord- als auch auf Südamerika bezogen. (Abb. 7, S. 82 und Abb. 8, S. 83) MK

V.II.22 Hafenansicht von Kalikut

In: *Uslegung der Mercarthen oder Cartha Marina*
Lorenz Fries (Mergentheim 1491 – 1550 Würzburg)
Straßburg, Johannes Grüninger, 1527
Holzschnitt, 32,2 × 22
München, Bayerische Staatsbibliothek, Sign. Mapp. I,9 m-2
Lit. Johnson 1974, S. 85–116; Petrzilka 1968, S. 115–162

Lorenz Fries konzipierte die *Uslegung der Mercarthen* für den interessierten Leser als ausführliches Begleitbuch zu seiner *Carta Marina*. Mit der Illustration wurde der Dürer-Schüler Hans Baldung Grien beauftragt. Die große Popularität der Schrift wie auch der dazugehörigen Karte belegen allein drei deutsche Auflagen in nur fünf Jahren.

In einer Einleitung werden dem Leser Gebrauch und einzelne Elemente der Meerkarte ausführlich erklärt, darunter Winde und Klimata, Kontinente und Meere, das Koordinatensystem sowie Methoden zur Messung der Entfernung zwischen zwei

V.II.23

Punkten. Ein alphabetisch geordnetes Register sollte dem Nutzer der *Carta Marina* helfen, die etwa zweihundert Orte zu lokalisieren. Diese werden in rund einhundertzwanzig ebenfalls alphabetisch geordneten Kapiteln unterschiedlicher Länge und Qualität beschrieben, von denen allerdings nur etwa zwanzig die neuen Entdeckungen behandeln.

Zur Abbildung des indischen Kalikut heißt es: »Die namhafte Kaufmannstadt Calicut ist größer als Lißbona, liegt lieblich am Wasser und unter Bäumen, und ihre Einwohner sind jndianische Christen [...]; die Häuser sind aus Kalk und Steinen gebaut, auch die Gassen sind wohl gebaut gleich wie im welschen Land. Diese Stadt hat einen eigenen König, den hält man hoch in Ehren, er hält auch einen gar herrlichen Hof, hat viele Diener und einen überaus schönen Palast. [...] In dieser Stadt gibt es Kaufleute ohne Zahl. In diese Stadt kommen unzählig viele Schiffe, grosse und kleine, und von mancherlei Form, [die oft] sehr seltsam anzusehen sind.« CT

V.II.23 Ausschnitt aus der Carta Marina, mit Widmung an König Dom Manuel I.

Lorenz Fries (Mergentheim 1491 – 1550 Würzburg),
nach Martin Waldseemüller
Straßburg, Johannes Grüninger, 1530
Holzschnitt, 12 Doppelblätter in Buch eingebunden, 43 × 32
München, Bayerische Staatsbibliothek, Sign. Mapp. I,9 m-1
Lit. Ausst.-Kat. Bonn 2000, S. 279 f.; Petrzilka 1968, S. 21–23

Neben der lateinischen Edition aus dem Museum zu Allerheiligen in Schaffhausen hat sich noch eine stockgleiche, deutsche Version von 1530 in der Bayerischen Staatsbibliothek erhalten. Die zwölf schwarz-weißen Holzschnitte sind in einem Folioband zusammengebunden. Auf der abgebildeten Seite ist der portugiesische König Dom Manuel I. dargestellt, der ein Meerungeheuer reitet. Im Vergleich zur Zeichnung in Waldseemüllers *Carta Marina* von 1516 ist der vormals junge Herrscher nun berächtlich gealtert. Seine großen Verdienste werden in zwei Inschriften gepriesen: »Christianissimi Emanuelis regis portugallie victoria« und »Gros lob und er sei dem küng uß portugal er hat die welt bemert«. In der Kartusche zum »Indianisch mer« heißt es, dass die »nüwe schiffung der Portogaleser« bewiesen hätte, das der Indische Ozean nicht, wie von Ptolemäus behauptet, mit »ertreich beschlossen«, also kein Binnenmeer sei. CT

tailzeichnungen, exotischen Tieren und zahlreichen Erklärungen belebt. Fürstenfiguren mit ihren Insignien sind nach europäischen Vorstellungen dargestellt, darunter der Priesterkönig Johannes mit Mitra. Szenen von Witwenverbrennungen in Indien, Menschenfressern auf Java und der brasilianischen »Terra canibalorū« befriedigten die Sensationslust der zeitgenössischen Betrachter. (Abb. 9, S. 84–85) CT

V.II.24 Carta Marina Navigatoria
Lorenz Fries (Mergentheim 1491 – 1550 Würzburg),
nach Martin Waldseemüller
Straßburg, Christoph Grüninger, 1531
Holzschnitt, koloriert, in zwölf zusammengesetzten Blättern, 137 × 222
Schaffhausen, Museum zu Allerheiligen, Inv.-Nr. 6102
Lit. Ausst.-Kat. München 1979, S. 21–24; Petrzilka 1968

V.II.25 Herzförmige Weltkarte
Bernard van den Putte nach Caspar Vopel
(Medebach 1511 – 1561 Köln)
Antwerpen, 1570
Holzschnitt, koloriert, Papier auf Leinwand, 105,5 × 193
Wolfenbüttel, Herzog August Bibliothek, Sign. K 3,5
Lit. Ausst.-Kat. Wolfenbüttel 2006, S. 88–90; Karrow 1993, S. 558–567

Im Jahr 1516 erschien die *Carta Marina Navigatoria* Martin Waldseemüllers, eine Weltkarte im Portolan-Stil mit Fokus auf den portugiesischen Entdeckungen. Quellen des Kartografen waren portugiesische und andere Karten, ältere Reisebeschreibungen und neuere Entdeckerberichte. Der mit Waldseemüller bekannte Straßburger Drucker Johann Grüninger beauftragte nach dessen Tod den Elsässer Arzt und Kartografen Lorenz Fries, die Weltkarte mit deutschen Legenden und einem reich illustrierten Textbuch zu versehen. Fries verkleinerte die Waldseemüller-Karte für den Gebrauch als Wandkarte auf eine angenehme Größe und veröffentlichte ein Begleitbuch für den deutschen Leser, die *Uslegung der Mercarthen*. Eine erste Auflage erschien 1525, weitere folgten in den Jahren 1527, 1530 und 1531. Im Gegensatz zu den vorherigen Karten richtete sich die vierte, mit lateinischen Legenden versehene Edition des Grüninger-Sohnes Christoph an das gebildete Publikum. Nur ein Exemplar hiervon ist erhalten.

Die illustrativen Fries-Karten sind im Wesentlichen originalgetreue Kopien der Waldseemüller-Vorlage. In den Legenden werden die portugiesischen Entdeckungen betont. Die Texte enthalten nicht nur Schilderungen über barbarische Sitten und Gebräuche fremder Völker, sondern auch wirtschaftlich interessante (Fehl-)Informationen: So wird in der Neuen Welt (*Terra Nova*) auf den vorhandenen Überfluss an Perlen und Gold, auf Brasilholz sowie auf die dort vermeintlich wachsenden Gewürznelken, auf Muskat und auf Zimtstangen hingewiesen; eine im Pazifik platzierte Kartusche gibt Auskunft über die Herkunft einzelner Gewürze sowie asiatische Geld- und Gewichtseinheiten. Das Innere der Kontinente ist mit topografischen De-

Über den aus Westfalen stammenden Kölner Mathematiker und Kartografen Caspar Vopel ist wenig bekannt. Seit 1532 fertigte er mehrere bedeutende Karten und Globen wie auch Armillarsphären und andere astronomische Instrumente an. Im Jahr 1545 entwarf er eine herzförmige Weltkarte, von der sich keine Ausfertigung erhalten hat. Eine Vorstellung von diesem verlorenen Original liefert die Weltkarte des venezianischen Kartografen Giovanni Vavassore von 1558. Zwölf Jahre später gab der Holzschnittexperte Bernard van den Putte in Antwerpen eine kaum veränderte, kolorierte Version heraus, die heute als einziges Exemplar erhalten ist.

Die Karte Caspar Vopels weist in Gestaltung und Dimension große Ähnlichkeit mit der berühmten Waldseemüller-Karte von 1507 auf. Windköpfe und kunstvolle Verzierungen dekorieren den Freiraum außerhalb der eigentlichen Weltkarte. Hier befindet sich auch eine Darstellung der östlichen und westlichen Hemisphäre, die dem portugiesischen bzw. dem spanischen König zugeordnet sind. Besonders auffällig ist die Darstellung Nordamerikas. Bezeichnet als *India orientalis* (Ostindien) bildet der Kontinent mit Asien eine zusammenhängende Landmasse. Ursache war eine Falschinformation, über deren Ursprung der Kartograf in einer ausführlichen Legende Auskunft gibt: Während eines Besuchs Kaiser Karls V. 1545 in Köln hatte Vopel die Bekanntschaft einiger Kastilier gemacht, die versicherten, der neue Kontinent grenze direkt an den Orient. Die Wahrheit dieser Behauptung habe ihm der Kaiser kurz darauf in einer persönlichen Unterredung bestätigt. CT

V.II.25

V.II.26 Weltatlas
Theatrum orbis terrarum
Abraham Ortelius (Antwerpen 1527 – 1598 Antwerpen)
Antwerpen, 1579
Druck, 41,5 × 29,5
Berlin, Staatsbibliothek zu Berlin – PK, Kartenabteilung,
Sign. 2° Kart. B 130
Lit. Broecke 2007; Meurer 1991, S. 38; Suárez 1999,
S. 164–170

Das *Theatrum orbis terrarum* des flämischen Gelehrten und Geografen Abraham Ortelius gilt, auch wenn der Begriff von Gerhard Mercator (1512–1594) geprägt wurde, als der älteste Atlas im modernen Sinn. Jedenfalls war es das erfolgreichste und am weitesten verbreitete derartige Werk im ausgehenden 16. Jahrhundert. Als Buch gebunden, vereinigte es eigens gestochene Karten einheitlicher Größe, die auf der Rückseite jeweils einen erklärenden Text aufweisen.

Ortelius war nicht wie Gerhard Mercator ein empirischer Wissenschaftler. Seine Leistung besteht in der Zusammenführung und publizistischen Aufbereitung der vielfältigen geografischen Arbeiten seiner Zeit. Seine Karten beruhten auf den neuesten Werken seiner Zeitgenossen. In jeder Auflage verbesserte und erweiterte er bis zu seinem Tod 1598 das *Theatrum*. Zwischen 1570 und 1612 wurden in 31 Auflagen und sieben verschiedenen Sprachen insgesamt etwa 7500 Exemplare gedruckt. Von besonderer Bedeutung für Ortelius war die Weltkarte Mercators von 1569. Sie ist auch die Grundlage der Karte Südostasiens, die bereits in der ersten Auflage des *Theatrum* enthalten war. Der zugehörige Text preist die Größe und den Reichtum der dargestellten Länder und benennt die Autoren, von denen Ortelius seine Informationen hatte. Auf der Karte selbst weist der Text in einem nahe der Molukken eingefügten Banner nochmals eigens auf deren Reichtum an Gewürzen hin. Ortelius stellte die Karte in auffälliger Weise unter das Wappen Portugals. Wappen fügte er ansonsten nur bei der Darstellung einiger europäischer Reiche und Fürstentümer ein. In seiner Beschreibung nimmt er nicht darauf Bezug. (Abb. 2, S. 176–177)
AR

V.II.27 Karte aus dem ersten Atlas von Afrika
in: *Geografia ... del Africa, Africae tabula XII*
Livio Sanuto (um 1520 – 1576)
Venedig, 1588
Kupferstich, 41,8 × 53,8
Berlin, Staatsbibliothek zu Berlin – PK, Kartenabteilung,
Sign. Kart. 20.264
Lit. Norwich 1997, S. 21 f.

Livio Sanuto, Sohn eines venezianische Senators, hatte in Deutschland Mathematik und Kosmografie studiert. Nach der Rückkehr in seine Heimatstadt, die neben Rom damals führend in der italienischen Kartenproduktion war, beschäftigte sich der Kosmograf mit dem Bau astronomischer Instrumente und perfektionierte seine geografischen Kenntnisse durch ein intensives Studium zugänglicher Logbücher, Seefahrerberichte und historischer Quellen. Auf Basis dieses Wissens entwarf Sanuto seine *Geographia* mit Beschreibungen der ihm bekannten Kontinente: die ptolemäische (Asien, Afrika und Europa), die atlantische (Amerika) und die australische, noch unerforschte Welt. Schwerpunkt seiner Arbeit war jedoch die ausführliche geografische und topografische Darstellung der einzelnen Regionen Afrikas, der er zehn von insgesamt zwölf Bänden widmete. Darüber hinaus beinhaltete Sanutos Werk Abhandlungen zu Kompass und Deklination sowie angewandten Kartenprojektionstechniken und sich daraus ergebener Korrekturen von Größe und Umriss der ptolemäischen Landmassen. Dieser erste Atlas Afrikas, der 1588 posthum und unvollendet erschien, enthielt zwölf Karten. Die von Sanutos Bruder Giulio angefertigten Kupferstiche glänzen durch eine meisterhafte Ausführung. CT

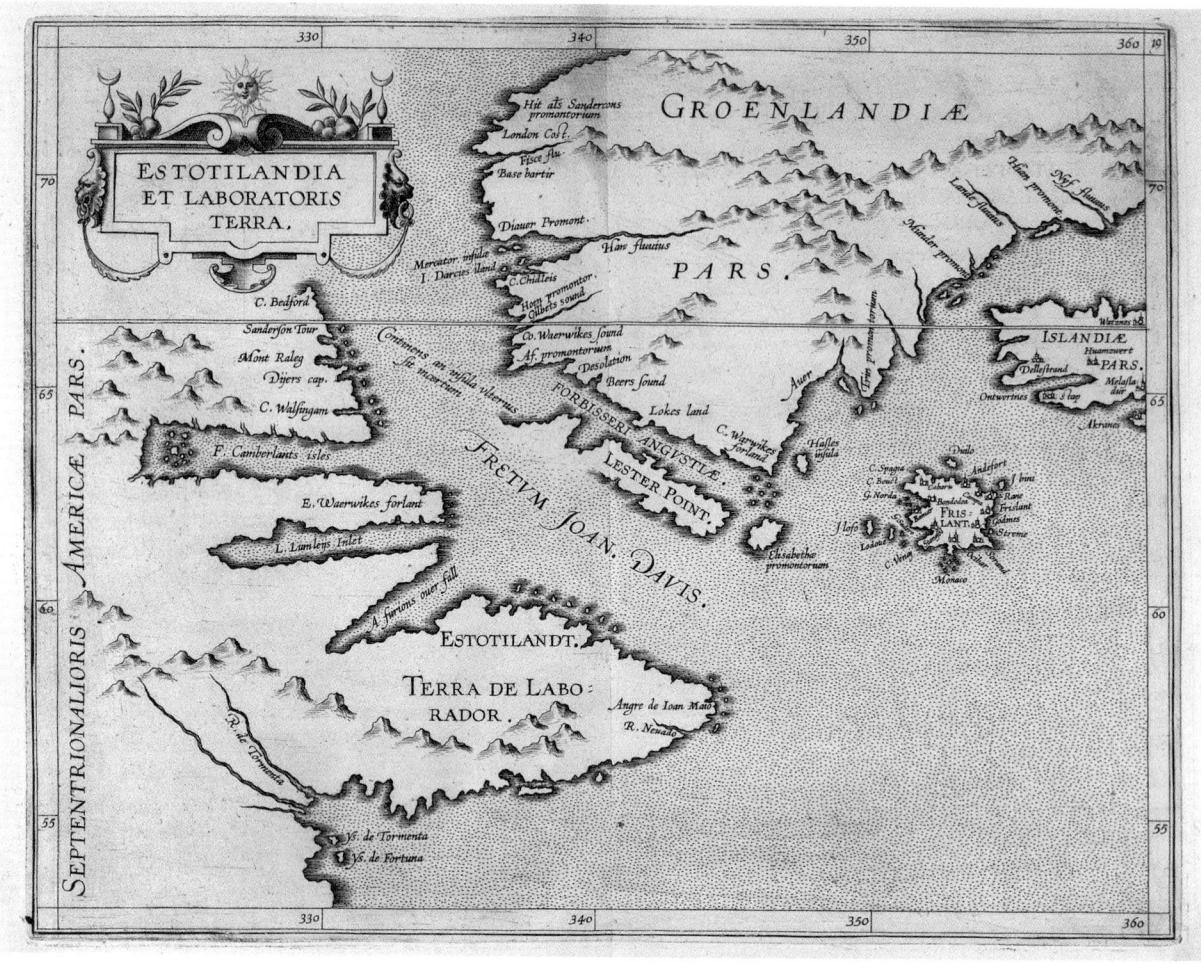

V.II.28

V.II.28 Karte von Labrador und Grönland
In: *Descriptionis Ptolemaicae Augmentum*
Cornelius van Wytfliet
Louvain, Jan Bogaert, 1597; Druck, 30,5 × 20,5 × 3,5
Göttingen, Niedersächsische Staats- und Universitäts-
bibliothek, Sign. 4° Hist. Am. I, 262 Rara
Lit. Ptak 1985c; Skelton 1964

Das 1597 gleich zweimal auf Latein und später mehrfach in französischer Sprache publizierte, mit 19 Karten ausgestattete Werk ist der erste Atlas, der sich ausschließlich dem amerikanischen Kontinent widmet. Von seinem Autor war er als Ergänzung zur *Cosmographia* des Ptolemäus gedacht und sollte die neu entdeckten Gebiete zeigen, die dem Gelehrten aus Alexandria noch nicht bekannt sein konnten. Wytfliet, ein Angestellter im Rat von Brabant, von dem sonst wenig bekannt ist, wertete ausschließlich bereits gedruckte Quellen aus, die er allerdings etwas beliebig kompilierte. Das Bild der aufgeschlagenen Tafel 19 orientiert sich vor allem an der Weltkarte Mercators von 1569 sowie an Namensangaben bei Ortelius.

Wie früh Portugiesen auch die Nordostküste des heutigen Amerikas ansteuerten, ist umstritten. Pedro Barcelos und João Fernandes, der den Beinamen *Lavrador* (Landarbeiter, Bauer) trug, sollen noch kurz vor dem Tod von Dom João II. (1495) die offizielle Ermächtigung zu einer entsprechenden Expedition erhalten haben. Später segelten die Brüder Gaspar und Miguel Corte-Real in diese Region, blieben aber verschollen. Im 16. Jahrhundert erreichten mehrere portugiesische und englische, später auch französische Expeditionen die Ostküste des heutigen Kanada, wo sich der Fischfang, für den Portugal auch das zu Konservierungszwecken erforderliche Salz liefern konnte, zum einträglichen Geschäft entwickelte. Gegen Ende des 16. Jahrhunderts verstand es England jedoch zunehmend, seinen Anspruch auf Alleinherrschaft durchzusetzen. MK

V.II.29 Hemisphärenkarte
Orbis Terrae Compendiosa Descriptio
Rumold Mercator (1547 – 1599), nach
Gerhard Mercator (Rupelmonde 1512 – 1594 Duisburg)
1587
Kupferstich, Papier, 37,5 × 53,5
Nürnberg, Germanisches Nationalmuseum,
Inv.-Nr. La 1 Kapsel 1186
Lit. Ausst.-Kat. Nürnberg 1992, S. 681;
Kahl 2007; Krogt 1995, S. 30 – 33

Gerhard Mercator (Gerhard Kremer, 1512 – 1594) war der berühmteste wissenschaftliche Kartograf seiner Zeit und einer der erfolgreichsten Hersteller von Karten, Globen und Atlanten, die über die gesamte Welt des 16. Jahrhunderts Verbreitung fanden. Nach einer Lehre bei dem angesehenen Mathematiker und Kosmografen Gemma Frisius machte sich Mercator als talentierter Instrumentenbauer und Landvermesser einen Namen. Unter der Förderung Nicolaus Perrenot de Granvellas, des ersten Ministers Kaiser Karls V., perfektionierte er sein kartografisches Handwerk und erzielte mit der Produktion erster Karten und Globen große Erfolge. 1552 siedelte Mercator nach Duisburg über, wo er 1568 mit der sogenannten Mercator-Projektion eine revolutionäre Neuerung entwickelte. Seine Technik ermöglichte es erstmals, die Erde in einer winkeltreuen Darstellung auf eine Karte zu projizieren, was insbesondere für die maritime Navigation einen erheblichen Fortschritt bedeutete.

Auf diesem Prinzip und mehrjährigen Studien spanischer und portugiesischer Seekarten basierend, erstellte der Kartograf 1569 eine große Weltkarte, die ausdrücklich für den Gebrauch in der Seefahrt bestimmt war. 1587 überarbeitete Mercators Sohn und Nachfolger Rumold diese Karte und inkorporierte sie in die Ausgaben des noch zu Lebzeiten des Meisters begonnenen *Atlas*. Auf der linken Hemisphäre ist Amerika (auch als ›Neues Indien‹ bezeichnet) dargestellt, auf der rechten Europa, Asien und Afrika. Beide Hälften zeigen den mythischen Kontinent ›Terra australis‹. Als jüngst entdecktes Land wird ›Nova Guinea‹ erwähnt. Ein Gitter in der Art eines Beschlagwerks umgibt beide Hemisphären, zwischen denen oben eine Armillarsphäre und unten eine kunstvolle Kompassrose eingezeichnet sind. CT

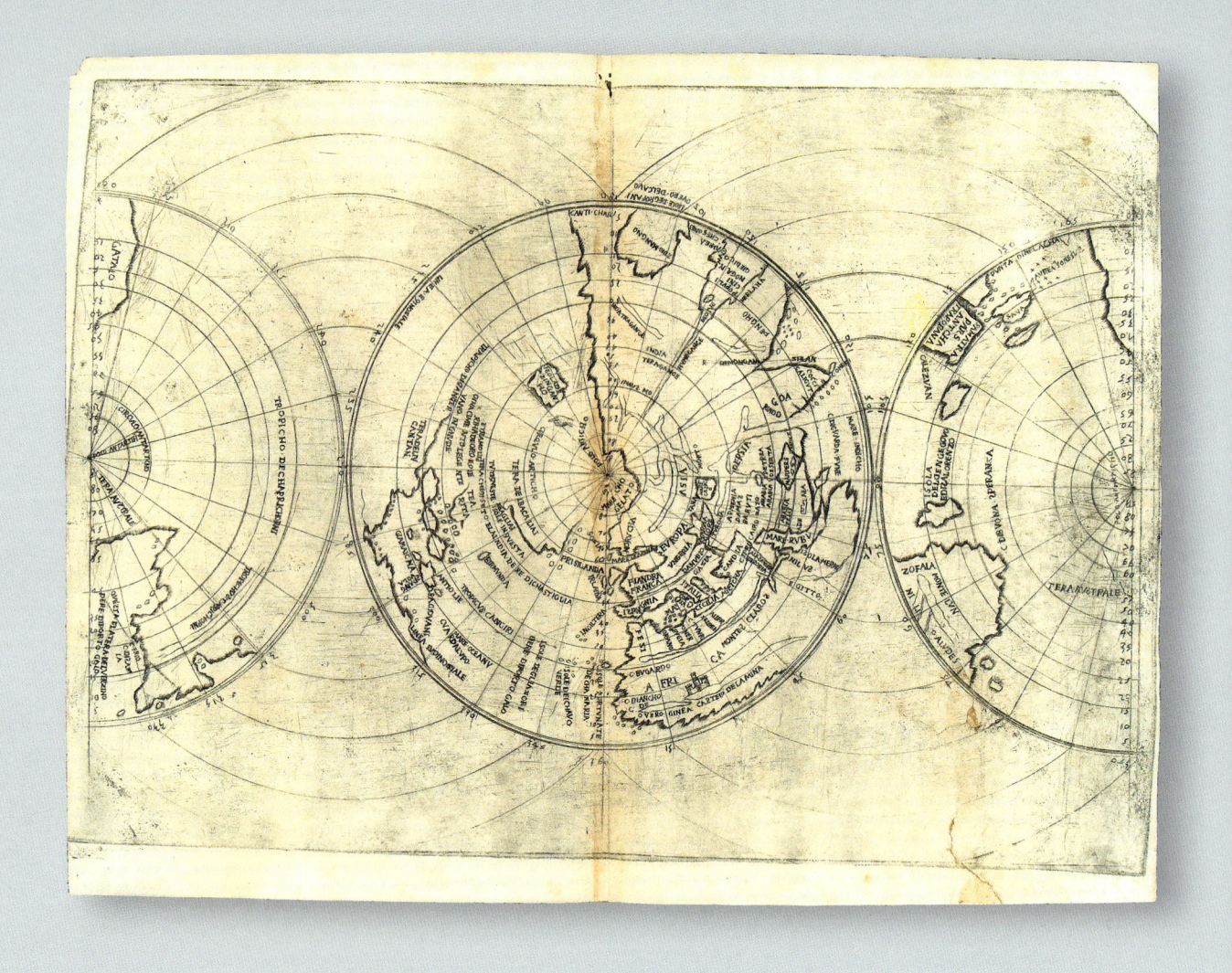

V.II.30

V.II.30 Weltkarte des Giovanni Vespucci
Giovanni (Juan) Vespucci?, um 1524
Kupferstich, 28 × 39,5
Wolfenbüttel, Herzog August Bibliothek, Sign. 15 Astron. 2°
Lit. Ausst.-Kat. München 1992, Kat.-Nr. 82; Ausst.-Kat.
Wolfenbüttel 2006, Kat.-Nr. 20; Heitzmann 2007

Diese erst vor kurzem in Wolfenbüttel wiederentdeckte Karte zeigt unter anderem, wie die Aufbereitung geografischen Wissens gezielt politische Interessen widerspiegeln konnte. Ihre Entstehungszeit liegt kurz nach der ersten erfolgreichen Weltumsegelung durch Magellan und Elcano (Kat.-Nr. IV.19–21), als sich Spanien und Portugal um den Besitz der gewürzreichen Molukken stritten. Autor der Karte ist vermutlich Giovanni Vespucci, der Neffe von Amerigo Vespucci (Kat.-Nr. IV.17 u. IV.18). Giovanni Vespucci fuhr ebenfalls nach Südamerika. In den 1520er Jahren war er dann für Spanien als Kartograf an der *Casa de Contratación* in Sevilla tätig. Die neuen Daten der Entdeckungsreisenden wurden von ihm in Kartenbilder umgesetzt.

Im Zentrum von Vespuccis Karte, von der lediglich ein leicht abweichendes zweites Exemplar in den USA bekannt ist, liegt der Nordpol bzw. die Nordhalbkugel der Erde. In zwei Halbkreisen an den Seiten ist jeweils eine Hälfte der Südhalbkugel wiedergegeben. Die Nordhalbkugel wird in der Bildmitte durch den senkrecht eingezeichneten Nullmeridian sowie insgesamt von 24 Meridianen, die jeweils einen Abstand von 15 Grad verdeutlichen, geteilt. Die Meridiane der Nordhalbkugel und der beiden südlichen Globusansichten sind zur besseren Orientierung jeweils über eingezeichnete Bogenlinien miteinander

V.II.32

verbunden. Nach dem Kartenbild Vespuccis verläuft der hier eingezeichnete 135. Längengrad – als Fortführung der Linie zur Teilung der Herrschaftsansprüche im atlantischen Raum gemäß dem Vertrag von Tordesillas (Kat.-Nr. IV.5) – durch die Straße von Malakka, sodass Java und die Molukken im spanischen Einflussbereich liegen. Denkbar ist, dass die Karte 1524 in Badajoz und Elvas bei den Verhandlungen zwischen Portugal und Spanien zur Unterstützung der spanischen Position eingesetzt wurde. Eine Einigung zwischen beiden Ländern wurde schließlich 1529 im Vertrag von Saragossa (Kat.-Nr. IV.6) erzielt.
MK

V.II.31 Karte der nördlichen Molukken

Moluccae Insulae Celleberrimae / Guiljelmus Blaeuw excudit
In: *Novus Atlas. Ander Theil: Das ist Weltbeschreibung*
Joan Blaeu, nach Jodocus Hondius jr. (um 1594/95–1629)
Amsterdam, 1647
Kupferstich, koloriert, 37 × 48
Berlin, Deutsches Historisches Museum, Inv.-Nr. RB 68/424-1/6
Lit. Broecke 1996; Krogt 1994; Meyers 1906, Bd. 14, S. 47

Die indonesische Inselgruppe der Molukken (Maluku) wurde 1512 von Portugiesen ›entdeckt‹. Der Kartenausschnitt zeigt einige nördliche Inseln, westlich von Halmahera gelegen. Bachian, die größte dieser Inseln, ist oben links in einer Nebenkarte gesondert dargestellt, deren Rahmen mit Waffen und Messinstrumenten der Seefahrt illustriert ist. Die Karte erschien um 1625 zunächst bei Jodocus Hondius jr., dann 1630 im *Atlantis Appendix, sive pars altera* des Willem Janszoon Blaeu (1571–1638) und sodann 1634 in Blaeus neuem, deutschsprachigem *Novus Atlas*. Bereits in dem Druck von 1630 ist der Kartentitelzusatz *Iudocus Hondius excudit* durch *Guiljelmus Blaeuw excudit* ausgetauscht. Es ist anzunehmen, dass die Karte der Molukken zu den Karten gehörte, deren Druckplatten Blaeu aus dem Nachlass des 1629 verstorbenen Jodocus Hondius jr. erworben hat. Blaeu war Kartograf der 1602 gegründeten Niederländischen Ostindien-Kompanie, die 1605 den von den Portugiesen dominierten Gewürzhandel auf den Molukken übernommen hatte. In dem subtropischen Klima der sogenannten Gewürzinseln wachsen insbesondere Muskatnüsse und Gewürznelken, zudem werden Kakaonüsse, Reis, Tabak und Kaffee angebaut. (Abb. 3, S. 179) HA

V.II.32 Karte des Kaiserreichs China

Nova et Accuratissima Sinarum Imperii Tabula
Joan Blaeu (Alkmaar 1598 – 1673 Amsterdam)
Amsterdam, 1658 (um 1663 erschienen)
Kupferstich, koloriert, 105 × 123
Berlin, Deutsches Historisches Museum,
Inv.-Nr. Do 2006/169
Lit. Bannister/Moreland 1983, S. 267 f.; Collani 1993

Die Karte des Kaiserreichs China fertigte Joan Blaeu für den Atlas Maior an. Das Kartenbild und der umlaufende, lateinische Text über Chinas Politik, Kultur, Klima, Geschichte und Religion beruhen auf den Arbeiten des Jesuiten Martino Martini (1614–1661), der bei Blaeu bereits 1655 den *Novus Atlas Sinensis* in lateinischer und deutscher Sprache veröffentlicht hatte. Martino Martini galt als Kenner Chinas, hatte er doch das Land seit 1643 bereist, astronomische Ortsbestimmungen durchgeführt und Unterlagen zur Geschichte Chinas, seiner Sitten und Gebräuche gesammelt. Hierzu zählten auch kartografische Arbeiten, da die Kunst der Kartografie in China bereits 2000 Jahre vor Christus bekannt war. Die Kartusche unten rechts zeigt das Wappen des Johann Philipp von Schönborn, Erzbischof von Mainz (1605–1673), dem diese Karte gewidmet ist. Die Abbildung zeigt den Zustand der Karte vor der Restaurierung. HA

V.II.33 Erdglobus

Willem Janszoon Blaeu (Alkmaar 1571 – 1638 Amsterdam)
Joan Blaeu (Alkmaar 1598 – 1673 Amsterdam)
Amsterdam, 1645–1648
Pappmaché mit Kupferstichsegmenten, 110 × 68 (Dm.)
Dresden, Mathematisch-Physikalischer Salon, SKD,
Inv.-Nr. E I 14
Lit. Dolz 1994, S. 31 ff.; Krogt 1993

Als Schüler von Tycho Brahe (1546–1601) war Willem J. Blaeu mit der Herstellung von astronomischen Instrumenten und Globen vertraut. Mit diesem Wissen ausgerüstet, gründete Blaeu d. Ä. 1599 in Amsterdam einen Kartenverlag. Seine Erd- und Himmelsgloben zeichnen sich durch eine hohe kartografische Meisterschaft und zeitgenössische Aktualität aus. So berücksichtigte Blaeu in der ersten Auflage seines großen 68-Zentimeter-Globus von 1617 bereits die Ergebnisse der Weltumseglung von Oliver van Noort sowie diejenigen der Expedition, die Le Maire und Schouten 1616 im Bereich der Magellan-Straße unternahmen. Es wurden aber nicht nur neue niederländische Entdeckungen dargestellt, sondern auch bedeutende Leistungen der Portugiesen gewürdigt. So erfährt der Globenbetrachter in einer Legende südlich des Kaps der Guten Hoffnung von der Entdeckung des Seewegs nach Indien, den Vasco da Gama 1497 im Auftrag des portugiesischen König Manuel I. gefunden hatte.

Nach dem Tod von Willem Blaeu übernahm sein Sohn Joan den Verlag. Zwar verwendete dieser die alten Druckplatten seines Vaters, doch aktualisierte er das Kartenbild in wesentlichen Teilen. So kamen z. B. neu entdeckte Küstenabschnitte Australiens, Neuseelands und Tasmaniens von Abel Tasman aus den Jahren 1642 und 1643 hinzu. Obwohl in der ersten Ausgabe von 1617 Niederkalifornien richtig als Halbinsel wiedergegeben wird, entschloss sich Joan Blaeu nun Kalifornien als Insel darzustellen. Er folgte damit einer falschen Hypothese aus einem spanischen Reisebericht. 1643 entdeckte der holländische Seefahrer Martin Gerritsz de Vries die Insel Yezo (Hokkaido), die südwestlichen Kurilen sowie Sachalin. Da der Globus bereits zur Zeit der genannten Entdeckungen fertiggestellt war, hat man zur Korrektur ein Gradfeld neu gestochen und lagegenau aufgeklebt. Während der Restaurierungsarbeiten am Globus kam unter dem nun sichtbaren aufgeklebten Gradfeld der ursprüngliche kartografische Zustand mit einem Seeungeheuer zum Vorschein. WD

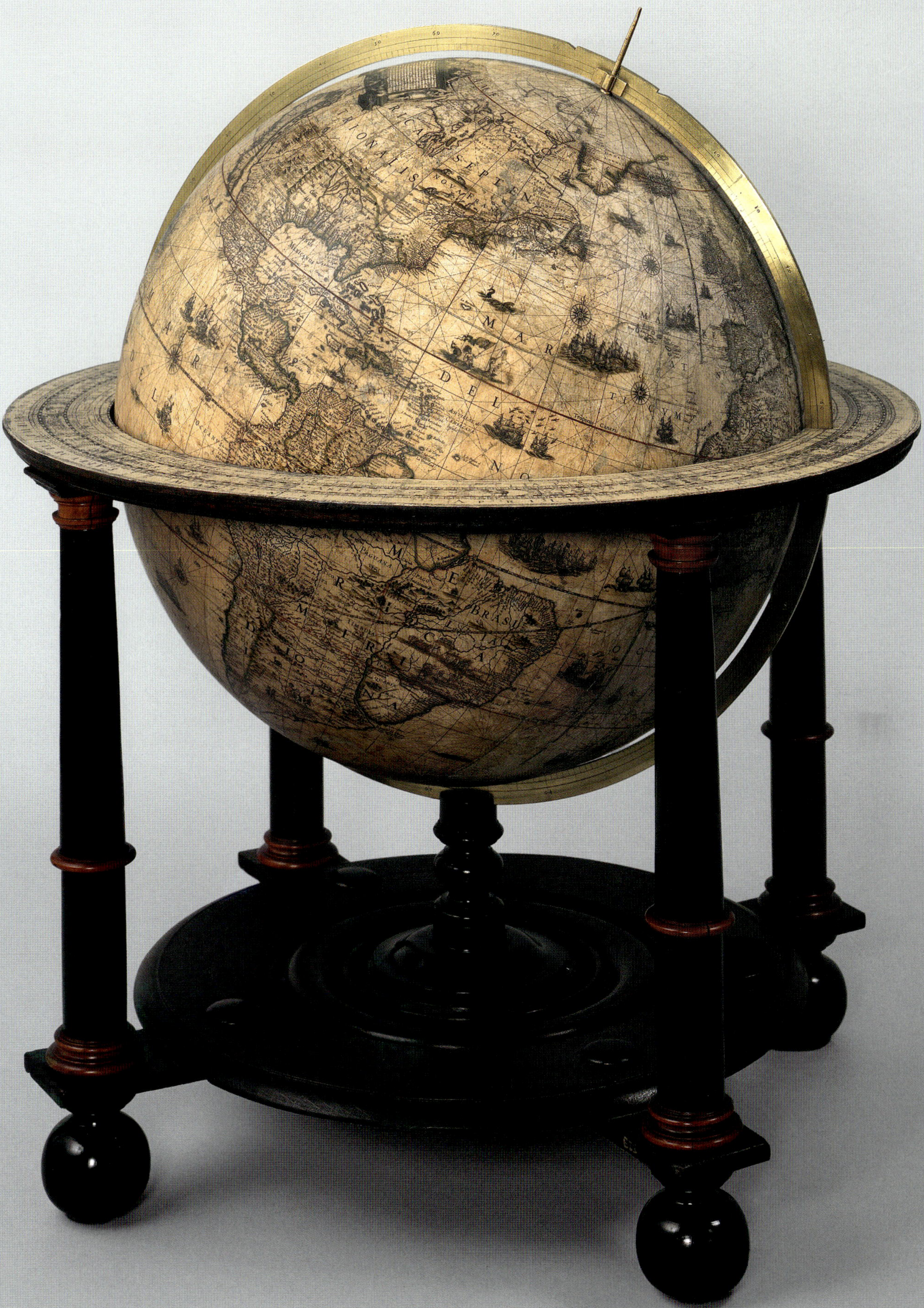

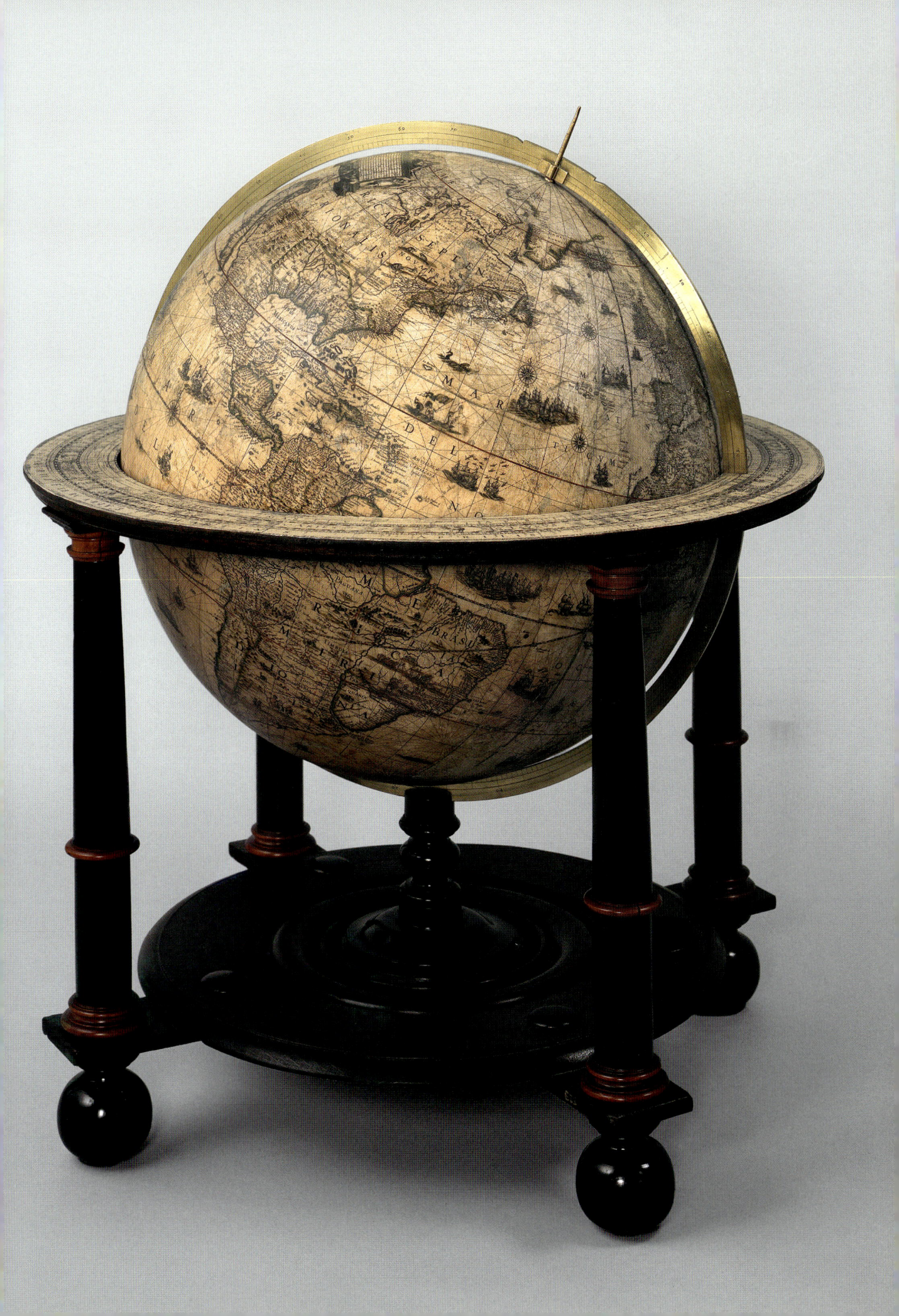

VI. Neue Welten – Alte Reiche

Im Verlauf ihrer Entdeckungsfahrten kamen die Portugiesen mit einer Vielzahl unterschiedlicher Reiche und Kulturen in Kontakt, die auf ihre jeweils eigenen geschichtlichen Entwicklungen zurückblicken konnten, die unterschiedliche Sprachen, Traditionen und religiöse Überzeugungen aufwiesen sowie eigenständige Herrschaftsformen, Wirtschaftssysteme und technische Errungenschaften ausgebildet hatten.

An der südamerikanischen Küste traf man vor allem auf Tupi-Gruppen, in deren Dörfern wenige hundert, aber auch bis zu 3000 Personen leben konnten. An der west- wie auch an der ostafrikanischen Küste existierten Königtümer, die ausgeprägte Handelsbeziehungen ins Landesinnere unterhielten, ihren Nachbarvölkern teilweise Tribute abverlangten und in der Metallverarbeitung geübt waren. In den Städten am Indischen Ozean war mit der Präsenz von Afrikanern, Arabern, Indern, Malaien und anderen vielerorts bereits eine regelrecht multikulturelle Situation vorherrschend.

In Südindien bestand zur Zeit der Ankunft der Portugiesen das Königreich von Vijayanagara. Unter seinem Herrscher Krishnadeva Raya (reg. 1509–1529), der sich zum einen in kriegerischen Konflikten mit den Sultanaten Zentral-Indiens auseinandersetzen musste, zum anderen jedoch auch durch den Bau glanzvoller Tempelanlagen sowie als Förderer von Dichtung und Gelehrsamkeit gerühmt wurde, erlangte das Reich seinen politischen und kulturellen Höhepunkt. Im Laufe des 16. und 17. Jahrhunderts gelang es dann der muslimischen Mogul-Dynastie, deren prachtvolle Bauten bis heute zu den Wahrzeichen des Landes zählen, weite Teile des indischen Subkontinents unter ihre Kontrolle zu bringen. In China herrschten zur Zeit der portugiesischen Entdeckungsfahrten die Kaiser der Ming-Dynastie. Auf mehreren groß angelegten Seeexpeditionen unter Admiral Zheng He hatten Chinesen bereits im frühen 15. Jahrhundert den Indischen Ozean durchquert und waren dabei bis Ostafrika gelangt. In Japan kämpfte im 16. Jahrhundert zunächst eine Vielzahl von Territorialherren um die Macht. Zu Beginn des 17. Jahrhunderts hatte sich mit dem Tokugawa-Shogunat dann allerdings ein mächtiger neofeudaler Zentralstaat herausgebildet.

Die Motivation Portugals für den Aufbruch nach Übersee war weniger das Entdecken neuer oder gar unbewohnter Regionen, wie es bei einigen dann kolonisierten Inseln im Atlantik der Fall war, sondern die Suche nach neuen Wegen und Möglichkeiten, um in bereits bestehenden Produktions- und Handelszentren Luxusgüter zu erlangen, die in Europa knapp und somit kostbar waren. MK

VI. Novos Mundos – Velhos Impérios

No percurso das suas viagens de Descobertas, os portugueses entraram em contacto com uma multiplicidade de diferentes impérios e culturas, que eram, por si próprios, sujeitos de uma história a que se podiam reportar, revelando diferentes línguas, tradições e convicções religiosas, assim como desenvolvendo formas de soberania próprias, sistemas económicos e conquistas técnicas.

Na costa sul americana, deu-se, sobretudo, o contacto com tribos tupi, em cujos aldeamentos tanto podiam viver poucas centenas de pessoas como o número subir até aos 3000. Na costa oriental e na costa ocidental africana, existiam reinos, que mantinham relações comerciais bem definidas para o interior, exigindo, por vezes, aos povos vizinhos o pagamento de tributos, e que também tinham experiência no enobrecimento de metais. Nas cidades do Oceano Índico, a presença de africanos, árabes, indianos, malaios e gente de outras paragens era já uma situação multicultural dominante.

No Sul da Índia, existia, na altura da chegada dos portugueses, o reino de Vijayanagara. Sob o reinado do seu soberano, Krishnadeva Raya (1509–1529) que, embora tenha tido que enfrentar conflitos bélicos com os sultanatos da Índia Central, elevou o seu império ao auge cultural, ficando famoso por ter feito erguer templos esplendorosos e por ter sido um impulsionador da produção poética e dos estudos eruditos. No decorrer dos séculos XVI e XVII, a dinastia Mogul, muçulmana, cujas magníficas edificações são, até hoje, insígnias do país, conseguiu tomar, sob seu controlo, outras partes do subcontinente índico. Na China, na época das viagens de descobertas dos portugueses, governavam os imperadores da dinastia Ming. Sob o comando do Almirante Zheng He, os chineses, em várias expedições marítimas de grande envergadura, já no início do século XV tinham atravessado o Oceano Índico, tendo chegado à África Oriental. No Japão, durante o século XVI, inúmeros senhores feudais lutaram pelo poder. Efectivamente, no início do século XVII, vem a ser constituído um poderoso Estado central neo-feudal, com o shogunato Tokugawa.

A motivação de Portugal para se fazer ao Ultramar, não foi tanto o facto de descobrir regiões novas ou até desabitadas, como aconteceu com algumas das ilhas colonizadas, no Atlântico, mas sim a busca de novas vias e possibilidades de acesso a centros de produção e de comércio de produtos de luxo já existentes, mas que eram escassos na Europa e por isso valiosos. MK

VI.1 Blashorn mit Flachrelief

Calabar-Region (Südost-Nigeria), 16. Jahrhundert
Elfenbeinschnitzerei, 56 (L.)
München, Staatliches Museum für Völkerkunde,
Inv.-Nr. 26-N-131
Lit. Ausst.-Kat. Linz 1997; Ausst.-Kat. New York / Houston 1988; Bassani 2000; Bujok 2004; Davidson 1985; Fagg 1959a; Kecskési 1999

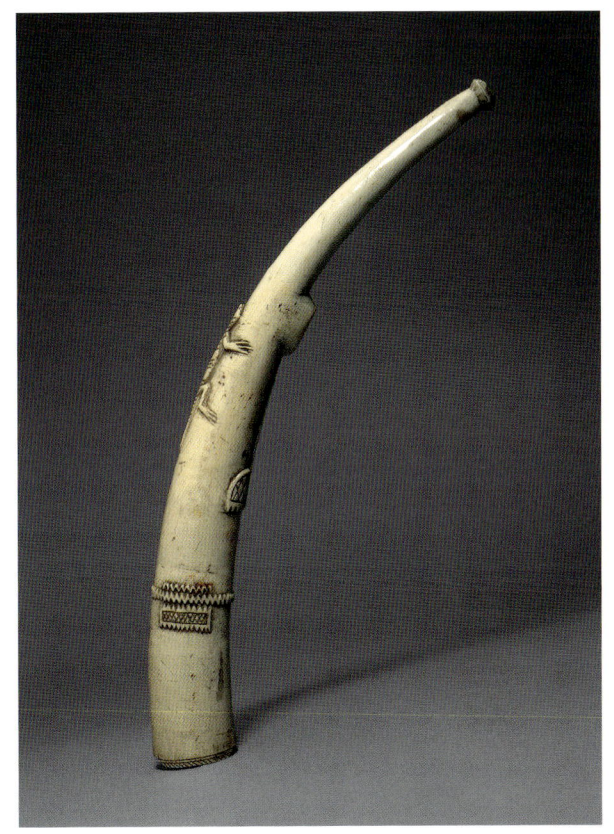

Das aus einem Elefantenstoßzahn geschnitzte Blashorn aus der Küstenregion der heutigen Republik Nigeria ist bereits 1598 im Inventarbuch der Kunstkammer der Wittelsbacher Herzöge verzeichnet. Es handelt sich um eine der wenigen Schnitzereien, die in jener Zeit nach Europa gelangt sind, aber nicht von europäischer Formensprache dominiert, sondern von einheimischen Motiven geprägt sind. Auch das Blasloch befindet sich wie bei den meisten Hörnern aus Westafrika an der konkaven Seite und nicht, wie bei europäischen, an der Spitze. Offenbar existierten in der Wittelsbacher Kunstkammer einst noch zwei weitere Hörner, denn der damalige Katalogeintrag lautet: »Drey Indianische von helffenbain geschnitne Posaunen, den Hörnern oder Zinggen gleich. Auf dem einen ein Crocodill«. Gleichzeitig verweisen die Einträge darauf, dass diese Schnitzereien damals zwar als exotisch und fremdartig empfunden wurden, dass man eine afrikanische Herkunft dafür aber nicht unbedingt in Betracht zog. Tatsächlich wurden zahlreiche afrikanische Schnitzereien in den europäischen Sammlungsverzeichnissen des 16. und 17. Jahrhunderts als ›indianisch/indisch‹, ›türkisch‹, ›japanisch‹ oder sogar ›sibirisch‹ aufgelistet. SE

VI.1

VI.2 Afrikanisches Männergewand

Allada (heutiges Benin), vor 1659
Baumwolle, Indigofärbung, 140 × 161
Ulm, Ulmer Museum – Sammlung Weickmann
Lit. Bujok 2004, S. 129–142; Jones 1994

Die beiden Männergewänder aus der Ulmer Kunstkammer des Christoph Weickmann, von denen eines hier ausgestellt ist, gelten als die ältesten unversehrten subsaharischen Kleidungsstücke in einer europäischen Sammlung. Sie stammen aus ›Haarder‹ (Allada bzw. Ardra), einem damals mächtigen Königreich in der Gegend des heutigen Benin. Im Inventar von 1659 heißt es: »Ein Rock oder Kleid / wie es die Könige zu Haarder zu tragen pflegen / mit gar grossen und weiten Ermlen« bzw. »Ein Ritters-Rock oder Talar, so der König von Haarder in Africa einem zu verehren pflegt / wann er ihne zu einem Edelmann oder Ritter macht / an der Form und Gestalt allerdings dem Königlichen Rock gleich / doch anderst vom Zeug und

VI.2

Farben«. Auch wenn die Zuordnung des Textes nicht ganz eindeutig vorgenommen werden kann, so handelt es sich bei dem ausgestellten Gewand doch in jedem Fall um das Kleidungsstück einer hochgestellten Persönlichkeit, wenn nicht gar des Herrschers selbst. MK

VI.3

VI.3 Orakelbrett
Opón Ifá
Allada (heutiges Benin), vor 1659
Holz, 34,7 × 55 × 5,5
Ulm, Ulmer Museum – Sammlung Weickmann
Lit. Bassani 1994; Bonin 1979; Bujok 2004, S. 129–142;
Jones 1994; Zwernemann/Lohse 1985, S. 116 ff.

Farb- und Gebrauchsspuren, wie sie von Asche bzw. vom Werfen von Palmnüssen herrühren, weisen darauf hin, dass das vorliegende Orakelbrett nicht für den Export bestimmt war. Es stammt aus dem Gebiet von Allada, doch gelangte es dorthin möglicherweise aus dem weiter östlich gelegenen Reich der Yoruba, von denen zahlreiche Orakelbretter, wenn auch aus späterer Zeit, erhalten sind. Das Brett vereint die sonst üblichen Typen runder bzw. rechteckiger Form. Es ist äußerst kunstvoll mit menschlichen Figuren, Vögeln, Schlangen und Vierfüßlern, aber auch mit Stoßzähnen, Werkzeugen und Trommeln verziert, wobei im Ulmer Inventar von 1659 diesbezüglich noch von »wunderseltzamen / und abschewlichen Teufelsbildern« die Rede ist. Oben in der Mitte befindet sich Eshu, eine Trickstergestalt, die unter anderem als Mittler zwischen Göttern und Menschen fungiert. Ihm gegenüber am unteren Rand sind 16 Kaurischnecken zu sehen.

Die Zahl 16 spielt in den Wahrsageritualen der Yoruba eine bedeutende Rolle. So wirft der Priester mit einer Hand viermal jeweils 16 Nüsse in die Luft, die er mit der anderen Hand wieder aufzufangen versucht. Die Kombination der Ergebnisse einer geraden oder ungeraden Zahl aufgefangener Nüsse ergibt 16 Möglichkeiten (2 × 2 × 2 × 2), das Orakel selbst ist in 16 Hauptabschnitte gegliedert, und die Priester kannten nach langem Studium 16 × 16 heilige Texte (*odu*) auswendig (nach einer anderen Quelle 16 × 16 × 16), aus denen die Antworten für die Ratsuchenden ermittelt wurden. MK

VI.4 Umflochtene Kalebassenflasche
Kongoregion/Angola, vor 1659
Kalebassenkürbis, Palmblattrippen, Holz, 52 × 20 × 20
Ulm, Ulmer Museum – Sammlung Weickmann
(Abb. 5, S. 244)

VI.5 Deckelkörbchen

Kongoregion/Angola, vor 1659
Palmblattrippen, 18,5 × 12 (Dm.)
Ulm, Ulmer Museum – Sammlung Weickmann
Lit. Bujok 2004, S. 129–142; Heintze 1996;
Jones 1994

Ab der Mitte des 17. Jahrhunderts legte der angesehene Kaufmann Christoph Weickmann (1617–1681) in Ulm eine Kunstkammer an, die – was damals etwas ungewöhnlich war – Zeitgenossen gegen Eintritt besuchen konnten. Aus den Jahren 1655 und 1659 liegen zwei ausführliche gedruckte Bestandskataloge vor. Als Überbringer der afrikanischen Objekte wird der Augsburger Kaufmann Johann Abraham Haintzel (um 1620–1662) angesehen, der sich im Dienst der Schwedisch-Afrikanischen Kompanie zwischen 1653 und 1658 an der Goldküste (heutiges Ghana) befand. Auf der Rückreise nach Europa lief man damals aus navigatorischen Gründen regelmäßig auch die Küstenstützpunkte weiter südlich in Afrika an.

In dem Gebiet um die Zaire-Mündung (Kongo) war in den 1480er Jahren Diogo Cão mit Vertretern des dortigen Herrschers, des Manikongo, zusammengetroffen. Weiter südlich, im Hinterland von Luanda, befand sich das Reich Ndongo, das nach der Bezeichnung für seine Könige (*ngola*) schließlich Angola genannt wurde. Aus jener Gegend stammen die Kalebassenflasche und das Deckelkörbchen aus der Weickmann'schen Sammlung. Im Katalog von 1659 heißt es hierzu: »Ein Trinckgeschirr / auß Calbasen in Angola gemacht / mit feinem Palmenbast / gar künstlich geflochten / darauß sie bey ihren Mahlzeiten / und Gastereyen ihren Palmen-Wein zu trincken pflegen« bzw. »Ein / auf sondere Mannier / von kleinen zarten Widlen geflochtnes Angolisches Körblen«. (Abb. 6, S. 244) MK

VI.6 Urne der Maracá-Kultur

Rio Maracá (Brasilien)
Ton, 55 × 33
Berlin, SMB – Ethnologisches Museum,
Inv.-Nr. V B 4888 a, b
Lit. Guapindaia 2001; Kurella 2002 a

Zwischen 1350 und 1750 lebten im Amazonas-Delta zwischen dem Rio Maracá und seinem weiter nördlich gelegenen Nebenfluss Igarapé do Lago Indianer, die ihre Angehörigen in tönernen Urnen bestatteten und diese in verschiedenen Höhlen und Felsvorsprüngen platzierten. Drei Urnentypen dieser sogenannten Maracá-Kultur lassen sich unterscheiden: Anthropomorphe,

VI.6

zoomorphe und zylindrische Urnen, wobei erstere am häufigsten sind. Sie variieren in ihrer Größe zwischen 20 und 85 Zentimeter und bestehen aus drei Teilen: einem flachen Stuhl mit zoomorphen Merkmalen, dem damit verbundenen Körper einer sitzenden menschlichen Figur und deren Kopf in Form eines abnehmbaren, konischen Deckels. Besonders auffallend ist die Position ihrer Arme mit nach vorne gedrehten Ellenbogen und auf den Knien ruhenden Händen. Die Darstellung von Brust, Nabel und Genitalien ermöglichen eine geschlechtsspezifische Zuordnung, wobei männliche und weibliche Figuren gleichermaßen gefunden wurden. Das Geschlecht der Urnen korrespondiert mit dem des Menschen, dessen Knochen darin in einer Sekundärbestattung beigesetzt wurden.

Außergewöhnlich ist die Darstellung von sitzenden weiblichen Figuren, da Sitze bei den meisten Amazonas-Indianern heute Männern vorbehalten sind. Sowohl die anthropomorphen als auch die zoomorphen Urnen waren ursprünglich mit Motiven aus verschiedenen Linien und Rhomben in den Farben Schwarz, Weiß, Rot und Gelb bemalt. Die Bemalung verwies wahrscheinlich auf die soziale Rolle, die Klanzugehörigkeit und/oder den Status des bestatteten Individuums. SK

VI.7

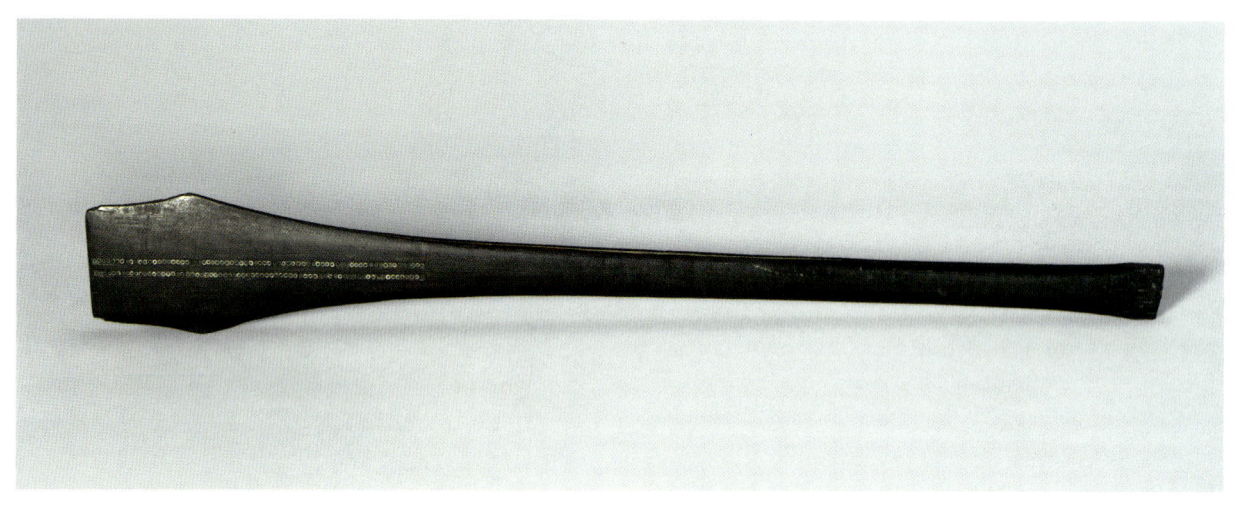

VI.8

VI.7 Brasilianische Keule
Brasilien, vermutlich Tupí, 16./17. Jahrhundert
Holz, Pflanzenfasern, Federn (Reste), 120 × 19,5 (Dm.)
Berlin, SMB – Ethnologisches Museum,
Inv.-Nr. VB 3654
Lit. Bujok 2003a; Staden 1970 [1557]

Die Keule ist etwa 1,20 Meter lang mit ovalem Stiel und einem runden, abgeflachten Kopf. Am Stielende befindet sich eine Baumwollquaste, die zur Befestigung von Federn diente. Reste von Federkielen sind noch erkennbar. Sie besteht aus rotbraunem, schwerem Holz, das mit einer harzigen, schwarz-braunen Masse bestrichen wurde. Wahrscheinlich handelt es sich um sogenanntes Brasilholz, dessen Name sich von dem portugiesischen Wort *brasa* für ›glühende Kohle‹ herleitet und sich auf den roten Farbton des Holzes bezieht. Es diente zur Einfärbung von Stoffen und war im 16. Jahrhundert eines der lukrativsten Güter, die zwischen Europa und Brasilien gehandelt wurden. ›Brasilien‹ wurde nach diesem Holz benannt.

In Hans Stadens Reisebericht *Wahrhaftige Historia* (Kat.-Nr. XI.11) aus dem Jahr 1557 wird beschrieben, wie die Tupinambá-Indianer eine solche Keule als Waffe zur rituellen Tötung eines Feindes benutzten und ihn anschließend verzehrten. Zu diesem Zwecke wurde die Keule bemalt und geschmückt. Derartige Keulen sind in verschiedenen Darstellungen des 16. Jahrhunderts zu finden, in denen sie symbolisch auf die Neue Welt Amerika verweisen. Die Keulen zur rituellen Tötung hatten jedoch einen etwa zwei Meter langen Stiel, während die mit kürzerem aufgrund der leichteren Handhabung vermutlich eher im Krieg benutzt wurden. SK

VI.8 Flache Keule mit Inkrustierungen

Tarairiu, Nordostbrasilien, 16./17. Jahrhundert
Holz, Muschelschalenstücke, Harz, 94,5 × 13 × 1,5
München, Staatliches Museum für Völkerkunde,
Inv.-Nr. 13-81-22
Lit. Bujok 2003a, S. 62, 116f.; Bujok 2004, S. 97f.; Zerries 1961

Die Keule ist aus dunklem, schwerem Holz gefertigt und längs mit Inkrustierungen aus Muschelschalenringen versehen, die mit Harz eingelassen sind. Ihr Schlagende mündet in ein viereckiges Stück, der Schaft kann auch mit Baumwollschnüren umwickelt gewesen sein. Sie stammt von den Tarairiu, die im Gebiet des heutigen Staates Río Grande do Norte lebten. Die Tarairiu zählten zu der heterogenen Gruppe der Tapuya, wie die Osttupi ihre Nachbarn und Feinde bezeichneten.

Im Münchner Kunstkammerinventar von 1598 erscheint unter der Nr. 1708 eine solche Keule: »Ein Indianischer Scepter von schwarz braunem holz, dem hebeno [= Ebenholz] gleich, mit helffenbain eingelegt«. Es gibt allerdings keinen Beleg dafür, dass diese beschriebene mit der heute im Staatlichen Museum für Völkerkunde erhaltenen Keule identisch ist, zumal sie erst 1913 ins Museum gelangte. Neben der Münchner Keule sind nur noch zwei weitere Keulen der Tarairiu erhalten, die sich im Kopenhagener Nationalmuseum befinden. Albert Eckhout (1610–1666) überlieferte auf seinen Gemälden von 1641 solche Keulen. Demnach wurden die Keulen zeremoniell bei Festen verwendet. Sie dienten wohl auch im Kampf.

Für solche oder eine ähnliche Keule liegt der seltene Fall einer zeitgenössischen Preisangabe vor. »Ein Indianisch Schwerdt von ebano Holtz« sollte den Wolfenbütteler Hof Herzog Augusts des Jüngeren vier Reichstaler und 30 Groschen kosten. Dies war immerhin ein Fünftel des Preises für ein Raffiabastgewebe aus dem Königreich Kongo. Dieselbe Preisrelation besteht zu zwei goldemaillierten Schalen (jeweils 20 Reichstaler). EB

VI.9 Südamerikanischer Federschmuck

Brasilien, vor 1846
Papageienfedern, Baumwolle, 56 × 83 (Hüftschmuck), 42 × 65 (max. Größe, Federband), 40 (L., Haube)
Gotha, Stiftung Schloss Friedenstein, Schlossmuseum,
Inv.-Nr. Eth 2F
Lit. Ausst.-Kat. Dortmund/Gotha 2003, Kat.-Nr. 176; Ethnologisches Museum 2002, S. 26; Zerries 1980, S. 175–227

Vom farbenprächtigen Federschmuck der indigenen Bevölkerung des tropischen Amerika zeigten sich europäische Reisende von Anfang an fasziniert. In der europäischen Kunst diente der

VI.9 A

Federbehang seit dem 16. Jahrhundert als zentrales Erkennungsmerkmal ›des Amerikaners‹.

Die aus Kopfhaube, Hüftschmuck, Federbändern für Oberarme, Ellbogen, Handgelenke, Knöchel und Knie sowie einem hier nicht ausgestellten Brust- und Rückenbehang bestehende Festtracht wurde Herzog Ernst II. von Sachsen-Coburg und Gotha anlässlich seines Aufenthalts in Lissabon im Mai und Juni 1846 von Seiner Majestät dem portugiesischen König als Geschenk überlassen. Sie dürfte von den Mundurukú stammen, einer seit dem 18. Jahrhundert kontaktierten, kriegerischen Ethnie im Zuflussgebiet des oberen Rio Madeira. Die Mundurukú zählen zur Tupí-Sprachfamilie und erregten vor allem wegen ihres Kopfjagdzeremoniells Aufsehen. Vergleichsstücke aus dem 19. Jahrhundert finden sich beispielsweise in den Ethnologischen Museen in München und Berlin. MK

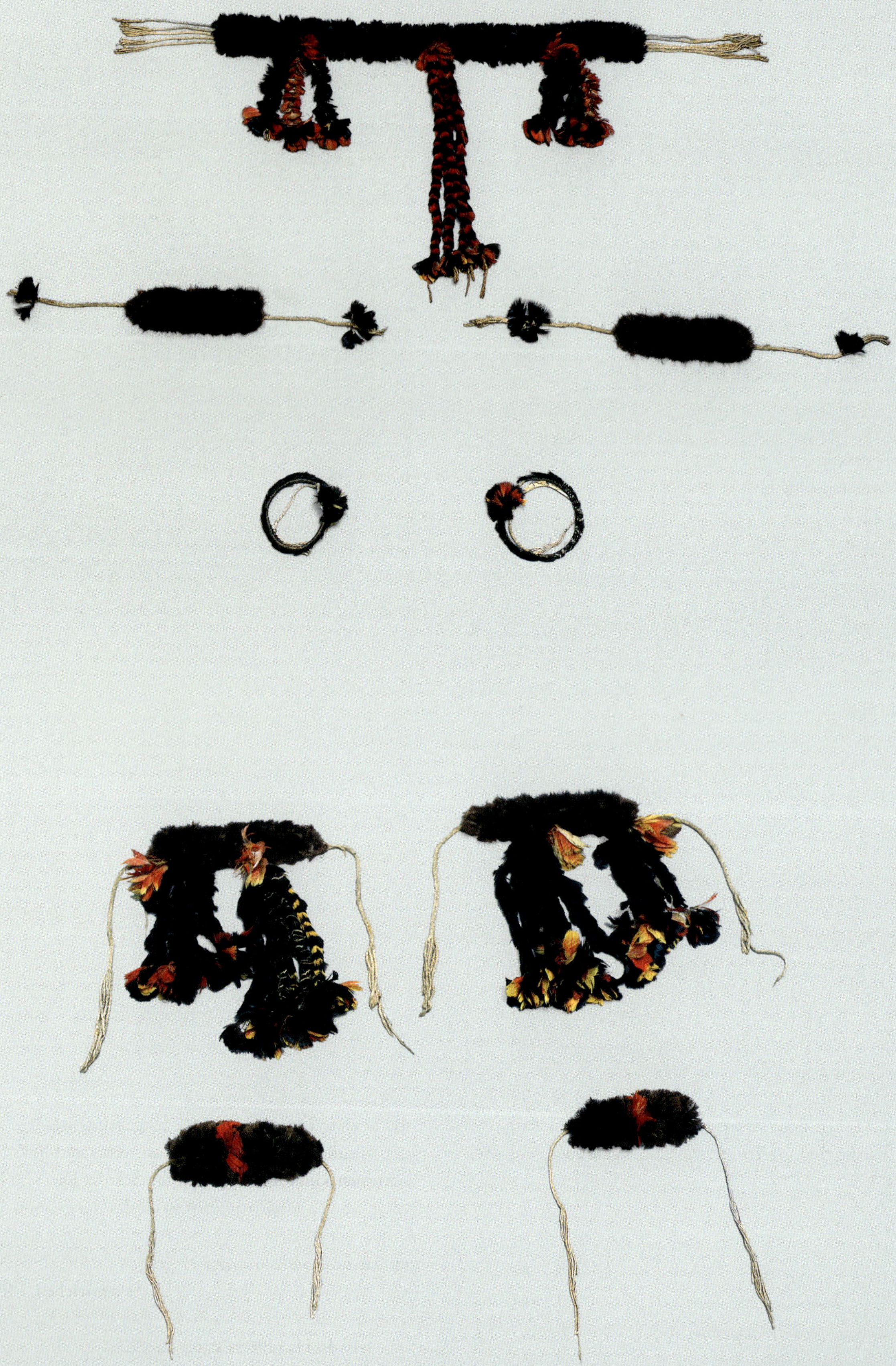

VI.10 Skanda
Südindien, Vijayanagara, 15./16. Jahrhundert
Blei, Zinn, Messing, Guss in verlorener Form, 78,5
München, Staatliches Museum für Völkerkunde,
Inv.-Nr. 77-7-13
Lit. Mallebrein 1984, S. 88

Skanda (›die Ausgießung‹) gilt als Kriegsgott und ist ein Sohn des großen hinduistischen Gottes Shiva und dessen Gattin Parvati. Er ist einer der frühesten bildlich dargestellten Götter Indiens. Seine Gestalt taucht schon auf Münzen auf, die in das 1. Jahrhundert v. Chr. datieren. In den großen Epen Mahabharata und Ramayana wird erzählt, wie Shiva beim Akt mit Parvati gestört wurde und deshalb seinen Samen in das Feuer des Feuergottes Agni ergoss. Das Gewicht des Samens war aber so groß, dass ihn Agni in die Ganga (Ganges) warf. Doch auch die Ganga konnte ihn nicht tragen und stieß ihn auf den Himalaya aus. Dort wurde er von den sechs Plejaden (Sterne) aufgefangen, die das aus dem Samen entstandene Kind aufzogen. Von ihnen leitet sich einer seiner vielen Namen, Karttikeya (der Angreifer), ab. Weil er von den sechs Plejaden (Krittikas) gesäugt wurde, stellt man ihn in Nordindien oft mit sechs Köpfen dar. In seiner Funktion als Kriegsgott bekämpfte er mit dem Speer von Agni den Dämonen Taraka, der als unbesiegbar galt.

In Südindien erscheint Skanda, auch Subrahmanya (›freundlich zu den Brahmanen‹) genannt, meist in Gestalt eines jungen Mannes. Seine wichtigsten Attribute sind der Meißel, den er in der rechten hinteren Hand hält, und ein verkürzter Dreizack in seiner hinteren linken Hand, der auf seine Zugehörigkeit zu Shiva hinweist. Beide Attribute sind hier abgebrochen. In den vorderen Händen hielt er wahrscheinlich zwei Speere. Die hohe Krone ist reich ornamentiert, ebenso das Hüfttuch, das von einer runden Gürtelschnalle zusammengehalten wird, die ein Ruhmesgesicht erkennen lässt. Die Figur trägt reichen Schmuck an Armen, Hals und Beinen. Die großen Ohrringe haben die Form von Fabelwesen. Von der linken Schulter sieht man die s-förmig über seinen Oberkörper verlaufende Brahmanenschnur. Sein ambivalenter Charakter zeigt sich auch darin, dass er als Schutzgottheit der Diebe verehrt wird, dass er Kinderkrankheiten bringt und Ehen zerstören kann, weshalb beispielsweise in Maharasthra sein Tempel von Frauen gemieden wird. (Abb. 6, S. 30) WS

VI.11

VI.11 Tanzender Krishna
Südindien, 16./17. Jahrhundert
Granit, 80 × 32
Berlin, SMB – Museum für Asiatische Kunst, Kunstsammlung Süd-, Südost- und Zentralasiens, Inv.-Nr. MIK I 318
Lit. Ausst.-Kat. Stuttgart 1966, Kat.-Nr. 88

Der Gott Krishna ist hier als Jüngling in tänzerischer Haltung wie in einer Momentaufnahme festgehalten worden. Er trägt eine Haarflechtenkrone, die seitlich rechts und links mit den Gestirnen Sonne und Mond geschmückt ist. Diese für Krishna untypische Haartracht erinnert an die des Gottes Shiva. Krishna lächelt fast unmerklich, wobei das Gesicht von den großen, annähernd mandelförmigen Augen dominiert wird. Die Stirn ziert ein senkrechtes vishnuitisches Sektenzeichen. Mit seiner rechten Hand führt er die Geste der Schutzgewährung aus, jedoch ist die Handfläche dabei stark nach außen geneigt. Seine

◀ VI.9 B (OBEN) UND VI.9 C (UNTEN)

VI.12

linke Hand, die auf der Hüfte ruht, hält eine Schneckenschale als einziges vorhandenes Attribut. In der typischen klassischen Tanzhaltung sind Krishnas Beine gebeugt, die Knie nach außen gerichtet. Der rechte angehobene Fuß berührt leicht ein am Boden liegendes Objekt, das möglicherweise eine Zimbel, wie sie zur rhythmischen Tanzbegleitung verwendet wird, darstellt. Krishna trägt als üblichen Schmuck große Ohrringe, mehrfache Halsketten, Oberarmreifen, Arm- und Fußringe. Ein Bauchband, die schräg über den Oberkörper verlaufende Brahmanenschnur und eine *dhoti* als Beinkleid vervollständigen die äußere Erscheinung. Die Darstellungsweise ist stilisiert und betont die Schmuckelemente. Seitlich hinter dem Gott liegt ein Rind mit aufwärts gerichtetem Kopf, das auf Krishnas Wohnsitz, das Hirtendorf, hindeutet. Das mit Ausnahme eines Rad-Nimbus am Hinterkopf nur zur Schauseite hin ausgearbeitete Bildnis ruht auf einem halbrunden Sockel. Diese Skulptur weist einige ungewöhnliche Züge auf. CWM

VI.12 SHRIDEVI
Südindien, etwa 16. Jahrhundert
Bronze mit Farbresten, 66 × 19,5
Berlin, SMB – Museum für Asiatische Kunst, Kunstsammlung Süd-, Südost- und Zentralasiens, Inv.-Nr. MIK I 10134
Lit. Ausst.-Kat. Berlin 1971, Kat.-Nr. 145; Ausst.-Kat. Berlin 1976, S. 48, Kat.-Nr. 145

Diese Bronze der Shridevi kann als repräsentativ für die späte figürliche Kunst Südindiens gelten. Es handelt sich um die Hindu-Göttin des Glücks und des Reichtums, die Hauptgemahlin des Gottes Vishnu, die auch unter dem Namen Lakshmi bekannt ist. Ihr rechter Arm ist in der Tanzgeste *dolahasta* seitlich abgespreizt. Als Attribut hält Shridevi links eine geschlossene Lotosblüte. Sie ist bekleidet mit einem Brustband und einem schön drapierten, gewickelten Beinkleid, das von einem komplexen Gürtelgehänge bedeckt wird. Sie steht in einer tänzerischen Standbein-Spielbein-Haltung. Ihren aufwendigen Schmuck bilden Scheibenohrringe, die in Köpfen von Seeungeheuern enden, eine hohe, gestufte Krone, mehrere Halsketten, Oberarmreifen, ein über den Oberkörper geführtes Kreuzband, Arm- und Fuß-, Finger- und Zehenringe. An ihrem Hinterkopf befindet sich der für südindische Gottheiten charakteristische große Rad-Nimbus.

Die gewisse Stilisierung und das Hervortreten der Ornamente sind typisch für die Vijayanagara-Kunst (14.–16. Jahrhundert) und den Nayaka-Stil (16.–18. Jahrhundert), wobei der Grundtypus noch an die hoch entwickelte Chola-Kunst Südindiens erinnert (9.–13. Jahrhundert). Unter dem Lotossockel befinden sich Ösen, die zur Aufnahme von Stangen und somit dem Transport dienten. Die angekleideten und bekränzten Prozessionsbilder des Gottes Vishnu als ›Shrinivasan‹ und seiner Gemahlinnen Shridevi und Bhudevi werden durch die Straßen des Tempelortes getragen oder auf großen Wagen gezogen. Bhudevi bildet dabei das symmetrische Gegenstück zu Shridevi. CWM

VI.13 INDISCHER KATAR
Indien, 17. bis 18. Jahrhundert
Eisen, 46,5 (L.)
Berlin, Deutsches Historisches Museum, Inv.-Nr. W 3943
Lit. Ausst.-Kat. Hamburg 1993; Boeheim 1890; Pant 1980; Wilkinson 2005

Dieser aus der Sammlung orientalischer und asiatischer Waffen des Prinzen Carl von Preußen stammende Katar, auch *jamadhar* genannt, ist ganz aus Stahl hergestellt. Er gehört zur Gruppe derjenigen, die mit thematischen Darstellungen auf der Klinge,

VI. NEUE WELTEN – ALTE REICHE ›423‹

VI.14 GARUDA
Tamilnadu (Südindien), 15./16. Jahrhundert
Bronze, 33
Stuttgart, Linden-Museum, Inv.-Nr. SA 36798 S,
Eigentum der Stadt Stuttgart
Lit. Inventarbuch des Leihgebers; Zimmer 1981, S. 86 f.

Garuda, ein halb mensch-, halb adlergestaltiges Mischwesen, ist hier in kniender Haltung und mit fächerförmig gespreizten Flügeln dargestellt. Gegenstand seiner Ehrerbietung ist wohl der Hindugott Vishnu, dem er nach der indischen Mythologie als Reittier dient. Als Fürst der Vögel gilt Garuda auch als Feind der Schlangen, worauf die Reptilien hindeuten, die sich um seinen Kopf und seine Arme gelegt haben. Die Skulptur war Teil einer Figurengruppe, die auf Prozessionen mitgetragen wurde. Die Region Tamilnadu, in der dieses Stück gefertigt wurde, gehörte zum Hindureich Vijayanagara, das bis in die Mitte des 16. Jahrhunderts den gesamten Süden des Indischen Subkontinentes beherrschte. JW

VI.15 KAISER BABUR BEI EINER RAST AUF DER FALKENJAGD
Nordindien, Mogul-Stil, um 1610
Gouache auf Papier, Umrandung aus dem 18. Jahrhundert
Berlin, SMB – Museum für Islamische Kunst,
Inv.-Nr. I. 4593 fol. 49
Lit. Beach 1992, I, 3, S. 60 ff.; Hickmann 1979, Nr. 1; Stronge 2002, S. 86–92, Taf. 59, S. 106, Taf. 73

Kaiser Babur, der Gründer der Mogul-Dynastie (1526–1530) in Indien ist im Zentrum des Bildes dargestellt, wie er vor einer vielgestaltigen Gebirgslandschaft seinen Jagdfalken füttert. Im Hintergrund öffnet sich zwischen felsigen und bewachsenen Bergen eine dramatische Schlucht, vorn ist die Jagdgesellschaft an einem Bach versammelt, mit porträtartig wiedergegebenen Höflingen, Musikanten und einem Jagddiener, der das vom Falken erlegte Kleinwild aufreiht und auf noch eintreffendes hinweist. Der nach links offene Personenhalbkreis deutet wohl darauf hin, dass es sich bei diesem Albumblatt um die rechte Hälfte eines ursprünglichen Doppelblattes mit weiteren Personen und Aktivitäten handelt.

Die französische Beischrift des Sammlers Polier, aus dessen Alben das Blatt stammt, bezeichnet es richtig als historisierende Darstellung. Es stammt nicht aus der Zeit Baburs, sondern gehört zu einer von mehreren persischen Übersetzungen seiner ursprünglich osttürkisch verfassten Memoiren, die unter seinem Enkel Akbar und dessen Nachfolger Jahangir verfasst und seit 1589 mehrfach illustriert wurden. Das vorliegende Blatt wurde

VI.14

z. B. flachreliefierten Abbildungen von Kampf- und Jagdszenen, versehen sind. Die Klinge zeigt auf der einen Seite einen Elefanten, der auf ein Pferd zuschreitet, beide jeweils mit Reiter. Hinter dem ersten Elefanten ist der Kopf eines zweiten zu sehen, der aus der Klingenwurzel folgt. Auf der anderen Seite der Klinge wiederholt sich die Komposition mit einem Elefanten, doch wird die Kampfszene hier durch eine Szene, in der ein Tiger gejagt wird, ersetzt.

Der Katar, der spezifisch indische Typ eines Stoßdolchs, hat zwei auffällige Merkmale: Er besteht aus einem Griff mit Querstangen, die es ermöglichen, mit dem Handballen die volle Kraft des Armes auf den Stoß zu übertragen. Das zweite wichtige Kennzeichen sind die Längsstangen: Sie dienen dazu, die Waffe mit dem Unterarm zu führen und zu kontrollieren. Gleichzeitig gewähren sie dem Arm einen gewissen Schutz.

Der Katar wurde als unterstützende Nahkampfwaffe zum Durchschlagen der Rüstung eingesetzt. Er war die Waffe der Rajputen und gehört zur hinduistischen Tradition. Mit seiner zweischneidigen und dreieckigen Klinge ist er auch fester Bestandteil im Waffentraining der alten indischen Kampfkunst *Kalarippayat* und findet sich nur auf dem Subkontinent wieder. Nichtsdestotrotz fand er seit der Mogulzeit Verbreitung als häufigste kurze Waffe bzw. Dolchform. (Abb. 3, S. 27) FÇP

VI. Neue Welten – Alte Reiche

64. Repos de Chasse d'un prince Mahometan dans le Costume antique

VI.15

wohl eher zur Regierungszeit Jahangirs, etwa um 1610, geschaffen. Die feinen Farben, die die friedliche Szene betonen, werden durch das Weiß der Falkenbrust, der Turbane und Federagraffen akzentuiert. Nur die den Kaiser kennzeichnende schwarze Reiherfeder und ein Schild vorn kontrastieren dazu. Die Natur- und Menschenbeobachtung geht über das enzyklopädische Erfassen unter Akbars Hofmalern hinaus. CPH

VI.16 Der Mogulkaiser Akbar zähmt einen Elefanten

Nordindien, Mogulschule, signiert von Zain al-Abidin
und datiert 1018 H. (1609/10 n. Chr.)
Deckfarbenmalerei auf Papier, 19,3 × 13
Berlin, SMB – Museum für Islamische Kunst,
Inv.-Nr. I. 4598 fol. 2
Lit. Hickmann 1979, Nr. 5

Akbar war der erste Mogulkaiser, dessen Taten mit einer bebilderten Biografie gefeiert wurden. Die Chronik, verfasst von seinem Vertrauten Abu'l Fazl, zeigt den Kaiser bei der Hofhaltung, bei Feldzügen, bei der Jagd. Mehrfach wird er auf einem Elefanten wiedergegeben. Die tonnenschweren Kolosse aus den Dschungeln Nordindiens genossen seit den Memoiren des Dynastiegründers Babur am Mogulhof höchstes Prestige. Ein Bild des jungen Akbar, das vier Jahre nach seinem Tod entstand, erinnert an ihn als den tollkühnen Elefantenbändiger, der besonders prachtvolle Tiere in seinem Privatstall hielt und seinen Mut immer wieder zu beweisen suchte, indem er die wildesten Bullen ritt und zähmte. Das Motiv ist aus einer historischen Szene herausgelöst und präsentiert den Kaiser mit den von ihm selbst erfundenen Dressurvorrichtungen: Die Kette zwischen den Hinterbeinen erlaubt dem Tier zu gehen, aber nicht zu rennen. Der Holzblock in Reichweite des Reiters, der durch eine lange Kette mit dem Vorderbein des Tieres verbunden ist, kann durch Stoß und Fall dessen Beine blockieren, wenn es außer Kontrolle zu geraten droht.

Der Maler schuf eine erste eindrucksvolle Einzeldarstellung des Herrschers, der hinter dem emporgereckten Kopf des Elefanten sitzt, die Füße in dem um den Elefantenhals geschlungenen Schal fixiert. Die Signatur des Malers Zain al-Abidin erscheint auf dem kleinen Stein vorn im Bild zusammen mit dem Jahr 1018 (1609/10) in einer Weise, die aus der persischen Malerei des späten 16. Jahrhunderts bekannt ist. Akbar beschäftigte eine Reihe von persischen Malern und Kalligrafen in seinem Hofatelier. (Abb. 5, S. 210) AvG

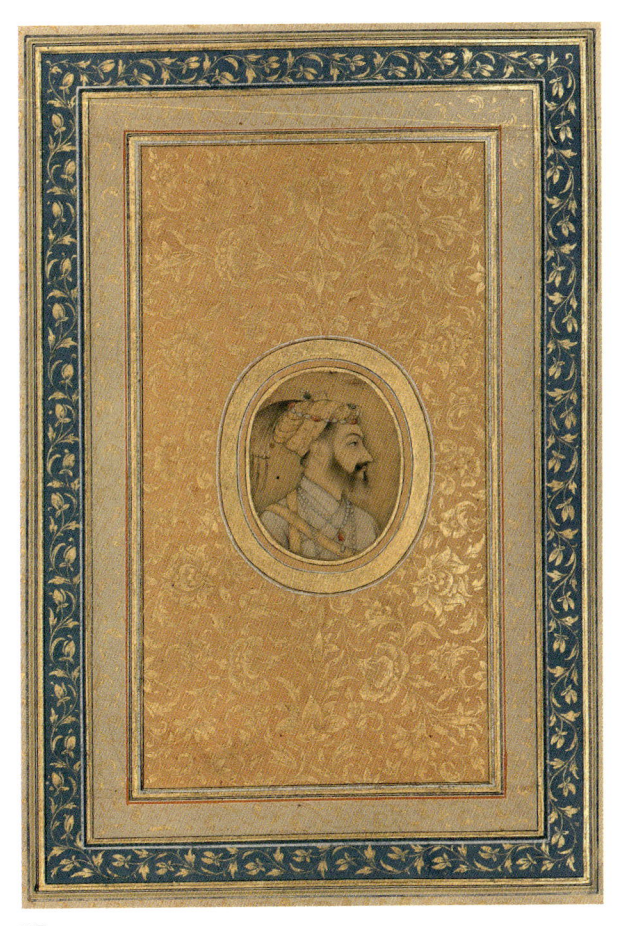

VI.17

VI.17 Porträt des Kaisers Shāh Jahān

Mogul-Stil, 1640–1645
Deckfarben und Gold auf Papier, 32,5 × 22
Berlin, SMB – Museum für Asiatische Kunst,
Kunstsammlung Süd,- Südost- und Zentralasiens,
Inv.-Nr. MIK I 5001, Fol. 21 verso
Lit. Bailey 1998; Gadebusch 2006, Abb. 4; Gadebusch/
Vartanian 2006, Fig. 6; Weber 1982, S. 250–252

Dieses Medaillonporträt zeigt den Mogul-Kaiser Shāh Jahān (»Herrscher der Welt«) im Alter von etwa 50 Jahren. Dies legen Vergleiche mit datierten Miniaturen bekannter zeitgenössischer Porträtmaler nahe, auf welchen der Herrscher mit etwas weicheren Zügen, ohne ergraute Schläfen dargestellt ist (vgl. Weber). Dem anonymen Künstler ist hier ein sensibles und lebendiges Porträt gelungen.

Shāh Jahān (reg. 1628–1658), einer der mächtigsten Herrscher der Mogul-Dynastie und einer ihrer größten Bauherren, hat vor allem durch das für seine jung verstorbene, unter dem Namen

VI.18

Mumtaz Mahal bekannte Lieblingsgattin erbaute Garten-Grab, das *Taj Mahal*, Berühmtheit erlangt, obwohl der Kaiser eine Vielzahl von Bauten hinterlassen hat, die in ihrer Gesamtheit als Inbegriff der klassischen Mogul-Architektur gelten. Die Verwendung kostbarster Materialien – charakteristisch für den reifen Stil Shāh Jahāns – spiegelt sich auch im Kunsthandwerk und der Malerei wider, wie nicht zuletzt diese Miniaturmalerei dokumentiert. Das ovale Medaillon ist eingebettet in eine mehrfach rahmenartig abgestufte Randmalerei mit goldfarbenen Arabesken und Ranken auf rötlich marmoriertem Papier. Es handelt sich bei der Malerei um eine Seite aus einem typischen Sammelalbum, dessen 29 Folios neben diesem Porträt und zwei christlichen Darstellungen Kalligrafien in meist persischem Duktus zeigen.

Bemerkenswert ist das Interesse der Moguln an christlichen Themen und westlicher Kunst. Die Einflüsse europäischer Malerei auf den Mogul-Stil seit den 1580er Jahren, insbesondere durch das Wirken jesuitischer Missionare am Mogul-Hof, sind zu Recht hervorgehoben worden (vgl. Bailey). Die Gattung des Medaillonporträts kommt in der Mogul-Kunst erst zu Beginn des 17. Jahrhunderts auf und dürfte wohl ebenfalls auf europäischen Einfluss zurückzuführen sein. RDG

VI.18 Der Mogulkaiser Aurangzeb liest im Koran
Nordindien, Mogulschule, Anfang 18. Jahrhundert
Deckfarbenmalerei auf Papier, 20,4 × 14,5
Berlin, SMB – Museum für Islamische Kunst,
Inv.-Nr. I. 4593 fol. 45
Lit. Hickmann 1979, Nr. 39

Prinz Aurangzeb, der dritte Sohn Shah Jahans, hatte sich als fähiger Verwalter und genialer Feldherr bewiesen, als er 1658 den Thron bestieg. Unter seiner langen Herrschaft erreichte das Mogulreich seine größte Ausdehnung. Die Bevölkerung stöhnte unter den Steuern für die jahrelangen Kriege und unter den Restriktionen, die das friedliche Zusammenleben zwischen Muslimen und Hindus störten. Aurangzeb sah sich als Erneuerer des Islam. Während Hindu-Tempel in Flammen aufgingen, ließ er die Moscheen des Reiches renovieren. Die Palastfestung Shahjahanabad (Delhi) erhielt eine Marmormoschee und Lahore die gewaltige Badshahi Moschee.

Während der Hof die traditionellen Extravaganzen weiterhin pflegte, lebte der Kaiser asketisch. Das mit Aurangzeb Padshah unterschriebene Albumblatt zeigt den fast 90-Jährigen auf einem geräumigen Thron aus Holz, wie er sich zum Lesen über einen Koran beugt. Er schrieb auch eigenhändig den Koran ab, wie es sich für einen frommen Muslim gehörte, um diesen dem Heiligtum von Medina zu stiften. Während sich die Mogulherrscher sonst in kostbaren Stoffen und mit verschwenderischem Schmuck präsentieren, trägt Aurangzeb ein schlichtes weißes Gewand und einzelne Edelsteine am Turban. Hinter dem Thron steht ein Diener mit dem Machtsymbol des Yakwedels. Der eigentliche Blickfang ist ein zeittypischer Teppich mit Blütenranken, die an Quer- und Längsachse gespiegelt sind. Auf ihm hockt Aurangzebs jüngster Sohn Kambaksh, Vertrauter und Tröster des zermürbten Staatsmanns. In den Thronwirren nach Aurangzebs Tod 1707 starb er im Alter von 42 Jahren. AvG

VI.19 A + B Zwei stehende Würdenträger
China, 14./15. Jahrhundert
Steinzeug mit Farbglasur und Resten kalter Bemalung,
23 × 6,5 × 6
Pommersfelden, Kunstsammlungen Graf von Schönborn
Lit. Ausst.-Kat. Nürnberg 1989, S. 301

Bei den beiden Beamten oder Würdenträgern handelt es sich um Grabfiguren aus der Frühzeit oder ersten Hälfte der Ming-Dynastie (1368–1644). Bereits seit dem 4. Jahrhundert v. Chr. wurden ganze Hundertschaften derartiger Keramiken Kaisern oder hochrangigen Persönlichkeiten ins Grab gegeben, um ihnen als Diener und Höflinge im Jenseits ein vornehmes Leben zu sichern. Die Untergewänder der Figuren sind türkis, die darüber getragenen Westen auberginefarben glasiert. Gesichter und Kopfbedeckungen weisen Reste einer kalten Bemalung auf. Auf dem leicht geneigten Kopf trägt der linke Beamte einen hohen schwarzen Hut, der rechte eine offizielle Hofkappe. Vor ihrer Brust halten beide jeweils eine flache, achtpassige bzw. achtfach geschweifte Schale. Die Figuren sind vermutlich erst im 20. Jahrhundert nach Europa und in die Schönborn'schen Kunstsammlungen gelangt. (Abb. 1, S. 162) CT

VI.20 SCHULTERTOPF MIT DRACHENDEKOR
China, 1522–1566
Porzellan mit gelber und roter Glasur, braune Binnenzeichnung, 21 × 21,4 (Dm.)
Berlin, SMB – Museum für Asiatische Kunst, Ostasiatische Kunstsammlung, Inv.-Nr. 6274
Lit. Mignini 2005, S. 150; Slg.-Kat. Berlin 2000, S. 32; Schmidt-Glintzer 2005

Im 14. Jahrhundert konnte China die Herrschaft der Mongolen abschütteln. 1368 ließ sich Zhu Yuanzang (1328–1398), der Begründer der Ming-Dynastie, zum neuen Kaiser ausrufen. 1421 wurde Peking die Hauptstadt des Reiches. Der ausgestellte Topf stammt aus der Regierungszeit von Kaiser Jiajing (›Großer Friede‹), also aus der Zeit, in der Portugal in Macau offiziell mit der Errichtung einer festen Handelsniederlassung beginnen durfte. Er zeigt zwei fünfklauige Drachen – Symbol kaiserlicher Macht und Autorität – die, von Wellen und Gischt umspült, sich gegenseitig verfolgen. Ein Wolkenband mit glückverheißenden Motiven (*ruyi*) schmückt den unteren Rand. (Abb. 6, S. 169) MK

VI.21 WEIHRAUCHBECKEN
China, Ming-Dynastie, Ära Wanli, 1573–1620
Blauweiß-Porzellan, 18,5 × 29,5 (Dm.)
Berlin, SMB – Museum für Asiatische Kunst, Ostasiatische Kunstsammlung, Schenkung G. Venzke, Berlin, Inv.-Nr. 985-18
Lit. Macintosh 1997, S. 9–11; Mignini 2005, S. 148; Raedemaeker 1994

Erste chinesische Porzellanerzeugnisse sind bereits gegen Ende der Nördlichen Qi-Dynastie (550–577) nachweisbar. Unter den Song (10.–13. Jahrhundert) erreichte die Keramikproduktion ihren technischen Höhepunkt, wobei der Einsatz von Email,

VI.21

das durch Metalloxide eingefärbt werden konnte, eine der wichtigsten Errungenschaften in der Entwicklungsgeschichte des chinesischen Porzellans war. In dem 1004 von Kaiser Jingde gegründeten Jingdezhen entwickelte sich eine bedeutende Porzellanindustrie. Während der Mongolenherrschaft blühte der internationale Handel auf, und in Südchina bildeten sich einflussreiche arabische und persische Handelskolonien, die ihr traditionelles, mit blauer Unterglasurfarbe dekoriertes Geschirr vor Ort herstellen ließen. Das Porzellan wurde bei hoher Temperatur gebrannt, hell glasiert und mit Kobaltoxid bemalt. Aus der Kobaltverwendung entstand das ›Blauweiß‹, das zum populärsten Genre des chinesischen Dekors werden sollte. Das erste Fragment mit echtem ›Blauweiß‹ wurde in einem Grab aus dem Jahr 1318 in Jiujang in der Provinz Jiangxi gefunden.

Das dreifüßige Weihrauchbecken mit figürlichen Darstellungen stammt aus der Regierungszeit Wanlis, des 13. Kaisers der Ming-Dynastie (1368–1644). CT

VI.22

VI.22 Büste eines Bodhisattva
China, Ming-Dynastie, 16. Jahrhundert
Beigefarbener Ton mit farbigen Glasuren, 44,5 × 40
Berlin, SMB – Museum für Asiatische Kunst,
Ostasiatische Kunstsammlung, Inv.-Nr. 1958-7
(ehemals Slg. J. Sauphar und Slg. Dr. F. Blüthgen, Berlin)
Lit. Krieger 2003, S. 73–77; Lanczkowski 1989, S. 64–82;
Mignini 2005, S. 144

Bei ihren Entdeckungsfahrten trafen die Portugiesen immer wieder auf ihnen neue, fremde Religionsformen. Die vorherrschenden Religionen Chinas waren der Daoismus, der Konfuzianismus und der Buddhismus. Der Jesuit Matteo Ricci lieferte zu Beginn des 16. Jahrhunderts eine frühe Auseinandersetzung hiermit aus europäischer Sicht. Der Buddhismus, entstanden im 5. Jahrhundert v. Chr. in Nordindien, lässt sich in China ab dem 1. Jahrhundert n. Chr. nachweisen. Nach buddhistischer Vorstellung kann ein Mensch durch Meditation und Befolgen der Lehre Buddhas wahre Erkenntnis und die Erlösung aus dem irdischen (Leidens-)Kreislauf erlangen. Die ausgestellte Keramik zeigt einen Bodhisattva (chines. *p'u-sa*), also einen Gläubigen, der die Erleuchtung erlangt hat, aber auf das Eingehen ins Nirvana noch verzichtet, um andere, die im eigenen Erkenntnisprozess noch nicht dieselbe Stufe erreicht haben, beim Finden des richtigen Weges zu unterstützen. MK

VI.23 Fächerblatt »Die Klosterinsel Jinshan im Yangzi-Fluss bei Zhenjiang«
Qian Gu (Suzhou 1508 – nach 1578), China, 1578
Tusche und Farben auf Goldpapier, 55 × 69
Berlin, SMB – Museum für Asiatische Kunst,
Ostasiatische Kunstsammlung, Inv.-Nr. 1988-263
Lit. Clunas 2004, S. 132, 153 f.; Objekttexte des Museums
für Asiatische Kunst, Berlin

Papier wurde in China seit der Wende zum 2. Jahrhundert hergestellt. Bereits zwei Jahrhunderte später sind Fächer aus diesem Material als Bildträger in der Schreibkunst nachgewiesen. Zur Zeit der frühen Ming-Dynastie avancierte der Papierfächer auch zu einem beliebten Format in der Malerei. Das in der Ausstellung gezeigte Stück wurde von Qian Gu, einem Schüler des Malers, Dichters und Kalligrafen Wen Zhengming (1470–1559), geschaffen. Letzterer war einer der ›Vier großen Meister‹ der Wu-Schule, die sich Ende des 15. Jahrhunderts in der Gegend um die Stadt Suzhou am Unterlauf des Yangzi etabliert und die traditionelle chinesische Landschaftsmalerei zu neuer Blüte geführt hatte. Der Fächer zeigt in einer stimmungsvollen Szenerie die Klosterinsel Jinshan und stellt damit eines der in der chinesischen Malerei nicht sehr häufigen Beispiele topografischer Darstellungen dar. Zu erkennen ist die aus der Tang-Dynastie (618–907) stammende Pagode und das 1021 gegründete *Jinshan si* (›Goldberg-Kloster‹). Den rechten unteren Rand nimmt ein Reiter ein, der sich dem Tor der Bootsanlegestelle nähert. JW

VI.24 Fächerblatt »Dem Rauschen des Wasserfalls lauschen«
Chen Guan (Suzhou 1563 – 1639), China, 1636
Aufschrift: »Im Frühling des bingzi-Jahres (1636) den Stil des Liuru [Tang Yin] kopiert. Chen Guan«
Tusche und Farben auf Goldpapier, 55 × 69
Berlin, SMB – Museum für Asiatische Kunst, Ostasiatische Kunstsammlung, Inv.-Nr. 1988-192
Lit. Objekttexte des Museums für Asiatische Kunst, Berlin

Der aus der späten Ming-Periode stammende Fächer steht ebenfalls in der Tradition der Landschaftsmalerei der Wu-Schule, die unter anderem auch von dem in der Aufschrift genannte Literatenmaler Tang Yin (1470–1523) geprägt worden war. Den Mittelpunkt der Bildkomposition nimmt eine Felsplatte ein, auf der ein Gelehrter sitzt. Dieser wendet sich einem Wasserfall am linken Rand zu. Die organische Auffassung der Einzelformen sowie das Dunstband, das die Szenerie durchzieht, verleihen dem Bild eine besondere atmosphärische Dichte. JW

VI. Neue Welten – Alte Reiche ›429‹

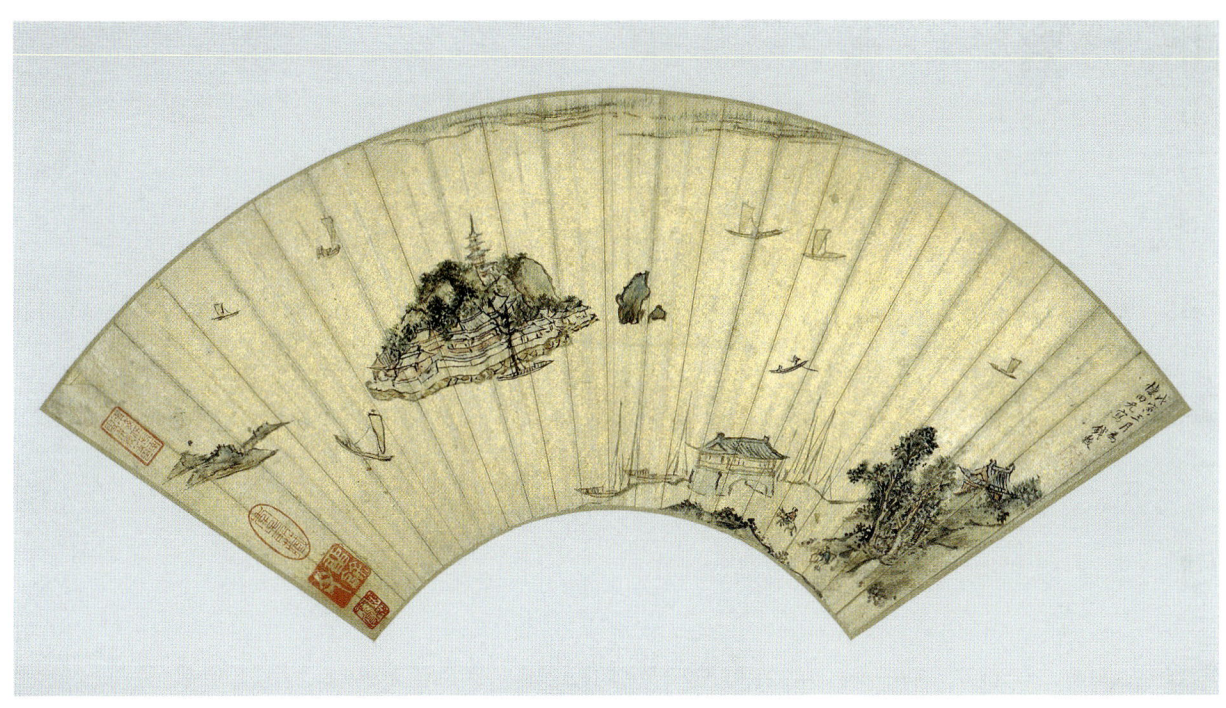

VI.23

VI.24

VI.25

VI.25 Teeschale
Chawan
Japan, Ôgaya / Mino, letztes Viertel 16. Jahrhundert
Sandfarbener, rötlich verfärbter Scherben,
Unterglasurmalerei in Eisenoxidrot und -braun,
grau-weiß gekrackte Feldspatglasur, 10,1 × 14 (Dm.)
Berlin, SMB – Museum für Asiatische Kunst,
Ostasiatische Kunstsammlung, Inv.-Nr. 23
Lit. Kazutoshi 2003; Slg.-Kat. Berlin 2000, S. 88

Tee wird in Japan seit ungefähr 1200 Jahren getrunken. Das Teetrinken wurde von den Chinesen übernommen, jedoch zunächst nur von den Angehörigen des Hofadels und in buddhistischen Klöstern praktiziert. Den Mönchen der Zen-Schulen diente es als Heilmittel gegen Müdigkeit und zur Konzentration bei ihren Übungen. Auf diese Weise fand das Teetrinken auch Eingang in den Verhaltenskodex, der das Zusammenleben in den Klöstern regelte. Seit dem 12. Jahrhundert wird das Getränk aus zerriebenen Blättern zubereitet, die mit heißem Wasser übergossen und mit einem Bambusbesen schaumiggeschlagen werden. Die Gefäße der aufwendigen Teezeremonie, wie Teeschale, Teedose oder Wassergefäß, wurden aus China importiert oder nach chinesischem Vorbild gefertigt. Mit der Ausbreitung des Teetrinkens in die adelige und bürgerliche Oberschicht entstanden im Verlauf des 15. Jahrhunderts spezielle Räume, die allein dem Teetrinken vorbehalten waren und in denen der Hausherr in einer Schmucknische (*tokonoma*) seinen Gästen den Tee mit den vorbereiteten Tee-Gerätschaften selbst zubereitete. Zeitgleich entwickelte sich der neue Geschmack an einfach-schlichten Keramiken mit unauffälligen Farbtönen und sparsamem Dekor.

Die ausgestellte Teeschale gehört zum Typ *e-Shino* (Bild-Shino). Die eingravierte umlaufende Linie wird in Japan als ›Bergweg‹ bezeichnet. Direkt über diesem sind zwei Bergumrisse sichtbar. Die Shino-Keramik aus Ôgaya in der Provinz Mino wurde ab Mitte des 16. Jahrhunderts hergestellt und war nahezu ausschließlich für die Teezeremonie bestimmt. CT

VI.26 Schwertstichblatt
Tsuba
Japan, 17. Jahrhundert
Eisen, 8,2 (Dm.)
Berlin, Deutsches Historisches Museum,
Inv.-Nr. W 3874

VI.27 Schwertstichblatt
Tsuba
Japan, 17. Jahrhundert
Eisen, 6,5 (Dm.)
Berlin, Deutsches Historisches Museum,
Inv.-Nr. W 3880
Lit. Beidatsch 1974; Harris 2005; Vincent 1972

Die *Tsuba* ist eine ovale, runde oder eckige Metallplatte des Samurai-Schwertes. Sie hat sich aus chinesischen parierstangenähnlichen Schutzbügeln entwickelt. In der *Tsuba* vereinen sich verschiedene Funktionen: Handschutz gegen das Abrutschen in den Klingenbereich, gleichzeitig Schutz der Hand gegen die gegnerische Klinge sowie Schmuck. Die *Tsuba* gilt als das wichtigste Element des Schwertzierrats, und die Seite, die dem Griff zugewandt ist, ist immer reich verziert.

Bei diesen Schutzbügeln wurden Gestaltung, Form und Größe nach Geschmack des Besitzers im Einklang mit der restlichen Schwertmontierung festgelegt. Die Mitte ist stets mit undekorierten, ovalen Metallplättchen (*seppa*) bedeckt. Zur Herstellung wurden verschiedene Materialien, wie Buntmetall mit unterschiedlichen Legierungen, Edelmetalle, Leder, überwiegend jedoch Eisen verwendet. Zur Klingenseite schloss sich noch eine meist vergoldete oder versilberte Kupfermanschette (*habaki*) an, die Griff und Klinge miteinander verband und somit die feste Verankerung des Schwertes in der Scheide ermöglichte.

Neben den frühzeitlichen kulturellen und technischen Impulsen von China holte sich Japan im 16. und 17. Jahrhundert auch Anregungen bei Portugiesen und Spaniern. Trotz der Einführung von Feuerwaffen durch die Portugiesen wurde jedoch auf kampferprobte Schwertritter nicht verzichtet. Die Abriegelung Japans gegenüber der Außenwelt in der Mitte des 17. Jahrhunderts hatte zur Folge, dass die klassischen Militärwaffen des mittelalterlichen Japan noch einmal zu hoher Blüte gelangten. Die Samurai galten als Beschützer und Garant des damaligen Militärsystems in Japan. Infolgedessen stellt das Schwert des Samurai ein materielles Symbol des kriegerischen Lebens dar.

Die 1901 erworbene *Tsuba* hat eine annähernd runde Form mit profiliertem Rand. Sie ist in durchbrochener Arbeit dekoriert mit Weinreben und zwei Siebenschläfern, deren Fell durch Goldlinien angedeutet ist. Die Weinreben sind eine Anspielung auf das japanische Sprichwort *budo o risu* (Weintrauben essen oder Kampfkunst betreiben). FÇP

VI.26

VI.27

VI.28 Japanische Stangenwaffe
Yari/Naginata
Japan, Mitte 17. Jahrhundert
Eschenholz, mattschwarz lackiert,
Kupferbeschläge, Stahlklinge, 255 (L.)
Gotha, Stiftung Schloss Friedenstein,
Schlossmuseum, Inv.-Nr. Eth. 197W.
Lit. Knutsen 1963; Ratti/Westbrook o. J.;
Slg.-Kat. Gotha 1998, S. 98

Bei dieser Lanze handelt es sich um eine ungewöhnliche Variante, die von der Form ihrer Klinge zwischen der mit einer langen gebogenen schwertartigen Klinge versehenen *Naginata* und der typischen zweischneidigen Klinge der *Yari* liegt. Die vorliegende Waffe hat eine relativ kurze, einschneidige Klinge, die gleichermaßen zum Stoß wie zum Hieb geeignet war. Ihre Handhabung erforderte eine besondere Technik. Sie wurde nicht nach europäischer Manier unter der rechten Armbeuge eingelegt oder in der freien rechten Hand als Stoßlanze verwendet, sondern beidhändig geführt. Dies ermöglichte sehr vielseitige Fechtbewegungen, verlangte aber insbesondere von berittenen Kriegern große Geschicklichkeit. Eine solche Waffe und die mit ihr verbundene Kampftechnik waren ohne Zweifel in europäischen Augen besonders eindrucksvoll. (Abb. 10, S. 248) DH

VII. Portugal in Übersee
VII.I. Der Estado da Índia

Infolge seiner Entdeckungsfahrten nach Osten errichtete Portugal im 16. Jahrhundert ein Kolonialreich, das in seiner Blütezeit als *Estado da Índia* (Portugiesisch-Indien) ein von Ostafrika über Indien und Südostasien bis nach Japan reichendes Gebiet umfasste. Der *Estado* war dabei keineswegs ein Imperium im herkömmlichen Sinn. Über ein Netz strategisch wichtiger Handels- und Militärstützpunkte gelang es den seetechnisch überlegenen Portugiesen mehr als hundert Jahre lang, die Vorherrschaft über die Handelsrouten des Indischen Ozeans zu behaupten. Die portugiesische Kolonialpolitik in Asien beschränkte sich – neben einer aggressiven Haltung auf dem Meer – auf die Errichtung von Festungen und Siedlungen in Küstennähe, deren Bevölkerung nur durch Mischehen gesichert werden konnte. Hauptstadt und religiöses Zentrum des *Estado da Índia* war das nach Lissabonner Vorbild verwaltete Goa. Die portugiesische Krone wurde hier durch den Generalgouverneur vertreten, der oft den Titel eines Vizekönigs trug und vom König für eine dreijährige Amtszeit eingesetzt wurde.

Festungsanlagen an der afrikanischen und persischen Küste, beispielsweise in Sofala, Mosambik, Soqotra und Hormuz, sicherten einerseits den Seeweg um das Kap der Guten Hoffnung nach Asien, andererseits die Zufahrt zum Roten Meer und zum Persischen Golf. Die ersten beiden Machthaber, Vizekönig Dom Francisco de Almeida und Gouverneur Afonso de Albuquerque, trieben die Konsolidierung der portugiesischen Präsenz in Indien voran: Nach der Gründung einer ersten Festung in Kochi (1503) wurden im Einvernehmen mit Lokalherrschern weitere Stützpunkte in Quilon, Kannanor und zeitweise auch in Kalikut errichtet. Goa, das vor allem aufgrund seiner Ausdehnung stets eine Sonderstellung einnahm, wurde unter dem Kommando von Albuquerque 1510 erobert. In den folgenden Jahrzehnten kamen Festungen in Sri Lanka (Colombo) und in Nordindien hinzu. Die Übernahme von Diu 1535 markierte den Abschluss dieser Phase der Ausbreitung im indischen Raum.

Die Kontrolle über den südostasiatischen Handelsraum erlangten die Portugiesen durch die Eroberung der an der gleichnamigen Meerenge gelegenen Handelsmetropole Malakka (1511), was unter anderem den Zugang zu den begehrten Gewürzinseln, zur Sandelholzinsel Timor und in den Westpazifik eröffnete. Zwei Jahre danach erreichten portugiesische Gesandte China. Eine Ansiedlung gelang jedoch erst in den 1550er Jahren in Macau. In Japan konnten sich Portugiesen ab 1543 lediglich als Missionare und Händler niederlassen. Der Einfluss des *Estado* blieb hier sehr gering. CT

VII. Portugal no Ultramar
VII.I. O Estado da Índia

Na sequência da expansão marítima para o Oriente, Portugal forma, no século XVI, um império colonial que, na sua época áurea, se estendia da África Austral, da Índia e Sueste da Ásia até ao Japão: o *Estado da Índia*. Este *Estado da Índia* não constituía, de modo nenhum, um império no sentido comum do termo. Os portugueses, com a supremacia técnica náutica, conseguiram dominar, durante mais de cem anos, as rotas de comércio do Oceano Índico, através de uma importante rede estratégica de bases militares e mercantis. Na Ásia, a política colonial portuguesa limitava-se, para além de uma posição agressiva no mar, à edificação de fortalezas e povoações nas zonas costeiras, cuja população só conseguiria sobreviver através de casamentos de miscigenação. A capital e o centro religioso do *Estado da Índia* era Goa, cuja estrutura administrativa seguia o modelo de Lisboa. A coroa portuguesa era aqui representada pelo governador geral que, normalmente, usava o título de vice-rei, sendo-lhe incumbida uma missão de três anos.

As fortalezas situadas na costa africana e persa, como por exemplo Sofala, Moçambique, Socotra e Ormuz, asseguravam, por um lado, o caminho marítimo para contornar o Cabo da Boa Esperança e seguir para a Ásia, e por outro lado, a via para o Mar Vermelho e o Golfo Pérsico. Os dois primeiros governantes, o vice-rei D. Francisco de Almeida e o governador Afonso de Albuquerque, levaram por diante a consolidação da presença portuguesa na Índia: após a fundação de uma primeira fortaleza em Cochim (1503) e com o acordo dos régulos, foram edificadas outras bases em Quíloa, Cananor, e durante certo tempo também em Calecute. Goa, que sobretudo pela sua extensão tinha um estatuto especial, foi conquistada em 1510, sob o comando de Afonso de Albuquerque. Nas décadas seguintes, acrescentaram-se as fortalezas no Sri Lanka (Colombo) e no Norte da Índia. A tomada de Dio, em 1535, representou o final desta fase de expansão no espaço índico.

O controlo sobre o espaço comercial do sueste asiático foi conseguido pelos portugueses através da conquista da metrópole comercial, Malaca (1511), situada no estreito com o mesmo nome, permitindo, entre outras coisas, ter acesso às cobiçadas ilhas das especiarias, a Timor, ilha de sândalo, e ao Pacífico Ocidental. Dois anos depois, emissários portugueses chegaram à China. No entanto, somente a partir de meados de 1500, se conseguiu o estabelecimento de uma colónia em Macau. No Japão, os portugueses só se puderam estabelecer como missionários e mercadores, a partir de 1543, pouco se fazendo sentir aqui a influência do *Estado*. CT

VII.I.1 Dom Francisco de Almeida

Etwa 1555–1580
Mischtechnik auf Holz, 183 × 98
Lissabon, Museu Nacional de Arte Antiga, Inv.-Nr. 2145 Pint
Lit. Ausst.-Kat. Tokio 1993, Kat.-Nr. 62

Dieses Gemälde aus dem Gouverneurspalast in Goa (Pangim) zeigt das Porträt Dom Francisco de Almeidas, der von 1505 bis 1509 erster portugiesischer Vizekönig in Indien war. Almeida ist bekannt für seine Auseinandersetzungen mit Afonso de Albuquerque, seinem Amtsnachfolger. Er war ein entschiedener Verteidiger der Seeherrschaft und scheute keine Mühen, dieses Ziel zu erreichen. Almeidas Position stand in engem Zusammenhang mit einer Gruppe portugiesischer Händler, die sich früh in Kochi niederließen, dort äußerst profitable Geschäfte machten und an Eroberungen auf dem indischen Festland wenig Interesse hatten. Albuquerque hingegen, ein enger Vertrauter des von Kreuzzügen träumenden Königs Manuel, stand für eine ehrgeizigere Militärpolitik. Diese zielte auf eine umfassende Expansion ab, die auch auf territorialer Eroberung und der Unterwerfung der einheimischen Bevölkerung beruhte.

Dom Francisco de Almeida gründete auf königlichen Befehl Festungen in Angediva, Kochi und Kannanor, die jedoch stets abseits der Städte standen und in erster Linie kommerziellen Zwecken dienten – was nicht heißt, dass sie Zeichen einer friedfertigen Präsenz gewesen wären. Denn mit Hilfe dieser strategisch platzierten Bauten konnten die Portugiesen massiv und oft sehr brutal in den indisch-arabischen Seehandel eingreifen. Schnell kam es zu heftigen Reaktionen und schließlich auch zur Entsendung eines ägyptisch-türkischen Geschwaders aus dem Roten Meer an die indische Westküste. Bei einer für die Portugiesen desaströsen Seeschlacht in Chaul verlor der Vizekönig 1508 seinen Sohn Dom Lourenço. Voller Gram stellte er daraufhin eine neue Armada zusammen und drängte auf den Kampf gegen die Türken und ihre venezianischen und indischen Alliierten. In Diu gelang es ihm schließlich am 2. Februar 1509, die muslimische Flotte in einer der größten Seeschlachten des 16. Jahrhunderts entscheidend zu schlagen. Durch diesen Sieg wurden die portugiesische Macht und vor allem das Prestige der Neuankömmlinge mit ihren kanonenbestückten Schiffen an der indischen Westküste gefestigt. An König Manuel I. richtete Almeida die berühmten Worte: »All unsere Kraft muss sich auf das Meer konzentrieren, denn wenn wir uns dort nicht behaupten, wendet sich alles gegen uns.« Umso glanzloser war allerdings das Ende des Vizekönigs. Zunächst weigerte er sich, sein Mandat an Afonso de Albuquerque abzutreten, wie von Dom Manuel befohlen. Schließlich gab er doch nach und brach nach Portugal auf, wurde jedoch in einem unbedeutenden Scharmützel an der südafrikanischen Küste getötet.

Dom Francisco de Almeida ist auf dem Gemälde in voller Gestalt mit dem Kommandostab in der Hand vor einem roten damastenen Hintergrund dargestellt. Oben prangt sein Name zusammen mit dem Wappen der Almeidas, und zu seinen Füßen befindet sich eine vergoldete Umrandung mit einer Inschrift, die die Dauer seiner Herrschaft angibt. Haltung und Attribute der Figur ähneln anderen Darstellungen aus dem Gemäldezyklus der Vizekönige und Gouverneure Indiens, der in der zweiten Hälfte des 16. Jahrhunderts in Auftrag gegeben wurde und bald als Vorlage für Kopien, darunter auch Stiche, diente. (Abb. 7, S. 31) PP

VII.I.2 Darstellung von Kalikut

In: *Lendas da Índia* (Vol. III), um 1550
Gaspar Correia (um 1495 – um 1561)
Handschrift auf Papier, 43 × 30,2
Lissabon, Instituto dos Arquivos Nacionais / Torre do Tombo, Inv.-Nr. Cofre forte 42
Lit. Ausst.-Kat. Lissabon 1995, Kat.-Nr. 12; Ausst.-Kat. Porto 1994

Dritter Band der als *Lendas* – Legenden also – bekannten Chronik von Gaspar Correia über die Taten der Portugiesen in Indien. Correia war ein Zeitgenosse anderer wichtiger Chronisten, wie João de Barros, Fernão Lopes de Castanheda und Damião de Góis. Im Gegensatz zu ihnen war er aber ein Kenner der Situation vor Ort, denn er verbrachte den größten Teil seines Lebens in Indien. Das Werk wurde im Jahr 1515 begonnen und von seinem Autor nach und nach aktualisiert und ergänzt. Doch Correia, der sich vor allem im Lager der da-Gama-Familie Feindschaften zugezogen hatte, starb um 1561, ohne die Drucklegung der *Lendas* erlebt zu haben. Selbst nachdem das Manuskript nach Portugal gebracht worden war, blieb es bis 1858 unveröffentlicht. Der zum Teil romanhafte, von der Faszination für das Wunderbare geprägte Stil der *Lendas* sowie zahlreiche Detailfehler machten sie über Jahrhunderte zu einem Werk, dem die meisten Leser misstrauten. Erst im 20. Jahrhundert wurden sich die Historiker der außerordentlichen Reichhaltigkeit von Correias Schrifttum und dessen hohen Wertes für die Kulturgeschichte der portugiesischen Expansion bewusst.

Bedeutsam sind auch die hervorragenden Zeichnungen, die Correia anfertigte. Darauf sind die Städte bzw. Festungen von Malakka, Kalikut (Kozhikode), Aden, Quilon (Coulão/Kollam), Hormuz, Dschidda, Colombo, Kannanor, Chalé, Diu, Kochi,

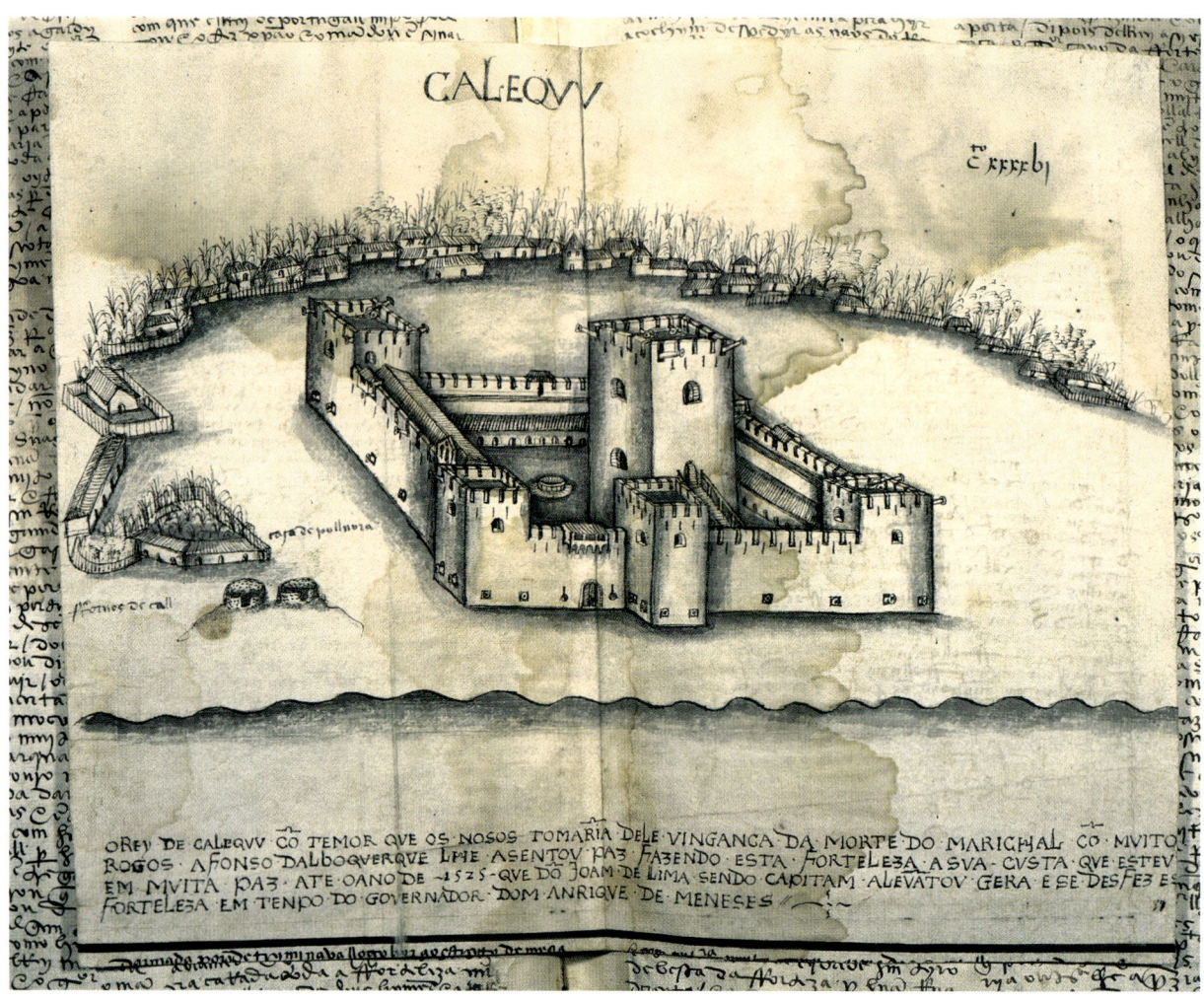

VII.I.2

[Handwritten caption on drawing:]
CALEQVV

O REY DE CALEQVV CO TEMOR QVE OS NOSOS TOMARIA DELE VINGANÇA DA MORTE DO MARICHAL CO MVITOS ROGOS A FONSO DALBOQVERQVE LHE ASENTOV PAZ FAZENDO ESTA FORTELEZA A SVA CVSTA QVE ESTEV EM MVITA PAZ ATE O ANO DE 1525 QVE DO JOAM DE LIMA SENDO CAPITAM ALEVATOV GERA E SE DESFEZ ES FORTELEZA EM TENPO DO GOVERNADOR DOM ANRIQVE DE MENESES

Suq auf Soqotra, São Tomé de Meliapor und Bassein (Baçaim/Vasai) zu sehen (acht weitere Zeichnungen gingen bedauerlicherweise verloren). Correias Darstellungsweise folgt den technischen und ästhetischen Konventionen jener Zeit, in der Ansichten von Städten aus der Vogelperspektive zunehmend an Bedeutung gewannen. PP

VII.I.3 Plan des Festungspalastes der Gouverneure und Vizekönige in Goa
João Baptista Vieira Godinho
Goa, 1779
Aquarellierte Zeichnung auf Papier, 119,5 × 44,7
Lissabon, Sociedade de Geografia, Inv.-Nr. Cartografia, 6-E-5
Lit. Ausst.-Kat. Porto 1999, Kat.-Nr. 44, S. 86 f.; Carita 1996, S. 22–25; Slg.-Kat. Lissabon 2001, S. 70 f.

Der Plan zeigt den Kernbereich des 1820 abgebrochenen Festungspalastes von Goa, der seit 1554 die Residenz der Gouverneure und Vizekönige sowie die Verwaltung des *Estado da Índia* beherbergte. Der in unmittelbarer Nachbarschaft zu den Kaianlagen am Mandovi-Fluss gelegene Bau ging auf die vorkoloniale Zeit zurück. Er wurde unter portugiesischer Herrschaft mehrmals umgestaltet und zu einem vielgestaltigen Ensemble erweitert. Dieses umfasste unter anderem auch das Staatsgefängnis und das Gerichtsgebäude und gruppierte sich um einen großen öffentlichen Platz. Von dort gelangte man durch eine Toreinfahrt in den Innenhof der eigentlichen Residenz. Der Palast wurde von einer monumentalen Säulenvorhalle dominiert, unter der eine doppelläufige Treppe zum Hauptgeschoss empor führte. Hier befanden sich die wichtigsten Repräsentationsräume: eine große Galerie mit der Darstellung sämtlicher Schiffe, die von Portugal nach Indien aufgebrochen waren, sowie der Audienzsaal, in dem die Porträts der Gouverneure und Vizekönige des *Estado* hingen.

Wie der Aufriss des Palastes erkennen lässt, war er, wie die meisten Profanbauten Goas, im Stil der sogenannten *arquitectura chã* konzipiert, die sich durch besondere Rationalität und Bauökonomie auszeichnete. Die dichte Gruppierung der Walmdächer folgt der traditionellen Goeser Bauweise. Am rechten unteren Rand der Planzeichnung ist der Bogen der Vizekönige wiedergegeben. Dieser stellte den nördlichen Stadteingang Goas dar, der die Kaianlagen mit dem Palastareal verband und Ende des 16. Jahrhunderts zu einem Erinnerungsmonument für Vasco da Gama umgestaltet wurde. (Abb. 3, S. 145) JW

VII.I.4 Stadtplan von Goa

Aus: *Theatrum Europaeum*
Frankfurt am Main, um 1642
Matthäus Merian d. Ä. (Basel 1593 – 1650 Schwalbach)
Kupferstich, 27 × 35,5
Berlin, Deutsches Historisches Museum, Inv.-Nr. Do 2007/1
Lit. Berger 1979, Bd. 1, S. 198–204; Pereira 2005a,
S. 62–66, Wüthrich 2007, S. 333–336

Der mit Blick nach Süden aufgenommene Plan von Goa zeigt die Metropole des *Estado da Índia* auf dem Höhepunkt ihrer Entwicklung am Ende des 16. Jahrhunderts. Im Zentrum ist die Hauptgeschäftsstraße, die *Rua Direita*, zu erkennen, auf die die wichtigsten öffentlichen Bauten der Stadt ausgerichtet sind. Sie nimmt ihren Ausgangspunkt am *Terreiro do Paço* mit dem Festungspalast der Vizekönige und dem angrenzenden nördlichen Stadttor, welches die Innenstadt mit den Kaianlagen am Ufer des Mandovi verbindet. Im Süden endet sie an einem Tor, das die Ausdehnung der vorkolonialen Stadt markiert und zu den sich rasch ausdehnenden Vorstädten mit ihren zahlreichen Ordensniederlassungen führt. Eine in westlicher Richtung abzweigende Seitenstraße verbindet die Hauptmagistrale mit dem geistlichen Zentrum der Stadt, das von der Kathedrale und dem Palast des Erzbischofs gebildet wird. Westlich an die Mandovi-Kaie schließt sich das *Arsenal da Marinha* mit seinen Schiffswerften an.

Der Plan beruht nicht auf der persönlichen Anschauung Merians, sondern auf Vorlagen, die bereits vier Jahrzehnte zuvor von Jan Huyghen van Linschoten (1596) und den Gebrüdern de Bry (1597) publiziert worden waren. Anders als Linschotens Erstveröffentlichung verzichtet er auf die Darstellung des Indischen Ozeans und beschränkt die heraldischen Symbole auf das Wappen Goas, das von der Heiligen Katharina, der Patronin der Stadt, gehalten wird. Dem Wandel, der sich in den 1590er Jahren im Stadtbild Goas vollzogen hat – wie etwa dem um 1642 bereits weit fortgeschrittenen Neubau der Kathedrale –, trägt Merian keine Rechnung. Dagegen wird der rege Schiffsverkehr im Hafen nun fast ausschließlich von Galeonen repräsentiert, die seit dem Beginn des 17. Jahrhunderts ältere Schiffstypen weitgehend verdrängt hatten. (Abb. 2, S. 144) JW

VII.I.5

VII.I.5 Der Markt in Goa
In: *Histoire de la Navigation*, (3. Ausgabe)
Amsterdam, 1638
Jan Huygen van Linschoten (1563 – 1611)
Kupferstich, aquarelliert, 30 × 65,5
Lissabon, Sociedade de Geografia, Inv.-Nr. 147-G-87
Lit. Ausst.-Kat. Lissabon 1995, Kat.-Nr. 16; Ausst.-Kat. Porto 1994

Radierung aus der 3., französischen Ausgabe des *Itinerario* von Jan Huygen van Linschoten. Dargestellt ist eine Szene des Alltagslebens der Stadt Goa, die »Versteigerung, die jeden Morgen in der Rua Direita zu Goa stattfindet«. Am lebhaften Geschehen sind unterschiedliche soziale und ethnische Gruppen beteiligt, die das alltägliche geschäftige Treiben in Goa bestimmten. Im Hintergrund befindet sich eine Reihe von goesischen Häusern mit ihren typischen vierflächigen, relativ kleinen und steilen Walmdächern, den sogenannten ›Scherendächern‹ (*telhados de tesoura*), und den mit Holzblenden verkleideten Balkonen. Rechts im Bild steht die *Misericórdia*-Kirche. Linschoten war ein Holländer, der 1580 nach Portugal kam und 1583 nach Goa aufbrach. Dort arbeitete er als Sekretär des Erzbischofs Dom Vicente de Fonseca. Im Jahr 1593 kehrte er über die Azoren und Lissabon in seine holländische Heimatstadt Enkhuizen zurück, wo er 1595 mit der Veröffentlichung seines Reiseberichts über die Seefahrten der Portugiesen im Orient, der *Reys-gheshrift vande navigatien der Portugaloysers in Orienten*, begann.

Dieses Werk war eine Fundgrube für all jene, die an Reisen in den Osten interessiert waren, jedoch das portugiesische Monopol auf der Kaproute zu umgehen suchten. Es wurde dementsprechend zu einem Verkaufsschlager und musste mehrmals neu aufgelegt und übersetzt werden. Derselbe Autor veröffentlichte im Jahr 1596 das *Itinerario: Schiffsreise von Jan Huyghen van Linschoten in den Osten oder nach Portugiesisch Indien* (*Itinerario: Voyage ofte schipvaert van Jan Huyghen van Linschoten naer Oost ofte Portugaels Indien, 1579–1592*) und 1597 die *Beschreibung der Küste von Guinea, Manikongo, Angola über das Kap St. Augustin in Brasilien, die auch die Eigenheiten der Atlantiküberquerung beschreibt* (*Beschryvinghe van de gantsche custe van Guinea, Manicongo, Angola ende tegen over de Cabo de S. Augustijn in Brasilien, de eyghenschappen des gheheelen Oceanicsche Zees*). Die detaillierten Berichte Linschotens waren den niederländischen und englischen Bemühungen um eine Teilnahme am Indienhandel förderlich und trugen somit zum Ende der portugiesischen Vormachtstellung im Indischen Ozean bei. PP

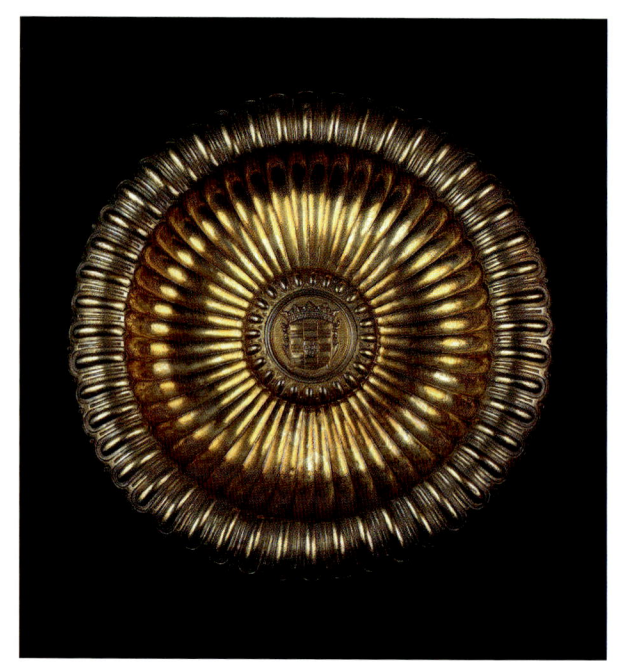

VII.I.6

VII.I.6 Teller mit dem Wappen Francisco da Gamas
Portugiesische Arbeit, um 1600
Vergoldetes Silber, 33 (Dm.)
Lissabon, Santa Casa da Misericórdia de Lisboa / Museu de São Roque, Inv.-Nr. 613
Lit. Ausst.-Kat. Lissabon 2004, Kat.-Nr. 51

Teller oder Schale aus vergoldetem Silber. Im Zentrum befindet sich ein kreisförmiges Medaillon mit dem Wappen von Dom Francisco da Gama (Vizekönig von Indien, reg. 1597–1600 und 1622–1628). Da Gama war ein begieriger Sammler und Verbreiter von *Exotica*. Der Gouverneurspalast in Goa galt zu seiner Zeit als regelrechte Schatzkammer, aus der zahlreiche Objekte über Mittelsmänner nach Portugal und in andere europäische Länder gelangten. Als Dom Francisco da Gama 1628 in Ungnade fiel, wurde eine ansehnliche Menge von Schmuckstücken und Edelsteinen aufgelistet. Darunter befanden sich auch die berühmten und hoch geschätzten ›Bezoarsteine‹. Es handelte sich hierbei um ›Steine‹ aus dem Verdauungstrakt bestimmter zentralasiatischer Bergziegen, die als Pharmazeutika gehandelt, aber auch in aufwendigen Einfassungen als Amulette gebraucht wurden. Da Gama gab mehrere solche Arbeiten in Auftrag. PP

VII.I.7 Plan von Chaul
In: *Livro da Planta de Todas as Fortalezas, cidades e povoações do Estado da Índia Oriental*
António Bocarro (Text), Pedro Barreto de Resende (Zeichnungen), 1635
Handschrift und aquarellierte Zeichnungen,
62 × 40 (Pläne); 62 × 29,5 (Text)
Évora, Biblioteca Pública, Inv.-Nr. Manuscritos, cód. CXV/2-1
Lit. Ausst.-Kat. Porto 1999, Kat.-Nr. 98–102

Das bekannteste *Buch der Grundrisse* beinhaltet einen Text von António Bocarro und 48 aquarellierte Zeichnungen auf Papier von Pedro Barreto de Resende. Die Ansichten weisen eine strenge Farbgebung auf und folgen nicht den konventionellen Regeln perspektivischer Darstellung, obwohl es sich fast immer um Ansichten aus der Vogelperspektive handelt. Zweck der Bilder ist es, ohne besondere Detailtreue die wichtigsten Aspekte der Städte und ihre Umgebung darzustellen. Möglicherweise waren diese Ansichten umso nützlicher, je direkter und naiver sie waren. Sie waren somit auch für solche Leser leicht zu interpretieren, die an technische Zeichnungen wenig gewohnt waren. Die Darstellungen der lokalen Umgebung mit Flussarmen, angrenzenden Küstenstrichen und benachbarten Siedlungen stellten wertvolle geografisch-militärische Informationen dar.

Das Werk wurde 1630 vom Vizekönig Dom Miguel de Noronha, dem vierten Grafen von Linhares, in Auftrag gegeben. Anfänglich waren die Ingenieure Pedro Massai de Frias und Domingos de Toral mit der Aufgabe befasst, später kümmerte sich der Hauptarchivar von Goa, António Bocarro, um den Text, sodass die Sammlung als *Livro de Bocarro* bekannt wurde. Der Zeichner Pedro Barreto de Resende war damals Sekretär des Vizekönigs. Der Bericht (heute in der Nationalbibliothek zu Madrid) wurde an König Filipe IV. von Portugal und an den Staatsrat in Lissabon gesandt. Es gibt heute eine beträchtliche Anzahl von Kopien, was das strategische Interesse verdeutlicht, das die Sammlung auch für konkurrierende Mächte in Nordeuropa besaß (Bibliothèque nationale de France, Paris, Kopie von 1636; Biblioteca Nacional de Lisboa, Kopie von 1639, verfasst von António de Mariz Carneiro; British Library, London, Kopie von 1646). Dieses und ein ähnliches Werk von Manuel Godinho de Erédia sind Zeichen jener Anstrengungen, die in Portugal unter den Habsburgerkönigen unternommen wurden, um Informationen über das Überseereich zu sammeln und wie in einem Inventar zusammenzustellen (vgl. auch Abb. 9, S. 172). PP

VII.I.8 Geschichte der zweiten Belagerung von Diu

Sucesso do Segundo Cerco de Diu
Jerónimo Corte-Real (etwa 1530–1574)
1574
Illuminierte Handschrift auf Papier, 31,5 × 22
Lissabon, Instituto dos Arquivos Nacionais / Torre do Tombo, Inv.-Nr. Col. Casa Cadaval, Buch 31
Lit. Ausst.-Kat. Lissabon 1995, Kat.-Nr. 13; Ausst.-Kat. Porto 1994

Die indischen Feldzüge des Dom João de Castro in den 1540er Jahren wurden sehr schnell in verschiedenen Berichten verherrlicht. Zu den größten Taten Castros zählte dabei die Durchbrechung der Belagerung von Diu durch eine muslimische Flotte am 10. November 1546. Zu den Heroisierungen dieser Tat gehörte unter anderem das epenhafte Gedicht *Sucesso do Segundo Cerco de Diu* von Jerónimo Corte-Real, das 1574 in Druck gegeben wurde. Der künstlerisch begabte Autor beschloss, seinem König Dom Sebastião ein handgeschriebenes und persönlich illuminiertes Exemplar zu schenken. Die 21 Zeichnungen sind nicht nur vom ästhetischen Gesichtspunkt bemerkenswert, sondern zählen auch zu den verlässlichsten Quellen zu Bekleidung, Waffen und Schlachtenführung im 16. Jahrhundert.

Die Portugiesen bemühten sich schon um 1513 vergeblich darum, eine Handelsniederlassung in Diu zu errichten. Militärische Eroberungsversuche unter Diogo Lopes de Sequeira (1521) und Nuno da Cunha (1523) scheiterten ebenfalls. 1535 wurde die Stadt den Portugiesen schließlich vom Sultan von Guzerat, Bahadur, als Ausgleich für die Hilfe der Portugiesen gegen den Großmogul angeboten und von diesen sofort besetzt und befestigt. Als Bahadur versuchte, die Festungsanlage wieder in seine Gewalt zu bringen, wurde er vermutlich von den Portugiesen getötet (er ertrank nach einem Treffen mit dem Gouverneur Nuno da Cunha), was die Spannungen in dieser Region langfristig verschärfte. Eine erste muslimische Belagerung im Jahr 1538 unter dem Kommando des Gouverneurs von Khambhat, Khawaja Sofar, und dem Beistand eines türkischen Geschwaders

VII.I.8 A

VII.I.8 B

unter Suleiman Pascha wurde von den portugiesischen Truppen unter Dom António da Silveira zerschlagen. Khawaja Sofar belagerte die Stadt 1546 ein zweites Mal und wurde schließlich von den portugiesischen Truppen unter dem Kommando von Dom João da Silveira zu Lande und von Dom João de Castro zur See besiegt. Die Befestigungsanlagen wurden später nach Plänen von Francisco Pires verstärkt und bildeten seitdem die architektonisch bedeutendste portugiesische Festung im Orient. PP

VII.I.9 Modell der Festung von Diu
Portugal, 19. Jahrhundert
Sandstein, 30 × 90 × 65
Lissabon, Sociedade de Geografia, Inv.-Nr. AB-964
Lit. Ausst.-Kat. Lissabon 1995, Kat.-Nr. 1; Ausst.-Kat. Porto 1994, Kat.-Nr. 41 u. 42; Ausst.-Kat. Porto 1999, Kat.-Nr. 116; Castelo-Branco 1987; Quadros 1907

Die Festung von Diu zählt zu den bedeutendsten portugiesischen Festungsanlagen in Indien. Diu, strategisch auf einer Insel an der Einfahrt zum Golf von Khambhat, einer der reichsten Regionen Indiens, gelegen, wurde den Portugiesen 1535, nach mehreren erfolglosen Eroberungsversuchen, von Sultan Bahadur im Tausch für militärische Hilfe gegen die von Norden herandringenden Mogulen überlassen. 1538 belagerte ein erstes osmanisches Geschwader die Festung, 1546 kam es zum zweiten, von Dom João de Castro abgewehrten muslimischen Rückeroberungsversuch. In jenem Jahr begannen die Portugiesen mit dem Ausbau der berühmten Befestigungsanlagen nach Plänen von Francisco Pires. Es entstand eine hochmoderne Renaissance-Festung im italienischen Stil, wie man sie, so der Chronist Gaspar Correia »in dieser Gegend sonst nicht sehen konnte«. Dank dieser und weiterer technisch ausgeklügelter Bauten zu Land und zu Wasser widersetzten sich die Portugiesen in Diu wiederholten Übernahmeversuchen im Laufe der folgenden Jahrhunderte (die Stadt blieb bis 1961 in portugiesischer Hand).

Die Festung wurde unter anderem durch Miniaturmodelle bekannt, die von ortsansässigen *Banyan*-Steinmetzen angefertigt wurden. Exemplare solcher Modelle befinden sich heute im Lissabonner Museu da Marinha (darauf ist zu lesen: *von Meister Deuchaude Narane 1894 angefertigt*), im Museu Conde Castro Guimarães (Cascais), in der Festung São Julião da Barra (Lissabon), in den Depots des Museu da Cidade (Lissabon) und im Museum von Diu. Diese als ›Souvenirs‹ verkauften Objekte wurden traditionsgemäß aus Steinen gemeißelt, die ursprünglich Teil des Forts selbst waren. PP

VII.I.9

VII.I.10 Dom João de Castro
Flämische Schule, Ende 16. Jahrhundert
Polychromiertes Holz, 95 × 28 × 20
Porto, Colecção Távora Sequeira Pinto
Lit. Ausst.-Kat. Lissabon 1998b, Kat.-Nr. 40;
Franco/Santos 1997

Diese Skulptur ist nicht so sehr wegen ihrer überragenden ästhetischen oder handwerklichen Qualität, sondern vor allem aufgrund ihrer ursprünglichen Bestimmung als Statue für ein ephemeres Bauwerk bemerkenswert. Wahrscheinlich wurde sie für einen der Gedenkbögen, die beim Einzug von König Philipp II. 1581 in Lissabon errichtet und danach wieder abgebaut wurden, hergestellt. Es handelt sich um eine posthume, aber sehr plausible Darstellung des Nationalhelden Dom João de Castro (1500–1548), der als vierter Vizekönig von Indien (reg. 1545–1548) die Geschicke der Portugiesen in Asien lenkte und gleichzeitig als einer der besten Geografen seiner Zeit galt. Die Skulptur weist polychrome Spuren auf und lässt einen gewissen flämischen, archaischen, von sicherer Hand geprägten, aber doch ausdrucksstarken Charakter erkennen. Im Arm hält die Figur einen Schild mit dem Wappen der Familie Castro, und in der rechten Hand zeigt sie, in Anspielung auf die wissenschaftliche Bildung des Porträtierten, ein Buch. Die linke Hand hielt ursprünglich ein Schwert, das aber verlorengegangen ist. (Abb. 2, S. 131) PP

VII.I.11

VII.I.11 Der triumphale Einzug des Dom João de Castro in Goa
Niederländischer Künstler aus dem Umkreis des Michel Coxcie (1497 – 1592 Mechelen)
Brüssel, 1555–1560
Wolle, Seide, Gold- und Silberfäden, 348 × 530
Wien, Kunsthistorisches Museum, Kunstkammer,
Inv.-Nr. KK T XII 10
Lit. Ausst.-Kat. Lissabon 1995, Kat.-Nr. 2, S. 210–214;
Ausst.-Kat. Wien 1992b, Kat.-Nr. 2, S. 74–77

Der Wandteppich gehört zusammen mit neun weiteren zu einer Serie von Tapisserien, die die Taten des vierten Vizekönigs von Indien, Dom João de Castro, verherrlichen. Er zeigt den Triumphzug, den Castro am 22. April 1547 in Goa abhielt. Anlass war die siegreiche Befreiung Dius von den Truppen des Sultans von Guzerat im November 1546. Diese hatten die auf einer Insel vor der nord-westindischen Küste gelegene Festung zwei Monate lang vergeblich belagert und waren schließlich von einem Entsatzheer unter Castros Kommando vernichtend geschlagen worden. Dem feierlichen Einzug *all'antica* entsprechend, erhebt sich im Hintergrund ein Triumphbogen, der mit der Stadtfahne Goas – sie zeigt das Rad der Heiligen Katharina – und der des Christusordens geschmückt ist. Eine portugiesische Inschrift verkündet den Anlass der Festlichkeiten: »Willkommener und unsterblicher Triumph für das Recht, für den König, für das Land«. Oberhalb der Fahnen trägt ein goldener Löwe den Wappenschild de Castros mit sechs blauen Kugeln auf silbernem Grund. Der Vizekönig selbst schreitet unter einem Baldachin, der von vier Edelleuten getragen wird. Davor sind Franziskanermönche sowie Bannerträger zu erkennen, die ein weiteres heraldisches Symbol Goas mit sich führen: die Heilige Katharina, die über ihren heidnischen Peiniger Maximinus triumphiert. Angeführt wird der Zug von dem gefangengenommenen Feldherrn des Sultans und erbeuteten Fahnen. Im Vordergrund schreiten prächtig uniformierte Infanteristen, von denen einige mit Lorbeerkränzen geschmückt sind.

Als Auftraggeber der gesamten Teppichfolge, die nie nach Portugal gelangte, wird Álvero de Castro, ein Sohn des Vizekönigs, angenommen. Dieser hatte seinen Vater bei dessen Unternehmungen in Indien begleitet und könnte den Wunsch Dom Joãos erfüllt haben, seine militärischen Erfolge in einer Tapisserieserie festzuhalten. (vgl. auch Abb. 1, S. 128) JW

VII.I.12 Karte der Festung von Mosambik
In: *Descrição da Ilha de Moçambique*
17. Jahrhundert
Mit Chinatinte gefertigte Handschrift auf Papier, 35 × 55
Lissabon, Sociedade de Geografia, Inv.-Nr. Cartografia 1-G-35
Lit. Ausst.-Kat. Porto 1999, Kat.-Nr. 14

In Mosambik, einem strategisch bedeutsamen Ort an der afrikanischen Ostküste, wurde eine der wichtigsten und langlebigsten portugiesischen Überseefestungen gebaut. Dieser vom Meer umgebene, etwa drei Kilometer lange Landstrich gehörte seit Beginn des 16. Jahrhunderts, also praktisch sofort nach seiner ›Entdeckung‹ im Jahr 1498, zu den obligatorischen Zwischenstopps der Portugiesen auf ihren Indienfahrten. Die Insel besaß einen interessanten kulturellen Charakter, der sich aus dem Nebeneinander von Bevölkerungsgruppen verschiedener Glaubensrichtungen ergab. Der nördliche Teil der Insel wurde von den Portugiesen bebaut. Dort entstand in sengender Hitze eine portugiesische Stadt aus ›Stein und Kalk‹ mit Kirchen, einer manuelinischen Kapelle, Festungsanlagen und Uferkais. Tausende von Personen überwinterten hier, wenn die Armadas zu spät aus Portugal eintrafen, um den Südwestmonsun für die Überfahrt nach Indien zu nutzen. Im Spital von Mosambik starben allerdings auch zahlreiche Überseefahrer, erschöpft von den Strapazen der Reise. Im Süden wurde die Insel weiterhin von den ortsansässigen Makua bewohnt. Getrennt waren die beiden Hälften durch einen großen Steinbruch. PP

VII.I.13 Deklaration zu Malakka
Declaração (Declaraçam) de Malaca
Manuel Godinho de Erédia (Malakka 1563 – 1623 Goa)
1604
Zeichnung auf Papier, 29 × 21
Brüssel, Bibliothèque royal de Belgique, Sign. Ms. 7264
Lit. Dias 1998, S. 398 – 402

Das an der Meerenge zwischen der Malaiischen Halbinsel und Sumatra gelegene Malakka stellte den wichtigsten strategischen Stützpunkt der Portugiesen auf dem Weg nach Ostasien und zu den Gewürzinseln dar. Nachdem Afonso de Albuquerque die Stadt 1511 erobert hatte, ließ er noch im selben Jahr mit dem Bau umfangreicher Verteidigungsanlagen beginnen. Deren

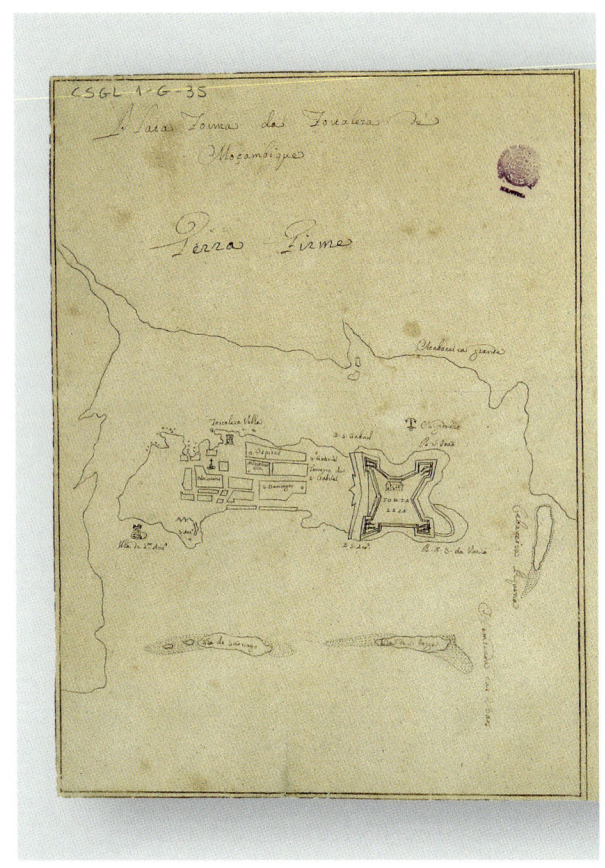

VII.I.12

Kernstück bildete die Festung *A Famosa*, die mit ihrem mächtigen Eckturm die Kaianlagen an der Mündung des Malakkaflusses sowie eine dort gelegene Brücke kontrollierte. Die Gestalt dieses Turmes ist in der *Declaração de Malaca*, einem Konvolut von Zeichnungen des Manuel Godinho de Erédia, überliefert. Demnach besaß der über einem quadratischen Grundriss errichtete Bau vier Stockwerke, von denen die beiden unteren mit ihrem verstärkten Mauerwerk vermutlich zur Aufnahme von Kanonen bestimmt waren. Über dem Rechteckfenster des obersten Geschosses ist das Ziffernblatt einer Uhr zu erkennen. Die Brüstung der Dachterrasse ist mit Wasserspeiern und einem aufwendig gestalteten Zinnenkranz versehen. Sie reflektierten das ornamentreiche Formenvokabular der portugiesischen Architektur um 1500 und verliehen dem Bau einen repräsentativen Charakter. Neben dem Turm hat Erédia das Porträt und das Wappen des Bauherrn, Afonso de Albuquerque, dargestellt. (Abb. 4, S. 180) JW

VII.I.14 Fort von Malakka

In: *Livro de Plantaforma das Fortalezas da Índia*
Manuel Godinho de Erédia (Malakka 1563 – 1623 Goa),
1630–1640
Handschrift und aquarellierte Zeichnung auf Papier, 43 × 28
Lissabon, Forte de São Julião da Barra / Ministério da
Defesa Nacional

Beschreibung siehe Kat.-Nr. VII.I.7 (Abb. 9, S. 188)

VII.I.15 Ansicht von Macau mit Perlenflussdelta

Jorge Pinto de Azevedo
1646
Handschrift auf Papier, 42 × 59
Lissabon, Biblioteca da Ajuda, Inv.-Nr. BA CÓD. MS.
52-XI-21, nr. 9
Lit. Ausst.-Kat. Lissabon 2004

Die ersten portugiesisch-chinesischen Kontakte ergaben sich in den Häfen Indiens und Südostasiens, insbesondere in Malakka. Aus dieser 1511 von den Portugiesen besetzten Stadt brach unter anderem eine Gesandtschaft unter der Leitung von Tomé Pires auf, die 1522 in Peking eintraf. Doch die diplomatische Initiative geriet in eine Sackgasse. Erst zwei Jahrzehnte später, um 1543, erlangten die Portugiesen Anerkennung in China und begannen, im Tauschhandel zwischen China und Japan, der für die Einheimischen verboten war, eine Vermittlerrolle zu spielen. Hier ließen sich insbesondere im Handel mit chinesischer Seide und japanischem Silber fabelhafte Gewinne erzielen. Die Operationsbasis der Portugiesen war das Delta des Perlenflusses und ab den frühen oder mittleren 1550er Jahren der Ort Macau, dessen Gründungsdatum wahrscheinlich zwischen 1554 und 1557 liegt. Der Handel mit Japan war strikt reguliert und unterlag einem formalen Monopol, das von der portugiesischen Krone beaufsichtigt und von der Händlergemeinschaft von Macau eingehalten wurde. Ein einziges, riesiges und für Piraten uneinnehmbares Schiff unternahm die Fahrten nach Japan und hielt so bis 1639 die Verbindung zwischen den beiden fernöstlichen Großmächten aufrecht. Dieses Schiff war bekannt als »a grande nau de Macau«, also »das große Schiff von Macau«.

Der genaue Status der portugiesischen Kolonie von Macau ist dabei nicht eindeutig geklärt. Es handelte sich um eine Art Konzession, bei der die Duldung durch die südchinesische Mandarinenelite, die vom Außenhandel erheblich profitierte, eine wichtige Rolle spielte. Neben den portugiesischen Behörden blieben auch chinesische Instanzen in Macau erhalten, und

VII.I.17

die Portugiesen machten nie mehr als einen Bruchteil der Bevölkerung aus. Auf die offizielle Anerkennung der fremden Kolonie durch die chinesischen und die portugiesischen Obrigkeiten folgte eine eindrucksvolle Entwicklung. 1575 wurde Macau zur Diözese, 1586 erhielt es von der portugiesischen Krone die Stadtrechte. Erst Mitte des 17. Jahrhunderts büßte Macau durch die Konkurrenz der Holländer und anderer europäischer Seemächte seine Vorrangstellung ein. Doch blieb es insgesamt mehr als 400 Jahre lang unter portugiesischer Verwaltung. (Abb. 3, S. 165) PP

VII.I.16 Truhendeckel mit Ansicht einer chinesischen Hafenstadt

China, 17. Jahrhundert
Holz mit Lackmalerei in Gold und Rot, Beschläge aus Eisen,
71 × 142 × 2,5
Porto Salvo, Colecção Millennium bcp, Inv.-Nr. Millennium
BCP – 165913
Lit. Ausst.-Kat. Porto 1999, Kat.-Nr. 158; Ausst.-Kat. Tokio
1993, Kat.-Nr. 133

Die Kunsthandwerker im südlichen China ließen sich zweifelsohne von der japanischen *Namban*-Kunst beeinflussen, wenn sie Aufträge aus dem Okzident ausführten und Lackholz-Möbelstücke anfertigten, auf denen Szenen des Alltagslebens dargestellt wurden. Hier sehen wir einen betriebsamen Hafen, in dem einheimische und fremde, sicherlich europäische Schiffe manövrieren. Auch die Landschaft im Hintergrund ist im althergebrachten Stil ausgeführt, allerdings ohne die ansonsten üblichen

Eigenheiten der chinesischen Landschaftsmalerei mit ihren traditionellen literarischen oder poetischen Bezügen. Was hier zu sehen ist, ist eher prosaisch: eine größere Handelsstadt mit ihren Häusern, Kais und Hafengebäuden. Die Einfuhr solcher Möbelstücke durch die Portugiesen und Holländer im 17. Jahrhundert löste eine europaweite Mode aus, die sich das ganze 18. Jahrhundert hindurch in einer allgemeinen Vorliebe für *Chinoiserie* äußerte. (Abb. 4, S. 167) PP

VII.I.17 Kammerbüchse

Luis João Álvares (Geschützgießer)
Majumba (Kongo, Fundort), um 1500
Bronze, 202 (L.), 4,8 (Kal.), 82,5 kg
Berlin, Deutsches Historisches Museum, Inv.-Nr. W 432
Lit. Ausst.-Kat. Nürnberg 1992, Kat.-Nr. 4.42; Post 1922, S. 120, Abb. 5; Smith 2000, S. 5

Unter einer Büchse verstand man im 14. und 15. Jahrhundert jede Art von Feuerwaffe. Dazu gehört auch die Kammerbüchse als spezielles Hinterladegeschütz. Die mit Pulver geladene Kammer (fehlt) wurde in ein Kammergehäuse eingepasst und verkeilt. Möglicherweise diente sie auch zur Aufnahme der Kugel. Das auf einer Drehbasse montierte Rohr sicherte eine hohe Beweglichkeit. Auf dem Rohr dieses im ›Zeitalter der Entdeckungen‹ weitverbreiteten Geschütztyps sind das Wappen Portugals sowie eine Armillarsphäre als Symbol des portugiesischen Königs in das Metall ziseliert. Auf dem Ansatz zur Kammer ist ein L, als Zeichen des Gießers eingeschlagen. GQ

VII.I.18 Zweihänder

Mitte des 16. Jahrhunderts
Stahl, Holz, Leder, 39 × 155 × 6
Lissabon, Museu Militar, Inv.-Nr. 18/521
Lit. Ausst.-Kat. Lissabon 1995, Kat.-Nr. 47; Ausst.-Kat. Lissabon 2001, Kat.-Nr. 95

Traditionelle Waffe der Portugiesen in Übersee. Unter den Blankwaffen zeichneten sich die ›Zweihänder‹ durch ihr großes Gewicht aus. Aufgrund ihrer Länge und ihres Gewichtes mussten sie tatsächlich mit beiden Händen und in weit ausgreifenden, schwungartigen Bewegungen über den Kopf gehandhabt werden. Bei Paraden wurden sie über der Schulter getragen. Im Laufe des 16. Jahrhunderts nahm ihr Gebrauch stetig ab. Letztlich wurden sie nur noch als Prunkwaffen zur Schau gestellt. PP

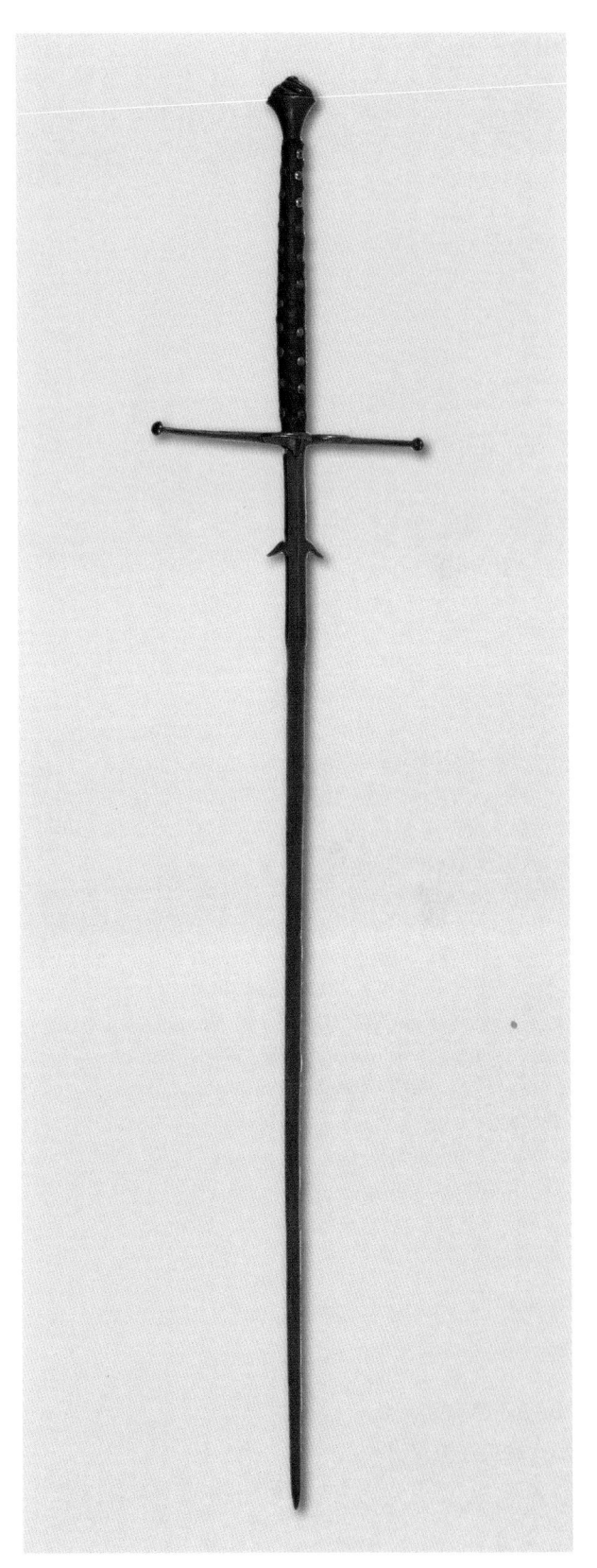

VII.I.18

VII.I.19

VII.I.19 Helm
Mitte des 16. Jahrhunderts
Geschmiedetes Eisen, Silbereinlegearbeiten, 23 × 28 × 23,5
Lissabon, Museu Militar, Inv.-Nr. 21/25
Lit. Ausst.-Kat. Lissabon 1995, Kat.-Nr. 42

Birnenförmiger Helm, der vermutlich für Paraden bestimmt war und dessen Besitzer wahrscheinlich einen hohen militärischen Grad innehatte. Die Zierfelder sind durch Streifen mit geflochtenen Motiven gekennzeichnet, die vier friesartige, umlaufende Rahmen bilden. In jeden der Rahmen sind Verzierungen mit Bildmotiven eingraviert, die der Kriegsmythologie und -ikonografie entnommen sind. Auf der unteren Seite des Kegels, am Rand bzw. am Visier, sind goldfarbene Menschengesichter angebracht. Dieser sehr luxuriöse Helm unterscheidet sich stark von den allgemein üblichen Helmen der Soldaten. PP

VII.I.20 Arkebuse (Hakenbüchse)
Mitte des 16. Jahrhunderts
Holz, Stahl, Eisen, 135 (L.), Kaliber 1,7
Lissabon, Museu Militar, Inv.-Nr. 1/2
Lit. Ausst.-Kat. Lissabon 1995, Kat.-Nr. 35

Arkebusen wie diese waren um die Mitte des 16. Jahrhunderts unter portugiesischen Soldaten häufig in Gebrauch. Ähnliche Waffen sind auf den zu jener Zeit angefertigten Wandteppichen von Dom João de Castro dargestellt – dort aber mit einem prismenförmigen Rohr. Zu sehen sind sie auch in den Illuminationen der *Geschichte der zweiten Belagerung Dius* von 1574. Das Büchsenrohr der vorliegenden Waffe ist aus Stahl geschmiedet, hat eine flache Pulverkammer und ist mit Bolzenschrauben auf einem Kolben aus Nussholz befestigt. Der Verschluss ist so gestaltet, dass die Handhabung zwischen Laden und Feuern im Vergleich zu spätmittelalterlichen Waffen erleichtert wurde. Der Gebrauch von Gewehren oder Arkebusen ist in Portugal seit der Herrschaft von König Dom João II. belegt. PP

VII.I.21 Pulverhorn
16. Jahrhundert (drittes Viertel)
Holz, Eisen, 25 × 20 × 5
Lissabon, Museu Militar, Inv.-Nr. 27/42
Lit. Ausst.-Kat. Lissabon 1995, Kat.-Nr. 36

Pulverhorn, das die portugiesischen – bzw. häufig auch deutschen – Gewehr- oder Arkebusenschützen im Dienst der portugiesischen Krone üblicherweise um den Hals hängend mit sich trugen. Das Horn ist aus Holz geschnitzt und hat als Verzierung Beschläge mit dem Motiv des Avis-Kreuzes und konkav gebogene Seiten. Vier Ringe dienen zur Aufhängung an einer geflochtenen Schnur. PP

VII.I.21

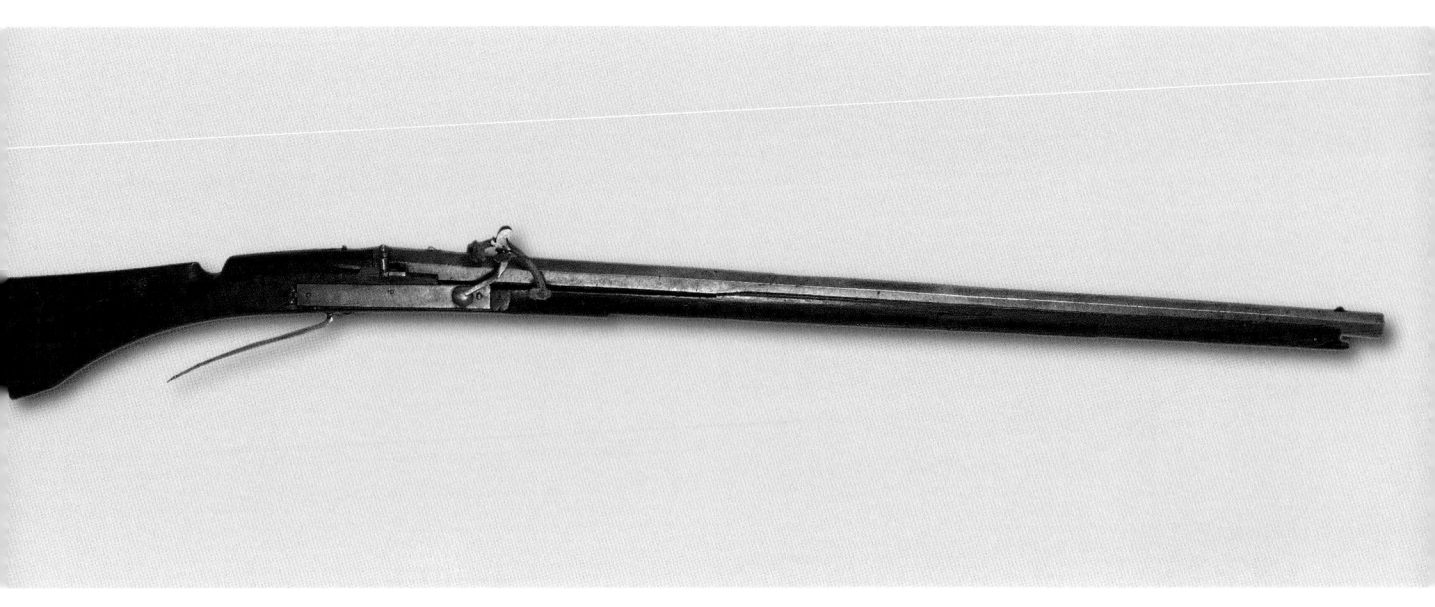

VII.I.20

VII.I.22 Friedensvertrag zwischen Dom Manuel und dem Samorim von Kalikut
Pergament, 1513
Lissabon, Instituto dos Arquivos Nacionais / Torre do Tombo,
Inv.-Nr. L.N., Livro das Pazes
Lit. Ausst.-Kat. Porto 1998, S. 67

Samorim ist die portugiesische Form des Sanskrit-Wortes *Samudrim* (»Herr der Meere«). Der Ausdruck bezeichnet den Titel, den der König von Kalikut (Kozhikode) im 16. Jahrhundert trug. Kalikut nahm um 1500 eine Vormachtstellung an der indischen Westküste ein. Aufgrund guter Beziehungen des Königs mit lokalen und arabischen Muslimen beherrschte die Stadt den Fernhandel der Malabarküste vor allem im westlichen Indischen Ozean. Kalikut war somit eine natürliche Rivalin der Portugiesen. Trotz anfänglicher Bemühungen um Verständigung – 1503 kam sogar ein Abkommen mit Francisco de Albuquerque, einem Vetter des aggressiven Afonso de Albuquerque, zustande – und zeitweiliger Ententen blieb das Verhältnis zwischen den Portugiesen und dem *Samorim* stets angespannt. Die Missverständnisse führten schnell zu blutigen Auseinandersetzungen, so beispielsweise unter Pedro Álvares Cabral im Jahr 1500 und unter Vasco da Gama 1502.

Erst 1513 wurde ein Friedensvertrag unterzeichnet. Darin gestand der *Samorim* den Portugiesen das Recht zu, eine Festung in Kalikut zu errichten, deren Gerichtsbarkeit sich nicht auf das Gebiet des indischen Herrschers erstrecken durfte. Doch auch diese Lösung war kurzlebig. Auf lange Sicht entschieden sich die Portugiesen zum einen für eine enge Allianz mit dem König von Kochi, der sich damals von der Vorherrschaft Kalikuts zu befreien suchte, und zum anderen für den Ausbau von Goa, dessen Eroberung 1510 erfolgt war. PP

VII.I.23 Vertrag zwischen Dom João de Castro und Sadasiva Raya, Herrscher von Vijayanagara
In: Simão Botelho, *Tombo geral da Índia*, Abschrift des Dokumentes von 1554
19. September 1547
Handschrift auf Papier, 42 × 29
Lissabon, Instituto dos Arquivos Nacionais / Torre do Tombo,
Inv.-Nr. Núcleo Antigo
Lit. Ausst.-Kat. Porto 1998, Kat.-Nr. 71

Dieser Vertrag wurde am 19. September 1547 zwischen Dom João de Castro, Vizekönig von Indien, und Cidacio Rao (Sadasiva Raya), Herrscher des hinduistischen Königreiches von Vijayanagara, abgeschlossen. Darin wurden die gegenseitigen Verpflichtungen der beiden Staaten festgelegt, die einander in Südindien seit dem frühen 16. Jahrhundert gegenüberstanden: Die Portugiesen versprachen militärische Unterstützung, mit der der Sultan von Bijapur, Ibrahim Adil Shah, abgesetzt werden sollte. Sie verpflichteten sich insbesondere, das Heer von Vijayanagara mit Pferden aus Persien zu beliefern, einem damals für

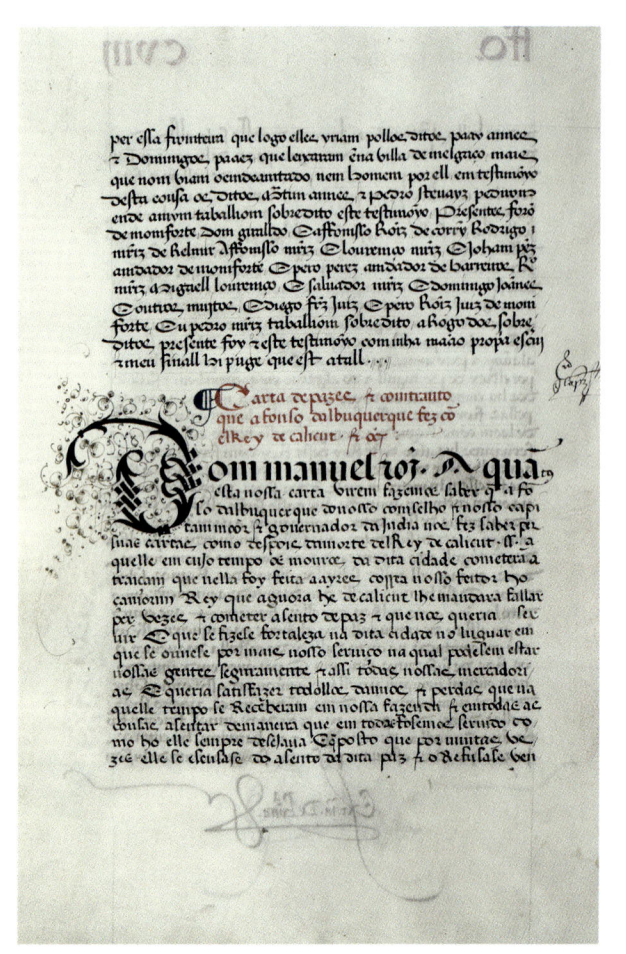

VII.I.22

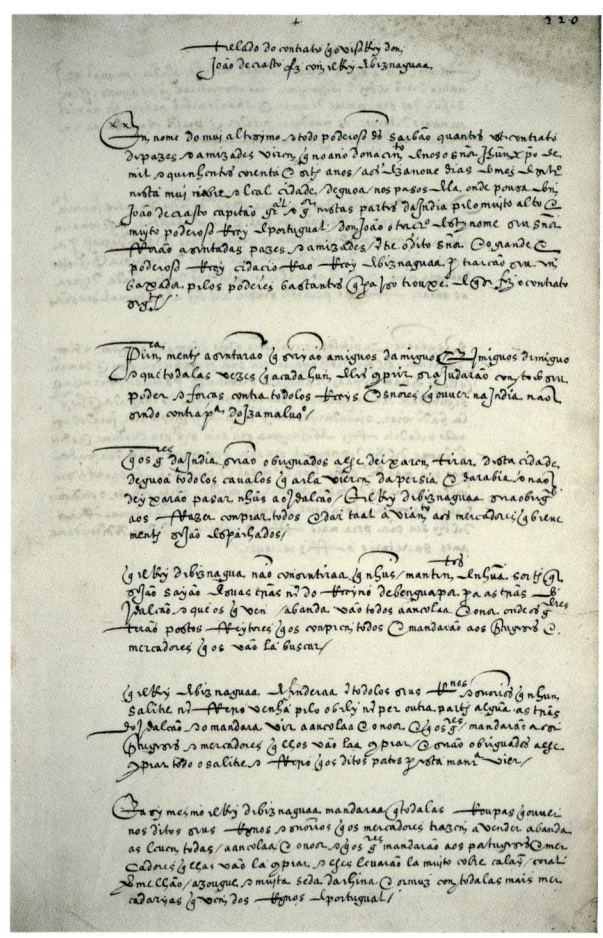

VII.I.23

den Ausgang zahlreicher Schlachten auf den indischen Hochplateaus entscheidenden Gut. Vijayanagara sollte im Gegenzug die portugiesische Präsenz an der indischen Küste dulden und eine Monopolstellung in der Lieferung von Salpeter und Eisen an die Portugiesen einnehmen.

Das Bündnis war das Ergebnis intensiver diplomatischer Bemühungen Portugals, das stets bestrebt war, die Staaten muslimischer Rivalen über strategische Allianzen mit nicht-muslimischen Staaten zu schwächen. Schon Dom Manuel hatte eine feste Allianz mit Vijayanagara angestrebt, in der Hoffnung, die Ausbreitung des Islam in Indien zu stoppen. Natürlich spielten auch finanzielle Erwägungen eine Rolle, denn mit dem Pferdehandel von Persien nach Indien über Hormuz und Goa waren enorme Gewinne zu erzielen. Darüber hinaus waren lokale Faktoren von Bedeutung. So lebte in Goa zu der Zeit, als der Vertrag abgeschlossen wurde, der berühmte Mealecão (Miyan 'Ali Khan), ein Onkel des Sultans Ibrahim von Bijapur. Miyan 'Ali Khan hatte bereits versucht, Ibrahim zu entthronen und war nach dem Scheitern seines Vorhabens zu den Portugiesen geflüchtet. Auch Thronkandidaten aus anderen Gegenden versuchten in den 1540er Jahren, sich in Goa eine politische Konjunktur zunutze zu machen, in der patriotische und vor allem religiöse, anti-muslimische Argumente zunehmend an Bedeutung gewannen. PP

VII.I.24 Schreiben des Mohamed Shah, König von Hormuz, an Dom João III.

Hormuz, 16. Jahrhundert
Schwarze Chinatinte mit goldenen Ornamenten auf Papier, 148,5 × 33
Lissabon, Instituto dos Arquivos Nacionais / Torre do Tombo, Inv.-Nr. Casa Forte, Documentos orientais, Maço 1, Nr. 35
Lit. Ausst.-Kat. Lissabon 1998a, Kat.-Nr. 46

Dieser Brief stammt aus der einzigartigen Sammlung frühneuzeitlicher asiatischer Dokumente, die sich heute im portugiesischen Nationalarchiv in Lissabon befindet. Es handelt sich um ein Schreiben, das Teil des diplomatischen Verkehrs zwischen Portugal, Hormuz und Persien ist. Das Safavidenreich war für die Portugiesen im Kampf gegen die osmanischen Türken ein bevorzugter Gesprächspartner und trotz zahlreicher Spannungen über ein Jahrhundert lang immer wieder Alliierter. Zudem war Persien schiitisch, also ein damals gern gesehener Ausnahmefall im weitgehend sunnitischen Islam. Wichtig für die Portugiesen war dabei freilich nicht so sehr Persien selbst, sondern vor allem die meist nur lose zum Reich gehörende Küstenregion des Persischen Golfes. Hormuz zum Beispiel war während des 15. Jahrhunderts ein weitgehend unabhängiger Staat, der den Persern lediglich Tribut leistete. Die Stadt selbst lag auf einer vollkommen unfruchtbaren Insel, war aber dank ihres Handels eine der reichsten der Welt.

Bereits 1507 versuchte Afonso de Albuquerque vergeblich, dieses strategisch an der Einfahrt zum Golf liegende Eiland unter portugiesische Kontrolle zu bringen. Erst 1515 gelang es ihm, den König von Hormuz endgültig zur Anerkennung der portugiesischen Oberherrschaft und somit zu hohen Tributzahlungen zu zwingen. Der neue Status, eine Art Protektorat, das durch den Bau einer großen portugiesischen Festung besiegelt wurde, blieb bis zur englischen Eroberung der Insel im Jahr 1622 erhalten. Die Annäherung an Persien wurde durch diesen Eingriff nicht wesentlich gestört. Nach einem fehlgeschlagenen Versuch im Jahr 1510 erreichte die erste portugiesische Gesandtschaft aus Goa 1513 den Shah Ismail in Täbris, und eine zweite diplomatische Mission wurde 1515/16 durchgeführt. Persien war dabei vor allem an militärischer Unterstützung interessiert (portugiesische Feuerwaffenspezialisten dienten im Heer Ismails), zögerte aber nicht, zwei Aufstände der Hormuzis (1515 und 1521) gegen die Portugiesen aktiv zu unterstützen. Zahlreiche weitere Missionen folgten, wobei Hormuz stets eine zentrale Rolle spielte. PP/ZB

VII. Portugal in Übersee
VII.II. Handel

Ein zentraler Beweggrund der portugiesischen Expansion war die Suche nach asiatischen Gewürzen, deren Vermarktung großen wirtschaftlichen Profit versprach. Zunächst lag der Schwerpunkt der portugiesischen Aktivitäten jedoch im atlantischen Raum. So importierte man bereits im 15. Jahrhundert Gold und Elfenbein aus Westafrika und verschleppte von dort Sklaven nach Portugal sowie auf die atlantischen Inseln, wo sie auf Zuckerplantagen eingesetzt wurden. Mit der Kolonialisierung Brasiliens im 16. Jahrhundert erhielt der Handelsverkehr im Südatlantik einen bedeutenden Aufschwung. Wurde aus der neuen Kolonie zunächst vor allem Brasilholz eingeführt, so avancierte sie zunehmend zum Standort einer regelrechten Zuckerindustrie, was wiederum eine starke Zunahme der Sklaventransporte aus Westafrika zur Folge hatte. Aus Europa wurden in den atlantischen Raum vor allem Kupfer und Eisenwerkzeuge, aber auch Manufakturwaren wie Textilien und Spiegel gebracht.

Nach der Entdeckung des Seeweges nach Indien strebte die portugiesische Krone ein Monopol im hochbegehrten Handel mit asiatischen Gewürzen an. So importierte man große Mengen Pfeffer von der indischen Malabarküste. Auch den Handel mit Zimt aus Sri Lanka sowie Gewürznelken und Muskat von den Molukken versuchten die Portugiesen unter ihre Kontrolle zu bringen. Sandelholz, Drogen, Duftstoffe und hochwertige chinesische Exportartikel wie Seide und Porzellan erreichten den europäischen Markt ebenfalls lange über Lissabon. Gleichzeitig erwies sich die Abschöpfung des innerasiatischen Handels für Portugal als außerordentlich attraktiv, wozu vor allem der hochprofitable Warenverkehr zwischen China und Japan (Seide gegen Silber), aber auch der Transport von Pferden aus Persien nach Indien zählten. An europäischen Erzeugnissen hatte man in Asien allerdings nur wenig Interesse. Die Handelsaktivitäten der Portugiesen führten deshalb zu einem starken Edelmetallabfluss. Gold, Silber und Kupfer kamen zunächst aus dem mitteleuropäischen Bergbau, später gewann hingegen Silber aus Japan und Amerika an Bedeutung.

Der maritime Fernhandel erwies sich trotz hoher Verluste an Mensch und Material als äußerst lohnend. Dies zeigt schon das Beispiel der ersten Weltumsegelung durch Magellan, bei der lediglich ein einziges Schiff mit einer Ladung Gewürznelken den heimatlichen Hafen erreichte. Ihr Wert überstieg allerdings immer noch die Aufwendungen, die für die Ausrüstung der gesamten Flotte erforderlich gewesen waren. JW

VII. Portugal no Ultramar
VII.II. O comércio

O móbil central da expansão portuguesa foi a busca das especiarias asiáticas, cuja comercialização prometia grandes lucros económicos. No entanto, no início, o centro das actividades portuguesas encontrava-se no espaço Atlântico. Assim, importavam-se, já no século XV, ouro e marfim da África Ocidental e transportavam-se de lá os escravos para Portugal e para as ilhas atlânticas, para trabalharem nas plantações de cana-de-açúcar. Com a colonização do Brasil, no século XVI, o trânsito comercial, no Atlântico Sul, sofreu um significativo impulso. Quando da nova colónia se importou, sobretudo, o pau-brasil, esta foi-se tornando um verdadeiro pólo da indústria do açúcar, o que, por sua vez, implicou um forte aumento do transporte de escravos da África Ocidental. Da Europa eram levados, para o espaço Atlântico, sobretudo, cobre e utensílios de ferro, mas também produtos manufacturados, como têxteis e espelhos.

Após a descoberta do caminho marítimo para a Índia, a coroa portuguesa ansiava obter um monopólio no cobiçado comércio de especiarias asiáticas. Deste modo, importava-se grande quantidade de pimenta da costa do Malabar. Os portugueses também tentavam controlar o comércio de canela do Sri Lanka e do cravinho e da noz moscada das ilhas Molucas. Durante muito tempo, sândalo, drogas e fragrâncias, assim como produtos chineses de alto valor de exportação, como a seda e a porcelana, chegavam ao mercado europeu através de Lisboa. Paralelamente, revelou-se extremamente atraente para Portugal esta exploração do comércio interno asiático, da qual fazia parte não só o comércio de produtos de grande lucro entre a China e o Japão (seda por prata), mas também o transporte de cavalos da Pérsia para a Índia. Porém, os produtos europeus não despertavam especial interesse na Ásia. Por isso, as actividades comerciais dos portugueses conduziram a um forte escoamento de metais preciosos. Ouro, prata e cobre vinham, primeiro, de minas da Europa Central, mais tarde, porém, a prata vinda do Japão e da América foi adquirindo cada vez mais valor.

O comércio marítimo de longo curso provou ser extremamente compensador, mal-grado as perdas humanas e materiais. Isto está bem patente no exemplo da primeira circum-navegação do globo terrestre, por Fernão de Magalhães, em que uma só nau, com um carregamento de cravinho, logrou chegar aos portos portugueses. O valor deste carregamento foi de qualquer modo ainda superior ao investimento que tinha sido feito para equipar toda a frota. JW

VII.II.1 Martabáo (Transportgefäss)
Ostasien, 16. Jahrhundert
Sandstein, glasiert, 70 × 65
Porto, Colecção Távora Sequeira Pinto

Beschreibung und Abb. siehe Kat.-Nr. I.2

VII.II.2 Gewürze
Pfeffer, Muskatnuss, Gewürznelken, Zimt

VII.II.3 Fahrtenbuch von Lissabon nach Goa
Roteiro de Lisboa a Goa
Dom João de Castro (1500–1548)
Kopie, vor 1578, Original von 1538
Handbeschriebenes und koloriertes Papier, 30 × 21
Évora, Biblioteca Pública, Inv.-Nr. CXV/1-24
Lit. Ausst.-Kat. Évora 1999, Kat.-Nr. 103; Ausst.-Kat. Lissabon 1995, Kat.-Nr. 5; Barreto 1994; Cortesão/Albuquerque 1968–1982; Sanceau 1986

Kopie des *Roteiros*, den Dom João de Castro im Jahr 1538 bei seiner ersten Reise nach Indien anfertigte. Castro beobachtete und beschrieb darin die Besonderheiten der Strecke, die üblicherweise von den portugiesischen Seefahrern zwischen Lissabon und Goa befahren wurde. Später verfasste der Vizekönig noch weitere *Roteiros*, so den *Roteiro de Goa a Diu* (Beschreibung der Fahrt entlang der indischen Westküste) und den *Roteiro do Mar Roxo* (für das Rote Meer). Diese Texte sind in Form von Reisetagebüchern bzw. Logbüchern abgefasst. Sie enthalten praktische Anleitungen zur Navigation in vormals Europäern kaum bekannten Regionen sowie höchst wertvolle Karten und Ansichten jener Gebiete. Einige Elemente zeigen bereits den Einfluss der mathematischen und astronomischen Arbeiten von Pedro Nunes, dessen Schüler Castro war.

Der vorliegende *Roteiro* wurde wegen seiner strategisch wichtigen Informationen unter Verschluss gehalten und nicht weiter verbreitet, sodass er nur in zwei handschriftlichen Versionen erhalten blieb. Eine davon (Biblioteca Pública de Évora, CXV/I-25) ist die Abschrift des hier ausgestellten Exemplars und gehörte dem Kardinal Dom Henrique. Der Bericht enthält neun Sepiazeichnungen der afrikanischen und der indischen Küste. (Abb. 3, S. 208) PP

VII.II.4 Decke
Indo-portugiesische Arbeit, Indien, Bengal, 17. Jahrhundert
Baumwolle, *Muga*-Seide, 326 × 280
Lissabon, Museu da Fundação Medeiros e Almeida, Inv.-Nr. FA 1363
Lit. Ausst.-Kat. Lissabon 2002a, Kat.-Nr. 73; Ausst.-Kat. Paris 1998a, Kat.-Nr. 104

Große Decke, bestickt mit sogenannter *Muga*-Seide, die vor Ort von einer wilden Seidenraupenart erzeugt wurde. Die Komposition ist ausgesprochen komplex und zeugt von großer handwerklicher Fertigkeit. Der natürliche goldene Farbton der Seide hebt sich vom hellgrauen Hintergrund ab und verleiht dem Stück eine beachtliche Ausdruckskraft. Vier Bordüren umfassen die Deckenmitte, wo sich ein Motiv in Wappenform befindet. Die Bordüren sind mit reich und detailliert gearbeiteten Darstellungen versehen, die weltliche Sujets, wie beispielsweise Jagdszenen, beinhalten. Die dabei im Mittelpunkt stehenden Portugiesen sind an ihrer Kleidung zu erkennen. Auf der mittleren Bordüre sind Pflanzenmotive und Darstellungen der Gottheiten der klassischen Hindu-Mythologie zu sehen. Die innere Bordüre schließlich zeigt Schiffsparaden der Portugiesen sowie Pferderennen und weitere Motive. Kleine Fenster mit Themen des Alltagslebens oder höfischen Szenen ergänzen das Bild. Im Mittelpunkt des Schildes ist in Anspielung auf die Macht der portugiesischen Könige eine Szene aus der salomonischen Urteilsfindung abgebildet. (Abb. 6, S. 211) PP

VII.II.5 Tasse der Mingdynastie mit Transportbehälter
China, 17. Jahrhundert
Porzellan, Holz, Stoff, Tasse: 5,7 × 21 (Dm.), Behälter: 8 × 23 (Dm.)
Porto, Colecção Távora Sequeira Pinto

Das besonders in Europa hoch geschätzte chinesische Porzellan gehörte zur gängigen Ladung der portugiesischen Schiffe, die über die Indienroute Macau und Ostasien ansteuerten. Die sehr zerbrechlichen Stücke wurden in Holzkisten befördert. Damit sollte verhindert werden, dass sie auf der Reise um das Kap der Guten Hoffnung oder bei Umladeaktionen zerbrachen. Wenn ein Schiff sank und die Ladung verlorenging, wurden die Überbleibsel der chinesischen Keramik am Meeresgrund vom Salzwasser angegriffen oder von einem korallenartigen Belag überwuchert. Noch heute findet man – so im Kanal von Mosambik – ganze Frachten unversehrten chinesischen Porzellans, das in den jeweiligen Kisten die Jahrhunderte überstanden hat. PP

VII. Portugal in Übersee

VII.II.5

VII.II.6

VII.II.7

VII.II.6 Chinesisches Porzellan
China, 17. Jahrhundert
Porzellan mit Korallen-Ablagerung, 9,5 × 21 (Dm.)
Porto, Colecção Távora Sequeira Pinto

VII.II.7 Chinesisches Porzellan
China, 17. Jahrhundert
Porzellan mit Korallen-Ablagerung, 18,4 × 19 (Dm.)
Porto, Colecção Távora Sequeira Pinto

VII.II.8 Porzellanschale ›Blau-weiss‹
China, Ming-Dynastie, Jiajing-Periode (1521–1566), 1541
Blau-Weiß-Porzellan, 7,5 × 16,5 (Dm.)
Beja, Museu Regional Rainha D. Leonor,
Inv.-Nr. MRB-FAI. 102
Lit. Ausst.-Kat. Lissabon 1999a, S. 93; Ausst.-Kat. Tokio 1993, Kat.-Nr. 140

Diese Schale wurde im Auftrag eines portugiesischen Händlers in China hergestellt. Der Inschrift nach stammt sie »aus der Zeit von Rero [Pero] de Faria im Jahr 1541« (»Em tempo de Rero [Pero] de Faria de 1541«). Der Schreibfehler, der dem Handwerker beim Kopieren der Vorlage unterlief, zeigt, dass sich diese Art der Auftragskunst noch im Anfangsstadium befand. Doch die recht gelungene Anpassung der Dekoration an den europäischen Geschmack nimmt bereits vorweg, was ab dem 17. Jahrhundert im Rahmen von Aufträgen der großen Handelskompanien produziert werden sollte. (Abb. 11, S. 249) PP

VII.II.9 Porzellantopf
China, Ming-Dynastie, Wanli-Zeit, 1572/73–1620
Porzellan, 26,3 × 26 (Dm.)
Lissabon, Museu Nacional de Arte Antiga,
Inv.-Nr. 1022 CER
Lit. Ausst.-Kat. Lissabon 2001, Kat.-Nr. 79

Porzellangefäß aus der Zeit der Ming-Dynastie, das nach Portugal exportiert wurde. Der Topf ist mit Verzierungen in zwei verschiedenen Blautönen auf weißem Untergrund versehen. Auf dem Hals befinden sich drei *you-yi*-Zeichen. Die Ausbauchung ist mit einem Ornamentband gestaltet, das von Flächen mit auffliegenden Vögeln durchbrochen wird; darunter sind vier Tierfiguren dargestellt (ein *Kilin* – mit einer Lotusblüte auf dem Sattel, über den chinesische Schriftzeichen gelegt sind –, ein Löwe, ein Drache und ein Pferd). Der Fuß ist mit geometrischen Mustern und vegetabilischen Sujets dekoriert. PP

VII.II.9 ▶

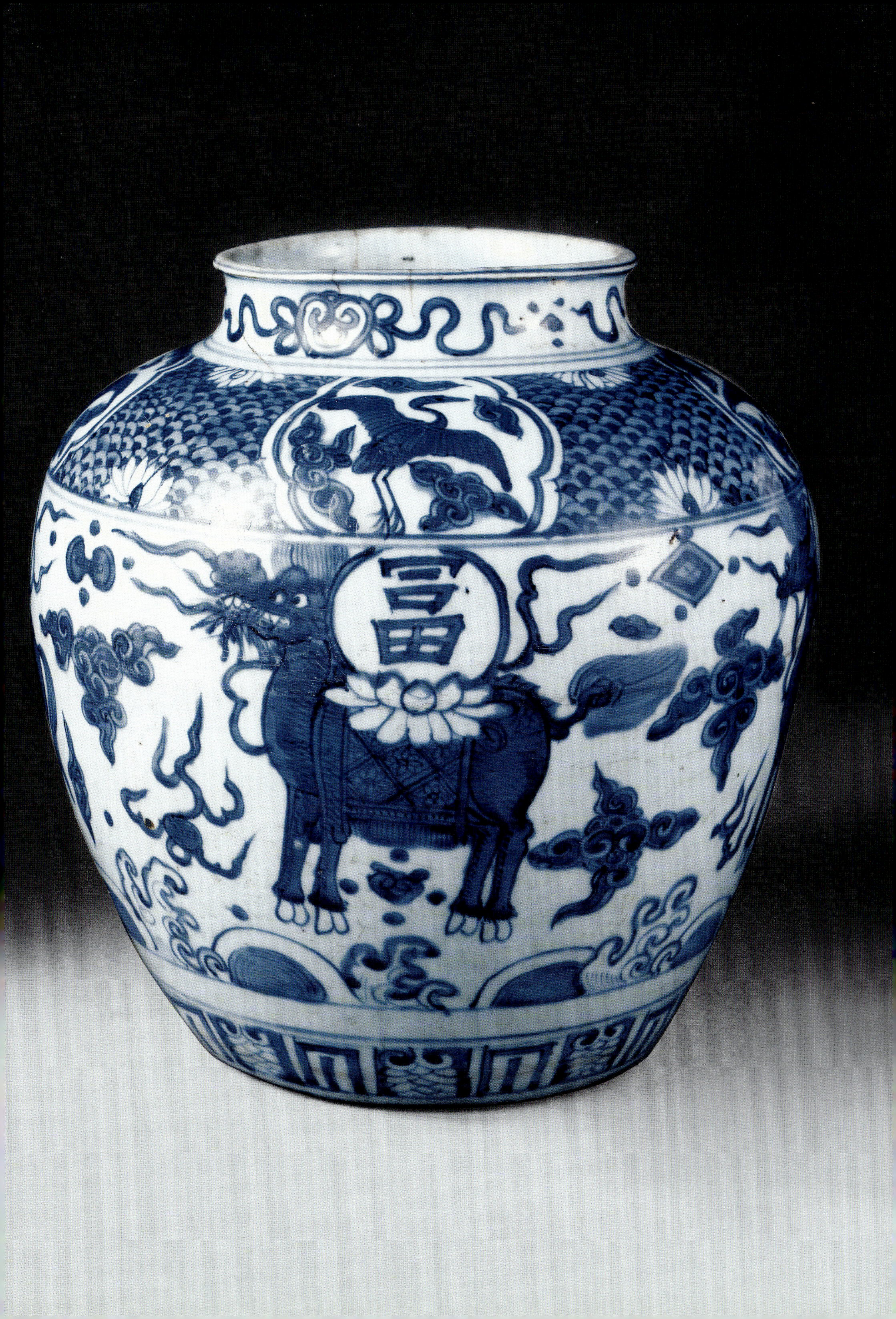
富

VII.II.11

VII.II.10 Dose in Form eines Silberbarrens mit Drachendekor
China, Jingdezhen, Provinz Jiangxi, Ming-Dynastie, Wanli-Marke und Zeit (1573–1620)
Porzellan, Unterglasurblau, 8,5 × 21,5 × 14
Paris, Musée national des arts asiatiques Guimet,
Inv.-Nr. G5787
Lit. Ausst.-Kat. Rom 1994, S. 282, 302; Desroches 1997

Auf weißem Grund sind in Unterglasurblaumalerei Drachen dargestellt, die zwischen Wolken und Wellen nach der *Tama*-Perle jagen. Die Ränder sind mit einem Fries von Dreiecken mit stilisierten Blumenmotiven verziert. Am Boden befindet sich die Wanli-Marke mit sechs Schriftzeichen.

In der ersten Hälfte des 16. Jahrhunderts waren zum ersten Mal große Mengen chinesischen Porzellans auf portugiesischen Schiffen nach Europa gelangt. Bezahlt wurde mit Silber, das bis zu den 90er Jahren des 16. Jahrhunderts einen prosperierenden Handelsaustausch stimulierte. Das neue Silber kam vor allem über Japan auf Schiffen aus Manila, der Hauptstadt der spanischen Kolonie auf den Philippinen. Seide, Lackwaren und weiß-blaue Porzellanwaren wurden dafür in großen Mengen in China angekauft und nach Europa gebracht. Die Stadt Jingdezhen war eines der wichtigsten Keramikzentren Südchinas.

Das Verfahren der Porzellanherstellung und die dabei verwendeten Materialien hat der Jesuitenmissionar Père François Xavier d'Entrecolles (1664–1741) in seinen Briefen (1712 und 1722) detailliert beschrieben. Die Porzellandose stammt aus der Sammlung von Ernest Grandidier (1833–1912), einem der größten Porzellansammler des 20. Jahrhunderts. Seine über 6000 Objekte zählende Sammlung wird seit 1945 im *Musée Guimet* verwahrt; die schönsten Objekte sind ständig ausgestellt. (Abb. 2, S. 164) AC

VII.II.11 Kupferbarren aus den Fuggerminen
Ungarn, 16. Jahrhundert
Kupfer, 33,5 × 13,5 × 3
Stuttgart, Linden-Museum, Inv.-Nr. F 53.567
Lit. Forkl 1989, S. 51; Riederer/Forkl 2003; Walter 2006, S. 126–142

Die oberdeutschen Reichsstädte, allen voran Nürnberg und Augsburg, zählten zu Beginn der Neuzeit zu den führenden Wirtschaftszentren. In der zweiten Hälfte des 14. Jahrhunderts begann der fulminante Aufstieg des Augsburger Handelshauses der Fugger, die später unter anderem als Bankiers der Kurie, von Maximilian I. oder auch Karl V. eine finanzpolitisch herausragende Rolle spielten. Neben gewerblichen Unternehmungen sowie Bank- und Finanzgeschäften waren im weitverzweigten Wirtschaftsimperium auch die Beteiligungen in verschiedenen Bergbauregionen von großer Bedeutung.

Das vor allem aus den ungarischen Bergwerken der Fugger stammende Kupfer zählte zu den europäischen Hauptexportgütern nach Westafrika. Vor allem im Reich Benin (heutiges Nigeria) war es als Rohmaterial zur Herstellung von Gussobjekten begehrt. Das Kupfer wurde von den Portugiesen in die Form sogenannter *Manillas* (Geldringe) umgegossen. *Manillas* waren in Westafrika bereits vor Ankunft der Europäer geläufig. 1517 gelangten auf einem einzigen Schiff 13 000 Stück davon nach Benin. Für einen 80 Pfund schweren Stoßzahn waren damals 45, für einen Sklaven 57 *Manillas* zu bezahlen.

Der ausgestellte ziegelförmige, mit geritztem Hüttenzeichen der Fugger und Stempeln versehene Barren stammt aus einem Wrackfund in der Elbe bei Wittenberge. Möglicherweise sollte er über Hamburg bzw. Antwerpen nach Westafrika verschifft werden. MK

VII.II.12 Manilla (Ringgeld)
Oberguinea, Reich Benin?
Kupfer, graviert und gepunzt, 10,5 (Dm.)
Stuttgart, Linden-Museum, Inv.-Nr. F 53.410
(Abb. 3, S. 109)

VII.II.13 B

VII.II.13 A+B FÄLLEN, TRANSPORTIEREN UND VERLADEN VON BRASILHOLZ
Rouen, um 1530
Relief, Eichenholz, 53 × 221 × 6 u. 52 × 170 × 6
Rouen, Musée départemental des Antiquités,
Inv.-Nr. 140.1 (D)
Lit. Cunha 1998, S. 15; Hemming 1995 [1978],
S. 11–13

Die wirtschaftlichen Interessen Portugals waren in den ersten 30 Jahren seiner Präsenz in Brasilien vor allem auf den Handel mit Brasilholz ausgerichtet. Die Indianer schlugen und transportierten das als Färbemittel begehrte Holz im Tausch gegen europäische Importwaren, wobei neben Spiegeln, Glasperlen und Textilien vor allem Äxte und Messer aus Metall besonders beliebt waren. Neben portugiesischen Schiffen liefen auch die anderer europäischer Länder, allen voran Frankreichs, Südamerika an. Paulmier de Gonneville, ein französischer Kapitän aus der Normandie, verbrachte mit seiner Mannschaft bereits 1503/04 sechs Monate an der brasilianischen Ostküste. Nicht wenige Franzosen blieben dabei ganz im Land. Sie lebten mit den Indianern und spielten für ihre Landsleute die Rolle von Vermittlern und Dolmetschern. Umgekehrt nahm man regelmäßig Einheimische mit nach Europa. Bereits Mitte des 16. Jahrhunderts soll der Anblick von Indianern in der Normandie nichts außergewöhnliches mehr gewesen sein. In Rouen gab man im Jahr 1550 ein Fest zu Ehren Heinrichs II. und seiner Gattin Katharina de Medici, wobei 300 Personen, darunter etwa 50 Indianer, umgeben von Papageien, Affen und anderen Vertretern der südamerikanischen Fauna für das Königspaar ›Brasilien‹ spielten. Neben Tänzen, Kriegs- und Jagdszenen, dem Aufspannen von Hängematten und anderem gehörte hierzu auch die Lieferung des typischen Tropenholzes. Die beiden Eichenholzreliefs aus Rouen zeigen das Fällen und Transportieren von Brasilholz durch die Indianer, einschließlich des Beladens eines französischen Schiffes. (Vgl. auch Abb. 7, S. 122) MK

VII.II.14

VII.II.14 Brasilianische Zuckermühle
Johannes Blaeu (Alkmaar 1598 – 1673 Amsterdam)
In: *Atlas Maior sive Cosmographia Blaviana, qua solum, salum, coelum, accuratissime describuntur*
Amsterdam, 1662
Kupferstich, koloriert, 56,5 × 38
Berlin, Staatsbibliothek zu Berlin – PK, Kartenabteilung, Sign. 2° Kart. 4931.11
Lit. Ausst.-Kat. Berlin 1992, S. 251f., Kat.-Nr. 22.32; Schmitt 1988, S. 495–536

Pernambuco, die im Norden Brasiliens gelegene *Capitania Nova Lusitânia*, gehörte zum Kolonialreich Portugals. Die Landvergabe durch König João III. (1532–1534) an ausgewählte Lehnsherren wie Duarte Coelho und die Ernennung von Tomé de Sousa im Jahr 1549 zum Generalgouverneur von Brasilien förderten die wirtschaftliche Entwicklung des Landes und den Anbau von Zuckerrohr. Weitere Zentren der brasilianischen Zuckerproduktion waren Bahia und São Vicente. Nachdem man zunächst den hohen Arbeitskräftebedarf mit versklavten Indianern zu decken versuchte, begannen die Portugiesen, die bereits über Sklavenhandelsstationen an der westafrikanischen Küste verfügten, am dem Ende des 16. Jahrhunderts verstärkt mit der Verschleppung von Sklaven von Afrika nach Amerika.

Mit Hilfe dieser Zwangsarbeiter war es möglich, dass Brasilien bis Mitte des 17. Jahrhunderts an der Spitze der Weltzuckerproduktion lag, wobei die Zahl der Zuckermühlen bis ins 18. Jahrhundert weiter anstieg.

1630 hatten die Holländer Pernambuco eingenommen. Die 1621 gegründete Westindische Kompanie (WIC) und holländische Kaufleute waren nicht nur am brasilianischen Zuckerhandel beteiligt, sondern auch der einträgliche Sklavenhandel wurde zunehmend von Holländern betrieben. Erst nach jahrelangen Kämpfen wurden diese 1654 von den Portugiesen wieder aus Brasilien vertrieben. Die Karte, auf der eine Zuckermühle dargestellt ist, ist in dem 1662 erstmalig erschienenen elfbändigen *Atlas Maior*, dem aufwendigsten und teuersten europäischen Kartenwerk des 17. Jahrhunderts, erschienen. CH

VII.II.15 Sklaven bei der Zuckerproduktion

In: *Curieuse Aenmerckingen der bysonderste Oost en West-Indische verwonderens-waerdige dingen: nevens die van China, Africa, en andere gewesten des werelds*
Simon de Vries, Autor (Harlingen 1580 – 1629 Den Haag), Romeyn de Hooghe, Zeichner (Amsterdam oder Den Haag 1645 – 1708 Haarlem)
Utrecht, 1682
Radierung, 22 × 27,5
Berlin, Staatsbibliothek zu Berlin – PK, Abteilung Historische Drucke, Sign. Uz 20924, Bd. 1
Lit. Ausst.-Kat. München 2006, S. 112, Kat.-Nr. 24; Ausst.-Kat. Wien 1992a, S. 122 f., Kat.-Nr. 9.27

Die Radierung zeigt den Weg des Zuckerrohrs von der Ernte bis zur Verarbeitung. Dargestellt sind eine mit einem Wasserrad und eine durch die Kraft von Ochsen angetriebene Zuckermühle. Auf den brasilianischen Zuckerplantagen arbeiteten seit Ende des 16. Jahrhunderts überwiegend afrikanische Sklaven, die unter der Aufsicht von zumeist aus Portugal stammenden Bauern standen. Diese hatten das Land von den Besitzern der Zuckerplantagen und -mühlen gepachtet.

Das geschlagene Zuckerrohr wurde gebündelt und auf Ochsenkarren zur Zuckermühle transportiert. Zur Gewinnung des Zuckerrohrsaftes schoben die Sklaven die Zuckerrohrstangen durch die rotierenden, vertikalen Walzen. Die Drei-Walzen-Mühle wurde in Brasilien im Jahr 1608 eingeführt. Der ausgepresste Saft wurde in die Siederei geleitet, dort erfolgte die Reinigung des in Kesseln gesammelten Zuckerrohrsaftes. Sklaven nahmen mit Schöpflöffeln die schaumige Oberschicht des erwärmten Saftes ab, und nach mehrmaligem Erhitzen und Reinigen wurde die eingedickte Flüssigkeit in Gefäße gefüllt. Wie andere europäische Regierungen war die holländische bestrebt, die Anzahl der Raffinerien in den Kolonien zu reduzieren, um den Rohstoff Zucker erst auf dem europäischen Kontinent für die Weiterverarbeitung zu verkaufen. Portugal hatte bereits 1559 die Verarbeitung des Zuckers vor Ort zugunsten der Kolonien unterstützt. (Abb. 6, S. 199) CH

VII. Portugal in Übersee
VII.III. Missionierung

Die iberischen Entdeckungsfahrten stehen in engem Zusammenhang mit der weltweiten Verbreitung des katholischen Glaubens. Durch mehrere päpstliche Bullen waren die ›neuen‹ Gebiete im 15. Jahrhundert zum rechtmäßigen Besitz Portugals bzw. Spaniens erklärt worden. 1420 wurde der Infant Heinrich, der Sohn von König Dom João I., als Großmeister des Christusordens eingesetzt, dessen Einnahmen sowohl beim Kampf gegen die Mauren als auch zur Fortführung der portugiesischen Seeunternehmungen Verwendung fanden. Von Rom erhielt der Orden das Kirchenpatronat (*padroado*) zugesprochen. Unter Dom Manuel ging ein Großteil der Patronatsrechte dann an die Krone über, die geistliche Jurisdiktion wurde dem Bischof von Funchal, der Hauptstadt Madeiras, übertragen. Durch das *padroado* war Portugal in seinen Überseegebieten zur Verbreitung des Christentums, zum Bau von Gotteshäusern und zum Unterhalt der Kirchenvertreter verpflichtet. Im Gegenzug konnte es das geistliche Personal in seinen Gebieten auswählen, Vorschläge für neue Bistümer präsentieren und den Zehnten erheben. Dom João III. führte 1532 die *Mesa da Consciência e Ordens* ein, einen aus Juristen und Theologen bestehenden Rat, dessen Aufgabe die Verwaltung der Ritterorden sowie des *padroado* war.

In den Überseegebieten spielten die religiösen Orden – zunächst vor allem Franziskaner und Dominikaner, seit ihrer Ordensgründung 1539 zunehmend die Jesuiten – eine tragende Rolle. Neben ihrem religiösen Wirken prägten sowohl ihre politischen Aktivitäten als auch ihre wissenschaftlichen Tätigkeiten die Form der europäischen Präsenz in Übersee. Missionare arbeiteten beispielsweise als Sprachforscher und Übersetzer oder vermochten ihre Gastgeber durch philosophische Bildung und naturwissenschaftliche Kenntnisse zu beeindrucken. Doch führte der Versuch, eine fremde Religion zu verbreiten bzw. vorhandene Überzeugungen zu bekämpfen, immer wieder auch zu Spannungen oder zu gewaltsam ausgetragenen Konflikten. Auch die Inquisition war in Übersee tätig.

Die Vertreter der Kirche vermochten die Strukturen des portugiesischen Kolonialreichs somit für die eigenen Interessen zu nutzen, sie legitimierten und stützten die Anfänge der europäischen Expansion und konnten durch ihr Auftreten zur Verschärfung von Konflikten beitragen. Zugleich waren sie maßgeblich am interkontinentalen Wissens- und Kulturtransfer beteiligt und traten auch als Kritiker in Erscheinung, die sich energisch gegen die Auswüchse des neuen Systems wandten, das ihre eigene Gesellschaft in Übersee schuf. MK

VII. Portugal no Ultramar
VII.III. Missionação

As viagens ibéricas das Descobertas estão, estreitamente, ligadas à propagação mundial do catolicismo. Recorrendo a várias bulas papais, no século XV, os ‹novos› territórios foram declarados como propriedade legítima de Portugal ou de Espanha. Em 1420, o Infante D. Henrique, filho do rei D. João I, foi empossado como Grão-Mestre da Ordem de Cristo, cujas receitas tanto foram aplicadas no combate aos mouros, como deram continuidade aos empreendimentos marítimos. Roma atribuiu à Ordem de Cristo o *padroado*. D. Manuel transfere depois, para a coroa, grande parte dos direitos de padroado e a jurisdição eclesiástica foi atribuída ao Bispo do Funchal, a capital da Madeira. Apoiado no *padroado*, Portugal vinculavase a difundir a fé cristã, construir igrejas e financiar eclesiásticos, nos seus territórios ultramarinos. Como contrapartida, tinha a liberdade de escolher os membros clericais para esses territórios, apresentar propostas para novos bispados e cobrar o dízimo. D. João III introduziu a *Mesa da Consciência e Ordens*, um tribunal régio, constituído por juristas e teólogos, cuja tarefa consistia na administração das ordens religiosas e militares e do *padroado*.

Nos territórios ultramarinos, as ordens religiosas exerciam uma influência decisiva – primeiro os franciscanos e os dominicanos e mais tarde, com a sua criação, em 1539, os jesuítas. Para além das actividades religiosas, foi também nas actividades políticas e científicas, que estas ordens exerceram nestas regiões, que ficou marcada a presença europeia no Ultramar. Os missionários trabalhavam, por exemplo, como linguistas e tradutores ou impressionavam os anfitriões com a sua formação filosófica e os seus conhecimentos científicos. Porém, a intenção de divulgar essa estranha religião ou de enfrentar as convicções existentes, conduzia, repetidamente, a tensões ou a conflitos violentos. A Inquisição marcou também presença no Ultramar.

Por conseguinte, os representantes eclesiásticos utilizavam as estruturas do império colonial português em prol dos seus interesses, legitimando e apoiando os iniciadores da expansão europeia, e pela sua presença, podiam até contribuir para a agudização de conflitos. Ao mesmo tempo, participavam, em grande medida, no intercâmbio intercontinental do Saber e da Cultura e levantavam, energicamente, a sua voz crítica sobre o rumo abusivo que o sistema estava a seguir, criando uma sociedade ultramarina própria. MK

VII.III.1 Salvator mundi – Christus mit der Weltkugel
Niederrhein, 1537/45
Öl auf Holz, 63 × 54,6
Aufschrift Globus: VASANDRES [VAS ANDRES?] ORBI / RECENS ET INTEGRA / DESCRIPTIO VANTIM / OCEANIS OTHLANIWS / TROPICVS CANCRI. / CASPAR VOPELL / MEDEBACH HANC GOE[statt EO]GRAPHIZAM / FACIEBAT SPACERAM [SPACE RAM?] KALENDAR / AVGVSTI CALONIAE [COLONIAE] 1537.
Übersetzung: --- für den Erdkreis / neue und vollständige Beschreibung --- des Atlantischen Ozeans / Wendekreis des Krebses. / Caspar Vopell aus Medebach fertigte diese [ausgedehnte?] Erdbeschreibung an, 1. August, Köln 1537.
Berlin, Deutsches Historisches Museum, Inv.-Nr. Gm 93/24
Lit. Slg.-Kat. Berlin 1995, S. 74

Die Darstellung des frontalen, segnenden Christus als Heilsbringer der Welt geht auf das Mittelalter zurück. Der Segensgestus mit den überlangen Fingern ist charakteristisch für die altniederländische Kunst des 16. Jahrhunderts.

Außergewöhnlich bei der vorliegenden Darstellung ist, dass es sich bei der Weltkugel um eine exakt verkleinerte Nachbildung eines Globus handelt, der die kartografischen Kenntnisse des frühen 16. Jahrhunderts verzeichnet. Zu erkennen sind Europa, Afrika, ein Teil Südamerikas und die Antarktis. Den größten Raum nimmt der Atlantische Ozean ein. In der Aufschrift werden Caspar Vopell, der als Globenbauer in Medebach bei Köln tätig war, als Hersteller des Globus genannt und das Herstellungsdatum mit 1537 angegeben (Kat.-Nr. V.II.25). Da die Inschrift zahlreiche Fehler enthält, ist davon auszugehen, dass es sich hier um eine Kopie handelt und der Maler keine Lateinkenntnisse besaß. Aufgrund der Beziehungen zwischen den Niederlanden und Spanien liegt es nahe, dass die Kopie in Spanien nach einem verschollenen Vorbild angefertigt wurde. Eine weitere Kopie von geringerer Qualität findet sich im Schifffahrtsmuseum Amsterdam. In der Darstellung treffen sich durch die Zusammenführung eines Bildmotivs aus der christlichen Ikonographie mit den Erkenntnissen der neuesten Entdeckungsfahrten die religiösen, naturwissenschaftlichen und wirtschaftlichen Interessen Europas an der Entdeckung der Welt. (Abb. 1, S. 286) DV/KK

VII.III.2 Weltmission der Jesuiten
Johann Christoph Storer (Konstanz 1611? – 1671 Konstanz), Bartholomäus Kilian (Stecher, Augsburg 1630 – 1696 Augsburg)
Süddeutschland, 1664
Kupferstich, Papier, 92 × 64
Wien, Albertina; Inv.-Nr. DG2006/250
Lit. Ausst.-Kat. Wien 1992a, S. 294; Mangani 2005, S. 42; Polleroß 1992, S. 90–93

Der Stich entstand anlässlich einer Thesenverteidigung an der Dillinger Jesuitenuniversität und wurde 1672 in Freiburg i. Br. sowie 1705 in Prag wiederverwendet. Er zeigt eine vielfigürliche Komposition, die sich in einem imaginären Kirchenraum entwickelt und die Weltmissionsideologie des Jesuitenordens, die Verbreitung des »Lichtes der göttlichen Wahrheit und Gnade«, auf sinnbildliche Weise veranschaulicht. In ihrem Mittelpunkt steht ein Altar, dessen Vorderseite mit einer herzförmigen Weltkarte nach der Art des Antwerpener Geografen Abraham Ortelius und einer Fackel mit der Inschrift »Dei et proximi amore« geschmückt ist. Darüber erscheinen anstelle eines Retabels das Christusmonogramm IHS als Symbol des Ordens sowie der Heilige Ignatius von Loyola. Dieser ist mit einer himmlischen Sphäre, die von Christus, Maria, Ignatius von Antiochien sowie den Aposteln Petrus und Paulus eingenommen wird, durch einen Lichtstrahl verbunden, der der Seitenwunde Christi entströmt. Auf der Brust des Ordensgründers leuchtet er in einem weiteren Christusmonogramm auf und fällt von dort auf die vor dem Altar versammelten Jesuiten, unter denen neben Petrus Canisius und Aloisius von Gonzaga auch Franz Xaver zu erkennen ist. Die Ordensleute sind umringt von Repräsentanten der missionierten Völker aller Kontinente. (Abb. 2, S. 288) JW

VII.III.3 Triumph des Benediktinerordens in den vier Erdteilen
Joseph Gottfried Prechler (erwähnt 1718–1722)
nach Johann Carl von Reslfeld (Tirol 1658 – 1735 Garsten)
Garsten, 1722
Gouache, Pergament auf Holz, 93,3 × 64,2
Kremsmünster, Stiftssammlungen, Inv.-Nr. 967
Lit. Ausst.-Kat. Wien 1992a, S. 297, Kat.-Nr. 8.21

Im Zentrum der Verherrlichung des Benediktinerordens steht die Apotheose des Ordensgründers: Benedikt von Nursia erscheint in einem Triumphwagen, der von einem Elefanten, einem Pferd, einem Kamel und einem Löwen gezogen wird. Diesen sind weibliche Personifikationen der vier Erdteile an die

VII.III.3

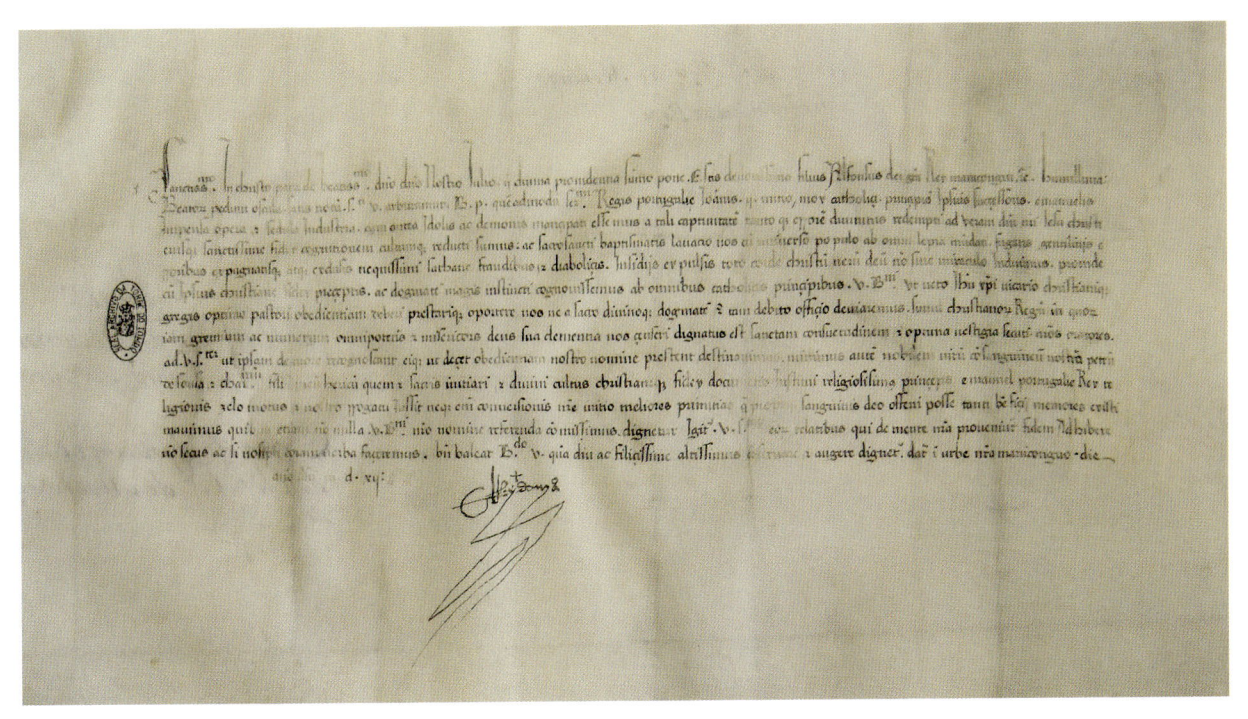

VII.III.4

Seite gestellt. Darüber erscheint im Strahlenkranz der Heiligen Dreifaltigkeit die ›Triumphierende Kirche‹ die von der Gemeinschaft der Heiligen (darunter Ordensgründer und heilige Gelehrte wie Papst Gregor der Große) repräsentiert wird. Der untere Bereich des Bildes zeigt das irdische Wirken des Benediktinerordens als Teil der irdischen ›Kämpfenden Kirche‹, die von einer rotgekleideten weiblichen Personifikation mit der päpstlichen Tiara und einer Weltkarte vergegenwärtigt wird. Sie steht auf der rechten Seite des Gemäldes, die der Wissenschaftspflege in Europa gewidmet ist, während die linke die Missionstätigkeit der Benediktiner in Amerika und Afrika verherrlicht. Die Gouache stellt eine Kopie nach einem Thesenblatt der Salzburger Benediktineruniversität aus dem Jahr 1701 dar. JW

VII.III.4 Brief des Königs von Kongo an den Papst
1512
Handschrift auf Papier, 29,7 × 45,6
Lissabon, Instituto dos Arquivos Nacionais / Torre do Tombo, Inv.-Nr. Corpo Cronológico, Parte II, Maço 30, Doc. 1
Lit. Pereira 1990b

Auf seinen beiden Fahrten 1482/83 und 1485/65 erreichte Diogo Cão zwar nicht, wie erhofft, die Südspitze Afrikas, jedoch hatten seine Reisen eine erhebliche politische Bedeutung. Die Portugiesen nahmen diplomatische Beziehungen zu den Königreichen der Kongoregion auf und begannen, während sie militärische Unterstützung für die Lokalherrscher boten, mit der Missionierung dieses Gebietes. Einige Herrscher wurden zu Christen, und ein komplexer Akkulturationsprozess nahm seinen Lauf. Dom João II. selbst stilisierte seine Kontakte mit den Kongo-Ethnien zu einem Austausch unter politisch fast gleichwertigen Partnern. So sah er sich beispielsweise afrikanischen Edelmännern gegenüberstehen. Der König der Kongoregion wiederum »bat darum, dass er [den Portugiesen] einen kleinen Jungen aus seinem Königreich [...] schicken dürfe, um ihn zum Christen zu machen und ihn Lesen und Schreiben zu lehren«. Bald wurden mehrere ›Stipendiaten‹ aus der Zaire-Gegend zur Christianisierung nach Portugal gebracht, und es dauerte nicht lange, bis ein schwarzer Bischof für den Kongo ernannt wurde. In dem hier ausgestellten Brief von 1512 ist der Schriftwechsel zwischen dem kongolesischen König und Papst Julius II. zur erforderlichen diplomatischen Abstimmung und für den Austausch von Gesandtschaften dokumentiert. Später verloren die portugiesisch-kongolesischen Kontakte an Intensität, und das Interesse der Portugiesen richtete sich verstärkt auf das weiter südlich gelegene Reich von N'Gola, aus dem das heutige Angola erwuchs. PP

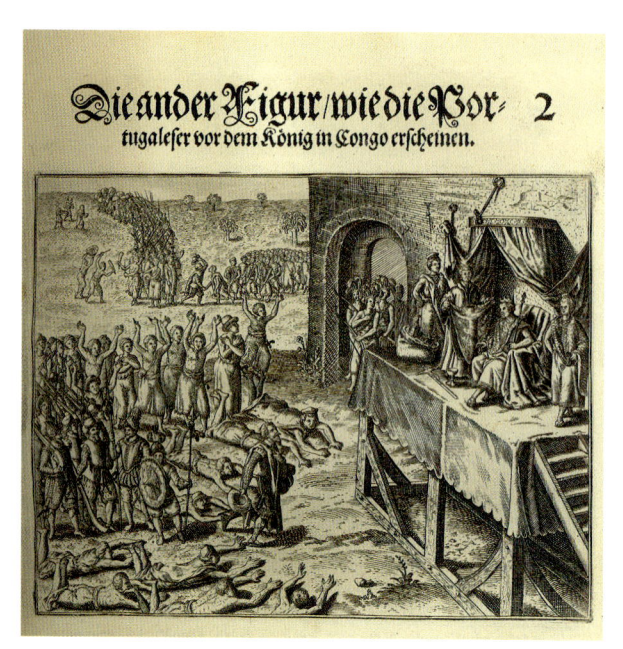

VII.III.5

VII.III.5 Die Portugiesen vor dem König von Kongo
In: Eduardo Lopes, *Regnum Congo hoc est Warhaffte & Eigentliche Beschreibung deß Königreichs Congo in Africa, und deren angrentzenden Länder*
Frankfurt am Main, Theodor de Bry, 1597
Druck mit Kupferstichen, 32,5 × 22 × 7,7
Augsburg, Staats- und Stadtbibliothek, Sign. 2 Gs 128
Lit. Berger 1979, Bd. 1, Taf. 2, S. 189–198; Bertaux 1990 [1966], S. 133–140; Boogaart 2004; Lopes 1992a, S. 71–77

Eduardo Lopes (Duarte Lopez) ließ sich 1578 im Kongo nieder. Fünf Jahre später reiste er nach Rom, wo er im Namen des kongolesischen Königs um die Entsendung weiterer Missionare bat. Filippo Pigafetta, ein humanistisch gebildeter Offizier im Dienst der Kurie, zeichnete seine Erzählungen auf und erstellte die erste umfassende schriftliche Darstellung des Landes, in der unter anderem dessen rasche Christianisierung beschrieben wird: Die Portugiesen hatten den Kongo 1482 erreicht. Zwischen ihnen und dem lokalen Herrscher, dem Manikongo Nzinga Nkuwu bzw. João I., wie er später mit portugiesischem Namen genannt wurde, etablierten sich rasch freundschaftliche Beziehungen. 1490 wurde in der Hauptstadt Mbanza die erste Kirche erbaut. Afrikanische Kultobjekte wurden zerstört. Aufgrund interner Konflikte distanzierte sich Nzinga Nkuwu später allerdings wieder von der neuen Religion. Nach seinem Tod kämpften seine Söhne um das Erbe, wobei sich schließlich Dom Afonso (reg. 1506–1543), der seinem Vater bei der Anerkennung der christlichen Lehre gefolgt war, durchsetzen konnte. Er machte das Land zu einem Zentrum christlicher Mission, benannte die Hauptstadt in São Salvador um und schickte die Söhne des kongolesischen Adels nach Portugal zur Ausbildung. Während die afrikanischen Herrscher in den Portugiesen Verbündete gegen regionale Widersacher sahen, versuchte Portugal seine Präsenz zur Ausweitung des umfangreichen Sklavenhandels nach Brasilien zu nutzen.

Mit dem Bericht von Lopez/Pigafetta eröffneten Johann Dietrich und Johann Israel de Bry 1597 die erneut mit hochwertigen Kupferstichen illustrierte Serie von Reiseberichten aus der Werkstatt de Bry, die sich nach der Amerikareihe nunmehr mit den orientalischen Fahrten nach Afrika und Asien beschäftigte. Die ausgestellte Tafel zeigt das Aufeinandertreffen der Portugiesen mit dem König von Kongo. Sie hält sich dabei eng an die textliche Vorlage, ohne auf ältere zeichnerische Vorbilder zurückgreifen zu können. Der erhöht sitzende Manikongo, dem unter anderem ein Kreuz und ein Gewand als Geschenk präsentiert werden, empfängt die Portugiesen, deren Anführer sich verneigt, während seine Leute im Hintergrund stehen und einige Einheimische sich vor dem König niederwerfen. MK

VII.III.6 Kongo-Kreuz
Nkangi kiditu
Kimpese (heutiger Kongo), 16.–19. Jahrhundert
Messingguss in verlorener Form, 27 × 11
Tervuren, Musée royal de l'Afrique centrale, Inv.-Nr. 55.95.11
Lit. Forkl 1989, S. 110f.; Wannyn 1961

Messingkreuze aus dem Kongogebiet gehören zu den am weitesten verbreiteten Zeugnissen der Christianisierung im westlichen Afrika. Sie dienten nicht nur als religiöses Symbol, sondern erfüllten darüber hinaus auch die Funktion eines zeremoniellen Herrschaftszeichens. So verlieh der kongolesische König Afonso I. (1506–1543) je ein Kreuz an Häuptlinge, die den Gerichtshöfen vorstanden. Bei Prozessen sollten sie die Beteiligten zur Wahrheit ermahnen. Die Artefakte wurden als unveräußerliches Eigentum der Clans betrachtet und durften nur von den Häuptlingen berührt werden. Das in der Ausstellung gezeigte Kruzifix ist ein typisches Beispiel mit profiliertem Randwulst, an dessen oberem Ende eine Öse als Aufhängevorrichtung befestigt ist. Unter dem Gekreuzigten sind zwei betende Personen zu erkennen. JW

VII.III. Missionierung ›461‹

Bei seiner Missionsarbeit kam ihm vor allem sein Sprachtalent zugute. Neben zahlreichen Briefen, Predigten und weiteren Texten verfasste er Gedichte und Theaterstücke in Portugiesisch, Spanisch, Latein und Tupí. Die Kenntnis der einheimischen Sprache war für ihn das entscheidende Instrument, um christliche Glaubensinhalte in die indigene Vorstellungswelt zu transportieren. Mit seiner Grammatik leistete Anchieta einen entscheidenden Beitrag zur Kenntnis der Sprache der ›Tupí‹, also der autochthonen Bewohner der brasilianischen Ostküste im 16. Jahrhundert, mit denen die Europäer den zunächst umfassendsten Kontakt hatten. Es handelt sich um das erste gedruckte Werk über eine der Landessprachen. Bereits lange vor Drucklegung kursierte es in Manuskriptform unter den Missionaren, wobei für die endgültige Druckfassung die Ko-Autorenschaft weiterer Patres als wahrscheinlich gilt.

Umstritten ist, inwieweit Anchieta die tatsächlich gesprochene Sprache einer Region festhielt oder aber eine Vielzahl von Sprachen homogenisierte. Auf dem Tupí basierend, entwickelte sich in der Folgezeit durch die Vermittlung von Missionaren und portugiesischen Händlern in Form des *nheengatu* (›Gute Sprache‹) eine in weiten Teilen des östlichen Südamerika gesprochene allgemeine Verkehrssprache (*língua geral*). (Abb. 3, S. 289) MK

VII.III.6

VII.III.7 Erste Grammatik des Tupi
Arte de gram- / matica da lingoa / mais vsada na costa do Brasil
Pater José de Anchieta SJ (Teneriffa 1534 – 1597 Espírito Santo)
Coimbra, 1595
Druck, 15 × 10
Stuttgart, Brasilien-Bibliothek der Robert Bosch GmbH, Inv.-Nr. 39
Lit. Pinheiro 2004; Prien 2006; Rodrigues 1997

Der Jesuitenpater José de Anchieta spielte beim Aufbau der Mission in Brasilien eine herausragende Rolle. Er war an der Gründung der beiden heutigen Metropolen São Paulo und Rio de Janeiro beteiligt. 1563 begleitete er Manuel da Nóbrega zu den mit den Franzosen verbündeten Tamoios, die die portugiesische Kolonie bedrohten, um einen Friedensschluss auszuhandeln. 1577 bis 1585 war er Provinzial von Brasilien.

VII.III.8 Jesuitenmission in Amerika
Christoph Thomas Scheffler
(Freising 1700 – 1756 München)
1749/50
Federzeichnung, grau laviert, weiß gehöht, in Blei quadriert, 27,1 × 36,5
Stuttgart, Staatsgalerie / Grafische Sammlung, Inv.-Nr. 871
Lit. Ausst.-Kat. Berlin 1982, Kat.-Nr. 10.21; Lochner von Hüttenbach 1895

Die Verherrlichung des europäischen Wirkens in Übersee zeigt auch diese Zeichnung, die Jesuitenmissionare in Südamerika darstellt. In der Mitte steht, mit der rechten Hand zum Himmel deutend, Pater José de Anchieta. Um ihn gruppieren sich kniend und gleichsam um seine Lehre bittend indigene Bewohner Brasiliens, flankiert von wilden Tieren wie Schlange und Jaguar, die die Köpfe ebenfalls zum Pater bzw. zum Himmel erheben. Im Hintergrund befindet sich die Kirche *Maria de Auxilio* von Porto Seguro. Beim Bau der Kirche soll der Überlieferung nach ein Balken vom Gerüst gefallen sein. Wo er aufschlug, entsprang eine wundertätige Quelle. Im Bild laben sich Indianer an dem vom Kirchberg herabrinnenden Bach. Rechts findet sich ein weiterer Missionar, der, ins Wasser stürzend, ein Bild der Heiligen Jungfrau nach oben reckt. Es handelt sich um Pater Igna-

VII. Portugal in Übersee

tius Azevedo, der nach einem Piratenüberfall 1570 bei den Kanarischen Inseln ertrank. Am linken Bildrand findet sich Pater Anton Sepp, der im 17. Jahrhundert im heutigen Paraguay tätig war. Er trägt, ebenfalls von flehenden Indianern umringt, eine Statue der Mutter Gottes, die er zuvor in Altötting als Geschenk erhalten hatte, die Stufen zur Kirche hinauf.

Scheffler, der die Kirche *Mariae Himmelfahrt* in Dillingen mit der Darstellung der jesuitischen Mission in aller Welt ausstattete, fertigte diese Zeichnung zur Vorbereitung des Amerikateils der Freskendekoration an. (Abb. 4, S. 291) MK

VII.III.9 Missionierter brasilianischer Indianer

In: *Histoire de la mission des Péres Capucins en l'Isle de Maragnan*
Claude d'Abbeville (Autor, gest. 1616 Rouen),
Léonard Gaultier (Stecher)
Paris, 1614
Druck, 16,5 × 11,5
Stuttgart, Brasilien-Bibliothek der Robert Bosch GmbH, Inv.-Nr. 56
Lit. Cunha 1998, S. 10 f.; Hemming 1995 [1978], Kap. 10; Obermeier 1995; Obermeier 2006a; Prien 2006

In der Gegend des heutigen Maranhão fand von 1612 bis 1615 der letzte französische Versuch statt, auf brasilianischem Boden eine Siedlungskolonisation zu etablieren. Die Hauptstadt des heutigen brasilianischen Bundesstaates Maranhão, São Luís, ist eine französische Gründung aus jener Zeit. Unter den die Siedler begleitenden Kapuzinermissionaren befand sich auch Claude d'Abbeville, der sich allerdings nur gut vier Monate in Brasilien aufhielt. Auf der Rückfahrt nahmen er und seine Begleiter sechs Tupinambá mit nach Frankreich. Drei davon starben bald. Die anderen wurden am 24. Juli 1613 im Beisein des jungen Ludwig XIII. und der Regentin Maria von Medici vom Pariser Erzbischof feierlich getauft und kehrten anschließend mit französischen Ehefrauen und zahlreichen Würdigungen versehen nach Maranhão zurück. Ziel dieser Aktion wie auch der bald erscheinenden Publikation von d'Abbeville, in der sich Kupferstiche der ›wilden‹ und der ›bekehrten‹ Indianer befinden, war es unter anderem, zu Hause für das französische Kolonialprojekt zu werben. Nach gewaltsamen Auseinandersetzungen in Brasilien und dem Ausbleiben von Unterstützung aus Frankreich, wurde das Fort Saint-Louis im November 1615 allerdings kampflos an Portugal/Spanien übergeben. Auch die französischen Kapuziner kehrten nach Europa zurück. (Abb. 7, S. 294) MK

VII.III.11

VII.III. Missionierung ›463‹

VII.III.10 Der Jesuitenmissionar António Vieira

In: *Vida do Apostólico Padre António Vieyra da Companhia de Jesus*
André de Barros
Lissabon, 1742
Druck, Kupferstich, 31 × 22,5
Berlin, Ibero-Amerikanisches Institut – PK, Sign. Sek:
Port ba 2007 [40]
Lit. Bitterli 1980, S. 53–56; Koch 1934, S. 1818–1820;
Loetscher 1994

Pater António Vieira (1602–1697), seit 1641 als Berater und Diplomat im Dienst König Dom Joãos IV., wurde 1652 zum Missionsoberen von Maranhão in Brasilien ernannt und initiierte die Mission der Jesuiten im Amazonasgebiet. Nach dem prägenden Erlebnis einer *entrada*, einer Expedition ins Landesinnere mit dem Ziel, Indianer notfalls gewaltsam in die Sklaverei zu entführen, setzte sich Vieira massiv für die Rechte der Ureinwohner ein. Seine am 13. Juni 1654 vor den Kolonisten in der Kathedrale von São Luís gehaltene »Predigt des heiligen Antonius an die Fische«, in der er satirischer Form die menschenunwürdige Behandlung der Indianer kritisierte, ist eines der frühen Zeugnisse des europäischen Antikolonialismus. Ein Jahr später bewirkte der redegewandte Prediger beim König den Erlass eines strengeren Gesetzes, das allein die Jesuiten berechtigte, die Indianer sporadisch zur Arbeit für die Siedler zu rekrutieren. 1661 eskalierten die schwelenden Konflikte zwischen Missionaren und Kolonisten in der Inhaftierung aller Ordensmitglieder und ihrer Auslieferung an die Inquisition in Portugal. In seiner zweijährigen Haft gelang Vieira jedoch die Rehabilitierung der jesuitischen Missionsarbeit, die er fortan in der Provinz Bahia bis zu seinem Tod 1697 weiterführte. (Abb. 5, S. 292) CT

VII.III.11 Predigt des Heiligen Franz Xaver in Goa

André Reinoso (1585? – 1650?)
17. Jahrhundert (erstes Viertel)
Öl auf Leinwand, 96 × 162
Lissabon, Santa Casa da Misericórdia de Lisboa / Museu de São Roque, Inv.-Nr. 96, Sakristei
Lit. Serrão 1993, S. 66f.

Die Sakristei der jesuitischen Kirche São Roque in Lissabon besitzt eine hochinteressante Kunstsammlung. Ein monumental ausgestalteter, doppelstöckiger Raum enthält dabei zwei Reihen gerahmter Gemälde. Unten befindet sich die ältere, André Reinoso zugeschriebene Serie mit der Darstellung des *Lebens des Heiligen Franz Xaver* (Francisco Xavier), auch *Legende des Heiligen Franz Xaver*. Sie besteht aus 20 hervorragenden Gemälden, auf denen sich das Talent Reinosos in der typisch manieristischen Volumierung der Figuren und im Spiel mit Hell-Dunkel-Kontrasten offenbart. Die Serie beschreibt die wichtigsten Momente im Leben des Heiligen und einige seiner Wunder. In Berlin ausgestellt ist die Episode der *Predigt des Heiligen Francisco Xavier in Goa*, bei der das Interesse der Einwohner von Goa an den Worten des Jesuiten im Mittelpunkt steht. Der Heilige hat einen verzückten und dennoch ruhigen Gesichtsausdruck, der von dem leuchtenden Heiligenschein noch unterstrichen wird. Der von Reinoso entworfene und von seinen Assistenten ausgeführte Körper zeugt vom Erfindungsreichtum des Künstlers, der sich nicht wie sonst üblich auf akademische Vorgaben beschränkte oder europäische Stiche kopierte. An den Details der Kleidung lässt sich erkennen, dass die ikonografische Planung von jemandem unterstützt wurde, der im Gegensatz zu Reinoso Indien kannte. Reinoso wiederum setzte die ihm gelieferte Beschreibung mit Enthusiasmus um, machte von einer Palette kräftiger, manchmal beißender Farben Gebrauch und versah das insgesamt finstere Bild mit leuchtenden Flecken und einem Farbreichtum, der damals ungewöhnlich war. Die Szene spielt sich in einer konventionellen, perspektivisch gestalteten Straße ab. Trotz dieser Schwäche handelt es sich bei diesem Gemälde um eines der Meisterwerke der portugiesischen Malerei des 17. Jahrhunderts. PP

VII.III.12 Pileolus des Heiligen Franz Xaver

Japan?, vor 1552
Seide, 8 × 17,9 (Dm.)
München, Deutsche Provinz der Jesuiten, St. Michael
Lit. Ausst.-Kat. München 1997, S. 312f., Kat.-Nr. 26

In der Jesuitenkirche St. Michael in München befindet sich der Pileolus des Heiligen Franz Xaver (São Francisco Xavier), des Mitbegründers des Jesuitenordens und wohl bedeutendsten Missionars der Neuzeit. Die Missionierung des Ostens begann 1541, als Franz Xaver sich auf Bitten König João III. von Portugal und mit päpstlichen Vollmachten versehen an seinem 35. Geburtstag nach Indien einschiffte. Auf den Spuren der Entdecker reiste er zehn Jahre rastlos durch Indien, Indonesien und Japan, bis er 1552 auf der Insel Sancian vor den Toren Chinas starb. Er ist der Pionier des modernen Missionsgedankens, der besagt, dass der Dialog der Religionen nur gelingen kann, wenn er die tieferen Wurzeln einer Kultur berücksichtigt.

Der Visitationsbericht von 1835 im Kirchenarchiv St. Michael nennt »ein sogenanntes Soli-Deo Häubchen von nicht europäischem Stoff, welches eben das nämliche ist, das der Heilige Xaverius als Nuntius Apostolicus in Indien getragen hat, worüber zwei interessante Authentiken vorliegen; die eine von dem Jesuiten-Provinzial P. Hallauer mit eigener Handschrift auf chinesischem Papier, worin einst das Häubchen eingewickelt war, die andere von dem Kollegiums-Rektor P. Rudolphus Burkhart d.d. 28. August 1746, worin gesagt wird, dass dieses Häubchen von dem damaligen chinesischen Missionar P. Roman Hinderer aus der Insel Sanciano dem deutschen Provinzial P. Hallauer übersendet worden.«

Das Scheitelkäppchen war mit den Seidenkleidern im Gepäck Franz Xavers für seine Chinareise und verblieb wohl zunächst auf Sancian. Seit 1746 gilt es als verehrungswürdige Reliquie in St. Michael in München. RH

VII.III.13 Kreuzreliquiar

Portugiesische Schule, 17. Jahrhundert
Silber, 36 × 18,5 cm
Coimbra, Museu Nacional de Machado de Castro,
Inv.-Nr. 6210
Lit. Roteiro Museu Nacional de Machado de Castro 2005,
S. 81; www.matriznet.ipmuseus.pt (August 2007)

Dieses außergewöhnliche Reliquiar sollte ursprünglich das Kruzifix des Heiligen Franz Xaver (1506–1552) empfangen, das jedoch unterdessen verlorenging. Als Sockel des kreuzförmigen Behältnisses fungiert ein anatomisch sehr genau dargestellter Krebs, der das eigentliche Kreuz zwischen seinen Scheren hält. Es handelt sich um ein lateinisches Kreuz aus Silber, bei dem die Spitzen der Kreuzarme mit Akanthusblättern umwunden sind. Auf dem Silberbelag der Rückseite findet sich eine Inschrift, die auf die Funktion des Reliquienbehältnisses und die Bedeutung des Krebses anspielt: »ESTE ST° CRUCIFIXO HE O MESMO Q O CARAGEJO TROXE A PRAIA AO ST° XAVIER« (»Dieses Heilige Kruzifix ist das gleiche wie jenes, das der Krebs dem Heiligen Xavier an den Strand brachte«).

Einer Legende nach, die in Asien wie auch in Europa rasche Verbreitung fand, warf der Jesuit während eines Sturmes in der Gegend der Molukken sein Kruzifix in die Wellen, worauf sich das Meer beruhigte. Als Franz Xaver später an Land spazieren ging, brachte ihm ein Krebs das Kreuz zurück. Der Künstler, vermutlich ein Goldschmied des Jesuitenkollegs zu Coimbra, griff dieses Thema mit der für seine Epoche typischen Faszination für das Exotisch-Mirabilistische auf und setzte sich damit über ältere Konventionen hinweg. PP

VII.III.14

VII.III.14 Die Wunder des Heiligen Franz Xaver
Marinus Robyn van der Goes (gest. 1639 Antwerpen)
nach Peter Paul Rubens (Siegen 1577 – 1640 Antwerpen)
Antwerpen ?, vor 1619
Kupferstich, Papier, 57,3 × 44,7
Berlin, SMB – Kupferstichkabinett, Inv.-Nr. 80-60
Hollstein 7-II
Lit. Ausst.-Kat. Berlin 1985, S. 211

Der Stich geht auf ein Gemälde zurück, das Peter Paul Rubens vermutlich 1617 zusammen mit dem Bild *Die Wunder des Heiligen Ignatius von Loyola* für den Hochaltar der Antwerpener Jesuitenkirche geschaffen hatte. Es zeigt Franz Xaver in erhöhter Position auf einem sockelartigen Mauerstück stehend, umringt von zahlreichen Hilfesuchenden und Zuschauern. Begleitet von einer Himmelserscheinung, die das Kreuz Christi und die Heilige Eucharistie verherrlicht, werden im Vordergrund zwei Verstorbene zum Leben erweckt. Im Hintergrund erhebt sich ein heidnischer Tempel, der für die vom Christentum ›bezwungenen‹ Religionen Asiens steht, jedoch in den Formen des europäischen Barock gehalten ist. Van der Goes bildete das Rubensgemälde seitenverkehrt ab und nahm darüber hinaus einige Veränderungen vor, die wohl darauf abzielten, die Dramatik des Ereignisses und seine exotische Lokalisierung zu unterstreichen. Dies betrifft zum einen die bewegte Gestik des Heiligen, zum anderen die Gestalt des Tempels, dessen Götzenbild unter dem aus dem Himmel herabfahrenden Bannstrahl zerbricht und dessen Skulpturenschmuck nahezu dämonische Züge trägt. Auch verlieh der Stecher einem der vom Tode Erweckten asiatisch anmutende Züge. JW

VII.III.15 Der Heilige Franz Xaver
Unbekannt, Japan ?, um 1600
Polychrom gefasstes und bemaltes Holz, 114 (H.)
Lissabon, Santa Casa da Misericórdia de Lisboa / Museu de São Roque, Inv.-Nr. 92
Lit. Ausst.-Kat. Lissabon 2000 b, Kat.-Nr. 14

Die Figur ist angesichts des darauf aufgetragenen Lacks wahrscheinlich in Japan entstanden. Sie besteht aus polychrom gefasstem Holz und ist mit orientalisch beeinflussten Pflanzenornamenten verziert. Das Kreuz, das die Figur in der linken Hand hält, ist nicht mehr das Originalkreuz. Franz Xaver (Francisco Xavier) wurde am 7. April 1506 in Xavier (Sanguesa, Navarra) geboren. Er studierte an der Sorbonne in Paris, machte 1530 seinen Abschluss und wurde Magister. In Paris lernte er Ignatius von Loyola kennen. 1537 wurde Xaver in Venedig geweiht und ging daraufhin nach Rom, wo er von Ignatius und anderen Gefährten aus seiner Pariser Zeit bereits erwartet wurde. Die jungen Männer beschlossen, eine neue religiöse Ordensgemeinschaft zu gründen, die Gesellschaft Jesu (*Societas Iesu*), die dem innovativen Grundsatz des Handelns im Glauben gehorchen sollte. Papst Paul III. bestätigte am 3. September 1539 die Gründung der Gesellschaft.

Kurz darauf reiste Xaver auf Geheiß des Papstes nach Lissabon, um einem Gesuch des portugiesischen Königs Dom João III. entgegenzukommen, der mit neuen Missionaren die christliche Präsenz in Indien stärken wollte. Xaver wurde von Dom João empfangen und erhielt umgehend Genehmigung, mit einer Gruppe von Ordensbrüdern nach Asien zu reisen. Die in den darauffolgenden zehn Jahren absolvierte Reiseroute Xavers in Asien ist von beachtlichem Ausmaß: Der Jesuit besuchte Mosambik, Goa, Kochi, die Fischerküste in Südindien, Sri Lanka (Ceylon), Malakka, die Molukken und Mindanao auf den zukünftigen Philippinen. Er ließ sich für eine Weile in Japan nieder, kehrte aber 1551 nach Indien zurück. Seine Absicht, auch in China Missionen aufzubauen, konnte er nicht mehr verwirklichen. Er starb 1552 auf der Insel Sanchoan in der Nähe des heutigen Macau. Als Missionar trieb er die Verkündigung des

Evangeliums im Orient voran und kam schnell in den Ruf der Heiligkeit. Er wurde und wird unter den Christen Asiens und Portugals gleichermaßen verehrt. Sein weitgehend unversehrter Körper liegt in der Jesuitenkirche Bom Jesus zu Goa bestattet und ist alljährlich der Mittelpunkt eines spektakulären Pilgerfestes. (Abb. 7, S. 184) PP

VII.III.16 Teil einer Kirchentür aus Chaul mit der Darstellung des Heiligen Petrus
Indien, Chaul, 17. Jahrhundert?
Teakholz, 174 × 25
Lissabon, Museu Militar, Inv.-Nr. 26/A.333
Lit. Ausst.-Kat. Porto 1998, Kat.-Nr. 95; Ausst.-Kat. Porto 1999, Kat.-Nr. 113

Auf zeitgenössischen Darstellungen portugiesischer Städte in Indien sind häufig Häuserfassaden mit hölzernen Veranden oder Balkonen zu sehen. Typologisch entsprachen diese Verschläge zwar portugiesischen Vorbildern, doch bei der Bearbeitung des Teakholzes wurde in vielen Fällen die traditionelle indische Schnitzkunst angewandt. Nur punktuell kamen westliche Konventionen so klar zum Tragen, wie im hier zu sehenden Türpfostenteil aus der Mutterkirche von Chaul, auf dem der Heilige Petrus zu sehen ist. Als Pendant befand sich auf dem gegenüberliegenden Türpfosten die Figur des Heiligen Paulus. Zahlreiche Kirchen im Gebiet von Bassein zeichneten sich durch hölzerne Portale wie dieses aus. PP

VII.III.17 Modell der Kathedrale von Goa
Atelier Helder Carita, vor 1999
Holz, bemaltes Acryl, 105 × 204 × 240
Lissabon, Museu Militar
Lit. Ausst.-Kat. Porto 1999, Kat.-Nr. 77; Pereira 2005a, S. 134–189

Die Kathedrale von Goa wurde auf Befehl Dom Sebastiãos I. ab etwa 1564 errichtet, wobei sich der mehrmals unterbrochene Bauverlauf bis in das zweite Drittel des 17. Jahrhunderts hinzog. Die neue Metropolitankirche stellte zu ihrer Entstehungszeit nicht nur den größten christlichen Sakralbau Asiens dar, sondern verkörperte auch das geistliche Zentrum des *Estado da India*. Anlass für den Neubau, der eine kleinere, ebenfalls der Heiligen Katharina geweihte Kirche ersetzte, war die Erhebung des Bistums Goa zum Erzbistum im Jahr 1558. Diesem unterstanden die Diözesen Malakka und Kochi und somit alle christlichen Gemeinden östlich des Kaps der Guten Hoffnung.

VII.III.16

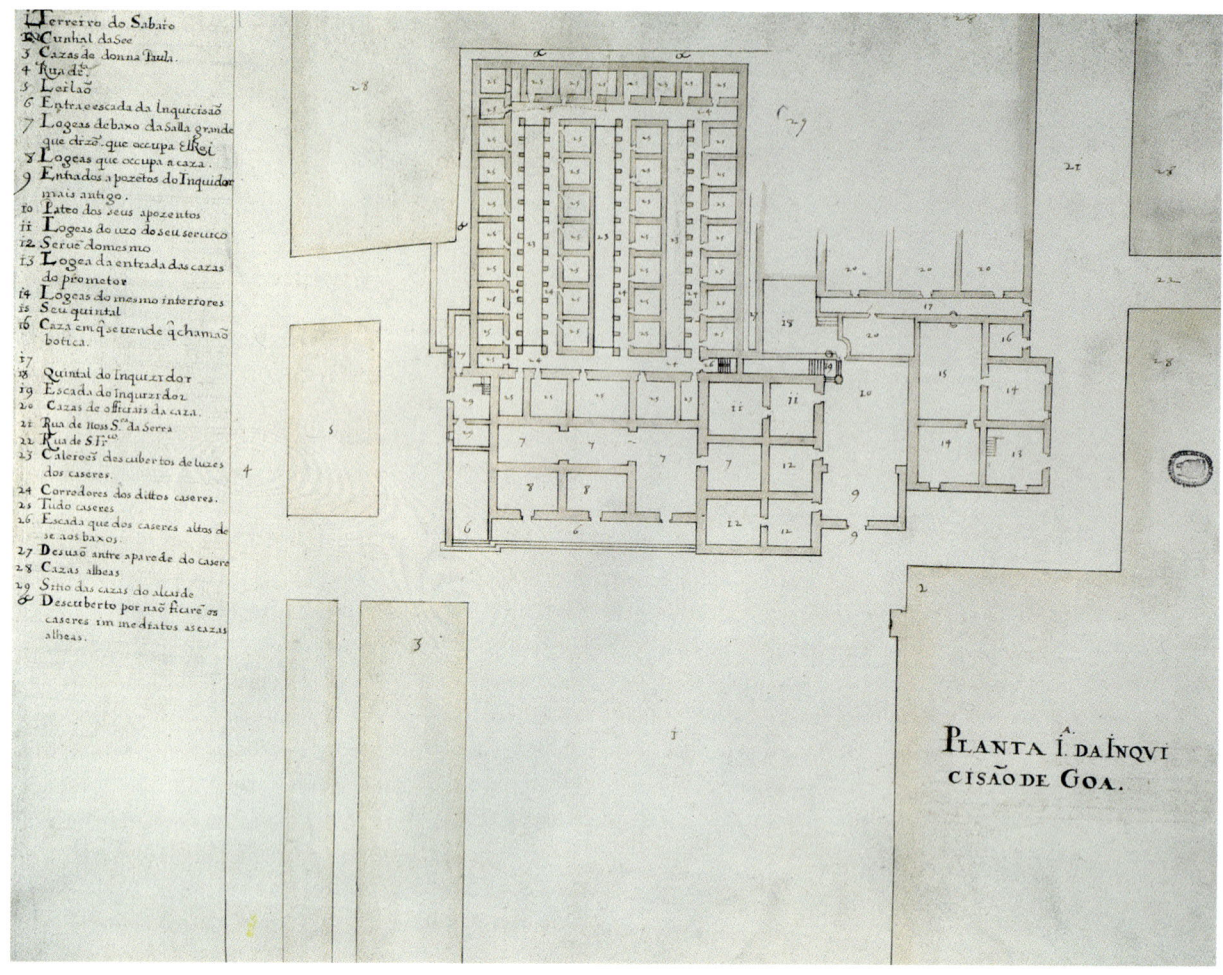

VII.III.18

Die Kathedrale wurde vermutlich von den Architekten Inofre de Carvalho und – in Teilen – Júlio Simão auf dem Grundriss eines lateinischen Kreuzes errichtet. Das Langhaus ist als dreischiffige tonnengewölbte Staffelhalle ohne Obergaden konzipiert und wird an beiden Seiten von je vier niedrigen Kapellen begleitet. Im Westen schließen sich ein Querhaus sowie ein langgestreckter Chor an. Die nach Osten weisende Hauptfassade wurde als doppeltürmige Schaufront errichtet, die jedoch seit dem Einsturz der oberen Geschosse des Nordturmes im Jahr 1776 nur noch als Torso erhalten ist. Der antikisierende Bauschmuck, der sich jedem Einfluss der indigenen Bautradition Goas verschließt und weitgehend den Stilprinzipien der italienischen Hochrenaissance folgt, beschränkt sich im Äußeren auf eine sparsam eingesetzte Pilastergliederung und die teilweise als Ädikulen ausgebildeten Fensterrahmungen. An der Hauptfassade wird er um ein ikonografisches Programm erweitert, das den Bau als Siegesmonument der portugiesischen Monarchie und der Katholischen Kirche erscheinen lässt. In seinem Mittelpunkt steht eine Statue der Heiligen Katharina, die sich in der Nische unterhalb des Giebels befindet und an die Eroberung Goas im Jahr 1510 erinnert. Das Modell stellt die Kathedrale von Goa im Maßstab 1:50 dar und gibt dabei den ursprünglichen Zustand der zweitürmigen Hauptfassade wieder. (vgl. Abb. 6, S. 148) JW

VII.III.18 Buch der Grund- und Aufrisse aller Inquisitionsgebäude dieses Königreiches und Indiens

Livro das Plantas e Monteas de todas as Fábricas das Inquisições deste Reino e Índia
Mateus do Couto (Onkel), 1634
Handschrift und Zeichnung auf Papier, 44,3 × 36
Lissabon, Instituto dos Arquivos Nacionais/Torre do Tombo, Inv.-Nr. Tribunal do Santo Oficio, Conselho Geral, liv. 470
Lit. Ausst.-Kat. Lissabon 1999b, S. 40

VII.III. Missionierung ›469‹

Dieses Buch besteht aus 24 Folia mit Plänen und Aufrissen der Gebäude der portugiesischen Inquisition. Das im Erdbeben von 1755 zerstörte Gebäude am Lissabonner Rossio nimmt dabei einen herausragenden Platz ein. Der Titel auf dem manieristischen Frontispiz lautet *Buch der Grundrisse und Aufrisse aller Inquisitionsgebäude dieses Königreiches und Indiens, zusammengestellt auf Anordnung des sehr illustren und verehrten Herrn Dom Francisco de Castro, Bischof, Generalinquisitor und Mitglied des Staatsrats Ihrer Majestät. Anno Domini 1634. Von Matheus do Couto, Architekt der Inquisition dieses Königreichs.* Die Handschrift ist unvollständig, sie enthält lediglich Aufrisse (Skizzen) und Pläne der Inquisitionspaläste von Lissabon, Coimbra, Évora und Goa. Mateus do Couto (Onkel eines gleichnamigen Architekten) war ein Baumeister von beträchtlicher Bedeutung in Portugal, der von seinem ursprünglichen Interesse an der Militärarchitektur abkam und vor allem religiöse Aufträge bearbeitete. Er erhielt den Posten des *Arquitecto das ordens militares* (Baumeister der Militärorden) und wurde später zum Architekten der Inquisition. Couto war für die Arbeiten am Konvent von Avis und für den ersten Grundriss der Kirche des Jesuitenkollegs von Santarém, die von seinem gleichnamigen Neffen fertiggestellt wurde, verantwortlich. Des Weiteren wurden von ihm zahlreiche andere Bauten, die fast alle im nüchternen und einfachen Stil gehalten waren, gestaltet. PP

VII.III.19 Die Inquisition in Goa:
Die Scheiterhaufen des Autodafé

In: Charles Dellon, *Die niemals erhörte Tyranney und Grausamkeit der Portugiesischen Inquisition, oder des Geistlichen Richter-Stuels, in der Ost-Indianischen Haupt-Statt Goa; nunmehro erstesmal entdecket durch einen allda lange Zeit gefangen gesessenen und hefftig gemarterten Römisch-Catholischen Franzosen.*
Charles Dellon (1650 – um 1709),
Pierre-Paul Sevin (1650 – 1710),
Cornelis Martinus Vermeulen (Stecher, 1644 – 1708)
1689
Kupferstich, Bl. 122/123, 16,1 × 9,8
Gotha, Forschungsbibliothek, Sign. Theol 8° 00246/04
Lit. Amiel 1997; Dellon 1997 [1687]

Im Jahr 1554 errichtete der Kardinal Dom Henrique das Inquisitionstribunal in Goa. Dieses war für den gesamten portugiesischen Herrschaftsbereich östlich des Kaps der Guten Hoffnung zuständig und arbeitete mit kurzen Unterbrechungen bis ins Jahr 1812. In seiner aktivsten Phase im 17. Jahrhundert sprach

VII.III.19

das Gericht jährlich durchschnittlich hundert Personen verschiedener ›Vergehen‹ im Sinne der katholischen Kirche schuldig. Die weitaus meisten Verurteilungen betrafen konvertierte Hindus, die der heimlichen Ausübung ihrer ursprünglichen Religion bezichtigt wurden. Der gleiche Vorwurf richtete sich gegen die getauften Juden, die ›Neuen Christen‹. Auf sie entfielen mehr als 70 Prozent der Todesurteile.

Eine hohe Publizität erlangte die Goeser Inquisition durch den Franzosen Charles Dellon, der 1676 wegen Häresie zum Galeerendienst verurteilt wurde. Nach seiner Befreiung verfasste er einen ausführlichen Bericht, der 1687 im niederländischen Leiden unter dem Titel *Relation de L'Inquisitio de Goa* erschien und in den folgenden Jahren in mehrere Sprachen übersetzt wurde. Ein Stich in der deutschen Ausgabe von 1689 zeigt exemplarisch den Weg der zum Tode Verurteilten zum Scheiterhaufen. Dieser beginnt an einem Kirchenportal am rechten Bildrand, wo der Anwalt den Delinquenten der weltlichen Gewalt übergibt, und endet an den Scheiterhaufen vor dem Thron des Vizekönigs. Dort werden diejenigen Verurteilten, die angesichts des Todes zum ›wahren Glauben zurückgefunden‹ haben, in einem letzten ›Gnadenakt‹ vor dem Verbrennen erdrosselt. JW

VII.III.20 Die Jesuiten in China
In: *Ausführliche Beschreibung des Chinesischen Reichs und der grossen Tartarey*, Teil 3
Jean Baptiste du Halde (1674 – 1743)
Rostock, Johann Christian Koppe, 1749
Kupferstich, 24,5 × 52,5
Berlin, Staatsbibliothek zu Berlin – PK, Abteilung Historische Drucke, Sign. 4° Un 2052a-3
Lit. Ausst.-Kat. Berlin 1985, S. 138 f.; Ausst.-Kat. Wolfenbüttel 1987, S. 106–110

Seine umfangreiche Chinabeschreibung stellte du Halde aus den Berichten der jesuitischen Ordensbrüder seit dem 17. Jahrhundert zusammen. Die *Description de la chine et de la Tartarie chinoise* wurde schnell führendes Handbuch über China. Mit seinem Werk wollte der Pater nicht nur die von den Jesuiten erworbene Chinakenntnis einer breiten europäischen Leserschaft zugänglich zu machen, sondern in erster Linie um Unterstützung für die französische Jesuitenmission in China werben. Die deutsche Übersetzung der Kompilation erschien 1747 bis 1756 in Rostock, mit Ergänzungen Johann Lorenz von Mosheims zur chinesischen Literatur, Zeitrechnung, Kirchengeschichte sowie mit den Erlebnisberichten einiger Patres. Der zweite und dritte Teil des Werkes stellt Sittenlehre, Regierungsmaxime, Geschichte und Lehre der Chinesen vor, der vierte Band enthält zusätzlich eine Beschreibung des japanischen Reiches von Engelbert Kaempfer.

Der abgebildete Kupferstich zeigt drei der einflussreichsten Jesuitenmissionare in China mit ihren wissenschaftlichen Instrumenten: den Italiener Matteo Ricci, Gründungsvater der seit dem 16. Jahrhundert tätigen Chinamission, den Deutschen Johann Adam Schall von Bell, Direktor des Astronomischen Amtes, der den chinesischen Kalender reformierte und Berater des jungen Kaisers Shunzi war, sowie dessen belgischen Nachfolger Ferdinand Verbiest, Ratgeber und Freund des Kaisers Kangxi. CT

VII.III.21 Christliche Missionsbroschüre
T'ein-chu chiang-sheng ch'u-hsiang ching-chieh
Julius Alenius (Brescia 1582 – 1649 Yanping)
China, 1630
Broschüre, 28,5 × 17
Stuttgart, Württembergische Landesbibliothek, Sign. Ba graph 1630 01
Lit. Collani 1998; Koch 1934, S. 35; Standaert 1999, S. 39–43

Nach seinem Eintritt in die Gesellschaft Jesu wurde Alenius 1609 als Missionar in den Fernen Osten gesandt. Im Jesuitenkolleg in Macau lehrte er Mathematik und studierte die chinesische Sprache. 1613 reiste der Pater nach Peking und nahm seine Missionstätigkeit in Kaifeng auf, die er später nach Nanking und Shanghai verlagerte. Während der ersten Christenverfolgung von 1616/17 fanden Alenius und weitere Ordensbrüder

VII.III. Missionierung

Zuflucht bei dem christlichen Gelehrten Michael Yang Tingyun in Hangzhou. Als ausgewiesener Kenner der chinesischen Sprache und Kultur verfasste der Jesuitenmissionar zahlreiche chinesische Schriften über religiöse und wissenschaftliche Themen. Zudem gilt er als Autor der *Karte der Zehntausend Länder*, die auf der Weltkarte des China-Missionars Matteo Ricci basiert. 1639 wurde Alenius nach Macau ausgewiesen und zwei Jahre später zum Vizeprovinzial der Jesuitenmission in China ernannt. Über das Leben und Wirken des ›europäischen Konfuzius‹ erschienen mehrere chinesische Biografien und Gedichte.

Die Missionsbroschüre mit dem Titel »Kommentierte Bilder der Inkarnation Gottes« enthält rund fünfzig Illustrationen aus dem Leben Christi und basiert auf der 1593 erschienenen *Evangelicae historiae imagines*, einem Kommentar zu den Sonntagslesungen des Ordensgründers Ignatius von Loyola. Die einprägsamen und anschaulichen Bilder eigneten sich hervorragend zur Unterstützung der Missionsarbeit, weshalb die Jesuiten diese bevorzugt als ergänzendes Medium in der Verbreitung des Evangeliums in China einsetzten. CT

VII.III.22 Plan von Peking
In: *Nouvelle relation de la Chine, contenant la description des particularitez les plus considerables de ce grand Empire*
Gabriel de Magalhães (1610–1677)
Paris, Claude Barbin, 1688
Kupferstich, 65 × 44,5
Berlin, Staatsbibliothek zu Berlin – PK, Abteilung Historische Drucke, Sign. Un 4616
Lit. Ausst.-Kat. Berlin 1985, S. 257; Ausst.-Kat. Wolfenbüttel 1987, S. 101–103

Gabriel de Magalhães, ein Nachkomme des berühmten Weltumseglers Magellan, trat 1634 dem Jesuitenorden bei und wurde 1640 als Missionar ins chinesische Hangzhou entsandt. Nach einer Zwischenstation in Chengdu (Sichuan) lebte er seit 1648 in Peking. Am Hof des Kaisers Shunzhi gewann der Pater großen Einfluss, wurde jedoch unter dessen Nachfolger Opfer der zunehmenden Jesuitenfeindlichkeit. Nach seiner Inhaftierung 1664 starb er 1677. Basierend auf dem 1668 angefertigten Manuskript *Doze excellencias da China* wurde Magalhães' Werk über die Verhältnisse in China elf Jahre nach seinem Tod in Frankreich veröffentlicht.

VII.III.21

Das Buch enthält einen Stadtplan von Peking, der trotz einiger Fehler als detaillierteste Abbildung der chinesischen Hauptstadt aus dem 17. Jahrhundert bezeichnet werden kann. Der Plan bildet die schachbrettartige Struktur Pekings mit Unterteilung in eine nördliche Altstadt und eine südliche Neustadt richtig ab. Auch die konzentrische Einteilung des historischen Kerns in eine Verbotene, Innere und Äußere Stadt sowie die Lage des Sonnentempels im Osten und des Mondtempels im Westen entsprechen der Realität. Topografisch unkorrekt ist jedoch die Darstellung des eigentlich rechteckigen Grundrisses der Äußeren Stadt, in der sich ein Himmels- und ein Ackerbautempel befanden. Sie ist hier als Quadrat mit fünf symmetrisch angeordneten Tempeln abgebildet. Die Lage der Tempel und Paläste rund um den Nord- und Südsee sowie die Nord-Süd-Achse der Altstadt sind stark idealisiert. CT

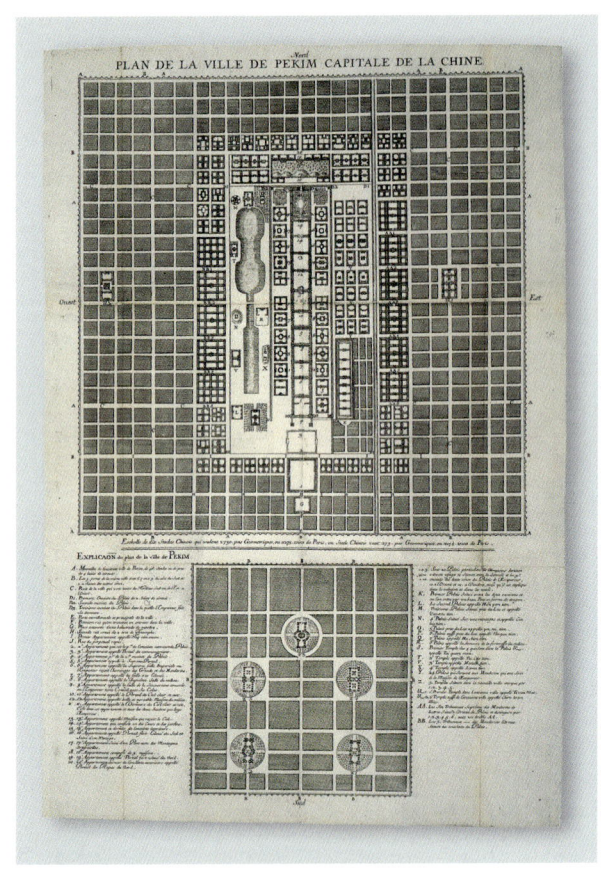

VII.III.22

VII.III.23 Fassade der Kirche São Paulo
(Reproduktion)
Macau, frühes 17. Jahrhundert
Carlo Spinola (1564–1622), Foto: Pedro Dias
Lit. Bury 1958, S. 412 f.; Dias 1998, S. 417–419

Die Jesuitenkirche von Macau wurde vermutlich in den Jahren 1602 bis 1637 unter Einbeziehung von Resten eines Vorgängerbaus auf einem Hügel über der Stadt errichtet. Grundlegend waren Pläne des Jesuitenpaters Carlo Spinola, eines Genuesen, der 1600 nach China gekommen war. Von dem prächtigen Bauwerk, das im 17. Jahrhundert viele Reisende beeindruckte, ist nach einem Brand im Jahr 1835 nur noch die reich dekorierte Hauptfassade erhalten. Diese knüpft direkt an die Entwicklung der europäischen Sakralarchitektur des Ordens an. Über Vorläufer wie die Jesuitenkirche *Il Gesù* in Rom geht sie jedoch hinaus, indem sie mit ihrem komplexen fünfgeschossigen Wandaufbau in noch deutlicherer Weise als diese manieristische Stilprinzipien zur Geltung bringt.

Die aus klassischen Säulenordnungen bestehende Fassadengliederung bildet den Rahmen für ein reiches ikonografisches Programm, das die Botschaften der christlichen Heilslehre vergegenwärtigt. So repräsentieren in der dritten und vierten Wandzone Hochreliefs und erläuternde chinesische Schriftzeichen Themenbereiche wie ›Hoffnung‹, ›Furcht‹, ›Tod‹ und ›Hölle‹. Sie flankieren die Bronzestatuen in der Mittelachse der Fassade, die Christus und die Jungfrau Maria darstellen. Das Giebelfeld darüber zeigt die Taube des Heiligen Geistes, während die Statuennischen des zweiten Geschosses den Heiligen des Ordens – darunter Franz Xaver und Ignatius von Loyola – gewidmet sind. Mit der Berücksichtigung asiatischer Kulturtraditionen bei der Verkündigung christlicher Glaubensinhalte bringt die Fassade von São Paulo das Selbstverständnis der Jesuitenmission in Asien auf beispielhafte Weise zum Ausdruck und unterscheidet sich in dieser Hinsicht deutlich von zentralen Kirchenbauten des *Estado* wie der Kathedrale von Goa. (Abb. 8, S. 171) JW

VII.III.24 Newe Zeyttung auss der Insel Japonien
Michael Manger (tätig 1569–1604)
Augsburg, 1586
Holzschnitt, koloriert, 28,3 × 36,6
Gotha, Stiftung Schloss Friedenstein, Schlossmuseum,
Sign. 38.46
Lit. Ausst.-Kat. Berlin 1993, S. 254 f.; Ausst.-Kat. London 2004, S. 101; Ausst.-Kat. Gotha 2000, S. 13 f.

Im Februar 1582 entsandte der Jesuit Alessandro Valignano eine offizielle japanische Gesandtschaft nach Europa, unter anderem um für die Unterstützung der Jesuitenmission in Japan zu werben. Die Gesandten waren vier junge Christen aus dem japanischen Adel im Alter von vierzehn bis fünfzehn Jahren, die das Jesuitenseminar in Arima auf Kyûshû besuchten. Nach zweieinhalb Jahren Reisezeit erreichten Mancio Itô, Miguel Chijiwa (oben), Julião Nakaura und Martinho Hara (unten) unter dem Geleit des Paters und Dolmetschers Diogo de Mesquita (Mitte) Lissabon. Auf ihren anschließenden Reisen durch iberische und italienische Städte erlebten die exotischen Botschafter prachtvolle Empfänge und feierliche Zeremonien, wurden von König Philipp II. von Spanien und Portugal empfangen, erhielten von Papst Gregor XIII. europäische Kleidung und von Papst Sixtus V. den Ritterschlag. Während ihres Aufenthaltes in Mailand im August 1585 entstanden Porträtskizzen der Jugendlichen, die dem Augsburger Meister als Vorlage für das Flugblatt dienten. Der erhoffte Erfolg für die japanische Mission blieb nach ihrer Rückkehr 1590 jedoch aus. Das zunehmende Miss-

VII.III.25

trauen der neuen Herrscher gegenüber den Jesuiten und das erste Verbot christlicher Propaganda 1587 waren bereits Vorboten der grausamen Christenverfolgung, der 1633 auch Julião Nakaura als Märtyrer zum Opfer fiel (vgl. auch den Beitrag von Correia in diesem Band).

Neben dem Gothaer Exemplar, bei dem die Titelzeile beschnitten ist, hat sich lediglich ein vollständiges Flugblatt erhalten, das sich heute im Besitz der Universität von Kyôto befindet. (Abb. 3, S. 302) CT

VII.III.25 Karte von Japan
vor 1585
Federzeichnung, Tinte, zwei Bögen zusammengeklebt, 27,9 × 59,7
Florenz, Archivio di Stato, Inv.-Nr. Miscellanea Medicea, filzas 97, not.1
Lit. Ausst.-Kat. Berlin 1993, Kat.-Nr. 3/14, S. 255; Cortesão/Mota 1960, Bd. II, S. 127f., Taf. 239 B

Die handgezeichnete Karte entspricht in ihrer Art dem traditionellen Gyôgi-Typus. Sie zeigt Japan in 68 Regionen untergliedert. Nahezu jeder Region ist eine Nummer zugeordnet, die sich offenbar auf eine übergeordnete Verwaltungseinheit bezieht, sowie die zumeist stereotype Darstellung einer Burg, wie man sie ähnlich auch auf gedruckten europäischen Karten findet. Die Legenden sind, von einigen lateinischen Worten abgesehen, in portugiesischer Sprache. Die Landmasse am oberen Bildrand, dem geografischen Süden der Karte, soll offenbar Südamerika andeuten. Anknüpfend an die Amazonenlegende, die seit der Fahrt des Francisco de Orellana dem wasserreichsten Flusseinzugsgebiet der Welt den Namen gab, heißt es hier: »Nhũm homè esta nesta somente molheres todas & quem vem nesta, não torna Ja mais porque os matão« (Hier gibt es keine Männer, nur Frauen und wer hierher kommt, kehrt niemals zurück, denn sie töten ihn). Am linken unteren Bildrand findet sich mit *Xinrancoqu* ein Hinweis auf den asiatischen Kontinent.

Die Karte kam im Rahmen der vom Jesuitenvisitator Alessandro Valignano organisierten Gesandtschaft von vier japanischen Christen, die zwischen 1582 und 1587 nach Europa reisten und dabei im März 1585 von Papst Gregor XIII. in Rom empfangen wurden, nach Italien. Umstritten ist ihre Autorenschaft. Cortesão/Mota ordnen sie dem Portugiesen Inácio Moreira zu. Dieser kam, wie aus von Valignano zusammengestellten Dokumenten hervorgeht, die sich heute in der Biblioteca da Ajuda in Lissabon befinden, zu jener Zeit mit den Jesuiten von China nach Japan und hielt sich dort zwei Jahre auf. Dabei soll er sich besonders um eine genaue geografische Erfassung des Landes bemüht haben. Eine detailgetreuere Karte von seiner Hand gilt als verloren. Andere Stimmen vermuten, dass einer der vier japanischen Gesandten der Urheber der Karte ist. MK

Drey Seelige Martyrer der Societet Jesu/
Welche in Japon neben andern 23. den Namen Christi mit ihrem Blut bezeugt/ und deßhalben am Creuz ihr Leben standthafftig geendet haben/ im Jahr 1597. den 5. Febr.

M. Fagar inuent. *W. Kilian sculp.*

Demnach Taycosama der grosse König in Japon etlich Jahr vorher in seinem gantzen Reich verbotten/ keiner solte hinfüran den Christlichen Glauben annemmen/ aber nichts desto weniger je länger je mehr gespürt/ das diser befelch nur zu weitterem forttschub/ und mehrerm zunemmen der Christen gelangte/ hat er auß anstifftung seiner Haidnischen Edelleut verordnet/ daß man sich etlicher Christen bemächtige/ ihnen die Ohren abschneid/ und am Creuz ersterben lasse.

Weil nun auff so scharpffes vorhaben ein gute anzahl zum Marterkampff beschriben worden/ hat auch das glück drey von der Societet Jesu, die geborne Japoneser waren/ getroffen: Als nemblich/ Paul Michi/ einen trefflichen und eyfferigen Prediger/ wiewol noch nit Priester/ Ioan de Goto, welcher sich nur unlängst der Societet zugesellet/ und Iacob Quisay, so ein Coadiutor. Sechs und zwantzig in allem (deren Namen sämentlich hie unden verzeichnet) seind in der Statt Meaco auff einem Platz zusamengeführt worden/allda man ihnen das lincke Ohr abgeschnitten/ zu mercklichem anzeigen/ sie seyen gewürdiget/ für den Namen JESU schmach zuleyden.

Ein Japoneser hat der von der Societet Personen abgeschnitne Ohren auffgehebt/ und dem P. Organtin, damals Superior und Obern/ heimb getragen/ die Er gantz ehrenbietig gekusset/ unnd mit vilen Zähern unserm Herren auffgeopffert/ als Ertzling von der Societet JESU in Iapon, und Frühlings Blumen der newen Kirchen/ welche Franciscus Xauier, ein so Heiliger Mann/ vormal selbsten gesetzt hatte.

Uber das werden alle Martyrer auff die Kärren geschafft/ in welchen man sie durch die gantze Statt/ jederman zum hon und spot herumbführe/ wirdt ihnen auch an einer langen stangen ein Tafel vorgetragen/ auff welcher die ursach ihres verbrechens geschriben stunde/ das sie nemblich darumb hingericht wurden/ weil sie wider das verbot den Christlichen Glauben angenommen/ und geprediget hetten. Den andern tag zu morgens bringt man dise Rott nach Ozaca, wirdt gleichsfalß unbarmherhig und so spöttlich durch alle Gassen umbgezogen/ daß die Heyden selbst auß Menschlichem mitleiden die Zäher nit länger verhalten kundten. Under dessen befehrt Paulus Michi sechs Japoneser und Taufft sie/ welche von stundan wegen gleiches verbre-

chens für gefangene an- und mitgenommen worden. Von dannen fuhret man sie weitter gehn Sacay, da sie zum drittenmal wie zur ee waren fürgestellet. Damit aber das gantze Reich von disem Procesß/ und abschewlichen Urtheil desto mehr kundschafft hette/ und darob erschrickte/ befahl Taycosama, daß man die gefangne gar gehn Nangasachi/ mehr als zwey hundert Welsche Meil von Meaco gelegen führen solte.

Den 9. Ianuarij im Jahr 1597. zogen sie von Sacay hinweck/ erlieden underwegen vil ubels/ kommen endlich an zu Nangasachi auff lang erwünschen Schawplatz/ bereitten ihre Seelen/ Gott fürnemblich zu gefallen/ durch rainigkeit deß Gewissens/ und Beichten einem von der Societet JESU, der deßhalben mit fleiß hingangen.

Da man sie nun nacheinander ans Creutz gehefft/ doch ehe sie die tödliche Wunden empfangen/weil Paulus Michi ein solche Welt Volcks bey disem Schawspil versamblet gesehen/ erhebt er seine Stim uber laut/ der Geburt nach sey er ein Japoneser/ der Glauben belangend ein Christ/ und auß dem beruff Gottes einer von der Societet JESU; darauff er so beherzt/ zierlich und ernsig dem Volck zugeredt/ daß sich vil auß den umbstehenden zum wahren Glauben begeben haben.

Endtlich in dem er zum beschluß die heiligen Namen Jesus und Maria angerieffen/ waren die Hencker vorhanden/ und durchstachen ihnen mit scharpffen Spiessen die Seitten/ tödteten ihre Leiber/ die Seelen aber schickten sie gehn Himmel.

Vil auß den beywesenden Spaniern haben ihr Andacht und Christlichen Eyser nit verbergen mögen/ dringen derhalben under die Creutz hinein/ und fangen der seligen Martyrer Bluth auff in reine Tücher/ verwahreten und ehrten dasselbig/ als ein heiliges Erbtheil/ bey dem sie sich der grossen innbrunst und lieb gegen Gott erinnerten/ die sie selbst an den heiligen Martyrern mit so grosser verwunderung ersehen hetten.

B. Paulus Michi war seines Alters 33. Jahr/ auß denen er 11. in der Societet erlebt hat. B. Ioannes de Goto, ohn gefahr noch bey den 19. Jahren/ nit vorlängst in die Societet auffgenommen: B. Iacobus Quisay 64. Jahr alt/ ein Coadiutor. Waren drey geborne Japoneser/ und erlangten ihren Marterpalmen nahent an der Statt Nang a sachi den 5. Februarij Anno 1597.

Volgen die Namen deren andern 23. Seligen Kämpffer Christi.

B. Fr. Petrus Baptista, ein Spanier/ deß Ordens Discalceatorum Commissarius nach Japon.
B. Fr. Martinus ab Ascensione, ein Spanier/ Theologus und Lector.
B. Fr. Franciscus Blanco, ein Spanier/ Priester.
B. Fr. Philippus de las casas, noch nit Priester/ auß dem newen Spanien Gebürtig.
B. Fr. Franciscus à S. Michaele, ein Spanier/ und B. Fr. Gundisaluus Garcia, auß den Orientalischen Indien/ zween Layenbrüder.
BBB. Antonius, Ludovicus, und Thomas, Iaponeser, noch Junge Knaben/ der PP. S. Francisci Acolyti, haben auff dem weg mit dem seligen Commissario ein Verbündnuß gemacht/ sie wöllen mit ihme am Creuz hangend den 112. Psalmen singen Laudate Pueri Dominum, &c.
BB. Franciscus und Petrus Iaponeser, weil sie auß Christlichem mitleiden den heiligen Martyrern von Meaco auß auff den weg Speiß und Tranck zugetragen/ seind sie auch mit ihnen verhafft und getreutziget worden.
BB. Paulus, Cosmas, Ioannes, Michael, Franciscus, Ioachim, Thomas, Bonaventura, Leo, Matthias, Gabriel, und abermal Paulus, lautter Japoneser/ verwahren eintweder wolgemelter PP. Franciscanorum Kirchen/ oder Spitäler/ oder dieneten ihnen zur Christlichen Lehr/ im Dolmetschen und andern Haußgeschäfften.

Dise alle miteinander seind von Ihr Päpstl. Heil. Urbano VIII. Seelig gesprochen/ und für wahre Martyrer zu verehren erklärt worden/
Im Jahr 1627. den 15. Sept.
Gedruckt zu Augspurg/ durch Wolffgang Kilian Kupfferstecher/ Im Jahr/ 1628.

VII.III.26 Flugblatt über die Kreuzigung von Jesuiten in Japan

Drey Seelige Martyrer der Societet Jesu / Welche in Japon neben andern 23. den Namen Christi mit jhrem blut bezeugt und deßhalben am Creutz jhr Leben standhafftig geendet haben / im Jahr 1597 den 5. Febr.
Augsburg, Wolfgang Kilian, 1628
Kupferstich, 41,3 × 32,3
München, Bayerische Staatsbibliothek, Sign. Einbl. VII, 24 I
Lit. Pauly 1989

Die Ankunft der Portugiesen Mitte des 16. Jahrhunderts fiel in Japan in eine Zeit der Unruhen und Bürgerkriege. Den neuen Einflüssen, die die Fremden mit sich brachten, standen die Japaner jedoch zunächst sehr aufgeschlossen gegenüber. Und auch die Europäer berichteten regelmäßig respektvoll über die vorgefundene Kultur. Die Missionare wurden anfangs wegen ihrer Bildung und als Mittelsmänner in den sich neu eröffnenden Handelsmöglichkeiten geschätzt. Die später zutage tretende offene Geringschätzung der einheimischen Religion, die Versuche der *bateren* (Patres), sich in die Politik des Landes einzumischen, sowie Vorwürfe, dass diese sich am Sklavenhandel mit jungen Japanern beteiligten, führten allerdings bald zu Misstrauen und Konflikten. Zudem befürchtete man die Zunahme innerer Konflikte durch die Aktivitäten der Patres.

Unter Toyotomi Hideyoshi (1536–1598) kam es 1587 zu einem ersten Christianisierungsverbot. Doch wurde dies, nicht zuletzt da auch die Japaner weiter an der Fortführung der Handelskontakte interessiert waren, nicht konsequent umgesetzt. In den 1590er Jahren kam es dann zu Konflikten zwischen Jesuiten und Franziskanern bezüglich des Missionsmonopols im Land. Als eine spanische Galeone 1596 schließlich vor der japanischen Küste Schiffbruch erlitt und der Lotse sich erst mit der Macht des spanischen Königs brüstete und dann die Patres als Vorhut für die spätere Eroberung bezeichnete, sahen die japanischen Herrscher ihre schlimmsten Befürchtungen bestätigt und reagierten prompt und brutal: 26 Christen – europäische Missionare und bekehrte Japaner – wurden zum Tode verurteilt. Man schnitt ihnen zunächst die Ohren ab, um sie anschließend zu kreuzigen. MK

VII.III.27

VII.III.27 Tretbild
Fumi-e
Japan, 1661–1673
Bronze, 18,5 × 13,5
Leiden, Rijksmuseum voor Volkenkunde, Inv.-Nr. RMV 2984-5
Lit. Ausst.-Kat. Berlin 1993, Kat.-Nr. 3.8 u. 3.9; Ausst.-Kat. London 2004, Kat.-Nr. 8.18; Pauly 1989

Nach der Hinrichtung ihrer Glaubensgenossen im Februar 1597 gingen viele Christen in Japan in den Untergrund. Tokugawa Ieyasu (1542–1616), der dritte der drei japanischen Reichseiniger, misstraute ebenso wie sein Vorgänger Hideyoshi der fremden Religion und ihren Vertretern. Als zu Beginn des 17. Jahrhunderts Niederländer – von den Japanern *kōmō* (Rotschöpfe) genannt – und dann auch Engländer das Land betraten, zeigte sich, dass ein Handel mit Europa auch möglich war, ohne die Präsenz von Missionaren zu dulden – eine Vorstellung, die die neuen Handelspartner im eigenen Interesse gerne bestätigten. 1612 und 1613 erließ Ieyasu Edikte, in denen das Christentum als Gefahr für das Land gebrandmarkt wurde. In der Folge kam es zu systematischen Christenverfolgungen in Japan, die sich nach dem Tod von Ieyasu noch einmal verstärkten.

◀ VII.III.26

VII.III.28

Aus Furcht vor inneren Unruhen und ausländischer Eroberung begann die herrschende Schicht, Japan zunehmend von Kontakten mit der Außenwelt abzuschotten. 1639 wurden nach den Missionaren auch die katholischen Kaufleute des Landes verwiesen. Aus Europa war allein den Holländern auf der künstlichen, vor Nagasaki gelegenen Insel Deshima der Handel gestattet. Die japanische Bevölkerung musste sich zum Beweis ihrer religiös-orthodoxen Einstellung in einer buddhistischen Tempelgemeinde registrieren lassen. Um heimlichen Missionierungsbemühungen auf die Spur zu kommen, gab es eine jährliche Glaubensprüfung, bei der man mit den Füßen auf ein am Boden liegendes Bild (*fumi-e*) treten und einen Eid darauf schwören musste, in keinerlei Verbindung zum Christentum zu stehen. Mit ähnlichem Eifer wie die katholische Inquisition widmeten sich auch die buddhistischen Tempelangestellten der Aufgabe, Ketzer aufzuspüren und zu verurteilen. MK

VII.III.28 Geschichte der Dienste und des Martyriums von Luís Monteiro Coutinho

História de Serviços com Martírio de Luís Monteiro Coutinho
Manuel Godinho de Erédia (Malakka 1563 – 1623 Goa?)
1615
Handschrift und acht aquarellierte Zeichnungen auf Papier, 32,3 × 22,5
Lissabon, Biblioteca Nacional, Inv.-Nr. Cod. 414
Lit. Ausst.-Kat. Porto 1998, Kat.-Nr. 170; http://purl.pt/102/1/memoria/biografia/memoria_biografia_thumb_53.html (Juli 2007)

Apologetisches Werk, in dem das Martyrium des Dom Luís Monteiro in Asien beschrieben wird. Monteiro war als Kommandant (*capitão-mor*) einer von Malakka aus operierenden Flotte hoch angesehen und wurde von den Einwohnern des

Sultanats Aceh im Norden von Sumatra gefangengenommen. Er wurde mit einer Kanonenkugel getötet, weil er sich weigerte, dem christlichen Glauben abzuschwören. Mit ihm zusammen wurden auch seine Untergebenen auf grausame Weise hingerichtet, was in Portugal ein breites Echo fand. Sein Bruder Nuno Coutinho gab dieses Werk in Auftrag, um die Heldentat des Familienmitglieds zu verewigen.

Manuel Godinho de Erédia, der Autor des Werkes, war ein Mestize aus Malakka. Er wurde von den Jesuiten erzogen und übte danach das Handwerk eines Kartografen aus. Sein Text beschreibt die dramatischen Stunden, die Luís Coutinho durchlebte und wird begleitet von aquarellierten Zeichnungen, die wahrscheinlich von Erédia selbst angefertigt wurden. Darunter befindet sich eine Zeichnung des Wappens von Luís Monteiro Coutinho und weitere sieben ebenfalls aquarellierte Folios mit äußerst ausdrucksstarken Darstellungen der Hinrichtung des Luís Monteiro Coutinho und seiner Kameraden sowie der Ereignisse, die zum unglückseligen Geschehen führten, unter anderem eine Seeschlacht vor der Festung von Malakka, der Kampf Coutinhos mit dem Kapitän von Aceh und sein Schiffbruch bei der Festung von Solor. PP

VII.III.29 Hausaltar
Indo-portugiesische Arbeit, 17. Jahrhundert
Polychrom gefasstes Teakholz, 60 × 35 (geöffnet 60 × 85)
Lissabon, Museu Nacional de Arte Antiga, Inv.-Nr. 1521 Mov
Lit. Ausst.-Kat. Bonn 1999, S. 345

Tragbarer Altar bzw. Hausaltar (*Oratório*) im indo-portugiesischen Stil. Er gehört zu einer Reihe von Altären aus demselben oder eventuell einem etwas späteren Zeitraum, die trotz einiger offensichtlich indischer Stilelemente weitgehend nach europäischem Vorbild gestaltet wurden. Der zentrale Körper des Altars mit seiner zwiebelförmigen Kuppel und besonders den vier salomonischen Säulen ist ein Stück echter europäischer Kleinarchitektur. Die Formensprache der europäischen Barockkunst scheint besonders geeignet gewesen zu sein, um von den Meistern der indischen Bildhauerkunst und Zimmermannsarbeit assimiliert zu werden. An den Türflügeln im Inneren sitzen in den Nischen reliefartige Heiligenbilder, die höchstwahrscheinlich eine persönliche Verehrung genossen, denn der tragbare Altar diente individuellen Zwecken.

Zentrales Thema ist die von einer Mandorla oder einem Heiligenschein umgebene Jungfrau unter dem architektonischen Baldachin. Hierbei steht ein Merkmal zur Schau, dass in der frühneuzeitlichen ›Mischkunst‹ häufig zu finden ist: Obwohl einige Formen den zeitgenössisch dominierenden Modellen und Geschmacksrichtungen entsprechen, lassen andere gleichzeitig einen Hang zu Vorbildern erkennen, die in der europäischen Kunst als ›mittelalterlich‹ angesehen werden. Dies gilt insbesondere für die Ikonografie und die Organisation der Motive und Themen, die auf lokale Vorstellungen und die Verbreitung von bereits nicht mehr zeitgemäßen Modellen – Stichen zum Beispiel oder älteren tragbaren Stücken – zurückzuführen sind, von denen sich die lokalen Künstler inspirieren ließen. (Abb. 4, S. 133) CBS/PP

VII.III.30 Das Jesuskind als guter Hirte
Indo-portugiesische Arbeit, 17. Jahrhundert
Elfenbein, 24,5 × 10 × 6
Porto, Colecção Távora Sequeira Pinto
Lit. Ausst.-Kat. Porto 1999, Kat.-Nr. 91

Künstler und Kunsthandwerker in Asien übernahmen die christliche Ikonografie bei der Herstellung von Gegenständen mit weltlichem wie auch mit religiösem Bezug relativ leicht. Verständlicherweise finden sich in ihren Werken häufig Themen und Motive, die direkte oder indirekte ikonografische Bezüge zu Themen des Hinduismus oder Buddhismus aufweisen. So ist der hier zu sehende kontemplativ-heitere Gesichtsausdruck des Jesuskindes zweifelsohne als ein Teil asiatischer Traditionen zu betrachten. Typologisch folgt die Darstellung westlichen Konventionen, auch wenn hier der ›Baum‹ fehlt, der ähnliche Bilder oft abschließt. Das Jesuskind ist als guter Hirte mit einer über die Schulter gehängten Kürbisflasche und einem Lamm im Schoß dargestellt. Auf die rechte Hand stützt Jesus den leicht geneigten Kopf mit den in Meditation geschlossenen Augen. Seine Tunika ist fein ausgearbeitet, und er sitzt – wie in diesen Fällen üblich – mit überkreuzten Beinen auf einem kunstvoll gestalteten Hügel mit reliefartig gearbeiteten Tieren und Blattwerk. Am Fuß des Berges befindet sich eine Grotte, in die sich die reuige Maria Magdalena zurückgezogen hat. PP

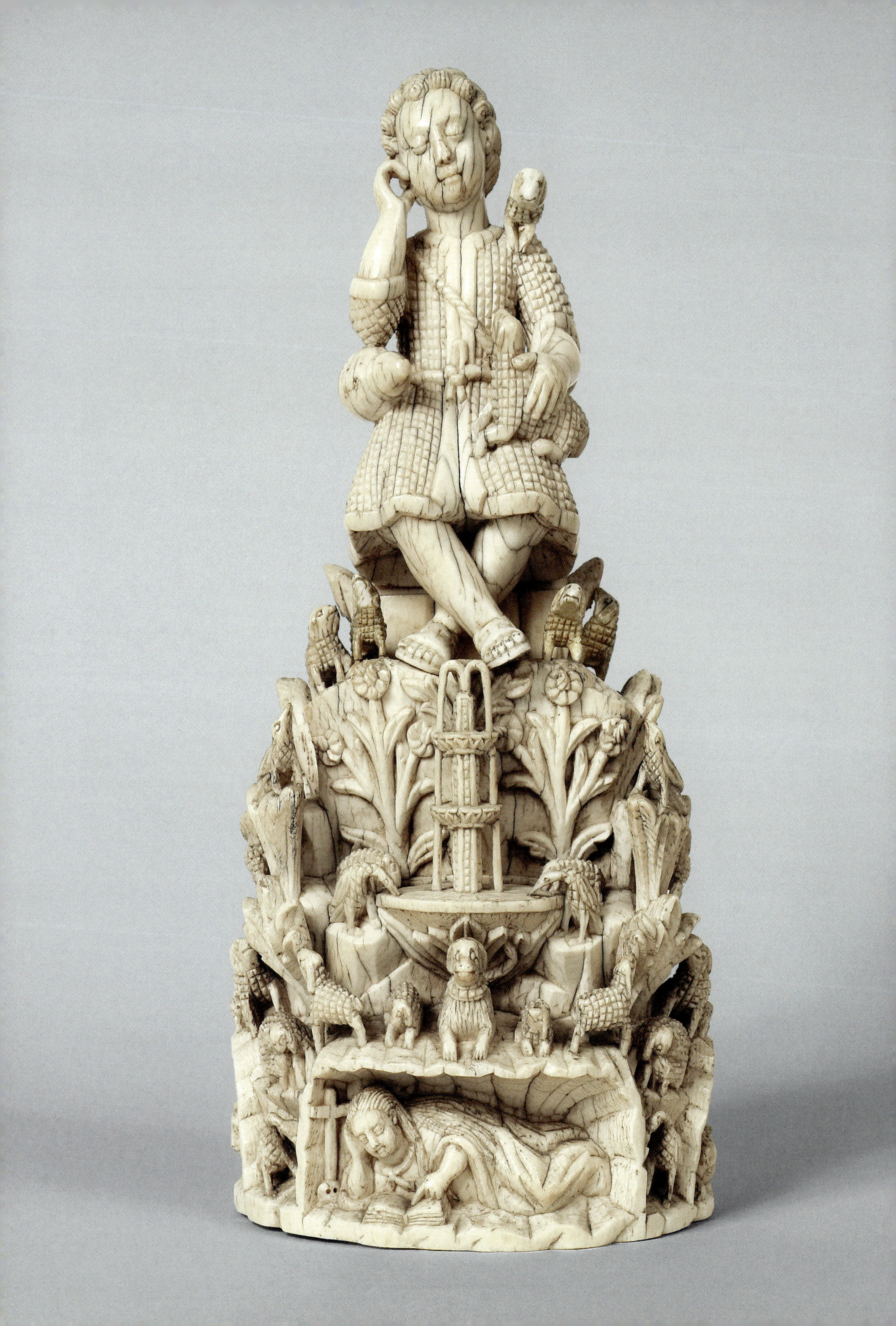

VII.III. Missionierung

VII.III.31 Das Jesuskind als Guter Hirte
Indo-portugiesischer Stil, Goa, 17. Jahrhundert
Elfenbein, Schnitzerei, 23 × 6
Berlin, SMB – Museum für Asiatische Kunst, Kunstsammlung Süd-, Südost- und Zentralasien, Inv.-Nr. MIK I 1576 (Figur), MIK I 1577 (Sockel)
Lit. Ausst.-Kat. Berlin 2000, S. 82, Abb. 129; Ausst.-Kat. Wien 2000, S. 224–226, Kat.-Nr. 135

Zu den typischen Elfenbeinarbeiten indo-portugiesischer Provenienz des 17. Jahrhunderts gehörte die Darstellung des Jesusknaben als guter Hirte. Es ist davon auszugehen, dass dieses Motiv auch Anklang bei den Moguln fand, bei denen das Bild Jesus' keineswegs Anstoß erregte, sondern – im Gegenteil – wie auch Bildnisse der *Maria immaculata* auf vielschichtige Weise rezipiert und reproduziert wurde. Seit der Herrschaft des Großmogul Akbar (reg. 1556–1605) waren christliche Sujets beliebte Motive in der indo-islamischen Kunst. Dies galt in besonderem Maße für Wandmalereien und die hoch geschätzte Miniaturmalerei. Berühmte Künstler, wie Kesu Das, spezialisierten sich auf christliche Sujets oder benutzten diese – wie der Hofmaler Basawan – für herrschaftliche Allegorien. So lässt sich erklären, weshalb eine solche Anzahl christlicher Kleinplastiken erhalten geblieben ist.

Die Ikonografie des populären *Menino Jesus Bom Pastor* variiert zwischen den vielen erhaltenen Beispielen kaum. Der liebliche Jesusknabe mit gelocktem Haar im Gewand aus Schafspelz und mit Trinkflasche ist immer sitzend, mit überkreuzten Beinen dargestellt und hat den Kopf in klassisch melancholischer Pose auf seine rechte Hand gestützt, ein Lämmlein auf seiner linken Schulter, ein weiteres in seiner linken Hand. Bei dem mehrfach gestuften Sockel ergießt sich ein Wasserstrahl aus einem Löwenkopf in ein Bassin, üblicherweise mit zwei trinkenden Vögeln (hier nicht mehr erhalten). Dahinter sprießt üppige Vegetation, möglicherweise als Lebensbaum zu interpretieren, der Brunnen wiederum als *fons vitae*. Darunter sind weidende Schafe dargestellt und schließlich auf der untersten Sockelebene eine liegende weibliche Gestalt, die u.a. als Maria Magdalena, aber auch als Katharina von Alexandria gedeutet wurde. RDG

VII.III.31

VII.III.32 Jungfrau mit dem Kind
Sino-portugiesische Arbeit
China, Kanton, 17. Jahrhundert
Elfenbein, mit Spuren von Lack und Farbe, 43 × 13 × 11,5
Lissabon, Museu Nacional de Arte Antiga, Inv.-Nr. 143 Esc
Lit. Ausst.-Kat. Tokio 1993

Dieses Stück stammt aus dem Santa-Ana-Konvent in Viana do Castelo im Norden von Portugal. Es verdeutlicht, wie weit die kulturelle Anpassung der chinesischen Künstler an europäische Modelle auf portugiesischen Wunsch hin gehen konnte. Der

◂ VII.III.30

VII.III.32

VII.III.33

Bildhauer nutzte das Elfenbeinstück äußerst gekonnt zur plastischen Gestaltung vor allem der Falten des Gewandes. Es handelt sich wohl, angesichts des Rosenkranzes, der am rechten Handgelenk Marias hängt, um eine *Nossa Senhora do Rosário* (Heilige Jungfrau des Rosenkranzes). Den Kopf bedeckt ein Schleier. Die Haare sind nach chinesischer Art onduliert, und auch das Gesicht der Jungfrau zeigt asiatische Züge. Das Stück ist sehr elegant und nüchtern, insbesondere in der schematischen Darstellung der Drappierung und dem sehr diskreten Umfang der Büste und der Verzierung am Hals. Man könnte angesichts der Leichtigkeit und der Streckung der Figur denken, es handele sich um eine Skulptur aus der Zeit der ›klassischen‹ Gotik in Europa. PP

VII.III.33 Die Heilige Jungfrau mit dem Kind
China, Qing-Dynastie, um 1700, Regierungszeit des Kangxi (1662–1722)
Weißes Porzellan, 38 (H.)
Coimbra, Câmara Municipal de Coimbra, Museu Municipal – Colecção Telo de Morais, Inv.-Nr 49 C
Lit. Ausst.-Kat. Porto 1998, Kat.-Nr. 99

Charakteristisches Exemplar der hoch geschätzten *Blanc-de-Chine*-Arbeiten aus den Werkstätten von Tohoua (Provinz Fukien, Südchina). Es handelt sich um Porzellanfiguren mit intensiv glänzender Glasierung ohne jegliche Bemalung. Das Bildnis weist synkretistische Spuren auf: Es stellte für christliche Betrachter die Heilige Jungfrau dar, konnte aber ebenso als eine Repräsentation der chinesischen Göttin Kuanin angesehen werden, denn es wurde der ikonografischen Konvention beider Figuren gerecht. Auch wenn die Darstellung möglicherweise von indo-portugiesischen Modellen aus Elfenbein inspiriert wurde, trägt sie doch eindeutig chinesische Gesichtszüge und eine für chinesische Figuren jener Zeit typische Frisur. Am Sockel befindet sich statt der Schlange der Unbefleckten die Schnauze des sogenannten Fo-Hundes. PP

VII.III.34 Messbuchständer
Indo-portugiesische Arbeit, 17. Jahrhundert
Holz, geschnitzt und lackiert, 49,5 × 29
Lissabon, Santa Casa da Misericórdia de Lisboa / Museu de São Roque, Inv.-Nr. 1455
Lit. Ausst.-Kat. Porto 1999, Kat.-Nr. 79

Messbuchständer mit Scherengelenk. Die Dekoration besteht aus Holzschnitzereien mit Pflanzenmotiven, die polychromiert und lackiert sind. Farblich dominieren Rot- und Grüntöne. Im Zentrum hebt sich eine Holzrosette ab. Messbuchständer wie dieser waren im *Estado da Índia* weit verbreitet, ihre Ausarbeitung folgte in den verschiedenen Regionen (Indien, China, Japan) der jeweiligen lokalen Tradition. PP

VII.III.35 Messbuchständer
Japan, *Namban*-Kunst, 1601–1620
Holz, Blattgold, Silber, Kupfer und Lack, 50,5 × 31,2 × 3,5
Coimbra, Museu Nacional de Machado de Castro, Inv.-Nr. 2373
Lit. Roteiro Museu Nacional Machado de Castro 2005, S. 160

Zu den liturgischen Gegenständen, die in Japan für den portugiesisch-christlichen Kontext hergestellt wurden und zur *Namban*-Kunst gehören, zählen unter anderem zahlreiche Messbuchständer. Die in diesem Kontext verwendete Ikonografie ist sehr plakativ und leicht zu interpretieren. Im Zentrum befindet sich das Emblem der Jesuiten, denen die Missionen in Japan unterstanden: der Strahlenkranz mit dem Monogramm *IHS* (Jesus), wobei der Querbalken im Buchstaben ›H‹ ein Kreuz trägt. Unter dem Emblem sind die Nägel der Kreuzigung zu sehen. Die dekorativen Motive (Vierecke, Rauten, Kletterpflanzen) und die verwendeten Materialien sind typisch für die *Namban*-Kunst. Der Ständer, der sich scherenförmig öffnet, ist aus japanischem Pinienholz hergestellt, mit schwarzem, rotem und goldenem Lack überzogen und mit Perlmutteinlegearbeiten verziert. In Portugal wurden diese Ständer sehr geschätzt. Man findet sie bis heute in vielen Gotteshäusern. (Abb. 6, S. 280) PP

VII.III.34

VII.III.36 Altar
Japan, *Namban*-Kunst, Gemälde möglicherweise spanische Schule, 16. Jahrhundert
Holz mit Perlmuttinkrustationen, Öl auf Kupfer, 32 × 24 × 6
Estoril, Privatsammlung
Lit. Ausst.-Kat. Berlin 1993; Ausst.-Kat. Tokio 1993

Dieser tragbare *Namban*-Altar besitzt Perlmutteinlegearbeiten auf den Innen- und Außenseiten der Türen und die bekannten Darstellungen von Blattwerk und Blumen innerhalb eines gradlinigen Rahmens. Das Gemälde hingegen, eine für portugiesische Verhältnisse ungewöhnlich dramatische Pietà, ist unbekannter Herkunft. Die Jungfrau Maria hält in Begleitung des Heiligen Johannes und Maria Magdalenas den toten Körper Christi im Arm. Die Komposition ähnelt stark der Darstellung einer anderen Szene, die auch auf Altären dieses Typs zu finden ist, in der jedoch die Jungfrau zusammen mit dem Heiligen Joseph und dem Heiligen Johannes dem Täufer den schlafenden Jesus bewundert. (Abb. 3, S. 278) PP

VIII. Kunst- und Wunderkammern

Im 16. und 17. Jahrhundert entstanden in Europa zahlreiche Raritätensammlungen. Diese entsprachen einerseits dem Repräsentationsbedürfnis der Fürsten, andererseits dem Wunsch der gebildeten Oberschicht, die Welt in ihrer Gesamtheit zu erfassen und möglichst vollständig in einem vom Menschen geschaffenen Mikrokosmos zu vereinen. Die fürstlichen Kunst- und Wunderkammern erhoben vor allem einen universalistischen Anspruch und waren oft in den zeremoniellen Kontext der höfischen Herrschaftsrepräsentation eingebunden. Dagegen waren die entsprechenden bürgerlichen Einrichtungen nicht nur soziale Statussymbole, sondern auch Ausdruck der Wissbegierde ihrer Besitzer und standen bereits früh einem größeren Besucherkreis offen.

Die Sammeltätigkeit der europäischen Eliten konzentrierte sich vor allem auf seltene und bis dato unbekannte Dinge, denen man zum Teil auch geheimnisvolle Kräfte zusprach. Sie reflektierte somit auf unmittelbare Weise die kulturellen Auswirkungen der Entdeckungsreisen und die intellektuelle Auseinandersetzung mit einem neuen und sich ständig erweiternden Weltbild. In diesem Zusammenhang kam Portugal mit seinen ausgedehnten Handelsverbindungen in Übersee eine zentrale Vermittlerrolle zu. Das Land importierte seltene Pflanzen und Tiere sowie eine große Anzahl außereuropäischer Artefakte. So erwarben portugiesische Kaufleute bereits im 15. Jahrhundert eine Vielzahl von Kunstgegenständen aus Elfenbein, die als Auftragsarbeiten im westlichen Afrika geschaffen wurden. Im 16. und 17. Jahrhundert folgten Objekte aus Perlmutt und Schildpatt, die man im nordindischen Guzerat bestellte. Sie wurden zum Teil bereits in Goa mit Silberapplikationen versehen und so dem europäischen Geschmack angepasst. Besonders beliebt waren auch Elfenbeinkästchen und Kristallgegenstände mit Edelsteinbesatz, die man aus Sri Lanka bezog. Eine passionierte Sammlerin solcher Orientalia war Dona Catarina de Áustria, Gemahlin Dom Joãos III., die eine Vielzahl exotischer Artefakte in die Kunstkammern ihrer habsburgischen Verwandtschaft vermittelte. Zugleich gelangten durch die portugiesischen Handelsaktivitäten eine große Menge exotischer Materialien nach Mitteleuropa, die heimische Kunsthandwerker zu phantasievollen Kreationen anregten. JW

VIII. Os Gabinetes de Curiosidades e os Quartos das Maravilhas

No século XVI e XVII surgiram, na Europa, inúmeras colecções de raridades. Estas correspondiam, por um lado, à necessidade de aparato de representação dos soberanos e por outro lado, ao desejo de uma classe alta culta de abranger, num microcosmos criado pelo homem, o mundo na sua totalidade. Os quartos de maravilhas e os gabinetes de curiosidades da nobreza reivindicavam para si, sobretudo, um direito universalista e estavam muitas vezes integrados em contextos cerimoniais de exibição do poder da corte. Pelo contrário, as instalações burguesas correspondentes constituíam não só um símbolo de estatuto social, como eram também expressão da ânsia pelo Saber dos seus proprietários e estiveram, desde muito cedo, à disposição de um maior número de visitantes.

A actividade coleccionadora das elites europeias concentrava-se, sobretudo, em objectos raros ou até à data desconhecidos, aos quais eram atribuídos, em parte, poderes misteriosos. Esta actividade reflectia assim, claramente, as consequências das viagens de descobertas e o debate intelectual causado perante uma nova perspectiva do mundo e em constante mudança. Neste contexto e com a extensão das suas ligações comerciais ultramarinas, Portugal foi assumindo o papel central de mediador. O país importava raras espécies de flora e fauna assim como um grande número de artefactos de fora da Europa. Foi assim que mercadores portugueses, já no século XV, adquiriam muitíssimas obras de arte de marfim, encomendadas na África Ocidental. No século XVI e XVII, seguiram-se objectos em madrepérola e tartaruga, encomendadas em Guzerate, no Norte da Índia. Parte destes objectos era decorada, em Goa, com embutidos em prata, adaptando-os assim ao gosto europeu. Os objectos especialmente apreciados eram também caixinhas de marfim e objectos de cristal debruado com pedras preciosas, que eram adquiridas no Sri Lanka. Uma coleccionadora apaixonada por estes objectos de origem oriental, foi Dona Catarina de Áustria, esposa de D. João III, que fez chegar numerosos artefactos exóticos aos gabinetes de curiosidades dos seus familiares da Casa de Habsburgo. Simultaneamente, através das actividades comerciais dos portugueses, uma grande quantidade de materiais exóticos chegou à Europa Central, e foi depois trabalhada por artesãos locais, em criações repletas de fantasia. JW

VIII. Kunst- und Wunderkammern ›483‹

VIII.1

VIII.1 Elfenbeinhorn mit dem Wappen des portugiesischen Königshauses
Sierra Leone, 1490–1530
Elfenbein, geschnitzt, 64 × 7,3
Madrid, Museo Nacional de Artes Decorativas,
Inv.-Nr. 21.348
Lit. Ausst.-Kat. Wien 2000, S. 134

Der Madrider Olifant zeigt deutliche Einflüsse europäischer Ornamentik. So sind an der konvexen Außenseite auf der Höhe der Halterungsösen drei europäisch gekleidete männliche Figuren in Hochrelief gearbeitet. Sie korrespondieren mit Flachreliefs, die in mehreren Registern angeordnet sind. Während die drei oberen Bildfriese ausschließlich Jagdszenen zeigen, ist der vierte um eine Kreuzabnahme erweitert. Hieran schließt sich ein Band mit dem Schriftzug »Ave Maria« an. Der letzte Abschnitt ist mit weiteren Jagdszenen und dem Wappen des Hauses Avis verziert. Eine von Soldaten und Engeln gehaltene Fahne zeigt den Kampfesruf »Aleo«. Dieser hatte die Eroberung von Ceuta im Jahr 1415 begleitet und war später zum Motto des ersten Gouverneurs der Stadt, Dom Pedro de Menezes, geworden. Das Horn gelangte vermutlich als Geschenk des portugiesischen Monarchen Dom Sebastião an Philipp II. in das Naturalienkabinett der spanischen Könige. JW

VIII.2 Olifant
Sierra Leone, 16. Jahrhundert
Elfenbein geschnitzt, Metallinkrustationen, 32,2 (L.)
Stuttgart, Württembergisches Landesmuseum,
Inv.-Nr. KK braun/blau 124
Lit. Ausst.-Kat. New York/Houston 1988, S. 97, 115, 143, 236;
Bujok 2004, S. 115 f.; Firla/Forkl 1995, S. 174–181

Das Horn wurde von Angehörigen des Volkes der Sapi im heutigen Sierra Leone als Auftragsarbeit für den Export nach Europa gefertigt. Auf diese Bestimmung deutet bereits die Lage des Blasloches hin, das sich nicht – wie bei afrikanischen Hörnern üblich – an der Seite, sondern an der Spitze befindet. Die Gestaltung des Mundstückes in der Form eines Tiermaules ist bei sapi-portugiesischen Arbeiten häufig anzutreffen. Dies trifft auch auf die Ösen an der konkaven Innenseite zu, die zur Befestigung von Hängevorrichtungen vorgesehen sind. Der Klangtrichter ist mit reich profilierten Ornamentbändern in mehrere Register gegliedert. Sie zeigen Jagdszenen, die zum Teil auf europäische Buchillustrationen zurückgehen.

Der Olifant im Württembergischen Landesmuseum ist seit 1669 in der herzoglichen Kunstkammer im Stuttgarter Schloss nachweisbar und wird in einem Inventar aus dem 18. Jahrhundert zusammen mit drei weiteren Elfenbeinhörnern beschrieben. (Abb. 4, S. 243) JW

VIII.3 A + B Löffel aus Elfenbein
Königreich Benin (heutiges Nigeria), 15. Jahrhundert
Elfenbein, geschnitzt; 26 u. 25,5 (L.)
Braunschweig, Städtisches Museum, Inv.-Nr. A III c 775 u. 776
Leihgabe des Städtischen Museums Braunschweig; dort seit 1906 Dauerleihgabe des Herzog Anton Ulrich-Museums Braunschweig
Lit. Ausst.-Kat. New York/Houston 1988, S. 171–178

Zu den afrikanischen Völkern, mit denen die Portugiesen in engem Handelskontakt standen, gehörten die Bini im Südwesten des heutigen Nigeria. Eine der größten Gruppen der noch heute erhaltenen bini-portugiesischen Artefakte stellen filigran gearbeitete Elfenbeinlöffel dar, deren Stiele mit variantenreichen Arrangements aus Tierfiguren geschmückt sind. Die in erster Linie dargestellten Vögel und Schlagen, aber auch Hunde, Affen und Antilopen sind Bestandteil der traditionellen Ikonografie. Das blattförmige Löffelende könnte von Kunstwerken aus der Stadt Owo inspiriert sein. Dies spricht für die Annahme, dass auch dortige Künstler an der Herstellung beteiligt waren. Obwohl nur wenige Stücke direkte Bezüge zu europäischen Formen zeigen, ist anzunehmen, dass die Löffel bis in die zweite Hälfte des 16. Jahrhunderts auf Vorrat für den Export nach Europa gefertigt wurden. (Abb. 2 und 3, S. 242) JW

VIII.4 Kleine Schmucktruhe
Sri Lanka, Kotte, um 1580
Elfenbein geschnitzt, Silber und Messing, vergoldet,
13,2 × 25,5 × 11,3
Berlin, SMB – Museum für Asiatische Kunst, Kunstsammlung Süd-, Südost- und Zentralasien, Inv.-Nr. MIK I 9928
Lit. Ausst.-Kat. Berlin 2000, S. 76 f., Kat.-Nr. 119; Ausst.-Kat. Lissabon 1983, S. 194, Kat.-Nr. 152; Ausst.-Kat. Wien 2000, S. 240, Kat.-Nr. 152; Glasenapp 1925, pl. 109; Jaffer/Schwabe 1999, S. 10–12, figs. 20–24; Keil 1938, Taf. X–XII; Mode 1975, S. 200, Nr. 16; Schwabe 1998, S. 89–109, Taf. 13 a–g

Objekte aus Elfenbein waren geschätzte Sammelstücke europäischer Fürsten und fanden bereits Eingang in die reich mit Exotica gefüllten fürstlichen Kunst- und Wunderkammern der Renaissance. Zu den besonders kostbaren und vergleichsweise seltenen Objekten gehörten solche kleinen Schmucktruhen wie diese aus dem Museum für Asiatische Kunst, deren Provenienz sich auf die Kurfürstlich Brandenburgische Kunstkammer zurückverfolgen lässt, womit sie zu den ältesten Beständen des Museums gehört.

VIII.5

Der architektonische Charakter des Kästchens wird durch den gewölbten, rechts und links überstehenden dachartigen Deckel erzeugt. Der silberne Traggriff, die Scharniere und das Schlossschild aus Messing sind feuervergoldet. Das gesamte Kästchen ist mit feiner Reliefschnitzerei versehen, aufgeteilt in 22 unterschiedlich große Felder, die durch Schmuckbänder getrennt sind.

Interessant ist die kleine Truhe aufgrund der christlichen und historischen Darstellungen. Letztere scheinen zu belegen, dass das ursprünglich wohl als Schmuckschatulle gedachte Kästchen in der königlichen Werkstatt von Kotte in Auftrag gegeben wurde und ein Geschenk des portugiesischen Vasallen, König Dharmapala, an Portugal war, denn es finden sich in den Bildfeldern neben singhalesischen Kriegern und der Darstellung der Legende vom mysteriösen Verschwinden König Sebastiãos Wappen, die singhalesische und portugiesische Elemente miteinander verbinden. Die Bildfelder christlichen Inhalts zeigen meist bekannte biblische Szenen wie die Verkündigung an Maria, Judith mit dem Kopf des Holofernes, die Geburt Christi, die auf Befehl des Herodes getöteten Kinder sowie die Anbetung der Heiligen Drei Könige, das Martyrium des heiligen Sebastian und das Pfingstwunder. (Abb. 7, S. 158) RDG

VIII.5 JUWELENDOSE
Südindien oder Sri Lanka, zweite Hälfte 17. Jahrhundert
Elfenbein, geschnitzt, 10,2 × 11 (Dm.)
Berlin, SMB – Museum für Asiatische Kunst, Kunstsammlung Süd-, Südost- und Zentralasien, Inv.-Nr. MIK I 384
Lit. Ausst.-Kat. Berlin 2000, S. 80, Kat.-Nr. 125;
Doehring 1925, Taf. 125; Glasenapp 1925, Taf. 110;
Goetz 1925, S. 77–80, Fig. 3–6

Wie die kleine indo-portugiesische Schmucktruhe mit christlichen Motiven entstammt auch diese äußerst feine Elfenbeinarbeit aller Wahrscheinlichkeit nach der Kurfürstlich Brandenburgischen Kunstkammer, wie eine Beschreibung im Inventarverzeichnis von 1694 nahelegt. Frühes indisches Kunsthandwerk fasziniert nicht nur hinsichtlich seiner einzigartigen handwerklichen Perfektion, sondern auch aufgrund seines künstlerischen Ausdrucks. Für den europäischen Liebhaber spielte zudem der Aspekt des Exotischen eine wichtige Rolle, der bei raffinierten Elfenbein-Objekten besonders befriedigt wurde.

Neben den Textilien und den berühmten Mogul-Jaden waren die Elfenbeinarbeiten des 17. Jahrhunderts häufig von herausragender Finesse. Ein Beispiel für solche Könnerschaft, das zudem der Sehnsucht nach dem Fremden und Exotischen in besonderer Weise entgegenkam, ist diese aus Südindien oder Sri Lanka stammende Juwelendose. Die extrem feine Reliefschnitzerei nimmt die gesamte Oberfläche der runden Deckel-Dose ein. Scharnier und Verschluss – beide vergoldet – sind fast identisch gestaltet. Die Schnitzereien zeigen bizarr anmutende Situationen ineinander verschlungener weiblicher Körper, die sowohl geometrische Muster bilden, als auch Tierkörper, wie zum Beispiel einen trotz Kompositdarstellung erstaunlich naturalistisch anmutenden schreitenden Elefanten, dazwischen Blüten, andere vegetabile Motive, exotische Vögel und sitzende Götterfiguren. Auch dieses Kunstwerk steht in der spezifisch indischen Tradition der Kompositgestaltung, die zur Zeit der Mogul-Herrschaft eine außerordentliche Blütezeit erlebte und sich auch bei solchen Objekten hinduistischer Provenienz fand. RDG

VIII.6 PULVERHORN
Nordindien, Mogulzeit, 17. Jahrhundert
Elfenbein, Schnitzerei, 27,5 × 4,5
Berlin, SMB – Museum für Asiatische Kunst, Kunstsammlung Süd-, Südost- und Zentralasien, Inv.-Nr. MIK I 1568
Lit. Ausst.-Kat. Berlin 2000, S. 81, Kat.-Nr. 127f.; Ausst.-Kat. Hannover 1984, S. 226f., Kat.-Nr. 124; Ausst.-Kat. Wien 2000, S. 219f., Kat.-Nr. 127 u. 128; Brockhaus 1997, S. 499; Gadebusch 2004, S. 220

Pulverhörner gehören zu den typischen Elfenbeinarbeiten höfischer Werkstätten der Mogul-Ära. Ihre exotische Aura durch die grotesk anmutenden Darstellungen und das kostbare Material scheinen dem europäischen Geschmacksempfinden besonders entsprochen zu haben, denn solche Objekte tauchen bereits früh in europäischen Sammlungen auf. Nicht selten waren sie sogar direkt für den Export bestimmt.

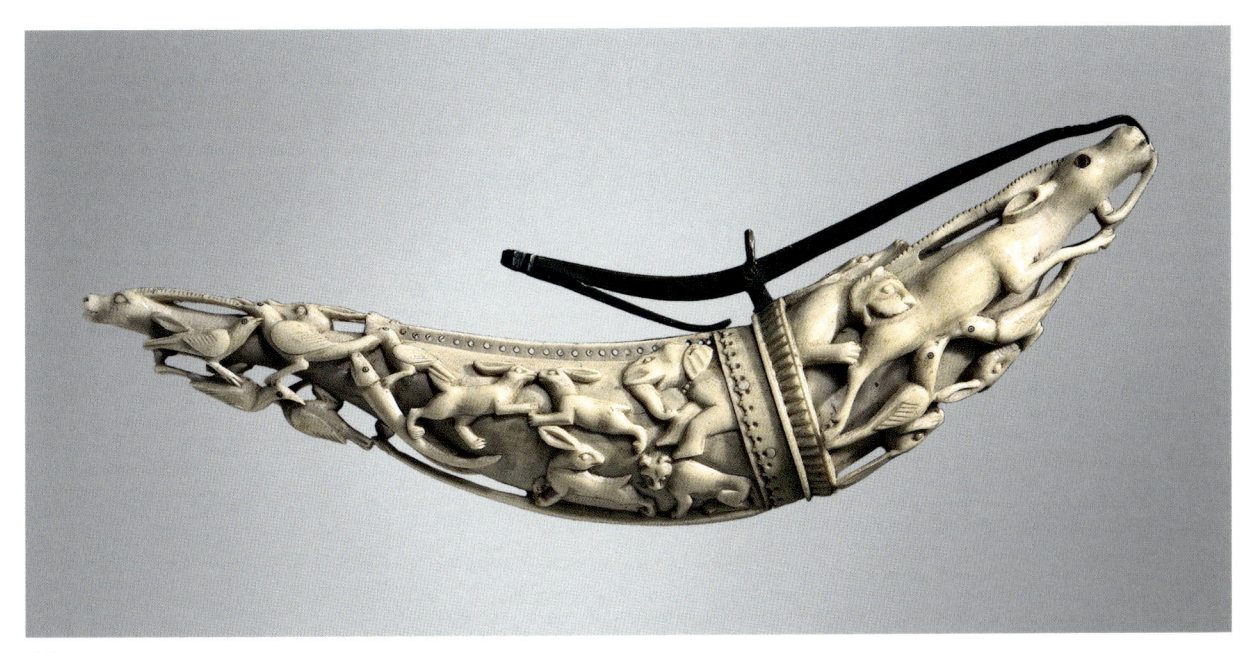

VIII.6

VIII.7

Auf dem Pulverhorn, das als herrschaftliches Jagdzubehör diente, sind Tiere im Kampf bzw. friedlichen Miteinander dargestellt. Tiger, Antilopen, Hasen, Vögel, Elefanten und Fische füllen die gesamte Oberfläche. Beide Seiten sind nahezu identisch gestaltet. Die Öffnung des zweiteiligen Behälters, die dem Nachfüllen dient, befindet sich an seiner breitesten Stelle, eine kleine Öffnung zur Benutzung des Utensils während der Jagd am Maul der Antilope. Sie ist durch das gebogene Ende eines gespannten Metallbügels verschlossen. Die springende, in der Flucht befindliche Antilope, deren Maul die Öffnung bildet, ist Standardikonografie der meisten indischen Pulverhörner seit dem ausgehenden 16. Jahrhundert. Das Berliner Museum für Asiatische Kunst verfügt über eine seltene Darstellung, bei welcher das ganze Pulverhorn als springende Antilope gestaltet ist.

Die eigentümliche Kompositgestaltung ist charakteristisch für die Mogul-Kunst und erfreute sich solcher Beliebtheit, dass sie sich in nahezu allen Kunstgattungen – vor allem jedoch in der Miniaturmalerei – zum eigenständigen Sujet entwickelte (Gadebusch). Die Wurzeln dieser surrealistisch anmutenden Kompositkunst gehen weit zurück und sind vermutlich im zentralasiatischen Raum zu suchen. Die ältesten bekannten Darstellungen finden sich auf skythischen Goldarbeiten, die berühmt sind für ihre elegant abstrahierten Tierdarstellungen.
RDG

VIII.7 Löffel
Nordindien, Mogulzeit, 16. Jahrhundert
Jade, Elfenbein und Gold, 15 (L.)
Porto, Colecção Távora Sequeira Pinto
Lit. Ausst.-Kat. Porto 1999, Kat.-Nr. 63

Edles Zierstück, das für den praktischen Gebrauch sicherlich zu fein und zu zerbrechlich war. Es zählt vermutlich zu dem umfassenden Angebot an exotischen Waren, die aus dem Orient in portugiesische Adelshaushalte gelangten. Die Löffelschale besteht aus Elfenbein. Die elegante Schnitzarbeit wird an der Verbindungsstelle mit dem Stiel etwas breiter. In das Elfenbein der Löffelschale wurde als Verzierung eine schwarz hervorgehobene lanzenförmige Linie eingekerbt. Der Jadestiel ist mittels eines Goldrings befestigt und hat die Form eines Schwanenhalses und -kopfes. Augen und Schnabel sind fein gearbeitet. PP

VIII.8 Schreibkästchen
Mogul-Indien, 16. Jahrhundert
Tropenholz, Teakholz, Elfenbein und Eisen, 35,5 × 55 × 38,8
Porto, Colecção Távora Sequeira Pinto
Lit. Ausst.-Kat. Porto 1998, Kat.-Nr. 207

Dieses Schreibkästchen aus Tropenholz zeugt in erster Linie vom hohen künstlerischen Können seines Herstellers. Die äußerst fein gearbeiteten Elfenbeineinlegearbeiten auf der Oberseite zeigen eine aus drei Bäumen bestehende Komposition. Der mittlere Baum ist der größte und entspringt einem Topf. Sie

VIII.8

werden von Tieren und Menschen flankiert (ein Tiger und ein Löwe auf jeder Seite des größten Baumes, zwei Falkner ganz außen). Das zentrale Thema wird in leicht abgewandelter Form sowohl an den Seitenwänden als auch auf der Innenseite der vorderen Klappe wieder aufgenommen, wobei hier der mittlere Baum der kleinste ist und von zwei sitzenden männlichen Wesen flankiert wird. Eine Einfassung aus geometrischen Motiven umgibt diese Kompositionen. Der Innenraum besteht aus zehn Schubladen (davon eine Blendschublade), deren Vorderseiten ebenfalls mit harmonisch verteilten Motiven aus der Mogul-Kunst (Pfauen, Rebhühner, Tiger, Hirsche usw.) geschmückt sind. PP

VIII.9 Schreibkästchen
Indien der Mogul-Zeit, 17. Jahrhundert
Teakholz, Ebenholz, Elfenbein, Messing, 26 × 39 × 28
Lissabon, Museu Escola de Artes Decorativas Portuguesas, Fundação Ricardo do Espírito Santo Silva, Inv.-Nr. 46
Lit. Ausst.-Kat. Lissabon 2004, Kat.-Nr. 105

Tragbares Schreibkästchen indo-portugiesischer Ausführung mit Einflüssen aus der Mogul-Kunst. Außen befindet sich eine Jagdszene mit laufendem Wild, dem ein Löwe und ein Bogenschütze folgen. Die Dekoration im Inneren sowie an den Seiten ist symmetrisch angeordnet: Zwei Figuren flankieren jeweils einen Baum, der stets das zentrale Motiv bildet. Vogeldarstellungen ergänzen die Szenerien, die von einer floralen Bordüre eingerahmt werden. Die Anordnung der Blumen folgt regelmäßigen Abständen. PP

VIII.9

VIII.10 NAMBAN-KÄSTCHEN
Japan, *Namban*-Kunst, 17. Jahrhundert
Lackiertes Holz, Perlmutt und Eisen, 15,2 × 23 × 13,2
Lissabon, Santa Casa da Misericordia de Lisboa /
Museu de São Roque, Inv.-Nr. 272
Lit. Ausst.-Kat. Porto 1999, S. 227

Schreibkästchen mit gerundetem Deckel aus lackiertem Holz mit Perlmutteinlegearbeiten. Es weist auf der Vorderseite und auf dem Deckel, über dem Eisenbeschlag des Schlosses, eine ovale, geschwungene Inschriftentafel auf. Das Kästchen stellt eine typische Variante der beliebten *Namban*-Kästchen dar, von denen zahlreiche Exemplare nach Portugal importiert wurden.
(Abb. 4, S. 279) PP

VIII.11 SCHREIBKABINETT
Nambanbako
Japan, frühes 17. Jahrhundert
Holz mit Schwarzlacküberzug, Einlagen von Perlmutt und Rochenhaut, Dekor in Goldlack, Messingbeschläge, 29,5 × 44,5 × 27
Berlin, SMB – Ethnologisches Museum, Inv.-Nr. I D 1725; vormals: Ethnologisches Cabinet der Kunstkammer, Sammlung Johannes Graf Ross, Legat von 1834
Lit. Impey/Jörg 2005, S. 120 ff.

Portugiesische Kaufleute und Missionare gehörten zu den ersten Europäern, die sich bis zur offiziellen Ausweisung im Jahre 1639 in Japan aufhielten. In ihrem Auftrag entstanden neben bildlichen Darstellungen auch Gebrauchsgegenstände. Im ausgestellten Beispiel handelt es sich um ein Schreibkabinett europäischer Grundform der späten Renaissance: Es ist ausgestattet wie ein tragbarer (mit Griffen versehener) kleiner Kabinettschrank, kastenförmig mit frontseitigem Klappdeckel, innen mit Schubladen für die Aufbewahrung von Papieren und Schreibzeug versehen. Japanischer Herkunft hingegen ist die Oberflächenbehandlung mit Schwarzlack und Einlagen darin. Mit weiteren Arbeiten verschiedener Funktion, darunter Kult- und Alltagsgegenständen, bildet dieses Beispiel eines der frühen japanischen Zeugnisse dieser Begegnung zwischen 1543 und 1639 – in Japan bezeichnet mit dem Begriff *Namban*, ein Synonym für in jenem Mischstil geschaffene japanische Arbeiten dieser Zeit. SN

VIII.11

VIII.12 Kästchen
Indo-Portugiesische Arbeit, etwa 1575–1600
Schildpatt, Einfassung aus Silber, 14 × 21,7 × 14
Coimbra, Museu Nacional de Machado de Castro, Inv.-Nr. 6121
Lit. Ausst.-Kat. Lissabon 1996

Dieses Kästchen mit gewölbtem Deckel ist aus Schildpatt gefertigt und mit einer silbernen Einfassung versehen. Die Reliefverzierung zeigt verschlungene pflanzliche Motive, in die Tierdarstellungen eingearbeitet sind. Man erkennt einen Löwen, Eidechsen, Vögel und Rehe. Der Verschlussriegel ist in Form einer Eidechse, die Griffe sind als Schlangen gestaltet. Das Kästchen steht auf vier Füßen, die jeweils Flügel und Kopf eines Engels darstellen. Es verbindet indische dekorative Elemente mit Einflüssen aus Portugal und enthält Motive der christlichen Symbolik wie z. B. Engel. Kästchen dieser Art dienten auch zur Aufbewahrung von Reliquien. Gefertigt wurden sie vor allem in Guzerat. PP

VIII.13 Spielbrett für Schach und Trictrac
Indien, Guzerat, vor 1571
Holzkorpus, Trictrac-Seite mit Schwarzlack, Perlmuttplättchen, silbernen Eckbeschlägen; im Schwarzlack zwei Eglomiséscheiben mit Wappen und Datierung 1571; Schach-Seite mit durch Messingstifte gehaltenen Perlmuttplättchen und aufgeleimten Quadraten aus Schildpatt, 51 × 50,2
München, Bayerisches Nationalmuseum, Inv.-Nr. R 1099
Lit. Ausst.-Kat. Wien 2000, Kat.-Nr. 66, S. 157–160

Aufwendig gestaltete Spielbretter mit Perlmuttbelag wurden spätestens seit der Mitte des 16. Jahrhunderts seriell im nord-indischen Guzerat gefertigt und gelangten in größerer Anzahl

VIII.12

als kostbares Exportgut nach Europa. Das Münchner Brett zeigt auf der Trictrac-Seite eine reiche vegetabile Ornamentik sowie Jagdszenen mit Elefanten, Tigern, Pferden und Nashörnern. Der Spielplan entspricht der im Orient geläufigen ursprünglichen Form mit je zwölf halbrunden Einkerbungen auf jeder Seite. Das Wappen des polnischen Grafen Johannes von Tenczin ist wie die übrigen Eglomiséscheiben eine in Europa vorgenommene Ergänzung. Die Schachbrettseite besteht aus einer fugenlosen Anordnung von Perlmutt und Schildpattplättchen. Das Spielfeld ist hier mit einer Bordüre aus schuppenartig angeordneten Perlmuttplättchen eingefasst. Das Spielbrett, das keinem der in den Inventaren der Münchner Kunstkammer genannten Stücke mit Sicherheit zuzuordnen ist, könnte durch eine Schenkung des Kardinals Francesco de' Medici an Herzog Albrecht V. im Jahr 1572 an den bayerischen Hof gelangt sein. (Abb. 6, S. 262) JW

VIII.14 Schachbrett
Indien, Guzerat, 16. Jahrhundert
Perlmutt und Schildpatt, 55 × 55 × 4
Estoril, Privatsammlung
Lit. Ausst.-Kat. Lissabon 2002a, Kat.-Nr. 22;
Ausst.-Kat. Wien 2000, Kat.-Nr. 66

Brett mit zwei Spielfeldern: auf der einen Seite kann Schach gespielt werden, auf der anderen Seite *Gamão* bzw. Backgammon. Solche Bretter waren im 16. Jahrhundert sehr beliebt und finden sich in zahlreichen Inventaren jener Zeit erwähnt. Die Portugiesen importierten sie aus Indien. Anhand der dekorativen Motive und bestimmter struktureller Eigenschaften ist es möglich, verschiedene Werkstätten in Guzerat auszumachen, in denen diese Objekte hergestellt wurden. Bei diesem Stück bestehen die schwarzen Felder des Bretts sowie die Verzierungen an den Rändern aus Schildpatt. Die übrigen Felder und die Dekoration der weißen Felder wurden vollständig mit kleinen viereckigen oder rautenförmigen Perlmuttplättchen gearbeitet. Das rückseitige Spielfeld für Backgammon ist fast vollständig in Perlmutt gehalten, nur an den sieben Punkten der Scheibe im Zentrum ist Schildpatt eingefügt. Vier Kreise umgeben einen größeren zentralen Kreis mit einem Muster aus längeren glänzenden Plättchen. Die Einfassungen des Bretts sind mit Perlmutt verziert, und die Position der Spieler wird durch zwei Türen in zwei Farbtönungen gekennzeichnet, die auch aus Perlmutt gefertigt sind. Es sind heute nur noch drei Exemplare von Spielbrettern dieser Art bekannt. Zwei gehören zu portugiesischen Privatsammlungen, ein weiteres befindet sich im Bayerischen Nationalmuseum in München. PP

VIII.15 A–F Perlmutt-Trinkschalen
Indien, Guzerat?, Ende 16. Jahrhundert
Perlmutt, Silber, 2,6 × 5,9 (Dm.) (a–d), 3,3 × 7,6 (Dm.),
2,8 × 6,9 (Dm.)
Dresden, Grünes Gewölbe, SKD, Inv.-Nr. III 31 kk, 1-4 u.
III 31 ll,1-2
Lit. Ausst.-Kat. Wien 2000, S. 164–168; Sangl 2001, S. 276

Im 16. Jahrhundert traten zunehmend die materiellen Eigenschaften exotischer Gegenstände in den Mittelpunkt des Sammlerinteresses. In diesem Zusammenhang nahmen Objekte aus geschliffenem Perlmutt einen besonderen Stellenwert ein, da diese einen für natürliche Materialien einzigartigen irisierenden Glanz besitzen. Besonders beliebt waren Trinkschalen, die im nordwestindischen Guzerat hergestellt und wahrscheinlich in großen Mengen nach Europa importiert wurden. Sie bestehen aus mehreren gewölbten Segmenten, die aus dem Corpus einer Meerschnecke (*Turbo marmoratus*) geschnitten und mit einem silbernen Reif zusammengefasst sind. Solche Schalen wurden oft von europäischen Künstlern mit reichen Applikationen aus Edelmetall versehen und so zu aufwendigen Schaustücken umgearbeitet. Die ausgestellten Trinkschalen werden zusammen mit Perlmutt-Gießbecken und Kannen in einem Inventar der sächsischen Hofsilberkammer aus dem Jahr 1587 erwähnt. (Abb. 8, S. 246) JW

VIII.16 Schmuckteller
Indien, Guzerat, 16. Jahrhundert
Perlmutt, Holz und Silber, 72 (Dm.)
Estoril, Privatsammlung
Lit. Ausst.-Kat. Lissabon 2002a, Kat.-Nr. 72

Imposanter Schmuckteller mit besonders starker dekorativer Wirkung. In einer Werkstatt im indischen Guzerat gefertigt, verfügt dieser Teller über die typischen Charakteristika einer Reihe ähnlicher Objekte (Teller, Schüsseln und Schalen), die in der Regel etwas kleiner sind. Er besteht aus ringförmig angeordneten Perlmuttplättchen, die im Zentrum eine stilisierte Lotusblüte darstellen. Diese ist von ›geschuppten‹ Ringen aus kleinen, rautenförmigen Plättchen umgeben. (Abb. 3, S. 259) PP

VIII.17 A + B Kanne und Becken mit Perlmuttverzierungen
Guzerat und Leipzig, um 1600
Elias Geyer (um 1560–1634)
Becken: Holz, Asphaltlack, Perlmuttplättchen, Silber, vergoldet, Ölfarben, 60,1 (Dm.)
Kanne: Silber, vergoldet, Perlmuttplättchen aus Turboschneckenhäusern, 35,2 (H.)
Dresden, Grünes Gewölbe, SKD, Inv.-Nr. IV 287 (Becken),
IV 189 (Kanne)
Lit. Ausst.-Kat. Dresden 2005, Kat.-Nr. 100

Das Becken stellt eine typische Einlegearbeit aus Guzerat dar. Die Perlmuttplättchen bilden regelmäßig angeordnete Ranken, die konzentrisch ausgerichtete Kartuschen umspielen. Diese sind mit geometrischen Ornamenten gefüllt und heben sich wie der übrige Perlmuttschmuck deutlich von dem dunkel lackierten Untergrund ab. Elias Geyer bereicherte diese Dekoration, indem er die Gliederungsstruktur der großen Fläche des Beckens mit drei reich profilierten Reifen aus vergoldetem Silber unterstrich

VIII.14

und die Zentren der Kartuschen mit kleinen Eidechsen und Fröschen besetzte. Die Unterseite wurde in diesem Zusammenhang mit Malereien in Ölfarbe versehen. Sie kann als eine Hommage an die maritime Welt verstanden werden, der das Perlmutt entstammt, und zeigt in konzentrischer Anordnung vier Meeresgötter auf Muscheln und phantastischen Meereswesen. Dazwischen entwickelt sich ein grünes Rankenornament mit Tiermotiven.

Wohl gleichzeitig mit der Umarbeitung des Beckens entstand die gegossene Silberkanne, die sich mit ihrer bewegten Silhouette und ihren reichen Renaissanceornamenten deutlich von der flächigen und regelmäßigen Gliederung der indischen Importware abhebt. Dennoch nimmt sie in einigen Punkten auf diese Bezug. So korrespondieren die je sechs ovalen Perlmuttstücke in der Wandung und auf der Schulter des Gefäßes mit den sechs Kartuschen im inneren Bereich des Beckens. Der auf einem Delfin reitende Neptun, der auf dem Henkel über einer geflügelten Herme angebracht ist, greift die Bilderwelt an der Unterseite des Beckens wieder auf. (Abb. 1, S. 256) JW

VIII.20

VIII.18 POKAL MIT PERLMUTTMOSAIK, VON TRITON GETRAGEN
Elias Geyer (um 1560–1634)
Leipzig, 1613–1615
Perlmutt, Silber vergoldet, 35 (H.)
Dresden, Grünes Gewölbe, SKD, Inv.-Nr. III 207
Lit. Ausst.-Kat. Wien 2000, S. 164–168; Syndram 2006, S. 104

Exotische Materialien wie Perlmutt gelangten über Zwischenhändler auch in die deutschen Messe- und Handelsstädte und regten dort Goldschmiede zu Kreationen an, die sich zunehmend von den Vorbildern indischer Gefäße entfernten. Zu den innovativsten Kunsthandwerkern seiner Zeit gehörte Elias Geyer, der 1589 in Leipzig Meister wurde und fast ausschließlich für den Dresdner Hof arbeitete. So befinden sich etwa drei Viertel seiner bekannten Werke in den Beständen des Grünen Gewölbes. Zu diesen gehört ein Prunkpokal mit einem profilierten Fuß, auf dem die Gestalt eines Tritonen ruht. Dieser trägt das eigentliche Gefäß, das mit Perlmuttmosaik und vergoldeten Silberapplikationen mit Maskenmotiven verziert ist. (Abb. 9, S. 264) JW

VIII.19 NAUTILUSPOKAL MIT WEINSTOCK
Nürnberg?, letztes Viertel 16. Jahrhundert
Silber, teilweise vergoldet, gegossen, getrieben, mehrfarbige Kaltbemalung, Nautilus mit polierter Perlmuttschicht und Wirbelfreischnitt, 21,5 (H.), 10,7 × 9,2 (Fuß)
Kassel, Museumslandschaft Hessen Kassel, Hessisches Landes-Museum, Inv.-Nr. B II. 79
Lit. Mette 1995, S. 221; Slg.-Kat. Kassel 2003, S. 119 f., Kat.-Nr. 20

Im Gegensatz zu zahlreichen anderen Stücken, die mit aus Nautilusschnecken herausgebrochenen Plättchen verziert sind, ist der Nautilus in diesem Pokal in seiner Ursprungsform ohne größere Eingriffe sichtbar. Allein ein Stück des Gehäuses wurde aufgeschnitten, um den Blick auf die Wirbelung freizugeben. Auf dem Fuß des Pokals sitzen vier vollplastische kleine Tierfiguren (Schlange, Eidechse, Schildkröte, Frosch). Der Nautilus ist mit vier Spangen auf einem Baumstamm befestigt, der von einem Rebstock umrankt wird. Eine Verbindungsspange aus Schweifwerk ist über dem Wirbelfreischnitt montiert.

Die Schnecken wurden meist von Portugiesen aus Ostasien importiert und für die deutschen Fürstenhöfe von Gold- und Silberschmieden nach dem Zeitgeschmack veredelt. Leider ist der Ursprung dieses Stückes unklar. Der Umstand, dass die Tiere und der Baumstamm sehr einfach gefertigt sind und auch die Bemalung Unregelmäßigkeiten aufweist, könnte auf eine nachträgliche Umarbeitung des Nautilus' zu einem Pokal hinweisen. Der Rebstock bezieht sich auf die dem Pokal vermutlich zugedachte Funktion als Weinbehältnis. Wegen seiner Zerbrechlichkeit dürfte der Pokal für den Gebrauch allerdings ungeeignet gewesen sein. (Abb. 5, S. 261) EMB

VIII.21 ▶

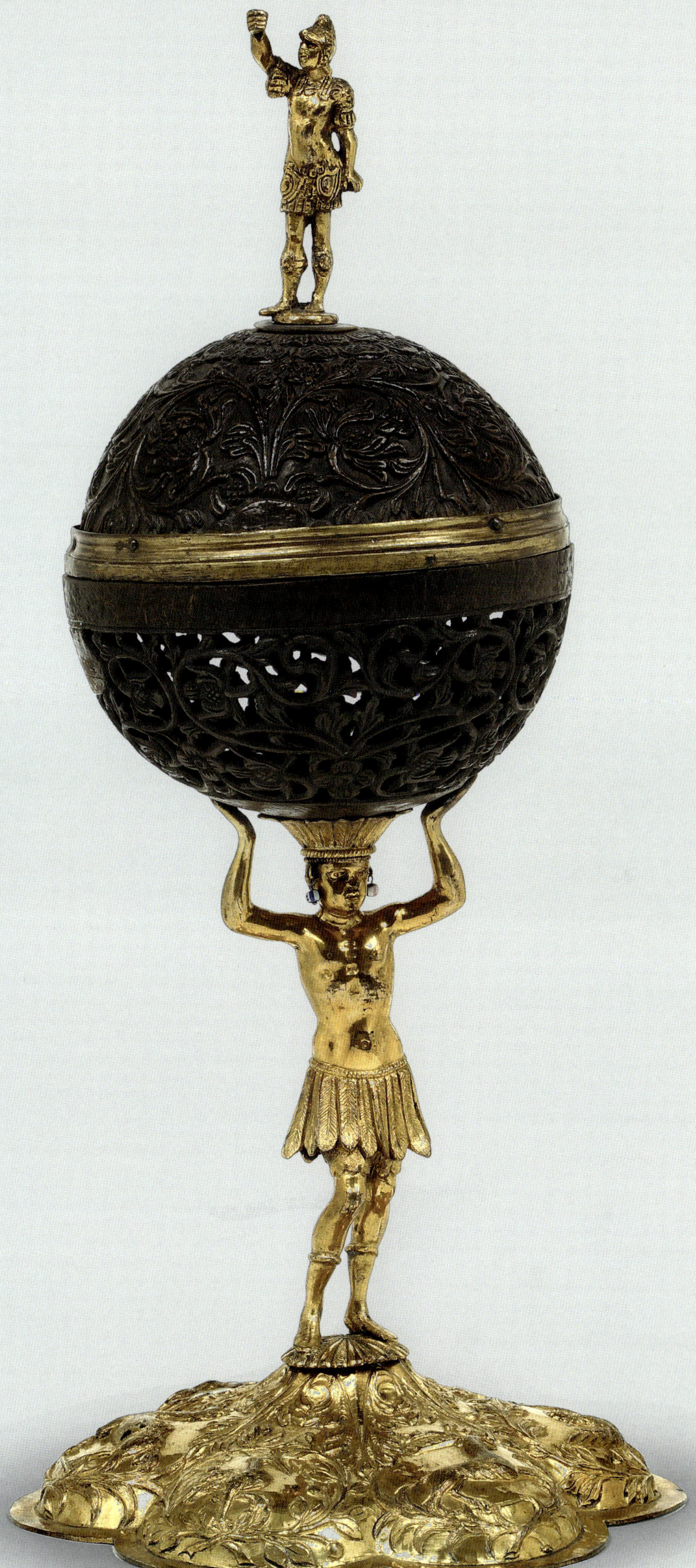

VIII.22

prächtigen Gefäßen montierten. Der ausgestellte Kokosnusspokal ist mit einem Relief geschmückt, das Diana mit einem Hirsch, einem Satyr und exotischen Bäumen zeigt. Die Schale ist mit zwei Spangen gefasst und ruht auf einem balusterförmigen Schaft, der mit Putten und floralen Ornamenten verziert ist. Der Deckel besteht ebenfalls aus einer reliefierten Kokosnussschale und zeigt neben Pflanzenmotiven ein noch nicht näher bestimmtes Wappen. Der silberne Griff ist als plastisch ausgearbeiteter Blumenstrauß gestaltet. JW

VIII.21 Kokosnusspokal
Augsburg, 17. Jahrhundert
Bronze, vergoldet; Kokosnussschale 38,4 (H), 12,5 (Dm),
Fußplatte 15,1 (Dm.)
Hannover, Kestner-Museum, Inv.-Nr. 1921.26
Lit. Ausst.-Kat. Wien 1992a, S. 305

Exotische Welten waren in europäischen Kunstkammern nicht nur über die Verwendung von kostbaren Materialen aus Übersee präsent. Auch bei der künstlerischen Gestaltung wandte man sich seit dem ausgehenden 16. Jahrhundert, vor allem aber im Laufe des 17. Jahrhunderts zunehmend Motiven aus Übersee zu. So wird der in Augsburg gefertigte Kokosnusspokal von einem Indianer mit Federschmuck getragen. Die Kokosnussschale selbst ist mit vegetabiler Ornamentik verziert, die in der unteren Hälfte zu einem durchbrochenen Gitterwerk ausgearbeitet ist. Auf der Spitze des Deckels steht eine männliche Gestalt in antikisierender Rüstung, die als eine Darstellung des Kriegsgottes Mars gedeutet werden kann. Die Waffe, die er ursprünglich in seiner erhobenen Rechten hielt, ist verloren. JW

VIII.20 Kokosnusspokal
Lissabon, 1671
Signatur »J. BASSET F 1671 VLISSIPONES«
Silber, vergoldet, Kokosnussschale geschnitzt, 28,5 × 10 (Dm.)
Berlin, SMB – Kunstgewerbemuseum, Inv.-Nr. 1908,42a u. b
Lit. Ausst.-Kat. Nürnberg 1992, Kat.-Nr. 5.36, S. 862f.

Nach der Erschließung der Indienroute gelangten neben den Gewürzen zunehmend auch Kokosnüsse nach Portugal, von wo sie in die Handelszentren an Nord- und Ostsee weitertransportiert wurden. Viele verarbeitete man aber auch direkt vor Ort. So etablierten sich in Lissabon Kunsthandwerker, die Kokosnussschalen mit aufwendigen Schnitzereien versahen und zu

VIII.22 Dreifacher Ananaspokal
Georg Müllner (Meister 1624, erwähnt bis 1647)
Nürnberg, zweites Viertel 17. Jahrhundert
Silber, getrieben, gegossen, vergoldet, 42 (H.)
Kassel, Museumslandschaft Hessen Kassel, Hessisches Landes-Museum, Inv.-Nr. B II. 14
Lit. Ausst.-Kat. Berlin 1982, Kat.-Nr. 4/76, S. 304;
Slg.-Kat. Kassel 2001, Kat.-Nr. 100, S. 232

Auch exotische Früchte, die ab der ersten Hälfte des 16. Jahrhunderts in Europa eintrafen, wurden in Kunstkammern vergegenwärtigt. Zu den aussagekräftigsten Beispielen zählen die Ananaspokale, die in vielerlei Varianten aus vergoldetem Silber gefertigt wurden. Eine besondere Rarität stellen Drillingspokale dar, die aus drei Bechern mit diamantierter Oberfläche bestehen,

VIII. Kunst- und Wunderkammern ›495‹

> **Von dem Schaligel.**
> Tatus quadrupes. Ein frömbd thier.
> **Von seiner gestalt/vnnd wo es zů finden.**

VIII.23

welche durch kommunizierende Röhren miteinander verbunden sind. Bei dem Kasseler Pokal sind diese als Äste ausgebildet und mit Vögeln besetzt. Sie werden von einem Indianer mit einem Speer und einem Bogen getragen, der auf einem reich profilierten Fuß kniet. Die blumenartigen Gebilde auf den Deckeln der Becher könnten die Triebe darstellen, die während des Reifeprozesses der Ananas entstehen. Die Farbigkeit des Pokals wird heute vor allem durch die vergoldeten Oberflächen und die weißsilbern belassenen Zierelemente bestimmt. Die Blätter waren ursprünglich in leuchtendem Grün gehalten. JW

VIII.23 Tierbuch
Thierbuch Das ist ein kurtze bschreybung aller vier füssigen Thieren, so auff der erden vn[d] in wassern wonend
Konrad Gesner (Zürich 1516 – 1565 Zürich)
Zürich, 1563
Buch mit kolorierten Holzschnitten, 38 × 35,5 × 10,4
Berlin, Staatsbibliothek zu Berlin – PK, Abteilung Historische Drucke, Sign. Lk 3615 R
Lit. Ausst.-Kat. Berlin 1982, S. 302

Mit seinem fünfbändigen zoologischen Werk, das ab 1551 zunächst auf Latein unter dem Titel *Historia animalium* erschien, legte der Züricher Arzt und Professor für Naturkunde Konrad Gesner ein umfassendes Kompendium der in der Mitte des 16. Jahrhunderts bekannten Tierwelt vor. Er stützte sich dabei nicht nur auf antike und mittelalterliche Quellen, deren Aussagekraft er zum Teil kritisch hinterfragte, sondern rezipierte auch die Erkenntnisse zeitgenössischer Forscher, mit denen er oftmals direkt korrespondierte. Auf diese Weise fanden auch einige der neuentdeckten Tierarten aus Übersee Eingang in Gesners Werk. So wird auf Seite 95 der deutschen Ausgabe von 1563 das in Südamerika beheimatete Gürteltier beschrieben. Bereits die Bezeichnung ›Schaligel‹ macht deutlich, dass der Autor darauf abzielt, das exotische Tier mit der europäischen Fauna in Beziehung zu setzen und so in den eigenen Erfahrungshorizont einzuordnen: »Dises ist ein wunder seltzam / abentheürig / frömmd thier / aus der Insel Presilia in unsere land gebracht / gantz bedeckt vnnd bewaret mit einer harten schalen wie ein Schiltkrot / in welche es sich zücht / wie der Igel in seine dörn / ist an der grösse wie ein mittelmässigs / kleines jungs Seüwle.« JW

VIII.24

VIII.24 Darstellung eines Zebras
(›Egyptischer Waldesel‹)
In: *Museum Museorum oder vollständige SchauBühne aller Materialien und Specereyen nebst deren natürlichen Beschreibung, Election, Nutzen und Gebrauch...*
Michael Bernhard Valentini (Gießen 1657 – 1729 Gießen)
Frankfurt am Main, Zunner u. a., 1714
Kupferstich, Papier, 37,2 × 42,2
Berlin, Deutsches Historisches Museum, Sign. RB 01/21
Lit. Nissen 1966, S. 188; Valentini 1714

Michael Bernhard Valentini war Professor für Naturwissenschaften an der Universität Gießen und Leibarzt des Landgrafen Ernst Ludwig zu Hessen. Seinem Landesherren widmete er den zweiten Teil des 1714 erschienenen, reich illustrierten dreibändigen Naturkundekompendiums. Nachdem Valentini zunächst nur diejenigen Naturalia behandelt hatte, die einen medizinischen oder sonstigen Nutzen boten, hielt er es für notwendig, dem interessierten Leser auch eine Auswahl seltener, gottgegebener Naturwunder aus allen bis dato gedruckten Kunst- und Naturalienkammern, Reisebeschreibungen und Büchern vorzustellen. Seine Publikation richtete der Forscher ausdrücklich an Privatpersonen wie Studenten, Sammler und Künstler, denen diese wertvollen Informationen sonst nicht zugänglich wären.

Das 28. Kapitel des Buches zeigt das »allerschönste Tier Afrikas«, das *Zecora*, in kongolesischer Sprache Zebra genannt. Die deutsche Bezeichnung ›Egyptischer Wald-Esel‹, so der Autor, sei direkt vom portugiesischen ›Burro do Matto‹ hergeleitet. Das Tier sei auch wahrheitsgetreu abgebildet, denn es gleiche dem Zebrakopf eines Frankfurter Sammlers. Einem Brief der

Jesuiten in Goa von 1624 zufolge erzielten abessinische Händler für ein Zebra den stolzen Preis von rund 15 000 Dukaten. Käufer seien unter anderen der Kaiser von Japan und der Sultan von Konstantinopel gewesen. CT

VIII.25 ABBILDUNG ALLERLEY WILDEN THIERER SO IN GUINEA GEFUNDEN WERDEN
In: Pieter Marees, *Beschryvinge ende Historische verhael van't Gant konickrijk van Gunea anders de Goutcuste de Mina genaemt*
Johann Theodor de Bry und Johann Israel de Bry (Verleger, Kupferstecher)
Frankfurt am Main, 1603
Kupferstich, 31 × 19,9
Berlin, Deutsches Historisches Museum, GR 90/488.42

VIII.26 ABBILDUNG DER ZAHMEN THIERE SO IN GUINEA GEFUNDEN WERDEN
In: Pieter Marees, *Beschryvinge ende Historische verhael van't Gant konickrijk van Gunea anders de Goutcuste de Mina genaemt*
Johann Theodor de Bry und Johann Israel de Bry (Verleger, Kupferstecher)
Frankfurt am Main, 1603
Kupferstich, 31 × 19,8
Berlin, Deutsches Historisches Museum, GR 90/488.40
Lit. Ausst.-Kat. Detmold 1999; Berger 1981

Der Niederländer Pieter Marees brach im November 1600 mit drei Handelsschiffen von Texel nach Guinea auf. Nach seiner Rückkehr veröffentlichte er im März 1602 seine Erfahrungen in einem Reisebericht. Dieser zählte bis ins 18. Jahrhundert in Europa zu den wichtigsten Quellen über die Guineaküste. In seiner als Landeskunde zu charakterisierenden Darstellung berichtete Marees über eine Vielzahl von Themen, wie beispielsweise Ankerplätze an der Gold-, Elfenbein- und Sklavenküste, Landesbräuche, Tiere und Pflanzen, Waren und Warenwert, Möglichkeiten des Betrugs, Rechtsprechung, fremde Krankheiten sowie deren Heilung. Die Handelsmacht der Vereinigten Niederlande bekam mit dem Bericht einen praktischen Wegweiser über das Leben und Überleben an der Guineaküste zur Hand, der ihre ökonomischen wie politischen Interessen berücksichtigte. Das im Anhang befindliche holländisch-guinesische Wörterbuch sollte die Kommunikation zwischen Reisenden und Eingeborenen erleichtern durch Übersetzungen von als nützlich erachteten Worten und Sätzen wie »Das Gold ist falsch« (*Chika emou*) oder »Gebt mir eine schöne Frau« (*Mame hiro ode apa*). Die Guineaküste war ein begehrtes europäisches Handels- und Kolonialgebiet in Afrika.

Marees Bericht wurde bereits 1603 als sechster Band in die Reihe *India Orientalis* der Reiseberichtsammlungen der Gebrüder Bry aufgenommen. Das allgemeine Interesse an der außereuropäischen Tierwelt zeigen dabei die beiden Tafeln über wilde und zahme Tiere in Guinea. Während die zahmen Tiere »den Leuten nicht schaden«, sind die wilden Tiere »untereinander uneins und dem Menschen gehässig oder schädlich«. Es folgen die jeweilige Beschreibung von Gestalt und Charakter sowie ein Vergleich mit in Europa vorhandenen Tierarten. HN

VIII.27

Calechutischer Pfeffer. CCCCXVIII.
418

VIII.27 New Kreütterbuch
Leonhart Fuchs (Wemding 1501 – 1566 Tübingen)
Basel, Michael Isingrin, 1543
Druck, 36,5 × 25 × 8,5
Privatleihgabe Thomas Leyke, im Besitz des Deutschen Historischen Museums Berlin
Lit. Baumann u. a. 2001, S. 316, 405

Als Leonhart Fuchs, Professor für Medizin an der Universität Tübingen, den Text seines *New Kreütterbuch* verfasste, war er sich über die Herkunft einiger der abgebildeten Pflanzen nicht im Klaren. Zu drei Abbildungen von verschiedenen Arten der Gattung *Capsicum* L., alle in den subtropischen und tropischen Gebieten der Neuen Welt beheimatet, schreibt er im Abschnitt ›Von Indianischem Pfeffer‹: »Zu unsern zeiten würt es genent Piper Hispanum [Spanischer Pfeffer] / Piper Indianum [Indianischer Pfeffer] / und Piper Calecuthicum [Pfeffer aus Kalkutta].« Fuchs bemerkt ergänzend »Indianischer Pfeffer ist ein frembd gewechs / newlich in unser Teütsch land gebracht [...] Mag keinen frost leiden / müß aufgesetzt / oder über winter in der stuben behalten werden / so bringt es im volgenden summer widerumb frucht / wie es dan mir gethon hat« und beweist damit eindeutig, dass er zumindest ein Exemplar erfolgreich über den Winter gebracht hatte und die Pflanze erst vor kurzer Zeit nach Mitteleuropa gelangt war. Der hier aufgeschlagene Holzschnitt zeigt ein blühendes und fruchtendes Exemplar des Paprika (*Capsicum annuum* L.), versehen mit dem Namen »Calechutischer Pfeffer«.

Woher Fuchs die Samen erhielt, bleibt unbekannt. Es kann zwar nicht mit Sicherheit ausgeschlossen werden, dass er lebendes Material aus der portugiesischen Einflusszone Indien bekam, ein Import aus Spanien oder dem spanischen Einflussgebiet in Amerika erscheint aber wahrscheinlicher. Bemerkenswerterweise hat Fuchs zu einem unbekannten Zeitpunkt auch Früchte des in Indien beheimateten echten Pfeffer (*Piper nigrum* L.) gezeichnet und beschrieben, Abbildung und Text blieben aber unveröffentlicht und warten bis heute auf ihre Erforschung.
HWL

VIII.28 Aromatum et simplicium aliquot medicamentorum apud Indos nascentium historia
Colóquios dos simples e drogas e coisas medicinais na Índia
Garcia da Orta (Castelo de Vide 1501 – Goa 1568), übersetzt und ergänzt durch Carolus Clusius (Arras 1526 – 1609 Leiden)
Antwerpen, Christoph Plantin, 1593
Druck, 18,1 × 12
Dresden, Sächsische Landesbibliothek – Staats- und Universitätsbibliothek Dresden, Sign. Botan. 1564
Lit. Boxer 1963, S. 14

Die *Colóquios dos simples e drogas e coisas medicinais na Índia* (Gespräche über Heilkräuter, Drogen und Arzneimittel in Indien) sind das Lebenswerk von Garcia da Orta, zuletzt Leibarzt des portugiesischen Vizekönigs in Indien. Das heute äußerst seltene Buch schöpft aus vielen Quellen, insbesondere dem Arzneimittelschatz von in Indien tätigen Heilkundigen, die arabischen, hinduistischen und ayurvedischen Traditionen verpflichtet waren. Es besticht durch seinen überraschend empirischen Ansatz, der klassische Autoritäten wie Dioskurides und Galen manchmal in Frage stellt und für seine Zeit kühn feststellt »não ey de dizer se nã a verdade« (man soll nichts sagen, was nicht wahr ist).

In Goa im Jahre 1563 erschienen, enthält das Werk als Widmung an den Vizekönig das erste gedruckte Gedicht von Luís

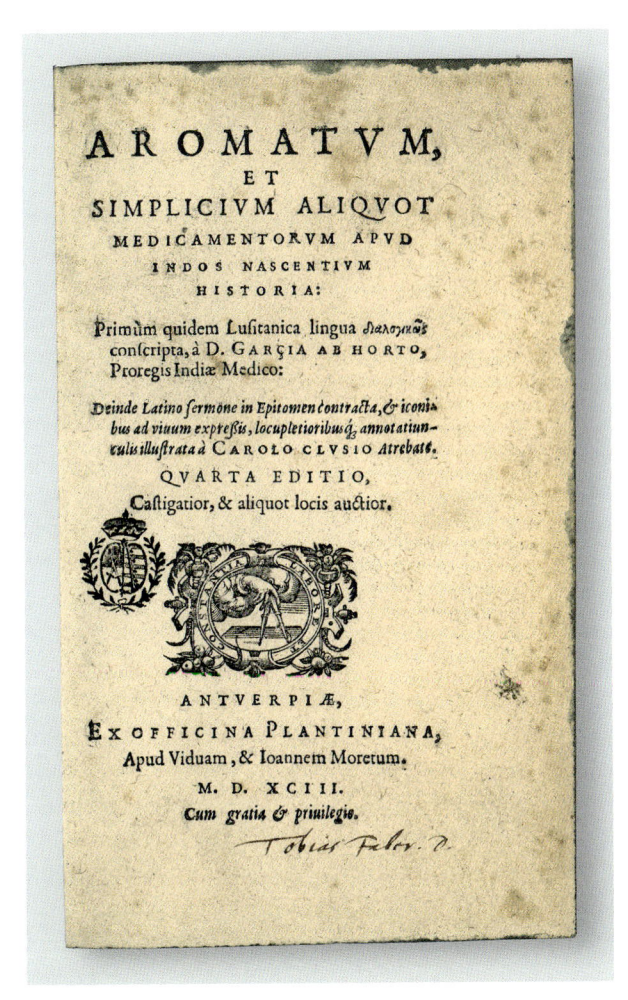

VIII. KUNST- UND WUNDERKAMMERN ›499‹

VIII.28

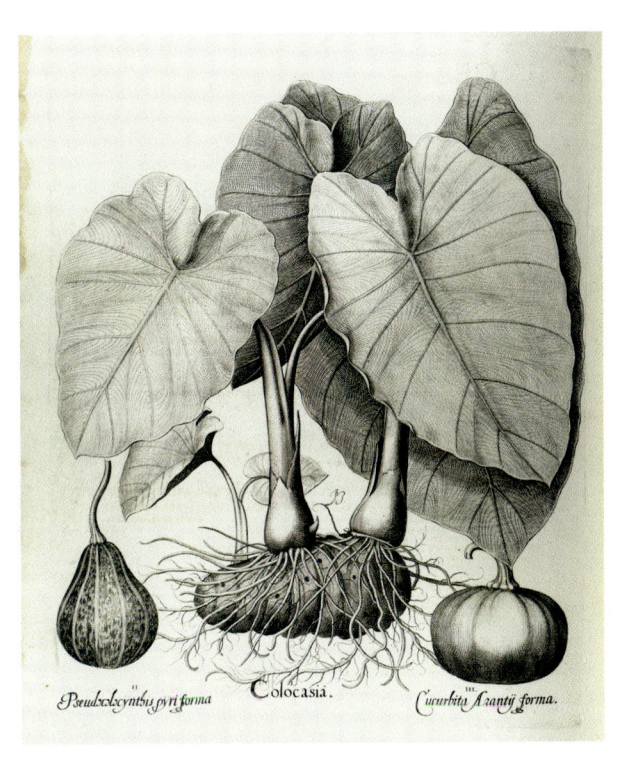

VIII.29

VIII.29 HORTUS EYSTETTENSIS
Basilius Besler (Wöhrd 1561 – 1629)
Nürnberg, 1613
Anonymer Kupferstich, 57,4 × 48,2
Berlin, Freie Universität, Botanischer Garten
und Botanisches Museum Berlin-Dahlem
Lit. Ferrão 2005, S. 267 f.; Lack 2001, S. 82

de Camões, Autor des Nationalepos *Os Lusíades*, dessen Todestag bis heute als portugiesischer Nationalfeiertag begangen wird. Der Text ist in 58 Gespräche Garcia de Ortas mit einem imaginären Kollegen namens Ruano gegliedert und enthält die detaillierte Beschreibung vieler Pflanzen und Pflanzenteile, darunter mehrerer Gewürze, die in Europa nicht oder kaum bekannt waren. Abbildungen fehlen.

Bekannt wurde Garcia da Ortas Werk allerdings erst durch die erste Übersetzung ins Lateinische durch Carolus Clusius, der ein Exemplar am 28. Dezember 1564 in Lissabon erworben hatte und den überarbeiteten Text im Jahre 1567 in Antwerpen herausbrachte. Zu seinen Ergänzungen zählen auch einige anonyme Holzschnitte, darunter die Darstellung eines Zweigstücks des Zimtbaums (*Cinnamomum* spec.), den er möglicherweise von einem Arzt in seinem damaligen Wohnort Brügge erhalten hatte. Das daneben abgebildete Blatt gehört allerdings mit Sicherheit nicht zu dieser Pflanze. HWL

Es ist alte Seefahrertradition, Nutzpflanzen auf Reisen in entlegene Gebiete mitzunehmen und an Ankerplätzen auszusetzen, um sich bei einem späteren Aufenthalt mit Proviant versorgen zu können. Knollen von Taro (*Colocasia esculenta*) sind einfach über große Entfernungen zu transportieren, leicht zu vermehren und wurden bereits früh auf weite Seefahrten mitgenommen, etwa als die ersten Menschen lange vor Ankunft der Europäer die Hawaii-Inseln bzw. Neuseeland entdeckten und besiedelten. Spätestens während der arabischen Phase müssen die Bewohner der Iberischen Halbinsel mit Taro in Kontakt gekommen sein; in der Folge haben sie die Knollen als Schiffsproviant benutzt und weiter verbreitet. Wie Knollen von Taro um 1600 in den Garten der Willibaldsburg in Eichstätt gelangten, ist völlig rätselhaft, im Winter müssen sie jedenfalls in frostfreien Räumen gelagert worden sein, geblüht haben die Pflanzen nie. Glücklicherweise ließ der Eigentümer, Fürstbischof Johann Conrad

VIII.30 Die Flucht nach Ägypten
Martin Schongauer
(Colmar um 1450 – 1491 Breisach am Rhein)
Kupferstich, 25 × 16,6
Berlin, SMB – Kupferstichkabinett, Inv.-Nr. 4-1885
Lit. Caspar 2000, S. 11f., 30–34, 43–51; Cidlinská 1989, S. 32f.

Der Kanarische Drachenbaum (*Dracaena draco*) ist in seiner natürlichen Verbreitung auf die Kanarischen und Kapverdischen Inseln, Madeira und ein winziges Gebiet im heutigen Marokko beschränkt. Er ist ein Lieferant des in früheren Jahrhunderten begehrten Drachenblutes, eines rötlichen, glasig-durchsichtigen Harzes, das aus der Rinde hervorquillt. Spätestens als Spanien und Portugal um die Herrschaft über die ostatlantischen Inseln rangen, dürften erstmals Drachenbäume auf die Iberische Halbinsel gekommen sein. Ein in das Jahr 1494 zu datierender Bericht von Hieronymus Münzer gilt als erster schriftlicher Nachweis und bezieht sich auf insgesamt vier in Lissabon kultivierte Exemplare. Überraschend ist die Tatsache, dass der sehr auffällige Baum schon wesentlich früher von Martin Schongauer durch eine naturgetreue Zeichnung dokumentiert worden sein muss, denn er setzt eine Darstellung davon an den linken Rand seines berühmten Kupferstiches ›Die Flucht nach Ägypten‹. Wo die Zeichnung entstand, ist allerdings unbekannt, denkbar ist während Schongauers Aufenthalt auf der Iberischen Halbinsel um 1470.

Albrecht Dürer bezieht sich in seinem Holzschnitt ›Die Flucht nach Ägypten‹ direkt auf Schongauer und zeigt in einer deutlich veränderten Darstellung ebenfalls einen Drachenbaum. Der anonyme Meister des Oltár Narodenia Pána in der Pfarrkirche St. Egidius in Bardejov (Slowakei), der sich schon vor Dürer mit diesem Thema beschäftigte, kopiert hingegen Schongauer streng (Abb. VIII.30B, nicht ausgestellt), ersetzt aber den ihm unbekannten Drachenbaum durch eine Eiche mit einer auffälligen, an den Drachenbaum erinnernden Verzweigung. Keiner von beiden versteht aber die Eidechsen (›Drachen‹) auf dem aufgeplatzten Stamm des Drachenbaums, die Schongauer darstellt, denn beide lassen sie weg. HWL

VIII.30A

von Gemmingen, die in seiner neu gestalteten, luxuriösen Anlage kultivierten Pflanzen in Hunderten von naturgetreuen Abbildungen festhalten, wodurch eine ungewöhnlich genaue Kenntnis dieses Gartens möglich ist. Als er starb, existierte zwar der Plan einer Veröffentlichung, aber keine einzige Kupferplatte war gestochen. Basilius Besler, ein Apotheker in Nürnberg, übernahm die Aufgabe und übergab schon im Jahre 1613 ein erstes unkoloriertes Exemplar dem Rat der Stadt. Der *Hortus Eystettensis* gilt als Hauptwerk der botanischen Illustration in der Barockzeit und erzielt auf Auktionen märchenhafte Preise. Rechts und links sind auf dem Kupferstich Früchte von Kürbis (*Cucurbita* spec.) und Flaschenkürbis (*Lagenaria* spec.) dargestellt, sie stehen ohne Bezug zu Taro. HWL

VIII.30 B

IX. Portugal im 16. Jahrhundert

Bereits unter Dom João II. (reg. 1481–1495) hatte die portugiesische Monarchie ihren Machtanspruch gegenüber den auf das Binnenland orientierten Feudalherren durchgesetzt und mit Unterstützung des städtischen Bürgertums die maritime Expansion zur obersten politischen Priorität erhoben. Hiermit waren die Grundlagen für die kulturelle und wirtschaftliche Blütezeit gelegt, die Portugal unter Dom Manuel I., ›dem Glücklichen‹ (reg. 1495–1521), erlebte. Angetrieben nicht zuletzt von einem militanten Messianismus gelang es nun, einige der imperialen Ziele im Atlantik und in Asien zu verwirklichen. Mit dem Aufbau des Kolonialreiches stieg die portugiesische Krone zu einer der reichsten Monarchien Europas auf. Diese Entwicklung ermöglichte einen Ausgleich zwischen den militärischen Ambitionen des Adels, der sich auch am Handel beteiligte, und den ökonomischen Interessen von Königtum und Stadtbevölkerung. Mit der inneren Stabilisierung, die durch die Reform und den Ausbau der königlichen Zentralverwaltung abgesichert wurde, ging eine Außenpolitik einher, die auf den Zusammenschluss der iberischen Mächte in einer von Portugal geführten Personalunion abzielte. Manuels Heirat mit der kastilischen Prinzessin Isabella im Jahr 1497 war auch Anlass für ein verschärftes Vorgehen gegen die jüdische Bevölkerung. Bereits 1496 wurde deren Zwangskonversion dekretiert. Weitere Maßnahmen zur Durchsetzung dieses Befehls blieben allerdings, mit positiven Folgen für das Land, bis zur Etablierung der Inquisition 1536 aus.

Lissabon entwickelte sich in dieser Zeit zur internationalen Metropole. Die Stadt wurde zum zentralen Ort des Austauschs von nautischem und geografischem Wissen. Zugleich war sie Sitz zahlreicher ausländischer Handelsniederlassungen und fungierte somit als ökonomische und kulturelle Drehscheibe zwischen Asien, Italien und dem nördlichen Europa. Dies schlug sich auch in einer umfassenden städtebaulichen Neuordnung nieder. Darüber hinaus bildete sich eine eigenständige künstlerische Strömung in Architektur und Kunstgewerbe heraus, deren zum Teil emblematische Ornamentik die Königsherrschaft repräsentierte und dabei zugleich den weiten kulturellen Erfahrungshorizont des Entdeckungszeitalters zum Ausdruck brachte. Auch Dom João III. (reg. 1521–1557) förderte zunächst tatkräftig eine humanistisch geprägte Kultur, die jedoch im Zuge der Gegenreformation zunehmend staatlicher und kirchlicher Reglementierung unterworfen wurde. JW

IX. Portugal no século XVI

Ainda sob o reinado de D. João II (1481–1495), a monarquia portuguesa conseguiu impor-se perante o poder feudal, orientado para o interior, assumindo para si a Expansão Marítima como objectivo prioritário e contando, para tal, com o apoio da burguesia. Estavam assim definidas as bases para a prosperidade cultural e económica que o país iria viver, sob o reinado de D. Manuel, o Bem-Aventurado (1495–1521). Impulsionado, ainda, por um messianismo militante, tornou então possível concretizar alguns dos objectivos imperiais no Atlântico e na Ásia. Com a construção do império colonial, a coroa portuguesa tornou-se a uma das monarquias mais abastadas da Europa. Este desenvolvimento proporcionou um equilíbrio entre as ambições militares da nobreza, que também participava no comércio e os interesses económicos tanto do reino como da população urbana. A estabilização política interna, ancorada pela reforma e a ampliação da administração central do reino, acompanhou uma política externa de fusão dos mercados ibéricos, numa união pessoal conduzida por Portugal. O enlace de D. Manuel com a princesa castelhana Dona Isabel, em 1497, serviu, igualmente, de pretexto para acelerar o processo contra a população judaica. Em 1496 a sua conversão compulsiva já tinha sido decretada. As outras medidas para a implementação desta ordem, não foram bem sucedidas, para bem do país, até ao estabelecimento da Inquisição, em 1536.

Nesta época, Lisboa tornou-se uma metrópole internacional, e um pólo de intercâmbio de saberes náuticos e geográficos. A cidade era, simultaneamente, a sede de inúmeras feitorias de empresas estrangeiras e plataforma económica e cultural, entre a Ásia, a Itália e o Norte da Europa. Este desenvolvimento repercutiu-se também numa ampla reordenação urbana. Além disso, formou-se uma corrente artística própria, na arquitectura e artesanato, cujos ornamentos, parcialmente emblemáticos, representavam o poder do rei, mas revelam também o horizonte cultural, já vivenciado, da época das Descobertas. Também D. João III (1521–1557) começou por fomentar, activamente, uma cultura marcadamente humanista, que, no entanto, em consequência da Contra-Reforma, foi sendo submetida às normas reguladoras do Estado e da Igreja. JW

IX.1 Wappenengel

Diogo Pires d. J. (zugeschrieben)
Portugal, um 1518–1520
Kalkstein, 190 × 64 × 46
Coimbra, Museu Nacional de Machado de Castro,
Inv.-Nr. 4102
Lit. Ausst.-Kat. Lissabon 2000a, Kat.-Nr. 106;
Pereira 1990b; Pereira 1995c

Dieser Wappenengel gehörte zu der unter Dom Manuel gestalteten Fassade der Klosterkirche von Santa Cruz in Coimbra. Er stand mit einem zweiten Engel zusammen auf dem oberen Giebelabschluss. Die Urheberschaft wird Diogo Pires dem Jüngeren zugeschrieben, der Ende des 15. und Anfang des 16. Jahrhunderts als Bildhauer tätig war und sich vor allem der bildhauerischen Ausschmückung von Gebäuden und Grabstätten widmete. Das Werk weist Eigenheiten auf, die in Verbindung zur gotischen Tradition stehen und auch sonst in der Stilsprache des Künstlers zu finden sind. Die verklärten und nahezu unbewegten Gesichtszüge, die dem Engel eine subtile Spiritualität verleihen, stehen im Kontrast zur prächtig ausgestalteten Haartracht, die in Wellen über die Schultern fällt. In den Händen hält der Engel das königliche Wappen. Darunter, zu seinen Füßen, ist eine Armillarsphäre zu sehen, das Herrschaftszeichen Dom Manuels.

Die offizielle Anerkennung des Heiligen Michael (*São Miguel*) zum Schutzengel Portugals erfolgte 1504 durch Papst Leo X. auf Ersuchen von Dom Manuel. Der Tag des Heiligen Michael wurde seit dieser Zeit im gesamten Königreich am dritten Sonntag im Juli gefeiert. Dom Manuel war diesem Heiligen besonders zugetan, möglicherweise aufgrund des schmerzhaften Verlustes seines Sohnes, des Infanten Dom Miguel (1502), mit dem sich Hoffnungen auf eine iberische Union unter portugiesischer Führung verbunden hatten. PP

IX.2 Hochzeit des Heiligen Alexius
(oder dritte Hochzeit König Dom Manuels)

Garcia Fernandes (tätig 1514–1565)
Portugal, 1541
Öl auf Holz, 178 × 135
Lissabon, Santa Casa da Misericórdia de Lisboa /
Museu de São Roque, Inv.-Nr. 54
Lit. Alves 1985; Caetano 1998a; Deswarte 1977; Pereira 1990b

Von diesem Ölgemälde hieß es lange, es stelle die 1518 vollzogene dritte Eheschließung König Manuels mit Leonor von Kastilien (1498–1558), der Schwester Karls V., dar. Der Kunsthistoriker Joaquim Caetano konnte jedoch nachweisen, dass dieses Bild stattdessen einen selten gemalten Augenblick aus der Hagiografie, die Hochzeit des Heiligen Alexius, darstellt. Diese diente als Allegorie auf die Gründung der *Casa da Misericórdia* (1498), einer wohltätigen Institution, die prägend für Portugal und die portugiesischen Städte in Übersee wurde und der auch der Künstler Garcia Fernandes selbst als prominentes Mitglied angehörte. Tatsächlich wurde das Bild vom Sohn des ersten Vorstehers der *Misericórdia* in Auftrag gegeben. Üblicherweise wird der Heilige Alexius als armer Bettler oder auf dem Totenbett dargestellt oder auch als Leichnam mit dem von Papst

IX.2

Bonifazius verlesenen Schreiben zu seiner Heiligsprechung in der Hand gezeigt. Die Hagiologie legt daneben großen Wert auf die erzwungene Hochzeit des Alexius mit der Sabina, die er in der Hochzeitsnacht unberührt verließ, um seiner Berufung zu folgen. Er widmete sich fortan den Armen, legte dafür seine reichen Gewänder und seine goldene Kette ab, zog sich aus der Welt zurück und lebte als ›Mann Gottes‹ von Almosen.

Kurioserweise lässt sich bei alldem auch feststellen, dass König Manuel I., der sich nur selten porträtieren ließ (sein getreuestes Abbild ist eine Skulptur am Westportal des Hieronymus-Klosters), Darstellungen seiner Person gerne für religiöse Propagandazwecke benutzte. Als einer der Heiligen Drei Könige ist er auf dem Altarbild ›des Meisters der Heiligen Drei Könige‹ (Museu Nacional de Arte Antiga) zu sehen sowie auf einer Gregório Lopes zugeschriebenen *Adoração dos Magos* (›Anbetung der Heiligen Könige‹, Museu de Torres Vedras). Immer wieder fungierte er als Stifter und ließ sich in Kontexten darstellen, bei denen die Grenzen zwischen geistlicher und weltlicher Ebene unklar sind, unter anderem auf dem Altarbild der *Misericórdia*-Kirche von Funchal, auf einem *Fons-Vitae*-Gemälde im heutigen Museu Municipal zu Porto oder auf den bunten Glasfenstern von Batalha. Als König David erscheint Dom Manuel auf einem Gemälde im Trindade-Konvent in Lissabon. Zugleich ist ein Porträt Manuels in die Initiale ›D‹ der Worte ›Dom Manuel‹ auf einem Titelblatt der *Leitura Nova* eingefügt, wobei der Buchstabe auch auf König David verweisen könnte. PP

IX.3 BRIEF VON KÖNIG DOM MANUEL I.
AN KÖNIG MAXIMILIAN I. ÜBER DIE ERSTE INDIENFAHRT
Dom Manuel I. (1469–1521)
Lissabon, 26. August 1499
Papier, Reste eines Oblatensiegels in dorso, 40 × 55,5
Wien, Österreichisches Staatsarchiv, Haus-, Hof- und Staatsarchiv, Habsburg-lothringisches Familienarchiv, Familienkorrespondenz A 1 fol. 14
Lit. Krendl 1980; Pohle 2000

Dom Manuel berichtete in diesem Brief Maximilian I., dem späteren Kaiser des Heiligen Römischen Reiches Deutscher Nation, von der ersten erfolgreichen Fahrt nach Indien. Das Gelingen der Reise führt der portugiesische König auf besonderen göttlichen Beistand zurück. Selbstbewusst bezeichnet er sich im vorliegenden Schriftstück als »von Gottes Gnaden König von Portugal und der Algarve dies- und jenseits des Meeres in Afrika, Herr von Guinea und der Eroberung, Schifffahrt und des Handels mit Ethiopien, Arabien, Persien und Indien«. Als Ziel der Fahrt benennt er die Missionierung der Völker Indiens und Afrikas sowie die Kontaktaufnahme mit den Christen der Region, die man mit der nicht-islamischen Bevölkerung Indiens damals bereits gefunden zu haben meinte. Nach der Aufzählung der aus Indien mitgebrachten Waren betont König Manuel auch noch einmal die Vorteile, die der gesamten Christenheit durch den portugiesischen Handel mit jenen reichen und bevölkerungsstarken Regionen erwachsen würden. Seinem Cousin Maximilian gewährte er ausdrücklich freien Zutritt zu den Gebieten.

Die sehr guten portugiesisch-habsburgischen Beziehungen unter Dom João II. waren nach dessen Tod deutlich abgekühlt. Schließlich hatten Maximilian und Manuel – Maximilians Mutter war eine portugiesische Prinzessin – beide Ansprüche auf den portugiesischen Thron erhoben. Der Brief ist ein Hinweis auf eine Verbesserung des Verhältnisses zwischen den beiden Königen. EMB

IX.3

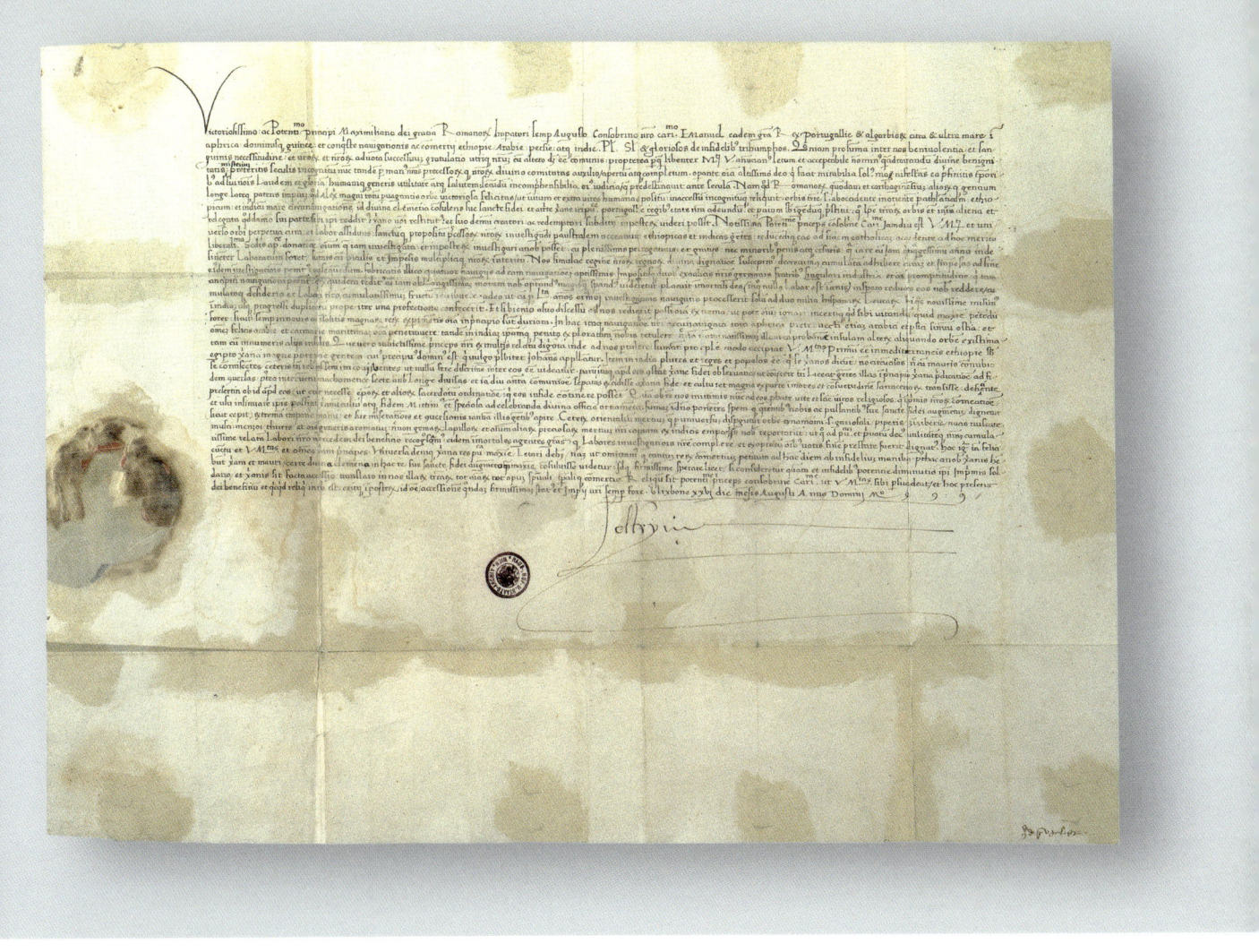

IX.4 Deutscher Nachdruck eines lateinischen Briefes an den Papst aus dem von den Portugiesen eroberten Malakka
Abtruck ains lateinischen sandtbreues an babstliche heiligkeit / von küniglicker wurde zu Portegall / dis iars aufgangen / von d eroberte stadt Malacha / an deren küigreychen vnnd herrschaften in India / auch gegen aufgangk der Sunnen / erstlich zu Rom auf .ix. tag augusti in latein getruckt / vnd nachmaln auf .v. tag Septembris / zu Augspurg in tewtsch gebracht
Augsburg, 1513
Druck, 17,9 × 13,5
Berlin, Staatsbibliothek zu Berlin – PK, Abteilung Historische Drucke, Sign. Flugschr. 1513/1

Die Flugschrift belegt die rasche Verbreitung, die Nachrichten über die militärische Expansion der Portugiesen in Europa erfuhren. Nach einer Anrede an Papst Leo X. und der Nennung der Besitzungen Manuels I. berichtet sie von der Eroberung Malakkas durch die Portugiesen im Jahr 1511. Hervorgehoben werden der internationale Charakter sowie die wirtschaftliche Bedeutung der Stadt, »da hin nit allain mancherlay / auch gar nach alle geschlecht der gewurtze / vn wolriiechender spetzerey / sondern auch Gold / Silber / Perlen / vnd edelgestain in grosser anzal gebracht werden«. Nachdem Malakka unter dem Kommando von Afonso de Albuquerque (»Alfonsus von Albiecher«) eingenommen, geplündert und gebrandschatzt worden sei, habe man die Festung wiederhergestellt und eine militärische Einheit von 600 Mann in der Stadt stationiert. Albuquerque, so der Bericht, sei daraufhin nach Indien zurückgekehrt, wo er die Stadt Goa erobert und ein Bündnis mit mehreren Herrschern – darunter dem Priesterkönig Johannes – geschlossen habe, um gegen die Feinde der Portugiesen im Vorderen Orient vorzugehen. JW

IX.4

IX.5

IX.5 Judenpogrom in Lissabon
Von dem christelichen Streyt geschehe im.M.CCCCC.VI. Jar zu Lißbona ein haubt stat in Portigal zwischen den christen vnd newen christen oder jueden / von wegen des gecreutzigisten got.
Nürnberg, 1506
Druck, 20,5 × 15
München, Bayerische Staatsbibliothek,
Sign. 4 Port. 23 d
Lit. Bernecker/Pietschmann 2001, S. 36 f.; Marques 2001, S. 129 ff.; Schwerhoff 2004

Seit dem 12. Jahrhundert grassierte in ganz Europa eine wachsende Judenfeindlichkeit. Im letzten Viertel des 15. Jahrhunderts wurde in Kastilien, unter anderem auf Betreiben der Bettelorden, die Inquisition eingeführt. Ihre Untersuchungen und Tribunale richteten sich vor allem gegen die Gruppe der bekehrten Juden, der sogenannten *conversos* oder ›Neu-Christen‹. 1492 erfolgte in Spanien die Ausweisung der verbliebenen Juden. Viele flüchteten nach Portugal, wo man sie gegen eine Gebühr zumindest befristet aufzunehmen versprach. Die Zunahme der jüdischen Bevölkerung, die einem hohen Anpassungsdruck ausgesetzt war, führte jedoch zu Konflikten. Viele der Neuankömmlinge sahen sich zum Weiterzug gezwungen. 1496 erließ der portugiesische König Dom Manuel ein Edikt, das die Juden in Portugal vor die Wahl stellte, auszuwandern oder sich zwangstaufen zu lassen. 1506 kam es in Lissabon zu einem Pogrom gegen Juden und ›Neu-Christen‹, was eine erneute Auswanderungswelle, unter anderem in die Kolonialgebiete Nordafrikas und des atlantischen Raums, nach sich zog. Die Inquisition wurde in Portugal 1536 eingeführt.

In der vorliegenden Flugschrift werden die Ereignisse vom April 1506 geschildert. Einer Gruppe von Neuchristen wurde hiernach zur Osterzeit die Ausübung religiöser Zeremonien nach jüdischem Ritus vorgehalten. Sie wurden verhaftet, bald aber wieder freigelassen, was zu Unmut führte. Ein anderer soll zudem Wunderzeichen in der Kirche Sankt Dominikus angezweifelt haben, worauf er vom Mob getötet wurde. Ein Richter, der einschreiten wollte, musste selbst die Flucht ergreifen. Das aufgebrachte Volk durchkämmte nun die Straßen, Juden und Neu-Christen wurden verfolgt, erschlagen, auf Scheiterhaufen verbrannt. Der Chronist berichtet von unvorstellbaren Grausamkeiten, die er mit eigenen Augen gesehen habe und erwähnt dabei auch, dass Mitglieder der deutschen Gemeinde in Lissabon, als an einer Stelle das Holz für den Scheiterhaufen auszugehen drohte, Geld sammelten, um ihren Beitrag zur Fortsetzung des Pogroms zu leisten. MK

IX.6 Gesetzeskodex des Dom Manuel I.
Ordenações Manuelinas
Lissabon, Werkstatt des João Pedro Buonhomini, 1514
(2. Auflage)
Druck auf Papier, 29 × 22
Lissabon, Biblioteca Nacional, Sign. RES 69 A
Lit. Alves 1985

Mit dem Abdruck der *Ordenações Manuelinas*, einer Sammlung aller wichtigen königlichen Erlasse und Verordnungen zur Regelung des Lebens in Portugal, sollte ein sichtbares Zeichen für die im europäischen Vergleich relativ frühzeitige Zentralisierung der Macht in den Händen des Königs gesetzt werden. Propagiert wurde daneben mit dem Regelwerk auch die Idee einer ›Neugründung‹ des Landes, ein Topos, der in Zusammenhang mit dem fast schon obsessiven Streben Manuels nach einer Legitimierung seines Stammbaumes und einer Sakralisierung seiner Macht im Sinne einer providenzialistischen, von der Vorsehung durchdrungenen Geschichtstheorie, steht. Es wurden mehrere Ausgaben gedruckt. Die erste entstand in der Druckerwerkstatt des berühmten deutschstämmigen Valentim Fernandes bzw. Valentinus Moravus in Lissabon (Bd. I 1512, Bd. II 1513), eine zweite bei João Pedro bzw. Giovanni Pietro Buonhomini (1514) und eine weitere, stark revidierte und endgültige Fassung bei Jacob Croenberger (Évora 1521).

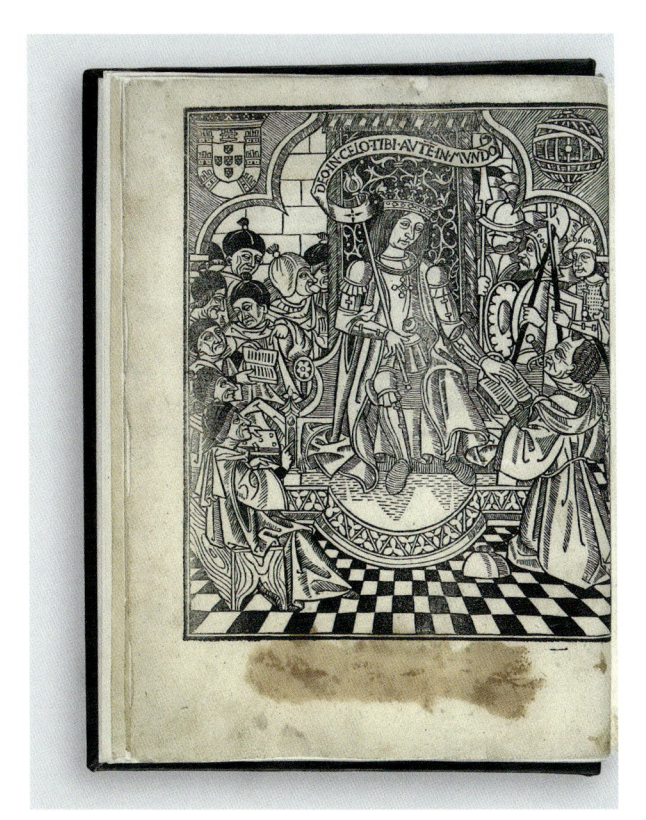

Mit den *Ordenações Manuelinas* wurde zum ersten Mal die neue Technik der Typografie eingesetzt, um Gesetze möglichst schnell und gleichförmig im ganzen Land zu verbreiten. Der neue Zentralismus wurde in der Ausgabe von 1514 besonders deutlich in den Vordergrund gestellt: Auf fünf Stichen wird der König in klassischer Haltung dargestellt, wie er auf dem von den manuelinischen Insignien (Wappen und Armillarsphäre) flankierten Thron sitzt, Gesetze erlässt, das Zepter hält und von Stellvertretern der drei ›Stände‹ der portugiesischen Gesellschaft umgeben ist. Im Hintergrund sind Schiffe und Landarbeiter zu sehen. PP

IX.7 Leitura Nova,
Erstes Buch der Region Além-Douro
Unbekannt, 1521
Illuminierte Handschrift, Pergament, 57,2 × 37
Lissabon, Instituto dos Arquivos Nacionais/Torre do Tombo,
Inv.-Nr. Leitura Nova, Além-Douro. Liv.1
Lit. Alves 1985; Ausst.-Kat. Lissabon 1994, Kat.-Nr. 10;
Deswarte 1977; Pereira 1990

Bei diesem Kodex, der sogenannten *Leitura Nova*, mit seinen reich verzierten Titelblättern handelt es sich um ein Meisterwerk der illuminierten Buchkunst in Portugal. Die Arbeiten zur *Leitura Nova* (wörtlich ›neue Lektüre‹ – ein Kopier- und Systematisierungsprojekt für Gesetze und Erlasse aus dem Mittelalter) wurden 1504 unter Dom Manuel begonnen und erstreckten sich bis weit in die Herrschaftszeit von Dom João III. Die 1552 fertiggestellten 62 Bände umfassen Regierungsdokumente für verschiedene Regionen und Gemeinden Portugals. Besonders bedeutsam sind diese Bücher vom kunstgeschichtlichen Gesichtspunkt, denn sie spiegeln eine erstaunliche Experimentierfreudigkeit im Bereich der Formen und der Ikonografie wider. Bemerkenswert sind das Fortleben spätgotischer Elemente und der Übergang zu klassischen Stilmerkmalen. An der Ausführung dieses äußerst umfangreichen Werkes haben offensichtlich mehrere Autoren mitgearbeitet, darunter António Godinho und Álvaro Pires.

Die für die Inszenierungsstrategien der manuelinischen Zeit besonders wichtigen Motive finden sich vor allem im Kopfbereich der Seiten. Dort wurden vielfach heraldische Symbole eingebunden, die mit einer Präzision kodiert sind, die dafür spricht, dass die Illuminatoren entweder selbst über Kenntnisse in Wappenkunde verfügten oder von einem sehr hoch stehenden Beamten am Hof beraten wurden. Der Bezug dieser heraldischen

IX.6

OM MANVEL

per graça de d̃s. Rey de portugall z
dos algarues, daquem z dalẽ mar
em africa, senõr de guinee z da conquista nauegaçam z co
mercio dethiopia arabia persia, z da Jndia zc. A
quantos esto aperpetua memoria feito birem fazemos
saber que assi como oproprio z prĩcipall cuydado dos q̃
tem algũu cargo deue ser trabalhar como as cousas q̃
lhes sam emcarregadas sejam postas no mais prospero
z mellorado estado que ser possa. assy tanto mais cabe
ysto nos, Reis, z prĩcepes fazello quanto com mais ex
cellente preminença sam per d̃s postos na terra pera
bem della z de seus vassalloes, z pa toda execuçam z exẽ
plo de virtude. E por que esta obrigaçam tam deuida

Darstellungen zur manuelinischen Reichsideologie ist unbestritten; sie sind der sichtbare Ausdruck für eine politische Doktrin, der zufolge sich die königliche Macht von einem göttlichen Ursprung ableitete. Das königliche Wappen wird von verschiedenen Engelsgestalten gehalten. Im Vordergrund sind sorgfältig ausgeführte Armillarsphären zu erkennen, die stets zweifach abgebildet sind (diese Darstellungsweise erklärt sich aus der heraldischen und prophetischen Deutung, die damit verbunden war). Jedes Titelblatt wird so zur Illustration der göttlichen Weisung des Königreiches. Die *Leitura Nova* steht darüber hinaus im Zusammenhang mit der Herausgabe von illuminierten Stadtbriefen, den *Forais Novos*, und auch mit der Errichtung von *Pelourinhos*, symbolischen Säulen, die, Prangern ähnlich, in zahlreichen Städten des Landes aufgestellt wurden. Beides diente einer Zurschaustellung der wachsenden Macht des Königs und seiner symbolischen Rolle in der Weltpolitik. Die Gestalt im Buchstaben ›D‹ der hier aufgeschlagenen Seite ist vermutlich Dom Manuel selbst. PP

IX.8 Wappenbuch des portugiesischen Adels
Livro da Nobreza de Portugal
António Godinho
Portugal, 1516–1528
Illuminiertes Pergament, 43 × 32,3
Lissabon, Instituto dos Arquivos Nacionais / Torre do Tombo, Inv.-Nr. CF 164
Lit. Pereira 1990 b; Pereira 1995 c

Die Bemühungen König Manuels um eine Zentralisierung des noch fragilen Staatsapparates und um eine Stärkung seiner eigenen Position schlugen sich unter anderem in einer allgemeinen Neuregelung der Familienwappen des portugiesischen Adels nieder. Aus Manuels Regierungszeit stammen die wichtigsten Wappenbücher, die je in Portugal zusammengestellt wurden: allen voran das *Livro do Armeiro-Mor*, das 1509 begonnen und von Jean du Cross, dem damaligen ›rei d'armas‹ bzw. obersten Wappenmeister Manuels illuminiert wurde. Zu erwähnen sind auch das *Livro da Nobreza* von António Godinho aus dem Jahr 1515 und die etwa 1520 entstandene Abschrift des *Tratado Geral da Nobreza* (Allgemeine Abhandlung über den Adel) von António Rodrigues. In erster Linie ging es dabei um die Regelung der gesellschaftlichen Legitimation aufsteigender Bevölkerungsteile, aber auch um die Kontrolle der Titel und Symbole, die vom Hochadel, dessen Kopf und Zentrum der Monarch selbst war, beansprucht wurden. António Godinho illuminierte neben dem gezeigten auch weitere Werke, darunter einige Titelseiten der *Leitura Nova*, eine Prachtsammlung neuer Abschriften wichtiger historischer Dokumente. In einer von italienischen Einflüssen durchdrungenen Ästhetik eiferte er nicht blind den damals vorherrschenden nordischen Modellen nach, sondern folgte eher einem nationalen Geschmack, der sich vermutlich in den königlichen Werkstätten herausbildete. PP

IX.8

IX.9 Ansicht des Hieronymus-Klosters am Flussufer von Belém
Filipe Lobo
1657–1660
Öl auf Holz, 112,5 × 184,5
Lissabon, Museu Nacional de Arte Antiga, Inv.-Nr. 1980 Pint
Lit. Pereira 2001

Das Hieronymus-Kloster, der bedeutendste Sakralbau Lissabons, wurde von König Manuel an einer Stelle im Restelo-Viertel gegründet, wo zuvor die Kapelle *Nossa Senhora dos Reis* (Heilige Jungfrau der Könige) stand. Hier wachte Vasco da Gama am 7. Juli 1497, in der Nacht vor dem Aufbruch zu seiner ersten Reise nach Indien. Die Kapelle, die Heinrich der Seefahrer hatte

◀ IX.7

IX.11

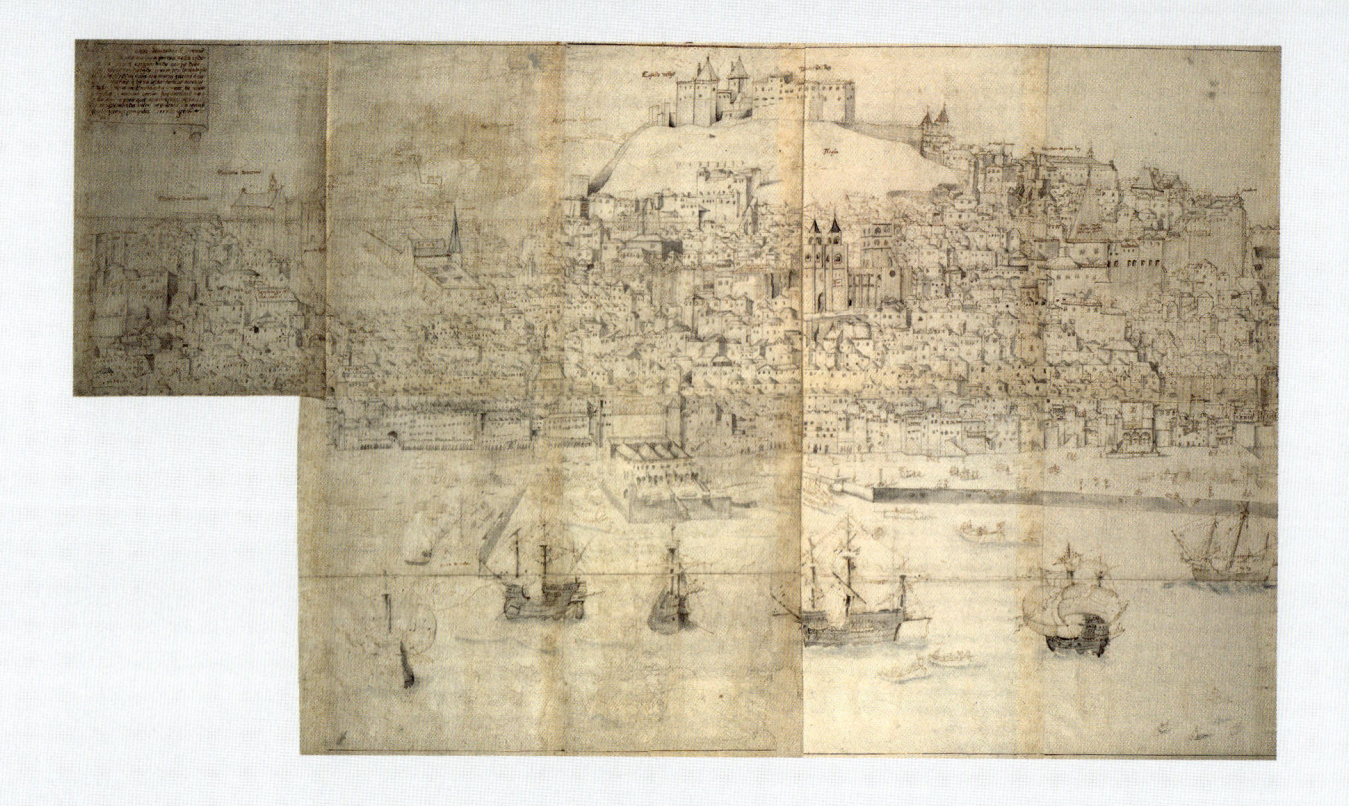

errichten lassen, der deshalb gebührend auf dem vertikalen Stützpfeiler des neuen Klosterportals dargestellt wurde, musste dem neuen Bauwerk weichen, das Dom Manuel dem Hieronymitenorden stiftete. Der König hegte eine religiöse, aber auch eine politische Vorliebe für diesen Orden, dem bei den Reformen zu Beginn des 16. Jahrhunderts eine wichtige Rolle zukam.

Der Grundstein des Klosters wurde um 1500 gelegt. Die Bauarbeiten, die sich über mindestens dreißig Jahre hinzogen, wurden bis 1516 von Diogo Boitaca geleitet, der möglicherweise aufgrund seiner Teilnahme an der misslungenen Expedition nach Mamora in Marokko aus seiner Position entlassen wurde. In den Jahren 1516/17 wurden sie unter der Leitung des Biskayers João de Castilho fortgeführt. Bei der von Castilho entworfenen Wölbung von Hauptschiff und Vierung kam der gotische Stil noch einmal zur Geltung. Von den romantischen Historikern des 19. Jahrhunderts wurde das Hieronymus-Kloster in den Kontext der Seefahrt und der Entdeckungen gestellt und so zum Wahrzeichen für die portugiesische Expansion stilisiert. Zu jener Zeit wurde auch der Begriff der ›manuelinischen Architektur‹ geprägt, mit dem die Stilrichtung dieses Bauwerkes bezeichnet werden sollte.

Die Entscheidung für den Bau eines Klosters war allerdings bereits vor dem Aufbruch Vasco da Gamas getroffen worden; auch stand fest, dass ein Teil der Gewinne aus dem Indienhandel für die Finanzierung der Bauarbeiten Verwendung finden sollten. Belém – Portugiesisch für Bethlehem – wurde zum offiziellen Bezugspunkt und zur Gedenkstätte für das Portugal der Entdeckungszeit. Spätere Anbauten nach Plänen von Diogo de Castilho und die Restaurierung des Hauptaltarraumes unter der Regentschaft von Königin Dona Catarina machten das Bauwerk außerdem zu einem Experimentierfeld der Spätrenaissance und des Manierismus.

Die hier zu sehende Ansicht ist einem Künstler zu verdanken, über den sonst wenig bekannt ist. Als Schüler des Malers und Zeichners Dirk Stoop (1618–1686), der in Portugal tätig war, hegte Filipe Lobo eine Vorliebe für Landschaften und architektonische Ansichten, ohne freilich die Leichtigkeit der Werke seiner niederländischen Vorbilder zu erreichen. Die Szenerie ist dennoch von großem Interesse und recht ungewöhnlich im Rahmen der portugiesischen Malerei. Im Hintergrund geben der Tejo und der Turm von Belém dem Bild atmosphärische Tiefe. Im Vordergrund sieht man in der Umgebung eines heute nicht mehr erhaltenen Brunnens Reiter, Wasserträger, die pittoreske Abbildung einer dunkelhäutigen Magd sowie eine *scène galante*. Die Baumasse des Klosters ist mit großer Detailtreue wiedergegeben und macht das Gemälde somit zu einem wertvollen Zeugnis für den Zustand des Bauwerkes vor den Umgestaltungsarbeiten des 18. Jahrhunderts. (Abb. 8, S. 99) PP

IX.10 Stadtansicht Lissabons

Olissipo quae nunc Lisboa
In: Georg Braun, *Urbium Praecipuarum Mundi Theatrum Quintum*
Georg Braun (Autor, 1542 – 1622 Köln) /
Franz Hogenberg (Stecher, Mecheln vor 1540 – 1590? Köln)
Köln, um 1598–1618
Kupferstich, koloriert, 42,5 × 32
Berlin, Deutsches Historisches Museum, Inv.-Nr. RB 53.2979-5

Der Plan zeigt nicht maßstäbig die Straßen und Plätze der größten Stadt Portugals mit winzigen Darstellungen von Burg, Klöstern, dem Hospital, Palästen, Lagern und Häusern, inner- und außerhalb der Stadtummauerung, und der zu dieser Zeit weltberühmten, riesigen Hafenanlage mit großen Segelschiffen, Booten und Werften. Lissabon liegt am nördlichen Ufer des Tejo, der hier vor der Mündung in den Atlantik ein Becken bildet. Die Geschichte der Stadt reicht bis in prähistorische Zeiten zurück. Der älteste Teil der Stadt liegt im Bereich des Burghügels. Die Burganlage ist auf dem Plan mit ›1‹ markiert und als *Castelli regia vulgo pacos da Castello* benannt, denn seit der Eroberung der Stadt 1147 durch Afonso Henriques war die Burg Sitz des Königs von Portugal: Afonso Henriques hatte sich bereits 1139 selbst zum König erhoben. Das Wappen des Königs ist oben links zu sehen: Der rote Schildrand zeigt sieben Kastelle, der Schild selbst kleine Schilde, die von den Kreuzrittern geschlagene maurische Könige symbolisieren sollen. In der Mitte des Planes, rechts, ist der Sitz des Bischofs eingezeichnet, die Kathedrale Sé Patriarcal, die nach 1147 auf den Überresten einer Moschee gebaut worden war. (Abb. 2, S. 222) HA

IX.11 Stadtpanorama von Lissabon

Unbekannt, 1570?
Zeichnung auf Papier, 78 × 250,5
Leiden, Universiteitsbibliotheek, Inv.-Nr. J29-15-7381-110/30
Lit. Ausst.-Kat. Lissabon 1983a, Kat.-Nr. 16; Ausst.-Kat. Lissabon 1992c, Kat.-Nr. 36; Caetano 2004; Carita 1999; Senos 2002

Panoramaansicht von Lissabon, ausgeführt auf 17 (ursprünglich 20) in zwei Reihen angeordneten Bögen, entstanden zwischen 1560 und 1580. Eine Papieranalyse hat ergeben, dass die Bögen um 1560 in Frankfurt und in Troyes hergestellt wurden. Darüber hinaus lässt die Darstellung der Stadt zweifelsfrei darauf schließen, dass die Ansicht bereits entstand, bevor unter König Philipp I. von Portugal (Philipp II. von Spanien) um 1581 Umgestaltungen vorgenommen wurden. Naheliegend erscheint auch, dass das Werk vor 1575 gezeichnet wurde, da sich ab jenem Zeitpunkt der Platz vor dem Königspalast (*Terreiro do Paço*) durch die Bauarbeiten für die niemals vollendete São-Sebastião-Kirche veränderte. Die vorliegende Ansicht dürfte also in den Zeitraum von 1560 bis 1574/75 zu datieren sein. Die Darstellung, die keinem Autor eindeutig zuordenbar ist, weist stilistische Ähnlichkeiten mit den Werken des bekanntesten Schöpfers von Panoramaansichten jener Zeit, des Flamen Anton van den Wyngaerde (etwa 1544–1571), auf, der 1561/62 im Rahmen einer von Philipp II. von Spanien initiierten Auftragsreihe Ansichten der wichtigsten spanischen Städte schuf. Die in portugiesischer Sprache verfasste Bildunterschrift wurde möglicherweise im Nachhinein hinzugefügt.

Die Zeichnung ist von beeindruckender Präzision bei der Abbildung der Gebäude und des gesamten Stadtbildes; sie weist Darstellungsformen auf, die für die Renaissance oder Spätrenaissance charakteristisch sind, das heißt, sie berücksichtigt einen linearperspektivischen Aufbau, obgleich eine Neigung zur planen Anordnung der Bildebenen ersichtlich wird, die im Übrigen unvermeidbar war, um die Topografie und Besiedlungsdichte einer Stadt wie Lissabon im 16. Jahrhundert umfassend darstellen zu können. Die Stadt dürfte damals etwa 100 000 Einwohner gezählt haben. Sieht man sich den Mittelteil der Abbildung an, so erkennt man, dass sich die Zeichnung mehr oder weniger an der Beschreibung Lissabons aus der Feder von Damião de Góis in der 1554 veröffentlichten *Urbis Olisiponis Descriptio* (Beschreibung der Stadt Lissabon) orientiert. Zu jener Zeit entstanden – unter anderem aufgrund der herausragenden Bedeutung der Stadt für den Handel und die demografische Entwicklung des Landes – weitere Beschreibungen überwiegend statistischer Prägung.

Die Darstellung aus Leiden kann dabei als die umfassendste und detaillierteste gelten. In ihrem Mittelpunkt steht – diese Bögen sind heute leider verloren – der königliche Palast und der gesamte Uferbereich von Lissabon mit seiner berühmten Ansammlung von Gebäuden, die Góis eingehend beschrieb: Zollgebäude; Lagerhäuser für den Überseehandel (*Casa da Guiné / Mina, Casa de Ceuta, Casa da Índia*); das königliche Arsenal (*Tercenas das Portas da Cruz* oder auch *Tercenas Novas*); Manufakturen; das königliche Zeughaus; das Münzhaus; die Zwiebacköfen; die Eisenschmiede; die königliche Gießerei; die Seilerwerkstätten; die Schiffsbauanlagen der *Ribeira das Naus*; Kais; öffentliche Brunnen und Wasserstellen; das Lagerhaus am *Terreiro do Trigo* (Weizenplatz); die Gebäude zur Herstellung und Lagerung von Schießpulver. Zu sehen sind auch höher gelegene Gebäude wie die Burg, der berüchtigte, als Gefängnis dienende, Limoeiro-Palast unterhalb der Burg, und der Rossio-Platz im Zentrum der Unterstadt mit dem größten Spital Portugals, dem königlichen *Hospital de-Todos-os-Santos*. PP

IX.12 Karte von Portugal

Portugalliae quae olim Lusitania, novissima et exactißima descriptio
Fernando Alvares Seco (1560–1600),
Jodocus Hondius (1563–1612),
Baptista van Doetichum (nachw. 1588–1633)
Amsterdam, 1606
Kupferstich, koloriert, 32 × 47
Berlin, Deutsches Historisches Museum,
Inv.-Nr. Do 54/1790
Lit. Broecke 1996; Krogt 1994; Miranda 1998–2007

Fernando Alvares Seco fertigte die erste Karte von Portugal, die 1561 zunächst Achilles Statius (1524–1581) veröffentlichte. Aber bereits 1570 erschien mit Secos Genehmigung ein von Abraham Ortelius (1527–1598) gemachter Nachdruck in seinem Kartenwerk *Theatrum Orbis Terrarum*. Der Atlas wurde vielfach aufgelegt und galt als die Konkurrenz zu den Arbeiten des Gerhard Mercator. Nach dem Tod des Ortelius gingen die Rechte an Jan Baptiste Vrients über, der das *Theatrum* weiterhin verlegte. Die Karte *Portugalliae quae olim Lusitania* aber erschien 1606, neu gestochen von Baptista van Doetichum, in dem von Jodocus Hondius herausgegebenen *Atlas sive Cosmographicae meditationes de fabrica mundi et fabricati figura*. Augenfällig sind die veränderten Formen der Kartuschen, der Maßstab in grafischer Form sowie das Wappen von Portugal, links neben der Titelkartusche.

Gewidmet wurde die Portugalkarte dem Kardinal Guido Ascanio Sforza di Santa Fiora (1518–1564), Enkel des Alessandro Farnese (1468–1549), der 1540 als Papst Paul III. (1534–1549) die Gemeinschaft der Jesuiten als Orden anerkannte. In der Widmungskartusche ausführlich beschrieben wird die Leistung der Lusitanier bei der Gewinnung großer Teile Afrikas und der erfolgreichen Besetzung von Ländern Asiens, denen sie den Glauben an Jesus Christus brachten. Der Text ist datiert auf das Jahr 1560. (Abb. 3, S. 50) HA

IX. Portugal im 16. Jahrhundert

Rahmen des Kapitelsaalfensters am Chor der Christuskirche in Tomar. Dieser ruht auf der Halbfigur eines bärtigen Mannes, der selbst von dem Knoten eines Taues umschlungen ist und den Wurzelstumpf einer Eiche trägt. Im oberen Bereich des Fensters wachsen aus dem Astwerk die Embleme der portugiesischen Monarchie empor: die Amillarsphären, das Königswappen und das Kreuz des Christusordens.

Sah die ältere Forschung in den detailreichen Zierformen in erster Linie eine Anspielung auf die Seefahrernation Portugal, so hat sich in jüngerer Zeit eine Lesart im Sinne der christlichen Heilslehre durchgesetzt. Demnach wäre der bärtige Mann als Jesse, der Vater Davids, zu identifizieren. Aus dessen Geschlecht geht nach der Weissagung des Isaias (7,14) der Messias mit dem Namen *Emmanuel* (Gott mit uns) hervor. Eine derartige Anspielung auf den Namen des Königs, der zugleich Großmeister des Christusordens war, entspräche auch dem übrigen Bildprogramm der Chorfassade. Dieses stellt dem ›Irdischen Reich‹ das ›Himmlische Reich‹ gegenüber und bringt somit das messianische Selbstverständnis des Monarchen sinnfällig zum Ausdruck.
JW

IX.13

IX.13 Konvent des Christusordens in Tomar, Fenster des Kapitelsaals (Reproduktion)
Convento de Cristo, Tomar, sala capitular, janela
Tomar, 1510–1513
Diogo de Arruda (gest. 1531), Foto: José Rubio
Lit. Borngässer 1998, S. 298; Euskirchen 2003, S. 434–442; Pereira 1995c, S. 131–136

Ausgehend vom Formenrepertoire der europäischen Spätgotik bildete sich in Portugal in den ersten Regierungsjahren Manuels I. die sogenannte *Manuelinik* als eigenständige Architekturrichtung heraus, welche sich vor allem an den Bauten der Monarchie manifestierte. In der reichen und vielgestaltigen Ornamentik, die diese Baukunst in erster Linie charakterisiert, verschmelzen naturalistisch aufgefasste, meist vegetabile Motive mit den heraldischen Emblemen der Königsherrschaft. So bildet ein reiches Arrangement von Eichenstämmen und Tauen den

IX.14 Prunkteller
Portugal, letztes Viertel des 16. Jahrhunderts
Silber, vergoldet, 32 (Dm.)
Lissabon, Palácio Nacional da Ajuda, Inv.-Nr. 5155
Lit. Ausst.-Kat. Lissabon 2002a, Kat.-Nr. 115;
Couto/Gonçalues 1960; Pereira 1990b, Kap. II

Die Historienszenen auf diesem Prunkteller sind im Vergleich zu denen anderer portugiesischer Teller dieser Art aus dem 16. Jahrhundert besonders originell gestaltet. Es sind einige Teller oder Prunkschalen mit dekorativen Motiven bekannt, die aus der westlichen Tradition schöpfen, insbesondere mit der Darstellung von ›Wilden‹, die in der Ikonografie des 15. und 16. Jahrhunderts in Europa relativ weit verbreitet waren. Dieser Teller folgt wahrscheinlich hinsichtlich der Abbildung des exotischen ›Anderen‹ denselben Prinzipien, greift jedoch in seiner Ausgestaltung nicht auf die imaginierte Welt zurück, sondern objektiviert die Darstellung dieser ›Anderen‹: Aus ›diffusem‹ Exotismus wird somit ›objektiver‹ Exotismus. Festzustellen ist dabei, dass hier – statt des traditionellen ›Wilden‹ – Afrikaner abgebildet sind, die seit der Mitte des 15. Jahrhunderts in Portugal hinlänglich bekannt waren.

Auf der äußeren Wandung sieht man einen Europäer, der in einer Sänfte getragen wird, daneben charakteristische Tiere wie Elefanten, Jagdszenen sowie die äußerst wertvolle Darstellung einer musikalischen Darbietung, in deren Mittelpunkt drei

IX. Portugal im 16. Jahrhundert

Marimbaspieler stehen – vermutlich die älteste Darstellung dieses Instruments in Europa. Die einzelnen Bilder stehen in narrativer Folge; Palmen sind zur Gestaltung der Zwischenräume und als Umrahmung eingearbeitet, wobei die Stämme an die Stelle der üblichen klassischen Säulen treten, die sich sonst auf Tellern jener Zeit finden. Die innere Wandung zeigt eine Jagdszene, die sich um ein eingraviertes Medaillon gruppiert, das die portugiesischen Königsinsignien, vermutlich aus der Zeit des Dom Sebastião, enthält. PP

IX.15 Kanne
Portugiesische Schule, um 1520–1540
Silber und Gold, 47 × 29,5
Coimbra, Museu Nacional de Machado de Castro,
Inv.-Nr. 6092
Lit. Couto/Gonçalues 1960; Pereira 1995c

Kanne mit weiter Ausbauchung über einem verzierten, zylinderförmigen Fuß auf einem runden Sockel. Der kuppelförmige Deckel ist mit Motiven aus der Pflanzenwelt geschmückt. Die Tülle hat die Form einer fabelhaften Tiergestalt, die ihre Flügel über den Hals des Gefäßes ausbreitet. Dieser weist im unteren Band Sphinxe und Blattwerk auf, im oberen Band ovale Motive. Der Henkel ist schlangenförmig. Auf der Laibung befinden sich ovale Ornamente; verschiedene Pflanzenmotive umranken Medaillons, auf denen Fabeltiere dargestellt sind. Die Kanne stammt aus der Kathedrale von Coimbra und dürfte während der Regierungszeit von Dom Manuel oder zu Beginn der Herrschaft von Dom João III. gefertigt worden sein. Sie steht in der äußerst reichen Verzierungstradition der manuelinischen Gold- und Silberschmiedekunst, die ohne die Entdeckungen und die damit einhergehenden wirtschaftliche und finanzielle Blüte kaum denkbar gewesen wäre. Stilistisch finden sich hier Motive der spätgotischen Ikonografie in Kombination und Synthese mit Renaissance-Sujets. PP

IX.14

IX.15

IX. Portugal im 16. Jahrhundert

IX.16 Prunkteller
Portugiesische Schule, um 1520–1540
Silber und Gold, 46,5 (Dm.)
Coimbra, Museu Nacional de Machado de Castro,
Inv.-Nr. 6092 A
Lit. Couto/Gonçalues 1960; Pereira 1995 c

Dieser runde Teller mit herabgesenkter Fahne stammt aus der Kathedrale von Coimbra. Der äußere Rand ist mit pflanzlichen Motiven dekoriert, die sich um paarweise angeordnete Putten winden, denen Fabelwesen gegenüberstehen. Dieses Sujet findet sich auch in der architektonischen Ornamentik der damaligen Epoche und ganz besonders bei Stuckverzierungen. Die Vertiefung ist mit geometrischen Motiven (*Godrons*) geschmückt und zeigt ein ringförmiges Band mit der Darstellung einer Seeschlacht, auf der Schiffe und mythologische Figuren abgebildet sind. In der Mitte sind zwei Wappen zu sehen, von denen eines nicht zugeordnet werden kann, das andere, besser sichtbare, die Insignien von Dom João de Melo trägt. Das Werk ist charakteristisch für die portugiesische Gold- und Silberschmiedekunst der manuelinischen Zeit. PP

IX.16

IX.17 Weihrauchschiffchen mit Löffel
Portugiesische Schule, 17. Jahrhundert
Silber, 16 × 21,2 (Schiff), 8,6 (Löffel)
Lissabon, Museu Nacional de Arte Antiga, Inv.-Nr. 703 Our u. 704 Our
Lit. Ausst.-Kat. Évora 1999, S. 443

Spätestens seit dem 15. Jahrhundert manifestierte sich in Portugal die Verbundenheit mit der Seefahrt auch in der Gestaltung kleiner schiffförmiger Gefäße, die zusammen mit den größeren Weihrauchbehältern zur Aufbewahrung und Verbrennung der kostbaren Harze im Altarraum dienten. Diese Gefäße wurden in der Form von Karavellen oder *Naus* ausgeführt und dementsprechend als ›Weihrauchschiffchen‹ (*Navetas*) bekannt. Das ausgestellte Stück aus getriebenem Blattsilber stellt eine *Nau* dar. Man erkennt Befestigungspunkte für die Vertäuung der Masten, die Konturen der Fensteröffnungen am Achterkastell und selbst die Klüsen und Planken des Schiffsrumpfs. Stilisierte Voluten fassen das Stück an Bug und Heck ein. Der Deckel ist am Heck angebracht. Das Löffelchen hing an der Kette, mit der das Ruder befestigt war. PP

IX.17

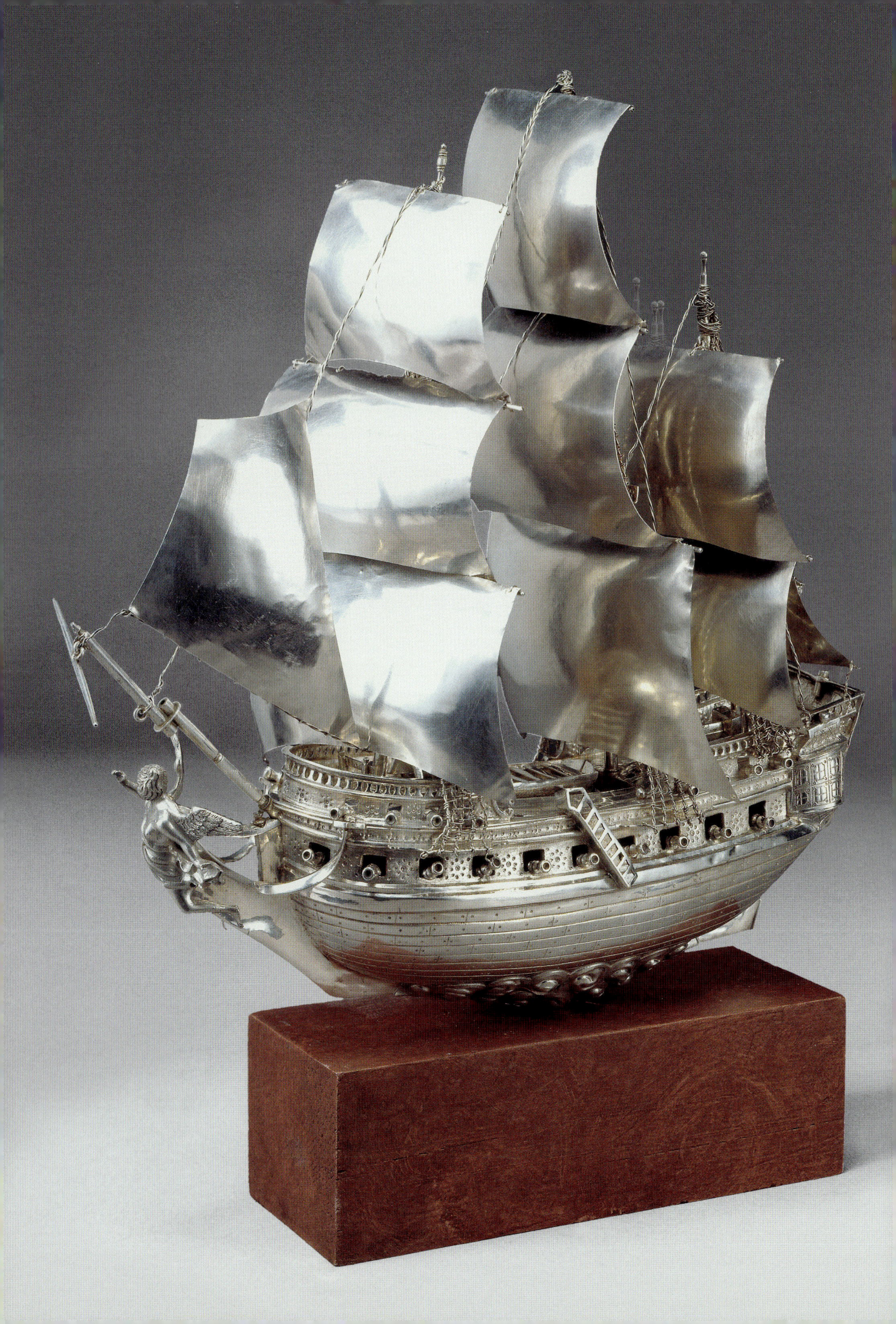

IX.18 Nau oder Galeone
1650–1700
Silber, 32 × 12,6 × 31
Lissabon, Museu Nacional de Arte Antiga, Inv.-Nr. 391 Our

Aus Silber gefertigtes Modell einer *Nau* oder einer Galeone (zwei sehr ähnliche Schiffstypen) aus dem 17. Jahrhundert. Es handelt sich um eine detailgetreue Reproduktion eines Schiffes, wie es von den Portugiesen auf den Fernhandelsrouten benutzt wurde. PP

IX.19 Portugiesische Goldmünze
Meio-manuel
Goa, Regierungszeit König Dom Manuel, Prägung ab 1510
Gold, 1,6 (Dm.), 1,69 g
Lissabon, Museu Numismático Português (Imprensa Nacional – Casa da Moeda), Inv.-Nr. 5769
Lit. Ausst.-Kat. Lissabon 2001, Kat.-Nr. 80.10; Pereira 1990 b; Pereira 1995 c

Auf der Bildseite perlenförmige Einfassung, in der Mitte ist über dem Wort MEA die Krone abgebildet. Rückseite ebenfalls perlenförmige Einfassung; in der Mitte die Armillarsphäre, das Emblem von König Dom Manuel. PP

IX.20 Portugiesische Goldmünze
Português de ouro
Regierungszeit König João III. (Zweiter Typ),
Ausgabe 1526–1538
Gold, 3,8 (Dm); 34,89 g
Lissabon, Museu Numismático Português (Imprensa Nacional – Casa da Moeda), Inv.-Nr. 9432
Lit. Ausst.-Kat. Lissabon 2001, Kat.-Nr. 80.14; Pereira 1990 b; Pereira 1995 c

Auf der Bildseite findet sich zwischen zwei glatten Ringen die Inschrift IOANES.3.R:PORTUGALIE:AL: D:G:C:N: ETIO// ARAB.. PSEI. In der Mitte ist das königliche Wappen auf einer verzierten Inschriftentafel abgebildet, überragt von der königlichen Krone. Auf der Rückseite heißt es zwischen zwei glatten Ringen: Δ IN: Δ HOC: Δ: SIGNO Δ: VINCEES. In der Mitte findet sich das Christuskreuz, die Restfläche ist mit Schlangenlinien verziert. PP

IX.19

IX.20

IX.21 Jupiter und Juno beschützen die Erde
La tierra amparada por Júpiter y Juno
Nach Entwürfen von Barent (Bernart) van Orley
(Brüssel um 1491/92 – 1542 Brüssel)
Brüssel, um 1530
Tapisserie, Wolle und Seide mit Gold und Silberfäden,
344 × 315
Madrid, Patrimonio Nacional, Museo del Escorial, Palacio Real, Inv.-Nr. TA-15/3 (10005825)
Lit. Ausst.-Kat. Bonn 2000, S. 276, Kat.-Nr. VI.270; Ausst.-Kat. Porto 1998, S. 230–232, Kat.-Nr. 1; Thieme/Becker 1999 [1932] 26, S. 48–50

Der Wandteppich verbindet in einer kosmischen Szenerie das im frühen 16. Jahrhundert noch unangefochtene geozentrische Weltbild mit einer allegorischen Repräsentation des globalen Herrschaftsanspruchs Portugals. Den Mittelpunkt der Komposition bildet die zwischen Sonne, Mond und Sternen schwebende, von zwölf Winden umwehte Erdkugel. Auf ihr sind die Kontinente Europa, Asien und Afrika mit den einzelnen portugiesischen Besitzungen dargestellt. Flankiert wird die Erde von zwei mächtigen gekrönten Gestalten, die von geflügelten Wesen emporgehoben werden. Links zeigt Jupiter mit seinem Zepter auf das portugiesische Mutterland, während seine Gemahlin Juno über die Gebiete des *Estado da Índia* wacht. Im Strahlenkranz der Sonne erscheinen vier geflügelte Personifikationen, deren Attribute ebenfalls der antiken Mythologie entlehnt sind: Überfluss, Weisheit, Sieg und Ruhm. Die mit Blumen, Früchten und Tieren geschmückte Bordüre fasst am oberen Rand den Aussagegehalt des Bildes zusammen. Neben einer Armillarsphäre ist die Inschrift zu lesen: »GLORIA SVMMNA NAM SUA IPSIUS SOLA« (Sein Ruhm ist so groß, denn diese Länder sind sein).

Die Tapisserie gehört zu einer Folge von fünf Wandteppichen, von denen noch zwei weitere erhalten sind (*Atlas trägt die Armillarsphäre, Herkules trägt die Himmelssphäre*). Sie wurden in einer Brüsseler Manufaktur nach Entwürfen Barent van Orleys gefertigt und stehen hinsichtlich der Monumentalität und pathetischen Zuspitzung der Bilderfindung unter dem deutlichen Einfluss des Spätwerkes Raffaels. Die Auftraggeber der Serie waren wahrscheinlich Dom João III. und dessen Gemahlin, Dona Catarina de Áustria, als deren Porträts die Gesichter Jupiters und Junos interpretiert werden. JW

GLORIA SVMMA,
NAM SVA IPSIVS SOLA

IX.22 Porträt von Dom João III.
Manuel Henriques (zugeschrieben)
Portugal, 17. Jahrhundert
Öl auf Leinwand, 120 × 88
Évora, Museu de Évora, Inv.-Nr. 438 (aufbewahrt in der Universität von Évora, im ehemaligen Priesterseminar der Gesellschaft Jesu)
Lit. Ausst.-Kat. Porto 1998, Kat.-Nr. 32 u. 33

Das Porträt ist Teil einer für das 17. Jahrhundert typischen Tradition. Weltliche und geistliche Institutionen ließen ›Ahnenreihen‹ anfertigen, mit denen Könige geehrt wurden, von denen sie besonders gefördert worden waren. In diesem Fall handelt es sich um das Porträt eines portugiesischen Monarchen, der die Gesellschaft Jesu unterstützt hatte, weshalb die Inschriftentafel unter dem Bildnis den besonderen Schutz beschreibt, den Dom João III. dieser Ordensgemeinschaft angedeihen ließ. Das Porträt ist angelehnt an frühere Gemälde und Stiche, die dem zu Beginn des 17. Jahrhunderts in Évora und Coimbra tätigen jesuitischen Maler Manuel Henriques zugeschrieben werden. Dom João III. (1502–1557) ist vor dunklem Hintergrund dargestellt, mit schwarzer, goldbesetzter Tracht, einem Zepter in der Rechten und dem Kreuz des Christusordens auf der Brust. Mit der Linken zeigt er auf die Inschrift, als wollte er noch einmal darauf hinweisen, dass er die Gesellschaft Jesu in Portugal eingeführt hat. Das Gesicht folgt der in den früheren Porträts von António Moro etablierten Konvention. (Abb. 3, S. 154) PP

IX.23 Bildnis der Königin Dona Catarina (Katharina von Habsburg)
Cristóvão Lopes, 1555–1557
Öl auf Holz, 64,5 × 50
Lissabon, Santa Casa da Misericórdia de Lisboa / Museu de São Roque, Inv.-Nr. 50
Lit. Ausst.-Kat. Porto 1992, Kat.-Nr. 1

Kopie eines von António Moro im Jahr 1552 gemalten Originals. Das Bildnis entspricht den offiziellen Porträts, die in Portugal durch den wachsenden Einfluss des Hauses Habsburg Verbreitung fanden. Die Habsburger ließen wesentlich mehr Bildnisse ihrer Familienmitglieder anfertigen als die iberischen Herrscher und festigten so das Genre der Porträtmalerei und seine Konventionen. Als Anthonis Mor in Portugal eintraf, wuchs beim portugiesischen Hof das Bewusstsein, wie wichtig es war, sich abbilden zu lassen, um die königliche Macht bildhaft zum Ausdruck zu bringen und sich mit diesen Porträts im Rahmen der europäischen Diplomatie zu dokumentieren. So wurde das Porträt in Portugal während der Herrschaft von König Dom João III. zum anerkannten Genre; bis zu dieser Zeit existieren nur vereinzelt Abbildungen von Monarchen und Prinzen, die von offizieller Seite in Auftrag gegeben worden waren. Von Dom Manuel zum Beispiel gibt es nur Porträts, auf denen er als Schutzheiliger erscheint und nicht immer zweifelsfrei erkennbar ist. Mor bzw. Moro porträtierte Dom João III. und seine Gemahlin Dona Catarina während eines Aufenthaltes in Lissabon.

Beim ausgestellten Werk handelt es sich um die Replik aus der Hand des Portugiesen Cristóvão Lopes. Solche Kopien wurden angefertigt, um die wachsende Nachfrage aus dem Familienkreis zu befriedigen. Sowohl Lopes als auch der Maler Sanchez Coelho, der sich ebenfalls am Lissabonner Hof aufhielt, schufen eine ganze Reihe solcher Werke (von Dona Catarina existieren Repliken aus der Hand Coelhos im Prado und im Kloster der Descalzas Reales in Madrid).

Dona Catarina (1507–1578), die Schwester Karls V., heiratete Dom João III. im Jahr 1525, als der Kaiser eine Schwester Joãos, Isabella von Portugal, ehelichte. Ihr Einfluss auf die Regierungsgeschäfte ist nicht immer klar ersichtlich, doch nach dem Tod ihres Mannes im Jahr 1557 übernahm sie die Herrschaft als Regentin, da ihr Enkel Dom Sebastião noch minderjährig war. 1562 trat sie zugunsten ihres Schwagers, des Kardinals Dom Henrique (1512–1580) zurück. Zeitlebens war sie eine der wichtigsten Sammlerinnen von orientalischen Exotika in Europa. PP

IX.24 Asien (I. Dekade)
Ásia (Década I)
João de Barros (1496? – 1570?)
Lissabon, Werkstatt von Germão Galharde, 1552
Druck, 39 × 27
Lissabon, Biblioteca Nacional, Sign. RES 240 A
Lit. Ausst.-Kat. Évora 1999, Kat.-Nr. 113; Ausst.-Kat. Porto 1998, Kat.-Nr. 41; Barros 1932 [1552]

João de Barros war einer der bedeutendsten portugiesischen Humanisten. Er bewegte sich schon als Jugendlicher im höfischen Milieu und wurde Kammerdiener des Prinzen Dom João, der 1521 als Dom João III. den Thron bestieg. Der höfischen Kultur blieb Barros stets verbunden. Er bekleidete eine Reihe wichtiger Posten, so z. B. als Kommandant der Festung von São Jorge da Mina (die genaue Verweildauer ist allerdings nicht gesichert), als Schatzmeister und später Leiter (*feitor*) der *Casa da Índia e da Mina*. Bekannt wurde er zunächst als Autor eines Ritterromans, der um 1522 fertiggestellten ›Chronik des Kaisers Clarimundo‹. In der Folgezeit verfasste er eine Reihe von be-

IX. Portugal im 16. Jahrhundert ›521‹

IX.23

IX.24

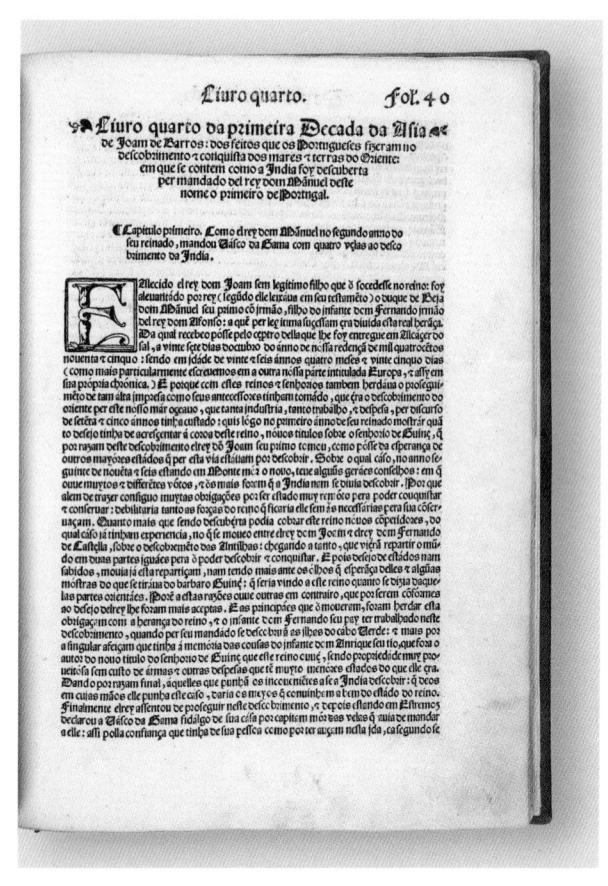

deutenden moralistischen und pädagogischen Schriften. Sein bedeutendstes Werk ist jedoch zweifelsohne die drei- bzw. vierbändige Chronik, die schlicht als *Ásia* bzw. in Anlehnung an Tacitus als ›Dekaden von Asien‹ (*Décadas da Ásia*) bekannt wurde. Barros beschreibt darin in aller Ausführlichkeit die Taten der Portugiesen in Asien seit 1498. Die ersten drei Dekaden erschienen in Lissabon 1522, 1553 und 1563, die vierte Dekade wurde posthum in einer Bearbeitung von João Baptista Lavanha 1615 in Madrid veröffentlicht.

Besonders faszinierend sind die zahlreichen geografischen und ethnografischen Beschreibungen, die Barros verstreut in seinen Text einfügte und die zusammen eine Skizze dessen ergeben, was er als sein Hauptwerk zu schreiben plante: eine seither verlorengegangene, vermutlich nie ganz ausgearbeitete neue Geografie, mit der das Werk des Ptolemäus endgültig ad acta gelegt werden sollte. Die *Décadas* weisen außerdem providentielle Züge auf, die bereits im Frühwerk des Autors erkennbar sind. Sie stellen die portugiesische Expansion als natürliche Folge der auf der Iberischen Halbinsel erfolgten *Reconquista* und als Schritt in Richtung einer Vereinigung der Welt unter dem Banner des Christentums dar. Der chronistische Faden der Barros-Dekaden wurde später in Goa vom Hofarchivisten Diogo do Couto weitergeführt, der bis zur XII. Dekade kam. Eine XIII. Dekade wurde im 17. Jahrhundert von António Bocarro verfasst. PP

IX.25 Porträt des Luís de Camões (Faksimile)

Fernão Gomes (1548–1612), 1570
Kopie von Luis José Pereira de Resende (1760–1847), 1830/40
Aquarellzeichnung auf Papier, 46 × 31
Lissabon, Instituto dos Arquivos Nacionais / Torre do Tombo, Inv.-Nr. C. F. 200/3347
Lit. Ausst.-Kat. Brüssel 1991 a, Kat.-Nr. 13; Ausst.-Kat. Lissabon 1992 c, Kat.-Nr. 10

Kopie eines Porträts von Luís de Camões (etwa 1524–1580), nach einer Zeichnung des manieristischen Malers Fernão Gomes. Sie gilt als ›absolut getreue Kopie‹ der Originalzeichnung von Gomes, denn sogar die Risse und Klammerabdrücke im Originalpapier wurden nachgeahmt, ebenso wie die charakteristische Farbe der ursprünglichen Rötelzeichnung. Das Originalporträt des Dichters diente zur Illustration der Erstausgabe von Camões' 1572 veröffentlichtem Hauptwerk *Os Lusíadas*. Das Porträt des damals 45-Jährigen wurde 1570 angefertigt, also kurz nach dessen Ankunft in Indien.

Luís Vaz de Camões lebte zunächst in Coimbra, wo er studierte, und anschließend in Lissabon. 1553 machte er sich in den Orient auf und ließ sich in Goa nieder. 1556 nahm er ein Schiff nach Macau. In Goa und in einer Grotte in Macau soll er den größten Teil seines lyrischen, epischen und dramatischen Werkes verfasst haben. Als er 1560 nach Goa zurückkehrte, war er so arm, dass er aufgrund seiner Schulden festgenommen wurde. 1568 reiste er nach Mosambik, wo er von Almosen lebend die *Lusíadas* durchsah und schließlich den Chronisten Diogo do Couto traf, der ihm die Rückreise nach Lissabon bezahlt haben soll. Camões starb in Lissabon in vollkommener Armut und wurde in einem anonymen Grab im Viertel von Santana beigesetzt. (Abb. 4, S. 51) PP

IX.26 Die Lusiaden
Os Lusíadas
Luís de Camões (etwa 1524–1580)
1572
Druck auf Papier, 18,5 × 11,8
Lissabon, Biblioteca Nacional, Sign. CAM 3P
Lit. Camões 2004; Deswarte 1992; Silva Dias 1982

Die Lusiaden sind ein der Entdeckung des Seewegs nach Indien gewidmetes Epos, dessen apologetisches Geschichtsbild noch heute prägend auf den Kanon der nationalen Erinnerungen in Portugal wirkt. Dank der humanistischen Bildung des Autors ist das Werk an klassische Modelle angelehnt und steht somit in der europäischen Renaissancetradition. Historische und mythologische Inhalte werden systematisch miteinander vermischt, wenngleich der Autor dabei auch eine katholische, von der Gegenreformation und dem Manierismus beeinflusste Sichtweise an den Tag legt.

Das Epos gliedert sich in zehn Gesänge mit insgesamt 1102 Strophen von jeweils acht Versen. Bemerkenswert sind insbesondere die Abschnitte, die die erste Reise der Portugiesen nach Indien beschreiben, aber auch Episoden aus der mittelalterlichen Geschichte Portugals. Höhepunkte sind die berühmten, vielzitierten Passagen über die Liebe zwischen König Dom Pedro und Dona Inês de Castro (III. Gesang), die Schlacht von Aljubarrota (IV. Gesang), die Rede Vasco da Gamas an den König von Malindi (V. Gesang) und der Besuch auf der Liebesinsel (IX. Gesang). Weitere markante und immer wieder an die homerischen Epen erinnernde Episoden sind unter anderem die Unterstützung Vasco da Gamas durch Venus, die sich gegen den von Bacchus einberufenen Rat der Götter stellt, um den Portugiesen den Weg über das Meer zu erleichtern; die Umsegelung des zum monströsen Adamastor personifizierten Kaps der Stürme bzw. Kaps der Guten Hoffnung (Kat.-Nr. I.3) und die Erklärung der Weltmaschinerie, im Prinzip eine subtile Übertragung der ikonischen Armillarsphäre in Versform. Diese Episoden belegen zudem Camões' Interesse an einem eklektischen kosmografischen Diskurs, der Auswirkungen auf die mathematische bzw. pythagorische Konzeption des Epos hat und Bezüge zu einer mystischen, sakralen Geografie aufweist.

Die *Lusiaden* sind universelles und nationales Epos zugleich. Bedeutende europäische Dichter lernten bis ins 19. Jahrhundert Portugiesisch, um das Werk von Camões im Original lesen zu können. Heute noch kennt ein Großteil der Portugiesen zumindest die erste Strophe auswendig: »As armas e os barões assinalados / Que, da Ocidental praia Lusitana, / Por Mares nunca de antes navegados / Passaram ainda além da Taprobana, / Em perigos e guerras esforçados, / Mais do que prometia a força humana, / E entre gente remota edificaram / Novo Reino, que tanto sublimaram« (Die kriegerischen, kühnen Heldenscharen, / vom Weststrand Lusitaniens ausgesandt, / die auf den Meeren, nie zuvor befahren, / sogar passierten Taprobanas Strand, / Die mehr erprobt in Kriegen und Gefahren, / Als man der Menschenkraft hat zuerkannt, / Und unter fernem Volk errichtet haben / Ein neues Reich, dem soviel Glanz sie gaben). (Abb. 1, S. 14 und Abb. 2, S. 192) PP

IX.27 Dialog des einfachen Soldaten über die Fehler [der Portugiesen] in Indien
Diálogo do soldado prático que trata dos enganos da Índia
Diogo do Couto (1542–1616)
1612/16
Handschrift, 26 × 20,8
Lissabon, Biblioteca Nacional, Sign. COD. 463
Lit. Ausst.-Kat. Évora 1999, Kat.-Nr. 121; Couto 1790

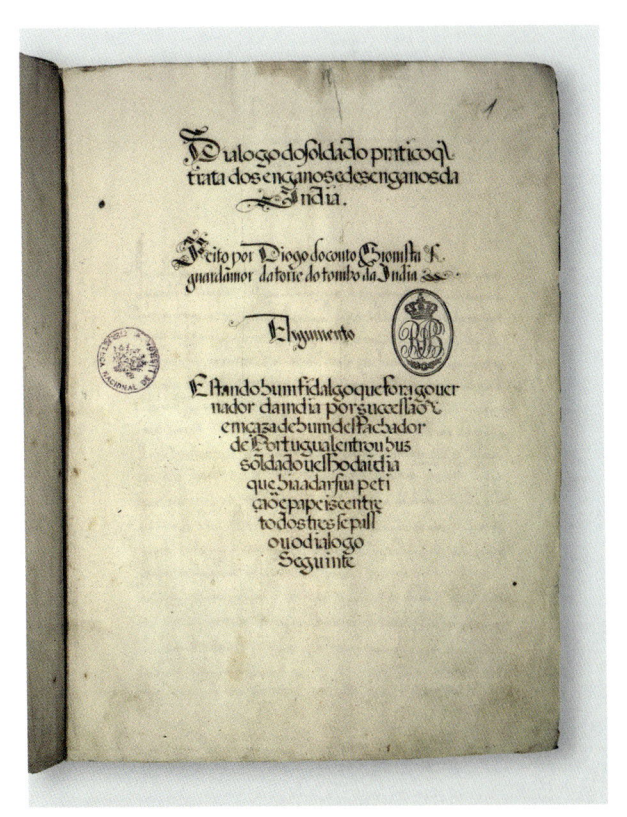

Diogo do Couto begann seine höfische Karriere als Kammerdiener des jungen Dom Sebastião, erhielt eine Ausbildung durch die Jesuiten und Dominikaner und trat 1559 schließlich die

militärische Laufbahn an. Er war hochgebildet, beschäftigte sich mit Geschichte und Mathematik, reiste viel und freundete sich später mit Luís de Camões an. Als Kenner des Orients und der dortigen portugiesischen Geschichte wurde er von König Philipp III. von Spanien mit der Fortführung des von João de Barros begonnenen Werkes *Décadas da Ásia* beauftragt, das er schließlich auch vollendete, wenngleich nicht ohne Widrigkeiten. Letztere waren auf seinen kritischen, jegliche Unterordnung und Anpassung an gesellschaftliche Machtverhältnisse ablehnenden Geist zurückzuführen.

Die historische Objektivität seiner Chroniken löste bei Teilen des betroffenen Adels negative Reaktionen aus, was dazu führte, dass die Manuskriptfassungen des achten und neunten Bands der *Décadas da Ásia* einfach gestohlen wurden. Dieser Racheakt hinderte Diogo de Couto jedoch nicht daran, die beiden Bände noch einmal abzufassen. Sein kritischer Geist brachte ihn auch dazu, in seinem *Soldado Prático* nicht ohne Ressentiments all jene aufs Schärfste anzuklagen, die in der portugiesischen Gesellschaft, insbesondere in Asien, die Einfältigkeit und Hingabe jener portugiesischen Soldaten ausnutzten, die in Wirklichkeit – so Couto – die Basis für den Erhalt des Reiches bildeten. In Dialogform beschreibt der Autor hier die zahllosen Betrügereien und Fehler einer ehrgeizigen, aber kleinkarierten, aus Militärs, Juristen und Geistlichen bestehenden Kolonialelite. Er spart dabei nicht einmal die Figur des Vizekönigs aus, der in seiner Streitschrift sogar ganz besonders ins Visier genommen wird. In gedruckter Fassung erschien das Werk erst 1790. PP

IX.28 Bericht Francisco Alvares' über den Priesterkönig Johannes

Warhaffiger Bericht von den Landen / auch Geistlichem und Weltlichem Regiment / des Mechtigen Königs in Ethiopien / den wir Priester Johan nennen / wie solches durch die Kron Portugal mit besondern vleis erkundiget worden ...
Eißleben, 1566
Druck, 31,6 × 20,7
Berlin, Staatsbibliothek zu Berlin – PK, Abteilung Historische Drucke, Sign. Us 48<a> R2
Lit. Baum 1999, S. 123 ff.; Knefelkamp 1986; Lopes 1992, S. 98–102

Äthiopien gehörte schon in der Antike zu der den Griechen bekannten Welt, auch wenn es von ihnen noch in engen Zusammenhang mit Indien gebracht wurde. Seit dem Mittelalter existierte in Europa die Legende vom ›Priesterkönig Johannes‹ (Kat.-Nr. II.15). Er wurde erst in der Mongolei, dann in Indien, später in China und schließlich in Äthiopien vermutet. Portugal sandte bereits im 15. Jahrhundert mehrere Missionen aus, den Priesterkönig und sein Reich zu lokalisieren, mit denen auch die Hoffnung auf militärische Unterstützung im Kampf gegen die Muslime verbunden war. Diese Kundschafter kamen jedoch nie zurück. 1520 reiste dann der Priester Francisco Alvares mit einer 15-köpfigen portugiesischen Gesandtschaft auf der Suche nach dem Priesterkönig nach Äthiopien und konnte 1527 mit zuverlässigen Nachrichten über das Land und seine Bewohner nach Europa zurückkehren. Sein Bericht wurde erstmals 1540 in Portugal und 1566 in der hier vorliegenden Ausgabe in deutscher Sprache veröffentlicht.

In 147 Kapiteln werden neben dem Reiseverlauf vor allem die religiösen Gebräuche der äthiopischen Christen geschildert. Die nüchterne und detailreiche Berichterstattung erfolgte auf königlichen Auftrag hin und blieb weitgehend ohne Wertungen. Begleitet wird der Text, der zeitgenössischen Aussagen zufolge ursprünglich fünf Bände umfasste, u. a. von Briefen König Davids von Äthiopien – der wie alle damaligen Herrscher Äthiopiens in Europa als ›Priesterkönig Johannes‹ identifiziert wurde – an die portugiesischen Könige sowie an Papst Clemens VII. AS

IX.29 Karte Äthiopiens mit dem Reich des Priesterkönigs Johannes

Æthiopia Superior vel Interior; vulgo Abissinorum sive Presbiteri Ioannis Imperium
Willem (1571–1638) und Joan Blaeu (um 1599–1673)
Amsterdam, um 1635
Kupferstich, 37 × 48
Berlin, Deutsches Historisches Museum,
Inv.-Nr. Do 55/211
Lit. Broecke 1996; Krogt 1994

Die Karte ist erstmals 1635 in dem Atlas *Ander Theil Novi Atlantis: Das ist Abbildung und Beschreibung von allen Ländern des Erdreichs* nachweisbar, herausgegeben von Willem und Joan Blaeu, und geht auf eine Arbeit des Abraham Ortelius (1527–1598) zurück. Ortelius benutzte für seine Arbeit eine Wandkarte von Afrika des italienischen Astronomen und Kartografen Giacomo Gastaldi (um 1500–1566) von 1564. Von der Ortelius-Karte sind zwei Versionen überliefert, wobei der Druck von 1573 bereits den Titel des bei Blaeu gedruckten Exemplars besitzt. *Aethiopia Superior vel Interior* zeigt das Gebiet des heutigen Staates Äthiopien und angrenzende Gebiete von Eritrea, Sudan, Kenia, Somalia und Dschibuti. Äthiopien wird im Kartentitel auch als

IX.29

Abessinien oder das legendäre Reich des Priesterkönigs Johannes bezeichnet. Bereits im 12. Jahrhundert war durch Bischof Otto von Freising die Idee aufgekommen, man müsse den König Kaspar der Heiligen Drei Könige in diesem Land suchen. Eine Vorstellung, die angesichts der wachsenden Bedeutung des Islams gerne geglaubt und auch in kartografische Arbeiten eingebunden wurde. Tatsächlich sind das Christentum in Äthiopien bereits für das 4. Jahrhundert, Kloster- und Kirchengründungen dort ab dem 5. und 6. Jahrhundert nachweisbar. HA

IX.30 Glaube und Religion im Reich des Priesterkönigs Johannes

Fides, religio, moresque Aethiopum sub Imperio Pretiosi Ioannis (quem vulgo Presbyterum Ioannem vocant)
Damião de Góis (Alenquer 1502 – 1574 Alenquer)
Löwen, Rutger Rescius, 1540
Druck, 16,5 × 13,5
Berlin, Staatsbibliothek zu Berlin – PK, Abteilung Historische Drucke, Sign. Us 63
Lit. Otto/Uhlig 1991; Uhlig/Bühring 1994

Aus der Begegnung des portugiesischen Humanisten Damião de Góis und des äthiopischen Gesandten Sagā Za-'ab 1533 ging dieses Werk in lateinischer Sprache hervor. Auf eine kurze von de Góis verfasste Einführung und fünf Schreiben äthiopischer Herrscher folgt als Hauptteil die *Confessio* Sagā Za-'abs. Beide wurden von de Góis ins Lateinische übersetzt. Das Werk er-

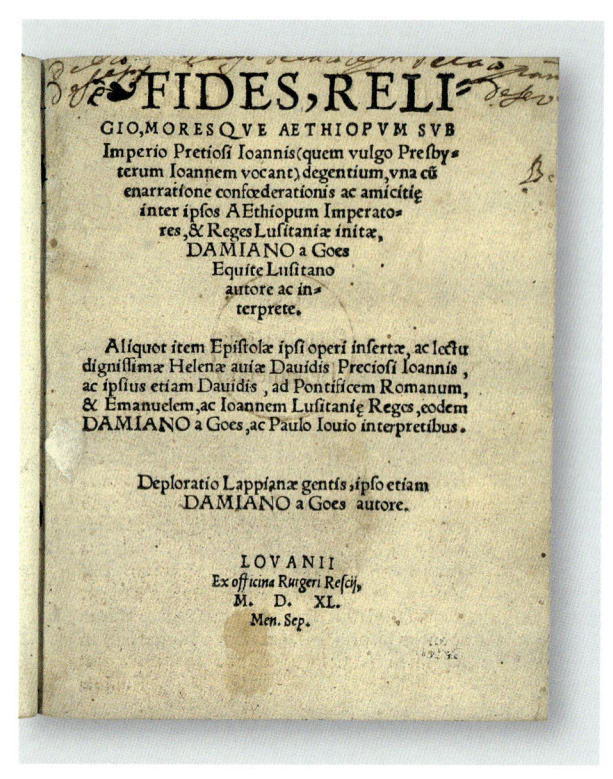

IX.30

möglichte Sagā Zaʾab sein Anliegen darzustellen und fungierte mittels der vorangestellten Widmung an den Papst als offener Brief an das katholische Kirchenoberhaupt. Es beinhaltet neben dem Glaubensbekenntnis des Äthiopiers auch Angaben zur kirchlichen Praxis, zur allgemeinen Theologie, zu kirchenrechtlichen Fragen und zur Thronfolge Äthiopiens.

Sagā Zaʾab kam 1527 als Gesandter des äthiopischen Kaisers Lebna Dengel mit dem portugiesischen Äthiopienreisenden Francisco Álvares nach Portugal. Gegenüber de Góis beklagte er das mangelnde Interesse der Portugiesen an ihm und seinem Land und bedauerte das Scheitern seiner Mission. Damião de Góis traf bereits 1514 am königlichen Hof von Portugal auf den Armenier Mateus, einen Abgesandten des äthiopischen Kaisers. Bereits damals war er fasziniert von der Kultur und Religion des Landes und verfasste 1532 die *Legatio Magni Indorum Imperatoris Presbyteri Ioannis ad Emanuelem Lusitaniae Regem*.

Im 15. und 16. Jahrhundert bestand ein deutliches Interesse an der *Fides, religio, moresque Aethiopum sub Imperio Pretiosi Ioannis*, belegt durch die zahlreichen lateinischen und in andere Sprachen übersetzten Ausgaben. 1541 wurde das Werk von der portugiesischen Inquisition verboten. Doch nutzten u. a. Sebastian Münster – für seine 1544 publizierte *Cosmographia* – und Gerhard Mercator – für die Afrika-Karte im *Atlas sive cosmographicae* – die Informationen des Buches. AS

IX.31 Damião de Góis

Albrecht Dürer (zugeschrieben, Nürnberg 1471 – 1528 Nürnberg)
Deutschland, 16. Jahrhundert
Kreide, Pinsel auf gebräuntem Papier, 35,5 × 28,5
Wien, Albertina, Inv.-Nr. 3166
Lit. Barreto 2002; Feist Hirsch 1967; Torres 1982; Vasconcellos 1879

Damião de Góis war bereits als 11-Jähriger als Page am königlichen Hof von Dom Manuel I. angestellt. 1523 kam er zunächst als Buchführer an die portugiesische Faktorei in Flandern. In den folgenden Jahren bereiste er im diplomatischen Auftrag von Dom João III. Europa. Er begegnete dabei unter anderem den Reformatoren Luther und Melanchthon. Später schrieb er sich jeweils in Löwen und Padua an der Universität ein. Dort nahm er Kontakt mit dem Kreis der europäischen Humanisten auf und war 1534 vier Monate Gast im Haus von Erasmus von Rotterdam in Freiburg. 1539 heiratete er die Niederländerin Johanna von Hargen. Mit ihr kehrte er 1545 endgültig nach Portugal zurück.

Bereits während seiner Zeit im Ausland publizierte Damião de Góis in lateinischer Sprache Werke zur portugiesischen Geschichte sowie unter anderem das Glaubensbekenntnis Sagā Zaʾabs, die *Fides, religio, moresque Aethiopum*. 1548 wurde er zum Nationalarchivar am Torre do Tombo in Lissabon berufen. 1559 erhielt er den Auftrag, die Chronik von Manuel I. zu verfassen. 1566/67 wurden die vierbändige *Chrónica do felicissimo Rei Dom Emanuel* sowie die in Ergänzung geschriebene *Chrónica do Príncipe Dom Ioam* schließlich veröffentlicht. Sie blieben die einzigen Werke, die Damião de Góis in portugiesischer Sprache verfasste.

Nachdem Góis über einen Zeitraum von 30 Jahren mehrmals von dem Jesuiten Simão Rodrigues denunziert worden war, wurde der gläubige Katholik 1572 von der Inquisition zu einer Haftstrafe verurteilt. Nur zwei Jahre später starb er unter nicht geklärten Umständen in seinem Haus in Alenquer. Er gilt heute als einer der wenigen portugiesischen Renaissance-Humanisten, die – in seinem Falle insbesondere als Chronist der Könige zur Zeit der portugiesischen Expansion – über die Landesgrenzen hinweg bekannt sind. Sein Porträt wird Albrecht Dürer zugeschrieben und wurde wohl zwischen 1525 und 1527 fertiggestellt. Allerdings ist seine Herkunft nicht mit Sicherheit nachzuweisen. AS

IX. Portugal im 16. Jahrhundert ›527‹

IX.31

IX.33

Bei Konflikten mit den in Asien vordringenden Portugiesen waren neben den Einheimischen oftmals maurische Händler maßgeblich beteiligt, kontrollierten sie doch einen Großteil des asiatischen Seehandels. Ihr Interesse an der Aufrechterhaltung ihrer Vormacht war entsprechend groß. Im Text werden die Gegner einheitlich als ›Türcken‹, ›Türckisch Armada‹ oder auch ›Türckisch Volck‹ bezeichnet und nicht unterschieden.

Das Werk ist dem italienischen Kardinal Bembo gewidmet. Erstmalig erschienen war die 20-seitige Flugschrift in lateinischer Sprache bereits 1539 in Löwen. Die vorliegende deutsche Ausgabe nur ein Jahr später zeigt das Interesse des deutschsprachigen Raumes an den portugiesischen Entdeckungen. AS

IX.33 Die wunderlichen Reisen des Ferdinand Pinto
Wunderliche und merckwürdige Reisen Fernandi Mendez Pinto, welche er innerhalb ein und zwanzig Jahren/ durch Europa, Asien und Africa, und deren Königreiche und Länder […] verrichtet
Fernão Mendes Pinto
(Montemor-o-Velho, um 1510 – 1583 Lissabon)
Amsterdam, 1671
Druck, 21 × 17
Berlin, Deutsches Historisches Museum, Sign. R 55/4087
Lit. Kroboth 1986; Lopes 1996; Pinto 1671

IX.32 Flugschrift über den Krieg der Portugiesen in Indien
Glaubhafftige zeyttung und bericht / des Kriegs / So zwischen dem König auß Portugall / und em türckischen Kaiser / in India / her dißhalb des fluß Ganges / kurz verruckter zeyt verlauffen
Damião de Góis (Alenquer 1502 – 1574 Alenquer)
Augsburg, Philipp Ulhart d. Ä., 1540
Druck, 17,9 × 13,5
Berlin, Staatsbibliothek zu Berlin – PK, Abteilung Historische Drucke, Sign. Flugschr. 1540/7
Lit. Feist Hirsch 1967; Torres 1982

Nachdem die Portugiesen die Stadt Diu an der nördlichen Malabarküste Indiens in den Jahren 1531 bis 1535 erobert und dort eine Festung gebaut hatten, wurde diese 1538 von einem aus Guzeratis, Ägyptern und Osmanen bestehenden Bündnis belagert und angegriffen. Die Portugiesen verteidigten sie unter Hauptmann António da Silveira erfolgreich. De Góis informiert in seinem zeitnahen Bericht, nach einer knappen Inhaltsangabe und einer kurzen Ansprache an Kardinal Bembo, über diese Ereignisse, angefangen von der Ermordung des Königs von Diu, über die darauffolgenden Schlachten, bis zum Sieg der Portugiesen.

Im Frühjahr 1537 brach Fernão Mendes Pinto nach Asien auf. Seine 21 Jahre dauernde Reise führte ihn in zahlreiche Königreiche und in die unterschiedlichsten Regionen Asiens, darunter Indien, China, das Land der Tartaren und Japan, wo er zahlreiche Informationen zu Mentalität und Lebensweise der dort lebenden Menschen sammelte. Pintos lebendige Mischung aus Fakten und Abenteuern, die er in unterschiedlichen Rollen (unter anderem als Kaufmann, Diplomat, Jesuit, Soldat und Matrose) erlebte, sorgten wiederholt für Zweifel an der Authentizität des Berichts. Durch die Schilderung der ersten Begegnungen zwischen den Portugiesen und den fernöstlichen Kulturen gehört sein Werk jedoch zu den wichtigsten Zeugnissen portugiesischer Präsenz im Osten.

Die Erstausgabe der *Peregrinação* (Pilgerreise) erschien erst 1614 in Lissabon, wurde allerdings in kurzer Zeit in zahlreiche europäische Sprachen übersetzt. Das Vorwort der deutschen Ausgabe richtet sich ausdrücklich an die »Geschicht-, Welt- und Land-Beschreiber«, die aus den darin enthaltenen Angaben, wie fremde Regierungsformen, Gesetze, Gebräuche und Sitten, ihren Nutzen ziehen könnten. Der abgebildete Kupferstich illustriert das 44. Kapitel, in dem Pinto Malakka erreicht und auf seiner Reise nach Martaban Zeuge kriegerischer Auseinandersetzungen zwischen lokalen Machthabern wird. CT

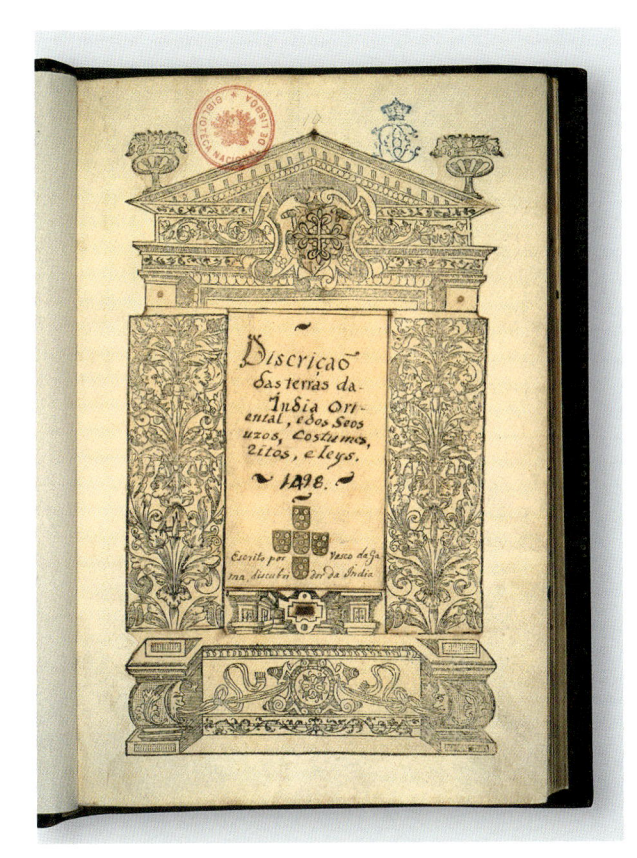

IX.34

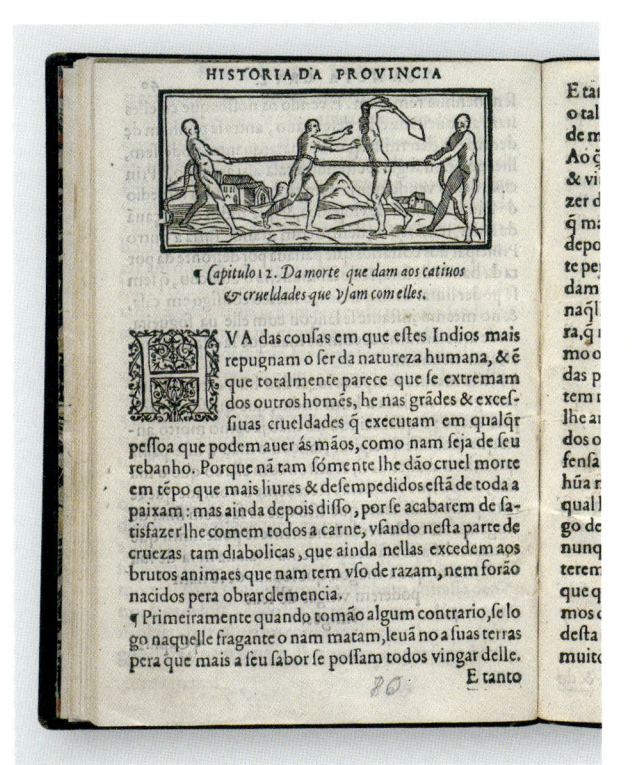

IX.35

IX.34 Buch über die Dinge in Indien
Livro das Cousas da Índia
Duarte Barbosa (gest. 1548)
Mitte 16. Jahrhundert
Handschrift auf Papier, 31 × 22
Lissabon, Biblioteca Nacional, Sign. Cod. 9163
Lit. Ausst.-Kat. Porto 1998, Kat.-Nr. 11; Barreto 1997

Duarte Barbosa ließ sich kurz nach der Indienfahrt des Vasco da Gama an der Malabarküste nieder und zählt somit zur ersten Generation der im Orient ansässigen Portugiesen. Nach seiner Ankunft im Jahre 1500 erlernte er die Malayalam-Sprache und passte sich relativ problemlos dem indischen Lebensstil an. Schnell wurde er zu einem der besten Kenner Südindiens und vor allem des heutigen Kerala, das er als Privatperson und als Beamter der portugiesischen Krone bereiste. Das von ihm verfasste Buch – es wird im allgemeinen schlicht als *O Livro de Duarte Barbosa* bezeichnet – ist einer der frühesten und zugleich detailliertesten Abrisse der Geografie und Ethnografie von Ostafrika bis Südindien. Es wurde unzählige Male abgeschrieben und immer wieder um neue Angaben ergänzt, verwandelte sich also über die Jahrzehnte in ein Kollektivwerk, das die Entwicklung der portugiesischen Kenntnisse über Asien spiegelt und somit zu den interessantesten Dokumenten jener Zeit gehört. Zahlreiche Reisende führten diesen Text wie einen Reiseführer mit sich. 1550 wurde das Buch vom Venezianer Giovanni Battista Ramusio im Sammelwerk *Delle Navigationi et Viaggi* in italienischer Fassung herausgegeben. PP

IX.35 Geschichte der Provinz Santa Cruz, die wir gemeinhin Brasilien nennen
História da Província de Santa Cruz a que vulgarmente chamamos Brasil...
Pêro de Magalhães Gândavo (etwa 1540 – ?), 1576
Druck, 18 × 13,5
Lissabon, Biblioteca Nacional, Sign. RES 365 P
Lit. Albuquerque, 1994, Bd. I

Magalhães Gândavo, vermutlich flämischen Ursprungs (*Gândavo* von *Gand* bzw. *Gent*), lebte zunächst nur vorübergehend in Brasilien, kehrte später jedoch für längere Zeit dorthin zurück. Er kannte das damals als *Província de Santa Cruz* bezeichnete Land (*Terra brasilis* war zunächst ein weniger geläufiger Name) bestens und bekleidete sogar ein hohes Amt im Finanzbereich in der Hauptstadt Salvador da Bahia. Als Humanist und Grammatiker war er zudem bestrebt, die Grundlagen für eine genauere Kenntnis der Provinz zu legen. Denn im Vergleich zu

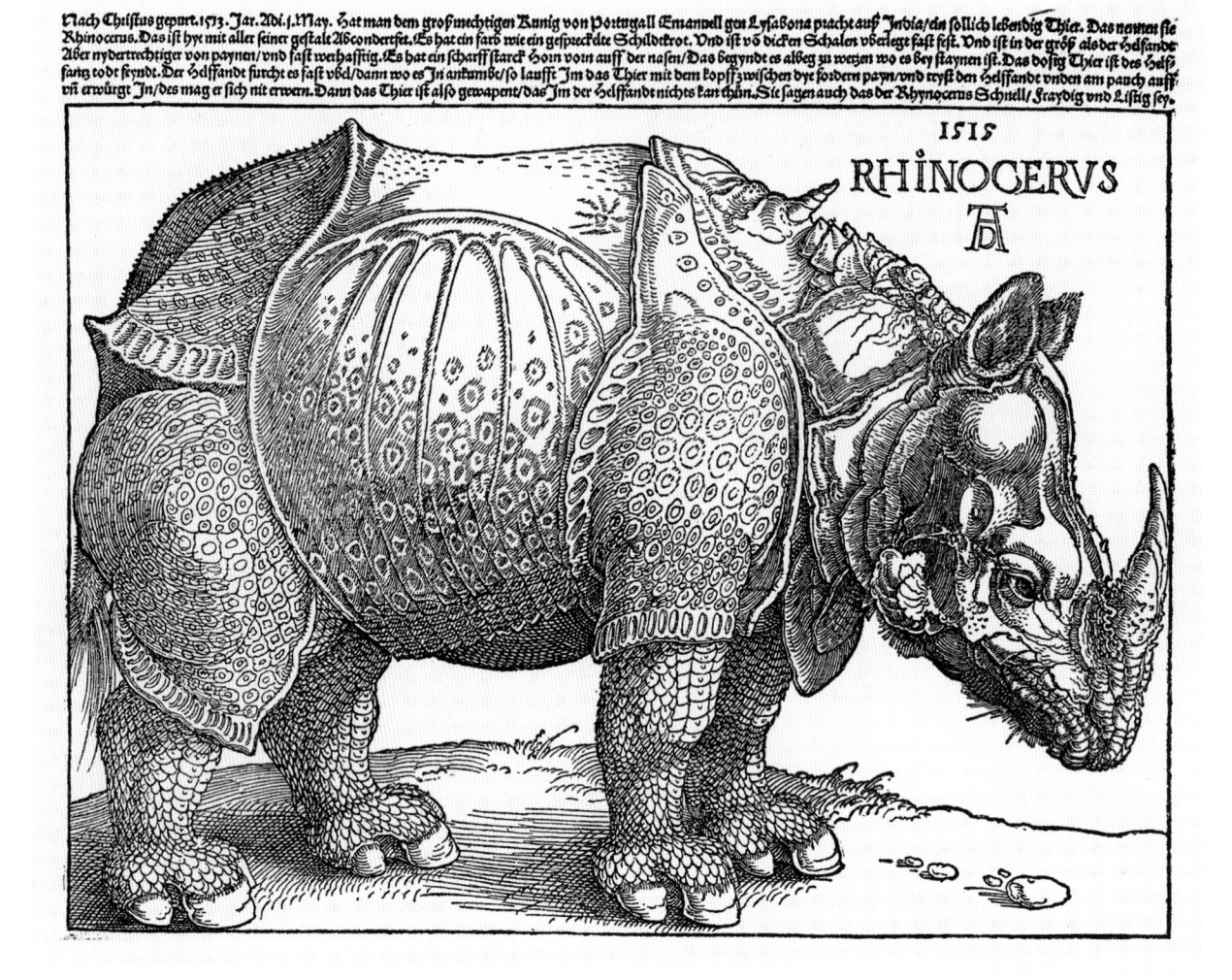

IX.36

Afrika und Asien waren Druckwerke portugiesischer Gelehrter und Chronisten über Brasilien lange Zeit rar.

Magalhães Gândavo unternahm zwei Versuche, die Geschichte und Geografie Brasiliens aufzuzeichnen, den ersten um 1569, den zweiten um 1570/71. Seine Beschreibungen der brasilianischen Flora und Fauna und seine ethnografischen Abrisse geben wertvolle Einblicke in die Welt der frühen portugiesischen Siedler an der südamerikanischen Atlantikküste. Der Autor verfolgte dabei auch das pragmatische Ziel, mit seinen Beschreibungen neue Kolonisten nach Brasilien zu locken. Immer wieder versuchte er, die Vorteile einer Verlagerung des portugiesischen Kolonialprojektes vom Indischen Ozean in den südlichen Atlantikraum zu beweisen. Das Werk wurde 1576 gedruckt und bald ins Französische und ins Englische übertragen. PP

IX.36 RHINOZEROS
Albrecht Dürer (Nürnberg 1471 – 1528 Nürnberg)
Nürnberg, 1515
Holzschnitt, 23,5 × 30
Berlin, SMB – Kupferstichkabinett, Inv.-Nr. H. 273a
(B. 136-II)
Lit. Fernandes 1992, S. 39; Salzgeber 1999

Im Zusammenhang mit den Verhandlungen über den Bau einer portugiesischen Festung auf der Insel Diu sandte Dom Manuel I. 1514 Unterhändler mit reichen Geschenken an den Hof des Sultans von Guzerat, Muzaffar Shah II. Hinsichtlich des angestrebten strategischen Ziels blieb die Mission ergebnislos. Die Portugiesen kehrten allerdings mit einem Rhinozeros zurück, das der Sultan als Geschenk an den Vizekönig des *Estado*

IX. Portugal im 16. Jahrhundert

IX.37

da Índia, Afonso de Albuquerque, übermitteln ließ. Das Tier wurde noch im selben Jahr nach Lissabon gebracht, wo es auch über Portugal hinaus große Aufmerksamkeit erregte.

Von besonderer Bedeutung für die Verbreitung der Nachricht über die Ankunft des fremdländischen Tiers war ein Holzschnitt, den Dürer auf der Grundlage eines Berichtes und einer Skizze des in Lissabon lebenden Valentim Fernandes schuf (eine Zeichnung Dürers befindet sich im British Museum, London). Obwohl Dürer das Rhinozeros, das »dem grossmechttigisten König Emanuel von Portugal / gen Lysabona aus India pracht« worden sei, selbst nicht zu Gesicht bekommen hatte, bemühte er sich um eine naturgetreue Darstellung. Dabei ließ er sich auch von Analogien zu bereits bekannten Tierarten leiten. So habe das »Rhinocerus [...] ein farb wie ein gespreckelte schildkrot, und ist von dicken scha / len uberleget sehr fest, und ist in der größ als der Heilffandt [Elefant]«. Der zoologischen Sensation war jedoch kein langes Leben beschieden. Im Jahr 1517 sollte das Rhinozeros wie bereits zuvor der Elefant Hanno als Geschenk an Papst Leo X. nach Rom geschickt werden, wobei es jedoch bei einem Schiffbruch ertrank. Das Tier wurde an Land gespült und erreichte den Heiligen Vater lediglich in ausgestopfter Form.
JW

IX. Portugal im 16. Jahrhundert

IX.38

IX.37 Rhinozeros-Relief
Prag?, um 1600
Collage aus Schildpatt, Muscheln, Korallen, Perlen,
25,7 × 44,5
Pommersfelden, Kunstsammlungen Graf von Schönborn
Lit. Ausst.-Kat. Nürnberg 1989, Kat.-Nr. 148

Das Relief geht auf Dürers Holzschnitt von 1515 zurück und übersetzt diesen in eine Collage aus zahlreichen farbigen Naturstoffen. Eine Datierung in die Zeit um 1600 legt die Analogie zu den Werken des in Prag tätigen Malers Giuseppe Arcimboldo nahe. Dieser schuf eine Vielzahl von Porträts und Bildern, die er auf originelle Weise aus realistisch wiedergegebenen Naturalien zusammenstellte. Darüber hinaus entspräche das Relief dem großen Interesse, das Rudolf II. exotischen Materialen entgegenbrachte, auch wenn das Stück in keinem der kaiserlichen Inventare erscheint. Zudem kann das Relief als besonders aussagekräftiges Beispiel der verstärkten Dürerrezeption an der Wende zum 17. Jahrhundert verstanden werden. JW

IX.38 Abbildung eines Löwen (Geschenk an den chinesischen Kaiser)

In: *Chi tseu chou* (Shizi shuo / Von einem Löwen),
Ludovico Buglio (Li Leisi, 1606–1682)
Peking, Ende 17. Jahrhundert
Holzschnitt, 22 × 24,8
Paris, Bibliothèque nationale de France, Sign. Chinois 5444
Lit. Ausst.-Kat. Paris 1994, S. 96; Pfister 1932, Bd. 1, S. 242

Der von Ludovico Buglio mit Akkuratesse gezeichnete Löwe (eigentlich Löwin) wurde vom portugiesischen Gesandten, Bento Pereira de Faria, 1678 dem Kaiser von China Kangxi (1662–1722) als Geschenk überreicht. Es handelte sich bereits um die zweite portugiesische Gesandtschaft, deren Zweck es war, das Handelsmonopol mit China auf Kosten der niederländischen Handelskompanie VOC zu erlangen. Die erste Botschaft unter der Führung von Manuel de Saldanha hatte einige Jahre zuvor stattgefunden. Dank des Jesuitenpaters Verbiest wurde Bento Pereira de Faria am Kaiserhof im Palast von Peking empfangen. Seine Mission endete mit Erfolg. Das erhaltene Privileg ermöglichte in den folgenden Jahren das wirtschaftliche Aufblühen der portugiesischen Kolonie Macau.

Löwen, in China unbekannt, wurden chinesischen Kaisern seit der Han-Zeit geschenkt. Der erste Löwe gelangte auf diese Weise angeblich bereits im Jahre 87 nach China. Die exotischen Tiere erfreuten sich dort großer Beliebtheit. Eines von ihnen wurde sogar in dem Gedicht *Ode an den Löwen* von Lu Shinan im Jahre 634 auf Befehl des Kaisers Taizong der Tang-Dynastie verewigt. Aus dem 7. Jahrhundert stammen die gemalten Löwendarstellungen des berühmten Künstlers Yan Liben (um 600–673).

Die kurze Abhandlung von Ludovico Buglio widmet sich indessen eher dem wissenschaftlichen Aspekt des Tieres. Der Jesuit beschreibt die Morphologie und das Temperament des Löwen, betont sein gutes Gedächtnis und fügt mehrere Sinnsprüche hinzu. Buglio kam 1637 nach China und studierte die chinesische Sprache, sodass er bereits zwei Jahre später zu predigen anfing, zunächst in Jiangnan, dann in der Provinz Sichuan, schließlich in Peking, wo er auch starb. Er veröffentlichte mehrere theologische Werke und beschäftigte sich außerdem mit der Astronomie. AC

IX.39

IX.39 Abbildung des Nürnberger Elefanten

Ware Abbildung/ deß in Anno 29 Jars den 2 May zu Nurmberg/ ankommen Elephanten/ welcher 10 Schuh hoch / und 10 Jahr Alt/ damals gewesen
Nürnberg, 1629
Holzschnitt, hinterklebt, Papier, 37,5 × 24
München, Bayerische Staatsbibliothek, Sign. Einblatt VIII, 20q
Lit. Ausst.-Kat. Stuttgart 1987, S. 6–47; Nürnberg 1629; Timm 2005, S. 40

Über den portugiesischen Asienhandel gelangten seit der frühen Neuzeit zahlreiche exotische Tiere nach Europa. Zu den wertvollsten Importen gehörten die Elefanten. Berühmtester Vertreter war ›Hanno‹, den der portugiesische König Dom Manuel I. 1514 Papst Leo X. als Zeichen seiner Ergebenheit übersandte. Seit der Mitte des 16. Jahrhunderts häufen sich die Nachweise von fahrenden Schaustellern, die exotische Tiere auch auf deut-

IX.40

schen Jahrmärkten und Messen präsentierten. Diese Tierschauen waren eine besondere Sensation, die vom neugierigen Stadtvolk wie auch von interessierten Künstlern gerne besucht wurden. Ein Nürnberger Flugblatt aus dem Jahr 1629, das von einem dieser Jahrmarktselefanten berichtet, liefert eine amüsante Charakterisierung des gutmütigen Rüsseltiers, das angeblich bis zu ›drey hundert Jahr alt‹ werden könne. Darunter findet sich auch die noch heute bekannte Mär von dessen ›besondern haß gegen der Mauß‹, der angeblich so stark sei, dass der Elefant keine Nahrung anrühre, die den Geruch des kleinen Nagers trägt. Auch die legendäre Feindschaft zwischen Elefant und Rhinozeros findet Erwähnung: Bereits in der Naturgeschichte des römischen Gelehrten Plinius beschrieben, gab sie im Juni 1515 sogar Anlass zu einem inszenierten Schaukampf beider Tiere in Lissabon. CT

IX.40 Der Ritter Wolfgang Holzschuher auf Löwenjagd

Johann König (zugeschrieben, 1586–1642)
um 1640
Öl auf Kupfer, 33 × 47
Nürnberg, Germanisches Nationalmuseum,
Inv.-Nr. Gm 1461
Lit. Ausst.-Kat. Nürnberg 1992, Kat.-Nr. 5.21;
Bräunlein 1992, S. 53; Pohle 2000, S. 122 f.

Die Holzschuher zählen zu den ersten oberdeutschen Handelsgesellschaften, die zu Beginn des 16. Jahrhunderts in Lissabon vertreten waren. Teilhaber dieser Gesellschaft war unter anderem Hieronymus Münzer. Ein gewisser Peter Holzschuher ist 1504 auf der Fahrt nach Kalikut verstorben. Bei dem auf dem Bild in rotgoldener spanischer Hoftracht dargestellten Reiter handelt es sich um den Nürnberger Wolfgang Holzschuher (gest. 1547). Dieser kämpfte in Nordafrika im Dienst des portugiesischen Königs Dom Manuel und erlegte dabei auch einen Löwen. 1503 wurde er in Portugal zum Ritter geschlagen. In der königlichen Urkunde vom 8. Februar des Jahres heißt es, dass »er mit Ungestüm und Beherztheit gegen die Mauren gekämpft hat« und man ihm »einen nicht geringen Anteil am Sieg und an der Plünderung« schulde. Sein Wappen, das 1547 von Karl V. noch einmal für die ganze Familie bestätigt worden war, zierten seitdem neben dem Holzschuh – in dieser Form ist es noch auf dem Stirnschmuck des Pferdes zu sehen – zwei weiße ›Mohrenköpfe‹ sowie das portugiesische Christuskreuz. Rechts unten im Bild befindet sich ein Meilenstein, der das Wappen Dom Manuels aufweist. MK

IX.41 Brief von Valentim Fernandes
Valentim Fernandes (gest. Lissabon um 1517)
Lissabon, 26. Juni 1510
Handschrift auf Papier, 29 × 21,5
Nürnberg, Germanisches Nationalmuseum,
Inv.-Nr. Archiv RSt Nürnberg, XI 1d
Lit. Ausst.-Kat. Nürnberg 1992, Kat.-Nr. 5.8; Ehrhardt 1989;
Hendrich 2007; Pohle 2000

Der aus Mähren stammende Valentim Fernandes zählte zu den zentralen Figuren der deutschen Gemeinde in Lissabon. Er war eine wichtige Anlaufstelle für viele Landsleute, vertrat als Makler (*corretor*) sowie in notarieller Funktion (*tabelião*) die Interessen der deutschen Kaufleute am portugiesischen Hof und war zudem, beispielsweise für Hieronymus Münzer (Kat.-Nr. V.II.5), als Dolmetscher tätig. Sein eigentlicher Beruf war jedoch der des Druckers. Fernandes gilt als bedeutendster Typograf des Landes um die Wende vom 15. zum 16. Jahrhundert. 20 Werke wurden von ihm in Lissabon – teils in königlichem Auftrag – hergestellt, darunter auch das Buch des Marco Polo (1502) sowie die *Ordenações Manuelinas* (1512/13). Für letztgenannten Regierungsauftrag wurde er interessanterweise nicht mit Geld, sondern mit Gewürzen (Pfeffer und Muskatblüten) bezahlt, die er an die Faktoreien der oberdeutschen Kaufleute weiterverhandelte. Sein letztes Werk war die Drucklegung des Navigationshandbuchs *Reportorio dos tempos* (1518). Das enge Verhältnis, das er zum portugiesischen Hof unterhielt, zeigt sich auch darin, dass Fernandes in Schriftstücken seit 1502 als *escudeiro* (Knappe, Schildträger) von Dona Leonor erscheint. Im vorliegenden Schreiben bittet Fernandes den Kaufmann Stefan Gabler in Nürnberg um Übersendung eines Astrolabs sowie einiger Bücher und bekundet sein Interesse daran, mit einem guten Geografen und Astronomen in Korrespondenz zu treten. MK

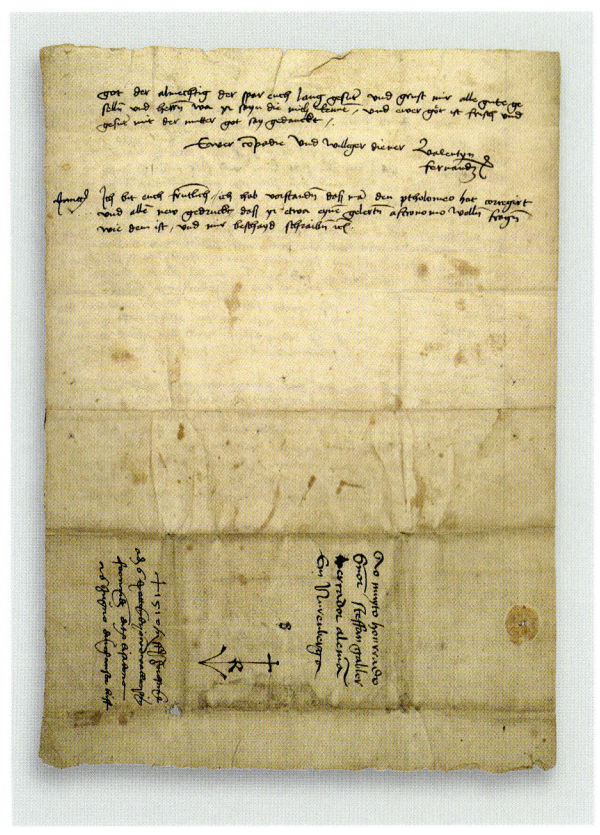

IX.41

IX.42 Skizze Madeiras aus dem Codex Valentim Fernandes
Valentim Fernandes (gest. Lissabon um 1517)
Anfang 16. Jahrhundert
Handzeichnung auf Papier, 23,5 × 17
München, Bayerische Staatsbibliothek, Sign. Cod. Hisp. 27
Lit. Ausst.-Kat. Lissabon 2001, Kat.-Nr. 22; Hendrich 2007

Der *Codex Valentim Fernandes* ist eine Handschriftensammlung, die das große Interesse des deutschstämmigen Druckers an den portugiesischen Entdeckungsfahrten belegt. Als Vermittler für deutsche Kaufleute am portugiesischen Hof tätig, hatte Fernandes Zugang zu zahlreichen Dokumenten über Handels- und Entdeckungsfahrten. Von diesen erstellte er Kopien, die er möglicherweise später einmal in gedruckter Form herauszugeben gedachte. Neben zeitgenössischen Augenzeugenberichten, darunter Informationen zur ersten Indienfahrt unter deutscher Beteiligung von 1505/06, enthält das Manuskript auch eine Zusammenfassung der *Crónica da Guiné* von Gomes Eanes de Zurara (Kat.-Nr. II.11). Die insgesamt 33, in lateinischer und

IX.42

portugiesischer Sprache abgefassten Texte des Kodex, geben Reiseerfahrungen in Afrika und Asien wieder. Sie werden ergänzt durch einige kartografische Skizzen des Autors.

1508 war Fernandes selbst in Heeresdiensten in Nordafrika. In Deutschland stand er unter anderem mit dem Augsburger Stadtschreiber Konrad Peutinger (1465–1547) in regelmäßigem Briefkontakt. Dieser gelangte nach Fernandes' Tod auch in den Besitz seiner Handschriftensammlung. Dem Wunsch von Damião de Góis, eine Kopie des Manuskripts anfertigen zu dürfen, entsprach Peutinger trotz der Vermittlungsversuche von Hans Jakob Fugger damals allerdings nicht. MK

IX.43 Auszug aus einem Brief des Lukas Rem

Auszug ains briefs von Lissbona, des datum × ottober [...] Augspurg Anno 1504
Lukas Rem (Augsburg 1481 – 1541 Augsburg)
Lissabon, 10. Oktober 1504
Handschrift auf Papier, 30,8 × 22,5
Augsburg, Staats- und Stadtbibliothek, Sign. 2° Cod. Aug. 382 a/VI.
Lit. Ausst.-Kat. Berlin 1985, Kat.-Nr. 3/2; Ehrhard/Ramminger 1998; Pohle 2000, S. 99–122

Die Entdeckung des Seewegs nach Indien durch Portugal stieß in Europa naturgemäß auf großes Interesse. Noch im Jahr der Rückkehr Vasco da Gamas, 1499, findet sich in der Augsburger Stadtchronik ein entsprechender Vermerk über dessen Reise. 1503 begann die Augsburger Handelsgesellschaft Welser-Vöhlin in Lissabon mit dem Aufbau ihrer Faktorei. Zu ihren Handelsvertretern vor Ort zählte Lukas Rem, der im Mai 1503 in Lissabon eintraf und bis September 1508 dort tätig war. Während dieser Zeit unternahm er zudem Reisen nach Madeira, auf die Azoren, zu den Kapverdischen Inseln und nach Nordafrika. Der Vertrag, demzufolge drei Schiffe der Flotte des Francisco de Almeida – auf einem davon reiste dann auch Balthasar Springer nach Indien (Kat.-Nr. XI.1) – von oberdeutschen und italienischen Handelsgesellschaften ausgerüstet werden sollten, wurde von Rem mit ausgehandelt. Die Reise brachte dem Handelskonsortium schließlich einen Gewinn von etwa 150 Prozent. Die Durchsetzung des Kronmonopols auf den Gewürzhandel durch Dom Manuel führte allerdings zu Ärger und juristischen Schwierigkeiten, die ein weiteres Engagement der deutschen Kaufleute zukünftig einschränken sollten. Bei seinem zweiten Portugal-Aufenthalt (1509–10) gelang es Rem jedoch, den Rechtsstreit zu einem versöhnlichen Ende zu führen. 1518 gründeten die Gebrüder Rem eine eigene, von den Welsern losgelöste Handelsgesellschaft, die sich jedoch keine zehn Jahre später wegen mangelnden Erfolgs wieder aus Portugal zurückzog. Im vorliegenden Brief vermeldet Rem die Ankunft von drei mit großer Gewürzmenge beladenen Schiffen, die aus Indien zurückkehrten. Zudem berichtet er über die militärischen Unternehmungen Portugals in Asien. MK

IX. Portugal im 16. Jahrhundert › 537 ‹

Bevölkerung heißt es hier ausdrücklich, dass sie im Gegensatz zu anderen Angaben keine Menschenfresser seien. Ethnologisch interessant ist ein früher Hinweis auf Paradiesvorstellungen der Indianer. So habe das Schiff neben Brasilholz viele »erkaufften Jungen knaben vnd maydlen« an Bord, die der Besatzung zumeist aus freiem Willen günstig übergeben worden seien, denn »das volck ald vermayndt Ire kynder farn in das gelobt landt«. MK

IX.45 Porträt des Anton Welser d. J.
Christoph Amberger (Augsburg um 1486 – 1557 Augsburg), Palma il Vecchio (Val Brembana um 1480 – 1528 Venedig)
Inschrift »1527 / Aetate / An[n]oR[um] / XXXXI«
1527
Öl auf Holz, 82 × 62
Lauf an der Pegnitz, Freiherrlich von Welsersche Familienstiftung
Lit. Ausst.-Kat. Bonn 2000, Kat.-Nr. 186; Ausst.-Kat. Memmingen 1998, Kat.-Nr. 12

Durch die Inschrift ist das Gemälde als Bildnis Anton Welsers dem Jüngeren (1486–1557) zu identifizieren. Dieser war in der Firma seines gleichnamigen Vaters als Leiter verschiedener Niederlassungen tätig. Nachdem er 1510 die Handelsgesellschaft in Lyon vertreten hatte, wechselte er 1513 nach Antwerpen, über das zu dieser Zeit ein Großteil des Warenverkehrs zwischen Portugal und Mitteleuropa abgewickelt wurde. Später beteiligte er sich an dem von seinem Bruder Bartholomäus geleiteten Unternehmen. Das Brustbild stellt Anton Welser in selbstbewusster Haltung dar. Die Attribute, die ihn als wohlhabenden Kaufmann charakterisieren, wie die Münzen im Vordergrund, der kostbare Schmuck sowie die modische, italienisch anmutende Kleidung treten in der kontrastreichen Lichtführung deutlich in Erscheinung. Die Zuschreibung des Porträts ist umstritten. Während die ältere Forschung in dem Bildnis ein Werk des venezianischen Malers Palma il Vecchio erkennt, spricht die jüngere Forschung das Porträt einstimmig Christoph Amberger zu, der jedoch 1527 noch nicht in die Malerzunft aufgenommen worden war. JW

IX.44

IX.44 ›Neue Zeitung‹ aus Brasilien
Copia der Newen Zeytung auß Pressilg landt
Nürnberg, Hieronymus Höltzel, etwa 1515
Druck, 20,5 × 15,0
München, Bayerische Staatsbibliothek, Sign. Rar. 613-1
Lit. Ausst.-Kat. Nürnberg 1992, Kat.-Nr. 5.5; König 1992b; Pohle 2000, S. 104f.; Zweig 2005 [1938], S. 283f.

Bald nach der Gründung der Faktorei in Portugal (1503) waren Handelsagenten der Welser auch auf Madeira tätig. Im Oktober 1509 stattete der Lissabonner Faktor Lucas Rem Funchal einen Besuch ab, fand die dortige Niederlassung jedoch in beklagenswertem Zustand vor. Bei der ›Neuen Zeitung‹ aus Brasilien handelt es sich vermutlich um ein Informationsschreiben von Welser-Agenten auf Madeira an die Zentrale in Augsburg. Die Schrift, die in den beiden ersten Dekaden des 16. Jahrhunderts mehrfach nachgedruckt wurde, enthält Angaben über zwei gerade aus Brasilien zurückgekommene Schiffe sowie die Berichte der Besatzung. Brasilien wird als fruchtbares und tierreiches Land beschrieben, das neben portugiesischen auch von französischen Schiffen angelaufen wird. Über die einheimische

IX.45

IX. PORTUGAL IM 16. JAHRHUNDERT ›539‹

IX.46 BILDNIS DES AUGSBURGER PATRIZIERS UND KAUFMANNS BARTHOLOMÄUS WELSER V.
Meister des Wolfgang Thenn
(tätig erste Hälfte 16. Jahrhundert)
Augsburg, um 1530
Relief, Birnbaumholz, 31,5 × 26,7
Berlin, SMB – Skulpturensammlung und Museum für Byzantinische Kunst, Inv.-Nr. 824
Lit. Bange 1928, S. 51, Taf. 47; Bange 1930, S. 51; Slg.-Kat. Berlin 2006, S. 59; Schiller 2007, S. 11; Theuerkauff 1977, S. 63–68; Theuerkauff 2004, S. 20–22; Vöge 1910, S. 139 f., Kat.-Nr. 291

Das flache Relief zeigt vor einer hügeligen Küstenlandschaft mit bebauter Uferpromenade die stattliche Halbfigur eines bärtigen Mannes in vornehmer Kleidung. Dieser trägt ein Barett auf dem Kopf und eine dem ersten Stand vorbehaltene Pelzschaube. Bei dem Dargestellten handelt es sich mit großer Wahrscheinlichkeit um einen erfolgreichen, im Seehandel tätigen Kaufmann, worauf vor allem das auf offener See liegende Segelschiff zu seiner Rechten hinweist. Das über dem Kopf an einer Girlande hängende Wappen war sicherlich einst bemalt und hätte Auskunft über die Identität des Kaufmannes geben können. Hans H. Wilmes gelang es schließlich anhand eines von Johann Georg Eimmart gefertigten Kupferstiches, den Porträtierten des Berliner Reliefs als den Augsburger Patrizier und Kaufmann Bartholomäus Welser V. (1484–1561) zu identifizieren.

Die Welser gehörten neben den Fuggern zu den erfolgreichsten Fernhandelskaufleuten, die bereits 1505/06 Teile der portugiesischen Flotte für eine Handelsfahrt nach Indien finanzierten. Der im Relief dargestellte Bartholomäus Welser, der von 1519 bis 1551 der Augsburger Welser-Gesellschaft vorstand, schloss zudem 1528 mit der spanischen Krone einen Handelsvertrag ab, einen sogenannten *Asiento*, mit dem er die Statthalterschaft der Überseeprovinz Venezuela erlangte. Mit dieser Kolonialgründung sicherte er sich einen wichtigen Stützpunkt für seinen Amerikahandel. Auf die Gefahren und wirtschaftlichen Risiken, die solche Unternehmungen bargen, weist das Relief in bemerkenswerter Deutlichkeit hin: Seine rechte Hand ruht auf einem Totenkopf, der, wie die Blume in seiner Linken und das Stundenglas am rechten vorderen Bildrand, an die Vergänglichkeit irdischen Lebens und Wohlstandes erinnern soll. Der Notname des Künstlers bezieht sich auf das im British Museum aufbewahrte Porträtrelief des Wolfgang Thenn, das von derselben Hand stammt wie das Bildnis von Bartholomäus Welser V.
HUK

IX.46

IX.47 PORTRÄT DES BARTHOLOMÄUS WELSER
Monogrammist SM
Wappen und Inschrift »BARTOLOMIO/WELSARIUS/ AETATI S SVE/LXVII./_M_D_L_SM«
1550
Öl auf Holz, 37 × 28
Lauf an der Pegnitz, Freiherrlich von Welsersche Familienstiftung
Lit. Ausst.-Kat. Bonn 2000, Kat.-Nr. 188; Ausst.-Kat. Memmingen 1998, Kat.-Nr. 11; Häberlein 1998, S. 23–34

Der Augsburger Patrizier und Großkaufmann Bartholomäus Welser (1484–1561) repräsentiert auf beispielhafte Weise die enge Verflechtung der mitteleuropäischen Wirtschaft mit der maritimen Expansion der iberischen Mächte. Er war zunächst in der von seinem Vater geführten Firma *Anton Welser, Konrad Vöhlin & Mitverwandte* tätig, die sich bereits 1505/06 finanziell an der Ostindienfahrt des portugiesischen Vizekönigs Francisco d'Almeida beteiligt hatte. 1518/19 übernahm Bartholomäus Welser die Leitung eines eigenen Unternehmens. 1529 schloss er noch einmal einen Vertrag über die Lieferung von Gewürzen mit der portugiesischen Krone.

Als wichtige strategische Weichenstellung erwies sich die finanzielle Unterstützung der Kaiserwahl Karls V. im Jahr 1519, die eine lange Reihe von Darlehngeschäften mit den Habsbur-

IX.47

gern einleitete. Die hieraus erwachsenen Beziehungen zur spanischen Krone führten zu einem verstärkten Engagement in Übersee, das 1528 im Abschluss von Verträgen über die Kolonisation Venezuelas gipfelte. Dieses Projekt, das von den Statthaltern und Generalkapitänen der Welser vor allem als Beuteunternehmen betrieben wurde, entwickelte sich jedoch zu einem finanziellen Verlustgeschäft. Nachdem 1546 Bartholomäus' gleichnamiger Sohn sowie sein Repräsentant in Venezuela ermordet worden waren, entzog die spanische Krone den Welsern die Kontrolle über ihre Kolonie. Die Urheberschaft des Porträts, das den Augsburger Unternehmer in jener Zeit zeigt, ist nicht gesichert. Trotz der starken Reduktion der künstlerischen Ausdrucksmittel (Brustbild vor neutralem Hintergrund) unterstreicht das Bildnis den gesellschaftlichen Stand des Dargestellten. So wird der obere linke Rand von dem alten patrizischen Lilienwappen der Welser eingenommen. JW

IX.48 Kokosnusspokal des Sebastian Welser
Gregorius Türck (Meister 1547 – gest. 1569 Nürnberg)
nach 1566
Silber, gegossen, getrieben, punziert, vergoldet, 24,5
München, Bayerisches Nationalmuseum, Inv.-Nr. R 260
(vor 1867 erworben)
Lit. Ausst.-Kat. Chemnitz/Bochum 1994, Kat.-Nr. 1.32;
Ausst.-Kat. Nürnberg 1985, Kat.-Nr. 32; Fritz 1983, S. 105f.;
Habich 1931, S. 1566, Nr. 1753

Das auszeichnende Element des mit rundem Fuß und vasenförmigem Schaft versehenen Pokals von recht einfacher Erscheinung ist die als Kuppa dienende Kokosnuss, die von drei ornamentierten Spangen gefasst wird. Auch für den Deckel sind Teile einer Kokosnuss verwendet. Im Unterschied zu zahlreichen Kokosnussgefäßen der Renaissance ist die Nuss hier nicht mit figürlichen Darstellungen beschnitzt, sondern roh belassen und gelackt. Das Innere ist geschliffen und gelackt, weshalb man auf eine – zumindest potenzielle – Verwendung als Trinkgefäß schließen kann.

Auf der Innenseite des Deckels ist eine Nürnberger Medaille mit dem Bildnis des Sebastian Welser und dem Datum 1566 – dem Todesjahr des Dargestellten – eingesetzt. Sebastian Welser, im Jahr 1500 als Sohn Jakob Welsers d. Ä. geboren, leitete seit 1537 das Nürnberger Kontor des Handelshauses der Welser; nach dem Tod seines Bruders Hans, des Leiters des Augsburger Kontors, wurde er 1559 Alleininhaber der Firma. Sebastian Welser hatte nicht nur in der Reichsstadt Nürnberg, sondern auch im Fränkischen Kreis hohe Ämter inne. Möglicherweise wurde der von dem bedeutenden Nürnberger Goldschmied Gregorius Türck gefertigte Pokal zu Sebastian Welsers Gedächtnis in Nürnberg gestiftet. LS

IX.49 Bestätigungsschreiben von Philipp II.
für Armão Borquers
Philipp II. (Valladolid 1527 – 1598 El Escorial)
1581
Illuminiertes Pergament, 27,7 × 18,7
Coimbra, Biblioteca Geral da Universidade de Coimbra,
Inv.-Nr. Secção de Manuscritos, cód. 437
Lit. Ramalho/Nunes 1945, S. 176

Es handelt sich um einen am 3. Juni 1581 für Armão Borquers (wohl ursprünglich Hermann Borchers) ausgestellten Brief. Der aus Hamburg stammende Borquers war ein in Lissabon ansässiger deutscher Kaufmann. Das Dokument bestätigt eine Reihe

IX. Portugal im 16. Jahrhundert ›541‹

IX.48

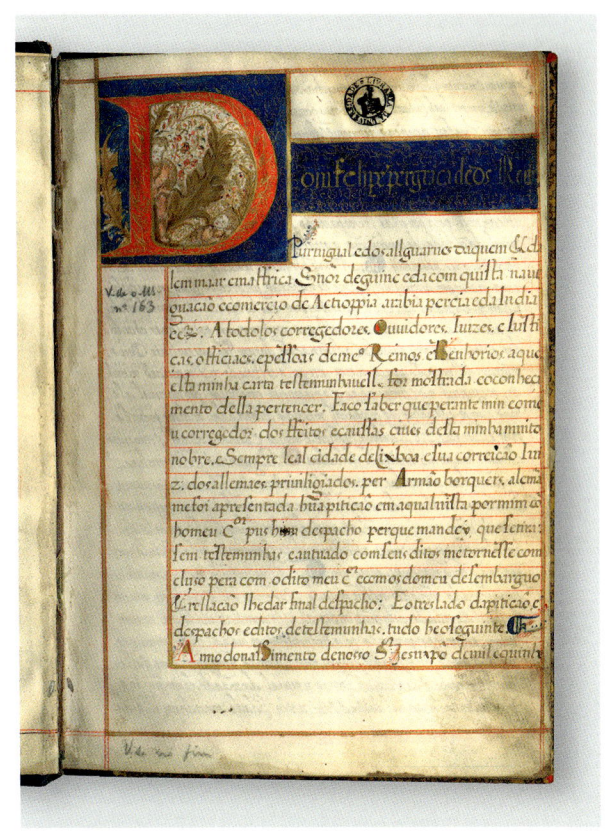

IX.49

von Vergünstigungen und Privilegien, die die portugiesischen Könige früher den in Portugal und vor allem in Lissabon niedergelassenen deutschen Handelsleuten gewährt hatten. Die Initiale ist blau und rot illuminiert. Der Brief ist Bestandteil einer Sammlung von insgesamt 20 Folios mit ähnlichen Briefen und Konzessionen, die zwischen 1503 und 1546, also während der Herrschaftszeit der Könige Dom Manuel I. und Dom João III., ausgestellt wurden. PP

IX.50 Porträt von Dom Sebastião
Manuel Henriques (zugeschrieben), 17. Jahrhundert
Öl auf Leinen, 120 × 88
Évora, Museu de Évora, Inv.-Nr. 4461 (aufbewahrt in der Universität von Évora, im ehemaligen Priesterseminar der Gesellschaft Jesu)

Das Porträt des Dom Sebastião (1554–1578) folgt demselben Prinzip wie dasjenige Joãos III. (Kat.-Nr. IX.22), wobei dieses Bildnis auf einem Porträt von Cristóvão de Morais basiert. Es zeigt den jungen König in Rüstung, gekrönt und mit einem

Medaillon um den Hals, das ebenfalls das Kreuz des portugiesischen Militärordens aufweist. Die Inschriftentafel betont seine Rolle als Patron der Jesuiten. Das Porträt stammt ebenfalls aus dem ehemaligen Priesterseminar der Gesellschaft Jesu in Évora. PP

IX.51 Allegorie des Angriffs einer christlichen Flotte auf Ceuta
In: Francisco de Holanda, *Da Fábrica que Falece à Cidade de Lisboa*
Francisco de Holanda (Aveiro 1507 ? – 1581)
Handschrift und Zeichnungen auf Papier, 36,7 × 47
Lissabon, Biblioteca da Ajuda, Sign. BA COD. MS. 52-XII-24
Lit. Alves 1986b; Deswarte 1981; Deswarte 1983; Moreira 1998

Mit Francisco de Holanda wird in Portugal der Übergang von der Renaissance zum ›Manierismus‹ verbunden. Holanda brach 1538 nach Rom auf, wo er Umgang mit Humanisten und mit Künstlern wie Serlio und Michelangelo hatte. Letzterer stand im Mittelpunkt seiner 1548 in Portugal beendeten ›Römischen

IX.50

Dialoge‹ (*Diálogos de Roma*, auch *Diálogos de pintura antiga* genannt), eines der wichtigsten kunsttheoretischen Werke des 16. Jahrhunderts. Holanda schwankte zwischen rücksichtsloser Avantgarde und dem Bedürfnis nach einer Versöhnung mit der Gegenreformation. In dem 1571 verfassten Werk *Da fabrica que falece à cidade de Lisboa* (Von den Bauten, die der Stadt Lissabon fehlen) präsentierte Holanda dem König Dom Sebastião eine Gruppe von Gebäuden, die Lissabon ein monumentales Profil geben sollten. Er schlug neue Kirchen, Zivilbauten und Befestigungsanlagen vor und stützte sich dabei auf Skizzen, die er im Laufe seiner Reisen in Ferrara, Pesaro, Nizza, Genua und anderen Städten angefertigt hatte. Inspiriert wurde er auch vom 1537 erschienenen ›Vierten Buch‹ des Sebastiano Serlio sowie durch römische Bauten wie die Santo-Spirito- und die Loreto-Kirche (1534 und 1540).

Im vorliegenden Werk des Francisco de Holanda sind auch zwei typisch ›manieristische‹ Darstellungen enthalten, die wegen ihrer konzeptionellen Dichte (im Sinne des italienischen *concetto*) als visuelle Poesie bezeichnet werden können, die fast schon barock wirkt. Dargestellt sind ein portugiesisches Heer in Form eines Kreuzes bei der Überquerung der Meerenge von Gibraltar und ein Heer in anthropomorpher Form. Holanda war einer derjenigen, die Dom Sebastião zu einer Kampagne in Marokko drängten. Die Bilder zeigen einen idealisierten Angriff auf jenes Land und stehen für ein größeres geopolitisches Vorhaben. Zu sehen ist unter anderem die Festung von Alcácer-Quibir (el-Ksar el-Qibir), bei der ein Heer zusammenströmt. Solche Phantasien fanden beim jungen Dom Sebastião, der sich selbst als Krieger zu profilieren suchte, ein tragisches Echo. (Abb. 3, S. 92 und Abb. 8, S. 233) PP

IX.52 Bericht über den Tod König Dom Sebastiãos in Nordafrika

Portugalesische Schlacht / Vnd gewisse Zeitung aus Madrill vnd Lisabona / sampt leiddigem Fall / dem König aus Portugal den fünfften Augusti dieses lauffenden 1578. Jars widerfahren: Darinnen drey Könige / vnd vber zwanzig Tausent streitbarer Mann / one Tros / Schantzgreber / Fuhrleut / vnd andere Personen vmbkommen
Leipzig, Johann Beyer, 1578
Druck, 19,6 × 15,8
Berlin, Staatsbibliothek zu Berlin – PK, Abteilung Historische Drucke, Sign. Flugschrift 1578/4
Lit. Marques 2001, S. 214–230; Newitt 2005, S. 154 ff.

Mit 14 Jahren hatte Dom Sebastião (1554–1578) die Regierung übernommen, wobei sein Hauptinteresse weniger der politischen Ordnung des Landes als den christlichen Eroberungen im Norden Afrikas galt, das er 1574 zum ersten Mal besuchte. Dem ehemaligen Sultan von Fez, Mulay Muhammad Al-Mutawak-kil, der 1575 von seinem Bruder um den Thron gebracht worden war, sagte er militärische Hilfe zu. Doch in der Schlacht von Alcácer Quibir erlitten die unter der Führung des ungestümen jungen Königs schlecht organisierten Truppen 1578 eine verheerende Niederlage.

Die Flugschrift berichtet, wie die portugiesische Armada Anfang August 1578 »sich auff Africa zu dem Königreich Fesso gewendet / dasselbige einzunemen«; doch wurden die Einwohner des Angriffs gewahr, begannen zunächst ein ablenkendes Scharmützel mit lediglich 4000 Reitern und sammelten im Hintergrund weitere Kräfte. Obwohl seine Feldherren dem portugiesischen König abrieten, mit den wenigen und erschöpften an Land gesetzten Truppen eine Schlacht zu riskieren, drängte dieser zum raschen Angriff, was mit der Niederlage der portugiesischen Streitkräfte (bzw. des internationalen Söldnerheeres unter portugiesischem Kommando) und dem Tod Dom

IX. Portugal im 16. Jahrhundert ›543‹

IX.54

Sebastiãos endete. Über die Reaktion in Lissabon heißt es: »Als nun diese laydige Zeitung zu vns gen Lisabona kommen / ist ein solches wehklagen vnter dem gemainen Volck / vnd die Mannsbilder als wann sie halb todt weren umbgangen / Vnnd sonderlich von Weibsbildern / ein kläglichs heulen und weinen gewest / das es wol ein Stain möchte erbarmet haben / Dann wir Portugaleser in dieser Schlacht nit allein vnser Haupt und König verloren / Sondern auch manche Matrona iren Mann / Kind / vnd alles Gelt und Gut auff ein mal dahinden gelassen / welches wol zu erbarmen / und ist dem Königreich Fessa ein vber grosser Schatz durch gehörtes unglück zu komen / dann der beste Adel vnd statlichsten im Königreich Portugall / alles ihr Gelt / Gut und Blut / bey ihrem König zugesetzt und verloren / wiewoln Gott lob etliche Schiff wiederum aus India in Portugall diese tag mit grossem mercklichen Gut ankommen.« MK

IX.53 Bericht über die Trauerfeiern zum Tod Dom Sebastiãos sowie über die Krönung des Kardinals Dom Henrique zum neuen portugiesischen König im Jahre 1578

Summarischer Kurtzer begrif und Jnnhalt / deren Ceremonien / so zu Lisabona im Königreich Portugall gehalten worden / als der Durchleuchtig / Großmechtig König Sebastianus / löblicher gedechtnuss / betrawert vnd beweynet worden. Dergleichen auch / mit waserley Solemnitet und Herzlichkeit / der Cardinal Don Henricus / zum newen König in Portugall erwehlet / bestethigt und proclamiert worden

Nürnberg, Heußler, 1579

Druck, 18,5 × 14,8

Berlin, Staatsbibliothek zu Berlin – PK, Abteilung Historische Drucke, Sign. Flugschrift 1579/6

Lit. Marques 2001, S. 214–230; Newitt 2005, S. 154 ff.

Bei der Schlacht von Alcácer Quibir (al-Qasr al-Sagir) war 1578 sowohl ein Großteil der aristokratischen Elite Portugals als auch – vermutlich – König Dom Sebastião selbst ums Leben gekommen (da der Leichnam offiziell nicht gefunden wurde, blieb auch die Vorstellung von einer baldigen Rückkehr des Königs am Leben). Da Dom Sebastião keine Nachkommen hatte, übernahm zunächst der betagte Kardinal Henrique, Sohn Dom Manuels, die Regierungsgeschäfte. Als dieser 1580 kinderlos verstarb, war der Weg frei zur Übernahme der portugiesischen Krone durch Philipp II. von Spanien. Es begann die 60 Jahre dauernde Zeit der iberischen Personalunion.

Die Flugschrift, in der es heißt, dass Dom Sebastião »Königlich zu der Erde bestettigt / vnd nicht / wie das geschrey gangen / verloren worden/«, schildert das Wehklagen in den Straßen Lissabons nach dem Tod des jungen Königs, den Trauerzug sowie den anschließenden Gottesdienst. Im zweiten Teil finden dann die Amtsübernahme von Kardinal Henrique, die Ehrbezeugungen des Adels sowie die zur Krönung stattfindenden Ritterspiele Erwähnung. MK

IX.54 Dona Isabel von Portugal

Um 1526

Öl auf Holz, 40 × 29

Lissabon, Museu Nacional de Arte Antiga, Inv.-Nr. 2172 Pint

Lit. Ausst.-Kat. Lissabon 1995, Kat.-Nr. 25; Ausst.-Kat. Wien 2000; Bernecker/Pietschmann 2001

Dona Isabel (1503–1539) war die Tochter des portugiesischen Königs Dom Manuel. 1526 wurde sie in Sevilla Ehefrau von Kaiser Karl V. Zu Zeiten, in denen der Kaiser abwesend war, führte sie in Spanien die Amtsgeschäfte.

Nachdem 1578 der portugiesische König Dom Sebastião in Nordafrika gefallen war und sein ebenfalls kinderloser Nachfolger, Kardinal Henrique, 1580 verstarb, war es Philipp II. von Spanien, der Sohn von Isabel und Karl, der seine Ansprüche auf den Thron von Portugal anmeldete. Nicht zuletzt mit Hilfe eines Heeres unter der Leitung des Herzogs von Alba vermochte er diese auch gegen andersartige Interessen durchzusetzen. Im April 1581 ließ sich Philipp von einer Ständeversammlung in Tomar zum neuen König (Philipp I. von Portugal) wählen. Doch versprach er, die Verwaltung beider Reiche getrennt zu halten, die portugiesische Rechtsordnung zu respektieren und alle wichtigen Ämter mit Portugiesen zu besetzen. So begann die Zeit der spanisch-portugiesischen Personalunion, die bis 1640 andauern sollte.

Weitere Kinder von Dona Isabel waren die Infantin Juana, Mutter Dom Sebastiãos, die den bereits 1554 verstorbenen Prinzen João, den Sohn des portugiesischen Königs João III. (1502–1557) geheiratet hatte, sowie die Infantin Maria, die spätere Gattin Maximilians II. Bei dem Bild handelt es sich um eine recht frühe Darstellung, die die Kaiserin Anfang oder Mitte 20 zeigen dürfte. Der Maler des Bildes ist nicht bekannt, möglicherweise stammt es aus der Werkstatt von Joos van Cleve und wurde dort zwischen 1526 und 1530 geschaffen. MK

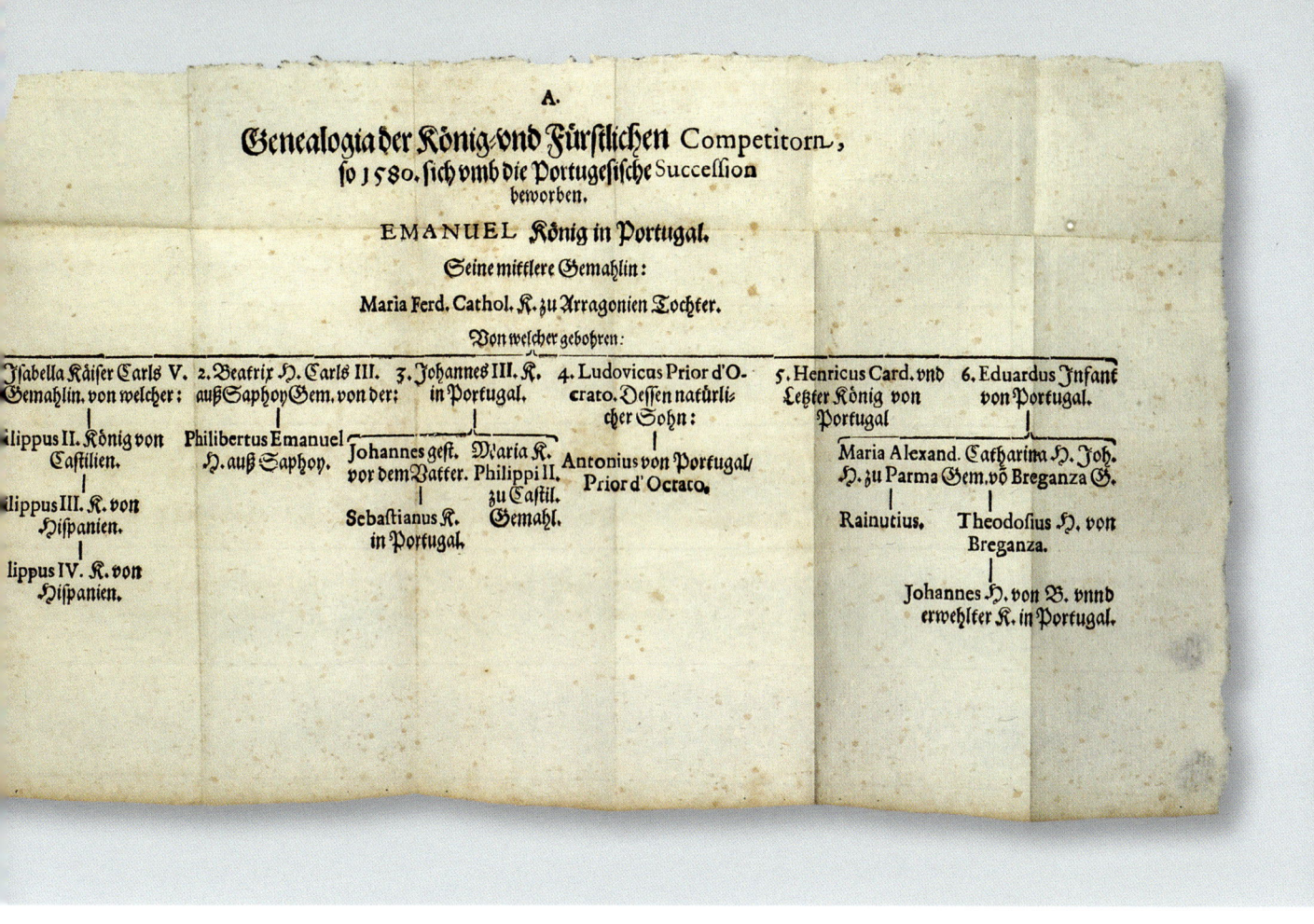

IX.55 Bericht über die portugiesische Unabhängigkeit 1640

Kurtze / aber nachrichtsame Beschreibung Des mächtigen und berühmbten Königreichs Portugal: auch der darinnen gelegenen Königlichen Hauptstadt Lisbona / Sampt einem klaren Bericht von gegenwärtigem Auffstand / Sodann von deß Hertzogs von Breganza vermeintem Zuspruch zu ermeldter Cron
Johann Heinrich Hagelganß (1606–1647)
Nürnberg, 1641
Druck, 13,3 × 9 × 2,5
Wolfenbüttel, Herzog August Bibliothek, Sign. T 301.12° Helmst.
Lit. Marques 2001, S. 230–241

Nach 60-jähriger Personalunion mit Spanien (1580–1640) führte ein Aufstand, der vor allem von einem Teil der Aristokratie aktiv betrieben worden war, im Jahre 1640 zur neuerlichen Unabhängigkeit Portugals. Mit diesem aktuellen Anlass begründet Hagelganß die Abfassung seiner kleinen Schrift. Noch auf die politischen Grenzen vor 1640 bezugnehmend, beginnt er zunächst mit einer knappen Darstellung »Von dem Land Hispanien in gemein«, um sich anschließend gezielt der Beschreibung Portugals zu widmen. Kapitel IV enthält eine Aufzählung »Von den Städten und Vestungen in Afrika Ost-Indien vnd Brasilien so zu Portugal gehörig«. Im IX. Kapitel, das »Von dem Weltlichen vnnd Bürger Stand« handelt, widmet sich Hagelganß dann ausführlicher der Macht und Abstammung der herzöglichen Familie von Bragança. Das letzte Kapitel, beginnend mit dem Hinweis, »daß vielgedachten Herzogs von Breganza Anspruch zu solcher Cron die vornembste Ursach seyn mag«, schildert schließlich die Revolte vom Dezember 1640, an deren Ende die Krönung des Herzogs von Bragança zum neuen portugiesischen König, Dom João IV., stand. Ein Friedensvertrag, in dem Spanien Portugals Unabhängigkeit sowie die Unantastbarkeit seiner Grenzen und Besitzungen anerkannte, kam allerdings erst 1668 zustande. Auch das nordafrikanische Ceuta, dessen Einnahme 1415 den Beginn der portugiesischen Eroberungen außerhalb Europas markiert hatte, blieb unter spanischer Herrschaft.

Eingefaltet finden sich zu Beginn des Büchleins eine kleine Portugalkarte sowie die hier abgebildete Genealogie zum Nachfolgestreit um die portugiesische Krone 1580. MK

X. Internationale Konflikte

Gewalt war ein zentraler Bestandteil der europäischen Expansion. Der Übergriff auf Nordafrika ab 1415 erfolgte in der Tradition der Kreuzzüge. Bereits die frühen Erkundungsfahrten an der westafrikanischen Küste wurden zum Sklavenfang genutzt. Die ersten portugiesisch-indischen Begegnungen in Kalikut endeten im Feuerhagel der Schiffsartillerie. Es erwies sich damals für Portugal als entscheidender Vorteil, dass die Kriege der asiatischen Großreiche im Binnenland ausgetragen wurden. Der internationale Handelsverkehr auf dem Indischen Ozean verlief im späten 15. Jahrhundert vergleichsweise friedlich und wurde von keiner Flottengroßmacht kontrolliert.

Dass Portugal nach Beginn der Entdeckungsfahrten bis zur Zeit der Personalunion mit Spanien (1580–1640) nur wenig an Konflikten innerhalb Europas beteiligt war, kam dem Land ebenfalls zugute. Doch trugen die einzelnen Länder ihren Kampf um die eigene Vormachtstellung bald auch in Übersee aus. Der Portugiese Fernão de Magalhães (Magellan) führte trotz aller Interventionen seines Herkunftslandes die spanische Konkurrenz zu den Gewürzinseln. Im Atlantik versuchten französische, englische und später holländische Freibeuter regelmäßig iberische Handelsschiffe zu kapern. In Brasilien verbündeten sich Franzosen und Portugiesen mit unterschiedlichen indianischen Völkern, die auf diese Weise in die Konflikte fremder Machthaber einbezogen wurden. Im 17. Jahrhundert griffen schließlich die Niederlande im Rahmen ihres eigenen Unabhängigkeitskampfes gegen Spanien gezielt portugiesische Stützpunkte in Brasilien, Westafrika sowie Süd- und Südostasien an, was Historiker wie Charles R. Boxer dazu brachte, diese weltumspannenden Auseinandersetzungen als den eigentlichen Ersten Weltkrieg zu bezeichnen. In der Folgezeit wurde Portugal vor allem in Asien aus zahlreichen zuvor beherrschten Stützpunkten vertrieben. Neben den Niederlanden etablierten sich Frankreich und England als neue Kolonialmächte. Doch auch Schweden, Dänemark und Brandenburg versuchten bereits im 17. Jahrhundert koloniale Besitzungen aufzubauen.

Die Reaktionen der einheimischen Bevölkerung waren unterschiedlich. Sie reichten von erbittertem Widerstand bis zu friedlicher Koexistenz, von Vertreibung der Neuankömmlinge bis zu strategischem Einlenken und dem Versuch, über durchaus willkommene Bündnisse mit den Fremden eigene Vorteile gegenüber alten Gegnern zu erlangen. MK

X. Conflitos internacionais

A violência fez parte integrante da expansão europeia. A investida no Norte de África, a partir de 1415, foi consequência da tradição das cruzadas. Até mesmo as primeiras expedições, pela costa ocidental africana, foram aproveitadas para captura de escravos. Os primeiros contactos indo-portugueses, em Calecute, terminaram em fogo cruzado da artilharia naval. O facto de os conflitos bélicos, entre os impérios asiáticos, serem meramente terrestres, revelou-se de crucial vantagem para Portugal. O tráfego comercial internacional no Oceano Índico, decorreu, comparativamente, pacífico, durante os finais do século XV, não tendo sido controlado por nenhuma frota de uma grande potência.

Um outro aspecto, igualmente, vantajoso para Portugal foi o país, desde o início das Descobertas até à União Pessoal (1580–1640), não se ver envolvido em quase nenhuns conflitos a nível europeu. Não obstante, não levou muito tempo a que alguns países começassem também a lutar pela sua posição dominante no Ultramar. O navegador português Fernão de Magalhães conduziu a concorrência espanhola às ilhas das especiarias, apesar de todas as intervenções do seu país de origem. No Atlântico, corsários franceses, ingleses e mais tarde holandeses, tentaram apresar, regularmente, navios comerciais ibéricos. No Brasil, franceses e portugueses solidarizaram-se com diferentes etnias índias, sendo estas, deste modo envolvidas nos conflitos de potências estrangeiras. No século XVII, os Países-Baixos, no âmbito da sua própria luta de independência contra a Espanha, atacaram bases portuguesas no Brasil, na África Ocidental, assim como no Sul e Sueste da Ásia, o que levou historiadores, como Charles R. Boxer, a descrever estas tensões mundiais como sendo a primeira guerra mundial. No período seguinte, Portugal foi perdendo as suas inúmeras bases, que antes dominara, sobretudo na Ásia. Além dos Países-Baixos, a França e a Inglaterra estabeleceram-se como novas potências coloniais. Mas também a Suécia, a Dinamarca e Brandeburgo tentaram, ainda no século XVII, constituir colónias ultramarinas.

Os povos indígenas reagiam aos colonizadores de modos diferentes. As reacções iam desde a resistência implacável até à coexistência pacífica e da expulsão dos intromissores à manipulação estratégica e à tentativa de, através de alianças com os estrangeiros, beneficiar de vantagens em relação a antigos adversários. MK

X. Internationale Konflikte

X.1

X.1 Teller mit Emblem der Ost-Indischen Handelskompanie
Japan, Arita, um 1700
Porzellan mit kobaltblauer Bemalung (Imari), 40 (Dm.)
Stuttgart, Linden-Museum, Inv.-Nr. OA 24.267
Lit. Ausst.-Kat. Düsseldorf 2000; Butz 1997

Spätestens seit Marco Polo verbreitete sich, von Italien ausgehend, in Europa die Kunde vom chinesischen Porzellan. Im 16. Jahrhundert gehörte es neben Seide zu den begehrtesten Handelsgütern, die Portugal aus dem Reich der Mitte ausführte. Dabei stellte sich China rasch auf die steigende Nachfrage aus dem Ausland ein – zuvor war bereits lange der islamische Markt beliefert worden – und produzierte eine spezielle Exportkeramik. Abgeleitet vom Namen der portugiesischen Schiffe, die diese Ware transportierten, etablierte sich für einen bestimmten, in der Stadt Jingdezhen hergestellten Typ dieser Exportware in Holland der Name *Kraakporselein*.

Über die 1602 gegründete *Vereenigde Oost-Indische Compagnie* (VOC) begann Holland seine Position im Fernhandel mit Asien auszubauen. Allein in der ersten Hälfte des 17. Jahrhunderts sollen mehr als drei Millionen Stück chinesischen Porzellans von den Schiffen der VOC nach Europa gebracht worden sein. Nach dem Ende der Ming-Dynastie (1368–1644) begann man in der zweiten Hälfte des 17. Jahrhunderts die große Nachfrage in Europa zunehmend mit Stücken aus Japan zu befriedigen.

Bereits zu Beginn des 17. Jahrhunderts war in Arita auf Kyūshū ein neuer Produktionsstandort für Porzellan entstanden. Über den Ausfuhrhafen Imari, die Nagasaki vorgelagerte Insel Deshima sowie Batavia (Jakarta) gelangte die Ware nach Europa. Der aus japanischer Produktion stammende Teller vom Ende des 17. Jahrhunderts zeigt in der Mitte das Emblem der VOC. MK

X.2 Malakka nach der Eroberung durch die Niederländer
In: *Atlas Vingboons*
Johannes Vingboons (1616/17–1670)
Niederlande, um 1660
Wasserfarbe auf Papier, 44 × 96
Den Haag, Nationaal Archief, Inv.-Nr. VELH 619-67
Lit. Ausst.-Kat. Berlin 1985, Kat.-Nr. 5.8; Dias 1998, S. 400–406

Im Jahr 1641 wurde Malakka von den Niederländern und den mit ihnen verbündeten Truppen des benachbarten Sultanats Johor nach heftigen Kämpfen erobert. Die *Vereenigde Oost-Indische Compagnie* (VOC) hatte nun nach jahrzehntelangen Bemühungen die Kontrolle über die Meerenge zwischen der Malaiischen Halbinsel und Sumatra errungen und beherrschte den wichtigsten Schifffahrtsweg zu der östlichen Interessensphäre des *Estado*. In Vingboons Ansicht repräsentieren die drei Galeonen im Vordergrund die niederländische Seemacht, während die Stadt selbst noch immer Spuren der militärischen Auseinandersetzungen zeigt, die nun bereits rund zwanzig Jahre zurücklagen. So sind von der Festung *A Famosa*, die zu Beginn des 16. Jahrhunderts unter dem portugiesischen Vizekönig Afonso de Albuquerque an der Mündung des Malakka-Flusses erbaut worden war, nur noch der zerschossene Stumpf des ehemals hohen Eckturmes (Kat.-Nr. VII.I.13) sowie die Ruinen eines Nebengebäudes erhalten. Die mächtigen Bollwerke der Uferbefestigung, die wie die vor der alten Festung gelegene Bastion *São Pedro* ebenfalls noch auf die portugiesische Zeit zurückgehen, sind hingegen instand gesetzt und mit Kanonen bestückt. Auf dem Hügel über der Stadt ist vermutlich die Kirche des ehemaligen Jesuitenkollegs zu erkennen, die 1577 von dem Jesuitenmissionar Alessandro Valignano erneuert worden war und nun wohl als protestantisches Gotteshaus diente. (Abb. 1, S. 174 und Abb. 8, S. 187) JW

X. INTERNATIONALE KONFLIKTE

Malakka war aufgrund seiner ebenso exponierten wie strategisch wichtigen Lage auf dem Weg zu den Gewürzinseln bereits 1606 einem ersten Angriff durch die niederländische Ostindische Kompanie (VOC) ausgesetzt. Schon zwei Jahre später, im November 1608, ankerte eine Flotte unter dem Kommando des Admirals Peter Willemsz Verhoeff vor der Stadt und begann mit der Vorbereitung einer erneuten Belagerung. Zu diesem Zweck wurden etwa hundert Soldaten und einige Zimmerleute auf einer nahegelegenen Insel an Land gesetzt. Sie sollten fünf kleinere Schiffe bauen, mit denen die Niederländer die Kontrolle über den Archipel in der Umgebung von Malakka zu gewinnen hofften. Um dies zu verhindern, unternahmen die Portugiesen am 27. November einen Gegenangriff, den die Niederländer jedoch mit der Unterstützung malaiischer Seeräuber zurückschlagen konnten. Da das angrenzende Sultanat Johor aufgrund fehlender Schiffe nicht in der Lage war, Truppen für die Belagerung Malakkas bereitzustellen, wurde diese jedoch aufgegeben. Bis zu ihrer Eroberung im Jahr 1641 blieb die Stadt in portugiesischer Hand. Bei der bildlichen Darstellung der Ereignisse stützte sich de Bry auf den Bericht Johann Verkens, der die Flotte Verhoeffs als Korporal, später als Kapitän begleitet hatte. Die topografische Situation Malakkas ist dementsprechend nur in ihren Grundzügen wiedergegeben. So könnte es sich bei der neben der Flussmündung am rechten Bildrand gelegenen Verteidigungsanlage um die Festung *A Famosa* handeln, für die jedoch in zeitgenössischen Ansichten (Kat.-Nr. VII.I.13) eine völlig andere Baugestalt überliefert ist. JW

X.3

X.4

X.3 PORTUGIESEN WERDEN VON DEN HOLLÄNDERN BEI MALAKKA IN DIE FLUCHT GESCHLAGEN
In: Johann Theodor de Bry, *Neundter Theil Orientalischer Indien / Darinnen begrieffen Ein kurtze Beschreibung einer Reyse / so von den Holländern und Seeländern / in die Orientalischen Indien / mit neuen grossen und vier kleinen Schiffen / unter der Admiralschafft Peter Wilhelm Verhuffen / in Jahren 1607. 1608. und 1609 verrichtet worden*, Tafel VI
Johann Theodor de Bry
(Straßburg 1561 – 1623 Bad Schwaebach)
Frankfurt a. M., 1612
Kupferstich, Typendruck, 31,2 × 20,1
Berlin, Deutsches Historisches Museum, Inv.-Nr. Gr 53/2373
Lit. Berger 1981, Bd. 2, S. 218–222; Borschberg 2005, S. 197

X.4 BÜNDNIS DER HOLLÄNDER MIT DEM KÖNIG VON KALIKUT
In: Johann Theodor de Bry, *Appendix. Oder Ergänzung deß achten Theils Der Orientalischen Indien / Begreiffend drey Schiffarten / [...] / die dritte / unter der Admiralschafft Stephani von der Hagen / in dreyen Jaren verrichteten. In welchen etliche Victorien wieder die Portugiesische Kracken oder Schiffe / sonderlich aber die jüngste Eroberung und Einnemmung der Portugiesischen Festungen Annabon und Tidor, kürtzlich vermeldet werden*, Taf. IV
Johann Theodor de Bry
(Straßburg 1561 – 1623 Bad Schwaebach);
Georg Keller (Stecher, Frankfurt 1568 – 1634 Frankfurt)
Frankfurt a. M., 1606
Kupferstich, Typendruck, 31,1 × 19,7
Berlin, Deutsches Historisches Museum, Inv.-Nr. Gr 53/2362
Lit. Berger 1981, Bd. 2, S. 215–218

X.5

Ende 1603 brach eine aus zwölf Schiffen bestehende Flotte der niederländischen Ostindienkompanie unter dem Kommando von Steven van der Hage nach Indien und Südostasien auf, um die dortigen Handelswege und Stützpunkte der Portugiesen anzugreifen. Wenn auch die weitgesteckten Ziele wie die Eroberung Goas und die Vertreibung der Portugiesen von den Molukken nicht erreicht werden konnten, war die Expedition dennoch ein großer strategischer Erfolg. So konnte van der Hage mit dem *Samudrin* von Kalikut im November 1604 einen Bündnisvertrag abschließen, der dem indischen Herrscher Beistand im Kampf gegen die Portugiesen versprach und den Niederländern im Gegenzug Handelsrechte an der Malabarküste einräumte. In seiner *India Orientalis* hat de Bry eine Darstellung der persönlichen Begegnung zwischen dem Samudrin und dem niederländischen Admiral aufgenommen. Sie schildert den Moment der Übergabe der Vertragsurkunde und den Schwur auf die neu geschlossene Allianz. JW

X.5 HOLLÄNDER WERDEN VOM ›KAISER‹ VON KALIKUT STATTLICH EMPFANGEN
In: Johann Theodor de Bry, *Neundter Theil Orientalischer Indien / Darinnen begrieffen Ein kurtze Beschreibung einer Reyse / so von den Holländern und Seeländern / in die Orientalischen Indien / mit neuen grossen und vier kleinen Schiffen / unter der Admiralschafft Peter Wilhelm Verhuffen / in Jahren 1607. 1608. und 1609 verrichtet worden*, Tafel IV
Johann Theodor de Bry
(Straßburg 1561 – 1623 Bad Schwaebach)
Frankfurt a. M., 1612
Kupferstich, Typendruck, 31,1 × 19,8
Berlin, Deutsches Historisches Museum,
Inv.-Nr. Gr 90/488.67
Lit. Berger 1981, Bd. 2, S. 218–222

In die Reihe *India Orientalis* nahm Johann Theodor de Bry auch die *Molukken-Reise* des aus Meißen stammenden Johann Verken auf. Dieser war im Dezember 1607 mit der Flotte des niederländischen Admirals Pieter Willemsz Verhoeff nach Ostindien

X.6

aufgebrochen und hatte im Oktober des folgenden Jahres Kalikut an der indischen Südwestküste erreicht. Hier wurde der Bündnisvertrag erneuert, den Steven van der Hagen und der Herrscher von Kalikut bereits im November 1604 abgeschlossen hatten. Der Herrscher des indischen Fürstentums wird in Verkens Bericht zum ›Keyser‹ eines mächtigen Reiches, der in kurzer Zeit ein Millionenheer mobilisieren könne und sich mit großer Prachtentfaltung umgebe: »Seinen Schmuck belangend ist zu wissen, dass er ganz nackt vom Haupt bis auf die Fußsohlen geht, ausgenommen vom Nabel bis auf die Knie wo er mit einem [...] Tuch bekleidet ist. [...] Um seinen rechten Arm hatte er längs am Arm hinauf vierzehn goldene Armbänder, jedes zwei Finger breit, welche ihm fast den ganzen Arm bedeckten. Diese waren auch voll mit köstlichen Edelsteinen versetzt. Und es musste allzeit einer seiner Herrn bei ihm stehen, der ihm wegen des schweren Gewichts den Arm hält.« In de Brys Darstellung treten die Niederländer dem fremdländischen Herrscher als Repräsentanten einer waffentechnisch überlegenen Zivilisation gegenüber und bringen ihm Kanonen als Gastgeschenke dar. JW

X.6 Holländischer Überraschungsangriff auf drei portugiesische Galeonen in der Bucht vor Goa
De verrassing van drie Portugese galjoenen in de Baai van Goa, 30 september 1639
Henrick van d'Anthonissen
(Amsterdam 1605/06 – 1654/60 Amsterdam)
Amsterdam ?, 1643
Öl auf Leinwand, 152 × 275
Amsterdam, Rijksmuseum, Inv.-Nr. SK-A-2126
Lit. Barendse 2005, S. 232–266; Mollema 1942, Bd. 4, S. 382 f.; Slg.-Kat. Amsterdam 1960, S. 20

Mit der Gründung der *Verenigde Oost-Indische Compagnie* (VOC) im Jahr 1602 erwuchs Portugal ein ebenso finanzstarker wie militärisch mächtiger Konkurrent, der seine Stützpunkte im Indischen Ozean und damit auch seine Position im asiatischen Gewürzhandel unmittelbar bedrohte. Im Jahr 1637 geriet Goa, das strategische und administrative Zentrum des *Estado*, in das Visier der niederländischen Offensive. Neun Schiffe der VOC erschienen vor der Stadt, um die Nachschublieferungen aus dem Mutterland sowie den Handelsverkehr von und nach

Goa zu unterbinden. Während dieser Seeblockade, die mit Unterbrechungen bis 1654 aufrechterhalten wurde, kam es wiederholt zu Gefechten mit portugiesischen Flottenverbänden. So gelang es einem Geschwader unter dem Befehlshaber Cornelis Symonsz van der Veer am 20. September 1639, bei einem Überraschungsangriff drei portugiesische Galeonen zu zerstören. Diese lagen in der Bucht von Mormugão, einem befestigten Naturhafen im Umland von Goa, vor Anker.

D'Anthonissens Gemälde zeigt rechts die *Bom Jesus* im Gefecht mit niederländischen Schiffen sowie die beiden anderen Galeonen, *Bonaventura* und *São Sebastião*, die zum Zeitpunkt des Angriffs bereits abgetakelt waren und sich kampflos ergaben. Links nehmen zwei weitere Schiffe der VOC die Festung von Mormugão unter Beschuss. JW

X.7 Bronzemörser

Morteiro, Ende 17. Jahrhundert
Bronze, 79 (L.), 26,6 (Kal.), 675 kg
Berlin, Deutsches Historisches Museum, Inv.-Nr. W 477
Lit. Das Zeughaus 1910, S. 119

Die seit dem 14. Jahrhundert nachweisbaren Mörser gehören in die Gruppe der Steilfeuergeschütze. Während sich für die Feldgeschütze schon bald gusseiserne Kugeln durchsetzten, wurden für Mörser noch längere Zeit Steinkugeln beibehalten. Die Einteilung der Geschütze erfolgte nach dem Steingewicht. Mit Pulver gefüllte Hohlkugeln wurden ebenfalls aus Mörsern verschossen. Der Mörser hat eine kugelförmige Kammer und ist über die ganze Länge mehrfach profiliert. Die Henkel haben die Form von Meerjungfrauen. Die Zündmuschel ist auf der Rückseite mit dem Kopf eines bärtigen Mannes verziert. Auf dem Mittelfeld des Mörsers sind das portugiesische Königswappen und ein bisher nicht identifiziertes Wappen angebracht. (Abb. 9, S. 217) GQ

X.8 Treffen von Admiral Joris van Spilbergen mit dem König von Kandy

In: Johann Theodor de Bry, *Siebender Theil der Orientalischen Indien/darinnen zwo unterschiedliche Schiffarten begrieffen. Erstlich Eine Dreyjährige Reyse Georgij von Spielbergen Admirals uber drey Schiffe/welche An. 1601 auß Seelandt nach den Orientalischen Indien abgefahren/und nach viel widerwertigkeiten An.1604 wider in Seelandt ankommen*
Johann Theodor de Bry
(Straßburg 1561 – 1623 Bad Schwaebach)
Frankfurt a. M., 1605
Kupferstich, Typendruck, 31 × 21
Göttingen, Niedersächsische Staats- und Universitätsbibliothek, Sign. 4° Itin I, 3844 / a:7 Rara
Lit. Berger 1981, Bd. 2, S. 192–198; Biedermann 2006, S. 331–389

Im 16. Jahrhundert war es den Portugiesen nur teilweise gelungen, ihren Herrschaftsanspruch auf Sri Lanka durchzusetzen. Zwar hatten sie 1557 den König des im Südwesten der Insel gelegenen Reiches von Kotte zum Übertritt zum Christentum bewegen und zugleich Erbansprüche auf dessen Territorien erwerben können. Im Landesinneren war jedoch ein unabhängiger Staat mit der Hauptstadt Kandy entstanden. Der Herrscher dieses Reiches, König Wimala Dharma Suriya (reg. 1597–1628), hatte einen Teil seiner Jugend unter portugiesischer Aufsicht in Goa verbracht und den Taufnamen Dom João de Austria angenommen. Bei seiner gewaltsamen Regierungsübernahme wandte er sich jedoch gegen die Einflussnahme von Seiten des *Estado* und versuchte, seine Souveränität durch Bündnisse mit anderen europäischen Kolonialmächten abzusichern. So hieß er Joris van Spilbergen, der das Landesinnere von Sri Lanka im Juli 1602 als erster Holländer erreichte, mit allen Ehren willkommen und bot ihm Orte zur Errichtung von Stützpunkten an. Jedoch erst unter dem Nachfolger des Monarchen, Rajasimha II. (1628–1687), gingen die Niederländer offensiv gegen die Portugiesen vor und eroberten 1658 mit Colombo die letzte portugiesische Festung auf Sri Lanka. (Abb. 8, S. 160) JW

X.9 Hafen- und Stadtplan von Nagasaki
Japan, um 1650
Tempera auf japanischem Maulbeerbaumpapier, 166 × 240
Lissabon, Museu de Marinha, Inv.-Nr. CT-IV-43 [340, PN I]
Lit. Ausst.-Kat. Porto 1999, Kat.-Nr. 158

Der Plan dokumentiert den Zustand der Stadt Nagasaki in ihrer Frühzeit. Auf der Karte ist eine Ansicht der Bucht von Nagasaki zu sehen. Links, in schwarzer Farbe, befindet sich der alte Stadtkern (1570), erweitert durch den in weiß gehaltenen neuen Kern (1587). Der Standort, an dem Nagasaki sich später entfaltete, wurde von den Portugiesen ausgewählt, die die von Natur aus geschützte Bucht als Hafen für ihre *Naus* nutzen wollten. In der Mitte des 17. Jahrhunderts war das weitere Wachstum der Stadt nicht mehr zu stoppen. Auf den Hügeln und Bergen um die Bucht sind verschiedene buddhistische Tempel eingezeichnet. Einer davon stand an der Stelle des ehemaligen jesuitischen Priesterseminar *Todos-os-Santos*.

Der auf dem Plan festgehaltene historische Augenblick zeigt die Ankunft einer von Gonçalo de Sequeira geleiteten portugiesischen Gesandtschaft im Jahre 1647. Die Jesuiten waren vom Shōgun Tokugawa Ieyasu einschließlich der japanischen Seminaristen 1614 aus Japan vertrieben worden, die portugiesischen Kaufleute waren 1638 gefolgt, und die Holländer hatten – wenngleich mit Einschränkungen – den Platz der Portugiesen im japanischen Außenhandel eingenommen. In der Bucht sieht man sehr detailgetreu die portugiesischen Schiffe. Nach dem Dynastiewechsel in Portugal (1640) und der Wiederherstellung der Unabhängigkeit durch Dom João IV. wollte Sequeira erneut Beziehungen zu Japan knüpfen, doch seine Bemühungen scheiterten. PP

X.10 Plan der Schlacht von Cailaco
Joaquim de Matos und unbekannter Künstler, 1726
Aquarell und Kohle auf Papier, 51,5 × 82
Lissabon, Arquivo Histórico Ultramarino do Instituto de Investigação Científica Tropical,
Inv.-Nr. Col. Cartografia Ms., 770
Lit. Ausst.-Kat. Porto 1999, Kat.-Nr. 191

Die Insel Timor wurde von den Portugiesen erstmals 1515 besucht. Sie war aufgrund des dort wachsenden Sandelholzes, das vor allem in China großen Absatz hatte, berühmt. Zu Beginn des 17. Jahrhunderts erlebte Timor eine Zeit großer militärischer Instabilität. Die in naivem Stil gehaltene Ansicht dokumentiert

X. Internationale Konflikte

X.10

eine portugiesische Kampagne gegen einen Aufstand mehrerer Lokalherrscher und erinnert gleichzeitig daran, wie unbeliebt die häufig inkompetenten portugiesischen Verwalter in Timor waren. Konkret geht es hier um eine Rebellion, die 1726 von Truppen unter dem Kommando von Joaquim de Matos, Bento Dias und Gonçalo Magalhães niedergeschlagen wurde. Nach einem ersten Angriff auf die Portugiesen flüchteten sich die äußerst hart kämpfenden Aufständischen in den befestigten Ort Cailaco, wo sie verzweifelten Widerstand gegen die Belagerung durch das von den Portugiesen befehligte Heer leisteten. Die vorliegende Ansicht ist eines der eindrucksvollsten Zeugnisse der Brutalität frühneuzeitlich-kolonialer Kriegsführung in den Tropen und zugleich ein einzigartiges Stück in der Geschichte der europäisch-asiatischen Kartografie. PP/ZB

X.11 Eroberung Salvadors durch die Holländer am 10. Mai 1624

Warhafftige Abbildung von Einnehmung der statt S. Salvator in der Baya de Todos los Santos
Deutschland, nach 1624
Kupferstich, 37,5 × 47
Berlin, Deutsches Historisches Museum, Inv.-Nr. Gr 53/2111
Lit. Hemming 1995 [1978], Kap. 14; Reinhard 1985, S. 116–132

Bereits zu Beginn des 17. Jahrhunderts waren die Niederlande über Ankäufe in Lissabon und die Weitervermarktung in der aufsteigenden Welthandelsstadt Amsterdam stark am Geschäft mit brasilianischem Zucker beteiligt. Nach Ablauf des zwölfjährigen Waffenstillstands mit Spanien (1609–1621) fasste man dort den Beschluss, nach der Ost- (1602) auch eine Westindische Handelskompanie (WIC) zu gründen, die im Atlantik und Ostpazifik eine aggressiv vorgetragene Handels- und Siedlungspolitik ausüben sollte. 1624, also zur Zeit der spanisch-portu-

X. INTERNATIONALE KONFLIKTE › 555 ‹

X.12

giesischen Personalunion (1580–1640), kam es zum niederländischen Angriff auf die damalige Hauptstadt Brasiliens, Salvador da Bahia. Bereits ein Jahr später, am 1. Mai 1625, gelang einer Flotte aus 70 Schiffen mit einer aus den spanischen Ländern der Iberischen Halbinsel sowie Italien stammenden Besatzung die Rückeroberung. Die Kassen der niederländischen WIC füllten sich dann allerdings durch die Kaperung der millionenschweren spanischen Silberflotte auf Kuba 1628. Zwei Jahre später griff man erneut in Brasilien an, diesmal Pernambuco. Unter der Statthalterschaft von Johann Moritz von Nassau (1637–1644) kontrollierten die Niederlande teilweise das Territorium von sieben der in der ersten Hälfte des 16. Jahrhunderts eingerichteten portugiesischen *capitanias*. Rückgabeforderungen, die Portugal nach der wiedererlangten Unabhängigkeit von Spanien (1640) stellte, wies man ab. Nach einem zähen Guerilla- und Kaperkrieg fielen die letzten niederländischen Besitzungen in Brasilien allerdings 1654 wieder an Portugal, was im Frieden von Den Haag 1661 dann auch vertraglich abgesichert wurde. (Abb. 7, S. 201) MK

X.12 SCHLACHT BEI PORTO CALVO
In: Kaspar van Baerle (Caspar Barlaeus), *Rerum per octennium in Brasilia et alibi nuper gestarum historia*, Kupferstich nach Frans Post
Kaspar van Baerle (Antwerpen 1584 – 1648 Amsterdam), Frans Post (1612–1680)
Amsterdam, 1647
Druck, 45,5 × 31 × 7,5
Berlin, Humboldt-Universität zu Berlin, Universitätsbibliothek, Sign. Gesch. 56: Fgr 2/Rara
Lit. Ausst.-Kat. München 2006, Kat.-Nr. 2 u. 27; Jäger 1995; Krempel 2006

1630 begannen sich die Niederländer in Pernambuco festzusetzen. 1635 eroberten sie Porto Calvo, mussten sich ein knappes Jahr später nach Eintreffen neuer Streitkräfte aus Portugal allerdings wieder von dort zurückziehen. Bald nach seiner Ankunft in Brasilien (1637) eroberte der Statthalter der holländischen Kolonie, Johann Moritz von Nassau, die von Portugiesen und

X.14

indianischen Hilfskräften verteidigte Festung erneut. Der etwa hundert Kilometer südlich von Recife gelegene Ort Porto Calvo bildete eine wichtige Bastion im Kampf um die nordbrasilianischen Zuckergebiete. Der Stich zeigt, wie die am linken Bildrand dargestellten portugiesischen Verbände 1637 vor dem nachrückenden Feind die Flucht ergriffen.

Frans Post zählte ebenso wie Albert Eckhout zu den Malern, die Johann Moritz von Nassau zusammen mit weiteren Künstlern und Wissenschaftlern nach Brasilien mitnahm und deren Wirken wir hervorragende Zeugnisse über die holländische Kolonialperiode in jener Region verdanken. Post lebte von 1637 bis etwa 1644 in Brasilien, wo er neben der Ausführung von Landschaftsbildern offenbar auch mit der Dokumentation von Kriegshandlungen betraut war. 1645 fertigte er die Vorzeichnungen zu einer Reihe von Stichen an, die 1647 in dem Buch des Dichters und Philosophieprofessors Kaspar van Baerle über die niederländische Kolonialzeit in Brasilien unter Johann Moritz von Nassau erschienen. MK

X.13 Darstellung des ›Antarktischen Frankreich‹

Les Singvlaritez de la France Antarctiqve,
avtrement nommé Ameriqve…
André Thevet (Angoulême 1502 – 1592 Paris)
Anvers, 1558
Druck, 16,3 × 10,5
Berlin, Staatsbibliothek zu Berlin – PK, Abteilung
Historische Drucke, Sign. Ut 3140
Lit. Hemming 1995 [1978], Kap. 6; Obermeier 2006 a

Nur wenige Jahre nach der ›Entdeckung‹ durch den Portugiesen Pedro Á. Cabral liefen auch französische Schiffe die Küste des heutigen Brasilien an, um sich am einträglichen Brasilholzhandel zu beteiligen. Die Portugiesen versuchten bald, sich die französische Konkurrenz sowohl durch diplomatische Initiativen in Europa als auch mit Waffengewalt in Südamerika vom Hals zu halten. Die indigene Bevölkerung, die sich teils mit den Franzosen (die Tupinambá), teils mit den Portugiesen (die Tupiniquim) verbündete, war aufgrund dieser Situation rasch Teil der Konflikte.

Unter Führung des Nicolas Durand de Villegagnon begannen Franzosen 1555 in der Guanabara-Bucht mit dem Aufbau einer eigenen Siedlungskolonie, des ›antarktischen Frankreichs‹. Begleitet wurde Villegagnon unter anderem von dem Franziskanerpater André Thevet, der von November 1555 bis Januar 1556 vor Ort weilte und den vorliegenden Bericht über seine Reise verfasste. Unter anderem beschrieb er dabei ausführlich den Kannibalismus der Indianer. In Frankreich machte Thevet später als Kosmograf des Königs sowie als Verwalter des königlichen Kuriositätenkabinetts Karriere. Die autoritäre Verwaltung Villegagnons, religiöse Spannungen zwischen Katholiken und den 1557 in der Kolonie eintreffenden Kalvinisten, aber auch Konflikte mit den Indianern sowie den Portugiesen führten zum baldigen Ende der Kolonie. 1560 wurde sie von den Portugiesen angegriffen und erobert; später gründeten diese dort die Stadt Rio de Janeiro. Mit der Zerstörung der letzten französischen Siedlungen in jener Gegend war der erste Versuch Frankreichs, in Brasilien eine eigene Kolonie zu gründen, 1567 gescheitert. (Abb. 13, S. 251) MK

X.14 Karte von Französisch-Guayana

In: Joseph Antoine Le Febvre de la Barre, *Description de la France equinoctiale, cy-devant appellee Guyanne, et par les espnagnols El Dorado*
Paris, Jean Ribou, 1666
Kupferstich, 61 × 78,5
Wolfenbüttel, Herzog August Bibliothek, Sign. Gx 413
Lit. Ausst.-Kat. Wolfenbüttel 2006, Kat.-Nr. 47; Gründer 2003, S. 62 – 73

Neben Portugal und Spanien versuchten bald auch andere europäische Mächte dem eigenen Herrschaftsbereich Gebiete außerhalb Europas einzuverleiben. Frankreich hatte es im 16. Jahrhundert trotz einer Reihe von Entdeckungs-, Handels- und Kaperfahrten zunächst nicht vermocht, sich längerfristig in den überseeischen Gebieten festzusetzen. Im 17. Jahrhundert gelang es dem Land schließlich, sich in einigen Regionen, vor allem im heutigen Kanada, der Karibik, aber auch in Westafrika sowie in Südostindien und in Bengalen, zu etablieren.

In den 1660er Jahren nahm Joseph Antoine Le Febvre de la Barre für den französischen König Ludwig XIV. zudem einen Küstenstrich im nordöstlichen Südamerika in Besitz. Lange Zeit hielt sich das Gerücht, dass hier in Guayana der unermessliche Reichtum der Goldstadt ›Eldorado‹ zu finden sei. Die gesüdete Karte zeigt das Gebiet vom Rio Marony (Maroni) über den Rio Yapoco (Oyapock) – zwei Flüsse, die heute die Grenzen Französisch-Guayanas bilden – bis hin zur in Brasilien gelegenen Amazonasmündung. Im nördlichen Küstengebiet finden sich Kolonien der Franzosen, Holländer und Engländer verzeichnet. Zwei Nebenkarten zeigen die Cayenne-Insel sowie das kanonenbestückte französische Fort Louis. MK

X.15 Zug der portugiesischen Infantin Catarina durch Lissabon und Einschiffung zur Abreise nach London

Prächtiger Durchzug der Königin Catharina von Gross Britanien, so geschehen in Lisabona den 20 April A° 1662/ Abbildung wie die Königin Catharina von Gross Britanien zu Schiff von Lisabona nacher Engeland verreist. Anno 1662
Zwei Abbildungen auf einer Platte aus *Theatrum Europaeum*, Bd. IX
Kaspar Merian (Frankfurt a. M. 1627 – 1686 Holland)
Frankfurt a. M., 1672
Kupferstich, Radierung, 32,5 × 40
Berlin, Deutsches Historisches Museum, Inv.-Nr. Gr 53/622
Lit. Bernecker/Pietschmann 2001, S. 60 f.; Marques 2001, S. 190, 236, 245

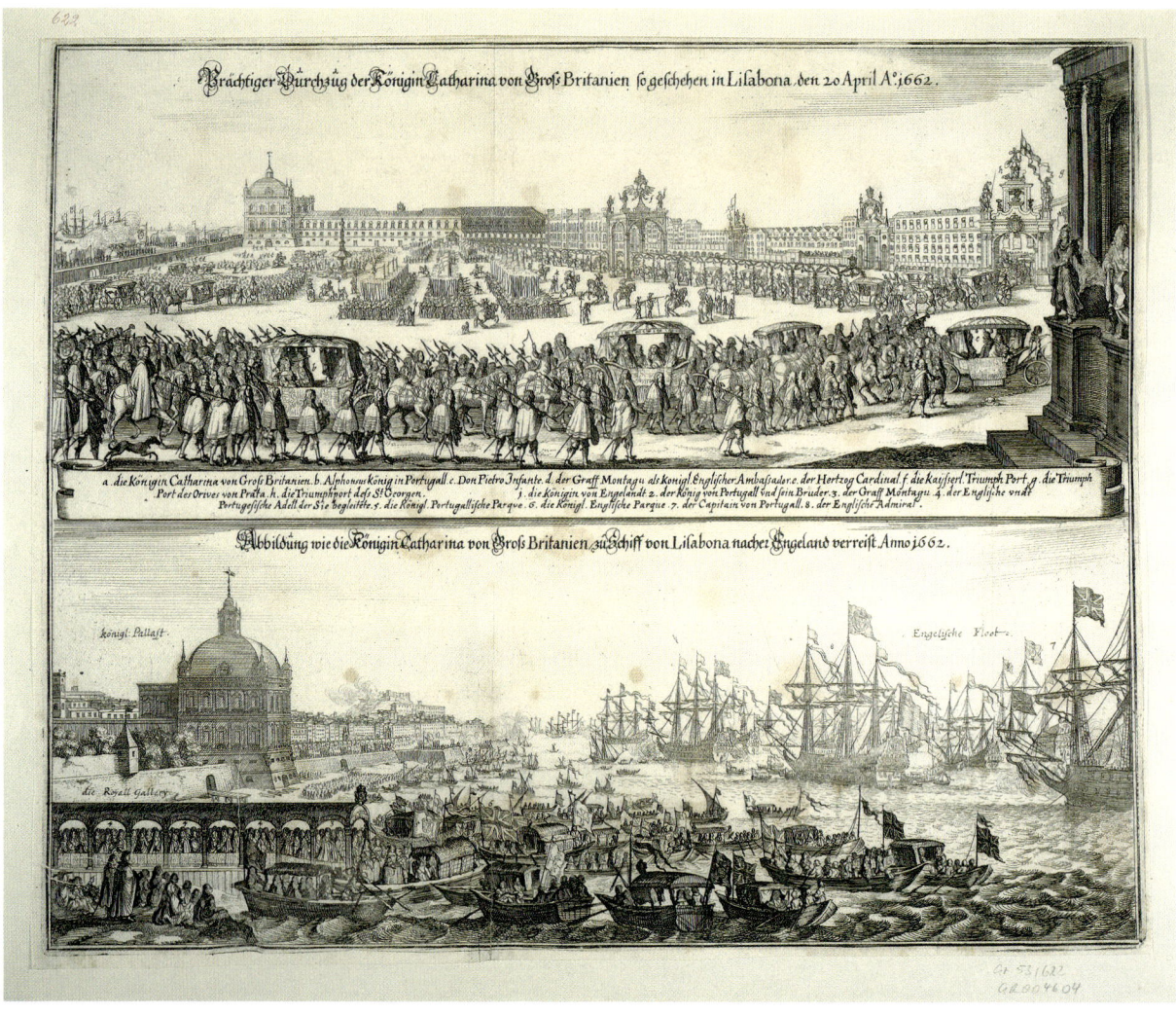

X.15

Neben den Niederlanden trat im Laufe des 17. Jahrhunderts auch England zunehmend in Konkurrenz mit den portugiesischen Kolonialinteressen. Nachdem sich Portugal im englischen Bürgerkrieg auf die Seiten der Royalisten gestellt hatte, kam es in den Jahren 1650 bis 1654 zu einem offenen Krieg mit dem neu gegründeten *Commonwealth of England* unter Oliver Cromwell. Portugal musste infolgedessen seine Kolonien für den englischen Handel öffnen und weitreichende territoriale Zugeständnisse eingehen, die auch nach der Restauration der englischen Monarchie im Jahr 1660 nicht zurückgenommen wurden. Der Rahmen für einen umfassenden Ausgleich zwischen beiden Ländern bot 1662 die Heirat des englischen Monarchen, Charles II., mit der Tochter Joãos IV., Catharina von Braganza, bei der Bombay und Tanger als Hochzeitsgut an England fielen. Hiermit wurde zum einen eine wichtige Grundlage für die koloniale Präsenz der Engländer in Indien gelegt. Zum anderen sicherte das strategische Bündnis mit England die gegen Spanien errungene portugiesische Souveränität und weitgehend auch den Bestand des noch verbliebenen Kolonialreiches.

Die Prachtentfaltung, die die Entsendung Catharinas nach England begleitete, hat Kaspar Merian auf einem Blatt mit zwei detailreichen Ansichten in seinem *Theatrum Europaeum* festgehalten. Die erste zeigt den Zug über den *Terreiro do Paço*, der sich vor dem Lissabonner Königspalast erstreckt und – wie seit dem 16. Jahrhundert bei feierlichen Anlässen üblich – mit ephemeren Triumphbögen geschmückt ist. Die zweite Ansicht gibt den Moment der Einschiffung vor dem Hintergrund eines Stadtpanoramas von Lissabon wieder. JW

X.16 Die brandenburgische Festung Grossfriedrichsburg

1684
Kolorierte Zeichnung auf Papier, 41,5 × 64,5
Berlin, Staatsbibliothek zu Berlin – PK, Kartenabteilung,
Sign. Kart. Y 527
Lit. Heyden 2001

Neben den westeuropäischen Staaten unternahm auch das Kurfürstentum Brandenburg den Versuch, sich direkt am Überseehandel zu beteiligen. Zwar scheiterte 1651 das Ansinnen des Kurfürsten Friedrich Wilhelms I., das dänische Fort Dansborg und die Stadt Tranquebar an der indischen Koromandelküste zu erwerben. Nach dem Sieg über die Schweden im Jahr 1675 wurde jedoch mit Unterstützung des niederländischen Kaufmanns und Schiffsreeders Benjamin Raule der Aufbau einer kleinen Kriegsflotte ins Werk gesetzt, die die Gründung einer Kolonie an der afrikanischen Westküste ermöglichen sollte. Dort hatten die Niederländer bereits seit der ersten Hälfte des 17. Jahrhunderts die Portugiesen als vorherrschende Kolonialmacht abgelöst. Trotz starker niederländischer Widerstände konnte 1681 eine brandenburgische Expedition an der Küste des heutigen Ghana mit lokalen Herrschern einen Schutzvertrag abschließen. Nachdem der Kurfürst eine brandenburgisch-afrikanische Handelskompanie gegründet hatte, legte Major Otto Friedrich von der Groeben am 1. Januar 1683 am *Kap der Drei Spitzen* den Grundstein zur Festung *Großfriedrichsburg*, die der gesamten Kolonie ihren Namen geben sollte. Es folgten drei weitere Befestigungen, die einen Küstenstreifen von insgesamt 50 Kilometer Länge sicherten.

Um einen Provianthafen für den Weg nach Europa zu gewinnen, nahm Brandenburg im Oktober 1685 die Insel Arguim vor der Küste des heutigen Mauretaniens in Besitz und erwarb in einem Vertrag mit Dänemark Konzessionen auf der Antilleninsel St. Thomas, die den Einstieg in den Sklavenhandel mit Westindien erleichtern sollten. Obwohl die brandenburgischen Besitzungen in Afrika bereits ab der Mitte der 1690er Jahre große Verluste erwirtschafteten und 1717 an die niederländische Westindische Kompanie veräußert wurden, sollten die kolonialen Ambitionen des ›Großen Kurfürsten‹ einen wesentlichen historischen Bezugspunkt für die imperialistische Politik des wilhelminischen Deutschlands bilden. JW

XI. Fremdbilder

Mit der portugiesischen Expansion begann eine neue Epoche, die das Weltbild der ›Entdecker‹ wie auch der ›Entdeckten‹ nachhaltig erweitern und verändern sollte. Das folgenreiche Aufeinandertreffen europäischer und außereuropäischer Zivilisationen – die Exotik des Unbekannten, die beiderseits Neugier, Erstaunen und stellenweise sicher auch Furcht und Befremden hervorrief – inspirierte Europäer wie Einheimische zur künstlerischen Verarbeitung der neu gewonnenen Eindrücke. Unterschiedliche Motive und charakteristische Attribute lassen noch heute die Perspektive der außereuropäischen Betrachter auf die fremden Ankömmlinge erahnen: In der Bronze- und Elfenbeinkunst afrikanischer Höfe erschienen die Portugiesen als Symbole der eigenen Macht; im Fokus der Miniaturmalerei des indischen Mogul-Reichs stand der fremdartige Habitus der Europäer; in der japanischen *Namban*-Kunst war die Tätigkeit der Portugiesen als Seefahrer, Händler und Missionare zentrales Motiv.

Auf ähnliche Weise setzte man sich im Europa der Frühen Neuzeit mit den Neuen Welten auseinander. Bestehende Vorstellungen über außereuropäische Völker verbanden sich mit den realen Erlebnissen der Entdeckungsreisenden. Erfahrung und Einbildung wurden dabei gerade in der Anfangszeit immer wieder miteinander vermischt. So enthalten auch im 16. Jahrhundert die Beschreibungen fremder Länder noch Darstellungen von Monstern und Fabelwesen, die die neu entdeckten Regionen angeblich bevölkerten. Mittelalterliche Überlieferungen von der Existenz eines irdischen Paradieses finden sich beispielsweise in geografischen Beschreibungen Indiens wieder. Antike Vorstellungen von ›Kopflosen‹ und europäische Ideen von Wildheit wurden auf Amerika übertragen.

Doch trugen die neuen Eindrücke Stück für Stück auch zur Revision früherer Auffassungen von den Bewohnern jenseits der Meere bei. Die Rezeption der Neuen Welten erfolgte teils gleichrangig zur eigenen, teils befriedigte man die eigene Sensationslust durch die Erschaffung neuer Stereotypen, die über mehrere Jahrhunderte hinweg Bestand haben sollten – ein Wechselspiel, dem sich auch die Menschen des 21. Jahrhunderts nach wie vor ausgesetzt sehen. Gilt es doch für jede Generation aufs Neue, sich mit Bildern von ›Anderen‹ – seien sie räumlich oder zeitlich entfernt – auseinanderzusetzen und dabei die bestehenden eigenen Vorstellungen zu reflektieren und zu erweitern. CT

XI. A imagem do Outro

Com a Expansão portuguesa uma nova Era se inicia, vindo a alterar e alargar, para sempre, a imagem que os ›descobridores‹ e os ›descobertos‹ tinham do mundo. As consequências relevantes dos contactos entre civilizações europeias e não europeias – o exotismo do desconhecido suscitou, mutuamente, a curiosidade e o espanto e, por vezes, certamente, o receio e a estranheza – inspiraram tanto os europeus como os indígenas, expressando, através da Arte, as impressões recém-adquiridas. Os mais variados motivos e atributos marcantes permitem-nos, ainda hoje, adivinhar a perspectiva dos observadores não europeus quanto aos estranhos que íam chegando: na arte de bronze e marfim, das cortes africanas, os portugueses são representados como símbolo do próprio poder; no foco da pintura miniaturista do império índico Mogul, encontram-se os estranhos hábitos dos europeus; na arte japonesa Nambam, retrata-se, como motivo fulcral, a actividade dos portugueses como marinheiros, mercadores e missionários.

De um modo semelhante surge, na Europa, no início da Idade Moderna, o debate sobre os Novos Mundos. A imagem que existia, dos povos não europeus, é ultrapassada pelas experiências reais dos viajantes. Sobretudo no período inicial, é frequente a indistinção entre experiência e fantasia. Daí que, também no século XVI, as descrições de países longínquos contenham ainda representações de monstros e figuras fabulosas que, supostamente, habitavam aquelas regiões. As tradições medievais sobre a existência de um Paraíso terrestre, encontravam-se reflectidas, por exemplo, em descrições geográficas da Índia. Modelos antigos de ›figuras sem cabeça‹ e concepções europeias daquilo que é selvagem, foram aplicadas à América.

Porém, as novas impressões adquiridas foram contribuindo, pouco a pouco, para refutar a velha visão dos habitantes que viviam além-mares. A recepção dos Novos Mundos decorreu, por um lado, ao mesmo nível que a do próprio, e por outro lado, procurou-se satisfazer o desejo de sensacionalismo, através da criação de novos estereotipos, que iriam conservar-se por muitos séculos – uma situação de alternância à qual o ser humano, no século XXI, ainda continua a estar exposto. No fundo, cabe a cada geração confrontar-se, renovadamente, com a imagem dos ›Outros‹ – quer esta se encontre a uma distância espacial ou temporal – reflectindo e ampliando, simultaneamente, a imagem por si construída. CT

XI.1 Die ›Meerfahrt‹ des Balthasar Springer

Die Merfart un erfarung nüwer Schiffung und Wege zu viln onerkanten Inseln und Künigreichen / von dem großmechtigen Portugalische Kunig Emanuel erforscht / funden / bestritten unnd Ingenommen...
Balthasar Springer (geb. Vils in Tirol, gest. um 1509/11)
Oppenheim, Köbel, 1509
Druck, illustriert, 21 × 15 × 0,7
München, Bayerische Staatsbibliothek, Sign. Rar. 470
Lit. Erhard/Ramminger 1998; Häberlein 1998

Gemeinsam mit Handelsvertretern aus Italien rüsteten oberdeutsche Kaufleute drei Schiffe jener Flotte aus, mit der der erste Vizekönig des *Estado da Índia*, Francisco de Almeida, 1505 nach Asien aufbrach. Unter den zwei oder drei Deutschen an Bord befand sich als Vertreter des Handelshauses der Welser auch Balthaser Springer (Sprenger). In klarer, einfacher Sprache schildert Springer in seinem Bericht die Reise. Die Angaben zu Daten und Anlegehäfen werden durch Beschreibungen der Bewohner, Landschaften, Handelsgüter, aber auch durch die Schilderung gewaltsamer Aktionen, zu denen es beispielsweise in den ostafrikanischen Städten Kilwa und Mombasa gekommen war, vervollständigt. In Indien lud man in Kochi und Kannanor Waren ein, vor allem Pfeffer, die den Geldgebern in Europa schließlich einen Gewinn von 150 bis 175 Prozent bescheren sollten.

Die Faszination an dem ursprünglich lediglich handschriftlich auf Latein verfassten Bericht war derart groß, dass seine Verbreitung rasch in Angriff genommen wurde. Für eine erste Fassung von 1508 schuf Hans Burgkmair eine Reihe von fünf Holzschnitten. 1509 erschien dann die hier gezeigte revidierte und inhaltlich erweiterte Ausgabe in Buchform. Die darin enthaltenen Holzschnitte werden dem Nürnberger Grafiker Wolf Traut (1486–1520) zugeschrieben, der sich zwar eng an die Burgkmaier'sche Vorlage hielt, ohne jedoch deren Qualität zu erreichen. 1511 erfolgte der Nachdruck von Georg Glockendon. Zuvor war bereits in Antwerpen eine, allerdings stark abweichende, Version von Springers Bericht in flämischer Sprache publiziert worden. MK

XI.1

XI.2

XI.3

XI.2 Aus dem Triumphzug Maximilians I. –
Die kalikutischen Leute (II)
Hans Burgkmair (Augsburg 1473 – 1531 Augsburg)
Deutschland, 1516–1518
Holzschnitt, Papier, 37,2 × 42,2
Berlin, Deutsches Historisches Museum,
Inv.-Nr. GR 57/476
Lit. Ausst.-Kat. Nürnberg 1959, S. 9f.; Lopes 1998,
S. 46–49; Timm (Ms.) 2005, S. 42–45

Zu Beginn des 16. Jahrhunderts dominierte Kaiser Maximilian I. (1459–1519) die politische und kulturelle Bühne Mitteleuropas. Um der Nachwelt ein bleibendes Zeugnis seiner Macht zu hinterlassen, beauftragte er bedeutende Künstler mit der Fertigung monumentaler grafischer Kunstwerke. Ein ideales Thema zur Glorifizierung des Kaiserreiches bot, auch im Hinblick auf dynastische Verbindungen zum portugiesischen Königshaus, die Eroberung der neuen Welt. Das Programm zum Triumphzug entwarf der Kaiser selbst, sein Geheimschreiber Marx Treitzsaurwein redigierte es. 1507 schuf der Hofmaler Jörg Kölderer in Innsbruck einen ersten Entwurf. Den Großteil der Vorzeichnungen für die Holzschnitte lieferte der Illustrator Hans Burgkmair. Die Arbeit an dem 1512 begonnenen Werk erstreckte sich über mehrere Jahre und war beim Tode des Kaisers noch unvollendet. Der erste Druck erfolgte 1526 im Auftrag Erzherzog Ferdinands und besteht aus 137 Einzelblättern, die einen Fries von insgesamt 54 Metern Länge ergeben.

Burgkmairs Holzschnitte zur neu entdeckten Welt zeigen auf insgesamt drei Blättern die *kalikutisch leut*, die Eingeborenen Afrikas, Amerikas und Indiens. Diese Bezeichnung fand vor der Weltumsegelung Magellans 1519 bis 1522 für die Völker Ost- und Westindiens Verwendung. Bei der Darstellung exotischer Kulturen konnte der Künstler auf frühere Erfahrungen aus seiner Arbeit an den Illustrationen der Springer'schen *Merfart* zurückgreifen. Das abgebildete Blatt zeigt die Indianer Brasiliens mit ›typischen‹ Federröckchen und -kronen. CT

XI.3 Der König von Gutzin
Georg Glockendon (1484–1514) nach Hans Burgkmair
Nürnberg, 1511
Holzschnitt, Papier, 43 × 210
Berlin, SMB – Kupferstichkabinett, Inv.-Nr. H.731-735
(Kopie), B.77 cop
Lit. Ausst.-Kat. Berlin 1992, S. 122; Erhard/Ramminger 1998,
S. 64–76

Im Jahr 1508 erschien der Reisebericht des Welserfaktors Balthasar Springer, der drei Jahre zuvor die Flotte Francisco de Almeidas nach Indien begleitet hatte. Seine Schilderungen wurden von dem Augsburger Hans Burgkmair (1473–1531) durch fünf Holzschnittfolgen illustriert, die mit stark verkürzten Texten verbunden in nebeneinandergereihter Abfolge einen Fries bildeten. Die im Jahr 1511 vervollständigte, teilweise szenisch neu arrangierte Kopie des Burgkmair-Frieses wird dem Nürnberger Georg Glockendon zugeschrieben.

Beide Versionen zeigen in der bildlichen Tradition eines Triumphzuges die Bewohner der Königreiche Guinea, Südafrika (›Allago‹), Arabien und Indien, die der König von Portugal »entdeckt, besucht und teilweise erobert« hatte. Den Hauptteil bildet das Blatt mit dem Kunig von Gutzin (König von Kochi) und seiner Gefolgschaft. Auffallend an der Darstellungsweise der fremden Völker ist der Einfluss antiker Schönheitsideale, der sich an den muskulösen, wohlproportionierten Figuren in klassisch-kontrapostischer Haltung zeigt. Dennoch sind die einzelnen Volksgruppen anhand der realistischen, detailgetreuen Abbildung ihrer Eigenheiten mühelos unterscheidbar. Von beiden Fries-Ausgaben haben sich nur wenige Exemplare erhalten. Die originalen Druckstöcke befinden sich im Familienarchiv der Welser. CT

XI.4 Schöpflöffel
Sierra Leone, um 1590
Holz, Kalebasse, 33,6 (L.)
Stuttgart, Landesmuseum Württemberg,
Inv.-Nr. KK braun/blau 122
Lit. Bujok 2004, S. 116

Der Schöpflöffel wurde von Handwerkern gearbeitet, die dem Volk der Sapi angehörten, und war wahrscheinlich für portugiesische Abnehmer bestimmt. Er besteht aus der ausgehöhlten und getrockneten Hülle eines Flaschenkürbisses und ist mit einem geschnitzten Holzgriff versehen. Dieser besitzt die Form einer Flöte spielenden, männlichen Gestalt in zeitgenössischer portugiesischer Tracht und steht somit für die Rezeption der europäischen Präsenz im westafrikanischen Raum.

Das Stück stammt aus der Sammlung des herzoglich-württembergischen Rentkammermeisters Johann Jakob Guth von Sulz-Durchhausen und ist dort bereits im Jahr 1624 als »selzamer sehr grosser hüllziner Leffel« nachweisbar. Im Jahr 1653 gelangte es in die Kunstkammer Herzog Eberhards III. im Stuttgarter Schloss, in der neben Münzen, römischen Altertümern und anderen kunsthandwerklichen Gegenständen auch Ethnografica in großer Zahl gezeigt wurden. JW

XI.5 Reliefplatte mit Darstellung eines Portugiesen
Nigeria, Königreich Benin, 16. oder 17. Jahrhundert
Messing, 48,5 × 18,5
Berlin, SMB – Ethnologisches Museum, Inv.-Nr. III C 7656
Lit. Ben-Amos 1995, S. 35 ff.

Im Zentrum der Platte steht ein einzelner Portugiese in der Tracht des 16. Jahrhunderts, der in den Händen je eine *Manilla* hält. Neben den Gedenkköpfen zählen die in verlorener Form gegossenen Reliefplatten aus Messing zu den herausragenden Kunstwerken Benins.

Die Mehrzahl der Platten mit menschlichen Darstellungen gibt den König (*Oba*) oder Personen aus seinem Umfeld wieder. Als Herr des Landes stand ihm Olokun gegenüber, einer der wichtigsten Götter in Benin, der Herrscher des Meeres und der Flüsse. Der *Oba* von Benin galt als sein erster Sohn. Olokun war die Quelle allen Reichtums, sei es an Kindern oder an materiellen Gütern. Auf den Reliefplatten findet man eine Reihe von Motiven, die mit Olokun assoziiert werden. Es sind dies vor allem Wassertiere, wie Krokodile und Fische. Aber auch die zahlreichen Darstellungen von Portugiesen auf den Reliefplatten werden mit der Welt Olokuns in Verbindung gebracht. Der einsetzende Handel mit den Europäern am Ende des 15. Jahrhunderts stellte für Benin eine neue, wichtige Einkommensquelle dar. Diese neue Quelle von Wohlstand und Macht kam mit Schiffen über das Meer. Eine assoziative Verbindung mit den von Olokun stammenden Reichtümern ist also nicht verwunderlich. (Abb. 5, S. 111) PJ

XI.4

XI.6 Portugiese mit Gewehr
Nigeria, Königreich Benin, 18. Jahrhundert
Messing, 46 (H.)
Berlin, SMB – Ethnologisches Museum, Inv.-Nr. III C 10863
Lit. Plankensteiner 2007, S. 330f., 450f.

Seit dem Ende des 15. Jahrhunderts war Portugal ein wichtiger Handelspartner für das Königreich Benin. Elfenbein, Palmöl, Baumwolle und Sklaven waren die wichtigsten Handelsgüter. Importiert wurde neben einer Reihe europäischer Produkte Messing in Form von *Manillas*, große Metallspangen, die an Arm- oder Beinschmuck erinnern. Der Import dieses Metalls wurde zur materiellen Basis der künstlerischen Entwicklung dieses Königreiches. Er ermöglichte das Gießen unzähliger Objekte aus Messing, wie die bekannten königlichen Gedenkköpfe und die Reliefplatten.

Portugal war aber mehr als nur ein Handelspartner Benins. In der ersten Hälfte des 16. Jahrhunderts unterstützten die Portugiesen das Königreich auch militärisch bei der Ausdehnung seines Territoriums. Auf diese Zeit dürften die Darstellungen von bewaffneten Portugiesen zurückgehen. Mit dem Ende des Sklavenhandels und dem wachsenden Interesse an territorialen Eroberungen im Kolonialismus des späten 19. Jahrhunderts war Benin als unabhängiger Handelspartner nicht mehr von Bedeutung. 1897 wurde die Hauptstadt von den Engländern erobert und zerstört. Die aus dem Palast des Königs geraubten Kunstwerke aus Bronze und Elfenbein wurden in London versteigert und befinden sich heute in europäischen und nordamerikanischen Museumssammlungen. (Abb. 1, S. 106) PJ

XI.7 Salzgefäss
Nigeria, Königreich Benin, 15. oder 16. Jahrhundert
Elfenbein, 12 (H.)
Berlin, SMB – Ethnologisches Museum,
Inv.-Nr. III C 4890 a, b
Lit. Bassani 1999, S. 66 ff.

Wann genau dieses Salzgefäß in die Brandenburgisch-Preußische Kunstkammer kam, lässt sich heute nicht mehr rekonstruieren. Salzgefäße dieser Art wurden von den Portugiesen, die 1471 die Mündung des Nigers mit ihren Schiffen erreicht hatten, seit dem 15. Jahrhundert von Westafrika nach Europa importiert. Sie sind Beispiele für die Kreativität westafrikanischer Schnitzer, nicht nur, was die künstlerische Qualität betrifft, sondern auch was ihre Flexibilität bei der Herstellung von Werken für den entstehenden Kunstmarkt angeht.

Von dem Salzgefäß ist nur der obere Teil erhalten, die Basis fehlt. Dargestellt sind Portugiesen, einer zu Pferd, ein Motiv, das sich in der Kunst Benins häufig findet. Der hinter dem Reiter stehende Portugiese hält eine *Manilla* in der erhobenen Hand. PJ

XI. Fremdbilder ›565‹

XI.7

XI.8

XI.8 Mittelstück eines Salzfasses
Sierra Leone, erste Hälfte des 16. Jahrhunderts
Elfenbein, 11 × 9,5 (Dm.)
Estoril, Privatsammlung
Lit. Ausst.-Kat. Lissabon 2002a, Kat.-Nr. 4

Mittelstück eines afro-portugiesischen Salzfasses aus Elfenbein. Das Unterteil und der Deckel fehlen. Die von Europäern in Auftrag gegebenen, von westafrikanischen Künstlern in ihren traditionellen Werkstätten hergestellten Tafel- oder Kultobjekte aus Elfenbein waren äußerst beliebt und gefragt. Ihre Ikonografie basierte auf portugiesischen bzw. europäischen Vorlagen, meistens Zeichnungen und Stichen mit weltlichen, religiösen, heraldischen und anderen Motiven. Der minutiös geschnitzte Bauch des Salzfasses stellt zwei vermutlich portugiesische Soldaten und zwei Engel dar. Die Soldaten tragen jeweils eine Feuerwaffe, ein Pulverhorn um den Bauch, einen Helm und ein Gewand mit geometrischen Motiven. Die Engel, deren Gesichtszüge auf eine lokale Deutung der christlich-religiösen Ikonografie schließen lassen, breiten die Flügel aus, als sollten sie die übrigen Figuren darin einhüllen und dem Gegenstand ornamentalen Rhythmus und Dichte verleihen. Die typischen, fast schon expressionistischen Merkmale der afrikanischen Skulptur sollten gemeinsam mit Ziermotiven wie Kordeln, Perlenschnüren oder Tierdarstellungen diesen Luxus- und Repräsentationsartikeln einen exotischen Stempel aufdrücken. PP

XI.9 Figürliches Blashorn
(›Sapi-portugiesisches Elfenbein‹)
Westafrika, vor 1684
Elfenbein, 93 × 12 (Dm.)
Dresden, Museum für Völkerkunde Dresden, SES,
Inv.-Nr. 21 484
Lit. Bassani 1999, S. 66–72; Dolz 2005, S. 100–104;
Fagg 1959b, S. VII.; Fagg 1963, fig. 54b, 55a, b; Inventar
›Indianische Kammer‹ 1684; Ryder 1964, S. 363–365;
Phillips 1995/1996, S. 470f.

Exotisch anmutende Schnitzereien aus Elfenbein – später als *Afro-portugiesisches Elfenbein* bezeichnet – gehören zu den frühesten und schönsten Zeugnissen des Kulturkontaktes der Europäer mit dem subsaharischen Afrika. Sie stellten die ersten außereuropäischen Kunstwerke in fürstlichen Schaukabinetten Europas dar und mehrten so auch schon ab dem 16. Jahrhundert den Ruhm der weithin bekannten Kunstkammer des sächsischen Hofes in Dresden. Zu dieser erlesenen Kollektion von Elfenbeinobjekten gehört das figürliche Blashorn, dessen Bedeutung trotz seiner einzigartigen Gestaltung aufgrund mehrerer Sammlungsneugliederungen in den vergangenen Jahrhunderten in Vergessenheit geriet. Erst neuere Recherchen zu dem heute im Museum für Völkerkunde Dresden bewahrten Horn ergaben, dass es schon im Inventarium der *Indianischen Kammer* von 1684 vermerkt ist. Dort wird unter Eintrag 115 folgendes ver-

XI.9

meldet: »Ein Pollirt rund und geröhrter Elephanten Zahn, So ein Waldhorn praesentirt, an dem am Ende ein unförmlicher Zwarck darran gschnizet, der gleichen die Indianer auf der Löwenjagd zu gebrauchen pflegen.« Die Forschung viel späterer Zeit offenbarte, dass es sich bei diesem Blashorn um einen Kunstgegenstand aus Westafrika handelt.

Es waren zuerst portugiesische Seefahrer, die von ihren frühen Reisen zur westafrikanischen Küste im 15. und 16. Jahrhundert auch figürlich verzierte Löffel, Gefäße und Jagdhörner mitbrachten. Als Schöpfer dieser formvollendeten Zierobjekte können unter anderen die von den Portugiesen als Sapi bezeichneten Ethnien der Baga, Temne und Bullom in der Küstenregion zwischen Guinea, Sierra Leone und Liberia identifiziert werden, mit denen die Portugiesen in regem Handelsaustausch standen. Alte indigene Formelemente sind bei der Figur an der Spitze des Blashorns in der sitzenden Haltung, beim Umfassen des Bartes mit beiden Händen und sogar in der Augenform erkennbar und erinnern an frühe Specksteinskulpturen aus der gleichen Region.

Europäische Einflüsse führten in einem begrenzten Zeitraum vom 15. bis 17. Jahrhundert zur Entstehung solch einzigartiger hybrider Kunstwerke wie des figürlichen Blashorns. Von den europäischen Händlern wurden exotische Kunstgegenstände nach bestimmten Vorlagen bei hochspezialisierten afrikanischen Schnitzern in Auftrag gegeben, die für europäische Fürstenhöfe oder private Kuriositätensammlungen bestimmt waren. Das einmalige Dresdner Blashorn ist allerdings nicht vergleichbar mit den viel kleineren und leichteren, für herrschaftliche Jagden gefertigten Signalhörnern, die mehrfach in europäischen Sammlungen vorhanden sind. Trotz der afrikanischen Stilelemente ist in der naturalistischen, fast individuelle Züge tragenden Figur des Horns mit deutlich ausgearbeiteten Gesichtszügen, charakteristischer Nasenform und zylinderförmiger Kopfbedeckung ein Europäer zu erkennen. Es ist zu vermuten, dass das Horn nicht für einen anonymen Empfänger gedacht war. Ob in Form dieses Kunstwerkes einer Respektperson in Elfenbein geschnitzt besondere Ehre zuteil werden sollte, bleibt bis heute ein Geheimnis. (Abb. 2, S. 17) SD

XI.10 Flugblatt mit Darstellung südamerikanischer Indianer
Dise figur anzaigt vns das volck vnd insel die gefunden ist durch den cristenlichen künig zu Portigal oder von seinen vnderthonen...
Augsburg, Johann Froschauer, 1505
Kolorierter Holzschnitt, 34 × 50
München, Bayerische Staatsbibliothek, Sign. Einbl. V,2
Lit. Ausst.-Kat. Berlin 1982, Kat.-Nr. 2/3; Ausst.-Kat. München 1992, Kat.-Nr. 15

Der in lediglich zwei Exemplaren mit geringfügigen Unterschieden erhaltene Holzdruck weist alle Merkmale auf, die die Vorstellung vom südamerikanischen Indianer in Europa vom 16. Jahrhundert an prägen sollten. Der Bogen als Bewaffnung sowie das typische – wenn auch in der abgebildeten Form als Rock sowie offenbar alltägliche Kopfbedeckung von Mann und Frau völlig unrealistische – Federkleid sind die Hauptattribute der dargestellten Personen. Das Paar links sollte möglicherweise die den Indianern zugeschriebene Freizügigkeit zum Ausdruck bringen. In der Bildmitte oben sowie am Bildrand links finden sich drastische Darstellungen des Kannibalismus. Der Text am unteren Bildrand nimmt Bezug auf den christlichen König von Portugal, der »das volck vnd insel [...] gefunden«, des Weiteren werden die Schönheit und Nacktheit der Bewohner, ihre Federtracht, ihr vermeintlicher Edelsteinschmuck, sexuelle Promiskuität, Kannibalismus sowie ihr sagenhaftes Alter von angeblich 150 Jahren erwähnt. Die Grundlage für den Druck bildet der *Mundus Novos*-Brief des Amerigo Vespucci. (Abb. 3, S. 117) MK

XI.11 Brasilienbericht des Hans Staden
Wahrhaftige / Historia und beschreibung eyner Landt-//schafft der Wilden / Nacketen / Grimmigen Menschfresser Leuthen / in der Newenwelt America gelegen
Hans Staden (um 1525 – um 1576 Wolfshagen?)
Marburg, Andreas Kolbe, 1557
Druck, 20 × 16
Stuttgart, Brasilien – Bibliothek der Robert Bosch GmbH, Inv.-Nr. 21a
Lit. Greve 2004; Menninger 1995; Münzel 2006a; Obermeier 2006b

Der Bericht von Hans Staden aus Hessen gehört zu den ältesten Druckwerken über Brasilien und seine indigene Bevölkerung. 1548 war Staden, der auf einem portugiesischen Schiff als Büchsenschütze angeheuert hatte, zum ersten Mal in Südamerika. 1550 brach er in spanischem Dienst zum Rio de la Plata auf, doch kenterten die Boote vor der brasilianischen Küste. Staden überlebte und trat in der Gegend von São Vicente in portugiesischen Dienst. Zu Jahresbeginn 1554 wurde er von den mit den Portugiesen verfeindeten Tupinambá überwältigt. Gut neun Monate verbrachte er in indianischer Gefangenschaft. Die Besatzung eines französischen Schiffes kaufte ihn schließlich frei. 1555 kehrte Staden nach Deutschland zurück.

1557 erschien in Marburg »uff Fastnacht« sein Buch, das wegen seiner recht ausführlichen Beschreibung der indianischen Kultur wie auch aufgrund der Angaben zu Fauna und Flora Ostbrasiliens zu den zentralen Schriften über jene Region im 16. Jahrhundert zählt. Umstritten sind teilweise die Passagen über den rituellen Kannibalismus der Tupinambá, der auch von Staden ausführlich geschildert wurde. Eingefügt war dem Werk eine Vielzahl von Holzschnitten, die Staden in der Herstellung offenbar selbst beaufsichtigt hatte und die die Anschaulichkeit des Berichtes, und damit sicher auch den Verkaufserfolg, von Anfang an förderten. Das Buch erlebte bereits im 16. und 17. Jahrhundert zahlreiche Übersetzungen und Neuauflagen. Ab 1592/93 nahm auch Theodor de Bry Stadens Buch in seine Zusammenstellung verschiedener Reiseberichte auf. Vor allem die in der Werkstatt de Bry gefertigten, qualitativ hochwertigen Kupferstiche prägten in der Folge die europäische Vorstellung vom brasilianischen Menschenfresser. MK

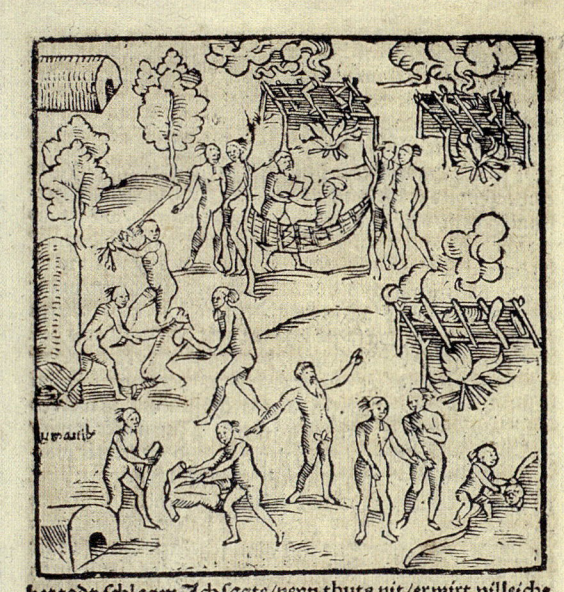

XI.11

XI.12 a–d Aufzug der ›Königin Amerika‹
Stuttgart, 1599
Zeichnung auf Bütten in Feder mit Bister,
mit Aquarell-, Deckfarben und Gold koloriert,
30,3 × 56,3; 30 × 41; 30 × 50,9; 29,9 × 53,3
Weimar, Klassik Stiftung Weimar, Inv.-Nr. KK 202, KK 205, KK 206, KK 207
Lit. Ausst.-Kat. Wien 1992a, Kat.-Nr. 7.2–4; Bujok 2003b; Bujok 2004

Der württembergische Herzog Friedrich I. (reg. 1593–1608) lud zu Fastnacht 1599 zu einem sogenannten Ringrennen ein, einer höfischen Lustbarkeit, die eine veränderte Form der Ritterspiele darstellte. Im Rahmen verschiedener Aufzüge kam es dabei auch zum Zug der ›Königin Amerika‹. Diese wurde vom Herzog selbst dargestellt. In der überlieferten Beschreibung von M. Jacob Frischlin heißt es, dass die ›Königin Amerika‹ nach Stuttgart komme, um sowohl die dortigen Verhältnisse kennenzulernen als auch Traditionen ihrer eigenen Heimat in der Fremde vorzustellen. Ziel des Besuches sei die Pflege der guten Beziehungen

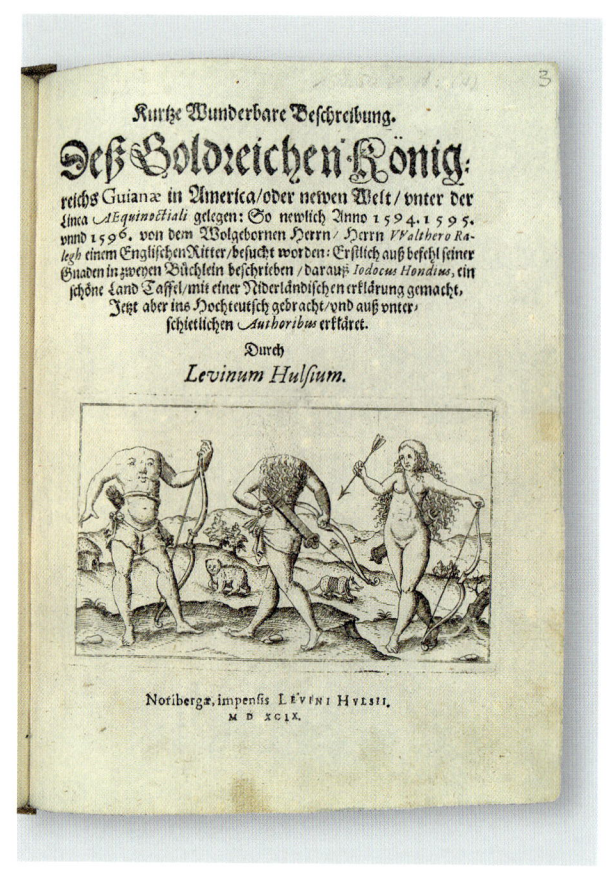

XI.13

und besseres gegenseitiges Verständnis. Die vier Kontinente Afrika, Europa, Asien und Amerika werden als Schwestern bezeichnet.

Der Zug der ›Königin Amerika‹ wird von drei Reitern angeführt, gefolgt von zwei Personen, die Christoph Kolumbus und Amerigo Vespucci darstellen. Diese sollen die Königin nach Europa begleitet haben. Es folgen weitere Darsteller, die mit indianischem Federschmuck, Keulen, Pfeil und Bogen, Federfächern, Schilden, aber auch einem Papagei ausgestattet sind. Auf anderen, in Berlin nicht zu sehenden Blättern, werden Früchte und auch eine Hängematte mitgetragen. Als Vorlage haben vor allem die weitverbreiteten Kompilationen von Reiseberichten mit den Kupferstichen aus der Werkstatt des Theodor de Bry gedient. Der ursprünglich etwa vier Meter lange Streifen wurde später in acht Teile auseinandergeschnitten. Die Ausstellung zeigt vier der acht Blätter des Aufzuges, bei dem seinerzeit 6000 Männer, zuzüglich Frauen und Kinder, zugegen gewesen sein sollen. (Abb. 1, S. 240 und Abb. 14–17, S. 252–253) MK

XI.13 DIE KOPFLOSEN EINWOHNER GUYANAS

In: Levin Hulsius, *Kurtze Wunderbare Beschreibung. Des Goldreichen Königreichs Guianae in America / oder newen welt / vnter der Linea Aequinoctiali gelegen: So newlich Anno 1594.1595, vnnd 1596. von dem Wolgebornen Herrn / Herrn Walthero Ralegh einem Englischen Ritter / besucht worden*
Kupferstich von Jodocus Hondius (1563–1612)
Nürnberg, 1599
20,7 × 16,5 × 6
Wolfenbüttel, Herzog August Bibliothek, Sign. 150.50 Hist. (4)
Lit. Henze 1978–2004, Bd. 4, S. 535–538

In seinem Bestreben, englische Interessen bei der Kolonialisierung Amerikas nicht zu kurz kommen zu lassen, unternahm Sir Walter Ralegh (um 1552–1618) 1595 eine Erkundungsreise, die ihn zur Nordwestküste Südamerikas führte. Er befuhr das Mündungsdelta des Orinoko und drang bis zum Rio Caroni vor. Seinen bereits 1596 erschienenen Reisebericht veröffentlichte Levinus Hulsius 1599 auf Deutsch. Neben einer Reihe von Naturbeobachtungen ist in dem Bericht vor allem vom sagenhaften Reichtum Guyanas die Rede sowie von den kriegerischen Amazonen, die ebenso in dieser Gegend leben sollten wie die auf dem hier abgebildeten Kupferstich gezeigten kopflosen Menschen. Zwar weist Hulsius darauf hin, dass die Existenz der Kopflosen »von vielen mehr für ein Märlein als für ein warheit gehalten möchte werden«, doch versucht er Kritiker sogleich mit dem Verweis auf die Schriften von Plinius Secundus, Augustinus und Isidor von Sevilla, die von ganz ähnlichen Erscheinungen andernorts berichtet haben, zu entkräften.

Interessant ist, dass der Ralegh'sche Bericht von Hulsius an dieser Stelle nicht durch die Schilderungen anderer Entdeckungsreisender, sondern durch den Verweis auf Autoritäten aus Antike und Mittelalter bekräftigt wird. Diese mussten nach wie vor dafür herhalten, um phantastische Berichte des ausgehenden 16. Jahrhunderts gegen Zweifler, die es also offenbar auch gab, zu verteidigen. So gesehen ist der Bericht des Hulsius nicht zuletzt ein schönes Beispiel für die jedem Begleittext überlegene Wirkmacht sensationeller Bilder. Die Vorstellungen von den Kopflosen wurde nicht nur von Zeitgenossen, wie beispielsweise der Stuttgarter Festzug von 1609 zeigt, übernommen. Bis heute wird der beigegebene Kupferstich regelmäßig ohne die Einschränkungen des Begleittextes rezipiert und als typische und scheinbar unwidersprochene Vorstellung vom Fremden im ›Zeitalter der Entdeckungen‹ weiterverbreitet.
MK

XI.14

XI.14 Von den Wunderbarlichen Americanischen Leutten
In: *Repraesentatio der Fürstlichen Auffzug und Ritterspil sobei des Durchleüchtigen … Fürsten … Johann Friderichen, Hertzogen zu Württenberg und Teckh … Hochzeitlich Ehrnfest, den 6. Nov. 1609 in … Stuttgarten … gehalten worden*
Balthasar Küchler (1571 – 1641 Schwäbisch Gmünd)
Schwäbisch Gmünd, 1609
Kupferstich, 27,2 × 33,5
Stuttgart, Württembergische Landesbibliothek,
Sign. Ra 17 Kue 1
Lit. Bujok 2003b; Bujok 2004

Die Vorstellung von der Existenz kopfloser Bewohner war in Antike und Mittelalter weit verbreitet. Auch in der Frühen Neuzeit, beispielsweise in der Schedel'schen *Weltchronik* oder in Sebastian Münsters *Cosmographia* finden sich noch entsprechende Abbildungen. Die unter anderem von Levinus Hulsius in seinen Berichten über die Reisen des Walter Ralegh popularisierte Vorstellung, dass solche Kopflose in der neuen Welt Amerika beheimatet sind, wurde 1609 im Stuttgarter Festzug anlässlich der Hochzeit des Herzogs Johann Friedrich mit Barbara Sophia aufgegriffen. Neben Vertretern anderer Regionen, die im Aufzug dargestellt wurden, finden sich hier auch drei Reiter, die ›Amerikaner‹ repräsentieren sollen. Gespielt wurden sie von Mitgliedern der aus elsässischem Adel stammenden

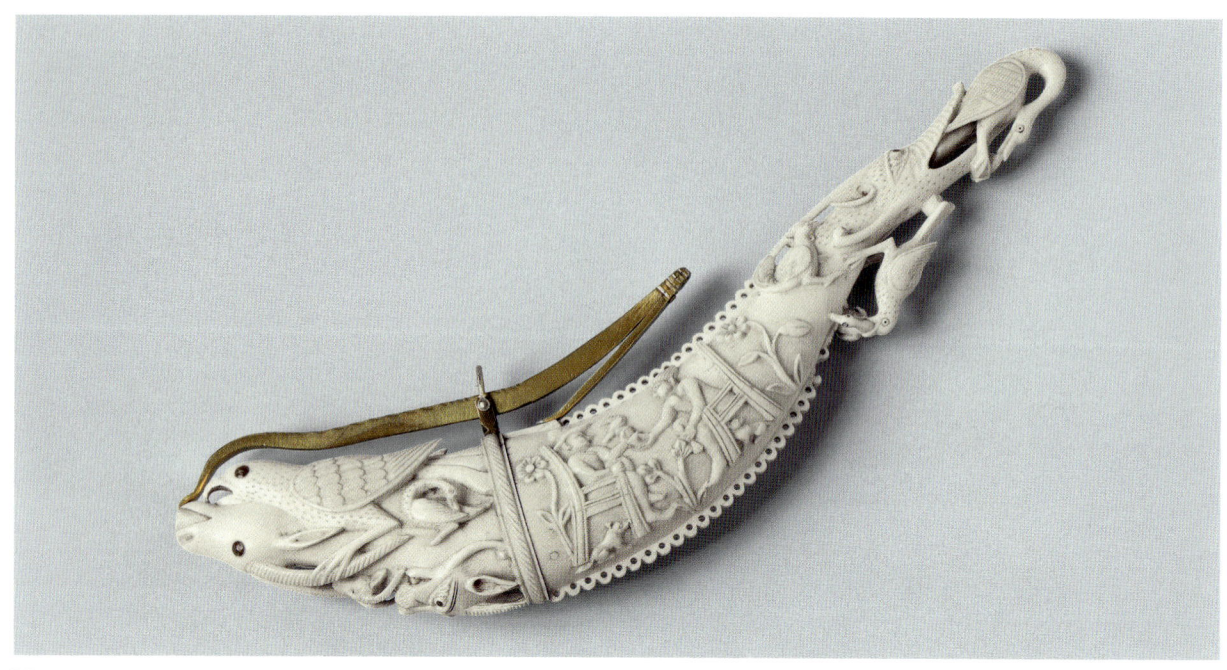

XI.15

Familie Wurmser. In der Festzugsbeschreibung aus dem Jahr 1610 heißt es, sie seien »ungewohnliche und seltzame Monstra [...] / gantz nackend / haben keine Köpff / und die Angesichter auff den Brüsten«. Zudem wird vermerkt, dass aufgrund des weiten Anreisewegs nur drei Vertreter Amerikas zum Festzug in Stuttgart erscheinen konnten. MK

XI.15 PULVERHORN
Nordindien, Mogulzeit, erste Hälfte 17. Jahrhundert
Elfenbein, geschnitzt, bemalt; Montierung vergoldetes Messing, 27,2 (L.)
Dresden, Rüstkammer, SKD, Inv.-Nr. Y 381
Lit. Ausst.-Kat. Lissabon 2004, S. 8, 23; Ausst.-Kat. Wien 2000, S. 219 f.

Das aus Elfenbein geschnitzte Pulverhorn ist an den Enden mit mehreren ineinander verschlungenen Tiergestalten verziert und entspricht in dieser Hinsicht einem gängigen Gestaltungsschema (vgl. Kat.-Nr. VIII.6). Im mittleren Teil zeigt das Dresdner Stück eine Handelsszene mit zwei einander gegenübersitzenden Personen: Ein Mann in europäischer Kleidung, der als portugiesischer Kaufmann gedeutet werden kann, nimmt von einem Inder ein exotisches Tier entgegen. Für den bereits entrichteten Kaufpreis könnte ein Säckchen in der rechten Hand des Inders stehen. Auf der anderen Seite des Pulverhorns sind zwei indische Jäger auf der Vogeljagd dargestellt. JW

XI.16 DARSTELLUNG EINES ›PORTUGIESEN‹
Mogulschule, Nordindien, 17. Jahrhundert
Gouache auf Papier, auf späteres Albumblatt mit Marginalien montiert, 40 × 28
Berlin, SMB – Museum für Islamische Kunst, Inv.-Nr. I 4601 f. 39

Auf nur teilkoloriertem Grund mit weiter Landschaftsdarstellung ist ein junger, geckenhafter Mann in europäischer Kleidung dargestellt – mit Kniehosen, Jacke und kurzem Umhang. Nur die Feder auf dem weichen, hohen Hut mag ein Zugeständnis an die mogulindische Mode sein. Im Gürtel steckt ein feines Tuch. Seine leicht schwingende Haltung, die weiche Haarfrisur mit zwei Schläfenlocken und die goldene Karaffe entsprechen allerdings dem typisierten Bild des schönen Jünglings im Iran und in Mogul-Indien – eine ganze poetische persische Literaturgattung besingt die ›Stadtverführer‹, und mehrere große Meister haben im 17. Jahrhundert den Darstellungstypus raffiniert verfeinert. Jedenfalls ist keinerlei Abfälligkeit oder Spott gegenüber dem Fremden zu spüren. (Abb. 2, S. 49) CPH

XI. FREMDBILDER ›571‹

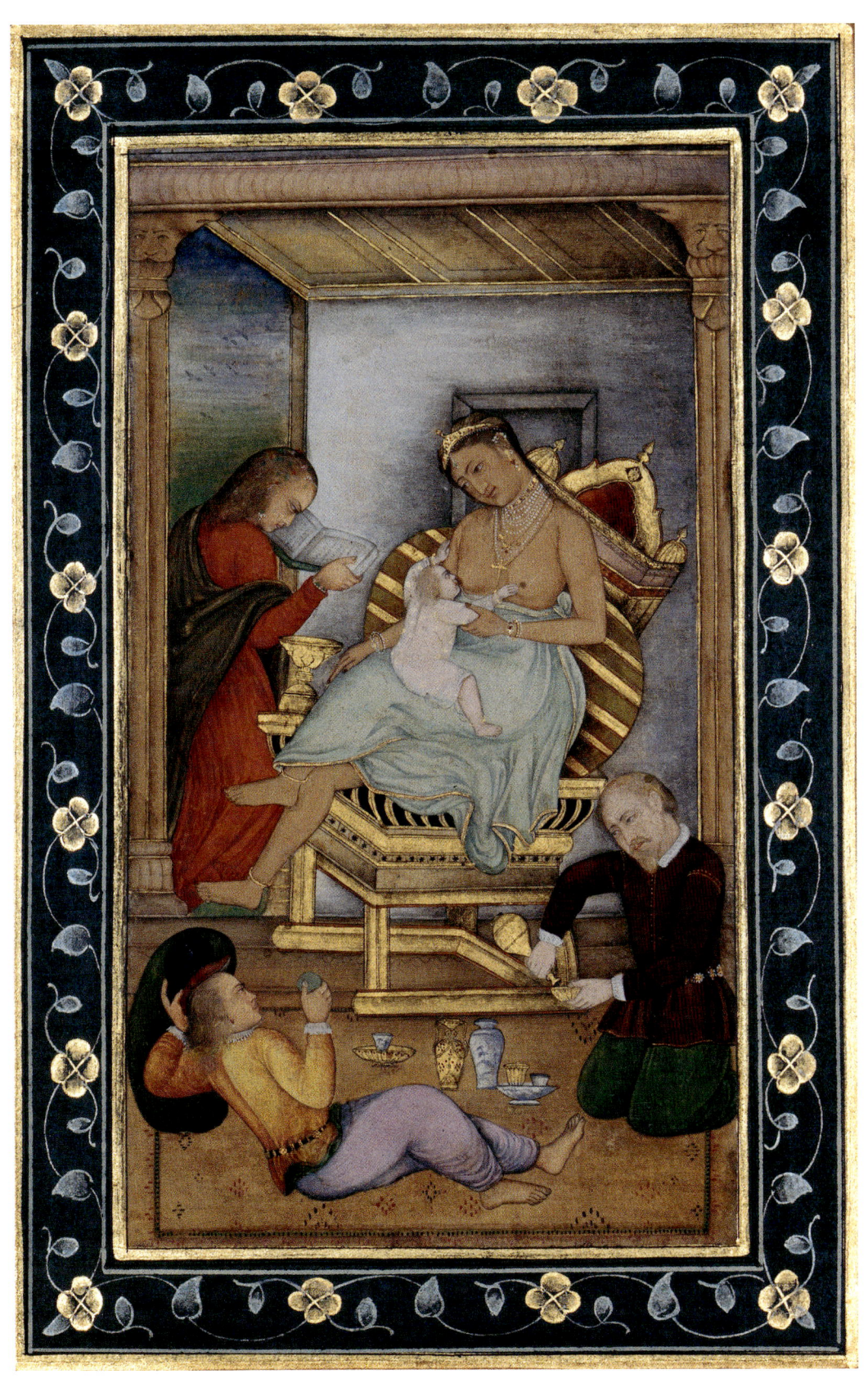

XI.17

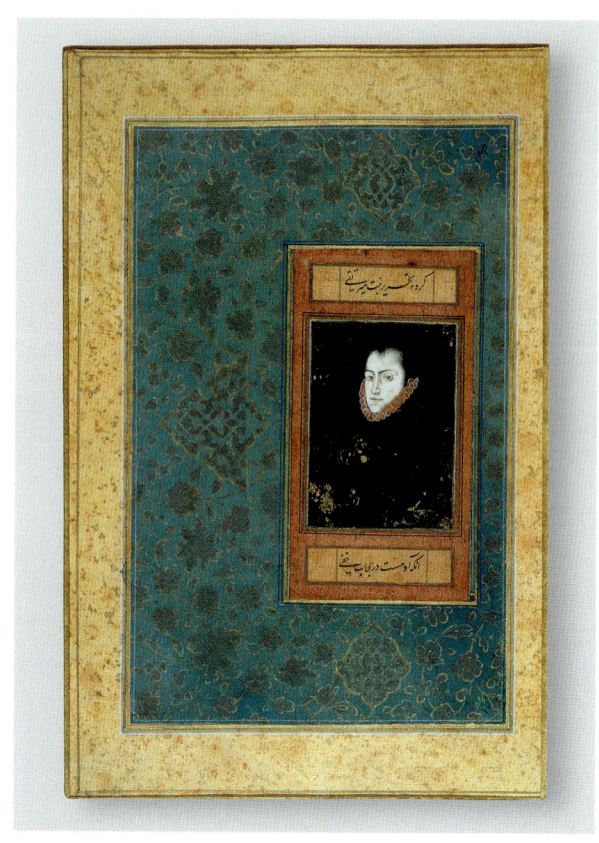

XI.18

XI.17 Familie mit zwei Zechern im Vordergrund (›Heilige Familie‹)
Mogulschule, Nordindien, 17. Jahrhundert
Gouache auf Papier, auf Albumblatt aufgezogen mit späterer Randmalerei, 40 × 28
Berlin, SMB – Museum für Islamische Kunst, Inv.-Nr. I. 4595 fol. 10

In einer eleganten Architektur mit Löwenkopfkapitellen stillt eine reich geschmückte junge Frau auf einem europäisch anmutenden Sitzmöbel ein Kleinkind, der Vater liest in einem Buch. Zu Füßen der Szene, jedoch ohne erkennbaren Absatz, sitzen zwei Zecher in halb europäischer Kleidung mit zweierlei goldenen bzw. Porzellan-Flaschen und Koppchen. Die Goldgefäße sind im indischen Stil, die Porzellangefäße mit chinesischer Landschaftsmalerei verziert, das Buch zeigt Einzelbuchstaben im europäischen (oder chinesischen), nicht arabischen Duktus.

Die rätselhafte Szene zeigt eine deutliche Mischung von mogulindischen Stilelementen und christlichen Motiven. So trägt die Frau neben reichen Goldjuwelen und Perlengehängen ein Kreuz um den Hals, der Vater ist in antik wirkende Gewänder gehüllt. Die Zecher, in ungewöhnlich langen Pluderhosen, aber mit deutlich europäischen Wämsen und Kopfbedeckungen, mögen eine humorvolle Anspielung auf die Übermittler des Christentums in Indien sein – die Portugiesen. Dem Malstil nach gehört sie in das zweite Viertel des 17. Jahrhunderts. CPH

XI.18 Portugiesische Figur
Mogulschule, Nordindien, Anfang des 17. Jahrhunderts
Gouache auf Papier, 34,5 × 22
Lissabon, Museu Nacional de Arte Antiga, Inv.-Nr. 15 Min
Lit. Ausst.-Kat. Porto 1998, Kat.-Nr. 195

Gouachemalerei aus einem *muraqqa'*, einer nordindischen Sammlung von Kalligrafien und Porträts in Buchform. Es handelt sich dabei um eine typisch mogulische Adaptation einer beliebten, ursprünglich aus Europa stammenden Gattung, der Porträtkunst. Die dargestellte Person ist vermutlich ein Portugiese. Er trägt sein Haar zusammengebunden, hat einen blassen Teint und die damals typische dunkle Kleidung mit weißer Halskrause. Wie die persische Legende verrät, wurde das Bild von einer aus dem Iran nach Indien emigrierten Künstlerin, der Tochter von Mir Taghi, gemalt. PP

XI.19 Das Privatvergnügen des portugiesischen Oberbefehlshabers
Mogulschule, Nordindien, 1678–1698
Aquarell, Deckfarben, Tinte, Blattgold, Papier, 19,8 × 13,4
Cambridge, The Fitzwilliam Museum, Inv.-Nr. PD 205-1948-13
Lit. Ausst.-Kat. London 2004, S. 189; Crill 2004, S. 188–199

Die portugiesische Präsenz in Westindien beeinflusste auch die Miniaturmalerei des Mogul-Reiches. Hauptmotiv waren männliche Europäer, in der Regel Gesandte und Händler, später auch Soldaten und Glaubensvertreter. Von der fremdartigen Kleidung, insbesondere den Hüten, Hosen und Schuhen, waren die Künstler besonders fasziniert. Die Hüte wurden so eng mit den Fremden assoziiert, dass diese unter der Bezeichnung *topiwala* (Hutträger) bekannt wurden. Diese Angewohnheit ermöglicht es, die europäischen Besucher der Mogul-Höfe auf den Porträts anhand ihrer Kopfbedeckungen zu identifizieren.

Das Faible für Hüte findet sich auch in den offen erotischen Malereien. Ein seltenes Beispiel dafür ist dieses feine Aquarell, das vermutlich in Bikaner (Rajasthan) hergestellt wurde. Es zeigt einen nackten, mit Perlenschnüren und einem hohen Hut dekorierten Europäer in intimer Umarmung mit seiner Begleiterin. Am unteren Bildrand befindet sich eine persische Inschrift, die das Bild als ›Privatvergnügen des portugiesischen Oberbefehlshabers‹ betitelt. CT

XI.19

XI.20

XI.20 Persisches Porzellantablett
Persien, 17. Jahrhundert
Porzellan, blau-weiß, 22 × 15,3 × 2,9
London, Victoria and Albert Museum, Inv.-Nr. 595–1889
Lit. Crowe 2002, Kat.-Nr. 204, S. 137; Dias 1998, S. 382 f.

Das rechteckige Tablett mit schräg abgeschnittenen Ecken zeigt einen Höfling, der eine Flüssigkeit aus einer langhalsigen Flasche in eine Tasse gießt. Bekleidet ist er mit einem gefiederten Hut, einem kurzen Wams mit Umhang, engen Hosen und Pantoffeln. Vier Gruppen hochstilisierter Blumen und Blätter umgeben die Figur. Die Szene wird von einer Doppellinie eingerahmt. Der Rand der glatten Porzellanwanne ist mit einem Zick-Zack-Muster bemalt. Vier Halme, die um eine viergeteilte Blüte arrangiert sind, dekorieren die Unterseite, deren Basisring der Form des Tabletts folgt.

Porzellantabletts diesen Stils, der an die Malereien aus der Regentschaft des Safawiden-Herrschers Schah Abbas II. (1642–1667) erinnert, wurden in achteckiger, quadratischer oder rechteckiger Ausführung wohl bis Ende des 17. Jahrhunderts hergestellt. Die drei genannten Formen entstanden wahrscheinlich ab dem Ende der Ming-Dynastie nach dem Geschmack ostasiatischer und europäischer Abnehmer. Die portugiesische Präsenz im Mittleren Osten und im Persischen Golf während des 16. und 17. Jahrhunderts spiegelte sich in vielen Bildmotiven persischer Kunsterzeugnisse, wie Tapeten, Miniaturen und Fayencen, wider. Nach Meinung einiger Forscher soll es sich bei der Darstellung dieses Höflings um einen portugiesischen Besucher handeln. CT

XI.21 Der König von Khmabhat (Cambay)
in: *Códice Português*
um 1540
Miniatur, Aquarell auf Papier, 31 × 44
Rom, Biblioteca Casanatense, Sign. Ms. 1889, cc.43-44

XI.22 Malaien
in: *Códice Português*
um 1540
Miniatur, Aquarell auf Papier, 31 × 44
Rom, Biblioteca Casanatense, Sign. Ms. 1889, cc.128-129
Lit. Imagens do Oriente no século XVI 1985

Der *Códice Português* ist ein frühneuzeitliches Kompendium der Volksgruppen des portugiesischen Kolonialreichs. Die Aquarelle zeigen in erster Linie Darstellungen der adligen und gewöhnlichen Bevölkerung Asiens (Indien, Sri Lanka, Indonesien und China) in topografischer Anordnung. Weit weniger umfangreich sind die Regionen Mosambik, Arabien und der Iran vertreten. Mit besonderer Detailtreue werden Physiognomie, Trachten, Waffen, Hochzeiten, Religion und Berufsgruppen, aber auch Auszüge aus Flora und Fauna abgebildet. Kurze Legenden des Künstlers erklären den Bildinhalt.

Der knapp 80-seitige Kodex, ein einzigartiges Zeugnis aus dem Orient der Frühen Neuzeit, blieb bis weit ins 20. Jahrhundert von der Forschung nahezu unbeachtet. Obwohl die Zeichnungen kein außergewöhnliches künstlerisches Talent erkennen lassen, besitzt das Album mit seinen realistischen Abbildungen einen hohen kulturhistorischen Wert. Die beigefügten Legenden lassen auf einen portugiesischen Maler schließen, der den Großteil der Aquarelle direkt vor Ort hergestellt haben dürfte. Anspielungen auf die Belagerungen der portugiesischen Festung von Diu durch den Sultan von Cambay (1536) und die Tatsache, dass noch keine Japaner in dem Buch abgebildet sind (die Portugiesen gelangten erst 1543 nach Japan), legen eine Fertigstellung des Buches um 1540 nahe.

XI. FREMDBILDER ›575‹

XI.21

Die erste ausgestellte Zeichnung zeigt den Sultan von Khmabhat (Cambay) bei der Falkenjagd auf einem reich geschmückten Elefanten in Begleitung einer Dame auf einem Pferd. Mehrere Pagen und Bogenschützen mit Jagdhunden geleiten die Gesellschaft. Sie trägt die Überschrift »König von Cambay. Dieser König ist derjenige, der die Festung von Diu belagerte und er ist naturgemäß abgebildet.« Zeitgenössischen Berichten zufolge soll der Sultan Besitzer von mehr als vierzig Kampfelefanten gewesen sein, die er im Krieg gegen seine Nachbarn einsetzte. Auf dem anderen Blatt ist zu lesen »Leute aus dem Königreich Malakka. Heiden. Sie nennen sich Malaien.« Die Darstellung der Malaien stimmt mit überlieferten Augenzeugenberichten überein, die diese als stolze, fröhliche, aber auch empfindsame Menschen charakterisieren. Barfuß und ohne Kopfbedeckung trugen die Männer meist nur einen Überwurf und einen Baumwollschurz, während sich die Frauen nach javanischer Art kleideten. Die männliche Haartracht glich einer christlichen Mönchstonsur. (Abb. 5, S. 182) CT

XI.23 KABINETTSCHRÄNKCHEN MIT ALLTAGSSZENEN
Indien, 1570–1580
Teak, Schildpatt, Blattgold, Farbe, 20 × 30 × 21
Porto, Museu Nacional de Soares dos Reis,
Inv.-Nr. 2689 Mob.
Lit. Dias 2002, S. 90–136

Dieser rechteckige Kabinettschrank aus Teakholz ist von außen mit polierten, durchscheinenden Schildpatt-Plättchen verkleidet, die mit vergoldeten Kupfernägeln befestigt sind. Zwischen Holz und Verkleidung wurde Blattgold gelegt, um der Bemalung einen intensiveren Glanz zu verleihen. Die Rahmen bestehen ebenfalls aus Schildpatt, die einzelnen Fächer sind aus Elfenbeinplatten zusammengesetzt. Jedes der neun Schubkästen hat ein Schloss mit vergoldeten Kupferbeschlägen. An den Seiten des Schränkchens sind zwei Griffe angebracht, ebenfalls aus vergoldetem Kupfer. Die Schildpatt-Plättchen auf der Ober- und Rückseite sowie den Seitenwänden wurden von innen mit

XI.23

häuslichen Szenen bemalt. Dagegen sind die Malereien im Inneren der Schubladen sowie auf den Schubladenfronten direkt auf das Teakholz aufgetragen. An den Außenseiten schimmern die Dekorationen gedämpft durch das Schildpatt hindurch.

Die Bildmotive illustrieren das Familienleben der kolonialen Oberschicht und deren Vergnügungen, wie Tigerjagd, Musik, Essen und Konversation. Zwei Hauptfiguren dominieren die Szenen: ein Portugiese mittleren Alters und eine junge Frau, vielleicht indischer Abstammung. Der Kleidung nach zu urteilen, die der europäischen Mode des ausgehenden 16. Jahrhunderts entspricht, scheint es sich um eine reiche Familie zu handeln – heraldische Elemente oder Hinweise auf einen militärischen Rang fehlen jedoch. Hergestellt wurde dieses indo-portugiesische Möbelstück wahrscheinlich in einem der nordindischen Möbelproduktionszentren (Baçaim, Chaúl, Damão oder Diu). CT

XI.24 PORTUGIESEN IN INDIEN IN ALLTAGSKLEIDUNG
In: *Itinerario. Voyage ofte Schipvaert van Jan Huyghen van Linschoten naer Oost ofte Portugaels Indien ...*
Jan Huyghen van Linschoten
(Haarlem 1563 – 1611 Enkhuyzen)
Amsterdam, Cornelius Claez, 1596
Buch, Kupferstich, koloriert, 29,5 × 20,5
Rostock, Universitätsbibliothek, Sign. Qi-1 (28-SON)
Lit. Berger 1979, S. 198 – 210; Godinho 2007

1596 verfasste der Niederländer Jan Huyghen van Linschoten (zur Person siehe Kat.-Nr. VII.I.5) das *Itinerario*, eine umfangreiche Schilderung seiner Reise nach Indien sowie seines sechsjährigen Aufenthalts in Goa in den 1580er Jahren. Während seiner Dienstzeit bei den Portugiesen sammelte Linschoten alle verfügbaren Informationen über die Regionen in und um den *Estado da Índia*, aber auch über die portugiesischen Niederlas-

Gestus et habitus tam civium que militum Lusitanorum in oriente agentium, cum publicum prodeunt.

Contenancyen en habyten der Portugeesers so burgers als Soldaten in oost Indien als se op de straten comen.

XI.24

sungen in Afrika. Fehlende Angaben komplettierte er aus Berichten und Werken anderer Autoren (wie Luís de Camões und Garcia da Orta). Er schuf so eine erste ausführliche Enzyklopädie Ostasiens. Neben ausführlichen Beschreibungen der Verkehrsverbindungen, Handelsbeziehungen und Stützpunkte der Portugiesen enthält das umfangreiche Werk eine Fülle an Informationen zu Flora und Fauna, Geografie und Lebensweise der einheimischen Bewohner. Zahlreiche Illustrationen vermitteln ein eindrucksvolles Bild aus der Blütezeit des portugiesischen Kolonialreichs in Asien. Obwohl erst nach der ersten organisierten Erkundungsfahrt in den Niederlanden publiziert, gilt das *Itinerario*, das schnell zur Standardlektüre der neuen Indienfahrer wurde, als ein wichtiger Wegbereiter der holländischen Expansion. Bereits kurz nach der Erstveröffentlichung durch den Kartografen Cornelius Claez wurde das Itinerario in mehrere Sprachen übersetzt, 1598 erschien die deutsche Erstausgabe in der Werkstatt der Gebrüder de Bry in Frankfurt am Main. CT

XI.25 Thailändische Truhe

Thailändische Arbeit, vermutlich Ende des 17. Jahrhunderts
Holz, 70,5 × 119 × 64
Porto, Colecção Távora Sequeira Pinto
Lit. Dias (Ms.) o. J.

Vergoldete schwarze Truhe mit stark abgenutztem flachem Deckel. Sie wurde zwar über Goa importiert, ist aber wohl in Thailand bzw. im alten Königreich von Siam hergestellt worden, mit dem die Portugiesen seit 1511 diplomatische Kontakte und Handelsbeziehungen unterhielten. Die lokalen Monarchen profitierten von dieser Allianz vor allem in ihrem Kampf gegen die birmanischen Nachbarn. Neben den Handelsprodukten aus Übersee lieferten die Portugiesen Feuerwaffen, wodurch Siam den Nachbarstaaten militärisch überlegen wurde. Die Kontakte wurden über das ganze 16. Jahrhundert aufrechterhalten. Ab Mitte des 16. Jahrhunderts wurden sie auf diplomatischer Ebene

XI.25

verstärkt, als Portugal bei lokalen Zwistigkeiten Unterstützung anbot. Zugleich setzten sich zahlreiche portugiesische Soldaten aus Goa und anderen Festungen ab, um in Siam zu dienen und Handel zu treiben. Die portugiesische Gemeinde in der Hauptstadt Ayuthaya war zwar nicht sehr zahlreich, doch stellte sie eine eigene Söldnertruppe zum Schutz des Königs von Siam auf.

Die figürlichen Darstellungen auf der Truhe sind entweder als Genreszenen zu interpretieren oder aber als Wiedergabe einer konkreten Handlung vor dem Hintergrund einer Palastarchitektur mit buddhistischen Tempeln – also vielleicht Ayuthaya. Zu beobachten ist auch eine Kriegsszene, die in zwei Felder aufgeteilt ist. Auf der einen Seite sind die asiatischen Truppen zu sehen, die an ihren Gewändern gut zu erkennen sind, auf der anderen Seite, ebenso klar erkennbar, Gruppen von Soldaten mit Feuerwaffen und einer Bombarde, deren Kleidung darauf schließen lässt, dass es sich um Portugiesen handelt.
PP

XI.26 Figur eines Europäers
China, 17./18. Jahrhundert
Vergoldete Bronze, Cloisonné, Champlevé, 36,5 (H.)
Wien, MAK – Österreichisches Museum für angewandte Kunst/Gegenwartskunst, Inv.-Nr. 10641/Em.127
Lit. Ausst.-Kat. Berlin 1985, S. 248

Die Bronzefigur stellt einen Europäer dar, der seine Hände wie in einer Begrüßungsgeste erhoben hält. In der markanten Physiognomie, vor allem den großen runden Augen, buschigen Augenbrauen und riesigen Ohren, spiegelt sich das Bild wider, das sich die Chinesen von den fremden Besuchern machten. Im Gegensatz zu den typischen Darstellungen der eigenen Landsleute erwecken die bewegte Gestik, das lebhafte Mienenspiel und der geöffnete Mund des Europäers den Eindruck einer unmittelbaren Momentaufnahme. Die fein detaillierte Kleidung

XI. Fremdbilder ›579‹

ist der damaligen europäischen Mode nachempfunden; der Umhang ist mit chinesischen Blütenornamenten bedeckt. Mantel, Hut und Kragen sind in Cloisonné- und Champlevétechnik gearbeitet. Bei dieser Figur handelt es sich möglicherweise um einen Gesandten. (Abb. 7, S. 170) CT

XI.27 Ankunft der Portugiesen
Teil eines Stellschirms, *Namban*-Kunst, 17. Jahrhundert
Gerahmtes mehrlagiges Papier mit Goldblatt und Malerei, mit Seide besetzt, 193 × 139
Porto, Colecção Távora Sequeira Pinto

Fragment eines *Namban*-Stellschirms. Es sind mehrere Personen in einer Hafenszene dargestellt, darunter vier arbeitende Portugiesen, um die herum Kisten und Koffer stehen. Ein weiterer Portugiese nähert sich gerade in einem kleinen Boot. Im Hintergrund sieht man einen Baum. Wie auch auf anderen *Namban*-Schirmen findet sich hier eine Szene dargestellt, die im Zusammenhang mit der Ankunft von Portugiesen und ihres großen, alljährlich verkehrenden Handelsschiffs (*nau do trato*) in einem japanischen Hafen steht. (Abb. 1, S. 274) PP

XI.28 A + B Ankunft der Portugiesen
Namban-Stellschirmpaar
Japan, Anfang 17. Jahrhundert
Tusche, Farbe und Gold auf Papier, je 169 × 363
Amsterdam, Rijksmuseum, Inv.-Nr. AK-RAK 1968-1-A,B
Lit. Ausst.-Kat. Berlin 1993, S. 239; Ausst.-Kat. Gotha 2000, S. 232 f.

Die beiden jeweils sechsteiligen Schirme sind Teil einer Gruppe von *Namban*-Stellschirmpaaren vom Typ ›Ankunft-Prozession‹. Über eine insgesamt mehr als sieben Meter breite Papierbespannung entfaltet sich die Ankunft eines großen portugiesischen Handelsschiffes im Hafen von Nagasaki. Der linke Schirm zeigt die Entladung des bauchigen Seglers, den Abtransport von Waren und den Landgang der Besatzung. Hauptmotiv des rechten Schirms ist die feierliche Prozession des Kapitäns, der mit seinem Gefolge durch die Stadt zu der kleinen Missionsstation zieht, wo er von einem Jesuitenpater begrüßt wird. Dahinter liegt das in japanischem Stil erbaute Kloster, dessen einziges christliches Zeichen ein von Engeln gekröntes Kreuz mit dem Bild der Muttergottes auf dem Dach des Pavillons ist. Dort, wo man die Kapelle vermuten würde, handeln zwei

XI.25 (Ausschnitt)

Kaufleute mit einem Abakus die Warenpreise aus. Die Bemalung besticht durch die intensive Farbgebung und die detailgenaue Darstellung der Portugiesen und ihres Schiffes. Insbesondere die fremdartige Bekleidung der *Nambanjin* – schwere Goldketten, Samtgewänder, übertrieben gebauschte Hosen und überdimensionale Taschentücher – war für den unbekannten japanischen Maler von großem Interesse. Die gesamte Szenerie ist auf einem prachtvollen Goldgrund arrangiert und wird durch mehrfach geteilte, mit Muschelkalk plastisch modellierte und vergoldete Wolkenbänder gegliedert.

Die *Namban*-Stellschirme, die noch um 1600 ein begehrtes Accessoire in Adelspalästen waren, sind ein selten erhaltenes Zeugnis der portugiesischen Handels- und Missionstätigkeit in Japan. Nach dem Verbot des christlichen Glaubens 1614 und der Abschottung des Landes fünfundzwanzig Jahre später mussten sie entfernt werden. Dieses Paar tauchte 1963 in Matsue am Japanischen Meer auf und wurde kurz darauf nach Holland verkauft. (Abb. 2, S. 276–277, Abb. 1, S. 298 und Abb. 5, S. 304) CT

XI.30

XI.29 Tsuba (Schwertstichblatt) mit Darstellung einer Nau
Japan, *Namban*-Kunst, 16. Jahrhundert
Eisen, 8 (Dm.)
Porto, Colecção Távora Sequeiro Pinto
(Abb. 4, S. 209)

XI.30 Tsuba (Schwertstichblatt) mit Darstellung von Portugiesen
Japan, *Namban*-Kunst, 16. Jahrhundert
Eisen, 7,2 (Dm.)
Porto, Colecção Távora Sequeiro Pinto
Lit. Ausst.-Kat. Lissabon 1998, Kat.-Nr. 29 f.

Tsubas wie diese dienten aller Wahrscheinlichkeit nach als Stichblätter. Ihre Hauptfunktion dürfte es gewesen sein, die Hand daran zu hindern, bei Stechbewegungen auf die Klinge zu rutschen. Im Gegensatz zu europäischen Stichblättern boten sie jedoch keinen Schutz gegen Hiebe des Gegners auf die Hand, weshalb diese stets vermieden wurden. Anderen Autoren zufolge könnten die vorliegenden Objekte auch Bestandteil der japanischen Kleidung gewesen sein. Sie dienten demnach als ringförmige ›Schwerthalter‹, durch deren eingekerbte Öffnung die Klinge passte. Beide Ausstellungsstücke stammen aus der *Namban*-Zeit und zeigen den Einfluss portugiesischer Motive: Das eine stellt ausschnitthaft eines jener ›Handelsschiffe‹ oder *Kurofuné* dar, die auf den Wandschirmen der *Namban*-Kunst stets so kunstvoll abgebildet wurden. Hier handelt es sich um eine vereinfachte Darstellung des Schiffs mit geblähten Segeln und einer winzigen Frauenfigur am Bug. Die Wellen des Meeres sind anhand eines geometrischen *Chevron*-Musters dargestellt. Die zweite *Tsuba* stellt zwei Portugiesen in typischer Tracht dar, einer davon trägt ein Gewehr über der Schulter. PP/ZB

XI.31 Kästchen
Namban-Kunst, 17. Jahrhundert
Lackiertes Tropenholz, 7,5 × 15 × 47
Lissabon, Museu Nacional de Arte Antiga, Inv. 69 Cx
Lit. www.matriznet.ipmuseus.pt (letzter Zugriff, Instituto dos Museus e da Conservação)

Kästchen mit glattem, schwarz lackiertem Deckel und Einlegearbeiten, die drei geometrische Figuren darstellen: oben eine Lotusblüte, in der Mitte eine Stange und unten eine Tafel mit Blumenmotiven. Flankiert wird diese Achse von zwei in derselben Technik gearbeiteten, westlich gekleideten Figuren, von denen die eine mit einer geblümten Hose bekleidet ist und die andere in nachdenklicher Manier den Kopf in die Hand stützt. (Abb. 8, S. 283) PP

XI.32 Japanische Weltkarte
Bankoku sōzu (Sekai no zu)
Kyōto, Hayashi Jizaemon, 1671
Kolorierter Holzschnitt, Faltblatt, 39,8 × 54,7
München, Bayerische Staatsbibliothek, Sign. Cod. Jap. 4
Lit. Ausst.-Kat. Berlin 1993, Kat.-Nr. 7/23; Kraft 1986, Kat.-Nr. 27 u. Abb. 8; Mignini 2005, S. 186

Verkleinerte Ausgabe einer frühen japanischen Weltkarte (1645). Ostasien ist dabei nahe der Kartenmitte dargestellt. Vorlage war die berühmte chinesische Weltkarte des italienischen Jesuitenpaters Matteo Ricci (1552–1610), die 1602 in einer dritten Ausgabe gedruckt worden war. Die japanische Karte war zunächst für einen Stellschirm entworfen worden. Sie zeigt auf der linken Seite 40 Paare, die, angeführt von Vertretern aus Japan und China, unterschiedliche Völker in ihrer jeweiligen Tracht repräsentieren. Ein Stellschirmpaar mit aufgemalten Paaren verschiedener Völker, das ebenfalls aus dem 17. Jahrhundert stammt, befindet sich heute in Ōsaka. In Europa findet sich die Kombination von Karten und Personenpaaren zunächst beim holländischen Kartografen Jodocus Hondius (1563–1612). Im 17. Jahrhundert tauchen entsprechende Darstellungen vermehrt als Randschmuck in holländischen und englischen Karten auf. Neben den Volkstypen wird die Erddarstellung auf der vom Betrachter aus rechten Seite der japanischen Karte von je einem japanischen, chinesischen, portugiesischen und niederländischen Schiff umgrenzt. (Abb. 9, S. 284) MK

XII. Die lusitanische Welt heute

Die in diesem Buch beschriebenen Entwicklungen wirken in vielen Fällen bis heute fort. Politisch und wirtschaftlich, sprachlich, religiös und kulturell hat die Kolonialzeit ihre Spuren hinterlassen. Die unterschiedlichen Entwicklungen lassen sich dabei nicht mit einem einheitlichen Schema erfassen.

In Japan wurden die Portugiesen bereits zu Beginn des 17. Jahrhunderts des Landes verwiesen. Im Indischen Ozean verlor Portugal im gleichen Jahrhundert viele seiner Stützpunkte an andere europäische Kolonialmächte, blieb jedoch kulturell – vor allem sprachlich und religiös – einflussreich. Die marokkanischen Besitztümer gingen vor allem im 17. und 18. Jahrhundert verloren. Brasilien erklärte im Jahre 1822 in einer ›Revolution von oben‹ seine Unabhängigkeit. Der portugiesische Kronprinz Dom Pedro IV. regierte als Kaiser Dom Pedro I. von Brasilien von 1822 bis 1831.

Noch zur Zeit der Salazar-Diktatur (*Estado Novo*) betrachtete sich Portugal in erster Linie als Übersemacht. Seine verbliebenen Kolonien erklärte das Land zu Überseeprovinzen. 1961 eroberte Indien Goa, Damão und Diu. Mit der Nelkenrevolution von 1974, welche die Diktatur des *Estado Novo* beendete, ging eine endgültige Wende in der portugiesischen Außenpolitik einher. 1974/75 erlangten die afrikanischen Kolonien Angola, Mosambik, São Tomé und Príncipe, Guinea-Bissau und Kap Verde sowie Osttimor in Südostasien ihre Unabhängigkeit. 1986 trat Portugal der Europäischen Gemeinschaft bei. Im Jahre 1999 gab es mit Macau seine letzte Kolonie an China zurück. Von den Gebieten der ›Entdeckungszeit‹ gehören zum portugiesischen Staatsgebiet heute nur mehr Madeira und die Azoren.

Das Portugiesische ist heute die Muttersprache von etwa 230 Millionen Menschen. Die Bevölkerung Portugals zählt derzeit etwa 10,6 Millionen Menschen. Ungefähr ein Drittel aller Portugiesen lebt außerhalb der Landesgrenzen. Mit etwa 190 Millionen Einwohnern ist Brasilien das größte Land der portugiesischen Sprachgemeinschaft. In Asien und Afrika entwickelten sich in den ehemaligen Kolonialgebieten Portugals unterschiedliche Kreolsprachen, deren Wortschatz zu etwa 80 Prozent auf dem Portugiesischen basiert. Einige verzeichnen mittlerweile allerdings stark rückläufige Sprecherzahlen. 1996 schlossen sich Angola, Brasilien, Guinea-Bissau, Kap Verde, Mosambik, Portugal sowie São Tomé und Principe zur »Gemeinschaft der Portugiesischsprachigen Länder« (*Comunidade dos Países de Língua Portuguesa*) zusammen. Osttimor trat ihr 2002 bei. AS

XII. O mundo lusitano hoje

Os desenvolvimentos descritos neste livro continuam, em muitos casos, a repercutir-se no presente. A colonização deixou as suas marcas tanto do ponto de vista político e económico, como linguístico, religioso e cultural. Não é possível enquadrar numa só grelha os diferentes desenvolvimentos.

Os portugueses são expulsos do Japão ainda no século XVII. No Oceano Índico, Portugal perde, no mesmo século, muitas das suas bases de apoio em favor de outras potências coloniais europeias, mantendo a sua influência cultural, sobretudo do ponto de vista da língua e da religião. Os domínios marroquinos perdem-se, principalmente, nos séculos XVII e XVIII. O Brasil declara a independência, em 1822, numa ›revolução por cima‹. O príncipe herdeiro D. Pedro IV, governa o Brasil como Imperador D. Pedro I, de 1822 a 1831.

Ainda durante a ditadura salazarista, o *Estado Novo*, Portugal vê-se a si próprio como potência ultramarina. Às colónias, que lhe restavam, declara-as Províncias Ultramarinas. Em 1961, a Índia toma Goa, Damão e Diu. A Revolução dos Cravos, que põe-se à ditadura do *Estado Novo*, implica uma mudança decisiva na política externa portuguesa. Em 1974/75 as colónias africanas Angola, Moçambique, São Tomé e Príncipe, Guiné-Bissau e Cabo Verde, assim como Timor-Leste, no Sueste da Ásia, conquistam a sua independência. Em 1986, Portugal adere à Comunidade Europeia. Em 1999, entrega Macau, a sua última colónia, à China. Dos territórios das Descobertas fazem hoje parte da República Portuguesa a Madeira e os Açores.

A língua portuguesa é, actualmente, a língua materna de 230 milhões de pessoas. A população portuguesa é de 10,6 milhões de habitantes. Cerca de um terço da população vive fora do país. Com cerca de 190 milhões de habitantes, o Brasil é o maior país lusófono. Nas ex-colónias portuguesas da Ásia e da África desenvolveram-se diversas línguas creoulas cujo vocabulário se baseia em 80 % na língua portuguesa. Alguns desses creoulos, entretanto, têm vindo a registar uma diminuição drástica de falantes. Em 1996, Angola, Brasil, Guiné-Bissau, Cabo Verde, Moçambique, Portugal e São Tomé e Príncipe formam a *Comunidade dos Países de Língua Portuguesa*. Timor-Leste adere à CPLP em 2002. AS

›582‹ XII. Die lusitanische Welt heute

ARKTISCHER OZEAN

PAZIFISCHER OZEAN

ATLANTISCHER OZEAN

Portugal
Lissabon

Kap Verde
Praia
Bissau
Guinea-Bissau

São Tomé
und Príncipe

Brasilia
Brasilien

ATLANTISCHER OZEAN

▬ Länder, in denen Portugiesisch Amtsprache ist
(teilweise gemeinsam mit anderen Sprachen)

▬ Hauptstädte der Länder, in denen Portugiesisch
Amtsprache ist

Malaysia
• Malakka   Regionen mit portugiesischer Sprachtradition

Für etwa 230 Millionen Menschen ist das Portugiesische heute die Muttersprache. Es gehört nach dem Chinesischen, Spanischen, Englischen, Bengali und Hindi somit zu den sechs meistgesprochenen Sprachen der Welt.

ANHANG

›586‹
AUSSTELLUNGSGRUNDRISS

›587‹
CHRONOLOGIE

›592‹
PERSONENREGISTER

›595‹
TOPOGRAFISCHES REGISTER

›598‹
LITERATURVERZEICHNIS

›638‹
BILDNACHWEIS

›586‹ Ausstellungsgrundriss

IX. Portugal im 16. Jahrhundert

VIII. Kunst- und Wunderkammern

XI. Fremdbilder

VII.III. Missionierung

VII.I. Estado da Índia

X. Internationale Konflikte

Ausgang

Aufzug

VII. Portugal in Übersee

V.II. Rezeption und Weiterentwicklung in Mitteleuropa

VII.I. Estado da Índia

VII.II. Handel

VI. Neue Welten – Alte Reiche

II. Portugal im Mittelalter

V. Kartografie und Nautik

I. Prolog

Eingang

V.I. Seefahrt und portugiesische Kartografie

IV. Entdeckungsreisen

III. Ausgangsbedingungen

Museumsladen

Grundriss der Ausstellung
Untergeschoss Ausstellungshalle von I. M. Pei

CHRONOLOGIE

1143
Vertrag von Zamora. Unabhängigkeit des Königreichs Portugal.

1160
Die Tempelritter erbauen die Burg Tomar.

um 1160
Entstehung und Verbreitung des sogenannten Presbyterbriefes, in dem die angebliche Macht und der Reichtum des christlichen Priesterkönigs (auch Erzpriester oder Presbyter) Johannes geschildert wird.

1179
Papst Alexander III. erkennt Afonso Henriques als König und Portugal als Königreich an.

1249
Eroberung des gesamten Territoriums der Algarve. Die Grenzen Portugals entsprechen etwa denjenigen zur heutigen Zeit.

1271–95
Reise des Venezianers Marco Polo nach Asien. Sein Reisebericht findet in ganz Europa große Resonanz und beeinflusst später u. a. Heinrich den Seefahrer und Kolumbus.

1312
Aufhebung des Templerordens auf dem Konzil zu Vienne.

1317
Gründung des Ordens der Christusritter, der 1319 mit den portugiesischen Besitzungen des aufgelösten Templerordens ausgestattet wird. Der Orden entwickelt sich zum wichtigsten Träger der Reconquista und der Entdeckungsvorstöße entlang der westafrikanischen Küste.

1334–35
Expedition zu den Kanarischen Inseln.

1385
Der Großmeister des Avis-Ordens wird als Dom João I. zum König von Portugal gewählt.

1402
Besetzung der Kanaren durch Kastilien.
Reise einer äthiopischen Gesandtschaft nach Venedig.

1415
Eroberung der nordafrikanischen Stadt Ceuta durch Portugal.

ab 1419
Entdeckung und Beginn der Besiedlung der Madeira-Gruppe durch João Gonçalves Zarco, Tristão Vaz Teixeira und Bartolomeu Perestrelo.

1427
Entdeckung der ersten Azoren-Inseln durch Diogo de Silves. In den Folgejahren Beginn der Kolonisierung.

1433
Heinrich ›der Seefahrer‹ erhält von der portugiesischen Krone Madeira als persönliches Eigentum übertragen. Förderung des Zuckerrohranbaus, der sich rasch weiter verbreitet. Grundformen der kolonialen Organisation und ihrer Finanzierung, der Landvergabe und der wirtschaftlichen Nutzung werden erprobt.

1434
Im Auftrag Heinrichs ›des Seefahrers‹ umsegelt Gil Eanes das bis dahin für unüberwindbar gehaltene Kap Bojador an der mauretanischen Küste.

1437
Der Versuch, Tanger zu erobern, scheitert. Beginn der Gefangenschaft von Dom Fernando.

1441
Nuño Tristão und Antão Gonçalves erreichen das Kap Blanco an der mauretanischen Küste. Beginn des Transports afrikanischer Sklaven nach Portugal.

1444
Dinis Dias erreicht das Kap Verde (Senegal). Nuno Tristão gelangt bis Guinea.

1448
Befestigung des 1444 gegründeten Handelsstützpunktes Arguim auf der Insel Gete vor der mauretanischen Küste.

1452
Die erste portugiesische Zuckermühle auf Madeira geht in Betrieb.

1455
Papst Nikolaus V. verkündet die Bulle *Romanus pontifex*. Dem portugiesischen König Afonso V. und dem Infanten Heinrich werden die Länder, Häfen, Inseln und Meere Afrikas sowie das Recht, die Ungläubigen in die Sklaverei zu führen, übertragen.

1456
In der Bulle *Inter caetera* überträgt Papst Calixt III. dem portugiesischen Christusorden unter seinem Großmeister Heinrich ›dem Seefahrer‹ die geistliche Gewalt über alle Gebiete von Kap Bojador und Kap Nun, über Guinea südwärts bis zu den Gebieten Indiens sowie über die Atlantikinseln.
Im gleichen Jahr dringt Luís de Cadamosto, ein Venezianer im Dienste Portugals, bis an die Flüsse Guineas vor.

1457
Diogo Gomes sucht am Gambiafluss das Reich von Priester Johannes.

1458
Eroberung von Alcácer Ceguer (Marokko).

1459
Der italienische Kamaldulensermönch Fra Mauro vollendet die im Auftrag des portugiesischen Königs Dom Afonso V. erstellte Weltkarte.

1460
Tod von Heinrich ›dem Seefahrer‹.

1469
Heirat von Isabella von Kastilien mit Ferdinand von Aragón.
Die portugiesische Krone verpachtet für fünf Jahre das Handelsmonopol an der afrikanischen Westküste an Fernão Gomes. Der Vertrag beinhaltet die Verpflichtung, die Entdeckungsfahrten weiter nach Süden voranzutreiben.

1471
Eroberung Arzilas und Tangers in Nordwestafrika.
Portugiesische Schiffe erreichen Mina (Ghana, Golf von Guinea).

1472
Entdeckung der Insel São Tomé.

1474
Der Florentiner Arzt und Kosmograf Paolo dal Pozzo Toscanelli informiert den Lissabonner Kanonikus Fernão Martins de Roriz über seine Idee einer westlichen Seeroute nach Indien.
Lopo Gonçales und Rui de Sequeira stoßen auf den Gambia-Fluss und gelangen schließlich bis zum Kap Santa Catarina.
João Vaz Corte-Real segelt im Nordatlantik bis an die Küsten Grönlands.

1479
Vertrag von Alcáçovas zwischen Portugal und Kastilien: Erste Vereinbarung europäischer Mächte hinsichtlich ihrer Interessen in Übersee. Kastilien erhält die Kanarischen Inseln, Portugal das Recht an allen Überseebesitzungen und noch zu entdeckenden Gebieten südlich des Kap Bojador.

1481
Dom João II. wird König von Portugal.

1482
Errichtung des Forts São Jorge da Mina (später: Elmina) an der Guineaküste unter Diogo de Azambuja. Diogo Cão beginnt seine erste Fahrt, auf der er die Mündung des Kongo (Zaire) erreicht.

Chronologie

1484–85
Nach Ablehnung seiner Pläne durch den portugiesischen König verlässt Kolumbus das Land und bietet seine Dienste den Königen von Kastilien an.

1485–86
Diogo Cão erreicht das Kreuzkap im heutigen Namibia, wo er als portugiesisches Herrschaftszeichen ein Steinkreuz (*padrão*) anbringen lässt. Auf dem Rückweg befährt er den Kongo (Zaire) aufwärts bis Ielala und tritt in Kontakt mit dem König von Kongo.

1487
Pêro da Covilhã und Afonso de Paiva beginnen ihre Suche nach dem Priesterkönig Johannes. Beginn der Fahrt von Bartolomeu Dias.

1488
Umschiffung des Kaps der Guten Hoffnung durch Bartolomeu Dias.

1488–89
Pêro da Covilhã besucht Indien, die afrikanische Ostküste und gelangt bis Äthiopien.

1489
Der König von Kongo sendet eine Abordnung an den Hof in Lissabon.

1490
Beginn der Kongo-Mission, Errichtung der ersten Kirche in São Salvador.

1492
Eroberung Granadas durch die Katholischen Könige Ferdinand und Isabella.
Martin Behaim lässt in Nürnberg den ältesten erhaltenen Erdglobus herstellen.
Christoph Kolumbus stößt in spanischen Diensten auf der Suche nach einem westlichen Seeweg nach Indien auf die karibischen Inseln. Ende Dezember lässt er auf Hispaniola (Haiti) Fort Navidad, die erste europäische Siedlung in der ›Neuen Welt‹, bauen.

1493
Veröffentlichung des sogenannten Kolumbusbriefs über die erste Entdeckungsfahrt.

1494
Portugal und Spanien teilen im Vertrag von Tordesillas die überseeische Welt in zwei Interessensphären auf. Die Trennungslinie verläuft 370 *Léguas* westlich der Kapverdischen Inseln von Pol zu Pol.

1495
Dom Manuel I. wird König von Portugal.

1496
Edikt zur Ausweisung der Juden aus Portugal.

1497
Die Flotte Vasco da Gamas sticht von Lissabon aus in See.

1498
Die portugiesische Flotte unter der Leitung von Vasco da Gama erreicht Kalikut an der westindischen Küste.
Kolumbus stößt auf der Suche nach Südostasien im Bereich des Orinocomündung als erster Europäer auf das südamerikanische Festland. Seine Entdeckung löst zahlreiche weitere Expeditionen aus.

1499
Rückkehr des Vasco da Gama nach Lissabon.
Einrichtung einer portugiesischen Handelsfaktorei in Antwerpen.

1500
Pedro Álvares Cabral nimmt im Verlauf der zweiten portugiesischen Indien-Expedition auf der Grundlage des Vertrags von Tordesillas Brasilien für sein Land in Besitz.
Juan de la Cosa zeichnet die erste Karte der Neuen Welt.
Die portugiesische Krone schließt Handelsverträge mit dem Stadtstaat Benin (im Süden des heutigen Nigeria). Am 10. August stoßen Portugiesen auf die Insel Madagaskar.

1500–01
Die portugiesischen Gebrüder Corte Real erreichen *Terra Nova* (Neufundland bzw. *Terra dos Cortes-Reais*), das St.-Lorenz-Becken und Labrador. Intensivierung von Fischereifahrten nach Nordost-Amerika.

1500–30
Aufbau eines Netzes portugiesischer Stützpunkte um den Indischen Ozean zur Kontrolle des asiatischen Seehandels (Sofala, Kilwa, Malindi, Insel Soqotra, Hormuz, Diu, Goa, Kalikut, Kochi, Quilon, Ceylon, Malakka, Ambon und Ternate).

1501–02
Amerigo Vespucci nimmt an der portugiesischen Brasilien-Expedition unter Gonçalo Coelho teil.

1502
Kolumbus unternimmt seine vierte und letzte Reise in die Neue Welt.
Venedig gründet die *Giunta delle Spezierie*, um Möglichkeiten zur Rückgewinnung des Gewürzmonopols auszuloten. Diese Kommission fordert den Sultan in Kairo auf, die Portugiesen in Indien in kriegerische Auseinandersetzungen zu verwickeln und die Preise für orientalische Handelsgüter zu senken.

1502–03
Zweite Indien-Expedition von Vasco da Gama. Die Rückkehr der reich beladenen Schiffe führt zum Preisverfall auf dem Gewürzmarkt.

1503
Die Augsburger Handelsgesellschaft Welser-Vöhlin beginnt in Lissabon mit dem Aufbau ihrer Faktorei.

1504
Errichtung einer portugiesischen Festung an der Sofala-Mündung in Mosambik.
Der *Mundus Novus*-Brief von Amerigo Vespucci erscheint.

1505–06
Indien-Expedition unter Francisco de Almeida, an der auch Abgesandte italienischer und oberdeutscher Handelshäuser teilnehmen.

1506
Frankreich sendet eine Seeexpedition nach Neufundland und Brasilien.
Judenpogrom in Lissabon.

1507
Matthias Ringmann und Martin Waldseemüller verwenden in ihrer Einführung in die Kosmografie (*Cosmographiae introductio*) sowie auf einem Globus und einer Weltkarte erstmals den Namen ›America‹ für die Neue Welt.
Afonso de Albuquerque erforscht die Küsten von Arabien und Oman und erreicht die Straße von Hormuz, das erstmals erobert wird.

1509
Francisco de Almeida begründet mit dem Sieg bei Diu über die ägyptische (mameluckische) Flotte die portugiesische Vorherrschaft im Indischen Ozean.
Afonso de Albuquerque wird Generalgouverneur von Portugiesisch-Asien.

1510
Unter Afonso de Albuquerque wird Goa erobert, das zum Mittelpunkt des späteren portugiesischen Kolonialreichs am den Indischen Ozean aufsteigt.
Portugiesische Händler erreichen erstmals die chinesische Küste.

1511
Eroberung Malakkas durch Albuquerque.

1513
Der Portugiese Jorge Álvarez erreicht von Malakka aus China bei Kanton, an der Mündung des Perlflusses.

Chronologie

1514
Erste Expedition der Portugiesen nach Kanton unter Jorge Álvares.
Übertragung der kirchlichen Jurisdiktion für die Gebiete zwischen Kap Bojador und Indien auf den Bischof des neugegründeten Bistums auf Madeira.
Venezianische Schiffe, die 1512 in Ägypten nur noch Pfeffer in unzureichender Menge hatten aufkaufen können, laden erstmals Pfeffer und Gewürze in Lissabon.
Erste portugiesische Gesandtschaft an den Hof des Schahs von Persien.

1515
Die Portugiesen erobern unter Albuquerque zum zweiten Mal Hormuz.
Die Portugiesen erreichen Timor.

1516
Juan Díaz de Solís läuft in den Rio de la Plata ein, den er für die östliche Ausfahrt einer Südwestpassage zu den Gewürzinseln hält.
Papst Leo X. verleiht Portugal das universelle Patronatsrecht in allen Kirchen seines Herrschaftsgebietes.
Manuel Falcão erreicht die Banda-Inseln.

1516–17
Der Osmanenherrscher Selim I. unterwirft Syrien, Palästina und Ägypten. Entstehung der portugiesisch-osmanischen Rivalität im Indischen Ozean.

1517
Fernão Peres de Andrade erreicht Kanton, von dort reist die Gesandtschaft des Tomé Pires an den Hof des Kaisers von China.
Die Türken erobern Ägypten und sperren die Handelswege nach Indien.
Fernão de Magalhães (Magellan) und die Brüder Rui und Francisco Faleiro treten in den Dienst der spanischen Krone.

1518
Portugiesen errichten ein Fort in Colombo (Sri Lanka).
König Manuel I. von Portugal schickt eine Gesandtschaft nach Äthiopien.

1519
Der *Atlas Miller* wird fertiggestellt.

1519–22
Weltumsegelung durch Fernão de Magalhães und Juan Sebastián de Elcano. 1520 durchqueren sie die seither nach Magellan benannte Meeresstraße an der Südspitze Amerikas zwischen Atlantik und Pazifik.

1521
Dom João III. wird König von Portugal.
Magellan gelangt zu den Philippinen und stirbt bei einem Kampf mit Eingeborenen auf der Insel Mactan.

1522
Elcano kehrt mit 18 Überlebenden der Magellan-Expedition auf dem Schiff Victoria von der ersten Weltumsegelung nach Spanien zurück.
Einrichtung eines regelmäßigen Schiffsverkehrs von Kochi (Indien) nach China.
Konflikt zwischen Portugal und Kastilien über Besitzansprüche auf die Molukken.

1524
Vasco da Gama wird Vize-König von Indien, stirbt aber nach dreimonatiger Amtszeit in Kochi. Sein Nachfolger wird D. Henrique de Meneses.

1529
Im Vertrag von Saragossa teilen Portugal und Spanien zum dritten Mal die Welt in zwei Interessensphären auf. Die Gewürzinseln (Molukken) fallen an Portugal.

1532
Martim Afonso gründet in Brasilien São Vicente.

1534
Funchal auf Madeira wird zum Erzbistum erhoben. Goa wird eines der vier Suffraganbistümer für das Gebiet vom Kap der Guten Hoffnung bis nach Japan.

1535
Die Portugiesen erobern Diu.

1536
Einführung der Inquisition in Portugal.

1537–1554
Reisen des Fernão Mendes Pinto nach Indien und Ostasien.

1538
Eine osmanische Flotte segelt von Suez bis in den Indischen Ozean, um den Kampf gegen den portugiesischen Stützpunkt Diu aufzunehmen.

1540
Der Papst bestätigt den Jesuitenorden.
Friedensvertrag der Portugiesen mit dem Samorin von Kalikut.

1542
Die ersten Jesuiten kommen nach Indien, Errichtung der Missionsstation São Tomé an der Koromandelküste.
Die Spanier setzen sich unter unter López de Villalobos auf den Philippinen fest. Beginn des spanischen Handels zwischen China und den Philippinen.
Der später heilig gesprochene Franz Xaver gelangt nach Goa.

1543
Portugiesen gelangen nach Japan.
Nikolaus Kopernikus weist die Bewegung der Erde um die Sonne nach.

1549
Beginn der Jesuitenmission in Brasilien.
Franz Xaver begründet die Jesuitenmission in Japan.
Gründung der Stadt Salvador da Bahia durch Tomé de Sousa, den ersten Generalgouverneur von Brasilien.

1552
Erstauflage der *Décadas da Ásia* von João de Barros.

1556
Einführung des Buchdrucks in Goa.

1557
Tod von Dom João III.
Niederlassung der Portugiesen in Macau.

1559
Eroberung von Damão unter Dom Constantino de Bragança.

1560
Einführung der Inquisition in Goa.

Seit 1561
Dominikaner-Mission auf Timor.

1563
In Japan wird Ōmura Sumitada als erster *daimyō* getauft.

1565
Gründung der Stadt Rio de Janeiro.

1568
Dom Sebastião I. wird König von Portugal.

1571
Das portugiesische Reich im Orient erreicht mit Stützpunkten in Ostafrika, Indochina und dem ›Estado da Índia‹ seine maximale Ausdehnung.

1572
Erstausgabe der Lusiaden (*Os Lusiadas*) von Luís de Camões.

1575
Beginn der offiziellen Kolonisierung Angolas.

1578
In der Schlacht von Alcácer Quibir unterliegen die Portugiesen unter König Dom Sebastião dem Heer von Sultan Mulay Abd al-Malik. (Vermutlich) Tod von Dom Sebastião. Kardinal D. Henrique wird neuer König von Portugal.

1579
Gründung des Bistums Macau als Suffragan von Goa.
Der Mogulkaiser Akbar lädt portugiesische Jesuiten zu einer religiösen Diskussion an seinen Hof.

1580
Der Tod des kinderlosen Dom Henrique führt zur spanischen Invasion. Philipp II. von Spanien übernimmt die Macht in Portugal.

1581
Beginn der iberischen Personalunion: Philipp II. von Spanien wird in den Cortes von Tomar zum König (Philipp I. von Portugal) ausgerufen.

1582
Der Jesuitenpater Matteo Ricci erreicht Macau.

1580–83
Aufenthalt Philipps II. in Portugal.

1584
Die erste Weltkarte von Matteo Ricci wird gedruckt.

1589–95
Antonios, der Prior von Crato, versucht die portugiesische Unabhängigkeit wiederherzustellen. Frankreich, England und Holland greifen gezielt Stützpunkte des portugiesischen Kolonialreichs an.

1590
Beginn der Bauarbeiten für die Kirche São Paulo in Macau.

1594
Philipp II. schließt die Niederlande vom Pfefferhandel in Lissabon aus. Gestützt auf eigene Informationen entschließen sich diese zu einer direkten Teilnahme am Asienhandel.

1597
Portugal tritt das Erbe des Königs von Ceylon an.

1598
Tod von Philipp II., Philipp III. (II. von Portugal) wird König.

ab 1603
Die EIC (englische Ost-Indien-Gesellschaft) und die VOC (niederländische Ostindien-Kompanie) fassen in Indien und im Malaiischen Archipel Fuß. Portugal verliert an Einfluss.

1604
Die erste Grammatik der japanischen Sprache, *A arte da lingua do Japão* von João Rodrigues, wird gedruckt.

1605
Vertreibung der Portugiesen von den Molukken. Die Niederländer legen dadurch den Grundstein für ihr Kolonialreich in Indonesien und im Malaiischen Archipel.

1606
Pedro Fernandes de Queiroz entdeckt die Inseln von Tahiti und die Neuhebriden. Luis Vaz de Tores, portugiesischer Kapitän in der Flotte von Pedro Fernandes de Queiroz entdeckt die Meerenge zwischen Australien und Neu-Guinea (Torres-Straße).

1614
Die Jesuiten müssen Japan verlassen.
Erstausgabe der *Peregrinação* von Fernão Mendes Pinto.

1621
Philipp IV. (III. von Portugal) wird König.

1622
Mit englischer Unterstützung nehmen die Perser Hormuz ein.
Ein gemeinsamer Angriff von Engländern und Holländern gegen Macau wird von Portugal abgewehrt.

1628
Portugiesen erobern das Reich des Monopotama im Hinterland von Sofala in Ostafrika.

1628–41
Umfangreiche Raubexpeditionen der portugiesisch-brasilianischen *bandeirantes* aus der Region São Paulo gegen die Jesuitenreduktionen am Paraguay und Uruguay zur Beschaffung von Indiosklaven.

1630
Eroberung Pernambucos (Brasilien) durch die Holländer.

1630–38
Engländer und Holländer vertreiben die Portugiesen von der Guinea-Küste, das 1482 gegründete São Jorge da Mina wird als ›Elmina‹ Hauptquartier der WIC (Niederländische West-Indien Kompanie) in Westafrika.

1635
Richelieu gründet die *Compagnie des Îles d'Amérique*. Die Franzosen setzen sich in der Folge auf Guadeloupe, Martinique und Dominica fest. Aus Portugal und Spanien vertriebene jüdische Kaufmannsfamilien fördern den Aufbau der Zuckerplantagen.

1639
Japan ordnet im Rahmen seiner Abschottungspolitik ein Einreiseverbot für Portugiesen an.

1640
Wiedererlangung der portugiesischen Unabhängigkeit von Spanien. Der Herzog von Bragança wird als Dom João IV. zum König ausgerufen.

1640–68
Restaurationskrieg mit Spanien.

1641
Eroberung Malakkas, São Tomés und Luandas durch die Holländer. Von Recife aus erobert eine niederländische Flotte das portugiesische Sklavenhandelszentrum in Angola, São Paulo de Luanda. Die Niederländer verdrängen die Portugiesen aus Malakka. Nach der selbstgewählten Abschottung Japans ist allein den Niederländern auf der Insel Deshima vor Nagasaki die Einrichtung eines Handelsstützpunktes gestattet.

1642
Portugal verliert seine westafrikanischen Stützpunkte an die Niederlande.

1648
Portugal erobert Luanda und São Tomé zurück. Der Kongo wird portugiesisches Protektorat. Die Niederländer werden aus Angola vertrieben.

1649
Gründung einer Brasilien-Kompanie in Portugal (*Companhia do Brasil*). Ziel ist der regelmäßige Schiffsverkehr zwischen Lissabon und Brasilien.

1653
Der Jesuit António Vieira beginnt mit der Indianer-Mission in Maranhão (Brasilien).

1654
Nach der Wiedereroberung Pernambucos (Brasilien) werden Niederländer und Juden von den Portugiesen vertrieben.

1656
Die VOC vertreibt die letzten Portugiesen von Ceylon (Sri Lanka).

1658
Mit Hilfe der *Apostolischen Vikare* beginnt die römische Kurie mit dem Aufbau einer von Portugal und den Orden unabhängigen Missionshierarchie für Hinterindien, China und das nicht-portugiesische Vorderindien.

1661
Vertrag mit England. Abtretung Tangers und Bombays. Zunahme des englischen Einflusses in Portugal.

1663
Die VOC erobert die portugiesische Niederlassung Kochi an der Malabarküste.

1664
Colbert gründet die *Compagnie Française des Indes*. Sie errichtet kurz darauf eine Faktorei in Surat, wo bereits portugiesische, niederländische und englische Niederlassungen bestehen.

1668
Anerkennung der Unabhängigkeit Portugals durch Spanien.

1680–98
Die Portugiesen verlieren Sansibar, Mombasa, Pemba und Kilwa in Ostafrika an den Iman von Maskat.

1683
Tod von Afonso VI., Pedro II. wird König von Portugal.

1691
Die Portugiesen versuchen sich in Banjermassin auf Borneo festzusetzen, werden jedoch von einer Flotte der VOC vertrieben.

1692–95
Brasilianische Sklavenfänger aus der Region um São Paulo stoßen in der Nähe der Quellen des Flusses San Francisco auf ertragreiche Goldadern. Bis 1710 setzt ein Goldrausch ein, der zu bürgerkriegsähnlichen Unruhen führt, tausende von Portugiesen zur Auswanderung veranlasst und weite Teile der brasilianischen Landwirtschaft zum Erliegen kommen lässt.

1697
Letztes Zusammentreten der Cortes.

1698
Eroberung Mombasas durch den Imam von Maskat.

1699
Erste Goldeinfuhr aus Brasilien.

1703
Methuen-Vertrag zwischen Portugal und England. Im Laufe des 18. Jahrhunderts geht der gesamte portugiesische und brasilianische Handel in englische Hände über.

1713
Im Frieden von Utrecht verliert Frankreich seine Ansprüche auf das Gebiet an der Hudson-Bay, auf Neufundland und Akadien. Diese Gebiete fallen an England. Besitzungen in Südamerika, vor allem im Amazonas-Gebiet, werden von Frankreich an Portugal abgetreten.

1750
Vertrag von Madrid: Portugal und Spanien einigen sich auf eine neue Grenzziehung für Brasilien.

1759
Ausweisung des Jesuitenordens aus Brasilien durch die portugiesische Krone.

1822
Unabhängigkeitserklärung Brasiliens.

1951
Die verbliebenen Kolonien Portugals werden offiziell zu *Überseeprovinzen* erklärt.

1961
Portugal verliert seine Besitzungen in Indien (Goa, Damão und Diu).

1974
Guinea-Bissau erlangt seine Unabhängigkeit.

1975
Mosambik, São Tomé und Príncipe, Angola, Osttimor und die Kapverden erlangen ihre Unabhängigkeit.

1986
Portugal wird Mitglied der Europäischen Union.

1999
Portugal tritt Macau an China ab.

Personenregister

A
Abbeville, Claude d' · S. 123, 291, 462
Adam · S. 290, 344
Adorno, Clemente de · S. 296
Afonso V. (Alfons V.), König von Portugal · S. 68, 287, 317–319, 322, 336, 346, 354
Aghaboe, Feirgil von · S. 59
Akbar, Großmogul · S. 208–210, 479
Albert, Erzherzog von Österreich · S. 261
Albrecht V., Herzog von Bayern · S. 262, 489
Albuquerque, Afonso de · S. 29, 33, 35, 42, 130, 143f., 146f., 153, 179f., 205, 215, 259, 358, 362, 432f., 441, 445, 447, 504, 531, 547
Alexander der Große · S. 75
Al-Idrisi · S. 54
Almeida, Dom Francisco de · S. 25, 30, 32f., 38, 41–43, 130, 432f., 536, 539, 561f.
Almeida, Lourenço de · S. 41, 153, 161
Alvarez, Gonçalo · S. 290
Anchieta, José de · S. 289–291, 297, 461
Andreonus, Johannes Antonius · S. 297
Anna von Österreich, Infantin von Spanien, Königin von Frankreich · S. 292
Anton Ulrich, Herzog von Braunschweig-Wolfenbüttel · S. 248
Apianus, Petrus · S. 83
Aquin, Thomas von · S. 127
Aristoteles · S. 257, 328f., 335
August d. J., Herzog von Braunschweig-Wolfenbüttel · S. 254, 387, 419
Auké · S. 124
Avis (Dynastie) · S. 32, 90, 92–95, 98, 102, 146, 158, 193, 294, 312, 315f., 320, 344, 444, 469, 483

B
Baldeus, Philippus · S. 273
Baldtauff, Elias · S. 265
Barrère, Pierre · S. 251
Barros, João de · S. 109f., 231, 330, 345, 365, 433, 520, 522, 524
Bartolozzi, Francesco · S. 125
Bauer, Carl · S. 75
Behaim d. Ä., Martin · S. 73
Behaim, Martin · S. 60f., 73–76, 86f., 330, 345, 354, 388, 389–392
Bettendorff SJ, P. Johann Philipp · S. 293
Bhuvanekabahu VII, König von Kotte · S. 153–155
Bingen, Hildegard von · S. 56
Blum, Bruno · S. 75
Boccaccio, Giovanni · S. 54
Bodhisattva Maitreya · S. 246
Bolonha, José de · S. 296
Böttiger, Veit · S. 262, 265
Breu d. Ä., Jorg · S. 271
Breuer, P. Johannes · S. 290, 294
Brun, Samuel · S. 245
Bry, Theodor de · S. 273, 435, 460, 497, 548–550, 567f., 577

C
Ca'da Mosto, Alvise · S. 267
Cabral, Pedro Álvares · S. 26, 29, 35, 42, 79, 115–117, 122, 124f., 249, 325, 344, 349, 357f., 445, 557
Calixtus III., Papst · S. 287
Caminha, Pêro Vaz de · S. 115f., 122, 125
Camões, Luís de · S. 47f., 50f., 64, 146, 192, 231, 235, 308, 311, 499, 522–524, 577
Cantino, Alberto · S. 66, 68, 79, 82, 151
Cão, Diogo · S. 77, 245, 345, 392, 417, 459
Cardoso, Gaspar · S. 292
Cassiodor · S. 58
Castanheda, Fernão Lopes de · S. 25, 45, 161, 433
Castro, D. João de · S. 129–131, 145, 147, 365, 438–440, 444f., 449, 523
Catarina von Österreich (Katharina von Habsburg), Königin von Portugal · S. 129, 154, 261, 370, 482, 510, 518, 520
Cavazzi, Joanne Antonio · S. 244
Caverio, Nicolo de · S. 79, 82
Christus · S. 102, 257, 280, 287, 309, 315f., 457, 472, 512
Coelho, Duarte · S. 119, 454
Coelho, Gonçalo · S. 115, 358, 360
Coelho, Nicolau · S. 115, 231, 351
Colleoni, Bartolomeo · S. 339
Contarini, Giovanni M. · S. 79
Cosa, Juan de la · S. 79
Covilhã, Pêro da · S. 78
Cysat, Rennward · S. 241

D
Dapper, Olfert · S. 273
Dharma Parakramabahu IX., König von Kotte · S. 153
Dharmapalas (Dom João), König von Kotte · S. 151, 154–158, 484
Dias, Bartolomeu · S. 68, 70, 77, 336, 344, 351, 357, 372
Dürer, Albrecht · S. 157, 267, 270, 399, 402, 500, 526, 530–532

E
Eckart, P. Anselm · S. 294
Eckart, Johann Georg von · S. 294
Ehengbuda, König von Benin · S. 109
Eratosthenes · S. 57
Esigie, König von Benin · S. 109
Eszler, Jakob · S. 82
Evreux, Yves d' · S. 291
Ewuare, König von Benin · S. 109

F
Fay, P. David Alois von · S. 294
Ferdinand Albrecht I., Herzog von Braunschweig-Wolfenbüttel-Bevern · S. 241
Ferdinand II., König von Aragón und Sizilien (Ferdinand V. von Kastilien und León) · S. 98, 116, 346
Ferdinand, Erzherzog von Tirol · S. 260
Fernandes, Valentim · S. 73, 507, 531, 535f.
Fickler, Johann Baptist · S. 241
Figueira, Padre Luis · S. 291f.
Figueiredo, Francisco Vieira de · S. 183
Fischer S. J., Josef · S. 78, 82
Fra Mauro · S. 58, 68, 151, 336f.
Franz I., König von Frankreich · S. 119, 202, 344, 349
Friedrich I., Herzog von Württemberg · S. 253, 567, 569
Fries, Lorenz · S. 83f., 270, 272, 403–405
Frischlin, M. Jacob · S. 252, 567
Fuchs, Leonhard · S. 271, 498
Fugger (Familie) · S. 259, 262, 452, 539

G
Galilei, Galileo · S. 60, 378
Gama, Francisco da · S. 146f., 436
Gama, Paulo da · S. 47, 125, 351
Gama, Vasco da · S. 26–29, 45, 79, 115, 125, 130, 143, 146–148, 189, 193, 205, 218, 246, 259, 308, 311, 330, 344, 349–352, 357, 364, 412, 435, 445, 509f., 523, 529, 536
Gattamelata (Erasmo da Narni) · S. 149
Genova, Anibal de · S. 296
Gesner, Konrad · S. 270, 495
Ghillany, Friedrich Wilhelm · S. 74
Glockengießer, Hans · S. 74
Góis, Damião de · S. 433, 512, 525f., 528, 536
Góis, Luís de · S. 103, 119
Gomes, Diogo · S. 77, 267, 374
Grieninger, Johann · S. 83

H
Habsburg (Dynastie) · S. 129, 154, 157–159, 191, 193, 196f., 202, 212, 230, 261, 295, 437, 520, 539
Hainhofer, Philipp · S. 254, 260
Haintzel, Johann Abraham · S. 245, 417
Hakluyt, Richard · S. 108
Heinrich (Henrique) ›der Seefahrer‹, Infant von Portugal · S. 63f., 76, 90, 92f., 99, 101, 194, 239, 243, 287, 312, 316f., 319f., 322, 344, 364, 392, 456, 509
Heinrich (Henrique) I., Kardinalkönig von Portugal · S. 262, 469, 544f.
Heinrich II., König von Frankreich · S. 252, 453
Henricus Germanus Martellus · S. 68f., 75
Henricus Glareanus · S. 83
Herkules · S. 54, 61, 226, 518
Heiliger Antonius · S. 96, 294, 464
Heiliger Augustinus · S. 89, 281
Heiliger Bonifatius · S. 59f.
Heiliger Brendan · S. 61, 76
Heilige Drei Könige · S. 75, 157, 484, 504, 525
Heiliger Franziskus · S. 98, 295
Heilige Katharina von Alexandria · S. 147, 479
Heiliger Ludwig · S. 292

Personenregister

Hildesheim, Johannes von · S. 75
Honorius Augustodunensis · S. 58
Hundertpfund, P. Rochus · S. 294
Hundt, P. Rötger · S. 294
Hurter, Jobst · S. 73, 76, 391

I

Isabel, Prinzessin von Portugal, Königin von Spanien · S. 520, 544
Isabella I., Königin von Kastilien · S. 98, 116, 346
Isabella, Herzogin von Burgund · S. 76, 93–95
Isidor von Sevilla · S. 58, 326, 568

J

João I. (Johann I.), König von Portugal · S. 90, 92, 94, 96, 193f., 312, 316, 320, 322, 456, 460
João II. (Johann II.), König von Portugal · S. 96, 98f., 116, 223, 318, 320, 345, 352, 364, 390–392, 408, 444, 459, 502, 504
João III. (Johann III.), König von Portugal · S. 29, 34, 103, 119, 129f., 151, 153f., 202, 224, 226, 349, 447, 454, 456, 464, 466, 482, 502, 507, 514, 517f., 520, 526, 541, 544
João IV. (Johann IV.), König von Portugal · S. 149, 292, 464, 545, 552, 558
Johann Moritz, Fürst von Nassau-Siegen · S. 127, 292, 555f.
Johannes Paul II., Papst · S. 290
Johannes, Priesterkönig · S. 75f., 78, 109, 317, 322, 380, 405, 504, 524f.
Jomard, Edme François · S. 75
José I. (Joseph I.), König von Portugal · S. 294

K

Kager, Johann Matthias · S. 254
Karaeng Cronron, Herrscher von Makassar · S. 186
Karl V., Kaiser · S. 129, 154, 158, 235, 238, 349, 362, 405, 409, 452, 503, 520, 535, 539, 544
Kaulen, P. Lorenz · S. 294
Kayling, P. Joseph · S. 294
Kolb, Peter · S. 273
Kolberger, Ruprecht · S. 74, 389f.
Kolumbus, Christoph · S. 54f., 61, 64, 73, 75, 79, 82, 120, 124f., 267, 330, 336, 344, 348, 352, 354, 356, 358, 360, 362, 364f., 375, 388f., 391, 393, 394, 402, 568
Kopernikus, Nikolaus · S. 60
Kosmas Indikopleustes · S. 59f.

L

Laktanz · S. 59f.
Lemo, Gaspar de · S. 155, 356
Lichtenberg, Georg Christoph · S. 124
Liebana, Beatus a · S. 54
Linschoten, Jan Huyghen van · S. 263, 273, 435f., 576
Lopes, Duarte · S. 270, 273, 460

Lourenço, Gregorio · S. 111
Loyola, Ignatius von · S. 287, 457, 466, 471f.
Ludwig XIII., König von Frankreich · S. 291, 462

M

Magellan, Ferdinand (Fernão de Magalhães) · S. 55, 179, 344, 349, 360, 362f., 385, 394, 410, 448, 471, 546, 562
Maimonides (Moses Ben Maimon) · S. 53
Mandeville, Jean de · S. 61, 75
Manuel I., König von Portugal · S. 28–30, 32, 39, 41, 43, 60, 69, 107, 110, 115f., 119, 129f., 143, 98–103, 153, 161, 191, 193, 197, 219, 221, 223, 225f., 232, 238, 315, 352, 357, 360, 362, 380f., 391, 404, 412, 433, 445f., 456, 502–507, 509f., 513f., 517, 520, 526, 530, 533–536, 541, 544
Maria · S. 90, 92, 257, 280f., 290, 457, 472, 480f., 484
Maria de Áustria, Kaiserin · S. 261
Marini, Giovanni Filippo de · S. 186
Maxentius, Kaiser · S. 149
Maximilian I., Kaiser · S. 366, 391, 401, 452, 504, 562
Maximilian II., Kaiser · S. 261, 544
Mayadunne, Herrscher von Sitawaka · S. 154, 156f.
Medici (Familie) · S. 260f.
Medici, Lorenzo di Pierfrancesco de' · S. 115, 125, 358, 360
Meisterburg, P. Anton · S. 294
Mercator, Gerhard · S. 65, 83, 388, 403, 406, 408f., 512, 526
Ming (Dynastie) · S. 26, 29, 163, 165f., 171, 212, 414, 426–428, 449f., 452, 547, 574
Montalboddo, Francanzano · S. 125, 267, 388, 393
Moritz, Landgraf von Hessen · S. 260
Müller, Jean · S. 75
Münster, Sebastian · S. 83, 235, 239, 340, 369, 399, 526, 569
Muris, Oswald · S. 75

N

Nadal, Jerónimo · S. 287
Nantes, Bernardo de · S. 296
Nantes, Martinho de · S. 296
Navarette, Domingo · S. 183, 186
Neto, Carlos de Araújo Moreira · S. 293
Nikolaus V., Papst · S. 127, 287, 316f., 322
Noah · S. 59
Nóbrega, Manuel da · S. 287, 289
Nogueira, Matheus · S. 290
Nova, João da · S. 27, 35, 161
Nunes, Pedro · S. 63–65, 365, 367, 371, 449

O

Olokun · S. 111, 563
Orhogbua, König von Benin · S. 109
Orta, Garcia da · S. 263, 498f., 577
Ozolua, König von Benin · S. 109

P

Pacheco Pereira, Duarte · S. 109
Paine, Thomas · S. 59
Pattingalloang, Herrscher von Makassar · S. 183, 186
Paul II., Papst · S. 95, 366
Paul III., Papst · S. 287, 466, 512
Pedro II., Kaiser von Brasilien · S. 124, 581
Pedronus, P. Emmanuel · S. 297
Philipp II., König von Spanien · S. 157f., 193, 196, 226f., 261, 294, 299, 371, 439, 483, 511f., 540, 544
Philipp III., König von Spanien · S. 158, 228, 230, 238, 524
Pigafetta, Filippo · S. 270, 460
Piller, Br. Matthäus · S. 294
Pina, Ruy de · S. 109
Pinto, P. Francisco · S. 291
Pinzón, Vicente Yáñez · S. 125
Pires, Cristóvão · S. 119
Pires, Duarte · S. 110
Pires, Tomé · S. 163, 169, 178, 442
Platter, Felix · S. 241
Plinius Secundus d. Ä. · S. 54, 58, 151, 257, 325f., 329, 534, 568
Polo, Marco · S. 26, 29, 47, 58f., 61, 73, 75, 78, 324, 330, 336, 547
Pombal, Marquis de (Sebastião de Carvalho e Melo) · S. 294f.
Ptolemäus · S. 55, 68f., 75f., 78, 82f., 324, 328f., 332f., 335f., 367, 391, 396, 402, 405, 408, 522
Pyrard de Laval, François · S. 143, 263

Q

Qing (Dynastie) · S. 165f., 170f., 480

R

Rajasinghas I., Herrscher von Sitawaka · S. 157
Ravenstein, Ernest G. · S. 75, 77
Regensburg, Berthold von · S. 56
Reinel, Pedro · S. 67, 79, 380f.
Reisch, Gregor · S. 78
René II., Herzog von Lothringen · S. 78
Rhodes, Alexandre de · S. 186
Ringmann, Matthias · S. 73, 78, 82, 358, 401f.
Rodriguez, Simão · S. 287
Rondon, Cândido Mariano da Silva · S. 124
Rosselli, Francesco · S. 79
Ruchamer, Jobst · S. 267, 388, 393
Rudolf II., Kaiser · S. 260f., 532
Ruysch, Johannes · S. 79

PERSONENREGISTER

S
Sá, Mem de · S. 289
Schöner, Johannes · S. 83, 388, 394
Schwarz, P. Martin Joseph · S. 294
Sebastião I. (Sebastian I.), König von Portugal · S. 120, 147f., 157, 193, 227, 232, 367, 371, 382, 438, 467, 483f., 514, 520, 523, 541f.
Serlio, Sebastiano · S. 147, 149, 227, 238, 541f.
Simão, Júlio · S. 147, 468
Simplicissimus · S. 254
Soares de Albergaria, Lopo · S. 153
Sousa, Martim Afonso de · S. 119, 122
Sousa, Pêro Lopes de · S. 122
Sousa, Tomé de · S. 119, 287, 454
Spezia, Carlo Giuseppe de · S. 296
Spilbergen, Joris van · S. 159, 551
Sri Ramaraksa, brahmanischer Priester · S. 154
Staden, Hans · S. 251, 271, 567
Stobnicza, Johannes · S. 83
Suryavamsa (Dynastie) · S. 152
Szentmartonyi, P. Ignaz · S. 294
Szluha, P. Johann Nepomuk · S. 294

T
Thaün, Philippe de · S. 58
Tizian (Tiziano Vecellio) · S. 149
Todi, Apolônio de · S. 296

U
Uebelin, Georg · S. 82

V
Vartema, Ludovico di · S. 271
Vespucci, Amerigo · S. 73, 78f., 82, 87, 115f., 124f., 249, 267, 269, 272, 344, 358, 360, 364, 388, 393f., 401, 410f., 567f.
Vidal Negreiro, André · S. 292
Vieira, P. Antonio · S. 48, 292f., 464
Vieira, Francisco · S. 183, 185
Vijayabahu VI., König von Kotte · S. 153
Villegaignon, Nicolas Durand de · S. 119, 127
Vitruv · S. 149
Vivaldi, Ugolino · S. 54
Vivaldi, Vadino · S. 54
Voltaire (François Marie Arouet) · S. 48, 59

W
Waldseemüller, Martin · S. 73, 78–84, 87, 358, 388, 401–405
Weickmann, Christoph · S. 245, 415, 417
Welser (Familie) · S. 259, 536f., 539f., 561–563
Wilhelm V., Herzog von Bayern · S. 261
Wittelsbacher (Dynastie) · S. 260f., 362, 415
Wolff, P. Franz · S. 294

X
Xaver, Heiliger Franz (Francisco de Xavier) · S. 185, 280, 299, 457, 464–466, 472

Z
Zacharias (Papst) · S. 59f.
Zheng (Dynastie) · S. 165
Zheng He · S. 152, 414

Topografisches Register

A
Abacaxis · S. 294
Abauj · S. 294
Acapulco · S. 197, 212, 282
Aceh · S. 34, 175, 180, 185, 210, 216, 219, 477
Aden · S. 38f., 209, 433
Ägypten · S. 28, 32, 38f., 41, 45, 178, 232, 322, 324, 340, 500
Ahmedabad · S. 259
Al-Andalus · S. 53f.
Alcáçovas · S. 319, 322, 346, 348, 390
Alentejo · S. 313, 346
Alexandria · S. 26, 33–35, 38f., 41, 43, 45, 53, 57, 69, 262, 324, 326, 328, 408, 479
Algarve (Al-Gharib) · S. 53f., 102, 193, 315, 504
Allada (Ardra) · S. 245, 415f.
Alpen · S. 259
Amazonien · S. 251, 292f.
Amberg · S. 294
Ambon · S. 175, 179, 210, 212
Amerika (America) · S. 43, 55, 64, 69, 73, 75f., 78f., 83, 87, 124f., 194, 196, 198, 201f., 205, 215, 241, 243, 251–253, 267, 269, 271f., 287, 291, 344, 348, 358, 360, 363, 369, 375, 380, 383, 393f., 401–403, 407–409, 418f., 448, 454, 459–461, 498, 539, 560, 562, 567–570
Andamanen (Angam) · S. 75
Angola · S. 120, 193f., 200, 244, 416f., 436, 459, 581
Angra · S. 287, 297
Antarktisches Frankreich · S. 127, 557
Antilia · S. 76
Antillen · S. 76, 559
Antwerpen · S. 34, 73, 230, 388, 391, 405, 452, 457, 466, 499, 537, 561
Anuradhapura · S. 151
Arabien · S. 25, 35, 216, 504, 562, 574
Arabische See · S. 130, 168, 208, 330
Äthiopien · S. 76, 78, 322, 330, 380, 524–526
Atlantik (Atlantischer Ozean) · S. 44, 54, 61, 65, 68, 73, 76f., 79, 115, 117, 125, 148, 191–194, 196, 199, 200, 202, 231, 235, 267, 282, 287, 308, 311f., 316, 318, 338, 344, 346, 348f., 356f., 360, 365, 372, 380, 389, 391, 414, 436, 457, 502, 511, 530, 546, 554
Atlasgebirge · S. 76, 326, 328
Augsburg · S. 262f., 343, 388, 395, 452, 536f., 539f.
Australien · S. 54, 363, 412
Azoren · S. 54, 73, 76, 125, 193f., 199, 287, 318f., 351, 380, 389–392, 436, 536, 581

B
Baden-Württemberg · S. 78
Bagradas · S. 76
Bahia · S. 127, 194, 199–201, 292f., 296, 454, 464, 555
Banda · S. 175, 179, 181, 207, 210, 212
Bantam · S. 210, 241
Banten · S. 175

Bardez · S. 133, 136, 139, 143
Batticaloa · S. 159
Belém · S. 94, 99, 224, 292f., 349, 509f.
Belém do Pará · S. 296f.
Bengalen · S. 26, 180, 206, 208–210, 215, 219, 380, 557
Benin · S. 107–111, 113, 243, 245, 415, 484, 563f.
Bernkastel · S. 294
Bevern · S. 241
Bijapur · S. 143
Bologna · S. 60, 347
Borneo · S. 210
Brendan (Inseln des Heiligen Brendan) · S. 61, 76
Brasilien · S. 47, 55, 79, 82, 115f., 119f., 123–125, 127, 194, 197–202, 226, 236f., 243, 249, 251f., 254, 271f., 278, 287, 289–291, 294–296, 325, 344, 349, 357f., 360, 380–382, 385, 417–419, 436, 448, 453–455, 460–462, 464, 529f., 537, 545f., 555–557, 567, 581
Braunschweig · S. 248, 484
Bregenz · S. 294
Breisgau · S. 78
Brügge · S. 259, 391, 499
Brunei · S. 212
Brünn · S. 294
Brüssel · S. 267, 440f., 518

C
Cabo de Não · S. 54
Cabo Frio · S. 117
Cabo São Roque · S. 125
Calabar · S. 243, 415
Ceará · S. 291
Ceuta · S. 54, 89f., 92f., 96, 102f., 193, 225, 312, 316, 320, 322, 483, 512, 541, 545
Chicago · S. 75
China · S. 29, 47, 58, 152, 163f., 166, 168–171, 181–183, 209f., 212, 215, 218, 246, 248, 259, 261, 275, 280–282, 299, 309, 328, 330, 336, 383, 412, 414, 427f., 430–432, 442, 448–450, 452, 464, 466, 470–473, 481, 524, 528, 533, 547, 552, 574, 580f.
Chinesisches Meer · S. 178, 210, 330, 380
Coimbra · S. 96, 98, 100f., 289, 316, 367, 465, 469, 503, 514f., 520, 522
Colmar · S. 83, 401
Colombo · S. 151, 153, 156–159, 432f., 551

D
Dänemark · S. 235, 243, 546, 559
Dekkan · S. 29f., 210
Deutsches Reich · S. 79
Deutschland · S. 322, 343, 402, 407, 536, 559, 567
Diu · S. 40–42, 45, 147, 259, 341, 432, 438–440, 444, 449, 528, 530, 533, 574–576, 581
Dresden · S. 241, 260, 265, 565

E
Eichstätt · S. 499
England · S. 45, 53f., 243, 402, 408, 546, 558
Erfurt · S. 294
Espírito Santo · S. 98, 199, 290

F
Fayal · S. 73, 76, 389
Feuerland · S. 55
Florenz · S. 260, 316f., 358
Flores · S. 185, 188, 319
Frankreich · S. 53, 127, 165, 202, 243, 292, 296, 377, 391, 453, 462, 471, 546, 557
Fraueninsel · S. 75
Freiburg · S. 78, 83, 396, 457, 526
Fujian · S. 163–166
Funchal · S. 103, 287, 297, 456, 504, 537

G
Galle · S. 159
Gambia · S. 77, 322
Genua · S. 54, 61, 197, 330, 338f., 344, 352, 363, 391, 472, 542
Ghana · S. 107f., 417, 559
Glatz · S. 294
Goa · S. 42, 54, 129–131, 133–141, 143–149, 153–156, 159, 168–170, 172, 175, 180f., 197, 206–210, 212, 216f., 246, 259, 262f., 287, 297, 299, 349, 383f., 432–437, 440–442, 445–447, 449, 464, 466–469, 472, 482, 497f., 505, 522, 549–551, 559, 576–578, 581
Goa-Tallo · S. 183, 185
Goiás · S. 296
Golf von Guinea · S. 77
Großbritannien · S. 165, 326
Guanabara-Bucht · S. 127, 385, 557
Guangdong · S. 163f., 166, 168f., 171
Guinea · S. 64, 77, 107, 120, 193, 196, 200, 243, 317, 319, 374, 409, 436, 497, 504, 562, 566, 581
Guzerat (Gujarat) · S. 27, 34, 39–41, 208f., 215, 219, 246, 259, 263, 265, 275, 438, 440, 482, 489f., 528, 530
Guyana · S. 254, 568
Gyalu · S. 294

H
Habichtsinseln (Azoren) · S. 76
Hamburg · S. 263, 374, 452, 540
Hong-Kong · S. 173
Hormuz (Ormuz) · S. 27, 29, 33, 45, 206f., 209, 218, 259, 341, 433, 446f., 432

I
Iberische Halbinsel · S. 41, 43, 47f., 53, 90, 96, 159, 191–194, 196, 200–202, 224, 227, 235, 275, 281, 312f., 328, 335, 344, 370, 388, 456, 472, 499, 500, 502f., 520, 522, 539, 544, 546, 555
Ibiapaba (Vila de Viçosa) · S. 290f.

Topografisches Register

Indien · S. 25, 27, 29 f., 32–35, 40 f., 43–45, 47, 55, 58, 73, 75, 78 f., 82, 107 f., 115, 117, 130, 136 f., 139 f., 143, 145–147, 151, 153 f., 161, 163, 168, 175, 178, 180 f., 183, 185, 187, 189, 197, 205–210, 212 f., 215–219, 223, 226, 241, 246, 248, 257, 259, 261–263, 270–273, 275, 280, 282, 299, 300, 308, 311, 319, 322, 324, 326, 328, 330, 335 f., 344, 349, 351 f., 354, 356–358, 362, 365, 367, 372, 380, 382, 393, 405, 409, 412, 414, 421–423, 425 f., 428, 432–434, 436, 439 f., 442, 445 f., 448 f., 464–469, 481, 485–487, 489 f., 494, 498, 504 f., 509 f., 522–524, 528 f., 535 f., 539, 544, 548 f., 551, 557–562, 570, 572, 574–577
Indischer Ozean · S. 25–27, 29 f., 33, 35, 37–43, 45, 48, 54, 73, 75, 87, 130, 151, 175, 178, 193 f., 197, 201 f., 205 f., 210, 215–217, 282, 308, 311, 330, 336 f., 341, 349, 351, 387, 414, 432, 435 f., 445, 530, 546, 550, 581
Indochina · S. 216
Indonesien · S. 175, 179 f., 187 f., 212, 215, 210, 219, 259, 282, 387, 411, 464, 574
Innsbruck · S. 241, 260, 564
Insulae Fortunatae · S. 54, 76
Irland · S. 76, 328
Island · S. 76, 237
Israel · S. 292, 460, 497
Italien · S. 65–68, 73, 79, 115, 125, 147 f., 151, 185, 223, 226, 230, 235, 238, 259, 267, 280, 282, 292, 296, 299, 308, 316, 324 f., 328, 330, 336, 339–341, 344, 346, 354, 360, 362 f., 365 f., 374 f., 388, 393, 396, 402, 407, 439, 468, 470, 472 f., 502, 509, 524, 528 f., 536 f., 542, 547, 555, 561, 580

J
Jaffna · S. 161
Jaffnapatnam · S. 152
Jakarta · S. 188, 547
Japan · S. 47, 164, 168 f., 179, 183, 206, 209, 212, 215 f., 218, 246, 248, 259, 261, 275, 278–283, 285, 299–301, 303–306, 330, 354, 402, 414, 430–432, 442, 448, 452, 464, 466, 472 f., 475 f., 481, 488 f., 497, 528, 547, 552, 574, 579–581
Java · S. 40, 180 f., 183, 210, 212, 215–217, 405, 411
Johor · S. 175, 187, 210, 547 f.
Jundiaí · S. 296

K
Kairo · S. 27, 38, 40–42, 78, 339 f., 343
Kalikut (Calicut) · S. 26–30, 38, 41, 44 f., 115, 130, 153, 205, 270, 304, 311, 349, 351 f., 357 f., 403 f., 432 f., 445, 534, 546, 549 f.
Kalimantan · S. 212
Kanalinseln · S. 257
Kannanor (Cannanore) · S. 29 f., 32, 153, 161, 352, 432 f., 561
Kanara · S. 33 f., 209
Kanarische Inseln · S. 54, 65, 76, 319, 346, 462

Kandy · S. 152, 159 f., 551
Kanton (Guangzhou) · S. 163–167, 170 f., 249, 275, 280
Kap Bojador · S. 317, 344, 346
Kap der Guten Hoffnung · S. 68, 197, 213, 215, 282, 287, 299, 308, 357, 362, 372, 382, 432, 449
Kap Komorin · S. 208
Kap Verde · S. 54, 77, 270, 344, 581
Kapverdische Inseln (Kapverden) · S. 116, 351, 357, 500, 536
Karibik · S. 76, 356, 385, 557
Karthago · S. 76, 326
Khambhat (Cambay) · S. 40, 107, 208, 250, 574 f.
Kochi (Cochin) · S. 29 f., 32, 41, 43, 130, 143, 153 f., 156, 207, 209, 263, 287, 352, 432 f., 467, 561
Köln · S. 290, 294, 322, 405, 457
Koromandel · S. 26, 207, 210, 559
Kongo · S. 110, 194, 244, 254, 345, 417, 419, 459 f., 496
Kopenhagen · S. 260
Korea · S. 259
Kotiri · S. 294
Kotte · S. 151–159, 246, 484, 551
Krakau · S. 83
Kreuzkap (Cape Cross) · S. 345
Kroatien · S. 294
Ksar el-Kebir · S. 157, 193

L
La Laguna (Tenerifa) · S. 289
Larantuka · S. 185, 188
Leipzig · S. 262 f., 365, 393, 492
Leiria · S. 149
Levante · S. 34 f., 54, 178, 209 f., 215, 324
Lissabon · S. 27, 32, 34, 38, 42, 54, 64, 66, 69, 73, 75 f., 92, 94–96, 99, 115, 117, 119, 143, 145, 151, 153–156, 158 f., 168, 170, 172, 188, 191 f., 197, 200, 202, 205 f., 209, 212 f., 215 f., 221, 223 f., 226 f., 230–233, 235–239, 245 f., 249, 259, 261 f., 265, 275, 282, 287, 289, 292 f., 296, 311, 313–315, 319, 345, 348 f., 351 f., 357 f., 367, 371, 389, 391, 419, 432, 436–439, 448 f., 469, 472 f., 494, 499 f., 502, 504, 506 f., 509, 511–513, 520, 522, 526, 528, 531, 534–537, 540–542, 544, 546, 552, 554, 557 f.
Loango · S. 44
London · S. 54, 191, 437, 531, 557, 564
Lothringen · S. 73, 78
Luanda · S. 120, 127, 417
Lusoamerika · S. 296
Luxemburg · S. 293

M
Macau · S. 54, 163–173, 175, 182 f., 188, 206, 212, 275, 280 f., 283, 299, 306, 387, 427, 432, 442, 449, 466, 470–472, 522, 533, 581
Madeira · S. 54, 76, 193 f., 199, 287, 294, 318 f., 456, 500, 535–537, 581

Madrid · S. 75, 158 f., 192, 197, 202, 230, 261, 265, 275, 437, 520, 522
Madagaskar · S. 77, 380, 402
Maghreb (Al-Maghreb) · S. 53 f.
Mähren · S. 294, 535
Mainz · S. 294, 412
Majapahit · S. 175
Makassar · S. 175, 181–183, 185–187, 189
Malabar · S. 35, 40, 130
Malaiische Halbinsel · S. 175, 185, 441
Malaiisches Archipel · S. 175, 178, 180 f., 185 f.
Malakka · S. 25–28, 30, 41 f., 54, 143, 163 f., 175, 180–182, 185–188, 197, 206 f., 209 f., 212, 215 f., 219, 259, 287, 299, 432 f., 441 f., 466 f., 476 f., 505, 528, 547 f., 575
Malaya · S. 210, 529
Malaysia · S. 246, 248
Malediven · S. 216
Malindi · S. 78, 330, 349, 351 f., 523
Mandala-Staaten · S. 161
Mandovi · S. 143 f., 434 f.
Mannar · S. 159
Männerinsel · S. 75
Mantua · S. 265
Maranhão · S. 124, 291 f., 294, 385, 462
Marburg · S. 567
Mariana · S. 296 f.
Marokko · S. 89, 93, 96, 100, 103, 157, 193, 320, 500, 510, 542
Marrakesch · S. 53
Matamba · S. 244
Mauritsstad · S. 292
Melli · S. 77
Metz · S. 83, 328
Mexiko · S. 215, 261, 281–284, 287
Minas · S. 296
Mirando do Douro · S. 149
Mittelmeer · S. 28, 33–35, 38, 54, 65, 69, 76, 79, 87, 108, 212, 216, 219, 257, 312, 324, 326, 328, 331, 338–341, 380
Mosambik (Moçambique) · S. 193, 209, 432, 441, 449, 466, 522, 574, 581
Moerkirchen · S. 76
Mogulreich · S. 207, 209, 219, 426
Molukken · S. 47, 54 f., 175, 178 f., 182, 185–187, 194, 206, 210, 212, 246, 259, 271, 349, 362 f., 380, 385, 387, 406, 410–412, 448, 465 f., 549
Mombasa · S. 78, 561
Montmartre · S. 287
Mormugão · S. 148, 551
München · S. 154, 241, 260 f., 265, 391, 419, 464 f., 490
Münster · S. 202, 399
Murano · S. 68, 151

N
Nagasaki · S. 206, 212, 275, 280–282, 476, 547, 552
Nanjing · S. 163
Negombo · S. 159
Nertschinsk · S. 171

Topografisches Register

Niederlande · S. 45, 165, 180, 196, 202, 243, 259, 388f., 457, 497, 546, 554f., 558, 577
Niger · S. 77, 564
Nigeria · S. 107, 243, 415, 452, 484
Nürnberg · S. 73–76, 263, 343, 360, 365, 388–390, 394, 396, 452, 500, 535, 540
Nusa Tenggara · S. 187

O
Olinda · S. 290, 294, 296
Olpe · S. 294
Osmanisches Reich · S. 212, 324, 340f.

P
Padua · S. 96, 149, 340, 393, 526
Pali Tambapanni · S. 151
Pamplona · S. 287
Paraguay · S. 293, 462
Paraiba · S. 296
Paris · S. 63, 75, 160, 191, 235, 239, 466
Patani · S. 164, 181
Peking (Beijing) · S. 163, 169–171, 281, 427, 442, 470f., 533
Pernambuco · S. 117, 119, 127, 194, 198–201, 296, 454f., 555
Persien · S. 27, 40, 209, 212, 259, 282, 444, 446–448, 504
Persischer Golf · S. 29, 33–35, 45, 215f., 330, 432, 447, 574
Peru · S. 215, 287
Philippinen · S. 183, 212, 259, 281f., 362f., 452, 466
Piauí · S. 296
Piratininga (São Paulo) · S. 289
Polen · S. 83, 235, 343, 402
Polonnaruwa · S. 151
Portalegre · S. 149
Porto · S. 53, 312, 504
Porto Seguro · S. 115, 199, 461
Portugal · S. 25f., 29, 32, 38, 42f., 47f., 50f., 53–55, 63f., 66, 73, 76, 78f., 82, 87, 92–94, 96, 98, 99–105, 109f., 115f., 119, 125, 127, 129, 133, 141, 146–149, 157f., 163, 165, 169–171, 181, 183, 187, 191–194, 196f., 200–202, 205f., 208–210, 212f., 215–217, 219, 226f., 230, 232f., 235, 238, 243, 249, 253, 261, 275, 278, 280, 282, 284, 287, 292, 294, 296, 302, 312–314, 316–318, 322, 324, 327, 336–338, 341, 344, 346, 348f., 352, 354, 357, 360, 364–367, 373, 380–385, 389f., 392, 406, 408, 410f., 414, 427, 432–434, 436f., 440f., 443f., 446–448, 450, 453–456, 459f., 462, 464, 467, 469, 472, 477, 479, 481f., 484, 488f., 494, 500, 502–504, 506f., 509–513, 515, 518, 520, 523f., 526, 531, 535–537, 541, 544–547, 550, 552, 555, 557f., 562, 564, 566, 578, 581
Prag · S. 241, 260f., 457, 532
Purpurinseln · S. 76

Q
Quilon (Coulão) · S. 29, 153, 432f.

R
Recife · S. 236, 292, 296, 556
Regensburg · S. 56
Rio de Janeiro · S. 117, 119, 127, 201, 290, 296, 385, 461, 557
Rio Grande do Norte · S. 199, 251, 419
Rio Madeira · S. 294, 419
Rio Negro · S. 296
Rio São Francisco · S. 296
Río Tocantins · S. 292
Rom · S. 53, 65, 89, 94f., 99, 102f., 151, 168, 171, 226f., 231–233, 235, 237–239, 275, 280–282, 287, 299f., 303f., 317, 346, 356, 365, 456, 460, 466, 472f., 531, 541
Rotes Meer · S. 28–30, 32–35, 38f., 41, 44f., 209f., 215f., 324, 330, 341, 363, 380, 432f., 449
Rouen · S. 252, 453

S
Sahara · S. 76f., 193, 245
Salcete · S. 133, 136, 143
Salzburg · S. 59, 459
Salzdahlum · S. 248f.
Sansibar · S. 77, 402
Santiago de Cabo Verde · S. 287, 297
Santo André da Borda do Campo · S. 127
San Ildefonso · S. 127
São Jorge da Mina (Elmina) · S. 77, 108, 196, 520
São Luís de Maranhão · S. 124, 291f., 294, 296, 385, 462, 464
São Paulo · S. 243, 289f., 296f., 461, 472
São Salvador da Bahia de Todos os Santos · S. 119, 201, 235, 287, 290, 294, 296, 529
São Tomé · S. 119, 127, 193f., 287, 297, 434, 581
São Vicente · S. 117, 119, 127, 294, 296, 313, 454
Saragossa · S. 349, 411
Schemnitz · S. 294
Schloss Ambras · S. 241, 260
Schloss Gottorf · S. 260
Schloss Rosenborg · S. 260
Schloss Wolfegg · S. 78, 82, 402
Schweden · S. 243, 546
Senegal · S. 77
Sertão · S. 296
Sevilla · S. 53f., 197, 215, 262, 275, 281f., 356, 358, 363, 410, 544
Seychellen · S. 259
Siam · S. 26, 207, 282, 309, 577f.
Siang · S. 185
Sierra Leone · S. 243, 483, 566
Sind · S. 263
Sitawaka · S. 152, 154, 156
Skandinavien · S. 165, 328
Slowakei · S. 294, 500
Soqotra (Sokotra) · S. 38, 41, 432
Solor · S. 179, 182, 186, 188, 477

Sorocabá · S. 296
Spanien · S. 29, 73, 76, 79, 89, 147, 158, 164, 191, 193, 202, 215, 235, 243, 253, 261, 275, 284, 294, 300, 302f., 322, 324f., 334f., 340f., 344, 346, 348f., 352, 360, 362, 385, 410f., 456f., 462, 498, 500, 506, 511f., 544f., 546, 554f., 557f.
Sri Lanka (Ceylon) · S. 58, 151–161, 206, 209f., 282, 326, 432, 448, 466, 482, 484f., 551, 574
Srivijaya · S. 175, 178
Saint Dié · S. 73, 78, 388
Straßburg · S. 78, 82f., 269, 388, 399, 405
Stuttgart · S. 251–254, 483, 563, 567–570
Sulawesi · S. 175, 181f., 185f., 189
Sumatra · S. 26, 34, 41, 151, 212, 215f., 271, 441, 477, 547
Sunda-Inseln · S. 183
Sunda-Straße · S. 175
Supa · S. 185
Syene · S. 57

T
Taiwan · S. 165
Tamil Nadu · S. 161
Tanjavur · S. 161
Ternate · S. 175, 179, 212
Thule · S. 61, 76
Tidore · S. 175, 179, 212
Timor · S. 179, 165, 181–183, 188, 432, 552, 554
Toledo · S. 261, 265, 346
Tordesillas · S. 116, 118–120, 125, 194, 243, 346, 348f., 346, 357, 363, 385, 387, 411
Torgau · S. 263, 265
Trocano · S. 234
Turkestan · S. 171

U
Ughoton · S. 107–109
Ungarn · S. 235, 294, 365

V
Valladolid · S. 158, 352, 363
Venedig · S. 34, 38f., 42f., 259, 336, 378, 388
Vijayanagara · S. 29f., 32, 140, 152, 210, 414, 422f., 446

W
Wasafy · S. 54
Washington · S. 78, 402
Wien · S. 251, 317, 341
Wolfenweiler · S. 78

X
Xiangshan · S. 170
Xingu · S. 294

Z
Zhangzhou · S. 163
Zuari · S. 143

A

Abdurachnam 1978
Paramita R. Abdurachnam, Moluccan Responses to the First Intrusions of the West, in: Haryati Soebadio und Carine A. du Marchie Sarvaas (Hrsg.), Dynamics of Indonesian History, Amsterdam u. a. 1978, S. 161–188

Abeyasinghe 1966
Tikiri Abeyasinghe, Portuguese Rule in Ceylon, 1594–1612, Colombo 1966

Abreu 1996
Laurinda Faria Santos Abreu, Padronização hospitalar e Misericórdias: apontamentos sobre a reforma da assistência pública em Portugal, in: Congresso Comemorativo do V Centenário da Fundação do Hospital Real do Espírito Santo de Évora. Actas, Évora 1996, S. 137–148

Actas 2004
D. João III e o Império. Actas do Colóquio Internacional comemorativo do seu nascimento, hrsg. von Roberto Carneiro und Artur Teodoro de Matos, Lissabon 2004

Albèri [1840ff.]
Eugenio Albèri (Hrsg.), Le relazioni degli ambasciatori veneti al Senato durante il secolo decimosesto, Florenz, 1840 ff.

Albrecht 1677
Herzog Ferdinand Albrecht, Sonder-bahre/ aus Göttlichem eingeben/ Andächtige Gedancken [...], Beveren 1677

Albuquerque 1884
Cartas de Afonso de Albuquerque seguidas de documentos que as elucidam, hrsg. von Raymundo António de Bulhão Pato, 7 Bde., Lissabon 1884 [–1935]

Albuquerque 1971
Luís de Albuquerque, Curso de História da Náutica (Comemoração do Centenário do Almirante Gago Coutinho 1869–1969), Rio de Janeiro 1971

Albuquerque 1986a
Luís de Albuquerque (Hrsg.), Crónica do Descobrimento e primeiras conquistas da Índia pelos Portugueses, Lissabon 1986

Albuquerque 1986b
Luís de Albuquerque, Reinel, Pedro, in: Lexikon zur Geschichte der Kartographie, Bd. 2, Wien 1986, S. 657–658

Albuquerque 1988
Luís de Albuquerque, Instrumentos de Navegação, Lissabon 1988

Albuquerque 1992
Luís de Albuquerque, Historia de la Navigación Portuguesa, Madrid 1992

Albuquerque 1994
Luís de Albuquerque (Hrsg.), Dicionário dos Descobrimentos Portugueses, 2 Bde., Lissabon 1994

Albuquerque/Lopes 1993
Luís de Albuquerque und Marília Simões Lopes, Heinrich David Wilckens, primeiro historiador de náutica portuguesa do século XV, in: Mare Liberum – Revista de História dos Mares 6, Lissabon 1993, S. 25–29

al-Dayba 1971–1977
Abi al-Ziya ʿAbd al-Rahman ibn ʿAli al-Dayba', Kitāb qurrat al-ʿuyūn bi-akhbār al-Yaman al-maymūn, hrsg. von Muhammad ibn ʿAli al-Akwaʿ al-Hawali, 2 Bde., Kairo 1971–1977

Alden 1996
Dauril Alden, The Making of an Enterprise. The society of Jesus in Portugal, Its Empire, and Beyond 1540–1750, Stanford 1996

Alencastro 2000
Luís Filipe Alencastro, O Trato dos Viventes. Formação do Brasil no Atlântico Sul, São Paulo 2000

al-Hanafi 1931
Muhammad ibn Ahmad ibn Iyas al-Hanafi, Badāʾiʿ al-zuhūr fī waqāʾiʿ al-duhūr/ Die Chronik des Ibn Ijās, hrsg. von Paul Kahle und Muhammed Mustafa, Bd. 4, Istanbul 1931

al-Qasim 1968
Yahya ibn al-Husain Ibn al-Qasim, Ghāyat al-amānī fī akhbār al-qutr al-Yamānī, Kairo 1968

Alvarez-Taladriz 1953
José Luís Alvarez-Taladriz, La pintura japonesa vista por un europeo a principios del siglo XVII, in: Más y Menos, Nr. 14, Osaka 1953, S. 31–44

Alves 1985
Ana Maria Alves, Iconologia do Poder Real no Período Manuelino, Lissabon 1985

Alves 1986a
Ana Maria Alves, As Entradas Régias Portuguesas, Lissabon 1986

Alves 1986b
José da Felicidades Alves, Introdução ao estudo da obra de Francisco de Holanda, Lissabon 1986

Alves 1989
José da Felicidade, O Mosteiro dos Jerónimos, Bd. 1, Lissabon 1989

Alves 1990
José da Felicidade Alves (Hrsg.), Grandeza e Abastança de Lisboa em 1552, Lissabon 1990

Alves 1993
Jorge Manuel dos Santos Alves, A cruz, os diamantes e os cavalos: Frei Luís do Salvador, primeiro missionário e embaixador português em Vijayanagar (1500–1510), in: Mare Liberum – Revista de História dos Mares 5, Lissabon 1993, S. 9–20

Alves 1995a
Jorge Manuel dos Santos Alves, Natureza do primeiro ciclo de diplomacia luso-chinesa, séculos XVI–XVIII, in: Estudos de história do relacionamento luso-chinês, séculos XVI–XIX, hrsg. von António Vasconcelos de Saldanha und Jorge Manuel dos Santos Alves, Macau 1995, S. 179–218

Alves 1995b
Jorge Manuel dos Santos Alves, The First Decade of Sino-Portuguese Diplomatic Relations Following the Foundation of Macau, in: Proceedings of the International Colloquium on The Portuguese and the Pacific, hrsg. von Francis A. Dutra und João Camilo dos Santos, Santa Barbara 1995, S. 305–313

Amaral 1554
Nicolau Coelho de Amaral, Cronologia, Manuskript, Coimbra 1554

Amaral 1973
Abílio Mendes do Amaral, Convento do Espírito Santo de Gouveia, Viseu 1971

Amiel 1997
Charles Amiel (Hrsg.), L'Inquisition de Goa, La Relation de Charles Dellon (1687), Paris 1997

Andaya 1981
Leonard Y. Andaya, The Heritage of Arung Palakka. A History of South Sulawesi in the Seventeenth Century, Den Haag 1981

Andaya 1992
Leonard Y. Andaya, Interactions with the Outside World and Adaption in Southeast Asian Society, 1500–1800, in: Nicholas Tarling (Hrsg.), The Cambridge History of Southeast Asia. Vol. 1: From Early Times to c. 1800, Cambridge 1992, S. 345–401

Apian 1990 [1533]
Peter Apian, Instrument Buch. Ingolstadt 1533, Reprint der Originalausgabe mit einem Nachwort von Jürgen Hamel, Leipzig 1990

Apianus/Amantius 1534
Petrus Apianus und Bartholomaeus Amantius, Inscriptiones Sacrosanctae Vetustates, Ingolstadt 1534

Arasaratnam 1987a
Sinnappah Arasaratnam, India and the Indian Ocean in the Seventeenth Century, in: Ashin Das Gupta und Michael N. Pearson (Hrsg.), India and the Indian Ocean 1500–1800, Kalkutta 1987, S. 94–130

Arasaratnam 1987b
Sinnapah Arasaratnam, Ceylon in the Indian Ocean Trade 1500–1800, in: Ashin Das Gupta und Michael N. Pearson (Hrsg.), India and the Indian Ocean 1500–1800, Kalkutta 1987, S. 224–239

Araújo 2004
Ana Cristina Araújo, Cultos da realeza e cerimoniais de Estado no tempo de D. Manuel I, in: Actas do III Congresso Histórico de Guimarães, Bd. 4, Guimarães 2004, S. 73–94

Arentzen 1984
Jörg-Geerd Arentzen, Imago mundi cartographica. Studien zur Bildlichkeit mittelalterlicher Welt- und Ökumenekarten unter besonderer Berücksichtigung des Zusammenwirkens von Text und Bild, München 1984

Armas 1997
Duarte de Armas, Livro das Fortalezas, mit einer Einleitung von Manuel da Silva Castelo Branco, Lissabon 1997

Atlas 1989
Atlas du Vicomte de Santarem. Édition fac–similée des cartes définitives, Lissabon 1989

Atwell 1982
William S. Atwell, International Bullion Flows and the Chinese Economy. Etwa 1530–1650, in: Past and Present 95, Oxford/New York 1982, S. 68–90

Aubin 2000a
Jean Aubin, Le Latin et l'Astrolabe II: Recherches sur le Portugal de la Renaissance, son expansion en Asie et les relations internationales, Lissabon/Paris 2000

Aubin 2000b
Jean Aubin, Un nouveau classique: L'Anonyme du British Museum, in: Jean Aubin, Le Latin et l'Astrolabe II: Recherches sur le Portugal de la Renaissance, son expansion en Asie et les relations internationales, Lissabon/Paris 2000, S. 549–556

Aubin 2000c
Jean Aubin, Les documents arabes, persans et turcs de la Torre do Tombo, in: Jean Aubin, Le Latin et l'Astrolabe II: Recherches sur le Portugal de la Renaissance, son expansion en Asie et les relations internationales, Lissabon/Paris 2000, S. 417–454

Aubin 2006a
Jean Aubin, Le Latin et l'Astrolabe III: Études inédites sur le règne de D. Manuel, 1495–1521, Lissabon/Paris 2006

Aubin 2006b
Jean Aubin, Le Maroc: les fondations manuélines, in: Le Latin et l'astrolabe III. Études inédites sur le règne de D. Manuel (1495–1521), posthum hrsg. von Maria da Conceição Flores u. a., Paris 2006, S. 149–187

Aubin 2006c
Jean Aubin, Autres volets de l'aventure marocaine, in: Le Latin et l'astrolabe III. Études inédites sur le règne de D. Manuel (1495–1521), posthum hrsg. von Maria da Conceição Flores u. a., Paris 2006, S. 189–251

Auer/Wehdorn 2003
Leopold Auer und Manfred Wehdorn (Hrsg.), Das Haus-, Hof- und Staatsarchiv, Innsbruck 2003

Augustyn/Cohen 1997
Robert T. Augustyn und Paul E. Cohen, Manhattan Maps. 1527–1995, New York 1997

Ausst.-Kat. Antwerpen 1991
Feitorias. L'art au Portugal au temps des grands découvertes (XIVᵉ siècle à 1548), hrsg. von Frank Vanhaecke, Antwerpen 1991

Ausst.-Kat. Bamberg 1988
Die Neuen Welten in alten Büchern, Entdeckung und Eroberung in frühen deutschen Schrift- und Bildzeugnissen, hrsg. von Ulrich Knefelkamp und Hans-Joachim König, Bamberg 1988

Ausst.-Kat. Berlin 1971
Museum für Indische Kunst, Ausgestellte Werke, Katalogtexte von Herbert Härtel u. a., Berlin 1971

Ausst.-Kat. Berlin 1976
Museum für Indische Kunst, Berlin. Ausgestellte Werke, Katalogtexte von Herbert Härtel u. a., Berlin 1976

Ausst.-Kat. Berlin 1982
Mythen der Neuen Welt. Zur Entdeckungsgeschichte Lateinamerikas, hrsg. von Karl-Heinz Kohl, Martin-Gropius-Bau, Berliner Festspiele, Berlin 1982

Ausst.-Kat. Berlin 1984
Von Ptolemaeus bis Humboldt. Kartenschätze der Staatsbibliothek Preußischer Kulturbesitz. Ausstellung zum 125jährigen Jubiläum der Kartenabteilung, hrsg. von Lothar Zögner, Berlin 1984

Ausst.-Kat. Berlin 1985
Europa und die Kaiser von China 1240–1816, Berliner Festspiele, Frankfurt am Main 1985

Ausst.-Kat. Berlin 1988
Schätze aus dem Topkapı Serail. Das Zeitalter Süleymans des Prächtigen, Museum für Islamische Kunst, Berlin 1988

Ausst.-Kat. Berlin 1989
Europa und der Orient 800–1900, hrsg. von Gereon Sievernich und Hendrik Budde, Martin-Gropius-Bau, Berlin 1989

Ausst.-Kat. Berlin 1992
Amerika 1492–1992, Neue Welten–Neue Wirklichkeiten, 2 Bde., Martin-Gropius-Bau Berlin, Stiftung Preußischer Kulturbesitz, Braunschweig 1992

Ausst.-Kat. Berlin 1993
Japan und Europa 1543–1829, hrsg. von Doris Croissant und Lothar Ledderose, Berlin 1993

Ausst.-Kat. Berlin 2000
Magische Götterwelten, hrsg. von Raffael Dedo Gadebusch u. a., Potsdam 2000

Ausst.-Kat. Berlin 2006
Heiliges Römisches Reich Deutscher Nation 962 bis 1806. Altes Reich und Neue Staaten 1495 bis 1806, hrsg. von Hans Ottomeyer u. a., Dresden 2006

Ausst.-Kat. Bonn 2000
Karl V. (1500–1558). Macht und Ohnmacht Europas, hrsg. von der Kunst- und Ausstellungshalle der Bundesrepublik Deutschland Bonn und dem Kunsthistorischen Museum Wien, Bonn/Wien 2000

Ausst.-Kat. Brüssel 1991a
Portugal et Flandre: au confluent de deux cultures, Brüssel 1991

Ausst.-Kat. Brüssel 1991b
Nos Confins da Idade Média, hrsg. von Luis Adão da Fonseca, Brüssel 1991

Ausst.-Kat. Chemnitz/Bochum 1994
Georgius Agricola Bergwelten 1494–1994, hrsg. von Bernd Ernsting, Schlossbergmuseum Chemnitz und Deutsches Bergbau-Museum Bochum, Essen 1994

Ausst.-Kat. Detmold 1999
Afrika Reisen. Geographische Eroberung eines Kontinents, hrsg. von der Lippischen Landesbibliothek, Detmold 1999

Ausst.-Kat. Dortmund/Gotha 2003
Palast des Wissens. Die Kunst- und Wunderkammer Zar Peters des Großen, hrsg. von Brigitte Buberl und Michael Dückershoff, Museum für Kunst und Kulturgeschichte, Kulturbetriebe Dortmund und Schlossmuseum Gotha, Gothaer Kulturbetriebe, München 2003

Ausst.-Kat. Dresden o. J.
Astronomische Instrumente, hrsg. von Helmut Schramm, Staatlicher Mathematisch-Physikalischer Salon Dresden, Dresden o. J.

Ausst.-Kat. Dresden 1996
Im Lichte des Halbmonds. Das Abendland und der türkische Orient, Dresden 1996

Ausst.-Kat. Dresden 2005
In fürstlichem Glanz, der Dresdner Hof um 1600, hrsg. von Dirk Syndram, Museum für Kunst und Gewerbe Hamburg, Staatliche Kunstsammlungen Dresden, Mailand 2004

Ausst.-Kat. Düsseldorf 2000
Imari-Porzellan am Hofe der Kaiserin Maria Theresia, hrsg. von Peter Pantzer, Deutsches Keramikmuseum, Düsseldorf 2000

Ausst.-Kat. Essen 1988
Prag um 1600, Kunst und Kultur am Hofe Rudolfs II., Kulturstiftung Ruhr, Villa Hügel, Essen 1988

Ausst.-Kat. Essen 1992
Mundus Novus. Amerika oder die Entdeckung des Bekannten. Das Bild der Neuen Welt im Spiegel der Druckmedien vom 16. bis zum frühen 20. Jahrhundert, hrsg. von Peter Mesenhöller, Essen 1992

Ausst.-Kat. Évora 1999
Do Mundo Antigo aos Novos Mundos. Humanismo, Classicismo e Notícias dos Descobrimentos em Évora (1516–1624), hrsg. von Fernando António Baptista Pereira, Comissão Nacional para as Comemorações dos Descobrimentos Portugueses, Évora 1999

Ausst.-Kat. Gotha 1997
Orientalische Buchkunst in Gotha: Ausstellung zum 350-jährigen Jubiläum der Forschungs- und Landesbibliothek Gotha, Gesamtredaktion von Hans Stein, Gotha 1997

Ausst.-Kat. Gotha 2000
Über den ziehenden Wolken der Fuji, hrsg. von Herbert Bräutigam und Cornelia Morper, Gothaer Kultur- und Fremdenverkehrsbetrieb, Schloss Friedenstein Gotha, Gotha 2000

Ausst.-Kat. Hamburg 1993
Morgenländische Pracht. Islamische Kunst aus dem deutschen Privatbesitz, Hamburg 1993

Ausst.-Kat. Hannover 1984
Schätze indischer Kunst, hrsg. von Herbert Härtel und Wibke Lobo, Berlin 1984

Ausst.-Kat. Linz 1997
Kulte, Künstler, Könige in Afrika: Tradition und Moderne in Südnigeria, hrsg. von Stefan Eisenhofer, Oberösterreichisches Landesmuseum, Linz 1997

Ausst.-Kat. Lissabon 1983a
Lisboa Quinhentista: a imagem e a vida da cidade, Câmara Municipal de Lisboa, Lissabon 1983

Ausst.-Kat. Lissabon 1983b
Madre de Deus, XVIIª Exposição de Arte, Ciência e Cultura do Conselho da Europa, hrsg. von José Mattoso, Lissabon 1983

Ausst.-Kat. Lissabon 1983c
Os Descombrimentos Portugueses e a Europa do Renascimento, Lissabon 1983

Ausst.-Kat. Lissabon 1983–1985
XVIIIª Exposição de Arte, Ciência e Cultura do Conselho da Europa, Comissariado da Exposição, 7 Bde., Lissabon 1983–1985

Ausst.-Kat. Lissabon 1992a
De Goa a Lisboa, koord. von Maria Helena Mendes Pinto, Lissabon 1992

Ausst.-Kat. Lissabon 1992b
Jerónimos. 4 Séculos de Pintura, hrsg. von Anísio Franco, Instituto Português do Património Cultural, Lissabon 1992

Ausst.-Kat. Lissabon 1992c
Portugal e Flandres. Visões da Europa 1550–1680, Mosteiro dos Jerónimos, Lissabon 1992

Ausst.-Kat. Lissabon 1992d
No tempo das feitorias: A arte portuguesa na época dos descobrimentos, Museu Nacional de Arte Antiga, Lissabon 1992

Ausst.-Kat. Lissabon 1994
O Testamento de Adão, hrsg. von José Manuel Garcia, Comissão Nacional para as Comemorações dos Descobrimentos Portugueses, Lissabon 1994

Ausst.-Kat. Lissabon 1995
Tapeçarias de D. João de Castro, Comissão Nacional para as Comemorações dos Descobrimentos Portugueses, Museu Nacional de Arte Antiga, Lissabon 1995

Ausst.-Kat. Lissabon 1996
A Herança de Rauluchantim/The Heritage of Rauluchantim, Museu de São Roque, Lissabon 1996

Ausst.-Kat. Lissabon 1997
O Orientalismo em Portugal, Comissão Nacional para a Comemoração dos Descobrimentos Portugueses, Lissabon 1997

Ausst.-Kat. Lissabon 1998a
Culturas do Índico, hrsg. von Rosa Maria Perez, Comissão Nacional para as Comemorações dos Descobrimentos Portugueses, Instituto Português de Museus, Lissabon 1998 [Englischsprachige Fassung Cultures of the Indian Ocean, hrsg. von António Manuel Hespanha, Lissabon 1999]

Ausst.-Kat. Lissabon 1998b
O Tempo de Vasco da Gama, hrsg. von Diogo Ramada Curto, Comissão Nacional para as Comemorações dos Descobrimentos Portuguese, Expo 98, Lissabon 1998

Ausst.-Kat. Lissabon 1999a
Caminhos da Porcelana – Dinastias Ming e Qing. The Porcelain Route – Ming and Qing Synasties, Fundação Oriente, Lissabon 1999

Ausst.-Kat. Lissabon 1999b
Testemunhos do Judaísmo em Portugal/Signs of Judaism in Portugal, Ministério da Cultura, Gabinete de Relações Internacionais e Comunicação, Lissabon 1999

Ausst.-Kat. Lissabon 1999c
Veloso Salgado (1864–1945), Instituto Português de Museus, Lissabon 1999

Ausst.-Kat. Lissabon 2000a
O Sentido das Imagens. Escultura e Arte em Portugal (1300–1500), Instituto Português de Museus, Lissabon 2000

Ausst.-Kat. Lissabon 2000b
Escultura do século XVI ao XX, Museu de São Roque, Lissabon 2000

Ausst.-Kat. Lissabon 2001
Outro mundo novo vimos, Museu Nacional de Arte Antiga, Lissabon 2001

Ausst.-Kat. Lissabon 2002a
Exotica. The Portuguese Discoveries and the Renaissance Kunstkammer, hrsg. von Nuno Vassalo e Silva und Helmut Trnek, Lissabon 2002

Ausst.-Kat. Lissabon 2002b
Pedro Nunes 1502–1578. Novas terras, novos mares e o que mays he: novo ceo e novas estrellas, Biblioteca Nacional de Portugal, Lissabon 2002

Ausst.-Kat. Lissabon 2004
Goa and the Great Mughal, hrsg. von Jorge Flores und Nuno Vassallo e Silva, Museu Calouste Gulbenkian, Calouste Gulbenkian Foundation, London 2004

Ausst.-Kat. London 2004
Encounters. The Meeting of Asia and Europe 1500–1800, hrsg. von Anna Jackson und Amin Jaffer, Victoria & Albert Museum, London 2004

Ausst.-Kat. Madrid 1997
Juan de Herrera. Arquitecto real, hrsg. von Paloma Barreiro Pereira und Carlos Riaño Lozano, Madrid 1997

Ausst.-Kat. Madrid 2003
Oriente en Palacio, Tesoros asiáticos en las Colecciones Reales Españolas, Palacio Real, Patrimonio Nacional, Madrid 2003

Ausst.-Kat. Memmingen 1998
Geld und Glaube, Leben in evangelischen Reichsstädten, Veröffentlichungen zur Bayerischen Geschichte und Kultur 37/98, hrsg. von Wolfgang Jahn u. a., Haus der Bayerischen Geschichte, Augsburg 1998

Ausst.-Kat. München 1979
Die Karte als Kunstwerk: dekorative Landkarten aus Mittelalter und Neuzeit, hrsg. von Traudl Seifert, Bayerische Staatsbibliothek München, München 1979

Ausst.-Kat. München 1987
Gold und Macht. Spanien in der Neuen Welt, Haus der Kunst München, Wien 1986

Ausst.-Kat. München 1992
America. Das frühe Bild der Neuen Welt, hrsg. von Hans Wolff, Bayerische Staatsbibliothek München, München 1992

Ausst.-Kat. München 1997
Rom in Bayern. Kunst und Spiritualität der ersten Jesuiten, hrsg. von Reinhold Baumstark, Bayerisches Nationalmuseum München, München 1997

Ausst.-Kat. München 2000
Die Grafiksammlung des Humanisten Schedel, hrsg. von Béatrice Hernad, Bayerische Staatsbibliothek München, München 2000

Ausst.-Kat. München 2006
Frans Post (1612–1680). Maler des verlorenen Paradieses, hrsg. von León Krempel, München 2006

Ausst.-Kat. New York 1975
The New Golden Land, European Images of America from Discoveries to the present Time, hrsg. von Hugh Honour, New York 1975

Ausst.-Kat. New York/Houston 1988
Africa and the Renaissance: Art in Ivory, hrsg. von Susan Vogel, The Center for African Art New York und The Museum of Fine Arts Houston, München 1988

Ausst.-Kat. Nürnberg 1959
Kaiser Maximilian I. (1459–1519) und die Reichsstadt Nürnberg, Germanisches Nationalmuseum Nürnberg, Nürnberg 1959

Ausst.-Kat. Nürnberg 1985
Wenzel Jamnitzer und die Nürnberger Goldschmiedekunst 1500–1700, Germanisches Nationalmuseum Nürnberg, Nürnberg 1985

Ausst.-Kat. Nürnberg 1989
Die Grafen von Schönborn: Kirchenfürsten, Sammler und Mäzene, hrsg. von Hermann Maué und Theo Jülich, Germanisches Nationalmuseum Nürnberg, Nürnberg 1989

Ausst.-Kat. Nürnberg 1992
Focus Behaim Globus, 2 Bde., hrsg. von Gerhard Bott, Germanisches Nationalmuseum Nürnberg, Nürnberg 1992

Ausst.-Kat. Paris 1994
Visiteurs de l'Empire Céléste, Musée national des Arts asiatique – Guimet, Paris 1994

Ausst.-Kat. Paris 1998a
Vasco da Gama e a Índia, Capela da Sorbonne, Paris 1998

Ausst.-Kat. Paris 1998b
Couleurs de la Terre. Des mappemondes médiévales aux images satellitales, hrsg. von Monique Pelletier, Bibliothèque nationale de France, Paris 1998

Ausst.-Kat. Porto 1994
A Arquitectura Militar na Expansão Portuguesa, hrsg. von Rafael Moreira, Comissão Nacional para as Comemorações dos Descobrimentos Portugueses, Porto 1994

Ausst.-Kat. Porto 1998
Os Construtores do Oriente Português, Comissão Nacional para as Comemorações dos Descobrimentos Portugueses, Porto 1998

Ausst.-Kat. Porto 1999
Os Espaços de um Império, Comissão Nacional para as Comemorações dos Descobrimentos Portugueses, Porto 1999

Ausst.-Kat. Rom 1994
La Seta et la sua via, konzipiert von Maria Teresa Lucidi, Palazzo delle Esposizione, Rom 1994

Ausst.-Kat. Sines 1998
Da Ocidental Praia Lusitana. Vasco da Gama e o seu Tempo, hrsg. von José António Falcão, Sines 1998

Ausst.-Kat. Straßburg 1989
Les Bâtisseurs des Cathédrales Gothiques, hrsg. von Roland Recht, Les musées de la ville de Strasbourg, Straßburg 1989

Ausst.-Kat. Stuttgart 1966
Indische Kunst, Württembergischer Kunstverein Stuttgart, Museum für Kunst und Gewerbe Hamburg, Stuttgart 1966

Ausst.-Kat. Stuttgart 1987
Das exotische Tier in der europäischen Kunst, hrsg. von Christiane Luz, Institut für Auslandsbeziehungen, Stuttgart 1987

Ausst.-Kat. Tokio 1993
Via Orientalis, hrsg. von Enzo Bassani und Maria Helena Mendes Pinto, Comissão Nacional para as Comemorações dos Descobrimentos Portugueses, Tokio 1993

Ausst.-Kat. Toledo 1991
Catálogo monumental y artístico de la catedral de Toledo, hrsg. vom Conde de Cedillo, mit einer Einleitung und Kommentaren von Matilda Revuelta Tubino, Instituto Provincial de Investigaciones y Estudios Toledanos, Toledo 1991

Ausst.-Kat. Ulm 1982
Die Ulmer Geographia des Ptolemäus von 1482. Zur 500. Wiederkehr der ersten Atlasdrucklegung nördlich der Alpen, hrsg. von Karl-Heinz Meine, Stadtbibliothek Ulm, Ulm 1982

Ausst.-Kat. Valladolid 2006
Cartografía e Historia Natural del Nuevo Mundo. Libros, grabados y manuscritos en Italia y España entre los siglos XV y XVIII, Valladolid 2006

Ausst.-Kat. Washington 1991
Etwa 1492: Art in the age of exploration, hrsg. von Jay A. Levenson, New Haven/London 1991

Ausst.-Kat. Wien 1992a
Federschmuck und Kaiserkrone. Das barocke Amerikabild in den habsburgischen Ländern, hrsg. von Friedrich Polleroß u. a., Wien 1992

Ausst.-Kat. Wien 1992b
Die Portugiesen in Indien. Die Eroberungen Dom João de Castros auf Tapisserien 1538–1548, Kunsthistorisches Museum Wien, Wien 1992

Ausst.-Kat. Wien 2000
Exotica. Portugals Entdeckungen im Spiegel fürstlicher Kunst- und Wunderkammern der Renaissance, hrsg. von Wilfried Seipel, Kunsthistorisches Museum Wien, Wien/Mailand 2000

Ausst.-Kat. Washington 2007
Encompassing the Globe. Portugal and the World in the 16th & 17th Centuries, hrsg. von Jay A. Levenson, Washington 2007

Ausst.-Kat. Wolfenbüttel 1976
Die Neue Welt in den Schätzen einer alten europäischen Bibliothek, Wolfenbüttel 1976

Ausst.-Kat. Wolfenbüttel 1987
China illustrata: das europäische Chinaverständnis im Spiegel des 16. bis 18. Jahrhunderts, hrsg. von Hartmut Walravens, Wolfenbüttel 1987

Ausst.-Kat. Wolfenbüttel 2006
Europas Weltbild in alten Karten. Globalisierung im Zeitalter der Entdeckungen, hrsg. von Christian Heitzmann, Herzog Ernst August Bibliothek Wolfenbüttel, Wolfenbüttel 2006

Austilat 2007
Andreas Austilat, Dein Name sei Amerika, in: Der Tagesspiegel, Sonntag, 15. April 2007, Berlin 2007

Avril u. a. 1982
François Avril u. a., Manuscrits Enluminés de la Péninsule Ibérique, Bibliothèque nationale de France, Département des manuscrits, Centre de recherches sur les manuscrits enluminés, Paris 1982

Ayalon 1956
David Ayalon, Gunpowder and Firearms in the Mamluk Kingdom, London 1956

B

Bacqué-Grammont/Krœll 1988
Jean-Louis Bacqué-Grammont und Anne Krœll, Mamlouks, Ottomans et Portugais en Mer Rouge: L'Affaire de Djedda en 1517, Kairo 1988

Bagrow/Skelton 1963
Leo Bagrow und R. A. Skelton, Meister der Kartographie, Berlin 1963

Bailey 1998
Gauvin Bailey, The Jesuits and the Grand Mogul: Renaissance Art at the Imperial Court of India 1580–1630, Occasional Papers, Freer Gallery of Art Arthur M. Sackler Gallery, Bd. 2, Washington D.C. 1998

Baldaeus 1672
Philippus Baldaeus, Wahrhaftige Ausführliche Beschreibung der Berühmten Ost-Indischen Kusten, Amsterdam 1672

Bange 1928
Ernst Friedrich Bange, Die Kleinplastik der deutschen Renaissance in Holz und Stein, Florenz/München 1928

Bange 1930
Ernst Friedrich Bange, Die Bildwerke in Holz, Stein und Ton. Kleinplastik, Berlin/Leipzig 1930

Bannister/Moreland 1983
David Bannister und Carl Moreland, Antique maps, London/New York 1983

Barendse 2000
René J. Barendse, Trade and State in the Arabian Seas. A Survey from the Fifteenth to the Eighteenth Century, in: Journal of World History 11/2, Honolulu 2000, S. 68–90, S. 173–225

Barendse 2005
René Barendse, Blockade: Goa and its surroundings 1638–1654, in: Ernst van Veen und Leonhard Blussé (Hrsg.), Rivalry an Conflict. European Traders an Asian Networks in the 16th and 17th Centuries, Studies in Overseas History 7, Leiden 2005, S. 232–266

Barreira o. J.
João Barreira, Arte portuguesa. Evolução estética, Lissabon o. J.

Barreira 1622
Padre Mestre Frey Isidoro de Barreira, Tratado da significação das plantas, flores e frutas que se referem na sagrada escritura, Lissabon 1622

Barrère 1743
Pierre Barrère, Nouvelle Relation de la France Equinoxiale [...], Paris 1743

Barreto 1994
Luís Filipe Barreto, Castro, D. João, in: Luís de Albuquerque, Dicionário de História dos Descobrimentos Portugueses, Bd. 1, Lissabon 1994, S. 62–67

Barreto 1997
Luís Filipe Barreto, Duarte Barbosa e Tomé Pires. Os autores das primeiras geografias globais do Oriente, in: Entre dos Mundos, Sevilla 1997, S. 177–191

Barreto 2002
Luís Filipe Barreto, Damião de Góis. Os caminhos de um Humanista, Lissabon 2002

Barros 1520
João Barros, Crónica do Imperador Clarimundo, Lissabon 1520

Barros 1932 [1552]
João de Barros, Décadas da Ásia, Década Primeira, Bd. 1, Coimbra 1932

Barros 1943 [1533/1555]
João de Barros, Panegíricos (panegírico de d. João III e da infanta d. Maria), 2. Aufl., Lissabon 1943

Barros 1953 [1520]
João de Barros, Crónica do Imperador Clarimundo, 2 Bde., Lissabon 1953

Barros 1974 [1553]
João de Barros, Da Ásia, Década Segunda, Parte I, Lissabon 1974

Barozzi/Fulin 1879–1903
Nicolò Barozzi und Rinaldo Fulin (Hrsg.), I Diarii di Marino Sanuto, 58 Bde., Venedig 1879–1903

Barthélemy 2004
Dominique Barthélemy, Chevaliers et miracles. La violence et le sacré dans la société féodale, Paris 2004

Bartlett 1993
Robert Bartlett, The making of Europe. Conquest, Colonization and Cultural Change 950–1350, Princeton 1993

Bassani 1994
Ezio Bassani, The Ulm Opón Ifá (etwa 1650): A Model for Later Iconography, in: Rowland Abiodun u. a. (Hrsg.), The Yoruba Artist, Washington/London 1994, S. 78–89

Bassani 1999
Ezio Bassani, Afro-Portugiesische Elfenbeinarbeiten und Elfenbeinarbeiten aus Alt-Owo (Yoruba, Nigeria), in: Hans-Joachim Koloss (Hrsg.), Afrika. Kunst und Kultur, München u. a. 1999, S. 66–72

Bassani 2000
Ezio Bassani, African Art and Artefacts in European Collections 1400–1800, London 2000

Baum 1999
Wilhelm Baum, Die Verwandlung des Mythos vom Reich des Priesterkönigs Johannes, Klagenfurt 1999

Baumann u. a. 2001
Brigitte Baumann u. a., Die Kräuterbuchhandschrift des Leonhart Fuchs, Stuttgart 2001

Baumgärtner 1998
Ingrid Baumgärtner, Kartographie, Reisebericht und Humanismus. Die Erfahrung in der Weltkarte des venezianischen Kamaldulensermönchs Fra Mauro (gest. 1459), in: Fernreisen im Mittelalter, Heft 2: Folker Reichert (Hrsg.), Das Mittelalter. Perspektiven mediävistischer Forschung 3, Berlin 1998, S. 161–197

Bautz 1990
Friedrich Wilhelm Bautz, Alexander VI., in: Traugott Bautz (Hrsg.), Biographisch-Bibliographisches Kirchenlexikon, Bd. 1, Nordhausen 1990, Sp. 104 f.

Bayly 1988
Christopher Bayly, Indian society in the making of the British Empire. The New Cambridge History of India, Bd. 2/1, Cambridge 1988

Bayly 1989
Susan Bayly, Saints, Goddesses, and Kings. Muslims and Christians in South Indian Society, 170–1900, Cambridge 1989

Bayly 1996
Christopher Bayly, Empire and Information. Intelligence gathering and social communication in India, 1780–1870, Cambridge 1996

Bayly 1999
Susan Bayly, Caste, Society and Politics. New Cambridge History of India, Bd. 4/3, Cambridge 1999

Beach 1992
Milo C. Beach, Mughal and Rajput Painting, The New Cambridge History of India I.3, Cambridge 1992

Beazley 1895
Charles Raymond Beazley, Prince Henry the Navigato, the hero of Portugal and of modern discovery 1394–1460 A. D., New York 1895

Bechert 1963
Heinz Bechert, Mother Right and Succession to the Throne in Malabar and Ceylon, in: Ceylon Journal of Historical and Social Sciences VI.1, Colombo 1963, S. 25–40 [verbesserte englische Fassung eines ursprünglich deutschen Aufsatzes aus Paideuma 6, Nr. 4–6, Frankfurt am Main 1960, S. 179–192]

Beidatsch 1974
Albrecht Beidatsch, Waffen des Orients, München 1974

Ben-Amos 1995
Paula Ben-Amos, The Art of Benin, 2. Aufl., London 1995

Benda 2000
Dorothea Elisabeth Benda, Ananas und Rizinus. Heilpflanzen Brasiliens im Spiegel ausgewählter Reiseberichte des 16. und 17. Jahrhunderts, Spektrum Kulturwissenschaften 5, Berlin 2000

Bensaúde 1917
Joaquim Bensaúde, Histoire de la science nautique portugaise. Résumé, Genf 1917

Berger 1979
Friedemann Berger (Hrsg.), De Bry. India Orientalis. Erster Teil, Leipzig/Weimer 1979

Berger 1981
Friedemann Berger (Hrsg.), De Bry. India Orientalis, Zweiter Teil, Leipzig/Weimar 1981

Bernecker/Pietschmann 2001
Walther L. Bernecker und Horst Pietschmann, Geschichte Portugals. Vom Spätmittelalter bis zur Gegenwart, München 2001

Bertraux 1990 [1966]
Pierre Betraux, Afrika. Von der Vorgeschichte bis zu den Staaten der Gegenwart, Fischer Weltgeschichte, Bd. 32, Frankfurt am Main 1990

Bie 1970
Jan de Bie, God in de sermoenen van Padre Antônio Vieira, Katholisch-theologische Dissertation, Leuven 1970

Biedermann 2005
Zoltán Biedermann, Tribute, Vassalage and Warfare in Early Luso – Lankan Relations (1506–1543), in: Fatima Gracias u. a. (Hrsg.), Indo–Portuguese History: Global Trends. Proceedings of the XIth International Seminar on Indo–Portuguese History, Goa 2005, S. 185–206

Biedermann 2006
Zoltán Biedermann, A aprendizagem de Ceilão: a presença portuguesa no Sri Lanka entre estratégia talassocrática, planos de expansão territorial e dinâmicas políticas locais (1506–1598), unveröffentlichte Dissertation, Lissabon/Paris 2006

Biedermann 2007
Zoltán Biedermann, Perceptions and Representations of the Sri Lankan Space in Sixteenth-Century Portuguese Maps and Texts, in Jorge Flores (Hrsg.), Actes du colloque »Portugal – Sri Lanka, 500 Years« (Paris, 16–18 décembre 2005), Maritime Asia 18, Wiesbaden 2007 [in Druck]

Biermann 1957
Benno Biermann, Die Sklaverei in Maranhão – Brasilien im 17. Jahrhundert. Ein unveröffentlichtes Dokument aus der Tätigkeit des P. Antonio Vieira S.J. mit einem Kommentar, in: Neue Zeitschrift für Missionswissenschaft 13, Schöneck/Beckenried 1957, S. 103–118, S. 217–225

Bitterli 1976
Urs Bitterli, Die ›Wilden‹ und die ›Zivilisierten‹. Grundzüge einer Geistes- und Kulturgeschichte der europäisch-überseeischen Begegnung, München 1976

Bitterli 1980
Urs Bitterli (Hrsg.), Die Entdeckung und Eroberung der Welt: Dokumente und Berichte, Bd. 1, München 1980

Blackmun 1984
Barbara Blackmun, The Iconography of Carved Altar Tusks from Benin, Nigeria, 3 Bde., Los Angeles 1984

Boaventura 1985
Manuel Sousa Boaventura, Vida e Obra de Pedro Nunes, Lissabon 1985

Bobinger 1954
Max Bobinger, Christoph Schißler der Ältere und der Jüngere, Augsburg 1954

Bodur 1987
Fulya Bodur, Türk Maden Sanatı, Istanbul 1987

Boeheim 1890
Wendelin Boeheim, Handbuch der Waffenkunde, Leipzig 1890

Bonin 1979
Werner F. Bonin, Die Götter Schwarzafrikas, Graz 1979

Bonnaffé 1874
Edmond Bonnaffé, Inventaire des meubles de Catherine de Médicis en 1589, Paris 1874

Boogaart 2004
Ernst van den Boogaart, De Bry's Africa, in: Susanna Burghartz (Hrsg.), Inszenierte Welten. Staging New Worlds. Die west- und ostindischen Reisen der Verleger de Bry, 1590–1630. De Brys' Illustrated Travel Reports, 1590–1630, Basel 2004, S. 95–155

Borges 1997
Nelson Correia Borges, O retábulo de D. Catarina d'Eça em Lorvão, in: Pedro Dias (Hrsg.), Estudos sobre escultura e escultores do Norte da Europa em Portugal. Época manuelina, Lissabon 1997, S. 305 f.

Borngässer 1998
Barbara Borngässer, Architektur der Spätgotik in Spanien und Portugal, in: Ralf Tomann (Hrsg.), Die Kunst der Gotik. Architektur – Skulptur – Malerei, Köln 1998, S. 266–299

Borschberg 2005
Peter Borschberg, Luso-Johor-Dutch Relations in the Strait of Malacca and Singapore, etwa 1600–1623; in: Ernst van Veen und Leonard Blussé (Hrsg.), Rivalry and Conflict. European Traders and Asian Trading Networks in the 16th and 17th Centuries, Leiden 2005, S. 188–218

Borst 2000
Arno Borst, Lebensformen im Mittelalter, Frankfurt am Main 1973

Boschi 1986
Caio Cesar Boschi, Os leigos e o poder: Irmandades leigas e política colonial em Minas Gerais, São Paulo 1986

Bouchon 1971
Geneviève Bouchon, Les rois de Kotte au début du XVIe siècle, in: Mare Luso-Indicum, 1, Paris 1971, S. 65–96 [Neudruck in: Inde découverte, Inde retrouvée, Paris 1999, S. 247–277]

Bouchon 1980a
Geneviève Bouchon, A propos de l'inscription de Colombo [1501]. Quelques observations sur le premier voyage de João da Nova dans l'Océan Indien, in: Revista da Universidade de Coimbra, Nr. 28, Coimbra 1980, S. 233–270

Bouchon 1980b
Geneviève Bouchon, Pour une histoire du Gujarat du XVe au XVIIe siècle, in: Mare Luso-Indicum, Bd. 4, Paris 1980, S. 145–158

Bouchon 1987
Geneviève Bouchon, Sixteenth Century Malabar and the Indian Ocean, in: Ashin Das Gupta und Michael N. Pearson (Hrsg.), India and the Indian Ocean 1500–1800, Kalkutta 1987, S. 162–184

Bouchon 1997
Geneviève Bouchon, Vasco de Gama, Paris 1997

Bourdon 1993
Leon Bourdon, La Compagnie de Jésus et le Japon 1547–1570. La Fondation de la mission japonaise par François Xavier (1547–1551) et les premiers résultats de la prédication chrétienne sous le supériorat de Cosme de Torees (1551–1570), Paris/Lissabon 1993

Boxer 1957
Charles R. Boxer, A great Luso-Brazilian Figure: Padre Antônio Vieira S. J., 1608–1697, London 1957

Boxer 1959
Charles R. Boxer, The Great Ship from Amacon. Annals of Macao and the Old Japan Trade 1555–1640, Lissabon 1959

Boxer 1963
Charles R. Boxer, Two pioneers of tropical medicine: Garcia d'Orta and Nicolás Monardes, London 1963

Boxer 1967
Charles R. Boxer, Francisco Vieira de Figueiredo. A Portuguese Merchant-Adventurer in South-East Asia, 1624–1667, Den Haag 1967

Boxer 1969a
Charles R. Boxer, The Portuguese Seaborne Empire 1415–1825, London/New York 1969

Boxer 1969b
Charles R. Boxer, A Note on Portuguese Reactions to the Revival of the Red Sea Spice Trade and the Rise of Atjeh 1540–1600, in: Journal of Southeast Asian History 10/3, Singapur 1969, S. 415–428

Boyajian 1983
James C. Boyajian, Portuguese Bankers at the Court of Spain 1620–1650, New Brunswick 1983

Boyajian 1993
James C. Boyajian, Portuguese Trade in Asia under the Habsburgs 1580–1640, Baltimore/London 1993

Braancamp Freire 1904
Anselmo Braancamp Freire, Inventário do Guarda Roupa de D. Manuel, in: Archivo Histórico Português, Bd. 2, Lissabon 1904, S. 381–420

Bradbury 1957
Robert Elwyn Bradbury, The Benin-Kingdom and the Edo-Speaking Peoples of South-Western Nigeria, London 1957

Bradbury 1973
Robert Elwyn Bradbury, Benin Studies, London 1973

Bräunlein 1992
Peter J. Bräunlein, Martin Behaim. Legende und Wirklichkeit eines berühmten Nürnbergers, Bamberg 1992

Bräunlein 1994
Peter J. Bräunlein, Das Schiff als »Hölle« im Schembartlauf des Jahres 1506. Eine Deutung im zeitgeschichtlichen Kontext Nürnbergs, in: Jahrbuch für Volkskunde 17, Würzburg/Innsbruck 1994, S. 197–208

Braga 1994
Paulo Drumond Braga, O mito do ›Infante Santo‹, in: Ler História 25, Lissabon 1994, S. 3–10

Braga 1999
Maria Isabel Drumond Braga, Mouriscos e cristãos no Portugal quinhentista: duas culturas e duas concepções religiosas em choque, Lissabon 1999

Braga 2001
Paulo Drumond Braga, A vida quotidiana, in: António H. de Oliveira Marques (Hrsg.), História dos Portugueses no Extremo Oriente, Bd. 2, Lissabon 2001, S. 461–491

Brant 2005 [1494]
Sebastian Brant, Das Narrenschiff, hrsg. von Joachim Knape, Stuttgart 2005

Brásio 1956
António Brásio, Martírio de Gonçalo Vaz, in: Novidades, Jg. 19, Nr. 80, Lissabon 1956, S. 4

Brásio 1973 a
António Brásio, A primitiva catedral de Ceuta, in: História e Missiologia, Luanda 1973, S. 56–71

Brásio 1973 b
António Brásio, Santa Maria de África, in: História e Missiologia, Luanda 1973, S. 72–83

Braudel 1976
Fernand Braudel, The Mediterranean and the Mediterranean World in the Age of Philipp II., 2 Bde., London 1976

Bremer u. a. 1991
Ernst Bremer u. a., Jean de Mandeville. Reisen, Hildesheim 1991

Briesemeister 2002 a
Dietrich Briesemeister, Das erste Brasilienepos: José de Anchietas »De gestis Mendi de Saa« (1563), in: Sybille Große und Axel Schönberger (Hrsg.), Ex oriente lux. Festschrift für Eberhard Gärtner zu seinem 60. Geburtstag, Frankfurt am Main 2002, S. 545–565

Briesemeister 2002 b
Dietrich Briesemeister, Amerigo Vespuccis Briefe über die Neue Welt, in: Sabine Lang u. a. (Hrsg.), Miradas entrecruzadas – Diskurse interkultureller Erfahrung und deren literarische Inszenierung: Beiträge eines Hispanoamerikanistischen Forschungskolloquiums zu Ehren von Dieter Janik, Frankfurt am Main 2002, S. 73–90

Briesemeister 2004 a
Dietrich Briesemeister, Las cartas de Amerigo Vespucci sobre el nuevo mundo, in: Limes 16, Santiago 2004, S. 106–119

Briesemeister 2004 b
Dietrich Briesemeister, ›Presillg Landt‹. Die Vorstellung von Brasilien im deutschen kosmographischen Schrifttum des frühen 16. Jahrhunderts, in: Passajes, Passages, Passagen. Festschrift für Christian Wentzlaff-Eggebert, hrsg. von Susanne Grundwald u. a., Sevilla 2004, S. 729–743

Briesemeister/Schöneberger 1997
Dietrich Briesemeister und Axel Schönberger (Hrsg.), Portugal heute: Politik – Wirtschaft – Kultur, Bibliotheca Ibero-Americana, Nr. 64, Frankfurt am Main 1997

Brincken 1992
Anna-Dorothee von den Brincken, Finis terrae. Das Ende der Erde und der vierte Kontinent, Hannover 1992

Brincken 2006
Anna-Dorothee von den Brincken, Die Kugelgestalt der Erde in der Kartographie des Mittelalters, in: Ausst.-Kat. Europas Weltbild in alten Karten. Globalisierung im Zeitalter der Entdeckungen, hrsg. von Christian Heitzmann, Herzog August Bibliothek Wolfenbüttel, Braunschweig 2006, S. 7–20

Brockhaus 1997
Brockhaus – Die Bibliothek. Kunst und Kultur, 6 Bde., Bd. 2: Säulen, Tempel und Pagoden. Kulturen im antiken Europa und in Asien, Leipzig/Mannheim 1997

Broecke 1996
Marcel van den Broecke, Ortelius Atlas Maps. An illustrated Guide, Westrenen 1996

Broecke 2007
Marcel van den Broecke, Cartographica Neerlandica, www.orteliusmaps.com, Abruf vom 7.7.2007

Brun 1969 [1624]
Samuel Brun, Schiffarten [...] in etliche newe Länder und Insulen [...], Neudruck in: Frühe Reisen und Seefahrten in Originalberichten, Bd. 8, Graz 1969

Brunn 2004
Gerhard Brunn (Hrsg.), Aufbruch in neue Welten. Johann Moritz von Nassau-Siegen (1604–1679), der Brasilianer, Siegen 2004

Bry 1597–1628
Theodor de Bry, Orientalischen Indien, Frankfurt am Main 1597–1628

Bry 1979–1981
Theodor de Bry, India orientalis; Die Entwicklung der Erde. Eine Sammlung von Kupferstichen, Faksimiles der Ausgabe von 1597–1628, hrsg. von Friedemann Berger, Leipzig/Weimar 1979–1981

Bujok 2003 a
Elke Bujok, Africana und Americana im Ficklerschen Inventar der Münchner Kunstkammer von 1598, in: Münchner Beiträge zur Völkerkunde. Jahrbuch des Staatlichen Museums für Völkerkunde München 8, München 2003, S. 57–142

Bujok 2003 b
Elke Bujok, Der Aufzug der »Königin Amerika« in Stuttgart: Das »Mannliche unnd Ritterliche Thurnier unnd Ringrennen« zu Fastnacht 1599, in: Tribus 52, Stuttgart 2003, S. 80–110

Bujok 2004
Elke Bujok, Neue Welten in europäischen Sammlungen. Africana und Americana in Kunstkammern bis 1670, Berlin 2004

Bulbeck u. a. 1998
David Bulbeck u. a., Southeast Asian Exports since the 14th Century. Cloves, Pepper, Coffee, and Sugar, Singapur 1998

Bulhão Pato/Lopes de Mendonça 1884–1935
Raymundo António de Bulhão Pato und Henrique Lopes de Mendonça (Hrsg.), Cartas de Affonso de Albuquerque, seguidas de documentos que as elucidam, 7 Bde., Lissabon 1884–1935

Bury 1958
John Bury, A Jesuit Façade in China, in: Architectural Review 124, London 1958, Nr. 2, S. 412 f.

Buschiazzo 1944
Mario J. Buschiazzo, Estudios de Arquitectura Colonial Hispano Americana, Buenos Aires 1944

Butz 1997
Herbert Butz, Das weiße Gold des Fernen Ostens. Die Porzellanbrücke zwischen Ostasien und Europa im 16. und 17. Jahrhundert, in: Museums Journal III, Jg. 11, Berlin 1997, S. 40–43

C

Ca'da Mosto 1948 [1507]
Viagens de Luís de Cadamosto e de Pedro de Sintra, hrsg. von Damião de Peres, Lissabon 1948

Caetano 1997
Joaquim Oliveira Caetano, Cristóvão de Figueiredo, in: Ausst.-Kat., Francisco Henriques. Um pintor em Évora no tempo de D. Manuel I., hrsg. von António Camões Gouveia, Lissabon 1997, S. 208 f.

Caetano 1998 a
Joaquim Caetano, Garcia Fernandes, Eleitor da Misericórdia de Lisboa, Lissabon 1998

Caetano 1998 b
Joaquim Oliveira Caetano (Hrsg.), Gravura e Conhecimento do Mundo. O Livro Impresso Ilustrado nas Colecções da Biblioteca Nacional, Lissabon 1998

Caetano 2004
Carlos Caetano, A Ribeira de Lisboa. Na Época da Expansão Portuguesa (séculos XV a XVIII), Lissabon 2004

Câmara Pereira 1989
Armando da Câmara Pereira, Teatro de Todo o Mundo. Mundivisão Artística da Terra e do Universo, Lissabon 1989

Caminha 2000 [1500]
Pêro Vaz de Caminha, Das Schreiben über die Entdeckung Brasiliens (1500), übersetzt, kommentiert und hrsg. von Robert Wallisch, Frankfurt am Main 2000

Camões 2004
Luís de Camões, Os Lusíadas. Die Lusiaden, aus dem Portugiesischen von Hans Joachim Schaeffer, Bearbeitung und Nachwort von Rafael Arnold, Berlin 2004

Campbell 1987 a
Tony Campbell, Portolan Charts from the Late Thirteenth Century to 1500, in: History of Cartography 1, Chicago 1987, S. 371–463

Campbell 1987 b
Tony Campbell, The earliest printed maps, 1472–1500, London 1987

Campigotto 1991
Luca Campigotto, Veneziani in India nel XVI secolo, in: Studi veneziani, Bd. 22, Pisa/Rom 1991, S. 75–116

Caraci 1953
Giuseppe Caraci, The Italian cartographers of the Benincasa and Freducci Families and the so-called Borgina map of the Vatican Library, in: Imago mundi. The International Journal for the History of Cartography 10, Rom/London 1953, S. 23–49

Cardoso 2002 [1652–1744]
Jorge Cardoso, Agiológio Lusitano, Faksimile-Ausgabe mit Anmerkungen und Register, hrsg. von Maria Lurdes Correia Fernandes, 5 Bde., Porto 2002

Carita 1996
Helder Carita, Les Palais de Goa. Modèles & typologies de l'architecture civile indo-portugaise, Paris 1996

Carita 1998
Helder Carita, Maqueta da Sé de Goa, in: Ausst.-Kat. Os Espaços de um Império, Comissão Nacional para as Comemorações dos Descobrimentos Portugueses, Bd. 1, Porto 1998, S. 117 f.

Carita 1999
Helder Carita, Lisboa Manuelina e a formação de modelos urbanísticos da época moderna (1495–1521), Lissabon 1999

Carvalho 1984
Margarida Barradas de Carvalho, Nature et naturalisme dans l'Esmeraldo de Situ Orbis de Duarte Pacheco Pereira, Paris 1984

Carvalho 1992
Filipe Nunes de Carvalho, Do Descobrimento à União Ibérica, in: Harold Johnson und Maria Beatriz Nizza da Silva (Hrsg.), O Império Luso-Brasileiro 1500–1620, Lissabon 1992, S. 19–204

Caspar 2000
S. Jost Caspar, Die Geschichte des Kanarischen Drachenbaumes in Wissenschaft und Kunst. Vom Arbor Gadensis des Posidonius zur Dracaena draco (L.) L., Jena 2000

Castanheda 1979
Fernão Lopes de Castanheda, História do Descobrimento e Conquista da Índia pelos Portugueses, hrsg. von M. Lopes de Almeida, 2 Bde., Porto 1979

Castro 1996
Xavier de Castro, Goa la Vieille, in: Michel Chandeigne (Hrsg.), Goa 1510–1685. L'Inde portugaise, apostolique et commerciale, Paris 1996, S. 108–299

Catão 1964
Francisco Xavier Gomes Catão, Subsídios para a História de Chorão, in: Studia 15, Lissabon 1964, S. 17–121

Catão 1965
Francisco Xavier Gomes Catão, Subsídios para a História de Chorão, in: Studia 17, Lissabon 1965, S. 117–250

Cattaneo 2006
Angelo Cattaneo, L'Atlas del Visconte de Santarém. Una storia culturale europea tra erudizione, orientalismo e colonialismo, in: O 2o Visconde de Santarém e a História da Cartografia, Lissabon 2006, S. 17–49

Catz 1994
Rebecca Catz, The Portuguese in the Far East, in: Cecil H. Clough und Paul E. H. Hair (Hrsg.), The European Outthrust and Encounter. The First Phase c. 1400 – c. 1700. Essays in Tribute to David Beers Quinn, Liverpool 1994, S. 97–117

Cavazzi 1694
P. Joanne Antonio Cavazzi, Historische Beschreibung Der In dem untern Occidentalischen Mohrenland ligenden drey Königreichen/ Congo, Matamba, und Angola [...], München 1694

Chartier 1989
Roger Chartier, Le monde comme représentation, in: Annales E.S.C., Nr. 6, Paris 1989, S. 1505–1520

Chattopadhiayaya 1985
B. D. Chattopadhiayaya, Political Processes and Structure of Polity in Early Medieval India: Problems of Perspective, in: Social Scientist, Bd. 13/6, Neu Delhi 1985, S. 3–34

Chaudhuri 1981
Kirti Narayan Chaudhuri, The World-System East of Longitude 20: The European Role in Asia 1500–1750, in: Review 5/2, Binghamton 1981, S. 219–245

Chaudhuri 1985
Kirti Narayan Chaudhuri, Trade and Civilisation in the Indian Ocean. An Economic History from the Rise of Islam to 1750, Cambridge 1985

Chaudhuri 1990
Kirti Narayan Chaudhuri, Economy and Civilisation of the Indian Ocean from the rise of Islam to 1750, Cambridge 1990

Chaudhuri 1998 a
Kirti Narayan Chaudhuri, O estabelecimento no Oriente, in: Francisco Bethencourt und Kirti Narayan Chaudhuri (Hrsg.), História de Expansão Portuguesa 1: A Formação do Império 1415–1570, Navarra 1998, S. 163–171

Chaudhuri 1998 b
Kirti Narayan Chaudhuri, A concorrência holandesa e inglesa, in: Francisco Bethencourt und Kirti Narayan Chaudhuri (Hrsg.), História de Expansão Portuguesa 2: Da Índico ao Atlântico 1570–1697, Navarra 1998, S. 82–106

Chaudhuri 1998 c
Kirti Narayan Chaudhuri, O comércio asiático, in: Francisco Bethencourt und Kirti Narayan Chaudhuri (Hrsg.), História de Expansão Portuguesa 2: Da Índico ao Atlântico 1570–1697, Navarra 1998, S. 194–212

Chiapelli 1976
Fredi Chiapelli (Hrsg.), First Images of America: The Impact of the New World on the Old, Berkeley u. a. 1976

Cid 1998
Pedro de Aboim Inglês Cid, A Torre de S. Sebastião da Caparica e a arquitectura militar do tempo de D. João II, Lissabon 1998

Cidlinská 1989
Libuše Cidlinská, Gotické krídlové oltáre na Slovensku, Bratislava 1989

Clark 2005
John O. E. Clark, Remarkable Maps: 100 examples of how cartography defined, changed and stole the world, London 2005

Clastres 1976
Pierre Clastres, Demographische Elemente des indianischen Amerika, in: Pierre Clastres, Staatsfeinde. Studien zur politischen Anthropologie, Frankfurt am Main 1976, S. 78–98

Clunas 2004
Craig Clunas, Elegant Debts. The social art of Wen Zhengming 1470–1559, London 2004

Cohn 1996
Bernard S. Cohn, Colonialism and its forms of knowledge, The British in India, Princeton 1996

Colin 1992
Susan Colin, Holzfäller und Kannibalen. Brasilianische Indianer auf frühen Karten, in: Ausst.-Kat. America. Das frühe Bild der Neuen Welt, hrsg. von Hans Wolff, Bayerische Staatsbibliothek München, München 1992, S. 175–181

Collani 1993
Claudia von Collani, Martini, Martino, chinesisch Wie K'uang-Kuo, Chi-t'ai, in: Traugott Bautz (Hrsg.), Biographisch-Bibliographisches Kirchenlexikon, Bd. 5, Hamm 1993, S. 946–947

Collani 1998
Claudia von Collani, Aleni, in: Traugott Bautz (Hrsg.), Biographisch-Bibliographisches Kirchenlexikon, Bd. 14, Nordhausen 1998, Sp. 692–695

Contarini 1525
Gasparo Contarini, Relazione di Gasparo Contarini ritornato ambasciatore da Carlo V, letta in Senato a dì 16 novembre 1525, in: Eugenio Albèri (Hrsg.), Relazioni degli Ambasciatori Veneti al Senato, Erste Reihe, Bd. 2, Florenz 1840, S. 9–73

Conti 2006
Simonetta Conti, El Descubrimiento de America en la Cartografia Italiana de los Siglos XVI y XVII, in: Ausst.-Kat. Cartografia e Historia Natural del Nuevo Mundo, Valladolid 2006, S. 69–92

Coolhaas 1960
W. Ph. Coolhaas (Hrsg.), Generale Missiven van Gouverneurs-Generaal en Raden an Heeren XVII der Verenigde Oostindische Compagnie. Deel I: 1610–1638, Den Haag 1960

Coolhaas 1968
W. Ph. Coolhaas (Hrsg.), Generale Missiven van Gouverneurs-Generaal en Raden an Heeren XVII der Verenigde Oostindische Compagnie. Deel III: 1655–1674, Den Haag 1968

Corpo Diplomático Português 1862
Corpo Diplomático Português, Bd. 1, hrsg. von der Academia Real das Ciências de Lisboa, Lissabon 1862

Correia o. J.
Vergílio Correia, Três cidades de Marrocos. Azemôr, Mazagão, Çafim, 2. Aufl., Porto o. J

Correia 1924
Vergílio Correia, Monumentos e Esculturas, Lissabon 1924

Correia 1975 [1858–1864]
Gaspar Correia, Lendas da Índia, hrsg. von M. Lopes de Almeida, 4 Bde., Porto 1975

Cortesão 1935
Armando Cortesão, Cartografia e cartógrafos portugueses dos seculos XV e XVI, 2 Bde., Lissabon 1935

Cortesão 1940
Jaime Cortesão, A Economia da Restauração, in: Congresso do Mundo Português, Lissabon 1940, S. 671–687

Cortesão 1944
Armando Cortesão, The Suma Oriental of Tomé Pires. An Account of the East, from the Red Sea to Japan, Written in Malacca and India in 1512–1515, Bd. 1, London 1944

Cortesão 1960–1962
Jaime Cortesão, História dos Descobrimentos Portugueses, 2 Bde., Lissabon 1960–1962

Cortesão 1969–1971
Armando Cortesão, History of Portuguese Cartography, 2 Bde., Coimbra 1969–1971

Cortesão 1974
Jaime Cortesão, Os Factores Democráticos na Formação de Portugal, Lissabon 1974

Cortesão 1978
Jaime Cortesão, Os descobrimentos portugueses, 3 Bde., Lissabon 1978

Cortesão/Albuquerque 1968–1982
Armando Cortesão und Luís de Albuquerque, Obras Completas de D. João de Castro, Academia Internacional da Cultura Portuguesa, 4 Bde., Coimbra 1968–1982

Cortesão/Mota 1960
Armando Cortesão und Avelino Teixeira da Mota, Portugaliae Monumenta Cartographica, 6 Bde., Lissabon 1960

Cortesão/Mota 1987
Armando Cortesão und Avelino Teixeira da Mota (Hrsg.), Portugaliae Monumenta Cartographica, Neuausgabe, 6 Bde., Lissabon 1987

Costa 1771
Fr. Bernardo da Costa, História da Militar Ordem de Nosso Senhor Jesus de Cristo, Coimbra 1771

Costa 1993
António D. Sousa Costa, O mosteiro de São Salvador da vila de Grijó, Grijó 1993

Costa 1998
João Paulo Oliveira e Costa, O Cristianismo no Japão e o Bispado de D. Luís Cerqueira, Dissertation zur Geschichte der Entdeckungen der portugiesischen Expansion, Bd. 2, Lissabon 1998

Costa 2002 a
Leonor Freire Costa, Império e Grupos Mercantis. Entre o Oriente e o Atlântico (século XVII), Lissabon 2002

Costa 2002 b
Leonor Freire Costa, O Transporte no Atlântico e a Companhia Geral do Comércio do Brasil, 1580–1663, 2 Bde., Lissabon 2002

Costa/Cunha 2006
Leonor Freire Costa und Mafalda Soares da Cunha, D. João IV, Lissabon 2006

Coutinho 1999
Valdemar Coutinho, O fim da presença portuguesa no Japão, Lissabon 1999

Couto 1790
Diogo do Couto, Diálogo do Soldado Prático, Lissabon 1790

Couto 1996
Dejanirah Couto, »Goa dorada«, la ville dorée, in: Michel Chandeigne (Hrsg.), Goa 1510–1685. L'Inde portugaise, apostolique et commerciale, Paris 1996, S. 40–73

Couto 1998
Dejanirah Couto, No rasto de Hādim Suleimão Pacha: Alguns aspectos do comércio do Mar Vermelho nos anos de 1538–1540, in: Artur Teodoro de Matos und Luís Filipe F. Reis Thomaz (Hrsg.), A Carreira da Índia e as Rotas dos Estreitos: Actas do VIII Seminário Internacional de História Indo-Portuguesa, Angra do Heroísmo 1998, S. 483–508

Couto 1999 a
Jorge Couto, A Expedição Cabralina: Casualidade versus Intencionalidade, in: Oceanos 39, Lissabon 1999, S. 18–31

Couto 1999 b
Dejanirah Couto, Les Ottomans et l'Inde portugaise, in: José Manuel Garcia and Teotónio de Souza (Hrsg.), Vasco da Gama e a Índia, Bd. 1, Lissabon 1999, S. 181–200

Couto/Gonçalves 1960
João Couto und António N. Gonçalves, A Ourivesaria em Portugal, Lissabon 1960

Cremer 1987
Rolf Dieter Cremer, From Portugal to Japan. Macau's Place in the History of the World Trade, in: Rolf Dieter Cremer (Hrsg.), Macau. City of Commerce and Culture, Hong Kong 1987, S. 23–37

Crill 2004
Rosemary Crill, Visual Responses: Depicting Europeans in South Asia, in: Ausst.-Kat. Encounters: The meeting of Asia and Europe 1500–1800, hrsg. von Anna Jackson und Amin Jaffer, Victoria & Albert Museum, London 2004, S. 188–199

Crom 2006
Wolfgang Crom, Kartographiegeschichtlicher Überblick zu den gedruckten Atlanten in der Brasilien-Bibliothek der Robert Bosch GmbH, in: Robert Bosch GmbH (Hrsg), Susanne Koppel (Red.), Brasilien. Alte Bücher. Neue Welt. Die Bibliothek der Robert Bosch GmbH, Stuttgart 2006, S. 87–113

Cros 1956 [1509]
Jean du Cros, Livro do Armeiro-Mor, Faksimile der Ausgabe von 1509 mit einer Einleitung von António Machado de Faria de Pina Cabral, Lissabon 1956

Crosby 2004 [1986]
Alfred W. Crosby, Ecological Imperialism. The Biological Expansion of Europe, 900–1900, Cambridge 2004 [1986]

Crowe 2002
Yolande Crowe (Hrsg.), Persia and China: Safavid blue and white ceramics in the Victoria and Albert Museum 1501–1738, Genf 2002

Cruz 2001
Maria Augusta Lima Cruz, Formas de expressão cultural, in: António H. de Oliveira Marques (Hrsg.), História dos Portugueses no Extremo Oriente, Lissabon 2001, S. 343–420

Cruz 2002
Maria Augusta Lima Cruz, Mouro para os cristãos e Cristão para os mouros – o caso Bentafufa, in: Anais de História de Além-Mar, Bd. 3, Lissabon 2002, S. 39–63

Cummins 1962
J. S. Cummins (Hrsg.), The Travels and Controversies of Friar Domingo Navarette, 1618–1686, London 1962

Cunha 1998
Manuela Carneiro da Cunha, Introdução a uma História Indígena, in: Manuela Carneiro da Cunha (Hrsg.), História dos Índios no Brasil, São Paulo 1998, S. 9–24

Curvelo 2001
Alexandra Curvelo, A arte, in: António H. de Oliveira Marques (Hrsg.), História dos Portugueses no Extremo Oriente, Bd. 2, Lissabon 2001, S. 423–458

D

Dahm 1992
Christof Dahm, Johannes der Priesterkönig, in: Traugott Bautz (Hrsg.), Biographisch-Bibliographisches Kirchenlexikon, Bd. 3, Nordhausen 1992, Sp. 530–533

Daniélou 1992
Alain Daniélou, Mythes et Dieux de l'Inde. Le polythéisme hindou, Paris 1992

Dapper 1670–71
Olfert Dapper, Umbständliche und Eigentliche Beschreibung von Africa und denen darzu gehörigen Königreichen und Landschafften [...], Amsterdam 1670–71

Dapper 1674
Olfert Dapper, Gedenkwürdige Verrichtung der Niederländischen Ost-Indischen Gesellschaft in dem Kaiserreich Taising oder Sina [...], Amsterdam 1674

Dark 1973
Philip Dark, An Introduction to Benin Art and Technology, Oxford 1973

Das Gupta 1987
Ashin Das Gupta, Introduction 2. The Story, in: Ashin Das Gupta und Michael N. Pearson (Hrsg.), India and the Indian Ocean 1500–1800, Kalkutta 1987, S. 25–45

Das Zeughaus 1910
Das Königliche Zeughaus. Führer durch die Ruhmeshalle und die Sammlungen, Berlin 1910

Daston 2001
Lorraine Daston, Die kognitiven Leidenschaften: Staunen und Neugier im Europa der frühen Neuzeit, in: Lorraine Daston, Wunder, Beweise und Tatsachen. Zur Geschichte der Rationalität, Frankfurt am Main 2001, S. 77–97

Daston/Park 2002
Lorraine Daston und Katharine Park, Wunder und die Ordnung der Natur, 1150–1750, Berlin 2002 [Englische Originalausgabe Wonders and the Order of Nature, 1150–1750, New York 1998]

Daus 1983
Ronald Daus, Die Erfindung des Kolonialismus, Wuppertal 1983

Davidson 1985
Susan Ellen Davidson, African Ivories from Portuguese Domains: Symbols of Imperial Rule in European Courts, Washington 1985

Davies 1977
Arthur Davies, Behaim, Martellus and Columbus, in: The Geographical Journal 143, London 1977, S. 451–459

Davies 2003
Surekha Davies, The Navigational Iconography of Diogo Ribeiro's 1529 Vatican Planisphere, in: Imago Mundi 55, London 2003, S. 103–112

D'Ávila Lourido 2000
Rui D'Ávila Lourido, The Impact of the Macao – Manila Silk Trade from the Beginning to 1640, in: Vadime Elisseeff (Hrsg.), The Silk Roads. Highways of Culture and Commerce, New York u. a. 2000, S. 209–246

DeCorse 2001
Christopher deCorse, An Archaeology of Elmina: Africans and Europeans on the Gold Coast, 1400–1900, Washington 2001

D'Elia 1939
P. Pasquale D'Elia SJ, Le origini dell'arte cristiana cinese (1583–1640), Rom 1939

Dellon 1687
Charles Dellon, Relation De L'Inquisition de Goa, Leiden 1687

Deluz 1988
Christiane Deluz, Le Livre de Jehan de Mandeville, Louvain-La-Neuve 1988

Desai 1969
D. R. Sar Desai, The Portuguese Administration in Malacca, 1511–1641, in: Journal of South-East Asia History 10, Singapur 1969, S. 501–512

Desroches 1997
Jean-Paul Desroches, Porzellan, in: Ausst.-Kat. Die Schätze der San Diego, Museum für Völkerkunde, Berlin 1997, S. 300–361

Deswarte 1977
Sylvie Deswarte, Les Enluminures de la »Leitura Nova« 1504–1522, Paris 1977

Deswarte 1981
Sylvie Deswarte, Francisco de Hollanda et les études vitruviennes en Italie, in: A Introdução da Arte da Renascença na Península Ibérica. Actas, Coimbra 1981, S. 227–280

Deswarte 1983
Sylvie Deswarte, As Imagens das Idades do Mundo de Francisco de Holanda, Lissabon 1983

Deswarte 1992
Sylvie Deswarte, Ideias e Imagens em Portugal na Época dos Descobrimentos, Lissabon 1992

Deswarte 2002
Sylvie Deswarte, Le Portugal et la Mediterranée. Histoires Mythiques et Images Cartographiques, in: Le Portugal et la Mediterranée, Bd. 43, Lissabon/Paris 2002, S. 97–147

Dias (Ms.) o. J.
Pedro Dias, A representação de militares portugueses numa antiga arca tailandesa, Lissabon/Porto o. J.

Dias 1988
Pedro Dias, A Arquitectura Manuelina, Porto 1988

Dias 1993
Pedro Dias, Os Portais Manuelinos do Mosteiro dos Jerónimos, Coimbra 1993

Dias 1998 a
Pedro Dias, História da Arte Portuguesa no Mundo (1415–1822). O Espaço do Ìndico, Lissabon 1998

Dias 1998 b
João José Alves Dias, Portugal do Renascimento à Crise Dinástica, Bd. 5 der Nova História de Portugal, hrsg. von Joel Serrão und António H. Oliveira Marques, Lissabon 1998

Dias 2002
Pedro Dias, O Contador das Cenas Familiares: O quotidiano dos portugueses de quinhentos na Índia na decoração de um móvel indo-português, Porto 2002

Dias 2004
Pedro Dias, The Palace of the Viceroys in Goa, in: Jorge Flores und Nuno Vassalo e Silva (Hrsg.), Goa and the Great Mughal, Lissabon 2004, S. 68–97

Dias 2005
Pedro Dias, A Urbanização e a arquitectura dos Portugueses em Macau, 1557–1911, Lissabon 2005

Dicionário da História de Portugal o. J.
Dicionário da História de Portugal, hrsg. von Joel Serrão, 5 Bde., Porto o. J.

Diemer u. a. 2004
Peter Diemer u. a. (Hrsg.), Johann Baptist Fickler. Das Inventar der Münchner herzoglichen Kunstkammer von 1598. Editionsband. Transkription der Inventarhandschrift cgm 2133, Bayerische Akademie der Wissenschaften, Philosophisch-Historische Klasse, Abhandlungen, Neue Folge, Heft 125, München 2004

Diffie/Winius 1977
Bailey W. Diffie und George D. Winius, Foundations of the Portuguese Empire 1415–1580, Europe and the World in the Age of Expansion 1, Minneapolis 1977

Digby 1982
Simon Digby, The Maritime Trade of India, in: Tapan Raychaudhuri und Irfan Habib (Hrsg.), The Cambridge Economic History of India 1: c. 1200 – c. 1750, Cambridge 1982, S. 125–159

Dirks 1987
Nicholas B. Dirks, The Hollow Crown. Ethnohistory of an Indian Kingdom, New York 1987

Dirks 2001
Nicholas B. Dirks, Castes of Mind. Colonialism and the Making of Modern India, Princeton 2001

Disney 1978
Anthony R. Disney, Twilight of the Pepper Empire. Portuguese Trade in Southwest India in the Early Seventeenth Century, Cambridge u. a. 1978

Distelberger 1988
Rudolf Distelberger, Die Kunstkammerstücke, in: Ausst.-Kat. Prag um 1600, Kunst und Kultur am Hofe Rudolfs II., Kulturstiftung Ruhr, Villa Hügel, Essen 1988, S. 437–466

Dobel 1886
Friedrich Dobel, Über einen Pfefferhandel der Fugger und Welser 1586–91, in: Zeitschrift des Historischen Vereins für Schwaben und Neuburg, Jg. 13, Augsburg 1886, S. 125–138

Doehring 1925
Karl Doehring, Indische Kunst. Eine Einführung und Übersicht, Berlin 1925

Dolz 1994
Wolfram Dolz, Erd- und Himmelsgloben, Dresden o. J. [1994]

Dolz 2005
Silvia Dolz, Early African objects in the Electoral and Royal Collections, Dresden, in: Anales del Museo Nacional de Antropología número XI, Madrid 2005, S. 89–120

Domingues 1994
Francisco Contente Domingues, Fernandes, Manuel, in: Dicionário de História dos Descobrimentos, Bd. 1, Lissabon 1994, S. 407–409

Doppelmayr 1730
Johann Gabriel Doppelmayr, Historische Nachrichten von den Nürnbergischen Mathematicis und Künstlern, Nürnberg 1730

Drechsler 1922
Adolph Drechsler, Der Arabische Himmelsglobus des Mohammed ben Muyid el-´Ordhi vom Jahre 127, 2. Aufl., Dresden 1922

Dreier 1979
Franz Adrian Dreier, Winkelmessinstrumente. Vom 16. bis zum frühen 19. Jahrhundert, Berlin 1979

Drescher/Weihrauch 1999
Dietrich Drescher und Achim Weihrauch, Ein fürstlicher Kris – ein Kleinod in der Tradition von Majapahit, in: Ausst.-Kat. Indonesien. Kunstwerke – Weltbilder, Neue Folge 139, Oberösterreichisches Landesmuseum, Schloßmuseum Linz, Linz 1999, S. 40–87

Dronke 1974
Peter Dronke, The Fable of the Four Spheres, in: Fabula. Explorations into the Uses of Myth in Medieval Platonism, Leiden/Köln 1974, S. 144–153

Duchateau 1989
Armand Duchateau, Benin-Kunst einer Königskultur, Wien/Zürich 1989

Duchet 1987
Michèle Duchet, Le texte gravé de Théodore de Bry, in: Michèle Duchet (Hrsg.), L'Amerique de Théodore de Bry. Une collection de voyages prostestante du XVIe siècle. Quatre études d'iconographie, Paris 1987, S. 9–46

Dürer 1982
Albrecht Dürer, Schriften und Briefe, hrsg. von Ernst Ullmann, Leipzig 1982

Dürst 1992
Arthur Dürst, Brasilien im frühen Kartenbild, in: Cartographica Helvetica 6, Murten 1992, S. 8–16

Dumont 1966
Louis Dumont, Homo Hierarchicus. Essai sur le système des castes, Paris 1966

Duncan 1986
T. Bentley Duncan, Navigation between Portugal and Asia in the Sixteenth and Seventeenth Centuries, in: Edwin J. van Kley und Cyriac K. Pullapilly (Hrsg.), Asia and West. Encounters and Exchanges from the Age of Explorations, Notre Dame 1986, S. 3–21

Dunn 1984
Malcolm Dunn, Kampf um Malakka. Eine wirtschaftsgeschichtliche Studie über den portugiesischen und niederländischen Kolonialismus in Südostasien, Beiträge zur Südasienforschung 91, Wiesbaden 1984

Dunn 1987
Malcolm Dunn, Pfeffer, Profit und Property Rights. Zur Entwicklungslogik des Estado da India im südostasiatischen Raum, in: Roderich Ptak (Hrsg.), Portuguese Asia. Aspects in History and Economic History. Sixteenth and Seventeenth Centuries, Beiträge zur Südasienforschung 117, Stuttgart 1987, S. 1–36

E

Ebner 1975
Carl Borromäus Ebner, Johann Philipp Bettendorf SJ (1625–1698). Missionar und Entwicklungspionier in Nordbrasilien, in: Neue Zeitschrift für Missionswissenschaft 31, Immensee 1975, S. 81–99

Eckart 1785
Anselm Eckart, Zusätze zu Pedro Cudena's Beschreibung der Länder von Brasilien, in: Christoph Gottlieb von Murr (Hrsg.), Reisen einiger Missionare der Gesellschaft Jesu in America, Nürnberg 1785, S. 451–597

Egharevba 1968
Jacob Egharevba, A Short History of Benin, 4. Aufl., Lagos 1968

Ehrhardt 1980
Marion Ehrhardt, Erste Deutsche Nachrichten über die portugiesische Kultur, in: Portugal-Alemanha, hrsg. von Karl Heinz Delille, Coimbra 1980, S. 11–65

Ehrhardt 1989
Marion Ehrhardt, A Alemanha e os Descobrimentos Portugueses, Lissabon 1989

Ehrmann 1979
Gabriele Ehrmann, Georg von Ehingen. Reisen nach der Ritterschaft. Teil I: Edition. Teil II: Untersuchung, Kommentar, Göppingen 1979

Eisenhofer 1993
Stefan Eisenhofer, Höfische Elfenbeinschnitzerei im Reich Benin. Kontinuität oder Kontinuitätspostulat?, München 1993

Eisenhofer 1995
Stefan Eisenhofer, The Origins of the Benin Kingship in the Works of Jacob Egharevba, in: History in Africa 22, New Brunswick 1995, S. 21–23

Erhard/Ramminger 1998
Andreas Erhard und Eva Ramminger, Die Meerfahrt. Balthasar Springers Reise zur Pfefferküste, mit einem Faksimile des Buches von 1509, Innsbruck 1998

Ethnologisches Museum 2002
Ethnologisches Museum, Staatliche Museen zu Berlin, Deutsche am Amazonas. Forscher oder Abenteurer? Expeditionen in Brasilien 1800 bis 1914, Redaktion Anita Hermannstädter, Münster u. a. 2002

Euskirchen 2003
Claudia Euskirchen, Manuelinik in Portugal. Ein Exkurs in das Land der Seefahrer, in: Norbert Nussbaum u. a. (Hrsg.), Wege zur Renaissance Beobachtungen zu den Anfängen neuzeitlicher Kunstauffassung im Rheinland und den Nachbargebieten um 1500, Köln 2003, S. 425–445

Exoticophylacium 1659
Exoticophylacium Weickmannianum Oder Verzeichnus Underschiedlicher Thier/ Vögel/ Fisch/ Meergewächs/ Ertz- und Bergarten/ Edlen und anderen Stain/ außländischem Holtz und Früchten/ fremden und seltzamen Kleidern und Gewöhr/ Optischen/ Kunst- und Curiosen Sachen/ Mahlereyen/ Muschel und Schneckenwerck/ Heydnischen/ und andern Müntzen/ etc. So in Christoph Weickmanns Kunst- und Naturkammer in Ulm zu sehen [...], o. O. 1659

F

Fagg 1959 a
William Buller Fagg, Afro-Portuguese Ivories, London 1959

Fagg 1959 b
William Buller Fagg, Vergessene Negerkunst, Prag 1959

Fagg 1963
William Buller Fagg, Nigerian Images, London 1963 [Bildwerke aus Nigeria, dt. Ausgabe, München 1963]

Falcão/Pereira 1997
José António Falcão und Fernando A. Baptista Pereira, Santos Mártires de Marrocos, in: Ausst.-Kat. Francisco Henriques. Um pintor em Évora no tempo de D. Manuel I, hrsg. von António Camões Gouveia, Lissabon 1997, S. 132–134

Falchetta 2006
Piero Falchetta, Fra Mauro's world map with a commentary and translations of the inscriptions, Turnhout 2006

Falk 1987
Tillman Falk, Frühe Rezeption der Neuen Welt in der graphischen Kunst, in: Wolfgang Reinhard (Hrsg.), Humanismus und Neue Welt, Weinheim 1987, S. 37–64

Faroqhi 2006
Suraiya Faroqhi, Geschichte des Osmanischen Reiches, München 2006

Feest 1993
Christian F. Feest, European Collecting of American Indian Artefacts and Art, in: Journal of the History of Collections 5, Oxford 1993, S. 1–11

Feest 1995
Christian F. Feest, The Collecting of American Indian Artifacts in Europe, 1493–1750, in: Karen Ordahl Kupperman (Hrsg.), America in European Consciousness, 1493–1750, Chapel Hill/London 1995, S. 324–360

Feist Hirsch 1967
Elisabeth Feist Hirsch, The life and thought of a Portuguese humanist, 1502–1574, Den Haag 1967

Feldbauer 2001
Peter Feldbauer u. a. (Hrsg.), Vom Mittelmeer zum Atlantik. Die mittelalterlichen Anfänge der europäischen Expansion, Wien/München 2001

Feldbauer 2005
Peter Feldbauer, Die Portugiesen in Asien, 1498–1620, Essen 2005

Ferguson 1907
Donald Ferguson, The Discovery of Ceylon by the Portuguese in 1506, in: Journal of the Ceylon Branch of the Royal Asiatic Society 19/59, Colombo 1907, S. 284–400

Fernandes 1992
Maria Antonia Carvalho Fernandes, Der Historische Hintergrund der zweiten Belagerung von Diu, in: Ausst.-Kat. Die Portugiesen in Indien. Die Eroberungen Dom Joao de Castros auf Tapisserien 1538–1548, Kunsthistorisches Museum Wien, Wien 1992, S. 39

Fernandes 1996
Maria de Lurdes Correia Fernandes, História, santidade e identidade. O Agiológio Lusitano de Jorge Cardoso e o seu contexto, in: Via Spiritus 3, Porto 1996, S. 25–68

Ferrão 2005
José E. Mendes Ferrão, A aventura das plantas, 3. Aufl., Lissabon 2005

Ferreira 1995
Ana Maria Pereira Ferreira, Problemas Marítimos entre Portugal e a França na Primeira Metade do século XVI, Redondo 1995

Fialho 2007
João G. Ramalho Fialho, Toscanelli, Paolo dal Pozzo, www.instituto-camoes.pt/CVC/navegaport/b16.html, Abruf vom 5. Juli 2007

Figueiredo 1987 [1950]
Fidelino de Figueiredo, A Épica Portuguesa no Século XVI, Faksimile der Ausgabe von 1950, Lissabon 1987

Figueiredo 2001
Albano de Figueiredo, Uma perspectiva tardomedieval do tempo da fundação: a Crónica de El-Rei D. Afonso Henriques de D. Duarte de Galvão, in: Paulo Meneses (Hrsg.), Sobre o tempo. Secção Portuguesa da AHLM. Actas do III Colóquio, Ponta Delgada 2001, S. 189–200

Finlay 1994
Robert Finlay, Crisis and Crusade in the Mediterranean: Venice, Portugal, and the Cape Route to India (1498–1509), in: Studi veneziani 28, Pisa/Rom 1994, S. 45–90

Firla/Forkel 1995
Monika Firla und Hermann Forkel, Afrikaner und Africana am württembergischen Herzogshof im 17. Jahrhundert; in: Tribus 44, Stuttgart 1995, S. 149–193

Fisch 1984
Jörg Fisch, Die europäische Expansion und das Völkerrecht. Die Auseinandersetzungen um den Status der überseeischen Gebiete vom 15. Jahrhundert bis zur Gegenwart, Stuttgart 1984

Flores 1994
Jorge Manuel Flores, Portuguese Entrepreneurs in the Sea of Ceylon. Mid Sixteenth Century, in: Karl Anton Sprengard und Roderich Ptak (Hrsg.), Maritime Asia. Profit Maximisation, Ethics and Trade Structure c. 1300–1800, South China and Maritime Asia 2, Wiesbaden 1994, S. 125–150

Flores 1998
Jorge Manuel Flores, Os Portugueses e o Mar de Ceilão. Trato, diplomacia e guerra 1498–1543, Cosmos História 23, Lissabon 1998

Flores 2000
Jorge Manuel Flores, China e Macau, in: António H. de Oliveira Marques (Hrsg.), História dos Portugueses no Extremo Oriente, Teilband I.2, Lissabon 2000, S. 151–293

Flores 2001
Jorge Manuel Flores, Macau: Os eventos políticos. 1, in: António H. de Oliveira Marques (Hrsg.), História dos Portugueses no Extremo Oriente, Bd. 2, Lissabon 2001, S. 71–155

Flores 2002
Jorge Manuel Flores, A »Gift From a Divine Hand«: Portuguese Asia and the Treasures of Ceylon, in: Ausst.-Kat., Exotica. The Portuguese Discoveries and the Renaissance Kunstkammer, hrsg. von Nuno Vassalo e Silva und Helmut Trnek, Lissabon 2002, S. 81–92

Flori 2001
Jean Flori, La guerre sainte. La formation de l'idée de croisade dans l'Occident chrétien, Paris 2001

Flynn 1991
Dennis O. Flynn, Comparing the Tokugawa Shogunate with Hapsburg Spain. Two Silver-Based Empires in a Global Setting, in: James D. Tracy (Hrsg.), The Political Economy of Merchant Empires. State Power and World Trade 1350–1750, Cambridge 1991, S. 332–359

Flynn/Giráldez 1994
Dennis O. Flynn und Arturo Giráldez, China and the Manila Galleons, in: Anthony J. H. Latham und Heita Kawakatsu (Hrsg.), Japanese Industrialisation and the Asian Economy, London/New York 1994, S. 71–90

Flynn/Giráldez 1995
Dennis O. Flynn und Arturo Giráldez, Born with a ›Silver Spoon‹. The Origin of World Trade in 1571, in: Journal of World History 6/2, Honolulu 1995, S. 201–221

Flynn/Giráldez 2002
Dennis O. Flynn und Arturo Giráldez, Silver and Ottoman Monetary History in Global Perspective, in: The Journal of European Economic History 31/1, Rom 2002, S. 9–43

Fontes 2000
João Luís Fontes, Percursos e memória: do Infante D. Fernando ao Infante Santo, Cascais 2000

Forkl 1989
Hermann Forkl, Abteilungsführer Afrika. Linden-Museum, Stuttgart 1989

Fra Mauro 2006
Fra Mauro's World Map, hrsg. von Piero Falchetta, Turnhout 2006

Fragoso 2000
Hugo Fragoso, Franziskanische Präsenz in Brasilien im Verlauf von 500 Jahren Evangelisierung, in: Brasilien-Dialog 2, Mettingen 2000, S. 58–76

França 1996
José-Augusto França, Museu Militar. Pintura e Escultura, Lissabon 1996

França 1985
António Pinto da França, Portuguese Influence in Indonesia, Lissabon 1985

Franchetto 1998
Bruna Franchetto, »O aparecimento dos caraíba«: para uma história kuikuro e alto-xinguana, in: Manuela Carneiro da Cunha (Hrsg.), História dos Índios no Brasil, São Paulo 1998, S. 339–356

Franco 2000
Anísio Franco, Relicário dos cinco Mártires de Marrocos, in: Maria João Vilhena de Carvalho (Hrsg.), O sentido das imagens. Escultura e arte em Portugal (1300–1500), Lissabon 2000, S. 228

Franco/Santos 1997
Anísio Franco und Rui Afonso Santos, Escultura de madeira de D. João de Castro, in: Arte Ibérica, Nr. 3, Lissabon 1997, S. 26

Freitas 1960
Serafim de Freitas, Do Justo Império Asiático dos Portugueses, Bd. 1, Lissabon 1960

Frenken 1994
Ansgar Frenken, Petrus von Ailly, in: Biographisch-Bibliographisches Kirchenlexikon, Bd. 7, Herzberg 1994, Sp. 320–324

Frenz 2000
Margret Frenz, Vom Herrscher zum Untertan. Spannungsverhältnis zwischen lokaler Herrschaftsstruktur und der Kolonialverwaltung zu Beginn der Britischen Herrschaft 1790–1805, Beiträge zur Südasienforschung 188, Stuttgart 2000

Fries 1525
Lorenz Fries, Uslegung der mercarthen oder Cartha marina, Darin man sehen mag/ wo einer in der Welt sey, vnd wo ein yetlich Landt/ wasser vnd Stadt gelegen ist. Das alles in dem büchlin züfinden, Straßburg 1525

Frischlin 1602
M. Jacob Frischlin, Beschreibung deß Fürstlichen Apparatus, Königlichen Auffzugs/ Heroischen Ingressus und herrlicher Pomp und Solennitet: Mit welcher/ auff gnädige Verordnung Deß durchleuchtigen Hochgebornen Fürsten und Herrn/ Herrn Friderichen/ Hertzogen zu Würtenberg und Teck […] In der Faßnacht Mannliche unnd Ritterliche Thurnier unnd Ringrennen/ gehalten worden […], Frankfurt am Main 1602

Frisius 1545
Gemma Frisius, COSMOGRAPHIA // PETRI APIANI, PER GEMMAM FRISIVM // apud Louanienses Medicum & Mathematicu(m) insignem, // iam demum ab omnibus vindicata mendis, ac non-// nullis quoq(ue) locis aucta. Additis eiusdem argu-// menti libellis ipsius Gemmae Frisii, Antwerpen 1545

Fritz 1983
Rolf Fritz, Die Gefäße aus Kokosnuß in Mitteleuropa. 1250–1800, Mainz 1983

Fróis 1981
Luís Fróis, Historia de Japan, Bd. 2, Lissabon 1981

Fróis 1993
Luís Fróis SJ, Tratado dos Embaixadores Japões, hrsg. von Rui Loureiro, Lissabon 1993

Fuchs 1543
Leonhart Fuchs, New Kräuterbuch, Basel 1543

Füssel 2004
Stephan Füssel, Das Buch der Chroniken, in: Hartmann Schedel, Weltchronik. Kolorierte Gesamtausgabe von 1493, Augsburg 2004, S. 7–37

Fulin 1881
Rinaldo Fulin, Girolamo Priuli e i suoi Diarii: I Portoghesi nell'India e i Veneziani in Egitto, in: Archivio Veneto, Bd. 22, Venedig 1881, S. 137–248

Fuller 1988
Christopher Fuller, The Hindu Pantheon and the legitimation of Hierarchy, in: Man, New Series, 23/1, London 1988, S. 19–39

Fuller 1992
Christopher Fuller, The Camphor Flame: Popular Hinduism and Society in India, Princeton 1992

G

Gadebusch 2004
Raffael Dedo Gadebusch, Islamische Kunst in der Sammlung des Museums für Indische Kunst, in: Jens Kröger (Hrsg.), Islamische Kunst in Berliner Sammlungen, Berlin 2004, S. 216–224

Gadebusch 2006
Raffael Dedo Gadebusch, Lustgärten und Gartengräber – Höfische Kunst zur Zeit der Moghul-Herrschaft. 28. April 2006 bis 28. Januar 2007, in: MuseumsJournal II, Berlin 2006, S. 40–43

Gadebusch/Vartanian 2006
Raffael Dedo Gadebusch und Kristin Vartanian, Earthly Paradise and Heavenly Beauty. Pleasure Gardens and Garden Tombs – Courtly Arts under the Mughals, in: Indo-Asiatische Zeitschrift 10, Berlin 2006, S. 62–71

Galvão o. J.
Duarte Galvão, Crónica de D. Afonso Henriques, Lissabon o. J.

Gama 2004
Luís Filipe Marques da Gama, Genealogia e Heráldica. Fontes Documentais da Torre do Tombo para a História do Brasil, Lissabon 2004

Gandra 1997
Manuel Joaquim Gandra, Da Face Oculta do Rosto da Europa, Lissabon 1997

Gandra 1999
Manuel Joaquim Gandra, Joaquim de Fiore, Joaquimismo e Esperança Sebástica, Lissabon 1999

Gandra 2002
Manuel Joaquim Gandra, A Cristofania de Ourique, Lissabon 2002

Gandra 2003
Manuel Joaquim Gandra, Dicionário do Milénio Lusíada, Bd. 1, Lissabon 2003

Garcia 1994
Maria Madalena Farrajota Ataíde Garcia, O Traje Português nos Biombos Namban, in: IV Encontro de Museus de Países e Comunidades de Língua Portuguesa, Lissabon 1994, S. 199–216

Garcia 2006
João Carlos Garcia, Mapas e Atlas do Visconde de Santarém. A prioridade no descobrimento da África Ocidental, in: O 2º Visconde de Santarém e a História da Cartografia, Lissabon 2006, S. 7–16

Garcia Mercadal 1952
José Garcia Mercadal, Viajes de extranjeros por España y Portugal, Madrid 1952

Garcin 1987
Jean-Claude Garcin, Espaces, pouvoirs et idéologies de l'Égypte médiévale, London 1987

Gerhards 1981
Eva Gerhards, Mythen im Wandel. Veränderungen in der Mythologie verschiedener Ethnien des außerandinen Südamerika durch den Kontakt mit den Weißen, Hohenschäftlarn 1981

Germer 1998
Stefan Germer, Retrovision: Die rückblickende Erfindung der Nationen durch die Kunst, in: Ausst.-Kat. Mythen der Nationen. Ein Europäisches Panorama, hrsg. von Monika Flacke, Deutsches Historisches Museum Berlin, Berlin 1998, S. 33–52

Gervaise 1701
Nicholas Gervaise, An Historical Description of the Kingdom of Macasar in the East Indies, London 1701

Gesner 1563
Konrad Gesner, Thierbuch, Zürich 1563

Gewecke 1992
Frauke Gewecke, Wie die neue Welt in die alte kam, München 1992

Ghillany 1853
Friedrich Wilhelm Ghillany, Geschichte des Seefahrers Ritter Martin Behaim nach den ältesten vorhandenen Urkunden bearbeitet, Nürnberg 1853

Gil 1991
Juan Gil, Hidalgos y samuráis. España y Japón en los siglos XVI y XVII, Madrid 1991

Gil 1994
Juan Gil, Europa se presente a sí mesma: el tratado De missione legatorum Iaponensium de Duarte de Sande, in: Roberto Carneiro und Artur Teodoro de Matos (Hrsg.), O Século Cristão do Japão. Actas do Colóquio Comemorativo dos 450 anos de amizade Portugal–Japão (1453–1993), Lissabon 1994, S. 411–439

Glasenapp 1925
Helmuth von Glasenapp, Indien. Der indische Kulturkreis in Einzeldarstellungen, München 1925

Godinho 1943
Vitorino Magalhães Godinho, Documentos sobre a Expansão Portuguesa, Bd. 1, Lissabon 1943

Godinho 1962
Vitorino Magalhães Godinho, A Economia dos Descobrimentos Henriquinos, Lissabon 1962

Godinho 1969
Vitorino Magalhães Godinho, L'économie de l'empire portugais aux XVe et XVIe siècles, Ports–Routes–Traffic 26, Paris 1969

Godinho 1978a
Vitorino Magalhães Godinho, 1580 e a Restauração. Ensaios II sobre História de Portugal, 2. Aufl., Lissabon 1978

Godinho 1978b
Vitorino Magalhães Godinho, Dúvidas e problemas acerca de algumas teses da história da expansão. Ensaios II sobre História de Portugal, 2. Aufl., Bd. 2, Lissabon 1978

Godinho 1981–83
Vitorino Magalhães Godinho, Os Descobrimentos e a Economia Mundial, 4 Bde., Lissabon 1981–1983

Godinho 1983
Vitorino Magalhães Godinho, Entre Mito e Utopia: os descobrimentos, construção do espaço e invenção da humanidade nos séculos XV e XVI, in: Revista de História Económica e Social, Nr. 12, Lissabon 1983, S. 1–43

Godinho 1990
Vitorino Magalhães Godinho, Mito e Mercadoria, Utopia e Prática de Navegar. Século XIII–XVIII, Lissabon 1990

Godinho 2007
Rui Godinho, Linschoten, Jan Huyghen van, www.instituto-camoes.pt/CVC/navegaport/d26.html, Abruf vom 5. Juli 2007

Goetz 1925
H. Goetz, Geschnitzte Elfenbeinbüchsen aus Südindien, in: Jahrbuch der Asiatischen Kunst, Bd. 2, erster Halbband, Leipzig 1925, S. 77–80

Góis 1949–1954 [1566–67]
Damião de Góis, Crónica do Felicíssimo Rei D. Manuel, 4 Bde., Coimbra 1949–1954

Góis 2001 [1546]
Damião de Góis, Descrição da Cidade de Lisboa, hrsg. von José da Felicidade Alves, Lissabon 2001

Góis 2002 [1546]
Damião de Góis, Elogio da Cidade de Lisboa, Lissabon 2002

Goitein 1987
Shlomo Dov Goitein, Portrait of a Medieval India Trader: Three Letters from the Cairo Geniza, in: Bulletin of the School of Oriental and African Studies 50/3, Cambridge 1987, S. 449–464

Goitein/Friedman 2006
Shlomo Dov Goitein and Mordechai Akiva Friedman, India Traders of the Middle Ages: Documents from the Cairo Geniza (›India Book‹, Part One), Leiden 2006

Gomes 1997
Saúl Gomes, Imagens do Infante Santo D. Fernando, in: Vésperas batalhinas. Estudos de História e de arte, Leiria 1997, S. 269–272

Gomes 2000
Mercio P. Gomes, The Indians and Brazil, Gainesville 2000

Gomes 2002
Paulo Varela Gomes, Arquitectura, Religião e Política em Portugal no século XVII. A planta centrada, unveröffentlichte Dissertation, Porto 2002

Gonneville 1971
Binot Paulmier de Gonneville, Campagne du Navire ›L'Espoir‹ de Honfleur (1503–1505): Relation authentique du voyage du Capitaine de Gonneville ès Nouvelles Terres des Indes, Genf 1971

González de Mendoza 1944 [1585]
F. Juan González de Mendoza, Historia de las cosas más notables, ritos y costumbres del gran Reino de la China, España Misionera, Bd. 2, hrsg. von P. Felix Garcia, Madrid 1944

Gopal 1988
B. R. Gopal, Kadamba Patronage to Jainism and Saivism in Goa, in: P. P. Shirodkar (Hrsg.), Goa: Cultural Trends (Seminar Papers), Goa 1988, S. 3–7

Gossouin von Metz 1913
Gossouin von Metz, L'Image du monde de Maitre Gossouin par Oliver H. Prior, Lausanne 1913

Gouk 1988
Penelope Gouk, The ivory sundial of Nuremberg, Cambridge 1988

Gracia Dei 1882 [1489]
Pedro de Gracia Dei, Blason General y Nobleza del Universo, Faksimile der Ausgabe von 1489, Madrid 1882

Greenblatt 1994
Stephen Greenblatt, Wunderbare Besitztümer. Die Erfindung des Fremden: Reisende und Entdecker, Berlin 1994

Greve 2004
Anna Greve, Die Konstruktion Amerikas. Bilderpolitik in den Grand Voyages aus der Werkstatt de Bry, Köln u. a. 2004

Grimmelshausens Werke 1977
Grimmelshausens Werke, ausgewählt und eingeleitet von Siegfried Streller, Bd. 1, Berlin/Weimar 1977

Grohe 1999
Johannes Grohe, Nikolaus V., in: Traugott Bautz (Hrsg.), Biographisch-Bibliographisches Kirchenlexikon, Bd. 16, Nordhausen 1999, Sp. 1142–1148

Gründer 2003
Horst Gründer, Eine Geschichte der europäischen Expansion: von Entdeckern und Eroberern zum Kolonialismus, Stuttgart 2003

Guapindaia 2001
Vera Guapindaia, Encountering the Ancestors. The Maracá Urns, in: Colin McEvan u. a. (Hrsg.), Unknown Amazon. Culture in nature in ancient Brazil, London 2001, S. 156–173

Gundestrup 1991
Bente Gundestrup, Det kongelige danske Kunstkammer 1737, Kopenhagen 1991

Gune 1965
Vithal Trimbak Gune, Ancient Shrines of Goa. A Pictorial Survey, Panaji 1965

H

Habert/Mollat du Jourdin 1982
Jacques Habert and Michel Mollat du Jourdin, Giovanni et Girolamo Verrazano, navigateurs de François 1er: Dossiers de Voyages, Paris 1982

Haberzettl/Ptak 1995
Peter Haberzettl und Roderich Ptak, Macau: Geographie, Geschichte, Wirtschaft und Kultur. Ein Handbuch. South China and Maritime Asia, Bd. 3, Wiesbaden 1995

Habich 1931
Georg Habich, Die deutschen Schaumünzen des XVI. Jahrhunderts, Erster Teil, Bd. 1, München 1931

Häberlein 1998
Mark Häberlein, Die Welser-Vöhlin-Gesellschaft: Fernhandel, Familienbeziehungen und sozialer Status an der Wende vom Mittelalter zur Neuzeit, in: Ausst.-Kat. »Geld und Glaube«. Leben in evangelischen Reichsstädte, hrsg. von Wolfgang Jahn u. a., Haus der Bayerischen Geschichte, Augsburg 1998, S. 17–37

Häutle 1881
Christian Häutle, Die Reisen des Augsburgers Philipp Hainhofer nach Eichstätt, München und Regensburg in den Jahren 1611, 1612 und 1613, in: Zeitschrift des Historischen Vereins für Schwaben und Neuburg, Jg. 8, Augsburg 1881, S. 1–204

Hakluyt 1599
Richard Hakluyt (Hrsg.), The Principal Navigations, Voyages, Traffiques and Discoveries of the English Nation, 2. Aufl., London 1599

Hamann 1980
Günther Hamann, Regiomontanus in Wien, in: Günter Hamann (Hrsg.), Regiomontanus-Studien, Wien 1980, S. 53–74

Hamel 1996
Jürgen Hamel, Die Vorstellung von der Kugelgestalt der Erde im europäischen Mittelalter bis zum Ende des 13. Jahrhunderts – dargestellt nach den Quellen, Abhandlungen zur Geschichte der Geowissenschaften und Religion/Umweltforschung, Neue Folge 3, Münster 1996

Hamel 2000
Jürgen Hamel, Die Sonnenuhren des Museums für Astronomie und Technikgeschichte in Kassel – Bestandskatalog, in: Beiträge zur Astronomiegeschichte, Bd. 3, [Acta Historica Astronomiae, Bd. 10], Frankfurt am Main 2000 S. 160–200

Hamel 2002
Jürgen Hamel, Geschichte der Astronomie, Stuttgart 2002

Hamel 2006
Jürgen Hamel, Meilensteine der Astronomie, Stuttgart 2006

Harris 2005
Victor Harris, Japanese Swords, in: Peter Connolly u. a., Swords and Hilt Weapons, London 2005, S. 148–171

Harrison 1968
J. B. Harrison, Colonial Development and International Rivalries Outside Europe 2: Asia and Africa, in: R. B. Wernham (Hrsg.), The New Cambridge Modern History 3: The Counter-Reformation and Price Revolution 1559–1610, Cambridge 1968

Haubert 1964
Maxime Haubert, L'église et la défense des sauvages. Le Père Antoine Vieira au Brésil, Brüssel 1964

Hausmann 1979
Tjark Hausmann, Alte Uhren. Berlin 1979, Kataloge des Kunstgewerbemuseums Berlin 8, Berlin 1979

Heckenberger 2000
Michael Heckenberger, Estrutura, história e transformação: a cultura xinguana na longue durée, 1000–2000 d.C., in: Bruna Franchetto und Michael Heckenberger (Hrsg.), Os Povos do Alto Xingu. História e Cultura, Rio de Janeiro 2000, S. 21–62

Heintze 1996
Beatrix Heintze, Studien zur Geschichte Angolas im 16. und 17. Jahrhundert. Ein Lesebuch, Köln 1996

Heitzmann 2007
Christian Heitzmann, Wem gehören die Molukken? Eine unbekannte Weltkarte aus der Frühzeit der Entdeckungen, in: Zeitschrift für Ideengeschichte 1 (2), Marbach u. a. 2007, S. 101–110

Hemming 1995 [1978]
John Hemming, Red Gold. The conquest of the Brazilian Indians, London 1995 [1978]

Hendrich 2007
Yvonne Hendrich, Valentim Fernandes – Ein deutscher Buchdrucker in Portugal um die Wende von 15. zum 16. Jahrhundert und sein Umkreis, Frankfurt am Main 2007

Henze 1978–2004
Dietmar Henze, Enzyklopädie der Entdecker und Erforscher der Erde, 5 Bde., Graz 1978–2004

Herculano 1897
Alexandre Herculano, Viagem dos Cavaleiros Tron e Lippomani. Opúsculos VI, 2. Aufl., Lissabon 1897

Herrmann 1932
Albert Herrmann, Taprobane, in: Paulys Real-Encyclopädie der Classischen Altertumswissenschaft, neue Bearbeitung begonnen von Georg Wissowa, Zweite Reihe, Bd. 4, Stuttgart 1932, S. 2260–2272

Hespanha 1994
António Manuel Hespanha, As Véspera do Leviathan. Instituições e Poder Político. Portugal – século XVII, Coimbra 1994

Heyden 2001
Ulrich van der Heyden, Rote Adler an Afrikas Küste, Die brandenburgisch-preußische Kolonie Großfriedrichsburg in Westafrika, Berlin 2001

Hickmann 1979
Regina Hickmann, Indische Albumblätter. Miniaturen und Kalligraphien aus der Zeit der Moghul-Kaiser, Leipzig u. a. 1979

Hiery 2007
Hermann Hiery, Die Europäisierung der Welt. Historische Probleme einer schwierigen Zuordnung, in: Jahrbuch für Europäische Überseegeschichte 7, Wiesbaden 2007, S. 29–64

História da Arte em Portugal 1986–1987
História da Arte em Portugal, 14 Bde., Lissabon 1986–1987

História da Arte Portuguesa 1995
História da Arte Portuguesa, 3 Bde., hrsg. von Paulo Pereira, Lissabon 1995

História de Portugal 1993–1995
História de Portugal, hrsg. von José Mattoso, 8 Bde., Lissabon 1993–1995

Hodgkin 1960
Thomas Hodgkin, Nigerian Perspectives – An Historical Anthology, Oxford/London 1960

Holanda 1571
Francisco de Holanda, Da Fábrica que Falece à Cidade de Lisboa, Lissabon 1571

Holst 1999
Norbert Holst, Mundus, Mirabilia, Mentalität: Weltbild und Quellen des Kartographen Johannes Schöner. Eine Spurensuche, Frankfurt an der Oder u. a. 1999

Holt 1991
John C. Holt, Buddha in the Crown. Avalokitesvara in the Buddhist Traditions of Sri Lanka, Oxford 1991

Hooykaas 1980
Reyer Hooykaas, Science in Manueline Style, Coimbra 1980

Hooykaas 1983
Reyer Hooykaas, Os descobrimentos e o humanismo, Lissabon 1983

I

Ibn Tulum 1962–1964
Shams al-Din Muhammad bin 'Ali bin Ahmad al-Salihi al-Dimashqi al-Hanafi (Ibn Tulun), Mufākahat al-khilān fī hawādith al-zamān, 2 Bde., Kairo 1962–1964

Ignatius von Loyola 1998
Ignatius von Loyola, Satzungen der Gesellschaft Jesu (Text B), in: Gründungstexte der Gesellschaft Jesu, Deutsche Werkausgabe, Bd. 2, übersetzt von Peter Knauer, Würzburg 1998, S. 580–827

Imagens do Oriente no século XVI 1985
Imagens do Oriente no século XVI, Reproduktion des códice português der Biblioteca Casanatense, Lissabon 1985

Impey/Jörg 2005
Oliver Impey und Christiaan Jörg, Japanese Export Lacquer 1580–1850, Amsterdam 2005

Inventar ›Indianische Kammer‹ 1684
Inventarium über die Indianische Kammer, worinnen allerhand Naturalia, teils an aufgesetzten Tieren, Vögeln, Seefischen, Muscheln, auch indianischen, japanischen und anderen Gewehre, wie hernach beschrieben, zu befinden und ist von neuem den 28. Aprilis – 3. Maii aufgerichtet (von Christian Hader, Inventar der Kurfürstlichen Stall- und Rüstkammer, ›Indianische Kammer‹, Dresden 1684

Irving 1834
Washington Irving, History of the Life and Voyages of Christopher Columbus, New York 1828

J

Jacobs 1966
Hubert Jacobs, The First Locally Demonstrable Christianity in Celebes, 1544, in: Studia 17, Lissabon 1966, S. 251–305

Jacobs 1988
Hubert Jacobs (Hrsg.), The Jesuit Makasar Documents (1615–1682), Rom 1988

Jaeckel 1996
Volker Jaeckel, Die Bedeutung der Jesuiten für die kulturelle Identität des kolonialen Brasiliens im 16. und 17. Jahrhundert, in: Ray-Güde Mertin, Von Jesuiten, Türken, Deutschen und anderen Fremden: Aufsätze zu brasilianischer Literatur und literarischer Übersetzung, Beihefte zu Lusorama, Zweite Reihe, Bd. 13, Frankfurt am Main 1996, S. 135–149

Jäger 1995
Jens Jäger, Die Schlacht bei Porto Calvo (Matta Redonda) im Januar 1936. Augenzeugenbericht eines Soldaten, in: Militärgeschichte Mitteilungen 54, Potsdam 1995, S. 525–533

Jaffer/Schwabe 1999
Amin Jaffer und Melanie Anne Schwabe, A Group of Sixteenth – Century Ivory Caskets from Ceylon, in: Apollo CXLIX/445, London 1999, S. 3–14

Jin 2000a
Jin Guoping: Zhong Pu guanxi shidi kaozheng, Series Haohai congkan, Macau 2000

Jin 2000b
Jin Guoping, Xi li dong jian. Zhong Pu zaoqi jiechu zhuixi, Series Haohai congkan, Macau 2000

Jin/Wu 2001
Jin Guoping und Wu Zhiliang, Jing hai piao miao. História(s) de Macau. Ficção e realidade, Macau 2001

Jin/Wu 2002
Jin Guoping und Wu Zhiliang, Dong xi wang yang. Em busca de história(s) de Macau apagada(s) pelo tempo, Macau 2002

Jin/Wu 2004
Jin Guoping und Wu Zhiliang, Guo Shizimen. Abrindo as Portas do Cerco, Macau 2004

João 1994
Maria Isabel João, O Infante D. Henrique na Historiografia, Lissabon 1994

Johnson 1974
Hildegard Binder Johnson, Carta marina. World geography in Straßburg, 1525, Westport 1974

Johnson/Silva 1992
Harold Johnson und Maria Beatriz Nizza da Silva (Hrsg.), O Império Luso-Brasileiro 1500–1620, Lissabon 1992

Jomard 1853
Edme Francois Jomard, Monuments de la Géographie, Paris 1853

Jones 1994
Adam Jones, A Collection of Africa Art in Seventeenth-Century Germany. Christoph Weickmann's Kunst- und Wunderkammer, in: African Arts 27, Los Angeles 1994, S. 28–43, 92–94

Jong 1991
Krista de Jong, Rencontres portugaises, in: Ausst.-Kat. Portugal et Flandre: au confluent de deux cultures, Brüssel 1991, S. 85–101

Joosten 1922
Jan Joosten, Rapport nopende zijn ambassade na Macassar aen Heer Generael gedaen. Memorie van gepasseerde op Macassar, in: J. W. Ijzerman, Het schip ›De Eendracht‹ voor Makassar in December 1616. Journal van Jan Steijns, in: Bijdragen tot de Taal-, Land- en Volkenkunde 78, 's-Gravenhage 1922, S. 367–372

Jordan 1994a
Annemarie Jordan, The Development of Catherine of Austria's Collection in the Queen's Household: Its Character and Cost, unveröffentlichte Dissertation, Rhode Island 1994

Jordan 1994b
Annemarie Jordan, O Retrato de Corte em Portugal, Lissabon 1994

Jordan 1999
Annemarie Jordan, Exotic Renaissance Accessories. Japanese, Indian and Sinhalese fans at the courts of Portugal and Spain, in: Apollo 150/453, Neue Reihe, London 1999, S. 25–35

Jordan Geschwend 1993
Annemarie Jordan Geschwend, Catarina da Áustria, Colecção e Kunstkammer de uma Princesa Renascentista, in: Oceanos 16, Lissabon 1993, S. 62–70

K

Kagan 2000
Richard L. Kagan, Urban Images of the Hispanic World. 1493–1793, New Haven/London 2000

Kahl 2007
Christian Kahl, Mercator, in: Traugott Bautz (Hrsg.), Biographisch-Bibliographisches Kirchenlexikon, Bd. 28, www.bautz.de/bbkl/m/mercator_g.shtml, Abruf vom 31.7.2007

Kahle 1911
Paul Kahle, Islamische Schattenspielfiguren aus Ägypten, in: Der Islam, Zeitschrift für Geschichte und Kultur des islamischen Orients, Bd. 2, Straßburg 1911, S. 143–203

Kalthammer 1984
Wilhelm Kalthammer, Die Portugiesenkreuze in Afrika und Indien, Basel 1984

Kaltwasser 1992
Franz Georg Kaltwasser, Der Erwerb der Globensegmente Waldseemüllers von 1507 durch die Bayerische Staatsbibliothek. Der Anlaß zur Ausstellung ›America‹, in: Ausst.-Kat. America. Das frühe Bild der Neuen Welt, hrsg. von Hans Wolff, Bayerische Staatsbibliothek München, München 1992, S. 7–9

Karpa 1933/34
Oskar Karpa, Zur Chronologie der Kölnischen Plastik im 14. Jahrhundert, in: Wallraf-Richartz-Jahrbuch, Neue Folge 2/3, Köln 1933/34, S. 53–87

Karrow 1993
Robert W. Karrow, Mapmakers of the Sixteenth Century and Their Maps: Bio-Bibliographers of the Cartographers of Abraham Ortelius, 1570, Chicago 1993

Kayser 2005
Hartmut-Emanuel Kayser, Die Rechte der indigenen Völker Brasiliens – historische Entwicklung und gegenwärtiger Stand, Aachen 2006

Kazutoshi 2003
Harada Kazutoshi, Die Kunst des Tees, in: Ausst.-Kat. Japans Schönheit, Japans Seele. Meisterwerke aus dem Tokyo National Museum. Die großen Sammlungen, Kunst- und Ausstellungshalle der Bundesrepublik Deutschland in Bonn, Bonn 2003, S. 153–160

Kecskési 1999
Maria Kecskési, Kunst aus Afrika. Museum für Völkerkunde München, München 1999

Keil 1938
Luís Keil, Alguns Exemplos da influencia portuguesa em ombras de arte indianas do século XVI, Lissabon 1938

Kellenbenz 1970
Hermann Kellenbenz, Wirtschaftsgeschichtliche Aspekte der überseeischen Expansion Portugals, in: Scripta Mercaturae 4/2, St. Katharinen 1970, S. 1–39

Kelly 2005
John N. D. Kelly, Reclams Lexikon der Päpste, Stuttgart 2005

Kieniewicz 1986
Jan Kieniewicz, Pepper Gardens and Market in Precolonial Malabar, in: Moyen Orient et Océan Indien 3, Paris 1986, S. 1–36

Knape 2005
Joachim Knape, Einleitung, in: Sebastian Brant, Das Narrenschiff, hrsg. von Joachim Knape, Stuttgart 2005, S. 11–99

Knefelkamp 1986
Ulrich Knefelkamp, Die Suche nach dem Reich des Priesterkönigs Johannes. Dargestellt anhand von Reiseberichten und anderen ethnographischen Quellen des 12.–17. Jahrhunderts, Gelsenkirchen 1986

Knefelkamp 1991
Ulrich Knefelkamp, Johannes, Presbyter, in: Lexikon des Mittelalters, Bd. 5, München 1980, S. 530–532

Knefelkamp 1992
Ulrich Knefelkamp, Martin Behaims Wissen über die portugiesischen Entdeckungen, in: Mare Liberum, Zeitschrift für die Geschichte der Meere 4, Lissabon 1992, S. 87–95

Knefelkamp 1998
Ulrich Knefelkamp, Indien in der Kartographie des 15. und 16. Jahrhunderts, in: Periplus. Jahrbuch für außereuropäische Geschichte 8, Essen 1998, S. 18–45

Knefelkamp 2003
Ulrich Knefelkamp, Der Behaim-Globus – Geschichtsbild und Geschichtsdeutung, in: Dagmar Unverhau (Hrsg.), Geschichtsdeutung auf alten Karten, Wiesbaden 2003, S. 111–128

Knefelkamp/König 1988
Ulrich Knefelkamp und Hans-Joachim König (Hrsg.), Die Neuen Welten in alten Büchern, Bamberg 1988

Knobloch 1972
Franz Knobloch, Geschichte der Missionen unter den Indianer-Stämmen des Rio Negro-Tales, in: Zeitschrift für Missionswissenschaft und Religionswissenschaft 56, Münster 1972, S. 81–97

Knutsen 1963
Roald M. Knutsen, Japanese Polearms, London 1963

Kobata 1965
Atsushi Kobata, The Production and Uses of Gold and Silver in Sixteenth and Seventeenth Century Japan, in: Economic History Review 18/2, Oxford 1965, S. 245–266

Kobata 1981
Atsushi Kobata, Production and Trade in Gold, Silver and Copper in Japan 1450–1750, in: Hermann Kellenbenz (Hrsg.), Precious Metals in the Age of Expansion. Papers of the XIVth International Congress of the Historical Sciences, Beiträge zur Wirtschaftsgeschichte 2, Stuttgart 1981, S. 103–142

Koch 1934
Ludwig Koch, Jesuiten-Lexikon: Die Gesellschaft Jesu einst und jetzt, Paderborn 1934

König 1992a
Hans Joachim König, Von den neu gefundenen Inseln, Regionen und Menschen, in: Ausst.-Kat. America. Das frühe Bild der Neuen Welt, hrsg. von Hans Wolff, Bayerische Staatsbibliothek München, München 1992, S. 103–108

König 1992b
Hans-Joachim König, Phantastisches und Wirkliches. Die Wahrnehmung Amerikas in den ›Neuen Zeytungen‹, in: Ausst.-Kat. America. Das frühe Bild der Neuen Welt, Bayerische Staatsbibliothek München, München 1992, S. 109 f.

Köpf/Seiler-Baldinger 2005
Josef Köpf und Annemarie Seiler-Baldinger, Die Welt der Hängematte, o. O. 2005

Körber 1965
Hans-Günther Körber, Zur Geschichte der Konstruktion von Sonnenuhren und Kompassen des 16. bis 18. Jahrhunderts, Berlin 1965 [Mathematisch-Physikalischer Salon Dresden / Veröffentlichung Nr. 3]

Kohl 1987
Karl-Heinz Kohl, Über einige der frühesten graphischen Darstellungen der Bewohner der Neuen Welt in der europäischen Kunst, in: Karl-Heinz Kohl: Abwehr und Verlangen. Zur Geschichte der Ethnologie, Frankfurt am Main 1987, S. 307–334

Kolb 1719
Peter Kolb, Caput bonae spei hodiernum, Das ist: Vollständige Beschreibung des africanischen Vorgebürges der Guten Hoffnung [...], Nürnberg 1719

Kolumbus 2000 [1493]
Christoph Kolumbus, Der erste Brief aus der Neuen Welt, übersetzt, kommentiert und hrsg. von Robert Wallisch, Stuttgart 2000

Kondo 1987
Osamu Kondo, Japan and the Indian Ocean at the Time of the Mughal Empire, with Special Reference to Gujarat, in: Satish Chandra (Hrsg.), The Indian Ocean. Explorations in History, Commerce and Politics, Neu Delhi u. a. 1987, S. 174–190

Kowalski 2004
Andreas F. Kowalski, ›Tu és quem sabe.‹ ›Du bist derjenige, der es weiß.‹ Das kulturspezifische Verständnis der Canela von Indianerhilfe. Ein ethnographisches Beispiel aus dem indianischen Nordost-Brasilien, Marburg 2004

Krafft 1986
Fritz Krafft, Große Naturwissenschaftler. Biographisches Lexikon, Düsseldorf 1986

Kraft 1986
Eva Kraft, Japanische Handschriften und traditionelle Drucke aus der Zeit vor 1868 in München, Verzeichnis der orientalischen Handschriften in Deutschland, Bd. 27, Nr. 2, Stuttgart 1986

Kramer 1987
Fritz Kramer, Der rote Fes, Frankfurt am Main 1987

Krempel 2006
León Krempel, Biographische und stilistische Notizen zu Frans Post, in: Ausst.-Kat. Frans Post (1612–1680). Maler des verlorenen Paradieses, hrsg. von León Krempel, München 2006, S. 19–28

Krendl 1980
Peter Krendl, Ein neuer Brief zur ersten Indienfahrt Vasco da Gamas, in: Mitteilungen des Österreichischen Staatsarchivs 33, Wien 1980, S. 1–21

Kretschmer 1896
Konrad Kretschmer, Die Atlanten des Battista Agnese, in: Zeitschrift der Gesellschaft für Erdkunde zu Berlin 31/5, Berlin 1896, S. 362–368

Kretschmer/Albuquerque 1986
Ingrid Kretschmer und Luís de Albuquerque, Portugiesische Kartographie, in: Lexikon zur Geschichte der Kartographie 2, Wien 1986, S. 625–629

Krieger 2003
Martin Krieger, Geschichte Asiens. Eine Einführung, Köln u. a. 2003

Kroboth 1986
Rudolf Kroboth (Hrsg.), Fernão Mendes Pinto: Merkwürdige Reisen im fernsten Asien, 1537–1558, Berlin 1986

Krogt 1993
Peter van der Krogt, Globi Neerlandici. The production of globes in the Low Countries, Utrecht 1993

Krogt 1994
Peter van der Krogt, Erdgloben, Wandkarten, Atlanten – Gerhard Mercator kartiert die Erde, in: Ausst.-Kat. Gerhard Mercator. Europa und die Welt, Kultur- und Stadthistorisches Museum, Duisburg 1994, S. 81–129

Krogt 1995
Peter van den Krogt, Gerhard Mercators Atlas, in: Ausst.-Kat. 400 Jahre Mercator, 400 Jahre Atlas: »Die ganze Welt zwischen Buchdeckeln«; eine Geschichte der Atlanten, hrsg. von Hans Wolff, München 1995, S. 30–39

Krüger 2000a
Reinhard Krüger, Stationen auf Portugals Weg nach Brasilien: von den aventureiros von Lissabon nach Abu-Idrīsī (1154) bis zur Durchbrechung des Cabo de Não (1457), in: Lusorama 43–44, Frankfurt am Main 2000, S. 40–91

Krüger 2000b
Reinhard Krüger, Atira ao Oriente: Die portugiesischen Seeunternehmungen des Spätmittelalters und die europäische Tradition des Erdraumbewußtseins, in: Lusorama 41, Frankfurt am Main 2000, S. 25–57

Krüger 2000c
Reinhard Krüger, Das Überleben des Erdkugelmodells in der Spätantike (etwa 60 v. u. Z. – etwa 550), Berlin 2000

Krüger 2000d
Reinhard Krüger, Das lateinische Mittelalter und die Tradition des antiken Erdkugelmodells (etwa 550 u. Z. – etwa 1080), Berlin 2000

Kruft 1985
Hanno-Walter Kruft, Geschichte der Architekturtheorie von der Antike bis zur Gegenwart, München 1985

Krus 1984
Luís Krus, Celeiro e relíquias: o culto quatrocentista dos Mártires de Marrocos e a «devoção dos nus», in: Studium Generale 6, Porto 1984, S. 21–42

Kubitschek/Wessel 1981
Hans Dieter Kubitschek und Ingrid Wessel, Geschichte Indonesiens. Vom Altertum bis zur Gegenwart, Berlin 1981

Kubler 1972
George Kubler, Portuguese Plain Architecture between Spices and Diamonds 1521–1706, Middletown 1972

Kubler 1988
George Kubler, A Arquitectura Chã Portuguesa. Entre especiarias e diamantes: 1521–1706, Lissabon 1988

Kuhnt-Saptodewo 1998
Sri Kuhnt-Saptodewo, Die bildende Kunst bei den autochthonen Gesellschaften Indonesiens, in: Gabriele Fahr-Becker (Hrsg.), Ostasiatische Kunst, Bd. 1, Köln 1998, S. 342–363

Kulke/Rothermund 1998
Hermann Kulke und Dietmar Rothermund, Geschichte Indiens. Von der Induskultur bis heute, München 1998

Kulturamt der Universitätsstadt Tübingen 1986
Kulturamt der Universitätsstadt Tübingen (Hrsg.), Wilfried Setzler (Red.), Georg von Ehingen. Höfling. Ritter. Landvogt, Tübingen 1986

Kumar 1980
Ann Kumar, Developments in Four Societies over the Sixteenth to Eighteenth Centuries, in: Harry Aveling (Hrsg.), The Development of Indonesian Society. From the Coming of Islam to the Present Day, New York 1980, S. 1–44

Kupýík 2000
Ivan Kupýík, Münchener Portolankarten, ›Kunstmann I–XIII‹ und zehn weitere Portolankarten, München 2000

Kurella 2002a
Doris Kurella, Die ersten Amerikaner – Zur Archäologie des Amazonasgebietes, in: Amazonas Indianer. LebensRäume, LebensRituale, LebensRechte, Berlin 2002, S. 57 f.

Kurella 2002b
Doris Kurella, Indianische Völker und europäischer Erforschungs- und Eroberungsdrang in Amazonien – Versuch einer Ethnogeschichte, in: Doris Kurella und Dietmar Neitzke (Hrsg.), AmazonasIndianer. LebensRäume. LebensRituale. LebensRechte, Stuttgart/Berlin 2002, S. 77–111

L

La Roncière/Mollat du Jourdain 1984
Monique de La Roncière und Michel Mollat du Jourdin, Les portulans. Cartes marines du XVIe au XVIIe siècle, Paris 1984 [Portulane, dt. Ausgabe, München 1984]

Lach 1965
Donald F. Lach, Asia in the Making of Europe 1: The Century of Discovery, 2 Bde., Chicago 1965

Lach/Kley 1993
Donald F. Lach und Edwin J. van Kley, Asia in the Making of Europe. Vol. 3: A Century of Advance, Chicago 1993

Lack 2001
Hans W. Lack, Ein Garten Eden, Köln 2001

Lanczkowski 1989
Günter Lanczkowski, Geschichte der nichtchristlichen Religionen, Frankfurt am Main 1989

Lane 1940
Frederic C. Lane, The Mediterranean Spice Trade: Further Evidence of Its Revival in the Sixteenth Century, in: The American Historical Review, Bd. 45, Nr. 3, Bloomington 1940, S. 581–590

Lane 1966
Frederic Lane, Venice and History: The Collected Papers, Baltimore 1966

Lane 1979
Frederic C. Lane, Profits from Power, Albany 1979

Lane 1980
Frederic C. Lane, Seerepublik Venedig, München 1980

Lang 1979
James Lang, Portuguese Brazil. The King's Plantation, New York/London 1979

Laubenberger 1959
Franz Laubenberger, Ringmann oder Waldseemüller? Eine kritische Untersuchung über den Urheber des Namens Amerika, in: Erdkunde 13 (3), Bonn 1959, S. 163–179

Laures 1952
John Laures SJ, The Seminary of Azuchi, in: The Missionary Bulletin, Bd. 5, Nr. 5, Tokio 1952, S. 141–147

Laval 1998 [1611]
François Pyrard de Laval, Goa, l'empire portugais et le séjour au Brésil, in: Xavier de Castro (Hrsg.), Voyage de Pyrard de Laval aux Indes orientales (1601–1611), Paris 1998, Bd. 2

Lavanha 1622
João Baptista Lavanha, Viagem da Catholica Real Magestade del Rey D. Filipe III, Madrid 1622

Lavanha 1996 [1608–1615]
João Baptista Lavanha, Livro Primeiro da Architectura Naval, Faksimile der Originalausgabe von etwa 1600, hrsg. von der Academia de Marinha, Lissabon 1996

Le Guillou 1978
Jean-Yves Le Guillou, Le voyage au-delà des trois mers d'Afanasij Nikitin (1466–1472), Québec 1978

Leão 1785
Duarte Nunes Leão, Descripção do Reino de Portugal, 2. Aufl., Lissabon 1785

Leitão 1994
Ana Maria Ramalho Proserpio Leitão, Do Trato Português no Japão presenças que se cruzam (1543–1639), Dissertation zur Geschichte der Entdeckungen der portugiesischen Expansion, Lissabon 1994

Leitão 2002
Henrique Leitão, Sobre a Difusão europeia da Obra de Pedro Nunes, in: Oceanos 49, Lissabon 2002, S. 111–128

Leite 1956
Serafim Leite (Hrsg.), Monumenta Brasiliae, Bd. 1: Monumenta Historica Societatis Jesu, Rom 1956

Leite 1959–1962
Duarte Leite, História dos Descobrimentos. Colectânea de esparsos, 2 Bde., Lissabon 1959–1962

Letronne 1834
Antoine-Jean Letronne, Des opinions cosmographiques des pères de l'église, in: Revue des deux mondes, Paris 1834, S. 601–633

Lexikon der Christlichen Ikonographie
Engelbert Kirchbaum und Wolfgang Braunfels, Lexikon der christlichen Ikonographie, Rom 1968

Lichtenberg 1986
G. C. Lichtenberg, Sudelbücher, hrsg. von Franz H. Mautner, Frankfurt am Main 1986

Liebenau, von 1900
Theodor von Liebenau, Felix Plater von Basel und Rennward Cysat von Luzern, in: Basler Jahrbuch, Basel 1900, S. 85–109

Lieberman 2003
Victor Lieberman, Strange Parallels: Southeast Asia in Global Context, c. 800–1830, Bd. 1: Integration on the Mainland, Cambridge 2003

Lindgren 1992
Uta Lindgren, Wege und Irrwege der Darstellung Amerikas in der frühen Neuzeit, in: Ausst.-Kat. America. Das frühe Bild der Neuen Welt, hrsg. von Hans Wolff, Bayerische Staatsbibliothek München, München 1992, S. 145–160

Lindgren 1993
Uta Lindgren, Battista Agnese, Portulan-Atlas, Farbmikrofiche-Edition, Untersuchungen zu Problemen der mittelalterlichen Seekartographie und Beschreibung der Portulankarten von Uta Lindgren, München 1993

Lindgren 1995
Uta Lindgren, Was verstand Peter Apian unter »Kosmographie«?, in: Karl Röttel (Hrsg.), Peter Apian. Astronomie, Kosmographie und Mathematik am Beginn der Neuzeit, Buxheim/Eichstätt 1995, S. 158–160

Linschoten 1997 [1596]
Jan Huygen van Linschoten, Itinerário, Viagem ou Navegação de Jan Huygen van Linschoten para as Índias Orientais ou Portuguesas, Nachdruck des Originals von 1596, Lissabon 1997

Lipiner 1987
Elias Lipiner, Gaspar da Gama: Um converso na Frota de Cabral, Rio de Janeiro 1987

Lisuarte de Abreu 1992 [1564]
Livro de Lisuarte de Abreu, Lissabon 1992 [1564]

Lochner von Hüttenbach 1895
Oscar Freiherr Lochner von Hüttenbach, Die Jesuitenkirche zu Dillingen. Ihre Geschichte und Beschreibung mit besonderer Berücksichtigung des Meisters ihrer Fresken Christoph Thomas Scheffler (1700–1756), Stuttgart 1895

Lopes 1931
David Lopes, Os portugueses em Marrocos: Ceuta e Tânger; Os Portugueses em Marrocos no tempo de D. Afonso V e de D. João II; Os Portugueses em Marrocos no tempo de D. Manuel, in: Damião Peres (Hrsg.), História de Portugal, Barcelos 1931, Bd. 3, S. 385–544

Lopes 1992a
Marília dos Santos Lopes, Afrika. Eine neue Welt in deutschen Schriften des 16. und 17. Jahrhunderts, Stuttgart 1992

Lopes 1992b
Marília dos Santos Lopes, Schwarze Portugiesen. Die Geschichte des frühen Westafrika-Handels, in: Thomas Beck u. a. (Hrsg.), Kolumbus' Erben. Europäische Expansion und überseeische Ethnien im ersten Kolonialzeitalter, 1415–1815, Darmstadt 1992, S. 21–37

Lopes 1994
Marília dos Santos Lopes, Tradition und Imagination: ›Kalikutische Leut‹ im Kontext alt-neuer Weltbeschreibungen des 16. Jahrhunderts, in: Denys Lombard und Roderich Ptak (Hrsg.), Asia Maritima. Images et réalité. Bilder und Wirklichkeit. 1200–1800, Wiesbaden 1994, S. 13–26

Lopes 1996
Marília dos Santos Lopes, Fernão Mendes Pinto und seine Peregrinação. Ein portugiesischer Klassiker in Deutschland, in: Helwig Schmidt-Glintzer (Hrsg.), Fördern und Bewahren: Studien zur europäischen Kulturgeschichte der frühen Neuzeit; Festschrift anlässlich des zehnjährigen Bestehens der Dr.-Günther-Findel-Stiftung zur Förderung der Wissenschaften, Wolfenbütteler Forschungen, Bd. 70, Wiesbaden 1996, S. 173–184

Lopes 1998
Marília dos Santos Lopes, Coisas maravilhosas e até agora nunca vistas. Para uma iconografia dos Descobrimentos, Lissabon 1998 [Wonderful things never yet seen. Iconography of the Discoveries, Translation from the Portuguese by Clive Gilbert, Lissabon 1998]

Lopes 2004
Marília dos Santos Lopes, Neue Welten in Text und Bild. Für eine vergleichende Ikonographie der Entdeckungen, in: Thomas Beck u. a. (Hrsg.), Barrieren und Zugänge. Die Geschichte der europäischen Expansion. Festschrift für Eberhard Schmitt zum 65. Geburtstag, Wiesbaden 2004, S. 312–318

Lopes/Pigafetta 1591
Duarte Lopes und Filippo Pigafetta, Relatione del reame di Congo et delle circonvicine contrade, Rom 1591

Lopes/Pigafetta 1597
Duarte Lopes und Filippo Pigafetta, Warhaffte vnd Eigentliche Beschreibung dess Künigreichs Congo in Africa/ und deren angrentzenden Länder/ darinnen der Inwohner Glaub/ Leben/ Sitten vnd Kleidung wol vnd aussführlich vermeldet vnd angezeigt wirdt, Frankfurt am Main 1597

Lopes u. a. 1995
Marília dos Santos Lopes u. a. (Hrsg.), Portugal und Deutschland auf dem Weg nach Europa, Pfaffenweiler 1995

Lorant 1946
Stefan Lorant (Hrsg.), The New World. The First Pictures of America, New York 1946

Loureiro 1997
Rui Manuel Loureiro, Em buscas das origins de Macau. Antologia documental, Macau 1997

Loureiro 2000
Rui Manuel Loureiro, Fidalgos, missionários e mandarins. Portugal e a China no século XVI. Série Orientalia 1, Lissabon 2000

Loureiro dos Santos 2002
José Loureiro dos Santos, Ceuta, Lissabon 2002

Lourenço u. a. 1997
Cristina Lourenço u. a., Felipe II en Lisboa: moldar la ciudad a la imagen del rey, in: Ausst.-Kat. Juan de Herrera. Arquitecto real, hrsg. von Paloma Barreiro Pereira und Carlos Riaño Lozano, Madrid 1997, S. 125–155

Lorente Rodrigáñez 1944
Luis Maria Lorente Rodrigáñez, El Galeón de Manila, in: Revista de Indias, Jg. 5, Nr. 15, Madrid 1944, S. 105–120

M

Ma Huan 1970
Ma Huan, Ma Huan's Ying-yai Sheng-lan, the overall survey of the Ocean's shores (1433), übersetzt und hrsg. von John V. G. Mills, Cambridge 1970

Ma'bari 1899
Zain al-Din Ma'bari, Tuhfat al-mujāhidīn fī ba'z ahwāl al-Burtukāliyyīn, übersetzt von David Lopes, in: Zinadím, História dos Portugueses no Malavar por Zinadím, Lissabon 1899, S. 40 f.

Macintosh 1997
Duncan Macintosh, Chinese blue and white porcelain, Woodbridge 1997

Madahil 1928
António Gomes da Rocha Madahil, Introdução, in: António Gomes da Rocha Madahil (Hrsg.), Tratado da vida e martirio dos Cinco Mártires de Marrocos. Texto arcaico impresso de harmonia com o único exemplar conhecido, Coimbra 1928, S. V–XLV

Maddison 1991
Francis Maddison, Tradition and innovation: Columbus' first voyage and portuguese navigation in the fifteenth century, in: Ausst.-Kat. Etwa 1492: Art in the age of exploration, hrsg. von Jay A. Levenson, National Gallery of Art, New Haven/London 1991, S. 89–94

Maddison 2002
Angus Maddison, The World Economy: A Millennial Perspective, Paris 2002

Magalhães 1980
Joaquim Romero Magalhães, As Descrições Geográficas de Portugal: 1500–1650. Esboço de Problemas, in: Revista de História Económica e Social 5, Lissabon 1980, S. 15–56

Magalhães 1993a
Joaquim Romero de Magalhães, Os régios protagonistas do poder. D. João III, in: Joaquim Romero de Magalhães und José Mattoso (Hrsg.), No Alvorecer da Modernidade (1480–1620), História de Portugal, Bd. 3, Lissabon 1993, S. 512–573

Magalhães 1993b
Joaquim Romero de Magalhães, O enquadramento do espaço nacional, in: Joaquim Romero de Magalhães und José Mattoso (Hrsg.), No Alvorecer da Modernidade (1480–1620), História de Portugal, Bd. 3, Lissabon 1993, S. 12–59

Magalhães 1993c
Joaquim Romero de Magalhães, As estruturas políticas de unificação, in: Joaquim Romero de Magalhães und José Mattoso (Hrsg.), No Alvorecer da Modernidade (1480–1620), História de Portugal, Bd. 3, Lissabon 1993, S. 60–113

Magalhães 1998a
Joaquim Romero Magalhães, As Incursões no Espaço Africano, in: Francisco Bethencourt und Kirti Narayan Chaudhuri (Hrsg.), História da Expansão Portuguesa, Bd. 2, Lissabon 1998, S. 65–81

Magalhães 1998b
Joaquim Romero Magalhães, Articulações interregionais e economias-mundo, in: Francisco Bethencourt und Kirti Narayan Chaudhuri (Hrsg.), História de Expansão Portuguesa 1: A Formação do Império 1414–1570, Navarra 1998, S. 308–334

Maia 2004
Pedro Américo Maia, José de Anchieta, o apóstolo do Brasil, São Paulo 2004

Major 1868
Richard Henry Major, The life of Prince Henry of Portugal, surnamed The Navigator, and its results: Comprising the discovery, within one century, of half the world, London 1868

Malamoud 1980
Charles Malamoud, Le Voyage au-delà des trois mers d'Athanase Nikitine, in: L'Ethnographie, Bd. 76, Nr. 81–82, Paris 1980, S. 85–134

Mallebrein 1984
Cornelia Mallebrein, Skulpturen aus Indien. Bedeutung und Form, München 1984

Mangani 2005
Giorgio Mangani, Messen, rechnen, beten. Die Weltkarte von Ricci als Meditationshilfe, in: Giorgio Mangani (Hrsg.), Matteo Ricci, Europa am Hofe der Ming, Mailand 2005, S. 37–49

Manguin 1993
Pierre-Yves Manguin, The Vanishing Jong. Insular Southeast Asian Fleets in Trade and War (Fifteenth to Seventeenth Centuries), in: Anthony Reid (Hrsg.), Southeast Asia in the Early Modern Era. Trade, Power and Belief, Ithaca/London 1993, S. 197–213

Manupella 1987
Giacinto Manupella (Hrsg.), Livro de Cozinha da Infanta D. Maria. Códice Português I e 33 da Biblioteca Nacional de Nápoles, Lissabon 1987

Marin 1981
Louis Marin, Le Portrait du Roi, Paris 1981

Markham 1913
Clement Markham, Colloquies and the Simples and Drugs of India by Garcia da Orta, London 1913

Markl 1983
Dagoberto Markl, Livro de horas de D. Manuel, Lissabon 1983

Markl/Baptista Pereira 1986
Dagoberto Markl und Fernando António Baptista Pereira, O Renascimento, Bd. 6 der História da Arte em Portugal, Lissabon 1986

Marquart 1913
Josef Marquart, Die Benin-Sammlung des Reichsmuseums für Völkerkunde in Leiden, Leiden 1913

Marques 1995
António H. de Oliveira Marques, Deutsche Reisende im Portugal des 15. Jahrhunderts, in: Marília dos Santos Lopes u. a. (Hrsg.), Portugal und Deutschland auf dem Weg nach Europa, Pfaffenweiler 1995, S. 11–26

Marques 1998
António H. Oliveira Marques (Hrsg.), Nova História da Expansão Portuguesa, Bd. 2, Lissabon 1998

Marques 2001
António H. de Oliveira Marques, Geschichte Portugals und des portugiesischen Weltreichs, Stuttgart 2001

Martin/Romano 2000
John Martin und Dennis Romano, Reconsidering Venice, in: John Martin and Dennis Romano (Hrsg.), Venice Reconsidered: The History and Civilization of an Italian City-State, 1297–1797, Baltimore 2000, S. 1–35

Martins 1979
Mário Martins, A Bíblia na literatura medieval portuguesa, Lissabon 1979

Mata 2002
Sergio da Mata, Chão de Deus. Catolicismo popular, espaço e protourbanização em Minas Gerais, Brasil, Séculos XVIII–XIX, Berlin 2002

Mathew 1986
K. S. Mathew, Trade in the Indian Ocean and the Portuguese System of Cartazes, in: Malyn D. D. Newitt (Hrsg.), The First Portuguese Colonial Empire, Exeter 1986, S. 69–83

Mathew 1988
Kalloor M. Mathew, History of the Portuguese Navigation in India 1497–1600, Delhi 1988

Matos 1998
Artur Teodoro de Matos, ›Quem vai ao Mar em Terra se Avia‹. Preparativos e Recomendações aos Passageiros da Carreira da Índia no Século XVII, in: Artur Teodoro de Matos (Hrsg.), A Carreira da Índia e as Rotas dos Estreitos. Actas do VIII Seminário Internacional de História Indo-Portuguesa, Angra do Heroísmo 1998, S. 377–394

Matos 1997
Jorge Semedo de Matos, A Navegação: os caminhos de uma ciência indispensável, in: Francisco Bethencourt und Kirti Narayan Chaudhuri (Hrsg.), História da Expansão Portuguesa, Bd. 1, Lissabon 1997, S. 72–87

Mattoso 1993a
José Mattoso, História de Portugal. A Monarquia Feudal (1096–1480), Bd. 2, Lissabon 1993

Mattoso 1993b
José Mattoso, Duarte Galvão, in: Giulia Lanciani und Giuseppe Tavani (Hrsg.), Dicionário de literatura medieval galega e portuguesa, Lissabon 1993, S. 225f.

Mattoso 2006
José Mattoso, D. Afonso Henriques, Lissabon 2006

Mattoso/Sousa 1993
José Mattoso und Armindo da Sousa, História de Portugal. A monarquia feudal (1096–1480), Lissabon 1993

Mauro 1983
Frédéric Mauro, Le Portugal, le Brésil et l'Atlantique au XVII siècle (1570–1670), Paris 1983

Mayer 1962
Leo Ary Mayer, Islamic Armourers and their Works, Genf 1962

McRoberts 1984
Robert W. McRoberts, An Examination of the Fall of Malacca in 1511, in: Journal of the Malayan Branch of the Royal Asiatic Society 57, Singapur 1984, 1, S. 26–39

Meier/Amado Aymoré 2005
Johannes Meier (Hrsg.) und Amado Aymoré (Bearb.), Jesuiten aus Zentraleuropa in Portugiesisch- und Spanisch-Amerika. Ein bio-bibliographisches Handbuch mit einem Überblick über das außereuropäische Wirken der Gesellschaft Jesu in der frühen Neuzeit, Bd. 1: Brasilien (1618–1760), Münster 2005

Meilink-Roelofsz 1962
Maria A. P. Meilink-Roelofsz, Asian Trade and European Influence in the Indonesian Archipelago between 1500 and about 1630, Den Haag 1962

Meillassoux 1989
Claude Meillassoux, Anthropologie der Sklaverei, Frankfurt am Main 1989

Mello 1998
Evaldo Cabral de Mello, Olinda Restaurada. Guerra e Açúcar no Nordeste, 1630–1654, Rio de Janeiro 1998

Mello 2001
Evaldo Cabral de Mello, O Negócio do Brasil. Portugal, os Países Baixos e o Nordeste (1641–1669), Lissabon 2001

Mendes 1993
António Rosa Mendes, A Vida Cultural, in: José Mattoso, História de Portugal, Bd. 3, Lissabon 1993, S. 393–397

Mendonça 2002
Délio de Mendonça, Conversations and Citizenry. Goa under Portugal 1510–1610, Neu Delhi 2002

Menninger 1995
Annerose Menninger, Die Macht der Augenzeugen. Neue Welt und Kannibalen-Mythos, 1492–1600, Stuttgart 1995

Métraux 1932
Alfred Métraux, A propos de deux Objets Tupinamba du Musée d'Ethnographie du Trocadéro, in: Bulletin du Musée d'Ethnographie du Trocadéro 3, Paris 1932, S. 3–18

Mett 1996
Rudolf Mett, Regiomontanus. Wegbereiter des neuen Weltbildes, Zürich 1996

Mette 1995
Hanns-Ulrich Mette, Der Nautiluspokal. Wie Kunst und Natur miteinander spielen, München/Berlin 1995

Meurer 1991
Peter H. Meurer, Fontes cartographici Orteliani. Das ›Theatrum orbis terrarum‹ von Abraham Ortelius und seine Kartenquellen, http://stabikat.sbb.spk-berlin.de, Weinheim 1991

Meyers 1906
Meyers Großes Konversations-Lexikon, 6. Aufl., Leipzig/Wien 1906

Mignini 2005
Filippo Mignini (Hrsg.), Matteo Ricci. Europa am Hofe der Ming, Berlin/Mailand 2005

Miranda 1998–2007
Salvador Miranda, The Cardinals of the Holy Roman Church – Bibliographical Dictionary, Florida 1998–2007

Mitragotri 1999
V. R. Mitragotri, Socio Cultural History of Goa, From Bhojas to Vijayanagar, Panaji 1999

Mode 1975
Heinz Mode, Volkskunst, Kunsthandwerk und Kleinkunst Indiens, in: Regina Hickman u. a., Miniaturen, Volks- und Gegenwartskunst Indiens, Leipzig 1975, S. 121–232

Moleiro 2006
Manuel Moleiro (Hrsg.), Atlas Miller, Barcelona 2006

Moita 1983
Irisalva Moita, A Imagem e a Vida da Cidade, in: Ausst.-Kat. Lisboa Quinhentista: a imagem e a vida da cidade, Câmara Municipal de Lisboa, Lissabon 1983, S. 9–22

Moita 1994a
Irisalva Moita (Hrsg.), O Livro de Lisboa, Lissabon 1994

Moita 1994b
Irisalva Moita, Lisboa no século XVI, in: Irisalva Moita (Hrsg.), O Livro de Lisboa, Lissabon 1994, S. 139–194

Moiteiro 2005
Gilberto Moiteiro, Da Lisboa de Nun'Álvares à Lisboa do Santo Condestável. Uma nova devoção na cidade dos reis de Avis, in: A nova Lisboa medieval. Actas, Lissabon 2005, S. 121–132

Mollema 1942
Jarig Cornelis Mollema, Geschedeneis van Nederland ter zee, Bd. 4, Amsterdam 1942

Montalboddo 1507
Francanzano Montalboddo, Paesi nouamente retrouati Et Nouo Mondo da Alberico Vesputio Florentino intitulato, Vicenza 1507

Monteiro 2003
Paulo Monteiro, Ship Treatisis and Books: João Baptista Lavanha, http://nautarch.tamu.edu/shiplab/treatisefiles/tt-lavanha-pmonteiro.htm, Nautical Archaeology Program, Texas A&M University, Texas 2003

Moran 1993
Joseph F. Moran, The Japanese and the Jesuits. Alessandro Valignano in sixteenth-century Japan, London/New York 1993

Moreira 1981
Rafael Moreira, A arquitectura militar do Renascimento em Portugal, Actas do Simpósio sobre a introdução da arte da Renascença na Peninsula Ibérica, Coimbra 1981

Moreira 1989
Rafael Moreira (Koord.), História das Fortificações Portuguesas no Mundo, Lissabon 1989

Moreira 1991
Rafael Moreira, A Arquitectura do Renascimento no Sul de Portugal, Lissabon 1991

Moreira 1994a
Rafael Moreira, A Primeira Comemoração. O Arco dos Vice-Reis, in: Oceanos 19/20, Lissabon 1994, S. 156–160

Moreira 1994b
Rafael Moreira, Torre de Belém, in: Irisalva Moita (Hrsg.), O Livro de Lisboa, Lissabon 1994, S. 175–180

Moreira 1995a
Rafael Moreira, D. Álvaro de Castro e a encomenda, in: Ausst.-Kat. Tapeçarias de D. João de Castro, Comissão Nacional para as Comemorações dos Descobrimentos Portugueses, Museu Nacional de Arte Antiga, Lissabon 1995, S. 81–89

Moreira 1995b
Rafael Moreira, D. João de Castro e Vitrúvio, in: Ausst.-Kat. Tapeçarias de D. João de Castro, Comissão Nacional para as Comemorações dos Descobrimentos Portugueses, Museu Nacional de Arte Antiga, Lissabon 1995, S. 51–57

Moreira Neto 1992
Carlos de Araújo Moreira Neto, Os principais grupos missionários que atuaram na Amazônia brasileira entre 1607–1759, in: Eduardo Hoornaert (Hrsg.), História da Igreja na Amazônia, Petrópolis 1992, S. 63–120

Morineau 1999
Michel Morineau, Eastern and Western Merchants from the Sixteenth to the Eighteenth Centuries, in: Sushil Chaudhury und Michel Morineau (Hrsg.), Merchants, Companies and Trade. Europe and Asia in the Early Modern Era, Cambridge u. a. 1999, S. 116–144

Müller/Kunter 1971
Heinz Müller und Fritz Kunter, Europäische Helme aus der Sammlung des Museums für Deutsche Geschichte, Erfurt 1971

Münch Miranda 2001
Susana Münch Miranda, Os circuitos económicos, in: António H. de Oliveira Marques (Hrsg.), História dos Portugueses no Extremo Oriente, Bd. 2, Lissabon 2001, S. 259–288

Münch Miranda/Serafim 2001
Susana Münch Miranda und Cristina Seuanes Serafim, População e sociedade, in: António H. de Oliveira Marques (Hrsg.), História dos Portugueses no Extremo Oriente, Bd. 2, Lissabon 2001, S. 229–257

Münkler 1998
Marina Münkler, Marco Polo. Leben und Legende, München 1998

Münster 2007 [1628]
Sebastian Münster, Cosmographia, Das ist: Beschreibung der gantzen Welt, 2 Bde., Lahnberg 2007 [Basel 1628]

Münzel 1985
Mark Münzel, Die Indianer. Kulturen und Geschichte, Bd. 2: Mittel- und Südamerika. Von Yucatán bis Feuerland, München 1985

Münzel 2006a
Mark Münzel, Vier Lesarten eines Buches: zur Rezeption von Hans Stadens Wahrhaftige Historia, in: Martius-Staden-Jahrbuch 53, São Paulo 2006, S. 9–22

Münzel 2006b
Mark Münzel, Indianer in der frühen Kolonialzeit, in: Robert Bosch GmbH (Hrsg), Susanne Koppel (Red.), Brasilien. Alte Bücher. Neue Welt. Die Bibliothek der Robert Bosch GmbH, Stuttgart 2006, S. 114–133

Mukhia 1999
Harbans Mukhia, The Feudalism Debate, Neu Delhi 1999

Muris 1943
Oswald Muris, Der »Erdapfel« des Martin Behaim, in: Ibero-Amerikanisches Archiv 17, Heft 1/2, Berlin 1943, S. 49–64

Murr 1778
Christoph Gottlieb von Murr, Diplomatische Geschichte des portugesischen berühmten Ritters Martin Behaims aus Originalurkunden, nebst einer Kupfertafel, Nürnberg 1778

Murr 1802
Christoph Gottlieb von Murr, Histoire Diplomatique du Chevalier Portugais Martin Behaim de Nuremberg avec la description de son globe terrestre, Paris 1802

N

Nachrodt 1995
Hans Werner Nachrodt, Martin Behaim und sein »Erdapfel«, in: Jahrbuch für fränkische Landesforschung 55, Erlangen 1995, S. 45–64

Nagel 2003
Jürgen G. Nagel, Der Schlüssel zu den Molukken. Makassar und die Handelsstrukturen des Malaiischen Archipels im 17. und 18. Jahrhundert – eine exemplarische Studie, Hamburg 2003

Nebenzahl 1990
Kenneth Nebenzahl, Der Kolumbus-Atlas, Braunschweig 1990

Newitt 1987
Malyn D. D. Newitt, East Africa and Indian Ocean Trade 1500–1800, in: Ashin Das Gupta und Michael N. Pearson (Hrsg.), India and the Indian Ocean 1500–1800, Kalkutta 1987, S. 201–223

Newitt 2005
Malyn D. Newitt, A History of Portuguese Overseas Expansion, 1400–1668, London/New York 2005

Ng 1995
Ng Chin Keong, Trade, the Sea Prohibition and the ›Fo-lang-chi‹, 1513–1550, in: Proceedings of the International Colloquium on The Portuguese and the Pacific, hrsg. von Francis A. Dutra und João Camilo dos Santos, Santa Barbara 1995, S. 381–424

Nicolle 1981
David Nicolle, Islamische Waffen, Graz 1981

Nimuendajú 1946
Curt Nimuendajú, The Eastern Timbira, Berkeley 1946

Nissen 1966
Claus Nissen, Die botanische Buchillustration: Ihre Geschichte und Bibliographie, Bd. 2, Stuttgart 1966

Norwich 1997
Oscar I. Norwich, Norwich's Maps of Africa. An illustrated and annotated carto-bibliography, hrsg. von Jeffrey C. Stone, Norwich 1997

Nunes 2002–2005
Pedro Nunes, Obras, 3 Bde., Lissabon 2002–2005

O

Obermeier 1995
Franz Obermeier, Französische Brasilienreiseberichte im 17. Jahrhundert. Claude d'Abbeville: Histoire de la mission, 1614. Yves d'Evreux: Suitte de l'Histoire. 1615, Abhandlungen zur Sprache und Literatur 83, Bonn 1995

Obermeier 2006a
Franz Obermeier, Brasilien in der Kolonialzeit und die frühe Brasilienliteratur, in: Robert Bosch GmbH (Hrsg.), Susanne Koppel (Red.), Brasilien. Alte Bücher. Neue Welt. Die Bibliothek der Robert Bosch GmbH, Stuttgart 2006, S. 56–86

Obermeier 2006b
Franz Obermeier, Die Illustrationen in Stadens Warhaftige Historia von 1557, in: Martius-Staden-Jahrbuch 53, São Paulo 2006, S. 35–50

O'Callaghan 2004
Joseph F. O'Callaghan, Reconquest and Crusade in Medieval Spain, Philadelphia 2004

Oceanos 2002
Oceanos 49: Pedro Nunes, Lissabon 2002

O'Connell 2004
Monique O'Connell, Venice Outside the Lagoon: Family and Politics in Fifteenth Century Venetian Crete, Dissertation, Evanston 2004

Oestmann 2002
Günther Oestmann, Measuring and Dating the Arabic Celestial Globe at Dresden, in: Proceedings of the XXth International Congress of History of Science [Liege 20–26 July 1997]. Volume XVI Scientific Instruments and Museums, Tournhout 2002, S. 291–298

Özbaran 1995
Salih Özbaran, Ottoman naval policy in the South, in: Metin Kunt and Christine Woodhead (Hrsg.), Süleyman the Magnificent and his Age: The Ottoman Empiure in the Early Modern World, London 1995, S. 55–70

Okamoto 1942
Okamoto Yoshitomo, Jûroku seiki Nichi-Ô kôtsûshi no kenkyû, Tokio 1942

Oliveira 1620
Frei Nicolau de Oliveira, Livro das Grandezas de Lisboa, Lissabon 1620

Ollé 2000
Manel Ollé, La invención de China. Percepciones y estrategias filipinas respecto a China durante el siglo XVI. South China and Maritime Asia 9, Wiesbaden 2000

Olshausen 1991
Eckhard Olshausen, Einführung in die historische Geographie der Alten Welt, Darmstadt 1991

O'Malley 1969
John W. O'Malley, Fulfillment of de Christian Golden Age under pope Julius II: Text of a discourse of Giles de Viterb, 1507, in: Traditio, Nr. 25, New York 1969, S. 265–338

O'Malley 1986
John W. O'Malley, Unterwegs in alle Länder der Welt. Die Berufung des Jesuiten nach Jerónimo Nadal, in: Geist und Leben 59, Würzburg 1986, S. 247–260

O'Rourke/Williamson 2005
Kevin H. O'Rourke und Jeffrey G. Williamson, Did Vasco da Gama Matter for European Markets? Testing Frederick Lane's Hypotheses Fifty Years Later, NBER Working paper 11884, New York 2005

Orta 1987 [1563]
García da Orta, Colóquios dos simples, e drogas he cousas medicinais da Índia, Nachdruck des Originals von 1563, Lissabon 1987

Ortiz 1983
António Domínguez Ortiz, Politica y Hacienda de Felipe IV, Madrid 1983

Osswald 2005
Maria Cristina Osswald, Die Entstehung des Modo Goano. Der indische Charakter der Jesuitenkunst in Goa zwischen 1542 und 1655, in: Johannes Meier (Hrsg.): Sendung – Eroberung – Begegnung. Franz Xaver, die Gesellschaft Jesu und die katholische Weltkirche im Zeitalter des Barock, Wiesbaden 2005, S. 139–157

Otto/Uhlig 1991
Eckart Otto und Siegbert Uhlig, Bibel und Christentum im Orient. Studien zur Einführung der Reihe »Orientalia Biblica et Christiana«, Glückstadt 1991

P

Pais da Silva 1983
Jorge Henrique Pais da Silva, Estudos sobre o Maneirismo, Lissabon 1983

Pais da Silva 1986
Jorge Henrique Pais da Silva, Páginas de História de Arte, 2 Bde., Lissabon 1986

Paiva 2000
José Pedro Paiva, Dioceses e Organização Eclesiástica, in: João Francisco Marques u. a. (Hrsg.), Humanismo e Reforma, História Religiosa de Portugal, Bd. 2, Lissabon 2000, S. 186–199

Pant 1980
G. N. Pant, Indian Arms and Armour. Swords and Daggers, Bd. 2, Neu Delhi 1980

Parker 1996
Geoffrey Parker, The Military Revolution. Military Innovations and the Rise of the West 1500–1800, Cambridge 1996

Parry 1978
John H. Parry, Das Zeitalter der Entdeckungen, Kindlers Kulturgeschichte des Abendlandes 12, München 1978

Pastoureau 1990
Mireille Pastoureau, Voies Océans de l'ancien aux nouveaux mondes, mit einer Einleitung von Emmanuel Le Roy Ladurie, Paris 1990

Pauly 1989
Uli Pauly, Sakoku. Zu den Hintergründen von Japans Weg in die nationale Abschließung unter den Tokugawa, Deutsche Gesellschaft für Natur- und Völkerkunde Ostasiens (OAG) aktuell, Nr. 36, Tokio 1989

Paviot 1995
Jacques Paviot, Ung mapemonde rond, en guise de pomme: Ein Erdglobus von 1440–44 hergestellt für Philipp den Guten, Herzog von Burgund, in: Der Globusfreund, 43/44, Wien 1995, S. 19–29

Pearson 1976
Michael N. Pearson, Merchants and Rulers in Gujarat. The Response to the Portuguese in the Sixteenth Century, Berkeley u. a. 1976

Pearson 1979
Michael N. Pearson, Corruption and Corsairs in Sixteenth-century Western India. A Functional Analyses, in: Blair B. Kling und Michael N. Pearson (Hrsg.), The Age of Partnership. Europeans in Asia before Dominion, Honolulu 1979, S. 15–41

Pearson 1987
Michael N. Pearson, The Portuguese in India, The New Cambridge History of India I/1, Cambridge/New York 1987

Pereira 1940
António Bernardo de Bragança Pereira, Etnografia da Índia Portuguesa, 2 Bde., Panaji 1940

Pereira 1975
Duarte Pacheco Pereira, Esmeraldo de Situ Orbis, Lissabon 1975

Pereira 1989
José Fernandes Pereira (Hrsg.), Dicionário de Arte Barroca em Portugal, Lissabon 1989

Pereira 1990a
Paulo Pereira, A esfera armilar na arquitectura do tempo de D. Manuel in: Oceanos 4, Lissabon 1990, S. 44–50

Pereira 1990b
Paulo Pereira, A Obra Silvestre e a Esfera do Rei, Coimbra 1990

Pereira 1991
Paulo Pereira, L'architecture portugaise (1400–1550), in: Ausst.-Kat. Feitorias. L'art au Portugal au temps des grands découvertes (XIVᵉ siècle à 1548), hrsg. von Frank Vanhaecke, Antwerpen 1991, S. 56–62

Pereira 1992
Paulo Pereira, Retórica e Memória na simbologia manuelina. O caso de Santa Maria de Belém, in: Ausst.-Kat. Jerónimos. 4 Séculos de Pintura, hrsg. von Anísio Franco, Lissabon 1992, S. 40–51

Pereira 1993
Paulo Pereira, Architecture manuéline: thèmes et problèmes de méthode, in: A Travers l'Image, Paris 1993, S. 227–238

Pereira 1994a
Paulo Pereira, Iconografia dos Descobrimentos, in: Dicionário de História dos Descobrimentos, Bd. 1, Lissabon 1994, S. 73–78

Pereira 1994b
Paulo Pereira, Lisboa Manuelina, Lissabon 1994

Pereira 1995a
Paulo Pereira, A arquitectura (1250–1450), in: História da Arte Portuguesa, Bd. 1, hrsg. von Paulo Pereira, Lissabon 1995, S. 335–433

Pereira 1995b
Paulo Pereira, As grandes edificações. 1450–1530, in: História da Arte Portuguesa, Bd. 2, hrsg. von Paulo Pereira, Lissabon 1995, S. 114–155

Pereira 1995c
Paulo Pereira (Hrsg.), A simbólica manuelina. Razão, celebração, segredo, in: História da Arte Portuguesa, Bd. 2, hrsg. von Paulo Pereira, Lissabon 1995, S. 115–148

Pereira 2000
Paulo Pereira, 2000 Anos de Arte em Portugal, Lissabon 2000

Pereira 2001
Paulo Pereira, Monastery of Jerónimos, London 2001

Pereira 2003
António dos Santos Pereira, A Índia a preto e branco: Uma carta oportuna, escrita em Cochim, por D. Constantino de Bragança, à Rainha Dona Catarina, in: Anais de História de Além-Mar, Bd. 4, Lissabon 2003, S. 449–484

Pereira 2005a
António Nunes Pereira, A Arquitectura Religiosa Cristã de Velha Goa. Segunda Metade do Século XVI – Primeiras Décadas do Século XVII, Lissabon 2005

Pereira 2005b
Paulo Pereira, Espírito da Terra. Lugares Mágicos de Portugal, 7 Bde., Lissabon 2005

Pereira 2007
Paulo Pereira, O Convento de Cristo, Lissabon/London 2007 [in Druck]

Pereira/Leite 1983
Paulo Pereira und Ana Cristina Leite, Espiritualidade e religiosidade na Lisboa de Quinhentos, in: Ausst.-Kat. Lisboa Quinhentista: a imagem e a vida da cidade, Câmara Municipal de Lisboa, Lissabon 1983, S. 31–41

Pérez de Tudela/Jordan Gschwend 2001
Almudena Pérez de Tudela und Annemarie Jordan Gschwend, Luxury Goods for Royal Collectors: Exotica, Princely Gifts and Rare Animals Exchanged Between the Iberian Courts and Central Europe in the Renaissance (1560–1612), in: Jahrbuch des Kunsthistorischen Museums Wien 3, Mainz 2001, S. 1–127

Perlin 1983
Frank Perlin, Proto-Industrialization and Pre-Colonial South Asia, in: Past and Present 98, Oxford/New York 1983, S. 30–95

Perlin 1984
Frank Perlin, Growth of Money Economy and Some Questions of Transition in Late Pre-colonial India, in: The Journal of Peasant Studies 11/3, London 1984, S. 96–107

Pertz 1859
Georg Heinrich Pertz, Der älteste Versuch zur Entdeckung des Seeweges nach Ostindien im Jahre 1291, Berlin 1859

Petersen u. a. 2001
James B. Petersen u. a., Gift from the Past: Terra Preta and Prehistoric Amerindian Occupation in Amazonia, in: Colin McEwan u. a. (Hrsg.), Unknown Amazon, London 2001, S. 86–105

Petry 1994
Carl F. Petry, Protectors or praetorians? The last Mamluk sultans and Egypt's Waning as a Great Power, New York 1994

Petrzilka 1968
Meret Petrzilka, Die Karten des Laurent Fries von 1530 und 1531 und ihre Vorlage, die »Carta Marina« aus dem Jahre 1516 von Martin Waldseemüller, Dissertation, Zürich 1968

Pfeisinger 2001
Gerhard Pfeisinger, Das portugiesische Kolonialsystem in Brasilien. in: Friedrich Edelmayer u. a. (Hrsg.), Die Neue Welt. Süd- und Nordamerika in ihrer kolonialen Epoche, Wien 2001, S. 127–148

Pfister 1932
Louis Pfister SJ, Notices biographiques et bibliographiques sur les Jésuites de l'ancienne mission en Chine, 1552–1773, Shanghai 1932

Phillips 1995/1996
Tom Phillips (Hrsg.), Afrika – Die Kunst eines Kontinents, München/New York 1995/1996

Physiologus 1981
Physiologus, Naturkunde in frühchristlicher Deutung, aus dem Griechischen übersetzt und hrsg. von Ursula Treu, Hanau 1981

Pieper 2000
Renate Pieper, Die Vermittlung einer Neuen Welt. Amerika im Nachrichtennetz des Habsburgischen Imperiums 1493–1598, Mainz 2000

Pietschmann 2000
Horst Pietschmann, Portugal – Amerika – Brasilien: Die kolonialen Ursprünge einer Kontinentalmacht, in: Walther L. Bernecker u. a., Eine kleine Geschichte Brasiliens, Frankfurt am Main 2000, S. 9–123

Pilz 1977
Kurt Pilz, 600 Jahre Astronomie in Nürnberg, Nürnberg 1977

Pimenta 1944
Alfredo Pimenta, Duarte Darmas e o seu livro das Fortalezas (1509), Lissabon 1944

Pina 1977
Rui de Pina, Chronica do Senhor rey D. Affonso V, Porto 1977

Pinheiro 2004
Teresa Pinheiro, Aneignung und Erstarrung. Die Konstruktion Brasiliens und seiner Bewohner in portugiesischen Augenzeugenberichten 1500–1595, Stuttgart 2004

Pinto 1671
Fernão Mendes Pinto, Wunderliche und merckwürdige Reisen Fernandi Mendez Pinto, welche er iñerhalb ein und zwantzig Jahren/ durch Europa, Asien und Africa, und deren Königreiche und Länder; als Abbyssina, China, Japon, Tartarey, Siam, Calaminham, Pegu, Martabane, Bengale, Brama, Ormus, Batas, Queda, Aru, Pan, Ainan, Calempluy, Cauchenchina und andere Oerter verrichtet. [...], Amsterdam 1671

Pires 1971
Benjamin Videira Pires, A viagem de comércio Macau-Manila nos séculos XVI à XIX. Boletim do Instituto Luís de Camões 5.1–2, Lissabon 1971, S. 5–100

Pires 1988
Benjamim Videira Pires SJ, Os extremos conciliam-se (Transculturação em Macau), Macau 1988

Pissarra 2002
José V. Pissarra, Chaul e Diu. O Domínio do índico, Lissabon 2002

Plankensteiner 2007
Barbara Plankensteiner (Hrsg.), Benin. Könige und Rituale, Wien 2007

Pochat 1970
Götz Pochat, Der Exotismus während des Mittelalters und der Renaissance, Stockholm 1970

Pochat 1997
Götz Pochat, Das Fremde im Mittelalter, Würzburg 1997

Pögl 1986
Johannes Pögl, Einführung, in: Die reiche Fracht des Pedro Álvares Cabral. Seine Indische Fahrt und die Entdeckung Brasiliens, hrsg. von Johannes Pögl, Stuttgart/Wien 1986, S. 5–45

Pohle 2000
Jürgen Pohle, Deutschland und die überseeische Expansion Portugals im 15. und 16. Jahrhundert, Münster 2000

Pohle 2007
Jürgen Pohle, Martin Behaim (Martinho da Boémia): factos, lendas e controvérsias, Reihe »cadernos do cieg«, Nr. 26, Coimbra 2007

Polleroß 1992
Friedrich Polleroß, »Pietas Austriaca« und »Ecclesia Triumphans«. Die Missionierung Amerikas durch die katholische Kirche, in: Ausst.-Kat. Wien 1992, Federschmuck und Kaiserkrone. Das barocke Amerikabild in den habsburgischen Ländern, hrsg. von Friedrich Polleroß u. a., Wien 1992, S. 95 f.

Polo 1989
Marco Polo, Il Milione, Die Wunder der Welt, mit einem Nachwort von Elise Guignard, Zürich 1989

Portugal 1980
Fernando Portugal, As imagens do Infante Santo no mosteiro dos Jerónimos, Ecos de Belém, Jg. 48, Nr. 1834, Lissabon 1980

Post 1922
Paul Post, Eine mittelalterliche Geschützkammer mit Ladung im Berliner Zeughaus, in: Zeitschrift für historische Waffen- und Kostümkunde, Bd. 9, München 1922, S. 117–121

Pranzetti 1992
Luisa Pranzetti (Hrsg.), Regni terre e isole, Atlante nautico di Fernão Vaz Dourado 1580, Faksimile-Ausgabe des Exemplars der Bayerischen Staatsbibliothek München, Venedig 1992

Prien 1978
Hans-Jürgen Prien, Die Geschichte des Christentums in Lateinamerika, Göttingen 1978

Prien 2006
Hans-Jürgen Prien, Eroberung und Mission in Brasilien im 16. und 17. Jahrhundert. Die evangelisatorische Leistung der Jesuiten in Brasilien, in: Robert Bosch GmbH (Hrsg.), Susanne Koppel (Red.), Brasilien. Alte Bücher. Neue Welt. Die Bibliothek der Robert Bosch GmbH, Stuttgart 2006, S. 141–155

Priuli 1912–38
Girolamo Priuli, I Diarii, hrsg. von Arturo Segre und Roberto Cessi, 4 Bde., Venedig 1912–38

Ptak 1980
Roderich Ptak, Portugal in China. Kurzer Abriß der portugiesisch-chinesischen Beziehungen und der Geschichte Macaus im 16. und beginnenden 17. Jahrhundert, Portugal-Reihe, Bad Boll 1980

Ptak 1982
Roderich Ptak, The Demography of Old Macao, 1555–1640, in: Ming Studies 15, Minneapolis 1982, S. 27–35

Ptak 1985a
Roderich Ptak, Die Portugiesen in Macau und Japan. Aufstieg und Niedergang des Fernosthandels 1513–1640, in: Roderich Ptak (Hrsg.), Portugals Wirken in Übersee. Atlantik, Afrika, Asien. Beiträge zur Geschichte, Geographie und Landeskunde, Bammental/Heidelberg 1985, S. 171–196

Ptak 1985b
Roderich Ptak, Die Portugiesen auf Solor und Timor. Europas Sandelsholzposten in Südostasien im 16. und beginnenden 17. Jahrhundert, in: Roderich Ptak (Hrsg.), Portugals Wirken in Übersee. Atlantik, Afrika, Asien. Beiträge zur Geschichte, Geographie und Landeskunde, Bammental 1985, S. 197–214

Ptak 1985c
Roderich Ptak, Die Portugiesen im Nordwestatlantik: Labrador, Neufundland und die Fischbänke vor Kanada im 16. Jahrhundert, in: Roderich Ptak (Hrsg.), Portugals Wirken in Übersee: Atlantik, Afrika, Asien. Beiträge zur Geschichte und Landeskunde, Bammental/Heidelberg 1985, S. 47–59

Ptak 1987
Roderich Ptak, The Transportation of Sandalwood from Timor to China and Macao c. 1350–1600, in: Roderich Ptak (Hrsg.), Portuguese Asia. Aspects in History and Economic History. Sixteenth and Seventeenth Centuries, Beiträge zur Südasienforschung 117, Stuttgart 1987, S. 87–109

Ptak 1989
Roderich Ptak, Der Handel zwischen Macau und Makassar, etwa 1640–1667, in: Zeitschrift der Deutschen Morgenländischen Gesellschaft 139/1, Mainz 1989, S. 208–226

Ptak 1991a
Roderich Ptak, Chinesische und portugiesische Quellen zum asiatischen Seehandel etwa 1400 bis 1600, in: Periplus. Jahrbuch für außereuropäische Geschichte 1, Essen 1991, S. 69–83

Ptak 1991b
Roderich Ptak, Pferde auf See. Ein vergessener Aspekt des maritimen chinesischen Handels im frühen 15. Jahrhundert, in: Journal of the Economic and Social History of the Orient 34/2, Leiden 1991, S. 199–233

Ptak 1991c
Roderich Ptak, Südchina und der Seehandel in Ost- und Südostasien 1600–1750, in: Periplus. Jahrbuch für außereuropäische Geschichte 1, Essen 1991, S. 37–50

Ptak 1992
Roderich Ptak, The Northern Trade Route to the Spice Islands. South China Sea-Sulu Zone-North Moluccas. 14th to Early 16th Century, in: Archipel 43, Lausanne 1992, S. 27–55

Ptak 1994a
Roderich Ptak, Merchants and Maximization. Notes on Chinese and Portuguese Entrepreneurship in Maritime Asia c. 1350–1600, in: Karl Anton Sprengard und Roderich Ptak (Hrsg.), Maritime Asia. Profit Maximisation, Ethics and Trade Structure c. 1300–1800. South China and Maritime Asia 2, Wiesbaden 1994, S. 29–59

Ptak 1994b
Roderich Ptak, Die Rolle der Chinesen, Portugiesen und Holländer im Teehandel zwischen China und Südostasien (etwa 1600–1750), in: Jahrbuch für Wirtschaftsgeschichte 1994/1, Berlin 1994, S. 89–106

Ptak 1994c
Roderich Ptak, Sino-Japanese Maritime Trade, etwa 1550: Merchants, Ports and Networks, in: O século cristão do Japão. Actas do Colóquio Internacional Comemorativo dos 450 Anos de Amizade Portugal-Japão (1543–1993). Lisboa, 2 a 5 de Novembro de 1993, hrsg. von Roberto Carneiro und Artur Teodoro de Matos, Lissabon 1994, S. 281–311

Ptak 1998a
Roderich Ptak, Macau and Sino-Portuguese Relations, c. 1513/14 to c. 1900: A Bibliographical Essay, in: Monumenta Serica 46, Sankt Augustin 1998, S. 343–396

Ptak 1998b
Roderich Ptak, Ming Maritime Trade to Southeast Asia, 1368–1567: Visions of a System, in: Claude Guillot u. a. (Hrsg.), From the Mediterranean to the China Sea: Miscellaneous Notes., Wiesbaden 1998, S. 157–192

Ptak 1999a
Roderich Ptak, Chinese Documents in Portuguese Archives: Jottings on Three Texts Found in the Arquivo Histórico Ultramarino, Lisbon, in: Zeitschrift der Deutschen Morgenländischen Gesellschaft 149/1, Mainz 1999, S. 173–190

Ptak 1999b
Roderich Ptak, Mercadorias em trânsito em Macau durante o seu período histórico: seda, prata, sândalo, chá, pimenta, almíscar, in: Os fundamentos da amizade. Cinco séculos de relações culturais e artísticas luso-chinesas, Lissabon 1999, S. 61–69

Ptak 1999c
Roderich Ptak, Sino-Portuguese Relations etwa 1513/14 to 1550s, in: Portugal e a China. Conferéncias no II Curso Livre de História das Relações entre Portugal e a China (séculos XVI–XIX), koord. von Jorge Manuel dos Santos Alves, Lissabon 1999, S. 19–37

Ptak 2000
Roderich Ptak, Wirtschaftlicher und demographischer Wandel in Macau: Stadien einer Entwicklung, in: Roman Malek (Hrsg.), Macau: Herkunft ist Zukunft, Sankt Augustin 2000, S. 153–186

Ptak 2001a
Roderich Ptak, China's Medieval fanfang – A Model for Macau under the Ming?, in: Anais de História de Além-Mar 2, Lissabon 2001, S. 47–71

Ptak 2001b
Roderich Ptak, Twentieth Century Macau: History, Politics, Economics. A Bibliographical Survey, in: Monumenta Serica 49, Sankt Augustin 2001, S. 529–593

Ptak 2002
Roderich Ptak, The Fujianese, Ryukyuans and Portuguese (c. 1511 to 1540s): Allies or Competitors?, in: Anais de História de Além-Mar 3, Lissabon 2002, S. 447–467

Ptak 2004a
Roderich Ptak, Macau: Trade and Society, etwa 1740–1760, in: Wang Gungwu und Ng Chin-keong (Hrsg.), Maritime China in Transition, 1750–1850, Wiesbaden 2004, S. 191–211

Ptak 2004b
Roderich Ptak, Reconsidering Melaka and Central Guangdong: Portugal's and Fujian's Impact on Southeast Asian Trade (Early Sixteenth Century), in: Peter Boschberg (Hrsg.), Iberians in the Singapore-Melaka Area and Adjacent Regions (16th to 18th Century), Wiesbaden 2004, S. 1–21

Ptolemäus 2000 [1553]
Claudius Ptolemäus, Tetrabiblos: nach der von Philipp Melanchton besorgten seltenen Ausgabe aus dem Jahre 1553, Nachdruck der Ausgabe Berlin-Pankow 1923, Mössingen 2000

Purchas 1905 [1625]
Samuel Purchas, Hakluytus Posthumus or Puchas His Pilgrims Containing a History of the World in Sea Voyages and Lande Travells by Englishmen and others, 20 Bde., Glasgow 1905

Pyrard 1611
François Pyrard, Discours du voyage des Francois aux Indes orientales, ensemble des divers accidents et dangers de l'auteur en plusieurs royaumes des Indes etc., plus un bref advertissement et advis pour ceux qui entreprennent le voyage des Indes, Paris 1611

Q

Quaas 2004
Gerhard Quaas, Der Bestand orientalischer Waffen und Rüstungen im Deutschen Historischen Museum, Zeughaus, in: Jens Kröger (Hrsg.), Islamische Kunst in Berliner Sammlungen, Berlin 2004, S. 250–255

Quadros 1907
Jerónimo Quadros, Catálogo do Museu Archeologico de Diu, Panaji 1907

Quina 1995
Maria Antónia Gentil Quina, A série de tapeçarias dos »Sucessos e Triumfo de D. João de Castro« na Índia, in: Ausst.-Kat. Tapeçarias de D. João de Castro, Comissão Nacional para as Comemorações dos Descobrimentos Portugueses, Museu Nacional de Arte Antiga, Lissabon 1995, S. 113–143

Quirini 1506
Vicenzo Quirini, Relazione delle Indie Orientali di Vicenzo Quirini nel 1506, in: Eugenio Albèri (Hrsg.), Le relazioni degli ambasciatori veneti al Senato durante il secolo decimosesto, Bd. 15, Florenz 1863, S. 3–19

R

Raedemaeker 1994
Kurt de Raedemaeker, Zur technischen Entwicklung der Keramik- und Porzellanherstellung in China, in: Ausst.-Kat. China, eine Wiege der Weltkultur: 5000 Jahre Erfindungen und Entdeckungen, Roemer- und Pelizaeus-Museum, Mainz 1994, S. 176–184

Ramalho/Nunes 1945
Américo da Costa Ramalho und J. C. Nunes, Catálogo dos manuscritos da Biblioteca Geral da Universidade de Coimbra relativos à Antiguidade Clássica, Coimbra 1945

Ramos 1991
João de Deus Ramos, História das relações diplomáticas entre Portugal e a China, Bd. 1: O padre António de Magalhães, S. J., e a embaixada de Kangxi a D. João V (1721–1725), Macau 1991

Randles 1988
W. G. L. Randles, From the Mediterranean Portulan Chart to the Marine World Chart of the Great Discoveries: The Crisis in Cartography in the Sixteenth Century, in: Imago Mundi 40, London 1988, S. 115–118

Randles 1993
W. G. L. Randles, The Alleged Nautical School Founded in the Fifteenth Century at Sagres by Prince Henry of Portugal, Called the ›Navigator‹, in: Imago Mundi, Bd. 45, Lissabon 1993, S. 20–28

Ratti/Westbrook o. J.
Oscar Ratti und Adele Westbrook, Secrets of the Samurai. A survey of the martial arts of feudal Japan, Tokio o. J.

Ravenstein 1898
Ernest George Ravenstein, A Journal of the First Voyage of Vasco da Gama, 1497–1499, London 1898, S. 96–102

Ravenstein 1908
Ernest George Ravenstein Martin Behaim, his life and his globe, London 1908

Ray 1959
H. C. Ray (Hrsg.), University of Ceylon History of Ceylon, Bd. 1, Teil 1 und 2, Colombo 1959

Rebelo 2001
António Manuel Rebelo (Hrsg.), »Martyrium et gesta infantis Domini Fernandi«: edição crítica, tradução, estudo filológico, Coimbra 2001

Reid 1969
Anthony Reid, Sixteenth Century Turkish Influence in Western Indonesia, in: Journal of Southeast Asian History 10/3, Singapur 1969, S. 395–414

Reid 1975
Anthony Reid, Trade and the Problem of Royal Power in Aceh. Three Stages c. 1550–1700, in: Anthony Reid und Lance Castles (Hrsg.), Precolonial State Systems in Southeast Asia: The Malay Peninsula. Sumatra. Bali. Lombok. South Celebes, Monographs of the Malaysian Branch of the Royal Asiatic Society 6, Kuala Lumpur 1975, S. 395–414

Reid 1981
Anthony Reid, A Great Seventeenth Century Indonesian Family. Motoaya and Pattingalloang of Makassar, in: Masyarakat Indonesia 8, Jakarta 1981, S. 1–28

Reid 1983
Anthony Reid, The Rise of Makassar, in: Review of Indonesian and Malaysian Affairs 17, Sidney 1983, S. 117–160

Reid 1992
Antony Reid, Some Effects on Asian Economics of the European Maritime Discoveries, in: José Casas Pedro (Hrsg.), Economic Effects of the European Expansion 1492–1824. Beiträge zur Wirtschafts-und Sozialgeschichte 51, Stuttgart 1992, S. 435–462

Reid 1993
Anthony Reid, Southeast Asia in the Age of Commerce, 1450–1680. Vol. 2: Expansion and Crisis, New Haven 1993

Reid 2000
Anthony Reid, Five Centuries, Five Modalities. European Interaction with Southeast Asia 1497–1997, in: Anthony Disney und Emily Booth (Hrsg.), Vasco da Gama and the Linking of Europe and Asia, Neu Delhi u. a. 2000, S. 167–177

Reinhard 1983
Wolfgang Reinhard, Geschichte der europäischen Expansion. Bd. 1. Die Alte Welt bis 1818, Stuttgart 1983

Reinhard 1985
Wolfgang Reinhard, Geschichte der europäischen Expansion. Bd. 2. Die Neue Welt, Stuttgart u. a. 1985

Reis Santos 1960
Luís Reis Santos, Iconografia Henriquina, Lissabon 1960

Remensnyder 2000
Amy Remensnyder, The colonization of sacred architecture: the Virgin Mary, mosques and temples in medieval Spain and early sixteenth-century Mexico, in: Sharon Farmer und Barbara H. Rosenwein (Hrsg.), Monks and Nuns, Saints and Outcasts. Religion in Medieval Society. Essays in Honour of Lester K. Little, Ithaca/London 2000, S. 189–219

Reske 2000
Christoph Reske, Die Produktion der Schedelschen Weltchronik in Nürnberg – The Production of Schedel's Nuremberg Chronicle, Mainzer Studien zur Buchwissenschaft 10, Wiesbaden 2000

Reuter o. J.
Marianne Reuter, Beschreibung der Hs Cod. icon. 000, in: BSB-CodIcon Online. Elektronischer Katalog der Codices iconographici monacenses der Bayerischen Staatsbibliothek München, München o. J.

Reynolds 1972
Frank E. Reynolds, The Two Wheels of Dhamma: A Study of Early Buddhism, in: Frank E. Reynolds und Bardwell L. Smith (Hrsg.), The Two Wheels of Dhamma. Essays on the Theravada Tradition in India and Ceylon, Chambersburg 1972, S. 6–30

Rhodes 1966
Rhodes of Vietnam. The Travels and Missions of Father Alexander de Rhodes in China and Other Kingdoms of the Orient, Westminster 1966

Ribeiro 1967
Orlando Ribeiro, Portugal, o Mediterrâneo e o Atlântico, 3. Aufl., Lissabon 1967

Ricardo 2000
Carlos Alberto Ricardo, A sociodiversidade nativa contemporânea no brasil e a biodiversidade na amazônia, in: Joaquim Pais de Brito (Hrsg.), Os Índios, Nós, Lissabon 2000, S. 252–265

Ricci 1911/13
Opere Storiche del P. Matteo Ricci S.I., hrsg. vom Comitato per le Onoranze Nazionali mit Einleitung und Anmerkungen von P. Pietro Tacchi Venturi S.I., 2 Bde: Bd. 1 – Commentarj della Cina, Bd. 2 – Le Lettere dalla Cina (1580–1610), Macerata 1911/1913

Rich 1967
Edwin E. Rich, Colonial Settlement and Its Labour Problems, in: Edwin E. Rich und Charles H. Wilson (Hrsg.), The Cambridge Economic History of Europe 4. The Economy of Expanding Europe in the Sixteenth and Seventeenth Centuries, Cambridge 1967, S. 302–373

Richards 1983
John F. Richards, Outflows of Precious Metals form Early Islamic India, in: John F. Richards. (Hrsg.), Precious Metals in the Later Medieval and Early Modern Worlds, Durham 1983, S. 231–268

Riché 1984
Pierre Riché, La Bible et la vie politique dans le Haut Moyen-Âge, in: P. Riché und G. Lobrichon (Hrsg.), Le Moyen-Âge et la Bible, Paris 1984, S. 384–400

Ricklefs 1993
Merle C. Ricklets, A History of Modern Indonesia since c. 1300, Stanford 1993

Riederer/Forkl 2003
Josef Riederer und Hermann Forkl, Metallanalyse und typologische Reihen von Messingobjekten aus dem Reich Benin (Nigeria) im Linden-Museum Stuttgart, in: Tribus 52, Stuttgart 2003, S. 210–235

Robinson 1997
Francis Robinson (Hrsg.), Das Wissen, seine Vermittlung und die muslimische Gesellschaft, in: Islamische Welt: eine illustrierte Geschichte, Frankfurt am Main/New York 1997, S. 232–273

Rodrigues 1931
António Rodrigues, Tratado Geral de Nobreza, hrsg. von Afonso Dornelas, Porto 1931

Rodrigues 1997
Aryon D. Rodrigues, Descripción del tupinambá en el período colonial: el Arte de José de Anchieta, in: Klaus Zimmermann (Hrsg.), La descripción de la las lenguas amerindias en la época colonial, Frankfurt am Main 1997, S. 371–400

Rodrigues 1915 [vor 1561]
Bernardo Rodrigues, Anais de Arzila. Crónica inédita do século XVI, hrsg. von David Lopes, Bd. 1, Lissabon 1915

Rodrigues 1993
Teresa Ferreira Rodrigues, As estruturas populacionais, in: Joaquim Romero de Magalhães und José Mattoso (Hrsg.), No Alvorecer da Modernidade (1480–1620), História de Portugal, Bd. 3, Lissabon 1993, S. 197–241

Rodrigues 1995
Dalila Rodrigues, A pintura no período manuelino, in: História da Arte portuguesa, Bd. 2, hrsg. von Paulo Pereira, Lissabon 1995, S. 199–277

Rodrigues 2001
Victor Rodrigues, Organização militar e práticas de guerra dos Portugueses em Marrocos no século XV, princípios do século XVI: sua importância como modelo referencial para a expansão portuguesa no Oriente, in: Anais de História de Além-mar, Bd. 2, Lissabon 2001, S. 157–168

Rogers 1962
Francis M. Rogers, The Quest for eastern christians. Travels and Rumor in the Age of Discovery, Minneapolis 1962

Roosevelt 1993
Anna Curtenius Roosevelt, The Rise and Fall of the Amazon Chiefdoms, in: L'Homme 126–128, XXXIII (2–4), Paris 1993, S. 255–283

Rosa 1997
Maria de Lurdes Rosa, O corpo do chefe guerreiro, as chagas de Cristo e a quebra dos escudos: caminhos da mitificação de Afonso Henriques na Baixa Idade Média, in: Actas do 2º Congresso Histórico de Guimarães, Bd. 3, Guimarães 1997, S. 85–123

Rosa 1998a
Maria de Lurdes Rosa, A fundação do mosteiro da Conceição de Beja pela Duquesa D. Beatriz, in: Diogo Ramada Curto (Hrsg.), O Tempo de Vasco da Gama, Lissabon 1998, S. 265–270

Rosa 1998b
Maria de Lurdes Rosa, D. Jaime, duque de Bragança: entre a cortina e a vidraça, in: Diogo Ramada Curto (Hrsg.), O Tempo de Vasco da Gama, Lissabon 1998, S. 319–332

Rosa 2000
Maria de Lurdes Rosa, A religião no século: vivências e devoções dos leigos, in: Carlos Moreira Azevedo (Hrsg.), História Religiosa de Portugal, Bd. 1, Lissabon 2000, S. 423–510

Rosa 2001
Maria de Lurdes Rosa, Hagiografia e santidade, in: Carlos Moreira Azevedo (Hrsg.), Dicionário de História Religiosa de Portugal, Bd. 2, Lissabon 2001, S. 326–361

Rosa 2001/2002
Maria de Lurdes Rosa, A santidade no Portugal medieval: narrativas e trajectos de vida, in: Lusitania Sacra, Bd. 13–14, Lissabon 2001/2002, S. 369–450

Rosa 2005a
Maria de Lurdes Rosa, «As almas herdeiras». Fundação de capelas fúnebres e afirmação da alma como sujeito de direito (Portugal, 1400–1521), Lissabon 2005

Rosa 2005 b
Maria de Lurdes Rosa, Mortos – »tidos por vivos«: o tribunal régio e a capacidade sucessória das »almas em glória« (campanhas norte-africanas, 1472–c. 1542), in: Anais de História de Além Mar, Bd. 4, Lissabon 2005, S. 9–46

Rosa 2006
Maria de Lurdes Rosa, Velhos, novos e mutáveis sagrados... Um olhar antropológico sobre formas ›religiosas‹ de percepção e interpretação da conquista norte-africana (1420–1521), Lusitania Sacra, Bd. 18, Lissabon 2006, S. 13–85

Rosenberger 1988
B. Rosenberger, Mouriscos et elches – conversions au Maroc au début du XIVe siècle. In Mercedes García-Arenal und María J. Viguera (Hrsg.), Relaciones de la. Península Ibérica con el Magreb siglos XIII–XVI: actas del coloquio (Madrid, 17–18 diciembre 1987), Madrid 1988, S. 621–664

Rossa 2002
Walter Rossa, A imagem ribeirinha de Lisboa, in: A Urbe e o Traço, Coimbra 2002, S. 86–121

Rossa 2003
Walter Rossa, A Urbe e o Traço, Lissabon 2003

Rossa 2004
Walter Rossa, Lisboa Quinhentista, o terreiro do paço: prenúncios de uma afirmação da capitalidade, in: D. João III e o Império. Actas, Lissabon 2004, S. 945–967

Roteiro do Museu Grão Vasco 2004
Roteiro do Museu Grão Vasco, hrsg. von Graça Abreu, Museu Grão Vasco, Viseu 2004

Roteiro Museu Nacional de Machado de Castro 2005
Roteiro Museu Nacional de Machado de Castro, Lissabon 2005

Rothermund 1985
Dietmar Rothermund, Die Portugiesen in Indien. Aufstieg und Niedergang der portugiesischen Herrschaft im ›Estado da India‹, in: Roderich Ptak (Hrsg.), Portugals Wirken in Übersee. Atlantik, Afrika, Asien. Beiträge zur Geschichte, Geographie und Landeskunde, Bammental/Heidelberg 1985, S. 155–170

Rothermund 2002
Dietmar Rothermund, Das ›Schießpulverreich‹ der Großmogul und die europäischen Seemächte, in: Friedrich Edelmayer u. a. (Hrsg.), Globalgeschichte 1450–1620. Anfänge und Perspektiven, Edition Weltregionen 4, Wien 2002, S. 249–260

Rua 2004
Fernando B. S. Rua, As relações entre John Dee e Pedro Nunes: a carta de Dee a Mercator de 20 de Julho de 1558, in: Clio, Bd. 10, Lissabon 2004, S. 81–109

Rubim 1994
Nuno José Varela Rubim, A artilharia em Portugal na segunda metade do século XX, in: Ausst.-Kat. A arquitectura militar na Expansão Portuguesa, hrsg. von Rafael Moreira, Comissão Nacional para as Comemorações dos Descobrimentos Portugueses, Lissabon 1994, S. 17–26

Ruchamer 1508
Jobst Ruchamer, Newe unbekanthe landte und ein newe weldte in kurz verganger zeythe erfunden, Nürnberg 1508

Rudolph 2004
Ulrich Rudolph, Islamische Philosophie. Von den Anfängen bis zur Gegenwart, München 2004

Rücker 2007
Anne Rücker, Einführung, in: Sebastian Münster, Cosmographia, Lahnstein 2007 [1628], S. 1–4

Russell 1997
Jeffrey Burton Russell, Inventing the flat earth, New York u. a. 1997

Russell 2001
Peter Russell, Prince Henry ›the Navigator‹. A Life, New Haven/London 2001

Russell-Wood 1998 a
Anthony J. R. Russell-Wood, The Portuguese Empire 1414–1808. A World on the Move, Baltimore/London 1998

Russell-Wood 1998 b
Anthony J. R. Russell-Wood, Os Portugueses fora do império, in: Francisco Bethencourt und Kirti Narayan Chaudhuri (Hrsg.), Historia de Expansão Portuguesa I: A Formação do Império 1415–1570, Navarra 1998, S. 256–265

Russell-Wood 1998 c
Anthony J. R. Russell-Wood, Um Mundo em Movimento. Os Portugueses na África, Ásia e América (1415–1808), Lissabon 1998

Ryder 1961
Alan F. C. Ryder, The Benin Missions, in: Journal of the Historical Society of Nigeria 2/2, Ibadan 1961, S. 231–259

Ryder 1964
Alan F. C. Ryder, A note on the Afro-Portuguese Ivories, in: Journal of African History 5/3, Cambridge 1964, S. 363–365

Ryder 1969
Alan F. C. Ryder, Benin and the Europeans, London 1969

S

Sá 1996
Isabel dos Guimarães Sá, Os Hospitais portugueses entre a assistência medieval e a intensificação dos cuidados médicos no período moderno, in: Congresso Comemorativo do V Centenário da Fundação do Hospital Real do Espírito Santo de Évora, Actas, Évora 1996, S. 87–103

Sá 1998
Isabel dos Guimarães Sá, A reorganização da caridade em Portugal em contexto europeu (1490–1600), Cadernos do Noroeste, Bd. 11 (2) – Misericórdias, caridade e pobreza em Portugal no período moderno, Braga 1998, S. 31–65

Sá 2001
Isabel dos Guimarães Sá, As Misericórdias Portuguesas de D. Manuel a Pombal, Lissabon 2001

Sadji 1980
Uta Sadji (Hrsg.), Cadamostos Beschreibung von Westafrika. Der Druck der deutschen Ausgabe von 1508 (Newe unbekanthe landte und ein newe weldte in kurtz verganger zeythe erfunden, Buch I/II), Litterae, 77, Göppingen 1980

Sadji 1983
Uta Sadji (Hrsg.), Entdeckungsreisen nach Indien und Amerika. Der Druck der deutschen Ausgabe von 1508 (Newe unbekanthe landte und ein newe weldte in kurtz verganger zeythe erfunden, Buch III/VI), Litterae, 83, Göppingen 1983

Sahillioğlu 1983
Halil Sahillioğlu, The Role of International Monetary and Metal Movements in Ottoman History 1300–1750, in: John F. Richard (Hrsg.), Precious Metals in the Later Medieval and Early Modern Worlds, Durham 1983, S. 269–304

Said 1991
Edward Said, Orientalism, Western Conceptions of the Orient, London 1991

Saldanha 1991
António Vasconcelos de Saldanha, O problema jurídico – político da incorporação de Ceilão na coroa de Portugal. As doações dos Reinos de Kotte, Kandy e Jaffna (1580–1633), in: Revista de Cultura 13/14, Jg. 5, Bd. 1, Macau 1991, S. 233–257

Saldanha u. a. 2005
António Vasconcelos de Saldanha u. a., Embaixada de D. João V de Portugal ao Imperador Yongzheng, da China (1725–1728), Lissabon 2005

Salzgeber 1999
Dieter Salzgeber, Albrecht Dürer. Das Rhinozeros, Reinbek 1999

Samarqandi 1949
Maulana Kamal-ud-Din ʻAbdur Razzaq Samarqandi, Matlaʻ-i Saʻdain wa Majmaʻ-i Bahrain, Bd. 2, Teil II und III, 2. Aufl., hrsg. von Muhammad Shafiʻ, Lahore 1949

Sanceau 1986
Elaine Sanceau, Castro, D. João de, in: Dicionário de História de Portugal, Bd. 2, hrsg. von Joel Serrão, Porto 1986, S. 93–95

Sande 1997
Duarte de Sande SJ, De Missione Legatorum Iaponensium. Diálogo sobre a Missão dos Embaixadores japoneses à Curia Romana, übersetzt von Américo Costa Ramalho, Macau 1997

Sangl 2001
Sigrid Sangl, Indische Perlmutt-Raritäten und ihre europäischen Adaptionen, in: Jahrbuch des Kunsthistorischen Museums Wien 3, Wien 2001, S. 262–287

Santarém 1841
Vicomte de Santarém, Atlas Composé de Mappemondes et des Cartes Hydrographiques et Historiques…, Paris 1841

Santos 1812
António Ribeiro dos Santos, Memória sobre alguns Matemáticos portugueses e estrangeiros domiciliados em Portugal, ou nas conquistas, in: Memórias de Literatura Portuguesa, Bd. 8, Lissabon 1812, S. 148–232

Santos 1927
Domingos Maurício Gomes dos Santos, O Infante Santo e a possibilidade do seu culto canónico, in: Brotéria, Bd. 4, Heft 1, Lissabon 1927, S. 134–142, 197–206

Santos 1952
Reinaldo dos Santos, O Estilo Manuelino, Lissabon 1952

Santos 1961
Reinaldo dos Santos, O Portal da Igreja Matriz de Vila do Conde, in: Vila do Conde, Nr. 3, Vila do Conde 1961, S. 19–23

Santos 1969
Vítor Pavão dos Santos, O Exotismo na Vida Portuguesa na Época de D. Manuel, Panorama 32, Lissabon 1969

Santos 1970
Reinaldo dos Santos, Oito séculos de Arte Portuguesa, Lissabon 1970

Santos 1993
Isaú Santos, A embaixada de Manuel de Saldanha à China, em 1667–1670, in: Artur Teodoro de Matos und Luís Filipe F. Reis Thomaz (Hrsg.), As relações entre a Índia portuguesa, a Ásia do Sueste e o Extremo Oriente. Actas do VI Seminário Internacional de História Indo-Portuguesa (Macau, 22 a 26 de Outubro de 1991), Macau/Lissabon 1993, S. 405–436

Santos 1996
João Marinho dos Santos, Os Portugueses em Viagem pelo Mundo. Representações Quinhentistas de Cidades e Vilos, Lissabon 1996

Santos 1998
Catarina Madeira Santos, Goa: Corte e Cerimonial, in: Os Construtores do Oriente Português, hrsg. von der Comissão Nacional para as Comemorações dos Descobrimentos Portugueses, Porto 1998, S. 81–95

Santos 1999
Catarina Madeira Santos, Goa é a chave de toda a Índia, Perfil político da capital do Estado da Índia (1505–1570), Lissabon 1999

Sanuto 1879–1902
Marino Sanuto, Diarii di Marino Sanuto, hrsg. von Rinaldo Fulin u. a., Venedig 1879–1902

Sanz 2003
Ana García Sanz, Relicarios de Oriente, in: Ausst.-Kat. Oriente en Palacio, Tesoros asiáticos en las Colecciones Reales Españolas, Madrid 2003, S. 129–141

Sanz/Jordan Gschwend 1998
Ana García Sanz, Annemarie Jordan Gschwend, Via Orientalis: Objetos del Lejano Oriente en el Monasterio de las Descalzas Reales, in: Reales Sitios, Ano XXXV, Nr. 138, Madrid 1998, S. 26–39

Saraiva 1925
José Saraiva, Os painéis do Infante Santo, Leiria 1925

Saraiva 1990
António José Saraiva, O crepúsculo da Idade Média em Portugal, Lissabon 1990

Sarre 1906
Friedrich Sarre, Erzeugnisse islamischer Kunst I. Metall, Berlin 1906

Saur 1999
Saur allgemeines Künstlerlexikon, die bildenden Künstler aller Zeiten und Völker, mitherausgeben von Günter Meißner, München 1999

Scammell 1981
Geoffrey V. Scammell, The World Encompassed. The First European Maritime Empires c. 800–1650, London/New York 1981

Scammell 1988
Geoffrey V. Scammell, The Pillars of Empire. Indigenous Assistance in the Survival of the ›Estado da India‹ c. 1600–1700, in: Modern Asian Studies 22/3, Cambridge 1988, S. 473–489

Schedel 2004 [1493]
Hartmann Schedel, Liber chronicarum (Weltchronik), Nürnberg 2004 [1493]

Schiller 2007
Sybille Schiller, Es ist der Kaufmann Bartholomäus Welser!, in: Augsburger Allgemeine, 9. März 2007, S. 11

Schlicher 1996
Monika Schlicher, Portugal in Ost-Timor. Eine kritische Untersuchung zur portugiesischen Kolonialgeschichte in Ost-Timor 1850 bis 1912, Hamburg 1996

Schlicht 1992
Alfred Schlicht, Europas Asienhandel durch das Rote Meer vor und nach der Entdeckung des Seewegs nach Indien, Bamberg 1992

Schmidt-Glintzer 2005
Helwig Schmidt-Glintzer, Das Alte China. Von den Anfängen bis zum 19. Jahrhundert, München 2005

Schmitt 1984
Eberhard Schmitt u. a. (Hrsg.), Dokumente zur Europäischen Expansion. Bd. 2. Die großen Entdeckungen, München 1984

Schmitt 1986a
Eberhard Schmitt u. a. (Hrsg.), Dokumente zur Geschichte der europäischen Expansion. Bd. 1. Die mittelalterlichen Ursprünge der europäischen Expansion, München 1986

Schmitt 1986b
Eberhard Schmitt u. a. (Hrsg.), Dokumente zur Europäischen Expansion. Bd. 3. Der Aufbau der Kolonialreiche, München 1986

Schmitt 1988
Eberhard Schmitt u. a. (Hrsg.), Dokumente zur Europäischen Expansion. Bd. 4. Wirtschaft und Handel der Kolonialreiche, München 1988

Schmitt 1999
Eberhard Schmitt, Europäischer Pfefferhandel und Pfefferkonsum im Ersten Kolonialzeitalter, in: Markus A. Denzel (Hrsg.), Gewürze. Produktion, Handel und Konsum in der frühen Neuzeit, St. Katharinen 1999, S. 15–26

Schneider 2006
Ute Schneider, Die Macht der Karten. Eine Geschichte der Kartographie vom Mittelalter bis heute, Darmstadt 2006

Schöller 1989
Wolfgang Schöller, Le dessin d'architecture á l'époque gothique, in: Ausst.-Kat. Les Bâtisseurs des Cathédrales Gothiques, Les musées de la ville de Strasbourg, Straßburg 1989, S. 227–236

Schröder 1935
Albert Schröder, Leipziger Goldschmiede aus fünf Jahrhunderten (1355–1850), Leipzig 1935

Schuman 1960
Lein Oebele Schuman, Political history of the Yemen at the beginning of the sixteenth century: Abu Makhrama's account of the years 906–927 H. (1500–1521), Groningen 1960

Schurhammer 1933
Georg Schurhammer, Die Jesuitenmissionare des 16. und 17. Jahrhunderts und ihr Einfluss auf die Japanische Malerei, Jubiläumsband 1933 der Deutschen Gesellschaft für Natur- und Völkerkunde Ostasiens, Tokio 1933

Schwabe 1998
Melanie Anne Schwabe, Kultureller Austausch zwischen Orient und Okzident? Eine Gruppe von singhalesisch-portugiesischen Elfenbeinkästchen des 16. Jh., Magisterarbeit, Fachbereich 15 der Johannes-Gutenberg-Universität Mainz, Mainz 1998

Schwabe 2000
Melanie Anne Schwabe, Schatzkunst auf Ceylon, in: Ausst.-Kat. Exotica. Portugals Entdeckungen im Spiegel fürstlicher Kunst- und Wunderkammern der Renaissance, hrsg. von Wilfried Seipel, Kunsthistorisches Museum, Wien/Mailand 2000, S. 101–104

Schwartz 1995
Stuart Schwartz, Segredos Internos. Engenhos e Escravos na Sociedade Colonial, São Paulo 1995

Schwartz 1998
Stuart Schwartz, Os Escravos ›Remédio de todas as outras cousas‹, in: Francisco Bethencourt und Kirti Narayan Chaudhuri (Hrsg.), História da Expansão Portuguesa, Bd. 2, Lissabon 1998, S. 232–247

Schwartz 2004a
Stuart B. Schwartz, A Commonwealth within Itself. The Early Brazilian Sugar Industry, 1550–1670, in: Stuart B. Schwartz (Hrsg.), Tropical Babylons. Sugar and the Making of the Atlantic World, 1450–1680, Chapel Hill 2004, S. 158–200

Schwartz 2004b
Stuart Schwartz, O Brasil colonial. C. 1580–1750: as grandes lavouras e as periferias, in: Leslie Bethel, História da América Latina. América Latina Colonial, São Paulo 2004, S. 339–422

Schwerhoff 2004
Gerd Schwerhoff, Die Inquisition. Ketzerverfolgung in Mittelalter und Neuzeit, München 2004

Scipione Amati 1954
Scipione Amati, Historia Del Regno Di Voxv Del Giapone, Dell'Antichita, Nobilita, E Valore Del Svo Re Idate Masamvne. Dedicata alla S.tá di N. S. Papa PAOLO V. Rom MDCXV, Faksimile-Ausgabe mit Anhängen von 1614, 1615, 1616, Tokio 1954

Seiler-Baldinger 1971
Annemarie Seiler-Baldinger, Maschenstoffe in Süd- und Mittelamerika. Beiträge zur Systematik und Geschichte primärer Textilverfahren, Basler Beiträge zur Ethnologie 9, Basel 1971

Seiler-Baldinger 1974
Annemarie Seiler-Baldinger, Der Federmantel der Tupinambá im Museum für Völkerkunde Basel, in: Atti del XL Congresso Internazionale degli Americanisti, Roma–Genova 1972, Bd. 2, Genua 1974, S. 433–438

Seiler-Baldinger 1979
Annemarie Seiler-Baldinger, »Hängematten-Kunst«: textile Ausdrucksform bei Yagua- und Ticuna-Indianern Nordwest-Amazoniens, in: Verhandlungen der Naturforschenden Gesellschaft in Basel 90, Basel 1979, S. 59–130

Sellés 1994
Manuel Sellés, Instrumentos de navegación: del Mediterráneo al Pacífico, Barcelona 1994

Senos 2002
Nuno Senos, O Paço da Ribeira. 1501–1581, Lissabon 2002

Seppelt 1957
Franz Xaver Seppelt, Geschichte der Päpste, Bd. 4, München 1957

Serjeant 1963
Robert Bertram Serjeant, The Portuguese off the South Arabian Coast: Hadramī Chronicles (with Yemeni and European accounts of Dutch pirates off Mocha in the seventeenth century), Oxford 1963, S. 160–162

Serrão o. J.
Joel Serrão, Pequeno Dicionário de História de Portugal, Porto o. J.

Serrão 1993
Vítor Serrão, A Lenda de São Francisco Xavier pelo pintor André Reinoso, Lissabon 1993

Shaffer 1996
Lynda N. Shaffer, Maritime Southeast Asia to 1500, Armonk 1996

Shirodkar 1988
P. P. Shirodkar, Influence of Nath Cult in Goa, in: P. P. Shirodkar, Goa: Cultural Trends (Seminar Papers), Goa 1988, S. 8–21

Shulman 1985
David Dean Shulman, The King and the Clown in South Indian Myth and Poetry, Princeton 1985

Sievernich 2002
Michael Sievernich, Nachtrag zu: Die Jesuitenmissionare in Amerika, in: Theologie und Philosophie 77, Freiburg im Breisgau 2002, S. 424–426

Sievernich 2004
Michael Sievernich, José de Anchieta, Kirchenvater Brasiliens, in: Johannes Arnold u. a. (Hrsg.), Väter der Kirche. Ekklesiales Denken von den Anfängen bis in die Neuzeit, Festgabe für Hermann-Josef Sieben zum 70. Geburtstag, Paderborn u. a. 2004, S. 967–992

Silva 1945
Luciano Pereira da Silva, A Arte de Navegar dos Portugueses desde o Infante a D. João de Castro, in: Obras Completas, Bd. 2, Lissabon 1945, S. 223–432

Silva 1972
Chandra Richard de Silva, The Portuguese in Ceylon 1617–1638, Colombo 1972

Silva 1992
Maria Beatriz Nizza da Silva, Sociedade, Instituições e Cultura, in: Harold Johnson und Maria Beatriz Nizza da Silva (Hrsg.), O Império Luso-Brasileiro 1500–1620, Lissabon 1992, S. 303–551

Silva 1994
Chandra Richard de Silva, Beyond the Cape: The Portuguese encounter with the peoples of South Asia, in Stuart Schwartz (Hrsg.), Implicit Understandings, Cambridge 1994, S. 295–322

Silva 1995a
Chandra Richard de Silva, Sri Lanka in the Early Sixteenth Century: Political Conditions, in: Kingsley M. de Silva (Hrsg.), History of Sri Lanka, Bd. 2, Peradeniya 1995, S. 11–36

Silva 1995b
Kingsley M. de Silva (Hrsg.), University of Peradeniya History of Sri Lanka, Bd. 2, Peradeniya 1995

Silva 1996
Joaquim Candeias da Silva, O Fundador do ›Estado Português da Índia‹ D. Francisco de Almeida, 1457?–1510, Lissabon 1996

Silva 2002
Alberto da Costa e Silva, A Manilha e o Libambo. A África e a escravidão de 1500 a 1700, Rio de Janeiro 2002

Silva Dias 1960
José Sebastião da Silva Dias, Correntes do Sentimento Religioso (séculos XVI a XVII), 2 Bde., Coimbra 1960

Silva Dias 1982
José Sebastião da Silva Dias, Os descobrimentos e a problemática cultural do sec. XVI, Lissabon 1982

Skelton 1964
R. A. Skelton, Bibliographical Note, in: Cornelius à Wytfliet, Descriptionis Ptolemaicae Augmentum, Amsterdam 1964 [1597], S. 5–12

Slg.-Kat. Amsterdam 1960
Cataloque of paintings, Rijksmuseum Amsterdam, Amsterdam 1960

Slg.-Kat. Berlin 1971/79
Museum für Islamische Kunst Berlin, hrsg. von Klaus Brisch, Berlin 1971/1979

Slg.-Kat. Berlin 1995
Bilder und Zeugnisse der deutschen Geschichte. Aus den Sammlungen des Deutschen Historischen Museums, hrsg. von Christoph Stölzel, Berlin 1995

Slg.-Kat. Berlin 2000
Museum für Ostasiatische Kunst Berlin, Herbert Butz (Red.), München u. a. 2000

Slg.-Kat. Berlin 2006
Das Museum für Byzantinische Kunst im Bode-Museum, Gabriele Mietke (Red.), München u. a. 2006

Slg.-Kat. Braunschweig 2002
Ostasiatika, hrsg. von Eva Ströber, Herzog Anton Ulrich-Museum Braunschweig, Braunschweig 2002

Slg.-Kat. Burg Trausnitz 2004
Bayerisches Nationalmuseum. Kunst- und Wunderkammer Burg Trausnitz, hrsg. von Renate Eikelmann, Konzeption und Text Sigrid Sangl, München 2004

Slg.-Kat. Florenz 1979
Gli Uffizi, Catalogo generale, hrsg. von Luciano Berti, Florenz 1979

Slg.-Kat. Gotha 1998
Sammlungskatalog Schätze Japanischer Lackkunst auf Schloß Friedenstein, hrsg. von Herbert Bräutigam, Gotha 1998

Slg.-Kat. Kassel 2001
Schatzkunst 800 bis 1800. Kunsthandwerk und Plastik der Staatlichen Museen Kassel im Hessischen Landesmuseum Kassel, hrsg. von Ekkehard Schmidberger und Thomas Richter, Wolfratshausen 2001

Slg.-Kat. Kassel 2003
Die Silberkammer der Landgrafen von Hessen-Kassel. Bestandskatalog der Goldschmiedearbeiten des 15. bis 18. Jahrhundert in den Staatlichen Museen Kassel, hrsg. von Rudolf-Alexander Schütte, Kassel 2003

Slg.-Kat. Lissabon 2001
Tesouros da Sociedade de Geografia de Lisboa, hrsg. von Luís Aires Barros, Lissabon 2001

Slomann 1934
Vilhelm Slomann, TheIndian period of European furniture, in: The Burlington Magazine, LXV, London 1934, S. 58–69

Sloterdijk 2005
Peter Sloterdijk, Im Weltinnenraum des Kapitals, Frankfurt am Main 2006

Smith 1940
Robert C. Smith, A sixteenth century manueline doorway in the Algarve, in: Congresso do Mundo Português, Bd. 5, Lissabon 1940, S. 135–158

Smith 2000
Ronald Bishop Smith, 16th century swivel guns in Spain, Greece, Bulgaria and Cyprus and two bronze pieces in the Akbar Nama, Lissabon 2000

Sobral 2000
Cristina Sobral, Adições portuguesas no Flos Sanctorum de 1513 (estudo e edição crítica). Lissabon 2000

Somaratne 1991
G. P. V. Somaratne, Rules of Succession to the Throne of Kotte, in: Aquinas Journal VII, Colombo 1991, S. 17–32

Sorge 1988
Giuseppe Sorge, Il Cristianesimo in Giappone e il De Missione, Bologna 1988

Soromenho 1995
Miguel Soromenho, O ciclo filipino, in: História da Arte Portuguesa, hrsg. von Paulo Pereira, Lissabon 1995, S. 377–403

Soromenho 2001
Miguel Soromenho, Ingenosi Ornamenti. Arquitecturas efémeras em Lisboa no tempo dos primeiros Filipes, in: Ausst.-Kat. A Arte Efémera em Portugal, hrsg. von João Castel-Branco Pereira, Museu Calouste Gulbenkian, Lissabon 2001, S. 21–49

Sousa 1984
Armindo de Sousa, A morte de D. João I. Um tema de propaganda dinástica, Porto 1984

Souza 1986
George Bryan Souza, The Survival of Empire. Portuguese Trade and Society in China and the South China Sea 1630–1754, Cambridge 1986

Spooner 1972
Frank C. Spooner, The International Economy and Monetary Movements in France 1493–1725, Cambridge 1972

Staden 1964 [1557]
Hans Staden, Warhaftige Historia und Beschreibung eyner Landtschafft der Wilden/Nacketen/ Grimmigen Menschenfresserleuthen/ in der Newenwelt America gelegen (…), hrsg. von Reinhard Maack und Karl Fouquet, Marburg an der Lahr 1964 [1557]

Staden 1970 [1557]
Hans Staden, Zwei Reisen nach Brasilien 1548–1555 (Warhafftig Historia unnd beschreibung einer Landtschafft der Wilden/ Nacketen/ Grimmigen Menschfresser Leuthen/ in der Newen welt America gelegen […], Marburg 1557), Marburg 1970

Staden 1978 [1557]
Hans Staden, Wahrhaftige Historia vnd beschreibung eyner Landtschafft der Wilden Nacketen Grimmigen Menschenfresser Leuthen in der Newenwelt America, Faksimile hrsg. von G. Bezzenberger, Kassel u. a. 1978

Stadtarchiv Nürnberg 2007
Stadtarchiv Nürnberg (Hrsg.), Norica 3. Schwerpunkt Martin Behaim, Nürnberg 2007

Standaert 1999
Nicolas Standaert, The bible in early seventeenth-century China, in: Irene Eber (Hrsg.), Bible in modern China: the literary and intellectual impact, Institut Monumenta Serica Sankt Augustin, Nettetal 1999

Stautz 1999
Burkhard Stautz, Die Astrolabiensammlungen des Deutschen Museums und des Bayerischen Nationalmuseums in München, München 1999

Steensgaard 1974
Niels Steensgaard, The Asian Trade Revolution of the Seventeenth Century. The East India Companies and the Decline of the Caravan Trade, Chicago/London 1974

Steensgaard 1981
Niels Steensgaard, Violence and the Rise of Capitalism: Frederic C. Lane's Theory of Protection and Tribute, in: Review 5/2, Binghamton 1981, S. 247–273

Stein 1989
Burton Stein, Vijayanagara, The New Cambridge History of India I/2, Cambridge/New York 1989

Stetten 1770
Paul von Stetten, Kunst-, Erwerbs- und Handwerksgeschichte der Reichsstadt Augsburg, Augsburg 1770

Stevenson 1921
Edward L. Stevenson, Terrestrial and Celestial Globes. Their History and Construction, 2 Bde., New Haven/London 1921

Stolzenberg 1971
Ingeborg Stolzenberg, Weltkarten in mittelalterlichen Handschriften der Staatsbibliothek Preußischer Kulturbesitz, in: Lothar Zögner (Hrsg.), Karten in Bibliotheken. Festgabe für Heinrich Kramm zur Vollendung seines 65. Lebensjahres, Bonn/Bad Godesberg 1971, S. 17–32

Strathern 2004
Alan Strathern, Theoretical Approaches to Sri Lankan History and the Early Portuguese Period, in: Modern Asian Studies 38/1, Cambridge 2004, S. 190–226

Strathern 2007
Alan Strathern, Kingship and Conversion in Sri Lanka during the Sixteenth Century, Cambridge 2007 [in Druck]

Stripling 1942
George William Frederick Stripling, The Ottomans Turks and the Arabs, 1511–1574, Philadelphia 1942

Stritzl 1971
Angelika Stritzl, Raffiaplüsche aus dem Königreich Kongo, in: Wiener Ethnohistorische Blätter 3, Wien 1971, S. 37–55

Strohmaier 2000
Gotthard Strohmaier (Hrsg.), Al-Bīrūnī. In den Gärten der Wissenschaft, Leipzig 2002

Stronge 2002
Susan Stronge, Painting for the Mughal Emperor, London 2002

Stückelberger/Graßhoff 20006
Alfred Stückelberger und Gerd Graßhoff (Hrsg.), Klaudius Ptolemaios. Handbuch der Geographie, Basel 2006

Stupp 2005
Walter Stupp, Martin Waldseemüller, Kosmograph, Geograph und Humanist, in: Kartographische Nachrichten 55, Bonn 1951, S. 322–324

Suárez 1999
Thomas Suárez, Early Mapping of Southeast Asia, Singapur 1999

Subrahmanyam 1987
Sanjay Subrahmanyam, Cochin in Decline 1600–1650. Myth and Manipulation in the Estado da India, in: Roderich Ptak (Hrsg.), Portuguese Asia. Aspects in History and Economic History. Sixteenth and Seventeenth Centuries, Beiträge zur Südasienforschung 117, Stuttgart 1987, S. 59–85

Subrahmanyam 1990a
Sanjay Subrahmanyam, The Political Economy of Commerce. Southern India 1500–1650, Cambridge South Asian Studies 45, Cambridge 1990

Subrahmanyam 1990b
Sanjay Subrahmanyam, Improvising Empire. Portuguese Trade and Settlement in the Bay of Bengal 1500–1700, Delhi 1990

Subrahmanyam 1993
Sanjay Subrahmanyam, The Portuguese Empire in Asia 1500–1700. A Political and Economic History, London/New York 1993

Subrahmanyam 1994a
Sanjay Subrahmanyam (Hrsg.), Money and the Market in India 1100–1700, Delhi 1994

Subrahmanyam 1994b
Sanjay Subrahmanyam, Precious Metal Flows and Prices in Western and Southern Asia 1500–1750. Some Comparative and Conjunctural Aspects, in: Sanjay Subrahmanyam (Hrsg.), Money and the Market in India 1100–1700, Delhi 1994, S. 186–218

Subrahmanyam 1997a
Sanjay Subrahmanyam, The Career and Legend of Vasco da Gama, Cambridge 1997

Subrahmanyam 1997b
Sanjay Subrahmanyam, O romántico, o oriental e o exótico: notas sobre os portugueses em Goa, in: Rosa Perez (Hrsg.), Histórias de Goa, Lissabon 1997, S. 34f.

Subrahmanyam 1998
Sanjay Subrahmanyam, Making India Gama: The project of Dom Aires da Gama (1519) and its meaning, in: Mare Liberum – Revista de História dos Mares 16, Lissabon 1998, S. 33–55

Subrahmanyam 1999
Sanjay Subrahmanyam, L'Empire Portugais d'Asie. 1500–1700, Paris 1999

Subrahmanyam 2000
Sanjay Subrahmanyam, Sobre uma carta de Vira Narasimha Raya, rei de Vijayanagara (1505–1509), a Dom Manuel I de Portugal (1495–1521), in: Isabel de Riquer u. a. (Hrsg.), Professor Basilio Losada: Ensinar a pensar con liberdade e risco, Barcelona 2000, S. 677–683

Subrahmanyam 2001
Sanjay Subrahmanyam, Whispers and Shouts: Some Recent Writings on Medieval South India (Review), in: Indian Economic and Social History Review 38/4, Neu Delhi 2001, S. 454–465

Subrahmanyam/Thomaz 1991
Sanjay Subrahmanyam und Luis Filipe F. R. Thomaz, Evolution of Empire. The Portuguese in the Indian Ocean during the Sixteenth Century, in: James D. Tracy (Hrsg.), The Political Economy of Merchant Empires, Cambridge 1991, S. 298–331

Syndram 1989
Dirk Syndram, Wissenschaftliche Instrumente und Sonnenuhren, Kunstgewerbesammlung der Stadt Bielefeld, Stiftung Huelsmann, München 1989

Syndram 2006
Dirk Syndram (Hrsg.), Die barocke Schatzkammer, Das Grüne Gewölbe zu Dresden, Berlin 2006

T

Tambiah 1976
Stanley J. Tambiah, World Conqueror, World Renouncer, Cambridge 1976

Tambiah 1985
Stanley J. Tambiah, Culture, Thought, and Social Action. An Anthropological Perspective, Cambridge/London 1985

Tang 1998
Tang Kaijian, Ming Qing shidafu yu Aomen, Series Haohai congkan, Macau 1998

Tang 1999
Tang Kaijian, Aomen kaibu chuqishi yanjiu, Beijing 1999

Tang 2004
Tang Kaijian, Weiliduo »Bao xiao shimo shu« jianzheng, Series Aomen congshu, Guangzhou 2004

Tebel 2007
Rene Tebel, Das Schiff im Kartenbild des Mittelalters und der Frühen Neuzeit, Hamburg 2007

Teixeira 1993
Manuel Teixeira SJ, Japoneses em Macau, Macau 1993

Teixeira/Valla 1999
Manuel C. Teixeira und Margarida Valla, O Urbanismo Português (Séculos XIII–XVIII). Portugal–Brasil, Lissabon 1999

Thackston 1989
Wheeler M. Thackston, A Century of Princes: Sources on Timurid History and Art, Cambridge 1989, S. 299–321

Theuerkauff 1977
Christian Theuerkauff, Bildnis eines Kaufherrn, in: Ausst.-Kat. Der Mensch um 1500. Werke aus Kirchen und Kunstkammern, Berlin 1977, S. 63–68

Theuerkauff 2004
Christian Theuerkauff, »Geschnittene Bilder« Porträtreliefs der Dürerzeit?, in: MuseumsJournal, Berlin 2004, Heft 4, S. 20–22

Theunissen 1998
Hans Theunissen, Ottoman-Venetian Diplomatics: the Ahd-names. The Historical Background and the Development of a Category of Political-Commercial Instruments together with an Annotated Edition of a Corpus of Relevant Documents, in: Electronic Journal of Oriental Studies, Bd. 1, Nr. 2, Utrecht 1998, S. 1–698

Theunissen 1999
Hans Theunissen, Cairo Revisited (I): Four Documents Pertinent to the Ottoman-Venetian Treaty of 1517, in: Electonic Journal of Oriental Studies, Bd. 2, Utrecht 1999, S. 1–29

Thieme/Becker 1999 [1932]
Allgemeines Lexikon der bildenden Künstler von der Antike bis zur Gegenwart, begr. von Ulrich Thieme (Hrsg.) und Felix Becker, Bd. 26, Leipzig 1999 [1932]

Thomas 1966
Georg Thomas, Die portugiesische Indianerpolitik in Brasilien 1500–1640, Berlin 1968

Thomas 1982
Georg Thomas, Política indigenista dos portugueses no Brasil 1500–1640, São Paulo 1982

Thomaz 1975
Luis Filipe Thomaz, Maluco e Malaca, in: Avelino Teixeira da Mota (Hrsg.), A viagem de Fernão de Magalhães e a questão das Molucas, Centro de estudios de cartografia antiga. Mémorias 16. Actas do II. Colóquio Luso-espanhol de historia ultramarina, Lissabon 1975, S. 27–48

Thomaz 1979
Luis Filipe Thomaz, Les Portugais dans les mers de l'Archipel au XVIᵉ siècle, in: Archipel 18, Lausanne 1979, S. 105–125

Thomaz 1981
Luis Filipe Thomaz, Portuguese Sources on Sixteenth Century Indian Economic History, in: John Correia-Afonso (Hrsg.), Indo-Portuguese History. Sources and Problems, Bombay 1981, S. 99–113

Thomaz 1985
Luis Filipe Thomaz, The Indian Merchant Communities in Malacca under the Portuguese Rule, in: Teotonio de Souza, Indo-Portuguese History. Old Issues, New Questions, Neu Delhi 1985, S. 56–72

Thomaz 1989
Luis Filipe Thomaz, L'idée impériale manuéline, in: Jean Aubin (Hrsg.), La découverte portugaise et l'Europe, Paris 1989, S. 35–104

Thomaz 1990
Luis Filipe Thomaz, L'idée impériale manuéline, in: La Découverte, le Portugal et l'Europe. Actes du Colloque, Paris 1990, S. 35–103

Thomaz 1991
Luis Filipe Thomaz, Factions, Interests and Messianism. The Politics of Portuguese Expansion in the East 1500–1521, in: The Indian Economic and Social History Review 28/1, Neu Delhi 1991, S. 97–109

Thomaz 1993
Luís Filipe Thomaz, Diogo Pereira, o Malabar, in: Mare Liberum – Revista de História dos Mares 5, Lissabon 1993, S. 49–64

Thomaz 2000
Luis Filipe Thomaz, Cruzada, in: Carlos Moreira Azevedo (Hrsg.), Dicionário de História Religiosa de Portugal, Bd. 2, Lissabon 2000, S. 31–38

Thomaz 2004
Luís Filipe Thomaz, O ›Testamento político‹ de Diogo Pereira, o Malabar, e o projecto oriental dos Gamas, in: Anais de História de Além-Mar, Bd. 4, Lissabon 2004, S. 61–160

Thomaz/Alves 1991
Luis Filipe Thomaz und Jorge Santos Alves, Da Cruzada ao Quinto Império, in: Francisco Bethencourt und Diogo Ramada Curto (Hrsg.), A memória da Nação, Lissabon 1991, S. 81–164

Thoraval 1999
Yves Thoraval, Lexikon der islamischen Kultur, Darmstadt 1999

Tibbets 1992a
Gerald R. Tibbets, The Balkhi School of Geographers, in: John Brian Harley und David Woodward (Hrsg.), The History of cartography: Cartography in the traditional Islamic and South Asian Societies, Bd. 2/1, Chicago 1992, S. 108–136

Tibbets 1992b
Gerald R. Tibbets, The role of charts in Islamic Navigation in the Indian Ocean, in: John Brian Harley und David Woodward (Hrsg.), The History of cartography: Cartography in the traditional Islamic and South Asian Societies, Bd. 2/1, Chicago 1992, S. 256–262

Timann 1992
Ursula Timann, Der Illuminist Georg Glockendon, Bemaler des Behaim-Globus, in: Ausst.-Kat. Focus Behaim Globus, Bd. 1, hrsg. von Gerhard Bott, Germanisches Nationalmuseum Nürnberg, GermanNürnberg 1992, S. 273–278

Timm (Ms.) 2005
Cornelia Timm, Von Pfeffer, Kannibalen und Nashörnern: Der Einfluss der überseeischen Entdeckungen Portugals auf Wirtschaft, Wissenschaft und kulturelles Leben in Deutschland, unveröffentlichte Diplomarbeit an der Universität Passau, Passau 2005

Torrão 2007
Maria Manuel Torrão, Tráfico de escravos entre a Costa da Guiné e a América Espanhola. Articulação dos Impérios Ultramarinos Ibéricos num Espaço Atlântico (1466–1595), Lissabon 2007

Torres 1982
Amadeu Torres, Noese e crise na epistolografia latina goisiana II. Damião de Góis na mundividência do renascimento. Análise Ideológica, estético-linguística, apêndice diplomático, Paris 1982

Torres e Macias 1998
Claudio Torres e Macias, O Legado Islâmico em Portugal, Lissabon 1998

Toussaint 1952
Manuel Toussaint, La pintura con incrustaciones de concha nácar en Nueva España, in: Manuel Toussaint (Hrsg.), Anales del Instituto de Investigaciones Estéticas 20, Mexiko-Stadt 1952, S. 5–20

Trnek/Haag 2001
Helmut Trnek und Haag, Sabine (Hrsg.), Exotica. Portugals Entdeckungen im Spiegel fürstlicher Kunst- und Wunderkammern der Renaissance. Die Beiträge des am 19. und 20. Mai 2000 vom Kunsthistorischen Museum Wien veranstalteten Symposiums, Jahrbuch des Kunsthistorischen Museums Wien 3, Mainz 2001

Tucci 1941
Giuseppe Tucci, Una scuola di pittura italiana a Nagasaki nel XVII secolo, in: Giuseppe Tucci und Gino Ducci (Hrsg.), Asiática. Bollettino dell'Istituto Italiano per il Medio ed Estremo Oriente, Jg. 7, Rom 1941, S. 9–13

U

Üçerler 2003
M. Antoni Üçerler SJ, Alessandro Valignano: man, missionary, and writer, in: Renaissance Studies, Bd. 17, Nr. 3, Oxford 2003, S. 337–366

Uhlig/Bühring 1994
Siegbert Uhlig und Gernot Bühring, Damian de Góis' Schrift über Glaube und Sitten der Äthiopier, Wiesbaden 1994

V

Vale 1996
António Martins M. do Vale, A população de Macau na segunda metade do século XVIII, in: Povos e Culturas 5, Lissabon 1996, S. 241–254

Vale 1997
António Martins do Vale, Os Portugueses em Macau (1750–1800). Degredados, ignorantes e ambiciosos ou fiéis vassalos d'El-Rei?, Série Memória do Oriente 9, Macau 1997

Vale 2001
António Martins do Vale, Macau: Os eventos políticos. 2, in: António H. de Oliveira Marques (Hrsg.), História dos Portugueses no Extremo Oriente, Bd. 2, Lissabon 2001, S. 159–227

Valentini 1714
Michael Bernhard Valentini, Museum Museorum oder vollständige SchauBühne aller Materialien und Specereyen nebst deren natürlichen Beschreibung, Election, Nutzen und Gebrauch. Aus andern Material-, Kunst- und Naturalien-Kammern, Oost- und West-Indischen Reiß-Beschreibungen [...], Frankfurt am Main 1714

Valignano 1598
Alessandro Valignano, Apologia en la qual se responde a diversas calumnias que se escriviron contra los Padres de la Compañia de Japon y de la China, Lissabon 1598

Valignano 1954
Alessandro Valignano, Sumario de las Cosas de Japon, hrsg. von José Luis Alvarez-Taladriz, Tokio 1954

Varthema 1515
Ludovico di Varthema, Die ritterlich und lobwirdig rays des gestrengen und über all anderweyt erfarnen ritters und lantfarers herren Ludowico Vartomans von Bolonia [...], Augsburg 1515

Vasari 1987 [1550/1568]
Giorgio Vasari, Le vite de' piu eccellenti pittori scultori e architettori, nelle redazioni del 1550 e 1568, Bd. 6, hrsg. von Rosanna Bettarini, Florenz 1987

Vasconcellos 1879
Joaquim de Vasconcellos, O retrato de Albrecht Dürer, Porto 1879

Vasconcelos 1894
António G. R. de Vasconcelos, A evolução do culto de Isabel de Aragão, esposa do «Rei lavrador», D. Dinis de Portugal, Coimbra 1894

Vassallo e Silva 2001
Nuno Vassallo e Silva, Goa or Lisbon: Problems of Attribution, in: Jahrbuch des Kunsthistorischen Museums Wien 3, Mainz 2001, S. 232–245

Vauchez 1995
André Vauchez (Hrsg.), La religion civique à l'époque médiévale et moderne (Chrétienté et Islam), Rom 1995

Veinstein 1999
Gilles Veinstein, Commercial Relations between India and the Ottoman Empire (Late Fifteenth to Late Eighteenth Centuries). A Few Notes and Hypotheses, in: Sushil Chaudhury und Michel Morineau (Hrsg.), Merchants, Companies and Trade. Europe and Asia in the Early Modern Era, Cambridge u. a. 1999, S. 95–115

Velho 1987 [1497–1499]
Álvaro Velho, Roteiro da Primeira Viagem de Vasco da Gama, Lissabon 1987 [1497–1499]

Verger 1968
Pierre Verger, Flux et reflux de la traite des nègres entre le golfe de Bénin et Bahia de todos os santos du dix-septième au dix-neuvième siècle, Paris/La Haye 1968

Verlinden 1979
Charles Verlinden, Quand commença la cartographie portugaise, Lissabon 1979

Vespucci 2002 [1504]
Der Mundus Novus des Amerigo Vespucci, Text, Übersetzung und Kommentar von Robert Wallisch, Wien 2002

Vespucci 1505a
Amerigo Vespucci, Das Volck vnd insel die gefunden ist durch den cristenlichen künig zu Portigal oder von seinen vnterthonen, Augsburg 1505

Vespucci 1505 b
Amerigo Vespucci, Das sind die new gefunden menschen oder volcker In form und gestalt. Als sie hier stend durch den Christenlichen Künig von Portugall, gar wunderlich erfunden, Leipzig 1505

Vespucci 1505 c
Amerigo Vespucci, Von der neu gefunden Region die wol ein welt genent mag werden..., Basel 1505

Vespucci 1509
Amerigo Vespucci, Diß büchlin saget wie die zwen durchlüchtigsten herren Fernandus K. Zu Castilien und herr Emanuel zu Portugal haben das weyte mör ersuchet vnnd funden vil Insulen, unnd ein Nüwe von wilden nackenden Leüten, vormals unbekant, Straßburg 1509

Viaje de Cosme de Medicis por España y Portugal 1934
Viaje de Cosme de Medicis por España y Portugal, hrsg. von Angel Sanchez Rivero, Madrid 1934

Vieira da Silva 1995
José Custódio Vieira da Silva, Paços Medievais Portugueses, Lissabon 1995

Vigneras 1962
Louis-André Vigneras, The Cartographer Diogo Ribeiro, in: Imago Mundi 16, Amsterdam 1962, S. 76–83

Vilar 1984
Pierre Vilar, Gold und Geld in der Geschichte. Vom Ausgang des Mittelalters bis zur Gegenwart, München 1984

Villiers 1985
John Villiers, As derradeiras do mundo. The Sandalwood Trade and the first Portuguese Settlements in the Lesser Sunda Islands, in: John Villiers (Hrsg.), East of Malacca. Three Essays on the Portuguese in the Indonesian Archipelago in the Sixteenth and Early Seventeenth Centuries, Bangkok 1985, S. 59–90

Villiers 1990
John Villiers, Makassar. The Rise and Fall of an East Indonesian Maritime Trading State, 1512–1669, in: Jeyamalar Kathirithamby-Wells und John Villiers (Hrsg.), The Southeast Asian Port and Polity. Rise and Demise, Singapur 1990, S. 143–159

Villiers 1994
John Villiers, Doing Business with the Infidel. Merchants, Missionaries and Monarch in Sixteenth Century Southeast Asia, in: Karl Anton Sprengard und Roderich Ptak (Hrsg.), Maritime Asia. Profit Maximisation, Ethics and Trade Structure c. 1300–1800, South China and Maritime Asia 2, Wiesbaden 1994, S. 151–170

Vincent 1972
Ben Vincent, Warrior's Defense, Wearer's Delight: An Introduction to Japanese Swordguards, in: The Metropolitan Museum of Art Bulletin, Bd. 30, New York 1972, S. 268–271

Viterbo 1893
F. Sousa Viterbo, O Orientalismo em portugal no sec. XVI, Lissabon 1893

Viterbo 1988 [1899–1922]
F. Sousa Viterbo, Dicionário Histórico e documental dos architectos, engenheiros e construtores portuguezes ou ao serviço de Portugal, 3 Bde., Faksimile der Ausgabe von 1899–1922, Lissabon 1988

Vlam 1976
Grace Vlam, Western-style Secular Painting in Momoyama Japan, vervielfältigte PhD Dissertation in Kunstgeschichte, Michigan 1976

Vöge 1910
Wilhel Vöge, Die deutschen Bildwerke und die der anderen cisalpinen Länder, Berlin 1910

Vollmer 1958
Hans Vollmer (Hrsg.), Allgemeines Lexikon der bildenden Künstler des 20. Jahrhunderts. Unter Mitwirkung von Fachgelehrten des In- und Auslandes, Bd. 4, Leipzig 1958

W

Wagner 1894
Hermann Wagner, Die Rekonstruktion der Toscanelli-Karte v. J. 1474 und die Pseudo-Facsimila des Behaim-Globus v. J. 1492, in: Nachrichten von der Königlichen Gesellschaft der Wissenschaften zu Göttingen. Phiosophisch-Historischen Klasse, Jg. 1894, Vorstudien zur Geschichte der Kartographie III, Göttingen 1894, S. 208–312

Wake 1979
Christopher H. H. Wake, The Changing Pattern of Europe's Pepper and Spice Imports etwa 1400–1700, in: The Journal of European Economic History 8/2, Rom 1979, S. 361–403

Wallerstein 1974
Immanuel Wallerstein, The Modern World System. Capitalist Agriculture and the Origins of the European World-Economy in the Sixteenth Century, New York/London 1974

Wallisch 2000 a
Robert Wallisch, Vorwort, in: Pêro Vaz de Caminha, Das Schreiben über die Entdeckung Brasiliens (1500), übersetzt, kommentiert und hrsg. von Robert Wallisch, Frankfurt am Main 2000, S. 9–17

Wallisch 2000 b
Robert Wallisch, Nachwort. Die Geschichte der evolutiven Entdeckung Brasiliens oder von den mythischen Inseln des Atlantiks zu einem neuen Kontinent, in: Pêro Vaz de Caminha, Das Schreiben über die Entdeckung Brasiliens (1500), übersetzt, kommentiert und hrsg. von Robert Wallisch, Frankfurt am Main 2000, S. 137–151

Wallisch 2000 c
Robert Wallisch, Der Dichter und sein Held. Biographische Notizen zu Pêro Vaz de Caminha und Pedro Álvares Cabral, in: Pêro Vaz de Caminha, Das Schreiben über die Entdeckung Brasiliens (1500), übersetzt, kommentiert und hrsg. von Robert Wallisch, Frankfurt am Main 2000, S. 129–135

Wallisch 2000 d
Robert Wallisch, Christoph Kolumbus und die atlantischen Träume der Portugiesen, in: Christoph Kolumbus, Der erste Brief aus der Neuen Welt, übersetzt und kommentiert und hrsg. von Robert Wallisch, Stuttgart 2000, S. 76–109

Walter 2006
Rolf Walter, Geschichte der Weltwirtschaft. Eine Einführung, Köln 2006

Wannyn 1961
Rob L. Wannyn, L'Art ancien du métal au Bas-Congo, Champles par Wavre 1961

Wansbrough 1961
John Wansbrough, A Mamluk Ambassador to Venice in 913/1507, in: Bulletin of the School of Oriental and African Studies, Bd. 36, Nr. 3, London 1961, S. 503–530

Warncke 1987
Carsten-Peter Warncke, Sprechende Bilder – sichtbare Worte. Das Bildverständnis in der frühen Neuzeit, Wiesbaden 1987

Wasserstein 1992
David J. Wasserstein, Tradition manuscrite, authenticité, chronologie et développement de l'œuvre littéraire d'Ibn Iyās, in: Journal Asiatique, Bd. 280, Nr. 1–2, Paris 1992, S. 81–114

Wattenberg 1980
Diedrich Wattenberg, Johannes Regiomontanus und die astronomischen Instrumente seiner Zeit, in: Günter Hamann (Hrsg.), Regiomontanus-Studien, Wien 1980, S. 343–362

Wawrik 1986
Franz Wawrik, Battista Agnese, in: Lexikon zur Geschichte der Kartographie, Bd. 1, Wien 1986, S. 5 f.

Weber 1982
Rolf Weber, Porträts und Historische Darstellungen in der Miniaturensammlung des Museums für Indische Kunst, Berlin 1982

Weerakoddy 1994
D. P. M. Weerakoddy, Greek and Roman Notices of Sri Lanka and their historical Context, in: Sri Lanka Journal of the Humanities, Nr. 20, Peradeniya 1994, S. 65–86

Wehling/Wehling 1992
Arno Wehling und Maria José C. M. Wehling, Formação do Brasil Colonial, Rio de Janeiro 1994

Welt-Bott 1728–1761
Der Neue Welt-Bott, mit allerhand Nachrichten deren Missionarien Societatis Jesu. Allerhand, so Lehr- als Geistreiche Brief, Schrifften und Reis-Beschreibungen, welche von denen Missionariis der Gesellschaft Jesu aus Beyden Indien und andern über Meer gelegenen Ländern seit Anno 1642 bis auf das Jahr 1726 in Europa angelanget seynd, hrsg. von Joseph Stöcklein SJ, 5 Bde. à 8 Teile, Augsburg/Graz 1728–1761

Wessels 1925
Cornelius Wessels, Wat staat geschiedkundige vast over de Oude Missie in Zuid-Celebes 1525–1669, in: Studien 193, 1925, S. 403–441

Wessels 1949
Cornelius Wessels, De Katholieke Mission in Zuid-Celebes, 1525–1668, in: Het Missiewerk 28, 's-Gravenhage 1949, S. 65–83, 129–144

Wicki 1972
Joseph Wicki, Documenta Indica, XII (1580–1583), Rom 1972

Wiet 1955
Gaston Wiet, Journal d'un bourgeois du Caire: Chronique d'Ibn Iyâs, Bd. 1, Paris 1955

Wilderotter 1989
Hans Wilderotter, »Der hat den großen Kommentar gemacht«. Aristoteles, Averroes und der Weg der arabischen Philosophie nach Europa, in: Ausst.-Kat. Europa und der Orient 800–1900, hrsg. von Gereon Sievernich und Hendrik Budde, Martin-Gropius-Bau, Berlin 1989, S. 132–154

Wilkinson 2005
Frederick Wilkinson, India and Southeast Asia, in: Peter Connolly u. a., Sword and Hilt Weapons, London 2005, S. 186–203

Wilkinson-Zerner 1993
Catherine Wilkinson-Zerner, Juan de Herrera, New York 1993

Willers 1992
Johannes Willers, Leben und Werk des Martin Behaim, in: Ausst.-Kat. Focus Behaim Globus, 2 Bde., hrsg. von Gerhard Bott, Germanisches Nationalmuseum Nürnberg, Nürnberg 1992, S. 173–188

Wills 1984
John E. Wills Junior, Embassies and Illusions. Dutch and Portuguese Envoys to K'ang-hsi, 1666–1687, Cambridge 1984

Winius 1971
George Davison Winius, The Fatal History of Portuguese Ceylon. Transition to Dutch Rule, Cambridge 1971

Winius 1991
George D. Winius, ›Shadow‹ Empire in the Bay of Bengal, in: Revista de Cultura 13/14, Macau 1991, S. 270–284

Winkler 2000
Gerhard Winkler, Geographie bei den Römern: Mela, Seneca, Plinius, in: Wolfgang Hübner (Hrsg.), Geschichte der Mathematik und der Naturwissenschaften in der Antike, Bd. 2, Stuttgart 2000, S. 141–161

Winter 1940/41
Heinrich Winter, Das Katalanische Problem in der aelteren Kartographie, in: Ibero-Amerikanisches Archiv 14, Berlin 1940/41, S. 89–126

Winter 1952
Heinrich Winter, Petrus Roselli, in: Imago Mundi 9, Stockholm 1952, S. 1–11

Witte 1958
Charles Martial de Witte, Les bulles pontificales et l'expansion portugaise au XVᵉ siècle, Leuven 1958

Witte 1986
Charles Martial de Witte, Les lettres papales concernant l'Expansion portugaise au XVᵉ siècle, Immensee 1986

Wittkower 1942
Rudolf Wittkower, Marvels of the East, A Study in the History of Monsters, in: Journal of the Warburg and Courtauld Institutes, Bd. 5, London 1942, S. 159–197

Witzens 2000
Udo Witzens, Kritik der Thesen Karl A. Wittfogels über den »Hydraulischen Despotismus« mit besonderer Berücksichtigung des historischen singhalesischen Theravada-Buddhismus, unveröffentlichte Dissertation, Heidelberg 2000

Wöhlcke 2000
Manfred Wöhlcke, Die Gemeinschaft der Portugiesischsprachigen Staaten und die EU. Bundeszentrale für politische Bildung, Berlin 2000

Wolf 1965
Siegfried Wolf, Europäer-Darstellungen auf Benin-Rechteckplatten, in: Abhandlungen und Berichte des Staatlichen Museums für Völkerkunde Dresden 24, Dresden 1965, S. 111–164

Wolf 1972
Siegfried Wolf, Benin-Europäerdarstellungen der Hofkunst eines afrikanischen Reiches, Leipzig 1972

Wolff 1992
Hans Wolff, Martin Waldseemüller, in: Ausst.-Kat. America. Das frühe Bild der Neuen Welt, hrsg. von Hans Wolff, Bayerische Staatsbibliothek München, München 1992, S. 111–126

Wolska-Conus 1978
Wanda Wolska-Conus, Geographie, in: Reallexikon für Antike und Christentum. Sachwörterbuch zur Auseinandersetzung des Christentums mit der Antiken Welt, Bd. 10, Stuttgart 1978, S. 155–222

Woodcock 1965
George Woodcock, Malacca. The Key to the East, in: History Today 15, London 1965, S. 221–231

Woodward 2007
David Woodward (Hrsg.), The History of Cartography, Bd. 3: Cartography in the European Renaissance, Chicago 2007

Wüthrich 2007
Lucas Heinrich Wüthrich, Matthaeus Merian d. Ä., Eine Biographie, Hamburg 2007

Wu 1999
Wu Zhiliang, Segredos de sobrevivência. História política de Macau, Macau 1999

Wuttke 1989
Dieter Wuttke, Humanismus in den deutschsprachigen Ländern und Entdeckungsgeschichte 1493–1534, Bamberg 1989

Wuttke 1991
Dieter Wuttke, Humanismus in den deutschsprachigen Ländern und Entdeckungsgeschichte 1493–1534, in: Urs Bitterli und Eberhard Schmitt (Hrsg.), Die Kenntnis beider ›Indien‹ im frühneuzeitlichen Europa, Akten der Zweiten Sektion des 37. deutschen Historikertages in Bamberg 1988, München 1991, S. 1–35

Y

Yaldiz u. a. 2000
Marianne Yaldiz u.a., Magische Götterwelten. Werke aus dem Museum für Indische Kunst Berlin, Potsdam 2000

Yamamura/Kamiki 1983
Kozo Yamamura und Tetsuo Kamiki, Silver Mines and Sung Coins. A Monetary History of Medieval and Modern Japan in International Perspective, in: John F. Richards (Hrsg.), Precious Metals in the Later Medieval and Early Modern Worlds, Durham 1983, S. 329–362

Yarak 1990
Larry W. Yarak, Asante and the Dutch 1744–1873, Oxford 1990

Yücel 1966
Ünsal Yücel, Türk Kılıç Ustaları, Türk Etnoğrafya Dergisi, Istanbul 1966

Z

Zenkert 2005
Arnold Zenkert, Faszination Sonnenuhr, mit einem Beitrag von Jürgen Hamel über tragbare Sonnenuhren, 5. Aufl., Frankfurt am Main 2005

Zerries 1961
Otto Zerries, Eine seltene Keule von den Otschukayana (Ostbrasilien) im Staatlichen Museum für Völkerkunde in München, in: Tribus 10, Stuttgart 1961, S. 143f.

Zerries 1980
Otto Zerries, Unter Indianern Brasiliens. Sammlung Spix und Martius 1817–1820, Innsbruck 1980

Zhang 1988
Stephen Zengxin Zhang, Ming ji Dongnan Zhongguo de haishang huodong (Maritime Activities on the South-East Coast of China in the Latter Part of the Ming Dynasty), Taipeh 1988

Zhang 2004
Zhang Tingmao, Ming Qing shiqi Aomen haishang maoyishi, Macau 2004

Zimmer 1981
Heinrich Zimmer, Indische Mythen und Symbole. Schlüssel zur Formenwelt des Göttlichen, Diederichs Gelbe Reihe, Düsseldorf 1981

Zimmermann 1905
Heinrich Zimmermann, Das Inventar der Prager Schatz- und Kunstkammer vom 6. Dezember 1621, in: Jahrbuch der kunsthistorischen Sammlungen des Allerhöchsten Kaiserhauses. XXV, Wien 1905, S. 25–39

Zinner 1956
Ernst Zinner, Deutsche und niederländische astronomische Instrumente des 11.–18. Jahrhunderts, München 1956

Zurara 1915 [um 1449]
Gomes Eanes de Zurara, Crónica da tomada de Ceuta, hrsg. von Francisco Maria Esteves Pereira, Lissabon 1915

Zurara 1978 [1453]
Gomes Eanes de Zurara, Crónica dos feitos Notáveis que se passaram na Conquista de Guiné por mandado do infante D. Henrique, hrsg. von Torcato de Sousa Soares, Lissabon 1978

Zweig 2005 [1938]
Stefan Zweig, Magellan. Der Mann und seine Tat, Frankfurt am Main 2005

Zwernemann/Lohse 1985
Jürgen Zwernemann und Wulf Lohse, Aus Afrika. Ahnen – Geister – Götter, Hamburg 1985

BILDNACHWEIS

Belgien

- Brüssel
- Bibliothèque royale de Belgique, Abb. 4, S. 180
- Musées royaux d'Arts et d'Histoire, Abb. 6, S. 121

- Tervuren
- Musée royal de l'Afrique centrale, Kat.-Nr. VII.III.6, Foto: Ph. Molitor

Deutschland

- Augsburg
- Staats- und Stadtbibliothek, Abb. 4, S. 303, Kat.-Nr. VII.III.5

- Bamberg
- Staatsbibliothek, Abb. 6–8, S. 271, Fotos: Gerald Raab

- Berlin
- bpk, Rmn, Paris, Musée national des arts asiatiques Guimet, Abb. 2, S. 164
- bpk, SMB – Ethnologisches Museum, Abb. 1, S. 106; Abb. 5, S. 111; Abb. 6, S. 112; Kat.-Nr. VI.6, VI.7, VII.II, XI.7
- bpk, SMB – Gemäldegalerie, Abb. 8, S. 295, Foto: Jörg P. Anders
- bpk, SMB – Kunstgewerbemuseum, Kat.-Nr. V.I.17, Foto: Psille, Kat.-Nr. V.I.18, V.II.10, V.II.11, V.II.12, VIII.20, Fotos: Saturia Linke
- bpk, SMB – Kupferstichkabinett, Kat.-Nr. VII.III.14, VIII.30A, Fotos: Volker H. Schneider, Kat.-Nr. IX.36, XI.3
- bpk, SMB – Münzkabinett, Abb. 7, S. 213, Foto: R. Saczewski
- bpk, SMB – Museum für Asiatische Kunst, Kunstsammlung Süd-, Südost- und Zentralasien, Abb. 7, S. 158, Foto: Ute Franz-Scarciglia, Kat.-Nr. VI.11, VI.12, VII.III.31, VIII.5, Fotos: Jürgen Liepe, Kat.-Nr. VI.17, Foto: Wolfgang Ihl, Kat.-Nr. VIII.6, Foto: Iris Papadopoulos
- bpk, SMB – Museum für Asiatische Kunst, Ostasiatische Kunstsammlung, Abb. 6, S. 169, Kat.-Nr. VI.21, VI.22, VI.23, VI.24, VI.25, Fotos: Jürgen Liepe
- bpk, SMB – Museum für Islamische Kunst, Abb. 10, S. 39; Abb. 11, S. 42, Fotos: G. Niedermeiser, Abb. 2, S. 49, Foto: Ingrid Geske, Abb. 5, S. 210, Foto: Karin März, Kat.-Nr. III.22, XI.16, XI.17, Fotos: Ingrid Geske, Kat.-Nr. VI.15, VI.18, Fotos: G. Niedermeiser
- bpk, SMB – Skulpturensammlung und Museum für Byzantinische Kunst, Kat.-Nr. IX.46, Foto: Jörg P. Anders

- bpk, Staatsbibliothek zu Berlin – PK, Abteilung Historische Drucke, Abb. 6, S. 199; Abb. 13, S. 251; Abb. 3, S. 269; Kat.-Nr. V.II.15, VII.III.20, VII.III.22, VIII.23, IX.4, IX.30
- bpk, Staatsbibliothek zu Berlin – PK, Handschriftenabteilung, Abb. 4, S. 57
- bpk, Staatsbibliothek zu Berlin – PK, Inkunabelsammlung, Abb. 6, S. 59
- bpk, Staatsbibliothek zu Berlin – PK, Kartenabteilung, Abb. 4, S. 28; Abb. 4, S. 78; Abb. 2, S. 176/177, Kat.-Nr. IV.21, V.II.27, VII.II.14, X.16
- bpk, Staatsbibliothek zu Berlin – PK, Orientabteilung, Kat.-Nr. III.13, III.14, III.15, Fotos: Schacht
- Deutsches Historisches Museum, Abb. 3, S. 27; Abb. 3, S. 50; Abb. 7, S. 60; Abb. 1, S. 72; Abb. 2, S. 144; Abb. 3, S. 179; Abb. 6, S. 183; Abb. 4, S. 196; Abb. 7, S. 201; Abb. 9, S. 217; Abb. 2, S. 222; Abb. 9, S. 234; Abb. 7, S. 281; Abb. 1, S. 286, Kat.-Nr. III.24, III.25, III.26, III.27, IV.1, IV.13, V.I.1, V.I.6, V.II.7, V.II.13, V.II.14, V.II.32, VI.26, VI.27, VII.I.17, VIII.24, VIII.25, VIII.26, VIII.27, IX.29, IX.33, X.3, X.4, X.5, X.15, XI.2, Fotos: Sebastian Ahlers, Indra Desnica, Arne Psille
- Freie Universität, Botanischer Garten und Botanisches Museum Berlin – Dahlem, Kat.-Nr. VIII.29
- Humboldt-Universität, Universitätsbibliothek, Kat.-Nr. X.12, Foto: DHM
- Ibero-Amerikanisches Institut – PK, Abb. 5, S. 292, Foto: DHM
- Privatleihgabe Thomas Leyke, Abb. VIII.27, Foto: DHM

- Braunschweig
- Städtisches Museum, Abb. 2 und 3, S. 242, Fotos: Monika Heidemann

- Bremerhaven
- Deutsches Schifffahrtsmuseum, Kat.-Nr. V.I.15, Kat.-Nr. V.I.16

- Dresden
- Grünes Gewölbe, SKD, Abb. 8, S. 246; Abb. 1, S. 256; Abb. 2, S. 258; Abb. 4, S. 260; Abb. 7 und 8, S. 263; Abb. 9, S. 264, Fotos: Jürgen Karpinski
- Kupferstich-Kabinett, SKD, Abb. 5, S. 198, Foto: Herbert Boswank
- Mathematisch-Physikalischer Salon, SKD, Kat.-Nr. III.11, Foto: Jürgen Karpinski, Kat.-Nr. V.II.33, Foto: Michael Lange
- Museum für Völkerkunde Dresden, SES, Abb. 2, S. 17, Kat.-Nr. XI.9, Fotos: Eva Winkler
- Rüstkammer, SKD, Kat.-Nr. XI.15, Foto: Elke Estel, Hans-Peter Klut
- SLUB Dresden / Deutsche Fotothek, Kat.-Nr. VIII.28, Foto: Regine Richter

- Erlangen
- Universitätsbibliothek, Kat.-Nr. III.2, III.7

- Frankfurt am Main
- Dr. Andreas Gehlert, Kunsthistorisches Archiv, Frankfurt am Main, Foto: Amling, Abb. 5, S. 228/229

- Gotha
- Forschungsbibliothek, Abb. 8, S. 214, Kat.-Nr. VII.III.19
- Stiftung Schloss Friedenstein, Schlossmuseum, Abb. 10, S. 248; Abb. 3, S. 302, Kat.-Nr. VI.9 A, B und C, Fotos: Lutz Ebhardt

- Göttingen
- Niedersächsische Staats- und Universitätsbibliothek, Abb. 2, S. 55; Abb. 8, S. 160, Kat.-Nr. V.II.17, V.II.28

- Hamburg
- Museum für Kunst und Gewerbe, Kat.-Nr. V.I.14

- Hannover
- Kestner-Museum, Kat.-Nr. VIII.21, Foto: Christian Tepper

- Karlsruhe
- Badische Landesbibliothek, Kat.-Nr. III.19

- Kassel
- Museumslandschaft Hessen Kassel, Hessisches Landes-Museum, Abb. 5, S. 261, Kat.-Nr. VIII.22, Fotos: Arno Hensmanns

- Köln
- St. Ursula, Kat.-Nr. II.15, Foto: Pit Siebigs, Aachen

- Lauf an der Pegnitz
- Freiherrlich von Welsersche Familienstiftung, Kat.-Nr. IX.47

- München
- Bayerische Staatsbibliothek, Abb. 3, S. 56; Abb. 3, S. 67; Abb. 5, S. 79; Abb. 7, S. 82; Abb. 8, S. 83; Abb. 3, S. 117; Abb. 5, S. 156; Abb. 2, S. 207; Abb. 5, S. 270; Abb. 9, S. 272; Abb. 9, S. 284; Kat.-Nr. IV.18, V.I.2, V.I.22, V.I.28, V.II.22, V.II.23, VII.III.26, IX.5, IX.39, IX.42, IX.44, XI.1
- Bayerische Verwaltung der staatlichen Schlösser, Gärten und Seen, Abb. 1, S. 150; Abb. 4, S. 155; Kat.-Nr. IV.19
- Bayerisches Nationalmuseum, Abb. 6, S. 262; Kat.-Nr. III.12, IX.48
- Deutsche Provinz der Jesuiten, St. Michael, Kat.-Nr. VII.III.12, Foto: SJ-Bild/Margret Paal

BILDNACHWEIS

- Staatliches Museum für Völkerkunde, Abb. 6, S. 30, Foto: Marietta Weidner, Abb. 2, S. 108; Abb. 4, S. 110, Fotos: S. Autrum-Mulzer, Abb. 9, S. 247, Foto: Alexander Laurenzo, Kat.-Nr. VI.1, Foto: S. Autrum-Mulzer, Kat.-Nr. VI.8, Foto: Marietta Weidner

- Nürnberg
- Germanisches Nationalmuseum, Abb. 2, S. 74; Abb. 3, S. 77, Kat.-Nr. IV.12, V.I.3, V.I.5, V.I.19, V.I.20, V.II.16, V.II.29, IX.40, IX.41
- Stadtarchiv, Kat.-Nr. V.II.2, V.II.3
- Stadtbibliothek, Abb. 10, S. 86; Kat.-Nr. V.II.8

- Pommersfelden
- Kunstsammlungen Graf von Schönborn, Abb. 1, S. 162, Kat.-Nr. III.16, IX.37

- Rostock
- Universitätsbibliothek, Kat.-Nr. IV.14, XI.24

- Stuttgart
- Brasilien-Bibliothek der Robert Bosch GmbH, Abb. 4, S. 68; Abb. 3, S. 289; Abb. 7, S. 294, Kat.-Nr. XI.11
- Landesmuseum Württemberg, Abb. 4, S. 243, Kat.-Nr. V.I.13, XI.4, Fotos: P. Frankenstein, H. Zwietasch
- Linden-Museum, Abb. 3, S. 109; Kat.-Nr. VI.14, VII.II.11, X.1, Fotos: Anatol Dreyer
- Staatsgalerie / Grafische Sammlung, Abb. 4, S. 291
- Württembergische Landesbibliothek, Kat.-Nr. II.14, VII.III.21, XI.14, Fotos: Joachim Siener

- Ulm
- Ulmer Museum – Sammlung Weickmann, Abb. 5, S. 244, Abb. 7, S. 245, Fotos: Bernd Kegler, Abb. 6, S. 244, Foto: Wolfgang Adler, Kat.-Nr. VI.2, VI.3, Fotos: Bernd Kegler

- Weimar
- Klassik Stiftung Weimar, Abb. 1, S. 240, Abb. 14–17, S. 252/253

- Wolfenbüttel
- Herzog August Bibliothek, Abb. 9, S. 36/37; Abb. 1, S. 204, Abb. 1, S. 266, Abb. 4, S. 269, Kat.-Nr. V.I.30, V.I.31, V.II.25, V.II.30, IX.55, X.14, XI.13

Frankreich

- Lyon
- Bibliothèque municipale, Abb. 10, S. 236, Foto: Nicole Didier

- Paris
- Bibliothèque nationale de France, Abb. 5, S. 29; Abb. 1, S. 52; Abb. 1, S. 62; Abb. 1, S. 114, Kat.-Nr. V.I.23, IX.38

- Rouen
- Musée départemental des Antiquités, cg76, Foto: Yohann Deslandes, Abb. 7, S. 122/123, Kat.-Nr. VII.II.13A

Großbritannien

- Cambridge
- The Fitzwilliam Museum, Kat.-Nr. XI.19

- London
- The British Library, Abb. 5, S. 69; Abb. 2, S. 268
- V&A Images / Victoria and Albert Museum, Abb. 6, S. 157, Kat.-Nr. XI.20

Italien

- Florenz
- Archivio di Stato di Firenze, Kat.-Nr. VII.III.25
- Galleria degli Uffizi, Kat.-Nr. II.8, IV.3, IV.11, IV.17

- Modena
- Biblioteca Estense Universitaria, Abb. 6, S. 70/71

- Rom
- Biblioteca Casanatense, Abb. 5, S. 134; Abb. 6, S. 135; Abb. 5, S. 182, Kat.-Nr. XI.21

- Venedig
- Biblioteca Nazionale Marciana, Kat.-Nr. III.18

Niederlande

- Amsterdam
- Rijksmuseum, Abb. 2, S. 276/277; Abb. 1, S. 298, Abb. 5, S. 304, Kat.-Nr. X.6

- Den Haag
- Nationaal Archief, Abb. 1, S. 174 und Abb. 8, S. 187

- Leiden
- Rijksmuseum voor Volkenkunde, Kat.-Nr. VII.III.27, Foto: Ben Grishaaver
- Universiteitsbibliotheek, Kat.-Nr. IX.11

Österreich

- Krems
- Institut für Realienkunde – ÖAW, Kat.-Nr. VIII.30B, IX.45, Foto: Peter Böttcher

- Kremsmünster
- Stift Kremsmünster, Kustodiat der Kunstsammlungen, Kat.-Nr. VII.III.3

- Wien
- Albertina, Abb. 2, S. 288, Kat.-Nr. IX.31
- Kunsthistorisches Museum, Abb. 1, S. 128 und Kat.-Nr. VII.I.11, Abb. 12, S. 250
- MAK – Österreichisches Museum für angewandte Kunst / Gegenwartskunst, Abb. 7, S. 170, Foto: Brigitte Gaggl
- Österreichisches Staatsarchiv, Haus- Hof- und Staatsarchiv, Kat.-Nr. IV.4, IX.3, Foto: Fotostudio Otto

Portugal

- Beja
- Museu Regional Rainha D. Leonor, Abb. 11, S. 249

- Caramulo
- Museu do Caramulo – Fundação Abel de Lacerda, Doação Jeronimo Maria Araújo de Lacerda, Abb. 2, S. 301

- Cascais
- Câmara Municipal – Museu Condes de Castro Guimarães, Abb. 1, S. 220

- Caxias
- Paço Ducal (Fundação da Casa de Bragança), Abb. 2, S. 152, Foto: José Manuel da Costa Alves Lda

- Coimbra
- Biblioteca Geral da Universidade de Coimbra, Kat.-Nr. IX.49
- Câmara Municipal de Coimbra, Museu Municipal – Colecção Telo de Morais, Kat.-Nr. I.2, VII.III.33
- Museu Nacional de Machado de Castro, IMC – Divisão de Documentação Fotográfica, Abb. 6, S. 280, Foto: José Pessoa, Kat.-Nr. II.4, Foto: Carlos Monteiro, Kat.-Nr. VII.III.13, IX.15, IX.16, Fotos: Manuel Palma, Kat.-Nr. VIII.12, IX.1, Fotos: José Pessoa

- Estoril
- Privatsammlung, Abb. 3, S. 259; Abb. 3, S. 278, Kat.-Nr. VIII.14, XI.8

- Évora
- Biblioteca Pública, Abb. 3, S. 208, Kat.-Nr. III.10, V.I.25, V.II.5, Fotos: José Manuel da Costa Alves Lda, Kat.-Nr. VII.I.7, Foto: Carlos Pombo
- Museu de Évora (em depósito na Universidade de Évora), Abb. 3, S. 154, Kat.-Nr. IX.50, Fotos: Luísa Oliveira

- Guimarães
- Museu Nacional de Alberto Sampaio, IMC – Divisão de Documentação Fotográfica, Kat.-Nr. I.1, Foto: José Pessoa

- Lissabon
- Academia das Ciências, Abb. 1, S. 24
- Arquivo Histórico Ultramarino do Instituto de Investigação Científica Tropical, Kat.-Nr. X.10
- Biblioteca da Ajuda, Abb. 3, S. 92; Abb. 4, S. 118; Abb. 5, S. 119; Abb. 3, S. 165; Abb. 8, S. 233, Kat.-Nr. V.I.9
- Biblioteca Nacional, Abb. 1, S. 14; Abb. 8, S. 33; Abb. 2, S. 65; Abb. 8, S. 126; Abb. 5, S. 168; Abb. 2, S. 192, Kat.-Nr. IV.10, V.I.7, VII.III.28, IX.6, IX.24, IX.27, IX.34, IX.35
- Forte de São Julião da Barra / Ministério da Defesa Nacional, Abb. 9, S. 188, Foto: José Manuel da Costa Alves Lda
- Instituto dos Arquivos Nacionais / Torre do Tombo, Abb. 4, S. 51; Abb. 6, S. 95; Abb. 2, S. 116; Abb. 1, S. 190; Abb. 3, S. 195, Kat.-Nr. II.1, II.9, II.10, II.12, IV.2, IV.6, IV.16, VII.I.2, VII.I.8 A und B, VII.I.22, VII.I.23, VII.I.24, VII.III.4, VII.III.18, IX.7, IX.8, Fotos: José António Silva
- MEADP / FRESS, Kat.-Nr. VIII.9, Foto: Estúdio PH3
- Museu da Cidade, Abb. 3, S. 225; Abb. 4, S. 227; Abb. 6, S. 230, Kat.-Nr. II.2
- Museu da Fundação Medeiros e Almeida, Abb. 6, S. 211, Foto: Laura Castro Caldas, Paulo Cintra
- Museu de Marinha, Abb. 1, S. 46; Abb. 5, S. 58, Kat.-Nr. V.I.10, V.I.11, X.9
- Museu Militar, Abb. 4, S. 146, Kat.-Nr. I.3, VII.I.18, VII.I.19, VII.I.20, VII.I.21, VII.III.16, Fotos: José Manuel Costa Alves Lda
- Museu Nacional de Arte Antiga, IMC – Divisão de Documentação Fotográfica, Abb. 7, S. 31; Abb. 1, S. 88, Abb. 1, S. 142, Kat.-Nr. VII.III.32, Fotos: Luís Pavão; Abb. 2, S. 91, Foto: Francisco Matias, Abb. 8, S. 99, Abb. 4, S. 133; Abb. 8, S. 283, Kat.-Nr. IV.7, VII.II.9, IX.17, IX.18, IX.54, XI.18, Fotos: José Pessoa, Abb. 5, S. 279, Foto: Carlos Monteiro
- Museu Numismático Português (Imprensa Nacional – Casa da Moeda), Kat.-Nr. IX.19, IX.20
- Palácio Nacional da Ajuda, IMC – Divisão de Documentação Fotográfica, Kat.-Nr. IX.14, Foto: José Pessoa
- Santa Casa da Misericórdia de Lisboa / Museu de São Roque, IMC – Divisão de Documentação Fotográfica, Abb. 7, S. 184, Kat.-Nr. VII.I.6, Fotos: Pedro Aboim Borges, Abb. 4, S. 279, Foto: Carlos Sonsa, Kat.-Nr. VII.III.11, Foto: Júlio Marques, Kat.-Nr. VII.III.34, IX.2, IX.23
- Sociedade de Geografia, Abb. 3, S. 145, Kat.-Nr. I.4, VII.I.5, VII.I.9, VII.I.12, Fotos: Carlos Ladeira

- Porto
- Biblioteca Pública Municipal do Porto, Abb. 2, S. 25
- Colecção Távora Sequeira Pinto, Abb. 2, S. 131; Abb. 4, S. 209; Abb. 1, S. 274, Kat.-Nr. VII.II.5, VII.II.6, VII.II.7, VII.III.30, VIII.7, VIII.8, XI.25, XI.30, Fotos: José Manuel Costa Alves Lda
- Museu Nacional de Soares dos Reis, IMC – Divisão de Documentação Fotográfica, Kat.-Nr. XI.23

- Porto Salvo
- Colecção Millennium bcp, Abb. 4, S. 167

- Setúbal
- Museu de Setúbal, Abb. 7, S. 97, Foto: José Manuel Costa Alves Lda

- Tomar
- IGESPAR, I. P. – Instituto de Gestão do Património Arquitectónico e Arqueológico e ao Convento de Cristo, Abb. 4, S. 93, Foto: Henrique Ruas

- Viseu
- Museu Grão Vasco, Abb. 9, S. 102, IMC – Divisão de Documentação Fotográfica, Foto: José Pessoa

Schweiz

- Schaffhausen
- Museum zu Allerheiligen, Abb. 9, S. 84/85

Spanien

- Madrid
- Laboratorio Fotográfico, Biblioteca Nacional de España, Abb. 7, S. 232
- Museo Nacional de Artes Decorativas, Foto: Mª Jesús del Amo, Kat.-Nr. VIII.1
- Patrimonio Nacional, Kat.-Nr. IX.21
- Real Academia de la Historia, Kat.-Nr. V.I.8

USA

- New York
- The Pierpont Morgan Library, Kat.-Nr. IV.15 A und B

- Washington
- Library of Congress, Geography and Map Division, Abb. 6, S. 80/81

Vatikanstadt

- Musei Vaticani, Kat.-Nr. III.5, Foto: L. Giordano

Abbildungen aus Privatarchiven und Publikationen
- Abb. 3, S. 132, Abb. 7, S. 138, Grafische Karten: Ângela Barreto Xavier
- Abb. 5, S. 147; Abb. 6, S. 148, Fotos: Mafalda Mascarenhas
- Abb. 8, S. 171, Foto: Pedro Dias
- Abb. 6, S. 293, aus: Meier/Amado Aymoré 2005
- Kat.-Nr. IX.13, Foto: José Rubio

Titelabbildung
Japanischer Wandschirm, Die Ankunft der Portugiesen, frühes 17. Jahrhundert, Kat.-Nr. XI.28 a
Amsterdam, Rijksmuseum

Umschlagklappen / Vor- und Nachsatz
Der König von Gutzin, Holzschnitt, Georg Glockendon nach Hans Burgkmair, Nürnberg 1511, Kat.-Nr. XI.3
Berlin, SMB – Kupferstichkabinett

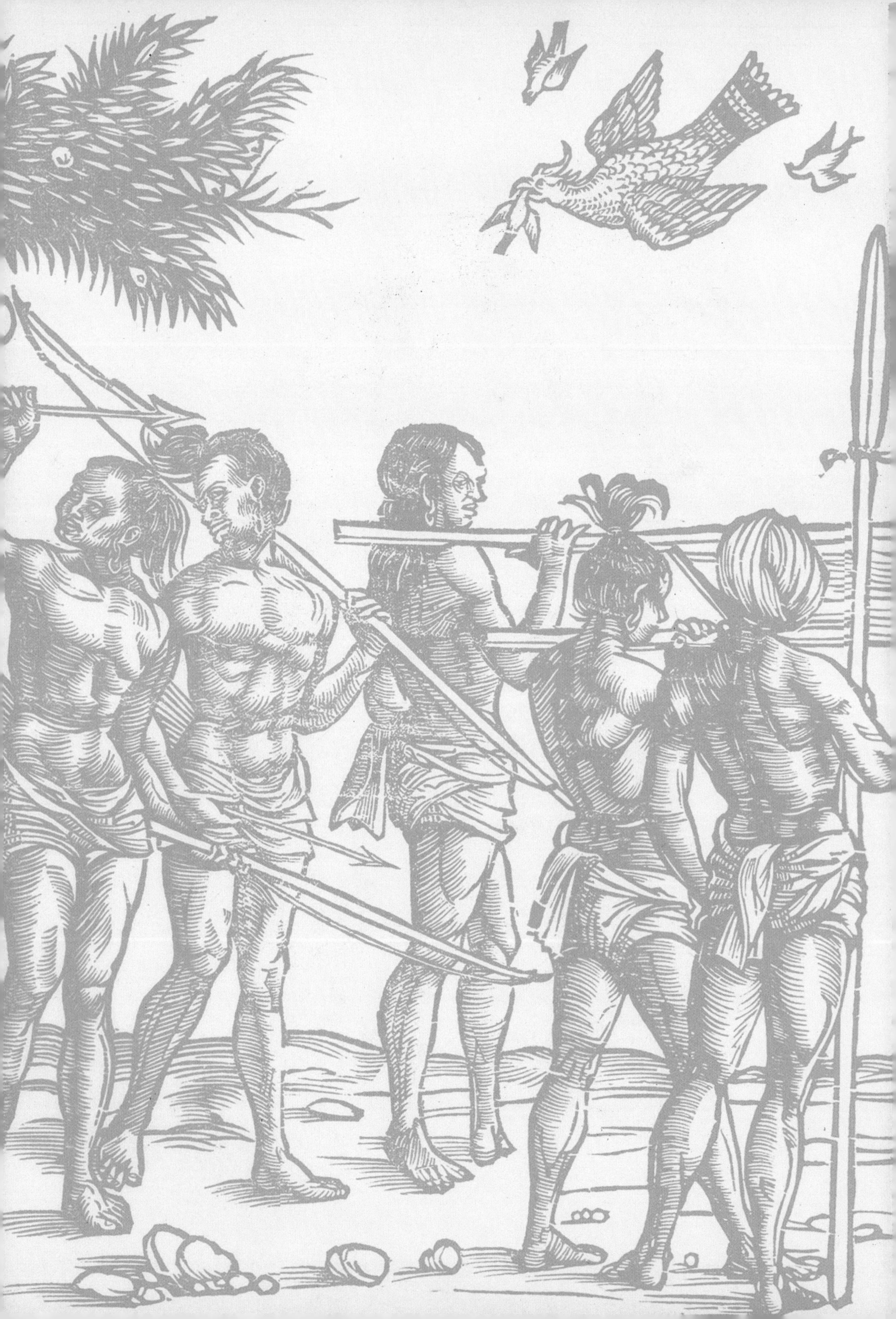